Reinhard Lauer

GESCHICHTE
DER RUSSISCHEN
LITERATUR

D1726269

Reinhard Lauer

GESCHICHTE DER RUSSISCHEN LITERATUR

Von 1700 bis zur Gegenwart

Verlag C. H. Beck München

Mit 33 Abbildungen

Abbildungsnachweis: S. 182, 229, 321, 337, 365, 388, 441, 448, 469, 505, 722, 767, 795
© AKG Berlin; S. 586 © Collie-Smith; S. 809 © Renate von Mangoldt; S. 813
© Vladimir Bogdanov; S. 839 © Isolde Ohlbaum; S. 875 © Sabine Sauer; S. 901
© Ullstein Bilderdienst.
Wir danken für freundliche Unterstützung dem Verlag Volk und Welt, Berlin
(S. 490, 645, 718); dem Suhrkamp Verlag, Frankfurt (S. 640) sowie der
UB Göttingen.

ISBN 3-406-50267-9

© C. H. Beck'sche Verlagsbuchhandlung (Oscar Beck), München 2000
Satz: Fotosatz Otto Gutfreund GmbH, Darmstadt
Druck und Bindung: Ebner & Spiegel, Ulm
Gedruckt auf säurefreiem, alterungsbeständigem Papier
(hergestellt aus chlorfrei gebleichtem Zellstoff)
Printed in Germany

Meiner Frau gewidmet

Inhalt

Drittes Kapitel: Der russische Realismus (1840–1880)

A. Haupt- und Nebenströmungen

Fünftes Kapitel: Die Teilung der russischen Literatur

A. Die Literatur in der Emigration (1917–1940)

B. *Gruppen der 20er Jahre (1917–1932)*

Anhang

Vorwort

Die russische Literatur in ihrer geschichtlichen Entwicklung, die Herausbildung der literarischen Stilformationen und Gattungen in ihrer chronologischen Abfolge, die Entfaltung der schöpferischen Persönlichkeiten unter wechselnden Bedingungen darzustellen, bedeutet ein ebenso schwieriges wie reizvolles Unterfangen. Es kann nur gelingen, wenn die literarischen Texte, über ihre Verquickung mit ideen- und kulturgeschichtlichen, politischen und sozialen Rahmenbedingungen hinaus, stets in ihrer spezifischen ästhetischen Seinsweise begriffen werden. Als Werke der Wortkunst modellieren sie Momente der Wirklichkeit mit künstlerischen Mitteln, doch selbst da, wo sie versuchen, in die Realität hineinzuwirken, liegt ihr Wert nicht im pragmatischen Nutzen, den sie stiften, sondern in ihrer ästhetischen Wirkung, wie gerade die russische Literatur immer wieder zeigt. Wie die Werke gemacht sind, wie durch künstlerische Struktur Sinnpotenzen aufgebaut werden, wie Bedeutung aus fremden Texten – qua Intertext – gewonnen wird, das muß den Literaturhistoriker vorrangig interessieren. Da Literatur aber immer auch ausgedrückte Weltanschauung im engeren oder weiteren Sinne ist, kann er nicht darauf verzichten, die Komponenten, die sie aus ideologischen Entwürfen, Philosophie oder Theologie aufnimmt, zu verzeichnen. Ebenso wichtig ist ihm der Aufweis der typologischen und genetischen Literaturverbindungen in jeder Epoche. Dabei kann es nicht um die einfältige Feststellung sogenannter «Einflüsse» gehen, sondern um den literarisch-kulturellen Dialog zwischen den Völkern.

Der gegenwärtige Augenblick scheint dem Unterfangen insofern gewogen, als sich die russische Literatur mit dem zu Ende gegangenen 20. Jahrhundert erstmals in ihrer Vollständigkeit zeigt, ohne die bedauerlichen Ausgrenzungen und Unterschlagungen der sowjetischen wie der Zarenzeit. Fern aller dogmatischen Verwerfungen kann und muß das Bild der russischen Literatur neu gezeichnet werden. Die Neubewertung vieler Autoren und Werke, Strömungen und Gattungen, die Herausbildung eines neuen Kanons wird zur dringenden Erfordernis.

Die vorliegende Darstellung umfaßt die neuere russische Literatur von 1700 bis zur Gegenwart, die eine in sich folgerichtige, beinahe logische Einheit repräsentiert. Die hiervon deutlich unterschiedene, ja abgetrennte altrussische Literatur (11. bis 17. Jahrhundert) bleibt außerhalb der Betrachtung. Vieles spricht für die These, die Hans Rothe unlängst zur Diskussion gestellt hat, daß nämlich die «altrussische Literatur» vor allem in der Geschichte ihrer Erschließung im 19. und 20. Jahrhundert zu suchen sei. Das *Igor'-Lied* etwa, wann und wie immer es auch entstanden sein mag – es wurde um 1800 zum literaturgeschichtlichen Ereignis.

Eigentlicher Gegenstand der Literaturgeschichte sind die literarischen Werke und ihre Autoren. Ihre Anordnung geschieht in den folgenden acht Kapiteln unter wechselnden Gesichtspunkten, wie sie sich jeweils aus der historischen Faktenlage ergeben. Im 18. Jahrhundert steht das Gattungsprinzip im Vordergrund; in der Puškin-Zeit und im Realismus die überragenden Dichterpersönlichkeiten; in der Moderne die Vielheit konkurrierender Strömungen; in der geteilten Literatur der 1920er Jahre die Zentren der Emigration auf der einen Seite und die sowjetischen Literatengruppen auf der anderen. Seit den 1930er Jahren verursacht die doktrinäre Klammer des Sozialistischen Realismus den Rückfall in eine neue Gattungsvormacht. Das Tauwetter als ein langanhaltender Aufbruch geht der Phase der Perestrojka voran, die die Reintegration aller Teile der russischen Literatur vollbringt, aber zugleich auch Schleusen und Möglichkeiten eröffnet, deren weiterer Verlauf noch keineswegs abzusehen ist.

Da die literarischen Materien in den jeweiligen historischen und soziokulturellen Raum gestellt werden und den literatursoziologischen sowie den komparatistischen Aspekten der Literaturentwicklung die Beachtung geschenkt wird, die sie verdienen, werden im folgenden immer wieder Autoren und Werke in verschiedenen Sinnzusammenhängen behandelt. Nicht wenige Autoren – darunter Maksim Gor'kij, Aleksandr Kuprin, Ivan Bunin, Il'ja Ėrenburg, Marina Cvetaeva, Vladimir Majakovskij, Boris Pasternak, Leonid Leonov – erscheinen, ihrer Entwicklung gemäß, an verschiedenen Punkten der Gliederung. Die Lebensdaten der russischen Autoren und sonstigen Personen sind deshalb nur im Register aufgeführt. Russische Personen- und Ortsnamen, Werktitel und Wörter werden in der wissenschaftlichen (slawistischen) Transkription geboten, da nur sie die eindeutige Identifikation gewährleistet. Ausnahmen bilden die deutschen Äquivalente russischer Herrschernamen (wie Alexander I. oder Nikolaus I.), Ortsnamen (wie Moskau, Petersburg, Wolga) und Werktitel, zu denen eine eindeutige deutsche Übersetzung besteht (wie *Anna Karenina, Die toten Seelen, Ein Held unserer Zeit*). Kyrillische Schrift erscheint nur an Stellen, wo ihr Zeichenwert unersetzlich ist. Die Zeitangaben erfolgen nach den jeweils geltenden Kalendern. In Rußland hatte Peter der Große am 1. Januar 1700 den Julianischen Kalender eingeführt, der 1900 um dreizehn Tage hinter dem Gregorianischen Kalender zurücklag. Die Bolschewisten ersetzten am 1. Februar 1918 den «alten Stil» (staryj stil') durch den «neuen Stil» (novyj stil'). Seither gilt die julianische Zeitdifferenz – sie beträgt heute 14 Tage – nur noch im Bereich der orthodoxen Kirche.

Dieses Buch wurde in der Zeit von Januar 1997 bis Oktober 1999 niedergeschrieben. Es fußt auf einer mehr als 40jährigen Beschäftigung mit der russischen Literatur in der akademischen Forschung und Lehre, in Vorlesungszyklen, Seminarübungen, Vorträgen, Aufsätzen und Rezensionen, vor allem aber auf Lektüre. Außer der zugänglichen Sekundärliteratur haben dem Verfasser Magister- und Hausarbeiten manche Anregung vermittelt. Stellvertretend seien genannt die unveröffentlichten Göttinger Magisterschriften über die Oblonskij-Geschichte in Tolstojs *Anna Karenina* von Frank Bumann, über Gewalt bei Daniil Charms von Astrid Machat und über Evgenij Popovs *Seele des Patrioten* von Rainer A. M. Marek. Als Helferinnen und Helfer seien Sandra Föllmer, Agnieszka Marx, Edith Rohrmann, Christiane Schuchart, Galina Smagina, Volker Bockholt und vor allem Walter Kroll mit herzlichem Dank bedacht. Derjenigen, die das Entstehen der Geschichte der russischen Literatur mit Geduld und Zuversicht begleitet hat, sei das Buch gewidmet.

Bovenden, im Oktober 1999   R. Lauer

Einleitung

Wurzeln und Charakter der russischen Literatur

Die russische Literatur zählt zu den großen Nationalliteraturen. Ihr Beitrag zur Weltliteratur ist einzigartig und unverzichtbar. Sie stellt, da es am Ende des zweiten Jahrtausends in Rußland erstmals möglich wurde, alle ihre Bestandteile zusammenzufügen, einen ungeheuren künstlerischen Reichtum und eine unvergleichliche Vielfalt der schöpferischen Richtungen dar. Dabei hat sie ihre Größe erst vergleichsweise spät erlangt, und es hat lange gedauert, bis sie ins Bewußtsein der westlichen Nachbarn trat. Die Nachrichten, die über die alte Rus' oder das Moskowiter-Reich nach Europa drangen, berichteten von grausamen Herrschern und untertänigem Volk, vom orthodoxen Klerus und den Goldkuppeln der Kirchen, von seltsamen Sitten und Bräuchen, aber nicht von Literatur. Dabei hat es russisches – ostslawisches – Schrifttum seit dem 11. Jahrhundert gegeben, während mündlich überlieferte Texte noch wesentlich älter sein dürften. Allerdings waren die Traditionen der altrussischen Literatur, mit Ausnahme der Chroniken, in der Zeit nach Peter dem Großen weitgehend unterbrochen oder zumindest nicht greifbar; der kulturelle Umbruch, dem das Land durch die Petrinischen Reformen ausgesetzt ward, bewirkte, daß die altrussische Welt und ihre Werte weit in den Hintergrund verbannt wurden. Sie waren natürlich nicht verlorengegangen, hatten aber ihre prägende Rolle eingebüßt. Es hat lange gedauert, bis sie für die russische Literatur und Kultur zurückgewonnen werden konnten. Denkt man sich freilich die Petrinische Epoche aus der russischen Kulturentwicklung heraus, so ist kaum vorstellbar, daß eine Literatur hätte entstehen können, die den Rang der russischen im 19. und 20. Jahrhundert je hätte gewinnen können. Erst die willentliche, gut 120 Jahre währende Europäisierung Rußlands, anders ausgedrückt: die Verschmelzung der überkommenen Kulturformen mit den zivilisatorisch, philosophisch und in den Künsten fortgeschritteneren des westlichen Europas, hat die großen Leistungen der russischen Literatur, Musik und Kunst ermöglicht. Die Spannung zwischen einer vorzivilisatorischen slawischen oder gar «asiatischen» Befindlichkeit und einem europäischen, «modernen» Fremdeinfluß, der die Wesensschichten des russischen Volkes mehr oder weniger tief durchdrang, bildet ein

Grundphänomen der russischen Kultur der letzten 300 Jahre. Die soziokulturellen Formationen in Rußland haben sich sehr unterschiedlich in dieser Spannung zurechtgefunden. Man braucht nur an den Dissens zwischen Slawophilen und Westlern, Narodniki und Bolschewisten oder, in der Gegenwart, zwischen Eurasiern und Anhängern der amerikanischen Rock-Kultur zu denken. Die Rückbesinnung auf die östlichen Wurzeln gehört ebenso wie die Annahme westlicher Werte zu den möglichen grundsätzlichen Optionen nicht nur der russischen Dichter und Künstler, sondern jedes einzelnen Russen.

Ostslawentum und Orthodoxie

Zu den fundamentalen Tatsachen der russischen Ethnogenese, die auch die russische Literatur erst zu dem machen, was sie ist, zählt die Zugehörigkeit des russischen Volkes zum ostslawischen Zweig der slawischen Völker- und Sprachenfamilie. Die Russen bilden heute zusammen mit den Ukrainern (oder Kleinrussen) und den Weißrussen die östliche Gruppe der slawischen Völker, die durch ihre sprachliche Nähe und durch ein gemeinsames historisches Schicksal über viele Jahrhunderte hinweg miteinander verbunden sind. Zu Beginn der christlichen Zeitrechnung mögen sie das für Ackerbau, Bienenzucht und Pelztierjagd ersprießliche, mit günstigen Verkehrsmöglichkeiten ausgestattete Gebiet zwischen Bug und Desna, Memelquelle und Dnestr bewohnt haben, umgeben von Balten, Finnen, turkotatarischen Völkerschaften und Chasaren. Sie waren in der früheren Zeit von den Meeren abgeschnitten, indes ließen die offenen Grenzen ihrer Siedlungsräume in der Steppenlandschaft mannigfache Völkerbewegungen zu. Früh scheinen die Ostslawen kleinere Völkerschaften assimiliert zu haben. Im 10. Jahrhundert verschmolzen die verschiedenen ostslawischen Stämme (Vjatičen, Krivičen, Poljanen, Derevljanen, Radimičen usw.) mehr und mehr zu einem einheitlichen Volksgebilde. Es gliederte sich in mehrere Teilfürstentümer mit burgartigen Städten wie Černigov, Perejaslavl', Polock, Rjazan', Rostov oder Smolensk. Das politische Zentrum aber war Kiew. Die Differenzierung der ostslawischen Völker setzte erst im Mittelalter, etwa seit dem 13. Jahrhundert ein, als die Weißrussen – einschließlich Schwarzrußlands (Černaja Rus') – und ein großer Teil der Ukrainer unter die Herrschaft des Großfürstentums Litauen gerieten.

Das Kiewer Reich war, glaubt man der russischen Chronik, wohl im wesentlichen eine Gründung der Waräger, d. h. skandinavischer Kriegs- und Handelsfahrer, die von den Ostslawen ins Land gerufen wurden, um die Stammesfehden zu beenden und Gerechtigkeit herzustellen. Sie wurden von den Finnen Rus' (Ruotsi, die Schweden) genannt; und so hieß ihr Land bald «Russkaja zemlja» (Russisches Land). Unter dem Jahre 862 berichtet die *Nestor-Chronik* von der Ankunft Rjuriks und seiner Brüder. Die Begründung, die ihnen die slawischen Abgesandten vorgetragen hatten, klingt wie ein folgenschwerer Sinnspruch, der über der russischen Geschichte waltet: «Unser ganzes Land ist groß und reich, aber es gibt in ihm keine Ordnung.» Die Waräger- bzw. Normannen-These, die besagt, daß das russische Staatswesen von den Skandinaviern gegründet wurde, zählt in der russischen Geschichtswissenschaft zu den notorischen Streitpunkten. Sie war im 18. Jahrhundert Gegenstand heftiger Kontroversen zwischen den deutschen Akademiehistorikern (G. S. Bayer, G. F. Müller) und den Russen (Lomonosov, Trediakovskij) und ist es geblieben. In sowjetischer Zeit wurde sie zugunsten der Annahme staatlicher Strukturen bereits vor der Rjurikiden-Zeit arbiträr verdrängt.

Eine weitere fundamentale Tatsache ist die Taufe Rußlands im Jahre 988, genauer: die Einführung des Christentums als Staatsreligion durch den Kiewer Großfürsten Vladimir den Heiligen. Da die Christianisierung im Klima des beginnenden Schismas von der Ostkirche ausging und auch dynastische Bindungen eingegangen wurden, gewann das byzantinische Kulturmodell frühzeitig prägende Bedeutung für die Russen.

Die Missionierung des Kiewer Reiches durch Byzanz bedeutete nicht zuletzt, daß die Liturgie in der eigenen Sprache bzw. in der von den Slawenaposteln Kyrill und Method entwickelten slawischen Kirchensprache, dem Altkirchenslawischen, verbreitet werden konnte. Damit war die Etablierung eines südslawischen Idioms vorgegeben, das auf dem um Saloniki gesprochenen altbulgarischen bzw. altmakedonischen Dialekt beruhte und in kyrillischer, teils auch noch in der älteren glagolitischen Schrift geschrieben wurde. Diese Schriftsprache wurde im ostslawischen Bereich zur Kult- und in zunehmendem Maße auch zur Zivilisationssprache. Das Kirchenslawische wurde in der Slavia orthodoxa eine bis auf den heutigen Tag fortwirkende, Einheit stiftende Kraft, die freilich durch die politischen Ansprüche der nach Autokephalie, also nach organisatorischer Selbständigkeit, strebenden Nationalkirchen oft genug gefährdet wurde. Das Staatskirchentum, genauer: die ideale Vorstellung einer «Symphonie» von Kirche und Staat, auf die sich das byzantinische Christentum gründete, mochte für die jungen slawischen Feudalstaaten zwar überaus anziehend und erstrebenswert sein, doch barg es unweigerlich die Tendenz zu einem Übergewicht der staatlichens Belange über die der Kirche in sich (E. Benz). Immer wieder zeigte sich in der russischen Geschichte, daß die Kirche leicht zum bloßen Erfüllungsgehilfen der imperialen Ziele des Staates und des russischen Nationalismus werden konnte. Die theologische Starrheit der Orthodoxie wieder begünstigte geistige Selbstisolierung und abschottende Exklusivität. Andererseits war in der orthodoxen Welt die altkirchliche Katholizität und Liturgie bewahrt worden, die einen unerschöpflichen Quell tiefer, selbstloser Frömmigkeit bildet.

«Goldene Horde» – «Drittes Rom»

Folgenreich war für die russische Ethnogenese die fast 300 Jahre währende Tatarenherrschaft. Die Niederlage der Russen an der Kalka 1223 war nur das Vorspiel für die Unterwerfung der russischen Teilfürstentümer durch Chan Bātū (Baty) seit 1236. Die russischen Fürsten stellten sich als Vasallen unter die Herrschaft der «Goldenen Horde» (Zolotaja orda), der sie zu Tribut und militärischer Gefolgschaft verpflichtet waren. Wie die «asiatische» Komponente, die damit in die russische Geschichte kam, zu bewerten ist, wie stark sie sich auf das Militärwesen, die Ökonomie, auf Mentalität und staatsrechtliches Denken ausgewirkt hat, wird von der Geschichtswissenschaft nicht eindeutig beantwortet. Sicher ist, daß sich ein größerer Einfluß in der adeligen Oberschicht als in der Bauernbevölkerung zeigte. Zahlreiche russische Adelsgeschlechter wie die Aksakovs, Izmajlovs, Karamzins, Saltykovs, Šenšins oder Turgenevs sind tatarischen Ursprungs. Am nachhaltigsten mag sich dem russischen kollektiven Bewußtsein jene Erfahrung mitgeteilt haben, daß man lange Zeit von einer asiatischen despotischen Großmacht abhängig und zum Zusammenwirken mit ihr gehalten gewesen war. Die eurasische Sicht der geopolitischen Räume und der geschichtlichen Entwicklung, die sich im russischen politischen Denken und in der Literatur von Zeit zu Zeit abzeichnet, hat hierin einen gewichtigen Grund.

Unmerklich verlagerte sich das Zentrum der Rus' in der tatarischen Zeit von Kiew nach Nordosten. Der Aufstieg des Moskauer Fürsten Dmitrij Ivanovič vollzog sich in Kämpfen mit den russischen Teilfürsten und im Streben nach dem Großfürstentitel, der nur von der «Goldenen Horde» verliehen werden konnte. Sein Sieg über Chan Mamaj 1380 auf dem Schnepfenfeld (Kulikovo polje) war der erste Schritt auf dem Wege zur Befreiung von der Tatarenherrschaft. Und mehr: Die *Zadonščina* (Geschichte über die Schlacht jenseits des Don, nach 1380), eine episch-lyrische Dichtung, die bald nach dem Ereignis den Sieg

der Russen feierte, ließ keinen Zweifel an der Ursache des militärischen Erfolges: Sie lag in der Einheit und Geschlossenheit der russischen Fürsten, die sich dem Moskauer freiwillig und zum Ruhme des
Russischen Landes unterstellt hatten. Dmitrij Donskoj, wie der Sieger
über die Tataren bald genannt wurde, begründete damit die Vorherr-
schaft Moskaus. Die «Sammlung des russischen Landes» (Sobranie
russkoj zemli) zog sich etwa von 1300 bis 1500 hin, sie war die Voraussetzung für die Schaffung eines zentralistisch-autokratischen Staates,
wie er unter den Moskauer Großfürsten vollendet wurde. Ivan III., der
Große, verheiratet mit der Nichte des letzten byzantinischen Kaisers,
nannte sich bereits Zar. Nach dem Fall Konstantinopels 1453 kam die
Idee der Translatio imperii, der Herrschaftsübertragung von Byzanz
nach Moskau, auf. Wenn Moskau den Rang des Dritten Roms für sich
in Anspruch nahm – ein Viertes aber werde es nicht geben (Moskva –
tretij Rim, a četvёrtomu ne byti) –, so entsprach das sowohl weltlichen
wie klerikalen Zielen, die sich aus dem Untergang des Byzantinischen
Reiches aus russischer Sicht ergaben.

Gattungen der altrussischen Literatur

Die altrussische Literatur erstreckte sich von der Kiewer Rus' bis zur
Petrinischen Zeit, also über einen Zeitraum, der vom 11. bis zum Ende
des 17. Jahrhunderts reicht. Im Einklang mit der historischen Entwicklung wird sie in den maßgeblichen Literaturgeschichten, etwa der von
Nikolaj Gudzij, in vier Phasen unterteilt: Auf die Literatur der Kiewer
Rus' folgt die Phase der feudalen Zersplitterung (13./14. Jahrhundert);
daran schließt sich die Phase der Vereinigung der nordöstlichen Rus'
(Ende des 14. bis Anfang des 16. Jahrhunderts) und die der Festigung
des russischen (moskowitischen) Zentralstaates an.
  Wurde die altrussische Literatur in ihren Anfängen auch unübersehbar vom byzantinischen und altkirchenslawischen Schrifttum getragen, so brachte sie doch früh schon Gattungen hervor, die voll auf die
geistlichen und politischen Belange der Rus' abgestellt waren: Predigt,
Heiligen- und Herrschervita, epischer Kriegsbericht und, vor allem,
die Chronik. Den Grundstock bildeten ostslawische Redaktionen der
aus dem Griechischen übersetzten geistlichen Werke. Das 1056/57 von
dem Diakon Grigorij für den Statthalter von Novgorod, Ostromir,
kunstvoll ausgeführte Evangelium (*Ostromirovo Evangelie*) zählt zu den
frühesten datierbaren altrussischen Schriftdenkmälern, gefolgt von
den beiden *Izborniki* (Sammelbände) aus den Jahren 1073 und 1076,
Kodizes aus patristischen, naturkundlichen und belehrenden Schrif-

ten, die für den Fürsten Svjatoslav übersetzt wurden. Ihre inhaltliche Vielfalt läßt auf die Entstehung eines byzantinisch bestimmten Bildungskanons schließen. Aus der byzantinischen Literatur wurden die Annalisten, der *Physiologos*, Wahrsage- und Rechtsbücher (etwa der *Nomokanon*), aber auch bereits unterhaltsame Erzählungen wie die Troja-Sage oder der Alexander-Roman übersetzt. Daneben entstand im Umkreis des Kiewer Höhlenklosters eine originale Predigt- und Erbauungsliteratur. Von Ilarion, dem Kiewer Metropoliten, ist eine Predigt in vielen Abschriften erhalten, *Slovo o zakone i blagodati* (Rede von Gesetz und Gnade, zwischen 1037 und 1050), die, zusammen mit einem Glaubensbekenntnis (*Ispovedanie very*) und einem Lob des Fürsten Vladimirs (*Pochvala Vladimiru*), bereits eine hochentwickelte homiletische Kunst erkennen läßt. Das Gesetz, d. h. das Alte Testament, wurde als Schatten und Diener der Gnade, die Gnade, d. h. das Neue Testament, als Diener des ewigen Lebens und der göttlichen Wahrheit ausgelegt (N. Gudzij).

Die Lebensbeschreibungen (*žitija*) der orthodoxen Heiligen traten früh in der altrussischen Literatur hervor. Den Brüdern Boris und Gleb, die als erste Heilige der Rus' im 11. Jahrhundert kanonisiert wurden, sind zwei bedeutende Märtyrerviten gewidmet, das anonyme *Skazanie o Borise i Glebe* (Die Sage von Boris und Gleb) und das *Čtenie o žitii i o pogublenii blažennuju strastoter'picu Borisa i Gleba* (Lesung über das Leben und Verderben der beiden seligen Märtyrer Boris und Gleb). Die beiden Söhne Vladimirs des Heiligen waren im Kampf um die großfürstliche Nachfolge von ihrem Halbbruder Svjatopolk ermordet worden. Das *Čtenie* war von dem Kiewer Mönch Nestor verfaßt, ebenso wie die Mönchsvita *Žitie svjatogo Feodosija* (Vita des heiligen Feodisij, nach 1074), in der die Lebensweise der russischen Mönche in einer Reihe von Episoden genau dargestellt war. Nestor verdient aber vor allem Beachtung als erster Kompilator der altrussischen Chronik. Die nach ihm benannte *Nestor-Chronik* (*Povest' vremennych let* [Chronik der vergangenen Jahre]) vom Anfang des 12. Jahrhunderts bildete die Kiewer Fundamentalchronik (*Načal'naja letopis'*), die aufgrund von mündlichen Überlieferungen, Klosterannalen und byzantinischen Quellen zusammengestellt wurde. Ihre Fortschreibung erfolgte in mehreren regionalen Redaktionen, von denen die *Lavrent'evskaja letopis'* (Laurentius-Chronik, 1377 in Suzdal' entstanden) und die *Ipat'evskaja letopis'* (Hypatius-Chronik, um 1500 in Kostroma entstanden) die bekanntesten sind. Nach dem Muster der byzantinischen Weltchroniken mit der Erschaffung der Welt oder der Sintflut beginnend, folgten sie der konstantinopolitanischen Weltära – sie setzt ein mit dem Jahr 5509 vor Christi Geburt –, die in Rußland bis zum

1. Januar 1700 in Kraft blieb. Die Chroniken stellen für die altrussische Kultur ein Hauptbuch dar, das außer den im Jahresrhythmus verzeichneten Ereignissen Texte und Textfragmente aller Art aufnahm und tradierte. Die Fülle der in den Chroniken festgehaltenen Vorkommnisse, Erzählungen und Historien diente späteren Literaten als eine unerschöpfliche stoffliche Quelle.

Wie in der Chronik, so wurden die bewegenden politisch-militärischen Geschehnisse vielfach auch in Texten von epischem Zuschnitt festgehalten. Das im *Igor'-Lied* (*Slovo o polku Igoreve* [Lied von der Heerfahrt Igor's]) behandelte Ereignis, der erfolglose Heereszug, den vier Teilfürsten auf eigene Faust gegen die Kumanen unternehmen, ist in den Chroniken unter dem Jahr 1185 bezeugt. Zieht man die Entstehung des *Igor'-Liedes* bald nach dem besungenen historischen Ereignis nicht in Zweifel, so setzt diese Annahme eine Schicht episch-lyrischer Dichtungen voraus, wie sie an den altrussischen Fürstenhöfen bestanden haben mag. Das *Igor'-Lied* warnte vor dem drohenden Zerfall der politischen Einheit der Rus' und vor den gefährlichen Folgen, die sich daraus ergaben; die späteren Kriegserzählungen (voinskie povesti) berichten von den Niederlagen gegen die Tataren (*Slovo o pogibeli Russkija zemli* [Klage über den Untergang des Russischen Landes], um 1240) oder von Aleksandr Nevskijs Siegen über den Schwedenkönig und die deutschen Ordensritter auf dem Peipussee im *Žitie Aleksandra Nevskogo* (Vita Aleksandr Nevskijs, nach 1263), von den Zerstörungen der russischen Städte durch Chan Bātū (*Povest' o razorenii Rjazani Batym* [Die Zerstörung Rjazan's durch Bātū], 1236, u. a.) bis hin zur *Zadonščina*, der *Povest' o Mamaevom poboišče* (Erzählung von der Mamaj-Schlacht, 15. Jh.) und der Fürstenvita *Slovo o žitii i o prestavlenii velikogo knjazja Dmitrija Ivanoviča* (Bericht vom Leben und Sterben des Großfürsten Dmitrij Ivanovič, 15. Jh.), die von der erfolgreichen Behauptung Moskaus gegenüber den Tataren künden.

Man kann versucht sein, in den narrativen Gattungen der altrussischen Literatur, in den Chroniken, der Vitenliteratur und den Kriegserzählungen, die Vorfahren der Erzählkunst zu sehen, die die spätere russische Literatur auszeichnen wird. So hat etwa Dmitrij Lichačëv auf die «chronikale Zeit» (letopisnoe vremja), d. h. auf ein ähnliches Zeitverständnis wie in der altrussischen Chronik, in den Romanen Dostoevskijs und in Saltykov-Ščedrins *Istorija odnogo goroda* (Geschichte einer Stadt, 1870) hingewiesen. Bei Leskov ist der Rückgriff auf die alte Hagiographie evident, ebenso wie bei Remizov oder Šmelëv das Aufgreifen der alten Legenden. Von einer ununterbrochenen Tradition kann gleichwohl kaum die Rede sein. Es bedurfte zunächst der philologischen Erschließung der altrussischen Schriftdenkmäler, ehe sie als

Wegzeichen der Geschichtlichkeit und der Geistigkeit des russischen Volkes zurückgewonnen werden konnten. Und die setzte erst im 19. Jahrhundert ein.

Die Zeit der Wirren – Der polnische Einfluß

Der Moskauer Staat befand sich, während er sich nach innen und außen zu festigen suchte, in der Zange zwischen der «Goldenen Horde» im Osten und dem Großfürstentum Litauen im Westen. Schon Ivan III. führte seit der Eroberung Novgorods mit wechselndem Glück Krieg gegen Litauen. Hundert Jahre später mußte Ivan IV. von der mit Schweden verbündeten litauisch-polnische Realunion unter Stephan Batory schwere Niederlagen und Gebietsverluste hinnehmen. In der «Zeit der Wirren» (smutnoe vremja), wie man die chaotische Übergangsphase nach dem Tode Ivans IV. 1584 bis zum Dynastienwechsel durch die Wahl Michail Fëdorovič Romanovs zum Zaren 1613 nennt, regierte der aus einem tatarischen Fürstengeschlecht stammende Boris Godunov, bis ihn der Pseudo-Demetrius (Lže-Dmitrij), ein Mann der Polen, besiegte und für zwei Jahre, 1605/06, die Zarenwürde gewann. Einige Jahre unterhielten die Polen eine Garnison im Kreml – auch dies eine bleibende historische Erfahrung der Russen.

Die langwierigen Auseinandersetzungen mit den westlichen Nachbarn, insonderheit mit dem erstarkten Polen, bedeutete stets mehr als nur einen Kampf um Territorien und den Zugang zur Ostsee, wenngleich die Bedeutung solcher Zankäpfel wie Livland, Weißrußland oder die Ukraine für die territorialbewußten Russen und Polen natürlich nicht zu unterschätzen ist. Unverkennbar trug dieser Dauerkonflikt immer auch die Merkmale eines Kulturkampfes zwischen russischer Rechtgläubigkeit und polnischer Rekatholisierung. Dabei ergab sich der merkwürdige kulturologische Widerspruch, daß Moskau gerade durch den Kampf gegen seine westlichen Nachbarn allmählich wieder in die Netzwerke der europäischen Politik eingesponnen wurde (G. Stökl), ja mehr noch: daß sich für Moskau ein Schub kultureller Europäisierung eben aus dem konfessionellen und ideologischen Kampf mit Polen ergab. Nicht zuletzt das russische Schrifttum gewann hieraus wichtige neue Anregungen. Der europäische Humanismus und die Renaissance wurden im Laufe des 17. Jahrhunderts zugleich mit der jüngeren Barockkultur in vorsichtiger Dosierung nachgeholt und den tradierten altrussischen Formen angepaßt. Vermittler der europäischen Neuerungen waren einerseits die in der Moskauer «Deutschen Vorstadt» (Nemeckaja Sloboda) lebenden Ausländer (die ortho-

doxe Kirche bestand auf der getrennten Ansiedlung der Fremdstäm-
migen), zum anderen Geistliche und Beamte aus Weißrußland und der
Ukraine links des Dnepr, die nach dem Teilungsvertrag mit Polen
von 1667 unter russische Herrschaft kamen. Ein Schrifttum entstand,
das sprachlich auf dem Kirchenslawischen beruhte, dabei aber etliche
Elemente aus dem Weißrussischen, Ukrainischen, Polnischen und
Lateinischen aufnahm. Nicht nur wurden aus dem Westen die
Emblem- und Symbolkodes, Gattungen wie Panegyrika und Wappen-
verse übernommen, sondern vor allem auch die lateinische Schulpoetik und das Versifikationssystem der Polen. Wohl war das silbenzäh-
lende Prinzip wie auch das Beharren ausschließlich nur auf weiblichen
Versschlüssen (. . . . – ∪) für die russische Prosodie im Grunde ungeeig-
net; dennoch entwickelte sich auf dem fragwürdigen metrischen Fundament im Laufe von etwa 150 Jahren eine ansehnliche Versdichtung
mit wachsender Gattungsvielfalt. Sie wurde erst vergleichsweise spät,
insbesondere in Arbeiten von Igor' Erëmin, Dmitrij Lichačëv und
Aleksandr Pančenko, in ihrer kulturgeschichtlichen Spezifik und Verbindung mit der westlichen Barockformation erkannt und beschrieben. Als Epoche der russischen Kultur und Literatur ist sie noch
wesentlich dem großen Komplex des altrussischen Mittelalters zuzurechnen, wenn auch die Anzeichen einer beginnenden Öffnung zu
Europa hin nicht zu verkennen sind. So bildet sie, vor allem während
der Herrschaftszeit des Zaren Aleksej Michajlovič, eine Phase allmäh-
licher Annäherung an das westliche Kulturmodell, bleibt aber zweifellos diesseits des Kulturumbruches, den Peter der Große, Aleksejs
Sohn, an der Wende vom 17. zum 18. Jahrhundert einleiten sollte.

Der Raskol

Etwa zur gleichen Zeit, da sich diese vorsichtige Öffnung nach Westen
abzeichnete, vollzog sich innerhalb der russischen orthodoxen Kirche
eine Spaltung mit weitreichenden Folgen: der Raskol. Der Versuch des
Patriarchen Nikon, die überkommenen Frömmigkeitsriten zu reformieren, indem er 1653 die Verbeugung bis zur Erde in der Kirche verbot und die Bekreuzigung mit drei statt mit zwei Fingern verordnete,
stieß bei einem Teil der Gläubigen ebenso auf Widerstand wie die Kor-
rekturen, die er nach griechischem Vorbild an den kirchlichen Schriften vornehmen ließ. Was von den Reformanhängern als Annäherung
an die orthodoxen Urtexte beabsichtigt war, erschien den anderen als
Häresie, zumal zur Verbesserung der Texte auch «römische» Quellen
herangezogen worden waren. Die unterlegenen Schismatiker (raskol'-

niki) oder Altgläubigen (staroobrjadčiki) wurden, geschart um ihren
geistlichen Führer, den Protopopen Avvakum, grausam verfolgt und
zum größten Teil nach Sibirien verbannt. Was sich wie ein Kampf um
die Formen der echten Frömmigkeit – ähnlich wie im Hussitentum
oder in der deutschen Reformation – ausnahm, war in Wirklichkeit
ein Streiten um Kirchenordnungen, dem jedwede theologische Tiefe
abging. Dennoch erreichten die Altgläubigen, worauf Dmitrij Tschižewskij hingewiesen hat, die «wahre Kirche», da sie, illegal geworden
und des staatlichen Schutzes beraubt, ihre zum Fanatismus neigende
Frömmigkeit ausleben konnten. Das mit großer Sprachgewalt, in
einem fast barock anmutendem Stil verfaßte *Žizneopisanie Avvakuma*
(Lebensbeschreibung Avvakums, vor 1682) zeigte den unbeugsamen
Willen des Protopopen, der für seinen Glauben auf dem Scheiterhaufen endete. Die List der Geschichte hat es eingerichtet, daß sich aus den
Nachfahren der nach Sibirien verbannten Altgläubigen, die als Fabrikanten und Bergwerksbetreiber zu Reichtum gelangten, im 19. Jahr-
hundert jene Kapitalisten und Unternehmer rekrutierten, die zu
Mäzenen der Literatur und Kunst wurden.

Russische Besonderheiten

Alle genannten Komponenten und Einflüsse haben ihr Teil zur Ethnogenese des russischen Volkes beigetragen, seine Mentalität geprägt und
die Ausbildung seiner Sprache beeinflußt. Auch sind sie, sei es als Thema oder als Form, offen oder stillschweigend in der russischen Literatur anwesend. Von diesen Bedingungen her unterscheidet sich der
Werdegang der russischen Literatur ganz erheblich von dem europäischen Hauptweg. Bei Beginn des ostslawischen Schrifttums im Mittelalter besitzt sie den Zugang zu griechisch-byzantinischen Traditionen, die den mittel- und westeuropäischen Entwicklungen fehlen,
während sie infolge ihrer Abgeschnittenheit von Europa die Verbindung mit Humanismus und Renaissance, anders gesagt, die Impulse
der Neuzeit, entbehren muß. In den konkreten kulturgeschichtlichen
Relationen bedeutet dies einerseits einen Rückstand, der irgendwann
einmal ausgeglichen werden muß, andererseits bestehen kollektive
Erfahrungen, die den Mangel durch eine reiche Entwicklung der
orthodox-kirchlichen und der Volksliteratur wettmachen. In der westeuropäischen Sicht freilich bewirkte das Ausfallen von Humanismus
und Renaissance für mehrere Jahrhunderte eine kulturologische
Dichotomie, eine Ungleichheit größten Ausmaßes in den gesellschaftlichen und kulturellen Verhältnissen zwischen Moskowien und Euro-

pa. Die Zaren haben, seit es ihnen gelungen war, die Herrschaft der «Goldenen Horde» abzuschütteln, die Verbindung mit dem Westen von Fall zu Fall gesucht. Sie benötigten Offiziere und Söldner, Baumeister und Ärzte. Westliches Denken und Schrifttum war weniger begehrt. Erst im 17. Jahrhundert, unter dem Zaren Aleksej Michajlovič, dem Vater Peters des Großen, zeichnete sich ein Umdenken ab. Wohl dosiert kamen jetzt westliche Ausdrucksformen ins Land, Malerei, Musik, das Theater, zunächst noch eng verbunden mit den überkommenen ostslawisch-byzantinischen Formen.

Stile und Stilmischungen

Schon die Themen und Formen der mittelalterlichen bzw. altrussischen Literatur zeigen, von der Orthodoxie und byzantinischen Vorbildern geprägt, andere Züge als die in der westlichen Hemisphäre. Humanismus und Renaissance fehlen in einer der italienischen, deutschen, französischen oder auch polnischen Entwicklung zu vergleichenden Form. Barock erscheint erst im 17. Jahrhundert in der Amalgamierung mit der altrussischen Überlieferung, dann, nach dem Petrinischen Umbruch, in der Vermischung mit den jüngeren Tendenzen der Aufklärung und des Klassizismus. Die Stilformationen Sentimentalismus und Rokoko mischen sich in Rußland gegen Ende des 18. Jahrhunderts. Mischformationen und Stilinterferenzen sind typisch für die russische Literatur im 18. Jahrhundert. Sie ergeben sich aus der Globalrezeption und führen zu Überlappungen von älteren und aktuellen Schichten. Erst die Romantik zeichnet sich bei den Russen, gegenüber dem europäischen Strom nur noch wenig verspätet, stark und zusammenhängend ab, wenn es auch nicht leichtfällt, die oberen und unteren Grenzen der Formation, d. h. zum Sentimentalismus und zum Realismus hin, eindeutig zu bestimmen. Doch hat hier die russische Literatur die Höhe der Zeit erreicht und trumpft mit Aleksandr Puškin und einer Plejade begabter Dichter, mit Nikolaj Gogol' und Michail Lermontov überlegen auf. In den 1840er und 1850er Jahren, nach außen eine Zeit der Stagnation und der Repression, reifte die Literatur des russischen Realismus heran, der in einer glücklichen Synthese von bedeutender Kunstübung und Gesellschaftsbezogenheit zu den Höhepunkten der Weltliteratur zählt.

Das Realismus-Paradigma

Die realistische Methode ist von den Russen stärker konturiert worden
als selbst von den Engländern und Franzosen, ganz zu schweigen von
den Deutschen, die über einen verklärenden «poetischen» Realismus
lange nicht hinausgelangten. So kann der russische Realismus als das
gültige Paradigma für eine literarische Realismus-Formation gelten.
Die Russen wurden weltweit zu Lehrmeistern des Erzählens und der
großen Romanform.

Die Autorität, die der russischen Literatur mit dem Realismus
zuwuchs, hat inner- und außerhalb Rußlands zu der Betrachtungswei-
se geführt, die realistische Kunst sei das ureigene, spezifische Ziel und
der dominante Orientierungspunkt der russischen Literaturgeschichte.
Daß die Literatur in der realistischen Epoche zugleich die den Russen
von ihrer Obrigkeit verweigerte soziopolitische Öffentlichkeit zu
ersetzen hatte, daß die von ihr gelieferten sozialkritischen Analysen
nachhaltig auf das Bewußtsein der Zeitgenossen einwirkten, daß sie
«fortschrittlich» war oder als «fortschrittlich» gedeutet werden konnte,
daß sie also Funktionen wahrzunehmen hatte, die weit über die ästhetische Sphäre hinausgingen − all das hat diese Meinung befestigt, die
in der sowjetischen Zeit dann zum Dogma erhoben wurde. Der Realismus wurde zur verbindlichen künstlerischen Methode in der sozialistischen Epoche erklärt und mit rigoroser politischer Instrumentalisierung als Sozialistischer Realismus festgeschrieben und in die Länder
der sowjetischen Einflußsphäre «exportiert». Ganz undialektisch
unterlegte man der Entwicklung der russischen Literatur zum «kritischen Realismus» in der Mitte des 19. Jahrhunderts, sodann zum
«sozialistischen Realismus» in den 30er Jahren des 20. Jahrhunderts
einen teleologischen Sinn, so als ob dies der einzige, zwingende Weg
gewesen sei, den die Literatur in Rußland hätte nehmen können und
sollen. Die Literaturwissenschaftler in der Sowjetunion und im
gesamten Ostblock haben unendliche Mühe darauf verwandt, um
bereits in der altrussischen Literatur, im Aufklärungsklassizismus, bei
Puškin und den Romantikern ebenso wie später bei Aleksandr Blok
oder Vladimir Majakovskij «realistische» Ansätze oder Tendenzen
nachzuweisen. Autoren, bei denen der Realismustest negativ ausfiel,
gerieten ins Abseits oder fielen aus dem Literaturkanon heraus. Von
dem fatalen Realismusdogma, das sich wie ein lähmendes Gift jahrzehntelang in der Literaturforschung ausgebreitet hat und zusammen
mit anderen borierten Restriktionen einen großen Teil der sowjetischen Forschungsliteratur wertlos macht, gilt es, endgültig Abstand zu

nehmen. (Es war übrigens auch der westlichen Sichtweise nicht ganz fremd, wie etwa Maximilian Brauns Schrift *Der Kampf um die Wirklichkeit in der russischen Literatur* aus dem Jahre 1958 verrät.) Man muß ihm die Tatsache entgegenhalten, daß bei ehrlicher, unbefangener Betrachtung in jeder Zeit der russischen Literaturentwicklung manieristische, l'art-pour-l'artistische, irrationale, spiritualistische, religöse und andere Alternativen zu der bevorzugten realistisch-aufklärerischen Tendenz festzustellen sind und daß für die «realistischen» Strömungen keineswegs eine dauernde Dominanz zu verzeichnen ist.

Manche Epochen sind durch produktive Spannungen gekennzeichnet – wie das Nebeneinander von Barock und Klassizismus, Spiritualismus und Rationalismus im 18. Jahrhundert beweist. Die Aufspaltung der Entwicklungslinien in eine ästhetisierende Puškin- und eine sozialengagierte Gogol'-Richtung in der Zeit zwischen 1854 und 1864 zeigt, daß auch der Realismus damals keineswegs die einzige Option war, wie sehr auch die realistische Methode ihre Trümpfe auszuspielen wußte. Die diachrone Abfolge Romantik – Realismus – Symbolismus wieder stimmt mit dem für alle europäischen Literaturen geltenden Ordnungsschema überein, das gleich einer wellenartigen Bewegung einen Dominantenwechsel zwischen den typologisch entgegengesetzten Polen aufweist.

Das sowjetische Realismus-Verdikt traf vor allem die literarische Moderne, die in sowjetischer Version als «Modernismus» (modernizm) alle jenen Strömungen subsumierte, die als Ausdruck der Krise der bürgerlich-kapitalistischen Welt definiert wurden. Die russische Moderne, eine Kunstepoche von beispielloser Reichhaltigkeit, wurde auf diese Weise entstellt, abgewertet, verdrängt oder auf groteske Weise umgedeutet. Im Verhältnis zur westlichen Moderne zeigt die russische ein vergleichbares Spektrum verschiedenartigster Strömungen, die allerdings ein gemeinsames Merkmal aufweisen: das Hinausgehen über den Realismus. Dieses Moment verbindet den Symbolismus mit der naturalistischen Strömung oder mit den Autoren um den Verlag «Znanie». Mit so unterschiedlichen Autoren wie Anton Čechov, Maksim Gor'kij, Dmitrij Merežkovskij, Andrej Belyj und Aleksandr Blok, den Akmeisten und den Futuristen repräsentiert die russische Moderne eine Weite der künstlerischen Möglichkeiten, die sich vom Realismus zwar durch ihre Vielgestaltigkeit unterscheidet, ihm aber an ästhetischer Kraft und Wirkung kaum nachsteht. Die rückhaltlose Rehabilitierung dieser Kunstepoche steht heute nicht mehr in Frage. Eher schon wirft ihre Klassifizierung und Einordnung einige Probleme auf.

Zur Heuristik der Epochenbegriffe

Die Tatsache, daß es zu keiner Zeit klassifikatorisch einheitliche Epochenstrukturen in der russischen Literatur – und nicht nur in ihr – gibt, stellt den heuristischen Wert der üblichen Epochenbegriffe an vielen Stellen der russischen Literaturgeschichte in Frage. Typisch waren für fast alle Epochen dualistische – oder mit Jurij Lotman: binäre – Formationen, schwankend zwischen Koexistenz, Teilung und Ausgrenzung. Die Differenzierung zwischen einer Puškin- und einer Gogol'-Richtung in der Mitte des 19. Jahrhunderts bildete eine dichotomische Grundpause, die sich, wenn auch mit umgekehrter Dominanz der wesentlichen Strömungen, in der Moderne wiederholte und nach der Oktoberrevolution in die faktische Teilung der russischen Literatur mündete. Diese Teilung stellt in der Weltliteratur ein einmaliges Phänomen dar, zu vergleichen nur mit dem Exodus der deutschen Schriftsteller während des Dritten Reiches. Sowjetliteratur und Emigrationsliteratur standen sich sieben Jahrzehnte lang fremd und abweisend gegenüber. Die soziokulturellen Rahmenbedingungen und ästhetischen Konzepte konnten für die getrennten Teile der russischen Literatur unterschiedlicher nicht sein; und dennoch zeigte sich im Augenblick der Reintegration der *membra disiecta*, daß sie sich nicht nur in einem komplementären Verhältnis zueinander entwickelt hatten, sondern daß vielen russischen Literaten aus der zurückgewonnenen Exilliteratur, vor allem aus dem Werk Vladimir Nabokovs, die entscheidenden Impulse zuwuchsen. Auch die inneren Teilungen, die die Sowjetliteratur spalteten, zeigen einen Dualismus, wie er sich fast zwangsläufig aus dem Widerstand gegen die politische Instrumentalisierung und künstlerische Verfestigung ergeben mußte. Zuerst in der Stalin-Zeit, wo sich eine die offizielle Literatur weit überragende Literatur im Schatten mit Autoren wie Michail Bulgakov oder Andrej Platonov bildete; später in der Brežnev-Zeit, wo eine Dissidentenliteratur von bedeutendem Rang mit Autoren wie Aleksandr Solženicyn oder Iosip Brodskij entstand und innerhalb der ansehnlichen Palette illegaler SAMIZDAT-Texte die Muster der postsowjetischen Literatur entwickelt wurden. Daß in einem umfassenden Integrationsprozeß in den letzten Jahren alle Teile der russischen Literatur sowohl der älteren wie auch der neueren Zeit lückenlos zusammengefügt wurden, stellt einen in der Weltliteratur wohl beispiellosen Vorgang dar. Er verschafft der russischen Literatur ein Repertoire von einzigartiger Vielfalt in dem Moment, da der Dominanzanspruch der Sowjetliteratur im sozialistischen Lager ersatzlos dahinschwand. Die russische Literatur braucht heute nicht mehr mit machtgestützter doktrinärer Vorbildfunktion aufzutreten, sondern hat, wie jede andere Literatur, die Chance, aufgrund überzeugender künstlerischer Leistungen Wirkung zu entfalten.

Plejadenbildung

Nach dem Regierungsantritt Peters des Großen hat es gut anderthalb Jahrhunderte gedauert, bis die russische Literatur Anerkennung in der Welt erwarb. Um 1750 bestand sie aus einer Handvoll Dichter, die sich, wie das Beispiel Vasilij Trediakovskijs, Michail Lomonosovs und Aleksandr Sumarokovs in Petersburg zeigt, aufs heftigste bekämpften. In der Puškin-Zeit war erstmals zu sehen, daß neben und hinter Aleksandr Puškin eine ganze Plejade weiterer begabter Dichter hervortrat, die die russische Romantik zur ersten großen Epoche der russischen Literatur machten. Plejadenbildung, d. h. das gleichzeitige Auftreten bedeutender Autoren mit deutlichen Eigen- und Gruppenmerkmalen, zählt fortan zu den charakteristischen Erscheinungen der Literaturentwicklung in Rußland. Die großen Erzähler des Realismus von Ivan Gončarov bis Lev Tolstoj stellen das zweite bedeutende Beispiel dar: die realistische Plejade. Doch auch im Symbolismus, im «Znanie»-Kreis, in den literarischen Gruppen der 1920er Jahre oder bei den sibirischen Erzählern und den Erzählerinnen der Gegenwart wirkt das Plejadenprinzip fort. Es muß manchmal scheinen, als schöpfe die russische Literatur aus unerschöpflichen Ressourcen, als sei dies der Bereich, in dem die russische Nation ihre ureigenste kreative Kraft unter Beweis stelle.

Der europäische Inhalt der russischen Literatur

Nichts deutet darauf hin, daß sich die schöpferische Kraft der russischen Literatur in der heutigen, völlig gewandelten soziokulturellen Situation verbraucht hätte. Und ebensowenig ist denkbar, daß sie die großartigen Traditionen, die in den letzten 300 Jahren heranreiften, aus dem Blick verlieren wird. Die russische Kultur ist − was hier nur angedeutet werden konnte − aus sehr heterogenen Substanzen und Einflüssen entstanden. Die Literatur aber, die sich unter diesen Bedingungen nach ihrer eigenen Logik herausbildete, war gleichwohl seit Peter dem Großen nicht mehr von der europäischen Gesamtheit abzukoppeln. Die durch die beiden Hauptstädte Moskau und Petersburg

gegebene Bipolarität, neben der sich andere regionale Zentren nur
schwer zu behaupten vermochten, zeigt sich fast durchgehend auch in
unterschiedlichen kulturellen Orientierungen.

Trat Petersburg in der
Petrinischen Zeit zunächst mit holländischem und deutschem Gepräge
auf, später mit französischem, so blieb Moskau stets das Herzstück der
alten russischen Werte, in dem sich aber auch durch den Einfluß der
Universität längere Zeit deutsche Orientierungen festsetzen konnten.
Selbst in den Phasen der versuchten Abschottung von Europa unter
den Zaren Paul und Nikolaus I. oder unter Stalin konnte an dem europäischen Zusammenhang der russischen Literatur nie gezweifelt werden. Noch in der Negation westlicher Einflüsse und noch in Stalins
Kampagne gegen die «Katzbuckelei vor dem Westen» (nizkopoklonstvo pered Zapadom) wurde unfreiwillig die Kohäsion zum Westen
zugegeben. Der Ruf nach kultureller und literarischer Eigenständigkeit (samobytnost') war in Rußland oftmals zu vernehmen, doch hat
er nie vermocht, das Kulturgebäude, das Peter der Große errichtet
hatte, niederzureißen oder gar das Pantheon der europäisierten russischen Literatur in Frage zu stellen. Im Streit zwischen Slawophilen
und Westlern stießen im vorigen Jahrhundert wie in der Gegenwart
fundamental entgegengesetzte Vorstellungen über Rußlands Weg in
die Zukunft aufeinander. Aber abgesehen davon, daß beide Lager ihre
Kulturmodelle aus dem westlichen Denken, der rationalistischen Auf-
klärungs- bzw. der romantischen Kulturphilosophie, ableiteten, trat
keines von beiden aus dem gegebenen kulturologischen Diskurs heraus. Die Literatur wurde zum großen Spiegel der Diskurse, die sie mit
ungeheurer Integrationskraft einband. Sie hat politische Gängelung,
ideologische Vereinnahmung, Teilung und Emigration, Verfolgung
und Auslöschung der Schriftsteller wie auch die Abdrängung ins
Schattendasein und mehrfache Tauwetterperioden erlebt und überstanden.

Ein modernes Zeugnis ihrer Lebenskraft waren die Feiern zu Puškins 200. Geburtstag, die im Jahre 1999 mit unerhörtem Aufwand in
Rußland begangen wurden. Wenn sich dabei auch akademische Bemühung, verblüffende Dekonstruktion und geschmacklose Pop-Show
vermischten, so macht das spektakuläre Ereignis doch deutlich, daß
sich auf irgendeine Weise alle Russen in Puškin verbunden fühlen.
Tröstlich daran ist vor allem, daß es sich um Puškin handelt, den
Genius, in dessen Leben und Werk die russischen Widersprüche wie
nirgends sonst aufgehoben, wenn auch nicht gelöscht sind. Neben der
fragwürdigen Verpoppung und Verschmusung des Dichters steht
immerhin der Vorschlag Andrej Bitovs – in seinem Buch *Vyčitanie zajca*
(Das Abziehen des Hasen, 1999) –, man solle dem Hasen ein Denkmal

setzen, der dem abergläubischen Puškin im Dezember 1825 in Michajlovskoe über den Weg lief und so seine Reise nach Petersburg verhinderte, wo er unweigerlich in den Strudel des Dekabristenverfolgung
geraten wäre... Ein neuer, spielerischer Umgang mit dem klassischen
Erbe zeichnete sich ab, ein wenig respektlos, nüchtern und witzig.
Kurz: Die russische Literatur lebt, sie wird weiter bestehen und gedeihen.

Erstes Kapitel

Die Europäisierung der
russischen Literatur

A. *Zwischen Barock und Klassizismus*
(1700–1790)

Globalrezeption und Mischformationen

Die russische Literatur im 18. Jahrhundert gewann ihren Charakter
aus der fundamentalen Umgestaltung des Russischen Reiches, die Zar
Peter nach der Großen Gesandtschaft, die er in den Jahren 1697/98 in
mehrere europäische Länder unternommen hatte, unverzüglich einleitete. Der Bruch mit der altrussischen und moskowitischen Vergangenheit war so gewaltig, die Geschwindigkeit, mit der das Neue sich Bahn
brach, so atemberaubend, daß sich zunächst, wie in einem riesigen
Schmelztiegel, chaotische Mischungen ergaben, aus denen sich erst allmählich neue Ordnungen herauskristallisierten. Mit den staatlichen
und gesellschaftlichen Verhältnissen gerieten natürlich auch die russische Sprache und die überkommenen kulturellen und künstlerischen
Ausdrucksformen in eine kritische Lage. Es bedurfte mehr als eines
Jahrhunderts und vieler Anstrengungen, um die Literatursprache zu
einem allseitig einsetzbaren Medium auszubauen. Für die Literatur ergab sich die Schwierigkeit, daß die Gattungen, Ausdrucksformen und
Themen, die die neuen Kulturstandards zu bedienen hatten, in der
eigenen Tradition entweder nicht vorhanden oder in unpassender Weise ausgebildet waren. Noch gravierender war für die Literaturentwicklung die Tatsache, daß durch die Öffnung nach Westen mit einem Male
der gesamte Kanon der in der Neuzeit entstandenen Stile und Werke
aller westlicher Literaturen zur Rezeption anstand. Was dort im Laufe
von mehreren Jahrhunderten ausgebildet worden war, von Petrarca bis
zu Boileau, die Antikenrezeption und die aktuellen Impulse eingeschlossen, wurde in Rußland in einigen Jahrzehnten «nachgeholt». Es
fand eine Globalrezeption statt, die die emotiven Ausdrucksformen des
Barock gleichzeitig mit denen des rationalistischen Klassizismus, später die des Sentimentalismus zusammen mit denen des Rokoko aufnahm und teilweise vermischte. So ergaben sich, auch wenn die
Rezeptionsgegenstände aus fremden Kulturen stammten, gleichwohl

einmalige Rezeptionsbedingungen, von sozusagen «sekundärer Originalität» (R. Lauer). Man wird daher die sich im Westen mehr oder weniger klar abzeichnenden Stilformationen in Rußland nicht in gleicher Weise trennen und beschreiben können. Vielmehr bilden Barock und Klassizismus in der ersten Phase (bis ca. 1790) eine Mischformation, die ihren Ausdrucksschwerpunkt vom Barock allmählich auf den rationalistischen Klassizismus verlagert, während Sentimentalismus und Rokoko, in Rußland in den 90er Jahren untrennbar miteinander verbunden, unmerklich immer mehr ins vorromantische Fahrwasser geraten. Die Vorbildwirkung der westlichen Literaturen hielt die ganze Zeit über an, wiewohl mit wechselnden Leitbildern und selbst da, wo die Gewinnung eigener Kulturwerte angesagt war. Die Entdeckung des *Igor'-Liedes* erfolgte im Kontext des Ossianismus.

Peter der Große und die Umgestaltung Rußlands

Zu Recht haben Zeitgenossen und Nachgeborene Peter als den wohl bedeutendsten russischen Herrscher eingeschätzt, im Guten wie im Bösen. Einerseits war er es, der Rußland aus seiner Randlage befreite, der sein Reich nach dem Vorbild westlicher Zivilisation und im Sinne der Aufklärung modernisierte und ihm eine entscheidende Machtstellung in Europa sicherte; andererseits mutete er um seiner ehrgeizigen Ziele willen seinem Volk unendliche Opfer und Lasten zu und lieferte es dank seiner rabiaten Europäisierungsmaßnahmen jenem Identitätsbruch aus, der nicht Jahrzehnte, sondern Jahrhunderte brauchte, um wieder ins Lot gebracht zu werden. Auch das Bild des Herrschers selbst ist zwiespältig. Unbändige Wißbegier, tatkräftiges Neuerertum und geniale Entschlußkraft verbanden sich in ihm mit unkontrollierter Ruhelosigkeit, waghalsigem Hasardieren und despotischer Grausamkeit. Seine autokratische Machtvollkommenheit konnte weder durch Prinzipien des Rechts noch der Menschlichkeit irgendwie gemindert werden. Das russische Selbstherrschertum, nun noch durch barocke Prachtentfaltung und ehrgeizige Unternehmungen potenziert, erreichte in Peter einen neuen Höhepunkt.

1689 auf den Thron gelangt (seit 1682 hatte er sich die Herrschaft bereits mit seinem geistesschwachen Halbbruder Ivan V. geteilt), hatte Peter zunächst weniger Interesse am Regieren als vielmehr an den Lebensformen der Nemeckaja Sloboda, der Moskauer Ausländervorstadt, gezeigt. Hier gewann er Freunde und Mitkämpfer (spodvižniki) wie General Gordon, einen Schotten, oder den Genfer François Lefort. Nachdem ihm 1696 durch die Eroberung der Festung Azov ein

ansehnlicher Erfolg gegen Türken und Krimtataren gelungen und der
Zugang zum Schwarzen Meer geöffnet war, begab sich Peter mit riesi-
gem Gefolge auf die legendäre Große Ambassade (Velikoe posol'stvo).
(Er selbst reiste inkognito als «Volontär» Pëtr Michajlov.) Die Stationen
der Gesandtschaft, Riga, Königsberg, Amsterdam, London, Wien und
Dresden, zielten nicht nur auf eine Festigung der außenpolitischen
Stellung des Zarenreiches und eine antitürkische Koalition (die am
Ende nicht zustande kam), sondern vor allem auch auf die Aneignung
von industriellen, handwerklichen und wissenschaftlichen Fertigkeiten, die das Russische Reich aus seiner technischen, merkantilen und
geistigen Rückständigkeit herauszureißen vermöchten. Nicht zufällig
lautete die Devise auf dem Siegelring des Herrschers: «Ein Lernender
unter Lehrenden». Die einschneidende Europäisierung und Modernisierung des rückständigen Landes sollte ihm einen Platz im Gefüge der
europäischen Mächte sichern, der seiner territorialen Größe und seinen unermeßlichen Naturschätzen entsprach. (Nach seiner Bevölke-
rungszahl zählte Rußland damals allerdings mit ca. 8–12 Mio. Untertanen noch zu den mittleren europäischen Staaten.) Rußland, oder
besser: Moskowien, hatte sich bis zur Regierungszeit Peters an der östlichen Peripherie Europas ohne Meereszugang befunden. Es hatte
zwar mit der Adelsrepublik Polen und mit dem Osmanischen Reich in
permanenter Fehde gelebt, der schwedischen Expansion hatte es aber
wenig entgegenzusetzen. Lediglich in östlicher Richtung breitete es
sich über den Jaik weiter und weiter nach Sibirien aus. Die moskowitischen Herrschaftsformen waren aus dem feudalen Mittelalter überkommen und hatten im Hofzeremoniell und den geistlichen Ritualen
viel Byzantinisches aufgenommen. Die Lebensbedingungen und Pro-
duktionsformen im Land entsprachen denen des Mittelalters. Beim
Tode Peters wird Rußland, nach 30jähriger Herrschaft dieses Monarchen, nicht nur innerlich in radikaler Form verändert dastehen, sondern auch sein außenpolitischer Status wird ein anderer sein. Es ist zu
einer europäischen Großmacht geworden, die kraftvolle Instrumente
militärischer Stärke aufzubieten hat und sich mit Erfolg anschickt,
auch in seiner offiziellen Kultur, der des Hofes wie des Adels, die europäischen Formen für sich zu gewinnen.

Unmittelbar nach der Rückkehr von der Großen Gesandtschaft
ging Peter daran, seine Vorstellungen in die Tat umzusetzen. Die innere Opposition um die Regentin Sof'ja, die sich auf die Strelitzen-Leib-
wache (strel'cy) und die Altgläubigen stützte, wurde grausam bestraft.
Damit waren jene Kräfte, die die überkommenen altrussischen Traditionen hätten verteidigen können, auf Dauer geschwächt, wenngleich
ihr Widerstand gegen die Petrinischen Reformen noch für lange Zeit

fortbestehen sollte. Den Bojaren ließ Peter die Bärte abschneiden, er verfügte eine neue Kleiderordnung. Statt des bequemen, weiten Kaftans mußten die Untertanen, ausgenommen nur Kleriker, Fuhrleute und Bauern, jetzt europäische Kleidungsstücke tragen. Ein kultursemiotischer Bruch, wie er drastischer nicht hätte sein können, wurde vollzogen.

Die neuen Waffen (darunter 10 000 Musketen und 3200 moderne Bajonette), die technischen und wissenchaftlichen Gerätschaften, die Peter in Holland und England angeschafft hatte, waren zu erproben; 700 aus dem Westen angeworbene Spezialisten begannen mit der Ausbildung junger Russen. Die Armee wurde reorganisiert, der Ausbau der Flotte unverzüglich in Angriff genommen. (Peter hatte den Schiffsbau von der Pike auf selber erlernt.) 1703 wurde Sankt-Petersburg an der unwirtlichen Mündung der Neva gegründet; Rußland besaß damit einen eisfreien Ostseehafen und eine Bastion gegen die Schweden. Daß die rasch und nach modernem Plan wachsende Neugründung 1712 zur russischen Hauptstadt erklärt wurde, machte für alle Welt den kulturellen Umbruch deutlich, der Rußland erfaßt hatte. Friedrich Christian Weber, der braunschweigisch-hannöversche Resident am Zarenhofe, beschrieb 1721 in seinem vielbeachteten Werk *Das veränderte Rußland*, wie das Land in kürzester Zeit «ganz verwandelt und verändert» worden sei. Die Nachwelt werde es in Zweifel ziehen, daß eine solche Verwandlung in der Zeit von zwanzig Jahren «bey einer so wüsten und widerspenstigen Nation» zustande gebracht und eine Stadt mit 60 000 Häusern «an einem morastigen Orte, allwo Anno 1701 nur 2 Fischer-Hütten gestanden», hatte erbaut werden können.

Nicht zuletzt erstreckte sich Peters Reformwerk auf die Neugliederung der Stände, der staatlichen Verwaltung, der Kirche und des Bildungswesens. Die alte genealogische Rangfolge des Bojarenadels (mestničestvo) wurde 1722 durch eine «Rangtabelle» (Tabel' o rangach) ersetzt, die für den militärischen, zivilen und höfischen Bereich vierzehn Dienstgrade festlegte, deren acht oberste mit dem Erwerb des erblichen Adels verbunden waren. Die Angehörigen des Adels hatten in diesen Rängen Dienst zu leisten, Nicht-Adelige konnten sich in den Adelsstand «empordienen». Das Prinzip des Dienstadels, das damit eingeführt war, dynamisierte die gesellschaftliche Ordnung in unerhörtem Maße. An die Stelle der moskowitischen Kanzleien (prikazy) trat das Kollegiensystem. Die im Geiste der Staatsrechtslehre Samuels von Pufendorf neugeschaffenen «Zwölf Kollegien» (dvenadcat' kollegij) bildeten das wichtigste Herrschaftsinstrument des Monarchen. Ebenso erließ 1721 Peter das von Feofan Prokopovič, seinem engsten geistlichen Mitkämpfer, verfaßte *Duchovnyj reglament* (Geistliches Reglement), das die Patriarchatsverfassung der russisch-orthodoxen Kirche durch ein geistliches Kollegium, den Heiligsten Synod (Svjatejšij sinod), ersetzte, der bis 1917 bestand. Um den Bedarf an praktisch ausgebildeten Militärs, Ingenieuren, Feldscheren und Bergfachleuten zu sichern, führte Peter entsprechende Lehranstalten ein. In Moskau wurde 1703 unter der Leitung des Pastors Ernst Glück eine Sprachenschule, eine Art Gymnasium, gegründet. Die 1714 für alle Stände, mit Ausnahme der Bauern, eingeführten «Ziffernschulen» (cifirnye školy) konnten sich auf die Dauer nicht durchsetzen. Erfolgreicher war die Gründung der Kaiserlichen Akademie der Wissenschaften (Imperatorskaja Akademija Nauk), die der Zar nach Memoranden von Gottfried Wilhelm Leibniz und Christian Wolff noch verfügt hatte, ohne die Eröffnung im Jahre 1725 zu erleben.

Man muß sich dabei vergegenwärtigen, daß Peter, gleichzeitig mit der inneren Umgestaltung des Reiches, permanent und mit wechselndem Glück Krieg führte. Im Bündnis mit August dem Starken kämpfte er gegen Schweden, dessen waghalsigen König Karl XII. er in der Schlacht von Poltava 1709 entscheidend schlagen konnte und dem er endlich im Frieden von Nystad 1721 die Vormachtstellung im Ostseeraum abrang. Zum anderen gegen die Türken, die, militärisch weit überlegen, im Pruth-Feldzug 1711 unter wundersam milden Bedingungen eine Kapitulation annahmen. Und endlich gegen Persien, wo er im Feldzug 1722/23 vorübergehend das West- und Südufer des Kaspischen Meeres eroberte.

Das zeitgenössische Rußlandbild war aufgrund der Nachrichten, die aus Rußland nach Westen drangen, von der Vorstellung geprägt, daß hier ein ungeordnetes und rückständiges Land durch den eisernen Willen seines Monarchen in den Zustand moderner Kultur und Gesittung versetzt werde. Was der Optimismus des Aufklärungszeitalters sich als geistig-sittliche Entfaltung des Menschen vorstellte, schien in Rußland das Ausmaß eines riesigen Experimentes anzunehmen. Wurde dieses Bild auch durch Enthüllungen über Grausamkeiten, despotische Willkür und manche Schlacken der Rückständigkeit immer wieder getrübt, so konnte doch Rußland seit Peter dem Großen und unter den ihm nachfolgenden Monarchinnen als ein Land gelten, das die angestammte moskowitische Isolierung aufgegeben und den Anschluß an die westeuropäische Zivilisation gefunden hatte. Mehr und mehr ins europäische Machtgeflecht inkorporiert, wob es dort seine dynastischen und diplomatischen Fäden ein. Peters glückhafte Erfolge gegen Schweden, die Türkei und Persien, die Optionen der russischen Herrscher im Siebenjährigen Krieg, die wiederholten

Triumphe Katharinas II. über das Osmanische Reich, die Teilung Polens sowie Rußlands Eingreifen in die Revolutionskriege unter Paul I. verdeutlichten den Europäern die wachsende Stärke des östlichen Reiches. Als bestauntes Wunder galt der Aufbau der russischen Kriegsflotte, der mit Peter begann und Rußland bald auch als Seemacht in Erscheinung treten ließ. Der große Seesieg bei Cesme 1770, von Cheraskov in dem Epos *Čessmesskij boj* (Die Seeschlacht bei Cesme, 1771) besungen, bei dem die türkische Flotte durch eine russische Eskader vollständig vernichtet wurde, gehört zu den denkwürdigen historischen Ereignissen des 18. Jahrhunderts.

Die Zarinnen Anna, Elisabeth und Katharina II.

Von der grundsätzlichen Ausrichtung auf Europa wurde auch in der Folgezeit nichts zurückgenommen. Die auf Peter folgenden «Gynäkokratinnen», Anna Ioannovna, Elisabeth und insbesondere Katharina II., verstanden sich als Fortsetzerinnen der Taten und Ideen des großen Zaren. Mit mehr oder weniger Erfolg trugen sie zur Vergrößerung des Reiches bei, ohne dabei Not und Erschöpfung des Landes zu dämpfen. Die prunkvolle Hofkultur, der ungeheure Reichtum der Würdenträger, die eindrucksvolle Kulturfassade, die Rußland im 18. Jahrhundert errichtete, wurden ebenso wie die politischen Erfolge und Territorialgewinne des Reiches mit der rücksichtslosen Ausbeutung der leibeigenen Bauern erkauft. Demgegenüber wurde die Dienstpflicht des Adels allmählich immer mehr gelockert und in der kurzen Regierungszeit Peters III. gar aufgehoben.

Unter der Kaiserin Anna Ioannovna lag die Herrschaft in der Hand des Favoriten Ernst Johann von Biron, der seinerseits die Ausländer, vor allem Deutsche, in einem Maße begünstigte, daß «bironovščina» (Biron-Herrschaft) in Rußland zum Inbegriff der Fremdherrschaft und kulturellen Überfremdung wurde. Die barocke Prunkentfaltung bei Hofe wurde ins Groteske getrieben, bis hin zur legendären Zwangshochzeit im Eispalast (ledjanoj dom) auf der Neva. Italienische und französische Theatertruppen kamen zur Vergnügung des Hofes ins Land. Doch muß man der Kaiserin zubilligen, daß sie 1732 nach preußischem Vorbild ein Landkadettenkorps (Suchoputnyj šljachetskij kadetskij korpus) gründete, das zur Pflanzstätte junger Adelsdichter wurde. Und auch die Bildung der für die Sprachpflege zuständigen «Russischen Versammlung» (Rossijskoe sobranie) im Rahmen der Akademie der Wissenschaften sollte sich förderlich auf die Entwicklung der Literatur auswirken.

Elisabeth, die «Tochter Peters» (dščer' Petrova), trat sehr bewußt als die Nachfolgerin ihres Vaters auf. So erneuerte sie eine Reihe von Reformen, die in der Zwischenherrschaft rückgängig gemacht worden waren. Den Adel versuchte sie dadurch für sich zu gewinnen, daß sie ihn freigebig mit Ländereien und Bauern beschenkte. Erst unter Elisabeth, so wird von der Forschung vermerkt, habe sich die Leibeigenschaft in der Form durchgesetzt, daß sich die Bauern im persönlichen Besitz des Gutherren befanden, unabhängig von der Bindung an das Land.

Trotz der politischen Schwäche und der persönlichen Unzulänglichkeiten der Kaiserin war Elisabeths Regierungszeit für die kulturelle Entwicklung Rußlands nicht unbedeutend. Günther Stökl sieht in ihr die «nötige Atempause», die Rußland nach dem «Schock der gewaltsamen Europäisierung» dringend benötigte. In der Tat wurde in den 40er und 50er Jahren das russische Element wieder merklich gefördert. Vom Präsidenten der Akademie, Graf Ivan Šuvalov, gestützt, wurde Lomonosov zum Vormann dieser bislang von den Ausländern beherrschten Institution. Beide waren maßgeblich an der Gründung der ersten russischen Universität in Moskau 1755 beteiligt. Die alte Hauptstadt erhielt damit ein Gegengewicht zum viel protegierten Petersburg, was sich alsbald in der Literatur ausdrücken sollte.

Als weitere Äquivalente zu kulturellen Einrichtungen in europäischen Ländern wurde 1751 ein russisches Hof- und 1756 ein Nationaltheater sowie 1757 die Akademie der Künste (Akademija chudožestv) gegründet.

Erst unter Elisabeth gelang es auch, die russisch-orthodoxe Kirche für die neue, europäisierte Monarchie zu gewinnen. Auf ihren Reisen im Lande wurden der Zarin, wie keinem anderen Herrscher zuvor, in Klöstern und Priesterseminaren panegyrische Schaustücke und Zeremonien vorgeführt, die von der Forschung noch kaum gesichtet sind. Zu dieser Betonung der russischen Eigenständigkeit gesellte sich in der Elisabethanischen Zeit, bedingt durch die zeitweilige außenpolitische Annäherung an Frankreich, freilich auch ein verstärkter französischer Kultureinfluß, der den deutschen und holländischen zurückdrängte.

Die über drei Jahrzehnte während Regierungszeit Katharinas II. zählt zu den großartigsten Epochen der russischen Geschichte. Nicht nur die militärischen Erfolge in den beiden Türkenkriegen, nicht nur der Glanz prunkvoller Feste des Hofes und der Katharinensischen Würdenträger und Favoriten, sondern auch innenpolitische Maßnahmen wie die Einsetzung der Großen Gesetzeskommission (1766) oder – auf kulturellem Gebiet – die Gründung der «Imperatorskaja Rossijskaja Akademija» (Kaiserlichen Russischen Akademie, 1783) als einer Stätte der Sprachpflege und Literaturförderung vermittelten das Bild einer mächtigen, aufgeklärten Monarchie, in der das Erbe Peters in humaneren Formen und vom Gesetz gebändigt fortgeführt zu werden schien. So etwa hat der Göttinger Historiker August Ludwig Schlözer, der die russischen Verhältnisse aus eigener Anschauung kannte, den Katharinensischen Staat in seinem *Neuveränderten Rußland oder Leben Catharinae der Zweyten, Kayserinn von Rußland* (unter dem Pseud. Haigold, 1767/68) beschrieben.

Katharina ließ sich bereits bei den Krönungsfeierlichkeiten 1762 in Moskau als russische Minerva oder Asträa, ihre Herrschaft als Heraufkunft eines neuen Goldenen Zeitalters feiern. Literatin auf dem Thron, verfaßte sie selbst Komödien sowie moralische und polemische Schriften. Auch der *Bol'šoj nakaz*, die «Große Instruktion» für die Arbeit der Gesetzeskommission (1767), eines der wichtigsten Dokumente des aufgeklärten Absolutismus im 18. Jahrhundert, war von ihr selbst entworfen worden. Was die Gesetzeskommission bei ihrem Versuch, europäische Rechtsnormen für Rußland zu gewinnen, hervorbrachte, kam indes einer Farce gleich: Wegen des Russisch-Türkischen Krieges wurden die festgefahrenen Beratungen der Kommission 1768 abgebrochen. Der einzige Beschluß, der gefaßt wurde, lautete, der Kaiserin den Titel «Katharina die Große, weiseste Mutter des Vaterlandes» anzutragen.

Katharina stand mit d'Alembert, Diderot und Voltaire in Briefwechsel. Auf ihre Einladung weilte Diderot 1773/74 in Petersburg, doch konnte er die Monarchin weder zur Aufhebung der Leibeigenschaft noch zur Rückverlegung der Hauptstadt nach Moskau bewegen. Diderot entwarf auch einen Bildungsplan für die russische Regierung, die sich später aber für das in Österreich erprobte Felbigersche System entschied.

Der Aufstand der Kosaken, Bauern und asiatischen Völkerschaften unter Emel'jan Pugačëv führte die Monarchie in den Jahren 1773–1775 an den Rand des Abgrunds. Die «Pugačëvščina» machte mit einem Schlage die unauflösbaren sozialen Spannungen des Reiches sichtbar und zerstörte damit den Nimbus des wohlgeordneten, vom Licht der Aufklärung überstrahlten Katharinensischen Staates – was besonders französische Rußlandkritiker kolportierten. Doch schmiedete sie auch Monarchin und Adel zu einer unverbrüchlichen Schicksalsgemeinschaft zusammen, welche Rußland später die Herausforderung durch die Französische Revolution unangefochten überstehen ließ.

Fremdeinflüsse und kulturelle Orientierung

Peter hatte nicht umsonst die niederländischen Generalstaaten, das Ende des 17. Jahrhunderts zivilisatorisch am weitesten entwickelte europäische Land, zum wichtigsten Ziel seiner Gesandtschaft gemacht. In der Petrinischen Zeit kamen von hier anfänglich die entscheidenden Einflüsse. Amsterdamer Drucker, darunter Jan Thessing, wurden mit dem Privileg ausgestattet, russische Bücher zu drucken. Von dem Druckagenten Elias Kopievskij, einem Polen oder Weißrussen, kamen alsbald – sprachlich noch sehr ungehobelte – Übersetzungen der Fabeln Äsops (*Pritči Èssopovy*) und des *Froschmäusekrieges* (*Gomerova Bran' Žab i Myšej*, beide 1705), der damals noch Homer zugeschrieben wurde. Zu den frühen holländischen Ausgaben zählten ferner, ebenfalls von Kopievskij kompiliert, eine Rhetorik (*Kratčajšee rukovodstvo po retorike*... [Kurze Anleitung zur Rhetorik], um 1700–1702) und die Emblemenzyklopädie *Symbola et emblemata* (1705, [2]1719), die für die höfische Repräsentation wie auch für die Taufe der neuen Schiffseinheiten unabdingbar war. Das Werk enthielt 840 Emblemata samt Inskriptionen in acht Sprachen, die aus verschiedenen Quellen (Daniel de la Feuille, M. Pallavicini, Nicolas Verrien u. a.) zusammengetragen waren. Die Werke aus der Amsterdamer Offizin ließen barocke Repräsentation und elementare Erbaulichkeit als ursprüngliche Funktion der neuen Literatur erkennen. Sie traten neben Fibeln und andere Lehrwerke nützlicher Materien, die mehr und mehr auch von den Druckereien in Moskau und Petersburg gefertigt wurden. Darunter waren Titel wie das dreisprachige (kirchenslawisch-griechisch-lateinische) Wörterbuch (*Leksikon trejazyčnyj*, 1704) von Fëdor Polikarpov oder die Übersetzungen wichtiger Geschichtswerke, die barocke bzw. frühaufklärerische Weltbilder nach Rußland vermittelten wie die *Introductio ad Historiam Europeam* (Petersburg 1718) Pufendorfs, die *Annales ecclesiastici* des Caesar Baronius (Moskau 1719) oder das die «illyrische» (d. h. südslawische) Größe beschwörende Buch des ragusanischen Benediktinermönches Mauro Orbini (Mavrourbin) *Il Regno degli Slavi* (Petersburg 1722).

Die ideengeschichtlichen Grundlagen der Reformen Peters des Großen lagen in der europäischen Frühaufklärung (E. Donnert). So wie Peter sich von den Vorstellungen der englischen und deutschen Denker anregen ließ, setzten diese sich auf das Werk des Zaren. Die Hallenser Pietisten um August Hermann Francke stellten sich auf Rußland ein, indem sie Russisch lernten, russische Bücher anschafften und selber druckten. Peter wandte sich an Francke um «tüchtige Orientalisten», die er für die Ausbildung der unterworfenen Tataren und Kalmücken benötigte. Halle bildete wohl in der Petrinischen Zeit das wichtigste Zentrum der Rußlandkunde in Europa (E. Winter). Von Gottfried Wilhelm Leibniz, dem bedeutenden Denker der Frühaufklärung, der in Rußland die Brücke zur Erschließung und Inkorporation Chinas in die Terra cognita sah, nahm Peter wesentliche Anregungen auf. Leibniz empfahl dem Zaren in einer Reihe von Denkschriften (die erste wurde 1696 verfaßt) die Einrichtung eines Kollegiums der Wissenschaften, die Einführung von Druckereien, Bibliotheken, Sammlungen und anderen technischen, künstlerischen und Bildungsinstituten. Durch den Ausbau der Wissenschaften und der Volksbildung, durch die Förderung des Gewerbes, des Bergbaus und der Verkehrswege werde, das suggerierten Leibnizens Vorstellungen, Rußland zu einem geordneten, prosperierenden Staatswesen werden. Dreimal traf der Philosoph mit dem Zaren persönlich zusammen. Die Eröffnung der Petersburger Akademie haben beide nicht mehr erlebt.

Auch der Philosoph Christian Wolff, der mit «vernünftigen Gedanken» das Tun und Lassen der Menschen zu regeln suchte, blieb, obwohl er einen Ruf an die Petersburger Akademie ablehnte, deren beständiger Berater. Ähnlich verfolgten später die Göttinger Aufklärer − Albrecht von Haller, ein Bewunderer Peters, und vor allem August Ludwig von Schlözer, der Herausgeber der Nestor-Chronik (НЕСТОРЪ. *Russische Annalen*, 1802−1809) und Förderer russischer Studenten − die russischen Angelegenheiten mit nicht ermüdender Sympathie.

Die nach Rußland gelangten Ausländer wandten ohne Umschweife die ihnen geläufigen dichterischen Formen in russischer Sprache an. Der von Peter zur Neuorganisation der Sprachschule berufene Pastor Ernst Glück (in seinem Hause in Marienburg hatte die schöne Magd Martha Skavronskaja gelebt, die das Herz des Zaren gewann und nach seinem Tode 1724 zur Kaiserin aller Reußen gekrönt wurde) übersetzte in den Jahren 1703−1705 zu Missionszwecken nicht nur Teile der Bibel, den Lutherischen *Katechismus* sowie den *Orbis pictus* des Comenius, sondern auch ein halbes Hundert protestantischer Kirchenlieder. Die Choralstrophenformen − 21 an der Zahl −, die er einführte, blieben jedoch ebenso wie die «tonischen» Verse, die er natürlicherweise schrieb, ohne Wirkung auf die prosodische Entwicklung des Russischen. Von Glücks Nachfolger, dem aus Thüringen stammenden Magister Johann Pause (oder Paus), der nach unstetem Lebenslauf als Akademieübersetzer endete, sind mehrere Gedichte überkommen, die ganz der deutschen Barockmanier verpflichtet sind: die Übersetzung einer «Liebeselegie» (*Ljubovnaja élegija* [*Dorinde soll ich denn verbrennen*]) von Hofmann von Hofmannswaldau, die in Sestinen und 4füßigen Jamben geschrieben ist; das erste Sonett in russischer Sprache (samt deutschem Paralleltext), *Posledovanie rossijskich orlov* (Abfolge der russischen Adler, 1715), auf die Geburt des Thronfolgers Pëtr Alekseevič, des späteren Peters II. (die Entzifferung des Textes gelang Galina Moiseeva nach chemischer Behandlung des verwitterten Papiers), sowie ein frivoler Text, den «schönen und hübschen Witwen und Jungfrauen» (*Krasnym i prigožim vdovuškam i devicam*) gewidmet. Pause übersetzte Teile der *Nestor-Chronik* ins Deutsche (*Sammlung russischer Geschichte*, hg. von G.-F. Müller, 1732–1735) und verfaßte eine russische Grammatik. Bemerkenswert ist der von Vladimir Peretc 1900 bekanntgemachte Traktat Pausens *De prosodie russica*, in dem erstmals der Gedanke ausgedrückt war, daß die russische Versifikation, wie es hieß, «nach der Ausrede und gemeiner Pronunciation eingerichtet» werden müsse, d. h. nach dem tonischen Prinzip.

In der Umgebung Katerinas I. waren einige deutschsprachige Dilettanten auszumachen – darunter Bergrat Stephan Kochius und Salomo Seemann –, die gewissermaßen einen Ableger der deutschen Barockdichtung in Rußland bildeten. Vilim Mons, der liebestolle Kammerherr der Kaiserin Katharina I., an dem Peter grausame Rache übte, setzte bei seinen galanten Abenteuern Verse und Billets ein, die er in der Sprache der Nemeckaja Sloboda verfaßte: Russisch in lateinischer Schrift geschrieben. Die dabei verwendete Bilder- und Symbolsprache läßt sich leicht als Transformation der petrarkistischen erotisch-galanten Phraseologie in ein ungelenkes Russisch erkennen. Auch in der Metrik waren die deutschen Gewohnheiten zu erkennen, wenn er schrieb: «Ach moi drug, schto ja tebie skasgu, / Ia wskorae protsch ot tebia othosgu...» (Ach, meine Freundin, was soll ich dir sagen: / ich werde bald von dir weggehen ...).

Unter der Patronage Birons und Münnichs gewannen Gottlob Friedrich Wilhelm Juncker und Jacob Stählin in ihrer Doppelfunktion als Akademieprofessoren und als Hofdichter richtungweisenden Einfluß auf die Literatur. Ihre Gelegenheitsoden auf höfische Anlässe, die der junge Lomonosov ins Russische zu übersetzen hatte, konnten nicht ohne Wirkung auf den Stil der russischen Odendichtung bleiben. Juncker stand der deutschen Vernunftschule nahe, also jener literarischen Formation, die in Deutschland die hochbarocke Zweite Schlesische Schule unter Berufung auf Boileau und Malherbe zu überwinden suchte. Trediakovskij feierte in seiner *Èpistola ot Rossijskija poëzii k Apollinu* (Epistel der russischen Poesie an Apoll, 1735) die deutschen Vernunftdichter (Besser, Canitz, König u. a.) in einem umfangreichen Dichterkatalog, in dem er weder Opitz, den «Erneuerer der deutschen Poesie», noch den «scharfsinnigen» Juncker vergaß.

Welch grundlegende Impulse Lomonosov während seiner Studien-
jahre in Marburg und Freiberg gerade auch aus Gottscheds Literaturgebäude und von den deutschen Rhetorikern bezog, ist von der Forschung seit langem erschlossen worden. Charakteristisch war für die
Russen bis in die 40er Jahre eine Mischformation, bestehend aus
barocken und nach-barocken (rationalistischen) Stiltendenzen, wie es
ähnlich auch in Deutschland vor Klopstock und Lessing zu beobachten ist. Ein deutlicher Paradigmenwechsel von deutschen zu französischen
Mustern zeichnete sich gegen Ende der 40er Jahre ab. Hatte unter den
ins Russische übertragenen Büchern der Anteil der französischen bis
1740 um 12 % gelegen (deutsche Werke waren mit 28 %, italienische
mit 18 % vertreten), so stieg er zwischen 1741 und 1760 auf 34 %, während die deutschen Werke auf 20 %, die italienischen auf 13 % absan-
ken. Zugleich wurde Französisch zur wichtigsten «Vermittlersprache»,
über die auch englische, spanische und italienische Werke erschlossen
wurden. Die Orientierung an der rationalistischen Poetik Boileaus
gewann jetzt die Oberhand. Französischen Exempla folgend, bildete
Aleksandr Sumarokov in den Jahren zwischen 1747 und 1759 den
Kanon der aktuellen poetischen Gattungen aus, ohne, wie noch Trediakovskij, Rücksicht auf überkommene Normen zu nehmen.

Barock und Klassizismus

Es ist schon gesagt worden, daß infolge der Globalrezeption eine
Reinheit der aufgenommenen Stile in Rußland nicht zu erwarten war.
Bereits in der vorpetrinischen Zeit, unter dem Zaren Aleksej Michaj-
lovič, waren barocke Formen verbreitet gewesen. Die Ukraine und
Weißrußland waren im 17. Jahrhundert zum Umschlagplatz der
Barockkultur aus Polen nach Moskowien geworden. Ihr produktivster
Träger war der orthodoxe bzw. unierte Klerus, der, wenn man so will,
im Kulturkampf die Waffen des Gegners ergriff. Simeon Polockij,
1664 aus Weißrußland nach Moskau berufen, hatte für die Zwecke des
moskowitischen Hofes außer Predigten eine Psalter-Übersetzung
(*Psaltyr' rifmotvornaja* [Verspsalter], 1678), barocke Panegyrika, gesammelt im *Rifmologion* (Rythmologion, 1679), das didaktische Riesenwerk *Vertograd mnogocvetnyj* (Der blumenreiche Ziergarten, 1678), das
nach dem Prinzip des barocken Enzyklopädismus nicht weniger als
1246 belehrende Gedichte in alphabetischer Anordnung (azbukovnik)
brachte, sowie die biblischen «Komödien» *Komidija pritči o bludnem syne*
(Komödie über das Gleichnis vom verlorenen Sohn, 1679) und *O Nav-*

chodonosore care . . . (Vom König Nebukadnezar, vor 1680) verfaßt. Das Kirchenslawische verband sich in diesen Werken mit der polnischen silbenzählenden Metrik (sillabizm) zu einem kulturologisch eigentümlichen Konglomerat. In der Petrinischen Zeit wirkte dieser gravitätische Stil im höfischen und klerikalen Bezirk noch eine Zeitlang fort. Erst im Jahrzehnt nach der Gesandtschaft wurde er zunehmend «verwestlicht», das heißt, er verlor seine orthodox-byzantinischen Beimengungen zugunsten des mythologisierend-heroischen Herrscherbildes, das Peter und seine Nachfolger um sich wanden. Dieser Barockstil wurde damit gleichsam zum höfischen Funktionalstil, der die an den Hof gebundenen Kunstäußerungen dominierte. Ihm war nicht nur das Hofzeremoniell unterworfen, sondern auch einzelne Gattungen wie die sogenannten «Deklamationen» (predstavlenija, d. h. dramatische Allegorien) oder die hohe Ode, deren Redeorientierung auf den Vortrag in großen Sälen ausgerichtet war. Feuerwerke und Illuminationen, barocke Kunstwerke schlechthin, da sie triumphale Herrlichkeit und eitle Vergänglichkeit in einem darboten, wurden in Rußland auf ein beneidenswertes Niveau gebracht. Dabei wurde die holländische Raketenzaunbühne mit zentralperspektivisch angeordneten architektonischen Aufbauten verwendet; Emblemata und Impresen, Devisen und Aufschriften (nadpisi) lenkten den Sinn der Aktionen. Im kleinen hatte Peter bereits mit seinen «Spielregimentern» (potešnye polki) in Preobražensk derartige Feuerwerke veranstaltet, seit der Eroberung von Azov 1696 wurden sie regelmäßig als groß aufgezogene barocke Gesamtkunstwerke bei Sieg, Krönung, Hochzeit, Geburt und anderen höfischen Festen vorgeführt (nach U. Jekutsch).

Weniger das spirituelle Barock als das der höfischen Repräsentation drang in der Petrinischen Zeit in den Vordergrund. Man mag fragen, ob denn die Akteure, die die Emblemata an die neuen Schiffe hefteten oder die Feuerwerke verglühen sahen, die weltanschaulichen Hintergründe der symbolischen Zeichen kannten, aus denen göttliche Ordnung zu ahnen und die Eitelkeit der irdischen Dinge zu erfahren war. Im Klerus freilich, vor allem im Umkreis des Metropoliten Stefan Javorskij, der seine Ausbildung an polnischen geistlichen Kollegien erhalten hatte und seit 1701 der Slawisch-Griechisch-Lateinischen Akademie (Slavjano-Greko-Latinskaja akademija) vorstand, hielt sich ein geistliches, kryptokatholisches Barock, das allmählich in einen gewissen Gegensatz zur Petrinischen Welt geriet. Die Synthese von Renaissance und Mittelalter, die Tschiževskij in der barocken Welt- und Kunstauffassung erkannte, kann für die russischen Verhältnisse nur bedingt angenommen werden, da «Renaissance», wie Dmitrij Lichačëv nachgewiesen hat, in Rußland seit dem 17. Jahrhundert gleichzeitig mit dem Barock – und das bedeutet: in der Form des Barock – rezipiert wurde.

Gefesselt durch das Realismus-Dogma, hat die sowjetische Literaturwissenschaft lange Zeit die Existenz einer Barockepoche in der russischen Literatur überhaupt in Frage gestellt. Die heftige Kontroverse zwischen Pavel Berkov, dem Leiter der Leningrader Forschungsgruppe «XVIII. Jahrhundert», der die Linie eines «Aufklärungsklassizismus» verfocht, auf der einen Seite und Dmitrij Tschižewskij sowie Aleksandr Morozov auf der anderen, die auf die offensichtlichen barocken Fakten hinwiesen, gehört – gottlob! – der Geschichte an. Heute steht dank den Forschungen von Aleksandr Pančenko, Andrej Robinson u. a. die Existenz einer russischen Barockformation unumstößlich fest. Natürlich besitzt sie ihre spezifische, im Verhältnis zum westlichen Barock nie ganz reine Prägung. Nach 1740 besteht sie nur noch in Stilkomplexen fort, d. h. in funktional bestimmten Textsorten wie der Odendichtung, den Formexperimenten Aleksej Rževskijs oder der Dichtung der Moskauer Freimaurerzirkel.

Der Begriff Klassizismus erweist sich für die russische Literaturgeschichte als wenig hilfreich. Das, was er bezeichnen soll, eine auf Vernunftprinzipien und Klarheit des Ausdrucks gegründete Literatur, könnte besser als Boileauismus oder Gottschedismus bezeichnet werden, womit die Autoritäten aufgerufen wären, denen sie folgte. Ihren soziokulturellen Sinn erhielt die «klassizistische» Formation durch die Bildungsideale der Aufklärung und die geselligen Bedürfnisse des Adels, die in den barocken Repräsentationsformen nicht lange aufgehoben bleiben konnten. Intim-emotionale und didaktisch-pädagogische Zwecke drängten den barocken Schwulst (vitievatost') zurück. In der Forschung hat man deshalb oft den Begriff «Aufklärungsklassizismus» (prosvetitel'skij klassicizm) bemüht, um das künstlerische System Sumarokovs und seiner Nachfolger zu kennzeichnen. In den 50er Jahren spielte sich zwischen Lomonosov und Sumarokov ein literarischer Kampf ab, bei dem es letztlich um die Dominanz staatspolitischer oder privater Zwecke der Poesie ging. Hier forderte der eine, etwa in seinem dichterischen *Razgovor s Anakreonom* (Gespräch mit Anakreon, 1756–1761), die Darstellung Rußlands in heroischem Pathos und humaner Zuversicht und machte Front gegen die leichtfertigen anakreontischen Trink- und Liebeslieder, während der andere den obsoleten, vernunftwidrigen Odenstil Lomonosovs in seinen *Ody vzdornye* (Unsinnsoden) parodierte. Dank seiner guten Beziehungen zum Präsidenten der Akademie, Graf Kirill Razumovskij, konnte Lomonosov die Veröffentlichung der Parodien unterbinden.

Frühe Zentren des literarischen Lebens – Zeitschriften – Buchwesen

Der durch Peter den Großen bewirkte kulturelle Umbruch veränderte auch das literarische Leben grundlegend. Bislang war die gültige Literatur eng an die religiöse Sphäre gebunden gewesen. Gewöhnlich waren Geistliche wie Simeon Polockij, der Hofprediger und -dichter des Zaren Aleksej Michajlovič, die Verfasser religiös-erbaulicher und weltlich-panegyrischer Texte gewesen. Sie hatten sich der kirchenslawischen Sprache bedient, also der alten, von den Slawenaposteln Kyrill und Method im 9. Jahrhundert auf der Basis eines südslawischen Dialektes geschaffenen Sakralsprache, die freilich im Laufe der Zeit eine spezifische russische Redaktion ausgebildet hatte. Unterhalb der Schwelle der «offiziellen» Literatur entstand eine handschriftlich verbreitete, volkstümliche Unterhaltungsliteratur, sogenannte Povesti (Erzählungen, Geschichten), in denen abenteuerliche Stoffe nicht nur um märchenhafte Helden (Eruslan Lazarevič, Bova Korolevič), sondern auch schon um die zu Lande und zur See reisenden zeitgenössischen Edelleute (Frol Skobeev, Savva Grudcyn) dargeboten wurden. Hier liegt die Wurzel zur russischen Volksbuchliteratur (lubočnaja literatura), die in Rußland bis ins 19. Jahrhundert hinein den Lesestoff für das einfache Volk abgab. Mit dem Neubeginn der russischen Literatur in der Petrinischen Zeit wurden Hof- und Adelsgesellschaft, zunächst noch in den engen Petersburger Relationen, Schauplatz und Bezugspunkt des literarischen Lebens. Durch die aus dem Ausland gewonnenen Gelehrten, Militärs und Fachleute entstand in Petersburg eine mehrsprachige, eine multiliterarische Atmosphäre. Neben den Russen lebten hier Autoren, die deutsch, italienisch, französisch schrieben; ausländische Theatertruppen gastierten regelmäßig in der Hauptstadt; hier erschienen in großer Zahl fremdsprachige Bücher und sogar Zeitschriften wie *Le Caméléon Littéraire* (1755) des Barons Tschoudy, die moralische Wochenschrift *Spaziergänge* (1772) von Johann Gottlieb Willamov oder die bibliographische Zeitschrift *Russische Bibliothek* (1772–1787) von Ludwig Christian Bacmeister.

Mit der Gründung der Petersburger Kaiserlichen Akademie der Wissenschaften erhielt die neue russische Literatur einen starken Rückhalt, hinter dem die Moskauer Slawisch-Griechisch-Lateinische Akademie (Slavjano-Greko-Latinskaja Akademija), an der seit ihrer Gründung im Jahre 1687 nach wie vor das Kirchenslawische und die traditionelle Schulrhetorik und -poetik als Grundlage der Literatur gelehrt wurden, bald zurückstand. Vasilij Trediakovskij und Michail

Lomonosov, die noch an der Moskauer Akademie ausgebildet worden waren, wurden nach ihren Studienaufenthalten in Europa an die Petersburger Akademie berufen. Diese bildete nicht nur das neue Zentrum der Wissenschaften, für das berühmte zeitgenössische Gelehrte wie die Brüder Nikolaus und Daniel Bernoulli, Georg Bernhard Bülffinger, später Peter Simon Pallas und Leonhard Euler gewonnen werden konnten, sondern sie beförderte auch die Entwicklung der Literatur in vielfältiger Weise. So gehörte es zu den Obliegenheiten des Akademieprofessors für Poetik, Moral und Eloquenz, Gottlob Friedrich Wilhelm Juncker, auf alle möglichen höfischen Anlässe Gelegenheitsoden zu dichten. Der Akademiker Jacob Stählin (Štelin), Professor der Eloquenz und Poesie, erlangte beträchtlichen Einfluß bei Hofe dank seiner Fähigkeit, effektvolle Feuerwerke, Allegorien und Zeremonien zu erfinden, wozu er ebenfalls von Amts wegen verpflichtet war.

Frühzeitig widmete sich die Akademie der dringend gebotenen Sprachpflege, wobei die Académie Française, die französische Sprachakademie, offensichtlich das Vorbild abgab. 1735 wurde vom «Oberkommandierenden» der Akademie der Wissenschaften, Baron Korff, die Gründung einer «Russischen Versammlung» (Rossijskoe sobranie) veranlaßt, deren Zweck es war, die Arbeit der Akademieübersetzer zu koordinieren und deren Sprache zu verbessern. Trediakovskij, dem die Leitung der «Russischen Versammlung» übertragen worden war, agierte in diesem Rahmen allerdings recht unglücklich. Zu dem von ihm entworfenen Programm, das auf nichts Geringeres als die Schaffung eines Normengebäudes der russischen Literatursprache hinauslief, hat er selbst nur geringfügig – mit seiner mißglückten Versreform oder einem abstrusen Orthographiekonzept – beigetragen. Erst Lomonosov, kühner und genialer als Trediakovskij, hat es in den folgenden zwei Jahrzehnten verwirklicht – wiederum im Rahmen seiner Tätigkeit bei der Akademie und in deren Auftrag, wenngleich auch gegen manchen Widerstand.

Seit 1728 gab die Akademie der Wissenschaften die *Primečanija k Peterburgskim Vedomostjam* (Anmerkungen zu den Petersburger Nachrichten) heraus, die erste Zeitschrift in Rußland, die neben wissenschaftlichen Abhandlungen auch schöngeistige und moralische Texte brachte, bei denen es sich großenteils um Übersetzungen aus englischen moralischen Wochenschriften (*The Spectator, The Guardian, The Rambler, The Tatler* usw.) handelte. Das Nachfolgeorgan *Ežemesjačnye sočinenija* (Allmonatliche Schriften, 1755–1764), von dem russischen Reichshistoriographen Gerhard Friedrich Müller (Miller) redigiert, bildete in den 50er Jahren zugleich die literarische Plattform Sumarokovs und seiner Anhänger, die in vieler Hinsicht mit der von Müller geförderten gottschedisch-rationalistischen Richtung in der Literatur übereinstimmten.

Sumarokov selbst, der erste ausgesprochene Vertreter der Adelsliteratur in Rußland, stammte aus einer alten Adelsfamilie und hatte seine Ausbildung an dem von der Kaiserin Anna eingerichteten Landkadettenkorps erhalten, einer Bildungsanstalt, an der auch die schönen Künste, vor allem Poesie und Theater, gepflegt wurden. Die Kadetten dieser Anstalt waren nicht nur die ersten Dichter im Adelsmilieu, sondern traten auch als Schauspieler im Hoftheater der Kaiserin Elisabeth auf. Mit der Eröffnung der Moskauer Universität 1755 entstand ein neuer Mittelpunkt der Literatur. Michail Cheraskov wurde als Assessor nach Moskau versetzt und mit der Leitung von Theater, Bibliothek und Druckerei der Universität betraut. Alsbald hatte er einen studentischen Zirkel um sich versammelt, der mehrere rein literarische Zeitschriften, darunter *Poleznoe uveselenie* (Nützliche Vergnügung, 1760–1762), herausgab. Trug die Kadettenanstalt dazu bei, ein literarisches Publikum in der Adelsgesellschaft allmählich heranzuziehen, so wuchs an der Universität mit der Zeit eine Schicht gebildeter Kleinbürger- und Popensöhne heran, die den Keim zu der künftigen Raznočincy-Intelligenz bildete.

Nikolaj Novikov

Wie schwierig es war, in dem rückständigen Land eine literarische Öffentlichkeit zu schaffen, wurde sichtbar, als Katharina II. das Ruder des Staatsschiffes ergriffen hatte. Um eine kritische Plattform zu schaffen, die Bildung und Gesittung im Lande befördern, zugleich aber auch auf die öffentliche Meinung einwirken sollte, ließ die literarisierende Zarin 1769 als ihr persönliches Sprachrohr die satirische Zeitschrift *Vsjakaja vsjačina* (Allerlei) herausgeben, mit der eine Reihe weiterer Journale in Wettstreit trat. Die Auflagenhöhe bewegte sich zwischen 500 und 1500 Exemplaren; so blieb der satirische Dialog, in den allein Nikolaj Novikov mit den Zeitschriften *Truten'* (Die Drohne, 1769/70) und *Živopisec* (Der Maler, 1772/73) gesellschaftskritische Schärfe hineintrug, auf den engen Kreis der Gebildeten in Petersburg beschränkt. Der Pugačëv-Aufstand setzte der Welle satirischer Zeitschriften dann fürs erste ein Ende. Wenige Jahre später hat Novikov in unermüdlichen, nicht zuletzt von den russischen Freimaurern geförderten journalistischen und verlegerischen Unternehmungen einen Zeitschriften- und Buchmarkt in Rußland erst eigentlich geschaffen.

Als Pächter der Moskauer Universitätsdruckerei veröffentlichte er von 1779 bis 1789 nicht weniger als 817 Titel, darunter 340 belletristische Werke, ferner Lehrbücher, Wissenskompendien, religiöse und freimaurerische Erbauungsschriften, womit er etwa zwei Drittel der verlegerischen Gesamtproduktion im damaligen Rußland bestritt.

Überhaupt haben die Freimaurerlogen verschiedener Systeme, die sich in Rußland seit den 30er Jahren, dann aber besonders in den 70er und 80er Jahren ausbreiteten, die russische Literatur nachhaltig beeinflußt, nicht nur durch die genannten verlegerischen und buchhändlerischen Aktivitäten, sondern auch durch die Gründung und Förderung literarischer Gesellschaften, in denen Studenten und Schüler zu literarischen Übungen ebenso wie zur moralischen Vervollkommnung angehalten wurden. Eine dieser rührigen Gesellschaften war das «Sobranie universitetskich pitomcev» (Vereinigung der Universitätszöglinge) in Moskau, das der den Rosenkreuzern nahestehende Johann Georg Schwarz, ein enger Freund Novikovs und des nach Moskau verschlagenen unglücklichen Jakob Michael Reinhold Lenz, 1781 gegründet hatte. Die von den Studenten herausgegebenen Zeitschriften *Večernjaja zarja* (Abendröte, 1782) und *Pokojaščijsja trudoljubec* (Der ruhende Arbeitsmann, 1784/85) enthielten zwar vorwiegend moralisch-didaktische und mystisch-religiöse Texte, und selbst Gedichtformen wie Sonett, Rondeau und Madrigal gerieten hier in den gleichen thematischen Sog, doch ist die Bedeutung des von Schwarz und Novikov geprägten literarischen Milieus daran abzulesen, daß auch Karamzin und Žukovskij, die Überwinder des Klassizismus in Rußland, in ihren literarischen Anfängen unter dem Einfluß der Moskauer Freimaurer standen.

Die Russische Akademie

Eine Fortsetzung des «Russischen Versammlung» bildete die in der Regierungszeit Katharinas II. auf Vorschlag der Fürstin Ekaterina Daškova gegründete, straffer organisierte «Kaiserliche Russische Akademie» (Imperatorskaja Rossijskaja Akademija). Ihre Aufgabe bestand, wie es in ihrem Statut heißt, in der «Bereicherung und Reinigung der russischen Sprache sowie in der Verbreitung der schönenen Literatur im Staate». Sie bestand von 1783 bis 1841 und konnte die bedeutendsten Autoren der Zeit zu ihren Mitgliedern rechnen. Über die Sprachpflege und die Erstellung des fundamentalen Akademiewörterbuches der russischen Sprache (*Slovar' Akademii Rossijskoj*, 1789–1794) hinaus wurden durch die Russische Akademie in großem Umfange Übersetzungen aus den westlichen Literaturen in Auftrag gegeben und veröffentlicht. Man hat oft das Auftreten Deržavins mit seiner Ode *Felica* (1783) als auslösenden Impuls für die Gründung der Russischen Akademie gedeutet. In der Tat gaben ihr Deržavin und sein Kreis in den ersten Jahren das Gepräge. Die etwa gleichzeitig von der Daškova initiierte Zeitschrift *Sobesednik ljubitelej rossijskogo slova* (Gesprächspartner der Liebhaber des russischen Wortes, 1783–84) kündete, indem sie die besten Dichter der Zeit versammelte, vom literarischen Glanz der Katharinensischen Epoche. Deržavin veröffentlichte hier einige seiner bedeutendsten Oden, darunter *Felica*, die die Zeitschrift eröffnete, *Na smert' knjazja Meščerskogo* (Auf den Tod des Fürsten Meščerskij, 1783) und *Bog* (Gott, 1784); von Ippolit Bogdanovič kamen mehrere Stanzen (stansy), d. h. «geordnete» Oden, ferner Gedichte von Vasilij Kapnist, Michail Cheraskov u. a., nicht zu vergessen auch die umfängliche Darstellung *Zapiski kasatel'no Rossijskoj istorii* (Notizen bezüglich der Russischen Geschichte, 1783/84), die die Zarin selber beisteuerte. Fonvizin trat mit ihr, anonym, in Streit, indem er ihr einige Fragen stellte, die bei klugen und ehrenwerten Leuten sonderliche Aufmerksamkeit erwecken könnten (*Neskol'ko voprosov, moguščich vozbudit' v umnych i čestnych ljudjach osoblivoe vnimanie*, 1783). Daß Katharina nicht mit sich spaßen ließ, bewies sie gerade an ihrer engen Freundin und Mitstreiterin Ekaterina Daškova. Als diese in die von ihr begründete, verdienstvolle Serie *Rossijskij featr* (Russisches Theater, 1786–1794), die das russische Dramenschaffen mit 175 originalen und übersetzten Texten dokumentierte, 1794 Knjažnins in der Tendenz republikanisches Drama *Vadim Novgorodskij* (Vadim von Novgorod) aufnahm, fiel sie in Ungnade.

Die Adelsgesellschaft wurde im Laufe des 18. Jahrhunderts in Rußland die eigentliche literaturtragende Schicht. Literatur war aus den Umgangs- und Unterhaltungsformen der Adelssalons beider Hauptstädte nicht mehr wegzudenken, sie wurde zum obligatorischen Bestandteil einer Geselligkeit, die Eleganz und Witz gewann. Was in dem literarischen Salon, aus dem die Zeitschrift *Večera* (Abende, 1771/72) hervorging, oder in dem liebenswürdigen Kreis um Nikolaj L'vov, Gavrila Deržavin, Ivan Chemnicer und Vasilij Kapnist Ende der 70er Jahre noch die Ausnahme sein mochte: der Adelssalon, in dem Dichter ihre Verse lasen, Madrigale und Expromts erfanden und verbreiteten, literarische Spiele und Wettstreite austrugen, wo man über guten Geschmack und Eleganz des poetischen Ausdrucks konversierte – das wurde gegen Ende des Jahrhunderts zum Nährboden einer Literatur, in der Sentimentalismus und Rokoko, empfindsames Schwelgen und graziöse Verspieltheit miteinander verschmolzen. Der Salon, «ein

Milieufaktum», so hat es Jurij Tynjanov formuliert, wurde in dieser Zeit zum «literarischen Faktum» (literaturnyj fakt).

Sprache, Stil und Metrik

In der altrussischen Literatur hatte vom 11. bis zum 17. Jahrhundert eine Diglossie bestanden. Die überlieferten Texte waren, sofern sie sakrale Gegenstände oder den Kult der orthodoxen Kirche betrafen, in kirchenslawischer Sprache abgefaßt, während die praktischen Texte des politischen, rechtlichen und gewerblichen Bereichs in heimischer russischer (bzw. ostslawischer) Sprache geschrieben wurden, die nur wenig vom Kirchenslawischen beeinflußt war. Daneben bestand die schriftlich selten fixierte Volkssprache (prostorečie). Keiner dieser Sprachstränge war geeignet, die durch Peters Reformen ausgelösten Änderungen und Neuerungen in den verschiedensten Lebensbereichen zu bewältigen. Für die neuen Sachen und Gegebenheiten mußten in großer Zahl entweder neue Wörter geschaffen werden – was sehr oft mittels Lehnübersetzung (Calque, russ. kal'ka) geschah –, oder die entsprechenden Bezeichnungen wurden einfach aus dem Holländischen, Deutschen, Französischen und Italienischen in mehr oder weniger verballhornter Gestalt entlehnt. Das Kirchenslawische wurde immer häufiger zu den Themen des Alltag hinabgezogen, die Volkssprache breitete sich in der höheren Sphäre aus. Kurz, es entstand ein chaotisches Sprachgemenge gleichsam als das linguistische Spiegelbild des Schmelztiegels, zu dem Rußland unter Peter geworden war.

Schon Peter war bemüht, das sprachliche Chaos durch sprachkulturelle Maßnahmen zu beheben oder wenigstens zu mildern. Er führte eine neue Zivilschrift (graždanskij šrift) ein, in der seither weltliche Texte gedruckt wurden (das kirchliche Kyrillisch blieb auf den klerikalen Bereich beschränkt), er ließ Wörterbücher und Grammatiken wie die kirchenslawischen Grammatiken von Meletij Smotrickij (*Grammatika*, ³1721) und Feodor Maksimov (*Grammatika slavenskaja* [Kirchenslawische Grammatik], 1723) herausgeben und veranlaßte die Übersetzung wissenschaftlicher und didaktischer Werke. Doch konnte all dies nichts an der Tatsache ändern, daß der Sprachgebrauch mit Ausnahme des Kirchenslawischen im innerkirchlichen Sektor über keine verbindlichen Stilnormen mehr verfügte. Unter dem Mangel der stilistischen Unordnung litten bis in die Mitte des Jahrhunderts fast ausnahmslos alle literarischen Versuche: die der Repräsentation der Monarchie dienenden Panegyrika, theatralischen Schauwerke, Feuerwerksinschriften und Lobreden ebenso wie Trediakovskijs erotischallegorischer Roman *Ezda na ostrov Ljubvi* (1730), eine Übersetzung von Paul Tallemants *Voyage à l'Isle d'Amour.* Obwohl sich Trediakovskij der Unmöglichkeit, einen weltlichen, erotischen Roman in kirchenslawischer Sprache zu schreiben, voll bewußt war und erklärtermaßen die Umgangssprache zu verwenden beabsichtigte, mißlang sein Vorhaben gründlich. Kirchenslawismen, russische Umgangssprache und die neue galante Phraseologie wurden in seinem Roman gröblich vermischt. Selbst die Horaz und Boileau nacheifernden Satiren des Diplomaten Antioch Kantemirs, die Anfang der 40er Jahre entstanden, scheiterten an dem Umstand, daß der ebenso begabte wie gelehrte Dichter nicht auf «durchformtes, literarisch geprägtes Sprachmaterial» zurückgreifen konnte (H. Schroeder).

In der Akademie versuchte man, dem Sprachverfall entgegenzuwirken, und sei es nur, um für die hier angefertigten Übersetzungen stilistische Standards zu gewinnen. Die sprachpflegerischen Aufgaben der «Russischen Versammlung» formulierte Trediakovskij in seiner Eröffnungsrede *O čistote rossijskogo slova* (Über die Reinheit der russischen Sprache). Die russische Versifikation müsse reformiert werden, eine neue Poetik und ein vollständiges Wörterbuch der russischen Sprache als verbindliche Grundlage für das russische Schrifttum geschaffen werden. Trediakovskij verwirklichte alsbald mit seinem metrischen Traktat *Novyj i kratkij sposob k složeniju rossijskich stichov* (Neue und kurzgefaßte Anleitung zum Verfassen russischer Verse, 1735) den ersten Teil seines Programms. Doch betraf seine metrische Reform lediglich den 11-und den 13silbigen Vers, die nunmehr mit trochäischen Versfüßen auszufüllen und, wie bisher, obligatorisch mit weiblichen Reimen zu versehen waren. Die erforderliche Tonisierung des Verses blieb damit in Halbheiten stecken. In seinem scholastischen Begriffsvermögen propagierte Trediakovskij als russischen «heroischen Vers» (stich geroičeskij) bzw. Hexameter einen Vers, der in Wirklichkeit aus sieben Versfüßen bestand und rhythmisch der sogenannten Vagantenzeile entsprach ($-\cup-\cup-\cup-\mid-\cup-\cup-\cup$). Indem er mit den angebotenen Metren (die Kurzverse blieben weiterhin silbenzählend) auf den Bruch mit der syllabischen Tradition verzichtete, brachte er seine Reform um jeglichen Erfolg. Seine Metren fanden, außer in Parodien, so gut wie keine Nachfolge.

Auf Gegenkurs zu Trediakovskij gingen Antioch Kantemir und Michail Lomonosov, der eine russischer Resident in Paris, der andere Student in Marburg. Während sich Kantemir in seinem Traktat *Pis'mo Charitona Makentina k prijatelju o složenii russkich stichov* (Brief des Chariton Makentin [d. i. ein Anagramm seines Namens] an einen Freund über das Verfassen russischer Verse, 1743, veröfftl. 1744) für die Beibehaltung der syllabischen Versifikation aussprach, ja diese nach italienischem Vorbild gar in reimloser Form als sogenannte «stichi svobodnye» (freie Verse) zu schreiben empfahl, setzte sich Lomonosov für die konsequente Tonisierung der Metren nach deutschem Muster ein. Kantemirs italienischer Weg hätte statt Versen syntaktisch erschwerte Prosa zur Folge gehabt, was in der Anfangsphase der neuen Literatur in Rußland nicht angehen konnte. (Bezeichnenderweise war auch dem späteren Versuch Stepan Ševyrëvs, die freiere italienische Metrik für die russische Poesie zu gewinnen, kein Erfolg beschieden.)

Lomonosovs Sprachreform

Eine Lösung der russischen Vers-, Sprach- und Stilprobleme, die den neuen Erfordernissen der Literatur gerecht wurde, hat erst Michail Lomonosov zuwege gebracht. Er schuf in vier Schritten ein literatursprachliches Normensystem, dem der seit der Antike vertretene Leitgedanke zugrunde lag, daß verschiedene literarische Aufgaben mit verschiedenen sprachlichen Mitteln, «Stilen», zu bewältigen seien. So ordnete Lomonosov das vorhandene Sprachmaterial und wies es den verschiedenen Stilebenen zu. Die Integration des kirchenslawischen und des russischen Elements in einen Sprachkörper war damit ins Werk gesetzt und sicherte der russischen Literatursprache eine erstaunliche Ausdrucksvielfalt. Lomonosovs Weg führte von der Frage der russischen Versifikation über die allgemeine Rhetorik und die Grammatik zum eigentlichen Zentrum der Stilproblematik, der Lexik.

In seinem in Deutschland geschriebenen *Pis'mo o pravilach rossijskogo stichotvorstva* (Brief über die Regeln der russischen Versifikation, 1739), einer Replik auf Trediakovskijs Metriktraktat, ersetzte er die bisherige syllabische Versifikation nun konsequent durch das sogenannte syllabotonische System. Indem er postulierte, daß russische Verse «entsprechend der natürlichen Eigenart der russischen Sprache» zu schreiben seien, der prosodische Reichtum der russischen Sprache genutzt und nichts Unpassendes in sie hineingebracht werden solle, empfahl er ausdrücklich – in tonischer Umkodierung – jambische, trochäische, daktylische, anapästische und bereits auch gemischt daktylo-trochäische und anapästo-jambische Verse. (Die antike Begrifflichkeit wurde beibehalten, doch wurde nun die alte Länge als betonte, die antike Kürze als unbetonte Silbe definiert.) Auch waren nun weibliche, männliche und daktylische Versschlüsse (Reime) genehm. Die Überlegenheit Lomonosovs über Trediakovskij zeigte sich hauptsächlich in der Fähigkeit, empirische Befunde hinsichtlich der prosodischen Eigenschaften

Michail Lomonosov

des Russischen zur Grundlage der Theorie zu machen und von obsoleten Dogmen wie der 13 silbigkeit, der «polnischen Zäsur» (7 + 6) und
dem weiblichen Reim abzurücken. Es wirft ein bezeichnendes Licht
auf die Weitsichtigkeit des Lomonosovschen Entwurfs, wenn man
bedenkt, daß die bei ihm bereits vorgesehenen gemischt 2- und 3 teili-
ge Metren sich erst zu Anfang des 20. Jahrhunderts als Dol'niki in der
russischen Poesie durchsetzen sollten.

Den zweiten Schritt bildete Lomonosovs Rhetorik *Kratkoe rukovodstvo k krasnorečiju* (Kurze Anleitung zur Beredsamkeit, 1748). Von

1742 bis 1748 hatte er an dem Werk gearbeitet, das die bislang gebräuchlichen lateinischen Schulrhetoriken ablösen und die Grundlage für einen zeitgemäßen stilistischen Standard weltlicher Poesie und Prosa sein sollte. Wichtig waren dabei die zahlreichen Textbeispiele, anhand deren Lomonosov die dargestellten rhetorischen Verfahren exemplifizierte. Sie bewiesen die Ausdrucksfähigkeit der russischen Sprache und wurden zu wirksamen Mustern für die sprachliche Gestaltung bestimmter Materien und Gattungen. In der 1754/55 verfaßten *Rossijskaja grammatika* (Russische Grammatik, 1757) stellte Lomonosov die orthographischen, phonetischen, morphologischen und syntaktischen Regeln der russischen Sprache zusammen. Während er dabei bereits die stilistischen Differenzierungen einzelner Laut- und Formenregeln herausstellte, blieben die orthographischen Regeln noch im Rahmen der kirchenslawischen Konventionen. Das damit in die sprachliche Entwicklung eingebrachte archaische Moment war allerdings aus der ungenügenden Normierung des umgangssprachlichen Ausdrucks zu erklären. Und Lomonosovs Sprach- und Stilreform bestand – im Einklang mit dem Denken der Aufklärung – vor allem in der pragmatischen Klassifizierung und Normierung des Vorgefundenen, nicht aber in der schöpferischen Neusetzung. Dies gilt auch für die stilistische Klassifizierung des lexikalischen Inventars, den krönenden Abschluß des Normenentwurfs von Lomonosov. Sie wurde vorgenommen in dem Traktat *Predislovie o pol'ze knig cerkovnych v rossijskom jazyke* (Vorrede über den Nutzen der Kirchenbücher in der russischen Sprache), der den Gesammelten Werken Lomonosovs (*Sobranie raznych sočinenij v stichach i v proze* [Gesammelte Werke in Versen und in Prosa]) im Jahre 1757 vorangestellt war. Lomonosovs ausdrückliches Ziel war es, das Kirchenslawische, die Sprache der «kirchlichen Bücher», im Sinne einer stilistischen Differenzierung für das Russische einzusetzen: «Ebenso wie die Materien, die durch die menschliche Rede dargestellt werden, sich entsprechend ihrer Wichtigkeit unterscheiden, besitzt auch die russische Sprache bei angemessener Verwendung der kirchlichen Bücher verschiedene Grade: einen hohen, einen mittleren und niedrigen.»

Der russische Wortschatz wurde von Lomonosov in folgende Kategorien unterteilt: 1) Wörter gemeinslawischen Ursprungs, die im Russischen und Kirchenslawischen gleichermaßen verwendet werden, wie: bog, slava, ruka, nyne, počitaju (Gott, Ruhm, Hand, jetzt, ich ehre); 2) kirchenslawische Wörter, die in der Alltagssprache selten gebraucht werden, den Gebildeten aber wohl vertraut sind, wie: otverzaju, gospoden', nasaždennyj, vzyvaju (ich öffne, dem Herrn gehörig, gepflanzt, ich flehe an); 3) Wörter der russischen Umgangssprache, also solche, die in den kirchlichen Büchern nicht verwendet wurden, wie: govorju, ručej, kotoryj, poka, liš' (ich spreche, Bach, welcher, bis, nur).

Die drei lexikalischen Kategorien wurden den Stilen, um die es Lomonosov ging, in der Weise zugeordnet, daß im hohen Stil (vysokij štil') Wörter der ersten und der zweiten, im mittleren Stil (posredstvennyj štil') solche der ersten und der dritten Verwendung finden sollten; für den niedrigen Stil (nizkij štil') wurde der Ausschluß des kirchenslawischen Elements gefordert. Seltene Kirchenslawismen und Barbarismen, d. h. seit der Petrinischen Zeit eingedrungene Fremdwörter, sollten vom literarischen Gebrauch ausgeschlossen sein, Vulgarismen lediglich in «gemeinen Komödien» ihren Platz haben. Jedem Stil wurden entsprechende Gattungen zugeteilt: dem hohen Stil das heroische Epos, die Ode und die feierliche Rede über wichtige Gegenstände; dem mittleren dramatische Werke (deren heroischen Teile freilich im hohen Stil auszuführen waren), Versepistel, Satire, Ekloge und Elegie; dem niedrigen Komödie, Epigramm, Lied sowie Privatbrief und gewöhnliche Beschreibung.

Damit war ein hierarchisches Stilsystem in Rußland etabliert, das es erlaubte, jedwede Materie und Gattung in Entsprechung zu westlichen Vorbildern zu gestalten. Ja, Lomonosovs System war, da es über eindeutige Kriterien für die stilistische Valenz der russischen Wörter verfügte, der französischen oder deutschen Stilistik sogar überlegen.

Die Anordnung von Vorrede und darauffolgenden Werken in der Ausgabe von 1757 war wieder als Vorführung von Beispielen im Sinne des Praeceptum-Exemplum-Schemas der traditionellen Poetik zu verstehen (V. Vomperskij), wenn auch die Textauswahl, bestehend aus geistlichen und weltlichen Oden, Inskriptionen, feierlichen Reden, zugleich die verengte Ausrichtung auf die hohe Stilsphäre verdeutlichte, die Lomonosovs eigene literarische Praxis kennzeichnete. Da er sich als Diener des russischen Staates und damit der russischen Monarchie verstand, waren seine dichterischen Texte überwiegend der Repräsentation des Staates und des Herrscherhauses gewidmet. Trotz solcher Selbstbeschränkung ihres Schöpfers setzte sich Lomonosovs Stilordnung im literarischen Bereich alsbald in voller Breite durch und blieb bis zur Puškin-Zeit prinzipiell wirksam. Allerdings änderte sich im Laufe der Zeit der Stellenwert der Stile, indem der mittlere Stil, den Lomonosov am wenigsten klar definiert hatte, immer mehr zum Ausdrucksmedium der Adelsliteratur wurde. Karamzins «novyj slog» (neuer Stil) war in den 90er Jahren nichts anderes als der mittlere Stil Lomonosovs, der sich in Geschliffenheit und Eleganz im Sinne geselliger Verkehrsformen der Salonkultur übte. Auch Stilmischungen

waren zu besonderen künstlerischen Zwecken — wie etwa in den
Oden Deržavins oder in Radiščevs *Putešestvie iz Peterburga v Moskvu*
(Reise von Petersburg nach Moskau) — zum Ende des Jahrhunderts
hin zunehmend zu verzeichnen. Doch bedeutete dies nicht, daß die
Stilkategorien als solche in Frage gestellt worden wären, sondern nur,
daß sie in neuer Weise eingesetzt wurden. Auf jeden Fall gebührt
Lomonosov das große Verdienst, mit dem Kirchenslawischen und
Russischen die sprachliche Substanz abgesteckt zu haben, aus der in
einem langwierigen Prozeß der Verschmelzung und Verschleifung am
Ende die reiche russische Literatursprache hervorgehen konnte.

Ästhetik und Poetik

Schon im 17. Jahrhundert war die lateinische Schulpoetik und -rheto-
rik über Polen zu den Ostslawen vermittelt worden und diente in den
geistlichen Kollegien als Grundlage der literarischen Unterweisung.
Die syllabische Dichtung, in rhetorisierter kirchenslawischer Sprache
geschrieben, war Ausdruck eines neuen Kulturmodells, das in Opposition zu überkommenen — altrussischen — Kulturformen getreten war
und diese, wie der Rückzug der Altgläubigen zeigt, erfolgreich verdrängt hatte. Im Zuge der Petrinischen Reformen erwiesen sich die
syllabisch-kirchenslawischen Traditionen nun ihrerseits bald als einseitig und überholt, nicht nur, was ihre Themen und Sprache, sondern
auch, was ihre poetologischen Grundlagen betraf. Versifikation, Strophik und Gattunsspektrum bewegten sich in den Schulpoetiken auf
veralteten Bahnen. Epos, Drama, Ode und Elegie wurden nach antiken oder polnischen Praecepta und Exempla bestimmt. Barockem
Geschmack entsprachen die vielfältigen Vexier- und Spielformen der
Carmina curiosa und Carmina figurata.

Der Traktat *De arte poetica libri tres*, den Feofan Prokopovič nach seiner Rückkehr aus Italien anhand seiner Vorlesungen an der Kiever
Akademie 1705 veröffentlichte, lebte noch ganz von jenem geistlichen
Schulbarock, das die Jesuitenkollegien vorgegeben hatten. Ihm blieben
auch die Werke dieses Geistlichen, der bald zu einem der wichtigsten
Mitstreiter Peters für ein verändertes Rußland werden sollte, weiterhin
verpflichtet: die «Tragödokomödie» *Vladimir* (1705), ein barocker Ludus
caesareus über die Taufe der Russen unter Vladimir dem Heiligen mit
allerlei Mummenschanz, oder das *Epinikion* (1709) auf Peters Sieg bei
Poltava. Muster der epischen Dichtung war für Feofan Prokopovič
Tassos *Befreites Jerusalem*, das er ausgiebig nach der polnischen Übersetzung von Piotr Kochanowski (1621) zitierte. Die Vorliebe für Tassos

christlich-heroisches Epos verdeutlichte die ästhetische Position Pro-
kopovičs: In ihm schien die Vereinigung von *utilitas* und *delectatio* im
Sinne des Horaz erreicht, die Feofan Prokopovič als ästhetisches Ideal
vorschwebte.

Auch Vasilij Trediakovskij blieb in seinen zahlreichen poetologischen Traktaten in vielem noch der Schulpoetik verpflichtet. Ob in
seinem *Rassuždenie ob ode voobšče* (Abhandlungen über die Ode im allgemeinen, 1734), seinem *Novyj i kratkij sposob k složeniju rossijskich stichov*
(Neue und kurze Anleitung zum Abfassen russischer Verse, 1735), ob
in seinen Traktaten über die Komödie (*Rassuždenie o komedii voobšče*
[Abhandlung über die Komödie im allgemeinen], 1751) oder über das
heroische Epos (Vorrede [*Predyz-jasnenie ob iroičeskoj piime*] zur *Tilemachida*, der Versübersetzung des *Télémaque* von Fénelon, 1766) – stets verwickelte sich der bemühte, fleißige Trediakovskij in Widersprüche, da
er sowohl der syllabisch-kirchenslawischen Tradition als auch der
Weltläufigkeit der französischen Salonpoesie gerecht zu werden versuchte, sowohl dem Rationalismus und Didaktismus Boileaus, dessen
L'Art poétique (u. d. T. *Nauka o stichotvorenii i poézii* [Wissenschaft von
der Versifikation und Poesie], 1752) er übersetzte, als auch dem politischen Ernst Fénelons und Rollins. Hinzu kam, daß er sich auch stets
von den Positionen seiner Widersacher Lomonosov und Sumarokov
glaubte abgrenzen zu müssen. Trotz solcher Widersprüche können
Trediakovskij einige Verdienste nicht aberkannt werden. So löste er
mit seinem metrischen Traktat von 1735 zwar die Probleme der russischen Versifikation nur sehr unvollkommen, doch stellte er in dem
gleichen Text erstmals in Rußland die Gattungen Sonett, Rondeau,
Epistel, Elegie, Ode, Stanze, Madrigal und Epigramm in neuer inhalt-
licher und formaler Beschreibung sowie eigenen Mustertexten vor.
Unter den Exempla befand sich die Übersetzung des Sonetts *Grand
Dieux! tes jugements sont remplis d'équité* von Jacques Valle Des Barreaux,
das wegen des in ihm formulierten theologischen Syllogismus
Berühmtheit erlangt hatte und in der Folgezeit in Rußland immer
wieder übersetzt wurde. Das Rondeau (*Rondo*), weit entfernt von
Voitures «poésie d'actualité mondaine», besang den Geburtstag der
Kaiserin Anna, vorgeblich «einfach» (prosto), tatsächlich aber mit so
gestelztem stilistischem Aufwand, daß das Programm der Einfachheit
schon durch die Faktur des Textes schlagend widerlegt wurde. Und
was hatte gar das plumpe Madrigal auf den Audienzsaal der Kaiserin –
ein «dichterisches Mastodon», wie man es später genannt hat – mit der
anmutigen Gattung zu tun, die es vorstellen sollte? So erging es
Trediakovskij immer wieder: Trotz seines Neuerungswillens ver-
strickte er sich allzu oft im Alten.

Lomonosovs Beitrag zur ästhetischen und poetologischen Theorie ist, abgesehen von den praktischen Fragen der Versifikation und der Stilistik, für die er zeitgemäße Lösungen anbot, implizit in seinen philologischen Schriften enthalten. Auf eigenartige Weise bestimmte er die Aufgabe seiner Dichtung in seinem *Razgovor s Anakreonom* (Gespräch mit Anakreon, 1756–61), einem Gedichtzyklus, der aus Anakreon-Übersetzungen und Repliken Lomonosovs bestand. Die Gegenüberstellung von Anakreon, dem Sänger des intimen Lebensgenusses, und Cato, dem Prediger staatlicher Tugend, ermöglichte es Lomonosov, den eigenen dichterischen Zweck vorzuführen: die Mutter Rußland abzubilden als Gesetzgeberin und Friedensstifterin der Welt. So war Lomonosovs Poesie einerseits einem unbedingten russischen Patriotismus verschrieben wie auf der anderen Seite den Ideen der Aufklärung. Hofdichter und universal gebildeter Wissenschaftler in einem, vereinigte Lomonosov in seiner Dichtung das odisch-schwülstige und das physikalisch-lehrhafte Element. Die spätbarocke Odendichtung Johann Christian Günthers hat ihn ebenso beeinflußt wie die physikotheologische Poesie von Barthold Hinrich Brockes. Zierstil (vitievatost'), Allegorie, ausgefallene Metaphorik, Merkmale einer noch barocken Stilauffassung, wurden in Lomonosovs Rhetorik als unverzichtbare Verfahren der poetischen Rede abgehandelt. Noch weniger ließ der Stil seiner höfischen Oden selbst daran zweifeln, daß Lomonosov als Dichter noch ganz im Banne des Barock stand, was freilich auch durch das höfische Zeremoniell mit seinen barocken Repäsentationsformen bedingt war.

Sumarokovs Entwurf der klassizistischen Gattungen

Aleksandr Sumarokov wurde in der Mitte des Jahrhunderts zum Verächter und Verspotter der schwülstigen Oden Lomonosovs. Seine ästhetischen Ideale waren die Boileaus: *clarté* (jasnost'), *bon sens* (zdravyj razum), *naiveté* (prostota). Nicht mehr im Nutzen für den autokratischen Staat – wie Lomonosov – sah er den Zweck der Dichtung, sondern im Nutzen für die Adelsgesellschaft (G. Gukovskij). Seinem Vorbild Boileau folgte Sumarokov auch in der Methode der Verbreitung der neuen poetologischen Doktrin. In den 1748 veröffentlichten *Dve épistoly* (Zwei Versepisteln), *O russkom jazyke* (Über die russische Sprache) und *O stichotvorstve* (Über die Dichtkunst), legte er seine – Lomonosov entgegengesetzten – Ansichten über Sprache und Stil sowie über eine zeitgemäße Gattungspoetik dar. Nach dem klassizistischen Praeceptum schrieb Sumarokov bis 1759 exemplarische Werke in fast allen zeitgemäßen Gattungen und wurde so, wenn auch von Lomonosov und Trediakovskij bekämpft, der «Kanonisator des russischen Klassizismus» (L. Kulakova).

Die Epistel über die Sprache legte dem beginnenden Dichter nahe,
den Reichtum der russischen Sprache recht zu nutzen, sich nicht von
fremdem Glanz blenden zu lassen und den auszudrückenden Sinn
klar, frei und angemessen zu formulieren. Bei Übersetzungen komme
es auf die sinngemäße, nicht auf die wörtliche Wiedergabe des Originals an: Was in der französischen Sprache schön und gut sei, könne bei
genauer Übersetzung ins Russische häßlich sein. Das entsprach dem
französischen Übersetzungideal der «belles infidèles» (J. von Stackelberg).
Im Lob der russischen Sprache stand indes Sumarokov seinem
Widersacher Lomonosov nicht nach. Die russische Sprache wurde als
süß, rein, prächtig und reich gepriesen, doch brächten die Russen zu
wenig guten Stil in sie hinein.
Von Boileaus poetologischen Vorstellungen wich Sumarokov nur
selten ab, etwa wenn er Aristophanes und Molière als Komödiendichter rühmte oder die einfachen Lieder (pesni) ausführlich behandelte,
die bei Boileau ganz fehlten. Auch mit seinem Interesse an der Volksliteratur, die er wegen ihrer Einfachheit und Natürlichkeit schätzte,
ging Sumarokov über Boileau hinaus. (Daß damit ein Keim gelegt
war, der antiklassizistische Wirkungen zeitigen sollte, konnte er nicht
ahnen.) Sonst hat er in seiner Epistel O *stichotvorstve* mit dem Postulat
der Vernünftigkeit des Inhalts und der Klarheit des Ausdrucks dichterischer Werke die Grundsätze der rationalistischen Ästhetik vertreten
und einen entsprechenden Dichterkatalog aufgestellt, der mit Homer
einsetzte und mit Pope endete. Von den Engländern war auch der
«unaufgeklärte Shakespeare» (Šekspir, chotja neprosveščennyj) genannt, von den Deutschen allein Johann Christian Günther. Der
Kanon der klassizistischen Gattungen wurde mit den thematischen
und stilistischen Charakteristika einer jeden ausgebreitet, wobei das
Prinzip der Reinheit der Gattung nachdrücklich gefordert wurde.
Relativ kurz handelte Sumarokov zu Anfang Ode und Epos ab, die
beiden von ihm wenig geliebten hohen Gattungen, und ging dann um
so ausführlicher auf die dramatischen Gattungen, Tragödie und Komödie, ein. Es folgten Satire und Epigramm, ausführlich wurde die
Fabel dargestellt, gefolgt von dem burlesken Epos. Auch die «dichterische Spielerei» (igran'e stichotvorno), Sonett, Rondeau, (lyrische) Ballade, wurde nicht vergessen. Am Schluß führte er, immer auf den
angemessenen Stil bedacht, Lied und Elegie an. Die Epistel endete mit
einer für Sumarokov ungewöhnlichen Toleranz: «Alles ist löblich: ob

Drama, Ekloge oder Ode / Schreib das, wozu dich deine Natur zieht; / Nur gebe der Schriftsteller dem Geist Bildung: / Unsere herrliche Sprache ist für alles geeignet.»

Die Aufklärungsfunktion stand also für Sumarokov hinter allem dichterischen Beginnen; ihr durfte kein Werk, keine Gattung entzogen sein. Und unter dieser Forderung entfaltete sich in der Folgezeit auch das poetische Werk Sumarokovs. In ihm dominierten didaktisch konzipierte Gattungen wie Tragödie, Komödie, Satire, Fabel, Epigramm. Und in ihnen wurde ein Stil verwirklicht, der das dichterische Wort gleichsam als «wissenschaftlichen Terminus» (G. Gukovskij) einsetzte, das Verbum proprium der Trope allemal vorzog und in den niedrigen Gattungen (Komödie, Fabel, Satire, Epigramm) auch vor vulgären Wendungen nicht zurückschreckte. Ode und Epos gehörten, solcher Einstellung gemäß, nicht in Sumarokovs Interessenbereich; der Ode gewann er, von offiziellen Pflichtübungen abgesehen, vor allem parodistische Aspekte ab; ein Versuch, ein heroischen Epos über Dmitrij Donskoj (*Dimitriady* 1769) zu schreiben, geriet über zwei Dutzend Verse nicht hinaus.

Das poetologische Wissen, so wie es von Trediakovskij, Lomonosov und Sumarokov niedergelegt und in der dichterischen Praxis angewendet worden war, wurde in der Folgezeit in dem populären Wissenskompendium *Rossijskaja universal'naja grammatika* (Russische Universalgrammatik, 1769, [6]1796, bekannt u. d. T. *Pis'movnik*) des «Professors und Kavaliers» Nikolaj Kurganov sowie in den für den Unterricht an den geistlichen Kollegien bestimmten *Pravila piitičeskie* (Poetische Regeln, 1774, [5]1795) des Poetiklehrers der Moskauer geistlichen Akademie und späteren Bischofs von Archangel'sk Apollos Bajbakov verbreitet. Kurganov und Bajbakov beförderten mit ihren Dichtanleitungen literarische Beschäftigungen unter den Zöglingen der militärischen und geistlichen Lehranstalten, was allmählich zu einer Vermischung der klassizistischen mit volkstümlichen und schulpoetischen Traditionen in der Schicht der lesenden Bevölkerung unterhalb des städtischen Adels führte.

Die neuen Gattungen

Die lyrischen Gattungen

Im traditionellen Gattungssystem nahm die Ode als die «lyrische Poesie» schlechthin neben Epos und Tragödie den höchsten Rang ein. Sie bildete besonders im Umkreis des Hofes ein notwendiges Requisit der verbalen Repräsentation; sie trat als integraler Bestandteil der Hofzeremonien zu anderen Formen der Darstellung von Monarch und Staat hinzu. Von dieser gesellschaftlichen Funktion her hat Jurij Tynjanov die Grundstruktur der hohen Ode im 18. Jahrhundert als eine oratorische Struktur bestimmt, die sich aus ihrer Rede-Intention – pathetische Deklamation in großen Schloßsälen – ergab. Die Verwirklichung einer Odendichtung, die diesen Zwecken gerecht wurde, die eine erhabene Stilhöhe erreichte, ohne sogleich in die geistliche Sphäre überzutreten, war seit der Petrinischen Zeit eine der wichtigsten Aufgaben gewesen, vor die sich russische Poeten gestellt sahen. Feofan Propokovič, Antioch Kantemir und Vasilij Trediakovskij hatten sich dieser Aufgabe angenommen, ohne angemessene Lösungen zu finden.

Lomonosovs Oden

Erst Michail Lomonosov entwickelte ein überzeugendes Modell der Gattung, das er 1739 mit seiner in Deutschland entstandenen *Oda na vzjatie Chotina* (Ode auf die Einnahme von Chotin) vorstellte. Er reagierte damit auf ein aktuelles, wenn auch eher peripheres Ereignis, die Eroberung der türkischen Grenzfestung Chotin im Russisch-Türkischen Krieg. In 10zeiligen Strophen aus 4füßigen Jamben – sie sind Günthers Ode auf den Frieden von Passarowitz, *Eugen ist fort. Ihr Musern, nach!*, nachgebildet und wurden alsbald für die Gattung obligatorisch – spiegelte der lyrische Dichter die psychische Fiktion vor, er gerate angesichts der zu preisenden Personen, Ereignisse oder Gegenstände in einen Zustand unkontrollierter Begeisterung, ja der Verwirrung. Sie motivierte die – auch von Boileau geforderte – «lyrische Unordnung» (liričeskij besporjadok), die freilich keine wirkliche Strukturlosigkeit darstellte, sondern ein Konstruktionsprinzip war. Seine Begeisterung befähigte den Dichter zu Ungewöhnlichem. Sie konnte – im Wortsinn – zum Vehikel werden, das ihn an alle möglichen hohen Orte versetzte, oder sie konnte die Kraft sein, die ihn durch die Luft, den «Äther» (èfir), schweben ließ. Die hohen Aussichtspunkte wiederum gestatteten es, nahe und entfernte Gegenden oder Gegenstände in den Blick zu nehmen und in die Ode einzubeziehen. So ergab sich eine breite Skala von Motivationen für die strukturell einzig wichtige Tatsache, daß in der Ode Bilder und Metaphern in scheinbar krauser Folge angeordnet wurden. In der Tat glich die Bildstruktur der Ode einem barocken Panoptikum, nicht anders als die Bilddarstellungen der Zeit, die ebenfalls mythologische, allegorische, emblematische Ikonographie mit zeitgenössischen Objekten mischten.

Genauere Analyse lehrt nun freilich, daß Lomonosov in seinen Oden, wenn auch unter Ausnutzung vielfältiger Assoziationen und genauer Beachtung der *désordre*-Fiktion, doch jeweils einer «thematischen Magistrale» (I. Serman) folgte, einer logischen Leitlinie, an der die Bild- und Metaphernpartikel befestigt wurden. Das konnte die Vorstellung von Höhe/Erhabenheit sein wie in der Ode *Na pribytie Petra Fëdoroviča* (Auf die Ankunft des Thronfolgers Pëtr Fëdorovič, 1742) oder das semantische Feld Garten/Blume wie in der *Oda na den' bračnogo sočetanija Petra Fëdoroviča i Ekateriny Alekseevny* (Ode auf den Tag der Eheschließung Pëtr Fëdorovičs und Ekaterina Alekseevnas, 1745); sehr oft war es das Lichtsymbol, der alte Herrschertopos. Lomonosovs Lobpreisoden (ody pochval'nye), mit denen er die wichtigsten dynastischen Ereignisse vor allem während der Regierungszeit der Kaiserin Elisabeth begleitete, wurden zu Mustern des weltlichen hohen Stils in Rußland. Noch Karamzin griff, wenn er 1801 Thronbesteigung und Krönung Alexanders I. (*Ego Imperatorskomu Veličestvu Aleksandru I* und *Na toržestvennoe koronovanie... Aleksandra I*) besang, auf Strophe, Vers und Stil der Lomonosovschen Ode zurück. Und diese war, ebenso wie Lomonosovs zahlreiche Inskriptionen (nadpisi) für höfische Illuminationen, Feste und Maskeraden, noch stark von barockem Geist geprägt.

Lomonosovs geistlichen Oden (ody duchovnye) waren bis auf wenige Ausnahmen poetische Paraphrasen der Psalmen, höher im Stil, einfacher in der strophischen Form. Die Paraphrase des 143. Psalms (*Preloženie psalma 143*) entstand 1743 in einem Wettstreit mit Trediakovskij und Sumarokov. Jeder der drei Dichter bot seine besondere Version nach Vers und Strophe. Trediakovskij schrieb seine Kurzverse jetzt zwar trochäisch, auch um zu beweisen, daß nicht das Metrum den semantischen Charakter vorgab, sondern sich dieser aus der stilistischen Realisierung ergab (womit er recht hatte), doch schloß sich Sumarokov der jambischen Lösung Lomonosovs an, die die aussichtsreichere war. Eine Sonderstellung unter Lomonosovs Dichtungen nahmen zwei naturbetrachtende Oden ein, in deren erster, *Večernee razmyšlenie o božiem veličestve pri slučae velikogo severnogo sijanija* (Abendliches Nachdenken über Gottes Größe bei Gelegenheit des großen Nordlichtes, 1743), das Phänomen des Nordlichtes beschrieben und gedeutet wurde, während die zweite, *Utrennee razmyšlenie o božiem veličestve* (Morgendliches Nachdenken über Gottes Größe, um 1743), die Sonne zum Gegenstand hatte. Beide Oden stehen in der Tradition der Physikotheologie, genauer: sie haben, wie Walter Schamschula nachgewiesen hat, Vorbilder in Gedichten über das Norder-Licht und die Sonne aus Barthold Heinrich Brockes' *Irdischem Vergnügen in Gott*. Wenn sich

aber der Hamburger Dichter «der Planeten Heer» wie in einem großen
Meer schwimmend vorstellte, nahm Lomonosov intuitiv eine naturwissenschaftliche Wahrheit vorweg, die erst durch künftige astrono-
mische Forschungen erhärtet werden sollte, die Tatsache nämlich, daß
die Sonne ein glühender Feuerball ist: Könnten die Sterblichen so
hoch fliegen, daß sich ihr vergänglich Auge der Sonne näherte, dann
würde sich von allen Seiten ein ewig glühender Ozean eröffnen.
Für einen Poeta doctus wie Lomonosov, der naturwissenschaftliche
Forschungen betrieb und zugleich Oden schrieb, mußte das physikotheologische Denken und Dichten große Anziehungskraft besitzen.
Über Christian Wolff und die niedersächsischen Poeten hatte er
Zugang zu dieser Richtung gewonnen, deren Motive gelegentlich
auch in die höfischen Oden Lomonosovs eindrangen.

Sumarokovs Fabeln und Satiren

Aleksandr Sumarokov schrieb als erster in Rußland Gedichte, in
denen – eingebunden freilich in die ästhetischen Konventionen – das
emotionale und geistige Leben der Adelsgesellschaft Ausdruck fand.
Seine Lieder, Elegien, Epigramme und Madrigale, insbesondere auch
seine unprüden Eklogen vermittelten erstmals eine breite Skala privater Gefühle und Situationen, die dem französischen Kanon nachgebildet war. Dabei gelang es ihm, für die einzelnen Gattungen nicht nur
die gültigen thematischen und stilistischen Normen zu erfüllen, sondern auch die syllabotonischen Entsprechungen zu den französischen
Metren zu realisieren. Die Alexandriner-Epoche in der russischen Poesie nahm mit Sumarokov ihren Anfang, da er den auch im Russischen
ein wenig hölzernen Alexandriner (aleksandrijskij stich) als Hauptvers
für Gattungen wie Epos, Tragödie, Verssatire, Epistel, Sonett, Elegie
und Ekloge vorsah. Nicht selten glitten seine Verse freilich noch ins
Derbe und Geschmacklose ab.
Im Einklang mit seinen rationalistischen Maximen nahmen in
Sumarokovs Lyrik die lehrhaften Genres einen wichtigen Platz ein.
Direkt oder verschlüsselt behandelte er die Moralität, das rechte Handeln und Denken des russischen Edelmanns.
Die belehrenden Zielsetzungen schlugen sich vor allem in Sumarokovs umfangreichen Fabelwerk sowie in seinen Verssatiren nieder. Die
Fabel, die nach französischem Vorbild in freien Jamben, der russischen
Entsprechung zu den französischen *vers libres* – dem russischen «Fabelvers» (basennyj stich) schlechthin – geschrieben wurde und in impro-
visierender Weise eine kurze belehrende Erzählung vorführte, die
meist – aber nicht nur – die äsopische Tierverkleidung wählte, wurde

mit Sumarokov zu einer der beliebtesten und erfolgreichsten literarischen Gattungen des 18. Jahrhunderts. Zwar waren bereits unter Peter
dem Großen Äsops Fabeln ins Russische übertragen worden, hatten
auch Kantemir und Trediakovskij ungelenke Versfabeln geschrieben,
doch erst mit den Fabeln Sumarokovs – er hat nicht weniger als 378
Stücke verfaßt – setzte sich die Fabel in Rußland durch. Zwischen
1762 und 1769 veröffentlichte er drei Bücher *Pritči* (Sumarokov
gebrauchte für die Gattung ausschließlich die Bezeichnung «pritča»
[Gleichnis, Parabel]); in der Werkausgabe von 1781 sind es sechs. Sein
bedeutendstes Vorbild waren die Fabeln von La Fontaine, doch war
sein Stil gröber, sein satirischer Stachel schärfer, sein thematischer
Rahmen breiter als bei dem Franzosen. Auch trieb er die traditionellen
Stilmittel der Fabel nicht selten ins Groteske oder Parodistische. Von
Gellert übernahm er in den 50er Jahren 17 Fabeln, die er ebenfalls den
eigenen Ausdrucksintentionen anpaßte (A. Rammelmeyer). Thematisch war Sumarokovs Fabeln keine Grenze gesetzt. Er konnte mit seinen Tierallegorien die Dummheit, die Leichtgläubigkeit, den Aberglauben ebenso aufspießen wie die Großmannssucht und den Geiz.
Alle Stände waren in seinem umfassenden Bestiarium vertreten. Nicht
wenige seiner Fabeln waren Literatursatiren. In der frühen Fabel *Sova i
rifmač* (Die Eule und der Reimeschmied, 1752) verspottete er Trediakovskij. In *Obez'jana-stichotvorec* (Der Affe als Dichter, 1763) erschienen
die Dichter als Affen, in *Pritča na nesmyslennych piscov* (Fabel auf die
unsinnigen Schriftsteller, 1774) als Läuse, die durch ihre Nichtigkeit
das Lob, das sie sangen, selbst entwerteten. Die Virtuosität, mit der
Sumarokov den flexiblen Fabelvers handhabte und die Pointierungs-
möglichkeiten durch Kurzvers und Schlagreim nutzte, waren für seine
Zeit erstaunlich.

Sumarokovs Fabelœuvre, das zeigen die neuen Forschungen von
Helene Imendörffer, ist reicher und vielfältiger, als bisher angenommen. Allzu lange stand es im Schatten der Krylovschen Fabeln. Sumarokov hat eine Spur gelegt, auf der sich die russischen Dichter bald in
großer Zahl tummelten. Von seinen Schülern können hier nur wenige
genannt werden: Vasilij Majkov, der die volkstümlich-derben Züge
der Gattung in seinen *Nravoučitel'nye basni* (Moralische Fabeln, 1766/
67) noch verstärkte; Aleksej Rževskij, der manieristische Verfahren in
sie einbrachte; ferner Ivan Chemnicer, dessen erfolgreiche *Basni i skazki* (Fabeln und Märchen, 1779, [2]1782) dem redseligen Gellertschen
Fabeltypus nachgebildet waren. Ivan Dmitriev wandelte die Fabel im
Sinne der sentimentalen Salonpoesie ab. Er unterschied, wie La Fontaine, genau zwischen «Fabel» (basnja, frz. fable) und «Verserzählung»
(skazka, frz. conte). Neben La Fontaine waren, wie Helene Immen-

dörffer zeigt, die Fabeln Florians seine wichtigste Quelle, was ihm den Beinamen des «russischen Florian» eintrug. Seine letzte Fabelsammlung (*Basni i skazki* [Fabeln und Märchen]) von 1823 beschränkte er auf drei Bücher mit 48 Texten. Und noch 1826 veröffentlichte er die Sammlung *Apologi v četverostišijach* (Apologe in Vierzeilern), in der die Gattung auf epigrammatische Kürze und Pointiertheit zugeschnitten erscheint. Von den Zeitgenossen wurden Dmitrievs Fabeln noch hoch eingeschätzt. Die Entwicklung der Gattung sollte jedoch im Fabelwerk Ivan Krylovs gipfeln, der alle Möglichkeiten der bisherigen Fabelentwicklung zusammenfaßte und potenzierte.

Neben der Fabel verdient unter den satirisch-didaktischen Gattungen die Verssatire – das Boileausche Genre – Beachtung. Kantemirs sprachlich mißglückten *Satiry* (Satiren, posth. 1762) wurden in Rußland erst zu einem Zeitpunkt bekannt, da sie stilistisch bereits völlig obsolet waren. Die Satiren des Horaz, die er in reimlose syllabische Verse übersetzt und 1744 zusammen mit dem *Pis'mo Charitona Makentina* veröffentlicht hatte, blieben ohne Nachhall, während seine Übersetzung der ersten vier Satiren von Boileau überhaupt erst 1906 veröffentlicht wurden! So war es auch hier wieder Sumarokov, der die Verssatire im Sinne des Boileauschen Gattungsmodells in Rußland einbürgerte und ausbaute (*Satiry*, 1774). Seine erste, beispielhafte Satire, *Krivoj tolk* (Falscher Sinn), bereits 1759 veröffentlicht, enthielt wie die Vierte Satire von Boileau einen Katalog von Typen, die bestimmte Laster repräsentierten. Unverkennbar war dabei Sumarokovs Bestreben, die geschilderten Verhältnisse zu «russifizieren». In der, übrigens in freien Jamben geschriebenen Satire *Nastavlenie synu* (Unterweisung für den Sohn, zwischen 1771 und 1774) hielt ein im Dienste ergauter Pod'jačij (Beamter) den Sohn an, seinem Beispiel zu folgen: Um glücklich und erfolgreich zu sein, solle er keine geraden Wege einschlagen, sondern heimlich soviel wie möglich stehlen. Berühmtheit erlangte bei den Zeitgenossen Ivan Elagins, des Günstlings Katharinas II., *Satira na petimetra i koketok* (Satire wider Petit maître und Koketten, vor 1765), die die verbreitete Gallomanie und das Stutzertum aufs Korn nahm, und, wesentlich später, Ivan Dmitrievs Satire *Čužoj tolk* (Fremder Sinn, 1794), eine Verhöhnung der hohen Ode und ihrer Dichter vom Standpunkt der Empfindsamkeit aus. Satirische Inhalte waren ferner in eine Reihe anderer Gattungen eingegangen, etwa in die Stanze (so bezeichneten die Russen nach französischem Vorbild strophische Gedichte, die oftmals ein starres Kompositionsschema aufweisen), in Epigramm und Epitaph, ja selbst in Sonett und Rondeau. Moralisch-belehrende Inhalte im Sinne der ethischen und kulturellen Normen des Gentilhomme, jedoch ohne Beimischung satirischer Aggressivität, wurden schon von Sumarokov in zahlreichen Gedichten vorgetragen. In der Moskauer Gruppe um Michail Cheraskov, die sich an Sumarokov zunächst so eng anlehnte, daß man von einer «Sumarokov-Schule» gesprochen hat, gerieten fast alle lyrischen Gattungen – Ode, Elegie, Stanze, Sonett, ja am Ende selbst Madrigal und anakreontische Ode – in diesen moralisierenden Sog. Da in diesem Kreis immer wieder der Eitelkeit alles Irdischen (sueta, tščeta), der Abkehr von der Welt, ja einer mystischen Todessehnsucht Ausdruck gegeben wurde, hat man in den «Cheraskovcy» gar eine verkappte Freimaurerloge sehen wollen, was freilich bislang nicht bewiesen ist.

Cheraskovs moralische Oden

Im lyrischen Werk Michail Cheraskovs, des langjährigen Direktors bzw. Kurators der Moskauer Universität, war in den 60er Jahren des 18. Jahrhunderts die «gutartige» moralisch-didaktische Tendenz vorherrschend, zuerst in sanghaften Stanzen (stansy), die er nach dem Vorbild Sumarokovs und Jean-Baptiste Rousseaus schrieb, sowie in anderen Gedichtarten. Selbst die Madrigale, die doch nach französischem Usus *tendresse* und *douceur* ausdrücken sollten, machte Cheraskov seinem moralisierendem Anliegen dienlich. Schließlich verfaßte er 28 anakreontische und 32 philosophische Oden (*Novye ody* [Neue Oden], 1762, später u. d. T. *Anakreontičeskie ody* [Anakreontische Oden] und *Filosofičeskie ody ili pesni* [Philosophische Oden oder Lieder, 1769], später u. d. T. *Ody nravoučitel'nye* [Moralische Oden]), in denen er die Meditation über sittliche Themen ohne ein gliederndes Prinzip entwickelte. Im Gegensatz zum französischen oder deutschen Anakreontik-Begriff bezeichnete die «anakreontische Dichtart» für Cheraskov eine bestimmte metrisch-stilistische Form, nämlich unstrophische Gedichte in kurzen Metren mit starker Gliederung durch syntaktische Parallelismen, Anaphern und Epiphern Inhaltlich griffen seine Oden nicht mehr die gängigen anakreontischen Themen – Liebe, Lebensgenuß, Tändelei – auf, sondern kreisten um die thematischen Gruppen Dichten, Tugend und Laster, Vernunft und Glückseligkeit (D. Schenk). In seine große Werkausgabe (*Tvorenija*, Bd. I–XII, 1796–1803) hat Cheraskov nur die philosophischen Oden, jedoch nicht seine Madrigale und die viel gelungeneren Stanzen aufgenommen. Er griff nach den 60er Jahren, die dem Versuch gewidmet waren, ein lyrisch-moralisches Genre zu begründen, in den folgenden Jahren zu den großen Gattungen Drama, Epos und Roman. Die von Cheraskov und seinen Freunden gepflegte moralische Lyrik fand breiten Nachhall in den von den Freimaurern geförderten literarischen Zirkeln der 80er Jahre, wobei dichterische Themen und Formen Sumarokovs, Cheraskovs und in besonderem Maße Rževskijs in sklavischer Treue nachgebildet wurden.

Die lyrischen Experimente Aleksej Rževskijs

Als Meister des dichterischen Experiments trat im Cheraskov-Kreis Aleksej Rževskij hervor. In wenigen Jahren legte dieser junge Versvirtuose, der später zu hohen Ämtern im Staate aufsteigen sollte – 1771 bis 1773 war er Vizedirektor der Petersburger Akademie der Wissenschaften, bald darauf Präsident des Medizinischen Kollegiums, seit 1783 war er Geheimer Rat und Mitglied des Senats –, an die 250 Gedichte vor, darunter Elegien, Stanzen, Sonette, Idyllen, Lieder, Rondeaus, Fabeln, Madrigale und Epigramme. Lange wurden diese Gedichte übersehen, oder sie erweckten lediglich kulturgeschichtliches Interesse wie das ziemlich schwache *Sonet ili madrigal* (Sonett oder Madrigal), das Rževskij 1759 einer Sängerin der italienischen Theatertruppe Locatellis widmete, womit er die Eitelkeit der Kaiserin Elisabeth verletzte. Erst Grigorij Gukovskij machte in den 1920er Jahren auf die exorbitante Kunstfertigkeit Rževskijs wieder aufmerksam. Seither zählt er zu den bemerkenswertesten Poeten im russischen 18. Jahrhundert.

Das Sonett, das bei Franzosen und Deutschen um diese Zeit längst seine Aktualität eingebüßt hatte, wurde von Rževskij in manieristischer Weise als Rapport-, Spalt-, *boutsrimés*-Sonett zu einem Höhepunkt spielerischer Kompliziertheit geführt. Doch stand hinter diesen Experimenten nicht nur die Lust an der erschwerten Form, am «Wortornament» (slovesnyj ornament; G. Gukovskij) oder der Ambiguität der Aussage, sondern es waren oftmals Versuche, strittige poetologische Probleme mittels Formexperiment zu lösen. So wies er mit der Fabel *Volk-pevec* (Der Wolf als Sänger, 1763) oder in dem Rondeau *Čtob knigi nam čitat'* (Um Bücher zu lesen, 1763) auf das Phänomen des Verbalreims hin (d. h. auf die im Russischen häufige Verwendung grammatischer Endungen als Reim) und zeigte die sprachlichen Automatismen auf, die sich aus der allzu schnellen Reimfindung ergeben konnten. In der Fabel *Muž i žena* (Mann und Frau, 1761) ergab sich, wie in einem Bildgedicht, ein rhombische Figur, die nur wenig mit dem Thema – die Frau begehrt dagegen auf, immer nur das Haus hüten zu sollen – zu tun hat. In Wirklichkeit wurden in dem Gedicht alle Möglichkeiten des Fabelverses auf- und absteigend, vom 1silbigen bis zum 13silbigen und wieder zurück, vorgeführt, was notwendig zu einer figuralen Anordnung führte. Eine besondere Bewandtnis hatte es auch mit einer monosyllabischen Ode (*Oda, sobrannaja iz odnosložnych slov* [Ode, zusammengestellt aus einsilbigen Wörtern], 1761): Sowohl Trediakovskij als auch Lomonosov hatten den prosodischen Charakter der einsilbigen Wörter noch verkannt.

Rževskijs Experiment bewies nun, daß weder alle einsilbigen Wörter betont waren, wie Trediakovskij meinte, noch daß nur Partikel und Präpositionen unbetont seien, wie es Lomonosov vertrat. Vielmehr hing die Betonung (oder Nicht-Betonung) der Monosyllabae vom Kontext ab. Damit nicht genug, wies Rževskij im gleichen Zuge nach, daß auch die Positionslängen der antiken Metrik für die russische irrelevant waren. Als Meister des Doppelsinns konnte Rževskij in einem Spaltsonett (*Sonet, tri raznyja sistemy zaključajuščij* [Sonett, drei verschiedene Systeme enthaltend], 1762) drei verschiedene philosophische «Systeme» verstecken. Las man den vollständigen Text, so bekräftigte er die Leibnizische These von der Welt als der besten aller möglichen Welten, während die ersten oder zweiten Halbverse, je für sich gelesen, das Vorhandensein des Übels bzw. das Fehlen des Guten auf der Welt feststellten und damit Leibniz negierten.

Anders als bei Cheraskov oder Bogdanovič bezeichneten die lyrischen Bagatellen (bezdelki), die Rževskij schrieb, nicht die Vorbereitung auf größere Werke – er hat nur zwei umfangreichere Werke, die Tragödien *Prelesta* (1765) und *Podložnyj Smerdij* (Der falsche Smerdis, 1769), geschrieben, deren Text lange verschollen blieb –, sondern genügten sich selbst. Ihr Raffinement freilich, das so in Rußland unbekannt war, wenn es auch Vorbilder aus der französischen Literatur von Ronsard bis Voltaire verriet, setzte einen Kreis verständnisvoller Kenner voraus. Der Cheraskov-Kreis scheint ein solches Umfeld gewesen zu sein. Hier konnte neben rokokohaften Spielereien bereits auch ein Gedicht wie *Stans, sočinen 1761 goda ijulja 19 dnja...* (Stanze, geschrieben am 19. Juli 1761...) entstehen, das, dem Freunde Cheraskov gewidmet, mit den Motiven Abschied, Freundschaft, Einsamkeit und Glück des Landlebens bereits das Repertoire der Empfindsamkeit anzapfte.

Ippolit Bogdanovič

Ippolit Bogdanovič wurde zum Wegbereiter des galanten Madrigals in der russischen Poesie. Aus einer verarmten ukrainischen Adelsfamilie stammend, war er bereits mit zehn Jahren zum Junkerdienst nach Moskau geschickt worden. Cheraskov wurde auf den jungen Dichter aufmerksam und zog ihn in seinen Kreis. In der Zeitschrift *Poleznoe uveselenie* (Nützliche Vergnügung) und bald auch in *Nevinnoe upražnenie* (Unschuldige Übung, 1763), der Zeitschrift, die Bogdanovič zusammen mit der Fürstin Daškova zur Zeit der Moskauer Krönungsfeierlichkeiten herausgab, veröffentlichte er seine ersten Gedichte. Die dreizehn hübschen Madrigale, die zwischen März und Juni 1763 in *Nevinnoe upražnenie* erschienen, waren größtenteils dem bekannten Almanach der französischen Poésie fugitive, *Le Trésor du Parnasse* (London 1762), entnommen. Bogdanovič sprang äußerst frei mit seinen Vorlagen – darunter die *Inscription pour une Statue de l'Amour* von Voltaire – um und scheute später nicht davor zurück, die Texte in seiner Sammlung *Lira* (Lyra, 1773) als völlig neu arrangierten Zyklus *Stichi k Klimene* vorzulegen. Dennoch gelang es erst ihm in diesen Madrigalen, die für die Gattung wesentlichen Komponenten – erotisch-galantes Thema, epigrammatische Kürze und Pointiertheit sowie den freien Jambus als genuinen Madrigalvers – im Russischen zu festigen (R. Lauer). Man mag in diesen Petitessen die Fingerübung zu Bogdanovičs künftigen Hauptwerk, dem galanten Märchenpoem *Dušen'ka* (russ. Übersetzung von «Psyche»), sehen, doch sollte man sie über wichtigeren Arbeiten aus der gleichen Zeit wie der Übersetzung von Voltaires *Poème sur le désastre de Lisbonne* (*Na razrušenie Lissabona*, 1763) auch nicht vergessen.

Gavrila Deržavin

Den Höhepunkt der russischen Lyrik des 18. Jahrhunderts brachte die Odendichtung Gavrila Deržvins. Ihn den «russischen Klopstock» zu nennen, wie August von Kotzebue den zu höchsten Hof- und Staatsämtern aufgestiegenen Dichter in schmeichlerischer Absicht titulierte, kommt freilich einem Fehlurteil gleich. Denn Deržavin war kein Dichter, der einen neuen Anfang setzte, der die Regelpoetik entschlossen überwinden und Ideale der Antike zurückgewinnen wollte, nein, er stand ganz und gar in der überkommenen Tradition, nur war er, der aus einer wenig begüterten adeligen Familie stammte und lange Jahre als gemeiner Soldat im Preobraženskij-Garderegiment gedient hatte, unbefangen genug, das Vermächtnis Lomonosovs und Sumarokovs nicht als unüberbrückbaren Gegensatz zu empfinden, sondern im eigenen Schaffen produktiv zu vereinigen. Die von Grigorij Gukovskij in den 20er Jahren unseres Jahrhunderts aufgestellte These, Deržavin bedeute in der Entwicklung der russischen Literatur des 18. Jahrhunderts die Synthese des Odenstils Lomonosovs und der Satire Sumarokovs, behält grundsätzlich ihre Gültigkeit. Sie trifft in besonderem Maße auf jene Gattung zu, mit der Deržavin zum Sänger der Katharinensischen Epoche wurde: die Ode, die unter seiner Hand eine neue

Gavrila Deržavin

Funktion gewann. Gewiß, Deržavin hat auch in anderen Gattungen gedichtet: Gelegenheitsgedichte, Liebesgedichte, Scherzgedichte. Eine seiner frühen Arbeiten war die Übersetzung von vier Oden Friedrichs des Großen, die 1776 mit vier eigenen Oden veröffentlichte (*Ody, perevedënnye i sočinënnye pri gore Čitalagae 1774 goda* [Oden, übersetzt und verfaßt am Berge Čitalagaj im Jahre 1774]). Noch im Alter schrieb er, angesteckt von seinem Freunde Nikolaj L'vov, der 1794 die Oden Anakreons (*Stichotvorenija Anakreona Tijskogo* [Die Gedichte des Anakreon von Teos]) zweisprachig herausgegeben hatte, anakreontische Lieder (*Anakreontičeskie pesni*, 1804), die jedoch alle im Schatten seiner großen Oden blieben.

Felica (1783) war nicht die erste in der neuen Manier verfaßte Ode Deržavins, doch trat mit ihr das Neue unverhüllt vor Augen. Katharina II. wurde hier in exotischer Verkleidung – gleichsam in der Art des auch in Rußland verbreiteten Conte oriental (vostočnaja povest') – als die Herrscherin der Kirgis-Kajsakischen Horde besungen. Der weisen, bescheidenen Monarchin war die Schar ihrer Würdenträger, der kirgisischen Murzy, gegenübergestellt, die sich gänzlich der Eitelkeit und den weltlichen Genüssen ergeben haben. Odisches Lob der tugendreichen Monarchin, satirische Schelte ihrer oberflächlichen Trabanten, moralische Ermunterung, die aus dem vorbildhaften Betragen und Handeln der Felica entsprang: das waren die Elemente, die die Sinnstruktur bildeten, und zugleich die Stile, die in Deržavins Ode verschmolzen. Die «lyrische Unordnung» wich einem planvollen Arrangement. Den Namen Felica (von lat. felix, felicitas) entnahm Deržavin dem didaktischen Märchen vom Zarewitsch Chlor (*Skazka o careviče Chlore*, 1781), das Katharina für ihren Enkel Alexander verfaßt hatte, worauf in der Ode ebenfalls angespielt wurde. Die Allegorie auf die eigene Person behagte der Kaiserin so sehr, daß sie Deržavin in Audienz empfing und ihm eine goldene Tabakdose sowie 500 Dukaten überreichte. Nun begann seine Karriere, die ihm auf den Gouverneurssessel erst in Olonec, dann in Tambov führte, bis er, in den Jahren 1791–1793, Kabinettssekretär Katharinas wurde. Hohe Funktionen, die ihm neben Ehre und Einfluß auch manchen Verdruß bereiteten. 1802 machte ihn Alexander I. zu seinem Justizminister, dieses Amt hatte er bis 1803 inne.

Felica war ein Rollengedicht: Der lyrische Sprecher, einer der faulen, Tabak rauchenden und Kaffee trinkenden Murzy, beschrieb – angeblich auf arabisch – selbstkritisch seinen eitlen Tageslauf, der aus Vergnügungen aller Art bestand. Malende Passagen – Deržavin hatte sich wie viele seiner dichtenden Zeitgenossen mit Batteux auseinandergesetzt – vermittelten den Glanz der Katharinensischen Zeit, der sozusagen nur mit einem Augenzwinkern kritisiert wurde. Hier entfaltete Deržavin jenen Prunkstil, in dem Forscher wie Tschižewskij einen Nachklang der Barockdichtung erkannten. Von den Gastmählern wird berichtet, wie der Tisch von Silber und Gold glänzt und sich unter Tausenden von Speisen biegt: Westfälischer Schinken, ganze Ketten von Astrachaner Fisch [d. i. Kaviar], Pilav und Pasteten, Champagner und Waffeln, Weine, Süßigkeiten und Wohlgerüche. Die Würdenträger fahren in der prächtigen, mehrspännigen, goldenen englischen Kutsche umher, sie vergnügen sich mit einem Hund oder einem Hofnarren, einem Freund oder einer schönen Dame unter Schaukeln oder jagen, wenn es ihnen langweilig wird, auf geschwindem Renner dahin, die Mütze keck auf dem Ohr ...

Felica gehörte in eine Reihe Deržavinscher Gedichte (*Blagodarnost'* *Felice* [Dankbarkeit gegen Felica], 1783; *Izobraženie Felicy* [Darstellung der Felica], 1789), in denen Katharina als ideale, aufgeklärte Herrscherin gefeiert wurde. Doch war der thematische Bogen der Odendichtung Deržavins viel weiter gespannt. Außer dem Lob der Kaiserin zeichnete er das kritische Bild der Würdenträger, etwa des mächtigen Fürsten Potëmkin in *Vel'moža* (Der Würdenträger, 1794), dem er in der Siegesode auf die Einnahme der Festung Izmael (*Na vzjatie Izmaila*, 1790/91) – an Suvorov, dem eigentlichen Sieger, vorbei – auch wieder übermäßiges Lob zollte. Der Tod des glanzvollen Fürsten gab den Anlaß für die Ode *Vodopad* (Der Wasserfall, 1791–1794), einem der tiefgründigsten Gedichte Deržavins, wo der Glanz des Wasserfalls für das Leben und die Taten der Großen stand, denen aber doch das einfache und nützliche Leben, symbolisiert im Bild des Baches, gegenübergestellt wurde. Deskriptive Pracht entfaltete er in Gedichten wie *Pavlin* (Der Pfau, 1795), wo die Schilderung des schön-beschränkten Vogels zum Sinnbild des «geistlosen Edelmannes» (barin bez uma) gerann. Unter den geistlichen Gedichten ist die Ode *Bog* (Gott, 1784), die sich neben Jakov Knjažnins *Stansy Bogu* (Stanzen an Gott, 1780) stellte und in Nikolaj Karamzins *Pesn' božestvu* (Lied an die Gottheit, 1793) und Ivan Dmitrievs *Gimn Bogu* (Hymne an Gott, 1794) Nachfolger fand, die bedeutendste. Deržavins stolzes Gedicht baut die Vorstellung von Gott aus physikotheologischen Argumenten auf, die wohl auf Voltaires Ode *Le vrai dieu* zurückgehen: Zwar ist der Mensch vor Gott ein Nichts, doch läßt erst des Menschen Größe und Vollkommenheit auf den Schöpfer schließen. Nur da der Mensch existiert, existiert auch Gott: «Ich bin Zar, bin Sklave, bin Wurm, bin Gott! (Ja car' – ja rab – ja červ' – ja bog!)», heißt es herausfordernd – und ganz anders als in Knjažnins Gedicht, das Gott, im Sinne der Gefühlsreligion Rousseaus, auf ein tiefes Bedürfnis des Herzens gründet. Als Zeugnis literarischer

Reife der Russen wurde Deržavins Ode *Bog* früh in fremde Sprachen
übersetzt. In den 90er Jahren herrschte bei Deržavin das anakreontische Genre
vor. Viele anmutige Rokokominiaturen wie *Krezov Ėrot* (Des Krösus
Eros) oder *Pčelka* (Das Bienchen, beide 1796) entstanden, aber auch
eine Lautspielerei wie das Gedicht *Solovej vo sne* (Die Nachtigall im
Traum/Schlaf, 1797), das eine bukolische Nachtstimmung evozierte
und dabei, unter vollständigem Verzicht auf das «kakophone» Phonem
r, in großer Dichte die «euphonischen» Phoneme s, l und v, d. h. die
Konsonantenbasis des Themenwortes «solovej», in einem bukolischen
Ambiente ausbrachte. Manche Gedichte Deržavins haben einen ausgesprochen petrarkistischen Charakter, so die Stanzen (*Stansy*), die er
1776 zunächst auf die Ankunft der Braut des Thronfolgers schrieb,
dann auf die eigene Verlobung mit Ekaterina Bastidon ummünzte und
schließlich 1808 unter dem Titel *K Plenire* veröffentlichte. Im gleichen,
Jahr übertrug er sogar, nach der Prosaübersetzung des Admirals Šiškov,
drei Sonette aus Petrarcas *Canzoniere* (Nrr. IX [*Posylka plodov*/Früchte-
geschenk], XIX [*Progulka*/Spaziergang] und XXXV [*Zadumčivost'*/
Nachdenklichkeit]), darauf bedacht, dem Sonett, das im Sentimentalismus als Gattung heruntergekommen war, seine formale und stilistische Würde zurückzugeben (R. Lauer). Auch in kleineren Gedichten
kam Deržavins Sinn für manieristische Spielereien zum Ausdruck, so
wenn er in dem Epigramm *Na Bagrationa* (Auf Bagration, 1806) die
Namen Napoleon (Na-pole-on – «er ist auf dem Feld») und Bagration
(Bog-rati-on – «er ist der Gott des Krieges») amphibolisch umdeutete.
Selbst Versus cancrini, rückläufige Verse, hat er ausgedacht, darunter
das berühmte: Я иду с мечем, судия (Ich komme, Richter, mit dem
Schwert).

Eine behagliche Idylle, ein privatistisches Lob des Landlebens auf
dem Landgut Zvanka am Volchov stellte das beschreibende Gedicht
Evgeniju. Žizn' Zvanskaja (An Evgenij. Das Leben in Zvanka, 1807)
dar, das Deržavin seinem Nachbarn und Freund, dem Bischof Evgenij
Bolchovitinov, widmete.

In den späteren Auseinandersetzungen um Stil und Poetik der russischen Literatur, der zwischen «Archaisten» und «Neuerern» geführt
wurde, war Deržavin die Gallionsfigur der Archaisten. Sein in den
letzten Lebensjahren unternommener Versuch einer umfassenden
Dichtungslehre, *Rassuždenie o liričeskoj poėzii* (Abhandlung über die
lyrische Poesie, 1811/12), der bislang nur in Teilen veröffentlicht vor-
liegt, bedeutete ein letztes Resümieren einer überholten Tradition.

Tragödie und Komödie

Das Theater war in Rußland noch unter dem Zaren Aleksej Michajlovič eingeführt worden. Nach dem Vorbild westlicher barocker Hofspektakel war 1672 das von dem Pastor der Moskauer lutherischen Gemeinde Johann Gottfried Gregorii eingerichtete Stück *Artakserksovo dejstvo* (Drama von Artaxerxes) im Moskauer Kreml aufgeführt worden. Barocke Spektakel und erbauliche Schuldramen, deren Akteinschnitte durch derb-komische Intermedien oder Interludien gewürzt wurden, kamen seither auf die Bühne, sei es zu repräsentativen Zwekken bei Hofe, sei es zu didaktischen Zwecken in den geistlichen Kollegien. Simeon Polockij hat 1679, kurz vor seinem Tode, zwei solcher Schuldramen über biblische Stoffe verfaßt, *O Navchodonosore care* (Über den Kaiser Nebukadnezar) und *Komidija pritči o bludnom syne* (Komödie des Gleichnisses vom verlorenen Sohn), in denen durch den biblischen Stoff hindurch bereits aktuelle politische und gesellschaftliche Probleme angesprochen wurden. Die «Tragödokomödie» *Vladimir* (1705) von Feofan Prokopovič stellte sich als barockes Gesamtkunstwerk dar, in dem erstmals ein nationalrussischer Stoff, die Taufe der Russen durch Vladimir den Heiligen, behandelt wurde.

In der Petrinischen Zeit wurde das Schuldrama zunehmend für repräsentative Zwecke, etwa zur allegorischen Darstellung (deklamacija) der Siege Peters, eingesetzt. Doch wurden bis in die Mitte des Jahrhunderts weiterhin auch biblische und weltliche Stoffe aus dem gemeineuropäischen Fundus verarbeitet. Die Schuldramen gerieten ebenso wie die Aufführungen italienischer, französischer und deutscher Theatertruppen am Petersburger Hoftheater – 1740 gastierte beispielsweise die Truppe der Neuberin in Petersburg – ins Hintertreffen, als 1756 das russische Nationaltheater, das «Rossijskij teatr», in der Hauptstadt gegründet wurde, als dessen Direktor Aleksandr Sumarokov im Range eines Brigadiers berufen wurde.

Sumarokovs Dramen

Sumarokov stand zu dieser Zeit im Zenit seines Ruhmes als Theaterdichter; nach den Gepflogenheiten der Zeit apostrophierte man ihn als den «russischen Racine». Und in der Tat hatte er inzwischen Beachtliches geleistet. 1747, etwa gleichzeitig mit den erwähnten poetologischen Episteln, hatte er seine erste Tragödie nach klassizistischem Muster, *Chorëv* – so heißt in der Nestorchronik der Bruder Kijs, des sagenhaften Gründers von Kiew –, vorgelegt und damit dieser Gattung deutlichen Vorrang in seinem Literaturgebäude zuerkannt. In kurzen Abständen folgten die Tragödien *Gamlet* (Hamlet, 1748), *Edip* (Ödipus, 1750; nicht überliefert), *Sinav i Truvor* (Sinav und Truvor, 1750), *Aristona* (1750) und *Semira* (1750). Wenn man hinzufügt, daß zugleich auch eine Reihe Komödien (*Tresotinius*; *Pustaja ssora* – Leerer Streit; *Čudovišči* – Die Ungeheuer; alle 1750) und bald auch ein erstes russisches Opernlibretto, *Cefal i Prokris* (Cephalus und Prokris, 1755) entstand, so wird klar, daß Sumarokov bereits vor der Installierung des Russischen Nationaltheaters systematisch eine wichtige Voraussetzung desselben fast im Alleingang erfüllt hatte, nämlich ein dramatisches Repertoire zu schaffen, das durch Ukaz der Kaiserin Elisabeth lediglich um Tragödientexte von Trediakovskij (*Deidamija*, 1750) und Lomonosov (*Tamira i Selim* – Tamira und Selim, 1750; *Demofont* – Demophon, 1751) ergänzt worden war.

Im Einklang mit Boileau und Gottsched gründete Sumarokov die Tragödie auf die moralisch-didaktische Forderung, das Laster darzustellen und den Zuschauer durch «Rührung» seines Verstandes zur Tugend zu führen. Zu Helden seiner Stücke machte er, ähnlich wie vor ihm Johann Elias Schlegel in Deutschland, Gestalten aus der russischen Geschichte: Chorëv, den Bruder Kijs; oder Sinav und Truvor, die in der Nestor-Chronik erwähnten Brüder Rjuriks, doch legte er um diese «historischen» Gestalten einen Mantel von frei erfundenen Ereignissen, die ausschließlich dem Zwecke dienten, eine moralische These zu verdeutlichen. Außer nationalrussischen griff Sumarokov antike Stoffe sowie den Hamlet-Stoff auf, den er aus der französischen, dem Prinzip der *bienséance* und der klassizistischen Dramaturgie angepaßten Übersetzung von Pierre Antoine de La Place kannte. Nach bestimmten Konflikt- und Strukturschemata gebaut, die freilich über der Grundform der Akte und deren Gliederung auch variiert werden konnten (nach H.-B. Harder), blieb Sumarokovs Tragödienmodell trotz eines gewissen Wandels in Thematik und Struktur lange Zeit gültig. Michail Cheraskov, Vasilij Majkov, Aleksej Rževskij und nach ihnen eine unübersehbare Schar drittrangiger Poeten haben es fortgesetzt und die Gattung allmählich zu einer poetischen Pflichtübung verkommen lassen. In den 70er Jahren stellte sich Sumarokov selbst mit einer Handvoll nationalhistorischer Stücke, etwa einer Tragödie über den Falschen Demetrius (*Dimitrij Samozvanec* [Dimitrij, der Usurpator], 1771), dem Verfall der Gattung noch einmal entgegen – vergebens. Nikolaj Nikolev und Jakov Knjažnin, Sumarokovs Schwiegersohn, der als rühriger Übersetzer der Tragödien von Corneille, Racine und Voltaire bekannt geworden war, unternahmen wenigstens den Versuch, die Tragödie im staatspolitischen Sinne zu aktualisieren.

Beachtung verdient dabei vor allem Knjažnins Tragödie *Vadim Novgorodskij* (Vadim von Novgorod, 1788). Sie war als Gegenentwurf zu einem historisch-allegorischen Schauspiel mit dem Titel *Istoričeskoe predstavlenie iz žizni Rjurika* (Historische Darstellung aus dem Leben Rjuriks, 1786) konzipiert, das Katharina als «Nachahmung Shakespeares ohne Beachtung der gewöhnlichen theatralischen Regeln» ausgedacht und mit dem Pomp der alten höfischen Spektakel hatte aufführen lassen. Rjurik wurde hier als weiser Herrscher und Retter des Volkes in der Not gezeigt; Vadim trat nur am Rande als Aufrührer in Erscheinung, der die Herrschaft usurpieren will. Knjažnin hingegen sprach Rjurik herrscherliche Güte und Weisheit nicht ab, zeigte ihn aber gleichwohl als den Tyrannen, der die Republik Novgorod unterworfen hat. Vadim hingegen verfocht die alte Novgoroder Freiheit. Die politische Kollision, die zugleich eine individuelle war – Vadims Tocher Ramida liebt Rjurik –, kulminierte im Zweikampf zwischen den Kontrahenten, bei dem Vadim unterlag. Knjažnins Tyrannentragödie bot zusammen mit Radiščevs *Reise von Petersburg nach Moskau* und einigen Beiträgen in der Zeitschrift *Besedujuščij graždanin* (Der diskutierende Bürger, 1789) Anhaltspunkte für revolutionäres Denken in Rußland parallel zu den französischen Ereignissen.

Längst schon bot die klassizistische Tragödie Angriffsflächen für Satire und Parodie. Schon 1775 stellte Nikolev in der literarischen Komödie *Samoljubivyj stichotvorec* (Der selbstgefällige Dichter) einen cholerischen Tragödiendichter – gemeint war Sumarokov – auf die Bühne. Ivan Krylov versetzte schließlich mit seiner derben Parodie *Trumf* (auch *Podščipa*, etwa 1798–1800) der Herrschertragödie den Gnadenstoß. Für das Privattheater des Fürsten Sergej Golicyn verfaßt, der unter Paul I. wie andere Würdenträger Katharinas in Ungnade gefallen war, verband das Stück die Literaturparodie mit der politischen Satire, die sich gegen die Bornierheit und Willkür der Herrschaft Pauls und den Einfluß der Deutschen bei Hofe richtete. Ihre parodistische Spannung bezog die «Possen-Tragödie» (šuto-tragedija) von daher, daß hohe Personnagen und hohes Versmaß der Tragödie mit Handlungselementen und den sprachlichen Mitteln der Komödie realisiert wurden. Trumf, der deutsche Prinz, sprach ein unmögliches Russisch mit deutscher Aussprache (Та, та! Тфой правда есть: мой фашна есть фикур!); sein Gegenspieler Sljunjaj (von sljuni, «Speichel») lispelt und kann weder l noch r sprechen, während Hofmarschall Durduran eher auf die Wahrsagung einer Zigeunerin als auf den eigenen Verstand setzt.

Wie für die Tragödie so hatten auch für die Komödie Sumarokovs Stücke eine neue Gattungstradition begründet. Vorbild waren ihm hierbei wieder die Franzosen, vor allem Molière, wenngleich eine deutliche Vergröberung im Verhältnis zu diesem, und damit wohl eine Nachwirkung der italienischen Commedia dell' arte und der russischen Intermedientradition, nicht zu übersehen war. Sumarokovs Komödien waren Prosakomödien; die klassizistischen Regeln wurden in ihnen nicht allzu streng beachtet. Meist in grob-drastischer oder parodistisch-übertreibender Sprache brachte Sumarokov Gestalten und Vorgänge auf die Bühne, die er dem Typen- und Motivarsenal der europäischen Komödienliteratur entnahm. In *Tresotinius* (1750) verspottete er, Motive von Molière, Holberg und Terenz aufgreifend, das Laster des gelehrten Pedantentums in der Titelgestalt, die offensichtlich Züge von Trediakovskij trug. (Schon der Name alludierte auf diesen und verband sich mit frz. très sot, «sehr dumm».) Seither sind Literaturparodie und -satire ein bevorzugtes Thema im russischen Komödienschaffen geblieben.

Die typologische Zuordnung der Sumarokovschen Komödie wirft einige Fragen auf. Eine Entwicklung von der «Situationskomödie» (in den Stücken des Jahres 1750: außer *Tresotinius* die Stücke *Pustaja ssora* [Leerer Streit] und *Čudovišči* [Die Ungeheuer]) über die «Charakterkomödie» (in denen der 60er Jahre: *Pridanoe obmanom* [Die Mitgift durch Betrug], *Opekun* [Der Vormund] u. a.) zur «Sittenkomödie» (in denen des Jahres 1772: *Vzdorščica* [Das zänkische Weib]) anzunehmen, hieße einer übertriebenen Dynamik das Wort reden. Zum überwiegenden Teil blieb die russische Komödie von Sumarokov bis hin zu Griboedov – mit der Ausnahme Fonvizins – nach Struktur und Wirkungsweise satirische Typenkomödie, das heißt, sie lebte von der «Bloßstellung eines lasterhaften Typs durch satirische Schilderung» (K. Kuntze). Dabei verwendete sie die uralten komikgenerierenden Mittel wie karikaturhafte Überzeichnung einer Charaktereigenschaft, komische Situationen, sprechende Namen und – in hervorragendem Maße – Sprachkomik.

Denis Fonvizin

Ein Mangel der Sumarokovschen frühen Komödien, ihr geringer oder gar fehlender Bezug zur russischen Wirklichkeit und damit eine Minderung ihrer Wirkmöglichkeit auf das russische Publikum, sollte durch Vladimir Lukin und Denis Fonvizin behoben werden, die beide dazu wohl von Katharinas literarisierendem Staatsrat und Kabinettsminister Ivan Elagin ermuntert wurden. Sumarokov kritisierend, forderte Lukin für die Übersetzung und Bearbeitung fremder Komödien deren «Anpassung an die russischen Sitten» (sklonenie na russkie nravy). Dementsprechend waren neun seiner zehn eigenen Stücke «russifizierte» Adaptionen französischer Vorlagen von Louis de Boissy, Pierre Marivaux, Jean François Regnard u. a. Da er, Sohn eines Hoflakaien, als Kopist im Senat beschäftigt war, erhielt er den abfälligen Beinamen «kopiist» – der sich auf die Verwertung fremder Komödien bezog. Eine Ausnahme bildete die Komödie *Mot, ljubov'ju ispravlennyj* (Der durch Liebe gebesserte Verschwender, 1765), die freilich ebenfalls ohne den edlen Diener nicht auskam, der, wie in den Komödien von Philippe Destouches, zum moralischen Helfer seines Herrn wurde. Lukin deutete etwa in *Ščepetil'nik* (Der Galanteriewarenhändler, 1765) vorsichtig auf die Lage der russischen Leibeigenen hin. Auch unterstützte er den Versuch der Setzer der Akademie-Druckerei, ein Volkstheater (Vsenarodnyj teatr) einzurichten – ein zum Scheitern verurteiltes Unterfangen.

Auf starkes Interesse stießen die Komödien des Dänen Ludvig Holberg, vor allem sein die Gallomanie geißelnder *Jean de France*. Mehrere adaptierende Übersetzungen sind bekannt, darunter *Russkij-francuz* (Der Russe als Franzose, 1765) von Ivan Elagin. Endlich nahm sich Denis Fonvizin, der bedeutendste russische Komödiograph des 18. Jahrhunderts, des Stoffes an und machte daraus die Komödie *Brigadir* (Der Brigadier, 1769), das erste dramatische Werk in Rußland, das sich nicht vor den ausländischen Mustern zu verstecken brauchte.

Denis Fonvizin stammte aus einer Moskauer Adelsfamilie deutscher Abkunft (von Wiesen). Im Moskauer Adelspensionat von Professor Schaden hatte er eine gründliche Ausbildung erhalten. Mit 15 Jahren erlebte er mit der aus dem Deutschen getätigten Übersetzung von Holbergs Fabeln (*Basni nravoučitel'nye... barona Golberga* [Moralische Fabeln... des Barons Holberg], 1761, ³1787) seinen ersten literarischen Erfolg. Durch Protektion wurde er dem Kabinettschef der Kaiserin, Elagin, zugeteilt, in dessen Tischrunde man über die russische Komödie nachdachte. Lukin, der hier das Wort führte, sah in Fonvizin bald seinen Rivalen und Herausforderer. Fonvizin «adaptierte» 1764 eine Komödie von Gresset unter dem Titel *Korion*, die allerdings zu Lebzeiten nicht gedruckt wurde.

Brigadir stellte, wie Holbergs *Jean de France*, die in Rußland grassierende Gallomanie, die unbedenkliche Nachahmung der französischen Moden, auf die Bühne. Das Stück machte Fonvizin mit einem Schlage berühmt, nicht zuletzt dank der Deklamations- und Imitationskunst, über die der junge Dichter verfügte. Die Kaiserin und der Thronfolger ergötzten sich an Fonvizins Darstellung des borkierten, ungebildeten und verdorbenen russischen Adels. Graf Panin, der Erzieher Pauls und spätere Außenminister, machte Fonvizin zu seinem Übersetzer und

Gehilfen, so daß dieser fortan in der russischen Außenpolitik – etwa bei der ersten Teilung Polens oder beim Russisch-Türkischen Krieg – eine nicht geringe Rolle spielte. Außenpolitische Überlegungen und Informationen aus erster Hand finden sich allenthalben in den Briefen und Reiseaufzeichnungen Denis Fonvizins. Seine dritte Komödie, *Nedorosl'* (Der Landjunker, geschrieben 1781, uraufgeführt 1782), hatte die Ausbildung der unmündigen russischen Edelleute zum Gegenstand, die nach dem Willen Peters des Großen in öffentlichen Schulen oder durch Hauslehrer zu erfolgen hatte. Zwei später entstandene, bisher wenig beachtete Komödienentwürfe, *Dobryj nastavnik* (Der gute Erzieher, nach 1783) und *Vybor guvernera* (Die Auswahl des Hauslehrers, 1790–1792), zeigten erneut, daß Fonvizin das Problem der Erziehung des russischen Landjunkers in seinen verschiedenen Aspekten bis ans Lebensende beschäftigte. Der didaktische Impetus, der aus fast allen Texten hervordringt, die Fonvizin geschrieben hat, war die bestimmende Konstante seines Schaffens und machte ihn zu einem der wichtigsten Vertreter der russischen Aufklärung. Entgegen der in sowjetischer Zeit verbreiteten Auffassung vom «progressiven Aufklärertum» Fonvizins läßt sich allerdings nicht nachweisen, daß er sich gegen die Autokratie gewandt hätte und für die Aufhebung der Leibeigenschaft eingetreten wäre. Zwar war er kritisch gegenüber dem eigenen Stand, geißelte Unbildung und Hartherzigkeit, Standesdünkel und Titelsucht des Adels, auch hätte er die Macht des Monarchen gern an das Gesetz gebunden gesehen, doch zielte seine Kritik stets auf die Verbesserung der herrschenden Ordnung ab, nicht auf ihre Abschaffung. Vor allem seine Reisen nach Deutschland, England, Frankreich und Italien sowie die Ereignisse der Französischen Revolution festigten seine Überzeugung, daß die russischen Verhältnisse besser gegründet und geordnet seien als die im westlichen Europa. Die Vorstellung vom «faulen Westen» (gniloj Zapad) ist nicht erst eine Erfahrung späterer Zeit, sondern in den Reiseaufzeichnungen (*Pis'ma iz . . . zagraničnogo putešestvija* [Briefe von der . . . Auslandsreise], 1762–1787) Fonvizins bereits voll ausgeprägt.

In *Brigadir* wurden russisches Milieu, russische Gestalten und russische Sitten in einer bereits auf den Realismus vorausweisenden Dichte der Wirklichkeitserfassung vorgeführt. In Ivanuška, dem russischen Gallomanen, und den um ihn versammelten Vertretern des russischen Adels wurde – mit Ausnahme des, wie meist in der Komödie, ein wenig blassen positiven Paares – falsche Bildung entlarvt, die sich in gezierter, grober oder gleisnerischer Sprache ausdrückte. Daß die Zugehörigkeit zu einer bestimmten Generation – der Peters oder der Annas – oder zu einem bestimmten Beruf Bewußtsein, Verhalten und

Sprache eines Menschen formt, das fand sich in Fonvizins *Brigadir* erstmals, wenn auch noch recht schematisch, abgebildet. Die Liebesintrige war so konstruiert, daß sich die beteiligten Personen kreuzweise ineinander verliebten. Der Brigadier verliebt sich in die Frau Rat, der Rat in die Brigadirša, Ivanuška, der aus Paris als Modegeck zurückgekehrt ist, in die Frau Rat, Sof'ja in Dobroljubov, den harmlosen positiven Helden der Komödie. Daraus ergibt sich ein Knäuel von Beziehungen und viel Klamauk. Daß am Ende das positive Paar, Sof'ja und Dobroljubov, zueinanderfindet, versteht sich bei einer Intrigenkomödie von selbst. Deren eigentliches Thema aber waren die verschiedenen Formen geistiger – und sprachlicher – Unbildung oder Verbildung, die die einzelnen Figuren verkörperten. Man sprach kein kultiviertes Russisch, sondern verschiedene Sonderidiome – der Brigadier grobe Militärsprache, der Rat Kanzleisprache und frömmelndes Kirchenslawisch, die Frau Rat den neuen empfindsamen Jargon, die Brigadirša primitives Vulgärrussisch und Ivanuška Französisch, da er sich genierte, russisch zu sprechen. Die deformierte Sprechweise der einzelnen Personen bewirkte nicht nur, daß man sich nicht mehr verständigen konnte, besonders wenn es darum ging, seine Liebe zu erklären, sondern sie wurde zum Indikator für Unbildung und Unvernunft, für falsche Bildung.

In *Nedorosl'* brachte Fonvizin nicht nur eine Galerie von Negativfiguren auf die Bühne – das Gutsbesitzerpaar Prostakov (von prostak, «Einfaltspinsel») und dessen tumben Sohn Mitrofan, den Bruder der Prostokova namens Skotinin (von skot, «Vieh») usw. –, sondern führte das Kernproblem der Aufklärung unmittelbar vor Augen: die – im gegebenen Falle schlechte – Erziehung des Menschen. Am Beispiel des Landjunkers Mitrofanuška wurden die hanebüchenen Methoden der häuslichen Erziehung des Landadels durch Hofmeister aufgedeckt, die selbst keine blasse Ahnung von der Materie hatten, die sie unterrichten sollten. Kutejkin (von kutit', «zechen», und kutejnik, der verächtlichen Bezeichnung für Geistliche) bringt seinem begriffsstutzigen Schüler das Lesen nach dem *Časoslov* (dem orthodoxen Gebetsbuch) bei. Cyfirkin (von cifra, «Ziffer»), ein abgemusterter Sergeant, vermag nicht einmal einfache Divisionsaufgaben zu vermitteln. (Die Prostakova interveniert auch sofort, man solle mit niemandem teilen, sondern alles selber behalten.) Der Deutsche Vral'man (von vral', «Lügner») endlich, ein ehemaliger Kutscher, erteilt seinem Zögling die Lebenskunde, daß Grammatik, Arithmetik und andere Wissenschaften für einen russischen Edelmann unzuträglich seien. Die Folgen der schlechten Erziehung waren zu besichtigen: Primitivismus, Verrohung, Gewissenlosigkeit und – nicht zuletzt – ein unmenschliches

Verhalten gegenüber den Leibeigenen. Fonvizins Bildungskonzept, das in der Komödie durch Starodum, einen Edelmann von altem Schlage, vertreten wurde, gemahnte an die Tugenden und Ideale des Adels der Petrinischen Zeit: Dienstbereitschaft und Patriotismus. Seine Grundregel lautete: «Habe ein Herz, habe eine Seele, und du wirst allzeit ein Mensch sein. Alles übrige unterliegt der Mode: die Geisteshaltung, das Wissen, Schnallen und Knöpfe.» Es ging Fonvizin also um die Bildung der Gesamtpersönlichkeit: «Aufklärung erhebt allein die tugendhafte Seele».

Fonvizin bereicherte übrigens auch die szenischen Möglichkeiten der Komödie mit einer Reihe neuer Verfahren. Er führte Genreszenen (Gesellschaftsspiele, Anprobe eines Kaftans) und das Zusammensprechen mehrerer Personen ein und konnte bereits eine kurze Monologszene (im IV. Akt des *Nedorosl'*) als Warte- und Leseszene durch zahlreiche Regieanweisungen so auflockern, daß sie ihre Statik verlor.

Weniger als die zupackende Prosakomödie kam in Rußland die hohe, die Verskomödie zum Zuge. Cheraskovs *Bezbožnik* (Der Gottlose, 1761), Nikolevs *Samoljubivyj stichotvorec* (Der selbstgefällige Dichter, 1775), Knjažnins nach französischen Vorlagen von Brullier und Destouches gearbeiteten Stücke *Chvastun* (Der Prahlhans, 1786) und *Čudaki* (Die komischen Käuze, 1790) konnten neben Fonvizins Komödien nicht bestehen. Lediglich Vasilij Kapnists *Jabeda* (Prozeßschikane, 1793) ragte aus der Menge mittelmäßiger Stücke heraus und schlug mit seiner breitangelegten Gesellschaftssatire gleichsam eine Brücke voraus zu Griboedovs Verskomödie *Gore ot uma* und zu Gogol's *Revizor*. Es handelte sich um eine Gerichtskomödie, in der die Beeinflussung der Rechtsprechung durch Bestechung angeprangert wurde. Die satirischen Typen, größtenteils Honoratioren einer Provinzstadt, wurden, wie stets, mit sprechenden Namen (Pravolov – «Rechtfänger», Krivosudov – «Falschrichter» usf.) und mit der üblichen Sprachkomik auf die Bühne gebracht. In raschem Replikenwechsel lief die Handlung auf die Lösung der Prozeßintrige zu: Nachdem die Machenschaften Pravolovs aufgedeckt worden waren, hob der Petersburger Senat das bereits ergangene falsche Urteil auf und verhalf dem positiven Helden Prjamikov («Redlich») zu seinem rechtmäßigen Erbe. Für den Zeitgenossen, der an eine sinnvolle Weltordnung glaubte, war der endliche Sieg der Tugend, den in der Komödie der Zufall bescherte, eine notwendige Lösung; der Skeptiker aber mußte aus den meisten russischen Komödien die Lehre ablesen, daß dem gesellschaftlichen Übel nur durch den Zufall Einhalt geboten wurde.

Versepik

Im Gattungsgefüge der Literatur des 18. Jahrhunderts nahm das Epos neben Tragödie und Ode den vornehmsten Platz ein. Noch im 17. Jahrhundert hatte Tassos *Befreites Jerusalem* – vermittelt durch die polnische Übersetzung von Piotr Kochanowski – die Aufmerksamkeit der Ostslawen angezogen: Teile des christlich-barocken Epos *par excellence* waren noch Ende des 17. Jahrhunderts in der Ukraine übersetzt worden. Auch Feofan Prokopovič stand noch im Banne der Tassoschen Epik. Nach dem Erscheinen der *Henriade* Voltaires vollzog sich allerdings ein charakteristischer Paradigmenwechsel. An die Stelle des christlich-barocken Epos trat nunmehr als neues Vorbild das rationalistische, Staatsgründung und Toleranzgedanken propagierende Epos, das für russische Bedingungen nachzubilden sich Kantemir, Sumarokov und Vasilij Majkov erfolglos bemühten. Auch von Lomonosovs Peter-Epos *Pëtr Velikij* (Peter der Große, 1760/61) wurden nur zwei Gesänge vollendet. Lomonosov verherrlichte in ihnen die staatsmännischen Taten Peters und stellte, wie es im Proömium hieß, sein Wirken für Aufklärung und Wissenschaften in Rußland heraus. Auf der Grundlage historischer Forschungen entstanden, bildete das Werk ein Gegenstück sowohl zu den klassischen Epen Homers und Vergils als auch zu der gleichzeitig entstandenen *Histoire de l'Empire de Russie sous Pierre le Grand* (1759) von Voltaire, einem Werk, dem Lomonosov sehr kritisch gegenüberstand. Sein Epos sollte Peter als weisen Herrscher zeigen, der im episch-allegorischen Überbau von der «premudrost' beskonečna», der unendlichen Weisheit, geleitet wurde. Stiltendenzen der hohen Ode, des ureigensten Elements der Lomonosovschen Muse, durchdrangen die Narration des epischen Fragments.

Cheraskovs ‹Rossijada›

Nach vielfachen Anläufen, das russische Nationalepos zu schaffen, wurde es endlich von Michail Cheraskov verwirklicht. Bei ihm standen die 70er Jahre im Zeichen der großen epischen Form, des ruhmschaffenden Opus magnum (tvorenie), das an die Stelle der unterhaltsamen oder belehrenden Nugae (bezdelki) trat. Schon 1771 legte er ein erstes kürzeres heroisch-episches Gedicht über die Seeschlacht bei Cesme (*Česmesskij boj*) vor, das gleichsam die Vorstudie zu dem großen, nach den Regeln der Kunst ausgeführten Nationalepos *Rossijada* (1779) bildete. Dieses von den Zeitgenossen gerühmte, später dafür um so nachhaltiger getadelte Hauptwerk Cheraskovs, von dem Jakob Michael

Reinhold Lenz seinerzeit fünf Gesänge ins Deutsche übertrug, konzentrierte in sich nicht nur wichtige politische, geistesgeschichtliche und stilistische Tendenzen des 18. Jahrhunderts, sondern strebte darüber hinaus eine Synthese des christlichen und des nationalen Epos an. In zwölf Gesängen mit nahezu 9000 Versen komponiert, behandelte die *Rossijada* die Eroberung der Tatarenfestung Kazan' durch Ivan IV. im Jahre 1552. Damit war nicht nur die äußere und innere Sicherung des Staates im Sinne des Voltaireschen Nationalepos, sondern auch der Kampf zwischen Christen und Heiden im Sinne des Tassoschen christlichen Epos thematisiert. Das Vorbild Voltaires war spürbar vor allem im I. Gesang (mit fast identischer Abfolge der Episoden wie in der *Henriade*) und im VIII. Gesang, der mittels eines Traumes einen geschichtlichen Durchblick bis in die Epoche Katharinas gewährt, ähnlich dem Traum Heinrichs IV. im «Palais des Destins» (VII. Gesang der *Henriade*). Der Einfluß Tassos wurde wohl befördert durch die russische Übersetzung des *Befreiten Jerusalem* (*Osvoboždënnyj Ierusalim*, 1772) von Michail Popov, möglicherweise auch durch die französische Übersetzung von Ch. Fr. Lebrun 1774. Ja, selbst die erkennbare Asymmetrie der Komposition der *Rossijada* ließe sich daraus erklären, daß das Epos zunächst nach dem zehnteiligen Modell der *Henriade* konzipiert, später jedoch auf die Zwölfteiligkeit des Tassoischen Epos umgestellt wurde. Die für das ältere Epos typischen Loci similes, d. h. Nachahmungen oder Zitationen von Stellen aus der Epentradition, waren in der *Rossijada* reichlich vertreten. Von Homer über Vergil, Ovid, Lucan bis zu Ariost, Milton und Lomonosov reichen die von Peter Thiergen zu einem Index fontium zusammengetragenen Belege. Den klassischen Zuschnitt des Epos verließ Cheraskov dagegen in den «zärtlichen» Passagen, in denen bereits Stilelemente der Empfindsamkeit und des Rokoko zu erkennen waren. Keines der späteren heroischen Epen Cheraskovs (*Vladimir vozroždënnyj* [Der wiedergeborene Vladimir], 1785; *Car' ili Spasënnyj Novgorod* [Der Zar oder Das gerettete Novgorod], 1800) und keines seiner philosophisch-freimaurerischen Poeme (*Vselennaja* [Das All], 1790; *Piligrimy, ili Iskateli sčast'ja* [Die Pilger oder Die Glücksucher], 1800) konnte den Erfolg der *Rossijada* wiederholen, zu schweigen von den zahllosen epigonalen Nachahmungen, die dieses Epos bis in die Puškin-Zeit hinein auslöste.

Trediakovskijs ‹Tilemachida›

Ein anderes Modell des heroischen Epos als das von Lomonosov oder Cheraskov realisierte legte Vasilij Trediakovskij vor. Schon 1751 hatte er die «heroische Erzählung» (povest' geroičeskaja) *Argenis* (russ. *Argenida*) des John Barclay ins Russische übersetzt – einen didaktisch-politischen Roman, der die absolute Monarchie als ideale, den Frieden garantierende Staatsform pries. Der Monarch sollte nicht durch gezielte Satire, sondern durch das Mittel der Allegorie zur weisen Führung des Staates angehalten werden. Barclays Roman wurde in Europa als ein Schlüsselwerk gelesen, das sich auf das Frankreich unter Heinrich III. und Heinrich IV. bezog. Trediakovskij rückte zwar, indem er die mythologischen Namen und Begriffe ausführlich erklärte, die Bedeutung des Werks wieder stärker ins Allgemeine, doch bot etwa der Machtgewinn der Anna Ioannovna im Jahre 1730 auch eine russische Variante des Barclayschen Konfliktmusters. Die Verspassagen der Vorlage hatte Trediakovskij zwecks Demonstration verschiedener Metren, namentlich jambisch-trochäischer Mischungen und daktylischer Hexameter, in Versen übertragen. Seiner Hoffnung, mit diesem Werk, das ja auch Martin Opitz ins Deutsche übersetzt hatte, ein bedeutendes Exemplum im Sinne der Imitatio veterum zu schaffen, war keine Erfüllung beschieden (C. Carrier).

Auch Trediakovskijs großes heroisches Epos *Tilemachida, ili Stranstvovanija Tilemacha syna Odisseeva* (Telemachide oder Die Fahrten des Telemach, des Sohnes des Odysseus, 1766) war ein protreptisches Werk in der Art der Fürstenspiegel. Es war ebenfalls nach einer Vorlage gearbeitet: nach Fénelons *Les Aventures de Télémaque, fils d'Ulisse* (1699). Dieser «heroische Roman» war, wenngleich in Prosa verfaßt, nach den Gesetzen des heroischen Epos gebaut und galt unter zeitgenössischen Literaturkennern als ein Werk, das die Vorzüge der *Odyssee* und der *Aeneis*, nämlich heroische Abenteuer und staatsgründerische Tugend, in sich vereinigte. (Zugleich bildete Fénelons Prosaepos, da es die bei Homer ausgelassenen Fahrten des Telemach ergänzte, ein Supplement zur *Odyssee*.) Über Fénelon griff Trediakovskij also auf die antike Epentradition zurück und schlug damit die Modelle des christlichen wie des nationalen Epos aus. Dieser Option entsprach auch eine für die Zeit außerordentlich kühne metrische Lösung. Denn Trediakovskij transformierte den «heroischen Roman» in ein Versepos und setzte dabei den daktylo-trochäischen Hexameter ein, der hier über die lange Distanz von etwa 16 000 Versen erprobt wurde. (Es war Trediakovskij nicht unbekannt geblieben, daß in Deutschland Benjamin Neukirch Fénelons *Télémaque* in Alexandriner übertragen hatte.) Eine syntaktisch und phonetisch erschwerte Sprache, die überdies von neuen Wortschöpfungen und für das Russische ungewöhnlichen «Homerismen» überwuchert war, haben die Vorzüge der protreptischen Konzeption rasch zunichte gemacht. In welchem Maße Trediakovskij an den Erwartungen der Zeitgenossen vorbeischoß, verdeutlicht die Tatsache, daß am Hofe Katharinas kleinere Verstöße gegen die Hofetikette durch Lesen und Auswendiglernen von Versen aus der *Tilemachida* geahndet wurden.

Das Lehrgedicht

Auch der den Aufklärungsbestrebungen in besonderem Maße entsprechenden Gattung des Lehrgedichts (didaktičeskaja poèma) hat Trediakovskij mit seiner wieder nach Fénelons *Démonstration de l'existence de Dieu* gearbeiteten *Feoptija* (soviel wie: Gottesschau, 1750–1753) Tribut gezollt. Das Werk, das in physikotheologischer Argumentation die Existenz Gottes beweisen sollte, verfing sich seinerzeit in den Netzen der kirchlich-orthodoxen Zensur und wurde erst 1963 von Il'ja Serman veröffentlicht. Anregungen empfing das russische Lehrgedicht ferner von Haller, Delille und insbesondere von Alexander Pope, dessen *Essay on Man* 1754 von Nikolaj Popovskij ins Russische übersetzt worden war (*Opyt o čeloveke*, 1757, [4]1791).

Das poetologisch schwierige didaktische Genre wurde erst spät genauer erforscht und von konkurrierenden Gattungen wie philosophischer Ode, Epistel, Satire, Epos sinnvoll geschieden. Es stellte einen Text dar, der eine Wissensmaterie unterbreitete, wobei eine besondere «persuasive» Kommunikationsstruktur entfaltet wurde: ein «Anwalt» will gegen die falschen Einwände eines «Gegners» den «Adressaten» von der Richtigkeit seiner Thesen überzeugen (U. Jekutsch). Nach Trediakovskijs unterdrückter *Feoptija* können in der russischen Literatur folgende Lehrgedichte des reinen Typus genannt werden: *Pis'mo o pol'ze stekla* (Epistel über den Nutzen des Glases, 1753) von Michail Lomonosov, *Na osleplenie strastjami* (Gegen die Verblendung durch die Leidenschaften, 1755) von Andrian Dubrovskij, *Pis'mo o pol'ze nauk* (Epistel über den Nutzen der Wissenschaften, 1756) von Nikolaj Popovskij, *Opyt o želanijach* (Versuch über die Wünsche, 1760) von Nikolaj Chruščëv, *Plody nauk* (Früchte der Wissenschaften, 1761) von Michail Cheraskov, *Poèma na pochvalu istiny* (Poem zum Lobe der Wahrheit, 1765) von dem Milton-Übersetzer Ivan Vladykin und *Suguboe blaženstvo* (Höchste Glückseligkeit, 1765; 2. Fassung u. d. T. *Blaženstvo narodov* [Glückseligkeit der Völker], 1773) von Ippolit Bogdanovič. In gewisser Weise rechnet auch Nikolaj Nikolevs *Lirodidaktičeskoe poslanie* (Lyrisch-didaktisches Sendschreiben, 1791), ein recht oberflächlicher Versuch, die Wissenschaften und die Poetik in odischer Form, d. h. in 10zeiligen Strophen, zu beschreiben, zu den Lehrgedichten. In späteren Beispielen der Gattung überlagerten Mystizismus und Frömmigkeit die rationalistische Basis der Gattung, oder sie gerann, etwa unter dem Einfluß von Jacques Delilles *Les*

Jardins, an dessen Übersetzung sich unter anderem Vasilij Kapnist und Pëtr Karabanov versuchten, zum nur mehr beschreibenden Gedicht.

Burleske und Travestie

Das reiche Spektrum der russischen Versepik des 18. Jahrhunderts wurde abgerundet durch burleske und heroisch-komische Dichtungen. Diese Gattungen bildeten von alters her ein parodistisches Gegengewicht zu den heroischen Formen und Themen. Ihr verstärktes Aufkommen kann kulturologisch als Indiz für das Wachsen ziviler und privater Belange in der Gesellschaft verstanden werden, literaturgeschichtlich als Ankündigung von Rokoko und Empfindsamkeit.

Vasilij Majkov besang in *Igrok lombera* (Der Lomberspieler, 1763) die Spielleidenschaft im Stile einer Schlachtenschilderung; sein *Elisej, ili Razdražënnyj Vakch* (Elisej oder Der erzürnte Bacchus, 1771) führte die Folgen der Verteuerung des Wodkapreises in derb-drastischer Weise vor Augen. An die *Aeneis*-Travestien von Scarron und Aloys Blumauer knüpfte Nikolaj Osipov mit seiner *Virgilieva Ėnejda, vyvoročennaja naiznanku* (Virgils Aeneis, von innen nach außen gekehrt, Buch I–IV, 1791–1796; Buch V–VI von Aleksandr Koteľnickij, 1802–1808) an. Nach Osipov verwendete Ivan Kotljarevskij in seiner *Aeneis*-Travestie (*Enejida*, 1798) das rustikale Ukrainisch als travestierendes Sprachmedium, womit er nicht nur den Beifall des russischen Publikums errang, sondern zugleich den Grund für die neue ukrainische Literatur legte.

Abschließend ist ein Werk zu nennen, das zu den gelungensten Dichtungen der Zeit zählt: die galante, in freien Jamben verfaßte Verserzählung *Dušen'ka* (1783; zuvor u. d. T. *Dušen'kiny pochoždenija* [Dušen'kas Abenteuer], 1778) von Ippolit Bogdanovič. Dieser liebenswürdige Dichter, der schon im Cheraskov-Kreis als geistreicher Madrigalist und als Übersetzer Voltaires hervorgetreten war, übertrug in diesem seinen Hauptwerk La Fontaines *Les amours de Psyché et de Cupido* auf besondere Weise. La Fontaine hatte den antiken galanten Stoff aus dem *Asinus aureus* des Apuleius in ein Prosawerk mit eingeschalteten Versen umgegossen. Bogdanovič indes schrieb seine *Dušen'ka*, das Vorbild «übertreffend», durchweg in Versen und traf dabei jenen gepflegten mittleren Plauderstil, der der anmutigen Darstellung der antiken Götterwelt ebenso angemessen war wie den galanten Sitten der Adelsgesellschaft.

Prosaliteratur

Stärker als in den westlichen Literaturen der Zeit war in der russischen die «schöne Literatur» durch das Versmedium definiert worden. Das konnte – wie die Fénelon-Übertragungen Trediakovskijs oder die La Fontaine-Bearbeitung von Bogdanovič zeigen – dazu führen, daß französische Prosaoriginale in russische Versform gebracht wurden. Erfolg und Verbreitung der Romanliteratur im 18. Jahrhundert, die – Lomonosov zufolge – «lediglich zu Verderb der menschlichen Sitten und größerem Verharren in Luxus und sinnlichen Leidenschaften» beitrug, können nicht verdecken, daß der Gattung im literatur-ästhetischen Kanon der Zeit nur minderer Rang zukam. Der mit märchenhaften Zügen ausgestattete Schelmenroman, der philosophischpolitische Roman, später der sentimentalistische Briefroman, die alle im Rußland des 18. Jahrhunderts ausgebildet wurden, waren geeignet, didaktische oder moralische Modelle von zeitlosem Charakter im Sinne des Aufklärungsdenkens zu entfalten, allein, die zeitgenössische Wirklichkeit in ihrer einmaligen Konkretheit vermochte aus ihnen nicht zu erstehen. Natürlich galt die Zurücksetzung der Prosa nicht für die Werke des pragmatischen Schrifttums, das seit der Zeit Peters in großer Zahl und mit beachtlichem übersetzerischen Aufwand ins Russische transferiert und allmählich auch durch Werke russischer Autoren bereichert wurde. Zu den bedeutenden Leistungen in diesem Bereich zählten Kantemirs Übersetzung der *Entretiens sur la pluralité des mondes* (*Razgovory o množestve mirov*, 1740, ²1761) von Fontenelle, ferner Trediakovskijs Übersetzung der *Histoire ancienne* (*Drevnjaja istorija*, 1749– 1762) sowie der *Histoire romaine* (*Rimskaja istorija*, 1761–1767) von Charles Rollin.

Einen wichtigen Zweig der Prosaliteratur bildeten Geschichtsdarstellungen, die außer belehrenden Zwecken der Festigung des patriotischen Bewußtseins, oftmals aber auch nur der Legitimierung dynastischer Interessen dienten. In der Regel handelte es sich noch um Synopsen der russischen Chroniken. Vasilij Tatiščev etwa, der vom Aufklärungsrationalismus durchdrungene Wirtschaftspolitiker, wertete für seine pragmatische *Istorija Rossijskaja s samych drevnejšich vremën* (Russische Geschichte von den älteren Zeiten an, 1739; posth. 1768– 1848) elf altrussische Chroniken aus, gelangte aber selbst wieder nur zu einer chronikalen Darstellung. Obwohl er seine Quellen sorgfältig gegeneinander abwog und zu bewerten versuchte, blieb seine Geschichtsschreibung noch weit von einer historisch-kritischen Methode entfernt. Ebenso war die 1749 entbrennende Kontroverse

zwischen Lomonosov und Gerhard Friedrich Müller um die norman-
nisch-skandinavische Herkunft der Russen im wesentlichen auf un-
sichere Quellen und Hypothesen gegründet.

Aus ihr erwuchsen in den
Jahren 1749 bis 1758 Lomonosovs Darstellungen der russischen
Geschichte *Kratkoj rossijskoj letopisec* (Kurzer russischer Annalist, 1762)
und *Drevnjaja rossijskaja istorija* (Alte russische Geschichte, posth. 1766).
Fëdor Ėmin, der aus Konstantinopel stammende, unstete Literat,
schrieb seine *Rossijskaja istorija* (Russische Geschichte, 1767–1769) im
Auftrag der Regierung. Die bedeutendste Leistung vor Karamzin
erbrachte auf historiographischem Gebiet der Fürst Michail Ščerbatov,
ein Kritiker Katharinas, mit seiner 7bändigen *Istorija Rossijskaja* (Russische Geschichte, 1770–1791), die von den Anfängen der russischen
Geschichte bis in die Zeit der Wirren führte und dabei die Rechte des
Bojarenadels hervorhob. In einigen Teilen seines Geschichtswerkes
legte Ščerbatov historische Dokumente (gramoty) als Belegmaterial
der historiographischen Darstellung vor.

Bei den ersten erfolgreichen Werken der erzählenden Prosa handelte
es sich zunächst um Übersetzungen aus dem Französischen oder über
das Französische. Der erste in russischer Sprache vorgelegte Roman
war Trediakovskijs bereits erwähnte *Ezda na ostrov ljubvi* (Reise auf die
Insel der Liebe, 1730), die Übersetzung eines erotisch-allegorischen
Romans von Paul Tallement. Trotz seiner sprachlichen Mängel war
dies zugleich der erste größere Bucherfolg in Rußland. Die Traditionen des europäischen barocken Liebesromans sowie des Staatsromans,
in dem sich eine Reisefabel mit einem allegorischen Bedeutungsgefü-
ge verband, fanden in den Abenteuerromanen Fëdor Ėmins (*Nepo-
stojannaja fortuna, ili Pochoždenija Miromanda* [Das unbeständige Glück,
oder Die Abenteuer des Miromond], 1763; *Ljubovnyj vertograd, ili
Nepreoborimoe postojanstvo Kambera i Ariseny* [Der Liebesgarten, oder Die
unverbrüchliche Beständigkeit Kambers und Arisenas], 1763, u. a.)
sowie in den philosophisch-erbaulichen, freimaurerisch getönten
Romanen Cheraskovs (*Numa Pompilij* [Numa Pompilius], 1768; *Kadm i
Garmonija* [Cadmus und Harmonia], 1786; *Polidor, syn Kadma i Garmonii*
[Polydor, der Sohn des Cadmus und der Harmonia], 1794) eine russische Entsprechung. In *Kadm i Garmonija* entwarf Cheraskov das utopische Bild einer aufgeklärten Monarchie, ähnlich wie Fürst Ščerbatov
in seinem in den 80er Jahren verfaßten, doch erst 1896 veröffentlichten
utopischen Roman *Putešestvie v zemlju Ofirskuju* (Reise in das Land
Ophir). Überaus rasch und breit wurde in Rußland ein Roman rezipiert, der die Treue zu Monarch und Staat feierte und die beherrschenden politischen und sittlichen Probleme der Aufklärung wie die Bindung des Monarchen an das Gesetz und die religiöse Toleranz

abhandelte: Jean-François Marmontels *Bélisaire* (1767). Bereits ein Jahr
nach seinem Erscheinen wurde das Werk ins Russische übertragen,
und zwar von niemand Geringerem als Katharina und einigen ihrer
Hofleute selbst während einer Wolgareise (*Velizar*, 1768; ³1785). Eine
weitere Übersetzung des in ganz Europa erfolgreichen Romans fertigte Pëtr Kurbatov an (*Velisarij*, 1769; ⁴1796).

Ein wirksames Instrument fanden die Aufklärungsbestrebungen in
Rußland in der erbaulichen und satirischen Prosa der Zeitschriften.
Montesquieu und Voltaire folgend, wählten nicht wenige Autoren
eine exotische Verkleidung für ihre belehrenden oder verspottenden
Absichten in der verbreiteten Gattung des Conte oriental (vostočnaja
povest'), die ihren Höhepunkt in Ivan Krylovs *Kaib* (1792) erreichte.
Diese Erzählung stellte zugleich eine gelungene Parodie auf die Gattung dar, da in ihr nicht nur die automatisierten Verfahren derselben,
sondern auch ihre ideologischen Prämissen – der Herrscher kennt die
wahren Verhältnisse seines Landes nicht; er wird von seinen Würdenträgern hintergangen usw. – entlarvt wurden. Aber auch die durch die
Literatur erzeugten schönfärberischen Klischees wurden durchlöchert,
so etwa, wenn Kaib, der sich aufgrund der Lektüre von Idyllen und
Eklogen das Leben der Bauern als das verwirklichte Goldene Zeitalter
vorgestellt hatte, auf seiner Reise unversehens einem wirklichen Bauern begegnet, der ihm die Illusionen austreibt. «Oh! wer gern verhun-
gert oder erfriert, der kann vor Neid platzen, wenn er uns ansieht»,
erklärt ihm der Bauer, und Kaib bekennt am Ende, daß er den Eklogen
und Idyllen zu viel Glauben geschenkt habe.

Nicht weniger scharf hatte zuvor Nikolaj Novikov die Laster der
Menschen und die Mängel der Gesellschaft in den meist in Briefform
gehaltenen Texten seiner satirischen Zeitschriften *Truten'* (Die Drohne),
Živopisec (Der Maler) und *Košelëk* (Der Geldbeutel) gegeißelt. Seine
Satire zielte nicht nur auf die allgemeinmenschlichen Defizite wie
Unbildung, Eitelkeit, Geiz, Gallomanie und Stutzertum, sondern
gewann in Texten, die die Mißstände der Leibeigenschaft aufdeckten
oder das offiziell verbreitete Bild von Katharina II. als Minerva und
weiser Monarchin in Zweifel zogen, politische Brisanz. Mit Novikov
begann – ausgelöst durch die horrenden Zustände der Leibeigenschaft,
die eine permanente Verletzung des Naturrechts darstellten, jener Aufstand des Gewissens, der für die russische Literatur über mehr als hundert Jahre ein moralischer Pfahl im Fleische bleiben sollte. Die strengen staatlichen Zensurmaßnahmen nach dem Pugačëv-Aufstand 1773
brachten Novikovs satirisches Engagement zum Schweigen. Novikov
wandte sich, nunmehr in den Reihen der Freimaurer, in großem
Umfange verlegerischen und philanthropischen Unternehmungen zu.

B. Sentimentalismus, Rokoko, Vorromantik
(1790–1820)

Alter und neuer Stil in der russischen Literatur

Die russische Literatur durchlief in den drei Jahrzehnten von der Französischen Revolution bis zur restaurativen Neuordnung der europäischen Verhältnisse in der Heiligen Allianz eine Entwicklung, in der die Zwecke der Literatur und die Mittel, derer sie sich bedienten weit auseinanderklafften. Einerseits war die russische Politik, waren die russischen Waffen tief in die aus der Revolution folgenden Kriege und in das Ringen mit Napoleon verwickelt – ein Ringen, das dem russischen Volk gigantische Opfer abverlangte und dem Zarenreich zu einem ungeahnten, für Europa schon bedrohlichen Triumph verhalf. Solchen Ereignissen konnten die Dichter nicht anders als mit den Mitteln der hohen Gattungen und des hohen Stils gerecht werden. Andererseits kamen im Adelsmilieu, in erkennbarer Reaktion auf die revolutionären Ereignisse in Frankreich, privatistische Tendenzen zum Vorschein, die als gefühlsreiche Liebe, als Freundschaftskult, als Naturerleben, jedoch auch als spielerische Galanterie die Abkehr vom heroischen Handeln bedeuteten. Der galante Ausdruck solcher Verhältnisse, wie sie Lomonosov noch in seinem *Razgovor s Anakreonom* für die Literatur verwarf, hatte sich bei Sumarokov, den Cheraskovcy und im Kreise um Deržavin mehr und mehr als soziokulturelle Notwendigkeit erwiesen. In der poetischen und erzählerischen Praxis von Nikolaj Karamzin erhielt er die angemessenen sprachlichen und stilistischen Muster. Mit seinem Neuen Stil (novyj slog) eröffnete Karamzin eine neue Epoche in der russischen Literatur, aus der am Ende die Meisterleistungen der Puškin-Zeit hervorgehen sollten.

«Mit Karamzin beginnt eine völlig neue Literatur und eine völlig neue Gesellschaft», schrieb Belinskij 1842 im Rückblick auf die russische Literatur. Man habe sich an den Oden so sattgehört, daß man sie mehr lobte als las, indes man über Karamzins *Arme Lisa* (1792) weinte und ständig seine Gedichte *Poj vo mrake tichoj rošči* (Sing im Dunkel des stillen Haines, d. i. *K solov'ju* [An die Nachtigall], 1793) oder *Kto mog ljubit' tak strastno* (Wer konnte so leidenschaftlich lieben, d. i. *Prosti* [Ade], 1792) wiederholte.

Von Katharina II. zu Alexander I.

Historisch und politisch waren die Geschicke Rußlands in der Zeit, auf deren kulturelles Profil Karamzin so gewichtig einwirkte, durch drei Monarchen bestimmt. Katharina II. war in den letzten Jahren ihrer Herrschaft längst an die Grenzen ihrer Liberalität gelangt. Nach dem Pugačëv-Aufstand hatte sie das Reich neu in 40 etwa gleichgroße Gouvernements gegliedert. 1785 hatte sie dem russischen Adel einen sicheren genealogischen und korporativen Status eingeräumt, der das Zusammengehörigkeitsgefühl und die Bindung dieses staatstragenden Standes an die Monarchie noch stärker förderte. Mit Hilfe ihres Vertrauten Ivan Beckoj unternahm sie Anstrengungen, die geistige und ethische Bildung der Adelsabkömmlinge zu heben. Nicht nur wurden die Lehrpläne des Kadettenkorps neu gefaßt, sondern es wurde eigens für die Ausbildung junger Mädchen aus dem Adelsstande das «Smol'-nyj-Institut» geschaffen, eine für die Zeit vorbildliche Einrichtung. Auch das Städtewesen und die Polizeiorganisation wurden neu organisiert. Da jedoch die gebildetsten Gruppen der Stadtbevölkerung wie Adel, Beamte oder Ausländer außerhalb der kommunalen Korporationen blieben, kam die Entwicklung städtischer Kultur, abgesehen von den beiden Hauptstädten, nur langsam voran. An der Situation der breiten Masse der bäuerlichen Bevölkerung – sie machte ca. 90 % der Gesamtbevölkerung aus – änderte sich unter Katharina wenig. Vor allem blieb das Grundübel der Leibeigenschaft, also der private Besitz an Bauern und die vollständige Verfügung über sie seitens der Gutsbesitzer, bestehen. Freilich besaßen keineswegs alle Adeligen so viele Leibeigene, um sich einen großzügigen Lebensstil leisten zu können. (Zur Abdeckung der Dienstpflichten und bescheidener gesellschaftlicher Ansprüche benötigte ein Adeliger etwa 100 «Seelen».)

Aufklärung und Freimaurertum, lange Zeit von Katharina gefördert oder zumindest geduldet, gerieten nach dem Ausbruch der Französischen Revolution in den Verdacht, die Umwälzung geistig vorbereitet, wenn nicht gar verursacht zu haben. Als die Monarchin im Mai 1790 Aleksandr Radiščevs *Reise von Petersburg nach Moskau* zu Gesicht bekam, drückte sie ihr Erschrecken über das «Aussäen der französischen Seuche» aus und erklärte Radiščev zum «Aufrührer, schlimmer als Pugačëv» (buntovščik, chuže Pugačëva). Daß Radiščev – in der in den Text eingestreuten Ode *Vol'nost'* (Freiheit) – unter Berufung auf das Naturrecht offen zum Zarenmord aufgerufen hatte, falls der Monarch die Gesellschaft unterdrücke, die Vernunft knebele und die Freiheit auslösche, war angesichts der französischen Ereignisse eine Herausforderung, die die Kaiserin erbarmungslos ahndete. Radiščev wurde zum Tode verurteilt, das Urteil dann aber zu zehn Jahren Verbannung im sibirischen Ilimsk abgemildert. Freimaurerlogen wurden geschlossen, ihre Mitglieder verfolgt. 1792 wurde selbst ein Mann wie Nikolaj Novikov, dessen Verdienste als Verleger und Philanthrop außerordentlich zu nennen waren, verhaftet und ohne Gerichtsverfahren in Festungshaft genommen.

Der Rückzug ins Private, wie er sich in Rußland in den 90er Jahren abzeichnete, während Europa eine seiner größten Erschütterungen erlebte, hängt auf geheime Weise mit der Verschärfung des inneren Klimas in Rußland zusammen. Das anfängliche Sympathisieren vieler gebildeter Russen mit der Machtbeschneidung des französischen Monarchen wich mit dem Wüten des Jakobinerterrors angstvoller Beklommenheit. Es ist bezeichnend, daß gerade in jener Zeit, in den Jahren 1793 bis 1795, Karamzin Zuflucht im eigenen Herzen, in der Freundschaft und in der Natur suchte (wie in dem Gedicht *K samomu sebe* [An sich selbst], 1795), über eine Poesie der gefühlvollen Intimität, der Liebe und der Freundschaft nachsann (wie in *Poslanie k ženščinam* [Sendschreiben an die Frauen] 1795) und seinen ersten empfindsam-galanten Almanach *Aglaja* (1794/95) herausgab.

Paul I. hat in den knapp viereinhalb Jahren seiner Herrschaft viele Erlasse seiner ungeliebten Mutter rückgängig gemacht. Radiščev und Novikov wurden 1796 begnadigt, während manche Würdenträger der Katharinensischen Zeit, darunter Krylovs Förderer Fürst Sergej Golicyn, in Ungnade fielen. Das willkürliche, sprunghafte Handeln des Zaren ließ nicht nur seine Umgebung, sondern auch die Dichter und Literaten erzittern. Vasilij Kapnist beispielsweise hatte Hoffnungen auf den neuen Herrscher gesetzt, und dieser schien ihm zunächst gewogen zu sein. Doch bald schon erlebte er ein Wechselbad von allerhöchster Huld und Ungnade. So konnte Kapnists Komödie *Jabeda* trotz ihrer scharfen Kritik am Gerichtswesen mit kaiserlicher Erlaubnis 1797 endlich aufgeführt werden und ein Jahr darauf sogar in Druck erscheinen. Allerdings wurde das erfolgreiche Stück nach vier Vorstellungen bereits wieder abgesetzt, und man munkelte, ihrem Verfasser drohe die Verbannung nach Sibirien. Doch weit gefehlt: Durch Ukas vom 31. Oktober 1799 fand sich Kapnist unvermittelt vom Hof- zum Kollegienrat befördert und der Kaiserlichen Theaterdirektion zugeteilt. Weit schlimmer traf es August von Kotzebue, einen der erfolgreichsten deutschen Theaterdichter seiner Zeit, der, wie Gerhard Giesemann gezeigt hat, mit seinen Rührstücken gerade auch in Rußland breite Aufnahme fand. Er hatte einige Jahre in Petersburg und Reval gelebt, war dann nach Wien gegangen. Auf einer privaten Reise nach

Rußland wurde er im Mai 1800 an der Grenze verhaftet und nach Tobol'sk verbracht. Nach vier Monaten wurde er wieder freigelassen und gegen seinen Willen mit der Leitung des Deutschen Theaters in Petersburg betraut. Kotzebue hat über diese horrenden Ereignisse in seinem Buch *Das merkwürdigste Jahr meines Lebens* (1801) berichtet. Das Urteil über Paul ist in der Geschichtsschreibung überwiegend negativ. Zwar spricht man ihm einerseits den persönlichen Edelsinn und sogar die guten Absichten für das Wohlergehen des Staates nicht ab, andererseits aber sind seine ans Despotische grenzende Selbstherrlichkeit, sein aus der Bewunderung für Friedrich den Großen geborener Militarismus und seine scheinbar kompaßlose, unberechenbare Außenpolitik schwer mit dem Bild eines bedeutenden Herrschers zu vereinbaren. Erst in jüngerer Zeit wird zugunsten des Kaisers eingewandt, daß er sich in einer extrem schwierigen weltpolitischen Situation zurechtfinden mußte und daß ihm auch einfach zu wenig Zeit gegeben war, seine politischen Vorstellungen zu verwirklichen. Allerdings trug Paul die Verantwortung für einige einschneidende Maßnahmen, die dem geistigen Klima seiner Herrscherjahre einen häßlichen Stempel aufdrückten: Er ließ die privaten Druckereien schließen und verbot die Einfuhr von Büchern, Musikalien und Bildwerken aus dem Ausland. Auch das Studium an ausländischen Universitäten verwehrte er seinen Untertanen. Binnen kürzester Zeit kam das Druck- und Verlagswesen fast zum Erliegen. Lediglich eine Poesie, die sich in den Gefilden harmloser Liebeleien und Freundschaftsbekundungen tummelte, konnte bestehen. Jeder Verdacht auf Republikanertum oder Konstitutionalismus löste harsche Repressalien aus.

Alexander I. war, als er nach der Ermordung seines Vaters 1801 den Thron bestieg, der Hoffnungsträger für eine innere Erneuerung Rußlands, und er galt nach der Bezwingung Napoleons im Vaterländischen Krieg (Otečestvennaja vojna) und den anschließenden Befreiungskriegen als der Retter Europas. In der Tat kann nicht bezweifelt werden, daß unter Alexander wichtige Reformen in Angriff genommen und teilweise auch abgeschlossen wurden. Der Kaiser knüpfte damit an die Epoche Katharinas an, der Monarchin, die ihren Enkel Aleksandr Pavlovič zielstrebig auf das Herrscheramt vorbereitet hatte. Beraten von seinem «geheimen Komitee» (neglasnyj komitet) und unterstützt von Michail Speranskij, dem Motor der Reformpolitik, ersetzte Alexander die Petrinischen Kollegien durch moderne Ministerien und veranlaßte Maßnahmen zur Liberalisierung der Wirtschaft und zur Konsolidierung der Staatsfinanzen. Das Bildungswesen wurde vom Elementarbereich bis zu den Hochschulen neu geordnet. Zu der bisher einzigen russischen Universität, der Moskauer, traten die Universitäten in Dorpat (Derpt) und Wilna (Vil'no), die 1802 bzw. 1803 wiedereröffnet wurden, die Neugründungen in Kazan' (1804) und Char'kov (1805), 1819 wurde endlich auch in Petersburg das Pädagogische Institut zur Universität erhoben. In großer Zahl wurden ausländische Wissenschaftler durch Vermittlung des Göttinger Prorektors Christoph Meiners auf die alten und neuen Lehrstühle berufen – darunter Christian Schlözer, der Sohn des Göttinger Historikers, der die politische Wissenschaft in Moskau begründete, Heinrich Moritz Gottlieb Grellmann, der ebenda die Statistik oder Staatswissenschaft einführte, und Johann Gottlieb Buhle als Philosoph. Elitäre Schulen wie das Lyzeum in Carskoe Selo (1811) oder das Gymnasium der höheren Wissenschaften in Nežin (1821), die Alexander geschaffen hatte, um den Bedarf an leitenden Staatsbeamten zu decken, wurden nicht zufällig zu Pflanzstätten der Literatur. Ein Kardinalproblem, das auch unter Alexander ungelöst blieb, war die Bauernfrage. Die anfänglichen Hoffnungen auf eine Befreiung der Bauern erfüllten sich nicht. Zwar wurde dem Verkauf von Bauern ohne Land entgegengetreten und die freiwillige Freisetzung der Bauern durch die Gutsbesitzer erlaubt (hiervon machte beispielsweise Vasilij Žukovskij Gebrauch), die große Bauernreform jedoch blieb aus. Allmählich verebbte sogar der Diskurs über diese brennende Frage, und nach dem Vaterländischen Krieg verschwand sie aus den Agenden der Regierung. Bemerkenswert bleibt immerhin die Tatsache, daß einige der im Ausland Studierenden unter dem Einfluß des naturrechtlichen und nationalökonomischen Denkens Modelle der Bauernbefreiung entwickelten. Allein im Umkreis der Göttinger Aufklärung entstanden der Traktat *Sur l'affranchissement des Serfs* (1804) von Wilhelm von Freygang, die Dissertation *De manumittendis per Russiam servis* (Über die Notwendigkeit der Sklavenbefreiung in Rußland, 1806) von Andrej Kajsarov sowie das Memorandum *Nečto o sostojanii krepostnych krest'jan v Rossii* (Etwas über den Zustand der leibeigenen Bauern in Rußland) von Nikolaj Turgenev, das 1819 dem Zaren überreicht wurde. Hier liegen Keime liberalen Denkens, die endlich in der Dekabristenbewegung aufgingen.

Zwei große Impulse beflügelten die russische Gesellschaft in den Herrscherjahren Alexanders, die Reformbestrebungen in der ersten Phase und der gewaltige patriotische Aufschwung, der dem Sieg über Napoleon folgte, in der zweiten. Wenn beide Impulse auch mit dem Verlust der Erwartungen endeten, die sie ausgelöst hatten, so kann doch ihre Bedeutung für die geistigen Bewußtseinsprozesse in Rußland nicht hoch genug eingeschätzt werden. Konnte sich die Adelsintelligenz durch Alexanders Reformpolitik in der Richtung ihres Denkens bestärkt fühlen, so mußte der triumphale Erfolg der russischen Waffen ebenso wie die in den westlichen Ländern eingebrachten Erfahrungen ihr patriotisches Selbstbewußtsein mächtig befördern. Ein Ergebnis aus beiden Faktoren waren die Geheimgesellschaften, und am Ende stand der Dezemberaufstand.

Tendenzen des Neuen Stils

Der Neue Stil, den Karamzin in die russische Literatur brachte, war im Verhältnis zur westeuropäischen Entwicklung wiederum ein Mischstil. Es verbanden sich in ihm Ausdrucksmöglichkeiten des Sentimentalismus und – worauf Peter Brang als erster hingewiesen hat – des Rokoko; die Übergänge zu Erscheinungen, die gewöhnlich als Vorromantik bezeichnet werden, waren fließend. Nach Genese und Funktion waren Rokoko und Sentimentalismus sehr verschiedene Formationen. Rokoko, wie man später die verspielte, galante und sensualistische Kunst- und Lebensart benannt hat, die in Frankreich in der Régence-Zeit, nach dem Tode Ludwigs XIV., aufkam, als sich der Adel, des steifen barocken Hofzeremoniells müde, aus Versailles in die mondänen Hôtels auf dem linken Seine-Ufer zurückzog, war eine neue, hedonistische Attitüde des Adels, nicht frei von Affektation. Kunst- und Literaturwissenschaft haben bisher nicht eindeutig zu klären vermocht, ob Rokoko als Spätform des Barock – gewissermaßen als Brechung der barocken Formen ins Kleine, Alltägliche, Sinnliche – oder aber als Anti-Barock, d. h. als generelle Überwindung der Barockformation, zu qualifizieren sei. In der russischen Literatur sind die typischen Themen und Gattungen, die mit Rokoko üblicherweise verbunden werden wie Anakreontik, Schäferdichtung oder heroisch-komisches Epos, gegeben, doch bilden sie gegen Ende des 18. Jahrhunderts eine untrennbare Einheit mit den Formen des Sentimentalismus. Der Sentimentalismus (sentimentalizm) aber, in Deutschland Empfindsamkeit (čuvstvitel'nost') genannt, war in Westeuropa bürgerlichen Wurzeln entsprungen. Er war einerseits Korrektur des rigorosen Rationalismus der Frühaufklärung: Die Wahrheit der Vernunft bedurfte der Ergänzung durch die Wahrheit des Herzens. Und er war andererseits emanzipatorisch in dem naturrechtlichen Sinne, daß wenigstens im Gefühl alle Menschen gleich seien. Mit vielfältigen Sujets, die die Liebe oder Verwechslungen zwischen den Ständen beinhalteten, wurde die neue Gleichheit des Gefühls in Erzählungen und Dramen vorgeführt. Da es in Rußland keinen dem westeuropäischen Bürgertum vergleichbaren Stand gab, tat sich hier eine schärfere soziale Spannung auf: die zwischen Adel und leibeigenen Bauern.

Es zeichnete sich hier bereits das Verständnis von der Vollständigkeit des Individuums ab, das für das romantische Menschenbild unabdingbar sein wird. Im Grunde aber kamen im Neuen Stil Karamzins disparate Momente zusammen, die wohl nur unter den russischen soziokulturellen und literarhistorischen Sonderbedingungen zu vereinbaren waren: adelige Spielkultur und bürgerliche Gefühlsaufrichtigkeit. Beide Stiltendenzen gehörten allerdings nach der Lomonosovschen Stilhierarchie zum mittleren Stil, also zu jener Ausdrucksschicht, die sowohl auf krasse Kirchenslawismen als auch auf vulgäres, umgangssprachliches Vokabular verzichten sollte, und waren darin kategorial identisch. Noch stärker verband sie indes der soziokulturelle Umschlagplatz, dem sie gehorchten: der Adelssalon.

Die ästhetischen Maximen, die die Literatur im Adelssalon im ausgehenden 18. Jahrhundert bestimmten, hat Nikolaj Karamzin formuliert. Karamzin legte seine Dichtungstheorie nicht in Form eines gelehrten Traktates oder einer wohlgegliederten Epistel dar, sondern benutzte gefühlvolle Sendschreiben, kleine Artikel und die Vorreden zu seinen Almanachen dazu, die neue Salonpoesie, in der Empfindsamkeit und Rokoko verschmolzen, theoretisch zu begründen. Erstrebt wurde eine Poesie, die das Leben durchdrang. Dabei interessierte allein das private, das intime Leben, das in eleganten und spielerischen Formen weltlichen Umgangs ablaufen sollte; das Leben von Staat und Gesellschaft – hier drückte sich Karamzins Enttäuschung über den Verlauf der Französischen Revolution aus – war vorübergehend aus dem Blickfeld des Dichters verschwunden.

Karamzin teilte zwar nicht die Kulturkritik Rousseaus, aber die Dimension von Gefühl und Intuition, die dieser entdeckte, die Betonung von Seele und Gemüt, schien ihm für den Dichter unabdingbar. Über die notwendigen Eigenschaften eines Autors schrieb er schon 1793 in dem Artikel *Čto nužno avtoru?* (Was braucht ein Autor?): «Man sagt, ein Autor brauche Talente und Kenntnisse: einen scharfen, durchdringenden Verstand, lebhafte Einbildungskraft und dergleichen. Richtig, aber das ist nicht genug. Er muß auch ein braves, zärtliches Herz besitzen, wenn er der Freund und Liebling unserer Seele sein will; wenn er will, daß seine Gaben nicht in schillerndem Lichte scheinen; wenn er für die Ewigkeit schreiben und den Segen der Völker ernten will.»

In den literarischen Freundeszirkeln, die sich um die Jahrhundertwende bildeten, wurde Empfindsamkeit als Lebensform betrieben. Vor allem das «Družeskoe literaturnoe obščestvo» (Freundschaftliche literarische Gesellschaft), jene Vereinigung junger Geister, die 1801 in Moskau im Hause Aleksandr Voejkovs regelmäßig zusammentraf, zeichnete sich durch einen hochherzigen, schon vom deutschen «Sturm und Drang» beeinflußten Kommunikationsstil aus. In den von Gefühl und Zuneigung überfließenden Briefen, die die Freunde wechselten, in den moralischen Reden, die sie vortrugen – beispielsweise in den Reden Andrej Kajsarovs über die Demut (*Reč' o krotosti*, 1801) oder über die Religion (*Reč' o religii*, 1801) –, drückte sich der gelebte Sentimentalismus intensiv aus. Jurij Lotman hat festgestellt, daß sich in diesem Kreis bereits eine gewisse Differenzierung zwischen Anhängern einer freiheitlichen Schillerschen Richtung (Andrej Turgenev, Andrej Kajsarov, Aleksej Merzljakov) und denen der apolitischen Richtung Karamzins (Vasilij Žukovskij und Aleksandr Turgenev) abzeichne. Ein Indiz dafür bildet die maliziöse Parodie *Opisanie brakosočetanija g-na K(aramzina)* (Beschreibung der Eheschließung des Herrn Karamzin, 1801) von Andrej Kajsarov, die die Heirat Karamzins mit Elizaveta Protasova zum Anlaß nahm, um die Verse des Dichters hanebüchen umzudeuten.

Je mehr sich in der Adelsgesellschaft philosophische und psychologische Bildung, Interesse am Irrationalen und Wunderbaren sowie das Bewußtsein vom Individuum als entscheidender geistiger Instanz verbreitete, desto mehr bewegten sich Kunst und Literatur auf die Romantik zu. Dabei besagt es nicht viel, daß das Attribut «romantisch» (romantičeskij) bereits um 1810 gelegentlich auftauchte und zunächst noch recht unspezifisch eine irrationale Eigenschaft bezeichnete.

Archaisten und Novatoren: Der Streit um Sprache und Stil

Viele der charakteristischen literarischen Erscheinungen in den ersten beiden Jahrzehnten des 19. Jahrhunderts lassen sich aus dem Streit um Sprache und Stil erklären, der die Literaten damals aufwühlte. Sein eigentlicher Grund lag in der Dynamik des mittleren Stiles, der sich in den für die Adelsgesellschaft besonders beliebten Gattungen wie Elegie, Stanze, Sendschreiben, Lied-Romanze und Madrigal, aber auch in der Prosa sichtlich entwickelte. Da er einem privatistischen Lebenszuschnitt ebenso entsprach wie der Salonkultur, anders ausgedrückt: die emotional-intime Funktion der Literatur am besten bediente, avancierte er bei Karamzin und seinen Anhängern zum fast ausschließlichen Ausdrucksmittel.

Der Widerstand gegen den Neuen Stil formierte sich zuerst in der Russischen Akademie. Admiral Aleksandr Šiškov, der mit klassizistischen Dramen und einer Prosaübersetzung von Tassos *Befreitem Jerusalem* hervorgetreten war und die vorpetrinischen Traditionen hochhielt, brach mit seinem Traktat *Rassuždenie o starom i novom sloge rossijskogo jazyka* (Erörterung über alten und neuen Stil der russischen Sprache, 1803) den Streit vom Zaune.

Šiškov und die Archaisten bekämpften die Karamzinschen Bestrebungen zum einen, weil sie im Kirchenslawischen, dem hohen Stil, eine genuin russische Sprach- und Kulturquelle sahen, die nicht versiegen durfte (wobei sie fälschlicherweise das Kirchenslawische mit dem Altrussischen gleichsetzten). Zum anderen attackierten sie die Sprache der Karamzinschen Schule als einen Jargon, der ihnen fremd und unrussisch vorkam. Die Sprachreform der «Europäer», schreibt Viktor Vinogradov, habe in den Augen des «slawophilen Reaktionärs» Šiškov soviel bedeutet wie die Einführung einer neuen Sprache, die die Volkssprache (prostorečie) nach französischer Manier anordnete. Als störend empfanden sie Entlehnungen, und zwar sowohl Lehnübersetzungen nach französischem Muster (wie trogatel'nyj, «rührend», zanimatel'nyj, «interessant») als auch Lehnwörter (wie ob-ekt, scena, gil'otina). Nicht weniger abstoßend war ihnen die Nachbildung französischer Redewendungen (wie imet' mesto, «avoir lieu»). Ein Satz, der à la Karamzin lautete: «Ja videl trogatel'nuju scenu» (Ich habe eine rührende Theateraufführung gesehen), hätte à la Šiškov heißen sollen: «Ja videl žalkoe ili plačevnoe zrelišče» (Ich habe ein trauriges oder klagendes Schauspiel gesehen). Šiškov schlug russische Entsprechungen für Fremdwörter vor (šarokat für «Billard», mokrostupy für «Galoschen»). Die Polemik nahm heftige und komische Formen an. Das Vorhandensein zweier miteinander unvereinbarer literarisch-sprachlicher Normen lud zu Verballhornung und Parodie geradezu ein. Im Streit zwischen «Beseda» und «Arzamas» wurde der Streit in den folgenden Jahren regelrecht institutionalisiert.

Natürlich ging es beim Sprachstreit nicht nur um Lexik und Syntax, Hypotaxe und Parataxe, vielmehr stand mit der Stilhierarchie zugleich das Gattungssystem des Klassizismus überhaupt auf dem Prüfstand. Auch eine klare Aufteilung in «reaktionäre» und «progressive» Literaten läßt sich nicht eindeutig durchführen. Was die Karamzinisten an stilistischer Geschmeidigkeit gewannen, verloren sie an staatspolitischem und patriotischem Ernst. Der hohe Stil wieder lief, wenn er verabsolutiert wurde, Gefahr, zum gestelzten Galimathias zu geraten. So war bezeichnend, daß Deržavin und Krylov, die beiden besten Dichter vom alten Schlage, sehr wohl an der Stil- und Gattungshierarchie festhielten, ohne sie jedoch schematisch zu handhaben. Selbst Karamzin und Žukovskij kamen in Herrscheroden und patriotischen Gedichten nicht ohne den hohen Stil aus. Und namentlich die Dekabristendichter standen alsbald vor der gleichen Frage: Ließen sich ihre hochherzigen politischen und patriotischen Ansinnen im mittleren Stil vorbringen? Keineswegs. Der hohe Stil, der aus sich allein Bedeutsamkeit erzeugte, war für sie unverzichtbar, nur mußte er – wie es Radiščev praktiziert hatte – seinen Gegenstand austauschen: An die Stelle des Herrschers und seiner Taten mußten die Republik, die Freiheit und das Volk treten. Wo jedoch der hohe Stil nach altem Muster fortgeführt wurde wie in den Oden des Grafen Chvostov, riß unerträgliches Epigonentum ein.

Die Archaisten stützten sich bei ihrem Versuch, das alte poetologische System zu retten, übrigens auf den französischen Theoretiker Jean François La Harpe, der sich in Frankreich, wiewohl aus anderen als literatursprachlichen Erwägungen, für die Restituierung des Klassizismus einsetzte. La Harpe besaß Beziehungen nach Rußland, 1774 bis 1791 hatte er eine literarische Korrespondenz mit dem Thronfolger Pavel Petrovič geführt. Seine fundamentale Darstellung der alten und neuen Literatur *Lycée, ou Cours de littérature ancienne et moderne* (1799–1805) wurde bereits 1806 in Auszügen (*Razbor Liceja* [Auswahl aus dem Lycée]) in der Zeitschrift *Licej* dem russischen Publikum offeriert; in den Jahren 1810 bis 1814 brachte die Russischen Akademie eine vollständige russische Übersetzung (*Likej, ili Krug slovesnosti drevnej i novoj*) heraus.

Verlagswesen und literarisches Leben

Die russische Buchproduktion erlitt in Laufe der 90er Jahre einen verheerenden Rückgang, dessen Ursachen vor allem in der Revolutionsfurcht der Monarchen zu suchen sind. Waren (nach Angaben von Vasilij Sipovskij) 1788 noch 439 Bücher, darunter 248 belletristische Titel, zu verzeichnen, so sank der Bücherausstoß 1790 auf 263 Titel (davon 125 belletristische) und lag 1797 nur noch bei 165 Titeln (davon 56 belletristische). Opfer der Bücherfurcht war aber in der Regierungszeit Pauls vor allem die Schöne Literatur, der man die Verbreitung geistiger und politischer Konterbande nicht nur zutraute, sondern unterstellte.

Die wichtigste Zeitschrift, die, bei unbedingter Staatsloyalität, den Sentimentalismus und den Neuen Stil durchsetzte, war Karamzins *Moskovskij žurnal* (Moskauer Journal, 1791/92). Hier erschienen in Fortsetzung Karamzins *Briefe eines russischen Reisenden* und seine ersten Erzählungen, ferner seine für Rußland vorbildhafte Besprechung von Lessings *Emilia Galotti* («*Ėmilija Galotti*», 1791), doch war die Zeitschrift auch Shakespeare, Sterne, Klopstock, Gessner und Wieland gegenüber aufgeschlossen. Mehr als 300 Subskribenten vermochte die Zeitschrift nicht an sich zu binden. Größerer Erfolg war Karamzins Almanachen

Aglaja (2 Bde., 1794/95) und *Aonidy* (3 Bde., 1796–1797) beschieden, die er mit eigenen Werken, Gedichten und Prosa, füllte. Mit den drei Bänden seines *Panteon inostrannoj slovesnosti* (Pantheon des ausländischen Schrifttums, 1798) lieferte er in eigener Übersetzung Proben fremder Autoren von Cicero und Plutarch bis zu Oliver Goldsmith und Ossian. Almanache in kleinem Format und ansprechender Aufmachung wurden in der Puškin-Zeit zum beliebten Vehikel der sentimentalistischen Literatur.

Mit der Gründung des *Vestnik Evropy* (Der Bote Europas), der ersten literarisch-politischen Zeitschrift in Rußland, durch Karamzin 1802 fand die liberale Intelligenz das Organ, das in den ersten Jahren seines Bestehens die Reformhoffnungen der Alexandrinischen Zeit ausdrückte. In der wechselvollen Geschichte der Zeitschrift tauchten unter anderen Žukovskij und zuletzt der Historiker Michail Kačenovskij als Herausgeber auf. Die Lyzeisten Puškin, Del'vig und Illičevskij veröffentlichten im *Vestnik Evropy* ihre ersten Gedichte.

«Beseda» und «Arzamas»

Die literarische Gesellschaft «Beseda ljubitelej russkogo slova» (Gesprächsrunde der Liebhaber des russischen Wortes) bestand in Petersburg von 1811 bis 1816 und bildete den organisatorischen Mittelpunkt der Archaisten. Ebensoviel wie an der Pflege der überkommenen literarischen Gattungen und des Lomonosovschen Stilsystems lag der «Beseda» an der Förderung des patriotischen Gedankens. Sie wurde zur eigentlichen Tribüne im Kampf gegen den Karamzinismus. Nach den von Šiškov ausgearbeiteten Statuten gliederte sich die «Beseda» in vier Klassen mit je sechs ordentlichen Mitgliedern, unter denen sich freilich mehr literarisierende Würdenträger denn echte Dichter befanden. Künstlerisches Gewicht erhielt die Gesellschaft allerdings durch die Teilnahme Deržavins, der nicht nur Geld und seine Bibliothek, sondern auch sein Haus an der Fontanka für die Zusammenkünfte der «Beseda» zur Verfügung stellte. Auch Krylov und der *Ilias*-Übersetzer Gnedič zählten zu den bedeutenden Mitgliedern des Kreises, sonst begegneten vor allem nichtssagende Namen wie die des Verfassers altmodischer epischer Dichtungen Fürst Sergej Širinskij-Šichmatov, des Stichomanen Graf Chvostov oder des Komödienschreibers Fürst Šachovskoj. Allerdings fühlte sich auch Anna Bunina, die erste russische Poetesse von Rang, die Übersetzerin von Batteux (*Pravila poėzii* [Regeln der Poesie], 1808) und der *L'art poétique* von Boileau (*Poėtičeskoe iskusstvo*, 1821), der «Beseda» verbunden.

Eine große Rolle spielte in der «Beseda» das gesellschaftliche
Moment. Es drückte sich nicht nur in den konservativen, staatskonfor-
men Zielsetzungen und strengen Statuten, sondern auch in dem auffälligen Pomp aus, der bei den öffentlichen Lesungen getrieben wurde: Die Damen erschienen in großer Balltoilette, die Herren in
Paradeuniform. So entstand schon rein äußerlich der traurige Eindruck, daß der überlebte Klassizismus der Epoche Katharinas mit den
Mitteln der Katharinensischen Etikette gewaltsam am Leben gehalten
werden sollte.

Der «Arzamas»-Kreis wurde 1815 als Gegengewicht zur «Beseda»
gegründet und bestand bis 1818. In dieser Gruppe waren jene Dichter
vereinigt, die der Richtung Karamzins und Žukovskijs folgten: Konstantin Batjuškov, Pëtr Vjazemskij, Vasilij Puškin (der bereits auch seinen Neffen Aleksandr zu den Sitzungen hinzuzog), Aleksandr Voejkov, Aleksandr Turgenev, Dmitrij Bludov und andere. Seinen Namen
hatte der Kreis von einem satirischen Gedicht Bludovs erhalten: *Videnie
v arzmasskom traktire* (Vision in einer Kneipe in Arzamas), das die Trau-
ergestalten des überlebten Klassizismus in einem erbärmlichen Zug
dahinziehen ließ. Die poetologischen Zielsetzungen des «Arzamas»
sind rasch benannt: Man bekämpfte die Zementierung des hohen Stils
und die hohen Gattungen, trat für die Annäherung der Literatursprache an die Umgangssprache ein (freilich ohne Absinken ins Vul-
gäre) und trieb Gattungen wie Ballade, Elegie und Stimmungsgedicht
voran. Welche Bedeutung gerade die Balladendichtung Žukovskijs im
«Arzamas» besaß, war daraus zu ersehen, daß die Mitglieder ihre Beinamen nach Gestalten aus den Žukovskijschen Balladen erhielten. So
war Žukovskij selbst «Svetlana», Dmitrij Bludov «Kassandra», Aleksandr Turgenev «Ėolova arfa» (Äolsharfe), Nikolaj Turgenev «Varvik»
(nach Southeys Ballade *Lord William*), Batjuškov «Achill», Vjazemskij
«Asmodej» und der junge Puškin «Sverčok» (die Grille, aus der Ballade
Svetlana).

Im Gegensatz zu dem steifen, hochstilisierten Zeremoniell der
«Beseda» führte man sich im «Arzamas» betont ungezwungen und hei-
ter auf. Von den Mitgliedern wurde die ernsthafte Auseinandersetzung
mit den Archaisten nicht einmal gesucht. Man verspottete, parodierte,
persiflierte sie und vertraute im übrigen auf die eigenen literarischen
Leistungen und Errungenschaften. Genaugenommen gab es also auch
keine Sieger und Besiegten, vielmehr verschanzten sich, wie oft bei
derartigen Richtungskämpfen, die Konservativen in ihrer gesellschaftlichen Bastion, während die Neuerer nur noch spielerisch an Angriff
dachten. «Der Kampf war schon ausgefochten», schreibt Adolf Stender-Petersen, «bevor man sich zusammenschloß.» (Ganz so einfach ist

die literarische Evolution am Ende doch nicht verlaufen, weil sich bald zeigte, daß das Ausdruckssystem der «Besiegten» eben doch produktive Möglichkeiten bot, die gerade von den radikalen Dichtern der Zeit, den Dekabristen, aufgenommen wurden.) In dem von Žukovskij verfaßten Protokoll der ersten Sitzung des «Arzamas» am 14. Oktober 1815 ist das Statut der Vereinigung enthalten. In scherzhafter Verballhornung der «Beseda» hieß es unter anderem: Die Gesellschaft nenne sich «Neuer Arzamas» (Novyj Arzamas); sie nehme nur solche Personen auf, die dem «Neuen Arzamas» zu Diensten seien. Die Chaldäer der «Beseda» und der Akademie (gemeint war die Russische Akademie) seien für alle Zeit ausgeschlossen, es sei denn, der eine oder andere der «Beseda»-Anhänger reinige sich in einer noch zu bestimmenden Form. Jedes Mitglied solle eine Lobrede auf seinen verstorbenen Vorgänger halten; da aber alle Mitglieder des «Neuen Arzamas» unsterblich seien, so habe man mangels eigener Manen beschlossen, leihweise die toten Chaldäer aus «Beseda» und Akademie in einem Panegyrikon zu besingen. Damit waren Pasquille gegen die Mitglieder der «Beseda» satzungsgemäß vorgeschrieben. Geistreiche Schmähreden, Parodien und Satiren wurden zum Hauptgeschäft des «Arzamas». Žukovskij, der gefühlsreichste unter den Sentimentalisten, hatte schon 1814 mit dem literatursatirischen Gedicht *Plač o Pindare* (Pindar-Klage) gegen die antiquierten Odendichter angeschrieben. Graf Dmitrij Chvostov, der selbstgefällige Vielschreiber, der noch 1805 Boileaus *L'Art poétique* (*Nauka o stichotvorenii*) ins Russische übertragen hatte, wurde zur beliebten Zielscheibe von Parodie und Pasquill. Tynjanov spricht vom «Arzamasskij Chvostov» (Chvostov des Arzamas), den man eigentlich nur zu zitieren brauchte, um ihn zu parodieren.

Um 1818 zeichnete sich innerhalb des «Arzamas» eine Krise ab. Den Aufzeichnungen Nikolaj Turgenevs ist zu entnehmen, daß in der Gruppe außer literarischen Themen zunehmend politische verhandelt wurden, vor allem auch die Bauernfrage. Hier schieden sich die Geister. Bludov und Uvarov, aber auch Karamzin und Žukovskij, die enge Beziehungen zum Zarenhof unterhielten, konnten die liberalen Positionen, wie sie etwa Nikolaj Turgenev oder Michail Orlov vertraten, nicht mehr mittragen. Die ideologische Polarisierung konnte am Ende durch die gemeinsamen ästhetischen und literaturtheoretischen Anschauungen nicht mehr ausgeglichen werden. An diesem Dissens scheint auch der Versuch gescheitert zu sein, eine «Arzamas»-Zeitschrift zu gründen. (Noch 1819 trugen sich Nikolaj Turgenev und Aleksandr Kunicyn mit dem Plan, eine Zeitschrift herauszugeben, die den Titel *Rossijanin XIX veka* [Der russische Bürger des 19. Jahrhunderts] oder

Archiv političeskich nauk i rossijskoj slovesnosti [Archiv der politischen Wissenschaften und des russischen Schrifttums] tragen sollte. Auch Aleksandr Puškin sollte als Mitarbeiter herangezogen werden.)

Bylinen und *Igor'-Lied*

Man würde der Epoche Karamzins nicht gerecht, wollte man ihr allein gefühlige und galante Züge zubilligen, wie sie bisher herausgestellt worden sind. Nein, es zeichnete sich gerade in jenen Jahren ein tieferes Verständnis für die russische Geschichte, für die altrussische Kultur und Literatur ab, ein Verständnis, das weit über die faktengläubige Sichtung der mittelalterlichen Chroniken bei Tatiščev, Lomonosov u. a. hinausging. In rascher Folge wurden nacheinander das *Igor'-Lied* (*Slovo o polku Igoreve*, 1800) und die altrussischen Bylinen aus der Sammlung des Kirša Danilov (*Drevnie rossijskie stichotvorenija, sobrannye Kiršeju Danilovym* [Alte russische Dichtungen, gesammelt von Kirša Danilov], 1804) vorgelegt. August Ludwig Schlözer half mit seiner Göttinger Edition der Nestor-Chronik (НЕСТОРЪ. Russische Annalen in ihrer Slavonischen Grundsprache, 1802–1809) der kritischen Sichtung und Kommentierung alter Denkmäler kräftig voran. In ihrer seinerzeitigen Bedeutung richtig einzuschätzen sind diese literarhistorisch überaus bedeutsamen Gewinne freilich nur, wenn man sich in das Klima des Ossianismus zurückversetzt, in dem sie für die literarische Öffentlichkeit greifbar wurden.

Der russische Ossianismus

Die Begeisterung für Ossian, den von James MacPherson fingierten gälischen Barden, die wie ein Lauffeuer England, Frankreich und Deutschland erfaßte, drang bald auch nach Rußland. MacPherson hatte 1762 die ersten Ossianischen Gesänge veröffentlicht, 1762 und 1763 folgten die Epen *Fingal* und *Temora*, 1765 lag die Sammlung der Ossianischen Dichtungen (*The Works of Ossian, the Son of Fingal*) vor. Erste Kunde davon gab schon 1768 der Jurist Ivan Tret'jakov – er hatte in Glasgow promoviert – in einer Moskauer Universitätsrede. Weiter vermittelten die frühen *Werther*-Übersetzungen (*Strasti molodogo Vertera*, 1781, [3]1796, übersetzt von Fëdor Galčenkov) nicht nur den Ossian-Kult des Goetheschen Helden, sondern sie enthielten auch die von diesem übersetzten *Selma-Lieder* (*The Songs of Selma*), welche in Rußland auch gesondert verbreitet wurden. Die ersten größeren Ossian-Über-

setzungen wurden nach der französischen Version von Pierre Le Tour-
neur (*Poémy drevnich bardov* [Gesänge der alten Barden, 1788] von Aleksandr Dmitriev; *Ossian, syn Fingalov, bard tret'ego veka* [Ossian, Fingals
Sohn, ein Barde des dritten Jahrhunderts, 1792] von Ermil Kostrov;
Stichotvorenija érskie ili irlandskie [Eirische oder irländische Gedichte,
1810] von Semën Filatov) oder nach deutschen Versionen (*Stichotvorenija Ossiana* [Die Gedichte Ossians, 1803] von R. F. Timkovskij) angefertigt. Nur Karamzin scheint den Ossian in den frühen 90er Jahren
unmittelbar aus dem Englischen übersetzt zu haben.

Für die ungeheure Resonanz, die Ossian gerade auch in Rußland
fand, lassen sich manche Gründe benennen. Mit den Gesängen über
die Taten des gälischen Helden Fingal, der Irland vor der Invasion der
Skandinavier rettete, war eine «nordische» Epik gewonnen, die – in
Goethes *Werther* wurde es im Lektürewechsel von Homer auf Ossian
sinnfällig – an die Stelle Homers und der Homerischen Helden treten
konnte. Die ossianische Szenerie – nächtliche Meeresgestade bei
Sturm und Gewitter, schäumende Meereswogen, fahler Mondschein,
zerrissene Wolkenschleier, aus denen die Manen der alten Helden her-
vorlugen – bot die gefühlsträchtige Kulisse für eine nordische Heroik.
Wie Jurij Levin an vielen Beispielen gezeigt hat, wurde sie für die Darstellung der eigenen heldischen Vergangenheit ausgiebig genutzt und
konnte in der Zeit der Kriege zwischen 1805 und 1812 einen antinapo-
leonischen Sinn annehmen.

Schon bald nach der Entdeckung des *Igor'-Liedes* wurde die Ähnlichkeit dieses Denkmals mit den Ossianischen Gesängen aufdringlich
beschworen. Den «Geist Ossians» (duch Ossiana) spürte, wie es im
Vorwort zur Editio princeps hieß, der Besitzer der Handschrift, Graf
Aleksej Musin-Puškin, ebenso wie Cheraskov und Karamzin. Karamzin hatte 1797 in der Zeitschrift *Spectateur du Nord* als erster berichtet,
man habe vor zwei Jahren in russischen Archiven das Fragment einer
epischen Dichtung, betitelt *Slovo o polku Igoreve* (Das Lied von Igor's
Heerzug) aufgefunden, die sich mit den besten Stellen aus dem Ossian
messen könne. Zugleich wies er auf den im *Igor'-Lied* erwähnten älteren Dichter Bojan hin, über den aus anderen Überlieferungen nichts
bekannt sei. (Der «weise Bojan» [veščij Bojan] wird sonst nur in der
Zadonščina, einem Denkmal des 14. Jahrhunderts, erwähnt.) In seinem
Panteon rossijskich avtorov (Pantheon der russischen Autoren, 1802)
beschwor Karamzin erneut das alte russische, Ossians würdige Werk
(sočinenie, dostojnoe Ossiana) wie auch den altrussischen Dichter
Bojan, die «Nachtigall alter Jahre», wie er im *Igor'-Lied* genannt
wurde.

Das Igor'-Lied

Der vollständige Titel der Editio princeps des *Igor'-Liedes* lautete: *Iroičeskaja pesn'o pochode na polovcov udel'nogo knjazja Novagoroda-Severskogo Igorja Svjatoslaviča, pisannym starinnym russkim jazykom v ischode XII stoletija* (Heroisches Lied über den Heerzug gegen die Polowzer des Teilfürsten von Novgorod-Seversk Igor' Svjatoslavič, geschrieben in der alten russischen Sprache am Ausgang des XII. Jahrhunderts, 1800). Die eigentliche epische Dichtung trug die Überschrift: *Slovo o polku Igoreve, Igorja syna Svjatoslavlja, vnuka Ol'gova* (Das Lied von Igor's Heerzug, Igor's, des Sohnes des Svjatoslav, des Enkels des Oleg). Sie hatte den unglücklich endenden Heerzug des Fürsten Igor' Svjatoslavič von Novgorod-Seversk gegen die Kumanen (Polowzer) im Jahre 1185 zum Gegenstand. Die von dem Fürsten eigenmächtig, ohne Abstimmung mit dem Kiever Großfürsten begonnene Unternehmung scheiterte. Igor' geriet in Gefangenschaft, konnte aber fliehen. Die Kumanen drangen plündernd ins Grenzgebiet ein. Igor's Sohn Vladimir, der eine kumanische Fürstentochter geheiratet hatte, wurde 1187 freigelassen. Diese Ereignisse, die die epische Achse des *Igor'-Liedes* bilden, sind auch in Chronikerzählungen der *Hypatius-Chronik* (*Ipat'evskaja letopis'*, 12. Jh.) und der *Laurentius-Chronik* (*Lavrent'evskaja letopis'*, 1372) überliefert. Sprachlich unterscheidet sich das Denkmal von den Hauptsträngen der altrussischen Literatur durch seinen reichen Wortschatz, der eine Reihe sogenannter Hapaxlegomena, also Wörter, die nur einmal belegt sind, enthält, und noch stark heidnisch geprägt ist, sowie durch eine flexible, im wesentlichen parataktische Satzbildung, die sich deutlich von der «griechischen» Syntax des kirchenslawischen Schrifttums abhebt, übrigens aber auch zu den wesentlichen Merkmalen des Neuen Stils Karamzins zählt. Kompositionell sind in der stilistisch uneinheitlichen Dichtung fünf Teile zu erkennen, in denen der epische Vorgang freilich nur angedeutet und durch einen lyrisch-emotionalen Kommentar überlagert wird. Die Kenntnis der Ereignisse wird also gewissermaßen vorausgesetzt. Man kann das *Igor'-Lied* deshalb nur mit Einschränkungen als eine epische Dichtung einstufen. Von seiner Intention her besitzt es eher den Charakter eines politischen Aufrufes zur Einigkeit und zum gemeinsamen Handeln der russischen Teilfürsten. Insofern spannt sich, allein schon von der Gattung her, der Bogen zu der *Zadonščina*, einem Schriftdenkmal aus dem 14. Jahrhundert, das den Sieg des Dmitrij Donskoj über die Mongolen in der Schlacht auf dem Schnepfenfeld (Kulikovo pole) 1380 als Folge der Einigkeit der russischen Teilfürsten unter Führung des Großfürsten feiert.

Sollte das *Igor'-Lied* bald nach dem geschilderten Ereignis, also am Ende des 12. Jahrhunderts, entstanden sein, was nicht von vornherein auszuschließen ist, so müßte man zwingend annehmen, daß es auf dem Boden einer bestehenden Dichtungstradition gewachsen sei. Denn es ist kaum vorstellbar, daß ein künstlerisch so hoch organisierter Text aus dem Nichts hätte entstehen können. Das *Igor'-Lied* wäre dann das einzige Überbleibsel einer breiteren höfischen Dichtung, die möglicherweise im Umkreis der altrussischen Fürstensitze gepflegt wurde. Es lag nahe, das Denkmal mit der Bylinendichtung, einer wohl ebenfalls ehedem höfischen, später «abgesunkenen» Folkloregattung, in Verbindung zu bringen – ein Forschungsansatz, der viel zur Erhellung des *Igor'-Liedes* beigetragen hat. Selbst die rhythmisch-metrische Gestalt des *Igor'-Liedes* wurde von Wissenschaftlern wie Fëdor Korš oder Leonid Timofeev im Zusammenhang mit der Versgestalt der Bylinen gesehen. Die «Bylinen-These» erweist sich jedoch trotz einiger zutreffender Passagen für die Erklärung der Prosodie des *Igor'-Liedes* als ebenso unzulänglich wie ältere Behauptungen, die es den ukrainischen Heldenliedern (dumy) oder gar den klassischen Hexametern gleichstellen wollten. Selbst die von Nikolaj Zabolockij, dem tiefgründigen Übersetzer des Denkmals ins Neurussische, vertretene These (in dem Aufsatz *K voprosu o ritmičeskoj strukture «Slova o polku Igoreve»* [Zur Frage der rhythmischen Struktur des Igor'-Liedes], 1951), das *Igor'-Lied* bestehe aus «unbekannten Versen», die auf eine bestimmte, heute nicht mehr zu rekonstruierende Weise singend vorgetragen worden seien, besitzt keine Beweiskraft, wiewohl manches für sie spricht. Mehr jedenfalls als für die Gegenposition, die in dem Text nur Prosa, stellenweise rhythmisiert, zu erkennen vermag. In der Forschung hat sich, vertreten vor allem von Dmitrij Lichačëv, zuletzt deutlich die Meinung durchgesetzt, daß das *Igor'-Lied* einer variablen Rhythmik gehorche, die von schwachryhthmischer Prosa bis zur hochorganisierten versähnlichen Rede reiche. Lichačëv etwa unterscheidet zwischen dem energischen Rhythmus bei der Schilderung des Kriegsvolkes und dem langgezogenen Rhythmus der Klage der Jaroslavna (Plač Jaroslavny). Rhythmisierende Verfahren wie syntaktische Parallellismen, anaphorische Konstruktionen, formelhafte Wiederholungen und sogar der Stabreim sind in vielen Passagen festzustellen. Diese Erscheinungen konnten, ebenso wie die Inkohärenz des ganzen Textes, entweder als geschmeidige Struktur – und damit als Indiz für die Meisterschaft des Verfassers – oder aber als Folge oberflächlichen Kompilierens verstanden werden. Zu letzterem neigen natürlich besonders die Skeptiker, die die Echtheit des Denkmals in Frage stellen. Einige dunkle Umstände bei der Entdeckung des *Igor'-*

Liedes haben früh Zweifel an seiner Echtheit aufkommen lassen. Da die überkommene Handschrift 1812 beim Brand von Moskau vernichtet wurde, entfiel eine Überprüfung; die an Musin-Puškin gerichteten Fragen fanden keine befriedigende Antwort. Selbst Karamzin, der erste Propagator und Herausgeber des *Igor'-Liedes*, geriet in den Verdacht der Mystifikation und der Fälschung. Doch was heißt Fälschung? Wann, von wem, zu welchem Zweck könnte das *Igor'-Lied* gefälscht worden sein? Sicher ist, daß das Denkmal nicht in einer Handschrift des 12. Jahrhunderts überliefert wurde, sondern in einer aus dem 15. oder 16. Jahrhundert stammenden Abschrift. Denkbar wäre eine «Fälschung» – mit dem Historiker Aleksander Zimin – im 15. Jahrhundert, die sich in die damalige moskovitische Einheits- und Herrscherideologie einordnen würde, oder – mit Klaus Trost und anderen – eine in den 90er Jahren des 18. Jahrhunderts, eine Hypothese, nach der Karamzin als ein «russischer MacPherson» erschiene.

Die Frage nach der Echtheit des *Igor'-Liedes* ist für viele Slawisten und Laien fast zu einem Glaubensbekenntnis geworden. Das mag angesichts der Frage, ob es Dichtung von hohem künstlerischem Rang bereits in der frühen altrussischen Zeit gegeben habe oder nicht, verständlich sein. Allein, es ließe sich ja auch ganz anders fragen, nämlich danach, ob es bei einem Werk von der dichterischen Qualität und Ausstrahlung des *Igor'-Liedes* überhaupt noch angehen könne, die Frage nach der tatsächlichen Entstehungszeit in den Vordergrund zu rücken. Angenommen selbst, Karamzin hätte es gefälscht, kompiliert oder mystifiziert, so könnte doch nicht bezweifelt werden, daß es eines seiner gelungensten Werke wäre, ein Werk, das im Laufe von 200 Jahren nach seinem Bekanntwerden eine unglaubliche Fülle an Folgetexten und Impulsen ausgelöst hat. Vor allem aus den Übertragungen ins Neurussische von Vasilij Kapnist, Vasilij Žukovskij, Michail Delarju, Apollon Majkov, Dmitrij Minaev, Konstantin Bal'mont oder Nikolaj Zabolockij (sie sind gesammelt in der Ausgabe des *Slovo o polku Igoreve* der Großen Serie der *Biblioteka poèta*, 1967), ganz zu schweigen von der poetischen Eindeutschung von Rainer Maria Rilke (*Das Igor-Lied*, 1930) oder der englischen Version von Vladimir Nabokov (*The Song of Igor's Campaign*, 1960), spricht die ganz ungewöhnliche Faszination, die von diesem Denkmal auf jeden ausgeht, der sich mit ihm beschäftigt. Während die Ossian-Mode schon in der Romantik verblich, hat das *Igor'-Lied*, nicht zuletzt dank zahlreicher, kluger Forschungen, nichts von seinem Glanze eingebüßt.

Die Bylinen

In Rußland war seit langem bekannt, daß im Volke Heldenballaden verbreitet waren, die «stariny», «starinuški», auch «starinki» genannt wurden. Die heute übliche Bezeichnung «byliny» (Bylinen) hat sich erst im 19. Jahrhundert durchgesetzt. Die Bylinen berichteten von den Taten der mittelalterlichen Recken (bogatyri), den riesenhaften und bärenstarken Kämpfern, die, wie Vladimir Dal' sagt, mit einem Hieb Dutzende von Feinden und Ungeheuern niederstrecken konnten. Sie kämpften einerseits im Dienste der Fürsten und Bojaren, wie sie andererseits das Volk vor deren Willkür beschützten. Die bekanntesten Helden wie Il'ja Muromec, Alëša Popovič, Vasilij Ignat'evič oder Ivan Dudorovič erfreuten sich nicht nur im dörflichen Publikum großer Beliebtheit, sondern stießen auch bald auf das Interesse der städtischen Literaten. Michail Čulkovs *Sobranie raznych pesen* (Sammlung verschiedener Lieder, 1770) enthielt bereits echte Soldaten- und Bauernlieder. Sumarokov hatte die Verse *O ty, krepkij, krepkij Bénder-grad* (O du feste, feste Bender-Burg) beigesteuert, die in einem volkstümlichen Metrum geschrieben waren. (Dieser Vers, der bald unter dem Namen «russkij razmer» [russisches Metrum] bekannt werden sollte, wird oft als hyperkatalektischer 4füßiger Trochäus bestimmt: – ∪ – ∪ – ∪ – ∪ ∪; in Wirklichkeit handelt es sich jedoch um das syllabotonische Äquivalent zum Bylinenvers [bylinnyj stich]: ∪ ∪ – ∪ – ∪ – ∪ ∪.) Karamzin benutzte den Vers 1793 in seinem burlesk-galanten «Reckenmärchen» *Il'ja Muromec.* Eine metrische und sprachliche Stilisierung im Sinne der russischen Bylinen zeichnete sich in der Dichtung also bereits ab, ehe noch die erste Sammlung authentischer Heldenballaden vorgelegt ward.

Bei den von Kirša Danilov gesammelten *Drevnie russkie stichotvorenija*, heute bekannt unter dem Titel *Sbornik Kirši Danilova* (Sammelband des Kirša Danilov), handelte es sich wohl um das Bylinenrepertoire eines sibirischen Wandersängers, das nach 1742 aufgeschrieben wurde. Die Sammlung bestand in der ersten Ausgabe von 1804 aus 26 Bylinentexten, die zweite Ausgabe von 1818 brachte 61 Texte mit Melodien. (Die Gesamtedition der Handschrift in den *Literaturnye pamjatniki* 1958 umfaßt 70 Texte mit reproduzierter, ungefüger Notenschrift.) Auch in der Überlieferungsgeschichte des *Sbornik Kirši Danilova* bestehen einige Unklarheiten. So ist mit Sicherheit nicht die ursprüngliche Handschrift überliefert – sie befand sich im Besitze des Unternehmers Prokofij Demidov –, sondern eine Abschrift, ausgeführt von wenigstens fünf Schreibern, die, nach den Wasserzeichen des

Papiers zu urteilen, aus den 1780er Jahren stammt. Daß es zur Veröffentlichung des Denkmals kam, scheint wiederum Karamzins zu verdanken.

Man erhielt nun in größerem Umfang Einblick in eine reichhaltige Volksliteratur, deren unermeßlichen Schätze freilich erst viel später dank der Bemühungen von Aleksandr Gil'ferding, Orest Miller, Pavel Rybnikov, Nikolaj Tichonravov und anderen gehoben wurden. Aus dem *Sbornik Kirši Danilova* waren jedoch auch neue Aufschlüsse über das Wesen des russischen Verses, und zwar des natürlichen, «im Volke» entstandenen, zu gewinnen. Es war Aleksandr Vostokov, ein junger Dichter und begabter Philologe, der in dem Traktat *Opyt o russkom stichosloženii* (Versuch über die russische Versifikation, 1812 in *Sankt-Peterburgskij vestnik*; Buchausgabe 1817) als erster in dem um sich greifenden Metrik-Diskurs den russischen Volksvers als tonischen Vers bestimmte, d. h. als eine rhythmische Form, die durch eine feste Anzahl von Hebungen und eine variable Anzahl von Senkungen konstituiert wurde. Auch erkannte er bereits, daß gemäß der prosodischen Eigenart der russischen Sprache nicht immer die einzelnen Wortakzente als Grundlage des Versrhythmus anzusehen waren, sondern oftmals grammatisch kohärente Wortgruppen unter einem prosodisch relevanten Akzent – man spricht heute von Wortgruppenakzent (gruppovoe udarenie) – zusammengefaßt wurden. Mit dieser Definition der russischen Prosodie wurde Grund für eine tonische Metrik gelegt. Das Material seiner Untersuchungen hatte Vostokov vorwiegend aus der Bylinendichtung bezogen. Dementsprechend blieben auch die Versuche, im tonischen Metrum oder adaptierten Bylinenversen zu schreiben, bis hin zu Nekrasov meist an volkstümliche Sujets gebunden.

Die Entfaltung der Erzählprosa

Im literarischen Werk Nikolaj Karamzins setzte sich der Sentimentalismus in den 90er Jahren endgültig durch und damit ein neues poetologisches System, das den Prosagattungen größere Bedeutung einräumte, als sie im Klassizismus besaßen. Die Forschung hat gerade Karamzin das Verdienst zugesprochen, die russische Erzählliteratur, ja den russischen Roman, erst eigentlich begründet zu haben. In der Tat sind die Neuerungen Karamzins auf dem Gebiete des Prosastils kaum zu überschätzen. Sie bestehen nicht nur in der Schaffung eines geschmeidigen narrativen Prosamediums, sondern betreffen ebenso die geistige Auseinandersetzung mit den aktuellen philosophischen

Strömungen der Zeit, mit dem Sensualismus Condillacs und Bonnets, mit dem Kritizismus Kants oder dem schwärmerischen Pietismus Lavaters, die er in seine Erzähltexte einbrachte. Er gab damit anspruchsvolle Modelle vor, die ihre Wirkung auf die russische Prosaliteratur der Folgezeit nicht verfehlten.

Auch in dieser Zeit sind auffallende Anregungen aus den westeuropäischen Literaturen zu verzeichnen. Mit abnehmender Posteriorität wurden im letzten Jahrhundertdrittel die großen empfindsamen Erfolgsromane, die Europa bewegten, auch in Rußland rezipiert. So erschienen in russischen Übersetzungen Jean-Jacques Rousseaus *Nouvelle Heloïse* (*Novaja Èloiza*, 1769, 1792 und 1792/93), Goethes *Leiden des jungen Werthers* (1781, [3]1796), Samuel Richardsons *Pamela* (1787, 1796) und *Clarissa* (1793/94) sowie Laurence Sternes *Sentimental Journey* (1793). Die Wirkung dieser Werke auf die Wahl von Themen und Konflikten oder Verfahren und Stil der russischen Erzählliteratur des ausgehenden Jahrhunderts kann kaum zu hoch eingeschätzt werden. Pavel L'vovs *Rossijskaja Pamela* (Die russische Pamela, 1789) verpflanzte Richardsons Heldin als «tugendsame Bäuerin» nach Rußland. Goethes Briefroman löste eine regelrechte Werther-Mode aus, einen Wertherianismus, der nicht nur literarische Folgewerke nach sich zog, sondern ins Leben hineinwirkte. Die Entgrenzung des Gefühls zur selbstzerstörerischen Leidenschaft wurde in Aleksandr Klušins *Verterovy čuvstvovanija, ili Nesčastnyj M-v* (Werthers Empfindungen oder Der unglückliche M-v, 1793) und Michail Suškovs *Rossijskij Verter* (Der russische Werther, 1801) nachgebildet. Zwar ergaben sich im russischen Adelsmilieu andere soziale Beziehungen als in Charlottes Wetzlarer Reich, das mit Unbedingtheit ausgespielte Gefühl aber führte hier wie dort zum Desaster. Suškov schrieb seine Wertheriade mit 16 Jahren, bis in Einzelheiten der Motive und des Stils hinein seinem Vorbild verpflichtet. Bald darauf hat er den Werther-Tod an sich selbst vollzogen.

Mit zwei bedeutenden Werken errang die russische Prosaliteratur um 1790 ihren ersten Höhepunkt. Trotz gravierender Unterschiede in Materie und stilistischer Faktur wiesen beide Werke auch bestimmte Ähnlichkeiten auf. Beide waren als Reiseberichte angelegt und, genau betrachtet, aus dem sentimentalistischen Impuls erwachsen. Es handelt sich um Aleksandr Radiščevs *Putešestvie iz Peterburga v Moskvu* (Reise von Petersburg nach Moskau, 1790) und Nikolaj Karamzins *Pis'ma russkogo putešestvennika* (Briefe eines russischen Reisenden, 1791–1795 in *Moskovskij žurnal*; Buchausgabe 1797).

Aleksandr Radiščevs ‹Reise von Petersburg nach Moskau›

Radiščevs *Reise von Petersburg nach Moskau* war ein romanifizierter Reisebericht, in dem das Reiseschema dazu diente, eine Fülle heterogener Erzähl- und Stoffelemente zu binden und zu motivieren. Das bereiste und geschilderte Land war Rußland, von dem im Verlauf der Reise ein mosaikartiges Gesamtbild entworfen werden sollte. Die einzelnen Kapitel der *Reise* trugen die Namen der Poststationen der 600 Werst langen Strecke zwischen den beiden Hauptstädten, 24 an der Zahl. Sie dienten jedoch nicht der Beschreibung der wenig attraktiven Örtlichkeiten, die der reisende Ich-Erzähler durchmaß, sondern bildeten nur den Aufhänger für das eigentliche Anliegen des Autors: Aufdeckung der politischen und gesellschaftlichen Mißstände in Rußland. Es handelte sich um ein Konglomerat verschiedenartigster Teile oder, modern ausgedrückt, um eine Collage von Texten, die der Autor in jedem einzelnen Falle als authentisch nachzuweisen sich bemühte. Bei entsprechender Ausnutzung der Reisesituation war dies, wie das Beispiel von Sternes *Sentimental Journey* zeigte, ein Werk, das Radiščev kannte, leicht zu bewerkstelligen. Die Schilderung von Fahrt, Pferdewechsel, Mitreisenden und zufälligen Begegnungen bildete den Rahmen. Der Reisende traf mit Personen aller Stände zusammen, mit Adeligen, Beamten, Popen, Kaufleuten und Bauern. Er wurde Augenzeuge bedrückender Vorgänge wie der Rekrutenaushebung oder der grausamen Züchtigung und des Verkaufs von Leibeigenen. Ganz zufällig gerieten ihm verschiedene Texte in die Hand, deren Inhalt er mitteilte: so der Traktat eines Seminaristen, ein Chroniktext, ein «Zukunftsprojekt» in zwei Teilen, ein «Kurzer Bericht über die Entstehung der Zensur», ein Traum. In Černaja Grjaz' erhielt der Reisende eine «Rede über Lomonosov» (*Slovo o Lomonosove*) zugesteckt, in der die Verdienste des aus dem Volke stammenden Universalgelehrten und Odendichters dargestellt waren. In Tver' ließ sich ein zufälliger Gesprächspartner über Fragen der russischen Verskunst aus, er schalt die Jamben und Reime, die den Parnaß umstellten, und verteidigte die Hexameter Trediakovskijs. Endlich zog er das Manuskript einer Ode aus der Tasche, die er deklamierte und erläuterte. Mit dieser Ode – es handelt sich um eine gekürzte Fassung von Radiščevs Ode *Vol'nost'* (Die Freiheit, 1781) – war der Höhepunkt des Werkes erreicht: Die Ode war im Lomonosovschen hohen Stil verfaßt, der aber hier nicht als Medium des Herrscherlobes diente, sondern das Naturrecht beschwor und einem glühenden In-tyrannos-Pathos Ausdruck gab.

Radiščev konnte mit den Mitteln der Mosaikstruktur typische Ver-

treter aller Schichten der Gesellschaft vorführen, Mißstände anprangern, die kulturelle und literarische Situation Rußlands analysieren
und utopische Entwürfe zu einer Lösung der sozialen und politischen
Probleme des Russischen Reiches vortragen. Immer wieder wurden
Laster und Unnatur des Adels mit Armut und Edelsinn der Bauern
konfrontiert. Als der Reisende in Ljubani einem Bauern begegnet, der
sich selbst am Sonntag hinter dem Pflug abmüht, fragt er, ob er auch
für seinen Herrn so arbeite. Der Bauer antwortet: «Nein, Herr, das
wäre Sünde.» Denn der Herr habe hundert Hände auf dem Feld für
einen Mund, er, der Bauer, aber nur zwei für sieben Mäuler. Und
wenn man sich für den Gutsherrn noch so sehr abmühen wollte, es
würde einem kein Dank erwiesen. Der Herr würde die Kopfsteuer
nicht bezahlen und erließe einem keinen Hammel, kein Stück Leinwand, weder ein Huhn noch einen Topf Butter. In Zaicovo schildert
ein ehemaliger Richter, wie Bauern ihren Gutsherrn erschlugen, als
dessen Söhne die Braut eines jungen Bauern entehren wollten. Der
edelmütige Berichterstatter verteidigt den Totschlag unter Berufung
auf das Naturrecht: Die Bauern seien vor dem Gesetz nicht schuldig.
Das menschliche Herz, gestützt auf die Argumente der Vernunft, spreche sie frei. Gleichwohl hat das Werk, das von der demokratischen
Intelligenz und von der sowjetischen Literaturwissenschaft zur revolutionären Ikone erhoben wurde, auch harsche Kritik erfahren, vor
allem, weil es sprachlich und stilistisch völlig unausgeglichen ist.
Radiščev nutzte nämlich – ganz im Gegensatz zu der fließenden Eleganz der Erzählersprache Karamzins – alle Register des Lomonosovschen Stilsystems aus, indem er sie mechanisch entsprechend dem
Wechsel der Materien einsetzte. So war die einleitende Widmung an
den Freund A(leksej) M(ichajlovič) K(utuzov) im gefühlvoll-schmel-
zenden Tone des Sentimentalismus geschrieben, doch stand daneben
bald hohes Kirchenslawisch in antiquiertester Form, dürrer Traktatstil
oder volkssprachliche Passagen. Wie die gesamte Komposition unterlag also auch der Stil der *Reise* dem Prinzip des Hiatus, des unvermit-
telten Zusammenstoßes ungleichartiger Elemente. Wohl kein anderes
Werk der russischen Literatur vereinigt in ähnlichem Maße den revolutionären Nimbus mit der notorischen Unlesbarkeit. Bezeichnenderweise gehörte der unbestechliche Puškin zu den schärfsten Kritikern
Radiščevs, auch wenn er ihm das menschliche Mitgefühl nicht versagen konnte. Als er die *Reise* für teures Geld von seinem Buchhändler
ausgeliehen bekam, schrieb Puškin eine Kontrafaktur *Putšestvie iz Moskvy v Peterburg* (Reise von Moskau nach Petersburg, 1833/34), die allerdings zu Lebzeiten nicht veröffentlicht werden konnte. Er kehrte darin nicht nur Radiščevs Reiserichtung um, sondern machte vor allem

die Mängel des Buches namhaft. Ohne jedwede Ordnung und Zusammenhang habe Radiščev seine Gedanken, Halbwahrheiten und kühnen Phantasien ausgegossen, der Stil sei aufgeblasen und schwerfällig, die Angriffe gegen die Obrigkeit von wahnsinniger Vermessenheit, die Beschreibungen des Bauernlebens Karikaturen voller Widersprüche. Lediglich die Aussagen zur Verskunst fanden, wie überhaupt Radiščevs dichterische Versuche, Gnade vor Puškins scharfem Blick.

Katharinas unverhohlene Bestürzung über Radiščevs Buch hatte ihren Grund nicht nur in den revolutionären und kritischen Gedanken seines Verfassers. Vielmehr sprach aus ihr auch eine tiefe Enttäuschung über die Illoyalität eines Menschen, der unter ihren Fittichen im Pagenkorps erzogen worden war, den sie mit einer Gruppe junger Edelleute an die Leipziger Universität geschickt hatte, wo er – zur selben Zeit wie der gleichaltrige Goethe – die Rechte studierte. Radiščev hat in der dokumentarischen Erzählung *Žitie F. V. Ušakova* (Das Leben F. V. Ušakovs, 1789) Episoden aus der Leipziger Zeit festgehalten, namentlich den grimmigen Konflikt, den die jungen Russen mit ihrem Hofmeister, Major Bokum, auszutragen hatten. Die Beschäftigung mit dem Staats- und Naturrecht, mit der Moralphilosophie, wie sie Gellert damals in Leipzig lehrte, mit Helvétius, Mably und Rousseau hatte aus Radiščev nicht den willfährigen Rechtsexperten gemacht, den sich die Zarin für die Große Gesetzeskommission wünschen mochte, sondern einen wachen Beobachter der russischen Wirklichkeit und kritischen Autor. Aber auch einen Revolutionär? Der Kreis um die Zeitschrift *Besedujuščij graždanin* (Der diskutierende Staatsbürger, 1789), in der er die *Beseda o tom, čto est' syn otečestva* (Rede über die Frage: Wer ist ein Sohn des Vaterlandes?, 1789) veröffentlichte, wurde lange als potentiell revolutionäre Gruppe angesehen. Sie soll Beziehungen zur Petersburger Bürgerversammlung (Gorodskaja duma) unterhalten und den bewaffneten Aufstand der Bürgermilizen geplant haben. Wie weit dies zutrifft und welche Rolle Radiščev dabei gespielt haben mag, ist heute kaum noch zu sagen. Was aber außer Frage steht und bei der Erforschung Radiščevs wohl stärker beachtet werden müßte, das sind die freimaurerischen Ideen und Kontakte, deren Wirkung in Leben und Werk Radiščevs ständig zu spüren ist.

Nikolaj Karamzins ‹Briefe eines russischen Reisenden›

Karamzins *Briefe eines russischen Reisenden*, fast gleichzeitig mit Radiščevs *Reise von Petersburg nach Moskau* entstanden, stellen gleichsam das ausländische Pendant zu diesem innerrussischen Werk dar. Obwohl

Nikolaj Karamzin

beide Autoren thematisch und kompositionell das Reisemodell verwendeten und gegenwärtige Verhältnisse abbildeten, liegen die Unterschiede zwischen beiden Werken auf der Hand. Radiščevs *Reise* ist
weit härter im gesellschaftskritischen Zugriff, disparater in der Komposition und unausgeglichener im Stil als die Briefe Karamzins, die
trotz der Vielfalt der angesprochenen Materien einen gleichbleiben-

den, wohlgefälligen Prosaduktus einhalten. Indem Karamzin die aktuellen Ausdrucks- und Geistestendenzen in Europa vorstellte und
Frankreich im Augenblick des revolutionären Umbruchs zeigte, triumphierte erstmals sein Neuer Stil.

Nikolaj Karamzin, Sohn eines Gutsbesitzers im Gouvernement
Simbirsk, war im Pensionat von Professor Schaden in Moskau im Geiste der Moralphilosophie Gellerts erzogen worden. Während des Mili-
tärdienstes in Petersburg befreundete er sich mit seinem Landmann
Ivan Dmitriev, einem von der französischen Poesie und Voltaire inspirierten Dichter. Durch einen anderen Landsmann, Ivan Petrovič Turgenev, den späteren Kurator der Moskauer Universität, kam er in die
Moskauer Rosenkreuzerkreise. Zu seinen Ordensbrüdern zählten
Aleksej Kutuzov, der Übersetzer von Edward Youngs *Night Thoughts*,
und Aleksandr Petrov. Mit Petrov zusammen nahm er am Übersetzer-
seminar von Johann Georg Schwarz teil und wirkte wohl auch an der
Übersetzung freimaurerischer Schriften mit. Nicht weniger wichtig
war die Begeisterung der Freunde für Shakespeare und Lessing.
Karamzin übersetzte 1786 *Julius Caesar*, das bereits gedruckte Werk
wurde jedoch konfisziert; 1788 brachte er eine Übersetzung der *Emilia
Galotti* heraus. Seine sentimentalistische Position als Dichter hatte er
bereits in seinem Programmgedicht *Poézija* (1787) formuliert. Damals
trat er in einen philosophischen Briefwechsel mit Johann Kaspar Lavater, dem Schweizer Pfarrer und Physiognomiker, den er später auf seiner Reise aufsuchte.

Karamzins Reisebriefe waren die Frucht einer Bildungsreise, die
ihn über ein Jahr, von Mai 1789 bis Juni 1790, nach Deutschland, der
Schweiz, Frankreich und England geführt hatte. Die Hintergründe der
Reise sind nicht vollständig geklärt. Da sich Karamzin in jener Zeit
den Freimaurern zu entfremden begann, bleibt fraglich, ob und wieweit die Reise nach ihren Instruktionen durchgeführt und von ihnen
finanziert wurde. Nicht in Frage steht, daß der in Moskau lebende
Jakob Michael Reinhold Lenz Karamzin beriet und dabei dessen literarischen Interessen Rechnung trug.

Karamzin besuchte auf seiner Reise bedeutende Geister in
berühmten Städten: Kant in Königsberg, Karl Philipp Moritz, Christoph Friedrich Nicolai und Karl Wilhelm Ramler in Berlin, Ernst
Platner in Leipzig, Herder und Wieland in Weimar – Goethe war
nicht erreichbar –, Lavater in Zürich, Bonnet in Genf. Er wandelte
auf den Spuren Gessners, Voltaires und Rousseaus, erlebte das Paris
des Jahres 1790, in das nach den ersten großen revolutionären
Erschütterungen wieder Ruhe eingekehrt zu sein schien. Hier sah er
Marmontel und La Harpe. Danach reiste er nach London, das er als

das gesunde Gegenstück zu dem prächtigen, aber verkommenen Paris schilderte. Ein facettenreiches Gesamtbild des geistigen, kulturellen, literarischen, gesellschaftlichen Lebens der bereisten Länder, ihrer Menschen, Einrichtungen, Bauwerke, Kunstdenkmäler und, nicht zuletzt, ihrer landschaftlichen Schönheiten wurde dem russischen Leser durch Karamzins Reisebriefe vermittelt; ein Kompendium, das, dem eigenen Auge ebenso vertrauend wie der gedruckten landes- oder literaturkundlichen Quelle, gleichsam konzentriert das aktuelle Wissen über Europa enthielt. Die Briefe konnten um so mehr auf Interesse rechnen, als ihr Autor, wenn auch eher am Rande, über die französischen Ereignisse zu berichten wußte. Von der Erstürmung der Bastille hatte er in Frankfurt erfahren, als er bei dem Bankier Willemer weilte. In Paris traf er im März 1790 ein, als die Entwicklung auf eine konstitutionelle Monarchie hinauszulaufen schien. Er verfolgte die Debatten in der Assemblée nationale, lernte Rabeau de Saint-Étienne, den Vorkämpfer für die Glaubensfreiheit, vielleicht auch Marat kennen. Seine Sympathien für die Revolution waren nicht verborgen, traten aber auch nicht eklatant in den Vordergrund: Er hoffte auf sie wie auf die Ankunft eines neuen Goldenen Zeitalters. (In den nach dem Jakobinerterror geschriebenen Briefen *Melodor k Filaretu* und *Filaret k Melodoru* [Melodor an Philaret, Philaret an Melodor, 1793/94] nahm er seine Zustimmung zur Französischen Revolution offen zurück.)

Ungeachtet ihres enzyklopädisch-dokumentarischen Charakters bildeten die Reisebriefe ein kunstvoll strukturiertes, mit Episoden, Erzählungen und Naturbeschreibungen angereichertes Prosawerk, einen «Roman» in der Art von Sternes *Sentimental Journey*, der, wie Hans Rothe sagt, «einen autobiographischen Stoff in einer Reihe von Erzählstücken verwertet». Die narrative Darbietung, die den Reisebericht, die Schilderungen des Gesehenen, Stimmungen und Reflexionen in gefühlsreicher Manier einem oder mehreren Adressaten vermittelte, war in Rußland neu und unerhört. Ohne Zweifel wurden die Reisebriefe von den Zeitgenossen als ein authentisches Zeugnis aufgenommen, weil die in ihnen verwendeten neuen Verfahren eben genau auf den Eindruck der Authentizität abzielten. (Auch hierin unterscheiden sie sich nicht von Radiščevs Reisewerk.) Tatsächlich bleibt, wenn man die künstlerische Machart durchschaut hat, ein ansehnliches Maß an realen Informationen, die Karamzins *Reisebriefe* zu einer höchst interessanten kultur- und literaturgeschichtlichen Quelle machen. Doch lassen die Dichterbesuche, die Reflexionen über Autoren, literarische Werke und die Dichtkunst sowie die Pose des gefühlvollen, melancholischen, doch auch wißbegierigen Dichters, die der Brief-

schreiber mit Fleiß von sich selbst entwarf, den Schluß zu, daß sich
hier ein Autor selbst erschuf (Ju. M. Lotman).

Karamzins empfindsame Erzählungen

Karamzin hatte bereits vor seiner Europareise einige Erzählungen wie
die rührende Geschichte *Evgenij i Julija* (Eugen und Julia, 1789) veröffentlicht. Nach der Reise folgte eine ganze Suite von Erzählungen, in
denen er den sentimentalen Erzählstil von Stück zu Stück mit immer
neuen Motiven fortentwickelte. Im *Moskovskij žurnal* erschienen 1792
nacheinander *Bednaja Liza* (Die arme Lisa) und *Natal'ja, bojarskaja doč'*
(Natal'ja, die Bojarentochter); in *Aglaja* 1794 *Ostrov Borngol'm* (Die Insel
Bornholm) und 1795 *Sierra Morena*; im *Vestnik Evropy* 1802/03 die
Erzählungen *Moja ispovest'* (Meine Beichte) und *Rycar' našego vremeni*
(Ein Ritter unserer Zeit), der charakterologische Traktat *Čuvstvitel'nyj i
cholodnyj* (Der Empfindsame und der Gefühlskalte) sowie die historische *Povest' Marfa-posadnica, ili Pokorenie Novagoroda* (Marfa, die Statt-
haltersfrau oder Die Unterwerfung von Novgorod), die Karamzin
schon auf dem Wege zur Geschichtsdarstellung zeigt. Gesondert
erschien die Erzählung *Julija* (Julia, 1796), in der der Widerstreit der
Heldin zwischen dem blendenden Fürsten N. und dem bescheidenen
Aris, zwischen eitlem Stadtleben und ländlicher Stille deutlich mit
rokokohaften und empfindsamen Stilelementen unterstrichen wurde.
Karamzin hat in seinen Erzählungen in reichem Maße Anregungen
aus den europäischen Literaturen aufgenommen, unter anderen von
Marmontel, Rousseau und, nicht zuletzt, dem in Deutschland inzwischen vergessenen Anton Wall.

Einen ganz ausnehmenden Erfolg hatte Karamzin mit der Erzählung *Bednaja Liza*, der traurigen Geschichte von der tragisch endenden
Liebe zwischen dem jungen Edelmann Erast und dem naiven Bauernmädchen Lisa. Erast hat sich in die schöne «Schäferin» (pastuška), wie
er sie nennt, verliebt, verführt sie und verläßt sie, um bald darauf stan-
desgemäß eine reiche, ältliche Witwe zu heiraten. Als er Lisa zufällig
noch einmal Moskau begegnet, gibt er ihr hundert Rubel. Lisa wankt
in ihr Dorf zurück und ertränkt sich in einem Teich. Das für die Empfindsamkeit bezeichnende Motiv der Liebe zwischen den Ständen (es
stellt die Umkehrung der Konstellation in Rousseaus *Nouvelle Heloïse*
dar, wo das Edelfräulein Julie sich in ihren Hauslehrer verliebt) wurde
in einer Folge von Gefühlsergüssen und Stimmungsmalerei dargeboten. Karamzin setzte dabei wirkungsvoll eine mittels syntaktischer
Parallelismen rhythmisierte Prosa ein. Der affektive Rededuktus des

mitfühlenden Erzählers zielte auf unmittelbare Kommunikation mit dem Leser ab. Auf solche Verfahren gründete sich, abgesehen von den rührenden Themen, Karamzins Erfolg. In der verhängnisvollen Verführungsszene traten die genannten Kunstmittel des empfindsamen Erzählers in verdichteter Anordnung hervor. Der hochemotionale Stil wurde durch eine besondere Interpunktion mittels Gedankenstrichen noch gesteigert. Und in dem Augenblick, da Lisa ihre Unschuld verliert und Donner und Blitz das Ereignis drohend begleiten, wandte sich der Erzähler unmittelbar an seine Heldin mit den Worten: «Ach, Lisa, Lisa! Wo ist dein Schutzengel? Wo ist deine Unschuld?»

Karamzins Erzählung verriet, daß auch in der Liebe zwischen den Ständen das Naturrecht nicht zur Geltung kam. Vielmehr verkehrten sich nur die Seiten: Das Bauernmädchen war unschuldig und edel im Gefühl, der Edelmann ein Schurke und von falschem Sentiment.

Die Erzählungen *Ostrov Borngol'm* und *Sierra-Morena* knüpften an die den Lesern Karamzins bekannte Reisesituation an. Die erstere, ausgestattet mit Zügen einer englischen Gothical story, bildete gleichsam eine Episode, die dem Reiseschriftsteller auf der Fahrt von England nach Petersburg widerfahren war. Er versicherte ausdrücklich, daß er eine wahrhaftiges Begebnis (istina) und keine ausgedachte Geschichte (vydumka) berichten werde. Der Ich-Erzähler ist vor der Abreise aus England mit dem Kapitän noch einmal an Land gegangen und hört am Strand das tieftraurige Lied eines jungen Mannes: «Die Gesetze verurteilen / den Gegenstand meiner Liebe» (*Zakony osuždajut / Predmet moej ljubvi*). Bei einem Ausflug auf die Insel Bornholm entdeckt der Erzähler in einer schaurigen – ossianischen – Nacht die Verdammte, die in einer Kerkerhöhle die sündige Liebe zu ihrem Bruder büßt. Mit seiner gelungenen Rätselkomposition (die Auflösung des Rätsels wird den Zuhörern, die natürlich den wahren Sachverhalt längst ahnen, vorenthalten) und seinem lebhaften lyrischen Stil ist *Ostrov Borngol'm* wohl die beste Erzählung Karamzins. Das Inzestmotiv ließ den Zwiespalt zwischen den rationalen Gesetzen und der Natur des Menschen ähnlich aufbrechen wie in *Sierra-Morena*, der Geschichte, in der der totgeglaubte Gatte in dem Moment wiedererscheint, da sich die vermeintliche Witwe Ėl'vira mit dem Ich-Erzähler verheiraten will.

Mit den Erzählungen *Natal'ja, bojarskaja dočʾ* und *Marfa-posadnica* griff Karamzin ins «alte Rußland», in die Staraja Rusʾ, zurück. Dabei war die frühere Erzählung nichts anderes als eine in die altrussische Zeit (einige Anzeichen deuten auf die Epoche Ivans des Schrecklichen) verlagerte gefühlsreiche Geschichte ohne historisch-konkrete Einzelheiten, jedoch mit gängigen Motiven wie der unerlaubten Liebe, Entführung, Bewährung im Krieg und endlicher Versöhnung aller Beteiligten. Allein schon die sentimental-rokokohafte, stellenweise rhythmisierte Rede der Liebenden widersprach jedem Historismus. Das sah zehn Jahre später, in *Marfa-posadnica*, ganz anders aus. In dieser Erzählung ging es um die Unterwerfung der Stadtrepublik Novgorod durch den Großfürsten und Zaren Ivan III. – «eines der wichtigsten Ereignisse der russischen Geschichte», wie es eingangs hieß, das nun auch mit den tatsächlichen Akteuren und entsprechendem historischen Kolorit, nach einer angeblich aufgefundenen alten Handschrift, dargeboten wurde. Das lange zurückliegende Ereignis wies freilich mit Brisanz auf die Verhältnisse der Gegenwart. Novgorod war eine Stadtrepublik gewesen mit einer Bürgerversammlung, dem Veče, die die Geschicke des Gemeinwesens bestimmte, und einem Statthalter, dem Posadnik, an der Spitze. Ivan, dem die Vereinigung Novgorods mit den russischen Ländern aufgegeben war, gelang 1471 am Fluß Šelon' der entscheidende Sieg über die Stadtrepublik, die 1478 dem russischen Großfürstentum inkorporiert wurde. Marfa Boreckaja, die Witwe des letzten Statthalters, wird in der Erzählung zum «Cato ihrer Republik» und zur Verteidigerin der alten Freiheit; der weise und gütige Ivan, vertreten durch seinen Abgesandten Fürst Cholmskij, steht für strenge staatliche Ordnung und für Ruhm und Kraft des Vaterlandes. Die dreiteilige Erzählung ist wie ein Drama in drei Akten aufgebaut, in dem der Konflikt der Staatsideen bis zur Enthauptung der klugen und aufrechten, am Ende unterliegenden Posadnica geführt wird und das Volk von Novgorod wie der Chor der alten Tragödie agiert. Der Vergegenwärtigung der Geschichte mit künstlerischen Mitteln ist Karamzin auch in späteren Jahren – 1803 wurde er zum Hofhistoriographen bestellt – treu geblieben. Seine große, zwölfbändige Darstellung der russischen Reichsgeschichte von den Anfängen bis zum Ende der Smuta, *Istorija gosudarstva Rossijskogo* (Geschichte des Russischen Reiches, 1818–1825) folgte den Prinzipien der «schönen», d. h. der literarischen Geschichtsschreibung. Sie besaß für ihn selbst den Charakter eines Poems, eines großen Epos.

Karamzins letzte Erzählungen brachten mit *Moja ispovest'* und dem *Rycar' našego vremeni* bereits Helden hervor, die von Ennui (skuka) und Charakterschwäche geprägt sind und weit in die kommende Literatur vorausweisen. In der Beichte, die Graf NN an den Herausgeber des *Vestnik Evropy* gesandt hat, entlarvt sich ein Mensch, der alle Möglichkeiten der großen Welt nutzte und durchlief, riesige Schulden machte, die Liebe schamlos auskostete und am Ende zum Wucherer und zynischen Gesellschaftsunterhalter wurde. Über Leon, den Ritter der neuen Zeit, berichtete der Erzähler in verbindlichem Plauderstil, wie er heranwuchs, sich bildete, las, sich in die Gräfin Ėmilija verliebte, in der er seine zweite Mutter sah, die er endlich, ein neuer Aktäon, beim morgendlichen Bad im Bach beobachtete, ohne in einen Hirsch verwandelt zu werden. Hier brach die Erzählung mit dem Vermerk «Es gab keine Fortsetzung» ab. In diesen Erzählungen wurde die Empfindsamkeit bereits gehörig ironisiert. Verbildung und Zynismus überlagerten die angelesenen, gefühlvollen Posen. In der Typenzeichnung des Traktates *Čuvstvitel'nyj i cholodnyj* stellte Karamzin an den Freunden Ėrast und Leonid die Dialektik zwischen Empfindsamkeit und kaltem Rationalismus unverblümt heraus: Der empfindsame Typus ist Künstler, Phantast, Idealist, er tritt für die Freiheit ein, ist ungewöhnlich, hitzig und altruistisch veranlagt; der kaltherzige Typus ist Wissenschaftler, ein nüchterner Mensch, Rationalist, er hält es mit der Ordnung, ist gewöhnlich, phlegmatisch und egoistisch. Und dennoch ist der Empfindsame unglücklich und der Gesellschaft nicht von Nutzen, während der Kaltherzige glücklich ist und der Gesellschaft dient. Peter Brang ist zuzustimmen, wenn er die skeptischen Erzählungen Karamzins als Vorläufer der «mondänen» Erzählungen (svetskie povesti) der 1820er und 1830er Jahre herausstellt, von denen sie sich nur durch die größere Sparsamkeit bei der szenischen Ausgestaltung und Milieubeschreibung unterscheiden.

Karamzins Erzählungen lösten eine veritable Mode aus. Seine Sujetmuster – das traurige Ereignis, die erzwungene Heirat, die verführte Unschuld usw. – wurden von Autoren wie Gavriil Kamenev, Pavel L'vov, Vladimir Izmajlov und vielen anderen wiederholt.

Die empfindsame Lyrik

Sentimentalistische Züge zeigten sich in der russischen Lyrik zunächst vor allem in der Themenwahl. Die Bukolik, die idealisierende Darstellung des Landlebens, der Gegensatz zwischen Stadt und Land, ein neues Erleben der Landschaft, der Freundschaftskult, intime Anlässe für die Entstehung eines Gedichts ließen auf ein gewandeltes Weltgefühl des lyrischen Dichters schließen. Mehr und mehr lauschte er inneren Stimmungen und Gefühlen und suchte sie in ihrer Einmaligkeit festzuhalten. Die Emanzipation des fühlenden Individuums – ein soziokultureller Prozeß – verlieh der Poesie Empfindsamkeit (čuvstvitel'nost') als neues beherrschendes Ideal. Hinzu trat als Ideal des Ausdrucks die Eleganz (izjaščnost'), da man nicht nur gefühlvoll, sondern auch brillant schreiben wollte. Es gab freilich Bereiche, wo sich die beiden Ideale gegenseitig ausschlossen: Wo das versifizierte Bonmot, die spitze Pointe des Weltmannes Gewicht hatte, kam das Sentiment zu kurz – und umgekehrt. Manche Widersprüche in der Poetik des Sentimentalismus finden hier ihre Erklärung. So geriet im Sentimentalismus etwa das Sonett in eine Krise, weil die vorgegebene Form offenbar als Hindernis für den unmittelbaren Gefühlsausdruck betrachtet wurde, wohingegen sich das Triolett, eine wesentlich kompliziertere, spielerische Miniatur bei Karamzin (*Triolet Alete* [Triolett für Aleta, 1795]; *Triolet Lizete* [Triolett für Lisette, 1796]) und anderen großer Beliebtheit erfreute.

Karamzins Gedichte

Das lyrische Werk Nikolaj Karamzins umfaßt nur etwa 100 Gedichte, die zum weit überwiegenden Teil in den 90er Jahren geschrieben wurden. Hatte man sie früher eher allgemein als «Chronik des Seelenlebens» gedeutet, so bestimmte sie Grigorij Gukovskij zutreffender als eine Poesie, die vor allem Gefühle (und nicht Gedanken oder Ideen) auszudrücken suche und dies mit einer bestimmten lyrischen Tonalität (und nicht vermittels dinghaft-materieller Bilder) unternehme. So erklärt sich die beherrschende Rolle, die qualifizierende Wörter gegenüber Objektwörtern besitzen. Typisch sind Epitheta, die eine emotionale Beziehung zu einem Objekt formulieren (etwa: prelestnyj, «reizend/anmutig», krasivyj, «schön/hübsch», čuvstviteľnyj, «emfindsam/ gefühlvoll»). Allein die gefühlvolle Attitüde, oft in reimlosen oder heterometrischen Versen ausgedückt, ist nur die eine Seite der Lyrik Karamzins, hinter der die Gukovskij die Kenntnis Klopstocks vermutet. Die andere, rokokohafte, verrät in ihrer epigrammatischen Kürze und Pointiertheit die Erfahrung der französischen Poésie fugitive (lëgkaja poèzija).

Jurij Lotman wieder hat das oftmalige Fehlen des Reims, den Verzicht auf große Metaphern und odische Tropen als «Absagen» (otkazy) und «Minus-Verfahren» (minus-priëmy) gedeutet, durch die, da sie die Erwartungen des zeitgenössischen Lesers täuschten, wieder der Eindruck von «Einfachheit», ja von «Prosa» entstehe. Diese Poesie erkannte die stilistische Opposition Hoch-Niedrig nicht mehr an, in ihr spielte, von wenigen Pflichtübungen abgesehen, die Ode keine Rolle mehr.

Mit der Lyrik der Privatheit, die in der sentimentalistischen Phase deutlich zum Gegenmodell der offiziellen odischen und gesellschafts-bezogenen satirischen Dichtung wurde, traten Gattungen auf den Plan, die bisher am Rande des Gattungsrepertoires gestanden hatten: Elegie, freundschaftliches Sendschreiben (družeskoe poslanie), Idylle sowie die vom Geist des Rokoko beflügelte Poésie fugitive. Charakteristisch für die lyrischen Gattungen war, daß in ihnen die vormals streng beachteten Gattungsnormen geringgeschätzt, aufgelöst oder – und das ist der häufigste Fall – vermischt wurden. Der unmittelbare Gefühlsausdruck, dem sich die Dichter der Empfindsamkeit (čuvstvitel'nost') verschrieben, duldete weder Formvorgaben noch thematische Beschränkungen. Vor allem in den poetischen Sendschreiben von Karamzin und seinem Freunde Ivan Dmitriev fand die empfindsame Poesie, fanden Freundschaft, Aufrichtigkeit und Naturverbundenheit ihren beredten Ausdruck. So erhob Karamzin in seinem programmatischen *Poslanie k ženščinam* (Sendschreiben an die Frauen, 1795) die weiblichen Tugenden zu Tugenden der Poesie, beschwor Dmitriev in seinem *Poslanie k N. M. Karamzinu* (Sendschreiben an N. M. Karamzin, 1795) Aufrichtigkeit und Naturverbundenheit als Ideale der neuen Poesie. War Natur bei Lomonosov Beleg für die Größe Gottes gewesen, diente sie bei Deržavin als Gleichnis menschlicher Verhältnisse, so gingen die Sentimentalisten dazu über, die eigene Seelenlage in die Natur zu projizieren, diese zum Spiegel seelischer Vorgänge zu machen. Als einen Eigenwert haben die Dichter des 18. Jahrhunderts – trotz Batteux und trotz mancher späteren Umdeutung – Natur noch nicht abzubilden vermocht; Realismus war nicht ihre Sache. Wenn Karamzin in seinen Versen auf den Tod des Fürsten Chovanskij (*Na smert' knjazja G. A. Chovanskogo*, 1796) diesen liebenswürdigen, doch belanglosen Dichter als einen Menschen darstellte, der keinen Ruhm für sich in Anspruch nehmen könne und nichts als ein braver Mann (dobroj čelovek) gewesen sei, in freundschaftlichen Gesprächen witzig, ohne Feinde, der keine Pasquille geschrieben und keinen Neid gekannt habe, so war dies nicht als Abwertung des Freundes zu verstehen, sondern als das Lob eines Menschen, der die Ideale der Sentimentalisten verkörpert hatte.

Die Madrigale, Epigramme, Exprompts, Impromptus, Rätsel und Triolette, die Karamzin in den 90er Jahren schrieb, sind reiner Ausdruck der Salonkultur. Nicht wenige entstanden aus dem geselligen Augenblick heraus und hefteten sich als Improvisationen an zufällige Gegenstände. Witz und Spontaneität triumphierten. Schon in seinen Reisebriefen hatte Karamzin immer wieder Interesse an den geistreichen Aufschriften (inscriptions) und Epigrammen bekundet. Sein erstes Madrigal schrieb er auf den Geburtstag einer liebenswürdigen Dame (*Ljubeznoj v den' roždenija* [Der Liebsten zum Geburtstag], 1793). Meist waren in den Überschriften der poetischen Kleinigkeiten die Anlässe vermerkt, die sie ausgelöst hatten: Maskenbälle, Pfänderspiele, ein hübscher Wintergarten, eine Tabakdose. (Es lag also manchen dieser Texte ein spielerischer, emblematischer Sinn zugrunde.) In einem

Brief an Dmitriev vom November 1797 beschrieb Karamzin, wie er die Wintersaison als literarisierender Bonvivant in den Moskauer Salons verbrachte und hier und da Verse improvisierte. In einem anderen Brief vom August 1798 schilderte er, wie er in einem Hause einen marmornen Amor von Kopf bis Fuß mit Versen beschrieb. Es sind jene neun Miniaturen, bekannt unter dem Titel *Nadpisi na statuju Kupidona* (Aufschriften auf eine Cupido-Statue, 1798), die als Muster der Karamzinschen Madrigalpoesie gelten können: in federnden freien Jamben gedichtet, geistreich und graziös, wohl pointiert. Der Dichter konnte eben, wie Karamzin im Vorwort zum zweiten Band seiner *Aonidy* (1797) schrieb, gleich Jupiter das Kleine groß und das Große klein machen. Und er hatte in den Damen der Salons ein neues Publikum gewonnen.

1794 gab Karamzin seine poetischen Kleinigkeiten – darunter aber immerhin auch das im Bylinenstil verfaßte komische Heldengedicht *Il'ja Muromec* (1793) – unter dem Titel *Moi bezdelki* (Meine Bagatellen) heraus. (Das Vorbild hierzu hatten die *Opuscules poétiques* [1779] von Parny und die *Bagatellen* [²1783] des deutschen Miniaturisten Anton Wall gegeben.) Schon 1801 lagen sie, erweitert, in dritter Auflage vor, gefolgt von Ivan Dmitrievs *I moi bezdelki* (Auch meine Bagatellen, 1795) oder den Bändchen *Plody svobodnych čuvstvovanij* (Früchte freier Gefühle, 1798–1801) und *Cvety Gracij* (Blumen der Grazien, 1802) des Fürsten Pëtr Šalikov sowie vielen weiteren lyrischen Miniaturen bis hin zu den in provinzieller Einsamkeit entstandenen, gefühlvoll-ironischen *Saratovskie bezdelki* (Saratover Bagatellen, 1812) von Andrej Kajsarov. Eine «Poetik der Bezdelki» (R. Lauer) griff um sich, der am Ende sogar, wie die *Apologi v četverostišijach* (Apologe in Vierzeilern, 1826) von Ivan Dmitriev zeigen, die Gattung Fabel gehorchte.

Das Drama im Sentimentalismus

Je mehr Impulse des europäischen Sentimentalismus nach Rußland drangen, desto mehr gewann auch das Rührstück (slëznaja komedija, frz. comédie larmoyante) Bedeutung in der dramatischen Literatur. Der entscheidende Einfluß ging von Denis Diderot aus, und zwar sowohl von seinen dramatischen Texten (*Le fils naturel*, 1757; *Le père de famille*, 1758) als auch von seinen dramaturgischen Traktaten (*Entretiens sur Le fils naturel*; *De la poésie dramatique*, 1758), die in Rußland bereits Mitte der 60er Jahre übersetzt worden waren. Bei ihm, wie zuvor auch bei den Engländern, wurde die von der klassizistischen Dramatik streng beachtete Ständeklausel, wonach heroische und tragische Konflikte ausschließlich Personen von hohem Stand angemessen waren, außer Kraft gesetzt. Indem die Komödie mit «rührseligem» Inhalt gefüllt, die Tragödie auf die «bürgerliche» Ebene gesenkt wurde, gelangten die hohe und die niedrige, die tragische und die komische dramatische Gattung zu einem Ausgleich. Der ausgreifende europäische Diskurs um das Rührstück machte deutlich, daß es bei der neuen dramatischen Form nicht nur auf die Überwindung verkrusteter Regeln des Klassizismus und auf bürgerliche Emanzipation ankam, sondern auch auf erhöhte Anschaulichkeit und emotionale Einwirkung auf den Zuschauer. Das Publikum empfand offenbar ein gesteigertes Bedürfnis, statt karger Handlungen starke Gefühle – Großmut, Opfermut, Freundschaft und Liebe – und Gefühlsausbrüche auf der Bühne vorgeführt zu bekommen, desgleichen Konflikte, die in einem Milieu stattfanden, das dem eigenen nahelag. Dem kam das Rührstück entgegen.

Rührende Elemente hatten sich zuerst in der Tragödie *Venecianskaja monachinja* (Die venezianische Nonne, 1758) und der Verskomödie *Bezbožnik* (Der Gottlose, 1761) von Michail Cheraskov abgezeichnet. Die Emotionalisierung des dramatischen Ausdrucks, die Ausnutzung greller Effekte, die Verdichtung des Stimmungsmäßigen in Nachtszenen bei Fackelschein oder Gewitter gewannen in der Folgezeit, vor allem in den 70er Jahren, immer mehr Raum im russischen Drama. Pavel Potëmkins *Toržestvo družby* (Triumph der Freundschaft, 1772), ferner die Stücke *Drug nesčastnych* (Der Freund der Unglücklichen, 1774) und *Gonimye* (Die Gejagten, 1775) von Cheraskov können dabei als erste reine Rührstücke in Rußland gelten, deren vorrangiges Ziel in der «Erweckung von Mitleid und Bewunderung für das Unglück tugendhafter Menschen» bestand (H. Schlieter). Hingegen blieben die Dramen Michail Verëvkins stärker der Komödientradition verhaftet. Zum Ausgang des Jahrhunderts lösten deutsche Rührstückautoren den Einfluß der Franzosen ab. So stehen die 90er Jahre im Zeichen August von Kotzebues, dessen Propagator und eifrigster Nachahmer in Rußland Pëtr Plavil'ščikov wurde, der erfolgreichste russische Dramatiker dieser Jahre.

Vladislav Ozerov

Der wichtigste Vertreter der sentimentalistischen Tragödie war Vladislav Ozerov. Wie Sumarokov, Cheraskov und Knjažnin war er im Landkadettenkorps erzogen worden, diente später im Forstdepartement und erlangte zuletzt den Generalsrang. Seit 1810 litt er an einer

Geisteskrankheit; in Armut ist er gestorben. In den Jahren zwischen 1798 und 1809 schrieb er fünf Tragödien, von denen zwei noch an das Modell der späten Stücke von Sumarokov anknüpften und nationale russische Themen verarbeiteten (*Jaropolk i Oleg* [Jaropolk und Oleg], 1798; *Dmitrij Donskoj*, 1807), während zwei weitere Stücke (*Ėdip v Afinach* [Ödipus in Athen], 1804; *Poliksena* [Polyxene], 1809) ihren Stoff aus der Ödipus- und aus der Troja-Sage entnahmen. Wie in der klassizistischen Tragödie, so besaß auch bei Ozerov das historische oder mythologische Material nur sekundäre Bedeutung; vorrangig diente es zur Demonstration ethisch-politischer Probleme. Sentimentalismus kam in den Stücken dadurch zum Tragen, daß die Helden zunehmend der Stimme ihres Herzens (golos serdca) folgten. In den antikisierenden, in Alexandrinern verfaßten Stücken brachte Ozerov den Chor, auf den die strenge klassizistische Tragödie verzichtet hatte, wieder auf die Bühne. Er artikulierte sich in liedhaften Einlagen, die in 4füßigen Jamben, also im Metrum der hohen Ode, gehalten waren.

Das bedeutendste Stück von Ozerov, zugleich das Musterbeispiel einer sentimentalistischen Tragödie, war sein dreiaktiges Stück *Fingal* (1805). Ossianische Motive hatte das französische Theater zu Anfang des 19. Jahrhunderts verwendet, so in der pompösen Oper *Les Bardes* von Jean-François Lesueur, die 1804 mit großem Erfolg in Paris aufgeführt worden war. Vor diesem Hintergrund müssen Ozerovs Stoffwahl und bestimmte opernhafte Züge seines Stückes gesehen werden. Ozerov wählte als Sujet den dritten Gesang aus Ossians *Fingal*, der sich besonders gut für Stimmungs- und Gefühlsdarstellungen eignete. Die lyrischen Monologe des keltischen Helden vermochten zwar ebenso wie die eingearbeiteten Chöre und «pantomimischen Ballette» (pantomimnye balety) das empfindsame Publikum in Petersburg und Moskau heftig zu begeistern, doch fehlte es auch nicht an boshafter Kritik aus dem Lager der Archaisten um Admiral Šiškov. Nicht zu Unrecht sahen sie durch Ozerovs Dramatik einen Eckpfeiler des klassizistischen Gattungssystems gefährdet: die Tragödie. Es fehlte denn auch nicht an Anstregungen, die Gattung im reinen, klassizistischen Geiste neu zu beleben, und zwar indem man die französischen Muster von Corneille, Racine, Rotrou und Voltaire neu übersetzte. Als Übersetzer taten sich nicht nur Graf Chvostov und Fürst Šachovskoj (*Zaira*, nach Voltaires *Zaïre*, 1809) hervor, sondern auch Nikolaj Gnedič (Voltaires *Tancrède* [*Tankred*], 1810) und Pavel Katenin (Corneilles *Cid* [*Sid*], 1822). Besonderen Eifer legte der den Dekabristen nahestehende Andrej Žandr an den Tag; er übersetzte Racines *Athalie* (*Gofolija*, 1816/17), Corneilles *Horace* (*Goracij*, 1817, mit Šachovskoj), Jean Rotrous *Veneceslav* (1824) sowie Racines *Bajazet* (1825, mit Katenin).

Übergänge

Ivan Krylov

Ivan Krylov gilt mit Recht als derjenige russische Dichter, der als erster mit seinen Fabeln weltliterarischen Rang erreichte. Seine *Basni* (Fabeln) machen in der Ausgabe letzter Hand aus dem Jahre 1843 neun Bücher mit insgesamt 198 Stücken aus. (Hinzu kommen weitere zu Lebzeiten nicht veröffentlichte oder nicht berücksichtigte Fabeln sowie eine große Zahl von Entwürfen und unvollendeten Texten.) In seinen Fabeln nutzte Krylov die sprachlichen Möglichkeiten des Russischen in souveräner Weise aus, die rhythmischen ebenso wie die idiomatischen und gnomischen, und führte, eine überbordende Fabeltradition vor Augen, die bisherigen Ansätze – Sumarokovs grobe, Rževskijs virtuose, Chemnicers redselige Fabel – zur Synthese. Unter seiner Feder wurde die Gattung volkstümlich und anspruchsvoll zugleich, sie entsprach kindlichen Vorstellungen ebenso wie den Bedürfnissen der Erwachsenen, sie wurde zu einem Instrument, das in der allegorischen Verkleidung der Gattung alle Fragen des praktischen, des politischen, des geistigen und künstlerischen Lebens behandeln konnte. Das Fabelwerk Krylovs stellt deshalb – vergleichbar dem Fabelcorpus Äsops oder La Fontaines – ein umfassendes Weltmodell dar, das seine Bedeutung nicht nur im Bezug auf die Verhältnisse seiner Zeit oder zur russischen Gesellschaft gewinnt, sondern allgemeine Gültigkeit für sich beanspruchen kann.

Das Vorfabelschaffen

Krylov ging, als er 1806 die ersten Proben in der ihm ureigenen Gattung vorlegte (*Dub i Trost'* [Eiche und Schilfrohr]; *Razborčivaja nevesta* [Die wählerische Braut] – beide aus La Fontaine übersetzt) auf die Vierzig zu, und er war ein vielerfahrener Literat. Hinter ihm lag eine verzweigte literarische Tätigkeit, die sich auf fast alle damals aktuellen Gattungen erstreckt hatte. Nach 1806 hat Krylov fast ausschließlich nur noch Fabeln geschrieben. Die merkwürdige Zweiteilung seines Schaffens in eine bunte «Vorfabelperiode» (dobasennyj period), wie man sie genannt hat, und die Monokultur des Fabelœuvres, das in den Jahren von 1805–1834 heranwuchs, kann wohl – teleologisch – nur so verstanden werden, daß sich hier ein Dichter auf breitester stilistischer Klaviatur einspielte, um die erlangten Fertigkeiten endlich nur einer Gattung zugute kommen zu lassen.

Ivan Krylov

Schon mit zehn Jahren hatte Krylov seinen Vater, einen Armeeoffizier, verloren und war gezwungen, sich als Gerichtsschreiber zu verdingen. Als 14jähriger ging er nach Petersburg, das Libretto der komischen Oper *Kofejnica* (Die Kaffeedose) im Gepäck, die zwar einen Verleger fand, aber nicht gedruckt wurde. Obwohl Krylov eine Stelle in der Finanzverwaltung annahm und sich autodidaktisch weiterbildete, scheint er vor allem auf die Literatur als Erwerbsquelle gehofft zu haben. In rascher Folge schrieb er, von dem bekannten Schauspieler Ivan Dmitrevskij beraten, zwei Tragödien (*Kleopatra*; *Filomela*, 1786, beide nicht erhalten), zwei komische Opern (*Bešennaja sem'ja* [Die rasende Familie]; *Amerikancy* [Die Amerikaner], nach 1786) sowie die literatursatirischen Komödien *Sočinitel' v prichožej* (Der Dichter im Vorzimmer) und *Prokazniki* (Spitzbuben). 1788 veröffentlichte er in der Zeitschrift *Utrennie časy* (Morgenstunden) vier Fabeln (*Stydlivyj igrok* [Der schamhafte Spieler], *Sud'ba igrokov* [Spielerlos] u. a.), die übrigens allesamt Menschenfabeln sind, also auf die Tierallegorese verzichten, und den Gellertschen bzw. Chemnicerschen Fabelstil aufnehmen. Krylov hat sie in das spätere Fabelwerk nicht eingereiht. Auch Oden, Sendschreiben, empfindsame Gedichte und sogar ein Petrarkisches Sonett (*Sonet k Nine* [Sonett an Nina], d. i. *Pace non trovo, Canzoniere* CXXXIV) schrieb der junge Krylov, Gattung um Gattung erprobend, in den 90er Jahren. Ein Stimmungsgedicht wie *Večer* (Der Abend, 1796) konnte sogar in Karamzins Almanach *Aonidy* aufgenommen werden. Zur Schule der Satire wurde ihm vor allem die Zeitschrift *Počta Duchov* (Geisterpost, 1789), die er nach eigenem Konzept allein als Herausgeber und Verfasser betrieb. Sie war nach dem Muster der orientalischen Erzählungen als gelehrter, moralischer und kritischer Briefwechsel des arabischen Zauberers Malikul'mul'k mit den Wasser-, Luft- und Unterweltgeistern verkleidet. In 48 Briefen wurden satirische Spitzen namentlich gegen Gallomanie, Stutzertum, Gefühlskult und ähnliche Unbilden der Gesellschaft vorgebracht. Themen und Stile waren auf verschiedene Korrespondenten verteilt. So waren etwa die Briefe der Gnomen Zor («scharfsichtig») und Vestodav («Nachrichtgeber») satirischen, die der Sylphen (sil'fy) Dal'novid («weitsichtig») und Vysprepar («schwülstig schwebend») philosophischen Inhalts. Alte und neue – *ad hoc* geschaffene – Mythologien wurden munter miteinander vermischt und ins Burleske verkehrt. Hauptthema war die Rückkehr der Proserpina in den Hades als französische Modedame, woraus sich allerlei Verwicklungen ergaben: Tanzmeister und Friseure sowie neue Totenrichter mußten gewonnen werden; Sokrates tanzte Ekossaisen, und Cicero sollte kraft seiner Beredsamkeit die Moral im Hades wiederherstellen. Dem Typus nach griff Krylov mit *Počta Duchov* auf eine ähnliche Unternehmung von Fëdor Ėmin zurück, der 1769 die Zeitschrift *Adskaja počta* (Höllenpost) herausgegeben hatte, in der zwei Teufel, ein einäugiger und ein hinkender (der Bezug zu Lesages *Hinkendem Teufel* liegt auf der Hand), einen Briefwechsel führten.

In der zusammen mit Aleksandr Klušin herausgegebenen Zeitschrift *Zritel'* (Der Zuschauer, 1792; der Titel gemahnt an Addisons *Spectator*), die in der von Freunden mitgetragenen eigenen Druckerei erschien, setzte Krylov seine satirischen Aktivitäten fort. Hier erschien, bevor die Druckerei durchsucht und die Zeitschrift verboten wurde, Krylovs beste Erzählung, *Kaib*, die in der Manier von Voltaires *Candide* Illusionen jedweder Art zerriß. Fabuläre Verfahren waren in den satirischen Texten Krylovs allemal auszumachen. Er ließ modische

Dinge wie Hüte, Nachthäubchen oder Kopftücher als satirische Allegorien agieren, Höflinge erschienen als Affen, Akademiker und Professoren als Papageien, Stutzer (petimetry) als Pferde, der Staatsrat gar als ein ganzer Viehhof (skotnyj dvor). Blieb der Vergleich meist auch erhalten, so war in der Übertragung von menschlichen Eigenschaften auf Tiere doch der Hang zur Fabel bereits unverkennbar. In *Kaib* tauchte übrigens eine voll ausgeführte Prosafabel auf – man könnte sie betiteln *Pauk i Polotno* (Die Spinne und die Leinwand) –, die der Odendichter, der sie Kaib erzählt, demnächst in Verse übertragen will. Krylov hat von dem Fabelstoff später keinen Gebrauch gemacht.

In den Jahren zwischen 1794 und 1804 «pausierte» Krylov, in der Provinz lebend, als Schriftsteller; lediglich die burleske Tragödie *Trumf* und die den Sentimentalismus verulkende Komödie *Pirog* (Die gefüllte Pastete, 1799/1800) schrieb er während des Aufenthaltes auf dem Landsitz Kazackoe des Fürsten Golicyn. Wie er in *Pirog* die empfindsame Užima mit dem groben Gutsbesitzer in Sprache und Verhalten kontrastierte, das ließ ihn in der dramatischen Technik als Fortsetzer Fonvinzins erscheinen.

In der Zeit, da das Fabelschaffen einsetzte, versuchte Krylov sich letztmalig im Komödiengenre mit den Stücken *Modnaja lavka* (Der Modeladen, 1806) und *Urok dočkam* (Eine Lektion für die Töchter, 1806/07), denen auf der Bühne sogar beachtlicher Erfolg beschieden war. Danach trat hinter dem Fabelwerk alles andere zurück. Als Bibliothekar an der 1812 gegründeten Kaiserlichen Öffentlichen Bibliothek (Imperatorskaja Publičnaja Biblioteka) lebte und wirkte er noch gut 30 Jahre in Petersburg, behäbig und gelassen, von den Literaten geschätzt und von seinen jungen und alten Lesern geliebt.

Das Fabelwerk

Krylovs Fabeln nahmen nicht nur die verschiedenen Ansätze der russischen Fabeltradition auf, sondern schlugen auch die Brücke zurück zu Äsop und La Fontaine. Nicht zufällig wurden die einzelnen Bücher der *Basni* in der Ausgabe von 1843 durch «klassische» Fabeln wie *Vorona i Lisica* (Die Krähe und der Fuchs), *Ljaguški, prosjaščie Carja* (Die Frösche bitten den Zaren), *Volk i Pastuški* (Der Wolf und die Hirten) oder *Lev sostarevšijsja* (Der gealterte Löwe) eingeleitet, deren Stoffe bei Äsop oder La Fontaine, oftmals bei beiden, vorgegeben waren. Man kann darin eine Maßregel der Vorsicht oder eine Verneigung vor den großen Vorgängern sehen, in deren Kreis Krylov nun eintrat. Er hatte also keine Bedenken, das klassische Stoffinventar der Gattung anzuzapfen, doch mangelte es in seinem Werk auch keineswegs an eigenen Erfindungen. Insbesondere dann, wenn er zeitgeschichtliche Ereignisse ansprach, erfand er entsprechende Geschichten, die für die Zeitgenossen unmittelbar verständlich waren. Allein im Zusammenhang mit dem Vaterländischen Krieg schrieb er eine Handvoll Fabeln – darunter *Kot i povar* (Der Kater und der Koch, März 1812), *Oboz* (Der Troß, Herbst 1812), *Volk na psarne* (Der Wolf im Hundestall, Oktober 1812), *Vorona i Kurica* (Die Krähe und das Huhn, November 1812) und *Ščuka i Kot* (Der Hecht und der Kater, Dezember 1812), die das Schicksal der französischen Eroberer drastisch vor Augen führten. Doch auch das politische und gesellschaftliche Leben in Rußland bot, wie die Forschung in vielen Fällen nachweisen konnte, Krylov immer wieder Anlässe zur Intervention mit den Mitteln der Fabel. So bezog sich *Červonec* (Der Dukaten, um 1812) wahrscheinlich auf einen Erlaß des Volksbildungsministers Graf Razumovskij über die von den Ausländern betriebenen Erziehungspensionate; *Kon' i vsadnik* (Roß und Reiter, 1814) wurde mit den Plänen des Zaren in Verbindung gebracht, die Leibeigenschaft aufzuheben, was dem Konservativen Krylov nicht behagen konnte; *Pëstrye ovcy* (Die bunten Schafe, 1822) zielte wohl auf die Entlassung von vier liberalen Professoren – darunter Puškins ehemaliger Lehrer Aleksandr Galič – an der Petersburger Universität; *Troeženec* (Der Trigamist, 1825) spielte auf einen aufsehenerregenden Scheidungsprozeß an, um wenigstens einige der konkreten Anlässe zu nennen, die den Fabeldichter herausforderten.

Diese Aktualitätsbezüge lassen die Funktionsweise der Krylovschen Fabeln offenbar werden: Sie konnten sich auf ganz bestimmte Vorgänge beziehen, gesellschaftliche Mängel anprangern und sogar praktische Lösungsvorschläge in Angelegenheiten unterbreiten, die jedermann kannte. Auf der anderen Seite aber bot die allegorische Verkleidung, die ja nichts anderes als eine spezifische Verfremdung war, stets die Möglichkeit der universalen Anwendung, bezogen auf die anthropologischen Bedingungen und Verhältnisse schlechthin. Aktualität und Universalität waren in Krylovs Fabeln auf einmalige Weise ins Lot gebracht.

Krylov machte in den Fabeln aus seiner Abneigung gegen die hochtrabende Odendichtung wie auch gegen die übertriebene Empfindsamkeit der Karamzinschen Schule keinen Hehl. Poetologisch blieb die Gattung an jenem Platz verankert, den das überkommene System für sie vorsah: sie war eine «niedrige» Gattung. Doch konnte der vielerfahrene Dichter in ihr unversehens hohen oder empfindsamen Stil ausspielen, wenn es der Gegenstand – «hohe» oder verliebte Tier-Personnagen – oder die parodistische Absicht erforderten. Aus der alten Äsopischen Fabel *Lev i Komar* (Der Löwe und die Mücke, 1809) machte er einen burlesken Kampf, der in der Lexik der Siegesoden geschildert wurde und die Mücke am Ende nicht nur als siegreichen Achill, sondern sogar als die eigenen Taten besingenden Homer zeigte.

Mit der Komposition der Fabel ging Krylov ebenso locker um wie mit Vers und Sprache. Die Moral, das belehrende Fazit der Erzählung, konnte als Promython (also am Anfang) oder als Epimython (also am Ende) formuliert sein, sie konnte auch ganz fehlen. Krylovs Fabeltexte kannten keinen Schematismus.

Den Fabelvers (basennyj stich), d. h. Jamben mit frei variierender Anzahl der Versfüße, setzte Krylov mit besonderem Gespür für die rhythmischen Effekte dieses Mediums in Verbindung mit dem Reim ein, dabei die semantischen Möglichkeiten voll ausschöpfend, die seine an Redewendungen und Gnomata reiche Sprache bot. Neben Puškin und Griboedov hat kein Dichter einen größeren Anteil zum ewigen Schatz der russischen Redewendungen und Zitate beigetragen als Krylov.

Mit Krylov gewann der La Fontainesche Fabeltypus, der sich in Rußland seit Sumarokov durchgesetzt hatte, seine volle Rechtfertigung. Nicht Lessings dürre, ganz auf die moralische Aussage konzentrierte Prosafabel, sondern die ausmalende, ausschmückende, alle Mittel der Poesie verwendende, Phantasie und Gefühl anrührende Versfabel − für Lessing «anmutiges poetisches Spielwerk» − erreichte ihre Vollendung in der russischen Literatur. Vasilij Žukovskij hat in seiner Studie *O basne i o basnjach Krylova* (Über die Fabel und die Fabeln Krylovs, 1809 in *Vestnik Evropy*) Krylov ein wenig beckmesserisch zum Nachahmer und Rivalen (sopernik) La Fontaines erklärt. Den typologischen Ort der russischen Fabel aber bestimmte er richtig und zögerte nicht, der reicheren Versfabel den Vorrang zu geben.

So gipfelte die Entwicklung der Gattung im Fabelwerk Krylovs. Aus der reichen Fabeltradition des 18. Jahrhunderts erwachsen, gehörte es doch bereits ganz dem 19. Jahrhundert an und bewies, daß die russische Dichtungssprache, souverän und funktionsgerecht gehandhabt, gleichermaßen volksnah und literarisch anspruchsvoll sein konnte. Zum ersten Male zeigte sich hier das großartige russische Erzählvermögen und der realistische Menschenverstand, die die fernere Literatur prägen sollten.

Vasilij Žukovskij

Wie aus dem empfindsamen Dichten der Karamzinisten allmählich ein tieferes und umfassenderes Weltempfinden entstand, wie Sentimentalismus sich zu Romantik wandelte, das zeigte beim Übergang in die Puškin-Zeit Vasilij Žukovskij. Man hat die Entwicklungsphase, die er repräsentiert, mitunter als Vorromantik (frz. préromantisme, russ. predromantizm) ausgewiesen – ein Begriff, der auch einige andere Erscheinungen der Zeit abdecken könnte. Wichtiger als das literarhistorische Etikett ist aber wohl, daß Žukovskij ein bedeutender elegischer Dichter ist, der Verfasser der ersten russischen Kunstballaden – darum «balladnik» (Balladendichter) genannt – und einer der besten Übersetzer, die die russische Literatur kennt. Mit ihm trat die Orientierung an der deutschen und englischen Literatur deutlicher als zuvor zutage.

Žukovskij war der Sohn des Gutsbesitzers Afanasij Bunin und der Türkin Sal'cha, die dieser von der Belagerung der Festung Bender 1770 als Beute davongetragen hatte. Nach geltendem Recht wurde Žukovskij mit dem Namen seines Taufpaten benannt. Ausgebildet wurde er, nicht ohne freimaurerischen Einfluß, am Adelspensionat der Moskauer Universität. Zusammen mit den Brüdern Andrej und Aleksandr Turgenev, Söhnen des Moskauer Universitätskurators Ivan Turgenev, mit Aleksej Merzljakov und Andrej Kajsarov gehörte er 1801 dem literarischen Zirkel «Družeskoe literaturnoe obščestvo» (Freundschaftliche Literaturgesellschaft) an. Dort schwelgte man im Gefühl, arbeitete an der moralischen Vervollkommnung und brachte Karamzin, Goethe und Schiller kulthafte Verehrung entgegen. Andrej Turgenev und Merzljakov begannen, Goethes *Werther* zu übersetzen. In seiner *Nadpis' k portretu Gёte* (Aufschrift zu einem Goethe-Porträt, 1800) feierte Andrej Turgenev den vom freien Genius der Natur inspirierten Dichter. Für Žukovskij blieb der «Genius Goethe» (genij Gёte), wie er es später in dem Hommage-Gedicht *K Gёte* (An Goethe) ausdrückte, das er dem Weimarer Dichter im September 1827 persönlich überreichte, das ewige Vorbild. In diesem Gedicht erklärte Žukovskij die eigene Sekundarität, das für ihn typische Schaffen aus zweiter Hand, mit dem Umstand, daß es ihm in seinen jungen Jahren verwehrt gewesen sei, Goethe zu sehen. Denn anders als seine Freunde Aleksandr Turgenev und Andrej Kajsarov, die 1802 zum Studium an die Göttinger Universität aufbrachen, nicht ohne die Absicht, Goethe in Weimar aufzusuchen, blieb Žukovskij in Rußland. Man kann in der obigen Aussage aber auch eine späte Korrektur des starken Schiller-Einflusses der frühen Jahre sehen. Ganz offensichtlich erkannte Žukovskij in Goethe den naturhaft schaffenden, naiven Dichter, während er sich selbst, im Sinne des Schillerschen Traktates *Über naive und sentimentalische Dichtung*, als sentimentalischen Dichter einschätzte. In Karamzins Zeitschrift *Vestnik Evropy* profilierte er sich von Anfang an als neues poetisches Talent.

Vasilij Žukovskij

Elegische Poesie

Seinen Dichterruhm begründete die Elegie *Sel'skoe kladbišče* (Der Dorf-friedhof, 1802), eine freie Übersetzung von Thomas Grays *Elegy written in a Country Churchyard.* Nicht nur für Žukovskij besaß dieses Gedicht programmatischen Charakter. Der melancholische Poet, der in nebli-ger Abendstille zwischen den Gräbern über die Vergänglichkeit und Nichtigkeit des Lebens nachgedacht und gegen den Schöpfer als den Verursacher der menschlichen Leiden aufbegehrt hat, ermannt sich am Ende, was mit dem emblematischen Bild des von der Schlange gebis-senen Adlers ausgedrückt ist. (Die dazu gehörige Devise lautet: Semper ardentius [Immer brennender].) Er wird den Kampf mit den Leidenschaften aufnehmen, wissend, daß das Grab der Weg zum ewigen Leben ist. Die Elegie zeigte bereits die charakteristischen Merkmale des poetischen Stils von Žukovskij. Aleksandr Veselovskij hat schon 1904, in der ersten Monographie über den Dichter, auf das Gefühl (čuvstvo) und die «Phantasie des Herzens» (serdečnoe voobraženie) als Grundelement seiner Poesie hingewiesen. Die Literaturhistoriker waren sich darüber einig, daß Žukovskij den empfindsamen Stil Karamzins fortsetzte und in vielem den ästhetischen Ideen der englischen und deutschen Romantiker folgte. Man sprach von der Musikalität, vom Wohlklang seiner Verse, und doch hat erst Boris Ėjchenbaum mit seinen Studien zur Versmelodik in der russischen Lyrik (*Melodika russkogo liričeskogo sticha* [Die Melodik des russischen lyrischen Verses], 1922) das für Žukovskij wohl wichtigste Kunstmittel herausgestellt. Ja, er hat den poetologischen Begriff der Versmelodik vor allem durch das Studium der Poesie Žukovskijs gewonnen. Was ist damit gemeint? Versmelodik ist für Ėjchenbaum ein entscheidendes Charakteristikum des sangbaren Verses (napevnyj stich). Sie besteht jedoch nicht in der Anordnung akustischer Phänomene (wie Alliteration, Lautwiederholungen etc.), sondern in bestimmten Intonationsarten (meist Frage- oder Ausrufsintonationen), die über mehrere Strophen oder sogar über ein ganzes Gedicht hinweg entfaltet werden. Natürlich begegnen diese Verfahren des affektiven Stils auch gelegentlich in der früheren Oden- oder Elegiendichtung, bei Žukovskij jedoch werden sie zum tragenden Element des lyrischen Ausdrucks, erfassen das ganze Gedicht. Oft geht das Intonationsverfahren mit Reimverzicht einher. Auch die von Žukovskij bevorzugten heterometrischen Strophen (d. h. Strophen aus Versen von verschiedener Länge) gehorchen der Drift der Versmelodik. Für Ėjchenbaum beginnt mit der Verwirklichung der Žukovskijschen Versmelodik eine neue Epoche in der russischen Lyrik. Aber auch bei vorsichtigerer Einschätzung wird man diesem Phänomen die Bedeutung nicht absprechen können. Gemeinsam mit einer bestimmten poetischen Phraseologie, d. h. einem charakteristischen Wortschatz und festen Wendungen, schafft es jene «luftige Unbestimmtheit» (vozdušnaja neopredelënnost') des Žukovskijschen Verses, von der Gogol' im XXXI. Brief seiner *Vybrannye mesta iz perepiski s druz'jami* (Ausgewählte Stellen aus dem Briefwechsel mit Freunden, 1847) spricht.

Nach den Anfängen mit kleinen Liedern, meditativen Elegien (*Dobrodetel'* [Die Tugend], 1798; *Čelovek* [Der Mensch], 1801) und freundschaftlichen Sendschreiben (poslanija) entwickelte Žukovskij schon bald seinen «sangbaren Stil» (napevnyj stil') und führte ihn in

den Jahren zwischen 1816 und 1823 zur Vollendung. Ein Gedicht wie
Večer (Der Abend, 1806), herausragend durch die Schilderung der lieb-
lichen Landschaft mit Fischern und Hirten im heimatlichen Dorf
Mišenskoe, an die sich die traurige Meditation über die Trennung von
den Freunden und das Bekenntnis zum Dichtertum heftet, wird aus
einer melodischen Bewegung heraus entfaltet. Am Anfang stehen
Ausrufeintonationen, die im Mittelteil durch Frageintonationen
unterbrochen und im Schlußteil wieder aufgenommen werden. Ähnlich funktioniert die Versmelodik in der aus dem Englischen übersetzten Romanze *K Nine* (An Nina, 1808) und vielen anderen Gedichten.
Die Gedichte, die der unglücklichen Liebe zu seiner Nichte Maša Pro-
tasova-Mojer entsprangen, gehören zu den schönsten von Žukovskij.
In *More* (Das Meer, 1822) übertrug das elegische Ich seinen Kummer
auf die Urgewalt des Meeres; in dem Gedicht auf Mašas Tod, *19 marta
1823* (Der 19. März 1823), bannte es, gleichsam in schluchzenden,
2hebigen Versen, die irdischen und himmlichen Erinnerungen an die
Verstorbene in ihr Grab.

Žukovskij hat auch dem Patriotismus und dem Zarenhaus immer
wieder poetischen Tribut gezollt. Zu seinen bekanntesten Gedichten
zählen die unverkennbar vom Ossianismus geprägten Gedichte *Pesn'
barda nad grobom slavjan-pobeditelej* (Bardenlied auf dem Grab der siegreichen Slawen, 1806) und *Pevec vo stane russkich voinov* (Der Sänger im
Lager der russischen Krieger). Das erstere entstand nach den Siegen der
Russen bei Krems und Schöngraben im Herbst 1805, das andere nach
dem Rückzug Napoleons aus Moskau im Oktober 1812. *Pevec vo stane
russkich voinov* war konzipiert als Dank- und Preislied, das der Sänger,
den Pokal in der Hand, ab und zu unterbrochen vom Chor der Krieger, auf die russischen Helden ausbrachte. Der lange Katalog der Helden und ihrer Taten, der gegenwärtigen wie der einstigen, wurde in
emphatischem Stil vorgestellt und wirkt fast wie die verbale Vorweg-
nahme der großen Militärgalerie im Petersburger Winterpalais.

Žukovskijs Verbindung zum Hofe, namentlich seine Tätigkeit als
Russischlehrer der Großfürstin und späteren Kaiserin Aleksandra
Fëdorovna, der Tochter Friedrich Wilhelms III. von Preußen, schlug
sich nicht nur in Gelegenheitsgedichten nieder, sondern forderte den
seinem Monarchen zutiefst ergebenen Dichter auch zu bedeutender
Kunstübung heraus. Hierzu zählt auf jeden Fall die Dichtung *Lalla Ruk*,
die Žukovskij anläßlich eines Hoffestes in Berlin im Januar 1821 verfaßte. Man hatte Tableaux vivants nach Thomas Moores Dichtung *Lalla
Rukh* gegeben, wobei die Großfürstin selbst als die indische Prinzessin
Lalla Rukh, Poesie und Inspiration verköpernd, aufgetreten war. Rousseaus Ausspruch «Il n'y a de beau que ce qui n'est pas» diente Žukovskij

als Argument, um in schönen, ganz und gar romantischen Versen die Flüchtigkeit und Unhaltbarkeit des «reinen Genius der Schönheit» (genij čistyj krasoty) zu besingen. Puškin hat dazu in seinem Gedicht an Anna Kern (*K* ***, 1825) eine geniale Kontrafaktur geschrieben, die dem Schönheitsideal Žukovskijs einen neuen Sinn verleiht.

Die Zeit als Erzieher des Thronfolgers Aleksandr Nikolaevič in den Jahren 1826–1841, eine Aufgabe, die er mit äußerster Gewissenhaftigkeit versah, ließ Žukovskijs lyrische Produktion zurückgehen; die späteren in Deutschland verbrachten Jahre standen im Zeichen der großen Übersetzungsanstrengung. Žukovskijs letztes Gedicht, *Carskosel'skij lebed'* (Der Schwan von Carskoe Selo, 1851), verband noch einmal das Emblem des singenden Schwans mit der eigenen resignierten Befindlichkeit: Der romantische Dichter, ein trauriger Greis, wirft einen letzten Blick auf die ausgelassene Jugend, die ihn nicht mehr versteht. Er stirbt in Erinnerung an die großen Taten, deren Zeuge er gewesen ist.

Die Balladen

Seine erste Ballade, *Ljudmila*, veröffentlichte Žukovskij 1808 im *Vestnik Evropy*, als dessen Herausgeber er damals fungierte. Erst mit diesem Gedicht trat die Gattung, die zu den typischsten Erscheinungen der literarischen Romantik zählt, in Rußland auf den Plan. Zwar hatte es bereits bei Karamzin Ansätze zum balladesken, lyrisch-epischen Genre gegeben. Friedrich Wilhelm Neumann rechnet Karamzins Gedichte *Graf Gavrinos* (1792), *Il'ja Muromec* (1794) und *Vybor ženicha* (Die Gattenwahl, 1795) hierher; auch an Nikolaj L'vovs Heldengedichte im nordischen oder altrussischen Stil, *Pesn' norvežskogo vitjazja Garal'da Chrabrogo* (Lied des norwegischen Recken Harald des Harten, 1793, nach der *Histoire de Dannemarc* von T. H. Mallet) und *Dobrynja* (1796), wäre zu denken. Gavriil Kamenev hatte 1802 versucht, mit dem Gedicht *Gromval* (ein von grom, «der Donner», abgeleiteter Name) die russische nationale Ballade zu schaffen, doch konnte seine amorphe Schauerballade in reimlosen daktylischen und anapästischen Langversen diesem Anspruch kaum gerecht werden. Die Handlung spielt sich in einer Gewitternacht ab, Ruinen mit irrlichternden Feuern und Gespenstern bildeten die ossianische Kulisse. Gromval, der Ritter, rettet eine von einem Riesen entführte Jungfrau – wie später Puškins Ruslan seine Ljudmila. (Puškin war es übrigens, der Kamenev als einem der erstem russischen Romantiker Anerkennung zollen sollte.)

Žukovskij wählte, um die Gattung Ballade für Rußland zu gewinnen, einen sicheren Weg: Seine *Ljudmila* war, auch wenn der Gattungstitel «russkaja ballada» (russische Ballade) lautete, eine Umdichtung von Gottfried August Bürgers berühmter Ballade *Lenore*. Dabei bemühte sich Žukovskij, den Stoff seines Vorbildes, das mit stark numinosen Zügen ausgestattete Motiv vom heimkehrenden toten Bräutigam, zu russifizieren, d. h. mit russischem Kolorit anzureichern. An die Stelle der Lenore trat die russische Ljudmila; das Geschehen spielte sich nicht im Siebenjährigen Krieg, sondern im Livländischen Krieg ab, also im 16. oder 17. Jahrhundert; sprachlich fielen Termini des altrussischen Kriegswesens und eine Stilisierung nach den sentimentalistischen russischen Liedern auf; Bürgers Jamben waren durch 4füßige Trochäen ersetzt. Kurz: wichtige Wirkmomente der Bürgerschen Ballade, die volkstümlich-drastische Darbietung, der eindringliche Rhythmus und die zeitliche Nähe, wurden von Žukovskij abgemildert, wenn auch das für die Gattung wesentliche Numinose und die Totenmagie für die russische Literatur gewonnen waren. Schon bald legte Žukovskij unter dem Titel *Svetlana* (1813) eine neue Bearbeitung der *Lenore* vor, in der nun – er widmete das Gedicht seiner Nichte anläßlich der Hochzeit mit dem Dichter Voejkov – das Bürgersche Sujet als Traum der um den Verlust des Bräutigams bangenden Braut motiviert ward, umgeben von russischen Hochzeitsbräuchen und Wahrsagungen. Žukovskij hat übrigens 1831 eine dritte, diesmal streng an das Original angelehnte Übersetzung der Bürgerschen *Lenore* (*Lenora*) vorgelegt, die, von geringen Abmilderungen im Ausdruck abgesehen, als überragende translatorische Leistung gelten kann.

Das Balladenwerk Žukovskijs umfaßt etwa 50 Gedichte, bei denen es sich zum überwiegenden Teil um Übersetzungen aus den europäischen Literaturen handelt. Es finden sich darunter Balladen von Schiller (*Kassandra*, 1809; *Die Kraniche des Ibykus* [*Ivikovy žuravli*], 1813; *Ritter Toggenburg* [*Rycar' Togenburg*], 1818; *Der Graf von Habsburg* [*Graf Gapsburgskij*], 1818; *Das Siegesfest* [*Toržestvo pobeditelej*], 1828; *Der Taucher* [*Kubok*, d. i. Der Pokal], 1831; *Der Ring des Polykrates* [*Polikratov persten'*], 1831 u. a.); von Goethe (*Der Fischer* [*Rybak*] und *Erlkönig* [*Lesnoj car'*], beide 1818) sowie von Ludwig Uhland (*Die Rache* [*Mščenie*], *Die drei Lieder* [*Tri pesni*], *Harald* [*Garal'd*], alle 1816). Auch die *Nächtliche Heerschau* [*Nočnoj smotr*, 1836) des Grafen von Zedlitz übersetzte Žukovskij, jenes Gedicht, in dem der tote Kaiser Napoleon seine toten Grenadiere zu nächtlicher Stunde besichtigt. Man hat gesagt, aus den reimlosen Amphibachen dieser Ballade sei die Reveille herauszuhören... Aus der englischen Literatur sind Walter Scott (*Zamok Smal'gol'm* [*The Eve of St. John*] und *Pokajanie* [*The Gray Brother*], beide 1831) und Robert Southey mit einigen Stücken vertreten.

Die meisten Texte entstanden in Žukovskijs Balladenjahr 1831. Im gleichen Jahr noch erschienen sie gesammelt in dem Band *Ballady i povesti V. A. Žukovskogo* (Balladen und Erzählungen V. A. Žukovskijs). Indem Žukovskij die verschiedenen Varianten der Gattung, von der volksliedhaften, der naturmagischen und numinosen bis zur historischen und Ideenballade aufnahm und getrennte europäische Traditionen in seinem Balladenwerk verband, schuf er eine Art «Supersystem» von einer sonst unbekannten Komplettheit der thematischen und formalen Ausformungen. Seinen unverwechselbaren Charakter erhielt es durch die für Žukovskijs typische sprachlich-stilistische Färbung, die, von Karamzins Neuem Stil ausgehend, mehr und mehr ein romantisches Gepräge annahm.

Der Balladenstreit

Gerade der deutlich sentimentalistische Zuschnitt der *Ljudmila*-Ballade löste Widerspruch aus und führte zu einer Polemik, die von den Literaturhistorikern als Balladenstreit bezeichnet wird. Pavel Katenin, ein Anhänger des Admirals Šiškov, stellte Žukovskijs Muster eine eigene Übersetzung der Bürgerschen *Lenore* entgegen, überschrieben *Ol'ga* (1816). Enger ans Original angelehnt als jener, russifizierte Katenin die Handlung, indem er sie in die Petrinische Zeit verlegte und vor volkssprachlicher Derbheit und drastischer – «realistischer» – Wiedergabe des Murrens seiner Heldin wider Gott nicht zurückscheute. Als ihm dies von Nikolaj Gnedič angekreidet wurde, sprang der noch unbekannte Aleksandr Griboedov seinem Freunde Katenin zur Seite und verteidigte in der Rezension *O razbore vol'nogo perevoda Bjurgerovoj ballady «Lenora»* (Über die Einschätzung der freien Übersetzung von Bürgers Ballade «Lenore», 1816) die volkstümliche Sprache und ungeschminkte Darstellung Katenins. Auch weitere Balladen Katenins (*Nataša*, 1814, *Ubijca* [Der Mörder], 1815) zeigten ein Konzept der Gattung, das sie deutlich vom sentimentalistischen Trend abhob. Die Ballade blieb auch weiterhin ein Nebenschauplatz für die Auseinandersetzung zwischen Archaisten und Novatoren. Die Archaisten wollten die Gattung, die im System des Klassizismus keinen rechten Platz hatte, im Sinne ihrer patriotischen und didaktischen Zielsetzungen verwenden, während das Žukovskijsche Modell auf Gefühlswerte, Magie, Phantastik und die Ahnung des Jenseitigen hinauslief. Bemerkenswert ist jedenfalls, daß beide Balladenmodelle auf der Reproduktion der Bürgerschen *Lenore* beruhen; diese wurde zum Katalysator der Gattung in Rußland. Für die Arzamas-Mitglieder konnte kein Zweifel bestehen, welcher der beiden Alternativen sie zuneigten. Sie benannten sich, wie erwähnt, untereinander mit Namen aus den Balladen Žukovskijs.

Die Übersetzungen

Nicht nur das Balladenwerk, sondern auch ein großer Teil des übrigen poetischen Schaffens von Žukovskij bestand aus Übersetzungen. Der bereits in der Aura des Hofes entstandene Band mit dem programmatischen zweisprachigen Titel *Für Wenige. Dlja nemnogich* (1818) brachte Übersetzungen, vor allem aus Goethe, Schiller und Johann Peter Hebel. Žukovskij vermittelte als einer der begabtesten und fleißigsten Übersetzer, die die russische Literatur kennt, dem russischen Publikum wichtige Werke der deutschen Klassik und Romantik. Sein besonderer Übersetzungsstil wurde, ähnlich wie der der Shakespeare-Übersetzungen der Schlegels und Tiecks für die deutsche Literatur, vorbildhaft, da er sich nicht an den Einzelheiten des Ausgangstextes festhakte, sondern versuchte, dessen Stimmung und Ideengehalt in den eigenen Stilduktus zu bannen. Žukovskijs Übersetzungen klingen darum dem russischen Ohr keineswegs fremd, viele von ihnen zählen zum Kanon der russischen Poesie. Dabei brachte er seinem Publikum viele fremde Formen nahe, darunter die Nibelungenstrophe und den 5füßigen Jambus. (Sein metrisches Repertoire war mit 34 Versarten wesentlich reichhaltiger als das Puškins, das nur 24 Metren kennt.)

Die großen Übersetzungsunternehmungen Žukovskijs fallen in seine letzten Lebensjahrzehnte, als er, der Aufgaben am Petersburger Hofe ledig und von den deutschen Fürsten hoch geehrt (der preußische König hatte ihm 1838 den Roten Adlerorden mit Stern verliehen und ihn 1842 in die Friedensklasse des Ordens Pour le mérite aufgenommen), seinen ständigen Aufenthalt in Deutschland nahm. Zuerst lebte er in Düsseldorf, dann in Frankfurt, wo sein Domizil in den Salzwedelschen Gärten am linken Main-Ufer in den 40er Jahren ein bedeutsames Zentrum der russischen Literatur wurde. Hier entstanden seine Frankfurter Versmärchen, hier besuchte ihn wiederholt Gogol', hier erlebte er 1848 den «deutschen Wurstaufstand» (nemeckij kolbasnyj bunt), wie er in einem Brief an Gogol' schrieb, vor dem er sich nach Baden-Baden – und in die Welt Homers rettete. 1842 bis 1849 arbeitete er an der Übersetzung von Homers *Odyssee* (*Odisseja*), wobei ihm, der des Griechischen nicht mächtig war, als Vorlagen zweifellos die Homer-Übertragungen von Johann-Heinrich Voß und von Alexander Pope dienten, weit mehr aber noch die Hilfe des bekannten Düsseldorfer Homer-Kommentators Karl Graßhof, der Interlinearübersetzungen für Žukovskij anfertigte, anhand derer dieser die poetische Harmonie und die antike Physiognomie des Homerischen Epos zu bewahren suchte. Neben Gnedič, dem *Ilias*-Übersetzer, hat er damit die andere klassische Homer-Übersetzung geschaffen. Zu den bedeutenden Übersetzungen zählen weiter Schillers *Jungfrau von Orleans* (*Orleanskaja deva*, 1821), Bruchstücke aus Vergils *Aeneis* (*Razrušenie Troi* [Die Zerstörung Trojas], 1822), aus dem spanischen Romanzenzyklus *Der Cid* (Herdersche Version; *Sid*, 1831), sowie die altindischen bzw. altpersischen Epen *Nal' i Damajanti* (*Nal und Damayanti*, 1837–1841, veröfftl. 1844) und *Rustem i Zorab* (*Rustem und Zorab*, 1846/47, veröfftl. 1849), beide nach den deutschen Übersetzungen von Friedrich Rükkert gearbeitet. Eine Übertragung des *Igor'-Liedes* ins Neurussische hatte er bereits 1817–1819 angefertigt.

Žukovskij, das zeigt die Betrachtung seines Werkes, war ein Genie der Assimilation, ein aufnehmender Geist, der Fremdes sich anzuverwandeln wußte wie kaum ein anderer russischer Dichter vor und nach ihm. Der lange Prozeß der Europäisierung der russischen Literatur fand in ihm einen Höhepunkt. Doch indem er fremde Anregungen aufnahm und dem russischen Publikum vermittelte, wurde er selbst einer der bedeutendsten Anreger, dessen Wort und Urteil bei den Zeitgenossen bis zuletzt großes Gewicht besaß. Nicht zu vergessen, daß er dank seinem Einfluß bei Hofe zum Fürsprecher und Helfer vieler Dichter geworden ist.

Konstantin Batjuškov

Konstantin Batjuškov, der unglückliche, unvollendete Dichter, stellt mehr noch als Žukovskij das Bindeglied zwischen den Epochen Karamzins und Puškins dar. Als Abkömmling eines alten Adelsgeschlechts wurde er in Petersburg erzogen. Neben dem Französischen spielte in seiner Ausbildung das Italienische eine bedeutende Rolle. Er diente zunächst in den Jahren 1802/03 im neuen Volksbildungsministerium. Später nahm er als Gardejäger an drei Feldzügen teil, zuletzt an dem Feldzug gegen Frankreich 1814, der mit dem Einzug der Verbündeten in Paris endete. (An denkwürdige Bewegungen der russischen Truppen im Vaterländischen Krieg erinnern Batjuškovs Gedichte *Perechod russkich vojsk čerez Neman 1 janvarja 1813 goda* [Übergang der russischen Heere über die Memel am 1. Januar 1813] und *Perechod čerez Rejn* [Rheinübergang], 1817.) 1818 wurde er, durch seine *Opyty v stichach i proze* (Versuche in Versen und Prosa, 1817) als Dichter bereits anerkannt, der russischen Gesandtschaft in Neapel zugeteilt. Nach persönlichen Auseinandersetzungen mit dem Geschäftsträger und wegen seiner angeschlagenen Gesundheit begab er sich 1820 nach Rom und später nach Töplitz zur Kur. 1822 brach eine Geisteskrankheit bei ihm aus, deren Symptome auf Paranoia schließen lassen. Er unternahm mehrere Selbstmordversuche, verbrannte einen Teil seiner Schriften und trug sich mit dem Gedanken, in ein Kloster einzutreten. Er lebte in dem Wahn, in einem Turm eingeschlossen zu sein, umgeben von Feinden, unter denen sich auch der Zar und sein Außenminister Graf Nesselrode befanden. Als alle Heilungsversuche, darunter ein mehrjähriger Aufenthalt in der psychiatrischen Anstalt Sonnenstein bei Dresden, gescheitert waren, lebte Batjuškov in geistiger Umnachtung noch fast drei Jahrzehnte bei Verwandten in Moskau und Vologda. Diese dürren Daten eines Dichterlebens zeigen eine traurige Parallele zum Schicksal Hölderlins.

Batjuškov hatte früh zu dichten begonnen. Er stand zunächst der «Freien Gesellschaft der Liebhaber des Schrifttums, der Wissenschaft und Künste« (Vol'noe obščestvo ljubitelej slovesnosti, nauk i chudožestv), d. h. den Anhängern Radiščevs, nahe, geriet aber 1809 in Moskau rasch ins Fahrwasser der Karamzinisten. Schon längst waren seine Spottgedichte und Epigramme gegen die Archaisten bekannt, darunter das böse Pamphlet *Videnie na beregach Lety* (Vision an den Ufern des Flusses Lethe, 1809) – ein Traumgesicht, in dem der Totenrichter Minos auf Befehl Apolls die schlechten Dichter dem Vergessen anheimgibt, allen voran die «warägisch-rossischen» Poeten mit ihrem Anführer Slavenofil (d. i. Admiral Šiškov), während allein der der Völlerei und dem Schlaf ergebene Krylov ins Paradies gelangt, um sich dort sattzuessen.

Vor seinem Aufbruch nach Italien (1817/18) nahm Batjuškov an den Sitzungen des Arzamas teil. Seine *Opyty* veranschaulichen die künstlerischen Bestrebungen der Gruppe mit am deutlichsten. In dem einleitenden Text *Reč' o vlijanii lëgkoj poèzii na jazyk* (Rede über den Einfluß der leichten Poesie auf die Sprache, 1816) legte Batjuškov sein künstlerisches Programm dar, nach dem die «leichte Poesie» bzw. die «poésie légère» oder «poésie fugitive», wie sie die Franzosen nennen, zum eigentlichen Metier des Dichters wurde. Sie sei es, die die Hauptwerte des poetischen Stils, Bewegung, Kraft und Klarheit (dviženie, sila, jasnost'), besser als die großen Gattungen verwirklichen könne. Im leichten Genre der Poesie fordere der Leser – es fällt auf, wie stark Batjuškov auf den Rezipienten ausgerichtet ist – möglichste Vollendung, Reinheit des Ausdrucks, Harmonie im Stil, Geschmeidigkeit und Flüssigkeit; er verlange Wahrheit der Gefühle und die Bewahrung strengsten Anstandes in jeder Beziehung. So werde er zum strengen Richter, da seine Aufmerksamkeit durch nichts abgelenkt werde. Wie bei Karamzin erscheint die «leichte Poesie» als ein Mittel, das allein durch die Schönheit des Stils und die schwere Anstrengung, ihn zu erlangen, eine veredelnde Wirkung auf die Gesellschaft ausübte. Es kann nicht verwundern, daß der junge Puškin gerade Batjuškov mehr als anderen Dichtern zugetan war.

Zwei Pole sind in der lyrischen Poesie Batjuškovs zu unterscheiden. Um den einen gruppieren sich Elegien und Sendschreiben vom sentimentalistischen Typus, allerdings mit einigen wesentlichen Modifikationen, die sich aus Batjuškovs Beschäftigung mit der italienischen und antiken Dichtung erklären lassen; um den anderen jene Formen, die der «leichten Poesie» zuzuordnen sind. Schon die ersten Gedichte Batjuškovs im elegischen Genre verrieten die völlige Beherrschung des Neuen Stils. In *Mečta* (Traum, 1802/03), einer allegorisierenden Hymne in freien Jamben, bewies er den freien Umgang mit dem empfindsamen Idiom; Stimmungsadjektive (sladostnyj, «wonnevoll», molčalivyj, «schweigsam», tumannyj «nebelhaft», bojažlivyj, «furchtsam» u. a.) überwucherten die Substantive. Ein anderes Charakteristikum waren die mythologischen Anspielungen, die sich nicht nur auf das Gängige bezogen, sondern auch seltenere Gestalten, Orte und Geschehnisse evozierten. Auch überschritt Batjuškov den Rahmen der Antike, indem er etwa Motive aus Ossian aufnahm. In *Poslanie k I. N. Gnediču* (Sendschreiben an I. N. Gnedič, 1805) schritt er in Gedanken – synkretistisch – vom «Sänger Fingals» (d. i. Ossian) zu den «Fesseln Cytheras» (d. h. der Liebe), von Helikon und Apoll, Alkaios und Pindar zur antiken Stadt Palmyra und zu Fatima, der jüngsten Tochter des Propheten, um endlich bei Orpheus und dem Garten Armidens (aus Tassos *Befreitem Jerusalem*) zu enden. Die neue poetische Phraseologie war hier, persönliche Bekenntnisse, Freundschaftsbekundungen und Lesereminiszenzen in munterem Parlandoton zusammenflechtend, voll in Aktion. Es gab bei Batjuškov jedoch frühzeitig auch Töne echten Schmerzes und des Verzichts. In den beiden Petrarca-Bearbeitungen aus dem Jahre 1810 (*Na smert' Laury* [Auf den Tod Lauras; *Canzoniere CCLXIX*] und *Večer* [Abend; *Canzoniere L*] war es eindeutig der Ausdruck der Liebesklage, nicht die poetische Form, die Batjuškov beeindruckten. Hinter vielen Gedichten standen existentielle Erfahrungen, wie etwa das Gedicht *Vyzdorovlenie* (Genesung, 1807) belegt, das er nach der Schlacht von Heilsberg schrieb, als er, verwundet, sich in Riga in die Tochter eines deutschen Kaufmanns verliebte. Der verschlungene Zusammenhang von Leben und Tod, Liebe und Krankheit wird in Analogie zu dem Maiglöckchen gesetzt, das von der Sichel des Schnitters bedroht ist. Zu den bedeutendsten Elegien Batjuškovs zählen *Moj genij* (Mein Genius, 1815), die Erinnerung des Herzens (vor der des Verstandes) beschwörend, und *Tavrida* (Tauris, 1817), eine begeisternde Aufforderung an die Geliebte, mit dem Dichter ins taurische Arkadien zu enteilen. Das Programm einer Dichtung, die sich im stillen Glück, in der Herzenslust Genüge tut und in der Gemeinschaft gleichgesinnter Poeten wohl aufgehoben weiß, hatte er bereits in dem Žukovskij und Vjazemskij gewidmeten Gedicht *Moi penaty* (Meine Penaten, 1811/12) verkündet. Doch klangen früh auch innere Zerrissenheit der Seele und weltschmerzliche Gedanken, wie sie erst bei Lermontov wieder begegnen werden, in Batjuškovs Poesie auf. In seinen Aufzeichnungen aus dem Jahre 1817, die den Titel *Čužoe – moë sokrovišče* (Das Fremde ist mein Schatz) tragen und erst 1955 veröffentlicht wurden, findet sich das Porträt eines Menschen, der in sich zwei völlig entgegengesetzte Charaktere, einen weißen und einen schwarzen, vereinigt. Der eine gefühlvoll, bereit, für die Freunde durchs Feuer zu gehen, der andere hart und egoistisch. Am Ende heißt es: «Diese zwei Menschen oder dieser eine Mensch lebt jetzt auf dem Lande und schreibt sein Porträt mit der Feder auf Papier. Wir wünschen ihm guten Appetit, denn er geht jetzt essen. Das bin ich!»

Batjuškovs «leichte Poesie» war dem Ideal der Eleganz (izjaščnost') und der Pointiertheit verpflichtet. Sicherlich konnte er an die Madrigaldichtung Bogdanovičs oder die *Bezdelki* Karamzins anknüpfen, doch gehörten zu seinen Vorbildern auch antike und italienische Quellen, etwa Giovanni Battista Casti, und, nicht zuletzt, Evariste Désiré Parny, der geistreiche Vertreter der französischen «poésie fugitive», von dem er mehrere Gedichte paraphrasiert hat. Ein Gedicht wie *Vakchanka* (Die Bacchantin, 1815), durchaus eigenständig bearbeitet nach einer Episode aus einem Poem Parnys, zählt zu den Höhepunkten der «poésie fugitive» in Rußland. Batjuškov den «russischen Parny» (rossijskij Parni) zu nennen, wie es der junge Puškin in seinem Gedicht *K Batjuškovu* (An Batjuškov, 1814) tat, hieße allerdings, wesentliche Seiten im Leben und Schaffen des russischen Dichters zu übersehen. Zu den Besonderheiten seiner literarischen Tätigkeit zählt etwa auch die frühe Beschäftigung mit Tasso und Ariost. Er hat Bruchstücke aus dem I. und dem X. Gesang des *Befreiten Jerusalem* (*Osvobožennyj Ierusalim*, 1808/09) übersetzt und dazu ein Hommage-Gedicht an Tasso (*K Tassu*, 1808) verfaßt. In der Elegie *Umirajuščij Tass* (Der sterbende Tasso, 1817) verweigerte Tasso, ganz im Sinne der romantischen Auffassung, den Lorbeerkranz, indem er den Freunden im Sterben sein dorniges Schicksal als Dichter noch einmal vor Augen führte. Batjuškovs Übersetzungen aus der *Anthologia Graeca* (*Iz grečeskoj antologii*), jener berühmten antiken Epigrammsammlung, die zu den ewigen Quellen der leichten Genres zählt, entstanden um 1817/18. Sie dienten als Textbeispiele für die Abhandlung *O grečeskoj antologii* (Über die Griechische Anthologie, 1820) des Altphilologen und späteren Volksbildungsministers Sergej Uvarov. Dieser hatte auch, da Batjuškov das Griechische nicht beherrschte, französische Übersetzungsvorlagen angefertigt; heraus kam eine Publikation aus dem Geiste des Arzamas. Wie Žukovskij war auch Batjuškov ein aufnehmender Dichter. Nur lagen seine Vorlieben auf anderen Feldern als bei jenem. Beide aber gehören zu den wichtigsten Vorbereitern der großen Literaturepoche, die mit den 20er Jahren des 19. Jahrhunderts einsetzte.

Zweites Kapitel

Die Puškin-Zeit
(1820–1840)

A. *Russische Romantik*

Politik und Kultur der Puškin-Zeit

Nach den politischen und militärischen Erfolgen im Ringen mit Napoleon zeichnete sich in Rußland – ähnlich wie in Preußen und Österreich – eine kulturelle Blüte ab, die vor allem in den Wissenschaften und Künsten ihren Ausdruck fand. Schon mit der Thronbesteigung Alexanders I. waren Hoffnungen aufgekeimt, es werde nun für Rußland ein neues, von Gerechtigkeit und Kunstsinn geprägtes augusteisches Zeitalter beginnen. Die Jahrhundertwende wurde als Epochenwende verstanden. So wie dem Zarenreich eine grandiose politische Zukunft vorausgesagt wurde, fehlte es nicht an Prophezeiungen kultureller Größe. Vasilij Frejgang, ein deutschstämmiger Russe, der zu Anfang des 19. Jahrhunderts in Göttingen studierte, schrieb in seinem kleinen Traktat *O Gëttingenskom universitete* (Über die Universität Göttingen, 1803): «Ohne Zweifel kommt die Zeit heran, da die Literatur meines Vaterlandes sich in ganz Europa verbreiten wird und da unsere Sprache einer der Bestandteile der guten Erziehung sein wird; [. . .] da das mächtige Rußland bald jenen Rang in der gelehrten Welt erlangen wird, den es im politischen System schon erreicht hat.» In diesem Sinne konnten selbst scherzhafte Weissagungen gedeutet werden, wie sie Nikolaj Karamzin in seinem Gedicht *Proročestvo na 1799 god* (Prophezeiungen für das Jahr 1799) angeboten hatte. Unter Berufung auf Nostradamus zählte er Adynata, undenkbare Dinge, auf, um am Schluß zu verkünden: Ein neuer Pindar werde geboren werden, um all das zu besingen. Wenn auch kein neuer Odendichter – für den Sentimentalisten ein Greuel –, so wurde doch wenige Monate später, im Mai 1799, Aleksandr Puškin geboren.

Die Bedeutung Puškins für seine Zeit und in seiner Zeit ist schwerlich zu überschätzen, ganz zu schweigen von der nachhaltigen Wirkung, die von seinem Werk wie auch von seiner Person ausgegangen ist und die bis auf den heutigen Tag fortbesteht. Mit Goethe hat er die vollkommene Kunstübung in allen Gattungen gemeinsam und die Fähigkeit, alle geistigen Tendenzen seiner Zeit sinnfällig auszudrücken. Beide Dichter krönen längere vorgängige Entwicklungen, indem sie scheinbar Disparates und Widersprüchliches zu einer harmonischen Synthese zusammenführen. Eben dies sind die Qualitäten, die den Klassiker ausmachen. Man kann deshalb weder Goethe noch Puškin auf nur eine der virulenten Ausdrucksrichtungen ihrer Zeit – Empfindsamkeit, Romantik, Realismus usw. – festlegen: Sie partizipieren an allen und weiten alle aus. Was indes Puškin von Goethe unterscheidet, ist sein Standort in der russischen Kultur seiner Zeit. Während Goethe als Geheimer Rat am Weimarer Hof eine herausgehobene gesellschaftliche Position einnahm, Dichter und Staatsmann in einem oder gar, wie man es oft sah, «Dichterfürst» war, gründete sich Puškins überragende Autorität – hierin Mozart vergleichbar –, bei allezeit heikler gesellschaftlicher Stellung, allein auf das dichterische Werk. Puškin stand als Primus inter pares im Zentrum jenes Kreises inspirierter Dichter, den Ivan Rozanov als die «Puškin-Plejade» (Puškinskaja plejada, 1923) charakterisiert hat. Aus diesem Kreis, und vor allem von Puškin selbst, kamen die Werke, die den Grundakkord der russischen Literatur im 19. Jahrhundert bildeten. Auch wer der Dichteridolatrie skeptisch gegenübersteht und in Puškin nicht gerade den «Stammvater» (rodonačal'nik) der neueren russischen Literatur erblicken mag (so in einem von Dmitrij Blagoj und Valerij Kirpotin herausgegebenen Sammelband aus dem Jahre 1941), wird kaum bestreiten können, daß Puškin nicht nur der russischen Literatursprache und den literarischen Gattungen ein neues Gepräge gab, sondern auch die für Rußlands Geschichte und Kultur entscheidenden Fragen aufwarf und zu beantworten suchte. Allerdings befinden sich unter denen, die ihm in Freundschaft und gemeinsamer Kunstauffassung verbunden waren, zahlreiche eigenständige Talente. Gemeinsam bilden sie, Vielheit und Einheit zugleich, die «romantische Plejade», das Kernstück der russischen Romantik.

Für die Periodisierung der Puškin-Zeit bietet sich an, sie mit Puškins Märchenpoem *Ruslan i Ljudmila* (Ruslan und Ljudmila, 1820) beginnen zu lassen, dem ersten großen literarischen Erfolg des jungen Dichters – einem Werk, das mit einem Schlage eine neue – romantische – Stil- und Vorstellungswelt eröffnete, obwohl es offensichtlich an europäischen Vorbildern (Ariost, Voltaire, Wieland) anknüpfte und russische Märchenmotive verarbeitete. Und sie endet mit Puškins Duelltod im Februar 1837. Dazwischen liegen fast zwei Jahrzehnte, in denen Puškin zunächst alle Register der Romantik zog, ehe er, um 1830, einen Weg beschritt, der am Ende vielleicht in jenen Realismus hätte einmünden können, der die russische Literatur seit den 40er Jah-

ren bestimmte. Auch die Entwicklung Gogol's und Lermontovs stand
unter dem gleichen Gesetz. Der zunächst unmerkliche, aus der Distanz
aber deutlich erkennbare Paradigmenwechsel von der romantischen
zur realistischen Ästhetik wirft für die Interpretation dieser Dichter
nach wie vor schwierige hermeneutische Probleme auf. Soll man ihre
Werke allein aus den epistemologischen Voraussetzungen ihrer Entstehungszeit heraus erklären? Gilt allein die in der Rückschau durch das
sozialutilitaristische Prisma Černyševskijs gewonnene Deutung, die
später von der sowjetischen Literaturkritik verinnerlicht wurde? Oder
helfen die spekulativen Thesen der Symbolisten weiter? Sinnvoll
erscheint vor allem ein undogmatisches Herangehen an die Texte sowie
die Anerkenntnis, daß die Puškin-Zeit eine der großen Kunstepochen
war, was immer auch bedeutet, daß die Schwere der Ideen stets mit
virtuoser Leichtigkeit ihrer Gestaltung einhergeht. Tiefsinn und
Ludismus, überzogen mit dem Guß der Ironie, sind in der Romantik
kein Widerspruch. Die Puškin-Zeit führte dies in einer Vielfalt an
Dichtern und Dichtwerken vor Augen, die bisher wenig von ihrer
künstlerischen Frische eingebüßt haben. Zu Recht wird diese Epoche
das Goldene Zeitalter (Zolotoj vek) der russischen Literatur geheißen.

Expansion des Reiches. Die Dekabristen

Alexander I., der «Retter Europas», hielt zunächst noch das Zepter
des Staates in der Hand. Eine zwiespältige Natur, war er nach dem
Vaterländischen Krieg mehr und mehr von seinen liberalen Reform-
plänen abgerückt und von einem politisch-mystischen Sendungs-
bewußtsein erfüllt worden, das ihn zum wichtigsten Garanten der
Heiligen Allianz (Svjaščěnnyj sojuz), des Schutzbündnisses der restaurativen Mächte nach Napoleons Sturz, werden ließ. Von der einst
erwogenen Aufhebung der Leibeigenschaft war nicht mehr die Rede,
die wiederholten Anläufe zu einer Reichsverfassung liefen ins Leere.
Innenpolitisch führte Alexanders Vertrauter, Graf Arakčeev, ein Regi-
ment brutaler Strenge, «arakčeevščina» genannt, das die Gesellschaft in
einen Kasernenhof zu verwandeln drohte. Trotzdem kamen, als der
Zar 1825 unerwartet in Taganrog verstarb, im Volke Gerüchte auf,
Alexander sei gar nicht gestorben, sondern ziehe als heiliger Eremit
Fëdor Kuz'mič durchs Land. Seltsamerweise war dieser Zar, der sich
vergebens der inneren Erneuerung Rußlands verschrieben hatte, einer
der großen Erweiterer des russischen Territoriums. Abgesehen von seinen kriegerischen Erfolgen gegen Napoleon, gewann er seinem Reich
große Gebiete hinzu: Georgien (1801), Finnland (1809), Bessarabien

(1812) und Aserbaidschan (1813). Es waren dies neue Erfahrungsräume für russische Offiziere, Beamte und Reisende, die bald auch in der Literatur thematisiert werden sollten. Der Thronwechsel zu Nikolaus I. gestaltete sich dramatisch. Da der Öffentlichkeit nicht bekannt geworden war, daß Alexander, statt des nächstjüngeren Bruders Konstantin, seinen zweitjüngeren Bruder Nikolaus zum Thronfolger bestimmt hatte, entstand eine Lage der Unsicherheit, in der die Offiziere der Nördlichen Gesellschaft (Severnoe obščestvo), eines oppositionellen Geheimbundes, am 14. Dezember 1825 den Putsch wagten. Nach der raschen Niederschlagung des Aufstandes auf dem Senatsplatz in Petersburg hielt Nikolaus Gericht über die Dekabristen. (Sie erhielten ihren Namen nach dem Monat Dezember [dekabr'], dem Zeitpunkt des Aufstandes.) Gegen 579 Personen, fast ausschließlich Angehörige des Adels, wurden Ermittlungen eingeleitet, 289 wurden für schuldig befunden, 88 zur Strafarbeit deportiert, fünf zum Tode verurteilt: Oberst Pestel', der führende Geist der Dekabristen und Verfasser der politischen Programmschrift *Russkaja pravda* (Russische Wahrheit/Gerechtigkeit), Oberstleutnant Sergej Muravëv-Apostol, Michail Bestužev-Rjumin, Pëtr Kachovskij und der Dichter der *Dumy* (Heldenballaden, 1826) Kondratij Ryleev, allesamt Freunde Puškins. Als dieser von dem Urteil erfuhr, schrieb er in einem Brief: «Die Erhängten sind erhängt; aber schrecklich ist die Katorga (Zwangsarbeit) für 120 Freunde, Brüder, Kameraden.» Zu den Dekabristen gehörten weiter die Dichter Vil'gel'm Kjuchel'beker, ein Lyzealfreund Puškins, Aleksandr Odoevskij, Vladimir Raevskij, Fëdor Glinka und Pavel Katenin sowie Aleksandr Bestužev, der unter dem Pseudonym Marlinskij mit romantischen Erzählungen bekannt geworden war.

Die Folgen der Dekabristenrevolte für das politische und geistige Leben in Rußland waren verheerend. Aus Furcht ergriff Nikolaus nach der Bestrafung der Frondeure umfangreiche Maßnahmen, um jegliche liberalen oder oppositionellen Regungen im Keim zu ersticken. Auf Vorschlag des Generals Graf Benckendorff wurde eine Polizeiorganisation zur Unterdrückung der Freidenkerei und konspirativer Umtriebe geschaffen. Schon 1826 nahm die «Dritte Abteilung» (Tret'e otdelenie) Seiner Majestät Höchsteigener Kanzlei ihre Tätigkeit auf. Diese bestand in der Bespitzelung aller Schichten und Bereiche der Gesellschaft, von den Adelssalons und Universitäten bis zu den Theatern und Wirtshäusern, und schreckte auch vor der Verletzung der Privatsphäre nicht zurück. Eine pedantisch arbeitende Präventivzensur wurde eingeführt; das Bildungswesen auf die Beschäftigung mit «nützlichen Wissenschaften und Technologien» beschränkt; Gymnasien und Universitäten nur noch für die Söhne von Adeligen und Beamten geöffnet, ganz zu schweigen von der Einführung von Wehrsiedlungen und anderen Zwangsmaßnahmen. Neben dem Ausbau eines staatlichen Repressionssystems erkannte Nikolaus jedoch die Notwendigkeit, den zu bekämpfenden liberalen und demokratischen Ideen ein positives konservatives Weltbild entgegenzustellen. Es wurde 1835 in dem von Graf Uvarov, dem neuen Volksbildungsminister, erlassenen Universitätsstatut niedergelegt, in dem es hieß, der Jugend sei, neben den «unentbehrlichen Kenntnissen», ein tiefer Glaube an die Stützpfeiler des russischen Lebens einzuflößen: Rechtgläubigkeit (pravoslavie), Selbstherrschaft (samoderžavie) und Patriotismus (narodnost') (V. Gitermann). Damit war das Credo des Zarentums formuliert, das bis zum Ende der Dynastie Romanov gültig bleiben sollte. Die Prinzipien der Ordnung und der Autokratie, die den militärischen Denkmustern des Zaren entsprachen, bestimmten auch sein außenpolitisches Handeln. Er setzte den expansiven Kurs aller Zaren fort, führte 1828/29 erfolgreich Krieg gegen die Türken, schlug 1831 den polnischen Novemberaufstand nieder, wodurch Kongreßpolen dem Russischen Reich einverleibt wurde, und intervenierte 1849 auf der Seite Habsburgs gegen die aufständischen Ungarn. Die Zeitgenossen erblickten in ihm den «Gendarm Europas», den die konservativen Geister ebenso verehrten wie ihn die Revolutionäre aller Farben fürchteten.

Auch das Bild dieses Zaren ist zwiespältig. Auf der einen Seite der Held und Charmeur, der seinem Petersburger Hof unvergleichlichen Glanz verlieh, auf der anderen Seite der Despot und kleinliche Unterdrücker jeglicher Freiheitsregung. Gerade unter den Dichtern fand er seine Opfer. Die Spur der Repression führt von den Dekabristen über den unglücklichen Aleksandr Poležaev, den er höchstpersönlich für das Poem *Saška* (1825/26) strafte, über Čaadaev, Lermontov, Gercen und Ogarëv bis zu den Petraševcy, die er einer Scheinhinrichtung aussetzte. Puškin suchte er für sich zu gewinnen, obwohl er von dessen Verbindungen zu den Dekabristen unterrichtet war. In der Audienz vom September 1826 hob er zwar Puškins Verbannung in Michajlovskoe auf und befreite ihn von der Zensur, jedoch nur, um sich selbst als seinen höchsten Zensor einzusetzen. Puškin hat eine Zeitlang versucht, den Erwartungen des Zaren gerecht zu werden, geriet jedoch immer wieder in Konflikt mit ihm, sei es wegen der Elegie *Andrej Šen'e* (André Chénier, 1825) oder wegen des gotteslästerlichen Poems *Gavriiliada* (Gabrieliade, 1820), wegen des *Boris Godunov*, dessen Erscheinen um fünf Jahre verzögert wurde, oder des *Mednyj vsadnik* (Der eherne Reiter, 1833), der einen Schatten des Zweifels auf Peter den Großen,

Nikolaus' Vorbild, warf. In seinem Sonett *Poétu* [An den Dichter, 1830] begehrte Puškin gegen die Gängelung durch den Zaren auf, indem er den Dichter selbst als Zaren und als sein eigenes höchstes Gericht auswies. In den Jahren nach 1831 scheint Nikolaus in Puškin den geheimen Rivalen gesehen zu haben. Er nahm ihn in Dienst mit dem Auftrag, die Geschichte Peters des Großen zu erforschen (Puškin hat an der *Istorija Petra Velikogo* [Geschichte Peters des Großen] von 1832 bis zu seinem Tod gearbeitet, ohne das Werk abzuschließen), und bezahlte seine Schulden, während er ihn gleichzeitig in der Hofgesellschaft zurücksetzte, vor allem durch die für einen 34jährigen unangemessene Ernennung zum Kammerjunker. Offenbar wollte Nikolaus weder auf Puškins dichterischen Nimbus noch auf die Anwesenheit seiner Gattin Natal'ja Nikolaevna in der Hofgesellschaft verzichten. Nach dem tragischen Tod des Dichters, für den nicht nur der junge Lermontov – in seinem Gedicht *Smert' poéta* (Der Tod des Dichters, 1837) – die nikolaitische Hofkamarilla verantwortlich machte, drang das kaiserliche Mißtrauen unverdeckt an die Oberfläche. Die Totenehrungen wurden behindert, die Überführung des Toten geschah im geheimen, überwacht von Gendarmen. Fern der Hauptstadt, im Kloster Svjatogorsk, wurde Puškin beigesetzt, begleitet nur von dem Freunde Aleksandr Turgenev. Literaturkritiker, die, wie Andrej Kraevskij oder Nikolaj Greč, Puškin würdigten – «Die Sonne unserer Poesie ist untergegangen», schrieb der erstere im *Russkij invalid* –, erhielten scharfe Verweise von den Behörden.

Adelssalons, Literaturgesellschaften

Kultursoziologisch betrachtet, war die Puškin-Zeit vor allem durch eine reiche Adelskultur bestimmt. Gewiß, auch der Hof mit seinem gewaltigen Macht- und Finanzpotential war ein nicht zu übersehender kultureller Faktor, ebenso wie die orthodoxe Kirche in ihrem Bereich. Die kulturprägende Schicht aber bildete der hohe und mittlere Adel, weniger der Kleinadel, der ans Land gefesselt blieb und als verbauert galt. Die reiche russische Volkskultur stieß mit ihren Liedern, Weisen und Gebräuchen zwar zunehmend auf Beachtung, doch konnte sie im hochkulturellen Bereich nur insoweit präsent werden, wie sie in die Formen der Adelskultur zu integrieren war.

Offiziersdienst oder Dienst in der Staatsverwaltung waren die genuinen Berufe der russischen Adeligen. Noch Anfang des 19. Jahrhunderts, als die neuen Universitäten gegründet wurden, galt es als anrüchig für einen Edelmann, eine Professur zu übernehmen. Die

Beschäftigung mit den Wissenschaften und Künsten konnte nach dem Adelskomment lediglich den Charakter einer Liebhaberei besitzen, als Quelle des Broterwerbs blieb sie den Raznočincy vorbehalten, d. h. Leuten aus den Ständen zwischen Adel und Bauern. Die meisten literarischen Werke der Puškin-Zeit sind deshalb Zeugnisse eines Dilettantismus – von Rang.

Gerade das Beispiel Puškins oder auch seines Freundes Del'vig, durchaus standesbewußter Aristokraten, zeigt aber, daß die Adelsdichter gezwungen sein konnten, die Schriftstellerei als Beruf zum Broterwerb auszuüben. Als Puškin 1830 heiratete, erhielt er das väterliche Gut Boldino zur Bewirtschaftung; es war völlig heruntergekommen und verschuldet. Seine Braut Natal'ja Gončarova erhielt keine Mitgift. Das Motiv der Poesie als Ware (in *Razgovor knigoprodavca s poétom* [Gespräch des Buchhändlers mit dem Dichter, 1824]) oder des armen Ritters (wie es im Sohn des Geizigen in dem Kurzdrama *Skupoj rycar'* [Der geizige Ritter, 1830] erscheint) hat viel mit der materiellen Lage Puškins zu tun.

Oft sind die eleganten Salons der Hauptstädte in der Memoirenliteratur beschrieben worden; auch die literatursoziologische Forschung hat sich mit ihnen befaßt. Philosophische und literarische Gespräche waren hier mit Geselligkeit und mondäner Lebensführung verbunden. Meist stand im Mittelpunkt eines Salons eine geistreiche, gebildete Dame. Berühmt war um 1820 in Petersburg der Salon Olenins, des Direktors der Kaiserlichen Öffentlichen Bibliothek, wo der *Ilias*-Übersetzer Gnedič, Krylov, Žukovskij und der junge Puškin verkehrten. Der Salon der Sof'ja Ponomarëva, von Del'vig und Baratynskij eifrig besucht, kam erst nach Puškins Strafversetzung in Mode. Del'vig widmete der Salondame seine ersten Sonette, überzeugt, daß ihr Album die Verse vor dem Vergessen retten werde. Puškin wieder hat später in Moskau der Fürstin Zinaida Volkonskaja ein Gedicht (*Knjagine Z. A. Volkonskoj*, 1827) gewidmet, in dem er das Treiben in ihrem Salon beschrieb: Mitten in Whist- und Bostongesprächen und säuselndem Ballgeraune liebe die Fürstin die Spiele Apolls. Im III. und IV. Akt von Griboedovs *Gore ot uma* ist, nicht ohne karikaturhafte Züge, die Atmosphäre eines Moskauer Salons eingefangen. Später wird Nikolaj Nekrasov im zweiten Teil des Poems *Russkie ženščiny* (Russische Frauen, 1873) den Salon der Volkonskaja schildern, in dem die Dichter Venevitinov, Odoevskij und Puškin vor der Verschickung des Dekabristen Sergej Volkonskij nach Sibirien zusammentreffen.

Die Salons boten reichlich Gelegenheit für kleine Gedichte, Albumverse, galante Madrigale und maliziöse Epigramme. Auch das Sonett, das mit Del'vig zu neuen Ehren kam, gab seine alte Funktion als Gelegenheitsgedicht nicht auf. Die von den Formalisten aufgeworfene

These, die bedeutende Dichtung der Puškin-Zeit sei aus der Salonpoesie und dem poetischen «Dilettantismus» hervorgegangen – in Viktor Šklovskijs Diktion: «Puškin kommt von der Stammbuchpoesie her» –, wird durch die dichterische Praxis der Zeit mannigfach belegt.

Unter den Literaturgesellschaften der Zeit war die «Freie Gesellschaft der Liebhaber des russischen Schrifttums» (Vol'noe obščestvo ljubitelej rossijskoj slovesnosti) die wichtigste. 1816 gegründet, setzte sie Richtung und Praxis der «Beseda» fort; ihre satzungsgemäßen Ziele, Bildung und Wohltätigkeit, sowie bestimmte Einzelheiten ihres Zeremoniells ließen freimaurerische Züge erkennen. (Die Gesellschaft arbeitete offenbar eng mit den Petersburger Freimaurerlogen zusammen; viele ihrer Mitglieder waren Logenbrüder.) Die «Gelehrte Republik» (Učënaja respublika), wie die Gesellschaft von den Mitgliedern auch genannt wurde (unter diesem Namen hat sie auch Vasilij Bazanov ausführlich dargestellt), hatte sich drei große enzyklopädische Projekte vorgenommen: die Erstellung einer «Russischen Enzyklopädie» (Rossijskaja ènciklopedija), die «Lebensbeschreibung vieler großer Männer des Vaterlandes» (Žizneopisanie mnogich velikich ljudej otečestva), d. h. einen «russischen Plutarch», und ein ikonologisches Wörterbuch. Keines dieser Vorhaben wurde voll verwirklicht, doch blieben sie nicht ohne Folgen. Ryleevs Dumy etwa, die 1821–1823 auf den Sitzungen der «Freien Gesellschaft» vorgelesen wurden, stellen den «russischen Plutarch» in der Form von Balladen über große Gestalten der russischen Geschichte dar. In der von der Gesellschaft herausgegebenen Zeitschrift Sorevnovatel' prosveščenija i blagotvorenija (Der Eiferer für Bildung und Wohltätigkeit, 1818–1825) veröffentlichten wohl alle namhaften Autoren der Zeit (Bestužev-Marlinskij, Glinka, Puškin, Ryleev u. a.). Hier erschien 1823 auch das erste Manifest der russischen Romantik, Orest Somovs Traktat O romantičeskoj poèzii (Über romantische Poesie). War auch zunächst in der Mitgliedschaft die Neigung zu einer «archaischen» Ausrichtung im Literarischen und einer konservativen Haltung im Politischen überdeutlich, so wuchsen seit der Übernahme des Vorsitzes durch Fëdor Glinka im Jahre 1819 die Verbindungen zum «Wohlfahrtsbund» (Sojuz blagodenstvija), also zu jener Petersburger Geheimgesellschaft, aus der sich die Dekabristen rekrutierten. Dies trat in der Sympathie mit dem Aufstand der Griechen zutage, etwa in Gedichten und Übersetzungen Glinkas, Gnedičs und Somovs. Als Puškin wegen seiner freiheitlichen Gedichte, vor allem der Ode Vol'nost' (Freiheit, 1817), verbannt werden sollte, löste dies die demonstrative Solidarisierung mit dem gefährdeten Dichter aus. Dichtergedichte wie Del'vigs Poèt (Der Dichter, 1819), das die Freiheit des Dichters, auch im stürmischen Unwetter, auch unter dem Klang der

Kette, beschwor, oder Kjuchel'bekers *Poëty* (Die Dichter, 1820) in denen das kummervolle Schicksal Miltons, Tassos, Ozerovs und Puškins angesprochen wurde, waren keine Hirngespinste. An Puškins drohender Verbannung oder der Bestrafung Baratynskijs wurde augenfällig, daß der Dichter als Auserwählter, als Prophet von der «Menge» (tolpa) geschmäht und verfolgt wurde. Dieses Motiv, eines der wichtigsten der russischen Romantik, tauchte hier erstmals in der russischen Poesie auf.

Ästhetik und Poetik der Romantik

Die russische Romantik (romantizm) nahm den Patriotismus des Vaterländischen Krieges in sich auf, aber ebenso fand sich auch die galante Salonpoesie der Karamzin-Zeit und der Freundschafts- und Gefühlskult des Sentimentalismus in ihr wieder. Und doch stellte sich die romantische Formation in Rußland bald unverwechselbar und neu dar, wenn auch gegenüber der deutschen und englischen gut zwanzig Jahre verspätet. Die Phasen der Prä- oder Frühromantik, die die Literaturhistoriker gern der eigentlichen Formation vorschalten, verwirren mehr, als daß sie klären. Natürlich hat es Annäherungen gegeben, Vorformen und Vorwegnahmen; als Stilformation aber, d. h. als ein stabiles System bestimmter Themen, Gattungen und Verfahren, die den heuristischen Kriterien der Romantik entsprechen bzw. eine bestimmte Weltanschauung ausdrücken, die romantische, kommt für Rußland allein die Zeit von 1820 bis 1840 in Frage.

Die Bestimmung der Romantik als eines der wesentlichen Epochenstile des 19. Jahrhunderts kann nur gelingen, wenn man sie in der Opposition zu den vorausgegangenen Formationen betrachtet. Hatte der Glaube an die Vernunft und die Erziehbarkeit des Menschen, Rationalismus und Didaktizismus, das 18. Jahrhundert bestimmt, so gewannen in der Romantik Gefühl, Intuition und Imagination, unbewußte und übersinnliche Seelenkräfte an Bedeutung. Träume, Visionen, Phantasien des inspirierten Künstlers verdrängten das vernunftgestützte Kalkül trockener Pedanten. Gegen die universalistischen Vorstellungen, die das Aufklärungsdenken prägten, wurde die Kategorie des Individuellen hervorgekehrt, einmal als autonomes Ich, das sich nicht mehr als Gattungswesen oder Teil der Masse versteht, zum anderen als Volk, das sich durch Sprache und geschichtliche Prägung von der Menschheit im kosmopolitischen Verständnis abhebt. Das klassifikatorische, Linnésche Denken des 18. Jahrhunderts, das die Wissensstoffe systematisch geordnet hatte, wurde durch die diachrone

Sichtung, durch die Frage nach Genese und Entwicklung, nach dem organischen Werden der Erscheinungen ersetzt. Der Historismus, das einfühlende Verstehen geschichtlicher Epochen aus deren Bedingungen heraus, führte in der Romantik allenthalben zu einem Aufblühen der Geschichtswissenschaft. In Rußland legte Nikolaj Karamzin die langerwartete Russische Reichsgeschichte (*Istorija gosudarstva Rossijskogo*) vor, an der er von 1804 bis zu seinem Tode 1826 arbeitete. Methodisch über Karamzin hinaus gingen die historiographischen Darstellungen des bürgerlich-liberalen Nikolaj Polevoj (*Istorija russkogo naroda* [Geschichte des russischen Volkes], 1829–1833) und von Michail Pogodin, der als einer der ersten Russen die panslawische Idee verbreitete. Aber auch Puškin und Gogol' lag das Metier des Historiographen nicht fern. Puškin befaßte sich im Auftrage des Zaren mit der Geschichte Peters des Großen und des Pugačëv-Aufstandes (*Istorija Pugačëva*, 1834), Gogol' strebte sogar eine Karriere als Geschichtsprofessor an und verfaßte mehrere programmatische Aufsätze zur Geschichtsschreibung (*Plan prepodavanija vseobščej istorii* [Unterrichtsplan der Universalgeschichte]; *Vzgljad na sostavlenie Malorossii* [Ein Blick auf die Zusammensetzung Kleinrußlands]; beide 1834]). Die Geschichtsliteratur nahm einmal wegen des gesteigerten Interesses an der nationalen Vergangenheit, zum anderen aber auch dank des neuen Geschichtsverständnisses einen ungeahnten Aufschwung, der gleich mehrere Gattungen – Roman, Erzählung, Poem, Ballade, Drama – erfaßte.

Neu war auch die romantische Auffassung vom Volk. Man erkannte im Volk (narod) nicht nur eine Schicksalsgemeinschaft, sondern vor allem jene schöpferische Wesenheit, die das ursprüngliche Kulturgut der Völkerindividualitäten hervorbringt. Herders Vorstellungen von Volk, Sprache und Nationalkultur drangen auch nach Rußland. (Man kann fragen, ob Lomonosov sein synthetisches Sprachkonzept im romantischen Zeitalter noch hätte durchsetzen können. Das Beispiel der serbischen, dem Konzept nach Herderischen Sprachreform liefert einen vielsagenden Anhaltspunkt: Hier setzte sich das auf die Volkssprache gegründete Modell Vuk Karadžićs gegen das an Lomonosov orientierte System des Slawenoserbischen durch.) In dem Begriff «narodnost'», der als «Patriotismus», «Nationalgefühl» oder auch einfach als «Volkstümlichkeit» übersetzt werden kann, kommt das romantische Volksverständnis schillernd zum Ausdruck.

Das neue romantische Weltgefühl, pantheistisch in seinem Wesen, erfüllte sich vor allem auch in der Natur. Fungierte noch in der Empfindsamkeit die Natur als sympathetische Kulisse, so trat sie jetzt in engste Korrespondenz zu geistigen und seelischen Vorgängen. Geist und Natur bildeten, wie es Schellings Identitätsphilosophie vorsagte, eine Einheit. Die gesellschaftliche Konventionalität, die im 18. Jahrhundert die bürgerliche Gesittung ebenso wie das Rokokogebaren des Adels bestimmte, wich einer freien Lebensgestaltung – in den Beziehungen der Menschen zueinander, in ihrem Verhalten, in der Mode. Freie Partnerbeziehungen, von den Damen der deutschen Frühromantik vorgeführt, wurden, wie das Beispiel der von Puškin idealisierten Generalsgattin Anna Kern zeigt, auch in Rußland eingegangen. Lermontovs Spiel mit dem Leben, im «Helden unserer Zeit» (*Geroj našego vremeni*) literarisiert, kann als symptomatisch für den Ausbruch eigenständiger Geister aus den Zwängen gesellschaftlicher Konvention – sei es des Hofes, des Adels, des Militärs – gelten. Es gehörte zum romantischen Lebensgefühl also ein fundamentales Freiheitsstreben, ein Streben, das auf die individuellen Freiheitsrechte des einzelnen gerichtet war und damit in einen Gegensatz zu den Ansprüchen von Staat und Gesellschaft geriet; das aber zugleich auch die kollektive Freiheit des Volkes von Unterdrückung und von Fremdherrschaft beinhaltete. So war es möglich – und wird durch Texte vielfach belegt –, daß Napoleon (bei Puškin, Lermontov u. a.) als großer einzelner und gleichsam romantischer Held bewundert und als Bedroher der nationalen Freiheit (in der patriotischen Lyrik) geschmäht wurde. Wie überall in der Romantik wurde auch in Rußland die Autoreferenz von Kunst und Künstlertum, wie Bodo Zelinsky gezeigt hat, zu einem vorherrschenden Thema der Poesie. Nicht zuletzt wirkten sich Aufbegehren gegen Konventionalität und der neue Freiheitsdrang in den künstlerischen Strukturen selbst aus: Der Durchbruch der Romantik geschah in einem mit der Überwindung der klassizistischen Konventionen.

Romantik: Nachklassik oder Antiklassizismus

Wie in den westlichen Literaturen und bei den Polen so wurde auch in Rußland der Begriff der «Romantik» (romantizm) der gemeinsame Nenner, auf den die oben genannten, ja keineswegs homogenen Erscheinungen und Tendenzen gebracht wurden. Es gab Widersprüche und Einsprüche, bis sich herausstellte, daß man ohne den Begriff am Ende nicht mehr auskam. Dabei entstand eine ähnliche Verwirrung wie im deutschen Romantikdiskurs. Was war Romantik? War es, wie bei den Schlegels, das, was die romanischen Völker (in der «langue romance») seit dem Mittelalter an neuen Formen hervorgebracht hatten – Ritterroman, Gedichtformen, die petrarkistische Lyrik? Oder war es einfach die neue, undogmatische Kunst, die die Regelpoetik verwarf? Puškin bestimmte sie in dem zu Lebzeiten nicht publizierten Essay *O poėzii klassičeskoj i romantičeskoj* (Über klassische und romantische Poesie, 1825) nach der Form, da es nicht möglich sei, sie nach ihrem Geiste zu bestimmen: Die Formen, die der antiken Poesie eigneten (Epos, Lehrgedicht, Tragödie, Komödie, Ode, Satire, Epistel, Heroide, Ekloge, Elegie, Epigramm und Fabel), seien klassisch; romantisch seien diejenigen, die den Alten unbekannt gewesen seien, neue Formen also wie der Reim oder die Gedichtformen Virlai, (lyrische) Ballade, Rondeau, Sonett usf. Genaugenommen richtete sich solche morphologische Argumentation gegen seinen Freund, den Fürsten Pëtr Vjazemskij, der in seinem *Razgovor meždu Izdatelem i Klassikom s Vyborgskoj storony ili s Vasil'evskogo ostrova* (Gespräch zwischen Verleger und Klassiker von der Vyborger Seite oder der Vasilij-Insel, 1824; der Text diente als Vorwort zu Puškins Poem *Bachčisarajskij fontan*) die romantischen Tendenzen in Rußland auf den Einfluß der Deutschen, Goethe und Schiller, zurückgeführt hatte. So wie einst Lomonosov von Günther gelernt habe und selbst in Frankreich diese «Räuberinnen» (chiščnicy) inzwischen eine beträchtliche Herrschaft gewönnen, verbreiteten die deutschen Musen auch in Rußland ihre Herrschaft: «Wir besitzen noch keinen russischen Zuschnitt in der Literatur [. . .], doch ist uns auf jeden Fall die neueste, sogenannte romantische Poesie nicht weniger verwandt als die [als klassisch geltende] Poesie Lomonosovs oder Cheraskovs».

Puškins Warnung vor der romantischen Affektiertheit (žemanstvo) und Vjazemskijs Kritik am Schematismus der klassizistischen Poesie liefen letztlich auf das nämliche heraus: Es kam darauf an, echte Poesie zu schreiben, die in Sprache, Gehalt und Form schematische Vorgaben überwand und zur künstlerischen Souveränität gelangte. Dies konnte im romantischen Verständnis nur im Einklang mit dem «russischen Zuschnitt», mit der «narodnost'» gedacht werden. Puškin erkannte sie (in der Notiz *O narodnosti v literature* [Über Volkstümlichkeit in der Literatur, 1825/26]) nicht in historischen Äußerlichkeiten oder der Sprache, sondern bestimmte sie im Sinne einer spezifischen Mentalität: «Das Klima, die Regierungsform, der Glaube verleihen jedem Volk eine besondere Physiognomie, die mehr oder weniger im Spiegel der Poesie widerscheint. Es gibt eine Art der Gedanken und Gefühle, es gibt eine Menge Gebräuche, Vorstellungen und Gewohnheiten, die ausschließlich irgend einem Volk zugehören.»

Romantische Gattungen

Das romantische Gattungsgefüge, falls ein solcher Begriff überhaupt
statthaben kann, bot sich vollkommen anders dar als das zuvor herrschende Klassifikationssystem mit seiner stilistischen Hierarchisie-
rung. Nicht nur die Hierarchie der Themen, Stände und Stile fiel in
sich zusammen, sondern die kategorische Reinheit des epischen, dramatischen, lyrischen und didaktischen Genres überhaupt fand schlicht
keine Beachtung mehr. Gewiß, beide Tendenzen waren seit Karamzin
und Žukovskij angezeigt gewesen, doch bestimmten sie nun machtvoll die neue literarische Wirklichkeit. Texte kamen auf, die – nach
klassizistischem Verständnis – nur mehr fragmentarisch oder regellos
waren. Szenen, Bruchstücke aus Werken, deren vollständiger Ausbau
nie geplant war, die jeglichen rationalen Bauplan vermissen ließen und
statt dessen «Willkür» und «Anarchie» – so der «Klassiker» in Vjazemskijs Dialog – zum Kompositionsprinzip erhoben. Aus späterer formalistischer Sicht hatte die Fragmentarität der romantischen Dichtung –
namentlich bei Byron und seinen Nachfolgern – mit der romantischen Vorstellung von der titanischen, von inneren Widersprüchen
zerrissenen Seele der schöpferischen Persönlichkeit zu tun; diese diente
jener gleichsam als psychologische Motivierung (V. Erlich). Produktive Mischgattungen, an den klassizistischen Pfeilern der epischen, lyrischen, dramatischen und didaktischen Gattung rüttelnd, waren die
Ballade, die romantische Verserzählung und nicht zuletzt der Roman,
für Friedrich Schlegel die Leitgattung der «progressiven Universalpoe-
sie», die, wie er schrieb, alle getrennten Gattungen der Poesie vereinigen und die Poesie mit der Philosophie und Rhetorik wieder in
Berührung setzen sollte. Die Ballade hatte sich seit Karamzin schrittweise in die russische Literatur eingebracht, mit Žukovskij war sie zur
beliebten, wenn auch, wie der Balladenstreit zeigte, keineswegs gefestigten Gattung geworden. Ryleevs *Dumy* (so genannt nach den Hel-
denklagen der ukrainischen Volksdichtung) waren den Balladen zuzuordnen, wenn sie auch nach Stil und Geschichtsverständnis eher
archaisch wirkten. Die *Śpiewy historyczne* (Historischen Gesänge, auch
unter dem Titel *Dumy polskie* [Polnische Dumy] bekannt) des Polen
Julian Ursyn Niemcewicz, in der polnischen Literatur zwischen Klassizismus und Vorromantik eingeordnet, waren Ryleevs unmittelbares
Vorbild. Ryleev übernahm von Niemcewicz nicht nur das Textmodell,
sondern auch die Funktion der Dumy: Sie sollten, wie es im Vorwort
der Ausgabe von 1825 mit den Worten Niemcewiczs heißt, der Jugend
die Heldentaten der Vorfahren in Erinnerung rufen, sie mit den lichten

Epochen der Nationalgeschichte bekanntmachen und damit dem Volk eine starke Heimatverbundenheit einimpfen. Vom Weisen Oleg (*Oleg Veščij*) über Vladimir den Heiligen (*Vladimir Svjatyj*), Dmitrij Donskoj, Boris Godunov, Peter den Großen (*Pëtr Velikij v Ostrogožske* [Peter der Große in Ostrogožsk]) bis zu *Deržavin* reicht die aus 25 Stücken bestehende Galerie der russischen Helden. Manche der *Dumy* wiesen noch den Stilduktus der Ode auf, wenngleich auch ossianisches Kolorit und sentimentalistische Posen zu erkennen waren, etwa wenn der Dichterjüngling über dem Grabmal Deržavins sich in Klage und Meditation erging. In *Bojan* ließ Ryleev den im *Igor'-Lied* erwähnten altrussischen Barden darüber klagen, daß seine «weise Stimme» wie ein fernes Echo in der stummen Nacht verhallen werde. Den Fürsten Oleg wieder zeigte er, der Chronik folgend, auf seinem Eroberungszug gegen Byzanz im Jahre 907. Ob ihrer Antiquiertheit erklärte Puškin die *Dumy* Ryleevs (in einem Brief an Žukovskij) rundweg zu «Schund» (drjan') und leitete sie maliziös vom deutschen Wort «dum[m]» ab. In der Tat beschritt Puškin selbst mit seinen Balladen aus der gleichen Zeit einen anderen Weg, etwa mit dem Rollengedicht *Čërnaja šal'* (Der schwarze Schal, 1820), einem schaurigen Eifersuchtsdrama, geboten aus der Sicht des Mörders, und, vor allem, mit *Pesn' o veščem Olege* (Das Lied vom Weisen Oleg, 1822). Seiner Oleg-Ballade lag die ebenfalls in der Chronik überlieferte Voraussage eines Zauberers zugrunde, Oleg werde den Tod von seinem Roß empfangen. Mit der Verbindung von Geschichtlichem und Magischem, mit dramatischer Zuspitzung und, nicht zuletzt, dem frischen amphibrachyschen Metrum gewann die russische Ballade endlich jenen «volkstümlichen» Charakter, der Gegenstand des Balladenstreites gewesen war.

Die didaktischen Gattungen entfielen im romantischen Spektrum gänzlich, ebenso die höfische Ode. Wenn die Dekabristendichter glaubten, die staatspolitisch bedeutsamen Themen – so wie es Radiščev und Puškin in ihren Freiheitsoden vorgeführt hatten – in der überkommenen Form der hohen Ode besingen zu müssen, so war es wieder derselbe Puškin, der mittels seiner parodistischen *Oda ego sijat. gr. Dm. Iv. Chvostovu* (Ode seiner Durchl[aucht] dem Gr[afen] Dm[itrij] Iv[anovič] Chvostov, 1825) nachwies, daß Thema und Stil nicht beliebig zu trennen bzw. zu kombinieren waren. In hanebüchenem, hypertrophem Odenstil wurde der berüchtigte Stichomane Graf Chvostov, ein kauziges Relikt der Sumarokov-Schule, aufgefordert, den Tod seines Dichterkollegen Byron (Bejron) zu besingen: «Er ist Lord – du Graf! Beide Dichter. / Sieh, das scheint eine offensichtliche Ähnlichkeit zu sein!» Die Parodie endet mit einer sinnlosen Aufzählung griechischer Götternamen.

Puškins Parodie zielte wohl vor allem auf Kjuchel'beker, der 1824 in dem Artikel *O napravlenii našoj poèzii, osobenno liričeskoj, v polednee desjatiletie* (Über die Richtung unserer Poesie, vornehmlich der lyrischen, im letzten Jahrzehnt, 1824 in *Mnemozina*) die Ode als wichtigste Gattung hervorgehoben hatte, da sie sich an hohen Gegenständen begeistere und die Heldentaten sowie den Ruhm des Vaterlandes an die Jahrhunderte weitergebe. Vor der mäßigen, ja mittelmäßigen Elegie hingegen, die die Russen von den Deutschen übernommen hätten, hatte er gewarnt: «Wenn man eine beliebige Elegie von Žukovskij, Puškin oder Baratynskij gelesen hat, weiß man alles. Gefühle gibt es bei uns schon lange nicht mehr: Das Gefühl der Verzagtheit (unynie) hat alle übrigen verschlungen.»

Kjuchel'bekers fundamentale Kritik, die zugleich auch die Stereotypen der romantischen Elegien und Episteln (poslanija) namhaft machte, war in vieler Hinsicht berechtigt. Wirklich hatte sich das elegische Genre auf den Seiten der literarischen Journale und Almanache in bedenklichem Maße ausgebreitet. Doch waren gerade die inkriminierten Dichter in ihren Elegien zu tieferen Möglichkeiten der Gefühlserforschung und der Meditation gelangt. Durfte man übersehen, daß Puškin in dem elegischen Gedicht *Derevnja* (Das Dorf, 1819) über der ländlichen Einsamkeit keineswegs die auf dem Dorfe herrschende Rechtlosigkeit und Sklaverei vergaß? Daß er in *Demon* (Der Dämon, 1823), wie nie zuvor, die giftigen inneren Widersprüche aufdeckte, die die Glückszustände des lyrischen Subjekts ständig in Frage stellten? Einige der Gedichte, die Puškin mit *Èlegija* (Elegie) überschrieb, waren noch konventionell oder parodistisch getönt. Vor allem verlieh jedoch Baratynskij der elegischen Poesie psychologische und philosophische Tiefe und entfernte sich damit weit vom dekabristischen Lager.

Oft dienten Gedichte von einfacher Form und schlichtem Ausdruck, Vierzeiler, oft auch «Stans» oder «Stansy» genannt (was nicht mit der Oktave, der 8zeiligen Strophe, verwechselt werden darf), dem romantischen Gefühlsausdruck. Für die Wiederbelebung des Sonetts bei Del'vig, Kjuchel'beker, Michail Delarju, Andrej Podolinskij, Vasilij Tumanskij, Dmitrij Venevitinov u. a. in strenger Form und vielfach schon in den für die Russen ungewohnten 5füßigen Jamben als Hauptmetrum war die Verschmelzung mit den hohen romantischen Themen (Dichter, Poesie, Inspiration) obligatorisch.

Das romantische Poem (romantičeskaja poèma) zählte zu den wichtigsten Gattungen im neuen System. Mit seiner offenen Struktur bot es besondere Möglichkeit, die neuen Themen und Ausdrucksintentionen künstlerisch zu realisieren. Angesichts der Vielfalt seiner Varianten ist es nicht einfach, die Gattung zu definieren. Sie konnte noch immer

einen heroischen Anstrich haben oder eine Geschichte erzählen.
Doch waren durchaus auch Merkmale zu erkennen, die ausschließlich
dem romantischen Poem eignen: etwa der zerrissene, romantische
Held, die fragmentarische Komposition und die subjektiv-auktoriale
Erzählmanier. Obwohl die Impulse, die die russische Poemdichtung
von Byron aufnahm, außer Frage stehen, gewann sie sehr bald ihre
eigene Dynamik, die besonders an der Versepik Puškins abzulesen ist.
Von *Ruslan und Ljudmila* bis zum *Ehernen Reiter* spannt sich bei ihm der
Gattungsbogen mit den typischen Varianten des burlesken, des romantischen und des historisch-heroischen Poems. Doch auch bei Baratynskij, Kjuchel'beker, Kozlov, Lermontov und noch bei Ogarëv oder
dem jungen Turgenev erwies das romantische Poem seine ungewöhnliche Produktivität.

Daß die Gattungen und Motive der Volksliteratur (Volkslied, Märchen, Legende) den Kanon der Hochliteratur bereicherten und Puškin,
Gogol', Kol'cov und anderen Dichtern mancherlei Anstöße gaben,
konnte nach der durch Herder bewirkten Aufwertung der Folklore
nicht verwundern. Von einer nachhaltigen Folklorisierung der Literatur, wie sie etwa später in der Nekrasov-Schule zutage trat, kann aber
keinesfalls die Rede sein. Das volkstümliche Element wurde vielmehr
der Salonkultur anverwandelt und kam in der äußerst beliebten und
verbreiteten Gattung der «russischen Romanze» (russkij romans) zum
Ausdruck. Sie ist in verschiedenen Varianten – als «russisches Lied»
(russkaja pesnja), als balladenhafte (romans-ballada) oder elegische
Romanze (romans-ėlegija) – bei fast allen Dichtern dieser Epoche und
und der Folgezeit belegt. Dem Volkston am nächsten kamen die Lieder
des dichtenden Viehhändlersohnes Aleksej Kol'cov, auf den Belinskij
und Stankevič, bald auch Puškin und seine Freunde aufmerksam wurden. Die typischen Kurzverse Kol'covs, besonders sein Fünfsilber, der
sogenannte «kol'covskij pjatisložnik» ($\cup \cup - \cup \cup$), in dem das Schnit-
tergedicht *Kosar'* (1836) und viele seiner Lieder geschrieben sind, bestimmten die schlichte Tonlage seiner Gedichte. Sie boten die Textvor-
lage für Hunderte von Vertonungen. Auch die von Nikolaj Cyganov,
Sohn eines freigekauften Leibeigenen, beigebrachten Lieder, die er
zum Teil auf seinen Wanderungen durch Rußland gesammelt hatte,
stießen in Literatenkreisen auf Interesse. Von ihm stammten der
berühmte, von Aleskandr Varlamov vertonte *Krasnyj sarafan* (Der rote
Sarafan) sowie im Wolgagebiet aufgezeichnete Lieder über Sten'ka
Razin. Nach seinem Tod gaben Freunde 1834 seine *Russkie pesni* (Russische Lieder) heraus.

Europäische Horizonte

Die französische Literatur war das beherrschende Vorbild für Rußland in der zweiten Hälfte des 18. Jahrhunderts gewesen. Fast alle Gattungen des Klassizismus waren französischen Vorbildern nachgebildet worden. Die wichtigsten Werke der Franzosen lagen in russischen Übersetzungen vor; selbst Werke der englischen und italienischen Literatur waren lange Zeit nach französischen Übersetzungen ins Russische transferiert worden. In der Puškin-Zeit nun ging der französische Einfluß merklich zurück. Das hatte längst nicht nur mit der politischen Gegnerschaft zu Frankreich zu tun, sondern wohl eher mit der Tatsache, daß sich das romantische Weben und Streben in England und Deutschland früher und stärker entfaltete als bei den Franzosen. Gewiß delektierten sich die jungen Dichter im Lyzeum von Carskoe Selo noch gern an der leichten, erotischen «poésie fugitive» eines Parny. Und die intime Kenntnis der französischen Sprache blieb für viele Russen zeitlebens eine Quelle der Information und Inspiration. Die neuen, wesentlichen Impulse aber kamen nun von anderswoher.

Einer der Franzosen, dessen Werke und, vielleicht noch mehr, dessen Schicksal voller Mitgefühl aufgenommen wurden, war André Chénier, der «Erneuerer der französischen Lyrik nach griechischem Vorbild» (J. von Stackelberg). Für Puškin, Baratynskij, Kozlov oder Lermontov wurde er, der als Konstitutionalist aufgrund einer Verwechslung verhaftet und 1794 dem Terror der Jakobiner zum Opfer gefallen war, zur Inkarnation des verfolgten Dichters. Puškin beschwor in dem Gedicht *Andrej Šen'e* (André Chénier, 1825) den Gemordeten als Dichter der Freiheit, indem er ihn in der Stunde vor der Hinrichtung sprechen ließ – in einem Gedicht, das eindrucksvoll mit der lautsemantischen Folge palač – placha – plač' (Henker – Richtblock – weine!) ausklang. Der Text wurde bald umgedeutet und auf die Verfolger der russischen Dichter, Alexander und Nikolaus, bezogen. Mit dem Zusatz «Auf den 14. Dezember» versehen, ging er von Hand zu Hand und trug seinem Verfasser ein langwieriges Untersuchungsverfahren ein.

Die französischen Romantiker stießen in Rußland auf ein vergleichsweise schwaches Echo. Für Puškin blieben sie zu stark in den eingefahrenen Geleisen der «psdeudoklassischen Poesie» (lžeklassičeskaja poèzija). Eine Ausnahme bildete, wie Gerda Achinger gezeigt hat, Victor Hugo. Er wurde in den 30er Jahren intensiv rezipiert. Der Roman *Notre-Dame de Paris* gehörte zu den meistgelesenen ausländischen Werken. Obwohl bereits mehrere Bruchstücke daraus veröffentlicht worden waren, verweigerte Uvarov 1834 die Veröffentlichung der vollständigen Übersetzung des Romans. Aleksandr Nikitenko, Literaturprofessor und wohlmeinender Zensor, vermerkte in seinem Tagebuch die Unsinnigkeit des Verbotes, da ja ohnehin die meisten den Roman im Original lesen könnten. Auf besonderes Interesse stießen bei Gogol', Gercen und Lermontov Hugos Ausführungen zur Architektur von Paris. Lermontovs früher Text *Panorama Moskvy* (Das Panorama Moskaus, 1834) folgte, indem er die alte und neue Architektur der Hauptstadt von ihrem höchsten Punkt, dem Glockenturm des Ivan Velikij, aus beschrieb, dem Kapitel *Paris à vol d'oiseau* aus *Notre-Dame de Paris*. Die Übersetzung des Dramas *Hernani* durch den Schiller-Übersetzer Aleksandr Rotčev 1830 konnte der Vorlage nicht gerecht werden, doch blieb ohnedies die Aufführung des Stückes für lange Zeit verboten. Zu einen Skandal kam es 1834, als Michail Delarju Hugos Gedicht *A une femme* (*Krasavice*) übersetzte – eine galante Phantasie darüber, was der Dichter alles tun würde, wäre er Zar oder der liebe Gott. Es kam zu Protesten des Klerus; Delarju wurde wegen Majestäts- und Gottesbeleidigung zugleich strafversetzt. Beachtung fanden übrigens auch die Mystifikationen «illyrischer» (d. i. südslawischer) Volksgesänge, die Prosper Mérimée 1827 unter dem Titel *La Guzla* veröffentlicht hatte. Im Gegensatz zu Goethe erkannte Puškin sie für echt und übernahm mehrere Stücke in seine *Lieder der Westslawen* (1834) auf. Erst in den 40er Jahren trat die französische Literatur mit den Liedern Pierre Jean Bérangers und den Romanen George Sands wieder stärker in Erscheinung.

Ganz anders die englische Literatur. Aus ihr kamen, wie bereits im Sentimentalismus, erneut wichtige Antriebe. Lord Byron, als genialer Dichter und skandalträchtige Persönlichkeit gleichermaßen beachtet, übte bedeutenden Einfluß auf die Puškin-Generation aus. Die romantische Verserzählung (romantičeskaja poèma), ein Erzpfeiler im Gattungsgefüge der Puškin-Zeit, wäre ohne das Vorbild Byrons, vor allem seiner Dichtung *Childe Harold's Pilgrimage*, nicht denkbar. Puškin übernahm in seinen «südlichen Poemen» (južnye poèmy), wie Viktor Žirmunskij seinerzeit dargestellt hat, von Byron wesentliche Elemente wie die Heldenkonzeption, die Sujetkonstruktion, die Erzählhaltung, bestimmte Motive und Topoi. Baratynskij, Kozlov, Lermontov und viele andere folgten ihm (und damit Byron) auf diesem Wege. Der russische Byronismus (bajronizm) drückte sich nicht nur literarisch, sondern auch im Nachspielen der Byron-Rolle aus. Man darf diesen Impuls freilich nicht im Sinne von Sekundarität oder Epigonalität mißverstehen. Puškin und seine Freunde benötigten immer wieder «Anregungen», um sie zu konterkarieren oder gar zu übertreffen. Auch die burlesken Poeme Byrons (*Beppo, The Giaour; Don Juan*) verfehlten ihre Wirkung in Rußland nicht. Puškins *Evgenij Onegin* nahm sich zunächst als gallige Satire im Stile des *Don Juan* aus, doch wuchs er im Agon mit Byron bald über diesen Ansatz hinaus. Manch ein Dichter, allen voran der blinde Kozlov, widmete sich dem Byron-Kult. Venevitinov schrieb auf die Nachricht von Byrons Tod seinen Prolog *Smert' Bajrona*, von dem nur vier Bruchstücke erhalten sind (*Četyre otryvka iz neokončennogo prologa «Smert' Bajrona»* [Vier Bruchstücke aus dem unvollendeten Prolog «Byrons Tod»], 1824), Feier des als Held verblichenen Dichters und Identifikation mit ihm. Am stärksten aber wurde die byronistische Pose von Lermontov verinnerlicht. Sah er früh die Byronsche Dornenkrone auf seinem Haupte lasten (in dem Gedicht *Podražanie Bajronu* [Nachahmung Byrons], 1830/31), so riß er sich bald (in dem Gedicht «*Net, ja ne Bajron, ja drugoj*» [Nein, ich bin nicht Byron, bin ein anderer], 1832) von dem Vorbild los, beteuernd, auch er sei ein durch die Welt getriebener Wanderer, «nur eben mit einer russischen Seele». Die byronistische Zerrissenheit der Helden blieb Lermontovs wichtigstes Thema in Lyrik und Poem, Drama und Roman.

Für Puškin und andere Dichter der Plejade gewann Shakespeare, das «antiklassizistische» Genie, ähnliche Bedeutung wie in Deutschland zur Goethe-Zeit. Die Überwindung der klassizistischen Tragödie geschah, wie dort, im Zeichen Shakespeares. Puškin nannte als eines seiner Vorbilder für seine Geschichtstragödie *Boris Godunov* ausdrücklich die «historical plays» des Briten. Auch der Blankvers, den er in diesem Drama einsetzte, scheint von Shakespeare und nicht von den Deutschen übernommen zu sein.

Walter Scott und der russische Geschichtsroman

Endlich ist als Wegbereiter des historischen Romans in Rußland Walter Scott zu nennen. Anhand seiner Romane, die seit 1823 in rascher Folge in russischen Übersetzungen erschienen, erlernten die russischen Autoren die genaue Wiedergabe des Zeit- und Lokalkolorits im Geschichtsroman. Mit der aus dem neuen Geschichtsverständnis gewonnenen Perspektivierung konnte der Forderung nach «narodnost'» und «samobytnost'» (Eigenständigkeit) wesentlich besser entsprochen werden als in der pseudohistorischen Staffage klassizistischer Werke. (Wie sich Roman und Geschichtsverständnis in Rußland langsam aufeinander zubewegten, das hat Walter Schamschula seinerzeit herausgearbeitet.) Scotts Technik begegnet zuerst in Michail Zagoskins *Jurij Miloslavskij* (1829), dem ersten Werk in Rußland, für das, laut

Schamschula, der Gattungsname «historischer Roman» gerechtfertigt
ist. Die Handlung, in der Smuta, der Zeit der Wirren, angesiedelt, war
nach dem Scottschen Kompositionsprinzip angeordnet: Eine historische Epoche mit zwei feindlichen Lagern wurde gezeigt, zwischen
denen der «mittlere Held» in Loyalitätskonflikte geriet. Dieses Muster
wurde nun gang und gäbe und auf die verschiedensten Epochen der
russischen Geschichte angewandt, nicht nur in Zagoskins, nach ihrer
künstlerischen Qualität sehr unterschiedlichen, Folgeromanen (*Roslavlev*, 1831; *Askol'dova mogila* [Askol'ds Grab], 1834; *Russkie v načale
XVIII stoletija* [Die Russen am Anfang des 18. Jahrhunderts], 1848,
u. a.), sondern auch in Konstantin Masal'skijs Roman *Strel'cy* (Die Strelitzen, 1832) und in den noch heute lesenswerten Romanen von Ivan
Lažečnikov *Poslednij Novik* (Der letzte Novik, 1831), *Ledjanoj dom* (Der
Eispalast, 1834) und *Basurman* (Der Muselman, 1839). *Ledjanoj dom*, ein
Sittenbild aus der Zeit der Kaiserin Anna Ioannovna, in dem auch Trediakovskij in der Rolle des Postillon d'amour des Heldenpaares auftritt,
verselbständigte sich bereits merklich vom Scottschen Vorbild. Das
gilt auch für den Historiker und Journalisten Nikolaj Polevoj, der seinem im 15. Jahrhundert spielenden Roman *Kljatva pri grobe Gospodnem*
(Der Schwur am Grabe des Herrn, 1832) eine chronikartige Struktur
gab, und für den staatstreuen Literaten Faddej Bulgarin, der mit seinen
Romanen *Dmitrij-Samozvanec* (Der falsche Demetrius, 1830) und *Mazepa* (1833) beweisen wollte, daß jeder Versuch einer Usurpation der
Zarenherrschaft oder des Abfalls von ihr zum Untergang führe. Für
Puškin jedoch, in dessen *Kapitanskaja dočka* (Die Hauptmannstochter,
1836) die Scottschen Züge unverkennbar sind – Schamschula hat sie
im einzelnen aufgeführt –, war der Scottsche historische Roman
gleichbedeutend mit dem Roman schlechthin, wie seine Definition in
der Rezension von Zagoskins *Jurij Miroslavskij* aus dem Jahre 1830 zeigt:
«In unserer Zeit verstehen wir unter dem Wort *Roman* eine historische
Epoche, entfaltet in einer erdachten Erzählung.»

Nicht zu übersehen war das anwachsende Interesse an der italienischen Literatur. Es richtete sich vornehmlich, da die bisherige französische Vermittlung als unzulänglich empfunden wurde, auf die Gewinnung der klassischen Werke Dantes, Ariosts und Tassos in russischen
Übersetzungen. Nach Batjuškovs Ansätzen ist auch in der Puškin-Zeit
viel an dieser Aufgabe gearbeitet worden, unter anderem von Katenin,
der die ersten drei Gesänge aus Dantes *Inferno* (*Ad*, 1828/29) übertrug,
sowie von Raič, Ševyrëv und Kozlov, die sich mit Ariost und Tasso
beschäftigten. Der Tasso-Mythos, der das tragische Schicksal des vom
Hofleben zermürbten Dichter-Sehers beschwört, entsprach vollkommen dem romantischen Künstlerverständnis. Nestor Kukol'nik wid-

mete diesem Thema seine Tragödie *Torkvato Tasso* (1831), in der er freilich den Konflikt zwischen dem Dichter und dem Hof von Ferrara deutlich abschwächte.

Deutsche Impulse

Die deutsche Literatur hatte, gleichzeitig mit der englischen, seit Karamzin mehr und mehr an Interesse gewonnen. Die persönlichen Begegnungen russischer Schriftsteller mit Goethe – Kjuchel'beker 1820, Žukovskij 1821 und 1827 – ließen eine Vorstellung von dem deutschen Dichter als Erzromantiker entstehen, wie sie auch sonst in Europa verbreitet war. Im Zirkel der Moskauer Ljubomudry (Weisheitsfreunde) wie auch im Kreise um Stankevič fanden *Faust* und die *Wilhelm-Meister*-Romane begeisterte Aufnahme. (Ein Bruchstück daraus, *Charakter Gamleta* [Der Charakter Hamlets] übersetzte 1827 Stepan Ševyrëv; aus *Faust I* lagen Teile seit 1825 vor; die erste vollständige, von Puškin initiierte Übersetzung von Ėduard Guber erschien 1838.) Goethes Auffassung von der gottgleichen Schöpferkraft des Dichters, so wie sie Schiller in den Begriff vom «naiven», Natur seienden Dichter gegossen hatte, münzte sich in kulthafte Verehrung um. Seine Ballade *Der Sänger* (*Pevec*), ein dutzendmal übersetzt (von Fëdor Tjutčev, Pëtr Katenin, Konstantin Aksakov, Afanasij Fet und Apollon Grigor'ev u. a.), avancierte zum Programmgedicht der zweckfreien Poesie.

Am eindringlichsten setzten sich mit der deutschen Romantik die Moskauer Ljubomudry auseinander. In ihrem Umkreis entstand 1826 eine Übersetzung des Manifests der Frühromantik, der *Herzensergießungen eines kunstliebenden Klosterbruders* von Wilhelm Wackenroder und Ludwig Tieck, unter dem russischen Titel *Ob iskusstve i chudožnikach. Razmyšlenija otšel'nika, ljubitelja izjaščnogo* (Über Kunst und Künstler. Überlegungen eines Eremiten und Kunstliebhabers). Das Kunstprogramm, das hier dargelegt ward, vertrat eine auf das Herz einwirkende, national bestimmte Kunst und wies die Theorien zurück, die das Schöne aus dem Verstand oder aus der Erfahrung ableiteten (L. Udolph). Schellings Philosophie gewann in solchem Zusammenhang einen beherrschenden Einfluß. Indem er die Natur als sichtbaren Ausdruck des Geistes und den Geist als unsichtbaren Ausdruck der Natur erklärte, sprach er der Kunst als Organon, d. h. als erkennendem Medium zwischen beiden Sphären, eine entscheidende Funktion zu. Auf seine Philosophie vor allem berief sich die «Wissenschafts-Lehre» (nauko-učenie), mit der die Ljubomudry die romantische Kunstrichtung zu begründen suchten. Nicht nur in den philosophischen Zirkeln, sondern auch an der Moskauer Universität blieb Schellings Philosophie bis in die 40er Jahre hinein die herrschende Lehre.

Tjutčev verkehrte 1827/28 als junger Diplomat in München mit Schelling und Heinrich Heine und hat wohl damals beider Rußlandbild mitgeprägt. Seine Übersetzungen Heines (darunter *Ein Fichtenbaum steht einsam, Der Tod, das ist die kühle Nacht* und *Der Schiffbrüchige*) zählen zu den frühesten und besten in Rußland. Er legte damit den Grund zu einer Rezeption ohnegleichen, die später unter dem Rubrum «russkij Gejne» (der russische Heine) in die Literaturgeschichte eingehen sollte. Hervorzuheben ist die Wirkung E. T. A. Hoffmanns in Rußland. Die «Russian Hoffmannists» (Ch. E. Passage) fanden in Hoffmanns Erzählwerk Muster für phantastische Erzählungen und Künstlernovellen. Für Puškin, der Hoffmann nur aus französischen Übersetzungen kannte, hat man früher, etwa in der Untersuchung von Sergej Štejn, dessen «Einfluß» weit überschätzt. Anders verhält es sich mit Gogol', der nicht nur zahlreiche Motive von Hoffmann aufnahm, sondern ihn sogar leibhaftig in seinem *Nevskij prospekt* auftreten ließ – freilich nicht den Dichter, sondern einen biederen deutschen Schuhmachermeister gleichen Namens.

Einen Höhepunkt oder ein Konzentrat, wenn man so will, des deutschen romantischen Einflusses stellen Vladimir Odoevskijs *Russkie noči* (Russische Nächte) dar. In den 30er Jahren entstanden, doch erst 1844 veröffentlicht, bargen sie in sich alles, was im «Obščestvo ljubomudrija» (Gesellschaft der Weisheitsliebe), dessen Vorsitzender Odoevskij 1823–1825 gewesen war, aufgenommen und verhandelt worden war: Schellings Naturphilosophie, die ihre Aufgabe darin erkannte, die Einheit von Mensch und Natur wiederherzustellen, das faustische Streben, die deutsche Musik (in den Novellen *Poslednij kvartet Betchovena* [Beethovens letztes Quartett] und *Sebastian Bach*). Und alles war, gegliedert in neun Nächte, einem Kreis von vier Freunden – Faust, Viktor, Rostislav und Vjačeslav – in den Mund gelegt, womit sich das Kompositionsverfahren der *Serapionsbrüder* wiederholte, wenn Odoevskij später auch die Abhängigkeit von Hoffmann – nicht aber die Parallele zu ihm – bestritten hat.

Adam Mickiewicz in Rußland

In der Puškin-Zeit rückte erstmals auch die polnische Literatur wieder in den Gesichtskreis der Russen. Daß Ryleev an Niemcewicz anknüpfte, war kein Einzelfall. Der junge Pëtr Vjazemskij, der ab 1815 der

Kanzlei des Grafen Novosil'cev in Warschau, dem eigentlichen Zentrum der russischen Herrschaft in Kongreßpolen, als Übersetzer zugeteilt war, unterhielt enge Beziehungen zur polnischen Opposition. Er war unter den russischen Dichtern seiner Zeit wohl der beste Kenner der polnischen Sprache und Literatur; seine Polonophilie und sein liberales Denken führten 1821 sogar zur Abberufung von seinem Warschauer Posten. Für Adam Mickiewicz wurde er, als dieser nach Rußland strafversetzt wurde, zum fördernden Freund und Vermittler.

Der Aufenthalt Mickiewiczs in Rußland, der immerhin viereinhalb Jahre, von Oktober 1824 bis Mai 1829, währte, kann ohne Übertreibung unter die bedeutendsten Fremdimpulse auf die russische Literatur der Puškin-Zeit gerechnet werden. Mickiewicz war, kaum daß er als genialer Herold der polnischen Romantik mit seinen *Poezje* (Poesien, 1822/23) hervorgetreten war, wegen Mitgliedschaft in dem oppositionellen Bund der Philomaten von den russischen Behörden verhaftet und nach Rußland verbannt worden. Er lebte zunächst in Petersburg, dann in Odessa, später vor allem in Moskau. Für Puškin und andere war er der erste und einzige «westliche» Dichter, den sie je erlebten. In Petersburg traf Mickiewicz mit Ryleev und Bestužev-Marlinskij zusammen. Mit eigenen Augen sah er die verheerende Überschwemmung im November 1824. (Er hat seine Petersburger Eindrücke im *Ustęp* [Bruchstück] zum dritten Teil der *Dziady* [Ahnenfeier, 1832] dichterisch verarbeitet, worauf Puškin alsbald mit seinem *Mednyj vsadnik* replizierte.) Im Süden entstanden Mickiewiczs Odessa- und Krim-Sonette (*Sonety*, mit dem Zyklus *Sonety krymskie*, 1826), die sofort nach ihrem Erscheinen von Vjazemskij kommentiert (*Sonety Mickeviča* [Die Sonette Mickiewiczs]) und in russische Prosa (*Krymskie Sonety*, 1827) übertragen wurden. Landschaftserleben und kulturphilosophische Reflexion, wie sie Mickiewicz in die strenge Petrarkische Sonettform eingeschmolzen hatte, wurden, nach Del'vigs Kunst-Sonetten, der zweite produktive Impuls der Sonettdichtung der Puškin-Zeit. Überhaupt wurden Mickiewiczs *Sonette* vielmals ins Russische übertragen. Vom Eingangssonett des *Krim-Zyklus*, überschrieben *Stepy Akiermańskie* (Die Steppe von Akerman), das die nächtliche Fahrt durch die Steppe mit einer Schiffsreise vergleicht, liegen nicht weniger als 23 Übersetzungen vor, darunter solche von Vjazemskij, Illičevskij, Kozlov, Ju. Poznanskij, V. Ljubič-Romanovič, in späterer Zeit von Apollon Majkov, Fet und Bunin. Andrej Podolinskij, einer der früheren Mickiewicz-Übersetzer, hat in einem Sonett (*Ljubov' on pel* . . . [Er hat die Liebe besungen . . .], 1831) an Poznanskij das Dilemma ausgedrückt, in dem sich die russischen Poeten gegenüber der Sonettdichtung Mickiewiczs befanden: Sie waren fasziniert von der polnischen

Kantilene, doch konnten sie die Aussage nur ahnen. Anders als Vjazemskij, der es für ausgeschlossen hielt, die Sonette in Versform zu übersetzen, versuchten sich die meisten Nachdichter in der adäquaten Wiedergabe der Sonettform. Die Ergebnisse zeugen nicht nur von sorgfältigem Bemühen, sondern sind oft kongeniale Übersetzungen. Die längste Zeit lebte Mickiewicz in Moskau. Er verkehrte im Salon der Zinaida Volkonskaja und im Hause des Professors Jaenisch (die Verlobung mit dessen Tochter, der späteren Karolina Pavlova, wurde wieder gelöst) und stand dem Herausgeber des *Moskovskij telegraf*, Nikolaj Polevoj, nahe. Die Begegnungen mit Vjazemskij, Baratynskij und, vor allem, mit Puškin waren Sternstunden der Literatur. Puškin übersetzte Teile des historischen Poems *Konrad Wallenrod*, das auf das Schicksal Polens, aber auch der Dekabristen anspielte; ferner die Balladen *Voevoda* (Der Woiwode, nach Mickiewiczs *Czaty*) und *Budrys i ego synov'ja* (Budrys und seine Söhne, nach *Trzech Budrysów*; beide 1833). Die Erhebung der Polen im November 1830, zu einem Zeitpunkt also, da Mickiewicz Rußland bereits verlassen hatte, vergiftete die Dichterfreundschaft. Mickiewiczs Gedicht *Do przyjaciół Moskali* (An die Moskauer Freunde, enthalten in *Ustęp*) löste Puškins bittere Replik *On meždu nami žil* (Er lebte unter uns, 1834) aus, wo noch einmal Mickiewiczs Visionen kommender Völkerfreundschaft beschworen wurden, die der Dichter, vom friedlichen Gast zum Feinde geworden, gegen giftige Bosheit eingetauscht habe. Und doch war es der «verlorene Bruder» (bludnyj brat), wie Vjazemskij den Polen später titulierte, der als einer der ersten in seinen Vorlesungen über Slawische Literatur (*Literatura słowiańska* bzw. *Cours de la littérature slave*, 1840–1844) im Collége de France auf den großen russischen Dichter Puškin hinwies.

Übergänge

Wie geschlossen sich die Romantik in Rußland auch darbot, fehlte es doch zunächst nicht an Werken, die sich anscheinend schwer von den Traditionen des Klassizismus und des Sentimentalismus zu lösen vermochten. Daß die Dekabristendichter am staatspolitischen Ernst des odischen Stils festhielten, selbst auf die Gefahr hin, mit den reaktionären Archaisten in einen Topf geworfen zu werden, war nur ein bezeichnendes Beispiel unter vielen. Die Fabeln Krylovs blieben, wenn sie auch die stilistische Enge des didaktischen Genres weit hinter sich ließen, im Rahmen des klassizistischen Gattungsverständnisses. Nicht nur aus Verlegenheit zählt Dmitrij Tschiževskij den Fabeldichter unter die «Klassizisten in romantischer Umgebung», zusammen mit dem fruchtbaren Stückeschreiber Fürst Aleksandr Šachovskoj und einigen anderen Namen, für die das weit weniger zutrifft. Der von Salomon Geßner beeinflußte Vladimir Panaev blieb mit seinen *Idillii* (Idyllen, 1820), die heitere mythologische Wesen in lieblicher arkadischer Umgebung zeigten, ganz dem Gefühlskult des Sentimentalismus verpflichtet. Auch eine für die Dichtung der Zeit noch immer wichtige und beim Zaren als Schutzengel der Dichter wirkende Persönlichkeit wie Žukovskij hat die Prägung durch die Empfindsamkeit nie ganz verloren. Rechnet man all die Epigonen der heroisch-epischen, odischen und galanten Dichtung hinzu, deren Namen niemand mehr kennt und nennt, so ergibt sich im Gesamtbild ein wesentlich vielfältigeres stilistisches Spektrum, als es der spätere Kanon der Puškin-Zeit wahrhaben will.

Aleksandr Griboedov

Vielleicht am augenfälligsten trat der Übergangscharakter vom klassizistischen zum romantischen Paradigma in Aleksandr Griboedovs Komödie *Gore ot uma* (Verstand schafft Leiden, 1824) entgegen, einem der gelungensten Bühnenwerke der russischen Literatur. Griboedov, am Adelspensionat und an der Moskauer Universität ausgebildet (zu seinen Lehrern zählten Schlözers Sohn Christian und Johann Gottlieb Buhle), trat nach Teilnahme am Vaterländischen Krieg 1817 in den diplomatischen Dienst ein, war zunächst russischer Gesandtschaftssekretär in Teheran und führte 1826–1828 die Friedensverhandlungen mit Persien. Nach deren Abschluß wurde er zum Kaiserlichen Gesandten in Teheran ernannt, wo er 1829 bei antirussischen Ausschreitungen in seiner Residenz bestialisch ermordet wurde. Das schmale literarische Werk Griboedovs umfaßt außer *Gore ot uma* und einigen weniger bedeutenden dramatischen Versuchen Gedichte, Aufsätze – darunter seine Einlassung gegen Gnedič im Balladenstreit *O razbore vol'nogo perevoda Bjurgerovoj ballade «Lenora»* (Über die Einschätzung der freien Übersetzung von Bürgers Ballade «Lenore», 1816) – und farbige «Reisenotizen» (*Putevye zapiski*), die in den Jahren 1819–1825 im Kaukasus, in Persien und auf der Krim niedergeschrieben, dem russischen Publikum aber erst 1859 bekannt wurden. Die Topoi – im eigentlichen Verstande – der Kaukasusliteratur, wie sie auch bei Bestužev-Marlinskij, Puškin oder Lermontov begegnen (Mozdok, Kobi, die Krestovaja Gora [Gud-gora], Tiflis usf.), fanden sich bereits bei Griboedov. Kriegsteilnehmer und politisch denkender Autor, gleich seinem Freunde Pavel Katenin, neigte Griboedov zunächst ganz dem klassizi-

stischen, «archaistischen» Lager zu. Die zusammen mit Katenin verfaßte Komödie *Student* (Der Student, 1817) nahm die Arzamas-Vereini-
gung, d. h. die Karamzinsche Schule, satirisch und parodistisch aufs
Korn. Dem entsprach eine geistige Nähe zu den Dekabristen. (Griboedov wurde nach dem Aufstand im Kaukasus verhaftet, nach Petersburg
verbracht und verhört; lediglich glücklichen Zufällen und einflußrei-
cher Fürsprache hatte er seine Befreiung von der Anklage zu verdanken.) Der Plan zu einem Drama mit allegorischen und opernhaften
Zügen über das Jahr 1812 (*1812 god*), den er in den 20er Jahren verfolgte, sollte den Heldenmut der russischen Offiziere und Soldaten
zeigen; doch nach dem Krieg entschwindet die «Poesie der großen
Heldentaten», und der Bauernsoldat M. kehrt wieder unter die Knute
seines Herrn zurück: «Verzweiflung... Selbstmord.»

‹ Verstand schafft Leiden›

Gore ot uma, eine Verskomödie in vier Akten, entstand in den Jahren
1816–1824. Die Rekonstruktion der «schöpferischen Geschichte»
(tvorčeskaja istorija) der Komödie, wie sie Nikolaj Piksanov 1928 vorgenommen hat, läßt eine intensive Arbeit Griboedovs am Text erkennen. Das Sujet ist einfach; nach Griboedovs eigenen Worten (in einem
Brief an Katenin) stellt es sich so dar: Eine junge Frau, keineswegs
dumm, zieht einen Dummkopf einem klugen Menschen vor, der sich
selbstverständlich im Widerspruch zu der ihn umgebenden Gesellschaft befindet; niemand versteht ihn, niemand mag ihm verzeihen,
daß er den anderen überlegen ist. Aus Bosheit streut jemand das
Gerücht aus, er sei verrückt geworden, und obwohl es keiner überprüft, wiederholen es alle. Das Gerücht dringt endlich auch zu ihm.
Da er sich zudem von der fehlenden Liebe (neljubov') der jungen Frau
überzeugen muß, sucht er das Weite. Zu den Sujetquellen der Komödie
hat Jurij Tynjanov scharfsinnige Hinweise gegeben, die eine «Porträthaftigkeit» (portretnost') nahelegen. Gemeint sind damit Anspielungen auf reale Ereignisse, Personen oder Erfahrungen, die die Genese
einer Figur oder bestimmter Handlungselemente mit bedingen, etwa,
im gegebenen Falle, die geistige Umnachtung Batjuškovs, eine Ver-
leumdungsaffäre um Čaadaev (hierfür spricht nicht zuletzt die
Namensähnlichkeit mit Griboedovs Helden Čackij, der zunächst als
Čadskij erschien), Kjuchel'bekers Rückkehr von seiner Frankreichreise
und das «biographische Drama» Byrons. Doch auch eine Reihe von
Intertextbeziehungen ist deutlich zu erkennen. Im Verhältnis zu Fonvizins *Brigadir* etwa liegt eine Umkehrung der Dreiecksgeschichte vor.
Durch seinen Freund Šachovskoj, der als erster in Rußland eine

Komödie in freien Jamben (vol'nyj jamb) geschrieben hatte – *Ne ljubo – ne slušaj, a lgat' ne mešaj* (dt. etwa: Du brauchst nicht zuzuhören, aber störe das Lügen nicht, 1818) –, mag Griboedov darin bestärkt worden sein, diesen flexiblen Redevers auch in seiner Komödie zu verwenden. Vor allem aber liegt der Bezug zu Molières *Le misanthrope* offen zutage. Nicht nur wiederholt das Scheitern der Beziehung zwischen Čackij und Sof'ja bei Griboedov das Mißverständnis zwischen Alceste und Célimène bei Molière, sondern auch die schillernde Zweideutigkeit der Haupthelden ist in beiden Stücken gegeben: Verkörpern sie durch die ihnen eignende Menschenfeindlichkeit ein Laster, das am Ende durch Lachen zu bestrafen ist? Oder sind sie, indem sie sich cholerisch gegen eine verlogene Gesellschaft stellen, tragische Außenseiter? Die ungewohnte Vermischung des komisch-satirischen mit dem tragischen Element wirkte auf Griboedovs Zeitgenossen irritierend. Neu war nicht, daß eine verkrustete oder leichtfertige Gesellschaft satirisch vorgeführt wurde, neu war vielmehr die Konfrontation eines sensiblen, scharfblickenden Außenseiters mit der satirisch zu geißelnden Gesellschaft. Die satirischen Passagen erinnerten in vielem noch an die klassizistische Verssatire; mit Čackij aber, der sie verbittert vortrug, trat der zerrissene Held der Romantik auf die Bühne.

Man hat *Gore ot uma* sowjetischerseits vornehmlich als ein Bild der russischen bzw. Moskauer Gesellschaft in der Zeit der Herausbildung der revolutionären Dekabristenbewegung (um 1822) sehen wollen (Vl. Orlov). In der Tat wird in facettenreichem Spiel ein Tagesablauf im Hause des einflußreichen Würdenträgers Fámusov, eines Mannes der guten alten Zeit, eingefangen. In den Anfangsakten: die privaten Beziehungen (Sof'ja, die Tochter des Hauses unterhält ein gefühlvolles Verhältnis mit Molčalin, dem Sekretär ihres Vaters) und die Dienstgeschäfte Famusovs; Čackij kehrt aus dem Ausland zurück, stößt aber Sof'ja, die er liebt, durch Sarkasmus und scheinbare Gefühlskälte vor den Kopf. In den Schlußakten: ein Ball im Hause Famusovs, der Gelegenheit bietet, in drei Szenensequenzen eine Galerie von Figuren der Moskauer Gesellschaft aufzubieten. Čackij legt sich mit allen an, so daß die von Sof'ja ausgestreute Verleumdung, er sei verrückt geworden (S uma sošël!), begierig aufgenommen und weitergetragen wird. Die Komödie endet mit einer zweifachen Anagnorisis: Čackij durchschaut Sof'jas Doppelspiel – ebenso wie diese Molčalins vorgetäuschte Liebe. Von allen isoliert und in seinen Gefühlen gekränkt, stürzt Čackij davon: «Meine Kutsche, die Kutsche . . .!» (Karetu mne, karetu . . .!).

Čackij, noch ganz von den heroischen Idealen des Vaterländischen Krieges durchdrungen, trat als Kritiker sowohl der alten, katharinenschen als auch der jungen, verweichlichten Generation auf, wie sie in

Famusov auf der einen Seite und in Sof'ja nebst Molčalin auf der anderen exemplifiziert waren. Diese Grundstruktur überlappte sich mit den literarischen Verhältnissen, Archaismus und Sentimentalismus, und wurde durch die satirische Typengalerie variiert und angereichert. In seinem großen satirischen Monolog am Ende des III. Aktes (vor der tanzenden Gesellschaft) bekannte sich Čackij als «starover» (Mann vom alten Schlage), der die fremden Sitten, die fremde Sprache und Kleidung in seinem Land verurteilte und sich fragte, ob denn die Russen jemals von der «Fremdherrschaft der Moden» auferstehen werden. Narodnost' also auch hier gegen Gallomanie und Verweichlichung.

Zu den Neuerungen des Stückes gehörte, auch wenn die Einheit des Ortes und der Zeit gewahrt blieb, eine verschobene Komposition, die die Milieudarbietung in der Exposition stark verbreiterte und die Intrige erst im III. Akt aufbaute. Die Sprache war auf einer mittleren Ebene eingependelt; die Dramatis personae wurden durch ihre Redeweise trefflich charakterisiert, ohne in die übertreibende Drastik Fonvizins oder Krylovs zu verfallen. Die von Griboedov virtuos gehandhabten freien Jamben gestatteten, dank ihrer wechselnder Verslänge, glänzende Pointen und Reimeffekte. Dieser Vers wurde gewöhnlich in der Fabel und im Madrigal verwendet; im Drama begegnete er zuerst in Sumarokovs Pustynnik (Der Einsiedler, 1757), später in Narežnyjs Krovavaja noč' (Die blutige Nacht, 1799) und, wie erwähnt, bei Šachovskoj. Ihre Dynamik gewannen die freien Jamben in der russischen Literatur durch den Grad ihrer Abweichungen vom dominierenden Alexandriner. In Gore ot uma lag deren Anteil, wie Boris Tomaševskij gezeigt hat, in den ersten beiden Akten bei 40 %, in den letzten beiden knapp unter 50 %. Nicht zufällig treten die «archaischen» Alexandriner vor allem in den Monologen und in der Rede der Vertreter der alten Zeit gehäuft auf. Viele Aphorismen und Redewendungen aus dem Stück wurden in Rußland zu geflügelten Worten. Als Urheber gnomischer Wendungen trat Griboedov allein mit diesem Werk neben Puškin, Krylov und Gogol'.

Außer der präzisen Gesellschaftsdarstellung und den formalen Neuerungen war aber Griboedovs Held, Aleksandr Andreevič Čackij, das eigentlich Novum der Komödie. In der Genealogie der russischen literarischen Helden nimmt er einen wichtigen Platz ein: natürlich nicht als ein Räsoneur alten Stils, als der er vielfach noch gesehen wurde, auch nicht als potentieller Dekabrist, wie Aleksandr Gercen es wollte, oder romantischer Individualist, sondern vor allem, wie es Černyševskij vorgesagt hat, als erster der «überflüssigen Menschen» (lišnie ljudi), dem ein Onegin, Pečorin, Bel'tov und viele weitere folgen sollten. Klug, sensibel, ihrer Umgebung weit überlegen, finden sie in der Gesellschaft doch keinen rechten Platz. Sie leiden an ihrer Umwelt wie diese an ihnen. So wurden sie in der russischen Literatur für geraume Zeit zu Seismographen, mittels deren die Autoren psychosoziale Befindlichkeiten und Krisen aufspüren konnten. In zwei interessanten Repliken auf Griboedovs Komödie aus den 1870er Jahren kam die innere Problematik Čackijs noch einmal zur Sprache. Ivan Gončarov gab in seiner kritischen Studie *Mil'on terzanij* (Eine Million Qualen, 1872) eine tiefschürfende Analyse des Stückes und seiner Helden. Čackij ist ihm ein komplexer, dem Ideal eines «freien Lebens» verbundener Charakter, ein «ewiger Entlarver der Lüge», dessen Tragik seiner Erfolglosigkeit entspringt. Anders Saltykov-Ščedrin, der in seinem Supplement *Gospoda Molčaliny* (Die Herrschaften Molčalin, 1872) die Schicksale des Komödienpersonals weiterverfolgt. Molčalin erfährt hier seine Ehrenrettung als korrekter Beamter und Familienvater. Über Čackij wird berichtet, er habe Sof'ja geheiratet und zehn Jahre lang das Departement der Staatlichen Geistesverfinsterungen (Departament Gosudarstvennych Umopomračenij) geleitet. Für Saltykov zählt er zu den «faulen» Liberalen, zu denen sich manche der einstigen Dekabristen inzwischen gemausert haben.

B. Aleksandr Puškin und die romantische Plejade

Aleksandr Puškin

Die außergewöhnliche Faszination, die von dem Namen Puškin aus-geht, und die kulthafte Verehrung, die sich um ihn rankt, ist und bleibt eine Tatsache, mit der der Literaturhistoriker konfrontiert ist, auch wenn er eine erschöpfende Erklärung letztlich nicht wird geben kön-nen. Puškins Rang, die Größe seines Œuvres, sein Gattungs- und Gedankenreichtum stehen für den Kenner außer Frage. Leider aber haben es, von wenigen Ausnahmen abgesehen, die Übersetzeranstren-gungen nicht vermocht, Puškins Verse in fremdem Gewande erstehen zu lassen. Anders als Dante, Shakespeare, Goethe, Schiller, Heine und Kleist, die auf glückliche Weise in Rußland und anderswo eingebür-gert wurden, bleibt Puškin der eigenen Sprache verhaftet wie kaum ein anderer Großer der Weltliteratur. Für Rußland und die Russen aber stellt er eine der wenigen Symbolgestalten dar, auf die sich alle geistigen und politischen Lager einigen können: von Zar Nikolaus II. bis zu Lenin, von den Narodniki bis zu den Emigranten. Die Apo-theose des «russischen Genius» (russkij genij), wie ihn Nikolaj Skatov nennt, hat viele Gründe und Dimensionen. Sie lassen sich vor allem auf die Vorstellung zurückführen, daß in Leben und Werk des Dichters einmalige Synthesen gelungen seien − Synthesen von einander wider-strebenden Traditionen oder von unvereinbaren Prinzipien, die bei ihm gleichsam aufgehoben, neutralisiert erscheinen, obwohl sie ihre aporetische Spannung beibehalten. Das gilt für die eigenartige Einheit von Leben und Werk, die Jurij Lotman dazu bewegt hat, Puškins Werk als Lebenskunst und sein Leben als Kunstwerk darzustellen. Das gilt für die Zusammenbindung aller künstlerischen Möglichkeiten der vorangegangenen wie der eigenen Zeit: Wie in einem Brennpunkt bündeln sie sich in Puškins Werk und entfalten, aus ihm entlassen, mannigfache Wirkung. Nicht zuletzt auch überwindet er, wohl als erster, den Hiatus zwischen Fremdkultur und Eigenkultur, der Ruß-land seit der Petrinischen Zeit spaltete. Er hat ihn, wie Andreas Ebbinghaus jüngst zeigen konnte, in Leben und Werk ständig offen-und ausgehalten. Schließlich verstand er es von Anfang bis Ende, die gegensätzlichsten Pole der Poesie, das Private und das Politische, das Universale und das Nationale, Galanterie und Philosophie, in seiner Kunst zum Ausgleich zu bringen.

Aleksandr Puškin stammte aus einer Familie, die väterlicherseits dem Bojarenadel zuzurechnen war. Mütterlicherseits war sein Urgroßvater der Abessinier Abram Gannibal (Hannibal), der Hofmohr Peters des Großen, den der russische Gesandte in Konstantinopel seinem Monarchen zum Geschenk gemacht hatte. Puškins Vater Sergej, ein Bonvivant und Kenner der französischen Literatur, pflegte Beziehungen zu den Dichtern der Karamzinschen Schule. Doch wichtiger für den jungen Puškin war sein Onkel Vasilij Puškin. Er hatte 1803/04 in Paris mit Jacques Delille, dem Verfasser des Gartenpoems *Les Jardins*, verkehrt, bei Talma Deklamation gelernt und im *Mercure de France* russische Volkslieder veröffentlicht. Seit 1816 gehörte er der Gruppe «Arzamas» an und war als Dichter «leichter Poesie» geschätzt. In dem burlesken Poem *Opasnyj sosed* (Der gefährliche Nachbar), bereits 1811 verfaßt, doch erst 1855 veröffentlicht, ironisierte er die Stil- und Sprachbestrebungen der Archaisten um den Admiral Šiškov ähnlich wie er später in seinen *Zamečanija o ljudjach i obščestve* (Bemerkungen über Menschen und Gesellschaft) und in Gedichten die «modische Romantik» (modnyj romantizm) verurteilt hat. Ohne Zweifel hat seine rokokohaft-frivole Manier auf den jungen Puškin gewirkt, der sie in dem Sendschreiben *Gorodok* (Die kleine Stadt, 1815) oder den dem Onkel gewidmeten Versen *V. L. Puškinu* (An V. L. Puškin, 1817) zu erreichen suchte. Später schrieb dieser, nun schon selbst unter dem Einfluß des «Dichter-Neffen» (poèt-plemjannik), die burleske Versnovelle *Kapitan Chrabrov* (Hauptmann Chrabrov, 1828/29, unvoll). Er war es gewesen, der seinen zwölfjährigen Neffen von Moskau nach Petersburg begleitete, als dieser in das neugegründete Lyzeum in Carskoe Selo (Carskosel'skij licej) aufgenommen werden sollte.

Das Lyzeum in Carskoe Selo

Das Lyzeum, die Anstalt, an der Puškin seine Ausbildung erhielt, war 1811 mit dem Ziel gegründet worden, junge russische Edelleute für die wichtigsten Bereiche des Staatsdienstes auszubilden. Ursprünglich war daran gedacht, sie zusammen mit den Großfürsten Nikolaj und Michail, den jüngeren Brüdern Alexanders, zu erziehen. Die Satzung der Lehranstalt war von Michail Speranskij, dem agilen Reformpolitiker der Alexandrinischen Zeit, entworfen worden, lebhaften Anteil an der Einrichtung nahm der Volksbildungsminister Graf Razumovskij. Nach seinem Status war das Lyzeum russischen Universitäten gleichgestellt. Das Lehrprogramm sah im ersten Kurs die Vermittlung von Russisch, Latein, Französisch und Deutsch, Schöner Literatur und

Aleksandr Puškin

Rhetorik, Geschichte und Geographie, Kalligraphie, Zeichnen, Tanzen, Fechten, Reiten und Schwimmen vor; im zweiten kamen Morallehre, Physik, die Schönen Künste, Architektur und Perspektive hinzu – ein «bunter Enzyklopädismus», wie Boris Tomaševskij schreibt, von hohem Anspruch und dennoch im Grundsatz verfehlt, weil die Zielgruppe der pädagogischen Bemühung Zöglinge im Alter von 10 bis 14 Jahren waren. Darum wird der Bildungsgrad, den Puškin und seine Kameraden im Lyzeum erreichten, sehr unterschiedlich bewertet. Während die einen meinen, daß im Lyzeum das Fundament zum universalen Wissen und Interesse des Puškin-Kreises gelegt wurde, sind andere Forscher eher skeptisch. Jurij Lotman hält die Bildung, die Puškin aus dem Lyzeum davongetragen hat, für oberflächlich und unsystematisch. Unzweifelhaft aber ist, daß die Lyzeisten von einigen ihrer Lehrer in ihrer geistig-ethischen Haltung bleibend geprägt wurden und daß ihre literarische Regsamkeit durch Liebhaberaufführungen oder die Herausgabe handschriftlicher Almanache gefördert wurde. Hier wuchs, beflügelt von einem Freundschaftskult, eine Schar poetischer Talente heran, die den Kern der romantischen Plejade bilden sollte: Puškin, Del'vig, Kjuchel'beker, aber auch Aleksej Illičevskij, der anfangs mit seinen Epigrammen Puškin den Rang streitig machte, der künftige Dekabrist Ivan Puščin oder der musikliebende Michail Jakovlev, der später als «Lyzeumsältester» (starosta licejskij) die jährlichen Treffen der Lyzeisten organisierte und ihr Archiv hütete.

Zum Lehrkörper des Lyzeums gehörten einige begabte junge Männer, die 1808, als der Plan zur Schaffung der Anstalt heranreifte, zur Ausbildung nach Deutschland abgeordnet worden waren, vornehmlich an die Universität Göttingen. Zusammen mit Nikolaj Turgenev, Puškins Dekabristenfreund, zählten sie zur zweiten Generation der sogenannten «Göttinger Russen» (russkie gёttingency), die an der berühmten Aufklärungsuniversität Staatswissenschaften, Kameralistik, Diplomatik, Geschichte und Naturwissenschaften studierten. (Daß Puškin später in seinem Versroman Vladimir Lenskij, Onegins Widerpart, mit einer «göttingischen Seele» [s dušoju prjamo gёttingenskoj] ausstattete, beruht wesentlich auf seinen Erfahrungen mit «Göttinger» Lehrern am Lyzeum.) Der bedeutendste unter ihnen war der Popensohn Aleksandr Kunicyn, der am Lyzeum, auf Naturrecht und liberale Gesellschaftskonzeptionen gestützt, Morallehre und Rechtskunde unterrichtete. Seine Rede über die Vaterlandsliebe anläßlich der feierlichen Eröffnung des Lyzeums hatte den Knaben Puškin stark beeindruckt. Kunicyns zweibändiges Werk über das Naturrecht (*Pravo estestvennoe*, 1818–1820), die erste Darstellung dieser wichtigen Materie in Rußland, wurde auf Veranlassung der Schulhauptverwaltung eingezogen und verbrannt. 1821 verlor Kunicyn seine Positionen an Lyzeum und Universität. Puškin bewahrte ihm stetigen Dank. Im Lyzeumsgedicht aus dem Jahre 1825 (*19 oktjabrja* [Der 19. Oktober]) feierte er Kunicyn: Er habe die Flamme [der Lyzeisten] genährt, den Grundstein gelegt und das reine Lämpchen angezündet. Der andere für Puškin bedeutsame «Göttinger» war Aleksandr Galič. Er gilt als einer der frühen Vermittler der deutschen idealistischen Philosophie in Rußland. Seine zweibändige *Istorija filosofskich sistem* (Geschichte der philosophischen Systeme, 1818/19) brachte ihm, ähnlich wie Kunicyn, den Vorwurf der Gottlosigkeit und der Erschütterung der Grundlagen des Staates ein; sein *Opyt nauki izjaščnogo* (Versuch einer Wissenschaft vom Schönen, 1825) beförderte das neue Kunstverständnis der Romantik. Als Professor der russischen und lateinischen Literatur in den Jahren 1814/15 scheint er mit den Zöglingen des Lyzeums, wie die beiden Galič gewidmeten Gedichte Puškins (*K Galiču* [An Galič] und *Poslanie k Galiču* [Sendschreiben an Galič], beide 1815) bezeugen, recht ungezwungen umgesprungen zu sein. Wichtiger ist, daß er Puškin dazu anhielt, für das Lyzealexamen 1814 das Gedicht *Vospominanija o Carskom Sele* (Erinnerungen an Carskoe Selo) zu schreiben, eine odische Rekapitulation der Kriegstage, in denen die Lyzeisten mit den russischen Waffen gezittert und gebangt hatten. Mit diesem Gedicht debütierte der junge Poet im Januar 1815 vor dem Kaiser und dem alten Deržavin. Im *Table talk* (1835/36) hat Puškin geschildert, wie er nach der Deklamation dem greisen Dichter enteilte und sich versteckte.

Ästhetik und Poetik, wie sie am Lyzeum von Nikolaj Košanskij, dem späteren Verfasser einer «Speziellen Rhetorik» (*Častnaja retorika*, 1832), gelehrt wurden, blieben – anders als bei Galič – der klassizistischen Vorstellung von der Kunst als idealer Nachahmung (imitatio) der Natur nach normativen Vorgaben (praecepta) zum moralischen Nutzen (utilitas) verhaftet. Das konnte den frühreifen Lyzealdichtern nur noch als antiquiert erscheinen. Doch verdankten sie Košanskij, für den die Alten das Maß der Dinge waren, immerhin die Kenntnis der klassischen Literatur. Das Französische unterrichtete ein gewisser Monsieur de Boudry – diesen Namen hatte der Bruder Marats nach der Emigration von Katharina verliehen bekommen –, der in pathetischem Ton über die Ereignisse der Französischen Revolution zu berichten wußte. Das Deutsche war durch Friedrich von Hauenschild, einen mutmaßlichen Agenten Metternichs, wesentlich schwächer vertreten.

Im «Lyzeumsgeist» (licejskij duch), wie er in geheimen Berichten Bulgarins an die Polizeibehörde oder Hauenschilds an Metternich (nach dem Dezemberaufstand) beschrieben wurde, witterte die Obrigkeit zunehmend Gefahr. Die Lyzeisten galten als Liberale, Freidenker und potentielle Revolutionäre. Doch kam ihr «Ungeist» tatsächlich weniger aus dem Lyzeum selbst als aus dem Umgang mit den Offizieren des in Carskoe Selo stationierten Husarenregiments – hier diente Čaadaev – sowie für Puškin, Del'vig und Kjuchel'beker aus der Teilnahme am Arzamas-Kreis. Hier geriet Puškin nicht nur voll ins Fahrwasser der Karamzinisten, sondern nahm auch die politischen Ideen Nikolaj Turgenevs auf, des Nationalökonomen unter den Dekabristen.

Daß es Puškins höchstes und letztes Ziel sei, durch die Poesie zu glänzen, erkannten bereits seine Lehrer. Georg von Engelhardt, der Lyzeumsdirektor, bezweifelte allerdings in einer Stellungnahme vom März 1816, ob es ihm je gelingen werde, seinen Versen eine feste Grundlage zu geben, da er alles ernstere Studium scheue und sein poetischer Geist nicht in die Tiefen hinabdringe, sondern von französischer Oberflächlichkeit verdorben sei. An die 130 Gedichte des jungen Puškin sind aus den Lyzeumsjahren erhalten. In ihnen drückte sich eine lebensfrohe – frühreife – Anakreontik aus. Der Dichter erschien als Sänger der Liebe, heiterer Trinkgelage, des süßen Müßiggangs. In seinem ersten überlieferten Gedicht *K Natal'e* (An Natal'ja, 1813) bekannte der frühverliebte Dichter, daß er bereits mit Cupido Bekanntschaft gemacht habe. Neben den Franzosen war hier Batjuškov, der «russische Parny», Puškins wichtigster Lehrer, den er in dem Gedicht *K Batjuškovu* (An Batjuškov, 1814) aufforderte, die Lyra erneut zu stimmen. Das erste veröffentlichte Gedicht Puškins, *K drugu stichotvorcu* (An den Dichterfreund, 1814), an Kjuchel'beker gerichtet, war eine scheinbare Diatribe gegen die Dichtkunst, durch die deren gefahrvoller Ernst aber erst hervorgekehrt wurde. (Es erstaunt, daß der 15jährige für sich bereits die existentielle Bedeutung der Poesie erkannt hatte.) Zwei frühe Poeme, *Monach* (Der Mönch, 1813) und *Bova* (1814), knüpften an die Tradition des burlesken Versepos an. Im ersteren griff Puškin auf eine in den Lese-Menäen (čet'i-minei) überlieferte Episode aus der Vita (žitie) des Ioann Novgorodskij zurück, dem es gelang, den Teufel in einem Waschbecken zu fangen. Aus dem Novgoroder Heiligen wurde ein Moskauer Mönch Pankratij, der Teufel erschien in Frauenkleidern und führte ihn in Versuchung. Voltaire, dem «Alterchen von Ferney» (fernejskij staričok), gewidmet, folgte das Poem in der Demystifizierung heiliger Dinge dessen *La Pucelle d'Orléans* nach. Bemerkenswert war die metrische Unbefangenheit des jungen Poeten. Für *Monach* wählte er den damals wenig verwendeten 5füßigen Jambus, während in *Bova* Karamzins «russkij razmer» erschien. Das *Bova*-Fragment setzte, in genauer Kenntnis der Vorläufer (Karamzin, Radiščev), das galante Rittermärchen fort und war zugleich die Fingerübung zur ersten großen Dichtung Puškins, *Ruslan und Ljudmila*, die in den Petersburger Jahren entstand.

Eine Reihe von Gedichten schrieb Puškin in den frühen Jahren auf französisch, etwa *Stances* (1814), eine Variation des Horazischen «carpe diem», oder das Autoporträt *Mon portrait* (1814), das, nicht ohne Selbstgefälligkeit, «Pouchkine» als «jeune polisson» vorstellte. Früh zeigte sich sein satirisches Talent in scharfzüngigen Epigrammen auf persönliche und literarische Gegner. Bald schon gewannen elegische Stimmungen im Stile Žukovskijs Raum: die Absage an Ruhm und Eitelkeit, das Bekenntnis zu Freundschaft und das Sehnen nach Einsamkeit in der Natur, ossianische Szenerien (in den Gedichten *Kolna* und *Osgar*, beide 1814). Auch einige elegische Romanzen (*Kazak* [Der Kosake, 1814], *Pevec* [Der Sänger, 1816], *Pobuždenie* [Erwachen, 1816]) stammen aus der frühen Zeit. Rechnet man die hochgestimmten *Vospominanija o Carskom Sele*, die zahlreichen Sendschreiben, Madrigale und Gelegenheitsgedichte hinzu, so ergibt sich ein für ein junges Talent erstaunlich breiter Ansatz zu poetischen Themen und Ausdrucksmöglichkeiten, deren Haupttendenz intuitiv und deklarativ die Karamzinsche Richtung war. Der junge Puškin scheint gespürt zu haben, daß die Erneuerung der poetischen Sprache allein vom mittleren Stil her erfolgen konnte. Wenigstens nehmen sich so seine frühen literarischen Betätigungen im Rückblick aus.

Nach Abschluß des Lyzeums lebte Puškin in Petersburg. Er war dem Außenministerium als Kollegiensekretär zugeteilt worden; die Tätigkeit im Archiv trug ihm und seinen Freunden den Beinamen «Archivjünglinge» (archivnye junoši) ein. Obwohl er bei seinen Eltern im Kleinbürgerviertel Kolomna eher bescheiden lebte, führte er sich wie ein Dandy auf, ganz wie sein Held Evgenij Onegin im Ersten Kapitel des Versromans. Er nahm an den Sitzungen des Zirkels «Zelënaja lampa» (Die Grüne Lampe) teil, der literarischen Filiale des dekabristischen Wohlfahrtbundes (Sojuz blagodenstvija). Die angehenden Diplomaten trafen sich im Hause Nikita Vsevoložskijs, des Gründers des Zirkels. Von der Lampe, die das Versammlungszimmer erhellte, bekam der Kreis seinen Namen; von ihr war auch die Devise «Licht und Hoffnung» (Svet i Nadežda) abgeleitet. Poesie, Politik und Lebensgenuß waren das Geschäft der «kecken Ritter der Liebe, der Freiheit und des Weins», wie sie Puškin in dem Gedicht an Fëdor Jur'ev (*Jur'evu*, 1819) apostrophierte. Der zweifelhafte Ruf des Zirkels als einer «orgiastischen Gesellschaft» (orgiačeskoe obščestvo) verhalf ihm später, bei der Überprüfung der Geheimgesellschaften, zur politischen Rehabilitierung. Puškin hat für den Kreis einige Gedichte geschrieben; Gnedič verlas hier den ersten Teil seiner *Ilias*-Übersetzung. Aufschlußreich war ein utopischer Text, *Un rêve*, den der künftige Mozart- und Beethoven-Biograph Aleksandr Ulybyšev in der «Zelënaja lampa» vortrug. Rußland wurde hier nicht mehr als imperiale Militärmacht gedacht, sondern als ein Gemeinwesen der Gesittung, der Bildung und Kunst, das sich von der Nachahmung oberflächlicher Moden abgekehrt und auf die alten (vorpetrinischen) Werte zurückbesonnen hat. Freilich war der Text, der sogar die Wiedereinführung des altrussischen Kaftan anstelle westlicher Mode propagierte, auf französisch verfaßt.

‹Ruslan und Ljudmila›

Puškins wichtigstes Werk der Petersburger Jahre war das Märchenpoem *Ruslan i Ljudmila* (Ruslan und Ljudmila, 1820). Es trug ihm den ersten zündenden Erfolg ein und begründete unwiderruflich sein dichterisches Renommee. Fraglos aus der Tradition des galanten bzw. komischen Poems (Bogdanovič, Osipov, Karamzin) erwachsen, überspielte es seine Vorgänger mit einem Schlag. Boris Tomaševskij hat als wahrscheinlichsten Impuls Žukovskijs Plan eines romantischen, historisch-märchenhaften Heldenepos *Vladimir* ausgemacht, das zwar von jenem nicht ausgeführt, jedoch in einem Sendschreiben an Aleksandr Voejkov (*K Voejkovu*, 1814) genau beschrieben worden war. Puškin nutzte freilich, auch wenn Tomaševskijs Vermutung zutreffen sollte, in seinem Poem viele weitere Elemente der dekanonisierten Heldenepik, allen voran Witz, Ironie und Digression. Damit installierte er erstmals den «skeptisch gestimmten Erzähler», der von nun an seine Versepik beherrschen wird.

Die sechs Gesänge des Poems führen in das märchenhafte Kiev, wo Fürst Vladimir seine jüngste Tochter, Ljudmila, mit dem Recken Ruslan (nach der Märchengestalt Eruslan) verheiratet. Doch Ljudmila wird in der Hochzeitsnacht von dem bösen Zaubergnom Černomor entführt. Ruslan zieht, gemeinsam mit seinen früheren Rivalen Farlaf, Ratmir und Rogdaj, aus, um sie zu finden. Die Recken müssen allerlei Fährnisse und Abenteuer bestehen. Ruslan kann Černomor überwinden und Ljudmila befreien. Nachdem er die Rivalen ausgestochen und die von Petschenegen belagerte Stadt Kiev entsetzt hat, kann das Poem enden, wie es begonnen hat: mit einem Festmahl beim Fürsten. Die Eingangsverse (sie wurden der Ausgabe von 1828 hinzugefügt) lassen die neue Manier deutlich werden. Statt des klassischen Proömiums bringen sie eine Aufzählung russischer Märchenmotive, die dem «gelehrten Kater» einfallen, wenn er an güldener Kette an der Eiche am Meer hin und her läuft. Nach Charakter und Verhalten glichen die Ritter und vor allem Ljudmila eher der galanten Jeunesse der Petersburger Salons als mittelalterlichen Rittern und Fürstinnen. Selbst in der Gewalt Černomors verlor Ljudmila weder ihren Mut noch ihre Koketterie, ebensowenig wie Ruslan über seinen vielen sentimentalistischen Seufzern vergaß, Schwert und Lanze zu führen.

Der geschmeidige Einsatz des 4füßigen Jambus (hinfort der epische Hauptvers Puškins), die gewinnende Lautinstrumentierung, die geschickte Mischung von galantem Ton und historisierender Stilisierung sowie das ironische Fluidum, das über die Erzählung gelegt war, ließen belesene Zeitgenossen an Ariost und Wieland denken. Zu

Ariosts *Rasendem Roland* hat später Matvej Rozanov zahlreiche Parallelen beigebracht; Tomaševskij warnte jedoch zu Recht davor, die fundamentalen konzeptuellen und kulturologischen Unterschiede zwischen beiden Werken zu übersehen. Wieweit Wieland mit seinem *Oberon* oder auch der englische Ariost-Nachahmer William Hamilton, die beide näherliegen, als Vorbild anzusehen sind, ist in der Forschung umstritten. Es konnte kaum ausbleiben, daß sich an den durchschlagenden Erfolg des neuen romantischen Poems sogleich Nachahmer – wie A. A. Šiškov mit *Ratmir i Svetlana* (Ratmir und Svetlana, 1824) oder M. P. Zagorskij mit *Anjuta* (1824) – anhängten. Die Versmärchen, die Puškin in den 30er Jahren schrieb, nahmen teils den in *Ruslan i Ljudmila* gewonnenen Stil noch einmal auf. Das gilt vor allem für *Skazka o care Saltane, o syne ego slavnom i mogučem bogatyre knjaze Gvidone Saltanoviče i o prekrasnoj carevne Lebedi* (Das Märchen vom Zaren Saltan und seinem Sohne, dem berühmten und mächtigen Recken Fürst Gvidon Saltanovič, und von der wunderschönen Schwanenprinzessin, 1831) sowie für *Skazka o zolotom petuške* (Das Märchen vom goldenen Hahn, 1834), während in anderen, so in *Skazka o pope i rabotnike ego Balde* (Das Märchen vom Popen und seinem Knecht Balda, 1830) und *Skazka o rybake i rybke* (Das Märchen vom Fischer und dem Fischlein, 1833) bereits der drastische Stil und der tonische Vers der im Volk verbreiteten Scherzerzählungen (pribautki) aufklangen. Die Märchenerzählungen seiner alten Kinderfrau Arina Rodionovna und Aufzeichnungen gehörter Volksmärchen hatten inzwischen sein Gespür für den echten Volkston geschärft.

Die Jahre der Verbannung

Im Mai 1820 reiste Puškin, strafversetzt, in den Süden. Er war General Inzov, dem Hauptkurator für die fremden Kolonisten in Bessarabien, zugeteilt worden. Doch ehe er seinen Bestimmungsort Kišinëv (Chişinău) erreichte, hatte er, unter dem Vorwand eines Fiebers, bereits die kaukasischen Badeorte und die Krim besucht. Kišinëv bot nur in der ersten Zeit An- und Aufregungen: Da war der Verkehr mit den Dekabristen des Südbundes (Južnyj sojuz) – im Frühjahr 1821 traf er mit Pestel' zusammen –, doch wurde er offenbar, da er als impulsiv und redselig galt, nicht in die Verschwörung eingeweiht. Da war der griechischen Befreiungskampf, dessen Reflexe, sei es in Gestalt des Generals Ypsilanti oder der schönen Kalipso Polichroni, in seinen Lebenskreis eintraten. Nach seiner Aufnahme in die Freimaurerloge «Ovidij» (Ovid) treten, wie Markus Wolf gezeigt hat, allerhand «Geheimbund-

Allusionen» bei Puškin auf, nicht nur in den Versen an den Logen-Stuhlmeister General Puščin, *Generalu Puščinu* (1821) und in *Prorok* (Der Prophet, 1826), sondern auch in dem Kurzdrama *Mocart i Sal'eri* oder der Erzählung *Grobovščik*. Ovid, der von Kaiser Augustus aus Rom ans Schwarze Meer verbannte Dichter, wurde für ihn zum Identifikationssubjekt, das er in der Ode *K Ovidju* (An Ovid, 1820) und vor allem in dem Poem *Cygany* (Die Zigeuner, 1825) sinnreich besang. Auch der Tod Napoleons blieb nicht ohne Nachhall, wie die Ode *Napoleon* (1821) zeigt, die dem Empereur nicht Glanz und Größe abspricht – und schon gar nicht das Verdienst, der Welt die «ewige Freiheit» (večnuju svobodu) gewiesen zu haben. In voltaireskem Übermut schrieb Puškin in der Karwoche des Jahres 1821 das Poem *Gavriiliada* (Gabrieliade), das ihm manchen Ärger einbringen sollte. In witzig-blasphemischer Manier ließ er sich darin über Mariens unbefleckte Empfängnis aus (Maria wird als 16jährige pubertäre Schönheit geschildert, der sich nacheinander der Satan in Gestalt einer schönen Schlange, der Erzengel Gabriel und Gottvater selbst nähern). Die Dichtung, die in der Tat geeignet war, fromme Gemüter zu verletzen, fand in Abschriften Verbreitung; gedruckt erschien sie erstmals 1861 in London.

1823 wurde Puškin, dem in Kišinëv bald Reizmangel und Melancholie zugesetzt hatten, nach Odessa, der südrussischen Gouvernementsstadt, versetzt, in der es nicht nur von levantinischem Leben wimmelte, sondern die sogar mit Oper, Boulevard und literarischer Szene ausgestattet war. In ihr residierte als Gouverneur Graf Michail Voroncov, der Puškin zunächst protegierte, bald aber aus «familiären» Gründen – Puškin machte Frau und Tochter gleichzeitig den Hof – in Konflikt mit ihm geriet. Eben in dieser Zeit verfestigte sich bei Puškin das Bewußtsein von der Stellung des Dichters und seiner Bestimmung in der Gesellschaft. Nicht anders als Del'vig oder Kjuchel'beker setzte er auf die Autonomie des Dichters und die Wahrheit, die allein durch göttliche Inspiration vermittelt werden konnte (so in dem Gedichten *Prorok* und *Poėt* [Der Dichter], 1827). Daß der Dichter indessen auch ungeahnte finanzielle Erfolge verbuchen konnte (das Poem *Bachčisarajskij fontan* trug ihm 3000 Rubel ein und befreite ihn zeitweilig von seinen Geldsorgen), war gleichsam das materielle Pendant zu dem neuen Dichterverständnis.

Als die Behörden durch einen abgefangenen Brief herausfanden, daß Puškin mit dem Atheismus liebäugelte, wurde er aus dem diplomatischen Dienst entlassen und auf das elterliche Gut Michajlovskoe im Gouvernement Pskov verbannt. Hatte ihm der Aufenthalt im Süden – nach den Zerstreuungen in der kaiserlichen Metropole – die

Erfahrung exotischer Landschaft, der Gebirgswelt, nomadisierender
Steppen- und martialischer Bergvölker wie auch der vom Islam
geprägten Krimtataren eingebracht, so bot ihm die erzwungene Ruhe-
stellung in Michajlovskoe Gelegenheit, sich mit der Geschichte Rußlands zu beschäftigen (1824 waren der X. und der XI.

Band von
Karamzins *Istorija gosudarstva Rossijskogo* erschienen, enthaltend die
Geschichte der Zaren Fëdor Ioannovič und Boris Godunov) und die
Lebensweise des russischen Volkes kennenzulernen. Aus der Berührung mit der südlichen Exotik gingen jene Poeme hervor, die die «südlichen» (južnye poêmy) genannt werden und den Höhepunkt der
romantischen Begeisterung Puškins bilden; aus der Besinnung auf die
russische Geschichte und Narodnost' erwuchs die Tragödie *Boris Godunov*.

Die ‹südlichen Poeme›

Die «südlichen Poeme» stellen nach epischer Darbietung, Motiven,
Stil und Vers ein System *sui generis* dar, das bekanntermaßen manche
Anregung von Byron empfing, gleichwohl aber, wie stets bei Puškin,
auf eigene Lösungen drängte. Das erste der Stücke, *Kavkazskij plennik*
(Der Gefangene im Kaukasus, 1822), handelt von einem russischen
Offizier – sein Name bleibt ungenannt – der kämpfenden Truppe im
Kaukasus, der in tscherkessische Gefangenschaft geraten ist. Er ge-
winnt die Liebe eines schönen Tscherkessenmädchens, das ihm zur
Flucht verhilft. Gemeinsam fliehend, gelangen sie zu einem Fluß. Der
Offizier gewinnt das andere Ufer, die Tscherkessin ertrinkt in den Fluten. In dem Offizier trat erstmals der neue romantische, byronistische,
Held auf den Plan. Des Lebens in der Hauptstadt überdrüssig, suchte
er Kampf und Freiheit in der Natur, doch siegten, zum Leidwesen des
romantisch gestimmten Publikums, Egoismus und Verrat in ihm über
die Liebe zu dem Tscherkessenmädchen. Puškin reagierte (in einem
Brief an Vjazemskij vom Februar 1823) auf Kritik an seinem Helden
mit den zynisch anmutenden Worten: «Ja, man versuche das doch einmal; ich bin in kaukasischen Flüssen geschwommen, da geht man
selbst unter und holt den Teufel heraus . . .»

Bachčisarajskij fontan (Der Springbrunnen von Bachčisaraj, 1824)
spielt zu tatarischer Zeit im Harem des Krim-Khans Girej. Der Khan
ist in Liebe zu einer gefangenen Christin, der Polin Marija, entflammt,
was die Eifersucht seiner früheren Favoritin Zarema hervorruft. Zarema erdolcht ihre Rivalin und endet unterm Richtbeil. Im Widerstreit
der beiden Heldinnen gestaltete Puškin, wie im *Kavkazskij plennik*, den
Gegensatz zwischen Zivilisation und Natur. In dem wohl nicht voll

ausgeführten Poem *Brat'ja-razbojniki* (Die Räuber-Brüder, 1825) ging es um die Flucht zweier Brüder aus einem Gefängnis. Das Poem *Cygany* (Die Zigeuner, 1825) war das bedeutendste und künstlerisch reifste der «südlichen Poeme». Wieder war der Held, Aleko, ein Zivilisationsflüchtling. Vom Gesetz verfolgt, findet er eine Heimstatt bei einem Zigeunerstamm in Bessarabien. (Dostoevskij wird in ihm später den Prototyp des «russkij skitalec», des «russischen Wanderers», erkennen.) Zwei Jahre ist Aleko in Liebe mit der Zigeunerin Zemfira verbunden. Als sie ihm ihre Liebe aufkündigt, ermordet Aleko sie und ihren Geliebten. Zemfiras greiser Vater verstößt den Mörder aus der Gemeinschaft. Aus eigener Kenntnis der Verhältnisse konnte Puškin Natur- und Sittenbeschreibungen in das Poem einflechten. Auffällig waren die Passagen in dialogischer Form; sie bildeten kleine Szenen, die symmetrisch angeordnet wurden. Was das Werk in Puškins Schaffen wie auch in der russischen Poemtradition heraushob, war einerseits die respektvolle, wenn auch keineswegs idealisierende Wiedergabe der Lebenssphäre der Zigeuner (Puškin gebrauchte im Titel nicht die übliche Pluralform «cygane», sondern die «hohe» Form «cygany») und die erneut scheiternde Liebe zwischen dem zivilisationskranken Helden und der «glühenden Naturblume» (A. Stender-Petersen), andererseits aber die feingesponnene Sinndichte des Textes. Alekos Schicksal wurde in der Legende vom verbannten Ovid, die Zemfiras Vater vorträgt, gespiegelt – und beides traf sich im Schicksal des Autors, der seinem Helden den eigenen Namen in rumänischer Abwandlung geliehen hatte. Die Freiheit in Leben und Liebe wurde hier bereits in jener unauflösbaren Widersprüchlichkeit erfaßt, die für Puškins Denken so charakteristisch ist. Frei waren wohl – so wie später in den Erzählungen des jungen Gor'kij – am ehesten die «armen Söhne der Natur», wenngleich auch sie, wie es am Schluß heißt, dem Schicksal nicht entgingen.

Einige der im Süden begonnenen Werke, darunter *Cygany*, wurden erst in Michajlovskoe abgeschlossen. Seit 1823 arbeitete Puškin am Versroman *Evgenij Onegin*, dessen Erstes Kapitel 1825 veröffentlicht wurde. Im Vorwort hierzu verglich Puškin das entstehende Werk mit *Beppo*, dem «scherzhaften Werk des finsteren Byron», und seinen «antipoetischen» Helden mit dem *Gefangenen im Kaukasus*. Den Zeilen war zu entnehmen, daß der Plan des ganzen Romans noch im Ungewissen blieb. In die Jahre in Michajlovskoe fallen einige der schönsten Gedichte Puškins: *Andrej Šen'e* (André Chénier), das noch vor dem Dezemberaufstand geschrieben worden war; der Gegenentwurf zu Goethe, *Scena iz Fausta* (Szene aus Faust, 1825), der Faust im Gespräch mit Mefistofel' als vom Ennui zerfressenen romantischen Helden darbietet; die Schauerballade mit glücklichem Ausgang *Ženich* (Der Bräutigam, 1825); das der Amme Arina Rodionovna gewidmete Gedicht *Zimnij večer* (Winterabend, 1825) und, vor allem, die einmalig schönen Verse *Ja pomnju čudnoe mgnoven'e* (Ich erinnere mich des wunderbaren Augenblicks, 1825), die er Anna Kern bei der Wiederbegegnung im Mai 1825 schrieb. Das aus sechs Strophen bestehende Gedicht, überschrieben *K **** (An ***), mag auf den ersten Blick glatt und konventionell wirken, seine Genialität besteht darin, daß das Thema der Wiederbegegnung (Puškin war Anna Kern zuerst 1819 im Salon der Olenins begegnet, jetzt tauchte sie auf dem Nachbargut Trigorskoe auf) alle Textebenen generiert. Gedichtkomposition, Lautung, Lexik und Reim bilden in Analogie zu der Folge Begegnung – Trennung – Wiederbegegnung eine Struktur A_1+B+A_2 (wobei B zugleich die Abwesenheit von A bedeutet). Die Konventionalität ist in Wahrheit eine an Žukovskij, Puškins Vorbild zur Zeit der ersten Begegnung, gemahnende Stilisierung; aus dessen Gedicht *Lalla Ruk* (Lalla Rookh, nach Thomas Moore, 1821) stammt auch die Formel «kak genij čistoj krasoty» (wie der/ein Genius der reinen Schönheit). Bei Žukovskij war dies eine göttliche Wesenheit, die die dichterische Inspiration verkörperte und, wie Nikolaj Skatov zeigt, mit Raffaels «Sixtinischer Madonna» zusammengedacht wurde. Bei Puškin indes wurde die geliebte Frau mit dem Genius nicht in eins gesetzt, sondern nur verglichen; sie blieb, ebenso wie die Begegnung mit ihr, lebenswirklich. Der poetische Reiz bestand gerade darin, daß sich die reale Erscheinung zur Transzendenz hin öffnete. Die geliebte Frau war beides, real und ideal. Man sollte sich freilich dabei die Feststellung Jurij Lotmans in Erinnerung rufen, daß Puškin die gleiche Person zur gleichen Zeit in seiner «Männerkorrespondenz» als «babylonische Hure» (vavilonskaja bludnica) titulierte. (Anna Kern war mit einem wesentlich älteren General verheiratet worden und lag mit ihm in Scheidung.) Lotman folgert daraus: «Ein solcher Reichtum des Erlebens konnte nur bei einer Sicht auf das Leben bestehen, die aus der Erfahrung der Arbeit an einer Seite eines poetischen Manuskriptes gewonnen war.»

Das geistreiche Poem *Graf Nulin*, eine in die Gegenwart verlegte Abwandlung des altrömischen Lucretia-Stoffes (die Frau des Lucius Tarquinius Collatinus gibt sich bekanntlich, nachdem sie von Sextus Tarquinius entehrt wurde, den Tod), war, wie Puškin selbst bekannte, eine Parodie auf Shakespeares *The Rape of Lucrece*. Er habe sich gefragt, wie wohl die Weltgeschichte verlaufen wäre, wenn Lucretia den Tarquinius geohrfeigt hätte... Der neue Tarquinius nämlich, Graf Nulin, dessen Karosse zu Bruch gegangen ist und der darum in einem Gutshaus übernachtet, während der Hausherr auf der Jagd weilt (das Horn-

Motiv im Proömium besitzt vorausdeutende Funktion), wird von Natal'ja, der tugendhaften Gutsherrin, mittels Ohrfeige in seine Schranken gewiesen. Das schließt nicht aus, daß ihr, wie es augenzwinkernd am Schluß heißt, der junge Nachbar Lidin erfolgreich den Hof macht. War es Zufall, daß Puškin diesen leichtfüßigen Text, der wieder auch das Problem der kulturellen Adaption ansprach (A. Ebbingshaus), just am 13./14. Dezember 1825 schrieb, dem Zeitpunkt der Dekabristenrevolte?

‹*Boris Godunov*›

In Michajlovskoe entstand *Boris Godunov*, die erste große Geschichtstragödie der russischen Literatur. Sie führte in die Zeit der Wirren, jene anarchische Epoche, die vom Tode Ivans des Schrecklichen bis zur Wahl des Bojaren Michail Fëdorovič Romanov zum Zaren reichte. Die aufwühlenden Ereignisse dieser Zeit – das Auftreten des Pseudo-Demetrius (Lže-Dmitrij), sein Feldzug gegen Moskau, das Scheitern des guten Zaren Boris Godunov – boten ein ideales Stoffgemenge für die dramatische Gestaltung. Nicht nur die Russen – vor Puškin Aleksandr Sumarokov mit *Dmitrij Samozvanec* (Dmitrij der Usurpator, 1771), nach ihm Nikolaj Ostrovskij und Aleksej K. Tolstoj –, sondern vor allem auch die Deutschen – von Johann Mattheson über August von Kotzebue, die Demetrius-Fragmente von Schiller und Hebbel bis hin zu Paul Ernst und Walter Flex – haben die Zeit der Wirren unter wechselnden Aspekten dramatisiert. Puškin stellte in den Mittelpunkt seiner Tragödie die historisch ungeklärte Frage: Hatte Godunov, der Schwiegersohn Ivans des Schrecklichen, dessen jüngsten Sohn Dmitrij Ivanovič in Uglič ermorden lassen, um nach dem Ableben des schwachsinnigen Zaren Fëdor Ivanovič (Dmitrijs Bruder) selbst den Zarenthron zu besteigen, oder wurde Dmitrij gerettet? War folglich der Pseudo-Demetrius der wahre Dmitrij Ivanovič oder nur ein von den Polen manipulierter Strohmann? Da Puškin von Karamzin die These von der Blutschuld Godunovs übernahm, war das tragische Ende des Zaren unabänderlich; es konnte weder durch gute Taten abgewendet noch durch die Erfolge des Afterzaren Grigorij Otrep'ev beschleunigt werden. (Für den zeitgenössischen Leser lagen die Analogien zur Mitschuld Alexanders I. am Tode seines Vaters bzw. Nikolaus' I. an der Hinrichtung der Dekabristen auf der Hand.) Die Schuld Godunovs belastet nicht nur sein Gewissen, sondern wird, da der Ermordete als Thronprätendent wiedererscheint, zur tatsächlichen Bedrohung seiner Herrschaft und Dynastie. Wie in der romantischen Schicksalstragödie löscht der Fluch der bösen Tat – übrigens getreu den historischen Tatsachen – das Geschlecht des Schuldigen vollständig aus. (Neue Interpretationen des *Boris Godunov* weisen übrigens auf eine «offene» Bedeutungsstruktur hin, durch die die Schuldfrage gewissermaßen nur von verschiedenen Seiten angepeilt, aber nicht entschieden wird.)

Im Entwurf zu einer Vorrede zum *Boris Godunov* (1830) – das Werk konnte wegen allerhöchsten Einspruchs erst 1831 erscheinen – führte Puškin selbst die drei entscheidenden Anregungen an, die ihn bei der Abfassung des Dramas geleitet hatten: Shakespeare – in der freien und breiten Schilderung der Charaktere; Karamzin – in der übersichtlichen Entwicklung der Ereignisse; die altrussischen Chroniken – in dem Gedankengang und der Sprache der damaligen Zeit. In Shakespeares «historical plays» fand er zudem das Vorbild für die freie Szenenfolge, die er in *Boris Godunov* verwirklichte. Von der klassizistischen Forderung nach Einheit des Ortes und der Zeit befreit, bot die Tragödie in 23, zwischen Ernst und Komik wechselnden Szenen einen historischen Prozeß dar, der der Einheit der Handlung in einem unschematischen Verständnis gerecht wurde. Allerdings hat die Forschung aufgezeigt, daß sich der Handlung sehr wohl auch eine fünfaktige Struktur unterlegen läßt (D. Blagoj), die sogar dem Gesetz der Symmetrie gehorcht (R.-D. Kluge). Wie im klassischen Drama erfolgt der Glücksumschwung, die Peripetie, in der 17. Szene («Platz vor der Kathedrale in Moskau»), wenn man so will am Ende des «IV. Aktes», als der Gottesnarr Nikolka im Volke auftaucht und Godunov, dem «Kaiser Herodes» (car' Irod), d. h. dem Kindermörder, das Gebet verweigert. Nie zuvor waren im russischen Drama die bewegenden politischen und geistigen Kräfte einer historischen Epoche (Zarenhof, Čudov-Kloster, polnischer Magnatenhof usw.) so anschaulich ausgebreitet worden wie hier. Als wichtiges Mittel der historischen Glaubwürdigkeit (pravdopodobie) diente die Sprache, die etwa in der Erzählung des Otec Pimen, die die Ermordung des Zarewitsch in Uglič beglaubigen soll, vortrefflich auf den altrussisch-klösterlichen Ton gestimmt war.

Boris Godunov war eines der ersten Werke, in denen der Blankvers, der reimlose 5füßige Jambus, den Alexandriner als Tragödienhauptvers ablöste. (Ihm waren der Archaist Andrej Žandr mit der Tragödie *Veneceslav* [1824; aus dem Französischen des Jean Rotrou übersetzt] und Kjuchel'beker mit seinen *Argivijane* [Die Argiver, 1824] vorausgegangen.) Einige Male, da es um Volkstümlichkeit geht, wurde der Vers zugunsten der Prosa verlassen. Viel ist über die Rolle des Volkes im *Boris Godunov* nachgedacht worden. In marxistischer Sichtweise tritt es «als bewegende Kraft des geschichtlichen Geschehens» auf. In der Tat ist seine Präsenz in den dramatisch entscheidenden Stellen nicht zu leugnen. Dennoch unterscheidet sich Puškins Volk grundsätzlich von den revolutionären Massen, ohne die das marxistische Geschichtsdenken nicht auskommen mag. Es tritt vielmehr als moralische Instanz auf, in deren Stimmung der jeweilige Stand des Gewissenskampfes Godunovs gespiegelt wird. Man kann darin eine neuartige Lösung jenes Problems erblicken, das sich der dramatischen Dichtung der Zeit zu stellen schien: der Reintegrierung des antiken Chors in die Tragödie. Shakespeare, antike und klassizistische Elemente sind in Puškins Tragödie vereinigt.

Boldino, Herbst 1830

Nach dem denkwürdigen, von beiden Seiten offen geführten Gespräch mit dem Zaren im September 1826 wurde Puškins Verbannung aufgehoben. In den Jahren bis zur Eheschließung mit der jungen Schönheit Natal'ja Gončarova (Februar 1831) lebte der Dichter unstet bald in Moskau, bald in Petersburg, dann wieder im einsamen Michajlovskoe. Ohne Genehmigung reiste er plötzlich, Fährnis und Bewährung suchend, zu der im Kaukasus operierenden Armee des Generals Paskevič, die auf türkischem Gebiet bis nach Erzerum vorgedrungen war. In *Putešestvie v Arzrum* (Die Reise nach Erzerum, 1830) hat er seine Erlebnisse beschrieben. In Moskau und Petersburg schaltete er sich ins literarische und gesellige Leben ein. Er war nun der Primus inter pares in jenem Kreise aristokratischer Dichter, den bewährte Freundschaft und ein hohes, romantisches Kunstideal zusammenband. Mit den Almanachen *Severnye cvety* (Nördliche Blumen, 1825–1832) und der *Literaturnaja gazeta* (1830/31), beide von Del'vig herausgegeben, stellten sie sich gegen die staatstragende Trivialliteratur, wie sie Bulgarin und Greč in den Organen *Syn otečestva* (Der Sohn des Vaterlandes, 1812–1852) und *Severnaja pčela* (Die nördliche Biene, 1825–1864) vertraten. Puškin war indes bereits auf dem Wege zu neuen Grenzen. Die folgende Etappe wurde, wiederum Leben und Werk gleichermaßen erfassend, durch den Aufenthalt auf dem väterlichen Gut Boldino im Gouvernement Nižnij Novgorod markiert.

Puškin hatte einen Teil des väterlichen Erbgutes, Kistenëvka, ein Dorf mit 200 Seelen, als materielle Grundlage für den bevorstehenden Ehestand erhalten. Als er im September 1830 nach Boldino reiste, um das Gut zu übernehmen, fand er es heruntergekommen und arg verschuldet vor. Die wegen der Choleraepidemie verhängte Quarantäne hielt ihn unerwartet drei Monate in Boldino fest. Zeit zum Überdenken aller Lebens- und Kunstprobleme, Zeit einer auch für Puškin ungewöhnlichen Schaffensenergie, als deren Bilanz zu verzeichnen sind: der Abschluß des *Evgenij Onegin*, die *Povesti Belkina* (Belkins Erzählungen), die sogenannten «kleinen Tragödien» (malen'kie tragedii), das burleske Poem *Domik v Kolomne* (Das kleine Haus in Kolomna), Gedichte wie *Besy* (Die Teufel), wo der Schneesturm als ein Teufelsspuk erschien; *Moja rodoslovnaja* (Mein Stammbaum), eine Verteidigung des «Bürgerdichters»; *Cygany*, ein ferner Nachklang des gleichnamigen Poems; dazu Versmärchen, Literaturkritiken sowie biographische und literarische Notizen.

Der Herbst in Boldino (boldinskaja osen') brachte für das Œuvre Puškins eine überraschende Ausweitung des thematischen Radius und der literarischen Formen. Bestimmte Werkgruppen bildeten neue kleine Subsysteme. Das gilt besonders für die vier «kleinen Tragödien». In diesen im Blankvers verfaßten Einaktdramen, die nur aus wenigen Szenen bestehen und mit einem Minimum an Personal auskommen, verwirklichte Puškin die Verfahren der Reduktion und Konzentration im dramatischen Genre (B. Schultze). Obwohl er alte Themen wie Geiz, Neid, Verführung, Lebensgenuß aufgriff und sie mit bekannten Motiven und Typen verband, entriß er sie doch dem Schematismus und stattete sie mit neuen Attributen und Wendungen aus. In *Skupoj rycar* (Der geizige Ritter) wurde das klassische Avarus-Motiv ins feudalistische Mittelalter verlegt und mit dem Vater-Sohn-Konflikt verbunden: Der geldhungrige alte Baron Filipp hütet seine Schätze, die ihm verdinglichte Macht bedeuten, im Keller seines Schlosses, während sein leichtfertiger Sohn Al'ber (Albert) darbt und seinen höfischen Pflichten nicht nachkommen kann. Auch in *Kamennyj gost'* (Der steinerne Gast) bot die Wiederholung des Don-Juan-Stoffes eine neue Version, indem Donna Anna als Witwe (nicht als Tochter) des Komandors erscheint, Don Guan, diesmal ein Dichter und Freund des Königs, Donna Anna wahrhaft liebt und in dem Augenblick stirbt, da sich seine erste reine Liebe zu erfüllen scheint. *Pir vo vremja čumy* (Das Gelage zur Pestzeit) war die freie Übertragung einer Episode aus dem dramatischen Poem *The City of the Plague* von John Wilson. Das Gelage auf offener Straße während der großen Pestepidemie in London 1665 ist «Bacchanal und Totenmahl zugleich» (B. Schultze). War in diesen Stücken ein kaum verschlüsselter autobiographischer Bezug gegeben – es scheint, als habe Puškin in den Boldinoer Werken seine augenblickliche existentielle Lage in virtuellen Varianten durchgespielt –, so war mit *Mocart i Sal'eri* (Mozart und Salieri) die Frage nach dem Verhältnis von Kunst und Moral, Ästhetik und Ethik angeschnitten, wobei das damals Europa durcheilende

Gerücht, Salieri habe seinen Rivalen Mozart aus Kunstneid vergiftet, zugleich den Anlaß bot, zwei grundsätzliche Künstlertypen oder besser: Arten der Kunstübung, zu kontrastieren. Salieri erscheint – trotz der Ehrenrettung, die ihm Sergej Bondi und andere Interpreten angedeihen ließen – als der bemühte Handwerker, der unter peinlicher Beachtung der Kompositionsregeln und in Ansehung hochverehrter Vorbilder seine Werke zusammenklaubt; Mozart als das Genie, das gleichsam unbewußt, aus sich heraus Werke hervorbringt, die die Regeln sprengen und dennoch – oder gerade deshalb – unübertrefflich sind. Die klassizistische und die romantische Kunstauffassung traten sich gegenüber. Puškin fing damit Diskurse ein, die bereits bei Lessing, Goethe und Schiller niedergelegt waren, die er aber hier um eine wesentliche Dimension erweiterte: die ethische. Während Salieri sich dazu bestimmt fühlt, Mozart zu töten, um die Zukunft der Musik zu retten (nach Mozarts «paradiesischen Liedern» könne es für die «Künstler des Staubes» keinen Höhenflug mehr geben), verkündet Mozart, Genie und Verbrechen seien unvereinbar. So richtet Salieri, indem er den bewunderten und gehaßten Rivalen vergiftet, sich selbst als Künstler.

Es gibt zu denken, daß Puškin die genannten Themen ausschließlich im «westlichen» Milieu ansiedelte. Nach dem geschärften kulturologischen Verständnis des Dichters konnte dies nur bedeuten, daß es sich um «fremde» Themen handelte, solche die, anders als die knackigen Streiche, die der Knecht Balda dem Teufel und dem Popen spielt, nicht dem russischen Lebensverständnis entsprangen. Dem widerspricht nicht die nachhaltige Wirkung der «kleinen Tragödien», die später zu Leitsternen der russischen Kultur werden. Gedacht sei nur an die Bedeutung, die *Mocart i Sal'eri* für den Kunstdiskurs in den sowjetischen 20er Jahren gewann. Die Ausschlachtung des Stückes in Peter Shaffers Mozart-Drama *Amadeus* (1979) liegt auf der Hand.

In Boldino schrieb Puškin binnen weniger Tage das Scherzpoem *Domik v Kolomne* (Das kleine Haus in Kolomna) nieder – spritzige Oktaven, die die recht banale Geschichte von dem Liebhaber der Paraša erzählen, der sich, in Frauenkleider gehüllt, im Hause seiner Liebsten als Gehilfin verdingt hat, bis er eines Tages von der Mutter entlarvt wird. Doch bot das magere Sujet letztlich nur den Vorwand für die geistreiche Erörterung der in dem Werk verwendeten Kunstmittel (Oktave, 5füßige Jamben). Es war, wenn man so will, ein Virtuosenstück, beweisend, daß der Dichter auch aus einer Nichtigkeit ein vollkommenes Werk daherzaubern konnte. Bei den Formalisten galt *Domik v Kolomne* später als Musterbeispiel für die «Entblößung des Kunstmittels» (obnaženie priëma), als ein Werk, wie Viktor Šklovskij

schrieb, das fast ausschließlich der Beschreibung des in ihm angewand-
ten Kunstmittels gewidmet sei.

‹*Die Erzählungen Belkins*›_

Die *Povesti pokojnogo Ivana Petroviča Belkina* (Erzählungen des seligen
Ivan Petrovič Belkin), fünf anekdotisch-knappe Erzählungen, die vom
Herausgeber «A. P.» (d. i. Aleksandr Puškin) eingeleitet und mit der
Lebensbeschreibung des biederen «Geschichtenliebhabers» Belkin versehen sind, waren zwar nicht Puškins erster Schritt auf dem Felde der
narrativen Prosa, jedoch trat er mit ihnen 1831 erstmals als Erzähler vor
das Publikum. Die zahlreichen Prosafragmente und Pläne – genannt
seien *Arap Petra Velikogo* (Der Mohr Peters des Großen, 1827/28), der
unvollendete Roman über seinen Urgroßvater Abram Gannibal; die
dem Belkin-Zyklus nahestehende *Istorija sela Gorjuchina* (Geschichte
des Dorfes Gorjuchino, 1830); *Roslavlev* (1831), gedacht als Gegenentwurf zu Zagoskins gleichnamigem Roman über die Russen im Jahre
1812 (*Roslavlev, ili Russkie v 1812 godu*, 1831); endlich der Rächerroman
Dubrovskij (1832/33) und die Prosa und Vers verbindende Erzählung
Egipetskie noči (Ägyptische Nächte, 1835) über die männervernichtende
Kleopatra – belegen eine gewisse Unschlüssigkeit Puškins hinsichtlich
der Verwirklichung seiner Prosavorhaben. Freilich hatte er sich schon
1822 (in dem Fragment *O proze* [Über Prosa]) über den Prosastil im
Russischen geäußert und dabei auf die Genauigkeit und Kürze (toč-
nost' i kratkost') des Prosaausdrucks abgehoben. Prosa erfordere
«Gedanken und nochmals Gedanken» (myslej i myslej), hieß es schon
damals, ohne Gedanken seien glänzende Ausdrücke zu nichts nutze.
Puškin wendete sich damit gegen die herrschende Manier der «ornamentalen» Prosa eines Bestužev-Marlinskij (marlinizm) und überhaupt gegen den romantischen Zierstil. Eben jene Genauigkeit und
jene Knappheit wurden nun in den *Povesti Belkina* realisiert. Der klas-
sisch-klare Prosaduktus, in dem die einfachen, wiewohl effektvollen
Geschichten erzählt wurden, ist nicht nur von den Zeitgenossen mit
einer gewissen Ratlosigkeit aufgenommen worden. Die enorme
Selektivität der Sujetdarbietung erweckte den Eindruck, daß nur das
Allernotwendigste erzählt und auf chronotopische Ausschmückung
weitgehend verzichtet werde. Das trifft in gewisser Weise zu und verfehlt doch das Wesen der Puškinschen Erzählweise. So, wie bei ihm
der Vers, namentlich in den Poemen, mittels etlicher Verfahren prosai-
siert wurde, fand in der Erzählprosa eine Poetisierung statt, die deren
Semantik nachhaltig bestimmte. Damit ist nicht jene «Vermischung
von Vers und Prosa» gemeint, auf die Boris Ėjchenbaum 1921 hinge-

wiesen hat: Puškin habe seinen Prosastil auf der Basis seiner Verstechnik entwickelt, indem er die Silbenzahl seiner Satzglieder an der Verslänge des 4füßigen Jambus, seines Hauptverses, ausgerichtet habe. (Als Beweis dienten Ėjchenbaum die Eingangssätze zu der Erzählung *Vystrel* [Der Schuß].) Es geht vielmehr um ausgreifende allusive Potentiale, die Puškin in seine Erzählungen eingeschrieben hat und die, wie Wolf Schmid in seiner geistvollen Untersuchung zur Prosa Puškins hundertfach belegt hat, eine besondere Art des Lesens, die «poetische Lektüre», herausfordern: Man bewegt sich nicht nur linear durch den Text, sondern «räumlich», wie in einem Gedicht, indem man «Sinnbrücken» zwischen Motiven und Oppositionen herstellt, sich in die Tiefe der Prätexte versenkt und schließlich zu den Motiven zurückkehrt, «die den Abstieg in die Textvergangenheit ausgelöst haben». Mit intertextuellen Anspielungen oder dem Hinweis auf bekannte Motive hängt Puškin literarische Klischees auf, von denen sich das dargebotene Geschehen distanzieren kann. Das tritt vielleicht am stärksten in der Erzählung *Stancionnyj smotritel'* (Der Stationsaufseher/Der Postmeister) hervor, wo die Entführung Dunjas, der schönen Tochter des Samson Vyrin, durch den Husaren Minskij nicht nach dem alludierten Schema von Karamzins *Bednaja Liza* oder dem Gleichnis vom verlorenen Sohn, sondern für die Tochter glücklich und für den Vater unglücklich verläuft. In *Vystrel*, wo der geheimnisumwitterte Sil'vio auf den Racheschuß im verschobenen Duell verzichtet, legen Anspielungen auf Wilhelm Tell und Hugos *Hernani* irreführende Spuren. Die Entführung der jungen Mar'ja Gavrilovna R** in *Metel'* (Der Schneesturm), die wegen des Schneesturms scheitert und zur Verheiratung des romantischen Mädchens mit einem Unbekannten führt, zerpflückt ebenso wie das an Marivaux gemahnende Quiproquo in *Baryšnjakrest'janka* (Das Fräulein als Bäuerin) gängige sentimentalistische Motive. Der Groteske *Grobovščik* (Der Sargmacher) liegt das Paradoxon zugrunde, daß sich der Tod für manch einen, beispielsweise den Sargmacher Adrijan Prochorov, durchaus bezahlt macht. Die Aufdeckung der Sujetschablonen darf dabei nicht einfach als Parodie verstanden werden; sie dient vielmehr dem Aufweis der Lebensvielfalt, die größer ist, als die gängige Literatur wahrhaben will. Der hohe Grad an Selektivität, die Vorliebe für symmetrischen und äquivalenten Sujetbau und insbesondere die intertextuelle Tiefenstruktur erschweren die Interpretation von Puškins Prosa ganz ungemein. Gerade Erzählungen wie *Vystrel* oder *Grobovščik*, die auf den ersten Blick wie geistreiche Anekdoten erscheinen, haben höchst kontroverse Deutungen gefunden.

‹*Evgenij Onegin*›

In Boldino beendete Puškin den Versroman *Evgenij Onegin*, sein bedeutendstes Werk. Die Jahre 1823–1830, in denen es herangereift war, hatten Puškin unterschiedlichste Lebens- und Wissenserfahrungen beschert; vieles davon hatte sich im Text niedergeschlagen. Endlich rundete sich auch die Gesamtkomposition dergestalt ab, daß der Versroman nun acht Kapitel zählte. Sie zeigten Evgenij Onegin zunächst als Petersburger Dandy, dann sein Leben auf dem vom Onkel ererbten Landgut, die Freundschaft mit dem Gutsnachbarn und Dichter Vladimir Lenskij, Liebe und Abweisung der Tat'jana Larina durch einen zynischen Onegin, den Streit mit Lenskij auf dem Verlobungsball bei den Larins, das Duell mit Lenskij, bei dem dieser von Onegin getötet wird, schließlich die Wiederbegegnung Onegins mit Tat'jana, die einen General geheiratet hat und als Dame «du comme il faut» in der Gesellschaft auftritt, aber Onegin, der nun um sie wirbt, aus Achtung vor dem Gatten und vor sich selbst zurückweist. Das Endkonzept begründete eine harmonische, bipolar bestimmte Handlungskomposition, die Tat'jana, die treue, pflichtbewußte Gattin über Onegin, den unsteten, innerlich zerrissenen Helden, obsiegen ließ. Puškin stellte damit zwei psychologische und kulturologische Archetypen in den Raum, deren Folgewirkung schwerlich auszuloten ist. (Daß die im Roman gestalteten Schicksale Onegins, Lenskijs und Tat'janas auf der Autorenebene zugleich als symbolische Handlungen im Sinne von Kenneth Burke zu verstehen sind, steht außer Frage.) Ausgesondert wurde die itinerarische Sichtung Rußlands im ursprünglichen Achten Kapitel, das alsbald unter dem Titel *Otryvok iz putešestvja Onegina* (Bruchstück aus Onegins Reise, 1833) gesondert erschien, und das nur in chiffrierten Bruchstücken erhaltene Zehnte Kapitel, in dem offenbar Onegin zu der Verschwörung der Dekabristen stoßen sollte.

Der Versroman (roman v stichach) – so lautete der nach wie vor irritierende Untertitel – war offenkundig der Poem-Poetik verpflichtet. Ja, in der lockeren Entfaltung des Themas, den obligatorischen Digressionen und der Hervorkehrung eines Erzähler-Ichs, das die Grenzen zu Autor und Held hin verwischte (Puškin ließ sogar nach eigenem Entwurf ein Bild anfertigen, das ihn mit Onegin am Neva-Ufer stehend zeigt) und ironisch munter assoziierte und moderierte, schien der romantische Poem-Stil ins Extrem getrieben. Auch die Protagonisten setzten die byronistischen Grundtypen fort, mit dem Unterschied freilich, daß die weibliche Gestalt, Tat'jana, eine moralische und pragmatische Überlegenheit in der russischen Gesellschaft gewann, die für die Poemheldinnen noch undenkbar war. Was den *Evgenij Onegin* jedoch von den Poemen unterschied, war zunächst seine universelle Anlage. Stellte er auch keine «Enzyklopädie des russischen Lebens» (ènciklopedija russkoj žizni) oder gar ein historisches Poem (poèma istoričeskaja) dar, wie Belinskij in seiner großen Artikelfolge *Sočinenija Aleksandra Puškina* (Die Werke Aleksandr Puškins, 1843–1846) meinte, so bot er doch ein breites Panorama der russischen Adelsgesellschaft in der ersten Hälfte der 20er Jahre. Um den Helden, der die Mentalität der aktiven Generation jener Zeit repräsentierte, versammelte sich ein vielköpfiges Ensemble von Gutsbesitzern, Offizieren, Beamten; das gesellschaftliche und gesellige Leben wurde von Theater und Bällen bis hin zum alltäglichen Aberglauben eingefangen. Eine besondere Rolle aber kam im Versroman der Literatur zu. Sie hatte nicht nur die Charaktere Onegins, Lenskijs und vor allem Tat'janas geprägt, sondern bewirkte durch Intertextallusionen jeder Art eine permanente Spiegelung von Lebensmöglichkeiten. Quantifiziert man die der Literatur zugeteilten Textmengen, so könnte man unschwer den Literaturdiskurs für das beherrschende Thema des Versromans halten, dem das Handlungssujet lediglich als Vorwand dient.

Es könnte daraus geschlossen werden, daß dem Werk eine strengere thematische oder künstlerische Kohärenz ermangele. Doch diesem scheinbaren Mangel wirkt die poetische Form mit Entschiedenheit entgegen. Puškin hat für den Roman eine besondere Strophe kreiert, die Onegin-Strophe (oneginskaja strofa), die sich an die englische Sonettform (4+4+4+2) anschließt und mit konsequenter Reimalternanz durchgeführt wird (AbAbCCddEffEgg). Allerdings behandelt er seine Verse durchgehend in einer Weise, die der rhythmischen Inertion entgegenwirkt. Das Verfahren besteht in einer äußerst flexiblen Phrasierung (frazirovka), d. h. wechselnden Zäsureinschnitten und Enjambements, die beim Lesen den Eindruck von Prosa auslösen können. Nimmt man die «prosaische» Lexik hinzu, die ungenierte Nennung der modischen Accessoires, Speisen, Fremdausdrücke usw., so erscheint der Vorschlag von Jurij Lotman gerechtfertigt, eine «realistische Struktur» in den Verfahren der Prosaisierung im *Evgenij Onegin* zu erkennen. Für Puškin sei «Leben» im literarischen Werk ein Text, «der künstlerisch nicht organisiert und damit wahrhaftig ist». Er habe sich im *Evgenij Onegin* die Aufgabe gestellt, einen künstlerischen Text zu konstruieren, der als «Nichtorganisiertheit» (neorganizovannost'), eine Struktur zu schaffen, die als «Abwesenheit von Struktur» aufgenommen würde. Diese Aufgabe sei durch durchgreifende Prosaisierung der poetischen Form gelöst worden. Der Stilbruch wurde zum Stilprinzip mit der doppelten Funktion, die «poetischen» Ausdrucksschablonen zu durchlöchern und die neue nüchterne Natürlichkeit durchzusetzen. «Realismus» erweist sich im *Evgenij Onegin* letztlich als eine bestimmte Intonation, die die Alltagsrede imitiert, oder anders ausgedrückt: besteht in Absagen (otkazy) oder «Minus-Verfahren» (minus-priëmy) an die «subjektiv-lyrische und monologische» Struktur des romantischen Poems. Auf der Ebene der Personen- und Sujetgestaltung entsprechen der von Lotman aufgezeigten Oppositionsstruktur offene Strukturen. Die unbestreitbare Feststellung, Puškin habe mit dem Versroman *Evgenij Onegin* als erster in der russischen Literatur die «Abhängigkeit eines Charakters von einem Milieu» problematisiert und damit das grundlegende Modell für den Realismus des 19. Jahrhunderts geliefert (G. Gukovskij), bedarf also der Ergänzung durch den Hinweis auf Veränderungen sprachlicher und kompositioneller Strukturen, die sich prozeßhaft bei der Ablösung von Klassizismus und Romantik und bei der Annäherung an den Realismus vollzogen.

Puškins Vermächtnis

Puškins letzte Lebensjahre als Literat und als Hofmann – Nikolaus hatte ihn 1834 zum Kammerjunker ernannt, um ihn und seine Frau an den Hof zu binden – waren von Unrast, Geldnot und Intrigen bestimmt, denen er letztlich, als sie die Ehre seiner Frau betrafen, denn zum Opfer fiel. Im Herbst 1833 weilte er erneut in Boldino und schrieb, die inspirierende Einsamkeit nutzend, unter anderem die Spieler-Erzählung *Pikovaja dama* (Pik Dame, 1834) nieder, die zwischen Wirklichkeit und Phantastik oszilliert. Der geldbesessene Ingenieuroffizier deutscher Abstammung Germann (Hermann) hofft mit der geheimnisvollen Kartenfolge Drei, Sieben, As (trojka, semerka, tuz), die er der alten Gräfin, der Großmutter seines Freundes Tomskij, abgezwungen hat, den großen Coup im Pharao-Spiel zu landen; zweimal verhelfen ihm die Karten zum Gewinn, beim dritten Mal aber zieht er statt des Asses die Pik Dame hervor und verliert. Pik Dame, der Gräfin verblüffend ähnlich, scheint ihm zuzublinzeln. Die Erzählung schlug die Zeitgenossen in ihren Bann wie später auch Dostoevskij. Sein Romanheld Raskol'nikov, der von einer Idee zum Verbrechen getrieben wird, hat in Germann seinen Vorgänger.

‹Die Hauptmannstochter›

Dank seiner offiziellen Beschäftigung mit der Geschichte Peters des Großen und dem Pugačëv-Aufstand erlangte Puškin eine genaue

Kenntnis der einschlägigen Quellen. Im Sommer 1833 reiste er ins Orenburgische, um die Schauplätze in Augenschein zu nehmen, auf denen sich 60 Jahre zuvor der blutige Aufruhr abgespielt hatte. Neben der geschichtlichen Darstellung *Istorija Pugačëva* entstand aus diesen Recherchen der historische Roman *Kapitanskaja dočka* (Die Hauptmannstochter, 1836), ein Werk, das sich an Scott anlehnte, ohne doch die eigenen künstlerischen Zwecke aus dem Auge zu verlieren. Puškin legte die Geschichte des unerfahrenen Gardefähnrichs Andrej Petrovič Grinëv, der in den Strudel des Aufruhrs hineingezogen wird, das Wohlwollen Pugačëvs gewinnt und aus Liebe zu der schlichten Hauptmannstochter Maša Mironova in den Verdacht der Illoyalität gegen die Kaiserin gerät, seinem mittleren Helden selbst in den Mund. Damit war eine eindeutig subjektive Erlebens- und Wertungsposition eingerichtet, von der aus der Pugačëv-Aufstand vor allem als Störung idyllischer Verhältnisse erfahren wurde und Pugačëv als dämonischer, aber wieder auch gütiger Mensch erscheinen konnte. (Die kalmückische Parabel vom Adler und vom Raben, die Pugačëv seinem Schützling Grinëv erzählt, rückt ihn in die Nähe der romantischen Helden.) Und keinen Augenblick vergaß der Ich-Erzähler, wie neuere Forschungen dartun, sein eigentliches Anliegen, nämlich die Vertuschung seines Verrats. Die Erzählkunst Puškins verzichtete hier nicht mehr auf die Ausmalung der Handlungsräume oder auf die Wiedergabe zeittypischer Details. Die Figurenrede des Festungskommandanten Mironov, des treuen Dieners Savelič, Pugačëvs und seiner Komplizen war stark individualisiert. Wieder fügte Puškin ein Nachwort des Herausgebers bei, das die Authentizität der Aufzeichnungen Grinëvs beglaubigte und lediglich die Epigraphe und Namensänderungen als Zutat des Herausgebers einräumte. In diesen Angaben ist ein versteckter Hinweis auf eine der Quellen Puškins für die Maša-Geschichte enthalten, Aleksandr Krjukovs *Rasskaz moej babuški* (Erzählung meiner Großmutter, 1832). Daß Puškins Roman als Polemik gegen Krjukov konzipiert war, hat Peter Brang in allen Einzelheiten dargelegt.

Die Peter-Poeme

Peter der Große ist der Held zweier Poeme Puškins. In *Poltava* (1829) wurde der entscheidende Sieg Peters über Karl XII. im Jahre 1709 angesprochen, doch stand im Mittelpunkt des epischen Geschehens der zwiespältige ukrainische Hetman Mazepa, der mit dem schwedischen König gegen Peter kämpft. Der alte Mazepa liebt Marija, die junge Tochter seines Freundes Kočubej. Dieser verrät dem Zaren Mazepas Pläne. Der Zar, weiter auf Mazepa vertrauend, liefert ihm

Kočubej aus. Mazepa läßt Kočubej foltern und hinrichten; Marija verfällt in Wahnsinn. Das dreiteilige, über lange Strecken dialogisierte
Poem schnürt eine komplizierte Handlung, bei der Mazepa und Kočubej aneinander zu Verrätern werden. Es endet mit einem hymnischen
Epilog auf den Helden von Poltava. Mazepa, der Abtrünnige und
Bösewicht, trägt wieder Attribute des romantischen Helden. Die
Gestalt Mazepas hatte vor Puškin bereits Lord Byron (*Mazeppa*, 1818)
und Victor Hugo (in den *Orientales*, 1829) beschäftigt, doch ging es in
ihren Gedichten um den grausigen Steppenritt des an ein rasendes
Pferd gefesselten Ukrainers; sein politisches Handeln kam erst bei Puškin zum Tragen. Thematisch näher stand ihm Ryleevs Poem *Vojnarov-
skij* (1824), das dem später nach Sibirien verbannten Anhänger Mazepas
gewidmet ist. Obwohl Ryleev den ukrainischen Unabhängigkeitsbe-
strebungen Wohlwollen entgegenbrachte und ahnungsvoll das Schicksal der Dekabristen vorwegnahm, war es ihm in dem Poem nicht
gelungen, sich von literarischen Schablonen zu befreien. Puškin hingegen gab mit *Poltava* ein lebendiges Bild der ukrainischen Zerrissenheit, die für ihn nur im Sinne des russischen Staatsgedankens lösbar
war. Mazepas Scheitern und Peters Triumph kennzeichnen den Weg,
auf dem sich Puškin als politischer Denker bewegte.

Eine ähnliche Signifikanz möchte man auch Puškins letztem
Poem, *Mednyj vsadnik* (Der eherne Reiter, 1834, vollst. 1837), zuschrei-
ben. Sie betrifft jedoch bereits den Übergang vom staatspolitischen
zum sozialen Diskurs. Wie so oft reagierte Puškin mit dem Poem auf
eine Herausforderung. Mickiewiczs Gedicht *Oleszkiewicz* (enthalten in
Ustęp) hatte das Peter-Denkmal von Falconet als Symbol der russischen Unterdrückung gedeutet. Puškins Replik ging weit über diesen
Anwurf hinaus. Die «Petersburger Geschichte» (Peterburgskaja
povest'), so der Untertitel, beschwor in der Einleitung (Vstuplenie) in
pathetischem Stil die große Tat Peters, aus dessen Gedanken die Stadt
entstand – den Schweden zur Drohung und «um das Fenster nach
Europa aufzustoßen» (womit Puškin einen Ausspruch Algarottis auf-
griff). Die aus zwei Teilen bestehende Erzählung zeigt unvermittelt die
Kehrseite der Medaille: Bei der großen Überschwemmung im
November 1824 gerät der Beamte Evgenij in heillose Not. Seine Verlobte Paraša ist in den Fluten umgekommen, das Haus zerstört. Das
Poem endet mit der gespenstischen Szene, wie Evgenij in panischem
Schrecken durch die nächtlichen Straßen eilt, verfolgt vom ehernen
Reiter. Die Folgen der gewagten Stadtgründung an ungünstigem Ort
sind am Schicksal Evgenijs überdeutlich geworden. Doch ging die
Sinnkonstruktion darüber noch hinaus. Wie in *Poltava* wurde zugleich
auch die Frage nach dem Schicksal Rußlands gestellt. Wohin, lautete

die Frage, werde das auf die Hinterfüße gestellte Roß endlich springen? Nicht weniger als das Verhältnis von Staatsmacht und Individuum, Staatsraison und Glück des einzelnen war angesprochen. Damit drang erstmals die soziale Problematik des «kleinen Mannes», der zum Opfer der imperialen Herrscherwillkür wird, in die hohe Dichtung ein. Prosa überwucherte in Puškins letzten Jahren die Poesie. Viel Zeit wandte er zuletzt auf die Herausgabe der Zeitschrift *Sovremennik* (Der Zeitgenosse). Es war zu ahnen, daß der weitere Weg des Dichters sich vom bisherigen unterscheiden werde. Jedoch hat sein tragischer Tod nach dem Duell im Januar 1837 die Frage unbeantwortbar gemacht, wohin er hätte führen können. Zum Realismus der 40er Jahre? Zur ausschließlichen Beschäftigung mit der Geschichte? Eine Überwindung, eine Abwendung von der «Literatur» scheint bei demjenigen, der sie zur höchsten Vollendung in der russischen Sprache gebracht, aber auch am tiefsten durchschaut hatte, nicht völlig auszuschließen zu sein. Doch fern aller Spekulation steht unumstößlich fest, daß die russische Literatur mit Aleksandr Puškins Schaffen sich ihrer sprachlichen Möglichkeiten voll versichert, in allen Dichtgattungen Musterwerke von weltliterarischer Bedeutung erlangt und die gesamte Skala der intimen, gesellschaftlichen und staatspolitischen Themen durchgespielt hat. Dies zu leisten ist nur dem klassischen Dichter gegeben. Wie den aufmerksamen Zeitgenossen war sich auch Puškin selbst seiner einmaligen Stellung in der russischen Literatur bewußt. In einem seiner letzten Gedichte, *Ja pamjatnik sebe vozdvig* (Ich habe mir ein Denkmal errichtet, 1836), hat er, an Horazens *Exegi monumentum* (*Oden* 3, 30) anknüpfend, sein Vermächtnis ausgedrückt: Sein Denkmal sei, wie die heiligen Ikonen, nicht von Hand gemacht (nerukotvornyj), es überrage die Alexander-Säule (auf dem Petersburger Schloßplatz); sein Ruhm werde währen, solange Dichter leben; von allen Völkern Rußlands werde sein Name genannt werden, weil er mit seiner Lyra gute Gefühle geweckt, in grausamer Zeit die Freiheit besungen und zu Mitleid mit den Gefallenen (gemeint sind die Dekabristen) aufgerufen habe.

Die romantische Plejade

«Romantische Plejade» ist kein streng literaturwissenschaftlicher und noch weniger ein literatursoziologischer Begriff. Was er freilich zu umreißen vermag, ist die Vielheit bedeutender dichterischer Talente, die sich, durch Freundschaft und Kunstauffassung vereint, im Umkreis

Puškins bewegen und das eigentliche kulturelle Magnetfeld der Epoche bilden. Wichtig ist dabei weniger die Zahl derer, die «dazugehören» – außer Puškin sicherlich der wesentlich ältere Vjazemskij, Del'vig, Baratynskij, der schwierige Kjuchel'beker, später Jazykov –, als vielmehr die selbständige Position der Dichter im romantischen Kunstdiskurs, der hier geführt wird, und ihr unverwechselbarer Anteil an der arbeitsteiligen Kunstübung. (Immerhin apostrophierte Baratynskij in seinem Sendschreiben an den Fürsten Vjazemskij [Knjazju Petru Andreeviču Vjazemskomu, 1834] diesen ausdrücklich als «Stern der ungleichartigen Plejade» [zvezda razroznennoj plejady].) Das Lyzeum hatte ein erstes Band geschaffen, «Arzamas» und «Zelënaja lampa», die Petersburger Geselligkeit und die Moskauer Salons hatten es weiter gefestigt. Auch räumliche Trennung konnte, wie die poetischen Sendschreiben und der ausgedehnte Briefwechsel von jedem zu jedem beweisen, den Zusammenhalt der Freunde nicht schwächen.

Pëtr Vjazemskij

Fürst Pëtr Vjazemskij nahm altersmäßig und künstlerisch eine Mittelstellung zwischen Žukovskij und Batjuškov einerseits und der Puškin-Generation andererseits ein. Abkömmling eines reichen Teilfürstengeschlechts, war er in Haltung und Urteil wohl der in jeder Hinsicht unabhängigste Geist unter den «literarischen Aristokraten» (literaturnye aristokraty) des Puškin-Kreises. Dem entsprach der im Grunde dilettantische, amateurhafte Zug seines Dichtens. Die Salonpoesie ging bei ihm meist nicht über den geselligen Anlaß hinaus (wie etwa bei Puškin oder Tjutčev), sondern beanspruchte höchstens, die konkreten Situationen in Gesellschaft und Salon chronikartig festzuhalten. «La littérature est l'expression de la société», äußerte er 1830. Salonpoesie war ihm dokumentares Material für die Chronique scandaleuse. Wenn Vjazemskij plante, eine neue Rossijada zu verfassen, so ging es nicht etwa um ein neues klassizistisches Heldenepos im Stile Cheraskovs, sondern um eine «Enzyklopädie aller Russizismen», d. h. aller typischen Wesensmerkmale und Äußerungen des Russen in gesellschaftlicher, sprachlicher, geistiger und ethischer Hinsicht. Aufklärerisches Klassifizieren und romantisches Individualisieren scheinen bei diesem Plan Pate gestanden zu haben, der so nicht verwirklicht wurde. Statt dessen hat Vjazemskij aufschlußreiche autobiographische Schriften hinterlassen: Moja ispoved' (Meine Beichte, 1828), ein leidenschaftliches Bekenntnis zur geistigen und politischen Freiheit; Avtobiografičeskoe vvedenie (Autobiographische Einführung, gedacht als Vorspann zur

Werkausgabe 1878); ferner ausgiebige Tagebücher (*Zapisnye knižki*), von denen Teile zu Lebzeiten veröffentlicht wurden, und schließlich das Privatarchiv der Fürsten Vjazemskij, *Ostaf'evskij archiv knjazej Vjazemskich*, benannt nach deren Stammsitz Ostaf'evo und herausgegeben in den Jahren 1899–1913, das zu den wichtigsten literarhistorischen Quellen der Puškin-Zeit zählt.

Die Spannung zwischen rationalem und romantischem Denken bestimmt die Dichtung Vjazemskijs. Die Verstandesschärfe seiner Pamphlete und Epigramme war unübertrefflich. Aber auch die byronistische Pose lag ihm nicht fern. Er gehörte zu den frühen Bewunderern des Briten, förderte Mickiewicz, übersetzte aber auch Benjamin Constants *Adolphe* (*Adol'f*, 1831) ins Russische, ein Werk, das auf theatralische und romantische Beigaben verzichtete und bei dem, wie er im Vorwort zu seiner Übersetzung schrieb, das ganze Drama im Menschen, die ganze Kunst in der Wahrheit liege. Dmitrij Tschiževskij hat auf den romantischen Charakter einiger Gedichte Vjazemskijs aus den 20er Jahren hingewiesen, die er unter dem Sinngehalt «Nacht der Seele» und «Nachtseite der Natur» interpretierte. Die Gedichte *Volnenie* (Erregung, 1824), *Narvskij vodopad* (Der Narvafall, 1825) und vor allem das Trauergedicht auf den Tod Byrons (*Bajron*, nach 1824) sind durch «romantische» Wortfelder gekennzeichnet. Ganz anders die satirischen Couplets, mit denen Vjazemskij verschiedene Zeiterscheinungen aufspießte. Formal entsprachen sie – kurzzeilige Strophen mit einer phraseologischen Wendung als Refrain wie *Davnym-davno* (Lang ist's her, 1823), *Sem' pjatnic v nedele* (Sieben Freitage/Pechtage in der Woche, 1825) u. a. – einem älteren Typus der russischen Stanze (stans), die auch im Vaudeville verwendet wurde. Am bekanntesten wurde das Gedicht über den «russischen Gott» (*Russkij bog*, 1828), das den Topos mit dem stolzen Adjektivum nationale umkehrte, indem es die eklatanten Mängel im russischen Land aufzählte und jeweils mit dem Refrain «Das ist er, das ist er, der russische Gott» (Vot on, vot on russkij bog) kommentierte. Das Gedicht wurde erst 1854 von Gercen in London veröffentlicht. Karl Marx ließ sich davon eine Rohübersetzung anfertigen. Vjazemskij verwendete in seinen Gedichten mit Vorliebe formale Spielereien und Manierismen. So in dem gemeinsam mit Puškin verfaßten Nonsens-Gedicht *Nado pomjanut'* erwähnt werden soll (1833), das in beliebiger Reihenfolge die Namen von Petersburger Dichtern, Popen, Kaufleuten, Generälen, Friseuren usw. aufzählte; oder in der Paraphrase zu Goethes *Mignon*-Gedicht *Kennst du das Land?* (1836), die er, Deutsch und Russisch vermischend, Žukovskij und dem Maler Brjullov nach Oranienbaum, der Residenz der Großfürstin Elena Pavlovna, sandte. Satirisches Spiel und überlegene Ironie zeichneten

Vjazemskijs Poesie aus. In der Reformepoche unter Alexander II. wandelte sich Vjazemskij, der inzwischen zu den höchsten Würdenträgern des Staates zählte, zum konservativen Skeptiker und Gegner der Revolution, wovon sein Gedicht *Svjataja Rus'* (Das heilige Rußland, 1848) Zeugnis gibt. Ausgedehnte Reisen führten ihn nach Europa und in den Orient. Er starb 1878 in Baden-Baden.

Makkaronistische Gedichte, d. h. Texte und Scherze, die mehrere Sprachen mischten, wurden zum Markenzeichen von Ivan Mjatlev. Der hochgestellte Staatsrat und Kammerherr Mjatlev kultivierte die Sprachgroteske, indem er in seine Gedichte kyrillisch geschriebenes Französisch, Englisch oder auch Deutsch einflocht. Von umwerfender Komik ist sein durchgehend im makkaronistischen Stil gehaltenes Reisepoem *Sensacii i zamečanija gospoži Kurdjukovoj za graniceju, dan l'étranže* (Sensationen und Bemerkungen der Frau Kurdjukova im Ausland, dans l'étranger [дан л'этранже], 1840–44). Die Reise der beschränkten Dame führte nach Deutschland, in die Schweiz und nach Italien. Ihre trivialen Betrachtungen und primitiven Aussagen dekuvrierten die oberflächliche Reiselust und das unbedarfte Französisieren der Russen.

Anton Del'vig

Baron Anton Del'vig, Sohn eines deutschbaltischen Generals und Lyzeumsabsolvent wie Puškin und Kjuchel'beker, war der romantischen Muse vor allem über deutsche Quellen nahegekommen. Als Beamter unlustig und erfolglos, widmete er sich bald ausschließlich der Literatur. In seinem bescheidenen Salon trafen sich die besten Dichter der Zeit, die von ihm gelenkten *Severnye cvety* und die *Literaturnaja gazeta* bildeten den organisatorischen Mittelpunkt der romantischen Plejade, wenn es überhaupt so etwas gab. Sein literarisches Urteil, seine ästhetischen Maßstäbe besaßen für seine Freunde großes Gewicht. Schon im Lyzeum hatte er antiken Vorbildern nachgestrebt, aber auch Gedichte von Matthias Claudius, Salomon Gessner, Christian Ewald von Kleist und Goethe (*Die Nähe der Geliebten* / *Blizost' ljubovnikov*, nach 1814) übersetzt. Solche Vorlieben und lebhafte romantische Auffassungen schlossen sich im schmalen dichterischen Werk Del'vigs keineswegs gegenseitig aus. Sein Bestreben etwa, die Idylle weiterzuführen, stützte sich, wie die Gessnersche Richtung, auf antike Vorbilder. Die entscheidende Neuerung war der Gebrauch des Hexameters anstelle des bisher gebräuchlichen Alexandriners. Auch die Dialogform, die der alten Idylle eignete, kam wieder zur Geltung. Neun Idyllen hat Del'vig geschrieben. War die erste, *Cefiz* (*Cephis*, nach 1814), eine Übersetzung aus Christian Ewald von Kleist, so verrieten die späteren Stücke Selbständigkeit. In *Konec zlatogo veka* (Das Ende des goldenen Zeitalters, 1821) flocht er in den Ovidschen Mythos das Stadt-Land-Thema ein: Amarilla, die schöne Hirtin, die sich in den Stadtjüngling Meletij verliebt hat, flieht mit ihm in die Stadt, um dort zu erfahren, daß er verheiratet ist. Die von Laster und List beherrschte Stadtkultur wird mit dem Eisernen Zeitalter gleichgesetzt; in der Berührung mit ihr geht Arkadien zugrunde. Diese traurige Botschaft wird dem Reisenden im Dialog mit dem Hirten zuteil. Eine Idylle mit russischen, volkstümlichen Zügen war *Ostavnoj soldat* (Der verabschiedete Soldat, 1829). Hier berichtet ein vorbeiziehender Invalide von den Schrecken des Winterkrieges 1813. Ein Offizier sprengt daher und bringt die Nachricht, daß die russischen Heere Paris eingenommen haben. Die Umkehrung der Gattung ins Patriotische zeigte an, daß die Idylle im überkommenen Sinne keine Perspektive mehr bot. Ein erklärtes Gegenstück zur erbaulichen Veteranenidylle Del'vigs lieferte wenige Jahre später Pavel Katenin mit seiner in 5-hebigen Versen verfaßten «wahren Erzählung» (byl') *Invalid Gorev* (1835). Hier sollte keine Idylle mehr gezeichnet werden, sondern in aller Deutlichkeit das harte Schicksal eines aus dem Volke stammenden braven Soldaten dargeboten werden, der im Krieg seine Haut zu Markte getragen hat und bei der Heimkehr keine Aufnahme bei den Seinen mehr findet. Anders als bei Del'vig war das soldatische wie das ländliche Leben in realistischer Breite wiedergegeben, die Sprache volkstümlich-derb.

Die zweite Gattung, der Del'vig einige neue Züge verlieh, war die Romanze bzw. das «russische Lied» (russkaja pesnja). 24 Stücke hat er geschrieben, die einen noch salonhaft-elegisch, die anderen volkstümlich stilisiert. Obwohl Del'vig niemals längere Zeit auf dem Lande gelebt noch Volkslieder gesammelt hatte, traf er Ton und Rhythmus der Volkslieder sehr genau. Einige seiner Lieder erfreuen sich in Vertonungen russischer Komponisten unverminderter Beliebtheit, allen voran das Lied *Solovej moj, solovej* (Nachtigall, meine Nachtigall, 1825), zu dem Aleksandr Aljab'ev eine melancholische Kantilene schrieb. Besondere Bedeutung kam Del'vig als Erneuerer des russischen Sonetts zu. Er war es, der der im Sentimentalismus vernachlässigten, ja formal depravierten Gattung ihren alten Rang zurückgab. Schon 1817 hatte er dem Lyzealfreund Illičevskij ein Sonett gewidmet (*K A. D. Illičevskomu* [An A. D. Illičevskij]). Die Widmungsfunktion spielte in der Sonettdichtung stets eine Rolle, doch konnte die Widmung nun, wie in dem Sonett an Nikolaj Jazykov (*N. M. Jazykovu*, 1822), gleichsam zur Dichterinitiation werden, mit der dem jungen Talent der Weg

zu den Höhen des Parnaß gewiesen wurde. Etwa gleichzeitig entstand
das Sonett *Vdochnovenie* (Inspiration, 1822), das Beste, was Del'vig
gelungen ist. Es verkörperte den neuen Formtyp – 5füßige Jamben
mit genauer Beachtung der Zäsurstelle und strenger Reimung –, wie
er in Deutschland von der romantischen Sonettphilosophie gefordert
worden war. (Einige Indizien lassen vermuten, daß Del'vig die Sonettphilosophie August Wilhelm Schlegels kannte.) Zur strengen Form
hinzu trat aber das romantische Thema schlechthin: Dichter und Poesie. Das Inspirationssonett beschrieb den seltenen Augenblick (mig)
der göttlichen Eingebung, durch den sich der Dichter seiner Bestimmung bewußt wird, die ihn über die irdischen Unzulänglichkeiten
erhebt und der Unsterblichkeit teilhaftig werden läßt. Vasilij Tumanskij (*Poézija*, 1825, 1827), Michail Delarju und andere zeitgenössische
Dichter folgten Del'vig mit Sonetten über Dichter und Dichtung.
Nicht zufällig hat auch Puškin, dem man keine besondere Affinität
zum Sonett nachsagen kann (er hat, sieht man von der sonettartigen
Onegin-Strophe ab, nur drei Sonette geschrieben), die Form benutzt,
um sein Programm der dichterischen Autonomie zu formulieren. Mit
dem Sonett *Poétu* (An den Dichter, 1830) stellte er den Dichter als
Autokraten, Richter und Priester dar, der den Schimpf der Menge
dann verdient, wenn er selbstzufrieden auf sein Werk blickt. In seinem
Sonett über das Sonett (*Sonet*, 1830), einem poetischen Abriß der
Geschichte der Gattung, entbot er Del'vig namentlich und formal seinen Gruß: In Rußland hätten die jungen Damen das Sonett noch nicht
gekannt, als Del'vig seinetwegen schon die geheiligten Hexameter
vergaß ...

Vil'gel'm Kjuchel'beker

Zum engsten Kreise der Lyzeumsdichter zählte von Anbeginn Vil'-
gel'm Kjuchel'beker (Wilhelm von Küchelbecker). Obwohl ihn sein
hartes Schicksal von den Freunden trennte und auch der künstlerische
Weg, den er einschlug, von der Kunstübung Puškins und Del'vigs
fortführte, blieb er der Plejade innerlich stets verbunden.

Kjuchel'beker war der Sohn eines sächsischen Adeligen, der es in
russischen Diensten zum Staatsrat und zum Direktor der Parkanlagen
von Pavlovsk gebracht hatte. Unter Paul galt er als Günstling des
Zaren. Mit Puškin und Del'vig gehörte Vil'gelm Kjuchel'beker zum
ersten Jahrgang des Lyzeums. Hier zeichnete er sich durch besondere
Lernbegierde und eine frühe Vorliebe für die hohe Poesie aus. Schon
als Schüler legte er in einem Heft eine Art Enzyklopädie interessanter

Gegenstände an, von Puškin *Naš slovar'* (Unser Wörterbuch) genannt, genauso wie er später im Tagebuch der Jahre 1831–1845 (*Dnevnik*), dessen erhaltene Teile erst 1979 vollständig in den *Literaturnye pamjatniki* ediert wurden, skrupulös seine Leseerlebnisse festhielt. Seine Überspanntheit, Zerstreutheit und Schwerhörigkeit machten ihn zur Zielscheibe spöttischer Auslassungen und Streiche seiner Mitschüler, die ihm die Spitznamen Vilja, Klit, vor allem aber Kjuchlja angeheftet hatten. Die Gedichte, die Kjuchel'beker in der Lyzeumszeit schrieb, waren von ernstem Gehalt und gehobenen Ausdruck. Das erste erhaltene Gedicht war überschrieben: *Bessmertie est' cel' žizni čelovečeskoj* (Die Unsterblichkeit ist das Ziel des Menschenlebens, 1814). Wie Del'vig bevorzugte er klassische Hexameter und Distichen. Er übersetzte Hymnen von Homer (*Gimn Bakchusu* [Hymne an Bacchus], *Gimn Zemle* [Hymne an Gäa], beide 1817, nach der dt. Übersetzung von Christian Graf zu Stolberg) und Kallimachos (*Gimn Apollonu* [Hymne an Apoll], 1817). Verspielte Anakreontik und Rokokopoesie finden sich wenig beim jungen Kjuchel'beker, aus dem späteren Werk sind sie ganz verbannt. Nach dem Lyzeum tat er, mit Puškin zusammen, Dienst im Außenministerium. Er trat in eine Petersburger Freimaurerloge ein und wurde, in engster Verbindung mit Fëdor Glinka, Sekretär des «Vol'noe obščestvo». Hohen Idealen verpflichtet und von der prophetischen Sendung der Dichter durchdrungen, besang er Verfolgung, Krankheit und Not als deren natürliches Los in Gedichten wie *Poéty* (Die Dichter, 1820), *Učast' poéta* (Das Los des Dichters, 1823) oder später in den hellsichtigen Versen *Učast' russkich poétov* (Das Los der russischen Dichter, 1845). Das Verlesen des ersten der genannten Gedichte löste eine Denunziation aus, die seine Stellung im Außenministerium ins Wanken brachte. Vor der drohenden Verbannung bewahrte ihn eine Reise ins Ausland in der Rolle des Sekretärs und Unterhalters des Oberkammerherrn und obersten Theaterdirektors Aleksandr Naryškin. Die Reise währte knapp ein Jahr und führte Kjuchel'beker nach Dresden und Weimar, Marseille, Nizza und Paris. In Weimar übergab er Goethe ein Geschenk Klingers und brachte dem Dichter seine enthusiastische Verehrung in der Hexameter-Hommage *K Prometeju* (An Prometheus, 1820) dar. In Paris hielt er Vorträge zur russischen Sprache und Literatur, die polizeilich verboten wurden. Kjuchel'bekers existentielle Lage blieb unsicher und unstet. Ein Erfolg schien sich 1824 mit dem Almanach *Mnemozina* (Mnemosyne) abzuzeichnen, den er gemeinsam mit Vladimir Odoevskij, einem der Moskauer Ljubomudry, herausgab. Die Freundschaft mit Griboedov, Ryleev, Bestužev-Marlinskij und Aleksandr Odoevskij wieder brachte ihn mit den Geheimgesellschaften in Kontakt. Unmittelbar vor dem Aufstand der

Dekabristen wurde er von Ryleev in die «Nördliche Gesellschaft» (Severnoe obščestvo) aufgenommen. Die Tatsache, daß er während des Aufstandes, wenn auch erfolglos, zwei Schüsse aus der Pistole abgab, einen auf den Großfürsten Michail, den zweiten auf einen General – es gelang ihm sogar, nach Mißlingen des Aufstandes nach Warschau zu fliehen, wo er verhaftet wurde –, bewirkte, daß ihn das kaiserliche Strafgericht mit am schwersten traf. Nicht nur verbrachte er, an Händen und Füßen in Ketten geschmiedet, zehn Jahre in Festungshaft und den Rest seines Lebens, zuletzt in Krankheit und Blindheit, mit einer einfachen Kleinbürgerin verheiratet, in sibirischer Verbannung, sondern sein Name verschwand auch aus der russischen Literatur. Zwar wurden einige seiner Dichtungen in Deutschland veröffentlicht, in Rußland aber erschien erstmals 1908 eine Ausgabe der Sämtlichen Werke (*Polnoe sobranie sočinenij*), und den literaturgeschichtlichen Ort des schwierigen Dichters hat erst Jurij Tynjanovs durch seine Studien und den biographischen Roman (roman-biografija) *Kjuchlja* (1925) zu erhellen gewußt.

Nach seinem künstlerischen Profil stand Kjuchel'beker, wie fast alle Dekabristendichter, stilistisch den Archaisten nahe, deren Vorstellung von hoher Gattung und dithyrambischen Stil er freilich mit republikanischem Geist und tyrannenfeindlichen Gedanken verband. Nicht zufällig war er der entschiedenste Kritiker der romantischen Elegie. Wenn er sich der Ballade zuwandte wie in *Svjatopolk* (1823), so entsprach er dem Duma-Modell Ryleevs. Auch Timoleon, der Korinther, der Held der antikisierenden Tragödie *Argivjane* (Die Argiver, 1822/23, vollständig veröfftl. erst 1967) war ein Kämpfer für die Freiheit, seine Monologe vom Freiheitspathos der Dekabristen erfüllt. Bemerkenswert, daß Kjuchel'beker in diesem Stück – vor Puškin – den 5füßigen Jambus einsetzte und, seinem Lehrer Aleksandr Galič folgend, den Chor als kollektive Stimme der gefangenen Argiver, der Bewohner von Argolis, sprechen ließ. Wie bedeutend und anspruchsvoll der dramaturgische Ansatz auch war, es bleibt fraglich, ob ein Werk wie die *Argivjane* oder gar Kjuchel'bekers spätere Dramen, die wie die Smuta-Tragödie *Prokofij Ljapunov* (zuerst 1938) fern der Theaterwelt entstanden, auf der Bühne hätte bestehen können. Ähnliches gilt für seine großen epischen Dichtungen über antike und biblische Stoffe – *Kassandra* (1822/23), *David* (1826–1829), *Agasver* (Ahasver, 1832–1846) u. a. –, die alle erst im 20. Jahrhundert vor den Leser traten. Kjuchel'bekers persönliches und literarisches Schicksal gehört zu den grausamsten in der russischen Literatur.

Evgenij Baratynskij

Evgenij Baratynskij, der engste Freund Del'vigs und Puškins, hat sich vor allem mit seinen Elegien in die russische Literatur eingeschrieben und damit die Gattung, die von den Dekabristendichtern entschieden bekämpft wurde, neu belebt. Obwohl er aus dem russischen Geburtsadel stammte und im Pagenkorps erzogen wurde, nahm sein Schicksal infolge eines leichtfertigen Bubenstreiches eine tragische Wendung. Einige der Pagen hatten nach dem Vorbild von Schiller *Räubern* eine «Gesellschaft der Rächer» (Obščestvo mstitelej) gebildet und gemeinsam einen Diebstahl begangen, der vom Zaren hart geahndet wurde. Baratynskij wurde aus dem Pagenkorps entfernt und als einfacher Soldat ins Militär gesteckt. Zuerst diente er in Petersburg (hier nahm sich Del'vig seiner an und führte ihn in die literarischen Kreise ein), danach sechs Jahre in Finnland. Die geheimnisvolle, einsame Landschaft Finnlands mit ihren Seen, Wäldern und Granitfelsen verband sich in Baratynskijs Gedichten mit dem romantischen Dichterverständnis. Nicht vergangene, nicht zukünftige Taten waren des Dichters Ansinnen, sondern «ewig für sich selbst zu sein»; dem Augenblick zu gehören, so wie der Augenblick dem Dichter gehört; für die Dichtung durch die Dichtung, für die Träume durch die Träume belohnt zu werden – so lautete das Gebot in *Finljandija* (Finnland, 1820), der ersten bedeutenden Elegie, die Baratynskij vorgelegt hat. Auf diesem Weg schritt er unbeirrt weiter. Als Gnedič ihn aufforderte, den «stillen Stil» (mirnyj slog) aufzugeben und Satiren zu schreiben, bekannte er in einem Sendschreiben (*Gnediču, kotoryj sovetoval sočinitelju pisat' satiry* [An Gnedič, der dem Verfasser riet, Satiren zu schreiben], 1823) seine Unlust und Unfähigkeit, die Natur der Menschen zu verändern. An der politischen Abstinenz seiner Verse scheiterte 1824 auch die geplante Herausgabe seiner Gedichte. Bestužev-Marlinskij und Ryleev, die Herausgeber der *Poljarnaja zvezda*, die ihm bereits ein ansehnliches Honorar gezahlt hatten, gingen zu Baratynskij auf Abstand, als die Versuche, ihn für die dekabristische Richtung zu gewinnen, keinen Erfolg zeigten.

Das Bestreben, sich von dem Talent des nur wenig älteren Puškin abzusetzen, war bei Baratynskij vor allem in den Poemen zu spüren. Das «finnische» Poem *Éda* (1824/25) bildete kaum verhohlen ein nördliches Gegenstück zur südlichen Exotik des *Kavkazskij plennik*. Dies trat noch deutlicher in dem späteren Poem *Cyganka* (Die Zigeunerin, 1831, zuerst u. d. T. *Naložnica* [Die Konkubine]) zutage, wo die Dreiecksbeziehung aus Puškins *Cygany* umgekehrt und ins Moskauer Milieu verlegt wurde: Eleckoj, der Held, gibt um einer standesgemäßen Verbindung willen seine Geliebte, die Zigeunerin Sara, auf, die ihn daraufhin vergiftet. Im Preisen der Sensualität und des Lebensgenusses stand Baratynskij weder Puškin noch Del'vig nach. Sein erstes Poem *Piry* (Festmähler, 1820) war nichts anderes als ein kulinarisches Preislied auf die «kleinen Gelage» (piruški) des Petersburger Dichterkreises mit Trinksprüchen auf die Freunde. Das gelungenste Poem Baratynskijs war *Bal* (Der Ball, 1828), es spielte in der Moskauer Gesellschaft und vergegenwärtigte die Eifersuchtstragödie der leidenschaftlichen Fürstin Nina. Baratynskij verwendete hier – wieder im Wettstreit mit Puškin – eine 14zeilige Strophe (AbbAcDcDeeFgFg), die allerdings an die Vollkommenheit der Onegin-Strophe nicht heranreichte. Seltsamerweise erschien *Bal* in einer gemeinsamen Ausgabe mit Puškins *Graf Nulin*, zu dem es sich wie ein tragisches Gegenstück verhält.

Die Elegie, der Schwerpunkt in der Dichtung Baratynskijs, entfaltete sich in zwei Richtungen (I. L. Al'mi). Zu Anfang seines Schaffens bildete er die psychologische Elegie aus, die in vielem noch dem sentimentalistischen Typus verpflichtet war, wenn sie auch die elegischen Kristallisationsmomente weiter ausführte und tiefer in die seelischen Abgründe hineinleuchtete. Bei der Behandlung der Liebesabsage oder Liebesklage legte er die konkreten Umstände dar, die sie ausgelöst hatten. Nicht «ljubov'» (Liebe) war immer und einzig im Spiel, sondern ein weit größerer Fächer von Gefühlsnuancen. Baratynskij erkannte bereits auch die Gefühlsschwäche, die «Krankheit des Jahrhunderts», als Grund für Melancholie und Lebensekel. Er näherte sich damit auf dem elegischen Feld dem gleichen seelischen Syndrom an, das die erzählenden Gattungen in den romantischen Helden veranschaulichten. In den philosophischen Elegien versuchte Baratynskij, die psychologischen Erfahrungen zu vertiefen und auf allgemeine, bildhafte Begriffe zu bringen. Immer schon hatte ja die elegische Klage Meditationen über Vergänglichkeit, Leben und Tod ausgelöst. Bereits in Baratynskijs Gedichten der frühen 20er Jahre zeichnete sich, wie Bodo Zelinsky formuliert, das reflektierende Sagen in einem strengen, geradezu gemeißelten Formgewand ab; in den 30er Jahren nahm der Hang zur Reflexion unter dem Einfluß der Moskauer Schellingianer noch zu. Baratynskij wurde, neben Tjutčev, zum bedeutendsten Gedankenlyriker, zum «mysljaščij poèt» der russischen Romantik.

Der psychologische Zwiespalt zwischen Glück und Wahrheit in *Istina* (Wahrheit, 1823), einem Gedicht das zuerst als Ode, dann als Elegie deklariert wurde; die Spannung zwischen Hoffnung und Aufregung auf der einen Seite und Hoffnungslosigkeit und Ruhe auf der anderen in dem Gedicht *Dve doli* (Zwei Schicksale, 1823; zuerst u. d. T. *Stansy*,

danach unter den Elegien) beschäftigten den jungen Dichter. In *Čerep*
(Der Schädel, 1825), einer Meditation beim Anblick eines Totenschä-
dels, die bereits die Zeitgenossen mit Byrons *Lines inscribed upon a cup
formed from a scull* verglichen, teilte er Weisheit und Wissen den Toten,
Leidenschaft und Träume aber den Lebenden zu. Tod und Leben
unterliegen verschiedenen Gesetzen: «Möge das Leben den Lebenden
Freude schenken / Doch der Tod selbst sie das Sterben lehren.»
Ein hervorstechendes Thema war auch in Baratynskijs Lyrik die
Bestimmung des Dichters. Es wurde in den Episteln (*poslanija*) an die
befreundeten Dichter – Del'vig, Gnedič, Jazykov, Vjazemskij, Mickiewicz u. a. – immer wieder angesprochen. Auch für Baratynskij war der
Dichter Märtyrer und Prophet, stand, ebenso wie es Del'vig und Puškin
bekundeten, mit den göttlichen Mächten im Bunde. In dem balladesken Gedicht *Poslednij poėt* (Der letzte Dichter, 1835) erscheint im neuen,
befreiten Griechenland, das freilich schon vom Krämergeist des Eisernen Zeitalters befallen ist, ein Dichter und singt von Liebe und Schönheit. Die Menge reagiert darauf mit Gelächter. Fast sieht es aus, als werde er sich ins Meer stürzen, aber dann versenkt er nur seine Illusionen
und sein «nutzloses Talent» in den Wellen. Das Sonnenlicht leuchtet
weiter in alter Pracht überm Meer, der Mensch entschreitet mit trau-
ernder Seele. Das Gedicht *Skul'ptor* (Der Bildhauer, 1841) wieder verfolgte den Schaffensprozeß vom ersten inspirierten Blick des Künstlers,
der im Steinblock bereits die Nymphe ahnt, die er aus ihm, Schicht um
Schicht, herausmeißeln wird, bis ihm Galatea, das vollendete Bildwerk,
den «Antwortblick» spendet. Stärker als seine Zeitgenossen empfahl
sich Baratynskij als «Lehrer», der Lebensweisheit in geschliffenen Sen-
tenzen verkündete. Auf den Tod Goethes (*Na smert' Gëte*, 1833) hat er
eine Ode geschrieben – wohl eines der schönsten Hommage-Gedichte,
die dem großen Deutschen dargebracht wurden. Baratynskij bannte
den universalen Geist, das pantheistische Naturverständnis, das allseitige Schöpfertum des Verblichenen in klangvolle Amphibrachen und
eine auf der Sechszahl ruhende Gedichtkomposition. Goethe werde
den Tod überdauern, weil er im Irdischen alles Irdische vollbracht habe.
Baratynskijs Kunstsinn vermochte es, der Unsterblichkeit Ausdruck zu
verleihen, indem der Tod (*smert'*) ungenannt blieb bzw. nur als Paronomasie (*smutit*) erschien. Gleichwohl war dem Skeptiker Baratynskij der
Zweifel an der Poesie nicht fremd. Im CXXXI. Text seiner *Gedichte*
(*Stichotvorenija Evgenija Baratynskogo*, 1835) – *Byvalo, otrok, zvonkim klikom*
(Als Junge pflegte ich mit hellem Ruf, 1835) – hatte er angedeutet, daß
er sich, wie einst als Kind vom Echo, nun von der Harmonie der Verse
verabschieden könne. Es gibt zu denken, daß Puškin dieses Gedicht für
die *Severnye cvety* nicht annahm.

Wie kaum ein anderer seiner Dichterfreunde stellte Baratynskij seine Gedichtausgaben – darin Heinrich Heine vergleichbar – in sinnvoller Komposition zusammen. Auch sein letzter Gedichtband *Sumerki* (Dämmerungen, 1842) folgte in der Anlage dem Prinzip eines «getreuen Kataloges der Eindrücke» (vernyj spisok vpečatlenij). Belinskij nahm das Erscheinen dieses Bändchens zum Anlaß, mit der romantisch-elegischen Poesie, wie sie Baratynskij vertrat, ins Gericht zu gehen. Hatte er 1835 in seiner Rezension *O stichotvorenijach g. Baratynskogo* (Über die Gedichte des Herrn Baratynskij, 1835) noch ein Übermaß an «Gedankenhaftigkeit» (vdumčivost') und damit einen Mangel an Emotion und Phantasie vermerkt, so stellte er jetzt eine Poesie in Frage, die sich der Aufklärung und Wissenschaft verschloß, keinen Bezug zur Gegenwart (sovremennost') besaß und keine Fortentwicklung zeigte. Ohne Wissenschaft aber, erklärte Belinskij, bleibe die Inspiration schwächlich, das Talent kraftlos. Im Rückblick erweist sich Belinskijs Verdikt als jener entscheidende Punkt, an dem die romantische Poesie ihre Raison d'être einbüßte. Sehr bald schon sollte sich die Ablehnung der zweckfreien Poesie bis zum Ikonoklasmus verschärfen.

Nikolaj Jazykov

Nikolaj Jazykov zählte zum engsten Kreis um Del'vig, Puškin und Baratynskij, obwohl er, Sohn eines reichen Gutsbesitzers aus Simbirsk, einen anderen Bildungsweg durchlaufen hatte als jene. Sein Vater hatte ihn ins Bergkadettenkorps gegeben, danach studierte er am Institut des Ingenieurkorps für Verbindungswege, aus dem er allerdings bereits nach einem Jahr wieder ausgeschlossen wurde. Entscheidend für seine dichterische Entwicklung wurde sein Studium an der Universität Dorpat, das volle sieben Jahre währte. Die livländische Universität besaß nach ihrer Wiederbegründung im Jahre 1802, unter dem Kurator Friedrich Maximilian Klinger, ein rein deutsches Gepräge; Universitätsautonomie und wissenschaftlicher Geist entsprachen dem Niveau der besten deutschen Hochschulen der Zeit. Jazykov fand hier Zugang zur deutschen Literatur, zur romantischen Kunsttheorie, die er wie nur wenige Russen kannte. Eine Besonderheit bildete der Lehrstuhl für russische Sprache und Literatur, den, nach Andrej Kajsarov, in den Jahren 1814–1820 Aleksandr Voejkov innehatte. Voejkov, einst Arzamas-Mitglied, unvergessen als Verfasser des literarischen Pamphlets *Dom sumasšedšich* (Das Irrenhaus, 1814) und bleibend an Dorpat gebunden, bahnte Jazykov den Weg in die Literatur. Jazykov beherrschte bald das poetische Repertoire der freundschaftlichen Sendschreiben, der Elegien, der Lieder und Romanzen. Von fröhlichem studentischen Treiben und allfälliger Philisterverachtung zeugen seine Trink- und Tischlieder (zastol'nye pesni), seine zahlreichen – oft zweideutigen – «Studiker-Elegien» (bursackie élegii) und Gedichte wie *K chalatu* (An den Schlafrock, 1823), *Korčma* (Die Schenke, 1825) oder *Derpt* (Dorpat, 1825). Begeistert wurden seine patriotischen Lieder wie *Moej rodine* (Meiner Heimat, 1822) aufgenommen. Man hat vom «energischen» Stil Jazykovs gesprochen und seine von Lebensfreude und Vaterlandsliebe durchdrungenen Gedichte mit denen Denis Davydovs verglichen, des Haudegens und Helden von 1812, der das «Husarentum» (gusarstvo) in Rußland literaturfähig gemacht hatte. Und wenn Jazykov in «altrussisch» stilisierten Versen wie *Pesn' barda* (Bardenlied, 1823), *Uslad* (1823) oder *Bajan k russkomu voinu* (Bajan an den russischen Krieger, 1823) an den alten Kampfgeist der Russen appellierte, kam er den Dekabristendichtern nahe. Es waren dies Bruchstücke zu einem nicht vollendeten Poem *Bajan*, das die Fahrten und Taten des alten (im *Igor'-Lied* erwähnten) Helden-Sängers zu Zeiten Svjatoslavs verewigen sollte. Auch zwei weitere Poeme über Gegenstände aus der livländischen Geschichte, das eine, *Ala* (1824), über den Kampf der Livländer gegen die Schweden, das andere, *Mečenosec Aran* (Schwertträger Aran, 1825), über den Kampf des Schwertbrüderordens gegen die Heiden, sind Fragment geblieben.

Mit dem Gedicht *Au!* (Hallo!, 1832) verabschiedet sich Jazykov von der leichten Lebensart; die Lyra, heißt es in dem programmatischen Gedicht, fordere nun heilige Begeisterung (svjatych vostorgov prosit lira), russische Worte und Inspirationen vom eigenen Volk (svoenarodnych vdochnovenij). Hier zeichnete sich bereits das Streben nach russischer «samobytnost'» und «narodnost'» ab, das im Moskauer Umkreis der Brüder Ivan und Pëtr Kireevskij, Ševyrëvs und Chomjakovs immer stärker hervortrat. Auch biblischen bzw. religiösen Motiven wandte sich Jazykov in seiner späteren Lyrik zu – so in *Zemletrjasenie* (Das Erdbeben, 1844), *Podražanie psalmu* (Psalmenparaphrase, 1844), einer Nachahmung des 1. Psalms, oder *Sampson* (Samson, 1846), Gedichten, die die Bestimmung des Dichters in hieratischer Verkleidung ausdrückten. Seit 1838 hielt sich Jazykov wegen einer Rückenmarkserkrankung lange Zeit im Ausland auf. In Hanau – hier kam es 1838 zum Freundschaftsbund mit Gogol' –, Bad Kreuznach, Nizza, Wildbad Gastein und anderen Orten suchte er Heilung. In beschreibenden Gedichten hielt er seine mannigfaltigen Eindrücke fest. Meist waren es Naturbilder, die er in seine Sendschreiben einflocht oder in Gedichten wie *Iogannisberg* (Johannisberg, 1839), *K Rejnu* (An den

Rhein, 1840) u. a. entwarf. Verse, wie sie Jazykov 1839 in der «Goldenen Scheune» zu Hanau niederschrieb (*Tolpa li devoček* [Ob die Mädchenschar]), boten ein buntes Genrebild aus der deutschen Kleinstadt, und lediglich der Hauch von Heimweh und Melancholie in der Schlußwendung rechtfertigte die Überschrift des Gedichts: *Èlegija* (Elegie).

Jazykovs Beitrag zur russischen Literatur ist hoch zu veranschlagen. Einige seiner Gedichte, etwa *Molitva* (Gebet, 1825), einige der Sendschreiben und namentlich die poetische Fixierung der Begegnung mit Puškin *Trigorskoe* (1826) werden dem «goldenen Vorrat» der russischen Poesie zugerechnet. Dmitrij Tschižewskij hält ihn für den vollkommensten Verstechniker unter den Zeitgenossen und schätzt seine «starken Neologismen». Dennoch entgingen Jazykovs späte Gedichtbände *56 stichotvorenij* (56 Gedichte, 1844) und *Novye stichotvorenija* (Neue Gedichte, 1845) nicht der Abwertung durch Belinskij und andere Kritiker. Wiewohl Jazykov die scharfen Ausfälle nicht unerwidert ließ, kam er doch gegen den neuen Zeitgeist nicht mehr an.

Weitere Dichter der Puškin-Zeit

Dmitrij Venevitinov, ein entfernter Verwandter Puškins, war sicherlich einer der vielversprechendsten Dichter der an Talenten reichen Zeit. Sein früher Tod – er starb im Alter von 22 Jahren – wurde bereits von Belinskij als unersetzlicher Verlust empfunden. Venevitinov stand den Moskauer Schellingianern nahe und widmete einige kleine Traktate philosophischen Themen, darunter den Platonischen Dialog (Beseda Platona) *Anaksagor* (Anaxagoras, 1825, posthum veröfftl.), der die Einheit von Geist und Natur, Präokkupation der Ljubomudry, abhandelte. In den wenigen, meist unvollendeten Gedichten, die er hinterlassen hat, stellte er, wie alle Romantiker, die Frage nach dem Dichtertum und der besonderen Erkenntnis, die die Poesie zu erlangen vermag. Als Quelle der Inspiration erscheint der «reine Geist» (in dem Sonett *K tebe, o Čistyj Duch* [Zu dir, o reiner Geist], 1824), die Lyra wird zur Verkünderin der christlichen Kardinaltugenden, Liebe, Glaube, Hoffnung. Ansätze zu einer Erneuerung der alten Bild- und Zahlensymbolik sind bei Venevitinov zu erkennen. Im schmalen Werk überwiegen die Übersetzungen. Nach Vergil, Gresset, MacPherson galt Venevitinovs Interesse bald Jean Paul, E. T. A. Hoffmann und vor allem Goethe. Von diesem übersetzte er Bruchstücke aus *Faust* (*Otryvki iz «Fausta»*, 1826) und *Egmont* (*Sceny iz «Ègmonta»*, 1826) sowie das Dramolett *Künstlers Erdenwallen* (*Apofeoza chudožnika*, 1826/27); von Jean

Paul ein kurzes Bruchstück aus *Titan* (u. d. T. *O dejstvitel'nosti ideal'nogo* [Über die Wirklichkeit des Idealen], um 1825) und von Hoffmann den Anfang der Erzählung *Der Magnetiseur* (u. d. T. *Čto pena v stakane, to sny v golove* [Schäume sind Träume], 1827). Offenkundig faszinierten ihn die Vorstellungen des «magischen Idealismus», wie sie Novalis in *Die Lehrlinge zu Sais* vertreten hatte: daß nämlich der magische Dichter befähigt sei, Ideen in Realität zu verwandeln und umgekehrt. Die romantische Spiritualität, in die sich Venevitinov rückhaltlos hinein-bewegte, hatte bis zur Moderne kaum ihresgleichen.

Stepan Ševyrëv, eine andere Stütze der Moskauer Schellingianer, wurde in seiner vollen Bedeutung für die russische Literatur erst in jüngerer Zeit wieder ins Blickfeld gerückt. Ludger Udolph hat die Entwicklungsphasen des Literaten und Wissenschaftlers nachgezeich-net. Sie zeigen Ševyrëv in den 20er Jahren als eifrigen Anhänger der deutschen Philosophie und Literatur und zugleich als einen der füh-renden Verfechter einer romantischen Ästhetik. 1827 sandte er Goethe seine Übersetzung des Helena-Aktes (u. d. T. *Elena*, 1827) aus *Faust II* samt einer Interpretation des Textes, auf die Goethe im Mai des folgen-den Jahres freundlich antwortete. Seine Übersetzungen Schillerscher Gedichte, darunter bezeichnenderweise keine Balladen, von *Wallen-steins Lager* (*Vallenštejnov lager'*, 1826–1828, veröfftl. 1859) sowie von Bruchstücken aus *Die Piccolomini* und *Wilhelm Tell*, ferner verschiedener Texte von Jean Paul, Wackenroder und Tieck, Herder und Fichte wei-sen ihn als einen der fleißigsten Vermittler deutscher Dichtung und Philosophie seiner Zeit aus. Die Übersetzungstätigkeit ging Hand in Hand mit literaturtheoretischen Artikeln im *Moskovskij vestnik*, dessen krititische Rubrik Ševyrëv dazu diente, die romantische Kunstauffas-sung zu verbreiten. Seine frühen Gedichte sind sehr heterogen. Teils nehmen sie den odischen Stil Lomonosovs wieder auf (*Gimn solncu* [Hymne an die Sonne], 1822; *Sila ducha* [Geisteskraft], 1825 u. a.), dann wieder lassen sie fragwürdige Gattungen wie Vaudeville und Elegie in einen allegorischen Dialog treten (*Vodevil' i élegija*, 1825), preisen die Schönheit der Zigeunerinnen (*Cyganskaja pljaska* [Zigeunertanz], *Cyganka* [Die Zigeunerin]; beide 1828) oder evozieren romantische Nachtstimmungen (*Noč'* [Die Nacht], 1828). Zum zweiten wesentli-chen Impuls seines Schaffens wurde ein mehrjähriger Italienaufenthalt mit der Familie der zum Katholizismus übergetretenen Fürstin Zinai-da Volkonskaja, die ihm die Erziehung ihres Sohnes anvertraut hatte. Die «Lehrjahre in Italien» (L. Udolph) nutzte Ševyrëv zum intensiven Studium der italienischen Literatur und Kunst. Er las Dante, Ariost und Tasso, aber auch die Engländer und Cervantes. Er nahm eine Tra-gödie über den Staatsgründer Romulus (*Romul*, 1829/30, unvoll.) in

Angriff, schrieb kulturphilosophische Gedichte (*Tibr* [Der Tiber], *K Rimu* [An Rom], *Chram Pestuma* [Der Tempel von Paestum]; alle 1829; *Stansy Rimu* [Stanzen an Rom], 1831) und übersetzte den Siebten Gesang aus Tassos *Befreitem Jerusalem* (*Osvoboždënnyj Ierusalim*, 1831) in Oktaven.

Ševyrëv tat mit dieser Übersetzung und dem begleitenden Traktat *Rassuždenija o vozmožnosti vvesti italianskuju oktavu v russkoe stichosloženie* (Überlegungen über die Möglichkeit, die italienische Oktave in die russische Versifikation einzuführen, 1831) den entscheidenden Schritt zur Gewinnung dieser Strophenform für die russische Poesie. Seine metrischen Bestrebungen gingen jedoch viel weiter. In einem Sendschreiben (*Poslanie k A. S. Puškinu*, 1830) hatte er Puškin aufgefordert, den russischen Vers zu heilen, ihm wieder dichten, starken und breiten Klang zu verleihen, «Glocke zum Ruhme der Russen» (kolokol vo slavu rossijan) zu sein. Gegen die syllabotonische Monotonie und «gallische Diät» empfahl er die freiere italienische Versifikation, namentlich den Elfsilber (endecasillabo), den er nicht als 5füßigen Jambus, sondern nach italienischer Manier mit wechselnder Rhythmik und Vokalverschleifungen zu realisieren empfahl. Abgesehen von eigenen Versuchen, etwa einem Sonett im italienischen Metrum (*Sonet. Italianskim razmerom*, 1831) oder den Dante- und Tasso-Übersetzungen, war seiner «prosodischen Reform», über die sich Belinskij in der Notiz *Prosodičeskaja reforma* (1835) ironisch ausließ, kein Erfolg beschieden.

Nach der Rückkehr aus Italien 1832 begann Ševyrëvs glänzende akademische Laufbahn, die in eine Literaturprofessur an der Moskauer Universität mündete. Da er keinen Universitätsabschluß besaß, mußte er die akademischen Würden jeweils erst durch wissenschaftliche Specimina erwerben. So wurde er in der Nachfolge Merzljakovs 1833 Adjunkt aufgrund seiner Abhandlung *Dant i ego vek* (Dante und sein Jahrhundert, 1833/34), die die *Göttliche Komödie* als Bild ihrer Zeit deutete; 1836 außerordentlicher Professor, nachdem er mit seiner *Teorija poêzii* (Theorie der Poesie) promoviert worden war, und 1840, nach neuerlichen Auslandsreisen, ordentlicher Professor in Moskau. Seine aus der akademischen Lehrtätigkeit hervorgegangenen Darstellungen der großen Epochen der Weltpoesie (*Istorija poêzii* [Geschichte der Poesie], 1835) und des russischen Schrifttums (*Istorija russkoj slovesnosti*, 1846; [2]1859/60) legten der Literaturgeschichtsschreibung in Rußland das Fundament. Auf eigenartige Weise trafen in Ševyrëvs staatstragenden Überzeugungen, die Bejahung der Autokratie und die Überzeugung von der kulturellen Sendung Rußlands zusammen. Den Russen, die als letzte in den Kreis der aufgeklärten Völker getreten seien, sprach er, ganz im Sinne des Slawophilentums, das entscheidende Wort in der

Versammlung der europäischen Völker zu. Seine akademische Karriere brach 1857 wegen eines handgreiflichen Streites jäh ab. Seine letzten Lebensjahre verbrachte er wieder auf Reisen. In Paris ist er 1864 gestorben.

Die Vielzahl «kleinerer Dichter», wie sie Tschižewskij einmal genannt hat, solcher, «die aus verschiedenen Gründen abseits der großen Entwicklungslinien standen», kann als typisches Merkmal der Puškin-Zeit gelten. Nicht nur wegen ihrer Zahl, sondern auch wegen ihrer Zuordnung bringen sie den Literaturhistoriker in Verlegenheit. Einige von ihnen können wohl dem Kreis um Puškin und Del'vig zugerechnet werden, etwa die ehemaligen Lyzeisten Aleksej Illičevskij und Michail Delarju, oder der selbstgefällige Baron Rozen, dessen historische Dramen (*Osada Pskova* [Die Belagerung von Pskov], 1834, u. a.) dem Narodnost'-Verständnis des Zaren mehr entsprachen als Puškins *Boris Godunov*. Auch Andrej Podolinskij ist hier zu nennen, den einige Kritiker nach Puškins Tod gar für dessen Nachfolger hielten. Sein orientalisches Erlösungspoem *Div i Peri* (Div und Peri, 1827) lehnte sich offensichtlich an Thomas Moores *Paradise and Peri*, eine der Erzählungen aus *Lalla Rookh*, an, ebenso wie später das Poem *Smert' Peri* (Der Tod der Peri, 1837) an Jean Pauls Erzählung *Der Tod eines Engels*. Obwohl seine «Kiever Begebenheit» (Kievskaja byl'), betitelt *Zmej* (Der Drache, 1827, unvoll.), Wunderdinge, wie sie in Žukovskijs Balladen geschahen, zu demystifizieren suchte, blieb Podolinskij doch Žukovskijs Stil stark verbunden. Und er war damit nicht der einzige. Auch Ivan Kozlov, sechs Jahre jünger als Žukovskij, befand sich, als er zu dichten begann, in dessen Fahrwasser. Er debütierte als Dichter erst 1821 mit dem Gedicht *K Svetlane* (An Svetlana), das der Nichte Žukovskijs und Namensgeberin der berühmten Ballade gewidmet war. Kozlov, aus einem alten Adelsgeschlecht stammend, hatte als Beamter in einem Departement gedient und als Weltmann in den Petersburger Salons verkehrt, als bei ihm eine Lähmung einsetzte, die 1821 zur völligen Erblindung führte. Erst diese Krankheit machte Kozlov zum Dichter. Neben den zeitüblichen Versen der sentimentalistischen Kommunikation finden sich in seinem Werk zahlreiche Übersetzungen, darunter Mickiewiczs *Krim-Sonette* (*Krymskie sonety Adama Mickeviča*, 1828) und mancherlei Proben aus der italienischen (Dante, Petrarca, Ariost, Tasso), französischen (Chénier, Lamartine) und englischen Dichtung. Seine besondere Vorliebe galt Byron. Von ihm übertrug er, unter anderem, *The Bride of Abydos* (*Nevesta abidosskaja*, 1823); im gleichen Jahr erschien sein Poem *Černec* (Der Mönch), eine Rächergeschichte, in vielem an Byrons *Giaour* erinnernd, deren Erfolg, laut Belinskij, nur mit Karamzins *Armer Liza* zu vergleichen war. Auch

Kozlovs bekanntestes Gedicht, das vielgesungene Abendlied *Večernij zvon* (Das Abendgeläute, 1828), ist eine Übersetzung von Thomas Moores *Those evening bells* aus dem Englischen. Oft waren Kozlovs Übersetzungen nichts anderes als freie Nachdichtungen oder Paraphrasen. «Mit höchstem Genuß», wenn auch anhand einer französischen Prosaübersetzung, beschäftigte er sich noch kurz vor seinem Tode mit den *Lusiaden* des Camões. Die großen Dichter der Weltliteratur ersetzten dem blinden Dichter die sichtbare Welt.

Das Beispiel Kozlovs läßt deutlich werden, wie stark sich das literarische Interesse in der Puškin-Zeit zu den Briten und namentlich auch zur klassischen Romania hin verlagert hatte. In diesem Zusammenhang muß Semën Raič genannt werden, ein Popensohn, den es zur Literatur zog und der, zuerst als Hauslehrer, später als Erzieher am Moskauer Adelspensionat tätig, Tjutčev und Lermontov in die Literatur eingeführt hat. Der bescheidene Literatenkreis, den Raič 1823 um sich versammelte und dem auch Vladimir Odoevskij angehörte, wurde zum Vorläufer des «Obščestvo ljubomudrija» (Gesellschaft der Weisheitsliebe). Hier wurden mit Fleiß Übersetzungen aus den verschiedensten Sprachen verlesen. Bereits in dieser Zeit scheint Raič den Plan gefaßt zu haben, die Epen Ariosts und Tassos ins Russische zu übertragen. 1823 veröffentlichte er einen übersetzungstheoretischen Traktat, *O perevode épičeskich poèm Južnoj Evropy i v osobennosti italianskich* (Über die Übersetzung der epischen Poeme Südeuropas und insonderheit der italienischen), in dem er eine Äquivalentübersetzung der Oktave, d. h. der Hauptstrophe der Epen Ariosts und Tassos, verwarf und statt dessen zwölfzeilige heterometrische Strophen vorschlug, wie sie Žukovskij erfolgreich als Balladenstrophen erprobt hatte. Daß er damit die für die epische Dichtung unumgängliche metrische «Selbigkeit» (E. Staiger) aufgab, schien ihm nicht bewußt. Jedenfalls gerieten seine mit erheblicher Mühe erarbeiteten Übersetzungen von Tassos *Befreitem Jerusalem* (*Osvoboždënnyj Ierusalim*, 1831) und Ariosts *Rasendem Roland* (*Neistovyj Orlando*, 1831–1837, unvollst.) zum Mißerfolg.

Modedichter waren in den 30er Jahren Aleksandr Vel'tman und Nestor Kukol'nik, der eine schwedischer, der andere slowakischer Abkunft, beide in ihrer Autorenlaufbahn ebenso erfolgreich wie in ihrer Beamtenkarriere, wo es der eine bis zum Direktor der Moskauer Waffenkammer (Oružejnaja palata), der andere zu hohen Funktionen im Kriegsministerium brachte. Vel'tman errang seinen ersten literarischen Erfolg mit dem Roman *Strannik* (Der Wanderer, 1831), einem Werk, das eine phantastische Handlung in romantischer Brechung und ständigem Wechsel zwischen Vers und Prosa bot. Diesem Roman

folgten viele weitere Erzählwerke bis hin zu der großen Romantetralogie *Priklučenija, počerpnutye iz morja žitejskogo* (Abenteuer, aus dem
Meer des Lebens geschöpft, 1846–1863), die ein Panorama der zeitgenössischen Gesellschaft ausmalte, wobei sich in die Darstellungsweise
des Aktionsromans bereits auch die Beschreibungstechnik der Natürlichen Schule mischte.

Vor allem der erste Teil *Salomeja* (1846–1848),
der die Abenteuer des Spielers Dmitrickij und seiner Gegenspielerin
Salomeja behandelte, war nicht ohne künstlerischen Wert, konnte aber
gegenüber der aufkommenden realistischen Erzählkunst nicht
bestehen. Erst in letzter Zeit wurden mehrere Romane von Vel'tman
neu aufgelegt.

Kukol'nik reüssierte zunächst mit Dramen. Seinem erfolgreichen
Torkvato Tasso (1831) schickte er eine ganze Serie von Künstlerdramen
nach. Als auch sein historisches Versdrama über das Ende der Smuta,
Ruka Vsevyšnego otečestvo spasla (Des Höchsten Hand rettete das Vater-
land, 1832), das Wohlwollen des Zaren fand, nach dessen persönlichen
Vorstellungen das Stück noch «verbessert» wurde, wandte er sich nun
auch dem historischen Genre zu, das bei ihm stets die Zwecke der
Monarchie und des Staatspatriotismus bediente. Er war mit Glinka
befreundet und beteiligt an der Abfassung der Libretti für Glinkas
Nationalopern *Žizn' za Carja* (Ein Leben für den Zaren; später u. d. T.
Ivan Susanin, 1836) und *Ruslan i Ljudmila* (1842; nach Puškins Poem).
Glinka vertonte auch Kukol'niks Romanzenzyklus *Proščanie s Peterbur-
gom* (Abschied von Petersburg, 1840) und komponierte die Schauspiel-
musik zu seiner Tragödie *Knjaz' Cholmskij* (Fürst Cholmskij, 1849). In
den 40er Jahren schrieb Kukol'nik eine Reihe von Romanen und
Erzählungen über historische und zeitgenössische Themen. In *Seržant
Ivan Ivanovič, ili Vsë za odno* (Sergeant Ivan Ivanov oder Alles für eines,
1841) oder *Nadin'ka* (1843) waren Einflüsse der aufkommenden Natürlichen Schule zu erkennen. Daß er die Zeichen der Zeit nicht übersah,
beweisen die von ihm herausgegebenen Zeitschriften *Dagerotip*
(Daguerreotyp, 1842) und *Illjustracija* (Illustration, 1845–1849), die die
neuen Bildtechniken ausnutzten, um an der Beschreibung Rußlands
mitzuwirken.

Ein Wort auch zu Vladimir Benediktov, dem vielgeschmähten, oft
parodierten Epigonen der Romantik. Aus kleinen Verhältnissen stammend, hatte er zunächst als Gardeoffizier, später als Finanzbeamter
gedient. Seine 1835 veröffentlichten *Stichotvorenija* (Gedichte) stießen
auf begeisterte Aufnahme. In einer Zeit, da Puškins dichterischer
Glanz zu verblassen schien und die romantische Formation erste Risse
zeigte, wurde Benediktov zum Modepoeten. Seinen Erfolg stellte
allein Belinskij mit einer seiner ersten Kritiken (*Stichotvorenija Vladimira*

Benediktova [Die Gedichte Vladimir Benediktovs], 1835) in Frage, indem er auf die konventionelle Glattheit und den Mangel an Gefühl und Ideen in der Poesie Benediktovs hinwies. In der Tat, der «Ultraromantismus», wie man die Manier dieses Dichters genannt hat, übernahm vor allem die Wohlgefälligkeit und die Harmlosigkeit, also gewissermaßen die Schaumkrone der Romantik, bediente sich flacher Beschreibung und abgegriffener Metaphorik, die vielfach noch auf Deržavin und Karamzin zurückwies; gedankliche Tiefe oder gar Ironie waren ihm indes fremd. Benediktov war mit dem Dramatiker Konstantin Bachturin und mit Pëtr Eršov, dem Verfasser des Versmärchens *Konëk-Gorbunov* (Das bucklige Pferdchen, vollst. 1856) befreundet. Der junge Nekrasov begann im Stil Benediktovs zu dichten (*Mečty i zvuki* [Träume und Klänge], 1840), ehe er sich der Natürlichen Schule verschrieb. Bemerkenswert sind Benediktovs Versübersetzungen, da ihm hier, etwa bei der Übertragung von Sonetten Shakespeares und Mickiewiczs, seine formale Versiertheit wohl zustatten kam. Er hat Gedichte aus dem Französischen von André Chénier, Victor Hugo und sogar, wie Taras Ševčenko bezeugt, die berühmt-berüchtigte *La curée* (*Sobačij pir,* 1856) von Auguste Barbier übersetzt, ferner Verse aus dem Ungarischen (Sándor Petöfi) und dem Serbischen (Nikola Petrović Njegoš). Die «Rettung» Benediktovs aber, wie sie mit der bisher vollständigsten Ausgabe seiner Gedichte in der *Biblioteka poèta* 1983 versucht wurde, dürfte das Bild des Epigonen der Romantik kaum wesentlich verändert haben.

Erzähler der Puškin-Zeit

Die Puškin-Zeit war reich nicht nur an poetischen Talenten, sondern auch an begabten Erzählern. Neben dem Schelmenroman und dem historischen Roman gewann vor allem die romantische Erzählung seit Beginn der 20er Jahre rasche Verbreitung. Natürlich hatte es auch zuvor nicht an belehrenden und sentimentalen Lesestoffen gefehlt, doch die ersten Versuche, eine «echte Erzählung» (istinnaja povest') zu schaffen, verlegte Belinskij in seinem Artikel O *russkoj povesti i povestjach g. Gogolja* (Über die russische Erzählung und die Erzählungen des Herrn Gogol', 1835) in die 20er Jahre. Er verstand darunter eine Erzählweise, die auf die eine oder andere Weise auf die russische Wirklichkeit gerichtet, also «realistisch» war. Bei den Autoren, die sich vor und neben Puškin und Gogol' der erzählenden Prosa widmeten, überwogen freilich längere Zeit romantische und phantastische Elemente; sie waren in einem subjektiven, oft schwülstigen Stil geschrieben, der weit von Puškins Lakonismus oder auch der sozialen Genauigkeit der Natürlichen Schule entfernt war.

Aleksandr Bestužev, unter dem Pseudonym Marlinskij der erste romantische Erzähler in Rußland, behandelte Themen aus der russischen Geschichte und aus der Gegenwart. Mitstreiter Ryleevs, mit dem er zusammen die Almanache *Poljarnaja zvezda* herausgab, und tief in die Dekabristenverschwörung verstrickt, ließ er in seinen Rittererzählungen (*Roman i Ol'ga* [Roman und Olga], 1823; *Zamok Nejgauzen* [Schloß Neuhausen], 1824; *Zamok Ėjzen* [Schloß Eisen], 1825, oder *Revel'skij turnir* [Das Turnier in Reval], 1825) die Feudalzeit in patriotischer Verbrämung erstehen. Als einer der Rädelsführer des Dekabristenaufstandes war er 1826 zum Tode verurteilt, dann aber zur Verbannung ins sibirische Jakutsk begnadigt worden. 1829 wurde er als gemeiner Soldat in den Kaukasus abkommandiert und fiel, inzwischen zum Fähnrich befördert, bei einem Scharmützel am Kap Adler. Bestužev-Marlinskijs Erzählungen der kaukasischen Jahre spielten im Vaterländischen Krieg (*Lejtenant Belozor* [Leutnant Belozor], 1831; *Latnik* [Der Kürassier], 1832) oder in der mondänen Welt (*Ispytanie* [Die Prüfung], 1830; *Fregat «Nadežda»* [Die Fregatte «Hoffnung»], 1833). Von besonderem Interesse waren die Erzählungen und Skizzen über das Leben der Bergvölker (*Ammalat-Bek*, 1832; *Mulla-Nur*, 1836 u. a.). Bestužev-Marlinskij entwickelte einen verschnörkelten, «ornamentalen» Stil, nach seinem Pseudonym «Marlinismus» (marlinizm) genannt, der als typisch für das romantische Erzählen vor Puškin gelten kann. Nur in der «wahren Geschichte» (byl') *Morechod Nikitin* (Der Seefahrer Nikitin, 1834) dämpfte er seinen manierierten Stil und schilderte handfest und witzig, wie der russische Handelsschiffer Savelij Nikitin den britischen Piratenkapitän Turnip überlistete.

Zu den romantischen Erzählern gehören weiter Orest Somov, der mit seinen aus der ukrainischen und russischen Folklore schöpfenden Erzählungen bekannt wurde, sich später aber dem Erzählstil Puškins näherte (*Roman v dvuch pis'mach* [Roman in zwei Briefen], 1832; *Matuška i synok* [Mütterchen und Söhnchen], 1833); Antonij Pogorel'skij mit dem Erzählband *Dvojnik, ili Moi večera v Malorossii* (Der Doppelgänger oder Meine Abende in Kleinrußland, 1828); Vladimir Odoevskij, von dem nicht nur die romantischen *Russischen Nächte*, sondern auch die Märchensammlung *Pëstrye skazki s krasnym slovcom* (Bunte Erzählungen mit geistreicher Bemerkung, 1833) und eine Reihe weiterer romantischer Erzählungen stammen.

Dicht an der Grenze zum realistischen Erzählen befindet sich Graf Vladimir Sollogub. Er hatte in Dorpat studiert und früh Beziehungen zu den Petersburger Literaturkreisen geknüpft. Seine Künstlererzählung *Istorija dvuch kaloš* (Die Geschichte zweier Galoschen, 1839) und die Erzählung *Bol'šoj svet* (Die große Welt, 1840) begründeten seinen Ruhm als Autor. Und noch heute zählt die Povest' *Tarantas* (Der Reisewagen, vollst. 1845), deren erste Kapitel 1840 in den *Otečestvennye zapiski* erschienen, zu den bedeutenden Erzählwerken der russischen Literatur. Indem er die beiden Gutsbesitzer Ivan Vasil'evič und Vasilij Ivanovič durch die russische Provinz reisen ließ, fand er Gelegenheit genug, Rückständigkeit und Mißstände satirisch zu beleuchten. Im Schlußkapitel, überschrieben «Son» (Traum), verwandelt sich die Kutsche in einen großen Vogel, der Ivan Vasil'evič in ein Moskau trägt, das zu einem idealen Ort geworden ist, sauber und einladend, bevölkert von klugen, arbeitsamen Menschen, ein Ort, wo Freiheit und Aufklärung unteilbar und jedem Menschen als Pflicht auferlegt sind – eine geträumte Utopie, die durch das Umkippen des Wagens jäh unterbrochen wird.

Man kann heute den von der sowjetischen Literaturwissenschaft herausgestellten «Kampf der zwei Kulturen» (bor'ba dvuch kul'tur), der sich gerade auf dem Felde der erzählenden Gattungen abgespielt habe, nicht mehr als gültiges Entwicklungsmodell nehmen. Das Lager der retrograden «Lakaien und Spione» der Monarchie, wie man Faddej Bulgarin und Nikolaj Greč oft genannt hat, machte mit der einflußreichen Zeitschrift *Severnjaja pčela* Puškin und seinem Kreis das Leben schwer. Die literarisch wertlosen Geschichts- und Sittenromane – genannt seien nur Bulgarins *Ivan Vyžigin* (1829) und *Pëtr Ivanovič Vyžigin* (1831) – entsprachen freilich den literarischen Bedürfnissen einer breiten Leserschaft besser und waren erfolgreicher als die Erzählungen Puškins. So ging es bei der Auseinandersetzung nicht zuletzt auch um kommerziellen Erfolg und «Marktanteile». Vollends nicht zu rechtfertigen ist es, wenn auch Osip Senkovskij und die von ihm seit 1834 herausgegebene Zeitschrift *Biblioteka dlja čtenija* dem Lager Bulgarins zugeschlagen wird. Senkovskij, polnischer Herkunft und bereits in jungen Jahren als genialer Orientalist hervorgetreten, gehört vielmehr, auch wenn er Gogol' verachtete, zu den bemerkenswerten Erscheinungen der damaligen Literatur. Unter dem Pseudonym «Baron Brambeus» agierend und zu mancherlei Mystifikationen neigend, schuf er mit der *Biblioteka dlja čtenija* nicht nur die erste «dicke Zeitschrift» (tolstyj žurnal) von enzyklopädischem Zuschnitt, die es auf beachtliche 5000 Abonnenten brachte, sondern bereicherte auch die russische Erzählliteratur um viele Neuerungen. Die traditionellen Gattungsgrenzen verloren bei ihm ihre Gültigkeit. Erzählung, Reisebericht, Genreskizze, Feuilleton, wissenschaftlicher Traktat und Parodie verschmolzen zu einer neuen Textart, die nur durch das Fluidum der

Ironie mächtig verbunden ward. Die Beherrschung des Arabischen, Persischen und Türkischen und die intime Kenntnis der Welt des Orients – Senkovskij wirkte von 1822 bis 1847 als Professor für orientalische Sprachen an der Petersburger Universität – gaben ihm nicht nur neue, exotische Themen ein, sondern gestatteten ihm geistreiche, spielerische Effekte. So wurde im zweiten Stück der *Fantastičeskie puteŝestvija Barona Brambeusa* (Die phantastischen Reisen des Barons Brambeus, 1833) der Held, ein bescheidener Kollegiensekretär oder *Segretario di governo*, bei der Einreise in die Türkei von den Zollbeamten in einen «Teilhaber der Geheimnisse des Russischen Wohlstandes», d. h. in einen hochgestellten Staatsbeamten, umgedeutet. (In eine ähnliche Situation sollte alsbald Gogol's Chlestakov geraten, der sich überdies sogar als Baron Brambeus ausgeben wird.) Senkovskij arbeitete mit Textmontagen (in der Skizzensammlung *Peterburgskie nravy* [Petersburger Sitten], 1833), er benutzte orientalisch-allegorische Verkleidungen (in *Pochoždenija odnoj revižskoj duši* [Die Abenteuer einer Revisionsseele], 1834). In *Poterjannaja dlja sveta povest'* (Eine für die Welt/Gesellschaft verlorene Handschrift, 1834) schob er einen fiktiven Verfasser, «A. Belkin», vor, dessen Geschichte davon handelt, wie eine Geschichte nicht zu Ende erzählt wird. Geheimnisvoll und spannend waren Senkovskijs Frauennovellen (*Neznakomka* [Die Unbekannte], 1833; *Tureckaja cyganka* [Die türkische Zigeunerin], 1835). Die Erzählmanier Senkovskijs lediglich als Annäherung der Povest' an das Feuilleton zu qualifizieren (V. È. Vacuro) und in ihm folglich nur einen wenn auch glänzenden Feuilletonisten zu sehen, bedeutet, ihn mit dem realistischen Maß zu messen. In postrealistischer oder postmoderner Sicht gewinnen Senkovskijs Erzähltexte Eigenschaften, die am Realismus vorbei in die Zukunft weisen.

Nikolaj Gogol'

Weniger von klassizistisch-sentimentalistischen Erfahrungen als von Nachwirkungen des polnisch-ukrainischen Barock berührt, trat Nikolaj Gogol' in die russische Literatur ein. Und er erschien in ihr nicht als Versdichter, sondern, nachdem der erste Versversuch kläglich mißraten war, als Prosaist. Er bewies, daß das Prosamedium ebensogut wie die Verssprache, wenn nicht besser, die romantischen Gedanken- und Wortgespinste einfangen kann. So wurde Gogol' der reine Romantiker der russischen Literatur und ihr erster großer Erzähler.

Nikolaj Gogol' stammte aus einer ukrainisch-polnischen Familie, die ursprünglich Janovskij hieß und sich den Namen Gogol' (d. i.

«Schellente») erst 1792 zulegte, um ihren – recht zweifelhaften – Adelsstatus nach russischem Recht bestätigt zu bekommen. Sein Vater, Vasilij Gogol'-Janovskij, ein kleiner Gutsbesitzer, war früh in den Ruhestand getreten. Am Magnatenhof Dmitrij Troščinskijs, des Onkels seiner Frau, scheint er als Majordomus und Unterhalter fungiert zu haben. Für die dort versammelte Gesellschaft verfaßte er ukrainische Schwänke, von denen jedoch keiner erhalten blieb. Der Fürsprache des einflußreichen Würdenträgers Troščinskij verdankte Nikolaj Gogol' die Aufnahme in das eben gegründete Gymnasium der höheren Wissenschaften in Nežin, eine der Musterlehranstalten, mit denen unter Kaiser Alexander der Bedarf an Staatsbeamten gedeckt werden sollte. Die Trennung von der Familie, besonders von der Mutter, fiel dem jungen Gogol' schwer. Im Gymnasium glänzte er weniger durch schulische Leistungen als durch sein theatralisches Talent, das in Stücken von Fonvizin, Knjažnin, Kotzebue und Florian, die von den Schülern aufgeführt wurden, zutage trat. Durch die Beschäftigung mit Schiller und Kant scheint sich schon damals die Idee von der ästhetischen Erziehung des Menschen in ihm verankert zu haben, die durch alle Metamorphosen hindurch die Grundlage seines Kunstverständnisses bleiben sollte (R.-D. Keil). In seiner «kleinrussischen» Kindheit hat Gogol' eine Fülle an Gestalten, Namen, Orten, magischen Bräuchen und Aberglauben, Märchen, Legenden und Liedern aufgenommen, aber auch kindliche Ängste und Krankheiten erfahren, frühes Sündenbewußtsein und quälende Reuegefühle durchlitten, die in ihrer Summe jenes magisch-dämonische Weltverständnis (R.-D. Keil) ergaben, dem Gogol' zeit seines Lebens verhaftet blieb. Es war dies eine romantische Disposition ganz anderer Art als bei den meisten Plejade-Dichtern: der Naturmagie, dem Aberglauben und der Religiosität des Volkes eng verbunden; gespeist vom Vertep, dem ukrainischen Puppentheater, und den Volksbelustigungen; immer auch rückweisend auf polnisch-barocke Traditionen, die im rationalistischen Petersburg nie aufgekommen waren.

Der Aufbruch nach Petersburg im Dezember 1828, nach Abschluß des Nežiner Gymnasiums, verband sich für Gogol' von Anfang an mit der Absicht, Beamter oder Schriftsteller zu werden. Allerdings gestattete sein mäßiges Abgangszeugnis nur eine Anstellung als Kollegienregistrator, d. h. in der XIV., der untersten Rangstufe. (Akakij Akakievič, der geschundene Held des *Mantels*, wird später immerhin der IX. Rangstufe angehören.) Alle Pläne und Versuche Gogol's, in einem bürgerlichen Beruf Fuß zu fassen, scheiterten. Als Hauslehrer wie als Geschichtslehrer an einer Mädchenschule gelangte er rasch an seine Grenzen, die Hoffnungen auf eine Geschichtsprofessur an der Kiever

Nikolaj Gogol'

Universität zerschlugen sich, auch als Adjunkt-Professor der Petersburger Universität konnte er sich nur anderthalb Jahre (bis Dezember 1835) halten, da das neue Universitätsgesetz formale Qualifikationen forderte, die er nicht besaß.

Die ‹ukrainischen Erzählungen›

Ganz anders stellten sich in der gleichen Zeit seine literarischen Erfolge dar. Zwar wurde die noch in Nežin verfaßte Versidylle *Ganc Kjuchel'garten* (Hans Küchelgarten, 1829), auf die er große Hoffnungen gesetzt hatte, ein grausiger Fehlschlag. Gogol' hatte hier – unter dem Pseudonym «V. Alov» – versucht, Unvereinbares – die deutsche Idyllik im Stile von Voß' *Luise* und die byronistische Unbehaustheit von Puškins *Cygany* – zu verbinden, und dies in recht unbeholfenen Versen. Im Epilog hatte er «sein Deutschland» und den «großen Goethe» gepriesen – Abruptheiten, wie sie später auch der Prosa Gogol's eignen werden. Seine Reaktion auf den Mißerfolg bestand darin, hastig eine Reise nach Lübeck, Travemünde und Hamburg anzutreten und den Auflagenrest zu verbrennen. Auch dies ein Grundmuster künftigen Verhaltens. Doch schon bald stellte sich mit den *Večera na chutore bliz Dikan'ki* (Abende auf einem Weiler nahe Dikan'ka, 1831/32) ein beachtlicher Erfolg ein. Gogol' traf mit diesen Erzählungen aus dem kleinrussischen Volksleben, die dem Imker Rudyj Pan'ko in den Mund gelegt waren, auf eine Stimmung gesteigerten Interesses an allem, was aus der Ukraine kam – oder Kleinrußland (Malorossija), wie man damals sagte. Gogol's Landsmann Michail Maksimovič, der nachmalige Rektor der Kiever Universität, hatte 1827 seine Sammlung *Malorossijskie pesni* (Kleinrussische Lieder) veröffentlicht; Orest Somov schrieb unter dem Pseudonym «Porfirij Bajskij» Erzählungen aus der ukrainischen Märchenwelt (*Gajdamak* [Der Haidamake], 1826; *Oboroten'* [Der Wiedergänger], 1829; *Rusalka*, 1829; *Skazki o kladach* [Schatzmärchen], 1830); auch die vielgelesenen Romane von Vasilij Narežnyj, ebenfalls einem Landsmann Gogol's, (*Bursak* [Der Seminarist], 1825; *Dva Ivana, ili Strast' k tjažbam* [Die zwei Ivans oder Die Prozeßleidenschaft], 1829) spielten im ukrainischen Milieu. Gogol' waren die Märchen und Legenden seiner Heimat von Kindheit an vertraut; was ihm an folkloristischem Material fehlte, ließ er sich von seiner Mutter brieflich übermitteln: die dörflichen Hochzeits- und Weihnachtsbräuche (in *Noč' pered roždestvom* [Die Nacht vor Weihnachten]), das Brauchtum in der Johannisnacht (in *Večer nakanune Ivana Kupala* [Der Abend vor dem Johannistag]), Sagen von Teufeln, Hexen und Nixen, Volksglauben und derbe Anekdoten. Mochten im Teufelsweben und Hexenunwesen, in Phantastik und Nachtmagie auch die Muster der deutschen Romantik (Tieck, E. T. A. Hoffmann) durchscheinen, so waren sie doch dem heimischen Milieu vollkommen anverwandelt. Vor allem aber in Sprache und Erzählduktus zog Gogol' unerhörte Register. So war in Rußland noch nicht erzählt worden, so kleinrussische Narodnost' noch nicht vor Augen getreten. Zudem arbeitete Gogol' auch mit verblüffenden Kompositionsverfahren. Die Erzählung *Ivan Fëdorovič Šponka i ego tëtuška* (Ivan Fëdorovič Šponka und sein Tantchen) etwa blieb, wie man eingangs erfährt, deshalb fragmentarisch, weil ein Teil des Manuskripts aus Versehen zum Pastetenbacken verwendet wurde. Belinskij sprach von einer «völlig neuen, noch nicht dagewesenen Welt der Kunst»; Puškin lobte die echte Heiterkeit, ohne Ziererei und Zimperlichkeit. Am meisten aber fühlte sich der Autor durch die Reaktion der Setzer bestätigt. Als er die Druckerei betrat, so berichtete er Puškin, hätten sie sich das Lachen nicht verkneifen können. Demnach sei er ein Schriftsteller ganz nach dem Geschmack des gemeinen Volkes – eine ironische Spitze, die der als Dichter-Aristokrat angefeindete Puškin nur zu gut verstand.

Das ukrainische Thema wurde noch einmal in den Erzählungen ausgespielt, die Gogol' 1835 unter dem Titel *Mirgorod* (wörtlich: Welt-Stadt) veröffentlichte. Die vier Erzählungen bildeten erklärtermaßen die Fortsetzung der *Večera*, ohne daß die Erzählerfiktion weiter aufrechterhalten wurde. Die Erzählsammlung war auf Kontrasten aufgebaut: zuerst die ukrainische Gutsbesitzeridylle *Starosvetskie pomeščiki* (Altväterliche Gutsbesitzer), gefolgt von der historischen Erzählung *Taras Bul'ba*, die ein heroisches Bild vom Kampf der Kosaken gegen die polnische Herrschaft irgendwann im 16. oder 17. Jahrhundert bot. Die Erzählung vom grausamen Ataman und seinen ungleichen Söhnen Ostap und Andrij ist das einzige Werk Gogol's, in dem das Heldische an die Stelle von Humor und Ironie tritt. Auch vom Scottschen Roman-modell ließ sich Gogol' nicht beeinflussen, sondern setzte eher auf den heldischen Ton der Kosakenduma und den Homerischen Stil. Die lange Arbeit an der Erzählung, die ihre endgültige Fassung erst in der vierbändigen Werkausgabe (*Sočinenija*) von 1842 erhielt, zeigt, wie schwer sich Gogol' mit dem historischen Thema tat. Aber: ein «mißglücktes Experiment», wie gesagt worden ist? Dagegen spricht allein schon die weite Verbreitung, die die Erzählung beim alten und jungen Publikum gefunden hat. Die Schauergeschichte *Vij* (so heißt im Volksglauben ein Erdgeist) kontrastierte mit der *Povest' o tom, kak possorilsja Ivan Ivanovič s Ivanom Nikiforovičem* (Die Geschichte, wie sich Ivan Ivanovič mit Ivan Nikiforovič verzankte). Mit diesem Streit aus nichtigstem Anlaß – der eine Gutsbesitzer hat den anderen einen Gänserich (gusak) geheißen – führte Gogol' erstmals, vielleicht in Anlehnung an Narežnyjs *Dva Ivana*, die endlose Banalität (pošlost') nichtiger Geschöpfe vor Augen, die er am Ende mit der Wendung quittierte: «Langweilig ist's auf dieser Welt, meine Herrschaften!» (Skučno na ètom svete, gospoda!)

Im Herbst 1830 hatte Gogol' Žukovskij und den Literaturprofessor Pletnëv kennengelernt; letzterer vermittelte im Mai 1831 die Bekanntschaft mit Puškin. In Del'vigs *Literaturnaja gazeta* veröffentlichte er einige kleinere Arbeiten, unter denen der Traktat *Ženščina* (Die Frau, 1830) besondere Beachtung verdient, denn er enthält Gogol's ästhetisches Credo. Telekles, ein Schüler Platos, beklagt sich über die Frau, das Höllengezücht, geschaffen, um die Glückseligkeit des Menschen zu zerrütten. Doch Plato belehrt ihn: Die Frau sei die Sprache der Götter: «Sie ist die Poesie! Sie ist die Idee, doch wir sind nur ihre Verkörperung in der Wirklichkeit.» «Wir» – das sind die Männer, die hier gleichsam für das Reale stehen: «Solange sich das Bild noch im Haupte des Künstlers rundet und erschafft, ist es Frau; wenn es in Stoff übergeht und sich in Tastbarkeit kleidet, wird es Mann.» Fürwahr, eine eigenartige Verschmelzung des Platonismus mit der Kategorie des «ewig Weiblichen». Mochte, wie vermutet wird, die Apotheose des Weiblichen auch persönlichem Erleben entsprungen sein, so wirft sie doch ein bezeichnendes Licht sowohl auf Gogol's Kunstverständnis als auch auf sein zeitlebens gestörtes Verhältnis zu Frauen. Künftige Werke werden das ideale Bild der Frau beschädigen. In *Nevskij prospekt* entpuppen sich die Schönen als lasterhafte oder unbedarfte Geschöpfe, in den *Toten Seelen* erscheint die Gouverneurstochter, ein Wesen von idealer Schönheit und kindlicher Unschuld, indefinit «wie ein frisches Ei».

Die ‹Petersburger Erzählungen›

Verschiedene Aufsätze und Erzählungen hatte Gogol' 1835, wenige Wochen vor *Mirgorod* in dem Sammelband *Arabeski* (Arabesken) veröffentlicht. Mit ihm entfernte er sich von dem ukrainischen Mikrokosmos und wandte sich der russischen Metropole zu: Petersburg. Der Teufel zog vom Dorf in die Stadt. Die Erzählungen *Nevskij prospekt*, *Portret* (Das Porträt, 2. Fassung 1842) und *Zapiski sumasšedšego* (Aufzeichnungen eines Wahnsinnigen), die später, ergänzt um *Nos* (Die Nase, 1836) und *Šinel'* (Der Mantel, 1842), unter dem Namen *Peterburgskie povesti* (Petersburger Novellen) firmierten, zeigen Beamte, Offiziere, Handwerker in der Großstadt, in der Laster und Geldgier herrschen und das Alltägliche sich jederzeit ins Dämonische verschieben kann. Den romantisch gestimmten Leser konnte nicht mehr verwundern, daß Gogol' seine Helden verschiedenen Illusionen und Desillusionierungen aussetzte, wohl aber mußte ihn die hohe Kunstfertigkeit frappieren, mit der der Autor vorging. Popriščin, der schizophrene Tagebuchschreiber der *Zapiski sumasšedšego* hält sich für den König von Spanien und liebt eine Frau, die sich über ihn lustig macht. Aber wie greifen doch krankhafte Phantasterei und präzise Wahrnehmung naturalistischer Details ineinander, gipfelnd in einem Brief, den das Hündchen der Geliebten an einen anderen Hund geschrieben hat! In *Nevskij prospekt* eilen der Maler Piskarëv und sein Freund, Leutnant Pirogov, im schummerigen Licht der Petersburger Prachtstraße zwei schönen Damen nach. Die eine erweist sich als Dirne, die andere als dümmliche deutsche Handwerkersfrau, wenngleich vom Nimbus des Namens Schiller umgeben. Das hatte gewiß viel mit Gogol's ästhetischen Grundüberzeugungen zu tun, gewann aber seine künstlerische Suggestionskraft erst aus dem besonderen Prosastil, den Gogol' in Vollendung beherrschte. Das Dämonisch-Banale wurde durch ehrwürdige Verfahren realisiert. Synekdoche, die ein charakteristisches Detail statt der ganzen Figur nennt, Hyperbel, die die Gegebenheiten ins Maßlose verzerrt, oder Reihung disparater Gegenstände, die das Durcheinander in der Welt modelliert, wurden eingesetzt, um die Verdinglichung der Menschen und die Belebung der Dinge erlebbar zu machen. Ohne Zweifel entstammten die Figuren und die an ihnen beobachteten typischen Merkmale der Petersburger Wirklichkeit, und doch waren sie nicht «realistisch», sondern in einer bestimmten – grotesken – Verzerrung wiedergegeben. In *Nos* trieb Gogol' die Groteske ins Extrem: Dem Kollegienassessor Kovalëv ist seine Nase abhanden gekommen. Man entdeckt sie in ein Brot eingebacken, dann zeigt sie sich auf der Straße in der Uniform eines Staatsrates. Zunächst bleibt alles Fahnden nach der Nase ergebnislos. Doch dann findet sie sich plötzlich, als wäre nie etwas geschehen, wieder im Gesicht des Kollegienassessors. Am Schluß aber treibt der Erzähler die Verwirrung auf die Spitze, wenn er fragt, wie denn Autoren nur derartige Dinge zum Gegenstand ihrer Erzählung wählen könnten. Vsevolod Setschkareff hat überzeugend die Parallele zu Puškins *Domik v Kolomne* herausgestellt. In beiden Texten wird das (nichtige) Thema durch das Jonglieren mit künstlerischen Verfahren überlagert.

Šinel' ist die vielleicht bekannteste Novelle Gogol's, auf jeden Fall hat dieses Werk eine unübersehbare Menge von Analysen und Deutungen ausgelöst, so daß es geradezu als Paradestück der Literaturinterpretation gelten kann. Was geht darin vor? Im Grunde nicht viel, wenn man allein das Sujet betrachtet. Der kleine Beamte Akakij Akakievič Bašmačkin spart sich von seinem kargen Gehalt einen pompösen Mantel ab. Als er ihn endlich vom Schneider Petrovič erhalten hat, nimmt

er an einem Festessen bei seinem Bürovorsteher teil. Auf dem Heim-
weg wird ihm der Mantel von Straßenräubern entrissen. Da ihm niemand hilft, den Mantel zurückzubekommen, am wenigsten die «hochgestellte Persönlichkeit», an die er sich wendet, geht Bašmačkin
zugrunde. Nach seinem Tod treiben auf den nächtlichen Straßen
Gespenster ihr Unwesen und rauben den Passanten die Mäntel. Von
seinem Inhalt her wurde der *Mantel* seit Belinskij als sozialkritischer
Appell interpretiert, als Demonstration der Leiden des kleinen Mannes
und Protest gegen die Herzlosigkeit der Mächtigen. Man übersah über
dem Handlungsgerüst geflissentlich, daß Gogol' in der Erzählung alle
Finessen seines Stilarsenals einsetzte. Wie er mit milder Ironie die
Kanzleiatmosphäre oder mit verschmitztem Wortwitz Geburt und
Namensgebung seines Helden schilderte, wie er in sentimentales Mitleid verfiel, wenn dieser von seinen Kollegen gehänselt wurde, wie er
ihn herumdrucksen ließ, wenn er Anliegen vorzubringen hatte – das
war an kaustischem Witz kaum zu überbieten. Aber man nahm auch
die versteckten Hinweise auf das Wirken magischer Kräfte nicht zur
Kenntnis. Zu diesen unzulässigen Reduktionen zählt sicherlich nicht
das Dostoevskij oder Turgenev zugeschriebene Diktum: «Wir kommen alle aus Gogol's ‹Mantel›» (Vse my vyšli iz gogolevskoj «Šineli»),
denn es meinte nicht nur Gogol's sozialkritische Inhalte, sondern vor
allem auch seinen Stil, wie er sich in der Natürlichen Schule zunächst
fortsetzte. Aus der Sicht des Formalisten zeigte später Boris Ėjchenbaum in seinem Essay *Kak sdelana «Šinel'»* Gogolja (Wie Gogol's «Mantel» gemacht ist, 1919) auf, daß in der Erzählung unterschiedliche Aus-
druckskomplexe – komischer, bis zum Nonsens getriebener Skaz,
pathetische Deklamation – kontrapostiert werden; das Spielen mit
Stilen und Wortklängen mache ihren künstlerischen Sinn aus. Tschižewskij wies auf die «teuflischen» Implikationen des Textes hin und
zeigte, daß der Partikel «daže» (sogar) beim Sinnaufbau eine wichtige
Funktion zukam. Auch die Vita des heiligen Akakij, des Namenspa-
trons von Bašmačkin, wurde als Subtext geortet (K.-D. Seemann). Die
Mannigfaltigkeit der Interpretamente, die sich ja, auch wenn sie sich
gegenseitig ausschließen, jeweils auf reale Textgegebenheiten berufen,
wirft nun wieder auch Licht auf den künstlerischen Charakter des zu
deutenden Werkes. Es handelt sich offenbar nicht um einen Text, der
in einem einheitlichen Stil zielstrebig eine ganz bestimmte Aussageintention verwirklicht, sondern um eine stilistisch und semantisch
schillernde Textur mit einer Fülle an Denkvorwürfen, die der Leser im
Konkretisierungsakt unterschiedlich ausführen kann. So kann aus dem
Mantel sehr wohl soziales Mitleid herausgelesen werden, aber ebensogut auch die Dingbesessenheit Bašmačkins (obwohl ein gefütterter

Wintermantel im feuchtkalten Petersburg natürlich eine Lebensnotwendigkeit ist) oder seine Versuchung durch den Teufel. Doch führt am Ende nichts an der Erkenntnis vorbei, daß Gogol' eben vor allem seine skurrilen Einfälle, einen nach dem anderen, aufnimmt, hin- und herwendet, in allen Facetten aufscheinen läßt und wieder beiseiteschiebt. Das die mündliche Rede imitierende Erzählverfahren, das Gogol' dabei einsetzt, liefert die Motivation für die thematischen Inkohärenzen der Erzählung. Ähnliches gilt für die in ihrer Komik umwerfende Erzählung *Koljaska* (Die Kalesche, 1836). In den Eingangssätzen erinnert sie noch an Puškins *Belkin*-Erzählungen – vielleicht wurde sie deshalb von Tolstoj besonders geschätzt –, doch wächst sie sich schnell zu einer witzigen Improvisation aus, die munter von Gegenstand zu Gegenstand springt, bis die Schlußpointe wie eine reife Frucht vom Baum fällt.

‹Der Revisor›

In den Petersburger Jahren, die durch ein rasches Fortschreiten der Novellistik gekennzeichnet waren, versuchte sich Gogol' bald auch im dramatischen Genre. Es reizte ihn ungemein, die komischen Seiten des russischen Lebens, die russischen Schelme und Käuze auf die Bühne zu bringen. Ein Vorhaben, dem er sich seit 1832 widmete, ohne es zu Ende zu bringen, war die Komödie *Vladimir tret'ej stepeni* (Der Vladimirorden dritter Klasse). Gogol' wollte in ihr einen Beamten namens Ivan Barsukov darstellen, der alles daransetzt, den Vladimirorden zu erlangen, bis er in den Wahn verfällt, selber der Orden zu sein. In der Werkausgabe von 1842 veröffentlichte Gogol' einzelne Szenen aus der Komödie – *Utro delovogo čeloveka* (Der Morgen eines beschäftigten Mannes, 1836), *Tjažba* (Der Prozeß, 1840), *Lakejskaja* (Das Lakaienzimmer, 1839/40) und *Otryvok* (Bruchstück). Erhalten ist ferner das Fragment eines historischen Dramas *Al'fred* über den angelsächsischen König, Gesetzgeber und ersten Schriftsteller der Engländer, den Gogol' in seinen Universitätsvorlesungen über das englische Mittelalter behandelt hatte. Daß die Historie nicht sein Metier war, erwies sich auch hier. Was er benötigte, war nicht ein gewichtiger Stoff für ein historisches Drama, sondern eine leichte Anekdote für eine Komödie. Er erhielt sie und machte daraus den *Revizor*. In der *Avtorskaja ispoved'* (Autorenbeichte, 1847) hat Gogol' selbst bekundet, daß er die Anekdote – «eine komische oder nicht komische, aber rein russische Anekdote» – von Puškin erbeten und erhalten habe. Das geschah Anfang Oktober 1835. Zwei Monate später hatte er die Komödie niedergeschrieben, eine der besten des gesamten Weltrepertoires! Doch nicht nur die knappe Entstehungszeit war erstaunlich an dieser Komödie, sondern eigentlich alles. Sie griff einerseits mit der größten Unbefangenheit auf gängiges Komödienmaterial zurück und war andererseits völlig neu nach ihrem dramatischen Konzept. Im Grunde schien sie nur eine neue Variante der alten Verwechslungskomödie zu sein: Chlestakov, ein Beamter der untersten Rangklasse, taucht, völlig abgebrannt, in einer Provinzstadt auf, in der die Honoratioren mit dem Stadthauptmann (gorodničij) Skvoznik-Dmuchanovskij an der Spitze eines staatlichen Revisors harren. In ihrer heillosen Angst halten sie Chlestakov für den Revisor, dienen sich ihm an, bewirten ihn, stecken ihm Geld zu. Chlestakov – Gogol' charakterisiert ihn als einen jungen Mann von 23 Jahren, dünn und mager, «ohne Grips im Kopf» (bez carja v golove), völlig unkonzentriert und leichtfertig daherredend – nimmt alles bedenkenlos hin, macht Frau und Tochter des Stadthauptmanns den Hof, verlobt sich mit der Tochter, macht sich dann aber rasch aus dem Staube. Als sich die Honoratioren im V. Akt zur Verlobungscour versammeln, wird durch einen abgefangenen Brief die Verblendung offenbar, der sie aufgesessen sind. Da erscheint ein Gendarm und meldet die Ankunft des echten Revisors. Wie vom Schlag getroffen, verweilen die Versammelten in sprachlosem Entsetzen. Gogol' schrieb für die berühmte «stumme Szene» (nemaja scena), die den Schrecken markiert, eine Dauer von wenigstens anderthalb Minuten vor.

Die Forschung hat im *Revizor* eine Reihe von Parallelen oder «Einflüssen» aus der Komödientradition namhaft gemacht. Gewisse Ähnlichkeiten bestehen etwa zwischen Gogol's Stück und Molières *Tartuffe*, nur ist Chlestakov eben kein «imposteur», kein vorsätzlich handelnder Betrüger, sondern ein windiger Aufschneider, der in die Rolle des Revisors hineinschlittert, ohne es eigentlich zu wollen, der aber das entstandene Mißverständnis auch nicht aufklärt. Und Gogol' kritisierte in seinem Theaterbericht für das Jahr 1835/36 (*Peterburgskaja scena v 1835–36 g.*) gerade die veraltete Handlungskonstruktion bei Molière, mit der er brechen wollte. Mit Kapnists Gerichtskomödie *Jabeda* (Prozeßschikane) hat der *Revizor* die Honoratiorenrunde und einige Motive (Bestechung, Verlesen eines Briefes mit Unterbrechungen usw.) gemein. Ansehnlicher sind Übereinstimmungen mit Kotzebues *Deutschen Kleinstädtern*, etwa im Aufbau der Verwechslungssituation und im komischen Ausspielen der Titulaturen, und überdeutlich die Koinzidenzen mit der Komödie *Priezžij iz stolicy, ili Sumatocha v uezdnom gorode* (Der Ankömmling aus der Hauptstadt oder Wirrwarr in der Kreisstadt, 1827, veröfftl. 1840) des Ukrainers Grigorij Kvitka-Osnov'janenko. Sie haben sogar den Verdacht des Plagiats aufkommen lassen, obwohl sich Gogol's Stück nach Idee und Anlage grundsätzlich von der konventionellen Betrügerkomödie Kvitka-Osnov'janenkos unterscheidet. Gogol' benötigte keinen Helden, der ein bestimmtes Laster verkörperte, weil die Dramatis personae seiner Komödie allesamt sittlich fragwürdig waren. Und er konnte leicht auf die obligatorische Liebesintrige verzichten, weil, wie er in einer seiner Autointerpretationen (*Teatral'nyj raz-ezd posle predstavlenija novoj Komedii* [Aufbruch aus dem Theater nach der Vorstellung einer neuen Komödie, 1842) ausführt, Rang, Geldkapital und vorteilhafte Heirat größere Wirkung in der Gesellschaft haben als die Liebe.

In der Tat findet man die genannten Motivbereiche auf unnachahmliche Weise in der Komödie ausgeführt. Die Honoratioren, die der VI. bis IX. Rangstufe angehören, vermuten in Chlestakov (XIV. Stufe) einen Revisor, d. h. einen abgeordneten Senator (II. oder III. Stufe). Welches Verwirrspiel sich daraus in der Anredeetikette und den Höflichkeitsbezeigungen ergibt, ist von heutigen Rezipienten kaum mehr zu ermessen, ganz zu schweigen davon, daß diese komische Schicht in den Übersetzungen völlig ausgespart bleibt. In der großen Aufschneideszene im III. Akt steigert sich Chlestakov vom Kollegienassessor (VIII. Stufe) bis zum Wirklichen Staatsrat (IV. Stufe) und gar zum Feldmarschall (I. Stufe), was er aber schon nicht mehr zu Ende spricht. Das Geldmotiv erscheint vor allem in der Variante des Geldmangels und der Behebung desselben mittels Bestechung. Liebe endlich ist nur noch in Rudimenten anwesend, in jenen kurzen Szenen des IV. Aktes, in denen Chlestakov Frau und Tochter des Stadthauptmanns nacheinander den Hof macht – beide Male übrigens unter Verwendung völlig unangebrachter Verse von Lomonosov bzw. Karamzin.

Das hermeneutische Dilemma, das die Rezeptionsgeschichte des *Revizor*, schwankend zwischen sozialkritischer und metaphysischer Deutung, durchzieht, liegt in der Dichotomie des generativen Kerns begründet, aus dem Gogol' die Komödie entfaltete. Er wollte die menschliche Verblendung und zugleich «alles Schlechte in Rußland» (vsë durnoe v Rossii) zeigen und verband beides durch das Konstruktionsmotiv des gegenseitigen Verkennens. Wirklich sind ja in den Honoratioren die institutionellen Pfeiler des Staates sozialkritisch erfaßt – mit dem Stadthauptmann die Staatsgewalt, mit dem Schulaufseher Chlopov das Bildungswesen, mit dem Kreisrichter Ljapkin-Trjapkin das Justizwesen usw. Andererseits kann die Komödie als Allegorie der menschlichen Seele gedeutet werden, wie es Gogol' in einer weiteren Selbstinterpretation (*Razvjazka Revizora* [Die Lösung des Revisors], 1846) suggeriert: Die Komödie zeige eine «Seelenstadt» (duševnyj gorod), in der Chlestakov als das windige, weltliche, käufliche und trügerische Gewissen erscheine, während der echte Revisor als das erwachte Gewissen auftrete, das den Menschen zwinge, sich selbst ins Angesicht zu schauen. Vjačeslav Ivanov hat in seinem Essay *Gogol' i Aristofan* (Gogol' und Aristophanes, 1925) im *Revizor* die Verhältnisse der attischen Komödie aufgespürt und das Lachen am Schluß als das den Demos vereinigende, reinigende «demotische» Lachen wiedererkannt. Die Parabase des Stadthauptmannes am Schluß vergleicht er mit Anrede und Verspottung, die Honoratiorenversammlung mit dem Chor der Aristophanischen Komödie: «Der Held ist Chlestakov; der bunte polyphone Chor ist die Stadt, an deren Spitze der Stadthauptmann steht. Und wenn der Koryphäe im Moment der Parabase die anderen auffordert, ihre Maske abzuwerfen [...] – wird es endgültig klar, daß nicht nur der Stadthauptmann und die Stadt eins sind, sondern auch die Stadt eins ist mit den sorglos lachenden Zuschauern.» Der *Revizor* ist zweifellos romantisch, aber er ist auch realistisch und er ist klassisch; er ist komisch und tragisch in einem. Die großen Werke sträuben sich gegen die literaturwissenschaftliche Klassifikation.

Auch der Posse *Ženit'ba* (Die Heirat, 1835) lag ein höchst einfaches und dazu altbekanntes Sujet zugrunde, die Brautwerbung, an dem Gogol' seine Vis comica ein weiteres Mal beweisen konnte. Wie in Sumarokovs *Tresotinius* oder Knjažnins *Čudaki* (Die seltsamen Käuze) treten mehrere Bewerber in Wettstreit und es sind ganz ähnliche Typen wie bei den Vorgängern: der Gerichtsvollzieher Jaičnica, der Offizier Anučkin, ein Miles gloriosus, der Seemann Ževakin und der Hofrat Podkolësin, der Zaghafteste von allen, der am Ende, als die Entscheidung unabwendbar wird, aus dem Fenster springt. Die Spielerkomödie *Igroki* (Die Spieler, 1836) entwickelt ihren Spaß aus dem Motiv des betrogenen Betrügers. Der Falschspieler Icharëv wird von einer Spielerbande übers Ohr gehauen und verliert seinen erschwindelten Gewinn. Gogol' verzichtete hier gänzlich auf weibliches Personal. Die «Situation» erwies sich aber selbst für einen Gogol' als zu eng, um daraus eine wirkungsvolle Komödie zu machen.

‹Die toten Seelen›

Die Enttäuschung über die Aufführung (im April 1836 in Petersburg, einen Monat darauf in Moskau) und über die Aufnahme des *Revisors* veranlaßte Gogol' erneut zum Reisen. Bis September 1839 lebte er in Deutschland, Frankreich, der Schweiz und vor allem in Italien. In Rom besuchte ihn Žukovskij mit dem Thronfolger, in Hanau traf er mit dem kranken Jazykov zusammen. Wichtiger war, daß er in all dieser Zeit bereits an seinem Roman *Mërtvye duši* (Die toten Seelen) arbeitete, dessen erster Teil 1841 – Gogol' weilte schon wieder im Ausland – in Rom abgeschlossen wurde und 1842 nach einigen Querelen mit der Zensur erscheinen konnte. Mit anderen Worten: Der Roman, der einen tiefgründigen Eindruck von den russischen Menschen und Verhältnissen vermittelt, wurde jenseits der russischen Grenzen geschrieben – ein Muster, das sich bei Turgenev, Gercen, Dostoevskij und endlich in der russischen Emigration des 20. Jahrhunderts wiederholen sollte. Bei Gogol' allerdings nahm das Reisen jetzt fast paranoische Züge an. In den Jahren nach 1843 wechselte er von Ort zu Ort: Rom – Florenz – Verona – Gastein – München – Frankfurt – Stuttgart – Bad Ems – Baden-Baden – Düsseldorf – Nizza usw. Rom mit seiner russischen Kolonie war sein wichtigster Winterstützpunkt, von hier reiste er in die deutschen Bäder und zu berühmten Ärzten. Mehrmals besuchte er den Doyen der russischen Literatur, Vasilij Žukovskij, der sich 1841 in Düsseldorf niedergelassen hatte und später in Frankfurt lebte.

Auch den *Mërtvye duši* liegt ein Reiseschema zugrunde, aber es führt nur durch die russische Provinz. Der Kollegienrat Čičikov, Sohn eines kleinen Gutsbesitzers, taucht in einer Provinzstadt auf und versucht auf einer Rundfahrt, einigen Gutsbesitzern ihre «toten Seelen», d. h. verstorbene Leibeigene, für die bis zum nächsten Revisionstermin Kopfsteuer zu zahlen ist, abzuhandeln. Erst am Schluß wird klar, welchem Zweck dieses absonderliche Ansinnen dient: Čičikov will die billig erworbenen «toten Seelen» verpfänden, um mit dem Geld ein Landgut in Südrußland zu erwerben. Als die Behörden wegen Čičikovs Machenschaften Verdacht schöpfen, läßt er rasch seine Kutsche reparieren und sucht das Weite. Während die Trojka in schneller Fahrt aus dem Roman herausfährt, wird sie, ganz unvermittelt, mit Rußland verglichen und plötzlich *ist* sie Rußland, an das sich der Erzähler mit der besorgten Frage wendet: «Rußland, wo eilst du hin? Es gibt keine Antwort. [. . .] Alles, was es auf Erden gibt, fliegt vorbei, und mit scheelem Blick treten die anderen Völker und Staaten zur Seite und geben ihm den Weg frei.»

Wieder hatte Gogol' das Sujet von den «toten Seelen» als betrügerischem Handelsobjekt von Puškin erhalten. Und er nutzte es, ähnlich wie im *Revizor*, zu einem unvergleichlichen Feuerwerk von witzigen und tiefsinnigen Einfällen. Skurrile Figuren, pittoreskes Milieu und vertrackte Situationen fesselten den Leser wohl mehr als die eigentliche Handlung, die als einziges Spannungsmoment die Frage nach dem Zweck des Seelenkaufs bot. Dieses Geheimnis wird, wie auch die Biographie des Helden, erst gegen Schluß gelüftet. Čičikov nimmt sich demnach wie ein Betrüger aus oder, wie es die sozialkritische Deutung will, wie ein Schmarotzer, der aus dem zerfallenden System der Leibeigenschaft seinen Nutzen zieht.

Was aber bedeutete diese Haupthandlung gegenüber den überquellenden Details, mit denen Gogol' seine satirischen und grotesken Späße trieb! In den zentralen Kapiteln des Romans traten die Gutsbesitzer, die Čičikov aufsucht, als eine Galerie absonderlicher Psychopathen sehr einprägsam hervor: Manilov, der zuckersüße (sladkij kak sachar), sentimentale Müßiggänger, der sich selbst zum Scheine lebt; die verschrobene, geizige Korobočka (d. i. «die kleine Schachtel»), die Čičikov bei den Behörden anschwärzt; der impulsive, unverschämte Nozdrëv; der massige, boshafte Sobakevič (d. i. «Hundesohn») und endlich der völlig verwahrloste Geizhals Pljuškin. Fünf Gutsbesitzer, die metonymisch in ihrem Ambiente, Haus und Hof, gespiegelt wurden und längst als sprichwörtliche Gestalten im russischen kollektiven Bewußtsein anwesend sind. Sie und die Bewohner der Provinzstadt sind in Wahrheit die «toten Seelen», während jene, die Čičikov erworben hat, frisch und lebendig vor seinem inneren Auge erstehen, als er im Gasthof ihre Papiere ordnet.

So doppeldeutig wie der Haupttitel des Romans sind auch seine beiden Untertitel: «Pochoždenija Čičikova» (Die Abenteuer Čičikovs) und «Poèma» (Poem). Der eine weist auf den Schelmenroman – das Motiv der Rundreise könnte etwa aus Vasilij Narežnyjs *Rossijskij Žil'bla, ili Pochoždenija knjazja Gavrily Simonoviča Čistjakova* (Der russische Gil Blas oder Die Abenteuer des Fürsten G. S. Čistjakov, 1814) genommen sein; der andere verbindet das Werk mit dem Versepos. Man mag darin eine Umkehrung von Puškins Gattungsbezeichnung «Roman in Versen» (roman v stichach) erblicken: So wie dieser eine Prosagattung in Versen geschrieben hatte, kam von Gogol' nun ein Poem, also ein Verswerk, in Prosa. (Gogol's Prosa «funktioniert» in ihrer sprachlichen Dichte und Allusivität ähnlich wie Versdichtung.) Wahrscheinlich zielt die Gattungsbezeichnung aber weiter, nämlich auf ein viel anspruchsvolleres Gattungskonzept, das Gogol' angestrebt, aber nicht verwirklicht hat.

Nach der Veröffentlichung des ersten Teils des Romans arbeitete er fast zehn Jahre am zweiten Teil, dessen abgeschlossene Partien er zweimal verbrannte, das zweite Mal wenige Tage vor seinem Tod. So sind von der Fortsetzung lediglich die vier Eingangskapitel und «Eines der letzten Kapitel» erhalten geblieben, in einer Form, die nicht als autorisierter Text gelten kann. Aus verschiedenen Äußerungen Gogol's ergibt sich, daß er das Werk größer geplant hatte, wahrscheinlich sogar – in Anlehnung an Dantes *Göttliche Komödie* – als monumentales dreiteiliges Prosa-Epos. Ein Epos, ganz auf die russische Wirklichkeit

bezogen, das nach Inferno und Fegefeuer das Paradies, also einen Ideal-
zustand menschlicher und gesellschaftlicher Verfassung, als Ziel der
«Abenteuer Čičikovs» gestalten sollte. So schrieb Gogol' 1842 in einem
Brief an Žukovskij, der erste Teil bilde lediglich die Vortreppe zu einem
Palast (kryl'com k dvorcu), der in kolossalen Dimensionen geplant sei.
Manche Literaturwissenschaftler haben aus solchen Angaben das mut-
maßliche Gesamtwerk «hochgerechnet». Namentlich der Komparatist
Aleksej Veselovskij komplettierte in seinen *Ètjudi i charakteristiki* (Stu-
dien und Charakteristiken, 1912) die *Mërtvye duši* auf seine Weise.
Obwohl Gogol' das Werk nicht vollendet habe, lasse sich der Grundge-
danke (zamysel) des Dichters erraten. Der zweite Teil der «Neuen Göttlichen Komödie» sollte, so Veselovskij, beim Leser die Überzeugung
hervorrufen, daß für jeden Menschen, dessen Herz noch nicht verhär-
tet, Rettung möglich sei. Nach der Bestrafung im zweiten Teil werde
Čičikov aufs neue erscheinen, nachdem er sich völlig gewandelt habe.
Nun müsse im dritten Teil die Energie, die Čičikov bisher fehlte, zum
Ausdruck kommen – als reine Menschenliebe. Wo, wie und wann dieser gewandelte Čičikov auftreten könnte, das verriet Veselovskij nicht,
aber eines hat er – wie außer ihm viele andere – verdeutlicht: daß die
Mërtvye duši in der Autorenintention auf einen utopischen Zustand
hinsteuern, wie es nicht nur in Dantes *Göttlicher Komödie*, sondern auch
in anderen bedeutenden Werken der Weltliteratur vorgeprägt ist. Das
gleiche Grundschema findet sich beispielsweise auch in dem *Labyrinth
der Welt und Paradies des Herzens* des Comenius, wenn auch in Form des
barock-allegorischen Roman-Traktates: Ein Pilger durchläuft, von
Vorwitz und Verblendung geleitet, verschiedene Stationen der eitlen
Welt, um am Ende in Vernunft und Glauben die wahren Werte des
Daseins zu finden.

Die tragische, wirre Stimmung, die über Gogol's letzten Lebensjahren lag – er war 1848, nach einer geheimnisumwitterten Pilgerreise
nach Jerusalem, endgültig nach Rußland zurückgekehrt –, ging einher mit der Stagnation seines schriftstellerischen Schaffens. Physische
und psychische Leiden mochten die entscheidende Ursache sein, doch
ist auch vermutet worden, daß sich Gogol' einfach «ausgeschrieben»
habe. Vladimir Nabokov, der in seiner Monographie über den Dichter
(*Nikolai Gogol*, 1944) Gogol's Wort-Kunst und Wort-Spiel, sieht man
von Andrej Belyj ab, wohl am tiefsten ausgelotet hat, setzte den Zeitpunkt der künstlerischen Erschöpfung bereits mit der Beendigung des
ersten Teils der *Mërtvye duši* an. Nur so ließen sich Gogol's rastloses Reisen und seine Hypochondrie erklären. Auch daß er 1847 die in vieler
Hinsicht fragwürdigen *Vybrannye mesta iz perepiski s druz'jami* (Ausgewählte Stellen aus dem Briefwechsel mit Freunden) herausgab, in

denen er sich rückhaltlos zur herrschenden Ordnung, zu Zarentum, Orthodoxie, Gutsbesitzergesellschaft und Leibeigenschaft bekannte, wertet Nabokov vor allem als ein Manöver des Autors, sein Publikum bei der Stange zu halten. Dem ist schwerlich zuzustimmen. Mehr spricht dafür, daß Gogol's künstlerische Krise aus der Unmöglichkeit resultierte, den komisch-grotesken Stil, der seine ureigene Domäne war, zu verlassen und zur Idealität zu gelangen. Aus den erhaltenen Kapiteln des zweiten Teils der *Mёrtvye duši*, in denen erstmals positive Gestalten wie der Gutsbesitzer Kostanžoglo oder der edle Gouverneur Murazov (Anagramm zu razum, «Verstand») auftreten, zeichnete sich das Scheitern ab. So wie Gogol' immer wieder beteuerte, all die verqueren Figuren seiner Werke aus sich selbst, aus seinen schlechten Eigenschaften heraus geschaffen zu haben, empfand er jetzt, daß er sich die trostreichen Erscheinungen und tugendhaften Helden nicht in seinem Kopf ausdenken könne – so in Brief XVII/3 (1843) der *Ausgewählten Stellen*. Künstlerische und seelisch-moralische Krise überlagerten sich. So boten einen Ausweg nur mehr unverhüllte Aussagen, d. h. publizistische Schriften. Sie spiegelten den Geist der staatstragenden Slawophilen, deren Kreis Gogol' in Moskau nahestand. Zuletzt hatte er sich der geistlichen Obhut des Oberpriesters Matvej Konstantinovskij anvertraut, der noch wenige Tage vor seinem Tod in ihn drang, sich von Puškin, dem Heiden, loszusagen.

Unter Gogol's nachgelassenen Papieren fand sich ein erschütterndes persönliches Dokument, das 1855 unter dem Titel *Avtorskaja ispoved'* (Autorenbeichte) veröffentlicht wurde. Gogol' reagierte mit dieser «bekennenden Autobiographie» (J. Lehmann) auf die Verstörungen, die seine *Ausgewählten Stellen* bei seinen Bewunderern ausgelöst hatten. Besonders der lungenkranke Belinskij hatte mit seinem Brief an Gogol' (*Pis'mo k Gogolju*), den er im Juli 1847 in Salzbrunn verfaßte, den Autor, den er als Vorbild einer kritischen «realen» Literatur selbst mit aufgebaut hatte, beschworen, von Obskurantismus und Dunkelmännertum abzulassen und seiner Kunst treu zu bleiben. Gogol' verteidigte derweil gerade die Kontinuität seines Schaffens, indem er die Nähe seines Lachens zur Trauer, seiner Satire zur Nächstenliebe hervorhob. Da die *Autorenbeichte* zu spät im öffentlichen Diskurs erschien, blieb sie auf die damalige Gogol'-Rezeption ohne Einfluß. Vielmehr wurde Belinskijs Brief, der bald im Untergrund kursierte, zum Fanal der sozialengagierten Literatur in Rußland.

Gogol' – das machen alle Selbstaussagen klar – hat sich niemals als «realistischen», sondern immer als «metaphysischen» Dichter verstanden, der die Banalität des Lebens vorführte, um die Sehnsucht nach dem Seelenheil zu wecken. Dennoch wurde er von den einflußreich-

sten Kritikern der Zeit ganz anders gedeutet: Belinskij erhob ihn
zum Vorbild der Natürlichen Schule, Černyševskij gar verband seinen
Namen schlechthin mit dem Realismus, der bei ihm als «Gogol'-Rich-
tung» (gogolevskoe napravlenie) erscheint. Ein literaturgeschichtlicher
Irrtum, der jedoch folgenreich war. In der Gegenwart setzt sich immer
mehr jene von Belyj und Nabokov begründete Sicht durch, die in
Gogol' vor allem den überragenden Wortkünstler erkennt, dem die
Nasen und Mäntel, die toten und lebendigen Seelen, die sozialen Fakten und vor allem die Wörter Spielmaterial sind, mit dem er in unbändiger Virtuosität umzugehen weiß. Wen außer den Literaturdogmati-
kern kann es stören, daß seine an Details und Assoziationen
überreichen Texte unterschiedlichste Deutungen zulassen?

Michail Lermontov

Zu den Versuchen, Gogol's Schaffenskrise zu erklären, zählt auch der
psychoanalytische, der besagt, durch den Tod Puškins habe jener seinen «Ersatzvater» verloren, der ihm «Meister und Richter in Fragen
der Kunst» (R.-D. Keil) gewesen sei, dessen Autorität ihm künstlerische Sicherheit verliehen habe. Dies mag zutreffen – oder auch nicht.
Hingegen kann als sicher gelten, daß Michail Lermontov, der in seinem jugendlichen Dichten ganz auf Puškin fixiert gewesen war, erst
nach dem Duelltod Puškins künstlerische Eigenständigkeit gewann.
Sein Gedicht *Smert' poėta* (Der Tod des Dichters, 1837), aus dem Gefühl
der Trauer und des aufwallenden Zorns heraus geschrieben, war
zugleich auch ein Befreiungsschlag des Puškin-Epigonen aus der Kne-
belung durch den vergötterten Dichter.

Lermontov war der Sohn eines pensionierten Hauptmanns (die
Familie geht auf schottische Einwanderer im 17. Jahrhundert zurück);
die Mutter, eine geborene Arsen'eva, stammte aus dem höchsten russischen Adel. Nach dem frühen Tod der Mutter wurde Lermontov auf
dem Gut der Großmutter, Elizaveta Arsen'eva, erzogen. Schon als
Kind weilte er mehrere Male zur Kur in den Kaukasus-Bädern. Die
Liebe zur südlichen Landschaft blieb für das gesamte literarische Werk
bedeutsam. 1827 trat Lermontov in das Moskauer Adelspensionat ein,
jene Pflanzstätte des Geistes, aus der auch Fonvizin, Žukovskij, die
Brüder Turgenev und Griboedov hervorgegangen waren. Dort
herrschte noch immer die deutsche, «idealistische», Richtung vor, die
in der russischen Literatur ihren Niederschlag gefunden hatte. Aleksej
Merzljakov, der Dekan der Philosophischen Fakultät der Moskauer
Universität, unterrichtete Lermontov privat in den Schönen Wissen-

schaften. Er hatte 1822 ein noch an Johann Joachim Eschenburgs *Entwurf einer Theorie und Literatur der schönen Redekünste* (1783) angelehntes Kompendium, *Kratkoe načertanie teorii izjaščnoj slovesnosti* (Kurzer Abriß einer Theorie der schönen Literatur), vorgelegt, ein Werk, das in Rußland den Übergang von der normativen Poetik und Nachahmungsästhetik zu freieren Auffassungen darstellte. Ein anderer Lehrer Lermontovs war Semën Raič. Durch beide scheint Lermontov früh auf die literarischen Traditionen Rußlands, Westeuropas und der Antike hingewiesen worden zu sein, ebenso wie er ein Grundverständnis der literarischen Gattungen und Richtungen erhielt. Er studierte von 1830 bis 1832 an der Moskauer Universität, hatte aber zu den Zirkeln (kružki), die nach dem Dekabristendebakel um Belinskij, Gercen und Ogarëv allmählich wieder entstanden, keinen Kontakt.

Seit 1827 schrieb Lermontov Gedichte. Seine frühen Poeme *Čerkes* (Der Tscherkesse, 1828) und *Kavkazskij plennik* (Der Gefangene im Kaukasus, 1829) schlossen sich völlig, mitunter bis zum Zitat, an Puškin an. 1832 trat er in die Petersburger Gardekavallerieschule ein und gehörte seit 1834 zum Leibhusarenregiment in Carskoe Selo. Er stürzte sich ins gesellige Treiben Petersburgs, ohne doch seiner Einsamkeit, die ihn wie ein Mantel umgab, zu entkommen. In dieser Zeit entstand eine Reihe romantischer Poeme und Dramen, darunter *Maskarad* (Maskerade, 1835). Ob er Puškin damals persönlich begegnete, ist bis heute nicht geklärt, doch wurde Puškins Tod zum Wendepunkt seines Lebens, nicht nur in künstlerischer, sondern auch in existentieller Hinsicht. Da sein Gedicht *Smert' poèta* in Abschriften in der Gesellschaft kursierte, wurde er zusammen mit seinem Freunde Svjatoslav Raevskij verhaftet und als Kornett in den Kaukasus zu einem Dragonerregiment strafversetzt, das in ständigem Kampf gegen die Bergvölker stand. Dank der Bemühungen seiner Großmutter und Žukovskijs hob der Zar die Bestrafung im Mai 1838 auf. Lermontov war inzwischen ein berühmter Dichter, berühmt gerade in jener Gesellschaft, die er in seinen Gedichten gegeißelt hatte. Seine Gedichte erschienen im *Sovremennik* und in den *Otečestvennye zapiski*, er verkehrte in Literatenkreisen, Belinskij feierte das junge Genie als den «dritten russischen Dichter» (nach Puškin und Gogol'). Da er sich nach wie vor als Enfant terrible der Petersburger Gesellschaft aufführte, bot ein Duell mit dem Sohn des französischen Gesandten erneut einen Anlaß zur Zwangsversetzung in den Kaukasus. Bei den militärischen Unternehmungen an der Kaukasusfront bewies er verwegenen Mut – den Mut der Verzweiflung. Noch einmal wurde ihm ein kurzer Urlaub nach Petersburg gewährt, doch seine Hoffnung auf Rücknahme der Verbannung erfüllte sich nicht. Im Gegenteil: Bereits im April 1841 erhielt er den

Michail Lermontov

Befehl, sich unverzüglich zur Kaukasusarmee zurückzubegeben. In Moskau traf er mit seinem deutschen Übersetzer Friedrich Bodenstedt zusammen. Auf der Reise entstanden mehrere Gedichte, die zu seinen schönsten gehören: *Utës* (Der Felsen), *Son* (Der Traum), *Svidan'e* (Wiedersehen), *Vychožu odin ja na dorogu* (Einsam geh' ich auf den Weg), *Prorok* (Der Prophet). Bei einem letzten Aufenthalt in Pjatigorsk, wo er Verwandten und Bekannten, aber auch heimlichen Neidern und Feinden begegnete, wurde er erneut in eine Duellaffäre verwickelt. Bei dem unter ungewöhnlich scharfen Bedingungen ausgetragenen Duell kam Lermontov im Juli 1841 zu Tode.

Die Lyrik

Lermontovs Schaffen teilt sich in zwei Phasen – vor und nach dem Tod Puškins. In den Gedichten des 14- bis 18jährigen zeigte sich eine frühreife Epigonalität. Vorbilder waren Schiller, Goethe und vor allem Byron; von den Russen Puškin und Kozlov, auch diese in ihren byronistischen Zügen. Das Gattungsrepertoire umfaßte die Formen der Salondichtung – Madrigale, Epigramme, Exprompts. Eine Gruppe von madrigalartigen Versen, wahrscheinlich 1831 anläßlich einer Neujahrsmaskerade entstanden, erinnerte an die galante angewandte Poesie in den Salons der 1790er Jahre. Balladen traten hinzu: *Ballada* (1829), eine Übersetzung von Schillers *Handschuh* (*Perčatka*, 1829) und das Gedicht *Nezabudka* (Vergißmeinnicht, 1830) mit dem gleichen Motiv der Liebesprobe, weiter die slawische Undine-Version *Rusalka* (1832) und die Heldenduma *Mogila bojca* (Des Kriegers Grab, 1830). Das Gedicht *Napoleon* (1830) trägt die Gattungsbezeichnung «Duma», in der sich die Helden- und die Reflexionsduma treffen. Der tote Napoleon wird in einer nächtlichen Szenerie am Meeresgestade gezeigt, finster blickend, die Arme gekreuzt. Die Deutung von Vergangenheit und Zukunft, die in diesem Augenblick zusammenfließen, geschieht in einer emotional aufgeladenen Sprache. Das Gedicht entspricht einem Typus, den Lermontov frühzeitig kultivierte; man könnte ihn Bild- oder Symbolgedicht nennen.

Auch in seinen romantischen elegischen Gedichten knüpfte Lermontov an Puškin und Baratynskij an, bemüht, die Analyse des Seelenzustandes, die davon ausgehende Meditation, aber auch die konkreten Situationen (Ballszenen, Spaziergänge usw.) auszubauen. Früh gelangte er zum Ausdruck der Ambivalenz der Gefühle. Für die finstere seelische Befindlichkeit wurde das Motiv des gefallenen Engels tragend, wie es Byron in *Heaven and Earth* (1821) oder *Cain* (1824) vorgeprägt hatte. Seit 1829 schrieb Lermontov an dem Poem *Demon*, das in unterschiedlichen Versionen den Mythos des gefallenen Engels und seiner Erlösung durchspielte. In seiner Lyrik findet sich vieles, was zu diesem Motivkreis gehört, etwa das Gedicht *Ja ne dlja angelov . . .* (Nicht für die Engel . . . , 1831), mit dem er sich – Heines unglückseligem Atlas (*Die Heimkehr* 24) vergleichbar – als «Erwählter des Bösen» (zla izbrannik) mit «stolzer Seele» (s gordoju dušoj), «fremd der Welt und den Himmeln» (dlja mira i nebes čužoj) präsentierte. In den frühen Gedichten ist noch viel von der byronistischen Pose erhalten; ja, nachdem sie sich in den späten 20er Jahren bereits erschöpft zu haben schien, erlebte sie bei Lermontov einen neuen starken Auftrieb. Lermontov wehrte sich gegen diesen Einfluß, namentlich gegen das Etikett des «russischen Byron» (russkij Bajron), das man ihm anzuheften begann. Nein, er sei nicht Byron, er sei ein anderer, rief er in dem Gedicht *Net, ja ne Bajron, ja drugoj* (1832) aus. In diesem, wie in vielen anderen Gedichten, sagte der lyrische Sprecher seinen frühen Tod voraus. Der Dichter, dieser auserwählte, gequälte und getriebene Wanderer, war zugleich der Prophet des eigenen Schicksals. Langeweile (skuka), Trauer (toska), Trübsal (grust'), Weltschmerz (mirovaja skorb'), Todesahnungen waren die Themen der elegischen Gedichte Lermontovs, die Ėlegija, Stansy oder Duma überschrieben sein konnten. (Die letztere gerann bei Lermontov mehr und mehr zum elegischen Reflexionsgedicht.) In *Smert' poėta* mischte sich in die Totenklage die zornige Abrechnung mit den Hofkreisen, denen die Schuld am Tod Puškins zugesprochen wurde. Auch hier wieder klang die dumpfe Ahnung des eigenen Schicksalsweges an.

Die Bild- oder Symbolgedichte haben Lermontov besonderen Ruhm eingebracht. Es sind Gedichte, die ein Bild oder eine Situation beschreiben, denen ein symbolischer Sinn unterstellt wird. Solche Gedichte hatte auch schon Puškin geschrieben, etwa *Telega žizni* (Der Wagen des Lebens, 1823), wo noch einmal der Vergleich der Reisestationen mit denen des Lebens geistreich veranstaltet wurde. (Ivan Dmitriev hatte ihn bereits 1803 in dem Epigramm *Putešestvie*, einer Übersetzung von Jean-Pierre Florians Fabel *Le Voyage*, parodiert.) Lermontov aber entwickelte den Puškinschen Ansatz weiter, indem er das Bild und die symbolische Erklärung des Bildes in einem Kompositionsschema darlegte. Das wohl bekannteste Beispiel hierfür bietet das Gedicht *Parus* (Das Segel, 1832). In den drei Strophen wird in den ersten beiden Versen jeweils ein optischer Eindruck – I: das Segel in der Ferne; II: Wellen und Wind; III: Meeresströmung und Sonne – vermittelt, denen ein lyrischer Kommentar (B. Ėjchenbaum) folgt. Die schematische Zweiteilung wird auf der lautlichen und semantischen Ebene analog durchgeführt. Antithesen bauen schließlich das Segel, das von den Wellen geschaukelt und vom Wind getrieben wird, zum Symbol des Lebens auf, eines byronistischen Lebens: Es wirft sich dem Sturm entgegen, als suche es Ruhe im Sturm. Ähnlich verfuhr Lermontov in den Gedichten *Angel* (Der Engel, 1831), *Plennyj rycar'* (Der gefangene Ritter, 1840), *Tuči* (Wolken, 1840) und *Utës* (Der Felsen, 1841). (Nicht zufällig begegnen später die Gedichtanfänge von

Parus und *Utës* als Romantitel: *Beleet parus odinokoj* [Es blinkt ein einsam Segel] 1936 bei Valentin Kataev, *Nočevala tučka zolotaja* [Über Nacht
eine goldene Wolke] 1987 bei Anatolij Pristavkin.) Im letztgenannten
Gedicht verzichtete er auf die Auflösung des Bildes, die erotische
Beziehung zwischen dem alten Felsen und der goldenen Wolke wurde
nur angedeutet. Möglicherweise machte sich hier bereits das Vorbild
Heinrich Heines bemerkbar, der ähnliche Erotisierungen in vielen seiner Gedichte vorgenommen hat. Lermontov hatte zwei Gedichte Heines ins Russische übersetzt; das eine, *Sie liebten sich beide, doch keiner*
(*Die Heimkehr* 33), in drei Versionen, die sich von Mal zu Mal der
gesellschaftlichen Sphäre, in der sich Lermontov bewegte, stärker
anpaßten. Das andere, *Ein Fichtenbaum steht einsam* (*Lyrisches Intermezzo*
33), verfehlte, da Fichtenbaum und Palme (sosna – pal'ma) sich im
grammatischen Geschlecht nicht unterschieden, die erotische Spannung, die bei Heine angelegt ist. (Tjutčev, der das Gedicht ebenfalls
übertragen hat [*S čužoj storony* / Aus der Fremde, 1827], wählte als
Äquivalente Zeder und Fichte [kedr – sosna].)

Kompositorischer Schematismus war für die Lyrik Lermontovs
kennzeichnend. In der freien Phrasierung der Metren, d. h. in der Tendenz zur Prosaintonation, ging er noch über Puškin hinaus. Auch war
sein metrisches Repertoire reicher als das des Puškin-Kreises. Dreiteilige Metren oder ungewöhnliche zweiteilige wie der 5 füßige Trochäus
waren bei ihm keine Seltenheit. Er konnte den letzteren mit einer
Rhythmik «gegen den Strich» ausstatten wie in dem Gedicht *Vychožu
odin ja na dorogu*, einem der letzten, die er geschrieben hat. Durch eine
Zäsur nach der dritten Silbe ($-\cup\cup\mid\cup-\cup-\cup-\cup$ oder $\cup\cup-$
$\mid\cup-\cup-\cup-\cup$) erhält der trochäische Vers, wie Boris Ėjchenbaum
festgestellt hat, eine jambische Intonation. Das lyrische Ich spricht in
diesem Gedicht bei einem Gang über nächtliche Wege seine Sehnsüchte aus. Es erwartet nichts mehr vom Leben, bedauert nicht ver-
gangenes Erleben, sucht Freiheit und Ruhe, will vergessen, einschla-
fen. Doch nicht der Tod ist der ersehnte Zustand, sondern Ruhen unter
rauschenden Bäumen, während eine süße Stimme von Liebe singt. Die
Vagheit und Ungezieltheit der seelischen Stimmung wird durch das
Stilmittel binärer Ausdrücke hervorgerufen, die einen semantischen
Schwebezustand indizieren, während am Schluß eine sich steigernde
Anapherreihung den utopischen Zustand einkreist. Dieses schöne
Gedicht hat nicht nur in der russischen Poesie Schule gemacht – bis
hin zu Aleksandr Bloks Gedicht *Osennjaja volja* (Herbstlicher Wille,
1905), das den Heraustritt auf die Straße in ein politisches Bekenntnis
wendet –, sondern wurde auch von Rainer Maria Rilke unter dem
Titel *Strophen* kongenial ins Deutsche übertragen.

‹*Der Dämon*›

Nach Puškin war Lermontov der herausragende Poemdichter der
Zeit. Zwar lehnten sich seine frühen Versuche in der lyrisch-epischen
Gattung außerordentlich eng an Puškin an, doch mit dem den Bylinen
nachempfundenen Poem *Pesnja pro carja Ivana Vasil'eviča, molodoga opriČ-
nika i udalogo kupca Kalašnikova* (Das Lied vom Zaren Ivan Vasil'evič,
dem jungen Opričnik und dem kühnen Kaufmann Kalašnikov, 1837),
der *Skazka dlja detej* (Kindermärchen, 1839–1841) und vor allem dem
Demon, einem seiner Hauptwerke, fand er seinen eigenen Weg.

Drei Themenkreise lassen sich im Poemschaffen Lermontovs erkennen: das kaukasische Thema, das, an Puškin und Byron anknüpfend,
in Sujets und Beschreibungen bald die unmittelbare Kenntnis der exotischen Region ausspielt – so in *Izmail-Bej* (1832), *Aul Bastundži* (1833/
34), *Chadži Abrek* (1835) und der kaukasischen Mönchsgeschichte *Mcyri*
(1840); die russische Geschichte, thematisiert in *Poslednij syn vol'nosti*
(Der letzte Sohn der Freiheit, 1830/31), wo er den Vadim-Stoff aufnahm, indem er den Novgoroder Empörer gegen Rjurik wiederum
als byronistischen Helden konzipierte – hierher gehören ferner *Pesnja
pro Carja* und *Bojarin Orša* (Der Bojare Orša, 1836); schließlich satirische
Poeme, die deutlich unter dem Einfluß von Puškins *Evgenij Onegin*,
Graf Nulin und *Domik v Kolomne* stehen – so *Tambovskaja kaznačejša* (Die
Rentmeistersfrau von Tambov, 1838), *Saška* (1835/36) und insbesondere
Skazka dlja detej (1839–1841), eine Selbstparodie auf den *Demon*.

Lermontov suchte nach neuen metrischen und strophischen Lösungen. In *Poslednij syn vol'nosti* fand er eine neue Variante des «russkij razmer», des russischen Metrums (∪ – ∪ – ∪ – ∪ ∪), in *Pesnja pro carja*
realisierte er den Bylinenvers (bylinnyj stich) ∪ ∪ – ... – ... – ∪ ∪);
in *Tambovskaja kaznačejša* übernahm er die Onegin-Strophe. *Aul
Bastundži* schrieb er in Oktaven, für *Saška* und *Skazka dlja detej* erfand
er eine eigene 11zeilige Strophe (aBaBaCCddEE). Auch die Entblößung des Kunstmittels begegnet in dem Bruchstück *Načalo poėmy*
(Beginn eines Poems, vor 1837), in *Pesnja pro carja* – hier wird die «alte
Weise» (staryj lad) nach dem Klang der Gusli, der altrussischen Zither,
beschworen – und in *Skazka dlja detej*, wo in den Eingangsstrophen die
Obsoletheit der Versdichtung kokett herausgestellt wird: Es sei ja einfach lächerlich, die goldene Zeit mit klangvollen Strophen zu ver-
schwenden... Gedanken, wie sie bereits auch Puškin in seinem
Gespräch des Buchhändlers mit dem Dichter ausgesprochen hatte.

Das Poem *Demon* war Lermontovs anhaltender Versuch, die Problematik des zerrissenen Helden im lyrisch-epischen Genre zu bewältigen. Der Dämon ist, wie bei Lamartine (*La chute d'un ange*), der gefal-

lene, d. h. der von Gott abgefallene Engel. Er sucht Erlösung bei der georgischen Fürstentochter Tamara, deren Bräutigam bei einem Überfall von Räubern getötet wurde. Der erste Teil des Poems führt bis zum Tode des Bräutigams, im zweiten Teil befindet sich Tamara im Kloster, wo sie der Dämon in einem langen, eindringlichen Dialog zu verführen sucht. Als er sie mit den Lippen berührt, fällt sie tot zu Boden. Unerlöst irrt der Dämon durch die Welt.

Die Verbindung mit der Tradition des romantischen Poems, mit byronistischen Motiven und Konflikten, auch der Beschreibung der exotischen Landschaften und Sitten war unmittelbar zu gewahren. Was aber ganz fehlte, war der romantische Erzähler und das ironisch-sarkastische Fluidum, das er verbreitete. Es wich im *Demon* einem ruhigen narrativen Ton, dem Ton der Legenden, der sich nur in wenigen Episoden – Tamaras Tanz, Überfall, Verführungsszene – belebte. Schwierig und reizvoll zugleich ist die Interpretation des Poems. Welche der drei letzten Fassungen soll man als die dem Autor nächste ansehen? Am weitesten geht die 1838, nach der ersten Verbannung in den Kaukasus, entstandene. Hier bleibt Tamara nach ihrem Tode in der Macht des Dämons. In der siebten Fassung, die möglicherweise aus Rücksichten gegenüber der Zensur entstand, und in der letzten, der sogenannte «Hofabschrift» (pridvornyj spisok), die Lermontov dem Thronfolger zur Lektüre anfertigte, wird Tamaras Seele gerettet. Die Entsubjektivierung und Mythisierung der Problematik des byronistischen Helden, ihre Einbindung in legendäre Überlieferungen und, nicht zuletzt, eine kunstvolle, auf Kontrastierung beruhende Komposition machen dieses Werk neben dem *Helden unserer Zeit* und einer Handvoll Gedichten zum Gelungensten, was Lermontov geschaffen hat.

‹Maskerade›

Dramatische Werke hat Lermontov nur in seiner ersten Schaffenshälfte, in den Jahren 1830–1836 geschrieben. Man kann in ihnen einen ersten Ansatz erblicken, den lyrischen Subjektivismus zu überwinden und an historisch-konkreten Gestalten festzumachen, ähnlich wie es in der zweiten Schaffenshälfte dann im Prosamedium geschah. Abgesehen von einem Opernlibretto nach Puškins *Cygany* (1829) hat Lermontov sechs Dramen geschrieben, je drei in freien Jamben (nach dem Vorbild Griboedovs) und in Prosa. Im frühesten Stück, der Tragödie *Ispancy* (Die Spanier, 1830) vermischte er das spanische Kolorit aus Schillers *Don Carlos* mit Sujetelementen aus *Kabale und Liebe* (Fernando, der nicht-ebenbürtige Held, liebt hier ein adeliges Fräulein) und Les-

sings *Emilia Galotti*. Ėjchenbaum hat das Stück als «eine Art dramatisierten romantischen Poems» qualifiziert, das weniger der historischen
Wahrheit als vielmehr, im Sinne der Dekabristendichtung, einem
«moralisch-politischen Historismus» verpflichtet sei: Fernando endet
auf dem Scheiterhaufen der spanischen Inquisition. In den folgenden
Stücken erhielten die Helden zunehmend dämonische Züge oder wandelten sich, anders ausgedrückt, von Schillerschen zu Byronschen Helden. Die Genese des «überflüssigen Menschen» (lišnij čelovek) stellt
sich in Lermontovs Stücken als ein kontinuierlicher Prozeß dar, der
bereits durch die Namengebung der Helden verdeutlicht wird. Der
Held des Trauerspiels mit dem deutschen Titel *Menschen und Leidenschaften* (1830) heißt Jurij Volin (von volja, «Freiheit»); der Held in dem dramatischen Tagebuch *Strannyj čelovek* (Ein seltsamer Mensch, 1831) Vladimir Arbenin (ein Name in lautlich-rhythmischer Analogie zu
Onegin). Der Held des Versdramas *Maskarad* (Maskerade, 1835) Evgenij
Arbenin erhält nun auch den Vornamen Onegins. In *Dva brata* (Zwei
Brüder, 1834–1836) tragen die antagonistischen Brüder Radin – der
eine ein Schillerscher, der andere ein Byronscher Held – die Namen
Aleksandr und Jurij, während der Held des letzten Stückes, *Arbenin*
(1836), einer Neubearbeitung von *Maskarad*, wieder Evgenij Arbenin
heißt. Die literarischen Querverbindungen zu Schillers *Räubern* (in
Dva brata) oder zu Griboedovs *Gore ot uma* (in *Strannyj čelovek*) und
anderen Werken liegen auf der Hand. Dabei scheute Lermontov nicht
davor zurück, ganze Handlungspassagen aus fremden Werken zu übernehmen.

Charakteristisch für die Stücke Lermontovs ist ihr ausgeprägter
Autobiographismus, zu dem die Forschung eine Menge an Material
beigebracht hat. In der Widmung zu *Menschen und Leidenschaften* hieß es
ausdrücklich, in dem Stück seien die Leiden vieler, vieler Jahre verarbeitet. In *Strannyj čelovek* erklärte der Autor im Vorwort sogar, er habe
beschlossen, eine wahre Begebenheit in dramatischer Form darzulegen; fast alle handelnden Personen seien nach der Natur gemalt (napi-
sany). Auch für *Maskarad* hat die Forschung eine autobiographische
Grundlage nachgewiesen. Dieses Stück, ohne Zweifel das bedeutendste im dramatischen Schaffen Lermontovs und in gewisser Weise,
indem es die Petersburger Gesellschaft um 1830 darstellt, Gegenstück
zu Griboedovs *Gore ot uma*, gehört, wie der *Demon*, zu jenen Werken,
in denen Lermontovs «Final-Problem» (B. Ėjchenbaum) zum Ausdruck kam, d. h. die Schwierigkeit, das Werk abzuschließen. Drei Fassungen liegen vor, von denen die erste drei, die zweite vier und die
dritte (*Arbenin*) fünf Akte enthält. Durch die Bearbeitungen sollten
Auflagen der Zensur erfüllt werden, was allerdings kaum gelang. Von

besonderem Interesse ist die mittlere, vieraktige Fassung. Das Eifersuchtsdrama – Arbenin vergiftet seine Frau Nina aus unbegründeter
Eifersucht – wird hier durch einen Unbekannten (Neizvestnyj) ausgelöst, der am Schluß bekennt, er habe sich durch die fatale Intrige für
einen sieben Jahre zurückliegenden Spielverlust an Arbenin gerächt.
Arbenin verfällt, als er dies vernimmt, dem Wahnsinn. Waren die
Anlehnungen an Puškin (Spielleidenschaft, hinausgeschobene Rache)
auch unverkennbar, eine «moralische» Lösung, in der das Böse unterlag, bot diese Version nicht, sie wurde erst in der *Arbenin*-Fassung ausgeführt, wo Nina nicht mehr unschuldig ist, Arbenin den Giftmord
nur vortäuscht und am Ende Frau und Heim verläßt. Ėjchenbaum hält
die erste Fassung für die authentische, da sie Lermontovs künstlerischer Absicht und dem dualistischen Weltbild des Dichters am ehesten
entspreche. Der moralische Indifferentismus, der sich aus der neomani-
chäischen Sicht Lermontovs ergebe, sei hier realisiert. Außer *Maskarad*
hatte keines der Lermontovschen Dramen die Chance, auf der Bühne
heimisch zu werden. Die Stücke wirken einerseits zu gewollt und konstruiert, andererseits zu lyrisch.

‹Ein Held unserer Zeit›

Lermontov hatte bereits in den Petersburger Jahren, 1833/34, an einem
Geschichtsroman gearbeitet, dessen Titelheld *Vadim*, ein Hugoscher
buckeliger Unhold, in den Wirren des Pugačëv-Aufstandes sein
Unwesen treibt. Dieses romantische Pendant zu Puškins *Hauptmanns-
tochter* blieb unvollendet. Ein späteres Fragment *Knjaginja Ligovskaja*
(Fürstin Ligovskaja, 1837) zeigte das gleiche Charakterpaar wie das
Drama *Dva brata*. Das Drängen zur Prosaform beherrschte die letzte
Schaffensphase Lermontovs. 1838–1840 schrieb er sein Hauptwerk,
den Roman *Geroj našego vremeni* (Ein Held unserer Zeit, 1840). (Ein
Abfallprodukt gleichsam stellte die «physiologische Skizze» *Kavkazec*
[Der Kaukasier, 1840/41] dar, mit der eine typisierende Charakteristik
des Linienoffiziers der Kaukasusarmee in der neuen Manier gegeben
wurde.) Aber war es denn ein Roman, was Lermontov, wiederum
stark auf autobiographisches Material gestützt, dem Publikum anbot?

    Auf den ersten Blick handelte es sich um ein Konglomerat von
Erzählungen, die verschiedenen gängigen Typen des erzählenden Genres – Schmugglernovelle, Reiseaufzeichnungen, philosophische
Erzählung usw. – zugeordnet werden könnten. Einige von ihnen –
Bėla, Fatalist, Taman' – waren zuvor schon gesondert in Zeitschriften
abgedruckt worden. Als 1840 der Roman unter dem Titel *Geroj našego
vremeni* erschien (zunächst noch ohne das integrierende Vorwort [Pre-

dislovie]), war aus heterogenen Teilen ein Ganzes entstanden. Allerdings sollte nicht das Porträt eines einzelnen Menschen, sondern eine Zusammenstellung «der Laster unserer ganzen Generation» dargeboten werden. In Pečorin – wieder ein Hydronym wie Onegin – sollte das Böse, das sich in den Seelen der Zeitgenossen zusammenbraute, fixiert werden. Die zyklische Anordnung der Teile (*Béla, Maksim Maksimyč, Taman', Knjažna Meri, Fatalist*) folgte dem Prinzip, Pečorin dem Leser im ersten Teil des Romans durch die Erzählung seines biederen Offizierskameraden Maksim Maksimyč von außen und im zweiten Teil durch die Tagebuchaufzeichnungen des Helden gleichsam von innen nahezubringen. Damit wurden drei Erzählerperspektiven aufgeboten, die sich alle aus der Reisesituation des Ich-Erzählers ergaben. Er schreibe keine Geschichte, sondern Reiseaufzeichnungen, versichert dieser, doch fügt er hinzu, manch einer werde wohl bemerkt haben, daß der Verfasser sein eigenes Porträt und das seiner Bekannten gezeichnet habe. (In der Tat sind die autobiographischen Momente kaum verhüllt.) Der Reiseschriftsteller ist, nachdem sein Interesse durch die *Béla*-Geschichte schon geweckt ist, Pečorin sogar zufällig begegnet, so daß er seinen persönlichen Eindruck von Gestalt und Habitus seines Helden wiedergeben kann. Ebenso zufällig gelangt er in den Besitz der Tagebücher Pečorins, von denen er nun, nach Pečorins Ableben und unter Wahrung der Diskretion, einen Teil herausgibt. So die Konstruktion, aus der sich eine höchst eigenwillige Verteilung der chronologischen Stoffmenge auf den syntagmatischen Textablauf ergibt. Ganz am Anfang steht in der Chronologie der Geschichte das Abenteuer, das der unerfahrene Pečorin bei den Schmugglern in Taman' besteht. Es folgt das diabolische Spiel Pečorins mit der treuherzigen Prinzeß Meri in der Bäderwelt, dann die Erzählung über das Schicksalsexperiment des Fatalisten Vulič. Diesen im zweiten Teil des Romans wiedergegebenen Handlungen folgt in der natürlichen Chronologie die Liebesgeschichte mit der tscherkessischen Fürstentochter Béla. Den chronologischen Schluß bildet die Begegnung des Erzählers mit Maksim Maksimyč und Pečorin sowie endlich die Nachricht vom Tode Pečorins – all dies im ersten Teil bzw. im Vorwort vermittelt. *Geroj našego vremeni* kann daher als Musterbeispiel einer Sujetkomposition gelten, die die «Fabel» (fabula), wie die Formalisten die chronologisch gereihte Stoffmenge nannten, zum künstlerischen Zwecke umstellt. Der künstlerische Zweck aber war im gegebenen Falle die Beleuchtung von Pečorins Charakter.

Pečorin, über dessen Kindheit und Sozialisierung nur wenig bekannt wird, ist zum «sittlichen Krüppel» (nravstvennaja kaleka) geworden; Skepsis, Zynismus und ein überwaches Bewußtsein beherr-

schen ihn. Die Seelenspaltung treibt ihn zum Spiel mit seinen Mitmenschen. Die Verführung Meris wird in ähnlicher Weise inszeniert wie bei
Choderlos de Laclos (*Les liaisons dangereuses*) oder bei Kierkegaard
(*Tagebuch eines Verführers*): aus Lust an der Vernichtung eines unschuldi-
gen Wesens. Pečorin erkennt das selbst, wenn er dem Tagebuch anvertraut, er sei die unabdingbare Person des fünften Aktes, da ohne ihn
niemand sterben oder in Verzweiflung geraten könne. Ähnlich in der
heftig aufflammenden Liebe zu Bèla, die schnell erlischt und nur zu
bald im Ennui endet. Die Langeweile hat sich über Pečorins Seele
gelegt, sie schlägt, wie es Kierkegaard in *Entweder – Oder* beschrieben,
ins Dämonische, ins Böse um. Aus der Verschlossenheit und Einsamkeit seines Charakters vermag Pečorin nicht mehr auszubrechen. Versucht er es, so wird er seinen Mitmenschen zum Verhängnis. Als sein
mephistogleicher Vertrauter tritt Doktor Verner auf, ein Materialist,
Skeptiker und in vielem Pečorin gleich – nur bleibt er in der Kontem-
plativität, während jener zur Tat schreitet. Auch Grušnickij, Pečorins
Gegenspieler in der Meri-Geschichte, den man gern als Vertreter einer
eitlen Pseudoromantik interpretiert, unterliegt seinem maliziösen
Widerpart – und mit ihm die ganze konventionelle Romantik (A.
Hansen-Löve). Allein in der Beziehung zu der schönen Vera, die als einzige Pečorins Seele erkennt und ihm innerlich verbunden bleibt,
könnte sich eine Er-Lösung abzeichnen, aber diese reife, sinnliche Frau
ist verheiratet und krank. Derartige ideen- oder sozialgeschichtlich
besetzte Kontrastierungen waren signifikant für die Situation der Zeit.
Für Lermontov – und nicht nur für ihn – waren die Jahre der nikolaitischen Herrschaft eine Unzeit – ohne Größe, ohne Ziel und Zukunft.
Das Schicksal des begabten, hochsensiblen Offiziers Pečorin in einem
Krieg gegen die unbändigen, heimlich bewunderten Bergvölker füllte
einen Roman, der Seelen- und Zeitanalyse in einem war. Obwohl der
Roman mit zahlreichen Motiven und Verfahren, nicht zuletzt auch in
der Fragmentarität der Komposition noch der romantischen Ästhetik
verhaftet blieb, war in ihm gleichwohl der realistische Duktus nicht zu
übersehen. *Taman'*, einem mit dem Mignon- und Rusalka-Motiv und
seinem geheimnisvollen Ambiente noch ganz romantischen Stück,
standen die Gesellschaftsdarstellung in *Knjažna Meri* und die Skaz-
Erzählung des Maksim Maksimyč gegenüber; der Darbietung der Dialektik der Seele Pečorins die sozialpsychologische Analytik und die
Darstellung sozialer Räume. Mit *Geroj našego vremeni* setzte in Rußland,
sich mit Constants *Adolphe* und de Mussets *Confession d'un enfant du siècle*
messend, der psychologische Gesellschaftsroman ein, der die mentale
Malaise fähiger junger Helden aufwies. Die Reihe der «überflüssigen
Menschen» sollte sich bald in neuen Varianten fortsetzen.

Nach Puškin und Gogol' war mit Lermontov ein drittes großes Talent aufgetreten. Wenn es auch früh, mit 27 Jahren, erlosch, so war doch, wie Belinskij vermerkte, die russische Literatur nun ohne jeden Zweifel etabliert. Sie konnte an ihrer Verbreiterung arbeiten und sich systematisch aller Bereiche des nationalen Lebens annehmen. Die 40er Jahre wurden zur Lernphase des Realismus, der sich mit etlichen Erscheinungen schon in den 30ern angekündigt hatte. In seinem Zeichen sollten die kommenden Jahrzehnte stehen.

Drittes Kapitel

Der russische Realismus
(1840–1880)

A. Haupt- und Nebenströmungen

Historischer und kultureller Rahmen

Mit der Phase des Realismus gewann die russische Literatur weltweite Bedeutung. Tolstoj, Dostoevskij, Turgenev, Gončarov, Leskov oder Ostrovskij repräsentieren im Bewußtsein vieler ausländischer Leser die russische Literatur schlechthin. Kein Autor vor, wenige nach ihnen vermochten in ähnlich überzeugender Weise Vorstellungen von Rußland, seiner Gesellschaft, seinen Menschen zu entwerfen wie die großen Erzähler des literarischen Realismus. War die russische Literatur nach Peter dem Großen selbst in den Augen vieler Russen als Abklatsch der europäischen verstanden worden, so kehrte sich das Verhältnis allmählich um. Seit Beginn des 18. Jahrhunderts hatte die russische Literatur mit geringer werdendem Abstand und zunehmender Selbständigkeit westliche Impulse verarbeitet. Barock, Klassizismus, Sentimentalismus, Romantik waren in merklichen Modifikationen auch in Rußland aufgekommen. Die russischen Realisten jedoch, die ihrerseits noch von Stendhal, Balzac und Dickens gelernt hatten, wurden in der zweiten Hälfte des 19. Jahrhunderts zu Lehrmeistern der westlichen Erzählliteratur. Charakteristisch dabei war, daß sie ihre stärkste Wirkung auf postrealistische Strömungen (Naturalismus, Expressionismus, Surrealismus, Existentialismus) ausübten – was als Zeichen der Weite ihrer künstlerischen Konzeptionen zu verstehen ist.

Die realistische Literatur entstand aus dem kritischen Spannungverhältnis der Schriftsteller zu den politischen und sozialen Gegebenheiten des Zarenreiches. Die Jahre zwischen 1840 und 1880, in denen sich der Realismus zur dominierenden Richtung innerhalb der russischen Literatur entwickelte, fallen in die zweite Hälfte der Regierungszeit des Zaren Nikolaus I. (1824–1855) und füllen die Herrscherjahre Alexanders II. (1855–1881) aus. Unter Nikolaus I. war das Russische Reich zum Hüter der Restauration in ganz Europa geworden. Während die Revolutionswirren der Jahre 1848/49 – vor den Augen Žukovskijs,

Gogol's, Gercens und Turgenevs sowie anderer im Ausland lebender
Russen – ganz Europa erschütterten und die Truppen des Zaren die
Freiheitsbewegung in Ungarn erstickten, blieb Rußland von den
sozialen und nationalen Konvulsionen, die Europa aufwühlten, unberührt.
Das «finstere Jahrsiebent» (mračnoe semiletie), wie man Nikolaus' letzten Regierungsjahre genannt hat, gehört zu den bedrückendsten Zeiten der russischen Geschichte. Die zaristischen Behörden
erstickten noch die geringste freiheitliche Regung im Keime. Der
Krimkrieg freilich machte mit einem Schlage deutlich, daß das Zarenreich innenpolitisch und militärisch weit weniger gefestigt war, als die
unsicheren Nachbarn vermeinten. Erneut ging das Schlagwort vom
«Koloß auf tönernen Füßen» um, das freilich die östliche Großmacht
nicht weniger verkannte denn ihre frühere Einschätzung als «Gendarm
Europas».

Alexander II., der seinem Vater im Februar 1855, mitten im Krim-Krieg, auf dem Thron nachfolgte, hat sich als «Befreier-Zar» (Car'-osvoboditel') in die russische Geschichte eingeschrieben. Die Jahre
nach dem Pariser Frieden 1856 bis zur Ermordung des Zaren durch
eine Terroristengruppe der «Narodnaja volja» (Volkswille bzw. Volksfreiheit) um Andrej Željabov und Sof'ja Perovskaja am 1. März 1881
zählen nach dem Urteil der meisten Historiker zu den einschneidendsten Reformperioden der russischen Geschichte. Was in der Gesellschaft zum schmerzenden Stachel geworden war, das Fortdauern der
Leibeigenschaft, die politische und ökonomische Rückständigkeit,
versuchte Alexander II. zu bezwingen. Die trotz des Heldenmutes der
russischen Soldaten erlittene Niederlage im Krimkrieg gab dem Monarchen alle Gründe an die Hand, ein umfassendes Reformwerk in
Gang zu setzen, das sich nicht nur auf den Status der leibeigenen Bauern, sondern auch auf das Gerichtswesen und die territoriale Verwaltung, die Volksbildung und das Pressewesen sowie die Wehrpflicht
erstreckte. Ereignisse wie der zweite polnische Aufstand im Januar
1863, der mit brutalen Mitteln niedergeschlagen wurde und eine Russifizierung des polnischen Lebens zur Folge hatte, ließen freilich den
Reformelan – das «Tauwetter», wie man damals sagte (P. Thiergen) –
bald wieder erschlaffen. Das Aufkommen der sozialrevolutionären
Narodniki-Bewegung, ihre Attentatsversuche und die ihnen nachgesagten Brandstiftungen verunsicherten Gesellschaft und Staat im
Inneren, während im Äußeren die Expansion unaufhaltsam fortschritt. In den Jahren nach dem Krimkrieg konnten die Restgebiete
des östlichen und westlichen Kaukasus im Kampf gegen die von Schamyl geführten Muridisten erobert und befriedet werden. In Zentralasien und Turkestan wurden riesige Gebiete in Besitz genommen. Vla-

divostok wurde 1860 gegründet, Sachalin 1875 gewonnen. Der Panslawismus, von Michail Katkov und seinen *Moskovskie vedomosti* (Moskauer Nachrichten) geschürt und durch inoffizielle Aktionen russischer Freiwilliger gestützt, trieb den Zaren 1877 gegen seine
Überzeugung in den Krieg gegen die Osmanen, der gegen jede Wahr-
scheinlichkreit siegreich beendet werden konnte. Auf dem Berliner
Kongreß freilich mußte es die russische Diplomatie hinnehmen, daß
die Ergebnisse des Friedens von San Stefano drastisch korrigiert wurden. Aus allen diesen Ereignissen bezogen die Schriftsteller ihre aktuellen Stoffe; es sei nur an Tolstoj erinnert, der den Krieg im Kaukasus
und die Belagerung von Sevastopol', oder Garšin, der den Balkanfeld-
zug beschrieb.

Alexander II. war einer der wenigen russischen Zaren, die planvoll
auf ihr Herrscheramt vorbereitet worden waren. Zu seinen Lehrern
gehörten der alte Reformpolitiker Michail Speranskij und der Dichter
Vasilij Žukovskij, der ihm den Respekt vor der Wissenschaft und freiem Gedankenaustausch vermittelte. Der Zar setzte sich für die Dekabristen ein und begnadigte sie bald nach seinem Regierungsantritt.
Daß nach 1855 viele bislang verbotene oder hingehaltene literarische
Werke veröffentlicht werden konnten – darunter die gesammelten
Werke Puškins (1855–1857, hg. von P. Annenkov) und Gogol's (1855/
56) –, ließ auf ein neues Denken hoffen.

Rußland war in der Mitte des 19. Jahrhunderts der einzige europäische Staat, in dem die Leibeigenschaft noch bestand, d. h. die feudale
Form der Bindung des Bauern an Grund und Boden und damit an
einen Grundherrn. Seit den Zeiten Katharinas II. war von liberalen
Geistern die Abschaffung dieses Schimpfes aus ethischen, naturrechtlichen und volkswirtschaftlichen Gründen immer wieder angemahnt
worden. Westler wie der Historiker Konstantin Kavelin und Slawophile wie Jurij Samarin bereiteten mit Denkschriften der Bauernreform den Boden. Die rechtliche Freisetzung der Leibeigenen im Jahre
1861 stellte deshalb ein Schlüsselereignis auch für die Literatur dar. Auf
irgendeine Weise war die Bauernfrage vor und nach 1861 in der russischen Literatur stets anwesend, sei es, daß diese die bedrückende Inhumanität der Verhältnisse auf dem russischen Land direkt anging – wie
bei Turgenev, Tolstoj, Uspenskij und anderen –, sei es, daß sie sich von
der schlechten Wirklichkeit abwandte und in die Sphäre idealer Schönheit und der Natur entfloh – wie in der Dichtung der «reinen Kunst».
In den Gestalten des «überflüssigen Menschen» (lišnij čelovek) oder des
«bereuenden Adeligen» (kajuščijsja dvorjanin), die die russische Literatur jener Zeit bevölkerten, wurden die demoralisierenden Folgen der
Leibeigenschaft in eben jener Schicht dargestellt, die in ihrer Mehrheit

noch Nutzen aus ihr zog. In den liberalen Kreisen des Adels war unter Alexander I. vielfach eine gelockerte Form der Leibeigenschaft praktiziert worden. Statt der Fronarbeit (baršČina) verlangte man den Bauern einen Bodenzins (obrok) ab, der den Adel in den Besitz baren Geldes brachte, den Bauern jedoch einen gewissen Handlungsspielraum beließ, innerhalb dessen es mancher zu beachtlichem Reichtum brachte. So widersprüchlich es klingen mag, es hat vereinzelt leibeigene Unternehmer, ja Millionäre gegeben. (Turgenev hat in *Chor' i Kalinyč* [Chor' und Kalinyč, 1847] exemplarisch den Zins- und den Fronbauern dargestellt.) Das Gros der Bauernbevölkerung, die immerhin über 80 % der Gesamtbevölkerung ausmachte, lebte jedoch in drükkender Armut, litt unter gutsherrlicher Willkür und harten Strafen, war Hungersnöten und Seuchen schutzlos ausgesetzt.

Westler und Slawophile

Daß Rußland ein modernes Staatswesen nach europäischem Muster sein solle, stand seit Peter dem Großen unumstößlich fest; keiner seiner Nachfolger hatte an diesem Axiom gerüttelt. Durch die Fremderfahrungen der russischen Offiziere während der Napoleonischen Kriege hatte es neue Bekräftigung gewonnen. Alexander I. und Nikolaus I. konnten sogar als die Monarchen auftreten, die die rechte europäische Ordnung gegen Napoleon und die umstürzlerischen Kräfte bewahrt und Rußland gleichsam zum Hüter der alten europäischen Werte gemacht hatten. Allerdings blieb dem scharfen Blick derer, die über tiefere kulturelle Kenntnisse verfügten, nicht verborgen, daß Rußland trotz des glanzvollen Firnis, der die Sphäre des Hofes und des Hochadels überzog, geistig und zivilisatorisch noch immer äonenweit von dem Zustand der westlichen Nationen entfernt war.

Pëtr Čaadaev

Es war Pëtr Čaadaev, ein unabhängiger Geist aus dem höchsten Adel, der die historische «Leerstelle» Rußlands beim Namen nannte und damit dem Diskurs um den geschichtlichen Ort des Landes eine neue Wendung gab. Er war ein Enkel des Fürsten Michail Ščerbatov, der zu Zeiten Katharinas als Historiker hervorgetreten war und der in der freilich erst 1858 in London veröffentlichten Schrift *O povreždenii nravov v Rossii* (Über die Sittenverderbnis in Rußland, 1786–1789) bereits die Oberflächlichkeit und bedenklichen Folgen der Petrinischen Reformen kritisiert hatte. An der Moskauer Universität ausgebildet, Kriegsteilnehmer, Dandy und Hypochonder, war Čaadaev, als er bei den Leibgarde-Husaren in Carskoe Selo diente, ein Vorbild des jungen Puškin gewesen. Nach dem Abschied aus der Garde hatte er einige Jahre im Ausland gelebt, wo er den Kontakt mit Schelling und den französischen katholischen Denkern um Baron d'Eckstein suchte. Um 1830 verfaßte er acht *Lettres philosophiques*, deren erster, 1836 in der Zeitschrift *Teleskop* (Das Teleskop) veröffentlicht, einen Skandal auslöste: Die Zeitschrift wurde verboten, Nikolaj Nadeždin, der Herausgeber, verbannt, Čaadaev vom Zaren höchstpersönlich für geisteskrank erklärt. Čaadaev übte mit seinem *Filosofičeskoe pis'mo odnoj sudaryne* (Philosophischer Brief an eine Dame, so der russische Titel; die restlichen Brief wurden erst 1906 bzw. 1935 veröffentlicht) fundamentale Kritik an der russischen Kulturentwicklung, welche unverkennbar vom Standpunkt eines katholischen Universalismus vorgetragen wurde. Rußland wurde als ein Land bestimmt, das weder dem Westen noch dem Osten zugehöre und weder die Überlieferungen des einen noch des anderen besitze. Ihm fehle die wunderbare Verbindung menschlicher Ideen, die in anderen Ländern den erforderlichen Daseinsrahmen bilden; es verfüge über keinen festen Daseinskreis noch über Regeln und Gewohnheiten; es gebe nichts Festes, Dauerhaftes; alles verfliege, vergehe, ohne Spuren zu hinterlassen. Die Periode leidenschaftlicher Unruhe und ziellosen Tatendrangs, die das Element des Heroischen in die nationale Geschichte der Völker hineintrage, sei in der russischen Geschichte nicht gegeben. An ihrer Stelle hätten die Russen in ihrer Geschichte zuerst wilde Barbarei, dann grobe Unwissenheit und endlich grausame, erniedrigende Fremdherrschaft durchlebt. Es fehlten ihnen vollständig die Ideen der Pflicht, der Gerechtigkeit, des Rechts und der Ordnung. Auch die Absicht Peters des Großen, den Russen den Willen zur Bildung anzuerziehen, habe diesen nur Zivilisation, doch keine Aufklärung gebracht. Rußland sei durch seine Sonderentwicklung von der kulturellen Einheit des (mittelalterlichen) Europa, vom universalen Christentum abgekoppelt worden. Einen Ausweg bot demnach nur die Rückkehr Rußlands zur europäischen Einheit, die für Čaadaev im Katholizismus verkörpert war, sowie die Entwicklung einer nationalen Idee, die die geistige Unbehaustheit der Russen beenden würde. In der Verteidigungsschrift *Apologija sumasšedšego* (Apologie eines Wahnsinnigen, 1837; zuerst veröfftl. 1906) hat Čaadaev seine Thesen dann abgemildert, indem er jetzt namentlich den «gewaltigen Gedanken» Peters anerkannte. Den Vorwurf der Leere der russischen Vergangenheit, die durch Peters Tat ausgefüllt wurde, wie auch den der lächerlichen Nachahmung der Sitten,

Kleidung, Sprache und, nicht zuletzt, der westlichen Literatur mit all ihrem alten Plunder nahm er nicht zurück.

Die Slawophilen

Im Suchen nach einer nationalen Idee stimmte Čaadaev mit den Slawophilen (slavjane, slavjanofily) überein, wenn seine rigorose Ablehnung der vorpetrinischen Zeit bei ihnen auch helle Empörung auslöste. Sie hatten ihre Ideologie, ausgehend vom geschichtsphilosophischen Denken Hegels und der Identitätsphilosophie Schellings, an der Frage nach dem geschichtlichen Weg Rußlands und der besonderen russischen Geistesart entwickelt. Dabei war kein geschlossenes System entstanden, sondern ein offener Diskurs, der verschiedene individuelle Ausschläge zeigte. Auch handelte es sich nicht um eine irgendwie offizielle Doktrin. Die Slawophilen wurden – ganz im Gegenteil – von den Behörden argwöhnisch beäugt, da ihre Ideen, ähnlich wie die der liberalen Westler, das nikolaitische Rußland vielfach in Frage stellten.

Unter den älteren Slawophilen des Moskauer Kreises finden sich Aleksej Chomjakov und Ivan Kireevskij, die noch den Ljubomydry nahegestanden hatten, unter den jüngeren Konstantin Aksakov und Jurij Samarin. Ivan Kireevskij, ein hochgebildeter Adeliger, der 1830 Vorlesungen bei Hegel in Berlin und bei Schelling in München gehört und die Kunstschätze in Berlin, Dresden und Italien eingehend studiert hatte, war früh zu der Erkenntnis gelangt, daß sich eine russische Philosophie aus dem russischen Leben, seinen Problemen und Interessen heraus entwickeln müsse. In dem Aufsatz *Devjatnadcatyj vek* (Das 19. Jahrhundert), 1832 in der von ihm gegründeten Zeitschrift *Evropeec* (Der Europäer) veröffentlicht, hatte Kireevskij noch Veränderungen für Rußland gefordert, die im Einklang mit dem Denken der europäischen Aufklärung stehen müßten. Benckendorf las «Aufklärung» (prosveščenie) als Freiheit, «Verstandestätigkeit» (dejatel'nost' razuma) als «Revolution» und ließ die Zeitschrift alsbald verbieten. Später indes erwuchs aus Kireevskijs Reflexionen zur russischen und europäischen geistigen Kultur einer der Grundtexte des Slawophilentums, die Abhandlung *O charaktere prosveščenija Evropy i o ego otnošenii k prosveščeniju Rossii* (Über den Charakter der Aufklärung in Europa und ihre Beziehung zur Aufklärung in Rußland, in Deutschland bekannt u. d. T. *Rußland und Europa*), die er 1852 im *Moskovskij sbornik* in der Form eines Briefes an den Zensor Graf Komarovskij veröffentlichte. Der Traktat entfaltet ein polarisierendes Modell der europäischen und russischen Geistigkeit, das sich – nach Forschungen von Michail Geršenzon, Nicolai von Bubnoff und

Dmitrij Tschižewskij – vor allem auf folgende Thesen stützt: 1) Die Wissenschaft in Europa, einschließlich der Theologie, werde einseitig durch das abstrakt-rationale Prinzip bestimmt; in Rußland bestehe eine ganzheitliche Weltanschauung; 2) der logische Charakter des europäischen Weltbildes sei in eine Krise geraten, sensible Geister wie Schelling strebten nach einem höheren Prinzip; dieses höhere Prinzip sei im russischen Volk und in der orthodoxen Kirche stets lebendig geblieben; 3) die sozial-politische Ordnung Europas beruhe auf der Trennung und der Feindschaft der Stände; in Rußland bestehe die «einstimmige Gesamtheit» (edinodušnaja sovokupnost') des ganzen Volkes; 4) gewaltsame Revolutionen zur Verbesserung der Lebensverhältnisse im Westen stünden gegen Reformen aus dem natürlichen Wachstum heraus bei den Russen; 5) der abendländische Mensch sei von Luxus und Künstlichkeit, von Egozentrik, von verzärtelten Träumereien, selbstbewußtem Stolz und geistiger Unruhe geprägt, der russische hingegen durch Einfachheit der Lebensweise, Familien- und Gemeinschaftssinn, gesunde Geisteskräfte, Demut und tiefe Ruhe und Stille. Obwohl diese Dichotomie großenteils auf stereotypen Vorstellungen, ja auf offensichtlichen Fehleinschätzungen beruhte, war sie doch von nicht geringer bewußtseinsbildender Kraft. Insbesondere ihre Quintessenz, die der westeuropäischen Bildung Zersplitterung und Verstandesmäßigkeit (razdvoenie, rassudočnost'), der altrussischen aber Geschlossenheit und Vernunfmäßigkeit (cel'nost', razumnost') als wesentlich zuwies, setzte sich für lange Zeit im kollektiven Bewußtsein der Russen fest.

Aleksej Chomjakov kritisierte zwar manche der Thesen Kireevskijs – beispielsweise war für ihn die These, im alten Rußland sei die christliche Lehre vollkommen verwirklicht gewesen, nicht annehmbar –, vertrat aber im Grunde ein ähnliches antinomisches Kulturmodell wie jener. Theologisch gebildet, setzte er der geistigen Zerrissenheit des Westens das Prinzip der «sobornost'» entgegen – nach Tschižewskij bezeichnet der schwer zu übersetzende Begriff «das auf dem Glauben beruhende *einigende* Prinzip des Seins der [orthodoxen] Kirche» –, das die Glieder der Kirche zu einer mystischen Gemeinschaft verbinden werde. Ein anderes Moment russischer Eigenständigkeit, das Chomjakov der sozialen Zersplitterung Europas entgegenstellte, war der Mir, die russische Dorfgemeinde, die den Bauern das ihnen zustehende Land zuteilte und darüber verfügte. Die Idealisierung des Mir war möglich geworden, nachdem der preußische Agrarexperte August Freiherr von Haxthausen in seinen *Studien über die inneren Zustände, das Volksleben und insbesondere die ländlichen Einrichtungen Rußlands* (1847–1853) die ländliche Kommune in Rußland als eine sich selbst regierende «kleine Republik» beschrieben hatte, die weder persönliches Grundeigentum noch Proletariat kenne. In ihr sei ein Teil der «socialistischen Utopien schwärmerischer Staatskünstler» bereits verwirklicht.

Chomjakov hatte sich in jungen Jahren mit der historischen Tragödie *Ermak* (1825) vorgestellt, einem Stück über den Kosaken und Eroberer Sibiriens, das in 5füßigen Jamben verfaßt war und Anklänge an Schillers *Räuber* zeigte. Fast trat er damit in Konkurrenz zu Puškins *Boris Godunov.* 1833 folgte die Verstragödie *Dmitrij Samozvanec* (Dmitrij der Usurpator). Als Teilnehmer am Russisch-Türkischen Krieg 1828/ 29 war er mit der heiklen Lage der südslawischen Völker unter türkischer Herrschaft konfrontiert worden und hatte politische Gedichte geschrieben – stilistisch antiquiert, wenn er in *Orël* (Der Adler, 1832) mit den Mitteln der heraldischen Emblematik den nördlichen Adler beschwor, seine südlichen Brüder zu schützen und zu befreien. Unter den wenigen Gedichten, die Chomjakov geschrieben hat, stießen zwei mit der gleichen Überschrift, *Rossii* (An Rußland), auf Beachtung: das eine, im Herbst 1839 anläßlich der Borodino-Manöver verfaßt, sah das demütige Rußland als Verkünder des Freiheitsmysteriums (tainstvo svobody) und des Glaubensglanzes (sijan'e very); das andere, 1854 bei Ausbruch des Krimkrieges entstanden, sprach offen von der Schmach der Leibeigenschaft und der schändlichen Trägheit (der höheren Stände) – Sünden, über die Gott nun richten werde.

Konstantin Aksakov, einst Hegelianer im Stankevič-Kreis und Verehrer Goethes und Schillers, spitzte die Lehre vom dörflichen Mir so zu, daß diese Gesellschaftsform zum Gefäß der inneren Gerechtigkeit (pravda) wurde, die er gegen das äußere Recht (pravo) des Westens setzte. Russen und Slawen erschienen in solcher Sicht als «staatenlose Völker», und gerade darin bestehe ihre weltgeschichtliche Bedeutung (D. Tschižewskij). Bemerkenswert sind vor allem Aksakovs philologische und grammatische Schriften. Über Lomonosov schrieb er seine Magisterschrift (*Lomonosov v istorii russkoj literatury i russkogo jazyka* [Lomonosov in der Geschichte der russischen Literatur und der russischen Sprache], 1846), eine der ersten literaturwissenschaftlichen Untersuchungen in Rußland, später folgten Abhandlungen zur russischen Grammatik (*O russkich glagolach* [Über die russischen Verben], 1855; *Opyt russkoj grammatiki* [Versuch einer russischen Grammatik], 1860, u. a.), mit denen Aksakov aus slawophilem Geiste die linguistische Besonderheit des Russischen erweisen wollte. Einfluß auf Aksakov, Chomjakov und Samarin gewannen die Ideen des deutschen Kulturhistorikers und Volkskundlers Wilhelm Heinrich Riehl (*Land und Leute,* ³1856). Man erkannte in ihm einen «deutschen Slawophilen», dessen Suche nach dem die Geschichte durchdringenden Volksprinzip dem eigenen Denken nahekam (P. Thiergen).

Aleksandr Gercen und Nikolaj Ogarëv

Das Dilemma, sich zwischen West und Ost, Europa und Rußland definieren zu müssen, tritt bei kaum einem Russen so deutlich hervor wie bei Aleksandr Gercen (Herzen), einem der herausragenden russischen Publizisten und Memoiristen. Er war das «Kind des Herzens» (ditja serdca) aus der nicht legalisierten Verbindung des reichen russischen Aristokraten Ivan Jakovlev und der aus Stuttgart stammenden Henriette-Luise Haag (Gaag). Früh begeisterte er sich, gemeinsam mit seinem Freund Nikolaj Ogarëv, für Schillers *Räuber.* Nach dem Dekabristenaufstand schworen die beiden Jünglinge auf den Sperlingsbergen bei Moskau den Freundeseid, ihr Leben dem Kampf um die Freiheit zu weihen. Während des Studiums an der Physikalisch-Mathematischen Fakultät der Moskauer Universität beschäftigte sich Gercen vorwiegend mit Naturwissenschaften und Naturphilosophie. Seine Kandidatenarbeit schrieb er 1833 über das Thema *Analitičeskoe izloženie solnečnoj sistemy Kopernika* (Analytische Darlegung des Sonnensystems von Kopernikus). Zunächst hing er der von Schellings Identitätsphilosophie geprägten Auffassung an, daß Geist und Materie eine Einheit bilden. Dem widersprach weder seine frühe Begeisterung für Saint-Simon und Fourier, noch seine Vorliebe für Schiller und Byron. Eingehende Beschäftigung mit den Naturwissenschaften und der Hegelschen Philosophie führten ihn jedoch zu einem neuen weltanschaulichen Standort, der in den philosophischen Traktaten *Diletantizm v nauke* (Der Dilettantismus in der Wissenschaft, 1842/43) und *Pis'ma ob izučenii prirody* (Briefe über das Studium der Natur, 1844–1846) umrissen wurde. Kritisierte Gercen im ersteren das subjektive, intuitive Philosophieren der romantischen Philosophen, denen er die Forderung nach objektiver Erkenntnis auf der Basis empirischer, wissenschaftlicher Forschung entgegenstellte, so entwickelte er im zweiten Traktat aus einem historischen Abriß der Naturphilosophie heraus seine materialistische Position, wonach die Natur objektiv gegeben sei und das Bewußtsein sich sekundär zu ihr verhalte. Diesen philosophischen Standpunkt nannte er «Realismus». Es ist kein Zufall, daß diese Annäherung an den wissenschaftlichen Empirismus und Materialismus sich zur gleichen Zeit vollzog, da die Natürliche Schule in Rußland hervortrat.

Gercen war, als er 1840 seine erste Erzählung, *Zapiski odnogo molodogo čeloveka* (Aufzeichnungen eines jungen Mannes), veröffentlichte, als gefährlicher «Freidenker» (vol'nodumec) bereits mehrere Jahre verbannt gewesen. Der Roman *Kto vinovat?* (Wer ist schuld?, 1847) und

die Erzählungen *Doktor Krupov* (1847) und *Soroka-vorovka* (1848), die
er vor seiner Emigration veröffentlichte, brachten gesellschaftliche
Probleme in einer bislang unbekannten, beinahe einer wissenschaftlichen Versuchsanordnung gleichenden Art zur Sprache. Doktor Krupov, ein aus dem Popenstande aufgestiegener Arzt, berichtete seine
Lebensgeschichte als die Geschichte der Entwicklung seiner Aliena-
tionstheorie, d. h. seines Versuchs, die Gründe der Geisteszerrüttung
aufzudecken. In *Soroka-vorovka* wurde in Form einer doppelten Rahmenerzählung das tragische Schicksal der leibeigenen Schaupielerin
Aneta geschildert: Sie widersteht den Nachstellungen ihres Herrn, des
Fürsten Skalinskij, der sie daraufhin einsperrt und, schlimmer noch,
ihr in seinem Privattheater nur noch nichtige Rollen zuweist. Aneta
stirbt, nachdem sie eine Liebesbeziehung mit einem leibeigenen
Schaupieler aufgenommen hat, nach der Geburt ihres Kindes. Wie später in Leskovs *Toupetkünstler* war hier die Unvereinbarkeit von Künstlertum und Leibeigenschaft mit Schärfe herausgearbeitet. In *Kto vinovat?* (Wer ist schuld?, 1846) wieder wurde die Zerstörung einer
glücklichen Ehe durch einen «überflüssigen Menschen» geschildert,
jedoch in der Weise, daß letztlich die Struktur der russischen Adelsgesellschaft als Schuldfaktor am Pranger stand. Die Dreiecksgeschichte
ist im russischen Gutsbesitzermilieu angesiedelt. Ljuba, die Tochter
eines reichen Gutsbesitzers und einer Leibeigenen, hat den empfind-
sam-empfindlichen Hauslehrer Kruciferskij geheiratet. Da kehrt der
junge Gutsbesitzer Bel'tov von einer Auslandsreise zurück. Er trifft auf
Ljuba, beide erkennen, daß sie ein volles Leben nur gemeinsam führen
können. Aus der seelischen Krise, in die die Beteiligten geraten, gehen
alle drei gebrochen hervor. Und wer ist schuld? Die gesellschaftlichen
Zwänge, so lautet sinngemäß die Antwort, die eine falsche Partner-
wahl bewirkten.

Gercen reiste 1847 nach Westeuropa und lebte hinfort als Emigrant
in Frankreich, Italien und von 1852 bis 1865 in England. 1851 erhielt er
die Schweizer Staatsbürgerschaft. Da er sein ererbtes Vermögen nicht
eingebüßt hatte, befand er sich, anders als die meisten russischen Emigranten, mit seiner Familie in gesicherten Verhältnissen. Er trat mit
führenden Geistern seiner Zeit, mit Schriftstellern und Philosophen,
Historikern und Politikern, in Verbindung, darunter Giuseppe Maz-
zini, Giuseppe Garibaldi, Lajos Kossuth, Louis Blanc, Jules Michelet,
Pierre-Joseph Proudhon und viele andere. Gercen entfaltete eine ausgedehnte publizistische Tätigkeit. Der in London zusammen mit Ogarëv herausgegebene Almanach *Poljarnaja zvezda* (Der Polarstern) sowie
vor allem die Zeitschriften *Kolokol* (Die Glocke) und *Golosa iz Rossii*
(Stimmen aus Rußland) wurden illegal in Rußland verbreitet und ver-

mittelten dort erstmals eine Vorstellung von einer freien Presse. Doch auch in Deutschland, Italien, Frankreich und England stießen Gercens Schriften auf starkes Interesse, vor allem seine zuerst in deutscher Sprache veröffentlichten Bücher *Briefe aus Italien und Frankreich* (1850; russ. 1855 u. d. T. *Pis'ma iz Francii i Italii*), *Vom anderen Ufer* (1850; russ. 1855 u. d. T. *S togo berega*) und *Von der Entwicklung der revolutionären Ideen in Rußland* (1851; russ. 1861 u. d. T. *O razvitii revoljucionnych idej v Rossii*). In diesen Schriften zeichnete sich mehr und mehr eine Abwendung vom Westlertum ab – hin zu einem Volkssozialismus, der die Unbilden der westlichen Bourgoisie und die Übel des Kapitalismus zu vermeiden suchte.

In Gercens bedeutendstem Buch, dem Memoirenwerk *Byloe i dumy* (Gewesenes und Gedachtes), an dem er mehr als 15 Jahre, von 1852 bis 1868, gearbeitet hat, ist dieser Prozeß nachgezeichnet. Gercen wurde Augenzeuge der revolutionären Ereignisse der Jahre 1848/49 in Frankrmich und Italien und erlebte die nach Frankreich emigrierten deutschen Revolutionäre. In Paris kam es zu einem unersprießlichen «Familiendrama», in dem der Dichter Georg Herwegh eine unrühmliche Rolle spielte. (*Rasskaz o semejnoj drame* [Erzählung über ein Familiendrama] ist ein Abschnitt in *Byloe i dumy* überschrieben.) In einem Mann wie Herwegh, der als Revolutionär ein Maulheld war und das Wohlleben liebte, bestätigten sich die Eindrücke, die Gercen von den deutschen Demokraten und Sozialisten gewonnen hatten. Sie vereinigten in sich die ihm verhaßten Eigenschaften der Bourgeoisie: Egoismus, Feigheit, Profitsucht, geistige Enge, Spießertum. Hinzu kam der typisch deutsche Abstraktionismus und ein unverbrüchlicher Nationalismus. Die deutschen Revolutionäre, schrieb Gercen sarkastisch, seien bereit, die Weltrepublik anzunehmen und die Grenzen zwischen den Staaten niederzureißen, wenn nur Triest und Danzig zu Deutschland gehörten. Nicht weniger enttäuschte ihn die Revolution in Frankreich. Anstatt die Ideale der Französischen Revolution, Freiheit, Gleichheit, Brüderlichkeit, und die Republik in ihrer «moralischen Bedeutung» zu verwirklichen, gab es eine neue Regierung, benötigte man für die Einreise ein Visum mit dem Stempel «République Française», schoß die Nationalgarde auf Arbeiter, stellten die Liberalen nach dem Juni-Aufstand Zvilisation und Ordnung wieder her, indem sie ein Massaker unter den Arbeitern anrichteten. Die Ursachen für das Scheitern der Revolution lagen für ihn im Spießertum (filisterstvo) der Revolutionäre. Der Sozialismus, so folgerte er, war nicht allein durch die Umgestaltung der Eigentumsverhältnisse zu verwirklichen, sondern durch einen neuen Geist und neue Beziehungen im Rechtswesen, in der öffentlichen Meinung und der Regierung, besonders aber in Familie, Privatleben und in der Moral. In diesem Zusammenhang gewann für ihn das Mir-Modell Bedeutung, und hier entwickelte er Ideen, die von den Narodniki in Rußland begierig aufgenommen wurden.

Byloe i dumy zeichnete in lebendiger Darstellung und Reflexion die eigene Entwicklung Gercens bis in die frühen 50er Jahre nach. Die dicht gezeichnete Lebenssphäre, Liebeswallungen, Bildungserlebnisse, geistesgeschichliche Impulse und endlich das politische Geschehen, das den Memoiristen immer wieder ergreift, lassen die durchlebte Welt in seltener Vollständigkeit vor den Augen des Lesers erstehen.

Gercens engster Freund und Mitkämpfer Nikolaj Ogarëv, wie dieser reicher Erbe eines riesigen Landbesitzes und nach der endgültigen Emigration aus Rußland Berufsrevolutionär, zählt vielleicht nicht zu den größten, sicherlich aber zu den eigenartigsten Dichtern, die die russische Literatur im 19. Jahrhundert kennt. Von Anfang an durchzog Ogarëvs Gedichte ein Hang zu düsterer Melancholie. Auffällig war stets die enge Verbindung zur Musik, die sich in musikalischen Überschriften (*Crescendo aus der Symphonie meines Ichs im Verhältnis zu seinen Freunden*, 1836; *Nocturno*, 1840), Mottos und Themen (*Mocart* [Mozart], um 1865; *Geroičeskaja simfonija Betgovena* [Die Eroica von Beethoven], um 1874) kundtut. Daneben stehen Gedichte wie *Derevenskij storož* (Der Dorfwächter, 1840), *Kabak* (Die Schenke, 1841) oder *Izba* (Die Bauernhütte, 1842), die an Kol'covs Dorfgedichte erinnern. Stark scheint Heines *Buch der Lieder* Ogarëv beeindruckt zu haben. Der auf einer längeren Europa-Reise in den Jahren 1841-1844 entstandene Zyklus mit der deutschen Überschrift *Buch der Liebe* und dem russischen Untertitel «Otryvki iz avtobiografii» (Bruchstücke aus einer Autobiographie) vereinigte die unterschiedlichen Elemente in sich. Die Gedichte waren Evdokija Suchovo-Kobylina, der Schwester des Dramatikers, gewidmet, der Ogarëv lange Zeit in heimlicher Liebe zugetan war. Wie bei Heine entstand aus der unglücklichen Beziehung ein aus lyrischen Gedichten gereihter Roman. (Die Adressatin erfuhr von den Gedichten erst nach dem Tode Ogarëvs; vollständig wurde der Zyklus erstmals 1956 veröffentlicht.)

War die frühe Lyrik Ogarëvs im wesentlichen romantisch gestimmt, so nahmen doch im Laufe der 40er Jahre Töne trotzigen Protestes und Widerstandes zu. In dem Zyklus *Monologi* (Monologe, 1844–1847) wandte sich der Dichter von dem «Neider» Mephistopheles ab und einem anderen mächtigen, ewig jungen Geist zu, der «aus dem Staub alles neu und neu erbaut». Aus den Gedichten *Upovanie. God 1848* (Hoffnung. Das Jahr 1848) und *1849 god* (Das Jahr 1849) sprachen Begeisterung und Enttäuschung über die Revolutionsereignisse in

Europa. In den Gedichten der Emigrationsjahre trat das politische und satirische Element zeitweilig ganz in den Vordergrund. Dies macht die Einordnung des Dichters in den Entwicklungsgang der russischen Poesie, ähnlich wie bei Tjutčev oder Slučevskij, schwierig. Zwar läßt sich ein beträchtlicher Teil seines lyrischen Werks der Puškin-Richtung bzw. der Dichtung der «reinen Kunst» zuweisen. Mit seinen politischen Versen indes ist Ogarëv Fortsetzer der Dekabristendichtung und steht der Nekrasov-Schule nahe. Seine Übersetzungen aus Goethes *Faust*, um 1840 entstanden, waren eigenwillig; seine russischen Versionen einiger Gedichte von Heinrich Heine oder Ludwig Rellstab waren den Vertonungen von Franz Schubert zu unterlegen, dies bestimmte ihren poetischen Duktus. Zu Lebzeiten hat Ogarëv seine Gedichte (*Stichotvorenija*) nur zweimal gesammelt herausgegeben, 1856 in Moskau (der Band erschien erst nach Ogarëvs Abreise nach England) und 1858 in London. Erst hundert Jahre später (1956) konnte Solomon Rejser in der *Biblioteka poėta* eine Ausgabe mit 518 Gedichttexten Ogarëvs zusammenstellen, in der jedoch noch immer das dichterische Spätwerk ausgeklammert blieb. Größere Sorge als auf die eigenen Gedichte wandte Ogarëv auf die Herausgabe der in Rußland verbotenen Literatur. Regelmäßig brachten die von Gercen und Ogarëv herausgegebenen Zeitschriften verbotene Texte. Ogarëv druckte ferner in der «Freien russischen Druckerei» (Vol'naja russkaja tipografija) in London 1860 Ryleevs *Dumy* sowie die Sammlungen *Russkaja potaënnaja literatura XIX stoletija* (Russische geheime Literatur des 19. Jahrhunderts, London 1861) und *Svobodnye russkie pesni* (Freie russische Lieder, Bern 1863).

In der Gattung des Verspoems versuchte Ogarëv, aus der Puškinschen und Lermontovschen Tradition heraus neue Wege zu beschreiten. Zwar blieben die meisten seiner mehr als zwanzig Poeme Fragment, doch zeigen die erhaltenen Teile interessante Neuerungen, indem sie teils in die dramatische Form oder sogar in Prosa übergehen (*Ispoved' lišnego čeloveka* [Beichte eines überflüssigen Menschen], posth. 1904). Von 1840 bis in die letzten Lebensjahre hinein beschäftigte ihn das autobiographische Poem *Jumor* (Humor), dessen erste beide Teile Gercen 1857 in London herausgab, während der dritte 1869 in *Poljarnaja zvezda* in Genf erschien. In Oktaven geschrieben, enthält das Poem kein episches Sujet, sondern kann als ein lyrisch–episches Tagebuch oder sogar als Reisebericht aufgefaßt werden. Der Erzähler, lyrisches Ich und epischer Held in einem, plaudert ironisch über allerlei Erlebnisse und Stimmungen, flicht Anekdoten ein, greift Literatur und Philosophie auf. Aus den vielfältigen thematischen Facetten läßt sich am Ende die Entwicklung des Sprechers zu einem Gegner der zarischen

Autokratie ablesen. Die Poeme *Gospodin* (Der Herr, 1857) und *Derevnja* (Das Dorf, posth. 1904, 1908), in den 40er Jahren entstanden, handeln von Versuchen junger Gutsbesitzer, Andrej Potapyč bzw. Jurij, die leibeigenen Bauern freizusetzen und die Landwirtschaft nach modernen Gesichtspunkten zu betreiben – Versuche, die nicht gelingen, weil die Bauern nicht reif sind, von der ihnen gewährten Freiheit sinnvollen Gebrauch zu machen. Dahinter standen eigene bittere Erfahrungen Ogarëvs, der die 2000 Bauern des ererbten Gutes ebenfalls freigab und damit scheiterte. Auch die wenigen Erzählungen, die Ogarëv geschrieben hat – darunter die ins «physiologische» Genre gehörenden Texte *Istorija odnoj prostitutki* (Geschichte einer Prostituierten, posth. 1923) und *Saša* (posth. 1956) sowie die autobiographischen Bruchstücke *Moja ispoved'* (Meine Beichte, posth. 1953) und *Kavkazskie vody* (Die Kaukasus-Bäder, 1861) – verraten originelle Ansätze. Allerdings wurden sie, wie auch ein großer Teil der Gedichte und Poeme, erst im 20. Jahrhundert entdeckt und veröffentlicht.

Die realistische Stilformation

Da es ein Bürgertum, wie es sich in West- und Mitteleuropa bereits im Mittelalter ausgebildet hatte, in Rußland nicht gab und sich jenseits des kulturell führenden Adels erst allmählich aus Kaufmannsstand, Kleinbürgern, Handwerkern, Geistlichkeit und niederem Beamtentum eine Intelligenzschicht entwickelte, die sogenannten «raznočincy» (Leute verschiedenen Standes), kann man den Realismus in Rußland nicht – wie in Europa – als «Literatur des Bürgertums» oder gar als «bürgerliche» Literaturepoche bestimmen. Der russische Realismus wurde vielmehr überwiegend vom mittleren und höheren Adel getragen. Entscheidenden Einfluß auf die Literaturentwicklung gewann die Raznočincy-Intelligenz allerdings durch die Literaturkritik. Die gesellschaftspolitische und ideologische Steuerung der Literatur lag in den Händen von Kritikern, die aus den Raznočincy-Stand kamen: von Vissarion Belinskij über Nikolaj Černyševskij und Nikolaj Dobroljubov bis zu Varfolomej Zajcev. Lediglich Dmitrij Pisarev, der «Vernichter der Ästhetik», war adliger Herkunft.

In der sowjetischen Literaturdoktrin wurde der Realismus als «kritischer Realismus» zu einem wesentlichen Teil der «Befreiungsbewegung» des 19. Jahrhunderts zugeschlagen. Drei große Etappen wurden unterschieden: die 20er-40er, die 50er-70er und die 80er-90er Jahre. Diese Konzeption griff nicht nur zeitlich weit über das hinaus, was in Rußland sinnvoll als realistische Stilformation gelten kann, sondern unterstellte die Literatur auch ausschließlich gesellschaftspolitischen Gesetzmäßigkeiten, die für die realistische Literatur zwar Bedeutung besaßen, auf welche allein sie aber nicht reduziert werden kann. Der russische Realismus stellt vielmehr eine in sprachlich-künstlerischer Struktur ausgedrückte spezifische Weltsicht dar, deren wesentliches Charakteristikum in der «analytischen Behandlung gesellschaftlicher Erscheinungen» (A. Flaker) besteht. Erst auf der Basis einer solchen Bestimmung ist es möglich, die politische und gesellschaftliche Dimension der Zeit, die Bewegungen der Ideengeschichte und vor allem die Spezifika der literarischen Evolution als Faktoren, die Thematik und Methode des Realismus bestimmten, zusammenzuführen.

In welchem Maße die «realistische» Apperzeption der Welt damals um sich griff, bezeugen die Entwicklungen in Malerei und Musik. Parallel zum literarischen Realismus, wenn auch mit einer gewissen Posteriorität, kam es in beiden Bereichen zum Aufruhr der Jungen gegen den akademischen Kunst- bzw. Musikbetrieb und seine erstarrten Formen mit dem Ziel, einen neuen Wirklichkeitsbezug, eine neue künstlerische Authentizität durchzusetzen. So weigerte sich im Herbst 1863 eine Gruppe junger Maler, die von der Akademie der Künste gestellte Prüfungsaufgabe – sie lautete: «Ein Göttermahl in Walhalla» – zu bearbeiten, und schloß sich zu einer «Künstlergenossenschaft» (Artel' chudožnikov) zusammen, aus der später die «Gesellschaft der künstlerischen Wanderausstellungen» (Tovariščestvo peredvižnych chudožestvennych vystavok, 1870–1923) hervorging, in der die realistische Malerei in Rußland ihre organisatorische Form fand. Maler wie Ivan Kramskoj, Vasilij Perov, Grigorij Mjasoedov, Konstantin Savickij und vor allem Il'ja Repin strebten in ihren Darstellungen aus dem Volks- und Arbeitsleben, in meisterhaften Porträts von typischen Vertretern aller Gesellschaftsschichten, freilich auch im historischen Genre und in der Landschaftsmalerei dem nach, was ihnen von der Literatur vorgeführt worden war. Zwischen 1834 und 1844 geboren, also wesentlich jünger als die realistischen Literaten, wurden sie von deren Aufbruch in jungen Jahren förmlich mitgerissen und versuchten, soziales Engagement und Wirklichkeitserfassung wie in der Literatur nun auch im Medium der Malerei zu erproben.

Ähnliches begab sich in der Musik. 1862 begehrte das «Mächtige Häuflein» (Mogučaja kučka), ein von Milij Balakirev geleiteter Kreis dilettierender Musiker, dem Cezar' Kjui (Cui), Aleksandr Borodin und Modest Musorgskij angehörten, gegen die «Leierkastenmusik» der italienischen und französischen Oper auf und versuchte, eine national-russische Musik, vor allem eine genuin russische Oper zu schaffen. An die Stelle der vorgegebenen musikalischen Formen sollte ein neuer deklamatorisch-rezitativischer Stil treten, der den semantischen und intonativen Erfordernissen des Textes besser entspreche als Arie oder Kavatine. Der extremste Versuch, eine Oper in dem neuen «naturalistischen» Deklamationsstil zu komponieren, stammt von Musorgskij, der 1868 die Vertonung von Gogol's Komödie *Ženit'ba* (Die Heirat), einem Prosatext, in Angriff nahm. «Realismus» in den Werken der «Mogučaja kučka» ließ sich, bedingt durch das Tonmedium, vorwiegend durch Annäherung an die natürliche Redeintonation sowie durch Verwendung sozial-authentischen tonlichen Materials (Volkslieder, orientalisches Melos usw.) erzielen. Musorgskij hat in seinen Opern (*Boris Godunov*, 1872; *Chovanščina*, vollendet von N. Rimskij-Korsakov, 1883), Liedern und Genrestücken diese Ausdrucksmöglichkeiten am weitesten geführt. Mit der «Tonmalerei» seines Klavierzyklus *Kartinki s vystavki* (Bilder einer Ausstellung, 1874, nach Bildern seines verstorbenen Freundes Viktor Hartmann) wurde er zum Vorläufer des musikalischen Impressionismus.

Die realistischen Tendenzen in Malerei und Musik verdeutlichen schärfer, als es jede theoretische Erörterung vermöchte, die Dominanzqualität, die, ausgehend von Entwicklungen in der Literatur, dem realistischen Kunstwollen in Rußland in dem Zeitraum von 1840 bis 1880 zukommt. So bildet der Realismus nicht nur einen neuen Höhepunkt der russischen Literatur, sondern weltweit auch das wohl überzeugendste Paradigma einer in sich geschlossenen Epoche des Realismus.

Die realistischen Zeitschriften

Das literarische Leben der realistischen Periode in Rußland war gekennzeichnet durch ein ungewöhnliches Anwachsen des Verlags- und Zeitschriftenwesens sowie des Buchhandels. Dies wiederum führte dazu, daß die Autoren immer mehr zu professionellen Schriftstellern wurden, die für einen Markt produzierten und von diesem Markt abhängig waren. Die großen Zeitschriften der 50er und 60er Jahre stellten gleichsam eine bestimmte Form von Schriftstellerorganisationen dar. Sie bildeten die Zentren des literarischen Lebens, in denen Herausgeber und Redakteure selbst Schriftsteller waren. In komplexer Weise wirkte sich dies auf die Evolution der Literatur aus. Die Einstellung zum «literarischen Professionalismus» konnte, wie das Beispiel Lev Tolstojs zeigt, die künstlerische Position eines Autors wesentlich mit begründen.

Der ideologische Grunddissens um den geschichtlichen Weg Rußlands, den Westler (zapadniki) und Slawophile (slavjanofily) seit den

40er Jahren in Rußland austrugen, hatte die Zeitschriftenlandschaft in zwei große Lager geteilt. Auf der einen Seite standen die an den Werten des Westens orientierten Zeitschriften wie *Sovremennik*, *Otečestvennye zapiski* (Vaterländische Annalen), *Russkoe slovo* (Russisches Wort), *Russkij vestnik* (Russischer Bote); sie waren liberal und positivistisch, in den 60er Jahren zum Teil mit scharfen radikaldemokratischen und revolutionären Tendenzen. Auf der anderen Seite gab es die Organe der Slawophilen, vor allem *Moskvitjanin* (Der Moskoviter) und *Russkaja beseda* (Russisches Gespräch), die auf der Eigenständigkeit der historischen und kulturellen Entwicklung Rußlands bestanden. Eine Zwischenposition nahmen die sogenannten «Bodenständigen» (počvenniki) um Fëdor Dostoevskij ein, der in den 60er Jahren gemeinsam mit einem Bruder Michail die Zeitschriften *Vremja* (Die Zeit) und *Ėpocha* (Die Epoche) herausgab. Das gesellschaftspolitische Programm der Počvenniki gründete sich, unter ausdrücklicher Berufung auf Schillers Traktat *Über die ästhetische Erziehung des Menschen*, auf die gesetzliche Ordnung, auf Gerechtigkeit und Frieden. Die revolutionäre Volkstümlerbewegung (narodničestvo) konnte im zaristischen Rußland keine Zeitschriften auf legalem Wege erscheinen zu lassen. Zu ihrer Plattform wurden die Zeitschriften der revolutionären Emigration in der Schweiz und in England, vor allem, von Aleksandr Gercen und Nikolaj Ogarëv herausgegeben, die Zeitschrift *Kolokol* (Die Glocke) und die Dokumentationsbände *Golosa iz Rossii*, die die politische Willkür, die Korruption und die Mißstände der Leibeigenschaft in Rußland anprangerten. Die sozialrevolutionären Revuen *Zemlja i volja* (Land und Freiheit) und *Narodnaja volja* (Volkswille) wurden illegal hergestellt und in beträchtlicher Auflage im Untergrund verbreitet.

Es gehört zu den Tatsachen der russischen Literaturgeschichte, daß sich das Zeitschriftenwesen und in ihm eine reiche, anspruchsvolle Literatur entwickeln konnte, obgleich über sie ein engmaschiges Netz von Zensurbeschränkungen geworfen war. In dem «finsteren Jahrsiebent», das auf die Märzrevolution folgte, nahmen Eingriffe des Zensuraufsichtskomitees «2. April» (Vtoroe aprelja) nahezu pathologische Züge an. Es war eingerichtet worden, um bereits erschienene Werke zu kontrollieren. Noch die harmloseste Äußerung konnte zu Repressalien führen, sofern sie sich als Kritik an der Obrigkeit deuten ließ. Erst nach dem Tode Nikolaus' I. trat eine gewisse Entspannung ein, die am Vorabend der Bauernbefreiung allerdings rasch zu einer Radikalisierung der ideologischen und ästhetischen Standpunkte führte. In der Folgezeit nahm insbesondere die Zahl humoristischer und satirischer Blätter zu, von denen die linksliberale *Iskra* (Der Funke) mittels Literatursatire und Parodien aktiv in die literarischen Polemiken der Zeit eingriff. Eine Reihe talentierter Satiriker und Parodisten (Vasilij Kuročkin, Dmitrij Minaev, Vasilij Bogdanov, Pëtr Vejnberg u. a.) fanden hier dankbare Wirkungsmöglichkeiten.

Ein entscheidender Einfluß auf die Entwicklung des literarischen Realismus in Rußland ging von der Zeitschrift *Sovremennik* aus. Von Puškin im Jahre 1836 gegründet, war die Zeitschrift nach seinem Tode von Freunden weitergeführt worden. 1846 erwarben Nikolaj Nekrasov und Ivan Panaev die Herausgeberrechte, und von nun an nahm die Zeitschrift bis zu ihrem Verbot im Jahre 1866 einen gewaltigen Aufschwung. Von 1847 bis 1861 stieg die Zahl der festen Subskribenten von 2000 auf 6500. Alexandre Dumas Père, der 1859 auf seiner Rußlandreise (*Voyage en Russie*) auch mit Nekrasov und Panaev zusammentraf, verglich den *Sovremennik* nach Bedeutung und liberaler Tendenz mit der *Revue des Deux Mondes*. Die hohe Auflage des *Sovremennik* gestatte es, seine Redakteure sehr freigebig zu bezahlen.

Belinskij hatte in den 40er Jahren zunächst den Kurs der Zeitschrift bestimmt; hier erschienen einige seiner letzten richtungsweisenden Kritiken. Zu den Mitarbeitern zählten die wichtigsten Vertreter der Natürlichen Schule. In der Beilage zum *Sovremennik* erschien 1847 Aleksandr Gercens Roman *Kto vinovat?* (Wer ist schuld?). Im gleichen Jahr brachte die Zeitschrift Gončarovs *Obyknovennaja istorija* (Gewöhnliche Geschichte, 1847) und die ersten acht Erzählungen aus Turgenevs *Zapiski ochotnika* (Aufzeichnungen eines Jägers). Die Lücke, die der Tod Belinskijs und die Emigration Gercens rissen, konnte erst nach Jahren wieder geschlossen werden. 1854 übernahm Nikolaj Černyševskij die kritisch-bibliographische Rubrik, zwei Jahre später löste ihn Nikolaj Dobroljubov ab. Unter ihrer Ägide radikalisierte sich der politische und ästhetische Kurs der Zeitschrift merklich. In der unruhigen Phase vor der Bauernbefreiung 1861 erreichte sie den Höhepunkt ihres Einflusses. Der radikale gesellschaftskritische Realismus der 60er Jahre fand hier seinen publizistischen Stützpunkt. Sie veröffentlichte 1863 Černyševskijs in der Peter-Paul-Festung niedergeschriebenen Roman *Čto delat'?* (Was tun?) sowie soziographischen Skizzen von Fëdor Rešetnikov, Vasilij Slepcov u. a., die mit der Beschreibung der Nöte der deklassierten Bauern den krassesten Mißstand in Rußland aufdeckten. Nach dem mißlungenen Mordanschlag des Studenten Karakozov auf den Zaren im April 1866 wurde der *Sovremennik* wie auch *Russkoe slovo*, die von Dmitrij Pisarev geprägte, stärker zu einem Wissenschaftspositivismus neigende radikaldemokratische Zeitschrift, verboten. In den *Otečestvennye zapiski*, der einst ebenfalls von Belinskij bestimmten, seit 1848 aber durchaus gemäßigten «enzyklopädischen»

Zeitschrift Andrej Kraevskijs, versuchten Nikolaj Nekrasov und Michail Saltykov-Ščedrin, die progressive Linie des *Sovremennik* nach 1866 fortzusetzen. Der größte Teil der satirischen und publizistischen Werke Saltykov-Ščedrins wie auch Gedichte und Versepen von Nekrasov, schließlich aber auch Dostoevskijs *Podrostok* (Der Jüngling, 1875) sind hier erschienen.

Neben den genannten Zeitschriften kam dem *Russkij vestnik*, Sprachrohr eines gemäßigten, regierungstreuen Liberalismus, große Bedeutung zu. In diesem von dem Philosophieprofessor Michail Katkov herausgegebenen Journal publizierten Tolstoj, Turgenev und vor allem Dostoevskij fast ausnahmslos ihre großen Romane. In den literarischen und publizistischen Auseinandersetzungen um den «Nihilismus» vertrat die Zeitschrift mit Entschiedenheit die antinihilistische Position.

Die Redaktionen der «dicken Zeitschriften» waren die Schaltstellen des literarischen Lebens geworden, die die Adelssalons und die philosophisch-literarischen Zirkel der Puškin-Zeit ablösten. Aus den Memoiren der Zeitgenossen ergibt sich das Bild von einem hektischen Kommen und Gehen in den Redaktionsstuben. Gewiß, man versammelte sich auch auf Banketten oder Soireen, doch war das spontane Zusammentreffen in der Redaktion von besonderem Reiz für die Literaten.

Anfang der 60er Jahre kam eine neue Art von literarischen Veranstaltungen auf, durch die Literatur in unmittelbaren Kontakt mit einer breiteren Öffentlichkeit gebracht werden sollte, sogenannte «öffentliche Lesungen» (publičnye čtenija). Wie weit freilich solche Anstrengungen «ins Volk» drangen, wie weit die russische realistische Literatur überhaupt ein Publikum im Volke fand, darüber sollte und konnte niemand Illusionen haben. Bei einer Bevölkerung, die noch 1897 zu 76 % aus Analphabeten bestand, beschränkte sich das Lesepublikum auf den Adel, die Beamtenschaft und die gebildeten Teile der Raznočincy. Allerdings wurden seit den 50er Jahren von den Volksbildungsbehörden wie auch von verschiedenen privaten Initiativgruppen Anstrengungen unternommen, die Lesefähigkeit in breiteren Kreisen zu fördern und für Kleinbürger und Bauern geeigneten Lesestoff zu schaffen. Abgesehen von der mündlichen Volksdichtung, die in dieser Zeit von Philologen und Ethnographen wie Fëdor Buslaev und Aleksandr Afanas'ev systematisch gesammelt und erschlossen wurde, gab es eine Literatur von Bauern für Bauern nur in vereinzelten Werken von Amateurdichtern wie den «poėty-surikovcy» (Surikov-Dichter), so genannt nach dem Kol'cov-Nachfolger Ivan Surikov, oder bei volkstümlichen Poeten wie Ivan S. Nikitin oder Spiridon Drožžin.

Literatur für das Volk

Schon Nikolaus I. hatte 1850 ein Dokument über die Verbreitung von volksnahem Lesestoff gebilligt. Dem einfachen Volke sollten die guten Sitten sowie die Liebe zu Orthodoxie, Zar und der bestehenden Ordnung nahegebracht werden. Auf der Gegenseite waren die Narodniki später ebenfalls bestrebt, mittels der Literatur Bildung und revolutionäre Ideen ins Volk zu tragen. Die in diesem Umkreis entstehende Literatur stand unter dem Gesetz der Verständlichkeit (dostupnost') und der Volkstümlichkeit (narodnost'). Wie das Beispiel Nekrasovs zeigt, konnte unter diesem Vorzeichen bedeutende und zugleich volkstümliche Dichtung entstehen wie das Bauernepos *Komu na Rusi žit' chorošo* (Wer kann in Rußland gut leben?).

Das Problem der Schaffung einer volkstümlichen Literatur hat jedoch auch jene Schriftsteller ständig beschäftigt, die weder dem offiziösen noch dem revolutionären Lager angehörten. Ivan Turgenev, der behutsam taktierende Liberale, verfaßte 1860 gemeinsam mit Pavel Annenkov ein Zirkular, in dem er die Gründung einer Gesellschaft zur Verbreitung der Lese- und Schreibkundigkeit sowie der Elementarbildung (*Proekt programmy Obščestva dlja rasprostranenija gramotnosti i pervonačal'nogo obrazovanija*) anregte. Den Verfassern war klar, daß dem breiten Volke zunächst einmal einfachstes Grundwissen vermittelt werden mußte, Belletristik konnte nur mit größter Vorsicht und nicht anders als mit allgemeinnützlichem, edukativem Ziel zugelassen werden. Ausgewählte Biographien oder gute Reisebeschreibungen mußten den Vorzug vor Werken erhalten, die einzig durch ihren fiktionalen Gegenstand von Interesse waren.

Mit größerer Tatkraft ging Lev Tolstoj ans Werk. Nach seinem Rückzug aus der Hauptstadt gab er 1862 die Zeitschrift *Jasnaja Poljana* heraus, die, außer Aufsätzen über die von ihm propagierte «freie Erziehung», Erzählungen aus dem Leben der Bauern, Volkslieder, Märchen, Rätsel und ähnliche Texte in einer dem Volke verständlichen Sprache herausbrachte. Durch empirische Erhebungen bei Lehrern und Bauernschülern versuchte Tolstoj, Gesichtspunkte für die Schaffung einer volksnahen Literatur zu gewinnen – Unternehmungen, die am Beginn langer Anstrengungen zur Erforschung des Lesepublikums in Rußland stehen (B. V. Blank). An der später als Gegengewicht gegen die revolutionäre Agitation beim Volksbildungsministerium eingerichteten Sonderabteilung für Volksliteratur haben Autoren wie Apollon Majkov oder Nikolaj Leskov mitgearbeitet. Breiten Schichten sollte eine solide, lesernahe, auf jeden Fall aber staatserhaltende Lektüre an die Hand gegeben werden.

Die realistische Literaturkritik und ihre
philosophischen Grundlagen

Die Frage nach den ideengeschichtlichen Grundlagen des Realismus
in Literatur und Kunst ist nicht einfach zu beantworten, doch deutet
alles darauf hin, daß eine Korrespondenz zwischen der Entwicklung
vom philosophischen Idealismus zu den Positionen des Positivismus
und des Materialismus auf der einen Seite und der von der Romantik
zum Realismus auf der anderen besteht. In Rußland ist dieser Prozeß
an der Rezeption der philosophischen Systeme Kants, Fichtes, Schellings und Hegels, später der Jung-Hegelianer, der utopischen Sozialisten, schließlich des Positivismus Comtes und des Marxschen dialektischen Materialismus abzulesen. Eigenständige russische Ansätze ergaben sich dabei oft aus der Vergröberung und Vereinfachung der
Quellen. Was aber in Rußland besonders auffällt, ist das enge Zusammenspiel von Philosophie und Literaturkritik, anders ausgedrückt: die
Anwendung philosophischer Theoreme auf die Deutung und Lenkung der Literatur. An der Entwicklung Vissarion Belinskijs läßt sich
der Prozeß der allmählichen Lösung von romantisch-idealistischen
Positionen bei gleichzeitiger Hinwendung zu einem noch nicht fest
umrissenen «Realismus» nachzeichnen.

Vissarion Belinskij

Vissarion Belinskij, der erste große russische Literaturkritiker, legte
eine überaus gewundene ideologische Wanderung zurück. Im Zirkel der
Moskauer Hegelianer um Nikolaj Stankevič war er in den 30er Jahren an
die deutsche Philosophie herangeführt worden. Obwohl seine Deutsch-
kenntnisse nicht ausreichten, die deutschen Philosophen im Original zu
lesen, hatte er sich von der aus Herder und Schelling gewobenen Idee der
«Volkstümlichkeit» (narodnost') anstecken lassen und propagierte in
seinen *Literaturnye mečtanija* (Literarische Träumereien) von 1834 eine
Literatur, in der der «Volksgeist» und die ewigen Ideen zum «physischen
Leben» gelangten. Unter dem Eindruck der Hegelschen Rechtsphiloso-
phie, die Belinskijs Freund Michail Bakunin im Übersetzervorwort zu
der russischen Ausgabe der *Gymnasialreden* (*Gimnazičeskie reči Gegelja. Predislovie perevodčika*, 1838) höchst optimistisch interpretiert hatte, beugte
sich auch Belinskij der Hegelschen vernünftigen Wirklichkeit. Ganz
pathetisch sprach er in Briefen aus jener Zeit von seiner «Versöhnung mit
der Wirklichkeit» (primirenie s dejstvitel'nost'ju):

«Im Schmelztiegel meines Geistes hat sich eine eigenartige Bedeutung des großen Wortes *Wirklichkeit* herausgebildet. [...] Ich sehe die
früher von mir so verachtete Wirklichkeit an und erzittere in einer
geheimnisvollen Begeisterung, weil ich ihre Vernünftigkeit begreife,
weil ich sehe, daß man an ihr nichts verwerfen und verurteilen darf.»
In diesen Worten drückte sich nicht nur eine undialektische, unkriti-
sche Annahme der Wirklichkeit aus, Belinskij gelangte hier nachgerade zu einem Fatalismus gegenüber dem Gegebenen (D. Tschiżewskij).
Vor dem Hintergrund der bisherigen ästhetischen Doktrinen war diese
Position allerdings anders zu bewerten: Die bedingungslose Annahme
der Wirklichkeit in ihrem jeder Idealität und metphysischer Sinngebung entzogenen Sosein war der entscheidende Schritt auf dem Wege
zu einer realistischen Ästhetik. Sie war – mit dem konkreten Ziel der
soziographischen Bestandsaufnahme Rußlands – noch im Programm
der Natürlichen Schule enthalten, das Belinskij 1846 entwarf. In dieser
Phase seiner Entwicklung übte Belinskij harsche Kritik an dem früher
heißverehrten Schiller, dem «idealistischen Dichter» schlechthin, der,
die Wirklichkeit mit der Elle seiner Ideale messend, in Kollision mit
ihr geraten war. In den 40er Jahren hat Belinskij dann die «Versöhnung
mit der Wirklichkeit» zu korrigieren und zu überwinden versucht,
indem er die Idee der Negation der schlechten Wirklichkeit ausbaute
und dabei in das Fahrwasser der utopischen Sozialisten geriet.

Großen Einfluß auf den Gang der russischen Literaturentwicklung
gewann Belinskij mit seinem Brief an Gogol' vom 15. Juli 1847, in dem
er den einstmals bewunderten Dichter beschwor, auf dem eingeschla-
genen Wege fortzufahren und jenem Mystizismus und Obskurantismus zu entsagen, der in den *Vybrannye mesta iz perepiski s druz'jami* (Ausgewählte Stellen aus dem Briefwechsel mit Freunden, 1847) zum
Ausdruck gekommen war. Indem er Gogol' die Bedürfnisse und Hoffnungen des russischen Volkes eindringlich vor Augen führte, umriß er
den Auftrag des Schriftstellers:

«Sie haben nicht bemerkt, daß Rußland seine Rettung nicht im
Mystizismus sieht, nicht im Asketismus, nicht im Pietismus, sondern
in den Erfolgen der Zivilisation, der Aufklärung, der Humanität.
Rußland braucht keine Predigten (es hat genug davon gehört!), keine
Gebete (es hat sie genugsam wiederholt!), sondern es braucht die
Erweckung des Gefühls der Menschenwürde im Volk, die viele Jahr-
hunderte lang in Schmutz und Sklaverei verloren war; es braucht
Recht und Gesetze, die nicht mit der Lehre der Kirche, sondern mit
dem gesunden Menschenverstand und der Gerechtigkeit in Einklang
stehen, sowie deren möglichst strenge Beachtung.»
Das Publikum erkenne in den russischen Schriftstellern seine einzi-

gen Führer, Beschützer und Erretter vor der Finsternis, die Selbstherrschaft, Orthodoxie und Volkstümlichkeit – die vom Volksbildungsminister verordneten Staatstugenden – verbreiteten; es verzeihe deshalb einem Schriftsteller vielleicht noch ein schlechtes, aber niemals
ein schädliches Buch! Der flammende Brief lief im Untergrund von
Hand zu Hand und übte auf junge Schriftsteller wie Turgenev,
Dostoevskij und die Petraševcy stärkste Wirkung aus.

Die utilitaristische Kritik: Černyševskij, Dobroljubov, Pisarev

Obwohl Belinskij den Begriff «Realismus» (realizm) noch aussparte
und sich auf die Schiller nachempfundene Formel der «realen Dichtung» beschränkte, war er der Lehrmeister der neuen Richtung. Seine
Fortsetzer Nikolaj Černyševskij und Nikolaj Dobroljubov bauten das
von ihm gelegte theoretische Fundament nur aus und führten von der
neuen Plattform her den Kampf für die fortschrittliche und revolutionäre Richtung in der Literatur. Große Bedeutung für die Ästhetik des
Realismus gewann dabei die Magisterschrift *Ėstetičeskie otnošenija
iskusstva k dejstvitel'nosti* (Die ästhetischen Beziehungen der Kunst zur
Wirklichkeit), die Černyševskij 1853 verfaßt und 1855 an der Historisch-Philologischen Abteilung der Petersburger Universität verteidigt
hatte. Die Grundthese, auf der er sein ästhetisches Gebäude aufbaute,
lautete: «Das Schöne ist das Leben» (Prekrasnoe est' žizn'). Damit war
ausgesagt, daß das Schöne nicht mehr das «sinnliche Scheinen der Ide-
en im Gegenstand» (Hegel) sei, das nur in der Idealität der Kunst, nicht
aber in der gemeinen Realität anzutreffen sei, sondern die Natur, das
Leben selbst. Eine fundamentale Überzeugung, von der alle Kunst
jahrhundertelang gelebt hatte, wurde damit umgekehrt: Nicht mehr
das Kunstschöne war dem Naturschönen, sondern die Wirklichkeit der
Kunst überlegen. In den Schlußthesen des Traktates heißt es:
«Die richtige Definition des Schönen ist die folgende: ‹das Schöne
ist das Leben›; ein schönes Geschöpf scheint dem Menschen jenes
Geschöpf, in dem er das Leben so sieht, wie er es versteht; ein schöner
Gegenstand ist jener Gegenstand, der ihn an das Leben erinnert. [...]
Die Wirklichkeit ist nicht nur lebendiger, sondern auch vollkommener
als die Phantasie. Die Bilder der Phantasie sind nur eine blasse und fast
stets mißlungene Verwandlung der Wirklichkeit.»
Wenn Černyševskij von der Kunst die Abbildung der Wirklichkeit,
also des Lebens, forderte, schwebte ihm jedoch nicht Daguerrotypis-
mus oder Naturalismus vor, vielmehr sollte die Kunst all das wiedergeben, «was es an Interessantem für den Menschen im Leben gibt». Nicht

jedes Menschenleben sei als solches schon «schön», sondern nur die
«Fülle des Lebens» (polnota žizni), in der sich das eigentliche Wesen des
Menschen jenseits von Unterdrückung und Armut, von Leere und
Luxus ausdrücke. Damit gelangte nun wiederum ein utopisches – und
also ideales – Moment in seinen Schönheitsbegriff, das er später in
den «Erzählungen von neuen Menschen» seines Romans *Čto delat'?*
(Was tun?, 1863) realisierte, dem einzigen Werk des 19. Jahrhunderts,
in dem der Sozialistische Realismus des 20. Jahrhunderts vorweggenommen scheint.

Die Aufgabe des Kunstwerkes sah Černyševskij darin, das «Leben»,
d. h. die soziale und politische Wirklichkeit, zu erklären. Dieser
Aspekt deckte sich weitgehend mit der von der neueren Forschung
vertretenen These von der sozial-analytischen Funktion realistischer
Kunst. In seiner literaturkritischen Praxis stellte sich Černyševskij die
Aufgabe, «Wahrhaftigkeit und Einheit der poetischen Idee» der literarischen Werke aufzuweisen sowie die Freiheit des künstlerischen Schaffens gegen Eingriffe von außen und innen (damit waren die Wirkungen des alten ästhetischen Kanons gemeint) zu bekräftigen. In den
Očerki gogolevskogo perioda russkoj literatury (Skizzen der Gogol'schen
Periode der russischen Literatur, 1855) zeichnete er als erster den Weg
der realistischen Literatur von Puškin über Lermontov und Gogol' bis
zur Natürlichen Schule nach und stellte die entscheidende Rolle heraus, die Belinskij dabei gespielt hatte.

Das dritte Fundamentalwerk Černyševskijs war die große Monographie *Lessing, ego vremja, ego žizn' i dejatel'nost'* (Lessing, seine Zeit,
sein Leben und Wirken, 1856/57), die nicht nur eine Parallele zwischen
Lessings Kampf um eine deutsche Nationalliteratur und den Aufgaben
der zeitgenössischen russischen Literaturkritik zog (nicht umsonst hat
Friedrich Engels Černyševskij einmal als den «sozialistischen Lessing»
bezeichnet), sondern erstmals auch die ästhetischen Bestimmungen aus
dem *Laokoon* ausführlich referierte, wonach die Poesie (d. h. die Literatur) nicht malen dürfe, sondern Handlungen und die Wirkung der
Gegenstände auf die Seele des Menschen darzustellen habe. Für Černyševskij war Lessing scharfsinniger und tiefer als Goethe. Vor dem
aktuellen Hintergrund suggerierte er eine Opposition Lessing-Gogol'
versus Goethe-Puškin.

Nikolaj Dobroljubov, der Černyševskij in der literaturkritischen
Rubrik des *Sovremennik* ablöste, besaß zwar nicht die fundierte philo-
sophisch-ästhetische Bildung Černyševskijs, doch war er wie kaum ein
anderer Kritiker imstande, den sozialen und ideologischen Gehalt literarischer Werke zu analysieren und sinnfällig zu etikettieren. So
erklärte er in seiner Rezension des *Oblomov* von Gončarov, *Čto takoe*

oblomovščina? (Was ist Oblomovtum?, 1859), die Apathie und «morali-sche Knechtschaft» Oblomovs aus seinem Herrendasein (barstvo) und ordnete ihn in die Genealogie der «überflüssigen Menschen» (lišnie ljudi) ein. Puškins Onegin, Lermontovs Pečorin, Gercens Bel'tov (aus *Kto vinovat?*), Turgenevs Rudin waren nach Dobroljubov Helden, die daran krankten, «daß sie kein Ziel im Leben sehen und keine ihnen angemessene Tätigkeit finden können». Ähnlich deutete er die in Ostrovskijs Dramen dargestellte Welt der Kaufleute und kleinen Beamten als «das finstere Reich» (*Tëmnoe carstvo*, so lautete der Titel einer Rezension im *Sovremennik* 1859), dessen unnatürlichen sozialen Beziehungen aus dem Despotismus (samodurstvo) der einen und der Rechtlosigkeit der anderen resultierten. Anhand der Romane Turge-nevs warf Dobroljubov die Frage nach dem neuen revolutionären Hel-den auf. Die Gestalt Insarovs, des bulgarischen Freiheitskämpfers in Turgenevs Roman *Nakanune* (Am Vorabend, 1860) kritisierend, for-derte er «richtige Helden», «russische Insarovs», die den Kampf mit dem inneren Feind Rußlands, der Selbstherrschaft, aufnehmen könn-ten. Nach der Veröffentlichung der Rezension unter der Überschrift *Kogda že pridët nastojaščij den'?* (Wann endlich kommt der Tag?) im *Sovremennik* 1860 brach Turgenev, der die politischen Folgerungen Dobroljubovs nicht teilen konnte, mit der Zeitschrift.

Bei Dmitrij Pisarev und Varfolomej Zajcev, den führenden Kriti-kern der Zeitschrift *Russkoe slovo*, zeichnete sich Anfang der 60er Jahre der Übergang zu einem krassen Utilitarismus und antiästhetischen Materialismus ab. Der extremste Standpunkt war mit Pisarevs Artikel *Razrušenie éstetiki* (Die Zerstörung der Ästhetik, 1865) erreicht, dem Versuch einer Aktualisierung der Magisterschrift Černyševskijs zehn Jahre nach ihrer ersten Veröffentlichung. Wie dieser, so befand sich auch Pisarev, als er den Text verfaßte, in der Peter-Paul-Festung in Haft, da er in einer Schrift zum Sturz der Dynastie Romanov aufgeru-fen hatte. Ästhetik als Wissenschaft vom Schönen, argumentierte Pisa-rev, könne es nur dann geben, wenn das Schöne als absolute Kategorie existiere. Dies aber sei nicht der Fall. Vielmehr sei das «ewige Schöne» nur eine Fiktion der schmarotzenden Stände, ein Luxus weniger, der mit den Mühen des arbeitenden Volkes erkauft werde. Dem stellte Pisarev den Schönheitsbegriff Černyševskijs entgegen, wonach das Schöne das Leben sei. Eine Kunst, die diesem «Schönen» nachstrebe und ihr Ziel darin erblicke, Armut und Unwissenheit auszurotten, trete gleichberechtigt neben die exakten Wissenschaften. Für den Kri-tiker zählte allein die Beziehung eines Kunstwerkes zur Wirklichkeit, die sich ausschließlich in seinem Inhalt manifestierte. Die künstlerische Form, Gegenstand und Maßstab der bisherigen Ästhetik und Literaturkritik, verlor für Pisarev jede Bedeutung: «Der Inhalt ist wichtiger als die Form» (Soderžanie važnee formy).

Die Bedeutung des Artikels bestand vor allem darin, daß Černyševskijs Kriterium des «Interessanten», das die Abbildung des Lebens steuerte, eindeutig an den Bedürfnissen des Menschen, am Notwendigen und Nützlichen, befestigt wurde. Dies wieder werde erkannt von den «denkenden und entwickelten Menschen», die den «himmlischen Zielen» (Heine) der Menschheit, der sozialen und politischen Befreiung, verpflichtet seien. Für die Zukunft erwartete Pisarev Kunstwerke, in denen Wahrheit und Schönheit, Wissenschaft und Kunst vereint sein werden. Für die Gegenwart aber lehnte er Shakespeare und Puškin, Michelangelo und Raffael sarkastisch ab und geriet damit in Gegensatz zu den Positionen Belinskijs und selbst Dobroljubovs. Der Pisarev zugeschriebene Ausspruch, «ein Paar Stiefel sind mehr wert als Puškin» (sapogi vyše Puškina), war zwar eine boshafte Erfindung Dostoevskijs; daß dieses Wort aber allenthalben – selbst von Gor'kij – mit Pisarev in Verbindung gebracht wurde, war nur möglich, weil es die konsequente Folgerung aus Pisarevs utilitaristischem Denken darstellte.

Die ‹organische Kritik› Apollon Grigor'evs

Auch im Lager der Slawophilen gab es eine rührige, aktiv in die Tageskontroversen eingreifende Literaturkritik. Hier spielte Apollon Grigor'ev eine wichtige Rolle, ein begabter Dichter und scharfsinniger Kritiker, der an den Zusammenkünften des Petraševskij-Kreises teilgenommen hatte, sich aber zugleich auch als einen «letzten Romantiker» empfand. Anfang der 50er Jahre war er der führende Kopf der sogenannten «Jungen Redaktion» des Slawophilenorgans *Moskvitjanin*, später wirkte er an Dostoevskijs Zeitschriften *Vremja* und *Ėpocha*, den Sprachrohren der «Bodenständigen», mit, die im russischen Volk das Fundament für die politische und geistige Erneuerung Rußlands sahen, welche sie sich als eine Art Synthese von russischen und europäischen Traditionen vorstellten. Grigor'ev schuf sich ein eigenes ästhetisches Wertsystem, das er als «organische Kritik» bezeichnete. Wie Belinskij hatte er früh die Philosophie Schellings und Hegels aufgenommen, aus deren Identitätsdenken er auch die für seine literaturkritische Tätigkeit bestimmende Kategorie des Organischen entwickelte. Wie für Schelling war auch für ihn die Kunst das einzige Organon echter Erkenntnis. Große Bedeutung maß er – ähnlich übrigens wie Dobroljubov – der Schaffung von Typen bei, in denen die latente Bezogenheit der Einzelerscheinungen des Lebens auf das Allgemeine, die Idee, transparent werde. Die Darstellung der Typen diene dazu, den Bewußtseinszustand eines Volkes darzustellen. Unter solchen Prämissen leistete Apollon Grigor'ev vor allem zur Typologie der literarischen Helden in Rußland einen wertvollen Beitrag. Die neuere russische Bewußtseinsentwicklung (von der Mitte des 18. bis in die Mitte des 19. Jahrhunderts) nämlich schien ihm geprägt vom Kampf zweier unterschiedlicher Bewußtseinsstufen, die ihren Ausdruck in zwei literarischen Typen fanden, dem «raubgierigen Typ» (chiščnyj tip) und dem «demütigen Typ» (smirennyj tip). Den ersteren, Verkörperung der romantischen Verabsolutierung des Ichs, sah er exemplarisch ausgeprägt in Pečorin, Lermontovs *Helden unserer Zeit*, den letzteren in dem biederen Ivan Petrovič Belkin, dem fiktiven Autor in Puškins *Erzählungen Belkins*, den er als «kritischen Kontrast» zum raubtierhaften Typus interpretierte. Vor allem Turgenevs frühe Werke versuchte Grigor'ev aus dem Kampf zwischen den beiden Typen als innerem Movens zu erklären. Von der Erzählung *Tri portreta* (Drei Porträts, 1846), der reinsten Darstellung des «chiščnyj tip», führe Turgenevs Weg zu *Dvorjanskoe gnezdo* (Das Adelsnest, 1860), der «vollständigsten [...] Äußerung seines Protestes für das Gute, Einfache, Demütige, gegen das Raubgierige, Kompliziert-Leidenschaftliche, Verkrampft-Entwickelte». In der Tat hat das von Grigor'ev aufgestellte Typenmodell mit der in der Gestalt Lavreckijs sich abzeichnenden Lösungstendenz – der «demütige Typ» überwindet den «raubgierigen» – in der russischen Literatur des Realismus, von Ostrovskij bis Turgenev, von Dostoevskij bis Tolstoj, in einer Fülle von Varianten Wirkung gezeigt.

Die Puškin-Richtung

Das Obsiegen der Gogol'-Richtung im literaturkritischen Kampf der 60er Jahre und ihre Kanonisierung in der sowjetischen Zeit hat vergessen lassen, daß gleichzeitig mit ihrer Etablierung ein kraftvoller Gegenentwurf unternommen wurde, der sich auf das künstlerische Vorbild Puškins berief. Diese «Puškin-Richtung» (puškinskoe napravlenie) wurde nicht nur von herausragenden Literaturkritikern wie dem weitgebildeten Vasilij Botkin, dem sorgfältigen Pavel Annenkov und, vor allem, dem zielstrebigen Aleksandr Družinin getragen, sondern auch von Dichtern wie Fet, Apollon Majkov, Ščerbina und von hoffnungsvollen Prosatalenten wie Turgenev, Saltykov-Ščedrin und Tolstoj.

In der Kontroverse ging es nicht zuletzt um das Erbe Belinskijs und die literaturkritische Ausrichtung des *Sovremennik*. Um ein Gegengewicht gegen die «Seminaristen», d. h. die die literaturkritische Rubrik dominierende Gruppe um Černyševskij und Dobroljubov, zu schaffen, trugen sich Družinin und seine Freunde sogar mit dem Gedanken, eine neue Zeitschrift als Plattform der Puškin-Richtung zu gründen. Dadurch, daß Družinin 1856 die Redaktion der *Biblioteka dlja čtenija* übernahm – ihm folgte 1860 Pisemskij nach –, ergab sich eine unerwartete Chance. In dieser weitverbreiteten, ersten «dicken Zeitschrift» in Rußland, die den Künsten und Wissenschaften, der Industrie und Mode gewidmet war, hatte bereits Senkovskij stets den Standpunkt von der Zweckfreiheit der Kunst vertreten. Unter Družinin wurde sie zum Hort der «reinen Kunst». Vasilij Botkin, der 1835 in Paris mit Victor Hugo zusammengetroffen war und sich durch seine *Pis'ma ob Ispanii* (Briefe über Spanien, 1847/48; in Buchform 1857) einen glanzvollen Namen als Reiseschriftsteller erworben hatte, war zunächst als Mitstreiter Belinskijs und später Černyševskijs hervorgetreten, ehe er Ende der 50er Jahre zu Družinin stieß und sich in einem Programmartikel über die Dichtung Afanasij Fets (*Stichotvorenija A. A. Feta* [Die Gedichte von A. A. Fet], 1856) für die «reine Kunst» einsetzte. Ähnlich vertrat Pavel Annenkov, der einstige Trabant Gogol's (er hatte 1841 in Rom nach dessen Diktat die *Toten Seelen* abgeschrieben) und Freund Turgenevs, mit Entschiedenheit die Puškin-Richtung. Als Herausgeber der Gesammelten Werke und Verfasser der ersten Biographie Puškins (*Materialy dlja biografii Aleksandra Sergeeviča Puškina* [Materialien zur Biographie A. S. Puškins], 1855) war er hierfür besonders berufen. In seinen Aufsätzen *O mysli v proizvedenijach izjaščnoj slovesnosti* (Über die Idee in den Werken der schönen Literatur, 1855) und *O značenii chudožestvennych proizvedenij dlja obščestva* (Über die Bedeutung der Kunstwerke für die Gesellschaft, 1856) sprach er sich für eine objektive, d. h. nicht-parteiische, Haltung des Künstlers aus und forderte die Abwesenheit der Ideologie bzw. der politischen Tendenz.

Aleksandr Družinin ging in der Abweisung gesellschaftlicher und ideologischer Ansinnen an die Literatur am weitesten. Dieser junge Edelmann, Zögling des Pagenkorps, Gardeoffizier und, nach Ausweis seines *Tagebuches* (*Dnevnik*, veröfftl. 1986), weltoffener Hedonist, hatte 1847 in der Brieferzählung *Polin'ka Saks* die Würde und Selbstbestimmung der Frau verteidigt. Anfang der 50er Jahre trat er im *Sovremennik* mit unterhaltsamen Feuilletons und mit ernsthaften Shakespeare-Übersetzungen (*Korol' Lir* [*King Lear*], 1856, u. a.) hervor. Überhaupt springt seine Begeisterung für die englische Lebensart und Literatur ins Auge. Die neue literarische Stoßrichtung zeichnete sich in seinen 1856 in der *Biblioteka dlja čtenija* veröffentlichten Artikeln *A. S. Puškin i poslednee izdanie ego sočinenij* (A. S. Puškin und die letzte Ausgabe seiner

Werke) und *Kritika gogolevskogo perioda russkoj literatury i naši k nej otnoše-nija* (Kritik der Gogol'-Periode der russischen Literatur und unsere Beziehung zu ihr) ab. Im ersteren verfocht er die These, Puškin wäre mit Sicherheit, hätte er länger gelebt, zum Widerpart der Gogol'-Richtung geworden. Man könne bei aller Verehrung für Gogol' nicht nur von *Toten Seelen* leben: «Wir brauchen Poesie!» (Nam nužna poèzija). Im letzteren stellte er die «artistische Theorie», die dem Dichter Gebete, süße Klänge und die Inspiration zurückgebe, gegen den didaktischen Anspruch an die Kunst. Homer, Shakespeare und Goethe zog er als Kronzeugen für das Kunstprinzip heran. Die Richtung Družinins bot nicht nur den Poeten der «reinen Kunst» eine Zeitlang Rückhalt, sondern bestärkte wohl auch Turgenev, Tolstoj, Saltykov-Ščedrin und Pisemskij in ihrem Streben nach Objektivität. Auch wenn ihr Einfluß in der Mitte der 60er Jahre dahinschwand, bedarf es heute einer Neubewertung der Puškin-Richtung.

Die Natürliche Schule

In der russischen Literatur der 40er Jahre setzte sich erstmals eine Strömung durch, in der die neue «realistische» Schreibweise, wenn auch noch anfängerhaft und tastend, ausgebildet erscheint: die sogenannte Natürliche Schule (natural'naja škola). Zwei Impulse beflügelten eine Reihe junger Literaten – darunter Ivan Turgenev, Aleksandr Gercen, Nikolaj Nekrasov, Dmitrij Grigorovič und Fëdor Dostoevskij. Dies war einmal das soziale Mitleid mit den «kleinen Leuten», den Benachteiligten und Unterdrückten der Gesellschaft, wie es aus Gogol's *Mantel* herausgelesen werden konnte. Nach Belinskij bestand das Neue, Aufrüttelnde des *Mantels* darin, daß Gogol' «das Tragische in der ganzen Banalität des Lebens aufzuspüren» verstand. In dieser Deutung wurde radikal mit dem alten ästhetischen Gebot gebrochen, daß tragisches Geschick sich nur an Personen von Stand und Ansehen vollziehen könne. Der andere Impuls lag in der «physiologischen» Methode, die, aus Frankreich und England kommend, in Rußland mehr und mehr rezipiert wurde. Wie Aleksandr Cejtlin gezeigt hat, wurden die französischen «Physiologien» der 30er/40er Jahre, systematische Beschreibungen der Großstadt Paris und ihrer verschiedenen sozialen Gruppen und Stände, in Rußland alsbald übersetzt und fanden zahlreiche Nachahmer. Schon 1840 berichteten die *Otečestvennye zapiski* in einem Überblick über die neueste französische Literatur, eine «besonders moderne Art von Werken» seien in letzter Zeit die Physiologien der verschiedenen Stände und Klassen des Volkes. Als Autoren wurden unter anderen «le grand Balzac» und Paul de Kock genannt. Im Laufe der 40er Jahren wurden in Rußland zahlreiche französische Physiologien wie auch englische soziographische Skizzen aus der Feder von Dickens und Thackeray übersetzt. Der von den Russen stark beachteten achtbändigen «moralischen Enzyklopädie» *Les Français peints par eux-mêmes* (1840–1842) folgte auf dem Fuße ein russisches Pendant in der aufwendigen, von Aleksandr Bašuckij herausgegebenen Edition *Naši spisannye s natury russkimi* (Die Unserigen, nach der Natur gemalt von Russen, 1841). Dem französischen Vorbild entsprechend, waren in dieser russischen Physiologie, die freilich nach der 14. Lieferung wegen Mangels an Subskribenten sowie Schwierigkeiten mit der Zensur eingestellt werden mußte, die Beschreibungen von Typen aus verschiedenen Ständen (Wasserträger, Edelfräulein, Armeeoffizier, Kinderfrau usf.) durch Holzstiche (Polytypagen) und Zeichnungen illustriert. Das komplementäre Zusammenspiel von Orts- und Typenbeschreibung in Wort und Bild als charakteristisches Verfahren der «physiologischen Literatur» setzte in Rußland mit Bašuckijs Edition ein, wie es Nikolaj Nekrasov in seinem Versfeuilleton *Govorun* (Der Schwätzer, 1843–1845) festgehalten hat: Mit den *Unsrigen* sei das illustrierte Jahrhundert in der Literatur angebrochen, habe sich die Menge der Bücher mit Polytypagen vermehrt. Auch der neuerfundene Daguerreotyp wurde den illustrierten Ausgaben bald dienstbar gemacht.

‹Die Physiologie Petersburgs›

Mit dem Erscheinen der von Nikolaj Nekrasov herausgegebenen Sammelbände *Fiziologija Peterburga* (Physiologie von Petersburg, 1845) und *Peterburgskij sbornik* (Petersburger Sammelband, 1846) trat die Natürliche Schule zum ersten Male als geschlossene Gruppe hervor. Im Vorwort zum ersten Sammelband wies Belinskij den jungen, hier versammelten Literaten ihre Aufgabe zu. Statt der verbreiteten belanglosen historischen und satirischen Romane und Erzählungen empfahl er solche Werke, die in Form von Reise- oder Exkursionsberichten, Skizzen, Beschreibungen mit den verschiedenen Teilen des unendlichen und vielgestaltigen Rußlands bekanntmachen sollten, mit seinen verschiedenen Klimazonen, Völkern, Stämmen, Religionen und Sitten, vor allem aber mit der russischen Stammbevölkerung, die sich in solch ungeheurer Menge darbiete.

Dieser Aufforderung zur landeskundlichen Bestandsaufnahme, zur Beschreibung der Regionen und Bevölkerungsgruppen des Russischen Reiches, fügte Belinskij einen zweiten, literatursoziologischen

Gedanken hinzu, den die jungen Autoren als Ermunterung empfinden mußten: Zwar habe es der russischen Literatur bisher nicht an «hohen Talenten», an «Genies» gefehlt – er hatte dabei Puškin, Lermontov und Gogol' im Sinn –, dafür aber an jenen «gewöhnlichen Talenten», die gerade den Reichtum einer Literatur ausmachten, da sie es seien, die geeignete Werke für den alltäglichen Bedarf des lesenden Publikums vorlegen. Thema – die Bestandsaufnahme Rußlands – und Funktion – Lesestoff für breite Schichten – der neuen Literatur waren somit durch Belinskij abgesteckt. Die traditionelle Literaturkritik aber nahm nach Erscheinen des Bandes Anstoß an der Abbildung schmutziger und häßlicher Szenen. Der Kritikerpapst Faddej Bulgarin sprach als erster abwertend von der «natürlichen Schule», deren Bestreben es sei, «die Natur ohne Schleier» darzustellen. Belinskij griff das Diktum sofort auf, funktionierte es im Sinne seines Realismusprogramms um und setzte die neue «natürliche Schule» von der «alten rhetorischen oder nicht-natürlichen», und das bedeutete für ihn: «künstlichen» und «unwahrhaftigen» Schule ab.

Wie aber sahen die «natürlichen» Texte aus, die Vladimir Dal', Ivan Turgenev, Dmitrij Grigorovič, Evgenij Grebenka, Nikolaj Nekrasov und andere in den Petersburger Sammelbänden vorlegten? Die charakteristischste Gattung des ersten Sammelbandes war die «physiologische Skizze» (fiziologičeskij očerk), in der Typen aus den sozialen Niederungen Petersburgs – so in Dal's *Peterburgskij dvornik* (Der Petersburger Hausknecht) oder Grigorovičs *Peterburgskie šarmanščiki* (Petersburger Drehorgelspieler) – sowie das untere Milieu der Großstadt – so in Grebenkas *Peterburgskaja storona* (Die Petersburger Seite) oder Nekrasovs *Peterburgskie ugly* (Petersburger Winkel) – dargestellt wurden. Diese relativ kurzen Texte hatten, abgesehen von Erzählereinschüben, in denen, gleich der berühmten «humanistischen» Passage in Gogol's *Mantel*, soziales Mitleid ausgedrückt wurde, vornehmlich beschreibenden Charakter. Sujets, dynamische Handlungselemente fehlten fast ganz. Vielmehr ging die Absicht des Physiologen dahin, im Zusammenwirken von Text und Illustration soziale Typen in ihren spezifischen Milieus zu beschreiben. Das Verfahren der Deskription und der Klassifikation des Untersuchungsobjektes entsprang einem letztlich wissenschaftlichen Ansatz und ließ eine typologische Verwandtschaft zum Denken der Aufklärung erkennen. So gliederte beispielsweise Grigorovič die Petersburger Drehorgelspieler in ein Klassifikationsschema nach den Kriterien a) nationale Herkunft (Russen, Deutsche, Italiener), b) Art des verwendeten Instruments, c) Besitzstand («Kleinbürger», «Aristokraten»). Daneben bildeten Raumbeschreibungen von einer bisher in der russischen Literatur unbekannten Detailgenauigkeit das zweite konstitutive Element der «physiologischen Skizze». In Nekrasovs Beschreibung des grauenhaft verkommenen Zimmers, in dem die Protagonisten der *Petersburger Winkel* hausen – der Text war ein Kapitel aus seinem unvollendeten Roman *Žizn' i pochoždenija Tichona Trostnikova* (Leben und Abenteuer des Tichon Trostnikov, unvoll., 1843–1847, veröfftl. 1931 von K. Čukovskij), waren als subjektive Momente im objektiven Befund des beschreibenden Erzählers lediglich noch dessen perspektivischer Standort und eine gelegentliche humoristische Einfärbung spürbar. Nekrasov konnte freilich auch, wie in *Činovnik* (Der Beamte), Verse zum physiologischen Zweck einsetzen. Und in der unter dem Pseudonym «Govorilin» verfaßten dramatischen Skizze *Omnibus* von Aleksandr Kul'čickij wurden Szenen aus dem Petersburger Vorortverkehr mit dem neuen Verkehrsmittel festgehalten.

Die Beziehung zwischen dem sozialen Typus und seinem Milieu, die in den russischen Physiologien herausgearbeitet wurde, erhielt eine weitere Qualität durch den Gebrauch der authentischen, an Herkunft, Region, Milieu oder Beruf gebundenen Personensprache. Zwar gab es in der Komödie auch früher schon Ansätze zur sozialen Einfärbung der Personenrede, die zwingende Erkenntnis aber, daß Typus, Milieu und Sprache eine verschlungene Einheit bilden, wurde erst in der Natürlichen Schule, und hier insonderheit in den Physiologien, realisiert. Die Figuren in diesen Skizzen sprachen die Sprache des einfachen Volkes oder bestimmter Berufszweige. Selbst die Barbarismen des Großstadtjargons drangen jetzt in die Literatur. Natürlich konnte auch der individuelle Sprechgestus – etwa das abgehackte Pathos eines heruntergekommenen Schauspielers bei Nekrasov – wiedergegeben werden. Der Prozeß der Differenzierung der Charaktere nach sozialen Merkmalen mittels ihrer Sprache, den Viktor Vinogradov zu den konstitutiven Momenten des literarischen Realismus zählt, nahm in den physiologischen Skizzen und anderen Werken der Natürlichen Schule, beispielsweise in Dostoevskijs *Bednye ljudi* (Arme Leute, 1846) oder Turgenevs Erzählung *Uezdnyj lekar'* (Der Kreisarzt, 1846), seinen Anfang.

Die physiologische Methode als das eigentliche Novum der Natürlichen Schule führte zu einer neuen Auffassung von Literatur und ihrer Funktion. Dichtung war nicht mehr durch Fiktion und Imagination bestimmt, sondern gründete sich auf Beobachten und Beschreiben. Diese Grunderfahrung aus den 40er Jahren blieb bei fast allen künftigen Realisten lebendig. Gewiß liegt soziographisches Beschreiben, wie Georg Lukács später in der Realismusdebatte polemisch ausführen sollte, vor oder hinter der Schwelle des eigentlichen Realismus und stellt das Wesensmerkmal des Naturalismus dar, doch ohne die Kunst der Beschreibung sozialer Wirklichkeit, die die Russen in der Natürlichen Schule erlernten, gäbe es keinen russischen Realismus. Wie stark die physiologische Methode in der Folge nachwirkte, mögen einige Beispiele zeigen. Turgenevs *Zapiski ochotnika* (Aufzeichnungen eines Jägers, 1847–1852), ein Werk, das Skizzen und Erzählungen zum Zyklus bündelte, vermittelten aus der durchgehenden Erzählperspektive eines beobachtenden Gutsbesitzers und Jägers ein sozialökonomisches und -psychologisches Gesamtbild vom Zustand des russischen Dorfes unter den Bedingungen der Leibeigenschaft. Chor' und Kalinyč in der Eingangserzählung der *Zapiski ochotnika* werden eingangs als soziale Typen im Sinne der Physiologien vorgestellt, der eine repräsentiert den armseligen Fronbauern aus dem Gouvernement Orël, der andere den vergleichsweise wohlgestellten Zinsbauern aus dem Gouvernement Kaluga. Aussehen und Habitus, Behausung, Ernährung usw. werden einander gegenübergestellt. Im Laufe der Erzählung wachsen sich freilich die beiden durch ihr Milieu determinierten Bauerntypen zu Charakteren, oder besser: zu Charaktertypen aus. Chor' erscheint dem Erzähler als praktisch denkender und handelnder Rationalist, Kalinyč als Enthusiast und Träumer, als Idealist und Romantiker. In der Fassung aus dem *Sovremennik* (1847) hieß es sogar: «Kurz, Chor' glich eher Goethe, Kalinyč eher Schiller.» Auch wenn die flache Soziographie um aktionelle, psychologische und ideelle Momente bereichert wurde, blieb das «physiologische» Grundmuster doch erkennbar.

Auch der erste Teil von Ivan Gončarovs Roman *Oblomov*, an dem der Autor seit 1847 arbeitete, stellte im Grunde nichts anderes dar als eine Folge von physiologischen Typen. Oblomov empfängt, auf dem Bett liegend, nacheinander seine Freunde und Bekannten: den Dandy Volkov, den Beamten Sud'binskij, den Literaten Penkin, der natürlich ein Verfechter der «nackten Physiologie der Gesellschaft» und ein Verächter von Lied und Gedicht ist, die Schwätzer und Müßiggänger Alekseev und Tarant'ev. Sie alle wurden habituell und sprachlich mit den Mitteln der physiologischen Methode porträtiert. Eine ähnliche Situation führte auch Turgenev in seinem Einakter *Bezdenež'e* (Geldmangel, 1845), mit dem Untertitel «Szenen aus dem Leben eines jungen Edelmannes in Petersburg», vor. Der hoffnungslos verschuldete Žazikov wird von seinen Gläubigern, einem Kaufmann, einem deutschen Schuster, einem französischen Maler, einem Kutscher usw., bedrängt. Die Verschuldung – mochte sie noch so charakteristisch für einen jungen Petersburger Fant sein – bildete im Grunde nur die Motivation für einen physiologischen Typenkatalog. Desgleichen wirkte die Physiologie in den *Gubernskie očerki* (Skizzen aus dem Gouvernerment, 1856/57) von Michail Saltykov-Ščedrin und selbst in den frühen dokumentaren Erzählungen von Lev Tolstoj nach. Auch Pavel Mel'nikov, der als Schilderer der Welt der Altgläubigen im Ural- und Wolgagebiet unter dem Pseudonym Andrej Pečerskij bekannt wurde, hat die aus der Natürlichen Schule übernommenen Beschreibungs- und Dokumentationsverfahren niemals aufgegeben, auch wenn er sie in große, handlungsreiche Romane wie *V lesach* (In den Wäldern, 1871–1874) oder *Na gorach* (In den Bergen, 1875–1881) einbrachte. In der Gouvernementsverwaltung in Nižnij Novgorod und später als hoher Ministerialbeamter zuständig für Fragen des Raskol und der altgläubigen Sekten, vermittelte er in seinen Romanen ein Bild von der Lebensweise, dem Brauchtum und der Sprache der Altgläubigen, das noch heute als wertvolle sozialgeschichtliche, ethnographische und linguistische Quelle zur Verfügung steht.

Dokumentarität, d. h. die Wiedergabe authentischer Typen in einem aus nachweisbaren lokalen, klimatischen, zeithistorischen Fakten aufgebauten Milieu, in den großen Werken des Realismus wird mit Recht von der Literaturwissenschaft als ein Erbe der Natürlichen Schule und der Physiologien verstanden. Diese bildete somit den ersten Akkord des russischen Realismus, eine Formation, die als «empirischer Realismus» (V. Kulešov) qualifiziert worden ist. Gelegentliche Rückfälle ins Romantische oder Sentimentalistische rechtfertigen kaum Dmitrij Tschižewskijs Zuordnung der Natürlichen Schule zur russischen Romantik, wenn er sie später auch in die Vorgeschichte des Realismus beförderte. «Die irdische Welt [. . .] in ihrer ganzen Abscheulichkeit zu schildern [. . .], um den Durst nach der anderen Welt, nach dem Höheren zu wecken», war ohne Zweifel die Motivation des Gogol'- schen «Realismus». Die Mehrzahl seiner Nachfolger übernahm Thema und Methode des Meisters, unterlegte ihnen aber statt einer metaphysischen Begründung eine neue aus Sozologie und sozialem Engagement.

Die realistische Methode

Am Schluß der zweiten der *Sevastopol'skie rasskazy* (Sevastopoler Erzählungen, 1855), in der das Verhalten der russischen Offiziere während der Kampfhandlungen in der Nacht vom 10. zum 11. Mai 1855 dargestellt worden war, fragte Lev Tolstoj, der Autor, wer wohl der Held seiner Erzählung sei, und gab die Antwort, nicht die vorgestellten Offiziere, die weder gut noch schlecht seien, könnten es sein, sondern: «Der Held meiner Erzählung, den ich mit der ganzen Kraft meiner Seele liebe, den ich in seiner ganzen Schönheit zu schildern bemüht war und der immer schön war, ist und sein wird – ist die Wahrheit.»

Dieses künstlerische Credo bezieht sich auf Geschehnisse des gleichen Tages, an dem Nikolaj Černyševskij in Petersburg seine Magisterschrift *Ėstetičeskie otnošenija iskusstva k dejstvitel'nosti* verteidigte, deren Hauptthese lautete: «Das Schöne ist das Leben». Das Wahrheitsethos, das Streben nach authentischer Darstellung des Menschen, seines Lebens und Handelns in der Gesellschaft – das bekräftigt die zufällige Koinzidenz der Aussagen zweier so verschiedener Geister wie Tolstoj und Černyševskij – bildete den Hauptantrieb des realistischen Künstlers. Aus ihm ergab sich sein Vorgehen, seine «Methode». Konkret und objektiv, dem Naturwissenschaftler gleich, versuchte er, seinen «Gegenstand», den Menschen in seiner sozialen Bedingtheit, zu beschreiben und zu analysieren.

Realistische Sprache – realistische Verfahren

Das Postulat der Konkretheit hatte eine neue Einstellung zur Sprache zur Folge. Die Objekte der abzubildenden Welt mußten «denotativ», d. h. mit dem nächstliegenden eigentlichen Ausdruck, bezeichnet werden. Stilistische Valeurs, die die Mitteilungs- oder Beschreibungsfunktion behinderten, uneigentlicher Ausdruck, Metapher, Allegorie, Vergleich, das Spiel mit Konnotationen, die Konventionen der «schönen Rede» (R. Lachmann) – all das trat zugunsten der konkreten, eigentlichen Benennung zurück. Bezeichnenderweise bestritten Literaturkritik und Literaturparodie den Kampf um den Realismus großenteils damit, daß sie den nebulosen, schwülstigen, «sentimentalistischen» oder «romantischen» Ausdruck abwerteten. Verssprache als «bedingte», primär rhythmisch konstruierte Sprache büßte in der realistischen Formation ihre Dominanz ein; zumindest hatte sie sich dem Konkretheitsgebot zu unterwerfen. Das war in der aktuellen Tageslyrik der Nekrasov-Schule unübersehbar, wirkte sich aber auch in der Naturlyrik Afanasij Fets und Apollon Majkovs aus. Andererseits konnten alte metaphorische oder symbolisierende Verfahren eingesetzt werden, um überlebte Denk- und Verhaltensmuster zu denunzieren. In Turgenevs *Otcy i deti* (Väter und Söhne, 1862) tauchen an zwei Stellen auffällige «romantische» Symbole auf: ein verhängnisvoller Ring mit einer Sphinx-Gemme in der «romantischen» Lebensgeschichte des Pavel Kirsanov; später der Vergleich des aufgelösten Haares der Odincova mit einer dunklen Schlange nach dem ersten großen Gespräch, das Bazarov – gegen seine Prinzipien von Liebe entflammt – mit dieser Dame führt. Vergleiche, wenn sie nicht in der obigen Funktion eingesetzt waren, dienten in der Regel der Erläuterung oder Erklärung aus einem anderen Erfahrungsbereich. Solche homerischen Vergleiche gehörten zum epischen Stil sowohl bei Gončarov als auch bei Tolstoj. Bildsprache, d. h. eine Sprache, die sich, wie in Dostoevskijs *Zapiski iz podpol'ja* (Aufzeichnungen aus einem Kellerloch, 1864), in bizarrer Metaphorik und eigenwilligen Bildvorstellungen erging, konnte aber auch zum Ausdruck einer Protesthaltung gegen den progressiven Zeitgeist werden.

Die Scheu, Wörtern, Begriffen, Vorstellungen jenseits der empirischen Erfahrung zu trauen, führte bei einigen Autoren dazu, bestimmte Vorgänge, vor allem gesellschaftliche Rituale, nicht mehr mit dem eingebürgerten Vokabular zu schildern, sondern in den konkreten Begriffen einer vor der gesellschaftlichen Konvention liegenden Sprache. Nichts anderes stellt ja das Verfahren der Verfremdung (priëm ostranenija) dar, das Viktor Šklovskij im Erzählwerk Lev Tolstojs aufgewiesen hat. Sprichwörtlich schon die Schilderung der Opernaufführung im zweiten Teil von *Krieg und Frieden*, in der die Kulissen als «glatte Bretter», als «gemalte Bilder, die Bäume darstellten» und als «Bretter, auf die Tuch gespannt war» beschrieben wurden; ebenso eine Duettszene als seltsames getrenntes oder gemeinsames Singen eines Mädchens in Weiß und eines Mannes «in prallsitzenden Seidenhosen an den dicken Beinen, mit einer Feder»; oder auch der Applaus als Klatschen und Schreien, woraufhin «die Männer und Frauen auf der Bühne, die Verliebte darstellten, anfingen, sich lächelnd und mit ausgebreiteten Armen zu verbeugen».

Das Verfahren der Verfremdung bestand nach Šklovskij darin, daß Tolstoj einen Gegenstand nicht mit seinem Namen nannte, sondern ihn so beschrieb, als sehe er ihn zum ersten Male, d. h., die neue verfremdete Sicht der Objekte wurde durch eine semantische Reduktion – meist eine beschreibende Periphrase mit einem «naiven» Wortschatz – erreicht. Statt «Kulisse» wurde deren Aussehen und Material, statt «Arie» oder «Duett» deren akustische und gestische Vorführung, statt «Applaus» das Verhalten der Zuschauer geschildert. Sprache wurde zum Instrument empirischer Erfassung der Wirklichkeit. Motiviert wurde die Verfremdung dadurch, daß der Autor ein unerfahrenes Bewußtsein (Nataša Rostova) zwischenschaltete, das durch die Art seiner Apperzeption seinerseits wieder charakterisiert wurde.

Ein wichtiges Anliegen der realistischen Autoren war die soziale Authentizität des Sprachmantels, den sie um die Figuren als Repräsentanten regionaler, sozialer, professionaler und psychologischer Gruppen legten. Charaktere und Chargen aus den verschiedensten sozialen Sphären wurden vermittels ihrer «sprachlichen Selbstentdeckung» (samoraskrytie reč'ju) in ihrer sozialen Bestimmtheit, aber auch in ihrer psychologischen Befindlichkeit vor dem Leser aufgebaut (V. V. Vinogradov). Viele der einprägsamen Gestalten des russischen Realismus könnten als ein spezifisches System von lexikalischen und syntaktischen Redeformen beschrieben werden, wie es Vinogradov am Beispiel des Makar Devuškin aus Dostoevskijs *Armen Leuten* vorgeführt hat. Die aufrüttelnden Konflikte in der realistischen Erzählliteratur wurden sehr oft aus der Konfrontation verschiedener «Sprachen» geboren. Wenn Arkadij Kirsanov im V. Kapitel von Turgenevs *Otcy i deti* versucht, seinem Onkel Pavel den neuen Typus des Nihilisten nahezubringen, so stellt er nicht nur heraus, daß ein Nihilist sich vor keiner Autorität beuge und kein Prinzip auf Treu und Glauben annehme, sondern er tut es auch in einer anderen Sprache als der des Onkels. Dieser spricht, wie ausdrücklich festgestellt wird, das Wort «Prinzip» weich, auf französische Art (prinsíp) aus, während Arkadij die «neue» Aussprache (príncip) gebraucht. In noch stärkerem Maße werden danach verschiedene «Sprachen» und unterschiedliches Sprechverhalten in der Auseinandersetzung zwischen dem Romantiker und Hegelianer Pavel Kirsanov und dem Nihilisten Bazarov aufeinanderstoßen.

Die in russischen realistischen Texten besonders herausgearbeitete individuelle Personenrede gab Jurij Tynjanov zu der Formulierung Anlaß, bei Leskov spüre man hinter der Rede die Gesten, hinter den Gesten die fast greifbare Gestalt, doch könne diese Greifbarkeit nicht (etwa durch Illustrationen) eingefangen werden, denn sie sei in der Redeartikulation, gleichsam in den Lippenspitzen, konzentriert. Die ausgeprägte Individualität der literarischen Charaktere wurde im wesentlichen durch einen unverwechselbaren Sprachgestus, durch ein spezifisches Sprechverhalten begründet. Zwar fehlten auch «Porträts», d. h. Beschreibungen der Physiognomie – in der Nachfolge Johann Kaspar Lavaters – oder des äußeren Habitus – im Sinne der Physiologien – nicht, doch handelt es sich hier oft nur um Vervollständigungen eines Bildes, das in den wesentlichen Teilen sprachlich mittels Personenrede längst ausgeführt ist.

Ein fundamentales Verfahren, konkrete Wirklichkeit in der Literatur einzufangen, ist von jeher die Beschreibung. Für die Natürliche Schule zählten beschreibende Verfahren zu den Konstituenten der Strömung. Beschreibung, sei es der Natur oder «sozialer» Räume (Milieu, Interieurs, urbanes Gelände), sei es der äußeren Erscheinung handelnder Personen, stets mit dem Anspruch der Dokumentarität und der Nachprüfbarkeit, war ein Hauptziel realistischer Literatur. Ohne Zweifel besaßen die Naturbilder Turgenevs oder die Interieurs bei Dostoevskij in sich einen Eigenwert. Aber sie waren zugleich das Ambiente, in dem sich die Figuren bewegten. Und sie wurden nun, ganz im Lessingschen Sinne, als «erlebter Raum», d. h. durch das Prisma eines wahrnehmenden Subjektes, wiedergegeben, waren also zugleich Instrument zur Darstellung seelischer Haltungen, Vorgänge und Beziehungen. Aus den Naturschilderungen in den Kapiteln III und IX des Romans *Otcy i deti* lassen sich, da Natur hier aus der Sicht zuerst Arkadij Kirsanovs, dann seines Vaters Nikolaj Kirsanov wahrgenommen wird, nicht nur völlig verschiedene Naturauffassungen, sondern auch ganz unterschiedliche Charaktere ahnen. In Kapitel VIII betritt Pavel Kirsanov das Zimmer Fenečkas, der unebenbürtigen Geliebten seines Bruders. Die Beschreibung des Raumes folgt der Augenbewegung Pavels und liefert aus den wahrgenommenen Gegenständen eine Art Psychogramm der (abwesenden) Fenečka, während zugleich auf subtile Weise die emotionalen Beziehungen zwischen Pavel, Nikolaj und Fenečka deutlich werden. So überlagert die Charakterschilderung im reifen Realismus die Beschreibung der räumlichen Welt, ohne auf sie freilich verzichten zu können.

Ähnliches gilt für die in der realistischen Literatur verwendeten Sujets oder Handlungsabläufe. Einerseits vergegenwärtigen sie zeittypische Vorgänge, andererseits sind es «Konstruktionen», mittels derer die Charakteranalyse vorangetrieben werden kann. Mit Motiven wie dem philosophischen Mord an einer nutzlosen Wucherin in *Prestuplenie i nakazanie* oder dem Fememord aus politischer Räson in den *Besy* bei Dostoevskij waren tatsächliche Aktionen wie der Attentatsversuch des Studenten Karakozov oder der Fememord an dem Studenten Ivanov durch die Nečaev-Gruppe verarbeitet, doch so, daß das Typisch-Aktionelle gleichsam nur den Vorwand für die analytische Beleuchtung ideologisch-psychologischer Syndrome der Handelnden abgab. Zu den Charakteristika der realistischen Methode gehört ein besonderes Motivationsgefüge (A. Flaker), das den Verlauf der Fabel, die Handlungsweise der Personen aus ökonomischen und sozial-psychologischen Ursachen erklärt oder rechtfertigt. Die durchgehende Hervorhebung der Standes- oder Klassenzugehörigkeit, das immer wieder nach vorn drängende Mitgiftproblem bei Ostrovskij, die verhängnisvolle Rolle des Geldes bei Dostoevskij sind offensichtliche Belege für die soziale bzw. ökonomische Determination von «Handlung».

Für die Ausfüllung der realistischen Fabel war grundsätzlich jenes Verfahren kennzeichnend, das Roman Jakobson mit dem alten rhetorischen Terminus Metonymie bzw. Synekdoche bezeichnet hat. Es besteht darin, daß statt des eigentlichen Vorgangs ein angrenzender geschildert wird: «Wenn im Abenteuerroman des 18. Jahrhunderts der Held einen Passanten traf, so handelte es sich just um den, den er oder zumindest die Intrige brauchte. Bei Gogol' oder Tolstoj oder Dostoevskij aber wird der Held unter Garantie einen nicht nötigen, vom Standpunkt der Fabel überflüssigen Passanten treffen, wird mit ihm ins Gespräch kommen, was für die Fabel ohne Folgen bleibt.» Tschiževskij folgert daraus, daß der Realist Bewegung nur auf einer gleichen Ebene, zum «Benachbarten» hin kenne; auf diese Weise entfalte sich «Milieu» (sreda) als eine Grundkategorie des russischen Realismus.

Das Ziel der objektiven Wiedergabe der Wirklichkeit veränderte auch den Erzählvorgang als solchen. Der traditionelle, sogenannte «auktoriale» Erzähler, der plaudernd und vermittelnd zwischen Erzählstoff und Leser eingeschaltet war, wich dem sogenannten «personalen» Erzähler, der nicht als selbständige Figur in Erscheinung trat, sondern den Leser möglichst nah an Bewußtsein und Perspektive der handelnden Personen heranführte. Das Maximum an objektiver Darstellung erreichte der realistische Autor in Dialogen und Dialogszenen, also in der Form der dramatischen Vergegenwärtigung, die im entfalteten Realismus eine überragende Rolle spielt. Die restriktive und notwendig subjektive Ich-Erzählform, die in den kurzen Prosagattungen der 40er und 50er Jahre (*Zapiski ochotnika* von Turgenev u. a.) noch häufiger auftauchte, verlor in dem Maße an Bedeutung, in dem der künstlerisch dargebotene Weltausschnitt an Breite und Tiefe zunahm. An der Entstehungsgeschichte des einen oder anderen Werkes läßt sich ablesen, wie aus einer ursprünglichen Ich-Erzählung mit der Anreicherung des Themas und des Personenensembles ein Roman mit «personaler», d. h. als objektiv intendierter Erzählsituation erwuchs.

Hielt der realistische Autor aus besonderem Grund an einer Erzählerfigur fest, so stellte er sie ebenfalls unter soziale und sozialpsychologische Determinanten. Die Erzählerrede erhielt in Lexik, Syntax und Intonation auffällige Merkmale eines sozial, dialektal oder professional bestimmten mündlichen Ausdrucks, d. h. des Skaz. Größte Meisterschaft in der Skaz-Manier erreichte Nikolaj Leskov in seinen Erzählungen.

Von den für die realistische Stilformation charakteristischen Verfahren gewannen einige zum ersten Mal in der russischen Literaturentwicklung erhebliche Bedeutung: die sozialpsychologische Motivation, der Skaz, die erzählerische Metonymie; andere, wie der denotative Einsatz der Sprache, waren auch in früheren Stilperioden erprobt worden. Unverwechselbar aber war das Ensemble von Verfahren, das so, mit einer bestimmten – sozialanalytischen – Funktion, nur in der realistischen Stilformation auftrat. Zugleich erklomm in der Epoche des Realismus eine bis dahin nachrangige literarische Gattung die Höhen der großen Literatur, in der sich das künstlerische Streben und das besondere Weltverständnis der Zeit überzeugend niederschlugen: der realistische Roman.

Der realistische Roman

Der realistische Roman gründete sich in Rußland im wesentlichen auf die Methode der Natürlichen Schule. Die soziographische, von humanitärem Engagement getragene Publizistik und Dokumentarliteratur mit ihrer scharfen Abkehr von romantischen Ausdruckmodi bildete im literarhistorischen Prozeß ein notwendiges Durchgangsstadium auf dem Wege zum realistischen Roman, da dieser offenbar nur in der Reduktion auf Milieu, sozialen Typus und authentisches soziales Idiom gelingen wollte. Der Verzicht auf die Dialektik der Seele, auf das Innenleben der vorgestellten Figuren, auf Handlungen und Entwicklungen, auf Konfrontation und Konflikte, die subtileren gesellschaftlichen Mechanismen als nur der nackten Armut und der brutalen Unterdrückung entsprangen, konnte freilich vor dem Hintergrund der Leistungen Puškins, Lermontovs und Gogol's nur vorübergehend sein. Sehr rasch erfuhr der «empirische» Realismus der Natürlichen Schule Anreicherungen in vielen Richtungen: in der psychologischen Durchdringung der Gestalten, einer vergrößerten gesellschaftlichen Spannweite, in der Ausweitung der Sujetkerne und dem Einschluß ideologischer Problematik. Dostoevskij und Gercen, die früher als andere Realisten größere Prosaformen in Angriff nahmen, knüpften zunächst noch an die Verfahren und Motive des Sentimentalismus und der Romantik an. Allerdings kontrastierten die gefühlsreichen Äußerungen, die der Titularrat Makar Devuškin in Dostoevskijs Briefroman *Bednye ljudi* (Arme Leute, 1846) an seine junge Nichte Varja richtete, bereits mit dem sozialkritisch dargebotenen «Milieu», und in dem «Petersburger Poem» *Dvojnik* (Der Doppelgänger, 1846) war das phantastische Geschehen als Entstehung einer Bewußtseinsspaltung zu erkennen. Gercen wieder führte in *Kto vinovat?* (Wer ist schuldig?, 1846) Ansätze Lermontovs fort. So stellt sich die Ausbildung des realistischen Romans als ein verschlungener Prozeß dar, der erst in den 50er Jahren gelingen sollte.

Während viele heute vergessene Autoren wie Jakov Butkov, Ivan Panaev, Evgenija Tur u. a. eine Erzählliteratur auf den Markt brachten, in der romantische und «naturale» Züge, soziales Mitleid und Gesellschaftssatire im Gefolge Gogol's verschmolzen, betraten Turgenev und Tolstoj den beschwerlichen Weg zur epischen Gestaltung der Wirklichkeit im großen Roman. Die Zyklisierung von Erzählungen und Skizzen, zu der Turgenevs *Zapiski ochotnika* in den Jahren 1847–1852 gerannen, bildete gleichsam den Übergang von der Bestandsaufnahme in empirisch-punktuellen Ausschnitten zum Entwurf eines sozialen Gesamtbildes des russischen Landlebens. Beginnend mit *Rudin* (1856) brachte Turgenev psychologisch-ideologische Syndrome seiner Helden in einem begrenzten sozialen Umfeld zur Darstellung und wählte dazu die Form des kurzen Romans (povest'), der in «objektiver» Erzählweise, im Gegensatz zum Ich-Bericht des Jäger-Beobachters in den *Zapiski ochotnika*, dargeboten wurde. Auch Tolstoj gelang der große Roman erst nach mehreren Anläufen. *Krieg und Frieden* waren Versuche zu einem Roman unter dem Titel *Četyre epochi razvitija* (Vier Entwicklungsepochen) vorausgegangen, der die psychische und ethische Entwicklung eines jungen Adeligen nachzeichnen sollte; hieraus entstand die autobiographische Trilogie mit den Teilen *Detstvo* (Kindheit, 1854), *Otročestvo* (Knabenjahre, 1854) und *Junost'* (Jugend, 1857), jedoch kein Roman. Von dem 1852 geplanten *Roman russkogo pomeščika* (Roman eines russischen Gutsbesitzers) wurden nur Teile geschrieben, die Tolstoj notdürftig abrundete und 1856 unter dem Titel *Utro pomeščika* (Ein Morgen eines Gutsbesitzers) veröffentlichte. Auch *Krieg und Frieden* war ursprünglich als Großdarstellung des Dekabristen-Themas geplant, bevor sich Tolstoj auf die Vorgeschichte, den Vaterländischen Krieg, beschränkte.

Tolstojs Schwierigkeit, die große epische Form zu gewinnen, ist aufschlußreich für das Entwicklungsgesetz des russischen Realismus. Von vereinzelten Ausnahmen abgesehen, brachten erst die 6oer und 7oer Jahre die reiche Romanproduktion, die die Bedeutung dieser Literatur vor allem ausmacht. So erschienen seit 1859 die Romane *Dvorjanskoe gnezdo* (Das Adelsnest, 1859), *Nakanune* (Am Vorabend, 1860), *Otcy i deti* (Väter und Söhne, 1862) und *Dym* (Rauch, 1867) von Ivan Turgenev, *Selo Stepančikovo* (Das Dorf Stepančikovo, 1859), *Unižen&nye i oskorblënnye* (Erniedrigte und Beleidigte, 1861), *Prestuplenie i nakazanie* (Schuld und Sühne, 1866) und *Idiot* (1868) von Fëdor Dostoevskij, *Oblomov* (1859) und *Obryv* (Die Schlucht, 1869) von Ivan Gončarov, *Nekuda* (Ohne Ausweg, 1864) und *Obojdënnye* (Die Übergangenen, 1865) von Nikolaj Leskov, *Vzbalamučennoe more* (Aufgewühltes Meer, 1863) und *Ljudi sorokovych godov* (Menschen der vierziger Jahre, 1869) von Aleksej Pisemskij; in den 7oer Jahren Pisemskijs *V vodovorote* (Im Strudel, 1871), *V lesach* (In den Wäldern, 1871-1874) und *Na gorach* (In den Bergen, 1875-1881) von Pavel Mel'nikov-Pečerskij,

Tolstojs *Anna Karenina* (1876/77), *Besy* (Die Dämonen, 1869–1872), *Podrostok* (Der Jüngling, 1875) und *Brat'ja Karamazovy* (Die Brüder Karamazov, 1878–1880) von Dostoevskij, *Soborjane* (Die Klerisei, 1872) von Leskov, *Pompadury i pompadurši (*Pompadours und Pompadourinnen, 1863–1874), *Istorija odnogo goroda* (Geschichte einer Stadt, 1869/70) und *Gospoda Golovlëvy* (Die Herren Golovlëv, 1875–1880) von Michail Saltykov-Ščedrin und Turgenevs *Nov'* (Neuland, 1877), um nur die wichtigsten Werke zu nennen. Dieser überreiche Ertrag belegt, daß der Roman nunmehr von der Peripherie ins Zentrum des Gattungssystems gerückt war.

Zeitchronik und publizistisches Vehikel

Erst die Romanform gestattete in Verbindung mit den oben beschriebenen realistischen Verfahren die wirklichkeitsgerechte Darstellung gegebener Lebensverhältnisse in einem historisch fixierten Zeitraum. Zum grundlegenden Thema der Romanliteratur wurde die komplexe Spannung zwischen Individuum und Gesellschaft, an der sich die Defizite der bestehenden Ordnung ebenso demonstrieren ließen wie die Verformungen der Charaktere, die aus deren Unzulänglichkeiten resultierten. Alle Bereiche der russischen Gesellschaft, vom Adel in Stadt und Land über hohe und niedrige Beamtenschaft, Militärs, Kaufleute, Popen, Studenten und Seminaristen, Handwerker, Kleinbürger bis hin zu den Dienstboten und der breiten Masse der Bauernbevölkerung, nicht zu vergessen auch die neu sich bildenden Schichten der kapitalistischen Unternehmer und des Arbeiterproletariats, wurden in ihrer gesellschaftlichen Eigenart, Mentalität und Weltanschauung von der russischen Romanliteratur eingefangen, anschaulich und eindringlich, wie es sozialwissenschaftliche Untersuchungen, hätte es sie schon gegeben, niemals hätten leisten können.

Neben das Prinzip der sozialen Repräsentanz, das die russische Romanliteratur zu verwirklichen suchte, trat das der Zeitchronik. Wichtige Ereignisse der innen- und außenpolitischen Entwicklung Rußlands, die geistigen und ideologischen Auseinandersetzungen der Zeit wurden in verschiedenster Form in das Romangeschehen eingebracht. Vor allem Dostoevskij unterlegte seinen Romanen regelmäßig aktuelle ideologische Kontroversen als Konfliktkerne. Turgenev wiederum schuf mit der Suite seiner Romane von *Rudin* (1856) bis *Nov'* (1877) eine fortlaufende Chronik, in der das ideologische und sozialpsychologische Profil mehrerer Generationen, von den Romantikern und Hegelianern, Slawophilen und Westlern über die Nihilisten bis hin zu den sozialrevolutionären Narodniki, festgehalten ist. In Ermangelung einer politischen Öffentlichkeit in Rußland wurde der Roman oftmals zum publizistischen Vehikel, mit dem Autoren in die politischen und ideologischen Tageskämpfe eingriffen.

Der durch Turgenevs *Otcy i deti* ausgelöste Streit um die Nihilisten führte zu heftigen Kontroversen zwischen den verschiedenen Lagern der Literaturkritik. Černyševskijs Roman *Čto delat'?* (Was tun?), 1862 in den Kasematten der Peter-Paul-Festung niedergeschrieben, verteidigte die «neuen Menschen» (novye ljudi), die, von der Gesellschaft angefeindet, sich aus den konventionellen Familienbindungen gelöst hatten und nach dem Modell Fouriers neue Formen gemeinschaftlichen Lebens und genossenschaftlicher Arbeit erprobten. Bildung und Befreiung der Frau waren wesentliche Momente in Černyševskij Thesenroman. Seine Helden zeigten unerhörten Edelmut und jenen «vernünftigen Egoismus», der an die Stelle der Heuchelei und Unterdrückung von ehedem treten sollte. So täuschte der Student Lopuchov einen Selbstmord vor, um der Liebe seiner Frau Vera Pavlovna zu dem Arzt Kirsanov nicht im Wege zu stehen. In dem Materialisten Rachmetov zeigte Černyševskij den asketisch-selbstlosen Revolutionär, in einem von Veras Träumen die utopische Vision einer neuen Gesellschaft, die auf einer entwickelten Industrialisierung und gerechten Verteilung der Güter beruht – mit einem lichtdurchfluteten Kristallpalast als Symbol.

Dies war nicht die einzige Antwort auf Turgenevs Herausforderung. Dmitrij Minaevs *Evgenij Onegin našego vremeni* (Ein Eugen Onegin unserer Zeit, 1865–1877) war Supplement zu Puškins Versroman (in Onegin-Strophen) und Persiflage auf Turgenevs *Otcy i deti* in einem. Natürlich überlebt hier Lenskij, da der neue Onegin das Duell als Mittel der persönlichen Konfliktlösung ausschlägt. Tat'jana hat sich nach ihrer Heirat ins gesellige Leben gestürzt und ist dem Lottospiel verfallen. Als ihr Gatte plötzlich an einer Vergiftung stirbt, kämpfen Lenskij und Onegin, aus Romantikern zu «Realisten» geworden, in der Rolle des Advokaten und Staatsanwalts um ihr Leben. Lenskij, noch immer mit «göttingischer Seele» begabt, rettet nun Tat'jana vor dem skeptischen Onegin. In Adrian Volkovs Karikaturroman *Otcy i deti* (1868), einer Bildfolge mit Unterschriften – Volkov karikierte auf die gleiche Weise Turgenevs *Dym* und Tolstojs *Vojna i mir* –, wurden die stereotypen Angriffe gegen Turgenev – die feindselige Herabsetzung Bazarovs, die Parteinahme für Pavel Kirsanov – ins Bild gesetzt. Im Verlaufe des Nihilismus-Streites wurden Romane, die positive oder negative Modelle des neuen Menschen gegeneinanderstellten, zum Mittel der Argumentation. Unsicher in der Einschätzung Bazarovs, setzten die «revolutionären Demokraten» dem Entwurf Turgenevs in Černyševskijs *Čto delat'?* und Slepcovs *Trudnoe vremja* (Schwere Zeit, 1865) ein ins Utopische ausgreifendes Bild der «neuen Menschen» entgegen. Dies wiederum löste eine Reihe von Repliken in Romanform aus, die neuen Auftrieb durch den Mordanschlag des Studenten Karakozov und die Nečaev-Affäre erhielten. Zu den sogenannten «antinihilistischen Romanen» zählen Dostoevskijs *Zapiski iz podpol'ja, Prestuplenie i nakazanie* und *Besy*, Pisemskijs *Vzbalamučennoe more*, Leskovs *Na nožach* (Bis aufs Messer, 1870/71) sowie Romane und Erzählungen weniger bekannter Autoren wie *Marevo* (Fata Morgana, 1864) von Viktor Kljušnikov, *Panurgovo stado* (Die Panurgos-Herde, 1869) und *Dve sily* (Zwei Kräfte, 1874) von Vsevolod Krestovskij, *Brodjaščie sily* (Schweifende Kräfte, 1867) von Vasilij Avenarius, *Marina iz Alogo Roga* (Marina aus Alyj Rog, 1873) oder die antinihilistische Trilogie (mit den Teilen *Četverg veka nazad* [Vor einem Vierteljahrhundert, 1878], *Perelom* [Der Umbruch, 1880/81] und *Bezdna* [Der Abgrund, 1883/84]) von Boleslav Markevič, *Zloj duch* (Der böse Geist, 1881−83) von Vasilij Avseenko u. a.

In der Vielzahl und Vielfalt der Romanschöpfungen fand die Realismusformation in Rußland ihre Vollendung. Wie in der Romantik ließ sich ein gleichsam arbeitsteiliges System erkennen, das von einer erstaunlich großen Gruppe realistischer Erzähler getragen wurde. Auf diese realistische Plejade hat übrigens Dostoevskij im Juli-/August-Heft seines *Dnevnik pisatelja* für das Jahr 1877 aufmerksam gemacht. Es sei aus irgendeinem Grunde üblich geworden, diese fünf oder sechs Belletristen «die Plejade» zu nennen. Zu ihr zählen fraglos Gončarov, Turgenev, Tolstoj und Dostoevskij selbst, dann Pisemskij, Saltykov-Ščedrin und Leskov. Doch auch Aleksandr Ostrovskij, der beste Dramatiker des Realismus, und Nekrasov, der realistische Poet, gehören wohl dazu. Im Variantenreichtum stand die realistische Plejade der romantischen nicht nach. Die russischen Meistererzähler übertrafen bei weitem alles, was Belinskij in den 40er Jahren zu ahnen wagte.

Geschichts- und Gesellschaftsdrama

Von dem Realismusforscher Georgij Fridlender stammt die Feststellung, das realistische Drama habe sich in Rußland unter spürbarer Einwirkung der dominanten Erzählgattungen entwickelt. Auf diese Weise habe sich die Thematik wie auch die Struktur der dramatischen Gattungen verändert. Indem der Mensch zunehmend in seinem histori-

schen, sozialen, ethischen und psychologischen Umfeld dargestellt
und analysiert wurde, gewann die dramatische Exposition eine neue
Funktion, da sie statt einer Einführung in die Konfliktsituation nunmehr die sozialen und materiellen Rahmenbedingungen aufdeckte.
So bildeten sich im realistischen Drama neue Gattungen wie Milieu-
stück, Gesellschaftsdrama, psychologisches Drama oder Volksstück
heraus. In der Entwicklung kleinerer dramatischer Formen wie Einakter oder dramatische Skizze konnte man die Einwirkung der kleinen
Prosaformen erkennen. Nicht zu übersehen war, daß auch die erzäh-
lende Prosa das dramatische Element in ihren Dienst nahm. In der
«Romanszene» gewann es bei Turgenev, Tolstoj und namentlich bei
Dostoevskij den eindringlichsten Grad objektiver Veranschaulichung.
Die dienende Funktion von Dialog und dramatischer Komposition,
wie sie Vjačeslav Ivanov in den «Roman-Tragödien» Dostoevskijs
(*Dostojewski und die Roman-Tragödie*, 1922) erspürte, steht freilich außer
Frage.

Die historische Dramatik

Ehe vom realistischen Drama im eigentlichen Sinne die Rede ist,
muß auf einen Strang der dramatischen Literatur in Rußland hingewiesen werden, der seinen Ausgangspunkt in Puškins historischer Tragödie *Boris Godunov* besitzt. Diese «historische Dramatik» (istoričeskaja
dramaturgija) entwickelte sich parallel zu dem Aufschwung der russischen Geschichtswissenschaft (Sergej Solov'ev, Michail Pogodin,
Nikolaj Kostomarov) in der Mitte des 19. Jahrhunderts und besaß ihr
Pendant in der zeitgenössischen Historienmalerei. Wie bei Puškin vorgegeben, griffen die Dramatiker mit Vorliebe Stoffe aus der Zeit der
Wirren auf, der Zeit vom Tode Ivans des Schrecklichen bis zur Wahl
Michail Romanovs zum Zaren. Außer dem Streben, Geschichte zu
verdeutlichen, zu zeigen, «wie es gewesen ist» (A. N. Ostrovskij), ging
es in den historischen Versdramen darum, Geschichte zu deuten und
am geschichtlichen Beispiel Probleme der Gegenwart zu erläutern.
Lev Mej gestaltete in seinen Dramen *Carskaja nevesta* (Die Zarenbraut,
1849) und *Pskovitjanka* (Die Pleskauerin, 1849/50) vor historischem
Hintergrund tragische Frauenschicksale, die Nikolaj Rimskij-Korsakov später als Vorlage für seine gleichnamigen Opern dienten. In der
großen historischen Trilogie von Aleksej Konstantinovič Tolstoj,
bestehend aus den Stücken *Smert' Ioanna Groznog* (Der Tod Ivans des
Schrecklichen, 1866), *Car' Fëdor Ioannovič* (Zar Fedor Ivanovič, 1868)
und *Car' Boris* (Zar Boris 1870), wurden exemplarisch drei Erschei-

nungsformen des absoluten Herrschers vorgeführt: der grausame, aber gerechte Ivan, der gütige, aber politisch schwache Fëdor und schließlich der aufgeklärte, aber tragisch scheiternde Boris Godunov. Das Volk erschien in diesen Dramen – anders als bei Puškin – als eine chaotisch-anarchische Kraft, die nur durch eine feste Monarchie gebunden werden konnte. Selbst Aleksandr Ostrovskij hat in den 60er Jahren eine Handvoll bemerkenswerter «dramatischer Chroniken» beigetragen, von denen die Stücke *Koz'ma Zachar'ič Minin-Suchoruk* (1861, neue Fassung 1866), *Dmitrij Samozvanec i Vasilij Šujskij* (Der Usurpator Dmitrij und Vasilij Šujskij, 1867) und *Tušino* (1867) in die Zeit der Wirren zurückgriffen. Epigonen der historisch-dramatischen Richtung waren Nikolaj Čaev und Dmitrij Averkiev, die die Historie zur Rechtfertigung der zaristischen Ordnung auf die Bühne brachten.

Aleksandr Suchovo-Kobylin

Bei Turgenev und Saltykov-Ščedrin ist der Zusammenhang einiger dramatischer Texte mit der Natürlichen Schule offensichtlich. Starken Einfluß gewann andererseits auch Gogol' mit seinen grotesk-komischen Theaterstücken. Sein *Revisor* wurde in der gesellschaftskritischen Deutung Belinskijs zum Vorbild dramatischer Autoren, die mit Schärfe die gesellschaftlichen Zustände im Zarenreich, insbesondere das korrupte Behörden- und Justizwesen, geißelten. Am deutlichsten wohl trat diese Beziehung in der dramatischen Trilogie *(Trilogija)* von Aleksandr Suchovo-Kobylin hervor, einem der stärksten dramatischen Texte der russischen Literatur. Suchovo-Kobylin stammte aus einem alten, verarmten Bojarengeschlecht. Das Leben in der großen Welt zwischen Paris und Moskau, dem sich Suchovo-Kobylin nach dem Studium an der Moskauer Universität hingegeben hatte, wurde jäh unterbrochen, als er in den Verdacht geriet, seine langjährige Geliebte, eine Französin, ermordet zu haben. Sieben Jahre lang ermittelte die Staatsanwaltschaft gegen ihn, während die Presse ausführlich über den Sitten- und Mordskandal in der obersten Gesellschaftsschicht berichtete. Am Ende konnte Suchovo-Kobylin seine Unschuld nachweisen und wurde freigesprochen. Aus den leidvollen Erfahrungen dieses Strafprozesses erwuchs die *Trilogie* mit den Teilen *Svad'ba Krečinskogo* (Die Hochzeit Krečinskijs, 1855), *Delo* (Der Prozeß, 1861) und *Smert' Tarelkina* (Der Tod Tarelkins, 1869). Die drei Stücke waren lose miteinander verbunden und handelten von Betrug und Justiz im zeitgenössischen Rußland. Im ersten Stück versuchte der verarmte Adelige Krečinskij, seine Situation durch die Heirat mit einer reichen Braut zu sanieren. Der Prozeß um die Betrügereien Krečinskijs war Gegenstand des zweiten Teils, doch rückte nun der Vater der Braut, Muromskij, der in die Betrugsmanöver eingeweiht war, in den Mittelpunkt des Geschehens. In den verschiedenen Prozeßphasen wurde das Räderwerk des Justizapparates vorgeführt. Am Rande des Prozesses erschien bereits der Kollegienrat Tarelkin, der dann im Mittelpunkt des Schlußstückes stand. Tarelkin täuschte seinen Tod vor und tauchte unter anderem Namen wieder auf, um seine Gläubiger abzuschütteln und andere kriminelle Taten zu begehen. Stellte das erste Stück eine Gaunerkomödie in der Art von Gogol's *Igroki* dar, das zweite eine Tragikomödie mit groteskem Einschlag, so war das dritte eine reine Goteske. Der mittlere Teil, *Delo*, war die wohl schärfste Attacke, die im 19. Jahrhundert gegen das Beamtenregime des Zarenreichs gerichtet wurde.

Der Gogol'sche Ansatz zum Drama fand in Suchovo-Kobylin seine konsequente Fortsetzung. Doch auch die bekannteste Komödie von Michail Saltykov-Ščedrin, *Smert' Pazuchina* (Der Tod Pazuchins, 1857), zeigte deutliche Parallelen zum *Revisor*. Das Stück handelt von einem Erbschaftsstreit, der beim Tode eines reichen Provinzkaufmanns entsteht, kontrapunktiert durch das Motiv der Ankunft des Antichrist, die der Komet des Jahres 1857 anzukündigen scheint. Die Angst, die der Komet bei den abergläubischen Kaufleuten auslöst, erinnert an die Angst vor dem Revisor, das dramatischen Movens in Gogol's Komödie.

Aleksandr Ostrovskij

Die bedeutendste Gestalt des russischen Theaters der realistischen Epoche war Aleksandr Ostrovskij. Sein dramatisches Œuvre umfaßt 47 Theaterstücke verschiedener Gattung, sieben verfaßte er gemeinsam mit anderen Autoren; hinzu kommen etwa 20 Übersetzungen dramatischer Werke von Shakespeare, Goldoni, Gozzi, Machiavelli, Cervantes, Terenz u. a.

Nach dem Jurastudium war Ostrovskij, Sohn eines Prozeßagenten, an Moskauer Gerichten tätig. Hier gewann er Einblick in das Milieu, die Mentalität und das Geschäftsgebaren der russischen Kaufleute, deren wirtschaftliche Bedeutung im Laufe des 19. Jahrhunderts rapide wuchs, indes sie die Bindungen an die altrussische Patriarchalität nur langsam abstreiften. Ostrovskij wurde der Chronist dieses Standes. Beginnend mit seinem ersten Stück *Svoi ljudi – sočtëmsja* (dt. Es bleibt in der Familie; zunächst u. d. T. *Bankrot*), das er in den Jahren 1846–

1849 verfaßt hatte, über *Groza* (Das Gewitter, 1859) bis zu *Poslednjaja žertva* (Das letzte Opfer, 1878) und *Ženit'ba Belugina* (Die Heirat Belugins, 1878, zusammen mit Nikolaj Solov̇ev), um nur einige der bekanntesten Stücke zu nennen, verfolgte er minuziös den Aufstieg der Kaufleute von rückständigen Kleinbürgern zu modernen, aufgeschlossenen Unternehmern.

Schon in der Komödie *Svoi ljudi* – *sočtëmsja* – sie erschien 1850 gedruckt im *Moskvitjanin* – gelang Ostrovskij eine außergewöhnliche Darstellung des Kaufmannsmilieus. Pogodin vermerkte in seinem Tagebuch, in Moskau sei der *Bankrott*-Furor ausgebrochen; Pisemskij sprach von den «*Toten Seelen* aus dem Kaufmannsmilieu» (kupečeskie «Mërtvye duši»). Den usprünglichen Titel *Bankrot* mußte Ostrovskij aus Zensurgründen ändern; ebenfalls nach Auflagen der Zensur schrieb er den Text 1858 um und gab ihm jetzt den Titel *Začem pojdëš', to i najdëš'* (Wonach man strebt, das findet man auch). In dieser Version wurde das Stück 1861 aufgeführt. Als Sujet liegt ihm ein vorgetäuschter Bankrott zugrunde, eine damals in Kaufmannskreisen häufige Transaktion, die Ostrovskij aus seiner Gerichtserfahrung kannte. Der betrügerische Kaufmann Bol'šov wurde, wie auch seine Tochter und sein Gehilfe Podchaljuzin, die gemeinsam den Alten überlisten wollen, von der Geldgier getrieben. Ostrovskij gebrauchte noch manches Relikt aus der alten Komödie: Handlungsklischees, Chargen, vor allem auch sprechende Namen. Neu, und nur vor dem Hintergrund der Natürlichen Schule zu verstehen, war hingegen die Genauigkeit, mit der das Kaufmannsmilieu gezeichnet wurde, das auf der einen Seite von dumpfer Patriarchalität, auf der anderen Seite von skrupellosem Besitzstreben bestimmt war. Die Redeweise der Moskauer Kaufleute war ebenso sicher getroffen wie das Berufsidiom der Heiratsvermittlerin Ustin'ja Naumovna. Es war ein bitterböses Bild, das Ostrovskij vom russischen Kaufmannsstand gab. Da das Geschehen ohne positiven Widerpart blieb, wurde Ostrovskij von der Zensur nahegelegt, Podchaljuzin, den «russischen Tartuffe», am Ende seiner gerechten Strafe zuzuführen. In seiner authentischen Version kam das Stück erst 1881 auf die Bühne.

Ein anderes bekanntes Stück von Ostrovskij, die Tragödie *Groza* (Das Gewitter, 1859), spielte ebenfalls im Milieu der Kaufleute, doch war diesmal nicht Moskau, sondern eine Kleinstadt an der Wolga Schauplatz der Handlung. Ostrovskij hatte das Wolgagebiet auf einer sogenannten «literarischen Expedition» im Jahre 1856 kennengelernt, mittels derer im staatlichen Auftrag die Wirtschafts- und Lebensverhältnisse der Fluß- und Küstenregionen systematisch beschrieben werden sollten. Die Kenntnis der Menschen, Sitten und Sprache des Wolgagebietes schlug sich in einigen dramatischen Werken Ostrovskijs, darunter *Groza*, nieder. Das Ehebruchdrama zeigte, wie die feinsinnige und schöne Ekaterina Kabanova an der tyrannischen Moral des patriarchalischen Regimes zerbricht: Wer sich der Ordnung des «finsteren Reiches» – wie Dobroljubov in seiner Ostrovskij-Rezension *Temnoe carstvo* (1859) schrieb – nicht anpaßte, ging zugrunde.

In *Groza* nahm der Konflikt zwischen emotionalen Neigungen der Frauengestalten und den materiellen bzw. moralischen Zwängen, die von einem bestimmten sozialen Milieu ausgehen, eine tragische Wendung. Sehr oft wurde er aber von Ostrovskij auch in komischer Variante dargeboten. Brautwerbung, Heirat, Liebesbeziehungen dienten dann gleichsam als Testfälle für die Stellung des einzelnen in einer bestimmten gesellschaftlichen Sphäre. Meist ging es um die arme Braut, die nicht den richtigen Partner findet. Entweder war er reich, aber charakterlich unwürdig, oder romantisch, aber unzuverlässig und arm, stets aber «nicht der Richtige» (ne tot; G. Fridlender).

In einer Komödie der letzten Schaffensperiode Ostrovskijs, *Poslednjaja žertva* (Das letzte Opfer, 1878), wurde das Sujet aus einer dreifachen Verschränkung des «ne-tot»-Motivs entwickelt. In einem ersten Entwurf nahm sich die Handlung so aus: «Ein alter Mann, der in eine junge Witwe verliebt ist, bemüht sich unter dem Schein des Beschützers und Vormundes, sie von dem jungen Mann, den sie liebt, zu trennen, was ihm auch gelingt. Dem jungen Mann wird ein Mädchen untergeschoben, das man als reiche Braut ausgibt; er ist von ihr angetan und betrügt die Witwe. Diese erträgt die Untreue nicht und wird wahnsinnig, während er selbst, als er das erfährt, sich in einem Anfall von Verzweiflung das Leben nimmt.» Der tragische Ausgang wurde vom Autor ohne Veränderung des Handlungsgerüstes, allein durch die Hinzufügung einer frappanten Schlußwendung ins Komische gewendet. Dulčin, der Jüngling, hat seinen Tod nur vorgetäuscht. Julija Tugina, die Witwe, heiratet den reichen Pribytkov, der sämtliche Wechsel Dulčins aufgekauft hat. Dulčin, dem verarmten Edelmann, bleibt nichts anderes, als eine lüsterne, reiche Kaufmannswitwe zu heiraten. Die emotionalen Neigungen werden den materiellen Notwendigkeiten untergeordnet, oder, wie es an einer Stelle heißt: «Das Recht auf Liebesleidenschaft besitzen nur Frauen mit großem Vermögen.»

Die Lösung, die dieses Stück anbot, kam einer Option für die nüchternen dynamischen Unternehmer gleich, die sich aus dem Kaufmannsstand heraufgearbeitet hatten, während die romantische Verstiegenheit der adeligen Helden dem Gelächter preisgegeben wurde. Ähnlich obsiegte der beim Eisenbahnbau prosperierende Kapitalist Vasil'kov über die Vertreter eines verkommenen Adels in *Bešenye den'gi*

(Tolles Geld, 1869) oder der reiche Kaufmannssohn Belugin über die arme, jedoch eingebildete Beamtentochter Elena Kormina in *Ženit'ba Belugina* (Die Heirat Belugins, 1878). Deutlicher als andere russische Autoren hat Ostrovskij in diesen Stücken die Herausbildung eines wohlhabenden Bürgertums, einer Kapitalistenklasse, dargestellt. Der gesellschaftliche Sinn solcher Komödienhandlungen lag darin, einzusehen, daß Adel und Kaufmannsstand zu einem Ausgleich gelangen mußten: die Kaufleute, indem sie ihre Rückständigkeit und Tolpatschigkeit ablegten, Kultur annahmen und selbstbewußt wurden; die Adeligen, indem sie ihren Dünkel und ihre Vorurteile aufgaben und sich dem praktischen Leben stellten. Der Ausgleich der Stände schien Ostrovskij aber nur in der jungen Generation erreichbar, die Alten verharrten in den überkommenen Haltungen.

Neben der Welt der Kaufleute und Fabrikanten widmete Ostrovskij mehrere Stücke dem Theatermilieu, das ihm nicht weniger gut vertraut war als die Kommerzwelt. *Les* (Der Wald, 1871) oder *Bez viny vinovatye* (Ohne Schuld schuldig, 1884) gehören in diese Gruppe, in der die dramatische Konfrontation von Theaterleuten und Laien stets die moralische Überlegenheit der ersteren erwies. *Les* zählt zu den besten Stücken des russischen Repertoires. Ostrovskij brachte hier die Welt der Gutsherren, der prosperierenden Händler und der Schauspieler zusammen. Ähnlich wie später in Čechovs *Kirschgarten*, verkauft die Gutsbesitzerin Raisa Gurmyžskaja Stück um Stück einen riesigen Wald, der eigentlich als Mitgift ihrer armen Ziehtochter Aksin'ja gedacht ist. Aksin'ja liebt den Sohn des Holzhändlers Vosmibratov, doch verfolgt die Gurmyžskaja, eine «russische Lady Tartuffe», wie ein Kritiker schrieb, andere Ziele: Sie will sie mit dem verkrachten Gymnasiasten Aleksej Bulanov zum Scheine verheiraten, um damit für sich selbst einen jungen Liebhaber zu gewinnen. Diese Pläne werden durch das Auftreten der Wanderschauspieler Nesčastlivcev («der Unglückliche») und Sčastlivcev («der Glückliche») durchkreuzt. Nesčastlivcev, bombastischer Tragiker und Don Quijote in einem, ist in Wirklichkeit der Neffe der Gurmyžskaja. Um Aksin'jas Glück zu begründen, verzichtet er auf das Reisegeld, das ihm seine Tante gegeben hat, und verabschiedet sich von den «blutgierigen Waldmenschen» mit einer bitterbösen Tirade, wobei er unversehens in die Rolle des Karl von Moor verfällt. Das Drama *Bez viny vinovatye* erinnerte, indem es die Kindesaussetzung einer Schauspielerin rekonstruierte, an das analytische Sujet des Ödipus-Themas. Zahllose Zufälle, unwahrscheinliche Begegnungen und Koinzidenzen benötigte Ostrovskij, um die zurückliegende Schuld ans Tageslicht zu bringen. Dies erinnerte schon wieder, wie ja auch andere Züge im Werk Ostrovskijs, an die alte Dramentechnik. Sein Realismus bestand einmal in der genauen Wiedergabe von sozialen Typen in ihrem Milieu, dann in der Schärfe, mit der der Konflikt zwischen individuellen Neigungen und materiellen Zwängen oder der Zusammenstoß zwischen Generationen und Ständen ausgetragen wurde, und endlich in der Überwindung romantischer Handlungsmuster, etwa solcher, die von emotionaler Unbedingtheit vorangetrieben wurden, durch solche, in denen nüchterner Pragmatismus obsiegte. Ostrovskijs Lebensrealismus ermunterte die neue Unternehmerschicht und ließ die Gefühls- und Denkmuster des Adels als überlebt erscheinen.

Auch von Ivan Turgenev gibt es eine Reihe dramatischer Werke, die alle vor 1852 entstanden sind, dem Jahr, in dem die *Aufzeichnungen eines Jägers* erschienen. Obwohl Turgenev selbst die Bühnenwirksamkeit seiner Stücke eher gering einschätzte, hat sich zumindest die Komödie *Mesjac v derevne* (Ein Monat auf dem Lande, 1848–1850, veröfftl. 1855) im Theaterrepertoire bis heute behauptet. Auch die Komödien *Nachlebnik* (Der Kostgänger, 1848), die nach Zensureingriffen erst 1857 in entschärfter Fassung unter dem Titel *Čužoj chleb* (Fremdes Brot) gedruckt werden konnte, und *Cholostjak* (Der Junggeselle, 1849) stellten in scharfsichtiger Analyse das Milieu des Landadels auf die Bühne. *Bezdenež'e* (Geldlosigkeit, 1846) und *Razgovor na bol'šoj doroge* (Gespräch auf der Landstraße, 1851) waren nichts anderes als physiologische Skizzen in Dialogform. Die Forschung hat nachgewiesen, daß entscheidende Merkmale der Dramen Turgenevs wie die ausgreifende Exposition, die genauen szenischen Anmerkungen und eine gewisse Statik der Handlungsführung bereits auf die dramatische Technik Čechovs vorausweisen. Wie bei diesem liegen bereits auch bei Turgenev die Quellen der dialogischen Konflikte weniger im sozialen Bereich, als vielmehr in den kommunikativen Wechselbeziehungen der unterschiedlichen Sprechinstanzen (W. Koschmal).

Zu den besten Dramen der realistischen Epoche zählt Aleksej Pisemskijs *Gor'kaja sud'bina* (Ein bitteres Los, 1859). Die tragische Handlung spielt in der Bauernfamilie des Piterščik (d. h. des nach Petersburg geschickten Leibeigenen) Ananij Jakovlev, dessen Frau in seiner Abwesenheit die Geliebte des Gutsherren wird. In späteren Dramen (*Vaal* [Baal], 1873; *Prosveščënnoe vremja* [Die aufgeklärte Zeit], 1875) beleuchtete Pisemskij das bürgerliche Gewinnstreben.

Hier sei auch der Beitrag Lev Tolstojs zum russischen Drama erwähnt. Erst durch ihn wurden die aristotelischen Konventionen, die konstruierte Schürzung und Lösung eines Handlungsknotens, überwunden. Sein Wahrheitsethos und seine sozialpädagogischen Ziele trieben ihn zu dramaturgischen Lösungen, die im Westen, vor allem in Deutschland, als «naturalistisch» aufgenommen wurden. In Rußland aber ordnet man Tolstojs drei Volksstücke (*Pëtr Chlebnik* [Bäcker Petrus], 1884–1894, *Legenda o gordom Aggee* [Die Legende vom stolzen Aggej], 1886, und *Pervyj vinokur* [Der erste Schnapsbrenner] 1886), das im Bauernmilieu spielende Drama *Vlast' t'my* (Die Macht der Finsternis, 1886), die Komödie *Plody prosveščenija* (Früchte der Aufklärung, 1890) und die Čechov-Replik *Živoj trup* (Der lebende Leichnam, um 1900, veröfftl. 1911), die allesamt ins späte Schaffen nach der *Beichte* fallen, in die Realismusformation ein.

In seinem Bestreben, das Volk unmittelbar anzusprechen, schrieb Tolstoj in den 80er Jahren unter Verwendung volkstümlicher Legendenstoffe einige Stücke, die den Einfluß der Schaubudenspiele verraten. *Vlast' t'my*, das bedeutendste Stück Tolstojs, entstand auf Bitten einer Volks- und Arbeiterbühne anläßlich der 25. Wiederkehr der Bauernbefreiung. Was Tolstoj aber auf die Bühne brachte, war kein Jubelstück, sondern dokumentierte den moralischen Verfall, der das russische Dorf, die bäuerlichen Großfamilien, nach dem Zerbrechen der alten patriarchalischen Beziehungen ergriffen hatte. Eines der Hauptmotive für die grausamen Handlungen der demoralisierten Bauern ist die Geldgier oder, wie es in sowjetischer Zeit gesehen wurde, der zerstörerische Einfluß des Kapitalismus auf die Psyche des Bauern. Dringlicher als die sozialkritische Aussage, die das Stück zweifellos enthält, war für Tolstoj aber wieder das metaphysische Anliegen. Die Macht der Finsternis war insonderheit die Macht des Weibes über den Mann. So gewann das Stück über seine realistische Bedeutung hinaus einen allegorischen Sinn; sein Sujet ist, wie Tschiževskij schreibt, «der Kampf der Kräfte des Bösen und des Guten um die Seele des jungen Bauern Nikita».

Die Handlung des Dramas war nicht konstruiert, Tolstoj griff vielmehr einen tatsächlichen Fall von Kindesmord auf, den er sogar, um ihn wahrscheinlicher zu machen, in Einzelheiten abmilderte. Die sorgfältige Reproduktion der Lebenssphäre, der Sprache und des Denkens der Bauern; der Verzicht auf dramaturgische Konventionen zugunsten des situativ Wahrscheinlichen; die Wiedergabe grauenhafter Ereignisse – das alles mußte den Zeitgenossen als dramatische Wirklichkeitskopie erscheinen, die an schonungsloser Genauigkeit nicht mehr zu übertreffen war.

Realismus versus «reine Kunst» in der Poesie

Die Annäherung an den Realismus war in wesentlichen Zügen ein Prozeß gewesen, der den Versausdruck zugunsten der Prosa zurückgedrängt hatte. Für den lyrischen Dichter gab es zwei Möglichkeiten, auf den spürbaren Dominantenwechsel des literarischen Mediums zu reagieren: Er konnte sich ihm entgegenstellen in dem Bestreben, die alten Traditionen und Werte der Poesie zu bewahren; oder er konnte versuchen, die Poesie den neuen Trends anzupassen, d. h. eine «realistische» Poesie zu schaffen. Beide Reaktionen begegnen in der russischen Versdichtung seit den 40er Jahren und führen zur Ausbildung zweier Strömungen, von denen die eine als Strömung der «reinen Kunst» oder besser noch als Puškin-Richtung bezeichnet werden kann, die andere, «realistische», die hauptsächlich von Nikolaj Nekrasov geprägt wurde, als «Nekrasov-Schule» (nekrasovskaja škola) in die Literaturgeschichte eingegangen ist (N. N. Skatov).

Dichter der Puškin-Richtung

In ihrer Dichtungsauffassung und poetischen Praxis knüpften die Dichter der «reinen Kunst» an die Tradition Puškins und der «romantischen Plejade» an. Mit der positivistisch-utilitaristischen Literaturkritik gerieten sie in Konflikt, da sie weiterhin an der Überzeugung festhielten, daß das Schöne einen absoluten, idealen Wert darstelle, eine Kategorie, unabhängig von historischen Gegebenheiten, und daß die Kunst zweckfrei, ohne politische, soziale oder sonstige utilitäre Zielsetzungen sei. Dementsprechend fanden sich in ihren Dichtungen nur selten Bezüge zur zeitgenössischen russischen Wirklichkeit; vielmehr widmeten sie ihre «reine Lyrik» den ewigen Themen der Natur, der Kunst, der Liebe oder griffen auf historische, kulturgeschichtliche und mythologische Stoffe zurück. Die Flucht vor einer Wirklichkeit, der man sich aus vielerlei Gründen nicht stellen mochte, war bei diesen Dichtern offensichtlich. Černyševskij und seine Nachfolger haben die sozialpolitische Abstinenz der Puškin-Richtung aus der Klassenlage der Dichter – sie stammten zum großen Teil aus dem Gutsbesitzeradel – erklärt. Das greift, bedenkt man die Gesamtentwicklung der russischen Literatur, entschieden zu kurz.

In dem literarischen Kampf, der sich in der Mitte der 50er Jahre zwischen Gogol'- und Puškin-Anhängern entspann, trumpften die letzteren zunächst mächtig auf. In den Jahren 1854–1859 erschienen Gedichtsammlungen von Fëdor Tjutčev, Afanasij Fet, Apollon Majkov, Lev Mej, Nikolaj Ščerbina, Jakov Polonskij und Evdokija Rostopčina. Die von Družinin propagierte Richtung der «beseelten» Poesie (zaduševnaja poèzija) schien auch in der literaturkritischen Aufnahme zunächst neuen Auftrieb zu gewinnen, doch büßte sie durch die ideologische Radikalisierung in den 60er Jahren für geraume Zeit jegliche Bedeutung ein.

Fëdor Tjutčev

Fëdor Tjutčev wäre generationsmäßig eigentlich in die Puškin-Zeit einzuordnen, doch gehört er nach seiner Wirkung zweifellos in die Puškin-Richtung der 50er Jahre. Früh war er von seinen Lehrern Merzljakov und Raič zum Dichten angehalten worden. Schon als 14jähriger machte er mit dem Gedicht *Na novyj 1816 god* (Auf das neue Jahr 1816) auf sich aufmerksam. Da er aber, seit 1822 als Diplomat im Ausland weilend, seine Gedichte verstreut in verschiedenen Zeitschriften veröffentlicht hatte – darunter immerhin 39 Texte in Puškins *Sovremennik* –, war er eher ein poetischer Außenseiter. Selbst Nekrasov besaß, als er 1850 einige Gedichte von Tjutčev zum Druck brachte, offenbar keine rechte Vorstellung von dem Dichter und wies ihn unter die «Zweitrangigen». Erst mit der von Turgenev besorgten Ausgabe der *Stichotvorenija F. Tjutčeva* (Gedichte F. Tjutčevs, 1854) konnte das Bild eines großen russischen Gedankenlyrikers entstehen, d. h. eines Dichters, dessen Gedichte, wie Turgenev schrieb, in aller Regel von einer Idee ausgehen, die «wie ein feuriger Punkt unter dem Einfluß eines tiefen Gefühls oder eines starken Eindrucks aufflammt». Künstlerisch stand Tjutčev – etwa im Gebrauch alter Symbol- und Emblemcodes – noch mit dem 18. Jahrhundert in Verbindung; im Aufspüren des Geistigen in den realen Dingen, vor allem in der Natur, hat man in ihm vielfach einen Vorläufer des Symbolismus gesehen. Auf jeden Fall nimmt seine spröde Lyrik in der Geschichte der russischen Poesie eine Sonderstellung ein. Aus der tiefen Verehrung für Goethe, den er, wie sein Gedicht *Na dreve čelovečestva vysokom* (Am hohen Menschheitsbaume, 1832) beweist, als romantischen Dichter auffaßte, wie auch aus den Begegnungen mit Heine und Schelling in München erwuchsen ihm wichtige Schaffensimpulse. Er hat Gedichte von Goethe, Schiller (etwa die Ode *An die Freude* [*Pesn' radosti*], 1823) und, als erster Russe, von Heine übertragen, darunter freirhythmische Gedichte aus *Die Nordsee*.

Das dichterische Werk Tjutčevs umfaßt an die 350 Gedichte. (Hinzu kommen politische Aufsätze und Memoranden.) Fast immer handelt es sich um Gelegenheitsgedichte im Goetheschen oder Puškinschen Sinne. Ein konkretes Ereignis und eine Idee verbinden sich und rufen die dichterische Gestaltung hervor. Dabei blieb seine literarische Produktionsweise grundsätzlich dilettantisch. Er konnte ein Gedicht während einer Sitzung auf ein Stück Papier kritzeln, und nur dank der Aufmerksamkeit eines Sitzungsteilnehmers blieb der Text erhalten. Einen Teil seiner frühen Gedichte hat er, als er seine Papiere einmal ordnete, achtlos verbrannt. Ebenso stand er abseits, wenn es um die Veröffentlichung seiner Gedichte ging. Turgenev hat guten Willens so manches in den Gedichten «geglättet» und damit künstlerisch verfälscht.

In den Naturgedichten spürte Tjutčev feinsinnig Korrespondenzen zwischen Naturbildern und Seelenstimmungen auf. Oftmals verwendete er dabei die Form des geschlossenen oder des offenen Gleichnisses, indem er ein reales Bild in Parallele (oder Kontrast) zu einem Gedankenbild setzte (G. Dudek). In *Vesennjaja groza* (Frühlingsgewitter, 1829) ließ er, nach der poetischen Schilderung der Naturvorgänge, ein lyrisches Du die Vermutung äußern, Hebe habe, den Adler des Zeus fütternd, den «donnerbrausenden Pokal» (gromokipjaščij kubok) verschüttet. Die Alpen (in *Al'py*) oder ein Herbstabend (in *Osennij večer*; beide 1830) wurden zu metaphysischen Landschaften – wie von Caspar David Friedrich gemalt. Mochte die sowjetische Forschung in Tjutčevs späteren Landschaftsgedichten auch eine «realistische» Erfassung der Wirklichkeit erblicken, so war doch die Vergeistigung oder Allegorisierung der Natur, also ein wesentlich a-realistisches Verarbeiten der äußeren Eindrücke, die Grundlage seines Dichtens. Ein Gedicht wie das im Juli 1868 entstandene *Požary* (Brände, 1868), das unter dem Eindruck ausgedehnter Waldbrände in der Umgebung Petersburgs entstand, blieb nicht bei der Beschreibung der Feuersbrunst stehen, sondern verlieh ihr kraft Metaphorisierung und intensiver Lautinstrumentierung eine komplexe Bedeutung, die existentiell, politisch und eschatologisch auslegbar war (R. Lauer). Die Nacht als abgründiges Element, in dem das Chaos hervorbricht, wurde in vielen Gedichten Tjutčevs (so in *Den' i noč'* [Tag und Nacht], 1839), beschworen. Der Einfluß Schellings und der deutschen Romantik war hier unübersehbar (D. Tschižewskij). Den Zweifel, ob die Poesie auszudrücken vermöge, was sie wolle, ob das Schweigen die Gefühle und Träume der inneren Welt nicht besser bewahren könne als das Wort, sprach Tjutčev in dem berühmten Gedicht *Silentium!* aus, das imperativisch (Molči!) Schweigen gebot. Es zählt, wie das Milan-Gedicht (*S poljany koršun podnjalsja* [Von der Lichtung erhob sich der Milan], vor 1836), zu jenen suggestiven Versen Tjutčevs, auf die künftige Dichter (Mandel'štam, Blok) replizieren werden.

Die Gedichte, die er der Gefährtin seiner späteren Jahre, Elena Deniseva, in den 50er Jahren widmete, gehören zum Wundervollsten in der russischen Liebespoesie. Das Persönliche, schreibt Kirill Pigarëv, der Urenkel des Dichters, werde im *Denis'evskij cikl* (Deniseva-Zyklus) auf die Höhe des Allgemeinmenschlichen erhoben.

Das politische Denken, das Tjutčev allein schon seinem diplomatischen Metier schuldig war, bestimmte nicht wenige seiner Gedichte. Seine Bejahung der Autokratie, die er sich als Einklang von Monarch

und Volk vorstellte, und die Überzeugung, daß Rußland als Führungsmacht der Slawen das Christentum vor dem antichristlich-revolutionären Prinzip des Westens zu verteidigen habe (es waren Gedanken Jakob Philipp Fallmerayers, die er auf seine Art uminterpretierte),
ließen ihn zu einem Vordenker des Panslawismus werden. Hatte er als
junger Mensch die Dekabristen, nicht ohne Verständnis für ihr Tun,
vor allem wegen ihrer Illusionen kritisiert (in dem in München
geschriebenen Gedicht *14-oe dekabrja 1825* [Der 14. Dezember 1825]), so
weckte die deutsche Polenbegeisterung nach dem Novemberaufstand
in ihm trotzigen russischen Nationalstolz. Die russischen Großmachtinteressen schlugen sich in Gedichten wie *Russkaja geografija* (Russische
Geographie, 1848/49) nieder, wo er sich, ähnlich wie Hoffmann von
Fallersleben in seinem *Lied der Deutschen*, in Begriffen des Gewässertopos das Russische Reich «vom Nil bis zur Newa, von der Elbe bis nach
China, / Von der Wolga bis zum Euphrat, vom Ganges bis zur Donau»
vorstellte. Oder in *Proročestvo* (Prophezeiung, 1850), wo er aus Anlaß
der 400. Wiederkehr des Falles von Konstantinopel Hoffnung auf die
Wiedererringung der Stadt für das Christentum, sprich: Rußland,
setzte. Man darf über diesen politisch fragwürdigen Gedichten nicht
jene vergessen, die Tjutčev dem Schicksal des russischen Volkes gewidmet hat. In *Nad ëtoj tëmnoju tolpoj* (Über dieser dunklen Menge) fragte
er im August 1857, ob das russische Volk je den goldenen Strahl der
Freiheit erleben werde, und antwortete, daß nur Christi reines
Gewand (riza čistaja Christa) die seelische Verkommenheit und Leere
des Volkes dereinst werde heilen können. Auch in den zwei Jahre zuvor
entstandenen Versen *Ėti bednye selen'ja* (Diese armseligen Dörfer) hatte
er Christus beschworen, der in Knechtsgestalt unter der Kreuzeslast
Rußland durchschritten habe. Hier wurde das Motiv des wiederkehrenden Christus, ganz anders als bei den Petraševcy, mit dem Leidenscharisma des russischen Volkes verbunden, das zu den Grundüberzeugungen der Slawophilen gehörte. Ein kleiner Vierzeiler aus dem Jahre
1866, *Umom Rossiju ne ponjat'* (Mit dem Verstand ist Rußland nicht zu
begreifen), bringt am Schluß das Wort, das das bekannteste von Tjut
čev geworden ist: «An Rußland kann man nur glauben» (V Rossiju
možno tol'ko verit').

Afanasij Fet

Der wohl wichtigste Vertreter der Richtung der «reinen Kunst» war
Afanasij Fet-Šenšin. Er wurde als Sproß eines russischen Obristen und
einer verheirateten Deutschen, nach deren romantischer Flucht aus

Darmstadt, in Rußland geboren. Obwohl eine deutsche Herkunft wahrscheinlich ist, kämpfte Fet verbissen um den Namen seines russischen Vaters und die Anerkennung als Russe. Er studierte an der Moskauer Universität zusammen mit Apollon Grigor'ev und Jakov Polonskij und geriet, wie diese, unter den Einfluß der Schellingianer. 1840 veröffentlichte er den Band *Liričeskij panteon* (Lyrisches Pantheon), der ihn noch als Epigonen der Romantik mit Gedichten im elegischen und balladesken Genre zeigte. Erst in den 50er Jahren – er diente damals bei den Leibgardeulanen in Petersburg – kam seine dichterische Begabung voll zum Ausdruck. Die Ausgaben seiner Gedichte (*Stichtvorenija*) von 1850 und 1856 wurden zunächst von der Kritik mit Wohlwollen aufgenommen, die 1863 erscheinende zweibändige Retrospektive seines Schaffens aber geriet bereits in den Strudel der ästhetischen Kontroverse. Für Pisarev und Zajcev wurde Fet zum Objekt bissiger Angriffe. Man werde, schrieb Pisarev, Fets Gedichte bald pudweise (1 Pud = 16,38 kg) als Unterlage zum Tapezieren der Zimmer sowie zum Einwickeln von Talglichtern, Meščёra-Käse und Räucherfisch verwenden: «Herr Fet wird auf diese Weise dazu erniedrigt, mit seinen Werken erstmals zu einem gewissen Teil praktischen Nutzen zu erbringen.» Der sensible, vom Schicksal wenig verwöhnte Dichter zog sich, ähnlich wie der mit ihm befreundete Lev Tolstoj, auf sein Landgut zurück, vergrub sich in die Landwirtschaft, las viel und schrieb nur mehr für sich und den engen Kreis seiner Freunde. In seinen letzten Lebensjahren hat Fet viel übersetzt: *Die Welt als Wille und Vorstellung* (*Mir kak volja i predstavlenie*, 1881, [4]1884) seines Lieblingsphilosophen Schopenhauer, Goethes *Faust*, zahlreiche Gedichte der deutschen Romantiker (Heine, Mörike, Rückert u. a.).

Erst in den 80er Jahren trat er wieder mit Gedichten hervor. In dem Gedicht *1 marta 1881 goda* (Der 1. März des Jahres 1881) verglich er den ermordeten Zaren mit dem blutigen Christus, den Judas (d. h. die Narodniki) Golgatha überantwortet hätte. Als 1883 Fets Gedichtsammlung *Večernie ogni* (Abendliche Feuer) erschien, kündigte sie eine Renaissance der Poesie an, die zehn Jahre später, im Symbolismus, eine neue Blüte erleben sollte.

Im Grunde kennt Fets Lyrik nur zwei Themenkreise: Liebe und Natur, die, ähnlich wie bei Tjutčev, oftmals miteinander verwoben und in symbolische Analogie gestellt werden. Diesen engen Erfahrungsbereich füllt Fet freilich mit so feinen Stimmungs- und Gefühlsvaleurs, daß die Zeitgenossen seine Lyrik als neu und überraschend empfanden. Immer wieder hat man die Genauigkeit der Naturabbildung und die besondere Musikalität in den Versen Fets gelobt. Sein «Impressionismus» bei der Wiedergabe von Naturphänomenen konnte glauben machen, daß das aufnehmende Subjekt ausgeschaltet sei. In Wirklichkeit war es nur auf raffinierte Weise zurückgenommen. In einem Naturgedicht wie *Vesennij dožd'* (Frühlingsregen, um 1857) wurde der Apperzeptionsvorgang ähnlich in die Beschreibung eingebracht, wie es etwa gleichzeitig in den «personalen» Erzählverfahren bei Turgenev und Tolstoj geschah. Das Gedicht reihte optische und akustische Wahrnehmungen während eines Frühlingsregens so aneinander, daß Art und Reihenfolge der Eindrücke den Blickwinkel eines nicht genannten lyrischen Subjekts erraten ließen, das durchs Fenster auf einen Wald blickte. Von Boris Ėjchenbaum stammt die Feststellung, daß sich Fets Poesie nicht auf der Basis des Wortes, sondern der der Romanze entwickele. Der weit überwiegende Teil seiner Gedichte besteht aus zwei, drei oder vier Strophen von einheitlicher rhythmisch-syntaktischer Struktur. Die Verfahren der Ėjchenbaumschen Versmelodik (melodika sticha), d. h. die Reihung bestimmter Intonationen, ist in einigen Gedichten zur künstlerischen Vollkommenheit gebracht, vor allem in *Šėpot, robkoe dychan'e* (Flüstern, zages Atmen, 1850), einem Liebesgedicht, das ausschließlich aus einer Reihung von Substantiven besteht, oder in *Ėto utro, radost' ėta* (Dieser Morgen, diese Freude, um 1881), das sich in einer anaphorischen Aufzählung frühlingshafter Phänomene, jeweils verbunden mit dem Demonstrativpronomen «ėtot» (dieser), ergeht. Auf das erstere hat Dmitrij Minaev 1863 eine böse Parodie (*Cholod, grjaznye selen'ja* [Kälte, schmutzige Dörfer]) verfaßt, die im gleichen Intonationsgestus «reaktionären» Stoff im Sinne von Fets Gutsbesitzerskizzen *Iz derevni* (Aus dem Dorf, 1863) ausbreitet. Der Unterschied zwischen «reiner» und «realistischer» Lyrik könnte nicht anschaulicher demonstriert werden.

Apollon Majkov

Apollon Majkov, aus einer kunstliebenden Adelsfamilie stammend – sein Vater, Nikolaj Majkov, war ein bekannter akademischer Maler, sein Bruder war der frühverstorbene Literaturkritiker Valerian Majkov –, schwankte längere Zeit zwischen der Malerei und der Poesie. Seinen ersten literarischen Erfolg errang er 1841 mit Gedichten, die antiken Mustern folgten: den epigrammatischen Formen der Anthologie (*V antologičeskom rode* [In der Art der Anthologie]) sowie der Liebeslyrik und den Satiren der Alten, darunter Sappho, Horaz und Ovid (*Podražanija drevnim* [Nachahmungen der Alten]). Majkov, der später zum Vorsitzenden des Komitees für Auslandszensur (Komitet inostrannoj cenzury) brachte, zuletzt im Range eines Wirklichen Staatsrats, und zu den geistigen Stützen der Monarchie zählte, hat nichtsdestoweniger den Einfluß der Natürlichen Schule erfahren, wovon seine frühen Verspoeme *Dve sud'by* (Zwei Schicksale, 1844) und *Mašen'ka* (1846, in *Peterburgskij sbornik* [Petersburger Sammelband]) zeugen, das eine die Darstellung eines «überflüssigen Menschen», das andere eine sentimentale Verführungsgeschichte. Selbst in dem Gedichtzyklus *Očerki Rima* (Rom-Skizzen, 1847) trat neben das Interesse an den Altertümern das an der gegenwärtigen «Physiologie» der Ewigen Stadt. Ende der 40er Jahre gehörte er, zusammen mit seinem Bruder Valerian und Dostoevskij, zu den revolutionär gestimmten Mitgliedern des Petraševskij-Kreises. Da dies den Behörden bei der Zerschlagung der Gruppe verborgen blieb, konnte er seine Karriere im Zensurkomitee aufbauen und sich dem Zaren in einem Gedicht wie *Koljaska* (Die Kutsche, März 1854) andienen. Als Dichter wie als politische Person entfernte er sich weit von den kritischen Literaten und bildete mit Fet und Polonskij einen loyalistischen dichterischen «Dreierbund» (trojstvennyj sojuz).

Man hat Majkovs Dichtung der Kälte und der überzogenen Objektivität geziehen. In der Tat finden sich bei ihm so gut wie keine persönlichen oder Liebesgedichte. (Er äußerte einmal, er habe sich immer geschämt, über seine Liebe zu schreiben und zu sprechen.) Neben der Natur wählte er für viele seiner Gedichte Stoffe aus Mythologie und Geschichte. Die Welt Griechenlands und Italiens, die er auf Auslandsreisen kennengelernt hatte, begeisterte ihn als ideale Natur- und Kulturlandschaft, so in dem erwähnten Zyklus *Očerki Rima* oder in *Neapolitanskij al'bom* (Neapolitanisches Album, 1858/59). Übertragungen neugriechischer Lieder (*Novogrečeskie pesni*, 1858–1861) entstanden nach der Teilnahme an einer Schiffsexpedition in den Archipelagos. Majkovs neurussische Übertragung des *Igor'-Liedes* (*Slovo o polku Igoreve*, 1870) weckte sein Interesse an der russischen Geschichte und den altgermanischen heidnischen Dichtungen. Nach Motiven aus der *Jüngeren Edda* des Snorri Sturluson schrieb er das Poem *Bal'dur* (1871), später folgte *Bringil'da* (Brünhilde, 1888) – in seltsamen Versen (5 füßigen katalektischen Daktylen), zu denen Majkov ausdrücklich vermerkte, sie sollten nicht skandiert, sondern wie Prosa deklamiert werden.

Naturbeschreibung und lyrische Meditation verbanden sich in vielen Gedichten Majkovs. Die Kunst, der Kult der Schönheit, die Inspiration als Prinzip des künstlerischen Schaffens ließen ihn in den Augen der Zeitgenossen als Fortsetzer Puškins erscheinen. Eine besondere Affinität besaß er zur Strophenform der Oktave, die er als Einzelstrophe (in dem Gedicht *Oktava*, 1841) oder gereiht in größeren epischen Dichtungen (*Knjažna *** [Prinzeß ***], 1877) einsetzte. *Knjažna ****, mit dem Untertitel «Tragödie in Oktaven», war Majkovs Versuch, sich von seinem antinihilistischen Standort aus und mit «seinen» Mitteln in den Nihilismus-Diskurs einzuschalten. Die Schicksale der handelnden Personen (Knjažna, Ženja, Njanja) standen allegorisch für den europäisierten Adel, die radikalisierte Intelligenz und das bäuerliche Volk. So reflektierte das Poem, anders als der flache Gesellschaftsroman, das kulturologische Schicksal Rußlands. Überhaupt durchzogen geschichtsphilosophische Überlegungen das Schaffen Majkovs von Anfang bis Ende. Vor allem die Zeitenwende von der antik-heidnischen zur christlichen Welt wollte er in einer Folge lyrischer Dramen gestalten. Abgeschlossen aber wurde 1851 nur *Tri smerti* (Drei Tode, 1857, zunächst u. d. T. *Vybor smerti* [Die Todeswahl]), ein Werk, das die Haltungen des Dichters Lucanus, des Philosophen Seneca und des Epikuräers Lucius im Angesicht des von Nero verhängten Todesbefehls miteinander konfrontierte und zugleich die Legende auffrischte, Seneca sei dem Apostel Paulus begegnet. Unterschiedliche Geister wie Pisarev, Merežkovskij und Gor'kij hielten *Tri smerti* für das Beste, was Majkov geschrieben habe. Mit der lyrischen Tragödie *Dva mira* (Zwei Welten, 1872, 1881) endete Majkovs lebenslanges Bemühen, die Idee des Epochenumbruchs in frühchristlichem Geschehen dichterisch darzustellen.

Majkov hat fleißig, wenn auch recht frei fremde Dichtungen ins Russische übertragen: Poesie der Alten, serbische Volkslieder aus der Sammlung Vuk Karadžićs, einige der *Krim-Sonette* Mickiewiczs und vor allem die Lyrik Heines (*Perevody i variacii Gejne* [Übersetzungen und Variationen Heines], 1857), wo im Prologgedicht *Gejne* die Meute der russischen Nachahmer vorgeführt wird, die in den Gärten der heimischen Poesie den flinken Hirsch nicht erjagen kann.

Lev Mej, Nikolaj Ščerbina, Apollon Grigor'ev, Jakov Polonskij

Der aus einer Adelsfamilie deutschen Ursprungs stammende Lev Mej war im Lyzeum in Carskoe Selo erzogen worden. Die Beamtenlaufbahn, die er einschlug, kollidierte mit seiner Bohemenatur. Seit 1853 versuchte er, als freier Künstler zu leben. Literarisch weit gebildet, übersetzte er, ähnlich wie Apollon Majkov, in großem Umfang aus dem Deutschen (Goethe, Schiller [*Wallensteins Lager/Lager' Vallenštejna* und das *Demetrius*-Fragment/*Dmitrij Samozvanec*], Heine), Französischen (Béranger, Hugo), Polnischen (Mickiewicz, Ludwig Kondratowicz) und anderen slawischen Sprachen. Wie Eduard Mörike (*Anakreonta*, 1864) in Deutschland übertrug er die Oden des Anakreon

(*Pesni Anakreona Teosskogo* [Die Lieder des Anakreon von Teos], 1855/
56) vollständig aus dem Original und versah sie mit einem ausführlichen Kommentar (*Zametki ob Anakreone* [Bemerkungen über Anakreon]). Weiter ließ er sich von biblischen (*Na biblijskie motivy*) und antiken Motiven (*Iz antičnogo mira* [Aus der antiken Welt]) sowie den russischen Bylinen, Legenden und Volksliedern (*Byliny, skazanija, pesni*) inspirieren. Die animistischen Vorstellungen der Volksdichtung kehrten in seiner Metaphorik wieder. Mit besonderer Sorgfalt nahm er sich der strengen poetischen Formen wie Sonett und Oktave an; selbst die schwierige lyrische Sestine (*Sekstina*, 1851), bei der sechs Reimwörter in sechs Strophen in veränderter Reihenfolge wiederholt werden, ist in seinem Opus vertreten.

Als Verehrer der Antike und geistreicher Epigrammatiker ist Nikolaj Ščerbina zu nennen. In Taganrog in einem griechisch gefärbtem Umfeld aufwachsend, beherrschte er die neugriechische Sprache und kannte die Taten und Lieder der Kleften. Nicht zufällig überschrieb er seinen ersten Gedichtband *Grečeskie stichotvorenija* (Griechische Gedichte, 1851). Alt- und neugriechische Themen stehen in seiner Poesie im Vordergrund; André Chéniers Aufforderung: «Sur des pensers nouveaux faisons des vers antiques», wurde sein künstlerisches Credo. Doch auch seine aktuellen Epigramme, Xenien und satirischen Jamben – gesammelt in dem *Al'bom ippochondrika* (Album eines Hippochondrikers, 1857; unter dem Pseudonym «Nikoláki Oméga») oder in dem Zyklus *Satiričeskaja letopis'* (Satirische Chronik) – verdienen Beachtung.

Apollon Grigor'ev, der «organische» Kritiker, hat der russischen Poesie ebenso Tribut gezollt. Dem Petraševskij-Kreis nahestehend, schrieb er in den 40er Jahren Gedichte, in denen die typischen Motive der Fourieristen (der mißverstandene Prophet, der revolutionäre Christus) erschienen. Der Gedichtzyklus *Bor'ba* (Kampf, 1857) spiegelte die «hündische» Liebe zu Leonida Vizard, an der seine Ehe zerbrach. Künstlerisch brachte er manche Neuerung. Wenn Grigor'ev die Liebe mit Zahnschmerzen verglich, so klang das nach Heine; wenn er das Windmotiv lautlich untermalte (veter dušen, veter voet), so nahm er Blok vorweg, der den Dichter später wiederentdecken sollte. Das 14. Stück des Zyklus *Cyganskaja vengerka* (Die ungarische Zigeunerin) war ein unerhörtes Beispiel leidenschaftlicher Poesie: ein Tanzlied im Častuška-Rhythmus, das, gleich dem Csardas, gedehnt einsetzte und sich bis in rasche Interjektionsreihen steigerte, mit denen Liebeskummer und Eifersucht herausgeschrien wurden: «Čibirjak, čibirjak, čibirjašečka ...» oder «Básan, básan, basaná/Basnanáta, basanáta ...» Der Zyklus *Titanija* (1857), bestehend aus sieben Sonetten des englischen

Typus (4+4+4+2) und als Widmung zur eigenen Übersetzung des Shakespeareschen *Sommernachtstraums* (*Son v letnjuju noč'*, 1857) getarnt, sprach wieder von der Liebe zu Leonida Vizard. In der Versepik versuchte Grigor'ev, Puškins Ansätze fortführend, das Poem als «Erzählung in Versen» (rasskaz v stichach) in strengen Strophenformen weiterzuentwickeln. So unterlegte er dem Moskauer Gesellschaftspoem *Vstreča* (Die Begegnung, 1846) eine 18zeilige Strophe, dem burlesken *Ersten Kapitel des Romans «Otpetaja»* (*Pervaja glava romana «Otpetaja»*, 1847) in Anlehnung an Puškin Oktaven und seinem Versepos *Venezia la bella*. *Dnevnik stranstvujuščego romantika* (Tagebuch eines reisenden Romantikers, 1858) Sonette (aBaBaBaBcDcDee) als epische Strophen. Die Leiden des letzten Romantikers an den Widrigkeiten des Lebens, wie er sie als Lehrer im sibirischen Orenburg erfuhr, hat er in dem unvollendeten Poem *Vverch po Volge* (Wolgaaufwärts, 1862) festgehalten.

Jakov Polonskij, der Moskauer Studiengenosse Fets und Grigor'evs, hatte bereits mit seinem dichterischen Debüt, dem Bändchen *Gammy* (Tonleitern, 1844), einigen Erfolg. Nach einem dienstlichen Aufenthalt in Georgien schrieb er Gedichte (*Sazandar* [d. i. Der Dichter], 1849) und ethnographische Skizzen aus der kaukasischen Welt. Seit 1860 beim Komitee für Auslandszensur tätig, legte er bis ins hohe Alter mit großer Regelmäßigkeit Gedichtbände vor, die die eine oder andere lyrische Novelle, vor allem aber Gedichte enthielten, die die «Unruhe des Herzens» und den inneren Stimmen und Stimmungen nachlauschten (B. Èjchenbaum). Dabei sind ihm einige schöne, im russischen Publikum weitverbreitete Gedichte gelungen wie *Doroga* (Der Weg, 1842), *Noč'* (Die Nacht, 1850), *Pesnja cyganki* (Lied der Zigeunerin, 1853) oder *Kolokol'čik* (Das Glöckchen, 1854). Die Mitarbeit an der Zeitschrift *Russkoe slovo* war ein Mißverständnis und währte kurz. Polonskij setzte sich gegen Pisarev und Minaev, die seit 1860 die Zeitschrift beherrschten, polemisch zur Wehr. Doch war die engagierte Poesie nicht sein Metier.

Aleksej K. Tolstoj

Einen eigenartigen Platz in der poetischen Landschaft nahm Graf Aleksej Konstantinovič Tolstoj ein. Hervorragend gebildet und weit gereist, ein Grandseigneur, der zum Vertrautenkreis des späteren Zaren Alexander II. gehörte, stand er den literarischen Zirkeln seiner Zeit fern. Nach dem Studium an der Universität Moskau trat er ins Außenministerium ein; 1837–1840 weilte er als Angehöriger der russischen

Beobachtermission beim Frankfurter Bundesparlament. 1859 ließ er
sich pensionieren und lebte fortan im Ausland oder auf seinem ukrainischen Landgut. Seine ernste Lyrik – sie steht neben noch heute
beachteten historischen Tragödien und dem historischen Roman
Knjaz' Serebrjanyj (Fürst Serebrjanyj, 1862) über die Zeit der Wirren –
umfaßt Naturgedichte und elegische Reflexionen, in denen die
Schlüsselvokabeln der weltschmerzlichen Romantik: Wehmut, Melancholie, Trauer (grust', toska, pečal'), noch immer eine wichtige Rolle
spielen und der Ton der Zigeunerromanze mitunter aufklingt. Dabei
fallen zwei Merkmale seines poetischen Stiles auf, über die er sich in
Briefen an seine Frau auch selbst geäußert hat. Es ist einmal ein Andeu-
ten, ein Nicht-zu-Ende-Sprechen des Gedankens, das es jedem gestatte, ihn selbst auf seine Weise zu vollenden; zum anderen eine lockere
Behandlung des Reims. Was seine Kritiker als «schlechten Reim» (plo-
chaja rifma) anprangerten, war in Wirklichkeit als «ungenauer Reim»
(netočnaja rifma) zu qualifizieren, d. h. als bewußtes Operieren mit
der phonetischen – statt der orthographischen – Übereinstimmung
der Vokale. So konnte и auf ы oder die nachtonigen, reduzierten
Vokale beinahe beliebig gereimt werden. Auch den Spaltreim, bei
dem ein Reimwort gegen zwei gereimt wird (z. B.: v ètot den' ja ::
podozren'ja), liebte Aleksej Tolstoj und ging darin Minaev und Majakovskij voran. In der ebenso scherz- wie boshaften *Istorija gosudarstva
Rossijskogo ot Gostomysla do Timaševa* (Geschichte des Russischen Reiches
von Gostomysl bis Timašev, posth. 1883), die als Motto und Refrain
das Wort aus der Nestor-Chronik, «Unser ganzes Land ist groß und
reich, aber es gibt in ihm keine Ordnung» (Vsja zemlja naša velika i
obil'na, a narjada v nej net) zitierte, gebrauchte er unbedenklich makkaronistische Reime wie: Рюрик :: ungebührlich oder команда ::
Schande.

Eine weitere Gattung pflegte er mit seinen Balladen, Bylinen und
Versnovellen (pritči). Nach einigen Schauerballaden in der Nachfolge
Žukovskijs arbeitete er eine besondere Variante der Gattung, die historische Ballade (istoričeskaja ballada) aus. Die Stoffe fand er in der
Kiever Rus', in Novgorod und in der Zeit der Wirren, Themen waren
die alten ethischen Ideale: Tapferkeit, Ritterlichkeit, Patriotismus,
Menschlichkeit. So entstand in den Balladen eine rückwärtsgewandte,
feudalistische Utopie. In der Ballade *Noč' pered pristupom* (Die Nacht
vor dem Sturm, 1867) stellte er das russische und das polnische Heer
bei der Belagerung der Troice-Sergievskaja Lavra im Jahre 1608 gegenüber; in *Tri poboišča* (Drei Schlachtfelder, 1869) historische Ereignisse in
verschiedenen geographischen Zonen im Jahre 1066, um die Gemeinsamkeit (obščnost') Rußlands mit dem übrigen Europa aufzuweisen.

In den Kampf um die «reine Kunst» griff er mit seiner sarkastischen *Ballada s tendenciej* (Ballade mit Tendenz, 1871) ein. Ein Gespräch unter Liebenden in einem Blumengarten bringt zutage, daß die Materialisten, Demagogen, Anarchisten und Nihilisten – ähnlich wie es Heine vorausgesagt hatte – statt der Blumen Runkeln bestellen, statt der Nachtigallen Truthähne nudeln, statt des schattigen Haines ein Rindergehege anlegen werden. An spritzigem Witz ist Aleksej Tolstoj schwer zu übertreffen. Das gilt für seine humoristischen Balladen – etwa *Bunt v Vatikane* (Aufruhr im Vatikan, 1864), eine Schilderung des Aufbegehrens der Kastratensänger wider den Papst (in gleichgereimten Vierzeilern) – oder die unvergleichliche ironische *Geschichte des Russischen Reiches* ebenso wie für die zwölf deutschen Gedichte, von denen er einige seiner Freundin Karolina Pavlova widmete.

In die literarischen Kämpfe der Zeit griff Aleksej K. Tolstoj auf höchst eigenwillige Weise ein: Gemeinsam mit seinen Vettern Aleksej und Vladimir Žemčužnikov schuf er die literarische Maske des Koz'ma Prutkov, des epigonalen, staatserhaltenden Dichters schlechthin, dessen Gedichte, Aphorismen, Projekte, Dramen nichts anderes als Parodien darstellen. Die geistreichen Texte erschienen im *Sovremennik*, später in der *Iskra*; 1863 folgte ein Nekrolog auf Koz'ma Prutkov. Seine *Werke* (*Sočinenija Koz'my Prutkova*) sind bis auf den heutigen Tag in unzähligen Auflagen verbreitet. Der parodistische Stachel richtete sich gegen die Epigonen der Romantik, den Neopetrarkismus Benediktovs, die Naturlyrik Fets, die russischen Nachahmer Heinrich Heines. Aber Koz'ma Prutkov konnte auch – ein Vorläufer der absurden Dichtung – den puren Nonsens verzapfen, wenn er in seinen Aphorismen *Plody razdum'ja* (Früchte des Nachdenkens) kalauerte: «Ein fleißiger Arzt gleicht einem Pelikan», oder: «Ein Kammerherr genießt selten die Natur», oder: «Auch Terpentin ist zu irgend etwas nütze», und immer wieder: «Niemand wird das Unermeßliche umfassen!». Und er konnte – natürlich ungewollt – Zensurpraxis und Gesinnungsterror im Zarenreich attackieren, wenn er in seinem *Proekt: o vvedenii edinomyślenija v Rossii* (Projekt über die Einführung des Einheitsdenkens in Rußland) mit naiver Logik argumentierte, welchen Nutzen es doch bringen möchte, wenn alle Menschen einheitlich dächten. Dies sei ganz einfach dadurch zu erreichen, daß alle das gleiche Material für ihre Meinungsbildung vorgesetzt bekämen: die Meinung der Obrigkeit.

Als liberaler Aristokrat führte Tolstoj einen Zweifrontenkrieg: an der einen Front gegen epigonale Dichtung und kleinliche Restriktionen des Obrigkeitsstaates, an der anderen gegen die Utilitaristen und Nihilisten, die Zerstörer der Kunst, denen ein Schornsteinfeger mehr bedeutete als Raffael.

Nikolaj Nekrasov und seine Schule

Die realistische Alternative in der Poesie eröffnete Nikolaj Nekrasov. Zwar begann auch er – gleich Fet, Majkov und Mej – als Epigone der Romantik (*Mečty i zvuki* [Träume und Klänge], 1840), doch wandelte sich im Klima der 40er Jahre sein poetischer Ausdruck grundlegend im Sinne der Natürlichen Schule. Sohn eines kleinen Gutsbesitzers, versuchte er in Petersburg, in ärmlichen Verhältnissen lebend, sich durch literarische Arbeiten über Wasser zu halten. Mit der Herausgabe von Sammelbänden wie *Fiziologija Peterburga* (1845) und *Peterburgskij sbornik* (1846), vor allem aber der Übernahme von Verlag und Redaktion des *Sovremennik*, den er von 1847–1866 leitete, schuf Nekrasov wichtige organisatorische Voraussetzungen für den Durchbruch der Natürlichen Schule und der realistischen Richtung. Nekrásovs ungemein erfolgreiche literarische Unternehmerrolle – nach der Schließung des *Sovremennik* redigierte er seit 1868 zusammen mit Saltykov-Ščedrin und dem Narodnik Grigorij Eliseev die *Otečestvennye zapiski* – hinderte ihn nicht, einer der führenden Dichter seiner Zeit zu werden. Anfangs noch als allseitiger Literat mit Kritik und Prosa tätig oder Vaudevilles für das Theater schreibend, widmete er sich in späteren Jahren vor allem der Versdichtung, um endlich mit großen Verspoemen hervorzutreten.

Zeitbezogenheit und Volksverbundenheit wurden zum tragenden Element der Dichtung Nekrasovs. Schon in dem Versfeuilleton *Govorun* (Der Schwätzer, 1842–1845) ließ er den vorgeschobenen Verfasser Belopjatkin programmatisch verkünden, er wolle Aufzeichnungen über die Gegenwart schreiben, Adel und Kaufmannsstand, Menschen aller Ränge und Berufe ohne (rosige) Brille sehen, beobachten und bewerten, wie sich die irdische Welt drehe. In dem Gedicht *Na doroge* (Unterwegs), das im *Peterburgskij sbornik* von 1846 enthalten war, erzählt ein Kutscher dem Fahrgast vom traurigen Schicksal des ihm angeheirateten Weibes, das durch die feinen Sitten ihrer Herrschaft verdorben und zugrunde gerichtet ward – eine erschütternde Vergegenwärtigung der Lage der leibeigenen Dienerschaft, berichtet im plebejischen Skaz. Nekrasov bewies, daß die Ziele der Natürlichen Schule auch in der Poesie zu verwirklichen waren. Zeitkritik und soziale Analyse machten seine Dichtung zu einer wirksamen Waffe. Als das literarische Manifest Nekrasovs wurde das Gedicht *Poėt i graždanin* (Der Dichter und der Staatsbürger, 1856) aufgenommen. Das Verhältnis des romantischen Dichters zur Menge, wie es Puškin in *Poėt i tolpa* (Der Dichter und die Menge, 1828) gesehen hatte, kehrte sich nun um: der

Nikolaj Nekrasov

Dichter, träge, lethargisch, träumerisch, wurde durch den Staatsbürger angestachelt, sich den Forderungen der Zeit und der Gesellschaft zu stellen. Pëtr Vjazemskij, damals stellvertretender Volksbildungsminister, bemerkte dazu, daß es hier nicht mehr um sittlichen, sondern um politischen Kampf gehe.

In aufsehenerregenden Gedichten wie *Razmyšlenija u paradnogo podezda* (Überlegungen am Haupteingang, 1858) prangerte Nekrasov die Hartherzigkeit und Selbstzufriedenheit, Völlerei und Schürzenjägerei der Reichen angesichts der Stellensuchenden, Bittsteller und Bettler vor ihren prächtigen Häusern an. In *Ubogaja i narjadnaja* (Die Arme und die Geputzte, 1859) stellte er die arme Prostituierte der reichen Kurtisane gegenüber; in *Železnaja doroga* (Eisenbahn, 1864) sangen die toten Streckenarbeiter, Heines *Webern* vergleichbar, von ihren Leiden beim Bahnbau. Weder in der Stadt noch auf dem Lande fehlte es an grauenerregenden Themen, die der mit dem Volke fühlende Dichter aufgreifen konnte.

An lyrischen Gattungen finden sich bei Nekrasov zunächst noch ganz konventionelle Balladen (*Voron* [Der Rabe], *Rycar'* [Der Ritter], beide 1839), doch schon in der balladesken Erzählung vom sündigen Bauern *Vlas* (1855) kündigte sich die soziale Schärfe an, die seine Bauerngedichte und Genrebilder kennzeichnet. Viele Gedichte besitzen elegischen Charakter: die zermürbenden Tages- und Nachtgedanken in *Unynie* (Verzagtheit, 1860) und in *Rycar' na čas* (Der Ritter für eine Stunde, 1860–1862). Oft beschwor er seine Muse, die schon 1852 (in dem Gedicht *Muza*) nicht die lieblich singende Schönheit für ihn war, sondern eine ewig Klagende, die ihn durch die Abgründe der Gewalt, des Bösen, der Arbeit und des Hungers führte.

Die ungeschminkte Wirklichkeit, der sich die Dichtung Nekrasovs annahm, erforderte neue Ausdrucksmittel. Nicht nur, daß Nekrasov den poetischen Wortschatz aus der Volkssprache erneuerte, nicht nur, daß er die Sprechintonation der einfachen Leute nun auch in die Poesie einbrachte, er fand vor allem auch neue, epochemachende metrische Lösungen. Die Volkstümlichkeit der Sprache zeigte sich im Gebrauch von Ausrufen, Diminutivformen, archaischen Formen und formelhaften Wendungen. Aus den sprachrhythmischen Verhältnissen des russischen Volksidioms, dessen Worteinheiten und Syntagmata eine gewisse Tendenz zu 3teiligen Rhythmen aufweisen, gewann Nekrasov seine neue Rhythmik. 3teilige Metren (Daktylen, Anapäste, Amphibrachen) und daktylische Reime bzw. Klauseln bestimmten den neuen Versklang. Natürlich verzichtete Nekrasov nicht gänzlich auf Jamben und Trochäen, doch war die «Daktylisierung» (daktilizacija) der Verssprache, wie es Kornej Čukovskij genannt hat, eines der auffälligsten Merkmale seiner Dichtersprache.

Nekrasovs Poeme

Aus der für Nekrasov charakteristischen thematischen Bündelung oder aus Fortsetzungsserien entstanden kleinere oder größere Gedichtensembles, aus den Zyklen erwuchs allmählich Nekrasovs Versepik, die zu den bedeutendsten Hervorbringungen der realistischen Literatur in Rußland gehört und als poetisches Pendant zu den großen Romanschöpfungen der 60er/70er Jahre betrachtet werden muß. Nekrasovs erste Poeme, *Saša* (1855) und *«Nesčastnye»* (Die Unglücklichen, 1856), brachen schon mit den traditionellen Themenstellungen. Saša, die Heldin des ersten, überwindet Schicksalsschläge und gelangt zu tätiger Selbständigkeit; mit den «Unglücklichen» waren, in der Rückerinnerung eines Betroffenen, die zur Zwangsarbeit Verurteilten angesprochen. Die eine große Säule des versepischen Werkes von Nekrasov bildeten bald seine Bauernpoeme *Korobejniki* (Der Körbelträger, 1861), *Moroz, Krasnyj nos* (Waldkönig Frost, 1864) und *Komu žit' na Rusi chorošo* (Wer kann in Rußland glücklich leben?, 1866–1876). Nekrasov schilderte in ihnen die Lebensweise, die Sitten und die Gedankenwelt der russischen Bauern. Form und Stil waren volkstümlich, die Motive gewann er aus neu erschlossenen folkloristischen Quellen: den Märchensammlungen (*Narodnye russkie skazki*, 1855–1864) von Aleksandr Afanas'ev, den Volksliedsammlungen (*Pesni*, 1861–1867) von Pavel Rybnikov, den von Aleksandr Gil'ferding im Onega-Gebiet gesammelten Bylinen (*Onežskie byliny*, 1873), den Sammlungen von Gnomata und Sprichwörtern (*Poslovicy russkogo naroda* [Sprichwörter des russischen Volkes], 1861/62) von Vladimir Dal'. Die volkstümlichen Poeme brachten neue Inhalte und neue formale Lösungen in die Versepik, so wie es Nekrasov, Schiller folgend (*Podražanie Šilleru*, 1877), kurz vor seinem Tode ausgedrückt hatte: Wichtig sei im Poem der dem Thema entsprechende Stil. In *Korobejniki* – das Poem ist dem befreundeten Bauern Gavrila Jakovlevič gewidmet, dem Nekrasov das Sujet verdankte – schildert er die Reise zweier Bauern, die als Kiepenträger oder Hausierer in den Dörfern Tuch, Schmuckgegenstände, Talismane und andere Dinge feilbieten. Sie schäkern und schwätzen mit den Bäuerinnen und singen ihre Lieder, darunter die Eingangsverse *Oj, polna, polna korobuška* (Hei, voll, voll ist's Kiepchen), die in Rußland zum beliebten Volkslied wurden. Wie in einer Moritat werden die Kiepenträger im Wald von einem Räuber ermordet. Das Poem erschien gleichzeitig im *Sovremennik* und als erstes Heftchen der *Krasnye knižki* (Kleine rote Bücher), einer von Nekrasov geschaffenen Serie, die billigen Lesestoff für das Volk bieten sollte. In seiner volkstümlichen Sprache und Phraseologie hatte das Poem nicht seinesgleichen. Selbst der Vers, dem alten «russkij razmer» nachgebildet, gewann erst jetzt einen wahrhaft volkstümlichen Charakter. *Moroz, Krasnyj nos*, wieder im dreiteiligen Metrum geschrieben, stellte den Alltag und typische Etappen im Leben des Bauernpaares Prokl und Dar'ja dar. Beide erleiden den Tod von der Eiseskälte des Schnees. Als Prokl gestorben ist, umwirbt der Frostkönig (Moroz, Krasnyj nos) Dar'ja, da sie Holz im Winterwald schlägt, doch sie erliegt ihm erst, als er die Gestalt Prokls angenommen hat. Durch Voraus- und Rückblenden konnte Nekrasov aus dem knappen Sujet den vollen Lebenskreis der Bauern entwerfen. Im vierten Abschnitt des Poems findet sich eine der schönsten Huldigungen, die der russischen Frau je zuteil wurden: «Es gibt Frauen in den russischen Dörfern / mit Gesichtern von ruhiger Wichtigkeit, / mit Bewegungen von schöner Kraft, / mit dem Gang, mit dem Blick von Zarinnen . . .»

Obwohl unvollendet und voller textologischer Probleme, gehört das Bauernepos *Komu na Rusi žit' chorošo* zu den bedeutendsten Dichtungen der russischen Literatur. Nekrasov hat die letzten 15 Jahre seines Lebens an diesem seinem Hauptwerk gearbeitet und die Teile *Prolog* (1865), *Posledyš* (Der Letztling, 1872) und *Krest'janka* (Die Bäuerin, 1873) selbst veröffentlicht. In den letzten, schweren Krankheitsjahren arbeitete er an dem Teil *Pir vo ves' mir* (Das Mahl für die ganze Dorfgemeinde/für die ganze Welt), der jedoch seine endgültige Form nicht erreichte. In welcher Reihenfolge die vorliegenden vier Teile anzuordnen seien, ist bis auf den heutigen Tag umstritten. Man hat sie «chronologisch» nach der Entstehungszeit (I, II, III, IV), «kalendarisch» nach der Zeitfolge (I, II, IV, III; K. Čukovskij) und nach der «inneren Verbindung» ihrer Teile (I, III, II, IV; P. N. Sakulin) gereiht. Eindeutig scheint die Frage der Anordnung nicht lösbar zu sein, und sie ist angesichts der Selbständigkeit der Episoden, die jede schon für sich einen eindrucksvollen Wert darstellen, wohl auch nicht entscheidend. Andererseits lassen Äußerungen Nekrasovs darauf schließen, daß er für das Werk noch weitere Teile geplant hatte. Mit seinen 8870 Versen kommt es umfangsmäßig fast an Cheraskovs *Rossijada* (mit 8950 Versen) heran. Aber auch thematisch sollte der universalistische Anspruch des Epos auf neue Weise eingelöst werden. Nekrasov versuchte, ein umfassendes Panorama des russischen Landes nach Aufhebung der Leibeigenschaft zu geben. Dabei war das Wertungsprisma nicht mehr das des Hofpoeten als Anwalt dynastischer Interessen wie im klassizistischen Epos oder gar des egozentrischen Autor-Moderators wie im romantischen Poem, sondern es wurde auf ein siebenköpfiges Kollektiv von Bauern übertragen, die sich auf den Weg machen, um zu erfahren, wer in Rußland glücklich lebt. Die Bauern sind zeitverpflichtet, d. h. aus der Leibeigenschaft zwar entlassen, jedoch ihren ehemaligen Herren noch 20 Jahre zu Leistungen verpflichtet. Sie stammen aus Dörfern, aus deren Namen (Zaplatovo, «Flickendorf»; Dyrjavino, «Löcherdorf»; Znobišino, «Frösteldorf», Neelovo, «Nicht-essen-Dorf» usw.) bereits die blanke Armut und Not spricht. Als sie sich nicht darüber einigen können, wer in Rußland am besten lebe – Gutsbesitzer, Beamter,

Pope, Kaufmann, Bojar oder Zar –, begeben sie sich auf die Erkundungsreise. Ein Tischlein-deck-dich (skatert' samobrannaja) versorgt sie mit Essen, einem Eimer Wodka und Kleidung. Die Reise als Kompositionsprinzip gestattet es, eine Fülle von Gestalten der verschiedenen Stände und vielfältige Seiten des russischen Lebens auszubreiten.

Da ist der rebellischen Bauer Savelij (in *Krest'janka*), der den deutschen Gutsverwalter erschlagen hat und dafür mit 20 Jahren Katorga büßen mußte, oder der Bauernräuber Kudejar', der einen polnischen Gutsherren getötet hat. Ihnen stehen die Knechtsnaturen der Bediensteten auf den Gutshöfen (vor allem in *Posledyš*) gegenüber. Außer den Bauern werden Popen, Gutsherren, Gutsverwalter, Fürst, Gouverneur und Dorfvorsteher gezeigt, und zwar stets aus bäuerlicher Sicht. Fürst Utjatin (Utjatin-knjaz') lebt so, als habe er die Bauernbefreiung nicht zur Kenntnis genommen. Aufruhr und Bestrafung des Bauern Agap werden ihm als eine Art Komödie vorgespielt. Prügel und Klagelaute sind nur vorgetäuscht, während sich der Bauer mit Schnaps (štof vina) besäuft. Eine der eindringlichsten Gestalten ist Matrëna Timofeevna Korčagina (in *Krest'janka*), die den Typus der idealisierten Bäuerin Dar'ja (aus *Moroz, Krasnyj nos*) fortsetzt. Auch in *Komu na Rusi žit' chorošo* setzte Nekrasov einen epischen Vers ein, der als neue Variante des regulierten Bylinenverses (∪ – ∪ – ∪ – ∪ ∪) aufzufassen war und an pointierten Stellen mit männlichem Schluß enden konnte (∪ – ∪ – ∪ –). Thema, Sprache und Vers bildeten eine Einheit, die den Bestrebungen der Narodniki, eine Literatur für das Volk zu schaffen, voll entsprach.

Die zweite Säule im versepischen Werk Nekrasovs bildeten die Dekabristenpoeme *Deduška* (Großväterchen, 1870) und *Russkie ženščiny* (Russische Frauen, 1872/73). Im ersteren berichtet der nach 30 Jahren aus der Verbannung zurückgekehrte Dekabrist seinem Enkel von seinen Erlebnissen und Erfahrungen. Auf die Fragen des Enkels Saša gibt es vorläufig nur Vertröstungen, wenn auch aus den Erzählungen des Großvaters ein Bild von den schweren Bedingungen der Vergangenheit und die Vision einer hellen Zukunft erwächst. Das Poem *Russkie ženščiny* behandelte das Schicksal zweier Dekabristengattinnen, der Fürstinnen Ekaterina Trubeckaja und Marija Volkonskaja, die ihren zu Zwangsarbeit verurteilten Männern in die sibirischen Silberbergwerke nachreisten. Mit diesen Dichtungen schlug Nekrasov eine Brücke von der Adelsrevolte des Jahres 1825 zu der demokratischen Bewegung der 70er Jahre. Für seine Arbeitsweise war dabei aufschlußreich, daß er den epischen Stoff aus authentischen Quellen gewann, vor allem aus Berichten über die Katorga und den französisch verfaßten Aufzeichnungen der Fürstin Volkonskaja. (Sie kamen in russischer Version [*Zapiski*] erst 1904 heraus.) Im Mittelpunkt dieser Poeme standen nicht mehr die problematischen überflüssigen Menschen aus der romantischen Tradition, sondern seelisch starke russische Frauen, Nachfahrinnen der Tat'jana Larina. Von nüchternem Edelmut und menschlicher Wärme durchdrungen, wurden sie mehr und mehr zum positiven Ideal einer Literatur, deren männliche Helden aus Willensschwäche oder wirrer Spekulation ihren Ort in der Gesellschaft verfehlten.

Einen ganz anderen Charakter besaß Nekrasovs satirisches Poem *Sovremenniki* (Zeitgenossen, 1875). Nicht bäuerliche Helden, nicht die Märtyrer der Dekabristenfronde, sondern die Welt der modernen Großstadt und des Kapitalismus trat mit dieser beißenden Gesellschaftssatire in den Blick. In einer eigenartigen Komposition werden die dreizehn Säle eines Restaurants beschrieben, in denen die Honoratioren der betuchten Gesellschaft (Würdenträger, Militärs, Industrielle, Literaten usw.) ihre Jubelfeste begehen. So werden die Phrasen des zeitgenössischen russischen Hurra-Patriotismus, retrograde Ideologie wie auch der Geschäftsjargon der Unternehmer und Spekulanten mit satirischer Überzeichnung eingefangen. Der Einsatz wechselnder Metren und Strophen schuf einen neuen epischen Ton, der auf die polymetrische Struktur von Bloks *Dvenadcat'* (Die Zwölf) vorausweist.

Die Nekrasov-Schule

In Nekrasovs dichterischem Werk waren die Möglichkeiten, aber auch die Grenzen realistischer Versdichtung zu erkennen. Zur volkstümlichen Darstellung der Bauernwelt im Sinne der Zielsetzungen der Narodniki oder der satirischen Geißelung der feudal-kapitalistischen Oberschicht erwiesen sich Nekrasovs Verse nicht weniger geeignet als das Prosamedium. In der objektiven Darbietung der Charakterentwicklung individueller Helden aber stand die Versdichtung zurück. So strebten die Dichter der Nekrasov-Schule oder die «demokratischen Dichter» (poëty-demokraty), wie man sie in der sowjetischen Zeit auch nannte, ihrem großen Vorbild in Richtung auf Volkstümlichkeit und Zeitsatire nach. Um diese beiden Pole kristallisierte sich in Rußland realistische Poesie. Als auslösendes Moment läßt sich das Erscheinen der *Stichotvorenija N. Nekrasova* (Gedichte N. Nekrasovs) im Jahre 1856 ausmachen (N. Skatov). Michail Michajlov, einer der ersten Nekrasovcy, wurde wegen seiner revolutionären Flugschrift *K molodomu pokoleniju* (An die junge Generation) 1861 zu Zwangsarbeit in Sibirien verurteilt. Außer politischen Gedichten hat er vor allem Übersetzungen (Heine, Béranger, Longfellow u. a.) vorgelegt. Fast alle Dichter der Nekrasov-Schule standen ideologisch dem Narodničestvo, der Volkstümlerbewegung, nahe. Zwar scheiterte der große «Gang ins Volk» (choždenie v narod) im Sommer 1874, d. h. der Versuch, das Volk in einer großen Bildungsoffensive aufzuklären und gegen die bestehende Ordnung aufzuwiegeln, doch änderte dies nichts an der Einstellung der Dichter, sich der Sache des Volkssozialismus weiter zu widmen.

In diesem Sinne haben Pëtr Lavrov, Pëtr Tkačëv, Grigorij Mačtet, Sergej Sinegub und viele andere unzählige Agitationsgedichte geschrieben, die großenteils im Ausland gedruckt und illegal verbreitet wurden. (Einen umfassenden Eindruck von dieser «russischen Freiheitspoesie» [Vol'naja russkaja poézija] vermittelt die 1959 in der Biblioteka poèta erschienene Textsammlung.)

Das satirische Blatt Iskra, 1859 von Vasilij Kuročkin gegründet, hatte mit seinen Satiren, Parodien und Karikaturen im Klima des damaligen «Tauwetters» einen durchschlagenden Erfolg. Bald kamen weitere satirische Blätter wie Gudok (Die Sirene, seit 1862) oder Budil'nik (Der Wecker, seit 1865) hinzu. Die Texte der Iskra-Poeten, schrieb später Nadežda Krupskaja, seien eine Art Folklore der demokratischen Intelligenz gewesen. Die Autoren bedienten sich mannigfacher Pseudonyme und Masken. Von Kuročkin sind 30 Pseudonyme bekannt, von Dmitrij Minaev gar 118. Pëtr Vejnberg kam auf 36, doch wurde dieser Heine-Enthusiast und Herausgeber der Werke Heines vor allem als «Gejne iz Tambova» (Heine aus Tambov) geführt. Dobroljubov schrieb unter der Maske «Konrad Liliensvager». Auch die fiktive Dichtergestalt Koz'ma Prutkov gehört in diesen Zusammenhang.

Die politischen Zielsetzungen der Iskra-Dichter − Kritik an der Autokratie, an der Staatsordnung, an einzelnen Persönlichkeiten, Verteidigung der «Nihilisten» und Propagierung progressiver Ideen − wurden sehr oft an literarischen Erscheinungen festgemacht, so daß Literatursatire und Parodie große Bedeutung gewannen. Auch hierin war Nekrasov mit seiner Kolybel'naja pesnja (Wiegenlied, 1845) vorangegangen, einer Parodie auf Lermontovs Kazač'ja kolybel'naja pesnja (Kosakenwiegenlied, 1840), die dem Kind eine opportunistische Beamtenkarriere in die Wiege legte. War das parodistische Element bei Dobroljubov, Kuročkin, Vejnberg unübersehbar, so gewann es bei Dmitrij Minaev eine virtuose Qualität, die in der russischen Literatur einzig dasteht. Dieser Dichter, der sich ausdrücklich nicht als Satiriker, sondern als Humorist verstand, beherrschte die Klaviatur aller Stile. Bereits 1846 hatte er Erfolg mit einer romantischen Paraphrase des Igor'-Liedes, das er später freilich auch noch parodieren sollte (Slovo o polku Igoreve. Novyj perevod [Neue Übersetzung], 1864). Sein parodistisches Verfahren bestand darin, daß er ein klassisches Werk einfallsreich mit einem aktuellen Inhalt durchsetzte. So ergab sich ein Verschnitt aus Dante und den Moskauer Slawophilentum (*Ad* [Die Hölle], 1862), aus *Gore ot uma* und der retrograden Philosophie Pamfil Jurkevičs (*Moskviči na lekcii po filosofii* [Die Moskauer in der Philosophievorlesung], 1863), aus Puškins *Evgenij Onegin* und Turgenevs *Väter und Söhne* (*Evgenij Onegin našego vremeni* [Ein Eugen Onegin unserer Zeit], 1865–1877), aus Nekrasovs *Komu na Rusi žit' chorošo* und den Verfechtern der humanistischen Bildung (*Komu na svete žit' plocho* [Wer auf der Welt schlecht leben muß], 1871). Obwohl dem parodistischen Übermut Minaevs keine Grenzen gesetzt waren, gehörte die Poesie der «reinen Kunst», vor allem Afanasij Fet und Apollon Majkov, zu seinen parodistischen Lieblingszielen. Wie die meisten *Iskra*-Poeten war auch Minaev ein begabter Übersetzer. Von ihm stammen unter anderem gelungene Übersetzungen der Poeme Byrons, von Dantes *Göttlicher Komödie* (*Božestvennaja komedija*, 1874–1879), von Heines *Deutschland. Ein Wintermärchen* (*Germanija. Zimnjaja skazka*, 1881). Auch unter den Gedichten und Epigrammen, die in dem Band *Dumy i pesni* (Gedanken und Lieder, 1863/64) versammelt sind, wird man viel an geistreichem Witz und Wortspiel finden. Es spricht für Minaevs ästhetische Unbestechlichkeit, daß er, der die literarische Rubrik des *Russkoe slovo* geführt hatte, als Reaktion auf Pisarevs Klassikerdemontage *Puškin i Belinskij* (Puškin und Belinskij, 1865) die Redaktion verließ und seinen *Evgenij Onegin našego vremeni* schrieb.

Nicht zu Unrecht werden auch so verschiedene Dichter wie Aleksej Pleščeev oder Leonid Trefolev zur Nekrasov-Schule gerechnet. Pleščeev gehörte zu den Mitgliedern des Petraševskij-Kreises und wurde aus gleichem Anlaß wie Dostoevskij zu vier Jahren Militärdienst als einfacher Soldat im Orenburger Linienbataillon verurteilt. Er blieb bis in die 90er Jahre hinein ein rühriger, vielseitiger Literat, der außer engagierten Gedichten auch Prosa, Theaterstücke und Literaturkritiken schrieb. Trefolev, zeitlebens an Jaroslavl' gebunden, deckte in seinen Gedichten (*Oboz* [Der Troß], 1864; *Batrak* [Der Knecht], 1867) das Elend der Bauern auf. Einige seiner Lieder (*Dubinuška* [Das Knüppelchen], 1867; *Jamščik* [Der Kutscher, nach Władysław Syrokomla], 1868, u. a.) erfreuen sich bis heute großer Beliebtheit. In den 70er Jahren schrieb Trefolev für die satirischen Zeitschriften *Iskra*, *Budil'nik* und *Oskolki* (Splitter). Unter der Hand wurden seine scharfen Satiren auf Alexander III. (*Car' naš – junyj muzykant* [Unser Zar – ein junger Musikant] u. a.) verbreitet. Bemerkenswert auch wieder die breite Übersetzungstätigkeit aus der kroatischen, polnischen und serbischen Poesie. Nekrasov schätzte Trefolevs Verse hoch ein: Er sei ein Meister, kein Geselle; und wenn er sein Schüler sei, dann einer, auf den er stolz sein könne.

Europäische Beziehungen

Ein Blick auf die Literaturbeziehungen in der Epoche des Realismus zeigt, daß in ihr der Durchbruch der russischen Literatur in Europa gelang. Die Übersetzungen der Werke Puškins, Gogol's, Lermontovs, dann vor allem Turgenevs und erst später, in den 80er Jahren, Dostoevskijs und Tolstojs wurden zu literarischen Ereignissen in Deutschland, Frankreich und England. Turgenev, der seit den 60er Jahren im westlichen Ausland, zuerst in Deutschland, dann in Frankreich, lebte, wurde zu einem der bedeutendsten Mittler zwischen den europäischen Literaturen seiner Zeit. Er stand mit Gustav Flaubert, den Brüdern Goncourt, Alphonse Daudet und Émile Zola, mit Theodor Storm, Paul Heyse, Berthold Auerbach und dem rührigen Literaten Ludwig Pietzsch wie auch mit Henry James in persönlichem und brieflichem Kontakt. Allein mit Flaubert hat er zwischen 1863 und 1880 Hunderte von Briefen gewechselt, die einen aufschlußreichen literarischen Werkstattdiskurs bilden. Anders als Turgenev haben Tolstoj, Dostoevskij, Ostrovskij oder Leskov bei ihren Auslandsaufenthalten keine Kontakte zu ausländischen Schriftstellern aufgenommen, doch kannten sie natürlich sowohl die klassischen als auch die rezenten westlichen Autoren sehr genau. George Sand, Balzac, Stendhal oder Dickens waren ins Russische übersetzt und intensiv rezipiert worden. Von den deutschen Erzählern war in Rußland namentlich Friedrich Spielhagen bekannt. Dank ihres kämpferischen Freiheitspathos erfreuten sich seine Romane besonderer Beliebtheit in den Kreisen der Narodniki. 1884 organisierte Pavel Vejnberg im Petersburger Literaturfonds sogar eine «Spielhagen-Woche» in Anwesenheit des Autors, die allerdings, wie Dmitrij Merežkovskij berichtet, nicht ohne Peinlichkeiten verlief. 1896–1899 erschien eine russische Ausgabe der Werke Spielhagens in 23 Bänden. Nicht selten widmeten sich namhafte Autoren der Übersetzung bestimmter Werke. So übersetzte die ukrainisch-russische Schriftstellerin Marko Vovčok nicht weniger als 15 Romane von Jules Verne ins Russische.

Zu ungewöhnlichen Formen führte in Rußland die Heine-Rezeption. Heines Gedichte wurden so zahlreich übersetzt, daß die Parodierung dieser Erscheinung auf dem Fuße folgte. Gedichte mit der Überschrift *Iz Gejne* oder *Kak budto iz Gejne* (Aus Heine bzw. Gleichsam aus Heine) wurden zu einem festen Typus der Parodie, der auf den romantisierenden «russkij Gejne» (russischen Heine) zielte. Die utilitaristische Kritik erkannte, daß man Heine, wenn man seine *Weber, Deutschland. Ein Wintermärchen* oder seine Publizistik in den Blick nahm, zum pro-

gressiven Dichter umdeuten konnte. Dmitrij Pisarev, ein glühender
Verehrer Heines, unterschied in seinem Aufsatz *Genrich Gejne* (Heinrich Heine, 1862) genau zwischen positiven und negativen, fortschrittlichen und rückschrittlichen Tendenzen in Heines Werken; in *Realisty*
(Realisten, 1864) nannte er ihn den «modernsten unter den Dichtern
von Weltbedeutung» – eine Auffassung, die in Rußland bis in die
sowjetische Zeit fortwirken sollte.

Es fehlte wahrlich nicht an hervorragenden Übersetzern. Gerade
auch die ausländische Poesie wurde russischen Lesern vielfach in
mustergültigen Übertragungen vorgelegt. Eine Unternehmung von
nachhaltiger Wirkung waren Nikolaj Gerbel's Lyrikanthologien. Gerbel', Sohn eines deutschstämmigen Generals und zunächst Gardeoffizier, wandte sich der Literatur zu, indem er europäische Klassiker
(Schiller, Byron, Shakespeare, Goethe u. a.) in mehrbändigen russischen Werkausgaben edierte. Den nächsten Schritt bildete seine
Anthologie der slawischen Poesie (*Poézija slavjan* [Dichtung der Sla-
wen], 1871), der die Sammlungen russischer Dichter (*Russkie poéty v
biografijach i obrazcach* [Russische Dichter in Biographien und Proben],
1873), englischer (*Anglijskie poéty v biografijach i obrazcach* [Englische
Dichter in Biographien und Proben], 1875) und deutscher Dichter
(*Nemeckie poéty v biografijach i obrazcach* [Deutsche Dichter in Biographi-
en und Proben], 1877) folgten. Gerbel' griff in diesen repräsentativen
Überblicken auf fremde Übersetzungen zurück, was ihm von der Kritik mitunter verübelt wurde. Auch ist das Niveau seiner literarhistorischen Darlegungen nicht allzu hoch. Aufgrund ihrer großen Breiten-
wirkung stellen seine Anthologien jedoch einen bedeutenden
Vermittlungsakt dar.

B. Die realistische Plejade

Es hat immer wieder Versuche gegeben, die «Realismen», d. h. die individuellen Spielarten innerhalb der Realismusformation, zu typologisieren. Was aber leistet etwa eine soziologische Klassifikation wie die von Pavel Sakulin, die Dostoevskij in die Rubrik «Nichtadels-Literatur» gemeinsam mit Černyševskij, Dobroljubov, Nikolaj Pomjalovskij sowie den Narodniki-Schriftstellern Gleb Uspenskij und Nikolaj Zlatovratskij einordnet? Die für Gončarov und Ostrovskij das Rubrum «Literatur des Bürgertums» findet, während Saltykov-Ščedrin, Turgenev und Tolstoj, die Slawophilen, die Dichter der «reinen Kunst» und Nekrasov den Pol der Adelsliteratur bilden? Auch die von der sowjetischen Literaturwissenschaft getroffene grobe Unterscheidung einer psychologischen und einer soziologischen Strömung innerhalb des russischen kritischen Realismus, zu deren Vertretern hier Turgenev, Gončarov, Pisemskij, Tolstoj, Dostoevskij und Leskov, dort Gercen, Saltykov-Ščedrin sowie Nekrasov und seine Schule zählen, folgt eher ideologischen Vorurteilen, als daß sie eine angemessene Vorstellung vom Nuancenreichtum der realistischen Literatur in Rußland vermittelt. Überzeugender wirkt der von Adolf Stender-Petersen geprägte Typenfächer. Auch die typologischen Aussagen von Maximilian Braun, Dmitrij Tschižewskij und anderen geben bedenkenswerte Hinweise, ohne freilich dem Schaffen der großen Erzähler voll gerecht werden zu können.

Ivan Gončarov

Die Methode Gončarovs, seine Gestalten anhand einfacher Sujetschemata, mittels Beschreibung und ausgedehnter Dialoge psychologisch zu durchleuchten, bezeichnete Stender-Petersen als «pragmatischen Realismus». Tschižewskij sah in Gončarov den vielleicht konsequentesten Vertreter des russischen Realismus.

Aus einer Kaufmannsfamilie stammend, besuchte Ivan Gončarov zunächst eine Kommerzschule und studierte später an der Philologischen Fakultät der Moskauer Universität. Anschließend war er in der Gouverneurskanzlei in seiner Heimatstadt Simbirsk und im Petersburger Außenhandelsdepartement tätig. Im Hause des Malers Nikolaj

Majkov unterrichtete er die Söhne Apollon und Valerian in der Literatur, auch steuerte er den einen oder anderen Text zu handschriftlichen Almanachen bei. Unter den frühen literarischen Arbeiten verriet die bereits 1842 geschriebene Skizze *Ivan Savvič Podžabrin* (1848), eine Hochstaplergeschichte, den Einfluß der Natürlichen Schule. Sein erster Roman, *Obyknovennaja istorija* (Eine gewöhnliche Geschichte, 1847), war, neben Gercens *Kto vinovat?* (Wer ist schuld?, 1847), einer der ersten Romane des neuen, realistischen Typus. Lange zog sich danach die Arbeit an dem zweiten Roman, *Oblomov* (1859), hin, dem, wieder mit geraumem Abstand, der dritte Roman, *Obryv* (Die Schlucht, 1869), folgte. Die Eindrücke von einer Weltumsegelung mit der Fregatte «Pallas» in den Jahren 1852–1854, an der er als Sekretär des Admirals Putjatin teilnahm, schlugen sich in der Skizzenfolge *Fregat «Pallada»* (Fregatte «Pallas», 1855–1857) nieder. Daß Gončarov von 1856–1867 verschiedene Posten in der Zensur- und Pressebehörde wahrnahm, setzte den aktiven Schriftsteller mitunter in Verlegenheit. Größerer Schaden erwuchs ihm aus dem peinlichen Streit mit Turgenev, bei dem es um die Frage ging, ob dieser den ihm anvertrauten Plan der *Schlucht* im *Adelsnest* und in *Am Vorabend* verwendet und damit entwertet habe. Die Affäre mit ihren unerquicklichen Begleitumständen entfremdete Gončarov den Petersburger literarischen Coterien. Sein späterer Hang zur Selbstinterpretation und Richtigstellung seiner Absichten – etwa in dem Artikel *Lučše pozdno, čem nikogda* (Besser spät als niemals, 1879) – mag hier einen Grund haben. Aus dem Zwist zwischen dem Westler Turgenev und dem Slawophilen Dostoevskij, dessen Zeuge er 1867 zufällig in Baden-Baden wurde, hielt er sich wohlweislich heraus. Das Alter verbrachte er einsam in Petersburg, nur von seinen «Dienern der alten Zeit» umgeben – er hat sie in der gleichnamigen Skizze *Slugi starogo veka* (1885–1887) beschrieben – und nur noch wenige Skizzen und Kritiken schreibend.

Gončarovs drei Romane, deren Titel gewiß nicht zufällig alle mit der Silbe Ob- beginnen, wurden oft als Trilogie, als thematisch zusammengehörige Dreiheit, gedeutet. Gončarov selbst hatte dem mit einigen Äußerungen Vorschub geleistet. Er sehe in seinen Romanen nicht drei, sondern einen Roman, «ein riesiges Gebäude, einen Spiegel, wo sich *en miniature* drei Epochen widerspiegeln: die des alten Lebens, des Schlafes und des Erwachens». Sukzessiv läßt sich dies auf die Romanhelden anwenden, allerdings weniger im Rekurs auf deren ideengeschichtliche Generationszugehörigkeit (wie etwa bei Turgenev), als bezogen auf ein bestimmtes, von Schiller (*Über die ästhetische Erziehung des Menschen*; P. Thiergen) und Goethe (*Wilhelm Meister*; H. Rothe) aufgestelltes Menschenbild, das auf die ganzheitliche, Verstand und

Gefühl, Schönheit und Ethos umfangende Ausbildung der Humanität zielt. Ohne Gewalt läßt sich allerdings auch dieses Deutungsmuster nicht durchführen, obwohl ein gewichtiges Argument zu seinen Gunsten im Namen Oblomovs, des «Bruchstückmenschen» (von oblomok, «das Bruchstück») verborgen liegt. Nicht zu übersehen ist ferner, daß in allen drei Romanen das gleiche Personendreieck auftritt, bestehend aus einem romantischen Adeligen und einem tatkräftigen Unternehmer, zwischen denen eine warmherzige Frauengestalt steht.

In *Obyknovennaja istorija* werden mit dem aus der Provinz in die Hauptstadt gelangten schwärmerisch-idealistischen Aleksandr Aduev und seinem Onkel Pëtr Aduev, einem nüchternen Beamten und Unternehmer, zwei unterschiedliche Lebenshaltungen konfrontiert, die sich auf den ersten Blick mit der Oppositionsebene Romantik versus Realismus verbinden. Doch bald dringt daraus mehr hervor, und am Ende scheint es fast, als seien die Fronten verkehrt, denn der Onkel zeigt nun Ermüdungserscheinungen und denkt an Erholung und Muße, während der Neffe seine Verliebtheiten überwunden hat, clever seine Karriere vorantreibt und die einträgliche Heirat mit einer Dame ankündigt, die ihm 500 Seelen und 300 000 Silberrubel in die Ehe bringen wird. Die romantische Haltung, die der Roman bis zur unerwarteten Schlußpointe denunzierte, wurde durch zwei Verfahren offenbar: Einmal durch die sprachlichen Klischees, die der junge Aduev verinnerlicht hat und die sein Onkel allemal korrigiert. Sprache als Ausdruck eines bestimmten Weltverständnisses wurde hier offenbar. Zum anderen wurden die Quellen namhaft gemacht, aus denen das schwärmerische Denken und Reden rührte. Am Beispiel Julijas, Cousine und Gegenstand der romantischen Liebe des jungen Aduev, wurde der Lesekanon offengelegt, vor dessen Antiquiertheit nur die Zuflucht zur «neuen französischen Schule» (Eugéne Sue, Jules Janin, Druino, Balzac) blieb. Der tiefere Sinn des *Evgenij Onegin* erschloß sich ihr nicht; Schiller und Goethe waren nicht vorgesehen.

Oblomov, Gončarovs Hauptwerk und wohl auch eine der signifikantesten Darstellungen russischer Befindlichkeit, führte den ungemein sympathischen, 30jährigen Adeligen Il'ja Oblomov ins Bild, der lethargisch in seiner idealischen Gedankenwelt lebt, jedoch völlig unfähig ist zu handeln. Er verläßt selten einmal das Haus, sein übliches Habit ist der Schlafrock (chalat), weich und korpulent liegt er auf dem Kanapee. So empfängt er seinen Freund Štol'c (Stolz), der ihn vergebens zur Tat anzuspornen versucht. Štol'c, erfolgreicher Unternehmer und aktiver Gegenpart Oblomovs, gewinnt dessen Verlobte Ol'ga, nachdem Oblomov seine Bemühung um sie eingestellt hat. Danach überläßt sich Oblomov einem unangestrengten Leben mit dem ehemaligen Dienstmädchen Agaf'ja auf der Vyborgskaja Storona und lebt «wie der Maulwurf im Bau» (kak krot v nore).

Oblomov und die «Oblomowerei» (oblomovščina) – diesen Begriff prägt Štol'c am Schluß des Romans – sind in Rußland sprichwörtlich geworden für eine lethargische, passive Einstellung zum Leben. Für Dobroljubov (in seinem Artikel *Čto takoe oblomovščina?*) war damit ein sozialpsychologisches Übel bezeichnet – der demoralisierende Sog, der sich aus der ausbeuterischen Lebensweise der Gutsbesitzer notwendig ergeben mußte. Am Vorabend der Bauernbefreiung lag es nahe, den Roman so zu verstehen. Nach Gončarovs Vorstellung von der ganzheitlichen Humanität des Menschen aber ist Oblomov doch wohl eher als der fragmentarische Mensch zu verstehen, dem die äußere und innere Bildung im Schillerschen Sinne nicht gelang. Oblomovs Name ist somit, wie Peter Thiergen vermutet, auch mit der von Schiller verurteilten Obesitas (Feistigkeit) zu verbinden. Eine Erklärung für die Fehlentwicklung Oblomovs wird im Roman im letzten Kapitel des ersten Teils gegeben, das als einziges eine Überschrift trägt: *Son Oblomova* (Oblomovs Traum). Gončarov veröffentlichte diesen Text 1849 vorab als «Episode aus einem unbeendeten Roman». Sie schilderte die sorglose Kindheit Oblomovs auf dem Landgut Oblomovka, in der Obhut der Eltern und Bediensteten, ein Leben im Schlaraffenland oder, wie Hans Rothe schreibt: eine Idylle «im landläufigen und im spezifisch literarischen Sinne, mit den Gattungsmerkmalen der Entrückung aus der realen Welt und der Verklärung durch Erinnerung». Sie bleibt der entscheidende Beziehungspunkt in Oblomovs Leben. Ihr gegenüber ist alles schlechter Ersatz. Als ihm Štol'c am Schluß das erneuerte und entschuldete Landgut verheißt, ist Oblomov bereits zu schwach, um sich noch dorthin zu begeben. Er stirbt bald darauf an einem Schlaganfall.

Das Bild, das Gončarov von seinem Helden zeichnet, ist später sogar als typisches Krankheitssyndrom des willensschwachen Psychopathen von der klinischen Psychologie aufgenommen worden; sie spricht von «Oblomowismus». Man könnte dies als den Triumph des «pragmatischen Realismus» ansehen, wenn es Gončarov, ganz gegen seine Absicht, nicht gelungen wäre, seinen Helden ungeachtet aller Charaktermängel zu retten. Trotz seiner Willensschwäche gewinnt nämlich Oblomov viel eher die Sympathien des Lesers als sein positiver Freund und Gegenspieler Štol'c. Oblomovs «kristallklare Seele» und edle Zartfühligkeit übertrifft die praktischen, aktiven Eigenschaften Štol'cens – und bringt damit Gončarovs ursprüngliche Sinnkonstruktion aus dem Lot. Doch wie in allen Romanen Gončarovs erweist sich nicht der eine männlichen Part dem anderen überlegen, sondern die zwischen ihnen stehende weibliche Gestalt, Ol'ga. Sie vereinigt in sich Sensibilität und Lebhaftigkeit, Tatkraft und Intellekt oder, wenn man so will, die Eigenschaften von Oblomov und Štol'c. Sie ist der lebendige Mensch, den Gončarov nur in seinen Frauengestalten darzustellen vermochte.

So verhält es sich auch in *Obryv*, wo Gončarov zwar versuchte, seinen thematischen Radius durch den Künstler Rajskij, der sich in verschiedenen Kunstsparten versucht, sowie die Figur des Nihilisten Volochov zu erweitern. Ursprünglich war wohl ein Künstlerroman (*Chudožnik*) geplant. Doch drängte sich der Nihilist Volochov immer mehr nach vorn. Volochov − sein Name gemahnt an den Wallach (ar. валохъ, oder валохъ), die altrussischen Schamanen (ar. волхвы) und natürlich auch an den Wolf (volk) − verliert Vera, die positive Frauengestalt, an den Holzunternehmer Tušin. Trotz solcher Sinngebung bot der Roman letztlich keine Antwort auf die Frage, welche gesellschaftliche Kraft Rußland eine neue Perspektive eröffnen werde. Die lange Entstehungsdauer der Romane Gončarovs ließ die ideologischen Prämissen, die am Anfang standen, dahinwelken, indes die Charakterdarstellung wuchs und haltbar wurde. In der zweiten Hälfte von *Obryv* hat Gončarov die eigene, mühselige Schaffensweise an seinem Geschöpf Rajskij (zu raj, «das Paradies») thematisiert. Rajskij will einen Roman schreiben, sucht nach einem Helden und einem Sujet. Hans Rothe hat, den «Roman im Roman» analysierend, den Doppelsinn, den das Wort «roman» hier gewinnt (es bezeichnet im Russischen nicht nur die literarische Gattung, sondern vor allem auch eine Liebesaffäre) aufgedeckt wie auch den Kampf um die Idee, die Rajskij über die Folgerichtigkeit der Handlung und die Geschlossenheit der Charaktere hinaus beschäftigt. Ebendies war Gončarovs schöpferisches Problem: Die realistische Methode überwand die Ideen. Ein aufmerksamer Interpret wird sie aufspüren können, aber das verwirrende Leben, das Gončarov in seinen Romanen bietet, erweist sich stärker als sie und widerlegt sie am Ende. Gončarovs Romane sind − im Ergebnis − keine Ideenromane, sondern Charakterbeschreibungen von langem epischem Atem und unerhörter künstlerischer Kraft.

Ivan Turgenev

Die von Turgenev repräsentierte Variante wird oft als «poetischer Realismus» charakterisiert, da in den Romanen dieses Autors, bei aller analytischen Erfassung der gesellschaftlichen Realität, doch immer wieder zarte Liebesbeziehungen oder das Verhältnis des Menschen zu Kunst und Natur unübersehbare Bedeutung gewinnen. Eine Idealisierung dieser Beziehungen, als Lyrisierung oder Poetisierung im Text manifest, durchzieht fast das gesamte Erzählwerk Turgenevs bis hin zu seinen *Senilia* oder *Stichotvorenija v proze* (Gedichte in Prosa, 1882), mit denen er seine literarische Laufbahn beschloß. Dies ruft die literarischen Anfänge Turgenevs in Erinnerung, der, als Sproß eines alten Adelsgeschlechts in Orël geboren, mit Lyrik und Poemen im romantischen Geist begonnen hatte. Das frühe, noch an Byron gemahnende dramatische Poem *Stèno* (1834), Gedichte in mehreren Sprachen und Übersetzungen standen am Anfang der literarischen Laufbahn Turgenevs. In einem halben Jahrhundert ununterbrochenen Schaffens entstand eines der großen Œuvres der russischen Literatur. In Europa fanden Turgenevs Werke wärmste Aufnahme, sein Erzählstil wurde vorbildhaft für den literarischen Realismus. Nicht nur seine deutschen Freunde und Verehrer (Storm, Heyse, Julian Schmidt), sondern auch die Franzosen (Flaubert, Maupassant, Zola) oder der Amerikaner Henry James zollten der Erzählkunst Turgenevs hohes Lob. Selbst so unterschiedliche Geister wie Hermann Hesse und Thomas Mann erlagen früh der Faszination durch die Romane und Novellen Turgenevs. Mochte sie auch den Spätromantikern zu rauh und den Naturalisten zu poetisch vorkommen, Turgenevs Kunst überragte die engen Begriffsschemata und hat sich bis heute Frische und Lebendigkeit bewahrt. Die breite Basis seiner philosophischen und literarischen Bildung, nicht zuletzt auch seine glänzende Beherrschung des Deutschen, des Englischen und vor allem des Französischen setzten ihn instand, die aktuellen Kunst- und Geistesströmungen seiner Zeit aufzunehmen und zu verarbeiten. War er der Poesie der romantischen Plejade gleichsam zugewachsen, so richtete die Begegnung mit Belinskij (Turgenev hat sie in seinen *Vospominanija o Belinskom* [Erinnerungen an Belinskij, 1869] später festgehalten) seinen Sinn auf die gesellschaftliche Wirklichkeit und auf die Notwendigkeit, daß Rußland den Weg der westlichen Zivilisation und Kultur beschreiten müsse. Belinskij hatte bereits das Poem *Paraša* (1843) begrüßt. Im Sommer 1847 begleitete ihn Turgenev von Berlin ins schlesische Salzbrunn, wo sich Belinskij Heilung seines Lungenleidens erhoffte. Belinskijs in Salzbrunn verfaßter Brief an Gogol' wurde für Turgenev zum künstlerischen Credo. Belinskij wiederum sah in Turgenev, als die ersten Erzählungen der *Zapiski ochotnika* erschienen, das bedeutende kommende Talent.

Ivan Turgenev

‹Die Aufzeichnungen eines Jägers›

Schon während der kurzen Tätigkeit im Innenministerium, die Turgenev nach dem Studium angetreten hatte, fertigte er eine Denkschrift
an, überschrieben *Neskol'ko zamečanij o russkom chozjajstve i o russkom
krest'janine* (Einige Bemerkungen über die russische Ökonomie und
über den russischen Bauern, 1842), die das Fehlen der Gesetzlichkeit
und der Rechtspositivität (nedostatok zakonnosti i položitel'nosti) im

Verhältnis zwischen Gutsherren und leibeigenen Bauern monierte, was die Willkür der ersteren gegen die letzteren – im Guten wie im Bösen – nach sich ziehe. Bald nahm er auch die Anregungen der Physiologien auf, wie die Aufzeichnung entsprechender «Sujets» (*Sjužety*, 1845/46) zeigt. Aus beidem, dem Affekt gegen die Leibeigenschaft und den Impulsen der Natürlichen Schule, entstanden die *Zapiski ochotnika* (Aufzeichnungen eines Jägers). Diese Sammlung von Skizzen und Erzählungen erschien Stück für Stück seit 1847 im *Sovremennik*. Nach dem großen Erfolg der ersten Skizze, *Chor' i Kalinyč*, plante Turgenev den Zyklus zunächst mit zwölf, dann mit 15 und endlich mit 24 Texten. (Die heute gängige Version umfaßt 25 Stücke.)

Turgenev hat selbst darauf hingewiesen, daß das literarische Interesse an der Bauernproblematik in den 40er Jahren in ganz Europa, etwa auch bei Bertold Auerbach und George Sand, verbreitet war. Der entscheidende Impuls aber kam von den Physiologien. Daß Turgenev sich in den Jahren, da er die *Zapiski ochotnika* schrieb, in Paris, in engem Umgang mit Gercen und Georg Herwegh, aufhielt, daß er dort die Revolution im Februar 1848 miterlebte, mochte sein Bewußtsein für soziale Ungerechtigkeit schärfen. Auf jeden Fall trübte die räumliche Entfernung nicht die Sicht auf die Verhältnisse im russischen Dorf. Die *Zapiski ochotnika* boten in der Form von Skizzen und Erzählungen die Eindrücke und Erlebnisse eines Gutsbesitzers und Jägers als Ich-Erzählung dar. Die immer gleiche Apperzeptionsweise verlieh dem Zyklus viel eher künstlerische Kohärenz als die Thematik, die von Text zu Text wechselte. Sie reichte von der Beschreibung von Bauerntypen (in *Chor' i Kalinyč* und *Pevcy* [Die Sänger]) oder Landadeligen (in *Čertopchanov i Nedopjuškin* [Čertopchanov und Nedopjuškin], *Gamlet ščigrovskogo uezda* [Ein Hamlet aus dem Kreis Ščigry], *Dva pomeščika* [Zwei Gutsbesitzer]) bis zur Schilderung der gutsherrlichen Willkür gegenüber den Bauern (in *L'gov* oder *Burmistr* [Der Gutsvogt]), der Demoralisierung der leibeignenen Dienerschaft (in *Svidanie* [Das Stelldichein]), der Krankenversorgung (in *Uezdnyj lekar'* [Der Kreisarzt]), der Lage der Sektierer (in *Kas'jan s Krasivoj Meči* [Kassian aus Krasivaja Meč']) oder der Juden (in *Konec Čertopchanova* [Čertopchanovs Ende]). Auch das Obrok-System, das Chor' prosperieren ließ, bedeutete für die ärmeren Bauern keine Erleichterung (so in *Burmistr*), sondern nur neue Abhängigkeit von den reicheren Bauern.

Indem der Erzähler in den Bauern Menschen und nicht Sklaven sah, indem er aufzeigte, daß die Gutsherren ihnen eine menschenwürdige Behandlung nicht einmal aus persönlicher Bosheit, sondern aus unguter Gewohnheit versagten, deckte er die eigentliche Wunde der Leibeigenschaft auf: die prinzipielle Rechtlosigkeit des Systems. Man hat Turgenev vorgeworfen, er idealisiere die Bauern, während er für die Gutsherren meist nur pejorative oder ironische Töne finde. Doch verhält es sich anders: Die Bauern, in ihrer materiellen Not wie in ihrer Freude als Sänger (in den *Pevcy*) oder in ihren naturmagischen Vorstellungen (in *Bežin lug*) vergegenwärtigt, verkörperten Eigenschaften, die sie überaus positiv von der leeren Überheblichkeit und Langeweile ihrer Besitzer abhoben. Die behutsame, man könnte sagen: sokratische Art und Weise, mit der sich der Jäger-Erzähler an ihre persönlichen und häuslichen Verhältnisse heranpirschte, war das geniale Kunstmittel, das die Authentizität der Befunde außer Zweifel stellte. Andererseits ließ Turgenev sein Bild von der russischen Dorflandschaft auch nicht in mutlosem Pessimismus enden, sondern fand immer wieder Stärkung – sei es in der Natürlichkeit der einfachen Menschen oder in der Schönheit der Natur, die er in *Bežin lug* oder in der abschließenden Skizze *Les i step'* (Wald und Steppe) eindrucksvoll geschildert hat. Im Tiefpunkt des Nikolaitischen Regimes wirkten die *Zapiski ochotnika* wie ein Manifest, das zur Abschaffung der Leibeigenschaft aufrief. Aus geringfügigem Grund – wegen seines leidenschaftlichen Nekrologes auf Gogol' (*Pis'mo iz Peterburga* [Ein Brief aus Petersburg], 1852), in Wirklichkeit aber wohl wegen der *Zapiski ochotnika* wurde Turgenev verhaftet und für ein Jahr auf sein Gut Spasskoe-Lutovinovo verbannt.

Die Romane

Turgenev hat einen großen Teil seiner Lebenszeit im Ausland verbracht. Schon 1838–1841 studierte er, zusammen mit Nikolaj Stankevič, Michail Bakunin und Timofej Granovskij, an der Berliner Universität, der Hochburg der Hegelianer. Nachdem er 1845 Pauline Viardot-Garcia, die bedeutendste Sängerin jener Zeit, kennengelernt hatte, folgte er ihr, wo immer sie weilte, erst nach Deutschland und schließlich nach Frankreich. Man lebte – die Viardot-Garcia war mit dem Musikschriftsteller Louis Viardot verheiratet – in einer Art *ménage à trois*. Turgenev reiste viel, sein Itinerar stand dem von Gogol' an wechselnden Reisestationen kaum nach, doch ließ er auch die Verbindung nach Rußland nie abreißen. Er wurde so zum Mittler zwischen den Literaturen, zum Verbindungsmann des europäischen Realismus.

Die Hegelsche Philosophie gab Turgenev in jungen Jahren Orientierung, mit zunehmendem Alter näherte er sich der pessimistischen Weltsicht Schopenhauers. Seine Romansuite, die die geistigen Profile der Generationen von den 30er bis zu den 70er Jahren, von den Hegelianern bis zu den Narodniki, darstellte, kam dem Ansinnen gleich, die Erscheinungen des Geistes, d. h. das Bewußtsein des Wissens, in Rußland künstlerisch umzusetzen, wie es Hegel in seiner *Phänomenologie des Geistes* vorgegeben hatte. *Rudin* (1856), Turgenevs erster Roman, zeichnete in der Gestalt des Titelhelden den philosophisch gebildeten Idealisten, der erkennt, daß er für die Gesellschaft wirken könnte und müßte, dem es aber schon an der inneren Kraft gebricht, Nataša, das Mädchen seiner Liebe, die ihn auch liebt, zu heiraten. Turgenev setzte hier jenen Fabeltypus ein – A liebt B und wird von B wiedergeliebt, doch gelingt es ihnen nicht, ihre Liebe zu verwirklichen –, der auch bei Gončarov, Pisemskij und anderen Autoren des Realismus begegnet. Die Kontrastierung der Hauptfigur durch Nebenhelden, ein bei Turgenev gängiges Verfahren, wurde in mehreren Varianten durchgespielt. Und auch der Epilog, obligatorischer Bestandteil der Romane Turgenevs, wurde den späteren *Rudin*-Fassungen beigegeben. Wenn hier Rudin, in einem alten Gehrock mit umgebundener roter Schärpe und Strohhut auf dem grauen Haar, auf den Barrikaden des Pariser Arbeiteraufstandes im Juni 1848 erschien, so wurde die Beziehung zu seinem Prototyp, Michail Bakunin, offensichtlich. (Bakunin, der russische Hegelianer *par excellence*, hatte 1849 gemeinsam mit Richard Wagner an der Spitze der Dresdener Aufständischen gestanden.) *Rudin* zeigte gattungsmäßig noch die Merkmale einer Erzählung, erst die späteren Zusätze ließen das Werk zur Povest' bzw. zum Roman anwachsen.

Dvorjanskoe gnezdo (Ein Adelsnest, 1859) führte in die 40er Jahre und brachte eine tiefschürfende Auseinandersetzung mit dem russischen Westlertum (zapadničestvo). Hierfür stand nicht nur der karikaturhaft gezeichnete, oberflächliche Adelige Vladimir Panšin, sondern vor allem der zentrale Held, Fëdor Lavreckij, der aus einem zunehmend «verwestlichten» Adelsgeschlecht stammt. (Die gesamte Familiengeschichte wird so ausführlich dargeboten, daß die Proportionen der Komposition aus dem Lot zu geraten drohen.) Als Sohn eines dandyhaften Vaters, der, mit Diderot und Rousseau im Kopf, die anmutige Leibeigene Malan'ja geheiratet hatte, erhielt er eine «englische» Erziehung. Halb ist er westlicher Intellektueller, halb russischer Bauer. Lavreckijs Ehe mit der vergnügungssüchtigen Generalstochter Varvara Pavlovna scheitert, als sie ihn in Paris mit einem pomadigen jungen Weltmann hintergeht. Aus dem Ausland ins Orëlsche «Adelsnest» zurückgekehrt, nähert sich Lavreckij der stillen, ein wenig bigotten Liza Kalitina. Die Nachricht vom Tod seiner Frau scheint eine Verbindung mit Liza zu ermöglichen. Doch dann macht die plötzliche Ankunft der Varvara Pavlovna alle Hoffnungen zunichte. Im Epilog wird berichtet, daß Lavreckij seine Frau mit ansehnlichem Wechsel nach Paris verfrachtet hat und resigniert auf seinem Gut dahinlebt; Liza hat den Nonnenschleier genommen, beide «lebendig, und doch schon dem irdischen Wirkungskreis entrückt».

Turgenev, selbst Westler aus tiefster Überzeugung und Erfahrung, entwarf in *Dvorjanskoe gnezdo* ein vielschichtiges, überaus problematisches Bild der russischen Europäisierung, das er mit einer melancholischen Liebesgeschichte verband. Panšin, völlig vom westlichen Geist beherrscht, kann zwar in Petersburg Karriere machen, dem russischen Rußland aber ist er in höchstem Maße entfremdet. Varvara Pavlovna vermag nur im Ausland zu leben. Lavreckij selbst bleibt innerlich zerrissen zwischen seiner westlichen Bildung und den russischen Gegebenheiten, die er mit den Augen der Slawophilen sieht. Selbst der deutsche Musikus Christofor Lemm, ein begabter Komponist und Dirigent, der einst nach Rußland kam, um sein Glück zu machen, ist gescheitert und verkommen. Nur bei Liza hat er Verständnis für seine Musik gefunden, der Romanzen singende Panšin ist ihm ein Dilettant (ди-ле-тант). Immerhin dient Lemm im Roman als wichtiger Gradmesser für die menschliche Integrität der Figuren. Der Roman zeigte auf, daß das forcierte Westlertum der Russen für das Land nichts erbrachte, ebenso wie ein ehrlicher fremder Künstler in Rußland wenig gewinnen konnte.

In *Nakanune* (Am Vorabend, 1860) ging es, übrigens auf der Grundlage eines authentischen Ereignisses, um eine junge Adelige, Elena Stachova, die sich in den bulgarischen Revolutionär Insarov verliebt. Damit trat erstmals ein tatbereiter Held auf, dem seine Gefährtin, nachdem sich beide heimlich haben trauen lassen, bedingungslos folgt. Als Insarov in Venedig stirbt, reist Elena allein nach Bulgarien, um für die Befreiung des bulgarischen Volkes zu kämpfen. Dobroljubovs Frage «Wann wird denn der richtige Tag kommen?» (*Kogda že pridët nastojaščij den'?*, 1860) zielte auf russische Insarovs. Sie wirkte im heranreifenden Reformklima unter Alexander II. äußerst provokant; so hatte es Turgenev nicht gemeint.

Otcy i deti (Väter und Söhne [eig. Väter und Kinder], 1860), Turgenevs bekanntester, folgenreichster und wohl auch bester Roman, ist ohne die Kenntnis der damals innerhalb des *Sovremennik* aufbrechenden literaturpolitischen Kontroversen kaum zu verstehen. Turgenev, auf Belinskij eingeschworen, den er freilich ganz anders verstand als die Kritikergruppe um Černyševskij, gehörte Ende der 50er Jahre zu den entschiedenen Anhängern der Puškin-Richtung, was bei ihm allerdings nicht notwendig die Ablehnung Gogol's involvierte. In *Otcy i deti* verband er den Generations- mit dem Weltanschauungskonflikt.

In die Welt der «Väter», der Brüder Pavel und Nikolaj Kirsanov auf dem Gutssitz Mar'ino, brechen die «Söhne», Arkadij Kirsanov und sein Freund Evgenij Bazarov, Studenten der Petersburger Universität, ein. Bald kommt es zu Auseinandersetzungen zwischen Bazarov und Pavel Kirsanov, die als weltanschaulicher Zweikampf beginnen und endlich zum Pistolenduell führen. Bazarov wird als Naturforscher dargestellt, der Frösche seziert (dieses Motiv sollte alsbald signifikanten Rang gewinnen), sich allein auf die eigene Empirie verläßt und die Liebe für eine rein physiologische Funktion hält. Ihm tritt Pavel Kirsanov als anglisierender Gentleman entgegen, der einst «gegelist» (Hegelianer) gewesen sein mag, ein Romantiker, den der Nimbus einer geheimnisvoll-romantischen Liebe umgibt. Gleich in einem der ersten Kapitel erläutert Arkadij seinem Onkel die neue Weltanschauung der «Nihilisten» (nigilisty), die damit das Terrain der russischen – und europäischen – Geistesgeschichte betraten. Ein Nihilist sei ein Mensch, der sich vor keinerlei Autoritäten beuge, der kein einziges Prinzip auf Treu und Glauben annehme, von wieviel Achtung es auch umgeben sei. Und Bazarov argumentiert, die Negation (otricanie) sei zur Zeit nützlicher als alles andere, da erst einmal reiner Tisch gemacht werden müsse. Seine Philosophie ist ein krasser Materialismus, der allein auf den praktischen Nutzen abstellt. Ludwig Büchners *Stoff und Kraft* (sic!) setzt er gegen Puškin; Raffael taugt ihm keinen Kupfergroschen. Die Natur ist für ihn kein Tempel, sondern eine Werkstatt, in der der Mensch zu arbeiten hat. Andererseits besitzt er Charakter und Ehrgefühl. Im ungezwungenen Umgang mit Hofgesinde und Bauern zeigt sich, wie Nikolaj Kirsanov bemerkt, ein Vorzug Bazarovs: «keine Spur von Herrentum» (barstvo). Fenečka, Nikolajs Geliebte aus dem Bauernstand, empfindet in Gegenwart Bazarovs keinerlei Beklemmung, während ihr das Erscheinen des feinen Pavel Kirsanov den Atem verschlägt. Die Parallelfiguren zu Bazarov, als schwächerer Aufguß (Arkadij) oder als Karikaturen der Fortschrittler (Snitkin, Kukušina) gegeben, bilden negative Folien, vor denen Bazarov selbst als souveräne Persönlichkeit um so deutlicher hervortritt. Daß er scheitert, hat weniger mit der Typhusinfektion zu tun, die seinen Tod zufällig herbeiführt, als mit der schönen, reichen Witwe Anna Odincova, in die er sich, entgegen allen seinen Prinzipien, verliebt. Die Odincova zählt zu jenen Turgenevschen Frauengestalten, die, stark und unabhängig, für Männer eher nur Interesse denn Liebe aufbringen. Bazarov scheitert an ihr, da er ihre Liebe nicht gewinnen kann. Die Fronten der Ausgangssituation überwindend, endet der Roman mit einer neuen Streuung der Figuren, die nicht mehr durch die Generations- oder Standeszugehörigkeit, sondern durch das Gelingen von Liebe und Zweisamkeit

bestimmt wird. Bazarov, Pavel Kirsanov und die Odincova vermögen
ihre stolze Einsamkeit nicht zu überwinden, während Nikolaj Kirsanov mit Fenečka, die er heiratet, und Arkadij mit Katja, der Schwester
der Odincova, ein Leben gewöhnlichen Zuschnitts annehmen und
sich glücklich darin befinden.

Černyševskij sah in der Gestalt Bazarovs eine offene, porträthafte
Verunglimpfung Dobroljubovs. In der Tat gab es im Roman Anspielungen auf Äußerungen des kurz vor Erscheinen des Romans verstorbenen Kritikers, und ohne Zweifel spielte der Bruch Turgenevs mit der
Redaktion des *Sovremennik* in den Roman hinein. Pisarev aber spürte
wohl genauer, daß die Gestalt Bazarovs einen positiven Sinn erhielt,
wenn man sie mit den «überflüssigen Menschen» verglich. «Die PeČorins», schrieb er, «haben Willen ohne Wissen, die Rudins haben Wissen
ohne Willen, die Bazarovs haben Wissen und Willen. Gedanke und Tat
verschmelzen zu einem festen Ganzen.» Turgenev seinerseits vermerkte in einem Brief an Fet vom April 1861, er habe alle diese Gestalten so gezeichnet, wie er Pilze, Laub und Bäume zeichnen würde, d. h.
mit der Hand des Realisten. Später freilich, da der Nihilismusstreit als
Folge seines Romans um sich griff, wiegelte er (in dem Text *Po povodu
«Otcov i detej»* [Aus Anlaß von «Vätern und Söhnen»], 1869) ab: Er habe
mit seinem Werk nicht die junge Generation beleidigen, sondern das
Neue zeigen wollen, das er gespürt habe. Nicht Dobroljubov, sondern
ein junger Provinzarzt sei der Prototyp Bazarovs gewesen. Seine persönlichen Neigungen hätten keine Rolle gespielt. Doch die Richtigstellung half nichts. Auf das Verständnis der Fortschrittler konnte er
künftig nicht mehr rechnen.

Auf eine ähnliche Reaktion stieß Turgenev mit dem folgenden
Roman, *Dym* (Rauch [auch: Dunst], 1867), in dem er die im Ausland
lebenden Russen vorführte. Die Handlung spielt großenteils in
Baden-Baden, dem damals beliebtesten Kurort der russischen Aristokratie. Die «Conversation», das Café Weber, der «russische Baum»
(l'Arbe russe), das Casino, wo sich eine Vielzahl russischer Fürsten, Grafen, Gutsbesitzer und Studenten traf, wurde mit topographischer Genauigkeit und ironischer Brechung ins Bild gesetzt. Grigorij Litvinov,
ein junger Gutsbesitzer, der mehrere Jahre Agronomie im Ausland studiert hat, um sein Landgut effektiver zu bewirtschaften, kommt nach
Baden-Baden gereist, um hier seine Verlobte zu treffen und mit ihr
nach Rußland zurückzukehren. Er wird Zeuge des nebulosen Geredes
und endlosen Diskutierens seiner Landsleute um die Zukunft Rußlands, das ihn ratlos macht. Die zufällige Wiederbegegnung mit der
Generalsgattin Irina Ratmirova, seiner Jugendliebe, beeindruckt ihn
so, daß er sein Verlöbnis löst. Doch die Generalin narrt ihn nur. Tief

enttäuscht verläßt Litvinov Baden-Baden. In Rußland wird er, wie der Epilog verrät, seine Pläne verwirklichen. Selbst seine Braut verzeiht ihm und findet zu ihm zurück. Nirgends sonst hat Turgenev soviel Hohn über den russischen Adel, den fortschrittlichen wie den der konservativen Opposition, ausgegossen wie in *Dym*, dessen Handlung 1862, also ein Jahr nach der Bauernbefreiung, spielt. Westlerische und slawophile Anschauungen wurden in karikierender Überzeichnung dargeboten. Als Litvinov auf der Rückreise im Eisenbahnabteil über sein Leben und über Rußland nachdenkt, werden ihm Rauch und Dampf, die in Schwaden am Abteilfenster vorüberziehen, zum Sinnbild für alles Menschliche und besonders für alles Russische. Der polemische Rundumschlag brachte Turgenev Mißbehagen und Widerspruch von allen Seiten ein. «Dym» wurde zum politischen Symbol, das im Lager der Slawophilen und Bodenständigen mit der Verunglimpfung des Vaterlandes gleichgesetzt wurde; Baden-Baden zum Chronotopen eines sinnentleerten, folgenlosen Diskurses über Rußland.

Turgenevs letzter Roman, *Nov'* (Neuland, 1877), erschien erst zehn Jahre später. Geplant war nicht nur ein «großer Roman» (bol'šoj roman), vielmehr sollte ihn das Werk als Höhepunkt seiner literarischen Laufbahn mit dem Publikum aussöhnen. Seit 1870 hatte er an dem Roman gearbeitet. Die Ferne zu den russischen Verhältnissen machte sich bemerkbar; mehrmals reiste er nach Rußland, um frisches Material zu gewinnen. In Rußland wurde der Roman endlich abgeschlossen. Diesmal waren es die Narodniki, die er mit ihrem geistigen Umfeld und in ihrem Illusionismus darstellte. Die Prozesse der 70er Jahre (gegen Nečaev u. a.), der «Gang ins Volk», die Schriften der Narodniki, vor allem Pëtr Lavrovs Zeitschrift *Vperëd!* (Vorwärts!), der Streit zwischen Tkačëv und Lavrov – all das fand in *Nov'* seinen Niederschlag. Früh stand für Turgenev auch fest, daß er den «russischen Revolutionär» (russkij revoljucioner) präsentieren wollte. Und auch das Grundsujet, daß die überzeugungsfeste Nihilistin Marianna von № 1 (Neždanov) zu № 2 (Solomin) wechseln sollte, stand von vornherein fest. Neždanov, eine hamletisch-zwiespältige Natur oder ein «Romantiker des Realismus», wie er im Roman genannt wird, zwiespältig auch nach seiner Herkunft als Sohn eines Adeligen und einer armen Gesellschafterin, erschießt sich, als sein Versuch der Volksaufklärung gescheitert ist. Bemerkenswert und sinnfällig war, wie Turgenev im zweiten Teil des Romans den nüchterne Fabrikverwalter Solomin aufbaute, der Marianna gewinnt, obwohl er der Revolution keine Chance einräumt. Noch nicht oder überhaupt nicht – das war nicht eindeutig auszumachen, offensichtlich aber lag in Solomin, dem hand-

festen Arbeiter, eine Hoffnung für Rußland. Ideologisch fixierte der
Roman, indem er Begriffe wie Sozialismus, Kommunismus, Proletariat usw. einführte, die aktuelle Diskurssituation. Die Karikaturen Katkovs (in der Gestalt Kallomejcins) und anderer zeitgenössischer Autoritäten waren deutlich zu erkennen. Eine breite Volksbildung war für
Turgenev das Schlüsselproblem der Entwicklung Rußlands. Doch
konnte er sie sich weder als Oktroy seitens der Regierung, nicht als
großmütige Wohltat des liberalen Adels und noch weniger als wirre
Agitation der Nihilisten denken, sondern nur als langwierigen Prozeß
«von unten». Hierfür stand der «Sukzessivist» (postepennovec) Solomin. Es war unausweichlich, daß *Nov'* wiederum zum Gegenstand
heftiger Polemiken wurde. Im Vergleich mit Dostoevskijs *Besy* und
Gončarovs *Obryv* freilich schnitt Turgenevs Roman in den Augen der
betroffenen Narodniki denn doch besser ab.

Die Novellen

Außer Romanen und Dramen schrieb Turgenev während seiner langen Schaffenszeit regelmäßig Erzählungen. Die Natürliche Schule
hatte die beschreibende, in der Tendenz sujetlose Skizzenform nahegelegt; Turgenev hatte aus dem soziographischen Erzählmodell in seinen
Zapiski ochotnika etwas Einzigartiges gemacht. In einigen späteren
Erzählungen (*Poezdka v Poles'e* [Die Fahrt ins Poles'e], 1857; *Stepnoj korol'
Lir* [Ein König Lear der Steppe], 1874) setzte er diesen Stil fort. Anders
als den meisten russischen Erzählern, die mit der Skizze (očerk) und
vor allem der typisch russischen Erzählung (rasskaz) narrative Formen
pflegten, die ihren Gegenstand beschreiben oder ein Sujet mit breiter
Zeichnung des Milieuumfeldes darbieten, waren Turgenev die Strukturen der Novelle nicht fremd. Wohl in genauer Kenntnis der deutschen Erzählliteratur wie auch der von Goethe und Heyse entwickelten Novellentheorie kam er in seinen Erzählungen der Bauform der
deutschen Novelle nahe. Man wird in vielen von ihnen die «sich ereignete unerhörte Begebenheit» (Goethe), das klar umrissene Grundmotiv, den deutlichen Wendepunkt und den «Falken», d. h. ein Dingsym-
bol, wie es Heyse in der Einleitung zum *Deutschen Novellenschatz* (1871)
forderte, auffinden, wenn auch die materielle Lebenssphäre breiter
ausgeführt ist als bei den Deutschen. Turgenevs Novellen waren keine
Milieustudien, sie verzichteten auf soziale Typik wie auch auf ideengeschichtliche Signaturen. Sie waren seine dichterische Kür, bei der er
sich seinen Lieblingsthemen – Liebe, Natur, Kunst – und, in den späteren «geheimnisvollen Novellen» (P. Brang), selbst Phantastik und

Okkultismus überlassen konnte. *Mumu* (1854), die Geschichte vom taubstummen, reckenstarken Bauern Gerasim, dem die Herrin das kleine Hündchen verwehrt, an dem er hängt, und der trotzdem ungebrochen in sein Dorf zurückkehrt; die Kriminalgeschichte *Istorija lejtenanta Ergunova* (Geschichte des Leutnants Ergunov, 1857) oder *Rasskaz otca Alekseja* (Erzählung des Priesters Aleksej, 1877) zeigen das breite Themenspektrum der Turgenevschen Erzählkunst. *Asja* (1858), in einer kleinen Stadt am Rhein spielend, und *Pervaja ljubov'* (Erste Liebe, 1860), eng an eigenes Erleben gebunden, schilderten in zarten Tönen die Liebeserfahrungen junger Menschen. Hier konnte die Form der Tagebuchaufzeichnungen oder der Rahmenerzählung eingesetzt werden. Feine psychologische Zeichnung und eine romantische Stimmungslage ließen eine Nähe zu den Erzählungen Storms erkennen. Zwei Novellen aus den 50er Jahren griffen das Motiv der gelebten Literatur auf, *Zatiš'e* (Im stillen Winkel, 1854) und *Faust* (1856). In beiden Texten durchbrechen die Heldinnen die ihnen auferlegte Leseabstinenz und geraten durch die Lektüre in tragische Liebesbeziehungen. In *Zatiš'e* ist es Puškins Gedicht *Ančar* (Der Upasbaum, 1828), das Mar'ja Pavlovna in die Arme des begabten, doch windigen Veret'ev treibt. Das in dem Gedicht ausgedrückte Verhältnis eines Sklaven zu seinem Gebieter symbolisiert die Beziehung Mar'jas zu Veret'ev. Schlimmer noch wirkt die fatale Kraft der Literatur in *Faust*. Die Novelle war im *Sovremennik* gleichzeitig mit der Faust-Übersetzung Aleksandr Strugovščikovs veröffentlicht worden, bereitete also, wenn man so will, auf mögliche Folgen der *Faust*-Lektüre vor. In Vera El'cova, die aufgrund eines Verbotes ihrer Mutter nie zuvor ein belletristisches Werk gelesen hat, brechen, als ihr der Erzähler Goethes *Faust* deklamiert hat, leidenschaftliche Gefühle hervor, die sie ins Verderben reißen. In einem raffinierten intertextuellen Bezugssystem, das sich auf verschiedene Textebenen erstreckt – Goethes Dramentext erfüllt die Falkenfunktion –, wird die neue Variation des Faust-Themas in neun Briefen ausgebreitet, die in ihrem emotiven Duktus wieder auch an den *Werther* gemahnen.

Turgenevs phantastische Erzählungen, je auf besondere Weise rätselhaft, verraten eine Seite von Turgenevs Künstlertum, die nicht weniger wichtig ist als sein chronikal-realistisches Schaffen. In seinem oneirologischen Buch *Ogon' veščej* (Das Feuer der Dinge, 1954) hat Aleksej Remizov Turgenev unter die großen «Traumseher» (snovidcy) eingeordnet. Kein russischer Schriftsteller habe in seinen Erzählungen soviel geträumte Träume aufbewahrt wie Turgenev. In verschiedener Gestalt erscheint der Tod im Traum: als verstorbene Gattin des Vasilij Gus'kov (in *Brigadir* [Der Brigadier], 1867), als hohe, asketische Frauengestalt (in *Živye mošči* [Die lebende Reliquie], 1874), als Affe (in *Klara Milič*, 1883). Träume sind bei Turgenev das Mittel, die dunklen Seiten der Seele auszudrücken, den unerklärlichen, irrationalen Rest des Lebens wiederzugeben, den er gleichwohl in aller Regel «realistisch» motiviert. Stärker als in den Romanen zeichnete sich in den Erzählungen der Einfluß Schopenhauers ab. Wohl bereits mit *Poezdka v Poles'e*, doch dann unverkennbar in *Prizraki* (Gespenster, 1863) und *Dovol'no* (Genug, 1865) spiegelte sich Turgenevs Schopenhauerismus. Die «Phantasie» – so der Gattungstitel von *Prizraki* – schildert den nächtlichen Traumflug, den der Ich-Erzähler, geleitet von der gespenstischen weißen Frau Éllis (Alice), unternimmt. Bilder verschiedener Landschaften und historischer Epochen zeigen sich und bestätigen ihm allesamt Schopenhauersche Maximen (wie *bellum omnium contra omnes* und *homo homini lupus*). Die als Traumbild motivierte Phantastik evoziert in Wahrheit konkrete Bilder von «metaphysischer Doppelbödigkeit», die in ihrer Gesamtheit eine pessimistische Weltsicht transportieren (S. McLaughlin). *Dovol'no*, aus den Aufzeichnungen eines toten Künstlers bestehend, formuliert einen Kunstpessimismus, der wieder aus Schopenhauers *taedium vitae* resultiert.

Vešnie vody (Die Frühlingswogen, 1872), eine der künstlerisch gelungensten Novellen Turgenevs, führte erneut einen jungen Russen, Dmitrij Sanin, zwischen zwei Frauen. Der einen, der reizvollen, einfachen Italienerin Džemma (Gemma) Rozelli verspricht er die Ehe, der anderen, Mar'ja Nikolaevna, der Frau seines Studienfreundes, des Fürsten Polozov, verfällt er und reist mit ihr Hals über Kopf nach Paris. Die Novelle war als Rahmengeschichte komponiert: Sanin erinnert sich nach 30 Jahren lebhaft an Džemma und reist nach Frankfurt am Main, dem Ort des Geschehens von ehedem. Turgenev gelang es hier, eine multikulturelle Konstellation in Frankfurt um das Jahr 1840 einzufangen, an der außer Russen und Italienern auch die Deutschen (über Džemmas Verlobten Kljuber [Klüber] und ihren Beleidiger von Dönhof [фон Дöнгоф]) beteiligt sind. Die nationalen Mentalitäten, Sprache und Verhalten werden gegeneinandergestellt und abgewogen, und da schneiden die lebensfrohen, gefühlvollen Italiener bei weitem am besten ab – mit der berückenden Schönheit Džemma an der Spitze, der wohl sympathischsten Frauengestalt bei Turgenev überhaupt. Die Russen erscheinen als charakterlos und problematisch, die Deutschen als eckig und verklemmt oder, mit den Worten von Džemmas Onkel Pantaleone, als «verfluchte Spitzbuben» (феррофлукто спиччебубио). Das Auseinanderklaffen von sozialer Stellung und moralischer Integrität ist, wie stets bei Turgenev, fein herausgearbeitet. Sanin empfindet mit den «kleinen Leuten». Als er, einsam und schuldbewußt, erfährt, Džemma lebe als Mutter von fünf Kindern in New York, verkauft er seinen Besitz, um sich in Amerika niederzulassen. Flaubert fand, als er die *Vešnie vody* gelesen hatte, zu ihrer Charakterisierung kein anderes Wort als «charmant».

Am Ende von Turgenevs Schaffen standen seine *Stichotvorenija v proze*, kleine, lyrisch gestaltete Prosaminiaturen, die er in den Jahren 1877-1882 niederschrieb. Der Titel stammte von Michail Stasjulevič, dem Herausgeber des *Vestnik Evropy*, wo die erste Serie erschien; Turgenev selbst hatte sie *Senilia* getauft. Erst als André Mazon die von ihm entdeckte zweite Serie 1931 veröffentliche, ergab sich das vollständige Bild des von Turgenev kunstvoll komponierten, 83 Texte umfassenden Zyklus. Es sollten, wie es im Vorwort hieß, Gedichte sein, die der Leser nicht fortlaufend, sondern einzeln (vrazdrob') lesen sollte, damit das eine oder andere in die Seele fallen könne. Die kleinen, sorgfältig gestalteten Impressionen, Erinnerungen und Meditationen, die sehr wohl das Vorbild von Baudelaires *Petits poèmes en prose* verrieten, waren von Melancholie und Pessimismus, aber auch von Turgenevscher Sentimentalität und Mitmenschlichkeit durchdrungen. Wenn er Rothschild und einen armen Mužik verglich (in *Dva bogača* [Zwei reiche Männer]), wenn er den selbstgerechten, reichen Egoisten entlarvte (in *Ėgoist*), so kamen damit erneut die Zweifel am eigenen Stand zutage. Traumbilder und Todesahnungen drangen immer wieder in den Vordergrund. In sechs Zeilen stattete er der russischen Sprache (*Russkij jazyk*) seinen unvergänglichen Dank ab: «An Tagen des Zweifelns, an Tagen bedrückenden Nachdenkens über die Geschicke meiner Heimat, bist du allein mir Stütze und Halt, o große, mächtige, gerechte und freie russische Sprache!» Unmöglich sei es zu glauben, daß eine solche Sprache nicht einem großen Volk gegeben worden sei. Das wurde im Juni 1882 geschrieben. Bald darauf ist Turgenev in Bougival bei Paris, in dem kleinen Haus, das er sich im Garten der Viardots gebaut hatte, verstorben.

Aleksej Pisemskij

Die künstlerische Besonderheit Pisemskijs im Ensemble der russischen Realisten wurde früh in der Direktheit und Objektivität seiner Darstellungsweise gesehen. In Briefen an Turgenev hat er selbst diese Qualitäten eher gering eingeschätzt: «trocken und prosaisch». Aus heutiger Sicht wird man Pisemskijs Rang gerade mit seiner Nüchternheit und der unprüden Offenheit verbinden, in der er erotische Sujets und die Frauenproblematik behandelte. Ihm, der aus dem Gouvernement Kostroma nach Petersburg gekommen war, haftete der Ruch provinzieller Ungeschlachtheit an, der für die hauptstädtischen Literaten anziehend und abstoßend in einem war. Der kritische Blick, mit dem er Menschen und soziale Verhältnisse beobachtete, näherte ihn der Natürlichen Schule an, seine konservative Haltung und seine Ideologieferne trennten ihn vom Lager Černyševskijs und Dobroljubovs. Neu war die Art, wie er die Schicksale junger Glücksritter und abhängiger Frauen aufgriff, rückständig blieb der auktoriale Erzählmodus, an dem er von Anfang bis Ende festhielt. Dies, wie auch eine gewisse thematische Enge, stellt Pisemskij klar hinter Dostoevskij, Tolstoj oder Turgenev, wenngleich die Lebendigkeit seines Erzählstils und namentlich seiner Dialoge noch immer den hervorragenden Autor verrät.

Pisemskijs erster Roman *Bojarščina* (zunächst u. d. T. *Vinovata li ona?* [Ist sie schuld?]), in den 40er Jahren geschrieben, doch erst 1857, ein Jahr vor *Tysjača duš* (Tausend Seelen), seinem bekanntesten Werk, veröffentlicht, zeigte bereits die wichtigsten Eigenarten des Autors. Männliche Protagonisten wie der junge Valerian Ėlčaninov oder der alte Graf Sapega, seien sie illusionistisch oder lebenserfahren, springen verantwortungslos mit den Frauen um, die sie zu lieben vorgeben. Die feinsinnige, allein dem eigenen Gefühl folgende Anna Pavlovna Manovskaja, eine «neue Tat'jana», wird zwischen drei männlichen Gestalten – ihrem Gatten, einem wesentlich älteren Militär, dem jungen Valerian, der sie liebt, und dem lüsternen Grafen, der den Wohltäter spielt – aufgerieben. Das Adelsmilieu im Dorfe Bojarščina war in all seiner dumpfen Primitivität eingefangen. Neben der unglücklichen Anna Pavlovna trat allein der verarmte, ungebildete Edelmann Savelij, der mit eigener Hand seinen Acker pflügt, als positive Gestalt hervor, doch bot natürlich auch er keine überzeugende Alternative. Da die Erzählung in den Netzen der Zensur hängenblieb, verwandte Pisemskij Teile aus ihr für den Roman *Bogatyj ženich* (Der reiche Bräutigam, 1851), mit dem er in das gleiche Milieu hineinleuchtete.

Sicherlich wären Pisemskijs *Očerki iz krest'janskogo byta* (Skizzen aus dem Bauernalltag) ohne die Anregungen der Natürlichen Schule nicht denkbar, doch ging er, wie Turgenev in den *Zapiski ochotnika*, weit über die pure Soziographie hinaus, wenn er seine bäuerlichen Protagonisten sich in tragische Konflikte verstricken ließ. In *Piterščik* (1852; so hießen die Zinsbauern, die von den Gutsherren nach Petersburg geschickt wurden, um sich dort zu verdingen) schilderte er einen kunstfertigen Handwerker, der nach dem Tod des geliebten Weibes seinen Halt verliert; in *Lešij* (Der Waldgeist, 1853) den Kampf zwischen dem Gutsverwalter Parmenov, einem ehemaligen Lakaien, und dem

Ortspolizisten Šamaev, der die Interessen der Bauern vertritt; in *Plotnič'ja artel'* (Die Zimmermannsartel, 1855) den Bau einer Darre mit dem tödlich endenden Zwist zwischen dem Aufschneider Puzič und dem trotzigen Pëtr. Später ließ Pisemskij die Skizzenserie *Russkie lguny* (Russische Lügner, 1865) folgen, die Illusionisten und Phantasten, Sentimentalisten (*Sentimentaly*) und Byronisten, Snobs, Ordensselige (*Kavaler ordena Pur-le-merit* [Ein Kavalier des Ordens Pour le mérite]) und Dynastiegläubige (*Drug carstvujuščego doma* [Ein Freund des Herrscherhauses]) aufspießte.

Mit den «tausend Seelen» in Pisemskijs gleichnamigem Roman ist das Lebensziel des Helden Kalinovič gekennzeichnet. Sein Weg nach oben soll ihm tausend Leibeigene einbringen, die ihm «Komfort», d. h. ein bequemes Leben in materieller Sicherheit, garantieren. Aus bescheidenen Anfängen arbeitet sich der verarmte Adelige Kalinovič mit rücksichtslosem Handeln und gegen den Widerstand der Adelsgesellschaft nach oben. Er verläßt seine Verlobte Nast'enka, um durch die Heirat mit der mißgebildeten Generalstochter Polina zu Ansehen und in den Besitz der ersehnten tausend Seelen zu gelangen. Nun steht ihm der Weg zum Gouverneursposten offen. Kalinovič hat sich für den Aufstieg in den Bahnen des praktischen Handelns entschieden, doch seine Versuche, als Gouverneur endlich Gesetzlichkeit und liberale Reformen durchzusetzen, scheitern. Seine Gegner drängen ihn in den Ruhestand. Er endet «wie ein angeschossener Adler», während sein intimer Gegner, Fürst Ramenskij, der Polina um ihr Vermögen gebracht hat, wie ein Phönix aus der Asche steigt. Auch daß Kalinovič am Ende (nach dem Tod Polinas) doch noch seine Jugendliebe Nast'enka heiratet, geschieht aus reiner Resignation. Wie stets in seinen Erzähltexten, begleitete Pisemskij seinen Helden als zeigender und erklärender Autor durch das Geschehen. Der Roman enthielt nicht nur alle Ingredienzen von Pisemskijs pessimistischem Weltmodell, sondern drückte wie kein anderer die Perspektivelosigkeit aus, die sich gegen Ende der Regierungszeit Nikolaus' I. in der russischen Gesellschaft verbreitete.

Pisemskijs bemerkenswertestes Werk dürfte der autobiographische Roman *Ljudi sorokovych godov* (Menschen der 40er Jahre, 1869) sein. Eng an die eigene Lebensgeschichte angelehnt, schilderte er die Entwicklung seines Helden Pavel Vichrov, die durch die eigenartige Verbindung von Liebeserfahrungen und Schriftstellertum geprägt ward. Ursprünglich als «Autobiographie eines gewöhnlichen Menschen» geplant, wobei eine heftige Jugendliebe das beherrschende Motiv abgegeben hätte, entstand am Ende daraus eine breit gezeichnete Lebensgeschichte, die die Jahre 1831–1864 und damit die nikolaitische

Stagnation und die darauf folgende Reformepoche umfaßt. (Wie nahe das Romangeschehen mit der Wirklichkeit verwoben war, erhellt daraus, daß Pisemskij in seiner späteren – unvollendeten – Autobiographie immer wieder auf bestimmte Romanepisoden verwies.) Eine idyllische Kindheit, die Gymnasialzeit, das wenig ergiebige Studium an der Moskauer Universität werden ebenso gespiegelt wie das erwachende Künstlertum Vichrovs, das auf geringes Verständnis stößt und durch die Zensur behindert wird, und die verworrenen Herzensbeziehungen zu Frauen, die innerlich selbständig sind, ohne jedoch äußerlich aufzubegehren. Der Roman bot einen Schlüssel zum Verständnis des aufkommenden Realismus. Wie sein Titel nahelegt, waren eben die finsteren 40er Jahre die Inkubationszeit, in der das Reformdenken und die neue nüchterne Kunstübung heranreifte. Der Gegensatz zwischen den veralteten literarischen Mustern und der neuen Kunst, die nur das darstellt, was «existiert», war bei Pisemskij deutlich herausgearbeitet. Trotz kritischer Darstellung der sozialen Milieus in der Provinz und den Hauptstädten, trotz genauen Einblicks in die Lage der Leibeigenen und, nicht zuletzt, eines unverblümten «George-Sandismus» (žoržzandizm) – wie man damals das Bekenntnis zur Frauenemanzipation nannte – stieß der Roman bei den Fortschrittlern – anders als beim breiten Publikum – auf Ablehnung. Sie konnten Pisemskij das schwarze Bild nicht verzeihen, das er wenige Jahre zuvor in *Vzbalamučennoe more* von den revolutionären Demokraten gezeichnet hatte.

Der große Roman *V vodovorote* (Im Strudel, 1872) wurde, wie auch andere Werke Pisemskijs, in sowjetischer Zeit nicht aufgelegt. Der Autor stellte hier die Beziehung einer «Nihilistin», der unbestechlichen, emanzipierten Elena Žiglinskaja, und ihres Liebhabers, des Fürsten Grigorov, eines eigenwilligen Moskauer Don Quichote, in den Mittelpunkt des Geschehens – eine Beziehung, die äußerlich an Elenas «Polenkult», in Wirklichkeit aber an der Unzulänglichkeit der neuen Lebenskonzepte und an der Unentschlossenheit des Fürsten scheitert. Der Titel des Romans geht auf Gogol's Aufbruch aus dem Theater zurück, wo der Autor am Schluß ausruft: «Die Welt ist wie ein Strudel» (Mir – kak vodovorot). Der Räsoneur Miklanov plädiert im Epilog für ein Leben, das ohne den Kampf gegen Strudel und Schründe, der zwei wertvolle Charaktere vernichtet hat, auskomme.

Pisemskijs Romane setzten sich nicht mit Ideen auseinander, sondern mit Lebensproblemen. Er stand Gončarov näher als Dostoevskij. Und anders als Tolstojs Erzählwerke waren seine Romane merklich vom persönlichen Temperament, von den Vorurteilen und Voreingenommenheiten ihres Autors geprägt. Ihre Wirkung entfalteten – und entfalten – sie dank einer menschlich-innigen Gestaltung der charakterlichen Entwicklungen und der Liebesbeziehungen.

Michail Saltykov-Ščedrin

Michail Saltykov-Ščedrin, der in Skizzen, Erzählungen, Märchen, Romanen und Dramen immer wieder die Mechanismen des bürokratischen Apparates und seine Exponenten im Zarenreiches aufs Korn nahm, vertritt die satirische Variante des Realismus. Väterlicherseits aus einem alten Adelsgeschlecht stammend, mütterlicherseits aus einer reichen Kaufmannsfamilie, erhielt Saltykov seine Ausbildung seit 1838 am Lyzeum von Carskoe Selo, wo er in seinem Jahrgang als der «neue Puškin» galt. (Ein Gedicht des jungen Saltykov über die russische Lyra [*Lira*, 1841] beklagte, daß Deržavin und Puškin entschwanden, und mit ihnen die Lyra, «einziger Trost in den Stürmen und Wogen der Erde».) In den 40er Jahren stand er dem Kreis um Petraševskij nahe; den utopisch-sozialistischen Ideen Fouriers und Saint-Simons, die dort diskutiert wurden, blieb er zeitlebens verbunden. Den entscheidenden künstlerischen Impuls lösten bei ihm Gogol' und die Natürliche Schule aus. Bei keinem der russischen Realisten wirkten Typenschilderung und Klassifikation der Physiologien sowie der satirische Stachel Gogol's in solchem Maße fort wie bei Saltykov. Auch der skizzenhafte und publizistische Zuschnitt der Erzähltexte Saltykovs blieb bis zum Ende seines Schaffens im Prinzip erhalten. Die Erforschung des gesellschaftlichen Lebens in Rußland, also ein letztlich «wissenschaftlicher» Zweck, stand hinter Saltykovs literarischem Werk.

Die ihm durch seine Ausbildung vorbestimmte hohe Beamtenkarriere verlief keineswegs konfliktlos. Saltykov diente zunächst im Petersburger Kriegsministerium, doch wurde er nach Erscheinen seiner ersten Erzählungen (*Protivorečija* [Widersprüche, 1847] und *Zaputannoe delo* [Eine verwickelte Sache, 1848]) zur Gouvernementsbehörde in Vjatka versetzt. Nach dem Tode Nikolaus' I. war er 1858-1862 Vizegouverneur erst in Rjazan', dann in Tver' und stand von 1865–1868 Gouvernementsfinanzhöfen vor. Da er aber gern liberales Handeln in antiliberale Attitüde kleidete und seine Satire sich nur zu oft erkennbar auf die Behörden bezog, an denen er Dienst tat, waren Spannungen und Versetzungen nicht zu umgehen. In der Zwangspause der Jahre 1863–1866 trat er in die Redaktion des *Sovremennik* ein, wo er die Rubrik *Naša obščestvennaja žizn'* (Unser gesellschaftliches Leben, 1863/64) betreute, eine halbbelletristische kritische Zeitchronik, wie er sie auch später mit seinen *Priznaki vremeni* (Kennzeichen der Zeit, 1863–1871), den *Pis'ma o provincii* (Briefe über die Provinz, 1869), den *Pis'ma k të-ten'ke* (Briefe an Tantchen, 1881/82) oder den *Pošechonskie rasskazy* (Erzählungen aus Pošechonien, 1883/84) pflegte. In Anlehnung an Saltykov selbst könnte man von «periodischen Erzählungen» sprechen. Als er das Utopiekonzept in Černyševskijs Roman *Čto delat'?* bemängelte und mit Pisarev in Streit geriet – man sprach von einer «Spaltung unter den Nihilisten» (raskol v nigilistach) –, stand er plötzlich zwischen den Lagern. Wenngleich er seit 1868 gemeinsam mit Nekrasov die Richtung der Narodniki und der Fortschrittler in den *Otečestvennye zapiski* unterstützte, blieb Saltykov ideologisch und künstlerisch unabhängig. Wie ätzend auch seine Satire war, verlor er doch nicht den Glauben an die Besserung der Menschen und ihrer Einrichtungen – auf evolutionärem, nicht auf revolutionärem Wege. Gewiß, der durchdringende Blick, den er auf die russische Wirklichkeit oder auch auf das kapitalistische Europa warf, das er in den 70er Jahren bereist hatte (*Za rubežom* [Im Ausland], 1880/81), war böse und unerbittlich. Gleichwohl beruhte die unbedingte Wertschätzung Saltykovs in der sowjetischen Zeit – er galt als der Lieblingsautor Stalins – auf einem Mißverständnis: Wohl niemals hätte er die stalinistische Despotie und ihre absolute Verfügungsgewalt über den Menschen als erstrebenswertes Ziel nach Beseitigung der Autokratie annehmen können. Nicht weil er in jener Zeit verfemt worden wäre, sondern weil er zu Unrecht gefeiert ward, gilt es heute, sein Werk neu zu sichten.

Saltykov besaß eine genaue Kenntnis der Verhältnisse in der russischen Provinz; sein Dienst in verschiedenen Gouvernementsverwaltungen hatte seinen Blick für die russische Rückständigkeit und die Mängel des zaristischen Beamtenapparates geschärft: Willfährigkeit gegen die Obrigkeit, Verantwortungslosigkeit, Faulheit, Korruption. In seinen *Gubernskie očerki* (Skizzen aus dem Gouvernement, 1856/57) spießte er die provinziellen Mißstände auf und stellte eine Typengalerie zusammen, wie man sie seit Gogol' nicht mehr erlebt hatte. Das soziologische Einzugsgebiet, das Provinznest Krutogorsk («Schroffberg»), wurde in mehr als 30, nach Sachgruppen geordneten Texten satirisch vermessen und klassifiziert. Da gab es Berichte aus «vergangenen Zeiten» (*Prošlye vremena*), typische, in dramatischer Form wiedergegebene Situationen und «schwierige Umstände» (*Kazusnye obstojatel'stva*); die Festtage (*Prazdniki*) wurden geschildert, das Gefängnis inspiziert (*V ostroge*). Umwerfend komisch und bestürzend primitiv waren die Provinztypen, die sich aus allen Schichten rekrutierten: Fürsten und Gutsbesitzer, Beamte und Militärs, Kaufleute und Bauern. Es traten Pilger und Wanderer, Gottesnarren (*Jurodivye*) und «begabte Naturen» (*Talantlivye natury*) auf, unter den letzteren der neue Pečorin und Provinz-Mephisto Korepanov (in *Korepanov*) und der versoffene Provinz-Hamlet Luzgin (in *Luzgin*). Der Ich-Erzähler, der sich N. Ščedrin nannte, war fortan von dem realen Autor Saltykov nicht mehr zu trennen.

Der aus mehreren Skizzen, Erzählungen oder halbpublizistischen Feuilletonartikeln bestehende Zyklus, wie er exemplarisch in den *Gubernskie očerki* verwirklicht ist, war Saltykovs ureigenstes Gattungsmedium. Es lag ihm näher, dem Publikum ein bestimmtes Thema in unterschiedlichen Ausschnitten vorzusetzen als etwa in der geschlossenen Form des Romans. Die Zyklen entstanden, zum Teil parallel, über längere Zeiträume hinweg. In aller Regel waren die einzelnen Texte zuerst in Zeitschriften, namentlich in den *Otečestvennye zapiski*, erschienen, ehe die Textfolge ihre zyklische Struktur gewann.

Mit *Pompadury i pompadurši* (Pompadour und Pompadourin, 1863–1874), *Gospoda Taškentcy* (Die Herren Taškenter, 1873) und *Gospoda Molčaliny* (Die Herren Molčalin, 1874–1878), Werken, die sich gattungsmäßig zwischen lockerem Erzählzyklus und Roman bewegten, schuf Saltykov-Ščedrin ein satirisches Bestiarium der russischen Beamtenhierarchie. Waren mit den «Pompadouren» die Gouverneure, also die provinziellen Befehlsgeber ins satirische Licht gestellt (im Russischen assoziiert man damit weniger Madame Pompadour als vielmehr «Pomp» [pompa] und «Dummheit» [dur-]), so mit den Molčalins (den «Schweigern») die ausführenden mittleren und niederen Beamten, die Befehlsempfänger. Das Geflecht von Anspielungen und Zitaten, die dichte Intertextstruktur, die allen Werken Saltykovs eignet, wurde in *Gospoda Molčaliny* als Supplement zu Griboedovs *Gore ot uma* (Verstand schafft Leiden) ausgeführt. Indem er das weitere Schicksal Molčalins, Čackijs und anderer Figuren über Griboedovs Komödie hinausführte, wies Saltykov nicht nur nach, daß die literarischen Typen fortgeschrieben werden konnten, sondern unterstrich ein weiteres Mal die unverzichtbare soziale Funktion der Literatur in Rußland.

Immer wieder gelang es Saltykov, typische Figuren und Orte zu erfinden, die dank ihrer Namensmasken – ähnlich wie bei Gogol' – einprägsam und sinnfällig waren. Im «Taschkenter» enttarnte er den russischen Kolonialherren, der sich als «Kulturträger» (prosvetitel') verstand und unter diesem Schild in den eroberten Regionen Mittelasiens seine skrupellosen Aktivitäten und Geschäfte entfaltete. Sein einziges Ziel lautete: «fressen!» (žrat'!). Taškent oder die Region Pošechonien (in *Pošechonskie rasskazy*) waren, ähnlich wie Krutogorsk, parabolische Orte, die mit ihren Bewohnern (taškentcy, pošechoncy) für die rückständigen, korrupten Gemeinwesen des Zarenreiches standen. Nicht mehr und nicht weniger als die jüngere Geschichte Rußlands in satirischer Allegorese vorzustellen, unternahm Saltykov mit seiner *Istorija odnogo goroda* (Geschichte einer Stadt, 1870). Die Geschichte der Stadt Glupov (von glup, «dumm») mit der Abfolge ihrer Stadtoberhäupter (gradonačal'niki) von 1731–1826 war in ihrer Repräsentanz für das Zarenreich und seine Herrscher nicht zu verkennen. Saltykov zweifelte nicht nur an der administrativen Kompetenz der als Günstlinge zur Macht gelangten ehemaligen Friseure und Abenteurer, sondern auch an ihrer legitimen Herkunft. Hatte Turgenev verschiedentlich die Mesalliancen russischer Gutsherren mit schönen leibeigenen Bäuerinnen angesprochen, so wies nun Saltykov mit dem Zeigefinger auf die sexgierigen Gattinnen der Stadtoberhäupter, die «gradonačal'nicy», die sich an ihren Kutschern und Dienern schadlos hielten. Die Anspielung auf die russischen Gynäkokratinnen von Katharina I. bis Katharina II. und ihre Favoritenwirtschaft war offensichtlich, ebenso wie in den Stadtoberhäuptern und ihren Trabanten die russischen Zaren und ihre Minister – mitunter auf zwei oder zu zweit auf eine Figur verteilt – zu identifizieren waren. Doch auch die Ivanuški, die einfachen Bauern, spielten das Spiel des heillosen Gemeinwesens mit, da sie alles hinnahmen und sich nicht zur befreienden Tat aufraffen konnten. Turgenev, früher weitab von Saltykovs Sarkasmus, fand in seiner englischen Rezension *History of a Town. Edited by M. E. Saltykoff* (veröffentlicht 1871 in The Academy, London) bewundernde Worte für dessen starke Satire, die er zu Recht mit der Swifts verglich: «There is something of Swift in Saltykoff; that serious and grim comedy, that realism – prosaic in its lucidity amidst the wildest play of fancy – and, above all, that constant good sense ...»

Gospoda Golovlëvy (Die Herren Golovlëv, 1875–1880) sind das einzige Werk aus der Feder Saltykovs, das unumwunden als Roman gelten kann. Mit einer für Saltykov überraschenden Sujetkohärenz wird die Geschichte der Gutsbesitzerfamilie Golovlëv vor und nach der Bauernbefreiung dargestellt, eine Geschichte des moralischen und physischen Verfalls, geprägt, wie es an einer Stelle heißt, durch drei Wesenszüge: Müßiggang, Handlungsunfähigkeit und Trunksucht. Die Gutsbesitzersfrau Arina Petrovna richtet ihre Familie durch unbändige Herrschsucht zugrunde. Ihre älteren Söhne enden als Trinker, die Tochter, heimlich mit einem Offizier getraut, wird verjagt und stirbt bei der Geburt von Zwillingen. Arinas Hätschelkind, ihr jüngster Sohn Porfirij Vladimiryč, genannt Iuduška («der kleine Judas»), wird Bruder und Mutter um ihren Besitz bringen und die Mutter auf dem bescheidenen Gut ihrer Enkelinnen sterben lassen. Hat Iuduška nun mit offener Brutalität einen gewaltigen Besitz an sich gebracht und ist er am Tod der eigenen Söhne schuldig geworden, so verkommt er am Ende, als ihn das Gewissen packt, selbst in chaotischer Unordnung, Alkoholgier und gänzlicher Gottverlassenheit. Ein schwärzeres Bild vom russischen Landadel, als es Saltykov hier zeichnete, war schwer vorstellbar. Svjatopolk-Mirskij nannte *Gospoda Golovlëvy* «das düsterste Buch der russischen Literatur».

Zwei weitere über den Zyklus hinauswachsende, romanartige Werke Saltykovs sind zu nennen: *Sovremennaja idillija* (Moderne Idylle, 1877–1883) und *Pošechonskaja starina. Žitie Nikanora Zatrapeznogo, pošechonskogo dvorjanina* (Alte Zeiten in Pošechonien. Das Leben des pošechonischen Edelmannes Nikanor Zatrapeznyj, 1887–1889). *Sovremennaja idillija*, aus der Verlegenheit erwachsen, eine dank der Zensur entstandene Lücke in den *Otečestvennye zapiski* zu füllen, legte in satirisch-grotesker Manier am Beispiel zweier hedonistischer Ganoven dar, daß Staat und Justiz kriminelles Handeln eher hinzunehmen bereit waren denn politische Unzuverlässigkeit. Ganz anders *Pošechonskaja starina*, eines der letzten, schwerer Krankheit und zunehmender Verbitterung abgerungenen Werke Saltykovs. Er hat es vermieden, diese typisierende Gestaltung seiner Erinnerungen an die eigene Kindheit, an den gutmütigen, schwachen Vater, die dominante, harte Mutter, an die Bediensteten und Bauern auf dem Gutshof einen Roman zu nennen. Vielmehr sprach er von «Chronik» (chronika) und «Vita» (žitie), was freilich ebenfalls nur bedingt den Charakter dieses die Perspektive des Kindes rekonstruierende Erzählwerkes traf. Die Stärke lag, wie stets bei Saltykov, in den Episoden, die, wenn sie die Schicksale der Bauern, etwa der zweimal geschwängerten und dann in den Tod getriebenen Matrënka, wiedergaben, erschütternder nicht sein konnten.

Was Saltykov trotz seiner Bezogenheit auf das ephemere Geschehen, seines Feuilletonismus und der damit verbundenen Schwierigkeit mit der großen Form dennoch zum herausragenden Künstler machte, das war sein schier unbegrenztes Repertoire an satirischen und grotesken Verfahren und die hintersinnige Allegorese, die er an seine Erzählgegenstände heftete. Dies kam noch einmal in den späten *Skazki* (Märchen, 8oer Jahre) voll zum Ausdruck, genialen Tierfabeln, die die russische Gesellschaft als grausames Bestiarium darboten, wo selbst der Wolf (in *Bednyj volk* [Der arme Wolf]) zum gejagten Opfer wurde. An sprachlicher Phantasie, komischer Namensschöpfung und satirischer Typisierung ist Saltykov wohl nur mit Gogol' zu vergleichen. Er hat dessen Gesellschaftssatire am konsequentesten fortgesetzt, jedoch ohne metaphysischen Anspruch, allein dem eigenen *common sense* vertrauend. Nicht ohne Grund hat man in ihm den «russischen Äsop» (russkij Ėzop) gesehen.

Nikolaj Leskov

Sehr eigenartig, sehr russisch bietet sich das erzählerische Werk von Nikolaj Leskov dar. Thomas Mann hat ihn einen «erstaunlichen Fabulierer» genannt; Stender-Petersen erklärte den dynamischen Charakter seiner Erzählwerke damit, daß er sich weniger um Seelen als um Handlungen gekümmert und so das erzählerische Element, die Fabel, zum Siege gebracht habe. In der realistischen Plejade nimmt er somit den Platz des fabulären Erzählers ein, was nicht ohne den Hinweis auf seine virtuose Beherrschung der Skaz-Technik vermerkt werden kann. Leskov stammte aus einer Familie des Kleinadels im Gouvernement Orël. Sein Großvater war Pope gewesen, er wurde im strengen Glauben erzogen. Nach dem Tod des Vaters wuchs er im Hause seines Onkels, eines Medizinprofessors in Kiev, auf und kam hier früh mit den örtlichen Literatenkreisen in Berührung. Er kannte Taras Ševčenko und die Schriftstellerin Marija Vilinskaja-Markovič, die unter dem Pseudonym Marko Vovčok mit ethnographischen Skizzen in ukrainischer und russischer Sprache (*Narodni opovidannja Marka Vovčoka* [Volkserzählungen des Marko Vovčok] 1857, in russischer Übersetzung von Ivan Turgenev: *Ukrainskie narodnye rasskazy*, 1859) aufwartete. Die Kiever Jahre schufen für Leskov eine Verbindung zur ukrainischen Welt und Sprache, wie sie sonst in der russischen Literatur nur bei Gogol' und Korolenko zu finden ist.

Leskov arbeitete lange als kleiner Beamter in der Gouvernementsverwaltung. 1857 trat er als Angestellter seines Onkels, eines Engländers, in die Handelsgesellschaft «Scott & Wilkinson» ein, die versuchte, westliche Agrartechnik in der russischen Landwirtschaft zu plazieren. Er reiste viel im mittelrussischen Gebiet umher und führte die Ansiedlung von Bauern in den Steppengebieten an Oka und Wolga durch. (Seinem Onkel hat Leskov in der satirischen Povest' *Smech i gore* [Lachen und Leid, 1871] ein Denkmal gesetzt.) Erst als seine Rechenschaftsberichte die wohlwollende Aufmerksamkeit einiger Literaten erregten, wandte sich Leskov, bald schon 30 Jahre alt, ganz der Literatur zu. Sie war und blieb bis an sein Lebensende seine einzige Existenzquelle.

Gleich zu Beginn seiner Schriftstellerlaufbahn wurde Leskov das Opfer einer ungerechtfertigten Verleumdung, die sich hartnäckig halten sollte: Als Petersburg im Mai 1862 von verheerenden Bränden heimgesucht wurde, kam das Gerücht auf, sie seien von den revolutionären Studenten gelegt worden. Leskov forderte öffentlich in der *Severnaja pčela*, die Behörden sollten die Gerüchte entweder widerlegen

oder aber beweisen und die Schuldigen bestrafen. Fortan galt er als
eingeschworener Reaktionär und Gegner des fortschrittlichen Lagers,
ja als Polizeispitzel, was trotz seiner kritischen Einstellung zu den
Nihilisten natürlich völlig abwegig war. (Die zaristische Geheimpolizei hielt ihn, da er dem oppositionellen Schachklub angehörte, gar für
einen Sympathisanten der Nihilisten.) Im Grunde stand Leskov den
Ideologien und philosophischen Lehren fremd gegenüber. Tschižewskij hielt seine Ideologie für die wohl «bunteste» aller russischen Dichter des 19. Jahrhunderts. Lediglich in den 80er Jahren war eine deutliche Neigung zum Tolstojanertum zu bemerken. Andererseits wurde
Leskovs genaue Kenntnis der russischen Orthodoxie und des Klerus,
die er in vielen Werken demonstrierte, oft als einseitige religiöse
Befangenheit mißverstanden. Doch auch das Etikett des Klerikalen ist
trügerisch. Eher sympathisierte er mit dem Protestantismus und den
russischen Sekten als mit der offiziellen Kirche. Das ändert freilich
nichts an der Tatsache, daß Leskov in seinen Werken mit der Welt der
orthodoxen Popen, der Sekten und anderer für den westlichen Leser
absonderlicher Lebensbereiche eine besondere russische Exotik (Tschižewskij) herstellte. Dies hat jedoch mehr mit Leskovs künstlerischer
Eigenart als mit seinen Glaubensüberzeugungen zu tun. Erst wenn das
Gestrüpp der Mißverständnisse, die sich um Leskov gebildet haben,
beiseitegeräumt ist, wird der Blick frei für einen Erzähler, dessen
eigentliches Metier die Handlungs- und Motivkonstruktion ist. Dabei
kann nicht verwundern, daß Leskov die kürzeren Erzählformen mehr
liegen als der Roman.

Die Romane

Leskovs erster großer Roman *Nekuda* (Nirgendwohin; dt. Ohne Ausweg, auch: Die Sackgasse, 1864), unter dem Pseudonym «M. Stebnic-
kij» veröffentlicht, zählte zu den ersten antinihilistischen Werken in
der russischen Literatur. Leskov hatte sich bereits in publizistischen Artikeln (*Russkaja ženščina i emancipacija* [Die russische Frau und die
Emanzipation]; *Nikolaj Černyševskij v ego romane «Čto delat'?»* [Nikolaj
Černyševskij in seinem Roman «Was tun?»]) zu Černyševskijs Gesell-
schaftsutopien geäußert. In den *Pis'ma iz Pariža* (Briefe aus Paris, 1863)
schrieb er, Rußland brauche jetzt keine Revolution. In der Erzählung
Ovcebyk (Der Schafsstier, 1863) hatte er den Raznočinec Vasilij Bogo-
slovskij als ratlosen Revolutionär abgeformt. In *Nekuda* sollte die
Unhaltbarkeit der radikaldemokratischen Ideen und Ansätze auf umfassende Weise nachgewiesen werden. Das Geschehen entnahm Leskov

der Zeitsituation, so wie er sie sah; viele Gestalten waren porträthafte Abbildungen. So war in der Marquise de Baral' die Gräfin Evgenija Salias-de-Turnemir zu erkennen, die Schwester Suchovo-Kobylins, die unter dem Pseudonym Evgenija Tur nicht ohne Erfolg Romane und Erzählungen schrieb und in den Jahren 1861/62 die Zeitschrift *Russkaja reč'* (Russische Rede) herausgab. In ihrem Salon verkehrten die Schriftsteller Aleksandr Levitov und Vasilij Slepcov, die ebenfalls negativ herausgestellt wurden. Im dritten Teil des Romans wurde Slepcovs «Znamenskaja kommuna», das Experiment einer Wohngemeinschaft, in der nach Černyševskijschem Muster die Bildung und Selbständigkeit der Frauen gefördert werden sollten, als «Haus der Harmonie» (Dom Soglasija) böse karikiert. Leskov stellte in dem Roman die Frage nach dem richtigen Leben, einem Leben ohne Egoismus und Lüge, und beantwortete sie für seine nihilistischen Helden verneinend. In einer Zeit, da Černyševskij «bürgerlich hingerichtet» und in die Katorga verbracht worden, Pisarev in der Peter-Paul-Festung schmachtete und die polnische Insurrektion blutig niedergeschlagen worden war, konnte es nicht ausbleiben, daß Leskovs Roman als zynisches Pamphlet wider die Nihilisten aufgenommen wurde, zumal er offenbar auch keine überzeugende Alternative anzubieten hatte. Leskov hat sich gegen den Vorwurf der Tendenziösität zeitlebens gewehrt. «Ich besitze Beobachtungsgabe (nabljudatel'nost')», schrieb er 1884 in einem Offenen Brief, «und vielleicht eine gewisse Fähigkeit, Gefühle und Motive zu analysieren, aber ich habe nur wenig Phantasie». Und in seinem «Autorenbekenntnis» (*Avtorskoe priznanie*) aus dem gleichen Jahr bestand er darauf, lediglich das beschrieben zu haben, was er gesehen und gehört habe: «Ich hatte keinerlei Tendenz» (Ja ni k čemu ne tjanul). Also rechtfertigte sich auch Leskov mit dem realistischen Observieren, das ideologische Verbiegungen weitgehend ausschloß, und bestätigte damit den frühen Befund der Forschung, der Roman sei «von außen» geschrieben. Nicht ohne Genugtuung konnte Leskov auch darauf verweisen, daß ihm der Typus der «neuen Frau», die Revolutionärin Liza, besser gelungen sei als manchen Anhängern derselben Richtung. Zu den wenigen Verteidigern des Romans gehörte übrigens später Gor'kij, der 1909 (in dem Artikel *Razrušenie ličnosti* [Die Zerstörung der Persönlichkeit]) Leskov immerhin zubilligen wollte, einen anderen Weg seines Landes als den revolutionären für möglich gehalten zu haben. Offene Bestürzung indes löste Leskov im fortschrittlichen Lager mit seinem zweiten antinihilistischen Roman, *Na nožach* (Bis aufs Messer, 1870/71), aus, der das Verbrechen eines Revolutionärs, begangen im Auftrage besitzgieriger Bürger zur Vertuschung betrügerischer Machenschaften, auftischte und den Sonder-

ling Vodop'janov als integere Persönlichkeit dagegenstellte, den die
Bauern den «schwarzen Herrn» (černyj barin), die Gutsbesitzer den
«verrückten Beduinen» (sumasšedšij beduin) nennen. In *Obojdënnye*
(Die Übergangenen, 1865), einer Liebesgeschichte, die den Helden
zwischen zwei Frauen zeigt, wurde die von der Literatur wenig beachtete Schicht der Unpolitischen in ihrer ein wenig kauzigen Positivität
gezeigt.

Auf der anderen Seite hat Leskov – wie vor ihm Sergej Aksakov
mit seiner idyllischen *Semejnaja chronika* (Familienchronik, 1856) und
nach ihm Saltykov-Ščedrin mit seinen sarkastischen *Gospoda Golovlëvy*
– mit *Zachudalyj rod* (Ein absterbendes Geschlecht, 1874/75) einen der
besten russischen Familienromane geschrieben, in dem der Niedergang eines alten russischen Fürstengeschlechts dargestellt wird. Vom
Bewußtsein eines unaufhaltsamen Verhängnisses durchdrungen, durch
falsche Freunde dem wirtschaftlichen Ruin anheimgegeben, symbolisiert Varvara Nikanorovna Protozanova, die Letzte ihres Geschlechts,
die Lage des russischen Adels, der seine Lebensgewohnheiten der neu-
en Zeit nicht anzupassen vermag. Die Fürstin verfällt in «melencholija»
(Melancholie), behütet von dem edlen, doch lebensfremden Sonderling Dorimedont Rogožin, genannt Don-Kichot. Der Roman war als
«Familienchronik» konzipiert, bestehend aus den Aufzeichnungen der
Enkelin der Fürstin, Vera Dmitrievna. Diese Form, in der die chrono-
logische Reihung von Ereignissen an die Stelle einer konstruierten
Handlung trat, war typisch für die Romane Leskovs. Man mag darin
vielleicht eine gewisse Kompositionsschwäche erblicken, doch erhöhte
sich andererseits durch die scheinbare Kunstlosigkeit die Glaubwürdigkeit des Romangeschehens. Indem Leskov den Menschen in einem
alltäglichen, banalen, scheinbar ungeordneten Geschehensablauf
zeigte, erbrachte er jene «bewußt konstruierte Natürlichkeit», in der im
Realismus Kunst und Leben identisch wurden (B. Zelinsky). In der
Romanchronik *Soborjane* (Die Klerisei, 1867), der wohl authentisch-
sten Vergegenwärtigung orthodoxer Geistlichkeit in der russischen
Literatur, berichtete der Erzähler nicht nur über die Fehden des Erz-
priesters (protoierej) Savelij Tuberozov mit Behörden und Amtskirche,
sondern blendete im ersten Teil die Tagebuchaufzeichnungen Tube-
rozovs, gleichsam als Chronik in der Chronik, ein. In der Stadt Star-
gorod ist es Tuberozov aufgegeben, die Altgläubigen in den Schoß der
offiziellen Kirche zurückzuführen. Da er aber er zu der Überzeugung
gelangt, daß die fest an den Staat gebundene Orthodoxie selbst der
inneren Erneuerung aus dem Geiste des Evangeliums bedürfe, wendet
er sich gegen die Staats- und Kirchenbehörden. In seiner letzten Predigt fordert er die Trennung von Kirche und Staat. In diesem Roman

stellte Leskov in dem «ketzerischen» Erzpriester Tuberozov erstmals einen seiner typischen «russischen Gerechten» (russkie pravedniki) dar, d. h. eine Gestalt, die auch im Scheitern nicht ihre ideale Menschlichkeit und den Glauben an die Kraft des Guten einbüßte. Zugleich bewies Leskov, daß ihn die Bindung an die Orthodoxie und eine konservative Weltsicht nicht zu programmatischen oder moralisierenden Aussagen verführten.

Den Liebesroman *Ostrovitjane* (Die Inselbewohner, 1866) und die Kindheitserinnerungen des Merkul Praotcev in *Bluždajuščie ogon'ki* (Irrlichter, 1875; in anderer Version *Detskie gody* [Kinderjahre]) schrieb Leskov in der Ich-Form, die sonst als typische Darbietungsform in den Novellen begegnet. Von den Romanfragmenten der letzten Schaffensjahre (*Sokolij perelët* [Der Falkenflug], *Nezametnyj sled* [Die unmerkliche Spur], *Ubežišče* [Das Asyl], *Zapiski čeloveka bez napravlenija* [Aufzeichnungen eines Menschen ohne Richtung]) verdienen vor allem die *Čërtovy kukly* (Die Teufelspuppen) Beachtung, die er 1890 als «Kapitel aus einem unvollendeten Roman» veröffentlichte. Hinter dem für Leskov ungewöhnlichen Geschehen, das im Irgendwo und Irgendwann, teils aber auch im italienischen Künstlermilieu des 19. Jahrhunderts spielt, verbarg sich wiederum eine Schlüsselgeschichte. In dem genialen Maler Febufis (d. i. «Phöbus-Sohn»), der sich des despotischen Mäzenatentums von seiten seines Herzogs (gercog) erfreut, konnte man den Maler Karl Brjullov (in gewisser Weise auch Puškin) erkennen; im Herzog aber war untrüglich Nikolaus I. abkonterfeit, der die Künstler und die Frauen wie Marionetten handhabte. In dem komisch agierenden Malergespann Mak und Pik sollten verschiedene Kunstauffassungen artikuliert werden. Wahrscheinlich ging es Leskov um eine Rettung des Hofmalers Brjullov als Künstler und Mensch, wie sie etwa gleichzeitig auch Il'ja Repin vornahm. Dabei konnte Leskov nicht anders als allegorisch, mit nicht-russischen Namen, vorgehen, ein Verfahren, das er, nach seinen eigenen Worten, E. T. A. Hoffmanns Serapions-Brüdern abgeschaut hatte.

Leskovs «russische Novellen»

Man hat den handlungsbetonten, auf scharfe Kontraste und Kollisionen abstellenden Erzähltypus, den Leskov in den 60er Jahren ausbildete, als «russische Novelle» (russkaja novella) bezeichnet. Eine so bewundernswert feine Motivarbeit im makro- und mikrostrukturellen Bereich, wie sie Leskov in seinen Novellen leistete, war sonst im Realismus selten zu beobachten. Hinzu trat als komplementäres

Kunstmittel die Skaz-Manier, das Erzählen mittels eines fiktiven mündlichen Narrators, der durch seine spezifische Wesensart die Spannungsmomente und Abruptheiten der Erzählung einleuchtend machte. Leskov begann bereits in den 60er Jahren mit Skaz-Erzählungen. Er konnte Skaz in komischer, folkloristischer oder berufssprachlicher Stilisierung einsetzen. In *Žitie odnoj baby* (Vita eines Bauernweibes, 1863), einem der ersten Texte dieser Art, wurde in einem bäuerlich-dialektalen Skaz von der verbotenen Liebe der Bäuerin Nastja Prokudina mit dem Bauern Stepan Ljabichov bis zum schrecklichen Ende berichtet. In einer Erzählung wie *Zapečatlënnyj angel* (Der versiegelte Engel, 1873), die von einer altgläubigen Steinmetzengruppe und ihrer beschlagnahmten Ikone handelt, in der sibirischen Missionarsgeschichte *Na kraju sveta* (Am Rande der Welt, 1875) oder in dem berühmten *Levša* (Der Linkshänder, 1881) brachte Leskov den Skazstil zur Vollendung. In der letztgenannten Erzählung diente Skaz zugleich als Gattungsbegriff. Es ging darum, daß auf Befehl Nikolaus' I. eine «Nymphosoria» (nimfozorija), d. h. ein tanzender stählerner Floh, wie ihn nur die englischen Feinmechaniker herstellen zu können glaubten, von dem Tulaer Waffenschmied Levša («Linkshänder») übertroffen werden soll. Und siehe da, Levšas Floh kann zwar nicht tanzen, aber seine Füße sind mit winzigst kleinen Hufeisen beschlagen. Man zeigt Levša in England vor, doch am Ende wird er – in einem grotesken Systemvergleich – ein Opfer der russischen Verhältnisse. Leskov konnte, indem er den standhaften Levša im ausländischen und höfischen Milieu zeigte, seine unerhörte Sprachphantasie ausspielen. Verballhornungen, mißverstandene Ausdrücke – ganz zu schweigen von den etymologisch schwierigen Namensformen – bevölkerten die Texte Leskovs.

Die spannenden, ereignisreichen Sujets in Leskovs Novellen schöpften aus dem Motivvorrat der Weltliteratur, der geistlichen Legenden und der Folklore. Die Texte waren in kurze Kapitel gegliedert, die in der Regel einen Motivschritt enthielten. Schon in *Ledi Makbet Mcenskogo uezda* (Lady Macbeth aus dem Kreis Mcensk, 1865) griff Leskov ein archetypisches, durch den Titel auf Shakespeares *Macbeth* weisendes Motiv auf, auch wenn er die blutrünstige Mordserie, die er schilderte, Orёlschen Gerichtsakten entnahm: Die Kaufmannsfrau Katerina Izmajlova ermordet aus leidenschaftlicher Liebe zu dem Handlungsgehilfen Sergej Schwiegervater, Ehemann und Neffen und reißt, auf dem Wege zur Zwangsarbeit, noch ihre Nebenbuhlerin mit sich in den Tod. Ähnlich wie in Gottfried Kellers *Romeo und Julia auf dem Dorfe* wurde hier, wenn auch mit stärkerer, elementarer Wucht, ein Shakespearesches Thema in das bürgerliches Milieu der Gegenwart versetzt und realistisch wiedererzählt. Untreue und Untaten der mörderischen Frau waren durch die Ehe mit einem wesentlich älteren Mann und die Langeweile im Kaufmannshaus motiviert. Ohne daß es ausgesprochen wurde, war die Täterin selbst das Opfer eines mißlichen gesellschaftlichen Milieus. Oftmals bestand Leskovs motivische Feinarbeit darin, daß er ein Grundmotiv – wie hier den Mord – in verschiedenen spielerischen Abwandlungen einsetzte und so eine dichte, dabei aber variable Handlungsstruktur erzeugte. In der Novelle *Železnaja volja* (Eiserner Wille, 1876), der Frage gewidmet, wer stärker sei, der Deutsche oder der Russe, erschien die im Motto angeführte Gnome «Rost frißt Eisen» (rža železo točit) in verschiedenen Varianten: Der deutsche Ingenieur Pektoralis, der den Russen beweisen will, daß man mit eisernem Willen und Härte alles erreichen kann (die Assoziation mit Bismarck lag nahe), wird durch die russische Weichheit besiegt. Bei einem Wettessen mit dem Popen Flavian erstickt er bereits nach wenigen Pfannkuchen, während sein Gegner, ungeheure Mengen in sich hineinfressend, obsiegt. Zu den besten Novellen Leskovs zählt *Tupejnyj chudožnik* (Der Toupetkünstler, 1883), die Geschichte von der tragischen Liebe zweier leibeigener Künstler, des Friseurs Arkadij Il'in und der Schauspielerin Ljubov' Onisimovna. Nach gefährlichen Versuchungen durch ihren Herrn, den Grafen Kamenskij, der ein Leibeigenen-Theater unterhält, nach Flucht und Bestrafung, wird Arkadij, als er sich zum Offizier hochgedient hat und nach langer Trennung zurückkehrt, um Ljubov' Onisimovna zu heiraten, ermordet. Leskov hat in diese Novelle wieder eine Unzahl von Motivreferenzen eingebaut – auf die leibeigene Schauspielerin Aneta aus Gercens *Soroka-vorovka* (Die diebische Elster, 1846), auf Hebels *Barbierjungen von Segringen* bzw. Chamissos *Rechten Barbier,* auf den Verrat aus Mérimées *Mateo Falcone,* den er auch in den Bearbeitungen von Chamisso oder in der Übersetzung von Žukovskij kennen konnte, und auf das Kerkermotiv in einer serbischen Heldenballade aus der Sammlung Vuk Karadžićs. Ein zweiteiliges Motivgefüge («zarezat'» [die Kehle durchschneiden] + «nakazat'» [bestrafen]) bestimmt den syntagmatischen Ablauf der Novelle. Von der Logik dieses Motivs her mußte Arkadij in dem Augenblick, da er zum «Herrn» geworden war, einem Mörder zum Opfer fallen (R. Lauer). Leskovs Novellen führten, in der Stringenz ihrer Motivstrukturen gelesen, immer wieder zu den erstaunlichsten Folgerungen.

Nicht wenige Erzählungen waren aus dem kirchlich-orthodoxen Umkreis genommen: *Vladyčnyj sud* (Das Bischofsgericht, 1877), *Nekreščënnyj pop* (Der ungetaufte Pope, 1877), *Russkoe tajnobračie* (Eine russische Geheimehe, 1878) *Archierejskie ob-ezdy* (Die Visiten des Erzbischofs, 1879), *Eparchial'nyj sud* (Das Eparchiegericht, 1880). Leskov gab einige von ihnen gesondert in dem Band *Meloči archierejskoj žizni* (Kleinigkeiten aus dem Leben eines Erzbischofs, 1879) heraus. Auch seine «russischen Gerechten» (russkie pravedniki) aus den mit befremdlichen Titeln überschriebenen Erzählungen *Odnoum* (Einsinn, 1879), *Kadetskij monastyr'* (Das Kadettenkloster, 1880), *Nesmertel'nyj Golovan* (Der unsterbliche Golovan, 1880), *Čelovek na časach* (Der Wachtposten, 1887), *Inženery-bessebrenniki* (Die uneigennützigen Ingenieure, 1887), *Levša, Očarovannyj strannik* (Der verzauberte Pilger, 1873) u. a. stellte er in der Werkausgabe von 1889 zu einem Zyklus zusammen. Anders als im Feuilletonismus Saltykovs folgten Leskovs thematische Reihen aus seinem Schaffensrhythmus, der aufs engste an die eigenen Lebens- und Leseerfahrungen gebunden war.

So entstand noch in den späten Jahren eine Gruppe von Legenden, die ihren Stoff großenteils aus dem *Prolog* (Πρόλογος), der byzantinisch-kirchenslawischen Sammlung kurzgefaßter Heiligenviten, bezog: *Skomoroch Pamfalon* (Der Gaukler Pamphalon, 1887), *Prekrasnaja Aza* (Die schöne Aza, 1890) und *Nevinnyj Prudencij* (Der unschuldige Prudentius, 1891) – Texte, die auf den Widerstand der Amtskirche stießen und erneut bewiesen, daß Leskovs Menschenbild die engeren orthodoxen Auffassungen überwand.

Vielleicht kommt man Leskovs künstlerischem Wesen am nächsten, wenn man es «gegen alle Strömungen» interpretiert und zugleich an Gor'kijs Diktum erinnert, Leskov habe nicht über den Bauern, den Nihilisten, den Gutsbesitzer geschrieben, sondern stets über den russischen Menschen, über den Menschen seines Landes (E. Dieckmann). Nicht zu vergessen, daß Leskov mit seinem ereignisbetonten Erzählstil zu den Meistern der russischen Novellistik zählt.

Fëdor Dostoevskij

Mit Fëdor Dostoevskij tritt einer der größten Romanautoren der Weltliteratur auf den Plan. Zusammen mit Lev Tolstoj bezeichnet er den Gipfelpunkt der russischen Erzählkunst, deren Bedeutung und Wirkung nun nicht mehr auf den russischen Rahmen zu beschränken ist. Wenn es gilt, das Romanschaffen Dostoevskijs oder Tolstojs typologisch zu fixieren, erweisen sich letztlich alle Etikettierungen als zu eng. Gewiß treffen Attribute wie «psychologischer Realismus» (Stender-Petersen) oder «hypothetischer Realismus» (M. Braun) wesentliche Charakteristika der Romane Dostoevskijs. Auch Tschiževskijs – leicht mißzuverstehende – Meinung, die großen Romane Dostoev-

Fëdor Dostoevskij

skijs gehörten alle zur Gattung des didaktischen Romans, enthält einen bedenkenswerten Kern. Denn in der Tat war Dostoevskijs großer Gegenstand die menschliche Seele; spürte er deren Regungen und Bewegungen, Aufschwüngen und Abstürzen, Zwängen und Befreiungen mit dem Instrumentarium seiner Kunst nach; glich sein Vorgehen dem des Naturwissenschaftlers, der eine Hypothese in einer Versuchsreihe überprüft; zielte sein künstlerisches Wollen letztlich auf Erkenntnis ab. Dabei bewegten sich Intentionen, Substanzen und Verfahren der Romane Dostoevskijs im Spannungsfeld einer großen Synthese künstlerischer Stile und Ausdrucksmöglichkeiten, was die Gipfelleistungen der Weltliteratur stets kennzeichnet. Dostoevskij hat die Erfahrungen der Aufklärung, des Sentimentalismus, der Romantik in sich aufgenommen, er hat nicht nur Gogol', der oft als sein wichtigster Lehrer genannt wird, sondern auch Puškin und Lermontov verarbeitet, und dazu Voltaire und Rousseau, Schiller und E. T. A. Hoffmann, Balzac und George Sand, Dickens, um nur die Autoren zu nennen, deren Einfluß bei ihm unverkennbar ist. Das großstädtische Armutsmilieu, das die Natürliche Schule entdeckte, hat er ebenso in neue Zusammenhänge gestellt wie die kriminalistischen Sujets, die er aus dem Sensationsroman kannte.

Der polyphone Roman

Den Sinn all dieser disparaten Elemente in den Romanen Dostoevskijs vermochte als erster Michail Bachtin in seinem Buch *Problemy tvorčestva Dostoevskogo* (Probleme des Schaffens Dostoevskijs, 1929; in späteren Auflagen u. d. T. *Problemy poėtiki Dostoevskogo* [Probleme der Poetik Dostoevskijs]) zu erklären, indem er auf die polyphone Struktur (mnogogolosie) der Romane Dostoevskijs hinwies. Damit war gemeint, daß die Romangestalten Dostoevskijs nicht einfach das weltanschauliche oder philosophische Konzept ihres Autors transportierten. Sie waren nicht, wenn auch mit verteilten Rollen, Ausdruck nur einer Stimme, nämlich der des Autors, sondern autonome Träger von Bewußtsein und Weltanschauungen, die untereinander einen polyphonen Streit austrugen, unabhängig von den persönlichen Optionen ihres realen Autors Dostoevskij. (Im Gegenteil: Die von Dostoevskij selbst vertretenen weltanschaulichen oder politischen Standpunkte kamen in seinen Romanen eher schwach zur Geltung. Man denke an den «Bodenständigen» Razumichin in *Prestuplenie i nakazanie*!) Dostoevskijs Romane waren ein – sein – Erkenntnisinstrument, das nur in der Gesamtheit, nicht aber durch einzelne, isolierte Stimmen das Denken und die Weltanschauung Dostoevskijs offenbarte. «Nicht von Raskol'nikov und nicht von Sonja, nicht von Ivan Karamazov und nicht von Zosima muß man lernen, indem man ihre Stimmen aus dem polyphonen Ganzen der Romane löst (und sie dadurch schon entstellt) – sondern man muß bei Dostoevskij selbst als dem Schöpfer des polyphonen Romans lernen», sagte Bachtin in seinem Dostoevskij-Buch. Die polyphone Romanstruktur brachte Bachtin ferner mit alten, auf die Antike zurückgehenden Gattungstraditionen wie dem sokratischen Dialog und, vor allem, der Menippeischen Satire

(Menippea, russ. menippeja) in Zusammenhang, die er unter dem Begriff der «karnevalisierten Literatur» zusammenfaßte, einer Kategorie, die durch die Vermischung des Ernsten und des Lächerlichen, durch Methoden der Erfahrung und Erfindung sowie Stil- und Stimmenvielfalt gekennzeichnet ist.

Das philosophische Anliegen der Menippea und viele ihrer von Bachtin aufgezeigten Strukturkomponenten – Ausdrucksformen, die die exzentrischen, extremen und ambivalenten Seiten des Lebens hervorkehren – bildeten ein Grundelement der Romane Dostoevskijs. So läßt sich der besondere Charakter, die Vielfalt der verarbeiteten literarischen Traditionen und Impulse, die Dostoevskij in seinen Romanen vereint, die experimentelle Anordnung und die philosophische Intention der Romane Dostoevskijs mit der von Bachtin entwickelten gattungstypologischen Kategorie der Menippea bislang am besten erklären. Und noch mehr: Sie verdeutlicht zugleich, daß Dostoevskij die realistische Methode, in der er wurzelt, entgrenzt. Sein Anliegen geht über die realistische Kernfrage nach der gesellschaftlichen Bedingtheit menschlicher Existenz hinaus. Er stellt die Frage nach Gut und Böse, nach Gott und Teufel nicht nur als sozialökonomische, sondern als metaphysische Frage. Damit überschreitet er die Grenzen des Realismus wie die seiner Epoche. Die aufregende Rezeptionsgeschichte Dostoevskijs in Rußland und Europa zeigt gerade, daß in den 120 Jahren seit seinem Tode «realistische» und «naturalistische», «symbolistische» und «expressionistische», «surrealistische» und «existentialistische» Bedeutungsaspekte seines Werks aktualisiert werden konnten. Wie stark auch Zeitbezüge, soziale Repräsentanz und funktionale Überlegungen, also «inhaltliche» und «formale» Autorenentscheidungen, die Wahl der Sujets bestimmen mochten, sie enthielten immer auch Inhalte von zeitloser Bedeutung (Liebe, Heirat, Ehe, Ehebruch, Krankheit, Tod) und versuchten, Antworten auf die Frage nach dem richtigen Leben zu geben. Doch wurden seine Antworten, wie sehr der späte Dostoevskij auch den Werten der russischen Orthodoxie und Autokratie anhängen mochte, nicht in metaphysischer Verklärung dargeboten, sondern in unleugbarer Abhängigkeit von sozialen, materiellen und milieuhaften Bedingungen.

Die erste Schaffensphase: 1846–1849

Fëdor Dostoevskij war der Sohn eines Moskauer Armenarztes, der den Adelstitel, den seine Vorfahren in Wolhynien einst verloren, für sich und seine Söhne zurückerlangt hatte. Schon als Kind muß er das Elend der armen Bevölkerung zur Genüge kennengelernt haben.

Einen Ausgleich boten die Sommeraufenthalte auf dem Landgut
Darovoe, das der Vater 1834 im Gouvernement Tula erworben hatte.
Nach dem Tod der Mutter bezog Dostoevskij 1838 die Ingenieurschule
der Petersburger Militärakademie. Dort erfuhr er vom Ableben des
Vaters. Daß dieser, ein grausamer und harter Mann, von seinen Leibeigenen ermordet wurde, wie lange Zeit angenommen wurde, kann
heute nicht mehr als gesichert gelten. Freuds Deutung (in dem Aufsatz
Dostojewski und die Vatertötung, 1928), die Nachricht vom Tod des Vaters
habe, da im Unterbewußtsein gewünscht, in dem sado-masochistisch
disponierten Dostoevskij eine affektive Epilepsie ausgelöst, wäre
damit die Grundlage entzogen. (Auch die Annahme, Dostoevskijs epi-
leptischen Anfälle – und damit seine Selbstbestrafung – hätten im
sibirischen Zuchthaus ausgesetzt, kann als widerlegt gelten. Die
Anfälle setzten vielmehr erst in Sibirien ein und wurden 1857 ärztlich
als Epilepsie erkannt.)

‹Arme Leute›

Schiller und Puškin nacheifernd, unternahm Dostoevskij erste literarische Versuche im historisch-dramatischen Genre; 1844 übersetzte er
Balzacs *Eugénie Grandet*. Mitten im Wirkungsbereich der Natürlichen
Schule konnten deren Anregungen auf den jungen Dostoevskij nicht
ausbleiben, doch unterschied sich bereits sein erstes Werk, der Roman
Bednye ljudi (Arme Leute), der 1846 in Nekrasovs *Peterburgskij sbornik*
erschien, wesentlich von der Dutzendware der Physiologien. Zwar
hatte er mit diesen die milieugeprägten Figuren überein, den kleinen
ältlichen Beamten Makar Devuškin (von *devuška*, «die Jungfrau»)
und seine entfernte Verwandte, die junge Varvara Dobroselova, die
nach vielerlei Schicksalsschlägen am Ende einen ungeliebten Gutsbesitzer heiraten wird; ferner die Genauigkeit, mit der die Milieuräume
und die sozialdeterminierte Sprache eingefangen wurde. Jedoch
begnügte er sich nicht mit der Beschreibung der Außenseite, sondern
legte die feinsten inneren Regungen, Gefühle und Gedanken der beiden Protagonisten dar. Als literarisches Mittel diente ihm hierzu der
Briefroman oder genauer: der Briefwechselroman (W. Schmid), eine
Form also, die an die Empfindsamkeit gemahnte, nun aber, ins
Milieu der Petersburger kleinen Leute verlegt und durch zwei sehr
unterschiedliche Stimmen realisiert, neue Frische gewann. Der sorg-
liche Beamte Devuškin unterstütze die in Not geratene Varen'ka; die
Briefform war durch die delikate Überlegung geboten, daß der
Umgebung kein Anlaß zu Gerede gegeben werden sollte. Dostoevskij
hatte den Roman auf seine umständliche, mehrmaliges Überarbeiten

und Abschreiben involvierende Weise verfaßt. Zu dem mit überraschender Kunstfertigkeit gestalteten Außen und Innen trat ein literarischer Kontrapunkt, gebaut auf die Rezeption von Puškins *Stationsaufseher* und Gogol's *Mantel*, der die Bedeutungsstruktur des Romans
vertiefte. Der Erfolg der *Bednye ljudi* war überwältigend. Belinskij
erkannte in dem jungen Autor den Nachfolger Gogol's (in der eigenen Interpretation), der das menschlich-pathetische Element mit dem
humoristischen verschmelze. Wenn er seine Begabung zu schätzen
wisse und ihr treu bleibe, so werde er ein großer Schriftsteller werden.

‹*Der Doppelgänger*›

In rascher Folge legte Dostoevskij weitere Werke vor: den Roman
Dvojnik (Der Doppelgänger, 1846), die Erzähltexte *Gospodin Procharčin*
(Herr Procharčin, 1846), *Chozjajka* (1847), *Belye noči* (Die weißen
Nächte, 1848) und *Netočka Nezvanova* (1849), mit denen er allerdings
den Ersterfolg nicht wiederholen konnte. Im *Dvojnik*, nach dem
Untertitel ein «Petersburger Poem», lag die Verbindung zur romantischen «Doppelgängerei» Gogol's und E. T. A. Hoffmanns auf der
Hand. Der Text mit seinem *double*-Simulakrum und der Held mit seinem *double*-Simulakrum überboten sich gegenseitig (R. Lachmann).
Der kleine Beamte Jakov Goljadkin verliert, als er die Gunst seines
Vorgesetzten und damit die Hoffnung auf die Heirat mit dessen Tochter einbüßt, den Verstand. Fortan sieht er sich durch einen Doppelgänger verfolgt, der ihm den Platz in Leben und Dienst streitig zu
machen sucht. Die Geschichte einer Paranoia also (auch eine einstige
Schuld Goljadkins wird angedeutet), die aber in ihrer kalkulierten
Unbestimmtheit auch als rein phantastisches Geschehen gelesen werden konnte. Wolf Schmid, der die Erzählinstanzen – Autor, Erzähler,
Personen, Leser – in den Erzählungen Dostoevskijs geordnet hat,
machte in *Dvojnik* das Werk aus, in dem erstmals die narrativen Verfahren moderner Prosa zur vollen Entfaltung gekommen seien. Bis
zum Schluß bleibe offen, in welchem Sinn die ganz unwahrscheinlichen «Abenteuer des Herrn Goljadkin» (*Priključenija gospodina Goljadkina* – so der Untertitel der ursprünglichen Fassung) aufzufassen seien. Die Rätselhaftigkeit der Handlung aber entsteht, wie Schmids
Analyse zeigt, im wesentlichen «aus der fast unentwirrbaren Interferenz von Erzählertext und Personentext». Unter diesen Voraussetzungen lassen sich, wie es Rudolf Neuhäuser unternommen hat, die
verschiedenen Interpretationsebenen bestimmen, auf denen *Dvojnik*
als Parodie, als psychologischer, analytischer Roman, als Reminiszenz

literarischer Quellen zum Modell für den Helden, als sozialkritische
Beleuchtung der bürokratischen Hierarchie und, nicht zuletzt, als
ontologische Problematisierung der existentiellen Unsicherheit des
menschlichen Seins erschien. *Dvojnik* ist das einzige Werk Dostoevskijs, das eine beträchtliche Überarbeitung (für die Gesammelten Werke 1865/66) erfuhr. Der Autor spielte gar mit dem Gedanken, Goljadkin als Fourieristen und Mitglied des Petraševskij-Zirkels darzustellen.

In *Gospodin Procharčin* ging es um die psychotischen Ängste eines
geizigen kleinen Beamten, der, als er stirbt, immerhin 2500 Rubel, in
einer Matratze versteckt, hinterläßt. In der nicht weniger rätselhaften
Povest' *Chozjajka* um den jungen Wissenschaftler Ordynov, einen
Träumer und Flaneur, der als Vorläufer des Fürsten Myškin und Alëša
Karamazovs gelten kann, ist auch eine (anagrammatische) Beziehung
zu Rodion Raskol'nikov zweifellos gegeben. Dostoevskij beherrschte
in diesen Erzählungen die Vergegenwärtigung psychischer Vorgänge
und Vorstellungen bereits mit unvergleichlicher Meisterschaft. Die
tiefe Vergrabenheit Ordynovs in seine Studien, die aufkeimende, zwischen Wirklichkeit und Traumvision oszillierende Liebe zu seiner
schönen «Wirtin» Katerina, die mit dem alten undurchsichtigen Il'ja
Murin zusammenlebt – ist er ihr Vater oder ihr Gatte? –, das Verschwinden der beiden während einer schweren Krankheit Ordynovs,
zu schweigen von der Schlußpointe, die beiden könnten vielleicht gar
einer Schmugglerbande angehört haben – all das warf mehr Fragen
auf, als beantwortet wurden. Wie vielschichtig die Erzählung ist, hat
Rudolf Neuhäuser gezeigt. Von ihm stammt eine mögliche allegorische Interpretation der *Chozjajka*, nach der Katerina, die einfache Mär-
chenerzählerin, für das russische Volk steht, Ordynov für die seelisch
schwache fourieristische Intelligenz und Murin für die bedrückenden
national-konservativen Traditionen. Dazu stimmt Murins Aussage (in
bezug auf Katerina), ein törichtes Herz habe von der Freiheit keinen
Gewinn.

Dostoevskij war in den Petersburger Jahren ins Fahrwasser des utopischen Sozialismus geraten. Wie seine Freunde im Petraševskij-Kreis
las er aus dem Evangelium die Aufforderung zur humanitären Welt-
verbesserung heraus. Die Erneuerung Rußlands durch die westeuro-
päischen Ideen war für ihn, wie für Belinskij, in jener Zeit ein Axiom.
Als er Belinskijs, in den Augen der Polizei «verbrecherischen» *Brief an
Gogol'* im März 1849 vor seinen Freunden verlesen hatte, flog der
Geheimzirkel auf. Fünfzehn seiner Mitglieder, darunter Petraševskij,
Durov, Pal'm, Pleščeev und Dostoevskij, wurden verhaftet und zum
Tode verurteilt. Im perfiden Spiel einer Scheinhinrichtung wurden

die Strafen, als sich die Delinquenten bereits auf dem Schafott befanden, vom Zaren zu Zwangsarbeit und Militärdienst in Sibirien abgemildert. Literatur, Politik und menschliches Schicksal verflochten sich zu einem tragischen Knäuel. Der unerhörte Bruch, der damit in Dostoevskijs Leben eintrat, hat seine Lebenseinstellung und Weltanschauung grundlegend verändert und aus dem Atheisten einen vorbehaltlosen Christen gemacht. Immer wieder hat er in späteren Werken beziehungsreich auf dieses Ereignis, seine Hintergründe und Folgen angespielt.

Die zweite Schaffensphase: *1859–1867*

Vier Jahre leistete Dostoevskij zusammen mit 200 anderen Häftlingen schwere Zwangsarbeit (katorga) im baufälligen, völlig verschmutzten Zuchthaus (ostrog) von Omsk, eiserne Ketten (kandaly) an den Beinen, keinen Augenblick unbeaufsichtigt. Er hat diese bittere Zeit aus der Sicht des Häftlings Aleksandr Gorjančikov in den *Zapiski iz mërtvogo doma* (Aufzeichnungen aus einem toten Hause, 1860–1862) festgehalten. Indem er seine Mithäftlinge, Verbrecher, Sektierer, Revolutionäre aus allen sozialen und ethnischen Schichten des Russischen Reiches, klassifizierte und zum Teil unter ihrem echten Namen porträtierte, schuf er ein Carmen horrendum (A. Gercen), das seine noch weit schrecklichere Fortsetzung in der Lagerliteratur des 20. Jahrhunderts finden sollte. Nach der Katorga diente Dostoevskij seit März 1852 als Gemeiner in einem Linienbataillon im fernen Semipalatinsk, wo er 1856 sogar den niedrigsten Offiziersrang (praporščik/Fähnrich) erlangte. In der komplizierten Beziehung zu Marija Isaeva, die er nach dem Tod ihres Mannes heiratete, geriet er in eine ähnliche Lage wie Makar Devuškin oder der Held seines zarten «sentimentalen Romans» *Belye noči*, der aus glückhaften Begegnungen eines Träumers mit der jungen Nasten'ka in den hellen Petersburger Juninächten besteht – bis der Freund des Mädchens plötzlich wieder auftaucht (G. Kjetsaa). 1859 endlich aus der Armee entlassen, ging Dostoevskij zunächst nach Tver' und ließ sich bald darauf mit seiner Familie in Petersburg nieder. In Semipalatinsk hatte er die Erzählung *Djadjuškin son* (Onkelchens Traum) und den Roman *Selo Stepančikovo i ego obitateli* (Das Dorf Stepančikovo und seine Bewohner) geschrieben, die beide 1859 erschienen, von der Öffentlichkeit aber kaum wahrgenommen wurden.

Selo Stepančikovo, die Aufzeichnungen eines Unbekannten, brachte eine eigenartige Auseinandersetzung mit Gogol'. In der Gestalt des Foma Fomič Opiskin, eines unerträglich dünkelhaften und bigotten

Schriftstellers, der auf dem Landgut des Obersten Rostanev als impertinenter Kostgänger lebt und seine Mitmenschen tyrannisiert, waren Züge nicht nur des Molièreschen Heuchlers Tartuffe, sondern vor allem auch des späten Gogol' zu erkennen, dessen *Vybrannye mesta iz perepiski s druz'jami* immer wieder zitiert und paraphrasiert wurden. Der Sinn der von Jurij Tynjanov in *Selo Stepančikovo* aufgedeckten «Parodiehaftigkeit» (parodijnost') ist nicht leicht zu bestimmen. Wollte Dostoevskij damit noch einmal die eigene – Gogol'-kritische – Position beschwören, die für ihn so tragische Folgen gezeitigt hatte? Oder ging es ihm, wie er selbst beteuerte, nur darum, zwei «typisch russische» Charaktere zu schaffen, von denen der eine, Foma Fomič, in komischer Brechung nun einmal auf den späten Gogol' wies? Indes bedeutete das glänzend geschriebene Werk mit seiner an das Drama gemahnenden Struktur und der szenischen Komposition der Episoden einen wichtigen Schritt des Autors auf dem Wege zum großen Roman. Auch *Unižënnye i oskorblënnye* (Erniedrigte und Beleidigte, 1861), ein Roman aus dem Petersburger niederen Milieu, der in vielem noch an das Großstadtgenre Balzacs oder Dickens' erinnerte und nicht mit melodramatischen Effekten sparte, war eine weitere Annäherung an ein noch zu entwickelndes eigenes Romanmodell. Mit dem todkranken Ich-Erzähler Ivan Petrovič setzte sich die Reihe der Träumer und Flaneure fort, mit der bestürzenden Geschichte der kleinen Nelli die niemals abgeschlossene Frauengeschichte der *Netočka Nezvanova*, während in dem Fürsten Valkovskij, Nellis natürlichem Vater, bereits der Typus des adeligen Bösewichts ausgeführt wurde, Vorgänger der Svidrigajlovs und Stavrogins. Dostoevskij räumte selbst ein, daß er einen «Feuilletonroman» (fel'etonnyj roman) geschrieben habe, ohne, wenn er den Anfang eines Kapitels in die Druckerei gab, zu wissen, wie es enden werde. Doch war er sich sicher, daß der Roman viel Poesie, einige starke Stellen und genaue Charakterzeichnung aufweise.

Es war das erste größere Werk, das er in die Zeitschrift *Vremja* (Die Zeit) einrückte.

Er gab diese Zeitschrift zusammen mit seinem Bruder Michail seit 1861 heraus, um von der gemäßigten Position der «Bodenständigen» (počvenniki, von počva, «die Scholle») aus zwischen den hart aufeinanderprallenden Fronten der Westler und Slawophilen zu vermitteln. (Nach dem Verbot 1863 wurde die Zeitschrift durch *Ėpocha* [Die Epoche] fortgesetzt.) Dostoevskijs alt-neuer Gedanke, daß die russische Intelligenz den europäischen Egoismus und Atheismus überwinden und sich auf die im russischen Volke aufbewahrten Werte der christlichen Wahrheit, einer einfach-frommen Menschlichkeit und der Fähigkeit, Schuld anzunehmen und Versöhnung zu leisten, besinnen müsse, drang jetzt beherrschend in sein Werk ein. Kein Wunder, daß er sich auch in dem «antinihilistischen» Diskurs, den Černyševskijs mit seinem Roman *Čto delat'?* ausgelöst hatte, dezidiert zu Wort meldete. 1862 hatte er eine erste Reise in den kapitalistischen Westen unternommen. In Frankreich hatte er die Fragwürdigkeit des bourgeoisen Gewinnstrebens und die Scheinhaftigkeit der Égalité des Second Empire durchschaut, in London die sittliche Verderbtheit in den Vergnügungsvierteln und den Crystal Palace, den Tempel des technischen Fortschritts, in Augenschein genommen – er besuchte bei dieser Gelegenheit die Emigranten Gercen und Ogarëv –, in Florenz, Mailand und Venedig die Meisterwerke der Kunst betrachtet, von Berlin einen «säuerlichen Eindruck» gewonnen, die Dresdnerinnen abstoßend gefunden – vielleicht war das schlechte Wetter oder seine Leber daran schuld. Als Fazit seiner Reise veröffentlichte er das ironische Reisefeuilleton *Zimnie zametki o letnich vpečatlenijach* (Winteraufzeichnungen über Sommereindrücke, 1863), mit dem er seine Voreingenommenheiten über den europäischen Entwicklungsgang nun *de visu* bekräftigte. Vor allem der Crystal Palace, den Černyševskij ja im utopischen Traum seiner Heldin Vera als Symbol einer künftigen glücklichen Menschheit aufgebaut hatte, wertete Dostoevskij ab, indem er ihn mit der Vorstellung von der «großen Herde», mit Babylon und der Apokalypse verband. Noch weiter ging er in den *Zapiski iz podpol'ja* (Aufzeichnungen aus einem Kellerloch/aus dem Untergrund, 1864), die den «vernünftigen Egoismus» (razumnyj ėgoizm) Černyševskijs *ad absurdum* führten. Der kollektive Fortschrittsoptimismus wurde durch einen Exzentriker und Egomanen konterkariert, der symbolische Glaspalast der Zukunft durch das dunkle Loch im Souterrain ersetzt. Im ersten Teil, einem rhetorisch funkelnden Monolog, stellte der Held eine paradoxale Theorie auf, mit der er sein willkürliches Handeln gegen alles und jeden begründete, im zweiten Teil, einer Povest', berichtete er von zurückliegenden Ereignissen, in denen er als moralischer Versager erscheint. Kennzeichnend für den Kellerloch-Menschen war seine verstiegene Bildersprache, die, wenngleich als Ausdruck eines verqueren Charakters durchaus «realistisch» motiviert, das Werk von den sprachlichen Konventionen der Zeit deutlich abhob.

‹Schuld und Sühne›

Prestuplenie i nakazanie (Schuld und Sühne/Verbrechen und Strafe), der erste der fünf großen Romane, die Dostoevskijs Platz in der Weltliteratur begründen, entstand in den Jahren 1865/66 und erschien von Januar bis Dezember 1866 in Katkovs *Russkij vestnik*. Ausgangsidee war wohl ein Roman über die russische Trunksucht (notiert u. d. T. *P'ja-nen'kie* [Die Trinker], 1865), aus der freilich nur die Gestalt des ehrsamen Alkoholikers Marmeladov, Sonjas Vater, beibehalten wurde. Bald drängte sich das Thema der geistig-sittlichen Verfassung der neuen Generation nach vorn, das, wie Dostoevskij an Katkov schrieb, als «psychologischer Rechenschaftsbericht eines Verbrechens» (psichologičeskij otčët odnogo prestuplenija) entfaltet werden sollte. Zunächst war das Tagebuch oder die Beichte eines Vertreters der Nihilisten-Generation vorgesehen, also die Form der Ich-Erzählung (rasskaz ot sebja), wie sie Dostoevskij zuletzt meist eingesetzt hatte. Sie wich, als die Marmeladov-Geschichte einbezogen wurde, die Rolle Sonjas sich ausweitete und der Untersuchungsrichter Porfirij Petrovič sowie Svidrigajlov an Raum gewannen, einer neuen Romankonzeption mit «objektiver» Erzählsituation. Dostoevskij schrieb, nun es sei nötig, einen allwissenden und unfehlbaren Autor anzunehmen.

Der Titel des Romans, bestehend aus zwei kirchenslawischen Wörtern, die beide eine juristische und eine ethische Konnotation aufweisen, widersetzt sich im Deutschen einer angemessenen Übersetzung. Übersetzt man «Schuld und Sühne», so fehlt die juristische Bedeutungsnuance, bei «Verbrechen und Strafe» die ethische. Sehr zu Recht hat Ludolf Müller auf eine dritte Bedeutung hingewiesen, die die Titelworte im kirchlichen Bereich gewinnen: «Übertretung und Zurechtweisung». Rodion Raskol'nikov, Dostoevskijs Held, ist durch seinen Namen (von raskol, «Schisma, Abtrennung») als einer determiniert, der von der Scholle, dem Volk und endlich von der Ganzheit des menschlichen Lebens getrennt ist. Seine Isoliertheit ist die der russischen Intelligenz, das «theoretische Verbrechen», das er an einer Wucherin begeht, die virtuelle Tat, die von den Nihilisten droht. (Wie aktuell das Thema war, zeigte das gegen den Zaren gerichtete Attentat Karakozovs im April 1866, kurz nach Erscheinen des Ersten Teils des Romans.) Raskol'nikovs Beweggrund ist, der Deutung Pisarevs (in *Bor'ba za žizn'* [Der Kampf ums Leben], 1867) zum Trotz, jedoch nicht seine Armut oder eine wie auch geartete Milieuschädigung, sondern seine «Napoleon-Idee», d.h. die Frage, ob er selbst wie die großen Männer der Weltgeschichte in der Lage sein werde, um eines bedeutenden Zieles willen andere Menschen zu opfern bzw. zu töten. Erneut griff Dostoevskij damit in einen aktuellen Diskurs ein, der sich nach der Veröffentlichung der *Histoire de Jules César* von Napoleon III. – das Werk war 1865 umgehend ins Russische übersetzt worden – ergeben hatte. Raskol'nikovs Geständnis Sonja gegenüber lautet denn auch knapp und klar: «Ich wollte (ein) Napoleon werden und deshalb habe ich getötet.» Dabei ist nicht zu übersehen, daß er mit dem Mord «edle»

Ziele verfolgt (Mutter und Schwester vor dem Zugriff Lužins zu retten) und als Opfer ein «unnützes» Glied der Gesellschaft (die Wucherin) auswählt, das anderen nur Schaden zufügt, daß er ein «guter Napoleon» sein will (M. Gus). Von der Komposition her ist *Prestuplenie i nakazanie* wohl Dostoevskijs gelungenstes Werk. Die Ereignisse sind in den sechs Teilen des Romans so angeordnet, daß der Mord bereits im ersten Teil offen geschildert wird – durch eine Reihe von Zufällen bleibt der Täter unentdeckt –, während der schwierige Prozeß der Läuterung Raskol'nikovs bis zum Geständnis der Tat die folgenden fünf Teile einnimmt. Es ist ein Prozeß nicht nur der Gewissenserweckung, sondern auch einer zunehmenden Rückbindung Raskol'nikovs in die menschliche Kommunikation. Raskol'nikovs wichtigste Helfer auf dem langen Weg der Läuterung sind sein Freund Razumichin, der den Ideen der Bodenständigen nahesteht, also gewissermaßen Dostoevskij als Sprachrohr dient, jedoch als Charakter ziemlich farblos bleibt; der Untersuchungsrichter Porfirij Petrovič, der Raskol'nikov mit psychologischem Scharfsinn durchschaut; vor allem aber Sonja Marmeladova. Sonja, achtzehn Jahre alt, blaß und mager, die ihre heruntergekommene Familie durch Prostitution ernährt, gehört mit ihrer Glaubensgewißheit und ihrem Opfermut zu den einprägsamsten Frauengestalten der Weltliteratur. Von ihr erhält Raskol'nikov das Evangelium, sie liest ihm in ihrer armseligen Bleibe im Hause Kapernaumovs die Geschichte von der Auferweckung des Lazarus aus dem Johannes-Evangelium (11, 1–46) vor und bewirkt durch ihre rückhaltlose Liebe die moralische Auferstehung Raskol'nikovs.

So klar und spannend Dostoevskij das Romangeschehen darzubieten wußte, so ungewiß war er sich über den Ausgang. Für den Epilog spielte er die Varianten der Flucht nach Finnland oder Amerika, des Selbstmordes und der Reue Raskol'nikovs durch, um sich endlich für die Lösung zu entscheiden, die dem Denken der Orthodoxie wie auch der eigenen Erfahrung entsprach: «Es gibt kein Glück im Komfort; Glück kann nur durch Leiden erkauft werden.» Raskol'nikov wird durch die Katorga und die Liebe Sonjas von seiner Selbstsucht geheilt. Leiden und Hoffnung stehen am Ende eines Romans, der seinem Helden – und nach wie vor dem Leser – abgründige geistige Abenteuer zumutet.

Dostoevskijs Romantechnik hatte mit diesem Werk eine Vollkommenheit erreicht, die in der Erzählliteratur lange Zeit einzig dastand. Er beherrschte nun die Verquickung von Rede- und Wertungspositionen durch «erlebte Rede» (*nesobstvennaja prjamaja reč'*). Die Technik des inneren Monologs und Dialogs, die szenische Darbietung, die

«Karnevalisierung» (die komische Umkehrung ernster Vorgänge), die kühne Zeichnung des Unterbewußten und der Traumgebilde sowie andere narrative Verfahren wurden in *Prestuplenie i nakazanie* mit erstaunlicher Sicherheit gehandhabt. Zudem handelte es sich um das erste Roman-Experiment, das eine hypothetische Annahme, Raskol'nikovs Napoleon-Idee, durchspielte, so wie es später in *Idiot* oder in *Podrostok* wiederholt werden sollte.

Finanzielle Schwierigkeiten nach dem Verbot von *Vremja* und nicht zuletzt seine Spielleidenschaft, der er seit seinem Auslandsaufenthalt im Jahre 1863 frönte, trieben Dostoevskij in eine ausweglose Lage. Für die Rechte an einer dreibändigen Werkausgabe hatte er von dem zwielichtigen Verleger Fëdor Stellovskij 3000 Rubel erhalten, Geld, das dieser durch Wechseltricks wieder einheimste. Den Rest verspielte Dostoevskij in Wiesbaden. Vertraglich war er gehalten, dem Verleger bis zum 1. November 1866 einen neuen Roman abzuliefern. So entstand, der jungen Stenographin Anna Snitkina in die Feder diktiert, in 26 Tagen der Kurzroman *Igrok* (Der Spieler, 1867). Dostoevskij griff in diesen Aufzeichnungen eines jungen Hauslehrers über seine Erlebnisse in der Stadt Ruletenburg («Roulettenburg», gemeint war Wiesbaden) auf eigene Erfahrungen zurück. Die Liebe des Erzählers Aleksej Ivanovič zu der Generalstochter Polina spiegelte Dostoevskijs Beziehung zu der kapriziösen Apollinarija Suslova, seiner einzigen, wahren «grande passion» (J. Lavrin) wider, mit der er 1865 abenteuerlich genug durch Europa geeilt war. Im Kampf zweier Leidenschaften, Liebe und Spielsucht, obsiegt die letztere. Dostoevskij schlug damit das Thema an, das auch die kommenden Romane beherrscht: Eros und Machtgier.

Die dritte Schaffensphase: *1867–1881*

Nach der hastigen Eheschließung mit Anna Snitkina reiste Dostoevskij, Hals über Kopf vor seinen Gläubigern fliehend, erneut nach Europa. Statt der geplanten drei Monate sollte der Aufenthalt vier Jahre währen. Anna Grigor'evna hat die äußeren Ereignisse, wechselnd von Dresden über Baden-Baden nach Genf, in stenographischen Aufzeichnungen (*Dnevnik 1867 goda* [Tagebuch des Jahres 1867], zuerst 1923) festgehalten. Nicht nur Dostoevskijs Spielleidenschaft feierte neue Triumphe, so daß das junge Paar in finanzielle Desaster geriet; auch die Epilepsieanfälle des Dichters nahmen gefährliche Formen an. Vor allem aber besiegelten die vier in Deutschland, der Schweiz und Italien verbrachten Jahre endgültig seine Absage an das westeuropäische Zivilisationsmodell. Voller Verachtung äußerte er sich über die

Deutschen, die allenthalben seinen Unwillen hervorriefen, über die Sozialisten, die er 1867 auf dem Kongreß der «Ligue Internationale de la Paix et la Liberté» in Genf erlebte, und über die russischen Westler, die für ihn Verräter des Vaterlandes waren. In Briefen an Apollon Majkov sprach er vom «dahinsiechenden Katholizismus», vom «blödsinnig sich selbst widersprechenden Lutheranertum» und vom «veralteten und retrograden» Liberalismus. Immer deutlicher bildete sich in ihm die «russische Idee» heraus, die in der Allianz von Zarentum und Orthodoxie das heilsame Prinzip erblickte. Sie leitete fortan sein politisches Denken.

‹*Der Idiot*›

Trotz der anhaltenden Lebens- und Schaffenskrise schrieb Dostoevskij im Ausland wichtige Werke: den Roman *Idiot* (Der Idiot, 1869) und die Erzählung *Večnyj muž* (Der ewige Gatte, 1870) sowie bereits große Teile des Romans *Besy*.

Mit dem im Januar 1869 in Florenz abgeschlossenen Roman *Idiot* unternahm Dostoevskij wiederum ein kühnes Experiment. Es ging ihm, wie er an Apollon Majkov schrieb, um die Darstellung eines «vollkommen guten und schönen Menschen» (vpolne prekrasnogo čeloveka) in der zeitgenössischen russischen Umwelt; anders ausgedrückt, um die Frage: Was würde geschehen, wenn Christus plötzlich mitten in der Gegenwart erschiene? Nichts Schwierigeres könne es geben, schrieb Dostoevskij, «besonders in unserer Zeit». In den Entwürfen nannte Dostoevskij seinen Helden zunächst «Fürst Christus» (knjaz' Christos). Mit ihm wurde ein Gegenbild zu den schwachen Helden Turgenevs oder Pisemskijs, nicht weniger aber auch zu den «neuen Menschen» Černyševskijs, Lopuchov und Rachmetov, entworfen. Natürlich war sich Dostoevskij der Gefahr bewußt, daß sein Held ins Komische umschlagen und als ein neuer Don Quijote oder Mr. Pickwick erscheinen könnte. Und obwohl die Gratwanderung des Fürsten Myškin in den Eingangskapiteln des Romans zu gelingen schien – er ist, letzter Sproß eines alten, verarmten Fürstengeschlechtes, Epileptiker und mit einer besonderen menschlichen Anziehungskraft begabt, soeben aus einem Schweizerischen Sanatorium nach Petersburg zurückgekehrt –, so führte sie im Laufe einer recht komplizierten Handlung zum völligen Debakel. Als Myškin, der die Zuneigung zweier Frauen, der schönen, aber lasterhaften Nastas'ja Filippovna und der charakterstarken Generalstochter Aglaja Epančina, gewonnen hat, sich für die «große Sünderin» entscheidet, um sie vor den Zudringlichkeiten der Männer, insbesondere vor seinem leidenschaftlichen Reisebekannten Parfen Rogožin, zu retten, kommt es zur Peripetie. Aglaja trennt sich von Myškin, Nastas'ja Filippovna flieht vor der Trauung zu Rogožin, der sie ermordet. Ehe er verhaftet wird, wachen Rogožin und Myškin in einer schauerlichen Szene zusammen am Bett der Getöteten und tauschen ihre Kreuze aus. Myškin fällt in seine Krankheit zurück.

Fürst Myškin, in der Adelsgesellschaft als Kranker oder Verrückter nicht ohne Wohlwollen belächelt, für den Kaufmann Rogožin aber ein «jurodivyj», ein Gottesnarr, sprengt alle Regeln gesellschaftlichen Umgangs. Er löst, wie es Walter Benjamin in seiner Rezension des *Idioten* formuliert hat, eine Bewegung aus, die einem «ungeheuren Kratereinsturz» gleicht. So ist dem Sprechverhalten der Personen und dem Miteinandersprechen, namentlich in den Dialogen mit dem stets verständigungsbereiten Fürsten, die größte Aufmerksamkeit gewidmet (B. Schultze). Über der faszinierenden Wirkung, die «der große tieftraurige und lächerliche Clown der Weltliteratur» (K. Onasch) ausübt, darf nicht übersehen werden, daß Dostoevskij (im Vierten Teil des Romans) Myškin in einer hysterischen Tirade eine Kampfansage gegen die römische Kirche, ihren «unchristlichen Glauben», der schlimmer sei als der Atheismus, ihre Antichristen-Lehre (učenie antichristovo) und ihr weltliches Machtstreben vorbringen läßt, denen «allein durch die russische Idee, durch den russischen Gott und Christus» begegnet werden könne. Die Gedanken, die der Idiot hier in krankhafter Erregung aus sich herausstieß, bewegten in wachsendem Maße Dostoevskij selbst.

‹Die Dämonen›

Besy (1871/72), Dostoevskijs folgender großer Roman, sollte (zunächst u. d. T. *Ateizm*) eine Generalabrechnung mit dem Atheismus bringen, d. h. mit dem Unglauben im allgemeinen und dem revolutionären Nihilismus im besonderen. Die Nečaev-Affäre, ein Fememord an dem Abweichler Ivan Ivanov in einer geheimen Fünfergruppe (pjaterka) der «Narodnaja rasprava» (Volksabrechnung), ausgeführt 1869 von dem fanatischen Revolutionär und erklärten Anarchisten Sergej Nečaev, bot den aktuellen Anlaß, aus dem Dostoevskij das Bild einer aus den Fugen geratenen Welt entfalten konnte. Dostoevskij kannte Nečaevs *Katechizis revoljucionera* (Katechismus des Revolutionärs, 1865/66, gemeinsam mit Bakunin verfaßt), der zu Revolution und unerbittlicher Zerstörung aufrief, auch um den Preis der Selbstvernichtung. Der spektakuläre Prozeß gegen die Nečaevcy fand im Sommer 1871 statt, der Zeit, da der Roman im *Russkij vestnik* erschien. Die Prozeßberichte dienten Dostoevskij als Quelle.

Die Schwierigkeit der Interpretation beginnt mit dem Titel des Romans, was bereits aus den im Deutschen vorliegenden Übersetzungen (*DieTeufel, Die Dämonen, Die Besessenen* und neuerdings *Böse Geister*) zu ersehen ist. Die beiden Epigraphe, das eine aus Puškins gleichnamigen Gedicht (*Besy*, 1830), das andere aus dem Lukas-Evangelium (8, 32–37), weisen allerdings in eine bestimmte Richtung. Puškins Gedicht beschwört die völlige Orientierungslosigkeit während einer nächtlichen Schlittenfahrt im Schneesturm, die vom Kutscher und seinem Herrn als das verwirrende Wirken unzähliger winselnder und heulender Naturdämonen wahrgenommen wird. Beim Lukas-Zitat geht es um die bösen Geister, die Jesus aus einem Besessenen in eine Schweineherde treibt. AusTitel und Motti war demnach dieVorstellung von einer allgemeinen Desorientierung und Geistesverwirrung herauszulesen, ausgelöst von besessenen, bösen Geistern, worunter keineswegs, in enger Sicht, nur die Nihilisten und Revolutionäre, sondern auch die von den westlichen Ideen infizierten Bürger und Adeligen, einschließlich der gesamten herrschenden Schicht, verstanden werden mußten. Maximilian Braun sprach, die hintersinnige Symbolik des Titels umreißend, von Menschen, die «erst sinnlos herumirren und dann wie die Herde des Evangeliums in den Untergang getrieben werden». Diesem Grundmuster entsprach die verzwickte Struktur des bis heute umstrittenen Romans, der gleichwohl als das künstlerisch vollkommenste Werk Dostoevskijs anzusehen ist – den einen antisozialistisches Pamphlet, «genial, aber widerwärtig» (Lenin), den anderen hellsichtige Prophetie, in Wahrheit aber der erste surrealistische Roman der Weltliteratur.

Durch die Einführung eines Ich-Erzählers, der sich mit äußerster Beharrlichkeit darum bemüht, Klarheit über die anfangs völlig undurchsichtigen, von Intrigen durchtränkten Verhältnisse in seiner Stadt (als Vorbild dürfte Tver', der letzte Verbannungsort Dostoevskijs, gedient haben) zu gewinnen, modellierte Dostoevskij eine düstere, rätselhafte Situation, die Schritt für Schritt aufgehellt wird. Der Erzähler, Anton Lavrent'evič G-v, meist als Chronist bezeichnet, in der Tat aber ein echter «investigating reporter», lernt alle wichtigen Personen kennen und wohnt allen wichtigen Ereignissen bei, namentlich den großen Festgesellschaften (prazdniki), die ihm den Überblick über das Geschehen gewähren. Hier vollziehen sich in «karnevalistischer» Dramaturgie die makabren Umbrüche im Romangeschehen bis zur Schlußkatastrophe, der großen Feuersbrunst.Wo es Anton G-v versagt ist, Augenzeuge zu sein, interpoliert er mit der spekulativen Sicherheit des Er-Erzählers die fehlenden Elemente. Das Wichtigste aber an diesem Erzählerkonstrukt – «Alternation zwischen dem allwissenden Er-Erzähler und dem begrenzten Ich-Erzähler» (W. Schmid) – ist des

Erzählers Sichtweise und Mentalität. Anton G-v repräsentiert jenen
«smirennyj tip», den Apollon Grigor'ev in Ivan Belkin ausgemacht
hatte. Durch das Wertungsprisma eines ehrlichen Biedermanns also
werden alle Vorkommnisse, Personen, Meinungen und Handlungen
betrachtet und eingeschätzt. Dies bei der Interpretation zu übersehen,
führt notwendig zu Fehleinschätzungen des Romans. Aus der Sicht
des Chronisten erscheinen alle Protagonisten als orientierungslos oder
besessen: die Vertreter des Gouvernementsestablishments, beginnend
mit dem unbedarften Gouverneur von (fon) Lembke und seiner
gesellschaftlich hyperambitionierten Gattin über die begüterte Gene-
ralswitwe Varvara Petrovna Stavrogina, ihre Konkurrentin um den
ersten Platz in der Gesellschaft, bis hin zur der in die Stadt einge-
schleusten Verschwörergruppe. Stavrogin, ein hochgebildeter Gentleman, ist die interessanteste Gestalt der Gruppe. Dostoevskij hat in
diesem «chiščnyj tip» (nach Ap. Grigor'ev) das Gegenstück zu Myškin
geschaffen: einen amoralischen, jenseits von Gut und Böse agierenden
Übermenschen, der zu abscheulichen Verbrechen fähig ist (in Petersburg hat er die elfjährige Matrëša vergewaltigt und in den Tod getriebenen; später läßt er zu, daß seine geistesschwache, aus bösem Jux
angeheiratete Frau, Marija Lebjadkina, umgebracht wird), der aber in
sich auch das Bild eines idealen menschlichen Zusammenlebens trägt,
wie sein Traum vom Goldenen Zeitalter (in dem zunächst ausgelassenen Kapitel «U Tichona» [Bei Tichon]) verrät. Er ist Machtmensch und
Zauderer in einem; die Rolle des Ivan-Carevič, d. h. des revolutionären Volkstribuns, die ihm Pëtr Verchovenskij, der Drahtzieher der Verschwörung, anträgt, weist er zurück. Wie bei seinem Gegenbild Fürst
Myškin scheitert die Suche nach der «Wahrheit mit Christus» (istina s
Christom), wenn auch aus anderen Gründen. Stavrogins Ende – er
erhängt sich – entspricht der Logik Dostoevskijs. Ein ähnliches
Schicksal ereilt Stavrogins «Jünger» Kirillov, der aus der versuchten
Selbstvergottung («Wenn es keinen Gott gibt, dann bin ich Gott») in
den Selbstmord abstürzt. (Albert Camus wird ihn in *Der Mythos von
Sisyphos* als «Parteigänger des logischen Selbstmordes» feiern.) In Pëtr
Verchovenskij endlich, dem nach dem Vorbild Nečaevs gestalteten,
gewissenlosen Revolutionär, der seinen unbedingten Machtanspruch
in der Verschwörergruppe durchsetzt, aber sich heuchelnderweise auch
in das Vertrauen des Gouverneurs einschleicht, fehlen jegliche positiven Züge. Er setzt den Fememord an Šatov durch, weil sich dieser von
der Gruppe gelöst hat und nun «russische», d. h. slawophile oder
«bodenständige», Prinzipien vertritt; er arbeitet mit Verbissenheit auf
den Ausbruch der Revolution hin. Stavrogin (der Name alludiert auf
griech. σταυρός, «Kreuz», auf russ. rog, «Horn», aber auch auf «hundert

Teufel», sto v[o]rogъ) und Pëtr Verchovenskij (in seinem Namen klingen verchovnyj, «der oberste», und oven, «der Widder», an) weisen sowohl durch ihre Namen als auch durch weitere Attribute auf die Tiere der Apokalypse hin. Stavrogins «großer Abfall», ausgelöst durch seine abgründige Gleichgültigkeit, folgt ebenso wie die Brandstiftung Verchovenskijs dem archetypischen Muster der Offenbarung des Johannes (G. Kjetsaa). Doch hat Dostoevskij in die *Besy* auch eine ideengeschichtliche Genealogie eingebaut, die die Generation der 40er Jahre als die Ziehväter der Nihilisten und Übermenschen der 60er Jahre denunziert. Stepan Trofimovič Verchovenskij, Historiker und ehemaliger Fourierist mit Zügen des Historikers Timofej Granovskij, verkörperte ebenso wie der Schriftsteller Karmazinov, eine Turgenev-Karikatur als Reflex des Streites in Baden-Baden, das alte eingeschworene Westlertum, dessen Früchte nun in den Söhnen und Schülern zutage traten.

Die ideologische Dialektik Dostoevskijs ließ es nicht zu, daß die im Roman dargelegten weltanschaulichen Modelle den realen Diskursen voll entsprachen. Dieser Autor schrieb keine flachen Zeitromane, die auf eine nur ephemere Situation zugeschnitten waren, sondern fügte bestimmte psychologisch-ideologische Syndrome zusammen, die aktuell oder allgemein zu begreifen waren. Dies hat es sowjetischen Kritikern leicht gemacht, von einer boshaften Verfälschung des Sozialismus in Gestalt und Doktrin Pëtr Verchovenskijs zu sprechen: wo doch Marx und Engels früh schon den *Katechismus* Bakunins und Nečaevs schärfstens kritisiert hätten ... Die sowjetischen Zensurbehörden freilich wußten sehr genau, warum sie das Werk bis 1957 unterdrückt haben. Heute erweisen Dostoevskijs *Besy* ihre verwirrende und reinigende Kraft erneut und erst recht.

‹Der Jüngling›

Aus den zahllosen Plänen und Entwürfen, die sich in Dostoevskijs Skizzenbüchern kreuzten und überschlugen, kristallisierte sich Mitte der 70er Jahre der Roman *Podrostok* (Der Jüngling/Ein Werdender, 1875) heraus, und damit ein neues Element des umfassenden Gedankengebäudes, an dem der Dichter unablässig arbeitete. Da Katkov sich eben anschickte, Tolstojs *Anna Karenina* im *Russkij vestnik* abzudrucken, erschien der Roman nach einem Angebot Nekrasovs zur allgemeinen Überraschung in den fortschrittlichen *Otečestvennye zapiski*. Dostoevskij lag offensichtlich daran, sich nach den *Besy* als Autor neu zu positionieren, indem er einige ältere Ansätze wieder aufnahm. Als Helden wählte er mit Arkadij Dolgorukij wiederum den Sproß einer «zufälligen Familie» (d. h. der Verbindung zwischen einem Gutsbesitzer und einer Leibeigenen). Erzählerisch griff er auf die Ich-Darbietung in der Form des Tagebuches zurück wie in den mittleren Werken. «Mit dem Wort Ich beginnen», notierte er. Und erneut führte er ein Ideenexperiment durch, diesmal die Rothschild-Idee, d. h. den Plan seines Helden, zu einem Finanzkrösus à la James Rothschild aufzusteigen, vor dem, wie man wußte, selbst Zar Nikolaus I. gezittert hatte.

Arkadijs Aufzeichnungen, sie umfassen einen Zeitraum von etwa drei Monaten und schildern einige Tage in ihrem vollständigen Verlauf, lassen die Haßliebe zu seinem Vater erkennen, dem Gutsbesitzer Versilov. (Versilov, Dostoevskijs Version eines «überflüssigen Menschen», wird sogar zum Rivalen seines Sohnes um die Gunst der schönen Katerina Achmakova.) Die Rothschild-Idee dient Arkadij nicht zuletzt dazu, seine uneheliche Geburt und seine von ihm selbst durchschaute Gewöhnlichkeit zu kompensieren; Sparen, Fasten, am Ende Glücksspiel sind die Mittel zu ihrer Verwirklichung. Nur Geld allein, so Arkadijs Devise, führe selbst ein Nichts auf den ersten Platz. Die Petersburger Welt, die der ichbesessene Jüngling betritt, zeigt sich indes als ebenso verführerisch wie verdorben. Arkadij gerät mit Erpressung, Darlehensbetrug, Aktienfälschung und Spielergesellschaften in Berührung, ihn trifft der Verdacht des Diebstahls. In keinem anderen Roman hat Dostoevskij das im kommerziellen Bereich verbreitete Defraudantentum mit solcher Genauigkeit aufgerollt wie im *Podrostok*. Von dort gewinnt das Werk seine spannenden, pikaresken Momente (H.-J. Gerigk). Gegen den «raubtierhaften» Vater ankämpfend, gelingt es Arkadij, sich dem Sog des moralischen Sumpfes zu entziehen und mit Versilov zu versöhnen. Seine Stütze ist der bäuerliche Pilgrim Makar Dolgorukij, der Ehemann seiner Mutter, von dem er seinen Namen erhalten hat. Dieser einfache Mann aus dem Volke verhilft dem Werdenden zur seelischen Auferstehung im christlichen Geiste.

Dostoevskijs Stimme als Kommentator des geistig-politischen Geschehens war nicht nur in seinen belletristischen Werken zu hören. Von 1876 bis zu seinem Tod verfügte der Dichter über sein besonderes Sprachrohr, *Dnevnik pisatelja* (Tagebuch eines Schriftstellers). Die von ihm als Herausgeber und Autor allein bestrittene Zeitschrift setzte eine gleichlautende Rubrik fort, die er in der monarchistischen Zeitschrift *Graždanin* (Der Staatsbürger) seit 1873 geführt hatte. Der Erfolg des *Dnevnik pisatelja* war außerordentlich. Hier nahm er zu den verschiedensten Fragen Stellung: zu Rußland und Europa, Orthodoxie und Revolution, Ost- und Westkirche, Judentum, zum Goldenen Zeitalter (*Zolotoj vek v karmane* [Das Goldene Zeitalter in der Tasche], 1876), zu dem Problem des Selbstmordes und zu Tolstojs Gutsbesitzer Lëvin (*Anna Karenina*, 1878) oder zu Repins aufrüttelndem Bild *Burlaki* (Die Treidler; *Po povodu vystavki* [Anläßlich einer Ausstellung], 1873). Hier publizierte er Erzählungen wie *Krotkaja* (Die Sanfte, 1876) und *Son smešnogo čeloveka* (Der Traum eines lächerlichen Menschen, 1877) oder seine Erinnerungen an Belinskij und Nekrasov, auch die Puškin-Rede (*Puškin*) wurde hier 1880 in der vorletzten Nummer abgedruckt.

‹Die Brüder Karamazov›

Dostoevskijs letzter Roman *Brat'ja Karamazovy* (Die Brüder Karamazov, 1879/80) übertraf an Textumfang und ideeller Weite noch die vorangegangenen Werke. Vielleicht lag Sigmund Freud mit seinem Urteil nicht ganz falsch, wenn er meinte, es sei dies «der großartigste Roman, der je geschrieben wurde». Dostoevskij meisterte in ihm nicht nur das komplizierte Gefüge einer mehrsträngigen Fabel mit einer überbordenden Anzahl von Figuren, sondern brachte zugleich alle von ihm bislang bedachten Ideen und Menschenentwürfe in das Geschehen ein. Bewältigen konnte er die stoffliche Überfülle wieder nur mittels einer komplizierten Familienkonstellation und eines kriminalistischen Sujets. Der Witwer Fëdor Karamazov, ein wollüstiger, lästerlicher Greis, ist der Vater von vier Söhnen. Dmitrij, der älteste, aus erster Ehe, ist großherzig, doch schwatzhaft und von heftigem Wesen, darin dem Vater ähnlich, mit dem er wegen seines Erbanteils und der Rivalität um die Gunst der Provinzhetäre Grušen'ka in Streit liegt. Ivan und Alëša, die Söhne aus zweiter Ehe, sind von anderem Schlage. Ivan, der ältere, ist ein russischer Intellektueller (intelligent), ein Aufklärer und Rationalist von überlegener Bildung und Willenskraft, während Alëša, der jüngere, obwohl er als Novize in einem Kloster lebt und unter dem geistlichen Einfluß des Starec Zosima steht, in den Augen des Erzählers (dieser ist ähnlich, wenn auch in schwächerer Ausprägung angelegt wie der Erzähler in *Besy*) weder ein Fanatiker noch ein Mystiker ist. Als vierter, außerehelicher Sohn, vom alten Karamazov mit Lizaveta der Stinkenden, einer Schwachsinnigen, gezeugt, entpuppt sich endlich der Diener Smerdjakov, ein Epileptiker, der den Alten, einer Einflüsterung Ivans folgend, ermordet. Dmitrij, auf den alle Indizien weisen, wird als Mörder vor Gericht gestellt; und da er die Tat im Sinne höherer Gerechtigkeit auf sich nimmt, wird er als Vatermörder zu Katorga verurteilt. Die Aufdeckung des wahren Sachverhaltes durch Ivan kommt zu spät und wird dem Fieberkranken in der Gerichtsverhandlung nicht abgenommen. Es ist jedoch im Grunde kaum möglich, den Handlungsablauf in Kürze wiederzugeben, nicht nur weil er sich in zu viele Entwicklungsstränge und Episoden verästelt – Tschiżewskij spricht zu Recht von der metonymischen («realistischen») Komposition des Romans –, sondern weil zudem auch manche Details lediglich angedeutet werden oder unscharf bleiben. Doch gelingt es in großen Ensembleszenen von dramatischem Zuschnitt – etwa beim Besuch der Karamazov-Familie in der Zelle des Starec Zosima oder in der breitangelegten Gerichtsverhandlung gegen Dmitrij – immer wieder, die verschiedenen Handlungslinien zusammenzufassen und zu scharfer Konfrontation zuzuspitzen. Wenn auch auf der Oberfläche der Eindruck heftiger, ganz spontaner Lebensabläufe entsteht, fehlt es bei weitem nicht an klug kalkulierter Planung.

Dostoevskijs künstlerische Anthropologie erreichte in diesem Roman ihre Krönung. In den Haupthelden, Dmitrij, Ivan und Alëša, verkörperte Dostoevskij Wesensarten, die er, wie die Forschung gezeigt hat, in Anlehnung an Schiller (*Über die ästhetische Erziehung des Menschen*), aber zugleich auch aus der eigenen Entwicklungsdynamik heraus gestaltete. Den drei Brüdern sind Frauengestalten zugeordnet – Dmitrij die lebensgierige Grušen'ka, die ihm in die Katorga folgen oder mit ihm nach Amerika fliehen wird; Ivan die stolze Katerina Ivanovna, deren Liebe zu Dmitrij enttäuscht wurde; Alëša die grillenhafte, kranke Liza Chochlakova; ferner Trabantenfiguren wie Rakitin, Smerdjakov oder Zosima und der Knabe Kolja Krasotkin, die ihre charakterliche Eigenarten potenzieren.

Camus' Feststellung, alle Helden Dostoevskijs fragten sich nach dem Sinn des Lebens, trifft gesteigert auf die *Brüder Karamazov* zu. Die Grundfrage, die die Protagonisten bewegt, ist die nach der Existenz Gottes und nach dem richtigen Leben. Ihre Antworten fallen in Wort und Tat sehr verschieden aus. Wolf Schmids interessanter, über Bachtins Polyphonie-Konzept hinausgehender Versuch, die von Dostoevskij im Vierten Buch beschworenen «nadryvy» (was vielleicht am besten als «hysterische Affekte» zu übersetzen wäre) der Brüder Alëša und Ivan als Aufspaltung in eine Glauben und Gott affirmierende («Dostoevskij I») und eine Glauben und Gott negierende Instanz («Dostoevskij II») zu interpretieren, macht den Roman zur «subliminalen» weltanschaulichen Kampfstätte des Autors, mittels derer er «den großen Konflikt seiner Existenz» zu lösen versucht.

Es ist kein Zufall, daß jedem der Brüder selbständige Texte zugeordnet sind, die ihre psychische und weltanschauliche Befindlichkeit überhöhen. Für Dmitrij könnte man den Traum vom unglücklichen Kind ansetzen, der seine Leidenschaft und seine Leidensfähigkeit symbolisiert. Für Ivan steht die Legende vom Großinquisitor (*Velikij inkvi-*

zitor), die er seinem Bruder Alëša in dem Kapitel «Pro und Kontra» (Pro и Contra) des Zweiten Teiles erzählt. In diesem ingeniösen Text wird das Motiv des wiederkehrenden Christus in die Zeit der spanischen Inquisition verlegt. Das Volk hat den Erlöser, obwohl er sich von niemandem unterscheidet, sofort erkannt und folgt ihm, wohin er auch geht. Vor der Kathedrale von Sevilla erweckt er mit den Worten «Talitha kumi» ein totes Kind zum Leben. Da tritt ihm der Großinquisitor im groben Mönchsgewand entgegen und läßt ihn von seinen Schergen verhaften. Im Kerker wirft der neunzigjährige Greis seinem Gefangenen vor, er sei nur gekommen, sie zu stören, und er wisse das. Er werde «als übelster Ketzer» auf dem Scheiterhaufen enden, und das Volk, das ihm eben noch die Füße geküßt, werde Kohlen in das Feuer werfen. Christus, der Gefangene des Großinquisitors, schweigt zu den Vorwürfen und küßt den Greis zur Antwort auf den Mund. Der die Menschen erneut frei machen wollte, wird aus dem Kerker entlassen, um nie wieder zurückzukehren. Er hat den Versuchungen des Teufels in der Wüste widerstanden, Versuchungen, die der Großinquisitor zum Prinzip seines Handelns gemacht hat: Freiheit gegen Brot. Die Legende ist die vollkommenste Selbstdarstellung Ivans (A. Rammelmeyer). Daß ihm, der in Gedanken den Versuchungen des Teufels erlegen ist, bald darauf der Teufel höchstpersönlich (gleichsam in der Gestalt eines westlichen Dialektikers) in einer Vision erscheint, läßt zugleich das Faustische in seinem Charakter aufscheinen. Vasilij Rozanov, der scharfsichtige Deuter der Legende (in *Legenda o velikom inkvizitore F. M. Dostoevskogo – Dostojewski und seine Legende vom Großinquisitor*, 1894), wird in der Argumentation des Großinquisitors die leitende Idee der römischen Kirche wie auch der Nihilisten ausmachen, Šklovskij ihn mit Pobedonoscev und seine Lehre mit dem Faschismus gleichsetzen. Alëša aber, ganz außer sich, als er die «Phantasie» des Bruders gehört hat, fragt, was denn dann alles noch zusammenhalte. «Die Kraft der Karamazovschen Niedertracht (sila karamazovskoj nizosti)», lautet die Antwort Ivans.

Für Alëša besitzt die Vita des Starec Zosima (im Sechsten Buch des Zweiten Teiles, *Russkij inok* [Ein russischer Mönch]) die Funktion des Schlüsseltextes. Alëša ist nicht nur der «Sohn» und erwünschte Nachfolger des Gottesmannes, sondern auch der wichtigste Gewährsmann und «Redakteur» der Vita des Zosima. Zosima, eine der eigentümlichsten Figuren im Gesamtwerk Dostoevskijs (als Prototyp gilt Vater Amvrosij in der Optina Pustyn', die Dostoevskij 1877 zusammen mit Vladimir Solov'ëv aufgesucht hatte), tritt im Roman nicht so sehr als Handelnder auf (obwohl in der Vita die Geschichte seiner Erweckung berichtet wird), sondern als die christlich-moralische Instanz, die der weltanschaulichen Position Ivans gegenübergestellt ist. Die von Zosima verkündete Lehre mit ihren für das Starzentum wesenhaften Auffassungen von der Allschuld, der Liebe und der Lüge ist auf der Diskursebene des Romans die Antwort auf den Atheismus Ivans und seine Legende vom Großinquisitor. In Alëša verbinden sich die frommen Maximen und die einfühlsame Seelenwärme Zosimas. Er besitzt die menschliche Anziehungskraft Myškins, verfügt aber, im Gegensatz zu diesem, über einen klaren Willen. Der Starze segnet ihn vor seinem Tode und schickt ihn in die Welt. Alëša – nicht Ivan – ist der Hoffnungsträger, der «höhere Mensch» (vysšij čelovek), von dem Dostoevskij zu träumen wagte, der das Gute und Schöne (dobroe i chorošoe) in sich trägt und es, wie in der Rede am Sarg des Knaben Iljušečka (im Epilog), auf seine Mitmenschen übertragen kann. Daß der junge Vladimir Solov'ev, der in jenen Jahren Dostoevskijs Nähe suchte, das Urbild Alëšas gewesen sei, scheint plausibler als der von Dostoevskij skizzierte Gedanke, Alëša in der Fortsetzung des Romans zum Revolutionär werden zu lassen.

Die Rede, die Dostoevskij am 8. Juni 1880 aus Anlaß der Enthüllung des Puškin-Denkmals in Moskau hielt – sie wurde im *Dnevnik pisatelja* 1880 unter dem Titel *Puškin. Očerk* (Puškin. Eine Skizze) veröffentlicht –, war sein letzter großer Auftritt. Sie enthält die Quintessenz seiner ideologischen, religiös-philosophischen Wanderung und kann als das geistige Vermächtnis des Dichters gelten. Hier endlich faßte Dostoevskij die Haltungen, die den Weg Rußlands – wie auch seinen eigenen – bestimmt hatten, zu einer kühnen ideengeschichtlichen Synthese zusammen. Der russische Mensch könne nicht nur der orthodoxe Christ oder der verwestlichte geistige Vagabund sein, sondern müsse, wie es Aleksandr Puškin gelungen sei, auf der Basis des christlichen (orthodoxen) Denkens die Traditionen der Weltkultur in sich aufnehmen. Nicht Evgenij Onegin, der Egoist und Duellmörder, sondern Tat'jana Larina, diese russische Frau, die fest auf der Erde stehe, die klüger sei als Onegin und unfähig, ihr Glück auf das Unglück eines anderen zu gründen, verkörperte Dostoevskijs Ideal. «Ein russischer, ein vollständig russischer Mensch zu werden», so verkündete er, «heißt [. . .] ein Bruder aller Menschen zu werden, ein Allmensch (vsečelovek).» Es werde das Bemühen der kommenden Russen sein, endlich doch Versöhnung in die europäischen Gegensätze hineinzutragen und einen Ausweg aus der europäischen Misere in der russischen Seele aufzuzeigen.

Lev Tolstoj

Dostoevskij und Tolstoj werden oft, besonders in westlicher Sicht, als das große Dioskurenpaar der russischen Literatur gedeutet, das, in weltanschaulicher und künstlerischer Spannung zueinander, nicht allein den Höhepunkt der russischen Literatur, sondern zugleich auch des abendländischen Romans bezeichne. George Steiners typologische Gegenüberstellung der beiden brachte diese Vorstellungen auf den Begriff: hie Dostoevskij – der genuin dramatische Erzähler, der Verächter des Rationalismus und Paradoxalist, der «Erz-Städter», der sich lieber gegen die Wahrheit als gegen Christus stellen wolle; da Tolstoj – der hervorragende Erbe der Traditionen des Epischen, der von Vernunft und Faktizität berauschte Geist, Dichter des Landes und der pastoralen Stimmung, der fanatische Wahrheitssucher. Im Umkreis der realistischen Plejade schwächt sich solche Wertung zwar ein wenig ab, doch steht die ideale Polarität zwischen Dostoevskij und Tolstoj, die sich übrigens beide niemals persönlich begegnet sind, außer Frage.

«Maler des Lebens» hat Vasilij Rozanov Tolstoj genannt; seine Methode ist als «plastischer Realismus» (A. Stender-Petersen) oder «moralischer Realismus» (M. Braun) charakterisiert worden. All dies spricht wichtige Merkmale seiner Kunst an. Sein beispielloses Wahrheitsstreben führte Tolstoj zwangsläufig zum Ethos und zur Gottsuche. Am Anfang seiner Schriftstellerlaufbahn stand rigoroses Künstlertum, an ihrem Ende religiös-sittlicher Rigorismus.

Die erste Schaffensphase: 1852–1859

Graf Lev Tolstoj stammte aus einer der vornehmsten Familien der russischen Hocharistokratie. Väterlicherseits ging die Familie in direkter Linie auf den Grafen Pëtr Tolstoj, den bedeutenden Mitstreiter Peters des Großen, zurück; die Mutter kam aus der Fürstenfamilie der Volkonskijs. Die geistige und politische Unabhängigkeit, die sich Tolstoj in seinem Leben leistete, besaß in seiner hohen Geburt und materiellen Absicherung einen festen Grund. Er war imstande, seine Lebensplanung ebenso wie seine literarischen Ziele als Selbstversuch mit der eigenen Existenz zu veranstalten, ohne zuerst deren Unterhalt absichern zu müssen. Nach dem frühen Tod der Eltern kam er mit seinen Geschwistern in die Obhut von Vormündern und erhielt die übliche Unterrichtung durch Hauslehrer. An der Universität Kazan' studierte

Lev Tolstoj

er 1844–1847 Orientalistik und Jura (das Examen eines Kandidaten der Rechte legte er erst 1849 in Petersburg ab). Im Sommer 1847 übernahm er das ererbte Gut Jasnaja Poljana, lebte aber, unterschiedlichen Tätigkeiten und Zerstreuungen hingegeben, recht ziellos dahin, bis er 1851 als «Volontär» (Freiwilliger) zur Kaukasus-Armee stieß.

Seine geistige und literarische Orientierung fand Tolstoj in anderen Bereichen als seine Generationsgenossen. Ihn interessierten Rousseau, Voltaire, Swift, Sterne, er entdeckte für sich Schopenhauer und über diesen Kant (Tschiżewskij). Mit solchen Voraussetzungen trat er als ein «Fremder» in die Literartur ein und ist es in gewisser Weise bis an sein Ende geblieben. Es mag nicht zuletzt dem Einfluß Jean-Jacques Rousseaus zuzuschreiben sein, daß er seit 1847 ein Tagebuch (*Dnevnik*) führte, in dem er weniger die äußeren Ereignisse als vielmehr feinste Seelenbewegungen und moralische Überlegungen festhielt. Die bis ans Lebensende fortgeführten, Rechenschaft ablegenden Eintragungen blieben jederzeit eng mit dem Werk verbunden. Der Autor, den man für den «objektivsten» zu halten geneigt ist, schrieb viele seiner Werke auf autobiographischem Grund (avtobiografičnost'). Auch das dokumentarische Moment zeichnete sich früh in seinen Aufzeichnungen ab. Einer der ersten literarischen Pläne, niedergelegt 1851 im *Dnevnik*, lautete «Geschichte des gestrigen Tages» (*Istorija včerašnego dnja*).

Die frühen Erzählungen

Von Anfang an scheint Tolstoj als schriftstellerisches Ziel der große Roman vorgeschwebt zu haben. Schon das Schaffen der 50er Jahre verriet ein Ringen um die große epische Form. Jedoch scheiterten die frühen Anläufe zum Roman oder führten zu nur fragmentarischen Lösungen. Schon das erste Werk, das der junge Autor unter den Initialen «G. L. N.» (Graf Lev Nikolaevič) 1852 im *Sovremennik* veröffentlichte, die Povest' *Istorija moego detstva* (Geschichte meiner Kindheit; später u. d. T.: *Detstvo* [Kindheit]), war ursprünglich als erster Teil eines umfangreichen Romans mit dem Titel *Četyre épochi razvitija* (Vier Entwicklungsepochen) konzipiert, der die psychische und ethische Entwicklung eines jungen russischen Adeligen in vier Stadien darstellen und analysieren sollte. Daraus entstand jene Trilogie mit den Teilen *Detstvo*, *Otročestvo* (Knabenjahre, 1854), *Junost'* (Jugend, 1857), die Tolstojs literarischen Ruhm begründete. Die drei Povesti, im Kaukasus und auf der Krim niedergeschrieben und thematisch eng verflochten, zeichneten, aus der Ich-Perspektive des Nikolen'ka Irten'ev, tagebuchartig die kindliche und pubertäre Entwicklung eines bildsamen jungen Individuums nach. Das seelische Erleben des ebenso empfindsamen wie empfindlichen jungen Irten'ev, seine Beobachtungen und Erfahrungen, seine Freundschaften und erste Liebe, zuerst auf dem vertrauten Gut Petrovskoe, später im fremden Moskau, beruhten natürlich auf den ureigenen Erkenntnissen Tolstojs. Nikolen'ka kam einem Autoporträt nahe. Das gilt nachgerade für die Rivalität mit dem älteren Bruder, für die erwachende Sensualität, für Minderwertigkeitsgefühle und Träumereien. Auch die Lokalitäten und viele Vorgänge wurden gleichsam «nach der Natur» (s natury) beschrieben. Tolstojs Großonkel, Fürst Sergej Gorčakov, erschien als der tadellose Fürst Ivan Kornakov; Nikolen'kas deutscher Hauslehrer Karl Ivanovič, dessen «Geschichte» in einer spaßigen deutsch-russischen Mischsprache wiedergegeben wurde, entsprach gänzlich dem bei den Tolstojs unterrichtenden Theodor Rössel (Fëdor Rёssel'). Andererseits ist dem *Dnevnik* zu entnehmen, daß manche der Kunstfiguren im Verhältnis zu den realen Prototypen merklich verändert wurden. In Nikolen'kas Vater wurden beispielsweise Tolstojs Vater und ein befreundeter Gutsbesitzer «synthetisiert». Die Trilogie zählt zu den bedeutendsten Darstellungen der kindlichen Psyche in der Weltliteratur. Mit den *Zapiski markёra* (Aufzeichnungen eines Marqueurs, 1855), einer Spielergeschichte, wandte sich Tolstoj noch einmal zur Entwicklung eines jungen Adeligen zurück, zeigend, wie der Held, gegen seine innere Stimme, in das Glücksspiel hineingezogen wird.

Auch von dem 1852 geplanten *Roman russkogo pomeščika* (Roman eines russischen Gutsbesitzers) wurden nur Teile geschrieben. Erklärtermaßen wollte Tolstoj aufzeigen, daß ein gebildeter Gutsbesitzer im 19. Jahrhundert unmöglich mit der Sklaverei (d. h. der Leibeigenschaft) auf richtige Weise leben könne. Er schloß die geschriebenen Teile notdürftig ab und veröffentlichte sie 1856 unter dem Titel *Utro pomeščika* (Ein Morgen eines Gutsbesitzers). Zwar wurden Tolstojs Held Nechljudov und die Bauern seines Dorfes nach Charakter, Mentalität und Lebensweise mit einer bislang unerreichten Eindringlichkeit gezeigt, doch fehlte dem Autor offensichtlich die epische Distanz zu seinem Gegenstand. In dem Maße, wie die «Anleitung zum Handeln», also die landreformerischen Pläne Nechljudovs – und das hieß Tolstojs – scheiterten, zerrann das Konzept des Romans.

Der Krieg, den die russische Armee im Kaukasus gegen die Bergvölker unter Schamyl führte, sah Tolstoj als «Halbsoldaten» (V. Šklovskij), zuerst als Freiwilligen, dann als unbestätigten «Feuerwerker vierter Klasse» (Artillerieoffizier). Die Ereignisse, die er in seinen ersten Skizzen beschrieb, waren aus dem kaukasischen Militärmilieu genommen. In *Nabeg* (Der Überfall, 1853) und *Rubka lesa* (Der Holzschlag, 1855) berichteten Ich-Erzähler, in der einen ein «Volontär», in der anderen ein Junker, in nüchterner tagebuchartiger Prosa von kleineren militärischen Unternehmungen, bei denen sich die einfachen Soldaten durch Tapferkeit und praktischen Sinn auszeichneten, obwohl der Krieg, den sie führten, ein ungerechter war (V. Šklovskij).

Wieder mißlang der Plan, einen dreiteiligen Kaukasus-Roman zu schreiben, in dem die Unterwerfung der Bergvölker nicht als politisch-militärisches, sondern als psychologisches Problem behandelt werden sollte. Am Anfang stand eine Ballade *(Èj, Mar'jana, bros' rabotu!* [Hei, Mar'jana, laß die Arbeit!]), eines der wenigen Gedichte, die Tolstoj geschrieben hat, dann der Romanplan (über einen «Flüchtling» [*Beglec*]), der sich im Verlauf seiner komplizierten Entstehungsgeschichte zu der noch immer umfangreichen Novelle *Kazaki* (Die Kosaken) verengte. Turgenev hielt sie, als sie 1863 im *Russkij vestnik* veröffentlicht wurde, für die beste, die in russischer Sprache je erschienen. In der Liebe zwischen dem russischen Edelmann und Offizier Olenin und dem Kosakenmädchen Mar'jana war der Gegensatz zwischen Zivilisation und Natur in besonderer Weise herausgearbeitet. Das von Rousseau inspirierte, Tolstojs gesamtes Schaffen durchziehende Suchen nach dem Menschen in seinem natürlichen Sein, frei von Zwängen und Deformationen der Zivilisation, hat auch Olenin veranlaßt, die gesellschaftliche Sphäre der Adelskultur, aus der er stammt, zu verlassen. Er reist in den Kaukasus und lernt in der Stanica Novomlinskaja die freien Kosaken − den alten Jäger Eroška und den jungen draufgängerischen Lukaška − kennen, spürt aber auch das Mißtrauen, das sie gegenüber den Russen hegen. Doch Mar'januška, die schöne Tochter des Kosaken-Chorunžij und Braut Lukaškas, die sich wie eine stolze und fröhliche Zarin unter den Kosakenmädchen bewegt, kann der gehemmte, grüblerische, auf sittliche Vervollkommnung bedachte Olenin nicht gewinnen. Sein Versuch, in den Bereich der «Natur» zurückzukehren − er bietet Mar'jana sogar die Ehe an −, muß scheitern. Olenin ragte über die Helden der Kaukasus-Poeme und die «überflüssigen Menschen» durch seine rigorose Charaktererprobung hinaus. Und natürlich war auch die romantische Staffage einer mit scharfem Auge registrierten Wirklichkeit gewichen.

Dank seiner Beziehungen gelang es Tolstoj endlich, als Offizier − übrigens wie Dostoevskij im niedrigsten Offiziersrang − zu einer Artillerieeinheit der Donau-Armee versetzt zu werden. Nach Ausbruch des Krim-Krieges meldete er sich in das belagerte Sevastopol'. Er erlebte die erste große Materialschlacht der Neuzeit (insgesamt wurden 1,2 Mio. Artilleriegeschosse und 3,5 Mio. Patronen verschossen; die Verluste lagen bei 120 000 Toten auf seiten der Belagerer und 100 000 der Belagerten) an gefährlichen Punkten wie der legendären Vierten Bastion und wurde zum beschreibenden Zeugen der Ereignisse. Noch während der Kampfhandlungen skizzierte er die drei *Sevastopol'skie rasskazy* (Sevastopoler Erzählungen), die 1855 und 1856 im *Sovremennik* erschienen. Zar Nikolaus ordnete unter dem Eindruck der ersten Erzählung an, den Autor von der gefahrvollen Vierten Bastion fernzuhalten. Nach der Niederlage der Russen wurden die Erzählungen als Zeichen eines unverbrüchlichen Patriotismus und Glaubens an den Heldenmut der russischen Soldaten aufgenommen. Die erste Erzählung, *Sevastopol' v dekabre mesjace* (Sevastopol' im Monat Dezember), war gattungsmäßig eine Kriegsreportage, aus der noch das Muster der physiologischen Skizze hervorschaute. Der Text vergegenwärtigte auf einem Rundgang durch die belagerte Festung die schwierige Lage der Russen. Dabei setzte Tolstoj ein geniales Kunstmittel ein, das die Suggestion der Vorführung ungeahnt steigerte: Er erzählte den Verlauf der Besichtigung in der zweiten Person plural und im aktuellen Präsens (d. h. im unvollendeten Aspekt). Größere Zeigeintensität war im Russischen kaum zu erreichen. Die angeredete Person (vy) verschmolz mit dem Leser, vor Schmerz erzitternd, wenn sie den Lazarettsaal betrat, in dem die Verwundeten verbunden und ohne Narkose operiert wurden. Der Krieg zeigte sich nicht im schönen und glänzenden Gewande, sondern, wie es heißt, in seinem wahren Ausdruck, «in Blut, in Leiden, in Tod . . .» (Hundert Jahre später wird Michel Butor in seinem Roman *La Modification* das gleiche Erzählverfahren, wenn auch mit einer gänzlich anderen Funktion, einsetzen.) Die zweite Erzählung, *Sevastopol' v mae* (Sevastopol' im Mai) schilderte im Höhepunkt der Belagerung eine Gruppe von Offizieren in der Nacht vom 10. zum 11. Mai 1856. Im Gegensatz zum heldenhaften, leidensbereiten Volk werden die Offiziere als eitel und geizig, prahlerisch und hohl gezeigt, womit einer der Gründe für die kommende Niederlage namhaft gemacht war. Hier beschwor Tolstoj am Schluß die Wahrheit (pravda) als den eigentlichen Helden der Erzählung. Die dritte Erzählung, *Sevastopol' v avguste 1855 goda* (Sevastopol' im August 1855) führte, mit stärkeren Sujetelementen angereichert, in die Endphase der Belagerung. Mit den *Sevastopoler Erzählungen* brach sich Tolstojs episches Genie Bahn. In der protokollarischen Vordergründigkeit war die historische Bedeutung des militärischen Geschehens zu spüren.

Tolstoj lebte seit 1855 in Petersburg. Wie Turgenev, Pisemskij, Saltykov und Družinin gehörte er jetzt zu den Stammautoren des *Sovremennik*. Unter dem Einfluß Družinins bekannte er sich zum Prinzip des L'art pour l'art und erprobte in vielerlei Anläufen, wie vor allem Maximilian Braun aufgewiesen hat, neue Ausdrucksmöglichkeiten. Die Künstlernovelle *Al'bert* (1858) registrierte, wiederum im Anschluß an eigenes Erleben, den durch Alkoholmißbrauch bedingten Verfall eines begabten deutschen Geigers in Petersburg. Nach seiner ersten Auslandsreise, die ihn 1857 nach Frankreich, der Schweiz und Deutschland geführt hatte, veröffentlichte Tolstoj das Prosastück «aus den Aufzeichnungen des Fürsten D. Nechljudov» *Ljucern* (Luzern, 1857). Die in der Erzählung geschilderte Begegnung mit einem Tiroler Wandersänger, dessen Lieder die vornehmen Gäste des Hotels «Schweizer Hof» ergötzen, ohne ihnen doch ein Trinkgeld wert zu sein, was den russischen Reisenden dazu bewegt, den Musikus zur allgemeinen Empörung in das piekfeine Hotel einzuladen – entsprach fast wörtlich Tolstojs Tagebuchaufzeichnungen (*Dnevnik*, 7. Juli 1857). Fürst Nechljudov war und blieb – bis hin zu *Voskresenie* – das Alter ego des Autors. Etwas später entstand die seltsame Erzählung *Tri smerti* (Drei Tode, 1859) vom dreifachen Sterben – eines verunglückten Bauern, einer Gutsbesitzerin und eines Baumes. Sie erschien bereits in der *Biblioteka dlja čtenija*.

Die zweite Schaffensphase: 1859–1878

Der ideologische Bruch in der Redaktion des *Sovremennik* wie auch die Enttäuschung über die Coterien der Hauptstadt veranlaßten Tolstoj 1859, sich auf sein Gut Jasnaja Poljana zurückzuziehen, wo er sich für längere Zeit ausschließlich landwirtschaftlicher Tätigkeit und der Einrichtung einer Schule für Bauernkinder (Jasnopol'skaja škola) zuwandte. So ist bezeichnend, daß er sich auf seiner zweiten Europareise 1860/61 vorwiegend agronomischen und volkspädagogischen Zwecken widmete. In Kissingen traf er mit dem Dorfschullehrer und Erzähler Berthold Auerbach zusammen, in Jena mit den Pädagogen Volkmar Stoy und Gustav Zenker, in Berlin mit Julius Fröbel, dem Neffen des Kindergartenbegründers Friedrich Fröbel, und dem bekannten Pädagogen Friedrich Adolf Diesterweg.

Nur wenige Erzählungen, volkstümlich, aus dem bäuerlichen Leben genommen wie *Tichon i Malan'ja* (Tichon und Malan'ja, posth. 1911), *Polikuška* (1863) und die Pferdegeschichte *Cholstomer* (Leinwandmesser, 1863, veröfftl. 1886), die die menschlichen Verhältnisse aus hippischer Sicht bewertet, entstanden in jenen Jahren. 1862 heiratete Tolstoj Sof'ja Bers (Behrs), die Tochter eines Hofarztes.

‹Krieg und Frieden›

In den ersten, glücklichen, von Kindersegen erfüllten Ehejahren in Jasnaja Poljana – man muß sie sich wohl vorstellen wie das Leben von Lëvin und Kitty im Fünften und Sechsten Teil von *Anna Karenina* – wandte sich Tolstoj wieder mit voller Kraft der Literatur zu. *Vojna i mir* (Krieg und Frieden), der epische Koloß, wuchs in den Jahren 1863 bis 1869 heran. Die vielfältigen Vorübungen in der Skizzengenauigkeit, in der psychologischen Charakterdurchdringung, im Einfangen des historisch-epischen Moments, die er in den vergangenen Jahren unternommen hatte, fanden jetzt Eingang in eine Epochendarstellung von beispiellosem Ausmaß. Sie war nicht nur als Herausforderung an den «Zeitschriftendespotismus» (B. Ėjchenbaum) aufzufassen, sondern überbot mit überlegener Geste alles, was aus den Zeitschriften bisher überhaupt gekommen war. Tolstoj veröffentlichte den Roman denn auch nicht auf die übliche Weise in Fortsetzungen, sondern als vierbändige Buchausgabe (1868/69). Auch die Gestaltung des Dekabristen-Themas, auf die der Roman letztlich zulaufen sollte, blieb auf der Strecke. Tolstoj hatte sich, ehe er in dem epischen Großgemälde *Vojna i mir* «nur» die Vorgeschichte der Dekabristenbewegung darstellte, mit einem Vorhaben beschäftigt, das dem Schicksal eines aus der Verbannung heimkehrenden Dekabristen galt, doch kam er mit dem Fragment (*Dekabrist*, 1884) über drei Kapitel nicht hinaus. In den hier auftretenden Figuren, dem Dekabristen Pëtr und seiner Frau Natal'ja, hat nicht nur Viktor Šklovskij die Hauptpersonen des kommenden Romans, das Ehepaar Pierre und Nataša Bezuchov, wiedererkannt.

Vojna i mir, Tolstojs mit über 350 Kapiteln umfangmäßig und im zeit-räumlichen Ausgreifen größtes Werk, war seinem Gegenstand nach ein historischer Roman, der Ereignisse der russischen Geschichte aus der Zeit zwischen 1805 und 1820 behandelte. Er wurde aber nicht in der Art der Romane Walter Scotts, sondern in der eines realistischen Gesellschaftsromans konzipiert und durchgeführt. In der Verschlingung persönlicher Schicksale mit dem dramatischen Ablauf des politischen und militärischen Ringens zwischen Rußland und Napoleon, einem einschneidenden Ereignis nicht nur der russischen, sondern der Weltgeschichte, gewann das Private wie auch das Öffentliche eine geschichtliche Sinngebung, wie sie in ähnlicher Weise wohl bei kaum einem Autor des Realismus zu finden ist, auch nicht bei Stendhal, dem Tolstoj allerdings in der Darstellung der Kriegsereignisse verpflichtet ist. (Die Schlacht von Borodino wird, ähnlich wie Waterloo durch Fabrice del Dongo in *La Chartreuse de Parme*, aus der Perspektive des zufälligen Augenzeugen Pierre Bezuchov erlebt, der, wie jener, keinen Überblick über die Bataille besitzt.)

Im Mittelpunkt des Romangeschehens stehen drei Familien des russischen Hochadels: die des verarmten Grafen Rostov mit den Töchtern Vera und Nataša sowie den Söhnen Nikolaj und Petja; die des güterreichen Fürsten Bolkonskij mit Tochter Mar'ja und Sohn Andrej sowie die des Fürsten Kuragin mit Tochter Hélène (Elena) und Sohn Anatol. Die Söhne werden an den aufziehenden Kriegen als Offiziere teilnehmen, die Töchter die Nöte des Krieges und die Evakuierung in der Etappe erleben. Zwischen ihnen bewegt sich ungeschickt und plump, dabei mit genauer Beobachtungsgabe und Scharfsinn ausgestattet, der steinreiche, illegitime Sohn des Grafen Bezuchov, Pierre (Pёr). Er gerät mehr durch Zufall in die Fänge des Krieges, erlebt die Schlacht von Borodino und den Brand von Moskau. Im Epilog wird angedeutet, daß er an der Gründung einer Freimaurerloge beteiligt ist, d. h. den dekabristischen Ideen nahetritt. Die privaten Beziehungen im genannten Dreieck, Verliebtheit, Heirat, Geburt und Tod, bilden einen bewegenden Kontrapunkt zum machtpolitischen Kampf auf der Weltbühne. Nataša Rostova, um nur einen der Handlungsstränge aufzurufen, reizvoll, quicklebendig, doch arm, will, nachdem sie die Schwärmerei für den leichtsinnigen Anatol Kuragin überwunden hat, den Fürsten Andrej Bolkonskij, der als nachdenklicher Militär gezeichnet ist, heiraten. Doch Fürst Andrej stirbt an den Folgen seiner Kriegsverwundung. So heiratet sie am Ende Pierre Bezuchov, der sich seinerseits von seiner ersten Frau, der luxussüchtigen Hélène Kuragina, gelöst hat. Mit einer Familienidylle, in der eine «füllig und breit gewordenen» Nataša, Mutter von vier Kindern, und ein sorgender Paterfamilias Pierre Bezuchov fernab von der großen Welt leben, endet das große Romanwerk. Es ist kein Geheimnis, daß Tolstoj seinen Stoff, was die privaten Verhältnisse anlangt, aus der eigenen Familienüberlieferung bezog, ebenso wie er den beiden bedeutungsvollsten Gestalten des Romans, Andrej Bolkonskij und Pierre Bezuchov, den einzigen übrigens, denen die Stimme des inneren Monologs zugebilligt wird, die eigene suchende Mentalität einpflanzte.

Die dramatischen Höhepunkte im welthistorischen Ringen zwischen Napoleon und Rußland bilden im Roman die Drei-Kaiser-Schlacht von Austerlitz und die Schlacht von Borodino. Tolstoj hat sich die geschichtlichen Tatsachen aus verschiedenen Quellen rekonstruiert und die militärischen Szenerien auf dem Schlachtfeld, in den militärischen Stäben wie auch im Feldlager bis in kleinste Details authentisch wiedergegeben. Zu seinen wichtigsten Quellen rechnen die Kriegsaufzeichnungen von Denis Davydov (*Dnevnik partizanskich dejstvij 1812 g.* [Tagebuch der Partisanenoperationen im Jahre 1812], posth. 1860) und Il'ja Radožickij (*Pochodnye zapiski artillerista*, [Feldaufzeichnungen eines Artilleristen], 1835) sowie die offiziösen Beschreibungen des Vaterländischen Krieges aus russischer Sicht von Aleksandr Michajlovskij-Danilevskij (*Opisanie Otečestvennoj vojny v 1812 godu*, 1839) und aus französischer von Adolphe Thiers (*Histoire du Consulat et de l'Empire*, 1845–1869), die er allerdings mit deutlicher Distanz aufnahm.

Die Verschränkung von militärisch-politischem Welttheater und dem familiär-privaten Lebenskreis des russischen Adels, wie sie von

Tolstoj in der Form des realistischen Romans verwirklicht wurde, war exzeptionell, wenn auch nicht ohne Vorbild. Wo aber lag das Vorbild? Schon in den *Sevastopol'skie rasskazy* war der Atem der Geschichte zu spüren gewesen, jetzt aber durchdrang er *Vojna i mir* in einem solchen Maße, daß sich der Vergleich mit der alten Epopöe, dem großen Heldenepos, dem «Buch eines Volkes», wie Hegel es nennt, aufdrängen mußte. Georg Lukács hat in seiner *Theorie des Romans* (1918) Tolstojs Tendenz zur Epopöe, d. h. zur homerisch-epischen Gestaltung, herausgestellt, da sein Roman, wie jene, einem Leben zustrebe, das auf die Gemeinschaft gleichempfindender, einfacher, der Natur innig verbundener Menschen gegründet sei und alles Kleinliche und Trennende, Zersetzende und Erstarrende der nicht naturhaften Formen aus sich ausschließe. Dies aber sei die erneuerte Form der Epopöe. Kein Zweifel, daß damit Gedanken revitalisiert wurden, die Hegel in seiner *Ästhetik* ausgedrückt hatte, wenn er vom «epischen allgemeinen Weltzustand» sprach und diesen in einer Weise umriß, die als Praeceptum für Tolstojs kühnes Unterfangen aufgefaßt werden könnte: Die in allen Einzelheiten des privaten Lebens und der Kriegsführung vorgestellte Welt dürfe «nicht bloß das beschränkte Allgemeine der besonderen Begebenheit» in sich fassen, sondern müsse sich zur «Totalität der Nationalanschauung» erweitern. Genauer könnte das Grundkonzept zu *Vojna i mir* nicht formuliert werden. Hat also Tolstoj Hegels Ausführungen zur Epopöe und zum Roman als dem Epos der Neuzeit gekannt? Der Gedanke, eine russische *Ilias* geschrieben zu haben, war Tolstoj selber nicht fremd. Daß er, wenn auch der Philosophie Hegels gegenüber im allgemeinen skeptisch gesonnen, dessen Sinngebung der großen Epik gleichwohl in Anspruch nahm, ist nicht auszuschließen. (Hegels *Ästhetik* lag übrigens bereits auch in einer russischen Übersetzung von V. Modestov – *Kurs ėstetiki* [Vorlesungen zur Ästhetik], 1847–1860 – vor.) Und bei Hegel erscheint gerade im Zusammenhang mit den Ausführungen über nationalen Geist und sittliches Familienleben wiederholt die suggestive Wendung «Krieg und Frieden». (Es schwingt in dem Titel freilich stets auch die Bedeutung «Krieg und Volk/Welt» [Война и міръ] mit, die allerdings nur einmal, in der Ausgabe von 1913, verwendet wurde. Mit der neuen Orthographie entfiel die Markierung des einen oder anderen Sinnes.)

Die historische Perspektive und der moralische Rigorismus Tolstojs führten zu einer Kritik an der Adelsgesellschaft und dem öffentlichen Leben in Rußland, wie sie mit den Mitteln der Kunst schärfer nicht zu leisten war. Nicht der Zar und seine europäisierte Entourage hatten Napoleon besiegt, sondern die leibeigenen Soldaten und der im russischen Boden verwurzelte Adel. Ein Gegenbild heiler Moral und eines tätigen, altruistischen Lebens ward in Gestalten aus dem Bauerntum geboten. So gewann Pierre Bezuchov aus der Begegnung mit dem Bauernsoldaten Platon Karataev die Erkenntnis, was das Leben sei: «Das Leben ist alles. Das Leben ist Gott. Alles verschiebt und bewegt sich, und diese Bewegung ist Gott. Und solange es Leben gibt, gibt es die Lust der Selbsterkenntnis der Gottheit. Das Leben lieben heißt Gott lieben.»

Die Strukturierung so riesiger, so weit verzweigter Geschehensmengen wie in *Vojna i mir* stellte den Autor, dem bisher ja keine Großkomposition gelungen war, vor enorme Anforderungen. Natürlich kam für die Wiedergabe des «privaten» Lebens nur ein objektiver (personaler) Erzähler in Frage, der den wesentlichen Figuren jeweils ihre Perspektive übertrug. Aus der personalen Sicht ergab sich Tolstojs berühmtes Verfremdungsverfahren, wenn etwa eine Opernaufführung durch die junge, opernunerfahrene Nataša Rostova oder der Kriegsrat in Fili durch das Kaminloch von dem Bauernmädchen Malaška aufgenommen wurde – unangemessen zwar, aber mit erfrischender Wahrnehmungskraft. Wichtiger noch war, wie die einzelnen Episoden, die das Romangewebe bildeten, nach dem Kontrastprinzip aneinandergefügt wurden. Frieden wechselte mit Krieg, Idyllik mit Heroik, Leben mit Tod. Auch charakterologisch entfaltete der Roman ein dualistisches Tableau, bei dem der Krieg als Scheidelinie zwischen den Tapferen auf der einen und den Feigen auf der anderen Seite diente (E. Wedel). Namentlich wurden auch Kutuzov, der russische Oberkommandierende, und Napoleon, der Eindringling und Eroberer, nicht nur als militärische Kontrahenten, sondern als Charakterantipoden präsentiert. Während der eine, einfach und aufrichtig, im Einklang mit der Geschichte handelt, wird der andere, nicht ohne satirische Färbung, in hochfahrender Positur als Herausforderer der Geschichte gezeigt. Die anmaßende Zivilisation unterliegt der in sich ruhenden Natur.

Der oft apostrophierte Romaneinsatz, eine Replik der Hofdame Anna Šerer in ihrem Petersburger Salon im Juli 1805 über die Erfolge Napoleons, vorgetragen in der Sprache des Eroberers, der das Russische Reich alsbald in seinen Grundfesten erschüttern sollte, machte von vornherein die historiosophische Grundspannung deutlich, die den gesamten Roman beherrschte: Die tödliche Bedrohung Rußlands ging just von der Macht aus, deren Zivilisation sich die russische Oberschicht zutiefst verpflichtet wußte. Geschichtsphilosophische Kalküle mußten sich bei dem gegebenen Thema und aufgrund des Epopöen-Konzeptes aufdrängen. Tolstoj hat sie denn auch im Dritten und Vierten Buch zunehmend als Exkurse oder integrierte Erörterungen eingeblendet und damit einen ausgedehnten auktorialen Stützpunkt geschaffen, der bei nicht wenigen Betrachtern als die Schwachstelle des Romans gilt. Anregungen kamen nachweislich von Pierre-Joseph Proudhon, der in *La Guerre et la Paix* (1861; russ. 1864) zwar eine andere, idealisierende, Auffassung vom Kriege vertrat, dafür aber ein ähnliches Bild von Napoleon zeichnete wie Tolstoj (Proudhons Werk hat möglicherweise ebenfalls Tolstojs Titelwahl mit bestimmt); von Michail Pogodin, dessen von Tolstoj erst spät rezipierte Schrift *Istoričeskie aforizmy* (Historische Aphorismen, 1836) das Verhältnis von Freiheit und Notwendigkeit, von Zufall und Gesetzmäßigkeit auf eine logarithmische Grundlage stellte; endlich von dem Fürsten Sergej Urusov, einem Sevastopoler Kameraden Tolstojs, der seine kriegswissenschaftlichen Überlegungen ebenfalls in mathematisch-physikalischen Formeln ausdrückte (M. Braun). Èjchenbaum, der aus seiner Quellenkenntnis heraus als erster auf diese Beziehungen hingewiesen hat, stieß damit bei sowjetischen Wissenschaftlern auf heftigen Widerspruch. Auch hier sind heute neue Wertungen fällig, fern von ideologischer Befangenheit und Idolatrie.

‹Anna Karenina›

Aus dem folgenden großen Roman Tolstojs, *Anna Karenina* (1873–1878), blieb die politisch-historische Dimension fast gänzlich ausgeschlossen. Lediglich im epilogischen Achten Teil kommt die Geschichte in Gestalt des Russisch-Türkischen Krieges in der Romanhandlung zur Geltung; ansonsten geht es ausschließlich um glückliche und unglückliche Familien, oder, wie es gleich im Eingangssatz heißt: «Alle glücklichen Familien ähneln einander; jede unglückliche aber ist auf ihre eigene Art unglücklich.»

   An Breite der gesellschaftlichen Repräsentanz übertraf Tolstoj mit *Anna Karenina* alle zeitgenössischen Schriftsteller. Der Roman führte ein Geflecht von Personen vor, die durch familiäre oder emotionale Beziehungen miteinander verbunden sind, jedoch alle dem höchsten Adel zugehören. Und es waren nicht beliebige «Verwandte», sondern solche, die die typischen existentiellen Möglichkeiten des russischen Adels (Karenin ist Staatsbeamter, Vronskij Gardeoffizier, Lëvin Gutsbesitzer, Oblonskij Beamter und Unternehmensberater) und wesentliche Spielarten von Liebe und Ehe kontrastierend vorführten. Doch ließ der ruhige Fluß der Ereignisse, die einprägsame Zeichnung der Personen nach Physiognomie, Habitus und Verhalten, die eingehende Schilderung gesellschaftlicher Ereignisse wie Bälle, Soireen, Pferderennen oder auch die prächtigen Naturbilder nicht vergessen, daß es in dem Roman letztlich um die Lebensentwürfe der zentralen Gestalten ging, d. h. um die Frage nach dem «richtigen Leben», und daß Tolstoj seine Gestalten nach einer – in Anlehnung an Schopenhauers Ethik entwickelten – immanenten «sittlichen Stufenfolge» (B. Ėjchenbaum) aburteilte. Ähnlich wie Pierre Bezuchov empfing auch Konstantin Lëvin am Schluß von *Anna Karenina* in der Begegnung mit einem Bauern die Botschaft, der Mensch dürfe nicht für seine Bedürfnisse, sondern müsse für seine Seele und für Gott leben. Es war dies der Weg der moralischen Läuterung, wie er Tolstoj selbst vorschwebte. Die – von Tolstoj zweifellos kräftig idealisierten – einfachen russischen Bauern also besaßen das Wissen vom «richtigen Leben»; sie trugen die moralischen Maßstäbe in sich, von denen die Vertreter der Adelsschicht sich abgewandt hatten, durch die allein aber Rußland genesen konnte. Insofern trifft Lenins kritische Feststellung zu, Tolstoj habe die russischen Gutsbesitzer vom «Standpunkt des naiven, patriarchalischen Bauern» kritisiert. Indem er die gesellschaftlichen und moralischen Grundspannungen aufwies, an denen das Zarenreich zerbrechen sollte, wurde Tolstoj in der Tat so etwas wie ein «Spiegel der russischen Revolution» (*Lev Tolstoj, kak zerkalo russkoj revoljucii*) – so überschrieb Lenin seinen Tolstoj-Artikel aus dem Jahre 1908.

Drei Familien werden in dem Roman vorgeführt: die der Oblonskijs, Stiva und Dolly (Dolli), die durch die Liebesaffären und Verschwendungssucht des an sich liebenswürdigen Fürsten auseinanderzufallen droht; die korrekte, formal-steife des Staatsbeamten Karenin und seiner Frau Anna, der Schwester des Fürsten Oblonskij, die sich in den Grafen Vronskij verliebt und damit ihre Ehe zum Scheitern bringt; sowie die der jungen Fürstentochter Kitty (Kiti) Ščerbackaja, der Schwester der Dolly (Dolli) Oblonskaja, mit Konstantin Lëvin, einem nachdenklichen, in sich verschlossenen Gutsbesitzer, der Kitty erst nach manchen Wirrungen für sich gewinnen kann, dann aber mit ihr ein glückliches Familienleben auf dem Landgut Pokrovskoe führt. (Die Parallele zum Weg Pierre Bezuchovs und seiner Frau Nataša – und natürlich Tolstojs selbst – liegt auf der Hand.) Angesichts der ungeheuren Ereignisfülle, die in den Roman eingebracht und in allen Einzelheiten ausgeführt wird, erweist sich jede Inhaltsangabe als unangemessen; nicht umsonst hat Tolstoj einmal auf die Frage nach dem Inhalt seiner Romane geantwortet, der Inhalt sei der Roman in seiner Gänze, vom ersten bis zum letzten Wort. Dennoch bilden die scheiternde Ehe der Anna Karenina und die gelingende Ehe Lëvins die beiden auffälligen Pole des Romangeschehens. Man hat deshalb *Anna Karenina* nach Gesamtstruktur und Sinnaufbau oft als zweisträngigen oder Doppelroman qualifiziert, dessen konstitutive Materien mit der

Anna- und der Lëvin-Handlung gegeben seien. Der Oblonskij-Handlung, deren Vorhandensein natürlich nicht zu bestreiten ist, wird meistens nur der Rang einer kompositionellen Verbindung zugestanden, mittels derer der Konnex zwischen den beiden Haupthandlungen jederzeit hergestellt werden kann. Ob es sich wirklich so verhält oder ob der Oblonskij-Geschichte doch größerer Eigenwert zukommt, was bedeuten würde, daß der Roman vielleicht als dreisträngiger einzustufen wäre, ist der Frage wert. Erwin Wedel hält an der Vorstellung des Doppelromans mit dem Argument fest, daß der Parallelismus Tolstojs bevorzugtes Kompositionsmittel sei. Maximilian Braun hingegen stellt die Oblonskij-Ehe als «kontrastierende Ehe zur Karenin-Ehe» klar heraus, hält sie also von der Bedeutungskonstituierung her – und nicht nur wegen ihrer unstrittigen Verbindungsfunktion – für erforderlich. Die genaue Betrachtung zeigt, daß Stiva nicht seltener auftritt als Vronskij, daß er aber in den Partnerauftritten mit Dolly weit hinter Lëvin/Kitty und Anna/Vronskij zurückliegt. Der Oblonskij-Geschichte ist etwa ein Viertel der gesamten Textmenge zugeteilt. Tatsächlich wird die Familienidee Tolstojs erst eigentlich durch die Gegenüberstellung der verschiedenen Paare (Karenin/Anna, Anna/Vronskij, Lëvin/Kitty, Stiva/Dolly) verwirklicht. Während Anna/Vronskij und Lëvin/Kitty je ein in sich homogenes negatives und positives Familienmodell repräsentieren, ist die Oblonskijsche Ehe heterogen: Stiva kümmert sich wenig um die Familie, Dolly verzehrt sich um sie. Die Oblonskij-Ehe bildet das banale Gegenstück zum tragischen Eheentwurf Annas und zum seriösen Lëvins; zu der Funktion als «Reisevertreter» des Romans (V. Nabokov), tritt die nicht weniger wichtige der Spiegelung in der dritten, «normalen» Variante.

Zu den kompositorischen Verfahren Tolstojs gehören wiederum verschlungene Handlungsknoten, von denen das Pferderennen im Zweiten Teil des Romans der bedeutendste ist. Vordergründig handelt es sich um ein schwieriges Hindernisrennen vor der versammelten Hofgesellschaft, an dem Vronskij auf seiner Rennstute Frou-Frou teilnimmt. In Wirklichkeit aber entscheiden sich bei dem Ereignis, das in zwei Durchgängen geschildert wird – zuerst vom Standpunkt des Teilnehmers Vronskij, dann vom Zuschauerstandpunkt, d. h. Karenins und Annas, aus –, die weiteren Geschicke. Anna bekennt ihre Schwangerschaft und läßt die Maske vor Karenin fallen. Vronskijs Sturz, bei dem er der Stute das Rückgrat bricht, gewinnt ominöse Bedeutung. Ähnliche Handlungsknoten, in denen kompositionelle, chronotopische und charakterologische Momente verschmelzen, sind die große Ballszene im Ersten Teil, auf der das Dreieck Kitty-Vronskij-Anna geöffnet wird und die Liebe zwischen Vronskij und Anna beginnt, oder Lëvins Mahd, die den Gutsherrn als Schnitter im aussichtslosen Agon mit seinen Bauern zeigt. In der Kunst des perspektivischen Erzählens setzte Tolstoj mit *Anna Karenina* einen nicht wieder erreichten Grad der Vollendung. Der Erzählerstandpunkt war nur noch daran zu erkennen, daß, wenn er artikuliert wurde, keine Figurenperspektive bestand. Das aber war nur selten der Fall. Tolstojs Erzählmodus verlieh dem perspektivischen Zugriff eine ähnliche Dominanz, wie sie der Faktor Rhythmus in der Versdichtung besitzt. Sogar Lëvins Jagdhündin konnte auf der Pirsch (im Sechsten Teil) die Perspektive an sich ziehen. Bei Annas letzter Fahrt zum Bahnhof (am Ende des Siebten Teiles) wurden ihre Wahrnehmungen durchs Kutschenfenster und ihr Gedankenfluß, also perspektivisches Sehen und innerer Monolog, simultan so miteinander verflochten, daß ihre hektisch-verzweifelte Lage offenbar ward. Es hing mit der Perspektivik zusammen, daß soziales Milieu oder Naturräume niemals statisch (auktorial) beschrieben, sondern stets dynamisch erlebt wurden. Tolstoj war hierin der gelehrige Schüler Lessings – oder Černyševskijs, der in seinem Lessing-Buch die Maxime aus dem *Laokoon* vermittelt hatte, daß die Poesie nicht die Gegenstände selbst, sondern nur deren Wirkung auf die Seele des Menschen darstellen könne.

Daß Ehe und Ehebruch zu den aktuellsten Themen der Zeit, nicht nur in Rußland, zählten, belegen Flauberts *Madame Bovary* (1856) oder Fontanes *L'Adultera* (1882) und *Effi Briest* (1894/95), Werke, die sich zum Vergleich mit *Anna Karenina* anbieten. Zu authentischen Quellen, wie sie Tolstoj nie verschmähte, lassen sich auffällige Intertextbeziehungen der Anna-Geschichte zu Puškins *Evgenij Onegin* aufdecken. Sie erscheint als Modifikation oder als Supplementum zum Schicksal der Tat'jana Larina, oder, wie Boris Èjchenbaum sagt: Anna, das sei Tat'jana nach acht Jahren Ehe. (Auf Puškin weist allein schon die Tatsache, daß Tolstojs Heldin in der ersten, einsträngigen Version des Romans noch Tat'jana Sergeevna Stavrovič hieß.) Auch Anna Petrovna Kern aus Puškins Umkreis und ihre bittere Ehe mit einem ungeliebten General könnte hier mitschwingen. (Die Namen Kern und Larina ergeben, anagrammatisch umgestellt, den Namen Karenina.) Im Blick auf den *Evgenij Onegin* kommt man kaum umhin, in Kitty eine neue Ol'ga Larina, in Lëvin einen neuen Vladimir Lenskij (Lëvin sollte zunächst Lenin heißen) zu erkennen – allerdings im Verhältnis zu ihren Prototypen charakterlich geadelt.

Die Lokalitäten, an denen der Roman spielt, sind nicht nur die üblichen Aufenthaltsorte des russischen Hochadels, sondern besitzen chronotopische Bedeutung und damit eine wichtige Funktion für den

Sinnaufbau des Werkes. Die ausländischen Orte wie das deutsche Kurbad oder die italienische Kunststadt sind Fluchtorte, die denen, die dorthin entkommen sind (Kitty; Anna und Vronskij), keinen Lebensraum bieten. Sankt-Petersburg ist die unrussische Metropole, die die dort lebende Hof- und Beamtengesellschaft in fremde Konventionen gefesselt und deformiert hat. Auch Moskau, die alte Hauptstadt, hat sich der Hektik ergeben, doch sind ihre Lebensformen ungezwungener, natürlicher, «russischer». (Es ist auf der Ebene der Chronotopen ein ähnlicher Mittler wie Oblonskij auf der der Figuren.) Lëvin hält sich immerhin dreimal in Moskau auf, Petersburg besucht er nie. Der Chronotop, der als einziger eine Lebensform im Einklang mit der Natur, in beglückender Familiengemeinschaft und produktiver Tätigkeit gewährleistet, ist Lëvins Landgut Pokrovskoe («Schutzort»). Pokrovskoe bildet den höchsten Punkt in der chronotopischen Hierarchie des Romans, dessen Gradmesser die Deformationspotentiale der Zivilisation bzw. deren Abwesenheit bilden. Ähnlich besteht in der Personenstruktur des Romans eine hierarchische Abstufung. Sie reicht vom vielköpfigen Chor verderbter, dem natürlichem Leben entfremdeter Adelschargen auf der einen Seite bis zu den voll im Einklang mit der Natur, wie Gras und Moos, lebenden Bauern auf der anderen. Auch die Hauptfiguren sind nach ihrem charakterologischen Wert gestaffelt. Hier nimmt die unterste Sprosse die «Ministerialmaschine» (ministerskaja mašina) Aleksej Karenin ein, während die oberste von Lëvin besetzt wird. Lëvin hat sich von Konventionen und Ideologien befreit, wirkt als Landwirt und hat seinen Lebenssinn in Ehe und Familie gefunden. Trotz seiner agnostischen Zweifel kommt er am Ende selbst mit dem lieben Gott ins reine. Zwischen Karenin und Lëvin ist der Fächer der Charaktermöglichkeiten, und das heißt immer auch: der Lebensentwürfe, geöffnet: Stiva Oblonskij, kein schlechter Kerl, jedoch leichtsinnig und verantwortungslos; Anna und Vronskij, ihrer Liebesleidenschaft ausgeliefert und unfähig, sich vom Verhaltenscodex und der Lebensart der großen Gesellschaft zu lösen. Erst in der Gesamtanlage kommt Tolstojs Weltanschauung ins Spiel; die Wertskala ist die des wirklichen Autors. Nicht Familien sind glücklich oder unglücklich, sondern die einzelnen Familienmitglieder sind es in ihnen. Die Familie, das führt Tolstojs künstlerisch vollkommenster Roman vor Augen, ist der soziale Mikrokosmos, in dem Lebensentwürfe gelingen oder scheitern.

Die dritte Schaffensphase: 1879–1910

In den 60er und 70er Jahren, der Zeit, in der die beiden großen Romane *Vojna i mir* und *Anna Karenina* entstanden, hielten sich bei Tolstoj künstlerisches und moralisches Wollen die Waage. Später überwog das letztere, ohne doch das Künstlertum Tolstojs jemals ganz zum Schweigen zu bringen.

Mit fünfzig Lebensjahren vollzog sich in Tolstoj ein geistiger Umbruch, der in seiner «Beichte» (*Ispoved'*, geschrieben 1879/80, veröfftl. 1882) und in der Bekenntnisschrift *V čëm moja vera?* (Worin mein Glaube besteht, 1882–1884) niedergelegt ist. In der Beichte verwarf er alles in der eigenen Existenz, was er durch seine Standesherkunft und seinen Bildungsweg erlangt hatte. Nicht nur sein Verhalten als Offizier und Lebemann in der Gesellschaft, sondern vor allem auch das eigene Künstlertum verurteilte er nun mit Schärfe. Tolstoj wurde in den letzten drei Lebensjahrzehnten zu einer geistigen Autorität ersten Ranges. Seine laufenden Stellungnahmen zu allen möglichen Fragen der staatlichen und kirchlichen Politik (*Cerkov' i gosudarstvo*, [Kirche und Staat], 1882, veröfftl. 1891), seine fundamentale Kritik an den Auswüchsen der Zivilisation, an sozialen Mißständen, an der Kunst und an der Musik (*Čto takoe iskusstvo?* [Was ist Kunst?], 1898), an Shakespeare und am Drama (*O Šekspire i o drame*, 1903/04, veröfftl. 1906) stießen auf starken Widerhall. Die von ihm wiederholt organisierten Hilfsaktionen für hungernde Bauern oder verfolgte Sektierer blieben keineswegs unbeachtet. Seit 1882 stand Tolstoj unter geheimer Polizeiaufsicht, 1901 exkommunizierte ihn die orthodoxe Kirche. Trotz mancher abwegiger Vorstellungen gewannen seine Lehren weite Verbreitung und gerannen zu einer religiös-gesellschaftlichen Bewegung, Tolstovstvo (Tolstojanertum) genannt. In der Lehre des Meisters von der Umwandlung (preobrazovanie) der Gesellschaft durch moralisch-religiöse Selbstvervollkommnung vereint, gründeten seine Anhänger sektenartige Gemeinschaften mit Produktionskommunen (proizvodstvennye obščiny) in Mittelrußland. Der Verlag «Posrednik», 1884 von Tolstojs engsten Anhängern Vladimir Čertkov und Ivan Gorbunov-Posadov gegründet, widmete sich der Verbreitung seiner Schriften und volkstümlicher Literatur für die Bauern. Tolstojs Prinzip des «Nichtwiderstehens dem Bösen mittels Gewalt» (neprotivlenie zlu nasiliem) wurde sogar von Gandhi aufgenommen und in seine Strategie des passiven, waffenlosen Kampfes gegen die Kolonialmacht eingebracht.

Die späten Erzählungen

Ungeachtet seiner mannigfachen Unternehmungen und Interventionen ruhte doch nie Tolstojs belletristisches Schaffen. Nur stellte er es immer mehr in den Dienst seiner moralischen Ziele. In den Jahren der Krise legte er seine neuen sozialreformerischen und religiös-ethischen Ansichten nieder (*Issledovanie dogmatičeskogo bogosloviija* [Erforschung der dogmatischen Theologie], 1879/80) und übersetzte die vier Evangelien (*Soedinenie i perevod četyrëch evangelij* [Vereinigung und Übersetzung der vier Evangelien], 1880/81), um die christliche Glaubenslehre nach seinem Verständnis ganz auf Liebe und Vergebung zu gründen. Noch immer lag ihm die Bildung der einfachen Bauern am Herzen, wie die Volkserzählungen (*Narodnye rasskazy*) aus den Jahren 1885/86 bezeugen, darunter *Skazka ob Ivane-duračke i ego dvuch brat'jach* (Märchen von Hans Dummling und seinen beiden Brüdern) und *Mnogo li čeloveku zemli nužno* (Wieviel Erde braucht der Mensch?). In den Erzählungen aus der Adelswelt kam die Kritik an der unnatürlichen, von hohlen Konventionen, Karrieredenken und Erwerbsstreben beherrschten Lebensweise der höheren Stände immer deutlicher zum Ausdruck. Gleichwohl gelangen Tolstoj nach wie vor Meisterwerke von überragender künstlerischer Kraft. Das gilt für die Erzählung *Otec Sergij* (Vater Sergius, 1890–1898, posth. 1911), in der die Versuchungen des Fleisches das beherrschende Thema bildeten. Vater Sergius war einst als Fürst Kasatskij der Kommandeur der Leibkürassier-Schwadron gewesen; er ging ins Kloster, als er erfuhr, daß seine Braut die Geliebte des Zaren gewesen war. Doch auch im Kloster treten Anfechtungen an ihn heran, die er durch Selbstverstümmelung zu überwinden sucht. Erst in seiner Verwandten Pašen'ka findet er jene Gottesliebe verkörpert, die die wahre Menschenliebe ist. Die Klosterwelt – als Vorbild diente Tolstoj, wie Dostoevskij, die Optina Pustyn' – wird kritischer gesehen als bei jenem; Vater Sergius ist, trotz mancher Parallelen, kein Starec Zosima, sondern ein Charakter von der leidenschaftlichen Unbedingtheit Tolstojs. In den unvollendeten *Posmertnye zapiski starca Fëdora Kuzmiča* (Posthume Aufzeichnungen des Starzen Fëdor Kuzmič, 1905) griff Tolstoj die Legende von Zar Alexander auf, der nicht gestorben sei, sondern als unerkannter Pilger durchs russische Land ziehe. In der genialen Erzählung *Smert' Ivana Il'iča* (Der Tod des Ivan Il'ič, 1886) wird dem hochrangigen Richter Ivan Il'ič Golovin Erleuchtung (prozrenie) nach einem leichtfertigen, jedoch bürgerlich erfolgreichen Leben erst im Tode zuteil, da er, schwer krank und auf sich selbst zurückgeworfen, erkennt, daß sein ganzes Leben «nicht das Richtige» (ne to) gewesen sei. Die Geschichte ist in einer Art Spiral-

bewegung bzw. in der von Tolstoj oft gebrauchten aufbauenden Rückwendung komponiert, die mit der Nachricht vom Tode des Ivan Il'ič
und seiner Aufbahrung einsetzt, dann seine Lebensgeschichte und
endlich mit schonungsloser Präzision seine grausame Krankheit zum
Tode schildert. Erst in der Agonie erkennt er, daß es keinen Tod gibt,
sondern daß statt des Todes Licht und Freude herrschen. Das falsche,
das entfremdete Leben, das Tolstoj so unerbittlich vorwies, das Sein
des Menschen, das zu elendem Schein verkommen war, mußte die
Marxisten ebenso beeindrucken wie die Existentialisten. Ehe und
fleischliche Liebe, die verführerische Kraft der Musik und erneut der
Ehebruch schufen in der Novelle *Krejcerova sonata* (Die Kreutzersonate,
1891) ein ätzendes Gemisch, das, nicht zuletzt wegen der Parallele zum
gemeinsamen Musizieren der Gräfin Tolstaja mit dem Komponisten
Sergej Taneev, als pikantes Skandalwerk aufgenommen wurde. Wie
Tolstoj das aufwühlende Geschehen aus der Erzählsituation in einem
Eisenbahnabteil mit zufälligen, wechselnden Reisenden sich ergeben
läßt, wie er das Hauptproblem – Pozdnyšev, einer der Mitreisenden,
hat seine Frau umgebracht, da er glaubte, daß sie ihn mit einem Musiker betrogen habe – immer wieder durch die Einlassungen eines liberalen Advokatenpaares und gereizte Tiraden Pozdnyševs über Keusch-
heit und Kinderaufzug in der Ehe, über den allgemeinen Sittenverfall
usw. retardierte, bis er endlich, mit dem Erzähler allein im Abteil, den
ganzen Verlauf seiner Tragödie ausbreitet – das zeigte noch immer den
großen Erzähler, auch wenn das Werk vielleicht mehr an Tendenz
enthielt, als ihm guttat. Allein, man muß auch hier differenzieren.
Pozdnyšev verkündete zwar Ansichten, die weitgehend Tolstojs notorischen Thesen zur Sexualmoral enstprachen; indem sie aber offensichtlich von einem außer sich geratenen, grausam getroffenen Eiferer
vorgebracht und von einem skeptisch-zurückhaltenden Ich-Erzähler
registriert wurden, gewannen sie einen anderen Stellenwert. Der
Autor bot gleichsam Möglichkeiten zu ihrer Relativierung. Kunst
konnte noch immer eine Doktrin korrigieren.

‹Auferstehung›

Voskresenie (Auferstehung, 1899), der dritte große Roman Tolstojs, mit
mehr als 20jährigem Abstand nach *Anna Karenina* veröffentlicht,
konnte bei ungebrochener künstlerischer Kraft die geistig-moralische
Kehrtwendung des Autors nicht verleugnen. Das Thesen- und Ten-
denzhafte, das zwar in keinem seiner Werke ganz gefehlt hatte, trat
jetzt mächtig in den Vordergrund und rührte an heikle Fragen der russischen Rechtsprechung und des Strafvollzugs; auch die heuchlerische

Rolle der Kirche wurde angesprochen. Da das Werk des inzwischen weltbekannten Autors in zensurfreier Form zugleich auch in London erschien, entspann sich ein breiter Diskurs um *Voskresenie*, an dem sich unter anderen Romain Rolland, Edgar Garnett, Paul Ernst und Rosa Luxemburg beteiligten. Das außergewöhnliche Echo des Romans wurde noch durch die Tatsache verstärkt, daß Tolstoj das Honorar zur Unterstützung von Sekten zur Verfügung stellte.

In den drei großen Teilen des Romans wird eine Geschichte erzählt, die auf einen authentischen Gerichtsfall zurückgeht. Tolstoj hatte ihn von dem Juristen Anatolij Koni erfahren: Der etwa 30jährige Fürst Nechljudov erkennt bei einer Gerichtsverhandlung, der er als Geschworener beiwohnt, in der Prostituierten Katerina Maslova, die wegen Giftmordes angeklagt ist, diejenige, die er vor sieben Jahren auf dem Gut seiner Tanten verführt hat. Er nimmt seine Schuld auf sich, bricht mit der «guten Gesellschaft», betreibt die Kassation des auf einem Verfahrensfehler beruhenden Urteils, bietet der Maslova die Ehe an, folgt ihr auf dem Weg in die Zwangsarbeit und, als sie begnadigt wird, in die Zwangsansiedlung. Obwohl Katjuša Maslova Nechljudov liebt, schlägt sie die Ehe mit ihm aus und heiratet einen politischen Häftling. Am Schluß des Romans scheinen beide durch ihre Opferbereitschaft und ihre Befreiung von den Zwängen der Konventionen geläutert zu sein − innerlich «auferstanden». Die Lösung entsprach Tolstojs rationalem Christentum, das den Wunderglauben − und damit die mirakulöse Auferstehung Christi − verwarf und eine Auferstehung des Menschen allein im moralischen Handeln nach dem Evangelium für möglich hielt (L. Müller).

Es gelang Tolstoj, die paranomal zugespitze Ausgangslage − der Schuldige sitzt über das Opfer seines Handelns zu Gericht − mit einem dramatischen Paukenschlag zu exponieren. Das Moment des Erkennens, die Aristotelische Anagnorisis, steht im zwölften Kapitel des Ersten Teils: «Ja, es war Katjuša!» (Da, ėto byla Katjuša!). Der Rest besteht aus Schilderungen im «Jetzt» und Rückblicken ins «Damals». Gericht und Gefängnis sind breit geschilderte, bedrückende Chronotopen, ebenso wie Nechljudovs Güter Kuzminskoe und Panovo, wo Nechljudov den Bauern sein Land überläßt, oder Petersburg, wo er das Kassationsverfahren für die Maslova betreibt. Der Dritte Teil des Romans zeigt die Maslova, begleitet von Nechljudov, in einem Gefangenenkonvoi auf dem Wege nach Sibirien. Die Einlinigkeit dieses Handlungsgerüstes, das nur im Expositionsteil mit der sogenannten aufbauenden Rückwendung arbeitet, wird in den beiden folgenden Teilen durch die «Geschichten» (istorii) der neu eingeführten Personen ständig durchbrochen, so daß der Leser mit einer Fülle von individuellen Schicksalen und Lebensverhältnissen aus den unterschiedlichsten Gesellschaftsbereichen bekanntgemacht wird, seien es Petersburger Aristokraten und hochgestellte Beamte wie der deutschstämmige Baron, General und Okkultist, der für das Begnadigungswesen zuständig ist, seien es verbannte Narodniki oder Sektierer auf den Verschickungsetappen. Erst durch das ausgiebig eingesetzte Istorija-Verfahren gewinnt *Voskresenie* die rechte Substanz eines Romans. Dabei ist der vom Erzähler aufgebaute Standesantagonismus überdeutlich. Auf der einen Seite das einfache, arme, arbeitende Volk, die Bauern, Strafgefangenen und, nicht zuletzt, Katerina Maslova; auf der anderen die verderbte, reiche, schmarotzende Gesellschaft, Gutsbesitzer, Richter und Justizbeamte und die Kočargina, Nechljudovs Verlobte. Es ist die gleiche soziale Differenzierung in arme und reiche, produzierende und nicht-produzierende Stände, die Tolstoj in seiner Schrift *Tak čto že nam delat'?* (Was sollen wir denn tun?, 1882–1886) herausgestellt hatte.

Um seinem Thema gewachsen zu sein, hatte Tolstoj umfangreiche juridische Spezialstudien getrieben sowie Gerichtsverhandlungen und Gefängnisse besucht. So konnte er die Hafteinrichtungen als Ort der Erniedrigung und Depravierung des Menschen zeigen, als neuen Locus horribilis. Das Kunstmittel der Verfremdung wurde ausgiebig eingesetzt. Bereits in der ersten Passage wird ein Bild des sprießenden Frühlings geboten, dem das hastige, herrschsüchtige Menschentreiben gegenübergestellt wird. Später wird der Ostergottesdienst im Gefängnis oder der Bordellbetrieb (durch eine unaufhörliche Aufzählung von Handlungen, Gegenständen und Personen) satirisch beleuchtet. Der Erzähler ergreift stärker noch als in früheren Werken Partei für die «Unterdrückten» und gegen die «Parasiten».

Der Roman endet mit Nechljudovs Lektüre der Bergpredigt. Im Nachdenken über Christi Worte entwickelt er ein neues, aus fünf Geboten bestehendes Grundgesetz, das Versöhnung, eheliche Treue, Ablehnung des Eides, Vergebung und Feindesliebe unabdingbar machen soll. Kein Zweifel, daß der Fürst hier kaum verhohlen zum Sprachrohr des Moralisten Tolstojs wird. Eine eigentümliche, fast leere Allgemeinheit liegt, mit den Worten von Käte Hamburger, über dem Romanausklang.

‹Chadži-Murat›

Mit der Povest' *Chadži-Murat* (posth. 1912) schuf Tolstoj noch im hohen Alter ein unvergleichliches Meisterwerk. Es wurde in den Jahren vor 1904 niedergeschrieben, jedoch erst nach Tolstojs Tod veröffentlicht. Tolstoj griff darin das Kaukasus-Thema, das den Anfang sei-

nes Schaffens bestimmt hatte, wieder auf und schrieb mit erstaunlicher
Frische und Sachgenauigkeit über die Welt, die er vor 50 Jahren aufgenommen hatte. In der Einleitung wird, gleichsam als poetologische
Anleitung, das Verfahren benannt, nach dem die Geschichte erzählt
werden soll: Der Autor (es ist unverkennbar der alte Tolstoj selbst, der
da spricht) hat auf einem Spaziergang eine von einem Wagenrad zer-
drückte Distel gefunden; sie erinnert ihn an eine zurückliegende kaukasische Geschichte, die er nun erzählen wird, teils wie er sie gesehen,
teils wie er sie von Augenzeugen gehört, teils wie er sie sich innerlich
vorgestellt habe.

Chadži-Murat, der Naib (Stellvertreter) Schamyls (Šamil'), war
Ende 1851, also etwa zu der Zeit, da Tolstoj in den Kaukasus aufgebrochen war, zu den Russen übergetreten, um gegen den verhaßten
Widersacher Schamyl zu kämpfen und die Blutrache an ihm zu vollziehen. Für die Russen ist der Überläufer ein Geschenk des Himmels,
aus dem sie allerdings in ihrem kleinmütigen Mißtrauen keinen Nutzen zu ziehen wissen. Chadži-Murats Aufenthalt bei den Russen bis zu
seiner Flucht, bei der er den Tod findet, bildet das Sujet der Povest'. Im
Grunde folgt sie, wenn auch nur auf der kurzen Strecke von 25 Kapiteln, dem Bauprinzip der Geschichtsepopöe, indem sie die politisch-
historische und die «private» Dimension des Ereignisses auftut. Chadži-Murat wird in verschiedenen Sphären gezeigt, beim Fürsten Voroncov, dem russischen Statthalter mit unbeschränkten Vollmachten in
Tiflis, oder im Hause des Hauptmanns Petrov am Ort seiner Konfinie-
rung, immer völlig natürlich, stolz und würdig, verschlossen, aber
dennoch die Menschen, denen er begegnet, für sich einnehmend.
Über sein Schicksal entscheiden Zar Nikolaus und Schamyl, der Imam
der Muriden – zwei Pole, wie Tolstoj an anderer Stelle schrieb, des
Feudalabsolutismus, des asiatischen und des europäischen. Sie fassen
die Beschlüsse, der eine beim Rapport seines Kriegsministers Černy-
šëv, der andere im Imamsrat, Beschlüsse, die, so oder so, Chadži-
Murats Ende besiegeln. Von Nikolaus I. wird ein Bild gezeichnet, das
abschätziger und sarkastischer nicht sein könnte. Doch läßt die Darstellung keinen Zweifel daran, daß der Zar mit der Attitüde von auf-
trumpfender Selbstherrlichkeit nur seine banale Durchschnittlichkeit
und Unsicherheit verdeckt und darin durch die Unterwürfigkeit seiner Umgebung auch noch ständig bestärkt wird. Schamyl tritt als
geistlicher Führer der aufständischen Awaren grausam und entschieden auf, innerlich indes ist er müde und unglücklich. Die äußere und
innere Befindlichkeit der russischen wie der awarischen Seite wird mit
jener Genauigkeit berichtet, die nichts ausläßt, vor allem auch die
inneren Widersprüche nicht, die die materiellen und sprachlichen

Besonderheiten der kaukasischen Welt einfängt und die Tolstojschen
ethischen Parameter immer wieder an die kleinen und großen Dinge
anlegt. Meist genügt die lakonische Mitteilung der Tatsachen – etwa
daß ein Feldjäger, um die Nachricht vom Überlaufen Chadži-Murats
von Tiflis nach Petersburg zu bringen, Dutzende von Pferden zuschan-
den hetzt und Dutzende von Kutschern bis aufs Blut drischt – oder
die leichte Verwunderung darüber, daß Nikolaus, als er ein junges
Mädchen verführt hat und sie mit seiner Mätresse vergleicht, nicht
einmal auf den Gedanken kommt, sexuelle Ausschweifung könne für
einen verheirateten Ehemann untunlich (ne chorošo) sein. Der moralische Impetus wurde zum verfremdenden Kunstmittel.

Der russisch-japanische Krieg (*Odumajtes'!* [Besinnt euch!], 1904)
und die Revolution des Jahres 1905 (*Značenie russkoj revoljucii* [Die
Bedeutung der russischen Revolution], 1906) ließen Tolstoj keine
Ruhe, er kämpfte gegen den privaten Besitz an Grund und Boden,
gegen die Todesstrafe (*Ne mogu molčat'* [Ich kann nicht schweigen],
1908). Jede Erklärung, jede Schrift Tolstojs erregte weltweites Aufsehen. So war sein Ende, als er, von den ewigen Streitigkeiten zwischen
seiner Frau und seinen Anhängern zermürbt, aber auch von der Sehnsucht getragen, als einfacher, bedürfnisloser Bauer durchs Land zu ziehen, im Oktober 1910 aus Jasnaja Poljana floh und in der Bahnstation
Astapovo verstarb, ein Ereignis, das nicht nur Rußland, sondern die
ganze Welt zutiefst bewegte.

Viertes Kapitel

Die russische Moderne
(1880–1917)

A. *Zwischen Naturalismus und Symbolismus*
(1880–1910)

Die Desintegration des Realismus

Die Entwicklung des russischen Realismus hatte sich wie ein logischer Prozeß stetig wachsender thematischer Komplexität, des Ausbaus der Erzählformen und der Vervollkommnung der Erzähltechnik dargestellt. In seiner Geschlossenheit und nach dem Rang seiner Hervorbringungen war der Realismus mit den großen Epochen der Weltliteratur – italienischer Frührenaissance, englischem Elisabethanismus, französischem Klassizismus, Goethe-Zeit – zu vergleichen. Um so schwerer fällt es, die auf den Realismus folgende Phase in der russischen Literatur zu bestimmen. Selbst als unterschiedliche Symptome die Erschöpfung und Krise der realistischen Methode anzeigten, blieb deren Kraft in einer längeren Übergangszeit noch erhalten, während sich die neuen Ansätze nur langsam abzeichneten. Und diese Ansätze zeigten keine gemeinsame Stoßrichtung, etwa in der Weise, daß ein durchgehender künstlerischer Gegenentwurf zu erkennen gewesen wäre, der fähig schien, nach der «Abnutzung» des alten Systems dieses zu ersetzen. Alle bekannten literaturgeschichtlichen Tatsachen sprechen vielmehr dafür, daß das entscheidende Oppositionsprinzip diesmal in der Ersetzung einer homogenen Struktur durch eine heterogene bestand. Anstelle der ungewöhnlich einheitlichen Realismusformation erschien ein Ensemble von mehreren Strömungen, die jeweils in einem unterschiedlichen Oppositionsbezug zum Realismus standen. In ihrer Gesamtheit wiesen sie jedoch einen gemeinsamen Nenner auf: die Desintegration des Realismus (A. Flaker).

Die Verwissenschaftlichung und soziographische Verschärfung der realistischen Methode in der naturalistischen Strömung zählte ebensogut zu den Desintegrationsmomenten wie die impressionistischen Tendenzen oder das Interesse an morbiden und pathologischen Themen, die mit dem Begriff Décadence (dekadentstvo) belegt wurden.

Eine entscheidende Rolle kam im Ensemble der den Realismus desintegrierenden Erscheinungen endlich dem Symbolismus zu. Er stellte nicht mehr eine Fortentwicklung oder Verschärfung realistischer Prinzipien dar, sondern die Umkehrung oder – buchstäblich – die Transzendierung der realistisch-mimetischen Kunstmaximen. In der Mitte der 90er Jahre zeichnete sich die Formation der russischen literarischen Moderne – im Sinne der genannten heterogenen Impulse – vollständig ab. Ihre mächtigsten Teilströmungen waren Naturalismus und Symbolismus, während Impressionismus, Décadence, Neoromantik, Neoklassizismus und Neorokoko kaum als selbständige Formationen, sondern eher nur als Stiltendenzen auszumachen sind. Es ist charakteristisch für die russische Moderne, daß alle Teilströmungen und Tendenzen einander beeinflußten, ja in bestimmten Momenten miteinander austauschbar waren. Die Moderne in literatursoziologische Kategorien (Revolutionär-Proletarische Literatur, Bauernliteratur, Kleinbürgerliche Literatur, Literatur der demokratischen Intelligenz, Literatur der deklassierten Intelligenz, Literatur der Bourgeoisie, Adelsliteratur) zu überführen, wie es Pavel Sakulin versucht hat, erweist sich als ebenso widersinnig wie die sowjetische Praxis, Gor'kij als die beherrschende Figur der Epoche herauszustellen und die Literatur der «bourgeoisen Dekadenz» zu marginalisieren.

Übergänge: 1880–1895

Die Zeit um 1880 bedeutete in der russischen Literatur eine spürbare Wende, die sich durch mancherlei Irritationen ankündigte. Nicht nur der Zarenmord im März 1881 war ein traumatisches Ereignis, das sich ins Bewußtsein der Zeitgenossen ungut hineinfraß und das politische und kulturelle Klima nachhaltig veränderte, sondern auch die Literatur selbst lieferte die Zeichen, die auf Veränderungen schließen ließen. Mit Tolstojs *Anna Karenina* (Buchausgabe 1878) und Dostoevskijs *Brüdern Karamazov* (1879/80) lagen grandiose Romane vor, deren Themenfülle und Lebensdurchdringung kaum noch zu überbieten waren. Es mußte scheinen, als habe die realistische Erzählliteratur damit ihre Vollendung erreicht. Dostoevskij starb im Januar 1881, Turgenev 1883. Tolstoj hatte sich mit seiner schonungslosen *Ispoved'* (Beichte, 1879/80; veröfftl. 1882) von der «Verführung der Literatur» abgewandt. Das waren Symptome einer Erschöpfung der realistischen Literatur, wenngleich kaum vorstellbar war, daß eine Kunstübung von so überzeugender Geschlossenheit und Kraft rasch von der Bühne verschwinden könnte. So sind denn im Fahrwasser des Realismus auch nach 1880 bedeutsame Werke entstanden, die die thematische Palette bereicherten und auch neue Erzählmodi ins Spiel brachten. So legte Tolstoj mit *Auferstehung*, geschrieben in den Jahren 1889–1899, einen Roman vor, der, für das Publikum überraschend, am Schicksal der Prostituierten Katerina Maslova und ihres Verführers Fürst Nechljudov das russische Gerichtswesen, den Strafvollzug und die Verbannung nach Sibirien ätzender Kritik unterzog. Fast unmerklich nahmen die sozialanalytische Schärfe und die Darstellung sozialer Mißstände in den Romanen Pëtr Boborykins und Dmitrij Mamin-Sibirjaks zu, womit nach der programmatischen Verkündung des «roman expérimental» durch Émile Zola im Jahre 1880, der mit wissenschaftlichem Anspruch auftrat und auf naturwissenschaftliche Vorgehensweise pochte, der Weg zum Naturalismus eingeschlagen ward.

Es war am Verhalten der jüngeren Autoren, die um 1880 in die Literatur eintraten, deutlich zu sehen, daß ein Bruch in der Kunstauffassung stattgefunden hatte. Vsevolod Garšin, den man nach seiner erschütternden Erzählung aus dem Russisch-Türkischen Krieg *Četyre dnja* (Vier Tage, 1877) – das Bewußtseinsprotokoll eines verwundeten Soldaten, der vier Tage im Niemandsland liegt, bis er aufgefunden und gerettet wird – als das große kommende Talent erkannte, schrieb bis zu seinem frühen Ende ausschließlich Erzählungen, in denen sich ein intrikater Psychologismus und, etwa in *Attalea princeps* (1880) und *Krasnyj cvetok* (Die rote Blume, 1883), bereits auch ein noch realistisch motivierter Symbolismus ankündigten. In der roten Blume war für den geistig verwirrten Helden «alles Übel der Welt versammelt», sie war Ahriman in einer harmlosen Verkörperung; im eingebildeten Kampf mit ihr ging er zugrunde. Als der zwanzigjährige Anton Čechov 1880 kurze Humoresken und Skizzen in satirischen Zeitschriften zu veröffentlichen begann, dachte er allein schon aus pragmatischen Gründen nicht an «große Werke»: er schrieb, um seine Familie vor dem sozialen Ruin zu bewahren. Sein noch in der Gymnasialzeit in Taganrog unternommener Versuch, mit einem großen Gesellschaftsdrama in der Manier Ostrovskijs zu reüssieren, schlug fehl. Das Stück wurde – ohne Titelblatt – erst nach der Oktoberrevolution in einem Banksafe entdeckt und sollte wahrscheinlich «Vaterlosigkeit» (*Bezotcovščina*) heißen, doch wird es heute meist nach dem Haupthelden *Platonov* genannt. Anders die Humoresken und kleinen Geschichten. Diese mit scharfem Blick beobachteten und mit unbändigem Witz dargebotenen Kurzgeschichten brachten ihr Geld – und zwar sofort. In einer der frühesten Humoresken, überschrieben *Čto čašče vsego vstrečaetsja v romanach povestjach i t. p.* (Was meistens in Romanen, Erzählungen usw. vorkommt, 1880) tat Čechov – oder Antoša Čechonte, wie er seine frühen Arbeiten meist unterschrieb – nichts anderes, als die Klischees aus der zeitgenössischen Erzählliteratur beim Namen zu nennen. Keine literaturwissenschaftliche Analyse könnte das obsolete Alte, das nur noch zur Parodie taugte und dessen Umkehrung das Konzept einer neuen, postrealistischen Literatur ahnen ließ, besser bestimmen, als es in diesem kurzen Text geschah: «ein Graf, eine Gräfin mit Spuren einstiger Schönheit, ein benachbarter Baron, ein liberaler Literat, ein verarmter Adeliger, ein ausländischer Musiker, Njanjas, Gouvernanten, ein deutscher Gutsverwalter...». Man kannte solches Personal nur zu gut aus den Romanen Turgenevs (der hier vor allem gemeint war), aber auch Pisemskijs und Tolstojs, von der Trivialliteratur ganz zu schweigen. Figuren-, Orts-, Handlungsklischees wurden in disparater Aufzählung gereiht – bis hin zu den kostbaren Attributen des gehobenen Lebensstils: chinesisches Porzellan, englische Reitsättel, Orden, Ananas und Champagner. Aus der Sicht des frechen jungen Autors waren es Stoffe und Zeichen einer Gesellschaft, die nur mehr ironisiert und parodiert werden konnte. Diesen ironisch-parodistischen Grundakkord sollte Čechov von den bescheidenen Anfängen bis in sein reifes Schaffen hinein durchhalten.

Auch in der russischen Poesie trat in den 1880er Jahren ein Zustand zwischen Nicht-mehr und Noch-nicht zutage, da die Dichter nicht mehr auf der sozialkritischen und volkstümlichen Bahn der Nekrasov-Schule fortfahren konnten, andererseits aber auch noch nicht zu neuen Ufern vorstießen. Bemerkenswert war vielmehr, daß Dichter, die unter den Schmähungen der utilitaristischen Kritik jahrzehntelang geschwiegen hatten, jetzt Morgenluft witterten und ihre Verse erneut publizierten. So erschienen seit 1883 in mehreren Folgen Afanasij Fets Gedichtsammlungen *Večernie ogni* (Abendfeuer), in denen sich ein kruder Konservatismus mit Schopenhauerscher Weltsicht verband – Fet hatte in den 70er Jahren Schopenhauers *Welt als Wille und Vorstellung* (*Mir kak volja i predstavlenie*, 1881) ins Russische übersetzt –, wenn auch der feinsinnige Naturlyriker noch immer zu erkennen war. Namentlich dichtende Aristokraten, die vor der höhnischen Meinungsfront der revolutionären Demokraten zurückgewichen waren, traten wieder hervor: Graf Arsenij Goleniščev-Kutuzov, der Freund Modest Musorgskijs, für den er die Texte der Liederzyklen *Bez solnca* (Ohne Sonne, 1874) und *Pesni i pljaski smerti* (Lieder und Tänze des Todes, 1875–1877) gedichtet hatte; der Großfürst und General der Infanterie Konstantin Konstantinovič, Neffe des Zaren Alexanders II., der seine Gedichte und Übersetzungen (Schillers *Braut von Messina*, Goethes *Iphigenie auf Tauris*, Shakespeares *Hamlet*) unter den bescheidenen Initialen K. R. (d. i. Konstantin Romanov) veröffentlichte; schließlich Graf

Pëtr Buturlin, ein begabter Sonettkünstler, der, in Florenz geboren, als Diplomat vorwiegend im Ausland lebte. Hier sind auch Aleksej Apuchtin und Konstantin Slučevskij zu nennen. Beide waren bereits in jungen Jahren als dichterischer Nachwuchs der Puškin-Richtung gepriesen worden, in den 60er Jahren stießen sie auf die höhnische Ablehnung seitens der utilitaristischen Kritik. Apuchtins *Derevenskie očerki* (Dorfskizzen), 1859 im *Sovremennik* veröffentlicht, zeichneten das russische Dorf in melancholischen Abschiedsversen als Idylle. In dem humoristischen Gedicht *Diletant* (Der Dilettant, posth. 1896) bekannte sich Apuchtin, gegen Pisarev polemisierend, zu einer Poesie jenseits von Politik und gesellschaftlichem Nutzen. Seine «Kammerlyrik», gegründet auf eine feine Rhythmik und elegische Töne, fand ein breites Echo in den schwierigen 80er Jahren, dem «bezvremen'e» unter Alexander III., das Aleksandr Blok einmal die «Apuchtinschen Jahre» (apuchtinskie gody) genannt hat. Berühmt wurden damals vor allem seine Salon- und Zigeunerromanzen, von denen an die fünfzig vertont wurden, nicht zuletzt von Pëtr Čajkovskij, Apuchtins engem Freund seit dem gemeinsamen Studium an der Petersburger Rechtsanstalt. Zu den bekanntesten zählen: *Noči bezumnye* (Tolle Nächte) und *Den' li carit* (Herrscht der Tag; beide aus den *Stichotvorenija* [Gedichte] von 1886). Daß Apuchtin den Romanzenton in einer Weise traf, der die Vertonung geradezu herausforderte, stellt wohl den wichtigsten Wert seiner Poesie dar.

Konstantin Slučevskij, der in Heidelberg zum Dr. phil. promovierte und später hohe Funktionen im Staatsdienst wahrnahm, ist bis heute nicht voll erschlossen. Meist hat man ihn als Dichter des Übergangs oder Vorläufer des Symbolismus eingestuft. Neuere Forschungen zeigen jedoch, daß er sich in einer komplizierten Zwischenlage zwischen Romantik, Realismus und Symbolismus befindet. Nie hat er Zweifel daran aufkommen lassen, daß er an dem Programm der «reinen Kunst», ergänzt um das Postulat der Sittlichkeit, festhielt. Früh schon kritisierte er in den pamphletartigen Traktaten *Javlenija russkoj žizni pod kritikoju éstetiki* (Erscheinungen des russischen Lebens unter der Kritik der Ästhetik, 1866/67) mit Schärfe den ästhetischen Utilitarismus Černyševskijs, Pisarevs und Proudhons. Slučevskijs oft beschworene «Besonderheit» bezieht sich auf Verse von rätselhafter Schönheit und tiefsinnige Aussagen über Liebe, Leben und Tod. Er vertiefte die Meditationselegie (duma) und bereicherte das balladeske Genre um Formen wie «Phantasie» (fantazija) und «Skaz»; mehrere Gedichtzyklen besitzen den Charakter von Tagebuch- oder Reiseaufzeichnungen (*V puti* [Auf Reisen]). Das Mephisto-Motiv fand eine geistreiche Abwandlung in dem Zyklus *Mefistofel'* (1880/81). Beachtlich sind die Versuche, Themen aus den Romanen Dostoevskijs in poetischer Form zu gestalten – in Gedichten wie *Kamarinskaja* (1880) oder *Posle kazni v Ženeve* (Nach einer Hinrichtung in Genf, 1881). Slučevskij begriff Dostoevskijs Schaffen als Kampf um die Idee – so in seiner Studie *Dostoevskij. Očerk žizni i dejatel'nosti* (Dostoevskij. Skizze seines Lebens und Wirkens, 1889). Er strebte danach, ein «Dostoevskij der Lyrik» zu werden (S. Glitsch). Manche Verfahren der symbolistischen Poetik scheinen bei Slučevskij vorweggenommen, aber man trifft in einigen Gedichten auch auf Ungeschick und unfreiwillige Komik, die Slučevskij in späteren Versionen zu tilgen suchte. In vier Folgen veröffentlichte er seine Gedichte (*Stichotvorenija*, 1880, 1881, 1883, 1890). Mit den späten *Pesni iz «Ugolka»* (Lieder aus «Ugolok», 1895–1901), die in mystischen Ahnungen die Frage nach Tod und Jenseits umkreisten, befand sich Slučevskij in Reichweite der Symbolisten, was von Brjusov oder Bal'mont nicht ohne Genugtuung registriert wurde. Alle hier genannten Poeten waren in sowjetischer Zeit vulgärsoziologischer Verdammung ausgesetzt oder wegen ästhetisch-künstlerischer Unvereinbarkeit ausgegrenzt. Sie neu zu sichten und in den Kanon der russischen Literatur wieder einzureihen zählt zu den Aufgaben der Literaturwissenschaft.

Anders wurden die Dichter Konstantin Fofanov und Semën Nadson eingeschätzt, beide 1862 geboren und Lieblingsdichter der jungen Narodniki-Generation in den 80er Jahren. Nadson rührte das Publikum nach Erscheinen seiner *Stichotvorenija* (Gedichte, 1885) durch sein mitleiderregendes Schicksal und die Stilisierung eines neuen lyrischen Helden, für den persönliches und gesellschaftliches Glück nicht voneinander zu trennen sind. Fofanov war mit seinen Träumen von einer besseren, poetischen Welt und seinem Bekenntnis zur «reinen Kunst» der erfolgreichste Dichter vor dem Auftreten der Symbolisten. Aleksandr Blok und andere Symbolisten haben später dem verkommenen Dichter Hilfe und Achtung entgegengebracht; die Egofuturisten sahen in ihm ihren Vorläufer und standen, als er 1911 starb, an seinem Grab.

Imperialismus und Revolution

Die Übergangszeit deckte sich weitgehend mit der Regierungszeit Alexanders III. (1881–1894), die Ausbildung der Moderne fiel in die Regierungszeit Nikolaus' II. (1894–1917). Durch den gewaltsamen Tod seines Vaters aufgeschreckt, bediente sich Alexander III. einer repressiven Politik gegenüber demokratischer Intelligenz und Narodniki. Er schuf eine Geheimpolizei (Ochrana) und ließ die unsicheren Bereiche der Gesellschaft, vor allem Universitäten und Fabriken, überwachen. Zugleich versuchte er, beraten von Konstantin Pobedonoscev, dem rückwärtsgewandten Ober-Prokuror des heiligen Synod, die staatserhaltende ideologische Trias der Nikolaitischen Zeit – Orthodoxie, Selbstherrschaft, Patriotismus – wiederzubeleben und einige der liberalen Reformen seines Vaters rückgängig zu machen. Wie seine Vorgänger hielt er an der uneingeschränkten Selbstherrschaft fest. Die von den Liberalen ersehnte Konstitution kam nicht in Reichweite. In Polen, den baltischen Provinzen und anderen Randgebieten des Reiches wurde eine unverhüllte Russifizierungspolitik betrieben. Auch antisemitische Strömungen griffen um sich. In Südrußland brachen im April 1881 blutige Pogrome aus, die die Regierung veranlaßten, die Ansiedlung von Juden in ländlichen Gebieten zu untersagen.

Die russische Außenpolitik stand weiterhin im Zeichen der «imperialen Machtkonzentration» (G. Stökl), die namentlich auf die Herstellung der außenpolitischen Konkurrenzfähigkeit mit England, Frankreich und Deutschland abzielte. Im Verhältnis zu diesen Mächten konnte Rußland gleichsam noch als Entwicklungsland gelten. Die Fassade des Machtprestiges diente nicht zuletzt dazu, die innere Schwäche des Reiches zu verdecken. Der imperialistische Charakter der russischen Politik zeigte sich in panslawistischen Zielsetzungen und in der kolonialistischen Expansion nach Mittel- und Fernostasien. Die Ideologie des Panslawismus (panslavizm) war im Anschluß an die Moskauer Slawophilen von den Publizisten Nikolaj Danilevskij (*Rossija i Evropa,* Rußland und Europa, 1868) und Michail Katkov, dem einflußreichsten Literaturkritiker des konservativen Lagers und Herausgeber des *Russkij vestnik* und der *Moskovskie vedomosti,* ausgebaut worden. Sie strebte die Entwicklung einer «Panslawischen Union» (Sveslavjanskij Sojuz) unter russischer Führung an und stimulierte die Russifizierungspolitik in Polen und der Ukraine. Im neugeschaffenen Fürstentum Bulgarien löste das anmaßende Verhalten der russischen Berater Widerstand aus und führte, mit der Abdankung des von Rußland begünstigten Fürsten Battenberg, zu einem herben Rückschlag. Die panslawistischen Zielsetzungen liefen auf die Lösung der «orientalischen Frage» und damit notwendig auf einen Konflikt mit der Donaumonarchie und vor allem mit dem Osmanischen Reich hinaus, wie sich alsbald in der Annexionskrise, den Balkankriegen und dem Ersten Weltkrieg zeigen sollte. Der russische Expansionsdrang konnte sich hingegen zunächst ungehindert in Asien entfalten, einmal in der Stoßrichtung gegen China auf die japanische, dann gegen Afghanistan und Indien auf die britische Interessensphäre zu. In Zentralasien wurde das islamische Turkestan vollständig unterworfen. Durch den aufwendigen Bau der Transkaspischen Bahn (1883–1886) und der Transsibirischen Bahn (1891–1904) versuchte Rußland, die riesigen Ausdehnungen der gewonnenen Gebiete wirtschaftlich und mehr noch militärstrategisch zu beherrschen. 1894/95 konnte es im Japanisch-Chinesischen Krieg seinen Einfluß in China vergrößern. Der Griff nach Korea löste endlich den für Rußland verhängnisvollen Krieg mit Japan 1904/05 aus. Hier erlitten die russischen Streitkräfte verheerende Niederlagen. Der befestigte Hafen Port Arthur wurde von den militärisch überlegenen Japanern erobert; die ins Gelbe Meer entsandte Baltische Flotte ging in der Seeschlacht von Tsushima verloren. Hatte Zar Nikolaus II. gehofft, durch militärische Erfolge im Fernen Osten die revolutionären Entwicklungen im Lande zu überspielen, so trat das Gegenteil ein: Die deprimierenden Niederlagen verstärkten noch die revolutionäre Unruhe im Jahre 1905.

Das russische Vordringen in Asien faszinierte die Zeitgenossen. Im Dichten und Denken Vladimir Solov'ëvs fand es vielfältigen Niederschlag, wenn er etwa in seinen geschichtsphilosophischen Spekulationen das «asiatische Prinzip» oder die «gelbe Gefahr» beschwor. Im Erstarken der ostasiatischen Mächte, China und Japan, spürte er das Aufkommen einer Kraft, die den christlichen Heilsplan zu unterlaufen drohte. Ähnlich wie Nietzsches Lehre vom Antichrist war auch der Panmongolismus Anzeichen dafür, daß, entsprechend der Weissagung in der Offenbarung des Johannes, das Ende der Geschichte nahe sei und die Herrschaft des Bösen, die dem endlichen Sieg des Guten vorangehe, unmittelbar bevorstehe. Solov'ëv legte seine Furcht vor dem lautlosen Vordringen der Asiaten, ihres Totenkultes, des Neobuddhismus und der asiatischen Wüste (als Folge der von den Russen aus Achtlosigkeit bewirkten Waldzerstörung) in mehreren Schriften und Gedichten der 90er Jahre nieder: in *Kitaj i Evropa* (China und Europa, 1890), *Japan* (1890), *Vrag s vostoka* (Der Feind aus dem Osten, 1892) und vor allem in der Schreckensvision des Gedichts *Panmongolizm* (Panmongolismus, 1894). In seinem letzten bedeutenden Werk *Tri razgovora* (Drei Gespräche, 1900) ließ er in der «Kurzen Geschichte vom Antichrist» die Japaner an der Spitze der asiatischen Völker in den Entscheidungskampf gegen Europa ziehen und die panmongolische Herrschaft errichten, ehe der Antichrist, «eine Art Übermensch», sein Reich des Weltfriedens und der «Gleichheit des allgemeinen Sattseins» errichtet. Solov'ëvs eschatologische Spekulationen, die die laufenden Ereignisse gleichsam *sub specie aeternitatis* extrapolierten, beeindruckten die Zeitgenossen ungemein, allen voran die Symbolisten. Valerij Brjusov spiegelte die – von Solov'ëv geahnten – Ereignisse des Russisch-Japanischen Krieges in den symbolistischen Zeitgedichten des Zyklus

Sovremennost' (Gegenwart, 1903–1905). Auch des Mädchens Klagelied «von den Erschöpften im fremden Land, von den Schiffen, die in See stachen» in Aleksandr Bloks berühmtem Gedicht *Devuška pela v cerkovnom chore* (Das Mädchen sang im Kirchenchor, 1905) bezieht sich auf die Katastrophe von Tsushima. Das greinende Kind im Kirchenraum – das Jesuskind – weiß, «daß niemand zurückkehren wird». Andrej Belyj plante eine kulturphilosophische Romantrilogie über das Thema «Osten oder Westen», von der aber nur die Teile *Die silberne Taube* und *Petersburg* vollendet wurden.

Rußland durchlief in den Jahren vor dem Ersten Weltkrieg eine äußerst dynamische innere Entwicklung. Die Gesamtbevölkerung verdoppelte sich zwischen 1880 und 1914 von fast 94 auf 175 Millionen. Gegen Ende des Jahrhunderts hatten die beiden Hauptstädte die Millionengrenze überschritten. Dennoch lebte nach wie vor der weit überwiegende Teil der Bevölkerung auf dem Lande. 100 Mio. Bauern standen nur 3 Mio. Industriearbeiter gegenüber. Zwar wuchs die Industrieproduktion, bei einer Wachstumsrate von durchschnittlich 8 % in den 90er Jahren, beträchtlich an, doch konnte sie, trotz Verdreifachung des Roheisenausstoßes und Verdoppelung der Steinkohleförderung, längst nicht mit den Indexzahlen der westeuropäischen Staaten konkurrieren. Im Eisenbahnwesen wies Rußland 1900 eine Kilometerlänge auf (51 000 km), die zwar nicht viel unter der des Deutschen Reiches oder Frankreichs lag, sich aber im russischen Raum buchstäblich verlor. Ähnliches galt für das Telegraphen- und namentlich das Telephonwesen: Nach Erhebungen vor der Jahrhundertwende gab es in Rußland 24 000 Sprechstellen, in Deutschland jedoch 220 000.

Angesichts der erbärmlichen sozialen Zustände, in denen die Industriearbeiter lebten und wie sie in Romanen und Erzählungen Boborykins, Kuprins und anderer ungeschönt dargestellt wurden, konnte das Aufkommen einer gewerkschaftlichen bzw. sozialdemokratischen Arbeiterbewegung nicht verwundern. Die von Georgij Plechanov 1883 ins Leben gerufene Gruppe «Befreiung der Arbeit» (Osvoboždenie truda) war der Keim, aus dem 1895 der von Lenin und Martov geführte «Kampfbund für die befreite Arbeit» (Sojuz bor'by za osvoboždënnyj trud) und drei Jahre später die Russische Sozialdemokratische Arbeiterpartei (Rossijskaja social-demokratičeskaja rabočaja partija – RSDRP) hervorgingen. Sie trat neben die agrarsozialistische Sozialrevolutionäre Partei (Partija Socialistov-Revolucionerov – SR), die die Traditionen der Narodniki fortsetzte und offiziell nie dem Individualterror abschwor. Die Marxisten konnten zeitweilig eine gewisse Anziehungskraft auf die russische Intelligenz ausüben, weil sie, wie Nikolaj Berdjaev es in seiner Autobiographie *Samopoznanie* (Selbsterkenntnis, 1939/40) formuliert hat, «eine ganz neue Formgebung», «historiosophischen Schwung» und eine «Weite der Weltperspektive» boten. Das Gros der Studenten an den von permanenter Unruhe erfaßten Universitäten aber stand dem Marxismus fern und neigte idealistischen und irrationalen Strömungen zu. Daran konnte selbst der große Universitätsstreik von 1899 oder die Strafrekrutierung von 183 Kiever Studenten, die das Land aufrührte, nichts ändern. Die Teilung der RSDRP in einen radikalen und einen gemäßigten Flügel, Bol'ševiki mit Lenin an der Spitze und Men'ševiki unter Martov, auf dem Parteitag im Jahre 1903, führte aber nicht auch zu einer kulturpolitischen Spaltung der Linken. In der Literatur bildeten die der Sozialdemokratie nahestehenden Autoren, etwa Gor'kij und der Kreis, der sich um den Verlag «Znanie» gebildet hatte, oder die sogenannten «Gottsucher» (bogoiskateli) um Aleksandr Bogdanov und Anatolij Lunačarskij, einen Block, der nur durch Lenins eifernden Kampf um die Einhaltung der Parteilinie – in dem folgenreichen Artikel *Partijnaja organizacija i partijnaja literatura* (Parteiorganisation und Parteiliteratur, 1905) – und seine geharnischte Polemik gegen den Empiriokritizismus – in seiner einzigen philosophischen Schrift *Materializm i empiriokriticizm* (Materialismus und Empiriokritizismus, 1908) – ideologisch unter Druck gesetzt wurde.

Das zeigte sich vor allem im Revolutionsjahr 1905, der schwersten inneren Erschütterung des Zarenreiches vor den Kataklysmen, die zwölf Jahre später sein Ende besiegeln sollten. Zum ersten Mal übernahm die organisierte Arbeiterschaft die Führung im politischen Kampf, an dessen Beginn soziale Forderungen (Aufteilung des Landbesitzes, Achtstundentag usw.) standen. Aus einer Streikbewegung heraus formierte sich am 9. Januar 1905, dem «Blutsonntag», eine friedliche Demonstration von über 100 000 Arbeitern – in ihren Reihen Maksim Gor'kij – zum Winterpalais, um dem Zaren eine Petition zu überreichen. Der fatale Befehl, auf die Menge zu schießen, verursachte weit über hundert Tote und löste Generalstreik und revolutionäre Aktionen im ganzen Land aus. Zar Nikolaus II. sah sich endlich genötigt, ein beratendes Parlament, die Staatsduma, und in seinem Manifest vom 17. Oktober Grundfreiheiten, darunter die Pressefreiheit, zu gewähren. Die neugewährten Freiheiten führten sofort zur Gründung oppositioneller Zeitschriften. In den Jahren 1905–1908 schossen satirische Zeitschriften wie Pilze aus dem Boden. Mehr als 400, meist kurzlebige, politisch-satirische Blätter waren zu verzeichnen, darunter solche, die schon in der Namensgebung an die russische Satiretradition im 18. Jahrhundert und in den 1860er Jahren anknüpften: *Žalo* (Der Stachel, 1905), *Zritel'* (Der Zuschauer, 1905–1908), *Župel* (Das Schreck-

gespenst, 1905/06), *Adskaja počta* (Höllenpost, 1906). Zur bedeutendsten satirischen Zeitschrift im zu Ende gehenden Zarenreich avancierte
das liberale *Satirikon* (1908–1914, danach bis 1917 *Novyj Satirikon*), zu
dessen Mitarbeitern nicht nur die begabten Satiriker Arkadij Averčenko und Saša Čërnyj zählten, sondern auch Leonid Andreev, Blok und
Kuprin sowie der junge Majakovskij. Wie sehr die politischen und
ästhetischen Fronten durch die Erschütterungen des Jahres 1905 ins
Wanken geraten waren, zeichnete sich eklatant in *Novaja žizn'* (Neues
Leben, Oktober – Dezember 1905), der ersten legalen Zeitung der
Bol'ševiki, ab. Als Strohmann für die Herausgabe bedienten sich diese
des Literaten Nikolaj Minskij, der den Symbolisten nahestand. Partei-
leute wie Lenin, Lunačarskij und Vaclav Vorovskij schrieben für die
Zeitung, aber auch Gor'kij, der sie sogar finanziell unterstützte, und
Konstantin Bal'mont, der in ihr die sozialkritischen Gedichte *Poèt –
rabočemu* (Der Dichter an den Arbeiter) und *K rabočemu* (An den Arbeiter) veröffentlichte. Auch Brjusov und Blok entdeckten seit 1905 die
politische und soziale Wirklichkeit. Auf der anderen Seite verirrten
sich die Realisten in einem gefühligen Idealismus oder Symbolismus.
Hatte Gor'kij bereits mit der hochgestimmten metrisierten Prosa seiner *Pesnja o burevestnike* (Das Lied vom Sturmvogel, 1901) die Revolution angekündigt, so gab er ihr nun in dem lyrischen Prosatext *Tovarišč*
(Genosse, 1905) eine mystisch verwaschene Deutung, die er alsbald selber mit dem Diktum «schlechte Lyrik» abtat, um, inzwischen nach Italien emigriert, den politischen Agitationsroman *Mat'* (Die Mutter,
1906) nachzuschieben.

Buchkultur – Verlagswesen – Salons

Die neuen Industriemagnaten, die teils altgläubiger, teils jüdischer
Herkunft waren, gefielen sich in einer Attitüde, die früher nur dem
Hof und hohen Würdenträgern zugestanden hatte: als Mäzene der
Literatur und Kunst. Nicht nur reiche Kunstsammlungen wie die
Tret'jakov-Galerie in Moskau oder die prächtige Kollektion moderner
französischer Malerei des Zuckermagnaten Ivan Morozov verdankte
man der neuen Unternehmerschicht, sondern auch die Förderung des
Theaters, literarischer Vorhaben und überhaupt des Buchwesens.
Nikolaj Bugrov und Savva Morozov, millionenschwere Kaufleute aus
Nižnij Novgorod, unterstützten Gor'kij und die Sozialdemokraten bei
ihren agitatorischen und volksbildnerischen Unternehmungen. Am
meisten aber profitierten die Symbolisten vom Mäzenatentum der
Großunternehmer, was die sowjetischen Literaturkritik später zum

Anlaß nahm, die Symbolisten als ideologische Helfershelfer des russischen Großkapitals zu denunzieren. Der aus armer ostjüdischer Familie stammende Eisenbahnmagnat Samuil Poljakov gründete Schulen und Siedlungen für seine Arbeiter, sein Namensvetter Sergej Poljakov finanzierte den Verlag «Skorpion», in dem die wichtigste Zeitschrift der Symbolisten *Vesy* (Die Waage, 1904–1909), erschien. Eine andere, druckgraphisch höchst aufwendig gestaltete und in zweisprachiger Version, russisch und französisch, erscheinende Zeitschrift der Symbolisten, *Zolotoe runo* (Das goldene Vlies, 1906–1909), förderte der Millionär und Amateurliterat Nikolaj Rjabušinskij. Sein Bruder, der Bankier Pavel Rjabušinskij, stand hinter dem politisch liberalen Blatt *Rannee utro* (Früher Morgen, 1907–1918) und der Tageszeitung *Utro Rossii* (Rußlands Morgen, 1909–1918), die beide von den Bol'ševiki aufs heftigste bekämpft wurden. Der nach dem altrussischen mythischen Weib-Vogel «Sirin» genannte Petersburger Verlag, bei dem Werkausgaben und Almanache der Symbolisten herauskamen, wurde von dem Zuckerfabrikanten M. Tereščenko subventioniert. Nur aufgrund solcher den Symbolisten gewährter großzügiger privater Förderung konnten diese ihre synästhetischen Vorstellungen verwirklichen. Das einzigartige Zusammenwirken von Text, Illustration und Buchgestaltung, das in Rußland nun zur Vollkommenheit geführt wurde, wäre ohne die Sponsorschaft der kunstsinnigen Unternehmer nicht zustandegekommen. Zu den Meistern der integrierten Buchkunst zählten Michail Vrubel', der eigentümlichste Maler der russischen Moderne, ferner Konstantin Somov, Aleksandr Benua, der Graphiker Mstislav Dobužinskij und andere. Vrubel' hatte seit den 80er Jahren kongeniale Illustrationen zu Literaturwerken (vor allem zu Lermontov) geschaffen; von ihm stammte die Titelvignette – eine Fichte vor der aufgehenden Sonne – für die Zeitschrift *Mir iskusstva* (Welt der Kunst, 1899–1904). Diese von Sergej Djagilev und Aleksandr Benua geleitete Zeitschrift wurde um die Jahrhundertwende zu einer Plattform, auf der Literaten und bildende Künstler gemeinsam auftraten. Die Kunst wurde zum wirksamen Mittler in den internationalen Beziehungen, die sich in vielen Richtungen entfalteten. Davon zeugt das von Fidus, dem reinsten Meister des deutschen Jugendstils, entworfene Umschlagbild zu Bal'monts Gedichtband *Budem kak solnce* (Wir werden sein wie die Sonne, 1903) ebenso wie die 1911 bei «Skorpion» erschienene, opulent ausgestattete Audry-Beardsley-Monographie, die nicht nur die erotisch-morbiden Zeichnungen des Genies der britischen Moderne, sondern auch seine Erzählungen, Briefe, Aphorismen und Verse darbot, die letzteren übertragen von Michail Kuzmin.

Anders stellte sich das Verlags- und Buchwesen im «linken» Lager dar. Hier war 1898 von dem sozialdemokratischen «Komitee gegen Analphabetismus» (Komitet gramotnosti), das sich die Verbreitung populärwissenschaftlicher und pädagogischer Schriften zum Ziel gesetzt hatte, der Verlag «Znanie» (Wissen) gegründet worden. Gor'kij trat 1900 in den Verlag ein und bestimmte bis zu seiner Emigration 1906 maßgeblich dessen künstlerische Ausrichtung. Neben der *Deševaja biblioteka* (Billige Bibliothek), die vorrangig marxistische Broschüren, darunter das *Kommunistische Manifest* von Marx und Engels, verbreitete, brachte der Verlag in den Sammelbänden (sborniki) *Znanie* zeitgenössische russische Erzähler, die in der Nachfolge des Realismus standen, darunter Ivan Bunin, Leonid Andreev, Aleksandr Kuprin, Evgenij Čirikov, Aleksandr Serafimovič und natürlich Gor'kij selbst. Auch als realistisch oder «fortschrittlich» eingeschätzte ausländische Autoren, wie Gustave Flaubert, Gerhart Hauptmann, Walt Whitman und Knut Hamsun, wurden verlegt. Das Unternehmen war genossenschaftlich organisiert; in seiner Blütezeit erreichten einzelne Bände Auflagehöhen von 40 000 bis 65 000 Exemplaren. Als wichtigste Kulturzeitschrift des menschewistischen Lagers bestand zur gleichen Zeit *Sovremennyj mir* (Moderne Welt, 1906–1918). Wie auch *Znanie* paktierte die Zeitschrift zeitweilig mit den Bol'ševiki. Sie war das wichtigste Organ der sozialkritischen Richtung, obwohl auch Symbolisten wie Brjusov oder Bal'mont mitarbeiteten. Noch im ersten Erscheinungsjahr brachte sie Arcybaševs Skandalroman *Sanin* heraus, gegen dessen posenhaften Amoralismus, der in Wirklichkeit trivialisierter Nietzsche war, die Bol'ševiki durch Vorovskij scharf polemisierten. Dank ihres vielseitigen Interesses an fremder Literatur (Anatole France, Knut Hamsun, August Strindberg, Heinrich Mann, Gabriele D'Annunzio u. a.) zeigte die Zeitschrift ein breites Spektrum.

Für das literarische Leben im Umkreis der Symbolisten waren Zirkel, Salons und Gesellschaften die typischen Kongregationsformen. In Moskau bestand seit 1899 ein literarisch-künstlerischer Zirkel (kružok), in dem Valerij Brjusov die führende Figur war. Gegen ihn stellten sich 1903 die jüngeren Symbolisten, die sich «Argonauten» (argonavty) nannten. Die zwischen ihnen aufflammenden Gegensätze, in denen sich Kunst- und Weltauffassung mit persönlichen Affären verflochten, fanden ihren Reflex in Belyjs «Zweiter Symphonie», der «Dramatischen» (*Vtoraja sinfonija. Dramatičeskaja*, 1903), und, in historischer Verkleidung, in Brjusovs Roman *Ognennyj Angel* (Der feurige Engel, 1908). Das Petersburger Pendant hierzu bildeten die literarischen Soireen im Salon des Ehepaares Dmitrij Merežkovskij und Zinaida Gippius. Sie sollten alsbald zur Keimzelle der «Religiösen und philosophischen Versammlungen» (Religioznye i filosofskie sobranija) werden, die seit 1903 regelmäßig veranstaltet wurden. Die Protokolle der Versammlungen wurden in der Zeitschrift *Novyj put'* (Neuer Weg, 1903/04) veröffentlicht. Es ging den Initiatoren der Versammlungen – neben den Merežkovskijs der sozial-religiöse Kritiker Dmitrij Filosofov und der exzentrische Publizist Vasilij Rozanov – um die Wiederannäherung der Intelligenz an die orthodoxe Kirche; die beiden Seiten hatten seit den 1860er Jahren keinen Dialog mehr geführt. «Die neue Ästhetik», schrieb Zinaida Gippius später in *Živye lica* (Lebendige Personen, 1925), «vermochte uns nicht mehr zu befriedigen. [...] Die Welt der Geistlichkeit war für uns eine neue, unbekannte Welt.» Allerdings gelang es kaum, die «Eiserne Wand» des Nevskij-Klosters zu durchdringen, da sich zu den Versammlungen zwar Symbolisten, jüngere Priester, geistliche und weltliche Studenten, Damen der Gesellschaft und sogar «waschechteste Intelligenzler» (samye zapravskie intelligenty) einfanden, der höhere Klerus sich aber versagte. Erfolgreicher waren in dieser Hinsicht die *Voprosy žizni* (Lebensfragen, 1905), das Fortsetzungsorgan von *Novyj put'* (Der neue Weg), das zu einer «Plattform für die Begegnung aller neuer Strömungen» (N. Berdjaev) wurde. Die religiösen Symbolisten erreichten hier den äußersten Punkt ihrer Öffnung hin zu sozialen und politischen Fragen.

Wenige Zeit später wurde der Salon Vjačeslav Ivanovs und seiner Frau, der Schriftstellerin Lidija Zinov'eva-Annibal, im «Turm» (Bašnja), einem hohen Gebäude nahe dem Taurischen Garten, zum elitären Anziehungspunkt der Petersburger Literaten. In dem mit alten Möbeln, Büchern und Folianten vollgestellten Halbrund, zu dem ein langer Korridor führte – was Fëdor Stepun, der intime Kenner der symbolistischen Lebensformen, sogleich mit den Katakomben der Seele des Hausherrn assoziierte –, bewegte sich Vjačeslav Ivanov wie ein Hoherpriester, vergleichbar Stefan George in seinem Münchener Kreis. Auf den Ivanovschen Mittwochsoireen (Ivanovskie sredy) wurden die aktuellen philosophischen und ästhetischen Fragen erörtert, hier erhielten junge Talente die Chance, vor den Geschmacksrichtern des Symbolismus zu bestehen. Kornej Čukovskij hat geschildert, wie Aleksandr Blok in einer der Petersburger weißen Nächte auf dem Dach der «Bašnja», vor Sonnenaufgang, erstmals sein Gedicht *Neznakomka* (Die Unbekannte, 1906) einem gebannt lauschenden Publikum vorlas. Auch Anna Achmatova erntete hier ihren ersten Erfolg.

Neukantianismus – Nietzsche – Sophiologie

Die Zeit der Moderne ist ideengeschichtlich eine der reichsten, die
Rußland zu verzeichnen hat, vergleichbar nur mit den vom deutschen
Hegelianismus und Schellingianismus geprägten 1830er/1840er Jahren, an die sie in vielem wieder anknüpfte. Die wichtigste Strömung
innerhalb der Moderne, der Symbolismus, war, besonders in seiner
reifen Phase nach 1900, von neoidealistischem (neukantianischem)
Ideengut und der Philosophie Friedrich Nietzsches durchdrungen,
aber auch die Religionsphilosophie, theosophische und anthroposo-
phische Impulse wurden aufgenommen. Alles verschmolz und vermischte sich miteinander, so daß das Dichten und Denken der Zeit,
weit über den symbolistischen Rahmen hinausgehend, von einem allgemeinen metaphysischen Firnis überzogen schien. Abgesehen von
den doktrinären Marxisten vermochte sich kaum ein Dichter der Zeit
dem Trend zum Metaphysischen zu entziehen.

Am Anfang stand, ganz wie in Deutschland, die Materialismuskri-
tik. Friedrich Albert Langes *Geschichte des Materialismus* (1866) hatte die
Beschränkung der Positivisten und Materialisten auf das empirisch
Wahrnehmbare, ihren Agnostizismus, der das Erkenntnistranszen-
dente zwar nicht prinzipiell leugnete, aber als unerklärbar aus dem
Erkenntnisprozeß einfach ausgeklammert hatte, fundamental kritisiert. Die Naturwissenschaftler selbst waren an die Grenzen ihrer
Selbstbeschränkung gestoßen, so daß Hermann Cohen, der Begründer
der neukantianischen Marburger Schule, 1896 im Vorwort zur 5. Auflage von Langes Buch feststellen konnte, es sei der Elektrizitätslehre
beschieden gewesen, die größte Umwandlung in der Auffassung der
Materie und durch die Verwandlung der Materie in die Kraft den Sieg
des Idealismus herbeizuführen. Nach Lange durfte sich der Materialismus nurmehr auf die naturwissenschaftlich-empirischen Methoden
erstrecken, im ethischen und ästhetischen Bereich jedoch galt es, den
Idealismus im Kantischen Sinne aufrechtzuerhalten. Langes epochales
Werk, in Rußland längst bekannt, wurde erst relativ spät, 1899/1900,
ins Russische übersetzt (*Istorija materializma i kritika ego značenija v nastojaščem*). Herausgeber war Vladimir Solov'ëv; sein Vorwort zu dem
Werk war eine seiner letzten zu Lebzeiten veröffentlichten Arbeiten.
In Anlehnung an Lange entwickelte Solov'ëv seine Vorstellung von
den hierarchisch aufsteigenden Seinsstufen. Zwar habe der Materialismus als niedere elementare Stufe der Philosophie fortwährende
Bedeutung, doch käme es einer Selbsttäuschung des Geistes gleich,
nähme er diese niedere Stufe für die ganze Stufenleiter. Das wichtigste

Streben des menschlichen Geistes sei das Streben nach der höheren Wahrheit (istina). Ein wundervoll kompliziertes Bauwerk von rätselhafter Bedeutung auf sein Baumaterial oder Goethes *Leiden des jungen Werthers* auf die «bekannte physiologische Funktion», den Paarungstrieb, zurückzuführen heiße, das Wesentliche unerklärt zu lassen. Die Erklärungen für die Erscheinungen seien nicht – oder nicht nur – in den niederen Seinsschichten zu suchen, sondern in den höheren, in der Transzendenz. Damit wurde das in den 1860er Jahren etablierte weltanschaulich-philosophische System der «Nihilisten» endgültig abgewertet und ein entschiedener Paradigmenwechsel vollzogen. Von gewichtiger philosophischer Autorität wurde den symbolistischen Dichtern noch einmal der Gegenstand gewiesen, dem sie sich seit längerem schon zugewandt hatten: die transzendentale Welt.

Die Devise «Zurück zu Kant!» erfaßte bald auch das russische philosophische Denken. An der Moskauer Universität lehrte Boris Focht den Neukantianismus (neokantianstvo), doch konnte er damit einen begierigen Schüler wie Andrej Belyj nicht lange fesseln. Dieser löste sich von den «Spielen der Verknüpfung abstrakter Begriffe» mit den ironischen Versen der Sammlungen *Urna* (Urne) und *Pepel* (Asche, beide 1909), bekannte seine «philosophische Melancholie» (filosofičeskaja grust') – so überschrieb er einen Gedichtzyklus – und begab sich ins Ausland, wo er alsbald in den Bann Rudolf Steiners und seiner Anthroposophie geriet. Andere Philosophieadepten strebten zu den deutschen Zentren des Neukantianismus, nach Marburg, wo Cohen sein System der Transzendentalen Logik (*System der Philosophie*, 1902–1912) vertrat, oder nach Heidelberg, wo Wilhelm Windelband und Heinrich Rickert eine Theorie der Geisteswissenschaften, die sogenannte Werttheorie, entwickelten. Boris Pasternak studierte im Sommer 1912 bei Cohen in Marburg. In der autobiographischen Prosa *Ochrannaja gramota* (Geleitbrief, 1931) hat er später den biographischen und philosophischen Ertrag der Marburger Zeit festgehalten. Es war, so sah er es im Rückblick, die Aufmerksamkeit für die Ursprünge, «die echten Signaturen des Denkens», und das «gewissenhaft forschende, anspruchsvolle Verhalten gegenüber dem historischen Erbe», das ihn anzog und eine Basis für sein Kulturverständnis legte. Im «russischen Heidelberg» (W. Birkenmaier), einem bis zum Ausbruch des Ersten Weltkrieges wichtigen Zentrum russischer Studenten im Ausland, trafen sich Nikolaj Berdjaev und Fëdor Stepun bei Windelband; Osip Mandel'štam studierte altfranzösische Literatur, und Saša Černyj beschrieb in bösen satirischen Versen die materialistische Kehrseite des neukantianischen Heidelberg: den bramarbasierenden Nationalismus und das trinkfreudige Treiben der Korporierten (*Korporanty*, 1907).

Max Weber beschwor noch 1912, als sich die großpolitische Lage schon bedrohlich verschlechtert hatte, vor russischen Studenten in der Pirogovschen Lesehalle das Zusammengehen von Deutschen und Russen als eine antithetische Schicksalsgemeinschaft.

Einen der fruchtbarsten Impulse gewann die Moderne aus der Philosophie Friedrich Nietzsches, der um die Jahrhundertwende in Rußland zum Modeschriftsteller wurde. Dabei waren es vor allem drei Aspekte seines Denkens, die rezipiert und verarbeitet wurden: seine Lehre von den zwei Ursprüngen der Kultur, dem dionysischen und dem apollinischen Prinzip, die er in seiner Abhandlung *Die Geburt der Tragödie aus dem Geist der Musik* (1871) dargelegt hatte; die Lehre vom Übermenschen, entfaltet vor allem in *Also sprach Zarathustra* und *Jenseits von Gut und Böse* (beide 1886); sowie seine Kritik an der bürgerlichen Kultur, die sich wie ein roter Faden durch alle seine Schriften zog. Trotz zahlreicher Untersuchungen zur russischen Nietzsche-Rezeption, vorwiegend von westlichen Wissenschaftlern, kann dieses wichtige Kapitel der russischen Ideen- und Literaturgeschichte noch längst nicht als abgeschlossen gelten. Erst in letzter Zeit wurde erkannt, daß Nietzsche mit seinem heroischen Aktivismus und seinen antibürgerlichen Affekten gerade auf die politische und literarische Linke, vor allem auf Gor'kij und Lunačarskij, einwirkte und sein «Aufwärts! Und höher hinauf!» bis in die Stalin-Zeit virulent blieb, ohne daß Nietzsche jemals erwähnt wurde. Die barfüßigen Übermenschen, die die frühen Erzählungen Gor'kijs bevölkerten, der blasierte Sanin in Arcybaševs Roman oder der dem Amor fati ergebene «starke Mensch» (sil'nyj čelovek) bei Brjusov oder Gumilëv konnten leicht verspottet oder, wie von Kuprin, parodiert werden. Auch Vladimir Solov'ëv belustigten weidlich diejenigen, die sich damals bereits für «Übermenschen» hielten, doch verkannte er nicht, wie er in seinem Aufsatz *Ideja Sverchčeloveka* (Die Idee des Übermenschen, 1899) darlegte, den «guten Kern» dieser Idee. Er bestand für Solov'ëv in ihrem utopischen Aspekt, in dem Weg, die menschliche Unvollkommenheit zu überwinden. Aus solcher Sicht wurde der Übermensch zum idealen Ziel der Menschheit. Entsprechend dem Gesetz des «kosmischen Wachstums» werde es für den Übermenschen möglich, mit Hilfe der naturwissenschaftlichen Errungenschaften (Teleskop, Mikroskop) seine Sinnesorgane zu vervollkommnen und dank der Medizin am Ende den Tod, das Schlußphänomen der sichtbaren menschlichen Existenz, zu überwinden. Als «Besieger des Todes», als «befreiter Befreier der Menschheit» werde der Übermensch zum «Erfüller jener Bedingungen, unter denen es möglich ist, entweder nicht zu sterben oder aber zwar zu sterben, doch danach aufzuerstehen zum ewigen Leben». Nietzsches anthropologische Kühnheit wurde hier mit den Gesetzen der Naturwissenschaften und dem Unsterblichkeitspostulat Nikolaj Fëdorovs verbunden und zugleich in den christlichen Heilsplan eingebaut. Solov'ëv fand bei Nietzsche den Weg, den Positivismus, von dem er anfänglich ausgegangen war, mit seinem Unsterblichkeitsverlangen in Übereinstimmung zu bringen.

Nietzsches kulturtypologische Anregungen wurden in Rußland vor allem von Vjačeslav Ivanov und Lev Šestov aufgenommen und weitergeführt. Der erstere hatte in Berlin bei Theodor Mommsen und Otto Hirschfeld Alte Geschichte und Philologie studiert und, herausgefordert durch Nietzsches *Geburt der Tragödie*, eine Dissertation über Dionysos und den Vordionysismus geschrieben. Nach Rußland zurückgekehrt, versuchte er, eine «dionysische Psychologie» zu begründen und die Mystik des dionysischen Opfers zu erklären. Er sprach fließend Latein und wählte, wenn er sich besonders klar und treffend ausdrücken wollte, das Griechische (F. Stepun). In der antiken Tragödie sah er die höchste Kunstform schlechthin, die er, Nietzsches Ansatz modifizierend, zu erneuern suchte. Sein *Tantalos* (1905) und sein *Prometej* (Prometheus, 1918) zählten zu den eigenwilligsten Zeugnissen der Antike-Rezeption in der Moderne.

Auch Vjačeslav Ivanovs Kulturphilosophie war zutiefst von Nietzsches Denken durchtränkt. In der vornehmlich im Westen bekanntgewordenen *Perepiska iz dvuch uglov* (Briefwechsel zwischen zwei Zimmerwinkeln, 1921) tauschte er mit Michail Geršenzon – in einem Moskauer Erholungsheim für Künstler, in dem beide in der Hungerzeit untergebracht waren – Gedanken über den kulturellen Umbruch aus, den Krieg und Revolution bewirkt hatten. Wie das Absolute zu erlangen sei, blieb unter den Dialogpartnern strittig. Während Geršenzon die Meinung vertrat, der menschliche Geist müsse die Last der in Jahrhunderten aufgetürmten geistigen Errungenschaften und erstarrten Wertsysteme abschütteln, um wieder in den schon von Rousseau erträumten Zustand völliger Freiheit, geistiger Unbelastetheit und Sorglosigkeit zu gelangen, verteidigte Vjačeslav Ivanov entschieden die Traditionen des Humanismus und der klassischen Kultur, da nur die «Erinnerung» an die Werte der Kultur das Leben reich mache, das Vergessen der Werte aber den kulturellen Niedergang einleite. Allerdings forderte er, daß die Werte, Gesetze und Gleichnisse der Kultur mit lebendigem Blut getränkt sein, daß dem Menschen, «dem Lasttier der Kultur, das die Form des Kamels zeigt», Löwenklauen hervorwachsen müßten. Das Dilemma, vor dem Rußland am Ende des Bürgerkrieges stand, wurde hier ein letztes Mal unter den ideellen Prämissen der Moderne überdacht.

Vladimir Solov'ëv aber war der russische Philosoph, der das Denken und Dichten der Symbolisten am nachhaltigsten inspiriert hat. Mehr noch als die Ideen der Neukantianer oder Nietzsches, an deren Vermittlung er maßgeblich beteiligt war, wirkten seine religionsphilosophischen Spekulationen auf die mystisch gestimmten Symbolisten. Nach seinem Tode wurde er für die Jüngeren unter ihnen fast zu einer Heiligengestalt. Neben seiner eschatologischen Geschichtsdeutung gewann seine Sophienlehre (sofiologija) besondere Bedeutung. Er hatte sie in den in Petersburg vorgetragenen *Čtenija o Bogočelovečestve* (Vorlesungen über das Gottmenschentum, 1878–1881) und in der in Paris erschienenen Schrift *La Russie et l'Église universelle* (Rußland und die Universalkirche, 1889) dargelegt. Die heilige Sophia bedeutete für Solov'ëv «das ewig Weibliche, welches von Anbeginn an die Kraft Gottes erfahren hat und darum die Fülle des Guten und Wahren als leuchtende Schönheit in sich aufgenommen hat» (F. Stepun). Es trat als Inkarnation der göttlichen Weisheit und Schönheit in weiblicher Gestalt in Erscheinung. In der religiösen Weltkonzeption Solov'ëvs hatte sie als «vom Logos durchstrahlte Materie» teil sowohl am «absolut Wesenden» (Gott) als auch am vielfältigen (materiellen) Sein. Konnte seine Deutung der Zeitgeschichte im Zeichen der eschatologischen Heilserwartungen als ein Verfahren dienen, politische und gesellschaftliche Ereignisse poetisch zu transzendieren, so bot die Sophienlehre ein Konzept, reale Liebesbeziehungen und erotische Kollisionen auf eine metaphysische Bedeutungsebene zu heben. Mit Solov'ëvs Sophiologie verfügten die Adepten höherer Wahrheiten über ein Ideologem, mittels dessen in der poetischen Praxis wesentliche symbolistische Funktionen erfüllt werden konnten. (Freilich hätte keiner von ihnen diesen technizistischen Gedanken je gedacht.) Solov'ëv, der Dichter-Philosoph, legte selbst ein bemerkenswertes Beispiel sophiologischer Dichtung vor, *Tri svidanija* (Drei Begegnungen, 1898), ein Poem, in dem er mystische Begegnungen mit der heiligen Sophia schilderte: als neunjähriger Knabe in Moskau, während der sonntäglichen Liturgie; als junger Wissenschaftler im British Museum zu London 1875 und ein Jahr darauf, während einer Orientreise, in der Wüste bei Kairo. Jedesmal erschien ihm eine weibliche Gestalt in einer blaugoldenen Lichtaura, mit einer Blume in der Hand, sie lächelte ihm zu und verschwand. Die Schilderung war verklärend und ironisch in einem. Zum ersten Mal tauchte hier die symbolistische Ironie auf, die die mystischen Schleier aufbauschte und wieder zerriß. Belyj und Blok sollten sie bald zur Vollendung führen.

Bei diesen beiden Dichtern – sie waren 20 Jahre alt, als Solov'ëv starb – bestimmte die Sophiologie bald Leben und Schaffen. Belyj erinnerte sich später in seinem in Berlin entstandenen Poem *Pervoe svi-danie* (Erste Begegnung, 1921) seiner dichterischen Anfänge und der schwärmerischen Verehrung für Margarita Morozova, die Gattin des Fabrikanten und Literaturförderers Michail Morozov, die er, Solov'ëv folgend, in sophiologischer Verklärung sah. Ähnlichen Schwärmereien hatte sich der junge Blok hingegeben. Sie galten der Ljubov' Mende-leeva, der Tochter des berühmten Chemikers und Rektors der Peters-burger Universität, Dmitrij Mendeleev. Bloks Gedichte aus der Verlo-bungszeit, gesammelt in den Zyklen *Ante lucem* (1898–1900) und *Stichi o Prekrasnoj dame* (Verse von der Schönen Dame, 1901/02), umgaben den Gegenstand der Liebe mit einer mystischen Aura; allerlei geheim-nisvolle Zeichen legten es nahe, in ihm die irdische Inkarnation des Ewig-Weiblichen zu sehen. Als Blok und Ljubov' Mendeleeva im August 1903 heirateten, erschien die Trauung für den nüchternen Betrachter als ein normales Fest nach russischem ländlichen Brauch-tum. Nicht so für die inspirierten Freunde Bloks. Sergej Solov'ëv, der Neffe des Philosophen und Freund Bloks, berichtete Belyj von der geheimnisumwobenen Stimmung und dem strahlenden Glanz, der über allem gelegen habe. Das Brautpaar habe gespürt, daß es eine besondere Verantwortung trage, und sich der heiligen Sophia geweiht. Es sind Photographien aus jener Zeit erhalten, die Belyj und den jun-gen Solov'ëv mit den Bildnissen von Ljubov' Mendeleeva und Vladi-mir Solov'ëv und der Bibel auf dem Tisch zeigen. Der Sophienkult drang in die Lebensführung der jungen Symbolisten ein und schuf, da er insbesondere die beteiligten Damen überforderte, im Alltag gräß-liche Komplikationen. In Bloks dichterischem Schaffen blieben die Vorstellungen vom Ewig-Weiblichen als einer geistig-materiellen Substanz, die mit der Musik, dem Ethischen, ja der Revolution gleich-gesetzt werden konnte, trotz einiger Störungen bis zum Schluß leben-dig. Noch das Symbol des vor den Rotarmisten unsichtbar schreiten-den Jesus Christus im Revolutionspoem *Dvenadcat'* (Die Zwölf, 1918) entstand, wie die genaue Analyse zeigt, aus einer sophiologischen Vi-sion heraus.

Naturalismus – Impressionismus

Der Naturalismus, eine um 1880 in Frankreich aufkommende Kunst-strömung, gewann wie in Deutschland, so auch in Rußland alsbald an Stärke. Tatsächlich handelte es sich um eine Weiterentwicklung der Verfahrensweisen und eine Verschärfung der sozialen Thematik des Realismus, weshalb eine strikte Trennung von diesem mitunter nicht

gelingen kann. Der Naturalismus übernahm bewußt mechanisch-
materialistische Methoden in die Kunst, mittels derer die biologischen
und milieubedingten Gesetzmäßigkeiten des sozialen Lebens aufgedeckt werden sollten. Von den Naturwissenschaften entlehnte man
die wissenschaftliche Observation und Deskription, die die Befunde
aus kalkulierten Versuchsanordnungen festzuhalten hatten. Untersu-
chungsgegenstand waren auffällige soziale Schäden oder Mißstände
wie Wohnungsnot, Alkoholismus, Prostitution, die man durch die
Vererbungslehre oder die Milieutheorie glaubte erklären zu können.
Das Ziel war durchaus moralistisch: die Behebung oder Vermeidung
der schädlichen Phänomene. Der Schriftsteller verzichtete auf Erfindung und Phantasie und traf seine Stoffwahl nurmehr unter dem
«Diktat der Wirklichkeit». Eine solche «wissenschaftliche» Verfahrens-
weise barg freilich die Gefahr in sich, daß der Roman in Sujetlosigkeit,
Milieubeschreibung (bytopis'), ja in sozialer Gleichgültigkeit versan-
dete. Aus dem gleichen Ansatz konnte aber auch eine ungestüme
sozialanklägerische Literatur entstehen wie etwa im deutschen Naturalismus der 1880er Jahre, bei Arno Holz, Johannes Schlaf und Gerhart
Hauptmann. In der Programmschrift *Le roman expérimental* von Émile
Zola, die übrigens 1879 parallel zu ihrem Erscheinen in Frankreich
unter dem Titel *Lettre de Paris* in russischer Version im Petersburger *Vest-
nik Evropy* (Europäischer Bote) veröffentlicht worden war, lag das
Modell des naturalistischen Experimentalromans vor. Zola war in
Rußland längst bekannt, wenn auch nicht unumstritten. Turgenev
hatte persönlichen Umgang mit ihm in Paris und machte ihn mit Pëtr
Boborykin bekannt, der zum wichtigsten Vermittler Zolas und des
Naturalismus in Rußland werden sollte. Die Dichte der russischen
Zola-Rezeption und das Auftreten einiger beachtlicher Autoren, die
sich den naturalistischen Kunstprinzipien verschrieben, läßt das Her-
unterspielen der Bedeutung des Naturalismus, wie es von der sowjetischen Literaturwissenschaft aus doktrinären Gründen lange Zeit
betrieben wurde, heute als unhaltbar erscheinen. Für diese Einschätzung des Naturalismus im allgemeinen und in der russischen Literaturgeschichte im besonderen hat der Essay *Erzählen und beschreiben* (1936)
von Georg Lukács eine fatale Rolle gespielt. Indem er Tolstojs *Anna
Karenina* und Zolas *Nana* miteinander verglich und am Beispiel der in
beiden Romanen dargestellten Pferderennen die Gestaltungsunter-
schiede in beiden Werken herausstellte, gelangte er zu einer entschiedenen Abwertung der naturalistischen gegenüber der realistischen
Darstellung. Bei Tolstoj bilde das Pferderennen den «Knotenpunkt
eines großen Dramas», das den Umschwung in Annas Leben brachte;
bei Zola sei es Gegenstand einer virtuosen Beschreibung, «eine kleine

Monographie des modernen Turfs» ohne echten Bezug zu den Personen der Handlung. Realismus ward so als Erzählen, Miterleben und in seiner Beziehung zum Menschenschicksal als epische Bedeutsamkeit bestimmt; Naturalismus als Beschreiben, Beobachten, Loslösung vom Menschenschicksal, als «schlechte Unendlichkeit».

Die Naturalisten galten daher in der sowjetischen Sicht einerseits als «objektivistische» Darsteller einer perspektivenlosen, schwarzen Wirklichkeit, andererseits als Beschwichtiger, die auf die Verbesserung, nicht auf die Abschaffung des Kapitalismus setzten. Mit der Neusichtung der Werke Mamin-Sibirjaks und Boborykins hat die russische Literatur nicht nur einige sehr lesenswerte, spannend geschriebene Romane mit dichten Gesellschaftsbildern aus der Zeit vor und nach der Jahrhundertwende zurückgewonnen, sondern auch die Gewißheit, daß die naturalistische Strömung ein unbestreitbares literarhistorisches Faktum ist.

Dmitrij Mamin-Sibirjak

Im Erzählwerk Dmitrij Mamin-Sibirjaks und Pëtr Boborykins läßt sich der allmähliche Übergang von der realistischen zur naturalistischen Darbietung minutiös nachvollziehen. Im Ural-Gebiet als Sohn eines Popen geboren, gewann Mamin-Sibirjak aus seiner Heimatregion den Stoff für die meisten seiner Werke. Die reichen Bergwerksbesitzer der Ural-Region, darunter patriarchalische Altgläubige und skrupellose Emporkömmlinge, Verwalter und Advokaten, die hart schaffenden Arbeiter und die um ihr Land betrogenen eingeborenen Baschkiren bildeten das Personal seines großen Ural-Zyklus, bestehend aus den Romanen *Privalovskie milliony* (Die Privalovschen Millionen, 1883), *Gornoe gnezdo* (Das Bergnest, 1884), *Dikoe sčast'e* (Wildes Glück, 1884), *Na ulice* (Auf der Straße, 1886) und *Tri konca* (Drei Enden, 1890). Das gleiche Thema behandelten die *Ural'skie rasskazy* (Uralischen Erzählungen, 1888/89). In den 90er Jahren legte er weitere soziale Romane vor, darunter *Zoloto* (Gold, 1892) und *Chleb* (Brot, 1895). Der Einfluß der Narodniki zeichnete sich in der Erzählsammlung *Okolo gospod* (Um die Herren herum, 1900) ab. Historische Erzählungen, etwa *Ochoniny brovi* (Die Ochoninschen Augenbrauen, 1892), und Kindererzählungen wie *Alënuškiny skazki* (Alënuškas Märchen, 1894–1896) rundeten sein umfangreiches Werk ab. Die naturalistische Tendenz kam vor allem in der überaus genauen, fast malerischen Wiedergabe der «Oberfläche» und in der Neigung zum biologischen Motivieren zum Tragen, während das Fluidum von Humor und Satire noch immer den versierten russischen Erzähler erkennen ließ. Darstellen, nicht Moralisieren war Mamin-Sibirjaks Metier. Den Ideologien stand er skeptisch gegenüber, weshalb in seinen Romanen auch, wie bereits Lenin festgestellt hat, die Intelligenz als ideologieanfällige Mittelschicht fast ganz ausgespart blieb. Die genannten Züge waren bereits in Mamin-Sibirjaks erstem Roman, *Privalovskie milliony*, exemplarisch vereint. Das Sujet erinnerte an Dostoevskijs *Idioten*, nur daß diesmal der reine und gute Held kein verarmter Fürst, sondern der reiche Erbe riesiger Bergwerke und Fabriken war. Wie ihm seine Vormünder das Erbe, das sie verwalten, zu entreißen suchen; wie Privalov zum Objekt verschiedener Heiratsvermittler wird; wie seine Pläne scheitern, die Betriebe zu reformieren, um die «historische Schuld» an den Baschkiren zu tilgen – das kam einer Kriminalgeschichte gleich, die freilich in praller Lebensfülle, schwankend zwischen Leidenschaft und Resignation und am Ende doch wieder Hoffnung, dargeboten ward.

Pëtr Boborykin

Stärker als bei Mamin-Sibirjak ist das naturalistische Vorgehen bei Pëtr Boborykin zu erkennen. Naturwissenschaftlich gebildet, arbeitete Boborykin zunächst als Feuilletonist und veröffentlichte bereits 1863 in der von ihm später erworbenen Zeitschrift *Biblioteka dlja čtenija* (Lesebibliothek) den autobiographischen Roman *V put'-dorogu* (Auf Reisen). Als Zeitungsverleger erfolglos, lebte er fortan meist in Paris, von wo aus er zu jedwedem aktuellen Thema publizistisch Stellung nahm. Auguste Comtes Positivismus und Hippolyte Taines positivistische Ästhetik, persönliche Begegnungen mit John Stuart Mill und Herbert Spencer prägten sein Weltbild. Unter dem Eindruck der Romane Zolas und der Brüder Goncourt wandte er sich früh soziographischen Verfahren zu, die von Vsevolod Garšin rasch als «Protokollismus» oder gar als «Boborykinismus» gebrandmarkt wurden. Seine seit den 80er Jahren vorgelegten Romane trugen den Stempel des Naturalismus und brachten ihrem Verfasser den Beinamen «le Zola russe» ein. In *Kitaj-gorod* (1882) gab Boborykin ein dichtes Bild des Moskauer Kaufmannsviertels. Am Beispiel des aus dem Adel kommenden Handelsagenten Andrej Paltusov, eines neuen Čičikov, zeigte er den erbarmungslosen Verdrängungskampf, den clevere *Del'cy* – unter dieser Bezeichnung hatte er die neuen Geschäftemacher bereits 1872/73 in einem Roman dargestellt – gegen die angestammte Kaufmannschaft aufgenommen hatten. Mit seiner Personenfülle und ausgiebigen Beschreibungen bei eher diffuser Sujetfügung führte der Roman den neuen Kapitalismus *in actu* vor, ähnlich wie es bei Mamin-Sibirjak gleichzeitig zu sehen war. In den folgenden Romanen Boborykins trat das naturalistische Programm noch deutlicher zutage. In *Iz novych* (Von neuen Menschen, 1887) berichtete er die Lebensgeschichte der glückshungrigen Zinaida Nogajceva. Er ließ seine durch erbbedingte Krankheiten und psychotische Krisen belastete Heldin nach langer Entfremdung zu ihrem Gatten, der es zielstrebig bis zum Gouverneur gebracht hatte, zurückkehren und deutete damit ein gedeihliches Ende an. Im siebten Kapitel des Romans schilderte er ein militärisches Pferderennen in offensichtlicher Anspielung auf Tolstojs *Anna Karenina*, freilich auch mit der «bildhaften Vollständigkeit», die Lukács bei Zola festgestellt hat. *Vasilij Tërkin* (1892) – der Name sollte später bei Aleksandr Tvardovskij wieder auftauchen – war die Geschichte eines Unternehmers, der nach schwierigem, von rücksichtslosem Gewinnstreben gekennzeichneten Aufstieg sich zu verantwortungsvollem Handeln läutert. Durch seinen Kampf gegen die Waldzerstörung versucht er dem allgemeinen Wohl dienlich zu sein. Wie in allen Romanen Boborykins wurden auch hier dramatische Handlungsmotive wie Schiffsuntergang, Geldunterschlagung, Diebstahl, Mordversuch, Brandstiftung und Waldbrand eingesetzt, die die langen Passagen der Reflexion, der Selbstdarstellung und der Milieubeschreibung unterbrechen (K. Blanck). Der Roman *Tjaga* (Drang, 1898) war ein ausgesprochener Fabrikroman. Am Beispiel des Webers Ivan Spiridonov zeigte Boborykin im Umfeld einer Fabrik die sozialen Mißstände und die aus ihnen resultierenden politischen Spannungen in der russischen Arbeiterschaft auf. Zentrales Thema war die in den Fabriken grassierende Trunksucht, die die Arbeiter demoralisierte und der auch Spiridonov letztlich erlag. Dabei lag die Gewichtung weniger auf der Beschreibung der eigentlichen Arbeitsprozesse, vielmehr wurde die Beziehung Arbeit – Kapital präzise herausgestellt. Aufgrund genauer Recherchen dokumentierte Boborykin die unmenschliche Arbeitszeit von täglich zwölf Stunden, die Manipulation der Löhne, die grauenhaften Wohnverhältnisse, die fabrikeigenen Läden, Strafmaßnahmen gegen die Arbeiter. Trunksucht und Entwurzelung aus dem bäuerlichen Milieu – das führte Boborykin am Schicksal Spiridonovs vor – waren die Hauptursache für den moralischen Verfall der Arbeiterfamilien. Seinem Vorbild Zola folgend, entwickelte auch Boborykin eine Kunst- und Romantheorie, die er in zahlreichen Literaturkritiken, vor allem aber seinem Buch *Evropejskij roman v XIX stoletii* (Der europäische Roman im 19. Jahrhundert, 1900) niederlegte. Indem er die Begriffe «masterstvo» (Meisterschaft) und «iskusstvo» (künstlerische Fertigkeit) sowie die durch neue Inhalte hervorgerufene künstlerische

Innovation hervorhob, stellte er explizit auf die Kunstmittel bzw. Verfahren (priëmy) ab und nahm damit Gedankengänge der Formalisten vorweg (K. Blanck).

Zu den Werken der naturalistischen Strömung gehört weiter die Vorkriegserzählung *Gorod v stepi* (Die Stadt in der Steppe, 1907–1910) von Aleksandr Serafimovič; auch die nach historischen Quellen gearbeiteten Peter-Erzählungen, *Navaždenie* (Die Versuchung) und *Den' Petra* (Ein Tag Peters, beide 1918), von Aleksej Tolstoj verraten eine Affinität zum Naturalismus.

Schwieriger als der Naturalismus ist der Impressionismus in der russischen Literatur festzumachen. Das hat seinen Grund darin, daß der literarische Impressionismus generell recht schwer zu bestimmen ist. Nicht zufällig wurde die künstlerische Praxis und theoretische Begründung des Impressionismus zuerst in Malerei und Kunstwissenschaft geleistet. Dabei ging es, seit die Maler die Akademieateliers verlassen hatten und sich dem Pleinair aussetzten, um eine neuartige Reproduktion optischer Eindrücke mit malerischen Mitteln. Eduard Monets bekanntes Diktum, er hätte sich gewünscht, blind geboren zu sein und erst später sehen zu lernen, weil er malen wollte, ohne zu wissen, was die einzelnen Gegenstände bedeuten, ist in der Literatur nicht nachzuvollziehen. Denn das Schaffen mit dem Wort bedeutet *eo ipso* Benennen, setzt also wesentlich den Begriff voraus. Mag der Versuch des impressionistischen Malers, die optische Qualität des Gegenstandes einzufangen, ohne sich Rechenschaft über seine Bedeutung zu geben, noch irgendwie gelingen, so bleibt dem Dichter keine andere Wahl, als Sinneswahrnehmungen in kleinen Schritten immer wieder zu benennen. Selbst wenn dies dergestalt geschieht, daß durch die Anordnung der Eindruckspartikel zugleich der Wahrnehmungsprozeß thematisiert wird, kann doch die Literatur von ihrem Sprachmedium her keine der Realität entsprechende sensuelle Qualität künstlerisch verwirklichen. Was lange Zeit als Impressionismus in der russischen Literaturgeschichte herausgestellt wurde, bezog sich auf Texte, die durch genaue Beschreibungen und Bildsplitter eine eindrucksvolle Stimmung erzeugten wie in Čechovs Erzählung *Step'* (Die Steppe, 1888) oder in Gedichten wie Bal'monts *Pesnja bez slov* (Lied ohne Worte) und *Čёln tomlen'ja* (Der Nachen des Schmachtens, beide 1894). Aus späteren Jahren hat man die Kurzprosa von Elena Guro, Boris Zajcev und namentlich von Osip Dymov dem Impressionismus zugeordnet (L. Usenko). Dies kann jedoch nur im genannten Sinne geschehen und schafft eine typologische Verbindung zu dem Wiener Impressionismus Peter Altenbergs, dessen flüchtige Miniaturen und fragmentarische Bilder natürlich ihrem Wesen nach anders funktionieren als ein impressionistisches Gemälde. Die impressionistische Wiedergabe eines Gegenstandes im sprachlichen Medium, ohne «Benennung», wurde indes von Velimir Chlebnikov in seinem berühmten Bobėobi-Gedicht (*Bobėobi pelis'guby* [Bobėobi sangen sich die Lippen], 1912) versucht, einem Porträtgedicht, in dem sich die einzelnen Teile des Gesichts in Zaum'-Wörtern, also Wörtern, die zum ersten Mal als Benennung fungieren, ausdrücken. Zwar kam auch ein solches Experiment nicht ohne Erklärung bzw. Motivation aus, doch erbrachte es den Beweis, daß die Poesie, strebte sie dem adamischen Impetus der Malerei nach, die Geleise der natürlichen Sprache verlassen mußte. Neues Sehen und Benennen wurde im Kunstdiskurs nach der Jahrhundertwende ein vorrangiges Thema, das in den unterschiedlichsten Lagern und Gruppen aufgegriffen wurde, von den Impressionisten bis zu den Akmeisten und Futuristen. Schließlich wurde es zum Ausgangspunkt der formalistischen Doktrin.

Literatur der Narodniki

Die Bewegung des Narodničestvo (Volkstümlerbewegung), die die russische Intelligenz seit den 60er Jahren mehr und mehr erfaßt hatte, hinterließ in der Literatur ihre Spuren. Freilich konnten die Texte aus diesem Umfeld allein schon wegen ihres engen Themenradius kaum größere Bedeutung gewinnen. Vom Ideal eines russischen Bauernsozialismus durchdrungen, von Černyševskij, Gercen und Nekrasov geprägt, widmeten sich die den Narodniki nahestehenden Schriftsteller einer Literatur, die das Alltagsleben und die Anschauungen der russischen Bauern abbildeten. Zugleich waren sie bestrebt, das Volk zu bilden und von ihren politischen Zielen zu überzeugen. Revolutionärer Geist und Haß auf die Autokratie beseelten die Narodniki und führten einige Gruppen zu terroristischen Aktionen. Ihr fanatisches Ethos, ihr Heldentum und ihre Opferbreitschaft ließen sie Verfolgung und Verbannung ertragen, denen sie unerbittlich ausgesetzt waren. Dies bezeugen vor allem die Memoirenwerke, die aus dem Umkreis der Narodniki bekanntgeworden sind: Nikolaj Morozovs *Povesti moej žizni* (Die Geschichten meines Lebens, 1916–1918), Vera Figners *Zapečatlënnyj trud* (Die versiegelte Arbeit, dt. u. d. T. Nacht über Rußland, 1921/22), Sergej Sinegubs *Vospominanija čajkovca* (Erinnerungen eines Čajkovcen [so hießen die Mitglieder der revolutionären Gruppe um Nikolaj Čajkovskij], 1906) und vor allem Vladimir Korolenkos *Istorija moego sovremennika* (Geschichte meines Zeitgenossen, posth. 1922).

Gleb Uspenskij, ein Beamtensohn aus Tula, war, angeregt von seinem Vetter, dem begabten, als Landstreicher endenden Nikolaj Uspenskij, zum bedeutendsten Schilderer der bäuerlichen Lebenssphäre geworden. Waren seine ersten soziographischen Skizzen noch den Kleinbürgern und Handwerkern in der dumpfen Tulaischen Provinz gewidmet (*Nravy Rasterjaevoj ulicy* [Die Sitten der Rasterjaev-Straße, dt. u. d. T. Die Straße der Verlorenen], 1866, 1883), so folgten in den 80er Jahren Skizzenzyklen – *Iz derevenskogo dnevnika* (Aus dem Dorftagebuch, 1877–1880), *Kredst'janin i krest'janskij trud* (Der Bauer und die bäuerliche Arbeit, 1880), *Vlast' zemli* (Die Macht der Scholle, 1882) u. a. –, die den Verfall der Bauerngesellschaft und die Entstehung eines ausgebeuteten, in bitterer Armut und Alkoholsucht verkommenden Dorfproletariats festhielten.

Zur gleichen Zeit wie Uspenskij war der aus einer estnischen Musikerfamilie stammende Aleksandr Šeller-Michajlov mit den Romanen *Gnilye bolota* (Faulige Sümpfe, 1864) und *Žizn' Šupova, ego rodnych i znakomych* (Das Leben Šupovs, seiner Verwandten und Bekannten, 1865) hervorgetreten, die sich vor allem mit Fragen der Volkserziehung auseinandersetzten. Der Gedanke, daß es die Aufgabe der Raznočincy-Intelligenz sei, das Volk aus seiner Unbildung und Rückständigkeit zu reißen, durchzog auch die folgenden, künstlerisch schwachen Romane Šeller-Michajlovs.

Aleksandr Ėrtel', ein anderer Erzähler aus dem Umkreis der Narodniki, zeichnete in großangelegten Romanen die desolate Lage auf dem Lande. Am bekanntesten wurde sein Roman *Gardeniny, ich dvornja, priveržency i vragi* (Die Gardenins, ihr Gesinde, ihre Anhänger und Feinde, 1888), in dem die nach der Bauernbefreiung entstandenen sinnwidrigen Verhältnisse breit geschildert wurden, vor allem das von den Gutsverwaltern betrügerisch genutzte Abarbeiten der von den Bauern erworbenen Landparzellen. Die Nähe zur naturalistischen Gesellschaftsanalyse ist vor allem bei Uspenskij und Ėrtel' unverkennbar.

Zum führenden Organ der Narodniki-Literaten wurde seit den 80er Jahren die Zeitschrift *Russkoe bogatstvo* (Russischer Reichtum). Die Redaktion lag lange Jahre in den Händen des Literaturkritikers Nikolaj Michajlovskij und Vladimir Korolenkos. Lenin erklärte die vom *Russkoe bogatstvo* vertretene politische Richtung in seiner Schrift *Čto takoe «druz'ja naroda» i kak oni vojujut protiv social-demokratov?* (Was sind die «Volksfreunde» und wie kämpfen sie gegen die Sozialdemokraten?, 1894) zum ideologischen Feind der russischen Sozialdemokratie, was die dauernde Spaltung zwischen beiden Lagern zur Folge hatte.

Vladimir Korolenko

Der bedeutendste Schriftsteller und Publizist im Lager der Narodniki war Vladimir Korolenko. Sein unbeirrbarer Gerechtigkeitssinn und seine warmherzige Menschlichkeit machen ihn zu einer der sympathischsten Erscheinungen unter den russischen Literaten. In der Ukraine als Sohn eines Richters und einer polnischen Mutter aufgewachsen, kannte er die Probleme einer multiethnischen Welt und wußte, daß ein Zusammenleben nur durch gegenseitige Verständnisbereitschaft und Toleranz erreicht werden kann. Seine Verbindungen zu den Narodniki brachten ihm, der 1871 das Studium am Petersburger Technologie-Institut aufnahm, dann zur Petrinischen Landwirtschafts- und Forstakademie überwechselte und, von dort relegiert, 1877 am Berginstitut weiterstudierte, Verhaftungen und Verbannungen ein. Drei Jahre verbrachte er als Verbannter im ostsibirischen Jakutien, da er den Eid auf Alexander III. verweigert hatte. In Korolenkos frühesten Texten sind diese Erfahrungen verarbeitet, wenn er – in seiner ersten Skizze *Čudnája* (Die Sonderbare, 1880) – aus dem Munde eines älteren Gendarmen die Geschichte einer verbannten, blutjungen Revolutionärin berichten ließ, die einerseits fest zu ihren Überzeugungen steht, andererseits aber ohne Verständnis für das Volk ist, für dessen Rechte sie kämpfen will. Oder in der Erzählung *Son Makara* (Makars Traum, 1885), wo ein jakutischer Bauer, in der Christnacht im winterlichen Eis sterbend, vor den großen Tojon geführt wird, um Rechenschaft über sein Leben abzulegen. Erst als Makar gegen seine Unterdrücker aufbegehrt, senkt sich die Waage des Tojons zu seinen Gunsten. Korolenko überlagerte in dieser «Weihnachtsgeschichte» (svjatočnyj rasskaz) christliche und jakutische mythische Vorstellungen und setzte jakutisches Sprachmaterial ein, was der Erzählung eine eigenartige Färbung verleiht. Einige unter Korolenkos Erzählungen zählen zu den Meisterwerken der russischen Erzählkunst. Die bezaubernde Erzählung *V durnom obščestve* (In schlechter Gesellschaft, 1885) verarbeitet Kindheitserlebnisse Korolenkos im wolhynischen Rovno, die er auf einen Freund überträgt und in den Ort Knjaže-Veno verlegt. Der junge Ich-Erzähler aus gutem Hause fühlt sich zu den Ausgestoßenen und Obdachlosen hingezogen, woraus sich für ihn, immer in Spannung zur bürgerlichen Wohlanständigkeit, magische und traurige Erfahrungen ergeben. In der Studie (ètjud) *Slepoj muzykant* (Der blinde Musikant, 1886) wird der schwierige Weg eines blindgeborenen Knaben zum Pianistenruhm nachgezeichnet. Zu seinem Helfer wird Onkel Maksim, der verlorene Sohn der Familie, ein Mitstreiter Garibaldis und Kriegsinvalide, der in dem Knaben Pëtr Popel'skij einen Leidensgenossen erblickt. Korolenko deutete die Entwicklung und die Krisen des blinden Knaben als einen Kampf um das Licht und damit um das Glück. Nach Erscheinen der Erzählung entstand eine anhaltende Kontroverse um die Frage, ob denn der Blindgeborene überhaupt eine Vorstellung vom Licht haben oder vielleicht auch ohne diese Vorstellung glücklich sein könne. Korolenko hielt an seiner Überzeugung fest, daß der Mensch ohne das Wissen um das Licht vielleicht ein Maß an Zufriedenheit erlangen könne, aber gewiß kein Glück ...

«Les šumit» (Der Wald rauscht, 1886), eine Legende aus dem Poles'e, dem sumpfigen Waldgebiet der westlichen Ukraine, beschwört den magischen Urwald (dremučij les) und den «Herrn des Waldes» (chozjain lesa), den Waldgeist. Als doppelte Rahmenerzählung entsteht in dieser märchenhaften Atmosphäre die balladeske Geschichte vom tyrannischen Gutsherrn (Pan), der die Frau seines Försters verführt und deshalb von den Gajdamaken, den ukrainischen Kosaken, im Poles'e ermordet wird. Der Einfluß der ukrainischen Volkslegenden auf diese Erzählung ist offensichtlich. Das laute Rauschen des Waldes wird zum Leitmotiv, das diese wohl bekannteste russische Walderzählung durchzieht. Auch wenn es den polnischen Bauern Matvej Lozinskij – in der umfangreichen Erzählung Bez jazyka (Ohne Sprache, 1895) – nach Amerika verschlug (Korolenko selbst hatte 1893 die Weltausstellung in Chicago besucht), kam, mit den Worten Korolenkos, nicht ein Buch über Amerika heraus, sondern darüber, wie sich Amerika einem einfachen Menschen aus Rußland auf den ersten Blick darstelle. In einigen Erzählungen, darunter Brat'ja Mendel' (Die Brüder Mendel, 1915/16, veröfftl. 1927), hat Korolenko die prekäre Lage der innerhalb der «Seßhaftigkeitslinien» (čerty osedlosti) gehaltenen ukrainischen Juden mit großem Einfühlungsvermögen dargestellt. Sein Mitgefühl für die benachteiligten Völkerschaften im Russischen Reich forderte immer wieder sein publizistisches Engagement heraus. Er intervenierte in der Affäre um angebliche heidnische Menschenopfer bei den sibirischen Udmurten (Wotjaken) im Dorfe Staryj Multan und verhinderte durch seine Artikelserie Multanskoe žertvoprinošenie (Die Opferhandlung von Multan, 1895) einen Justizmord. Ähnlich reagierte er später im Zusammenhang mit dem berüchtigten Bejlis-Prozeß (Delo Bejlisa, 1913/14), in dem er durch Artikel und Gerichtsreden den wegen eines Ritualmordes angeklagten Juden Mendel' Bejlis vor der Verurteilung rettete. In einer Zeit, in der antisemitische Ausschreitungen und Pogrome im Süden Rußlands gefährlich um sich griffen, stand Korolenko, ähnlich wie Gor'kij und Kuprin, für Tole-

ranz, Freiheit und Gerechtigkeit ein. Auch nach der Februar-Revoluti-
on galt seine Sorge bis zuletzt hungernden Kindern, Kriegsgefangenen
und Häftlingen.

Korolenkos größtes Werk ist das dreibändige Memoirenwerk *Istorija
moego sovremennika*, an dem er von 1905 bis zu seinem Tode arbeitete.
Im Vorwort spricht er selbst von einer «Reihe von Bildern» (rjad kar-
tin) aus seiner Kindheit, Jünglings- und Erwachsenenzeit, die er in die
Erinnerung habe zurückrufen und wiederbeleben wollen. In der Tat
überrascht das Werk ebenso durch die Überfülle und Lebendigkeit des
Erinnerten, durch vortreffliche Natur- und Milieubeschreibungen wie
auch durch die unauffällige und doch plausible Art, wie es den Zusammenhang zwischen der inneren Entwicklung Rußlands und der Entfaltung der Persönlichkeit des Autobiographen herstellt. Die Darstellung der Studentenjahre, in denen Korolenko immer mehr ins
Fahrwasser der Narodniki geriet, oder die Nachzeichnung der bitteren
Jahre, die er in Zuchthaus und Verbannung verbrachte, sind nicht nur
in literarischer Hinsicht, sondern auch als Zeitdokument von nicht
geringerem Rang als Gercens *Byloe i dumy*.

Anton Čechov

Anton Čechovs große Kunst der kleinen Erzählform und des Dramas
entfaltete sich voll in der Zeit der russischen Moderne. Wiewohl er
stärker an das literarische Leben seiner Zeit gebunden war, als es oft
scheinen mag, und die zeitgenössischen literarischen Strömungen
wach beobachtete, vermochte er sich doch keiner von ihnen anzuschließen. Er stand kritisch und distanziert zwischen den aktuellen
Ausdruckstendenzen Naturalismus, Impressionismus und Symbolismus, obwohl er von ihnen doch den einen oder anderen Impuls einfing. Sein Œuvre stellte eine Welt für sich dar, die mit allen Zeitströ-
mungen der russischen Gesellschaft, des geistigen und materiellen
Lebens und der Literatur inner- und außerhalb Rußlands gleichwohl
engstens kommunizierte, dabei aber stets auf völliger künstlerischer
und weltanschaulicher Unabhängigkeit bestand. Čechov zeigte erneut
jene künstlerische Universalität und Autonomie, wie sie erstmals in
Rußland von Puškin verkörpert worden war. Wie sehr sich die Epo-
chenbedingungen bei beiden Dichtern auch unterscheiden mögen, es
besteht eine geheime Verbindung im Geiste und in der Kunst zwischen
Puškin und Čechov. Nach einer oft geäußerten Überzeugung bilden
beide in der russischen Literatur den Pol der Klarheit und der Nüchternheit, verbunden mit höchstem ethisch-ästhetischen Anspruch:

zwei Lichtgestalten in der oft niederdrückenden russischen Umwelt, und obwohl ganz russisch, so doch am wenigsten von Europa getrennt.

Die Erzählungen

Čechovs frühe Absage an die große Romanform bedeutete nicht den Verzicht auf die gesellschaftliche Totale, auf die die Teleologie des Realismus hinausgelaufen war. Aus der Überfülle an Kurzgeschichten, Humoresken, Skizzen entstand auch bei ihm binnen weniger Jahre ein Gesamtbild der Gesellschaft, nur wurde es nicht aus einem einheitlichen, großen Entwurf gewonnen, sondern bestand, gleich einem Mosaikbild, aus vielen winzigen Ausschnitten, Einzelteilchen, Splittern und Steinchen – Čechov hat zwischen 1880 und 1904 nicht weniger als 581 Erzählungen geschrieben. Sicher war sich der junge Čechov nicht darüber im klaren, daß er im Begriff stand, die Nachfolge der Realisten in Form von Miniaturen anzutreten, die die realistische Methode mit der Zeit stark verändern sollten. Mittels seiner Splitter, die in aller Regel auf realen Eindrücken beruhten, die er in seinen sprichwörtlichen *Zapisnye knižki* (Notizbüchern) verbucht hatte, fing er alle gesellschaftlichen Sphären Rußlands ein: Adel, Bürger und Bauern, Stadt und Land, Behördenapparat und Kaufmannsgilden, Handel und Handwerk. Doch lag der thematische Schwerpunkt in der Mittelschicht, da, wo die russischen Bürger nicht ganz arm, nicht ganz ungebildet, nicht ganz ohne Moral waren, mit einem Wort: da, wo die russische «pošlost'» (Banalität, Schäbigkeit) am deutlichsten ausgeprägt war und in Kollision mit allen möglichen Illusionen, Hoffnungen und Liebessehnsüchten trat. In der meisterlichen Wiedergabe der «pošlost'» trat Čechov, wenn auch mit anderen künstlerischen Mitteln und unter Verzicht auf metaphysische Motivation, neben Gogol'. Wie bei diesem enthielten auch Čechovs Zustandsberichte – die ständigen Schwierigkeiten mit der strengen Zensur der 80er Jahre bewiesen es – ein beträchtliches Maß an impliziter Gesellschaftskritik, die allerdings tiefer zielte als nur auf den offenkundigen, sozialen Mißstand: Er protestiere, äußerte er sich in einem Brief, in seinen Erzählungen von Anfang bis Ende gegen die Lüge, doch lehne er es ab, schrieb er in einem anderen, als Liberaler, Konservativer, Reformanhänger, Mönch oder Indifferenter aufzutreten: «Ich möchte ein freier Schriftsteller sein und nichts weiter.»

Die kurzen Erzählungen, die er statt der nie realisierten Romanpläne seit 1880 vorlegte, wuchsen rasch über den Standard des humori-

Anton Čechov

stischen Feuilletons hinaus und fanden das Interesse von Verlegern, namentlich von Aleksej Suvorin, der seit 1886 die Werke Čechovs betreute. Dmitrij Grigorovič, ein Veteran der Natürlichen Schule, war der erste angesehene Literat, der Čechov das «echte Talent» zusprach, das ihn befähigen werde, «einige herausragende, wahrhaft künstlerische Werke zu schreiben». Bald pflichteten auch Korolenko und Tolstoj diesem Urteil bei. Die Erzählungen, die zunächst ganz auf den humoristischen oder grotesken Effekt gerichtet waren und falsche Posen entlarvten wie in *Tolstyj i tonkij* (Der Dicke und der Dünne, 1883) oder *Svetlaja ličnost'* (Eine lichte Persönlichkeit, 1886), gewannen im Laufe der Jahre mehr und mehr an psychologischer Tiefe und Komplexität. Čechov spürte wie kein anderer das Tragische im Komischen, das Banale im Erhabenen, die Lebensleere und Aussichtslosigkeit im russi-

schen Alltag, die zwangsläufig Langeweile, Trunksucht und Ehebruch
nach sich zogen. Die ironische Brechung und Umwertung bekannter
literarischer Vorlagen und Motive war eine ständige Möglichkeit und
Versuchung des Erzählers Čechov – hierin wieder Puškin sehr ähnlich, dem Wirklichkeit immer auch als die Abwertung von Kunstkli-
schees erschienen war. Beliebige Textsorten, literarische (wie Erzählung, Humoreske, Kriminalgeschichte, Märchen, Totenklage, Roman,
Vaudeville) oder pragmatische (wie Aufsatz, Ansprache, Brief, Brief-
steller, Protokoll, Übersetzung), konnten den Erzählungen unterlegt
werden. Nie herrschte in ihnen allein das Thema, stets gab es intertextuelle Bezüge und Momente der Parodie. So waren in bestimmten
Schaffensphasen intensive Fremdanregungen nicht zu übersehen.
Nach Erscheinen der Werke Tolstojs (*Sočinenija Grafa L. N. Tolstogo*,
1886) setzt die Forschung eine «Tolstoj-Episode» an, in die solche
Erzählungen wie *Niščij* (Der Bettler), *Chorošij čelovek* (Der gute
Mensch), *Vstreča* (Die Begegnung), vor allem aber *Imeniny* (Der
Namenstag, 1887) fallen. In letzterer verarbeitete Čechov das Grund-
thema der *Anna Karenina* und verwendete Tolstojsche Erzählverfahren.
Unmittelbar nach dem Besuch bei Tolstoj in Jasnaja Poljana, der, lange
geplant, endlich im August 1895 zustande kam, schrieb Čechov seine
Anna na šee (Anna am Halse, 1895), eine knappe Burleske auf den großen Roman *Anna Karenina* mit heiter-frivolem Ausgang. Die Aufnahme von phantastischen und irrationalen Themen in den späten Erzählungen – *Čërnyj monach* (Der schwarze Mönch, 1894), *Archierej* (Der
Bischof, 1902) oder *Nevesta* (Die Braut, 1903) – ließ wieder eine
gewisse Nähe zu den Symbolisten spüren. Diese, insbesondere Merežkovskij, waren durchaus geneigt, Čechovs präzises Bild der sichtbaren
Welt im Sinne ihrer Ästhetik als «transparent» (skvoznoj) zu interpretieren. In der Tat drangen die großen tragischen Erzählungen der 90er
Jahre, die allein schon von ihrem Umfang her als Povesti (Kurzromane)
einzustufen sind, in psychologische und philosophische Dimensionen
vor, die jenseits des Positivismus lagen: die erschütternde Geschichte
vom geisteskranken Intelligenzler Gromov und seinem Arzt Ragin in
Palata № 6 (Krankensaal Nr. 6, 1892), die Studie über den *Čelovek v
futljare* (Der Mensch im Futteral, 1899), dem – inzwischen sprichwörtlichen – deformierten, bürokratisch eingeschränkten Menschen, die
hoffnungslose Ehebruchsgeschichte *Dama s sobačkoj* (Die Dame mit
dem Hündchen, 1899) oder die provinzielle Kaufmannsgeschichte *V
ovrage* (In der Schlucht, 1900), in der die raffgierige Bosheit der
«Schlange» Aksin'ja triumphiert.

Der tragische Untergrund seiner Werke gewann weiter an Tiefe,
nachdem Čechov 1890 in eigener Regie eine mehrmonatige Expedi-

tion nach der Sträflingsinsel Sachalin unternommen hatte, um die
Lebensbedingungen der Katorga-Häftlinge an Ort und Stelle zu
erkunden. Was er dort sah und in seinem Reisebericht *Ostrov Sachalin*
(Die Insel Sachalin, 1893) dokumentierte, zählt zu den erschüttern-
sten Zeugnissen über die Schattenseiten des Zarenreiches. Angesichts
der unmenschlichen Haftbedingungen, die ja auch Dostoevskij schon
angeprangert hatte, schrieb Čechov in einem Brief: «Heute weiß das
gesamte gebildete Europa, daß nicht die Aufseher schuld sind, sondern
wir alle ...»

Die Dramen

Die Forschung hat bereits vor der Sachalin-Reise, um 1888, einen
Wechsel im Erzählstil Čechovs vom subjektiven Erzählen hin zum
objektiven konstatiert (A. Čudakov). Auch die Zeitgenossen empfan-
den wohl damals, daß Čechov vor einem Scheideweg stand: Sollte er
Erzähler bleiben oder sich dem Drama zuwenden? Er beschritt beide
Wege, doch nahm das Drama in seinem Schaffen nun immer mehr an
Raum und Rang ein. Sein Jugenddrama *Platonov* und das spätere Stück
Ivanov (1887) hatten das bekannte Syndrom des «überflüssigen Men-
schen» auf neue Weise zu erklären versucht: Eine frühzeitige Veraus-
gabung der physischen und geistigen Kräfte ließ die Helden in der
Lebenspraxis scheitern. *Lešij* (Der Waldschrat, 1889) war dramatur-
gisch noch ganz im Fahrwasser Ostrovskijs geblieben und kam beim
Publikum nicht an. In der Neubearbeitung dieses Stückes aber, nun
unter dem Titel *Djadja Vanja* (Onkel Vanja, 1897) traten die innovativen
Züge der reifen Dramatik Čechovs voll hervor. Die Gattungsbezeichnung Komödie wurde neutralisiert zu «Szenen aus dem Landleben»;
die Handlung, unter Verzicht auf das Happy-End, auf die eine Situation hin gestrafft, in der es nur noch Ansätze und Versuche zum Handeln
gab; die Zahl der Dramatis personae von 13 auf 9 reduziert; die stereotypen Komismen abgebaut zugunsten neuer Gesprächsthemen. Die
Charaktere wurden unschärfer konturiert und damit vielschichtiger;
auf eine Lösung der angelegten Konflikte wurde verzichtet. Im Mittelpunkt des Geschehens stand nicht mehr der harmlose Gutsbesitzer
Chruščëv, dessen Kampf gegen die Waldzerstörung eher nur eine
komische Marotte war (als Doktor Astrov, eine der positivsten Figuren
in Čechovs Personal überhaupt, wird er den forstlichen Diskurs mit
größerem Ernst und Engagement wieder aufnehmen), im Mittelpunkt
stand jetzt Onkel Vanja, der aus Bewunderung für seinen Schwager,
den berühmten Kunstwissenschaftler und Senator Serebrjakov, dazu

aus verborgener Liebe zu dessen Frau Elena, auf das eigene Leben verzichtet hat und zusammen mit seiner Nichte Sonja das Landgut
bewirtschaftet, aus dem der Professor seinen aufwendigen Lebensstil
bestreitet. Der Professor ist mit seiner Frau auf dem Landgut eingetroffen; in Gesprächen und Bekenntnissen wird ein Netz unerfüllter
und unerfüllbarer Liebesbeziehungen erkennbar. Jeder liebt, wie so oft
bei Čechov, jemanden, der einen anderen liebt. Als Serebrjakov der
versammelten Familie erklärt, er wolle das Gut, in das Vanja und Sonja
all ihre Lebenskraft investiert haben, verkaufen, kommt es zum Eklat:
Vanja schießt – hinter der Bühne – auf den Schwager, verfehlt ihn
aber. Nach der Abreise des Ehepaars fallen Vanja und Sonja wieder resigniert in ihre alte Arbeit zurück. Sonja spendet in einem lyrischen
Schlußmonolog dem Onkel Trost: Im Jenseits werden sie dereinst aus-
ruhen ... Sergej Rachmaninov hat den wundervoll zarten Text in
einer Romanze vertont.

Die neue Handlungsstruktur, der in Wahrheit ein neues, pessimisti-
sches Menschenbild entspricht, hat Peter Szondi gültig bestimmt: Die
Menschen in Čechovs Dramen leben im Zeichen des Verzichts auf
Gegenwart und glückliche Begegnung: «Verzicht auf die Gegenwart
ist Leben in der Erinnerung und in der Utopie, Verzicht auf die Begegnung ist Einsamkeit.» Dies trifft auf alle vier großen Dramen Čechovs
zu: abgeschwächte szenische Handlung bei wuchernden Vergangen-
heits- und Zukunftsprojektionen, gestörte Kommunikation, die oftmals durch Čechovs typische Pausen, also Nullstellen des Kommuni-
zierens, vertextet wird. Die genaue sozioökonomische Situierung der
Vorgänge und die atmosphärische Dichte, die Čechov bot, ließen aber
immer auch die Aufnahme der Stücke als «naturalistische» Bühnenakti-
on oder als Stimmungsdrama zu. Gor'kijs Reaktion auf das Stück
Djadja Vanja, das er 1898 in Nižnij Novgorod gesehen hatte, war zwei-
deutig; einerseits empfand er es wie einen Hammer, mit dem Čechov
auf die leeren Köpfe des Publikums einschlug – gemeint war damit die
ungewöhnliche Lebensintensität, die dem Zuschauer entgegenström-
te –, zum anderen erkannte er die «neue Art» (novyj rod) der dramatischen Kunst, in der sich der Realismus zum vergeistigten und tief
durchdachten Symbol erhebe. Noch genauer waren die dramaturgischen Errungenschaften in der Čajka (Möwe, 1895) zu besichtigen. Die
Eingangsszenen ließen über eine lange Strecke nicht erkennen, auf
welche Konfliktlage sich der an klassische Exposition gewöhnte
Zuschauer einzustellen habe. Ebensowenig war auszumachen, auf welche Sinnkonstruktion das Geschehen zulaufen könnte, da alle Büh-
nenfiguren mit ihren offenen oder latenten Konflikten herumliefen.
Aus dieser diffusen Anlage schälte sich dann doch ein konkretes The-

ma heraus, das die *Möwe* gar zum programmatischen Stück Čechovs machte: die Kunstproblematik, verquickt mit dem Generationsgegensatz. In dem realistischen Erfolgsautor Trigorin und dem am Beginn seiner Dichterlaufbahn stehenden Symbolisten Treplev, ergänzt durch die Starschauspielerin Arkadina und das Nachwuchstalent Nina, stellte Čechov nämlich zu einem sehr frühen Zeitpunkt den Antagonismus zwischen überkommenem Realismus und neuem Symbolismus auf die Bühne. Die routinierte Observation und Beschreibung der Wirklichkeit, wie sie Trigorin betreibt – Čechov hat ihm selbstparodistisch eigene Züge verliehen –, konnte ebenso wie die verstiegene Inkarnation der Weltseele in Treplevs *play-within-a-play* natürlich nur als Literatursatire verstanden werden. Wo aber stand Čechov selbst? Das gerade demonstrierte das Stück. Es fing mit seiner diffusen Handlungs- und Konfliktanlage, mit seinem gestreckten Zeitverständnis die Lebenswahrheit in unerhörter Dichte ein, vergegenständlichte den aktuellen Kunstdiskurs und baute auf realistische Weise ein Symbol auf, die Möwe, das, recht interpretiert, für die Gesamtverhältnisse des Stückes stand. Zwar mag es anfangs so aussehen, als sei Nina, die junge Schauspielerin, die Möwe, die den ihr gemäßen Lebensraum sucht und unversehens abgeschossen wird. Der Sinnaufbau des Stückes indes beweist am Ende anderes: daß nämlich die Möwe für alle steht – außer für Nina, die ihr Schicksal tapfer selbst in die Hand genommen hat. Čechovs *Möwe* wurde zum Fanal nicht nur des neuen Dramas, sondern auch einer neuen Theaterpraxis am Moskauer Künstlertheater (Moskovskij Chudožestvennyj Teatr – MChT) unter Konstantin Stanislavskij, das sich fortan mit dem Möwenemblem schmückte.

Auch *Tri sestry* (Drei Schwestern, 1900) und *Višnëvyj sad* (Der Kirschgarten, 1903) waren Situationsdramen in dem Sinne, daß die Personen vorrangig auf die eigene Situation ausgerichtet waren, ohne dabei die mögliche Wirkung ihrer Äußerungen auf einen Sprechpartner zu berücksichtigen (H. Schmid). Dennoch besaßen die Dramen eine einzigartige künstlerische Geschlossenheit; ihre Dialoge, so empfand es Andrej Belyj, waren nichts anderes als Musik. In *Drei Schwestern* verwob Čechov wiederum die unterschiedlichen Charaktere und Schicksale der Schwestern Oľga, Maša und Irina sowie ihres Bruders Andrej samt ihrer Bezugspersonen in der Provinz, fern von Moskau, in ein lockeres Handlungsgemenge. Die vom kulturellen Flair der Hauptstädte geprägten Geschwister, gebildet und sensibel, leiden an dem groben, verdorbenen und gewissenlosen Provinzmilieu, dem sie verhaftet bleiben. Die das Stück tragende Sehnsucht nach Moskau entspringt dem Wunsch, der provinziellen Niedertracht und Unkultur zu entgehen. Am Ende steht Resignation, wenn auch Oľga und Irina nicht aufhören werden, als Lehrerinnen für Gesittung und Bildung einzustehen. *Der Kirschgarten*, das letzte große Drama Čechovs, sollte zunächst ein «heiteres Stück» in drei Akten werden, tatsächlich wurde es eine melancholische Komödie in der üblichen Čechovschen Vieraktigkeit. Der hoffnungslos verschuldete Landsitz der Gutsbesitzerin Ljubov' Ranevskaja mit einem wundervollen alten Kirschgarten, der keinen Nutzen mehr abwirft, muß verkauft werden. Der wohlwollende Kaufmann Lopachin, der den Verkauf abwenden möchte, ist am Schluß – ähnlich wie der Holzhändler Vosmibratov in Ostrovskijs *Wald* – selber der Käufer. Das Stück endet mit der Abreise der Herrschaften, indes die Arbeiter mit dem Abholzen der Kirschbäume beginnen. Wieder stand der Kirschgarten im Bedeutungsaufbau des Stückes für manches andere: für den sozioökonomischen Prozeß der Verarmung und den Niedergang des Adels; für die Überwindung des Schönen durch das Nützliche; überhaupt für eine schöne, aber unzeitgemäße Welt, die Čechov bekanntlich schätzte, der er aber trotzdem keine Träne nachweinte. Der marode Student Trofimov, einer, der viel redet und nicht handelt, erklärt den Kirschgarten gar zum Symbol für ganz Rußland. «Ganz Rußland», sagt er, «ist unser Garten. Das Land ist groß und schön, es gibt darin viele wunderbare Plätze.» Doch lediglich Anja, die nüchterne, hoffnungsfrohe Tochter der Ranevskaja, wird am Ende fähig sein, den Besitz ohne Trauer zu verlassen.

Ihre volle künstlerische Potenz haben Čechovs Stücke erst in den letzten Jahrzehnten, nach Überwindung des von Stanislavskij geschaffenen Aufführungsstils, erwiesen. Sie haben das moderne Theater, nicht zuletzt auch die absurden Theaterformen, nachhaltig beeinflußt. Das gilt ebenso für die zehn Einaktstücke Čechovs, darunter die umwerfenden, zum Teil auf Kurzgeschichten zurückgehenden Farcen *Predloženie* (Der Heiratsantrag, 1888), *Medved'* (Der Bär, 1888) *Svad'ba* (Die Heirat, 1890), *Jubilej* (Das Jubiläum, 1892) sowie die Monologszene *O vrede tabaka* (Über die Schädlichkeit des Tabaks, 1886, 2. Fassung 1903). Erst durch die Regiekonzepte Giorgio Strehlers, Peter Steins oder Peter Zadeks kam Čechov zu der ihm angemessenen Bühnendeutung.

Čechovs umfangreiches Werk, in dem zwar immer wieder Lyrismen, doch keine Verse auftauchen, wurde in einer Kraftanstrengung ohnegleichen der Not und der Krankheit abgerungen. Mit den Jahren hatten ihn seine literarischen Erfolge wohlhabend gemacht. Als Arzt wußte er, als er im Juli 1904 nach Deutschland reiste, daß sein Ende bevorstand. Seine Frau, die Schauspielerin Ol'ga Knipper, hat die letzten Stunden im Hotel Sommer in Badenweiler festgehalten. Čechov lag auf dem Diwan im stickigen Zimmer und trug ihr eine heitere Geschichte vor, die er sich soeben ausgedacht hatte. In der Nacht mußte man den Arzt rufen, der ließ Champagner kommen. Čechov nahm das Glas und sagte: «Ich habe lange keinen Champagner mehr getrunken ...» Er trank das Glas aus, legte sich auf die Seite und verstarb.

Maksim Gor'kij und der «Znanie»-Kreis

Maksim Gor'kij

Die Tatsache, daß Čechovs *Kirschgarten* im Sammelband *Znanie* für das Jahr 1904 veröffentlicht wurde, bewies ein weiteres Mal die künstlerische Unabhängigkeit und zugleich die übergreifende Anerkennung, die dieser größte russische Schriftsteller seiner Zeit in seinem Lande genoß. Um den Verlag «Znanie» hatten sich, wie schon geschildert, vor allem die sozialkritischen Fortsetzer des Realismus versammelt. Der Kreis, der in Moskau seit 1899 auf den Mittwochtreffen bei Nikolaj Telešov (Telešovskie sredy) zusammenkam und in Gor'kij alsbald seine Leitfigur fand, konnte sich jedoch den die Epoche bestimmenden Trends zu romantischer, idealistischer oder phantastischer Überhöhung der Wirklichkeit keineswegs entziehen. Gerade auch bei Gor'kij war in den Erzählungen – sie erschienen zuerst 1898 gesammelt in zwei Bänden unter dem Titel *Očerki i rasskazy* (Skizzen und Erzählungen) – zu beobachten, daß in den mit naturalistischer Milieutreue geschilderten Ausgestoßenen romantisch-utopische Haltungen aufkamen und sich mit sozialrevolutionären Ideen verbanden. Noch vor der Jahrhundertwende hatte Gor'kij den Schritt von der kurzen Erzählform zum Roman getan und zwei Werke vorgelegt, zuerst die Geschichte des *Foma Gordeev* (1899), der in einer aus dem Bauernstande hervorgegangenen Kaufmanns- und Schiffsreedersfamilie zum neuen «überflüssigen Menschen» wird und gegen das dumpfe Milieu und die Geldgier der neuen Bourgeoisie aufbegehrt. In dem anderen Roman, *Troe* (Die Drei/Drei Menschen, 1901), zeigte Gor'kij, das Raskol'nikov-Motiv variierend, den Versuch des jungen Lunev, mittels eines Mordes an einem sadistischen Geldwechsler zu Geld zu gelangen, was – nach dem Schuldgeständnis, das zur Anklage gegen die herrschenden Verhältnisse wird – mit dem Selbstmord des Helden endet.

Unter dem Eindruck der großen Dramen Čechovs wandte sich Gor'kij nun selbst dem Drama zu. Čechovs apolitische, ironische Indifferenz konnte er freilich nicht teilen. Sein erstes Stück, *Meščane* (Die Kleinbürger, 1901), zeigte bereits die dramatische Technik, die er

Maksim Gor'kij

auch in den folgenden anwendete: Čechovsche Vieraktigkeit, bis auf
Vragi (Die Feinde, 1906); Verzicht auf eine der klassischen Gattungs-
signaturen, langgezogene, die beiden ersten Akte ausfüllende Expo-
sitionen, zunehmendes Personal, das in ein naturalistisch genaues
szenisches Milieu eingebunden ist; Dialoge, die Mißverständnisse,

Aneinandervorbeireden und Pausen – wie bei Čechov – hervorbringen, allerdings, dem Milieu entsprechend, mit größerer Heftigkeit und Aggressivität. In den *Kleinbürgern* kam der provinzielle Handwerkerstand mit dem Obermeister der Malerinnung Bessemenov ins Bild, einem patriarchalischen Familientyrannen, der durch sein despotisches und streitsüchtiges Verhalten Kinder und Hausangehörige um ihr Glück bringt. Unter den nach einer Positivitätsskala geordneten Personen nimmt Nil, ein junger Lokomotivführer, die höchste Stelle ein. Ins harte werktätige Leben eingebunden, weiß er, daß die Welt geändert werden muß, und ist bereit, den Kampf um eine gerechte, soziale Ordnung aufzunehmen. «Wir werden das Feld behaupten!» (Naša voz'mët!) ruft er aus und kann damit als erster positiver Held aus dem Proletariat in der russischen Literatur gelten. Wurden die *Kleinbürger* vom Publikum reserviert aufgenommen, so war Gor'kijs zweites Drama, *Na dne* (Auf dem Grund), das im Dezember 1902 uraufgeführt worden war, nach der sensationellen deutschen Aufführung im Berliner «Kleinen Theater» Max Reinhardts unter dem Titel *Das Nachtasyl* ein durchschlagender Erfolg. Gerhart Hauptmanns lapidares Urteil «Große Sache! Echte Sache!», doch eher noch die enorme Zahl von über 500 deutschen Aufführungen bis 1905 lassen die Begeisterung ahnen, die das Stück auch außerhalb Rußlands auslöste. Gor'kij hatte die Handlung in das Milieu der Bosjaken, der «Barfüßigen», gelegt, das man längst schon aus seinen Erzählungen kannte. Stanislavksij hat überliefert, Gor'kij habe zeigen wollen, wie sich seine Helden, wiewohl am Ende der Leidensfähigkeit und ohne Hoffnung, dennoch bemühen, ihr Menschsein voreinander aufrechtzuerhalten. Aus der Gruppe verkommener Bosjaken ragt der philosophierende Pilger (strannik) Luka hervor, der den Verlorenen wieder Hoffnung einflößt und gegen die Hartherzigkeit der Menschen ankämpft, ferner der alkoholisierte Schauspieler sowie der «Nietzscheaner» Satin, der von künftigen freien Menschen träumt und mit seinem Hymnus auf den Menschen das Ende des Stückes beherrscht: «Men–nsch! Das ist großartig! Das klingt... stolz!» Die Stücke allein dem Naturalismus zuzuschreiben, obwohl die Gestalten zum Teil nach authentischen Vorbildern aus Nižnij Novgorod gezeichnet waren, wäre verfehlt. Gor'kij brachte seine romantischen Visionen und sein sozialrevolutionäres Engagement hier voll ein. Ihm war wichtig zu wissen, wie die Arbeiterklasse (rabočij klass) sein Stück aufnahm, und er erkundigte sich bei seinem deutschen Übersetzer August Scholz danach. Seine *Dačniki* (Sommergäste, 1904), ein Stück, das nicht weniger als 26 Gäste auf einer Datscha zusammenführte, die, wie in Čechovs *Möwe*, ein Spektakel auf der Gartenbühne erwarten, zeigte unentschlossene, zaudernde

Intelligenzler, die sich in der schönen Natur vergnügen und um ihre und der Gesellschaft Probleme herumreden. Varvara Basova, eine russische Nora, versucht den Ausbruch aus einer trist gewordenen Ehe. In dem symbolträchtigen, tragikomischen Schauspiel *Deti solnca* (Kinder der Sonne, 1905), im Wettstreit mit Leonid Andreevs *K zvëzdam* (Zu den Sternen, 1906) entstanden, traten junge Menschen auf, die, während rings um sie die Cholera wütet, in einer illusionären Welt leben, aus der sie jäh durch eine Gruppe Betrunkener herausgerissen werden. Nachdem die falsche Utopie zerronnen ist, begeben sie sich, geführt von dem Wissenschaftler Protazov, ihrem Mentor, in die Wüste.

Gor'kij war nicht der einzige Dramatiker im Kreise der «Znanievcy». Zu nennen ist ferner Nikolaj Garin-Michajlovskij, seines Zeichens Eisenbahningenieur, der mit seiner *Derevenskaja drama* (Dorfdrama, 1903) an Tolstojs *Macht der Finsternis* anknüpfte, aber bereits auch, wie Gor'kij, «kühne Menschen» (smelye ljudi) vorstellte; ferner Aleksandr Serafimovič mit seinen Stücken über die Revolutionsereignisse *Razbityj dom* (Das zerschlagene Haus, 1906) und *Na mel'nice* (In der Mühle, 1907).

In Gor'kijs Dramen kam bei aller atmosphärischen und sprachlichen Genauigkeit die ausladende, unökonomische Schreibweise ihres Autors oft störend zum Vorschein. Auch die immer wieder durchbrechende Tendenziosität des großen Schriftstellers konnte den künstlerischen Wert seiner Werke beeinträchtigen. Das gilt in besonderem Maße für den Roman *Mat'* (Die Mutter, 1906), Gor'kijs Fazit aus dem Revolutionsgeschehen von 1905. Es bestand im Aufruf zum revolutionären Kampf gegen die Zarenherrschaft und gegen die Ausbeutung der Arbeiterklasse, vorgeführt am Schicksal der Arbeiterwitwe Pelageja Vlasova und ihres Sohnes Pavel. Dieser hat sich den Revolutionären angeschlossen, verteilt Flugblätter und ruft gemeinsam mit seinen Genossen zum Streik auf. Als er verhaftet und vor Gericht gestellt wird, wendet er seine Verteidigungsrede zur flammenden Anklage gegen die herrschenden Mächte und ihre juristischen Helfer. Pelageja Vlasova folgt nun dem Vorbild des Sohnes und unterstützt aktiv die revolutionäre Bewegung. Diese mit agitatorischem Gestus dargebotene Erweckungsgeschichte dürfte, ungeachtet ihrer späteren Glorifizierung als erstes Exemplum des Sozialistischen Realismus, das schwächste Werk sein, das Gor'kij je geschrieben hat. Ideologisch plan, künstlerisch der Gegentyp zur polyphonen Struktur der Romane Dostoevskijs (R.-D. Kluge), dominierte in ihm der politisch-didaktische Impetus, wenn auch, wie einige Forscher betonen, die revolutionären Ideale noch immer der christlichen Nächstenliebe verpflichtet blieben.

Leonid Andreev

Die anderen Autoren des «Znanie»-Kreises, obwohl keineswegs von den sozialen Fragen abgewandt, konnten sich doch niemals der bolschewistischen Agitation anheimgeben, wie Gor'kij es tat. Nach dem Revolutionsjahr 1905 gerieten sie vollends in ein apolitisches Fahrwasser. Leonid Andreev etwa hatte zu den führenden Autoren des Kreises gehört. Seine realistischen Ansätze waren freilich schon früh von phantastischen und irrationalen Motivationen überlagert worden. Bereits die fragmentarische Antikriegserzählung *Krasnyj smech* (Das rote Lachen, 1904) ließ den Weg erkennen, den Andreev nach der Revolution von 1905 immer entschiedener beschreiten sollte. Von der Verrätergeschichte *Iuda Iskariot* (Judas Ischariot, 1907) über *Rasskaz o semi povešennych* (Erzählung von den sieben Gehenkten, 1908) bis zu der Povest' *Dnevnik Satany* (Tagebuch des Satans, 1918–1921), Andreevs letztem Werk, das den Tod des amerikanischen Milliardärs Alfred Vanderbilt – im Roman Henry Vanderhood (Genri Vandergud) – beim Lusitania-Zwischenfall 1915 zum Gegenstand hat, nahm die Darstellung blutrünstigen Grauens und der existentiellen Verlorenheit des Menschen bei Andreev ständig zu. Sein wohl bekanntestes Werk ist das Stationendrama *Žizn' Čeloveka* (Das Leben des Menschen, 1906/07). In seiner Dramaturgie an Strindberg und Maeterlinck erinnernd, verfolgte es das Leben des MENSCHEN von der Geburt bis zum Tode in fünf großen mythisierten Bildern. Die handelnden Figuren waren jeglicher individueller Züge entkleidet: der MENSCH, seine Gattin, seine Freunde und Feinde. Ihre kurzen Repliken wirkten wie emphatische Verse. Als Symbolfigur trat eine Gestalt in Grau (Nekto v serom) auf und zeigte mit einer abbrennenden Kerze die Lebensstufen an. Der Mensch, der es äußerlich weit gebracht hat, verflucht im Sterben jenes Prinzip, das ihn geschaffen: «Gott, Teufel, Schicksal oder Leben». Das Sein hat sich als Schein erwiesen, das menschliche Leben in Glück und Unglück als Farce.

Ivan Bunin

Zu den erstaunlichsten literarischen Koalitionen der russischen Moderne zählte die Freundschaft zwischen Gor'kij und Ivan Bunin. Sie bestand von den Anfängen des «Znanie»-Kreises bis in den Ersten Weltkrieg hinein, als Bunin sogar zu den Mitarbeitern von Gor'kijs pazifistischer Zeitschrift *Letopis'* (Chronik, 1915–1917) gehörte. Eine ungleichere Freundschaft war kaum vorstellbar – der eine aus den Niederungen des russischen Volkes zu literarischem Ruhm gelangt, der andere aus dem russischen Landadel stammend, dessen Traditionen und Kultur er sich zeitlebens verbunden fühlte. Erzähler und Poet in einem, wie eigentlich auch Gor'kij, gab Bunin der russischen Literatur einen Schatz eigenartiger Gedichte, darunter philosophische, religiöse und Reisesonette von hohem ästhetischen Rang. Kein geringerer als Vladimir Nabokov hat die schwer einzuordnende Lyrik Bunins als dessen wesentliche literarische Leistung hervorgehoben. Bezeichnenderweise waren Bunins erste Publikationen Sammlungen von Erzählungen und Gedichten, überschrieben *Stichi i rasskazy* (Verse und Erzählungen, 1900) und *Polevye cvety* (Feldblumen, 1901). Auch als Übersetzer englischer (Byron, Tennysson), amerikanischer (Longfellows *The Song of Hiawatha*), französischer (Alfred de Musset, Leconte de Lisle) und polnischer Dichtungen (Adam Mickiewicz) machte sich Bunin einen Namen. Die im Verlag «Znanie» von 1902 bis 1909 veröffentlichten Erzählungen und Gedichte bildeten die erste Ausgabe seiner Werke (*Sobranie sočinenij*). Bunin war keineswegs blind für die sozialen Spannungen seiner Zeit oder gar unempfindlich gegen Not und Unterdrükkung, doch überzog er, wenn er er etwa in der Erzählung *Na kraj sveta* (Ans Ende der Welt, 1894) die Ansiedlung ukrainischer Bauern im Ussuri-Gebiet schilderte, das Geschehen mit einer Poesie, die die soziale Schärfe abmilderte. Vor allem aber hing er an der Welt des Landadels, dessen unaufhaltsamen Verfall er schmerzlich erlebte. Unvergleichlich fing er die Naturstimmungen und die ehrwürdige Lebensart auf den alten Adelssitzen ein. Mit Recht hat man die diesem Thema gewidmeten Erzählungen, von *Antonovskie jabloki* (Die Antonovkaäpfel, 1900) bis zu *Derevnja* (Das Dorf, 1910) und *Suchodol* (1911), als Bunins «Adelselegien» bezeichnet. Besonders die letztere Erzählung, in der die Kinder des Gutsherrn Chruščëv aus den Erzählungen der alten Magd Natal'ja die verworrene Familiengeschichte auf dem verfallenen Gut Suchodol chronikartig rekonstruieren, wo man seinerzeit noch zu Tische saß, «mit der Jagdpeitsche auf den Knien», war nach Stil und narrativer Technik ein Meisterstück. Einige feinfühlige Liebesgeschichten – *Pervaja ljubov'* (Erste Liebe, 1890), *Grammatika ljubvi* (Grammatik der Liebe, 1915) und vor allem *Mitina ljubov'* (Mitjas Liebe, 1924) – kamen aus Bunins Feder. Der weitgereiste Autor hat seine Eindrücke von fremden Ländern und Menschen nicht nur in lebendigen Reiseskizzen, *Chram Solnca* (Der Sonnentempel, 1907–1911), sondern auch in Erzählungen mit kritischen Bildern des amerikanischen Kapitalisten, *Gospodin iz San-Francisko* (Der Herr aus San Francisco, 1915), oder des überheblichen Deutschen, *Otto Štejn* (Otto Stein, 1916), festgehalten.

Aleksandr Kuprin

Unter den «Znanie»-Autoren gab es viele Erzähltalente. Aleksandr
Kuprin zeichnete sich in ihrem Kreis durch das lebhaftere narrative
Temperament und die größere Breite seiner Themenfelder aus. Er
konnte dabei in reichem Maße auf eigene Erfahrungen und Erlebnisse
zurückgreifen, hatte er sich doch, nach Kadettenanstalt und Militärdienst, in den verschiedensten Berufen versucht, vom Fabrikarbeiter
und Zirkusgaukler bis zum Zahnarzt und Landvermesser. Seine erste
erfolgreiche Erzählung, *Moloch* (Der Moloch, 1896), handelte von
dem Ingenieur Bobrov, der, zwischen Melancholie und Gereiztheit
schwankend, in einem Eisenwalzwerk arbeitet. Aus Protest gegen die
ausbeuterischen Machenschaften des Unternehmers Kvašin versucht er
die Fabrik, in der er arbeitet, zu zerstören. Als sein Versuch scheitert,
zünden die Arbeiter selber die Fabrik an. Immer wieder nahm sich
Kuprin heikelster Themen an. Gegen die Judenpogrome, wie er sie
selbst in Odessa erlebt hatte, wandte er sich in der grotesken Erzählung
Obida (Die Kränkung, 1906): Die Abgeordneten der Vereinigten Die-
besorganisation von Rostov-Char'kov und Odessa-Nikolaev wehren
sich gegen die für sie ehrenrührige behördliche Unterstellung, an den
Judenverfolgungen beteiligt gewesen zu sein. Ein Kabinettstück
besonderer Art, in seiner sadistischen Ungeheuerlichkeit bereits auf
Franz Kafkas sieben Jahre später geschriebene Erzählung *In der Straf-
kolonie* vorausweisend, war die Groteske *Mechaničeskoe pravosudie* (Die
mechanische Rechtspflege, 1907). Kuprin konnte aber auch, wie in
Granatovyj braslet (Das Granatarmband, 1911), von der großen, unbedingten und unerklärlichen Liebe schreiben. In anderen Erzählungen
wieder fing er die schäbige Beschränktheit des Provinzbürgertums mit
gogolesken Strichen ein. In *Čërnaja molnija* (Der schwarze Blitz, 1912),
einer Realisierung der oxymoralen Metapher aus Gor'kijs *Sturmvogel*,
bot er den kauzigen Forstbeamten Turčenko, der gegen die Waldzerstörung anzukämpfen versucht, in einer nordrussischen Kleinstadt
gegen den «menschlichen Morast» der Provinzhonoratioren auf. Überhaupt lagen die Schauplätze der Erzählungen Kuprins meist in der
Provinz. Dabei nutzte er weidlich lokales sprachliches Kolorit aus und
führte eingehende Recherchen durch, die seinen Texten den Charakter
des Authentischen, ja des Dokumentarischen verliehen. Oft variierte
er aus der Literatur bekannte Motive, so die Anagnorisis aus Tolstojs
Auferstehung, das erschreckende Wiedererkennen alter Schuld, in der
Erzählung *Nočleg* (Das Nachtlager, 1896). Der Militärroman *Poedinok*
(Das Duell, 1905) nahm das seit Puškin immer neu aufgeworfene

Duellmotiv in einer besonders verzwickten Variante auf. Die Hohlheit und Verdorbenheit des russischen Offizierskorps, die hier vorgeführt wurden, wirkten beim Erscheinen des Buches im Kriegs- und Revolutionsjahr wie ein Fanal, das vieles zu erklären schien. Einen sensationellen Erfolg erreichte Kuprin mit dem Bordellroman *Jama* (Die Gruft, 1909). Genaue Recherchen gestatteten es dem Autor, der sich in der Maske des Reporters Platonov selbst in die Handlung einbrachte, das Rotlichtmilieu einer Stadt am Dnjepr so genau und unprüde auszuleuchten, daß das moralistisch gemeinte Werk – Kuprin hat es «von ganzem Herzen den Müttern und der Jugend» gewidmet – leicht mißverstanden werden konnte. Selbst Tolstoj vermeinte, der Autor genieße seinen Stoff mehr, als daß er ihn entlarve. In der Tat ging es Kuprin nicht um die Verurteilung der Prostituierten, die mit viel Verständnis gezeichnet waren, sondern um das heuchlerische Verhalten der Freier und der Behörden, die die «Toleranzhäuser» (doma terpimosti), wie die Etablissements in Rußland genannt wurden, nach außen verurteilten, insgeheim aber nutzten und ausbeuteten.

Unter den bedeutenderen «Znanie»-Autoren sind endlich noch Evgenij Čirikov und Vikentij Veresaev zu nennen. Čirikov, adeliger Abstammung, jedoch wegen revolutionärer Umtriebe verbannt, war bereits in den 80er Jahren mit Erzählungen bekannt geworden. Viele seiner Werke, darunter die Dramen *Evrei* (Die Juden, 1904) und *Ivan Mironyč* (1905), erschienen in den Sammelbänden *Znanie*. Nach 1906 löste sich Čirikov von der Genossenschaft. Sein wichtigstes Werk wurde die im Prager Exil abgeschlossene autobiographische Romantetralogie *Žizn' Tarchanova* (Das Leben Tarchanovs, 1911–1925). Auch Veresaev, aus einer Arztfamilie stammend und selbst Mediziner, hatte sich früh der Literatur verschrieben und mit seinen *Zapiski vrača* (Aufzeichnungen eines Arztes, 1901) Beachtung gefunden. Über seine Erfahrungen als Militärarzt im Russisch-Japanischen Krieg berichtete er in *Rasskazy o vojne* (Erzählungen über den Krieg, 1906) und den Aufzeichnungen *Na vojne* (Im Krieg, 1907/08). Bemerkenswert war seine Initiative, einen Genossenschaftsverlag der Moskauer Schriftsteller (Knigoizdatel'stvo pisatelej v Moskve) aufzubauen. Immerhin bestand die Unternehmung von 1911 bis 1918. Als einer der wenigen Znanievcy blieb er nach dem Oktober in der Sowjetunion. In Romanen zeigte er, immer auf dem Grunde eigenen Erlebens und keineswegs in einseitiger Sicht, die Irrwege (*V tupike* [In der Sackgasse], 1922) oder den rechten Weg (*Sëstry* [Schwestern], 1933) der Intelligenz in den Revolutionsereignissen. Später ist er mit popularisierenden Darstellungen der Klassiker (*Puškin v žizni* [Puškin im Leben], 1926/27; *Gogol' v žizni*

[Gogol' im Leben], 1933) sowie mit Übersetzungen antiker Dichtung (Homer, Sappho, Archilochos) hervorgetreten.

Ästhetik und Poetik des Symbolismus

Die innovativen Tendenzen der postrealistischen Moderne bündelten sich in der Mitte der 90er Jahre signifikant im Symbolismus. Hier war das Aufbegehren gegen die positivistisch-utilitaristische Ästhetik am augenfälligsten. Nicht mehr das «Leben» mit der Betonung des für die Gesellschaft Nützlichen wurde als Gegenstand der Kunst angesehen, sondern die Transzendenz, das eigentliche Sein. Der Gleichung der tendenziösen Literaturkritik, «Was gut ist, ist schön», die den Realismus begünstigt hatte, wurde die These «Was schön ist, ist gut» entgegengesetzt (J. Holthusen). Dies geschah mit Entschiedenheit zuerst 1893 in dem programmatischen Essay *O pričinach upadka i o novych tečenijach sovremennoj russkoj literatury* (Über die Ursachen des Niedergangs und über neue Strömungen der zeitgenössischen russischen Literatur) von Dmitrij Merežkovskij. Der philosophisch gebildete Autor legte dar, daß es in der Kunst nicht auf rührende oder moralische Tendenzen, sondern allein auf die Wahrheitsliebe (pravdivost') des Künstlers ankomme. Die Schönheit eines Bildes könne nicht unwahr und daher auch nicht unmoralisch sein, nur die Häßlichkeit (urodstvo) und die Flachheit seien in der Kunst unmoralisch. Die alte Platonische Kalokagathia, das Streben, das Gute im Schönen zu finden, das die idealistische Ästhetik von jeher beherrschte, wurde in der Folgezeit der wichtigste Impuls der symbolistischen Kunst. Gerade an Beispielen aus der realistischen Literatur (Dostoevskij, Tolstoj, Garšin, Čechov) zeigte Merežkovskij auf, daß das ideale Schöne auch in der Wiedergabe ganz alltäglicher Vorgänge Gestalt finden konnte, und zwar als Symbol:

«Die Symbole müssen natürlich und ungezwungen aus der Tiefe der Wirklichkeit herausgezogen werden. Wenn sie der Autor jedoch künstlich ausdenkt, um irgendeine Idee auszudrücken, dann verwandeln sie sich in tote Allegorien, die, wie alles Tote, nichts als Abscheu erregen können.»

In dem berühmt gewordenen Gleichnis von der Alabasteramphore, durch deren dünne Wände die in ihr entzündete Flamme hindurchscheint, verdeutlichte Merežkovskij das Vorgehen der symbolistischen Kunst: Sie vergeistigt die schöne Form, den poetischen Stil, das heißt den künstlerischen Stoff, macht sie transparent und läßt auf diese Weise das wahrhaftige Sein, die Transzendenz, ahnbar werden. Laut Merežkovskij sollten die drei Hauptelemente der neuen Kunst sein: der mystische Inhalt (mističeskoe soderžanie), die Symbole (simvoly) und die Erweiterung der künstlerischen Empfänglichkeit (rasširenie chudožestvennoj vpečatliteľnosti). Der Sprache, als dem künstlerischen Stoff, kam damit, wie bei Baľmont, Belyj, Annenskij und anderen nachzulesen ist, entscheidende Bedeutung zu. Das Wort sollte nicht mehr als Begriff oder Terminus funktionieren wie in der denotativen Semantik des Realismus, sondern als dynamische Energie, die die erstrebte Transparenz zum Ewigen hin ermöglichte. Es war das Organon, mittels dessen allein der symbolistische Schritt «a realibus ad realiora», wie es Vjačeslav Ivanov formulierte, gelingen konnte. Dabei waren die Bestimmungen des Wortes keineswegs einhellig. Viktor Gofman stellte in seinem Essay *Jazyk simvolistov* (Die Sprache der Symbolisten, *Literaturnoe nasledstvo*, Bd. 27/28) auf den «emblematischen Sinn» des Wortes ab, das in einem breiten Kontext seinen Sinn beziehe. Andrej Belyj setzte bei der Wiederbelebung des Wortes aus dem in die Tiefe des Unbewußten abgesunkenen Wortsamen ganz auf die musikalische Kraft des Wortes. «Von neuem», schrieb er in dem Essay *Magija slov* (Die Magie der Wörter, 1910), «werden wir nicht durch den S i n n, sondern durch den K l a n g des Wortes gefesselt.» Innokentij Annenskij meinte, daß die Sprachgebilde der Poesie letztlich inkommensurabel mit der realen Welt, ja sogar mit der idealen Welt seien; ihr Wert, ihre Kraft und Schönheit liege außerhalb ihrer selbst, bestehe in einer Art poetischer Hypnose. Auch für Johannes Holthusen ist «Hypnose» das symbolistische Stichwort für die der Sprache immanente Suggestionskraft, die nicht aus den Ideen abgeleitet werden könne. Der symbolistische Dichter wolle durch die Schönheit seiner Bilder und den Klang seiner Verse den Leser gleichsam hypnotisieren, wie es etwa auch in Mallarmés *Divagations* formuliert wurde. Intuition oder Verschlüsselung konnten «dunklen Sinn» erzeugen, der sich der rationalen Exegese letztlich entzog. Das Diktum Brjusovs in einem Brief vom März 1895, das dichterische Werk sei in seinem Ideal so beschaffen, daß es nur dem Autor zugänglich sei, gilt für einen Großteil der symbolistischen Dichtung überhaupt. Gerade das Dunkle, schwer Greifbare, Vielsagende sollte als Frage an den menschlichen Geist verstanden werden. Die Dichter wurden Künder und Vermittler geistiger Wirklichkeiten, der Leser, wie es Novalis vorgeschwebt hatte, «ein erweiterter Autor» (J. Holthusen).

Sprache und Bildhaftigkeit waren die Hauptkammern der symbolistischen Poetikoffizin. Daher nimmt es nicht wunder, daß die Poetik, die seit der Puškin-Zeit in Rußland, abgesehen von Schulkompendien, darniedergelegen hatte, in Theorie und Praxis erstmals wieder einen Aufschwung erlebte. Den Lautstrukturen galt besondere Auf-

merksamkeit; Alliterationen, Euphonien, die für den russischen poetischen Stil typischen Klangwiederholungen (zvukovye povtory)
kamen zu neuen Ehren. Die Verschmelzung von Wortklang und -sinn,
die lautsemantische Motivation der Aussage wurde bei Brjusov,
Bal'mont, Belyj und Blok in ungeahnter Weise aktualisiert. Der Reim,
als grammatischer Reim in der russischen Dichtung immer ein wenig
in Gefahr, eintönig oder konventionell zu wirken, wurde um klang-
reiche und semantisch ungewöhnliche Varianten bereichert. Nicht nur
daktylische Reime (mit zwei Silben nach dem Stützvokal: − ∪ ∪),
sondern sogar hyperdaktylische Reime (mit drei und mehr Silben
nach dem Stützvokal: − ∪ ∪ ∪ …) wurden von Brjusov, Bal'mont
und anderen erprobt. Als metrische Neuerung setzte sich namentlich
bei Blok der sogenannte «dol'nik» (oder pauznik) durch, ein tonischer
Vers, dessen zweisilbige Füllungen (… − ∪ ∪ − …) durch Pausen,
d. h. ein- oder nullsilbige Füllungen, ersetzt werden konnten (− ∪ −
oder − ∧ −). Mit diesem noch vorsichtigen Schritt auf den tonischen
Vers zu wurde, spät genug, eine metrische Möglichkeit eingelöst, die
eigentlich schon Lomonosov vorgesehen hatte, die aber, abgesehen
vom russischen Hexameter, dem rigorosen Diktat des Syllabotonis-
mus bzw. der Versfußherrschaft nicht abgerungen werden konnte. Wie
jetzt über Rhythmik und Euphonie im Vers auf einer symbolistisch
besetzten Metaebene spekuliert und kombiniert werden konnte, das
zeigten vor allem die verstheoretischen Traktate von Andrej Belyj in
dem Band *Simvolizm* (Symbolismus, 1910) und dem «Poem vom
Klang» (poèma o zvuke) *Glossolalija* (Glossolalie, 1922). Der Systemati-
ker Brjusov wieder gab in seinen *Opyty* (Versuche, 1918) einen vollständigen Überblick über die experimentellen und manieristischen
Formen der Poesie mit eigenen Exempla. Er erstreckte sich von den
Reim- und Lautexperimenten über pangrammatische bzw. lückenlos
alliterierende Gedichte, Versus alphabetici, Palindrome, Akrosticha bis
zu den festen Gedichtformen, Sonett, Rondeau, Triolett, und orientalischen Strophen. Nach langer Abstinenz in der realistischen Phase
kam nun das Sonett zu neuer, ungeahnter Blüte. Brjusov hat Hunderte von Sonetten geschrieben, Bal'mont und Vjačeslav Ivanov je über
200; selbst Ivan Bunin, der den Symbolisten fremd gegenüberstand,
konnte sich dem Sonettsog nicht entziehen; von ihm stammen rund
50 Sonette. Es wiederholte sich, was schon in der Puškin-Zeit zu
beobachten gewesen war: Die formalen Forderungen an das Sonett
wurden keineswegs erleichtert, sondern eher noch verschärft, die
strenge Form wurde mit hohen Inhalten verbunden. Auffällig war
freilich, ohne daß daraus ein Wertmaßstab zu gewinnen wäre, daß
weder Belyj noch Blok dem Sonett größere Aufmerksamkeit schenk-

ten. Fëdor Sologub schrieb 1913 bei seinen ausgedehnten Reisen durch die russische Provinz einen tagebuchartigen Zyklus von 178 Trioletten (achtzeiligen Gedichten mit feststehender Reim- und Refrainstruktur), die Eingang in den Band *Očarovanija zemli* (Zauber des Landes, 1913) fanden.

Hand in Hand mit der Rückgewinnung alter Formen und poetischer Verfahren ging die Wiederbelebung der tradierten Motive, Topoi und Symbole, kurz: der alten Bildercodes. Die neuplatonischen Vorstellungen – der Körper als Gefängnis der Seele; der Schmetterling als Symbol der Seele; die Welt als Labyrinth – kehrten in die symbolistische Dichtung ebenso zurück wie die Gestalten und Situationen aus der klassischen, slawischen und germanischen Mythologie, Helden und Herrscher aus der alten Geschichte und dem Mittelalter. Die neuere Forschung hat die spezifischen Verfahrensweisen entschlüsselt, mit denen mythische und psychische, philosophische und selbst politische Verhältnisse dichterisch gestaltet wurden. Mit ihrer Mythopoetik und Psychopoetik drangen die Symbolisten und ihre Trabanten in neue Dimensionen des seelischen und erotischen Seins vor.

Die Symbolisten

Seit langem steht in der Literaturgeschichtsschreibung fest, daß der russische Symbolismus sich in zwei Schritten vollzog, durch zwei Generationen getragen wurde. Die mystisch-idealistische Richtung der «älteren Generation» – Minskij, Merežkovskij, Bal'mont, Sologub und Zinaida Gippius – artikulierte sich seit 1891 in der Petersburger Zeitschrift *Severnyj vestnik* (Der nördliche Bote). Dmitrij Merežkovskij formulierte 1893 in dem Essay über den Niedergang der russischen Literatur ihr Programm, das bald darauf durch Valerij Brjusovs Moskauer Almanache *Russkie simvolisty* (Russische Symbolisten, 1894/95), in denen er selbst, um mächtigere Substanz vorzutäuschen, unter verschiedenen Pseudonymen auftrat, eingelöst wurde. Die «jüngere Generation», um 1880 geboren, profilierte sich unmittelbar nach der Jahrhundertwende. Ihr gehörten als wichtigste Vertreter Aleksandr Blok und Andrej Belyj an, beide Professorensöhne, beide Studenten, der eine in Petersburg, der andere in Moskau. Trotz vieler Gemeinsamkeiten, die sich aus ähnlichen ästhetischen und poetologischen Überzeugungen ergaben, liefen die künstlerischen Tendenzen der beiden Symbolistengenerationen in verschiedene Richtungen. So hat es denn auch an handfesten Kontroversen zwischen Älteren und Jüngeren nicht gefehlt.

Die erste Generation

Valerij Brjusov

Valerij Brjusov, Sohn eines reichen Moskauer Kaufmanns, war Literat
im umfassenden Sinne des Wortes. Abgesehen vom dramatischen Genre, zollte er allen literarischen Gattungen seinen Tribut, insbesondere
den lyrischen, in denen er sich als universaler Meister profilierte.
Zudem nahm er als Kritiker und Publizist zu jedweden literarischen
Erscheinungen Stellung, übersetzte aus verschiedenen Sprachen und
prägte als Herausgeber und Organisator maßgeblich das literarische
Leben der Moderne. In den literarischen Angelegenheiten trat er wie
ein Arbiter elegantiarum auf, die jungen Talente rieben sich an ihm
oder suchten seine Unterstützung. Die rasche Folge seiner Gedichtbände, manieriert bereits in den unrussischen Titeln – *Chefs d'Œuvre*
(1895), *Me eum esse* (1897), *Tertia Vigilia* (1900), *Urbi et Orbi* (1903) und
Στεφανος (1906) –, wie auch seine sonstigen literarischen Aktivitäten
verrieten eine Zielstrebigkeit und Produktivität, die Brujsov bis an
sein Ende durchgehalten hat. Selbst im Rahmen des gelehrten Alexan-
drinertums des Symbolismus, das sich aus dem gesamten Wissensspek-
trum der europäischen und außereuropäischen Kulturgeschichte
speiste (G. Langer), nahm Brjusov eine Sonderstellung ein. Seinen
Gedichtzyklen lag tendenziell ein enzyklopädisches Themenraster
zugrunde, das sich auf die unterschiedlichsten Gegenstände erstrecken
konnte. So rief er in *Tertia Vigilia* die «Lieblinge der Jahrhunderte» (*Lju-
bimcy vekov*) an, darunter den assyrischen Eroberer Asarhaddon, Ram-
ses, Psyche, Circe, Dante und Napoleon, oder die ihm Nahestehenden
(*Bliskim*), darunter Leibniz, Lermontov, Bal'mont, sowie sich selbst. In
Sem' cvetov radugi (Die sieben Farben des Regenbogens, 1916) thematisierte er, gegen die Lebensmüdigkeit ankämpfend, den *elan vital*
anhand des Farbspektrums. Bemerkenswert ist sein großangelegter,
wenn auch unvollendeter Versuch, in dem Band *Sny čelovečestva*
(Träume der Menschheit, 1909–1913; posthum veröfftl.) den Verlauf
der Weltgeschichte in lyrischen Spiegelungen aller Völker und Zeiten
einzufangen. Bewußt folgte er damit Herder (*Stimmen der Völker in
Liedern*), Hugo (*La légende des siécles*), Bal'mont (*Zovy drevnosti* [Rufe des
Altertums], 1908) und vor allem dem von ihm verehrten Begründer
der wissenschaftlichen Poesie, René Ghil. In dem Sonettenkranz *Svetoč
mysli* (Fackel der Idee, 1918; posthum veröfftl.) spielte er die Kultur-
epochen der Menschheit durch, in den *Opyty* (1918) die literarischen
Verfahren und Formen; in dem letzten, bereits in sowjetischer Zeit

entstandenen Gedichtband *Mea* (1922–1924) versuchte er gar, den neuesten naturwissenschaftlichen Errungenschaften in Gedichten wie *Mir ėlektrona* (Die Welt des Elektrons) oder *Mir N dimenzij* (Die Welt der N Dimensionen) poetisch beizukommen. Brjusov war nicht zuletzt ein *poeta politicus*, der auf die laufenden Ereignisse der Zeitgeschichte, oft in irritierender Verneigung vor den herrschenden Trends, reagierte. Sei es die Dreyfus-Affäre (*Na osuždenie Drejfusa* [Auf die Verurteilung von Dreyfus], 1899), der Russisch-Japanische Krieg, die Revolution von 1905 – in dem Zyklus *Sovremennost'* (Gegenwart, 1904/05) –, der Ausbruch des Ersten Weltkriegs – damals eilte er als Kriegsberichterstatter sogleich an die Front –, die Revolutionen des Jahres 1917, der Bürgerkrieg (*V takie dni* [In solchen Tagen], 1921) oder die Etablierung der bolschewistischen Macht: stets war Brjusov engagiert dabei und unterlegte den ephemeren Ereignissen mit symbolistischen Verfahren tieferen Sinn. Immer ging es ihm darum, die geistigen Kräfte, die die historischen Prozesse lenkten, aufzudecken.

Ähnlich funktionierten auch die Romane Brjusovs. In *Ognennyj Angel* (Der feurige Engel, 1908) zeigte er den Epochenumbruch vom mystischen Mittelalter zur rationalistischen Neuzeit als Antagonismus geistiger Kräfte, in den der suchende Held, Ritter Ruprecht, hineingestellt ist. Die Handlung, in der zugleich verschlüsselt der private Konflikt Brjusovs mit Andrej Belyj enthalten war, wurde, aufgrund umfangreicher Geschichtsstudien, ins deutsche 16. Jahrhundert verlegt; Dr. Johannes Faust und Agrippa von Nettesheim traten auf. *Altar' pobedy* (Der Siegesaltar, 1913) führte in die römische Geschichte des 4. Jahrhunderts, zum Epochenumbruch von der heidnischen zur christlichen Kultur.

Dmitrij Merežkovskij

Wie Brjusov arbeitete auch Dmitrij Merežkovskij – er war der Sohn eines hohen Petersburger Hofbeamten und hatte an der dortigen Historisch-Philologischen Fakultät studiert – in seinen historischen Romanen die geistige Dimension früherer Zeitalter heraus. Hatte sich der Geschichtsroman vom Scottschen Typus mit der genauen Reproduktion einer historischen Phase nach Ereignissen, Kolorit und Sprache anhand einer erfundenen Fabel mit einem «mittleren Helden» begnügt, so stellte Merežkovskij große Gestalten in den Mittelpunkt seiner Romane und zeigte sie in den geistig-religiösen Spannungen ihrer Zeit. Seine Trilogie *Christos i Antichrist* (Christus und Antichrist), bestehend aus den Teilen *Otveržennyj. Julian Otstupnik. Smert' bogov*

(Der Abtrünnige. Julian Apostata. Der Tod der Götter, 1896), *Voskresšie bogi*. *Leonardo da Vinči* (Die wiedergeborenen Götter. Leonardo da Vinci, 1901) und *Antichrist*. *Pëtr i Aleksej* (Der Antrichrist. Peter und Alexej, 1905), war der Versuch, bestimmte Geschichtsepochen aus dem Kampf zwischen christlichem und antichristlichem Prinzip zu erklären. Nach dem gleichen Muster stellte er Knotenpunkte der russischen Geschichte in dem Drama *Pavel I* (Paul I., 1908) und den Romanen *Carevič Aleksej* (Zarewitsch Alexis, 1920), *Aleksandr I* (Alexander I.) und dem Dekabristenroman *14 dekabrja* (Der 14. Dezember, beide 1918) dar. Merežkovskijs Romane erfreuten sich weit über Rußland hinaus großer Beliebtheit.

Fëdor Sologub

Im umfangreichen Werk Fëdor Sologubs liegen wesentliche Beiträge zur symbolistischen Prosa der älteren Generation vor. Sein Roman *Melkij bes* (Der kleine Dämon, 1905) handelt von dem Gymnasiallehrer Peredonov, der in einem Provinznest, getrieben von einem Phantomwesen, «Nedotykomka» genannt, boshafte Intrigen ersinnt und sadistische Untaten jeglicher Art an seinen Mitmenschen begeht. Zugleich ist er ein karrierebewußter, gegen die Obrigkeit devoter Beamter, der um jeden Preis Schulinspektor werden will, am Ende aber einer gegen ihn gerichteten Verschwörung und den eigenen Halluzinationen erliegt. Es gelingt ihm nicht, die Nedotykomka zu töten. Sologub hatte selbst zehn Jahre als Lehrer in russischen Kleinstädten gearbeitet und kannte die Dumpfheit und Banalität des Provinzlebens genau. Anders als bei den «Znanie»-Autoren, wurden bei ihm jedoch die zerstörerischen Kräfte, die die Provinz in sich barg, als dämonische Machenschaften gedeutet. Nach der Logik der Handlung erwies sich die Peredonovščina, die in Rußland alsbald zum Synonym für bösartiges Spießertum wurde, als unausrottbar, da die Menschen sich selber gegenseitig Teufel waren, wie Sologub 1907 in einem ebenso überschriebenen Aufsatz (*Čelovek čeloveku − d'javol*) darlegte. In der aus einer komplizierten Genese hervorgegangenen Trilogie *Tvorimaja legenda* (Legende im Werden, 1907−1913) kehrte Sologub die Verhältnisse um, indem er statt einer realen Welt, in die der kleine Dämon einbricht, einen mythisch-allegorischen, transzendentalen Weltentwurf wagte, wo die real-russischen Gegebenheiten nur noch als negatives Gegenbild zu dem «Reich der Vereinigten Inseln» erschienen. Antinomische Prinzipien − Sterne und Mond, Ja und Nein, Lyrik und Ironie − beherrschten das allegorische Geschehen, in das Sologub satirisch die

schlechte Gegenwart – bis hin zum Wüten der Schwarzen Hundert-
schaften (černosotency) – einblendete. Das Werk endete mit einem
utopischen Hoffnungsstrahl: Dem Helden Trirodov gelingt die Flucht
ins Reich der Vereinigten Inseln, wo er eine freie Ordnung errichten
wird. In seiner verschlungenen, mystischen Sinntiefe schwer auslotbar,
bildete die *Legende im Werden* die «Quersumme des Œuvres und der
künstlerischen Methode» und «letzte Abrechnung» Sologubs mit dem
symbolistischen Programm (E. Biernat). Der lange unterschätzte
Roman *Slašče jada* (Süßer als Gift, 1913), der eine frühere Erzählung
Šanja i Ženja (Šanja und Ženja, 1897) ausbaut, schildert den Zerfall der
Liebe der jungen Šanja, einer inspirierten modernen Lilith, und ihres
trivialen Liebhabers Evgenij. Der Roman gibt das aufschlußreiche
Bild von einem neuen Typus der Frau, die, obwohl von Vorurteils-
losigkeit und Charakterstärke geprägt, das Opfer männlicher Eng-
stirnigkeit wird. Für Sologub vollzieht sich darin die Spannung zwischen «lunarer» (d.h. idealer) und «solarer» (d. h. alltäglicher) Liebe.

Hinter diesen Prosawerken, die einen Höhepunkt der symbolistischen Literatur darstellen, sollte auch die Lyrik Sologubs nicht übersehen werden. In den acht Versbänden des Dichters – vom Ersten Buch
seiner Verse (*Stichi. Pervaja kniga*, 1896) bis zu den Bänden *Zmij* (Die
Schlange, 1907) und *Plamennyj krug* (Der Flammenkreis, 1908) – kam
ebenfalls sein dualistisches Weltbild – auf der einen Seite die böse
Gesellschaft, auf der anderen die innere, geistige Welt – und später
zunehmend ein Solipsismus und Schopenhauerismus zum Ausdruck
(B. Lauer). In dem Gedicht *Čertovy kačeli* (Die Teufelsschaukel, 1907) ist
das Schwanken zwischen Oben und Unten, Himmel und Erde im
Bild der Schaukel eingefangen, die der Teufel bewegt.

Konstantin Bal'mont, Zinaida Gippius, Jurgis Baltrušaitis

Zu den Poeten der älteren Generation zählten auch Konstantin Bal'-
mont, Zinaida Gippius und der Litauer Jurgis Baltrušaitis. Bal'mont
war, wie Sologub, einer der frühen Verbündeten Brjusovs. Seine Poesie,
in zahlreichen Bänden vorgelegt – darunter *V bezbrežnosti* (In uferloser
Weite, 1895), *Tišina* (Stille, 1898), *Budem kak solnce* (Wir werden wie die
Sonne sein, 1903) –, zeichnete sich durch besondere Klangsensibilität
und formale Virtuosität aus. Feine Naturstimmungen, die als impressionistisch empfunden wurden, und ein Kult der Kunst, oft in die anspruchsvolle Sonettform gekleidet – *Sonety solnca, meda i luny* (Sonette
von Sonne, Honig und Mond, 1917) –, waren Wesenszüge seiner Dichtung. Bal'mont trat ferner als Übersetzer der französischen Symbolisten

(Baudelaire, Verlaine) – *Iz čužezemnych poétov* (Aus fremdländischen Poeten, 1909) – sowie des georgischen Nationalepos *Der Held im Pantherfell* (*Nosjaščij barsovu škuru*, 1917) von Šot'a Rust'aveli hervor.

Zinaida Gippius, die Frau Merežkovskijs, war die bedeutendste Dichterin im Kreise der Symbolisten. Sie hatte mit Erzählungen begonnen und schrieb später Dramen und zwei Romane: *Čortova kukla* (Die Teufelspuppe, 1911) und *Roman-Carevič* (Königssohn Roman, 1914). Es waren, wie sie sagte, Romane «über die Reaktion», darunter verstanden die Merežkovskijs, gleich Dostoevskij in den *Dämonen*, die Gegenkraft zu der erhofften religiösen Revolution aus dem Geiste der Sobornost', der orthodoxen Gemeinschaftsidee. Unter dem Pseudonym Anton Krajnij schrieb die Gippius auch Literaturkritiken, doch lag ihre größte Begabung auf dem Feld der Poesie. Ihre Gedichte, gesammelt erschienen 1904 und 1910 (*Sobranie stichov* I–II), bezogen ihren Reiz aus der thematischen Vielfalt, aus der festen, klaren Sprache und einer originellen Rhythmik und Strophik. In den religiösen Gedichten sprach sich eine stolze, gegen Gott aufbegehrende Christianität aus; die Liebesgedichte waren herb im Ton. In einem Gedicht wie *Šveja* (Die Näherin, 1901) – gemeint war die Arbeit eines «gefallenen Mädchens» – konnte sie verborgenen Sinn in der alltäglichen Handarbeit aufspüren. Die in den Jahren 1914–1918 entstandenen *Poslednie stichi* (Letzte Gedichte, 1918) drückten zunächst noch den Pazifismus der Dichterin aus – etwa in dem Gedicht *Bez opravdanija* (Ohne Rechtfertigung, 1915) –, endlich aber den Abscheu vor den Oktoberereignissen. Wie zur gleichen Zeit Osip Mandel'štam (in *Dekabrist*) maß auch sie den Oktober 1917 am Dezember 1825 (in *14 dekabrja 17 goda* / [Der 14. Dezember des Jahres 1917) und schrie den Protest gegen den roten Terror aus sich heraus: «So kann man doch nicht leben!» (No tak ne žit'!). Damals zerbrachen die Beziehungen zu den jüngeren Symbolisten, die, wie Aleksandr Blok, wenigstens versuchten, den geschichtsphilosophischen Sinn der Revolution zu erspüren. Wie Bal'mont und vielen anderen blieb den Merežkovskijs keine andere Wahl, als Rußland zu verlassen.

Jurgis Baltrušaitis dichtete sowohl in seiner litauischen Muttersprache als auch russisch. Zutiefst mystisch gestimmt, lebte er als Lyriker ganz in einer religiös-transzendenten Welt, die er mit den symbolistischen Ausdrucksmitteln erkennbar machen wollte. Einen gewissen Schematismus der Korrespondenzen zwischen diesseitiger und jenseitiger Welt konnte er in seinen Gedichten nicht vermeiden, wie Brjusov bereits bei Erscheinen der Gedichtsammlungen *Zemnye stupeni* (Irdische Stufen, 1911) und *Gornaja tropa* (Bergpfad, 1912) bemerkte. Seine bevorzugte Gattung war das symbolistische Epigramm. Es bestand in der Regel aus einem Vierzeiler, der in äußerster Knappheit – ähnlich wie Andrej Belyjs Tanka-Gedichte in der Sammlung *Zvezda* (Der Stern, 1917/18) – eine poetisch-philosophische Aussage traf: ein Bild und ein Gedanke. Als erster übertrug er 1913/14 Rabindranath Tagores *Liedopfer* (*Gitandžali. Žertvennye pesnopenija*, 1914). Baltrušaitis, der Wanderer zwischen den Sprachen, Literaturen und Staaten – er vertrat Litauen in der Zwischenkriegszeit als Gesandter in Moskau –, hat seine literarische Identität, «die dunkle Grenze zwischen den Welten», nie eindeutig bestimmen können. Der 1948, vier Jahre nach seinem Tod, in Paris erschienene Band *Lilija i serp* (Lilie und Sichel), der seine russischen Gedichte seit 1912 enthält, zeigt ihn als bleibenden Symbolisten.

Die zweite Generation

Trotz der engen, wenngleich spannungsreichen, zwischen brüskem Bruch, Duellforderungen und neuerlicher Versöhnung schwankenden Freundschaft, die zwischen Andrej Belyj und Aleksandr Blok bestand, waren die beiden herausragenden Vertreter der jüngeren Symbolisten in ihrer geistigen und künstlerischen Eigenart außerordentlich verschieden. Belyj war philosophischer, spekulativer, ironischer – Blok war tragischer, dachte stärker in geschichtsphilosophischen, letztlich auch politischen Kategorien. Belyjs größte literarische Leistungen lagen auf dem Gebiete des Romans, den er um überraschende neue Formen bereicherte; Blok war die größte lyrische Begabung des Symbolismus, doch kam von ihm auch ein wichtiger Beitrag zum symbolistischen Drama, ganz zu schweigen davon, daß er mit seinem Poem *Dvenadcat'* (Die Zwölf, 1918) den epischen Kairos der Oktoberrevolution in einer der bedeutendsten russischen Dichtungen gefaßt und festgehalten hat. Beide Dichter, Andrej Belyj wie Aleksandr Blok, gilt es heute neu zu sichten und zu bewerten. Belyj muß aus der sowjetischen Abdrängung herausgeholt werden, die unerhörte Reichhaltigkeit und Neuartigkeit seiner Prosa muß neu entdeckt und beschrieben werden, bis sich der Autor als das herausstellt, was er war: der reinste Genius des russischen Symbolismus. Von Blok wiederum müssen die verfälschenden sowjetischen Etikette abgelöst werden, die aus dem Opfer der Revolution ihren Anhänger gemacht haben. Daß er, wie fast alle seiner denkenden Zeitgenossen, vor dem blutigen Umbruch in der russischen Geschichte wie vor einer Sphinx ratlos stand, kann ebensowenig verwundern wie sein Abscheu vor dem Alten und seine Hoffnungen auf das Neue. An der Enttäuschung über den Fortgang der Ereignisse ist er, anders als Belyj, zerbrochen.

Andrej Belyj

Andrej Belyjs Prosa-Symphonien, in den Jahren 1900 bis 1906 verfaßt, stellten eine in Rußland bis dahin unbekannte literarische Gattung dar. Zuerst erschien die als zweite entstandene *Dramatičeskaja* (Dramatische, 1902), erst dann folgten die zuvor entstandene *Geroičeskaja, Severnaja simfonija* (Heroische oder Nordische Symphonie, 1900) sowie die Symphonien *Vozvrat* (Rückgabe, 1905) und *Kubok metelej* (Pokal der Schneestürme, 1908). Neu an dieser symphonischen Prosa war nicht das Thematische, etwa, wie in der *Dramatischen Symphonie*, die schwärmerische Liebe eines romantischen Jünglings zu einer verheirateten, hochgestellten Frau, das mondäne Treiben der Moskauer Gesellschaft, die Zirkel der umhergeisternden Mystiker und die ständige Präokkupation, das Schicksal Rußlands und der ganzen Welt aus ominösen Zeichen zu ergründen; neu waren vielmehr die musikalischen Gestaltungsmittel, die Belyj auf allen Textebenen zu realisieren suchte. Die Folge der vier Sätze der *Dramatischen* zeigte die Anlage einer großen Symphonie. Eingangs das großflächige Bild der Moskauer Welt, des geistigen Rußlands, darein verwoben die Liebe, die den Helden Musatov erfaßt hat; darauf ein Adagio religioso – Pfingststimmung, Gottesdienst, Moskauer Friedhöfe; gefolgt von einer ländlichen, an Beethovens Pastoralsymphonie erinnernden Szenerie, die unversehens in die apokalyptische Vision vom Untergang Europas übergeht; endlich ein pastoses Herbstbild im Finale, in dem mystische Zeichen das Anbrechen des Reiches Gottes ankündigen. Die Sätze waren in Abschnitte und numerierte Verse gegliedert. Diese wurden, Richard Wagner folgend, wie Leitmotive und musikalische Sequenzen angeordnet. Vieles spricht dafür, daß auch die Klangsubstanz der Wörter und der Rederhythmus nach musikalischen Gesetzen strukturiert wurden. Ziel war die symbolistische Synästhesie: musikalisches Komponieren im Medium der Sprache. Am meisten bemühte sich Belyj um symphonische Formgebung in der vierten Symphonie, *Pokal der Schneestürme*. Das thematische Gewebe in den vier Sätzen wurde nach so strengen Regeln organisiert, daß die Fabel den technischen Erfordernissen der Struktur unterworfen wurde. Er habe, bekannte Belyj, während der Arbeit seine Symphonie wie eine strukturelle Aufgabe betrachtet. Auch der Symbolaufbau folgte einem strengen Kompositionsprinzip – alles geschah zu dem Zweck, die heilige Liebe (svjaščennaja ljubov') abzubilden.

Die Romane *Serebrjanyj golub'* (Die silberne Taube, 1909) und *Peterburg* (Petersburg, 1913/14) standen im Zeichen eines für Belyj seit seiner

Beschäftigung mit Solov'ëv vorrangigen Themas: der Stellung Rußlands zwischen Ost und West, zwischen Asien und Europa. Wie Blok neigte auch Belyj zu einer synthetischen Position: Rußland sei weder Osten noch Westen, sondern «Ost-West-Rußland» (Vostoko-Zapad-Rossija). In der *Silbernen Taube* stellte er seinen Helden, den Studenten Darjalskij, zwischen eine «westliche» Familie und eine den Chlysten nahestehende Bauernsekte, die «Tauben», die auf ihn ihre Hoffnungen setzen, ihn aber, als er sie enttäuscht, erdrosseln. Die Synthese zwischen Ost und West, so lautete die Botschaft des von Gogol' und okkultistischen Lehren beeinflußten Romans, kann nicht gelingen. *Petersburg* war, obwohl aus einer komplizierten, widersprüchlichen Entstehungsgeschichte hervorgegangen und in einer Phase stärkster Beeindruckung durch die Anthroposophie Steiners geschrieben, der beste Roman, den Andrej Belyj vorgelegt hat. Die zuvor erprobte stilistische Virtuosität voll ausspielend, die Revolution von 1905 resümierend, geistige Kräfte ahnend, die die russischen Dinge in eine Entscheidung drängten, schrieb er den Roman äußerlich als die Geschichte einer terroristischen Verschwörung: Der junge Intelligenzler Nikolaj Ableuchov, Sohn des Senators Apollon Ableuchov, trachtet zusammen mit einer Gruppe revolutionärer Verschwörer dem eigenen Vater nach dem Leben. Das spannend eingefädelte Attentat mißlingt jedoch auf groteske Weise. Vater und Sohn Ableuchov, wie ein Großteil des russischen Adels tatarisch-mongolischer Herkunft, verkörpern beide das zerstörerische Prinzip des «turanischen» Ostens, das sich in beiden nun gegeneinander auswirkt, im Vater, der die wachsende Anarchie in Rußland mit rigorosen bürokratischen Mitteln bannen will; im Sohn, der eine neue, rational waltende Staatsmacht errichten will. Besondere Bedeutung kam dem Chronotop Petersburg zu, der neuen Hauptstadt, die zum Exponenten der Westorientierung Rußlands geworden war. Für Belyj, den eingefleischten Moskauer, war diese Stadt zuvörderst literarisch, durch Dostoevskij und natürlich durch Puškins *Ehernen Reiter*, besetzt. Betreten hatte er sie persönlich zum ersten Mal gerade am tragischen Blutsonntag, im Januar 1905, der die Revolution auslöste; später war er dort öfter mit den Merežkovskijs, mit Vjačeslav Ivanov und Blok zusammengetroffen. Schon im «Prolog» wird Petersburg als die unrussische, europäische, geometrische Stadt angesprochen, geschaffen vom rationalen Prinzip des Westens, «ein mathematischer Punkt ohne Dimension»; doch ist längst an zahllosen Zeichen und Symbolen erkennbar, daß das Prinzip des Ostens in die Stadt eingedrungen ist. Man hat die Art, wie Belyj in diesem Roman die Realität in Visionen, Halluzinationen, Selbstgespräche, Träume und Bewußtseinsspiegelungen, vor allem aber in das «zerebrale Spiel» (mozgovaja igra) des Senators auflöste, als Antizipation des *stream of consciousness* in James Joyce's *Ulysses* oder der *écriture automatique* der Surrealisten eingeschätzt. Das trifft sicherlich zu, doch darf man darüber nicht vergessen, daß hier vor allem der Gogol'sche Stil der Mikrokomismen, der Wortakrobatik und der grotesken Sprachlogik Pate gestanden hat – ein Stil, den Belyj, wie sein letztes Buch *Masterstvo Gogolja* (Gogol's Meisterschaft, 1934) beweist, auf ingeniöse Weise seziert und im eigenen Werk zur Vollendung gebracht hat. Wie in Gogol's *Toten Seelen* büßte das Thema des Romans, die Ost-West-Philosophie und die anthroposophischen Implikationen, unter der Lust am humoristischen Jonglieren mit der Sprache viel an Konsistenz ein. Gerade hieraus aber entstand der unwiderstehliche Impuls, der Belyj zum Vater der neuen ornamentalen Prosa werden ließ. In ihrem Nekrolog auf den Dichter haben Boris Pasternak, Boris Pil'njak und Grigorij Sannikov 1934 mit Recht Andrej Belyj als den «Schöpfer einer riesigen literarischen Schule» gewürdigt.

Auch die Lyrik Andrej Belyjs stand im Zeichen formaler, vor allem klanglicher, Experimente. In seinem utopisch-programmatischen Text *Argonavty* (Die Argonauten, 1904), der in seinem ersten Gedichtband *Zoloto v lazuri* (Gold im Azurblau, 1904) abgedruckt war, hatte er die Sonnenhaftigkeit, die alle Herzen entzünden, die ganze Welt vergolden werde, als das Fluidum der neuen Lyrik beschworen. Das Persönlichste, in private Mythen gegossen, die wiederkehrenden Farb- und Klangsymbole verliehen Belyjs Lyrik ihren besonderen Charakter, machten sie zugleich aber auch schwer interpretierbar.

Aleksandr Blok

Aleksandr Blok hatte in seiner frühen Lyrik, namentlich in dem Zyklus *Stichi o Prekrasnoj Dame* (Verse von der Schönen Dame, 1901/02), seine Liebeserlebnisse als mystische Vorgänge im Lichte der Sophiologie gestaltet. Vieles in den Gedichten des jungen Blok war literarische Pose, kannte er sich doch von Kindesbeinen bestens in der romantischen Poesie aus und hatte Goethe, Eichendorff und Heine ebenso gelesen wie Tjutčev, Fet und Apollon Grigor'ev. Trat er in dunkle Kirchen – wie in dem Gedicht *Vchožu ja v tëmnye chramy* (Ich trete ein in dunkle Tempel, 1902) –, so erkannte er in der «Verkleidung der Ewigen Frau», wie einst Heine im Dom zu Köln am Rhein, die Liebste. Doch neben solchen, ein wenig überspannten Versen standen bald schon Aussagen von prophetischer Kraft, wie in dem Gedicht *Razgorajutsja tajnye znaki* (Es lodern auf geheime Zeichen, 1902) mit der Voraussage von Krieg und Brand. Langsam wandelte sich in Bloks Lyrik das Idealische ins Dämonische. Rote und schwarze Kobolde verunsicherten die Stadt, schwarze Mönche und Glöckner, Wahrsagerinnen, verschiedene Doppelgänger traten in der Sammlung *Rasput'ja* (Kreuzwege, 1902–1904) auf. Der Unbekannten im gleichnamigen Gedicht (*Neznakomka*, 1905), die verführerisch in den Vorstadtrestaurants erschien, waren Attribute einer dämonischen Welt zugeordnet: Nacht, schwarze Seide, Magie des Lasters und der Lüge (J. Holthusen). In der Sphäre der Großstadt spürte der Dichter allenthalben mythische Kräfte, die er mit einem eigenen Symbolcode und einer besonderen Farbsemantik zu fassen suchte. Natürlich kam auch in seinen Gedichten, wie bei Bal'mont und Belyj, der Lautsymbolik große Bedeutung zu. Bestimmte Lautsymbole, etwa die v-Instrumentierung, die den Schneesturm als Elementarkraft lautlich realisiert, ziehen sich durch das gesamte poetische Werk Aleksandr Bloks. Bei aller Anfälligkeit für magische Mächte war der Dichter nicht blind für die soziale Misere, die ihn, den wohlbehüteten Philologiestudenten, umgab. Das Gedicht *Fabrika* (Die Fabrik, 1904), in dem das lyrische Ich die «gequälten Rükken» des Arbeitsvolks beim Abzählen mit Betroffenheit «von oben» (s moej veršiny) belauschte, hatte keine Chance bei der Zensurbehörde. Der Russisch-Japanische Krieg und die Revolution weckten in Blok einen besorgten Patriotismus und ließen ihn über das Schicksal Rußlands nachdenken. Diese Jahre, die mittlere Phase seines Schaffens, warfen ihn in eine tiefe persönliche, geistige und politische Krise. Aus dem Gefühl der Leere, der Müdigkeit und Sinnlosigkeit rettete er sich durch eine Italienreise im Frühjahr 1909. «Jeder russische Künstler hat das Recht», schrieb er damals, «sich wenigstens für einige Jahre die Ohren vor allem Russischen zuzustopfen und seine andere Heimat zu suchen – Europa, und insbesondere Italien.» In Venedig, Florenz, Ravenna und Rom entstanden die wundervollen *Ital'janskie stichi* (Italienischen Verse, 1909), Ausdruck eines künstlerischen Läuterungsprozesses. Rußland, das «Heimatland» (*Rodina*, 1907–1916), wurde nun zum ernsten Thema, dessen geschichtliche Wurzeln und gegenwärtiger Standpunkt zu bedenken waren. In dem Zyklus *Strašnyj mir* (Die schreckliche Welt, 1909–1916) erreichte die Diskrepanz von symbolistischer Illusion und russischem Diesseits, immer verwoben mit den Verwicklungen im Privaten, ihren Höhepunkt. In dem Anklagegedicht *K Muze* (An die Muse, 1912) ward die symbolistische Muse der Verführung geziehen. Der Desillusionierung folgte die Suche nach neuen Ufern – im Politischen wie im Privaten. Die Sammlung *Rodina* brachte zutage, wie tief Blok das Schicksal Rußlands bewegte: Es war für ihn, den nicht-auferstandenen Christus, das heimatliche Galiläa –

Aleksandr Blok

so in dem Gedicht *Ty otošla*... (Du gingst davon..., 1907). In dem
fünfteiligen Zyklus *Na Pole Kulikovom* (Auf dem Schnepfenfelde, 1908)
griff er auf die historische Schlacht des Jahres 1380 zurück, die die
Befreiung der Russen von der Mongolenherrschaft und den Aufstieg
Moskaus unter Dmitrij Donskoj eingeleitet hatte. Die *Zadonščina*, das
heldenliedartige altrussische Denkmal vom Ende des 14. Jahrhunderts,
das den Sieg der vereinigten Russen feierte, war soeben von dem Slawisten Sergej Šambinago in einer freien Redaktion ediert worden
(*Povesti o Mamaevom poboišče*, 1906). Blok erkannte in der Schlacht auf
dem Schnepfenfelde ein «symbolisches Ereignis», dem Wiederkehr
beschieden sei. Eine fast erotische Liebe zu Rußland – «O mein Rußland, mein Weib!» (O, Rus' moja! Žena moja!) – verband sich mit den
historischen Tatsachen der Schlacht, um das Schicksal des Landes zu

beschwören: den Tatarenpfeil in der Brust der Russen, den Steppen-
weg, die Finsternis, die Rußland furchtlos durchschreiten müsse. Blok
hat die Gedichte selbst in dem Essay *Narod i intelligencija* (Das Volk und
die Intelligenz, 1909) auf das seinerzeitige Verhältnis von Intelligenz
(«einige Hunderttausend»), und Volk, («150 Millionen»), bezogen,
doch gehen die Interpretationshorizonte weit über diesen Rahmen
hinaus. Blok sah welthistorische Katastrophen heranreifen, erkannte
die Aushöhlung der Autokratie, die, wie in dem Gedicht *Koršun* (Der
Milan, 1916), statt als herrscherlicher Zarenadler nur mehr als Aasvogel
über dem dumpf ergebenen Volk ihre gierigen Kreise zieht. Als die
Stunde des Umbruchs kam, warf sich Blok fast gewaltsam ans andere
Ufer, rechnete mit der «alten Welt» ab – als Mitglied der von der Provi-
sorischen Regierung eingesetzten Außerordentlichen Untersuchungs-
kommission gewann er Einblick in die unappetitlichen Machenschaften des alten Regimes – und trennte sich von manchen alten
Freunden, um nur zu bald zu erfahren, daß seine Vision von der geistigen und ethischen Erneuerung Rußlands auf einem grausamen Mißverständnis beruhte.

In der Phase der Desillusionierung, der mittleren im Schaffen Bloks,
trat das Drama neben die Lyrik, so wie in der letzten (nach 1913) das
lyrisch-epische Poem. *Balagančik* (Die Schaubude) und *Neznakomka*
(Die Unbekannte, beide 1906) sowie *Roza i Krest* (Rose und Kreuz,
1912/13) waren seine wichtigsten Stücke. Er hat in diesen Jahren ferner
das altfranzösische Mysterienspiel *Le Miracle de Théophile* (*Dejstvo o Teo-
file*, 1907) von Rutebeuf und Franz Grillparzers Schicksalstragödie *Die
Ahnfrau* (*Pramater'*, 1908) ins Russische übersetzt. Bloks eigene Stücke
waren von symbolistischem Lyrismus getragen und stellten für die
russische Literatur einen neuen Dramentypus dar. Die realistische
Mimesis war in ihnen zurückgedrängt, mit der aristotelischen Dramaturgie wurde rigoros gebrochen und statt dessen auf die lange verdrängten Formen des Volkstheaters und des Schaubudenspiels zurück-
gegriffen. *Die Schaubude* wie auch *Die Unbekannte* waren aus Bloks
gleichnamigen Gedichten heraus entwickelt worden. Die der Commedia dell'arte entnommenen Figuren Pierrot und Kolombine im
ersten Stück dienten als Staffage einer «mystischen Satire», die die
ontologische Verunsicherung, der sich Blok ausgesetzt sah, bloßlegen
sollte: Der liebende, suchende Pierrot muß erkennen, daß seine
Kolombine in Wirklichkeit eine «Pappbraut» (kartonnaja nevesta) ist
und das Blut, das fließt, Moosbeerensaft. In der *Unbekannten* wurden
mehrere thematisch verbundene Gedichte verarbeitet. In drei Visionen,
wie einst bei Solov'ëv, erscheint die Unbekannte, das weibliche Ideal
des Poeten, in immer wechselnder Gestalt – als Weltbeherrscherin (in

Tunika auf der Erdkugel), als Mutter Gottes, als der Stern Maria, den der Sterndeuter entdeckt. Endlich trifft der Poet auf sie – in einem Bordell, wo sie mit dem Sterndeuter verschwindet. Die parodistische Durchlöcherung des Sophienkultes, dem der junge Blok lange angehangen hatte, war drastisch genug. Für *Rose und Kreuz* hatte Blok seit seiner Frankreichreise im Sommer 1911 ausgiebige Studien zur altfranzösischen Kultur und zur Troubadourlyrik getrieben. Seine nie versiegende Vorliebe für das europäische Mittelalter und das Operieren mit alten Symbolbegriffen – Rose und Kreuz, Freude und Leiden, Rose und Nachtigall – sowie der durch Liedeinlagen betonte musikalische Lyrismus ließen ein Drama von neuromantischem Gepräge entstehen.

Bloks dichterische Welterfassung vollzog sich auf drei Geleisen: in seinen Tagebüchern (*Dnevniki*) und Notizheften (*Zapisnye knižki*); in seinen Essays, die immer wieder in den Diskurs zu Kunst und Politik, zur Stellung der Intelligenz und zum russischen Schicksal eingriffen; und, drittens, natürlich vor allem in seinen dichterischen Werken. Sie bilden, jedes für sich, Erkenntnisinstrumente *sui generis* und geben, da sie aufs engste miteinander verwoben sind, dem Interpreten die Möglichkeit an die Hand, die Symbolwelt Bloks zu entschlüsseln. In den Essays und Rezensionen entfaltete Blok überdies sein literarisches Pantheon, in dem die nordischen Größen, Ibsen und Strindberg, Bloks symbolistische Freunde und von den russischen Dichtern der von ihm wiederentdeckte und edierte Apollon Grigor'ev zu finden waren – bei lang anhaltender Distanz zu Puškin.

Im sogenannten Symbolismus-Streit, der im Frühjahr 1910 die hauptstädtische Literaturszene beunruhigte, trat Blok ohne Zögern an die Seite Vjačeslav Ivanovs, der vehement den religiös-theurgischen Anspruch des Symbolismus gegen den bloßen Artismus Brjusovs behauptete. Ivanov hatte mit seinem Vortrag *Zavety simvolizma* (Die Vermächtnisse des Symbolismus, 1910) den Anstoß gegeben, den nun Blok in seinem Essay *O sovremennom sostojanii russkogo simvolizma* (Über den gegenwärtigen Zustand des russischen Symbolismus, 1910) aufnahm und der rasch weitere Kreise zog. Vjačeslav Ivanov, den Jahren nach eher zur ersten als zur zweiten Symbolistengeneration zu rechnen, war erst relativ spät als Dichter – mit den Gedichtbänden *Kormčie zvëzdy* (Steuermannssterne, 1903) und *Prozračnost'* (Transparenz, 1904) – hervorgetreten. Nach seiner Rückkehr nach Rußland 1905 stellte er, von der Höhe des Taurischen «Turmes» aus, bald eine Autorität in den bewegenden Fragen der dionysisch-kultischen Kunst und der mystisch-religiösen Ästhetik dar. Der Symbolismus-Streit, der zunächst in der Petersburger «Gesellschaft der Förderer des künstlerischen Wortes» (Obščestvo revnitelej chudožestvennogo slova), sodann in der Zeitschrift *Apollon* ausgetragen wurde, zeigte unvermittelt die Krise an, in die die symbolistische Kunst inzwischen geraten war. So verwundert es nicht, daß eben um diese Zeit neue Impulse die Literatur beflügelten: Das zweite Kapitel der russischen Moderne wurde aufgeschlagen.

B. Akmeismus und Futurismus
(1910–1917)

Der Aufruhr gegen den Symbolismus

Der Zweifel am Weg des Symbolismus nahm bei den Dichtern der Folgegeneration schärfere Formen des Mißbehagens, ja des literarischen Aufruhrs an. Etwa gleichzeitig bildeten sich zwei Richtungen heraus, beide mit dem erklärten Ziel, den Symbolismus, wenn nicht die alte Literatur und Kultur überhaupt, zu überwinden und abzulösen. Dabei warfen die literarischen Jungtürken ein erstaunliches Selbstbewußtsein in die Waagschale. Dies hätte lächerlich oder höchstens als leere Provokation gewirkt, wenn sich nicht unter den Aufbegehrenden einige Dichter befunden hätten, die zu den größten lyrischen Talenten des 20. Jahrhunderts zählen: Anna Achmatova und Osip Mandel'štam, Velimir Chlebnikov und Vladimir Majakovskij, Igor' Severjanin und Boris Pasternak. Ohne sie würde man Akmeismus und Futurismus, die «Dichterzunft» (Cech poètov) und die Gruppe «Hyläa» (Gileja), als ephemere Literatenvereinigungen, vielleicht nur als bunten Klecks der Petersburger oder Moskauer Boheme einzuschätzen haben. An ihren poetischen Taten aber waren sie sehr bald als das neue Wort in der russischen Literatur zu erkennen – im buchstäblichen Sinne. Wie weit es sich dabei um Steigerungen, wie die Akmeisten meinten, oder um radikalen Bruch mit den vorangegangenen Strömungen handelte, wie die Futuristen lauthals verkündeten, ist nicht die entscheidende Frage. Schon Dmitrij Tschižewskij hat vermutet, es sei durchaus denkbar, daß man aus einer künftigen Perspektive alle «unrealistischen» Strömungen der russischen Literatur zwischen 1895 und 1925 als «eine große, wenn auch differenzierte Einheit» auffassen werde. Damit träte Andrej Belyj in die Nähe der Futuristen; Mandel'štam und Pasternak würden Vollender des Symbolismus. Wichtig war vielmehr, daß die metaphysisch-religiöse Präokkupation des Symbolismus von Akmeisten und Futuristen brüsk verworfen wurde. Die Poesie war fortan diesseitig, und damit änderten sich Semantik und Funktion der Dichtersprache. Akmeisten und Futuristen gingen dabei verschiedene Wege, doch gab es kein Zurück zur realistischen Trivialität.

Bildete das antisymbolistische Aufbegehren den Beginn der russischen Avantgarde? Zeitlich und in vielen Strebungen ordnete es sich in die Reihe der «Vorhuten» ein, die sich überall in Europa von der gemächlichen Gesamtbewegung der Künste abgesetzt hatten und als hellsichtige Wegweiser in die Zukunft vorauseilten, wie die Futuristen um Filippo Tommaso Marinetti in Italien oder die Expressionisten in Deutschland und der Donaumonarchie. Gewiß war der Grundimpetus der Moderne, die Erneuerung des Menschen, das Vordringen zum Wesentlichen und die Überwindung des deskriptiven Materialismus, bei Akmeisten und Futuristen gleichermaßen wirksam, doch verband er sich bei den Akmeisten mit einer klassizistisch-strengen Kunstübung und einer bestimmten Traditionswahl, während die radikalen Futuristen auf fundamentale Erneuerung des poetischen Ausdrucks setzten und jegliche Tradition verwarfen. Nur den Futuristen wird man deshalb den von Aleksandar Flaker ausgebauten Begriff der Avantgarde als Stilformation anheften können. Die Akmeisten blieben traditionsbezogen und zeigten im Wettlauf der «Ismen», der die russische Literatur bald beunruhigen sollte, kühle Gelassenheit.

Nicht zu übersehen waren weitere Erscheinungen neben Akmeismus und Futurismus, die ebenfalls die Grenzen des Symbolismus überschritten, ohne daß sie gleich als neue Formation gelten könnten. Ein Dichter wie Maksimilian Vološin, der von 1903 bis 1917 vorwiegend in Paris lebte, verfolgte aus der Ferne das literarische Geschehen. Seine 1910 veröffentlichten *Stichotvorenija* (Gedichte) waren symbolistisch gestimmt. Mit seinem 1909 entstandenen Sonettenkranz *Corona Astralis* reihte er sich in die hohe Formkunst der Symbolisten ein. Sein Haus in Koktebel', am Ostufer der Krim, wurde während des Bürgerkrieges zur Zufluchtsstätte für Bedrohte. Später diente es befreundeten Schriftstellern, darunter Marina Cvetaeva, Osip Mandel'štam, Andrej Belyj und anderen, als Feriendomizil. Vološins *Stichi o terrore* (Verse über den Terror) in dem Zyklus *Usobica* (Fehde, 1923) haben das Grauen der Bürgerkriegsereignisse festgehalten.

Zu nennen ist ferner Nikolaj Rërich, ein vielfältiges Talent – Jurist, Archäologe und, vor allem, einer der führenden Maler im Kreis «Mir iskusstva», als dessen Präsident er 1910 fungierte. Nach der Revolution widmete er sich, stark vom Buddhismus beeinflußt, der Erforschung Indiens und Zentralasiens. In langen Expeditionen bereiste er Tibet und die Himalaya-Region. Aus Rërichs Entwurf einer Ballettszene *Velikaja žertva* (Das große Opfer), die ein heidnisches Menschenopfer für den altslavischen Gott Jarilo zum Gegenstand hatte, erhielt Igor' Stravinskij die Anregung zu dem Ballett *Le Sacre du Printemps* (*Svjaščënnaja vesna*), das im Mai 1913 in Paris zu einem veritablen Theaterskandal führte. Als Dichter trat Rërich lediglich mit der aus vier Teilen bestehenden Sammlung *Cvety Morii* (Die Blumen Moryas, 1921) hervor. Die größtenteils zwischen 1915 und 1920 entstandenen Gedichte wiesen in den archetypischen «Zeichen» der Bildpoetik deutliche Parallelen zur Dichtung Rabindranath Tagores auf (U. Betjen), des indischen Literaturnobelpreisträgers von 1913, mit dem Rёrich 1920 in London zusammentraf. Mit der fremdartigen poetischen Faktur, der unkonventionellen Versrhythmik, den archetypisch-religiösen Bildern und, vor allem, mit den hinduistischen bzw. buddhistischen Vorstellungen, etwa aus dem Umkreis des Shambhala-Mythos, kam Rёrich einem Solitär in der russischen Dichtung gleich, dessen Glanz erst durch neue Ausgaben in den 70er Jahren (*Pis'mena* [Schriftzeichen], 1974; *Izbrannoe* [Ausgewähltes] 1979; *Cvety Morii*, 1988), nicht ohne politische Rücksicht auf die russisch-indischen Beziehungen, zu gleißen begann.

Ebenso schwer einzuordnen wie Rёrich, wenn auch von ganz anderem Schlage als Schriftsteller, war Aleksej Remizov. Eine sechsjährige Verbannung wegen (zufälliger) Teilnahme an einer Studentendemonstration hatte ihn mit den Volksüberlieferungen und religiösen Traditionen Nordrußlands bekanntgemacht. Nach Petersburg zurückgekehrt, schleuderte er Werk um Werk aus sich heraus, wobei er archaische und dialektale Sprachschichten für die Literatur erschloß. In Romanen wie *Časy* (Die Uhr, 1904), *Prud* (Der Teich, 1908) über die eigene Familiengeschichte und *Krestovye sestry* (Die Schwestern vom Kreuz, 1910) griff er, immer in eigenartiger Erzählform, die Schicksale geplagter Existenzen auf: ein Uhrmachergeselle, der einen Kampf gegen die Uhren aufnimmt, um die Menschheit vom Zeitzwang zu befreien; die vielfältigen Unterdrückungsmechanismen ausgesetzten Frauen. Der Lebensweisheit Rozanovs und Šestovs verbunden, konnten seine Visionen erst in der Emigration voll zum Zuge kommen.

Auch Marina Cvetaeva fädelte sich in jener Zeit mit ihren Gedichtbänden *Večernij al'bom* (Abendalbum, 1910), *Volšebnyj fonar'* (Die Zauberlaterne, 1912) und *Iz dvuch knig* (Aus zwei Büchern, 1913) allmählich ins literarische Leben ein. Als Tochter des Kunsthistorikers und Begründers des Museums der Schönen Künste (heute Puškin-Museum) in Moskau, Ivan Cvetaev, und einer Pianistin war sie in hochkultivierter Atmosphäre aufgewachsen und hatte sich bereits in ihren Schülerjahren in Italien, Frankreich, der Schweiz und Deutschland aufgehalten. Trotz ihrer Bekanntschaft mit Vološin und der Wertschätzung durch Brjusov, der ihr vor dem gleichzeitig debütierenden Il'ja Ėrenburg und dessen Band *Stichi* (Verse, 1910) den Vorrang gab, sollte ihr großes Talent, allen Schwierigkeiten zum Trotz, erst in der Emigration zutage treten.

Michail Kuzmin, eine musikalisch-literarische Doppelbegabung, war 1907 mit der Erzählung *Kryl'ja* (Flügel) und *Tri p'esy* (Drei Stücke) hervorgetreten, die alsbald verboten wurden. Er griff Stoffe aus der alexandrinischen Welt, so in der *Komedija o Evdokii iz Geliopolja* (Komödie von Eudokia aus Heliopolis, 1908) oder in dem Roman *Podvigi velikogo Aleksandra* (Die Heldentaten des großen Alexanders, 1908), sowie aus der Rokokozeit des 18. Jahrhunderts auf. Die Gedichte *Kuranty ljubvi* (Spieluhr der Liebe, 1911) vertonte er selbst. Seine spätzeitliche Kunst, sein Streben nach Klarheit der Form und des Ausdrucks ließen ihn die Nähe der Akmeisten suchen, doch blieb Kuzmin in der Literatur seiner Zeit eine unikale Erscheinung, die nicht zuletzt wegen ihrer offen bekundeten homophilen Neigungen bewundert und – gemieden wurde.

Abschließend ist auf Vasilij Rozanov hinzuweisen. Dieser exzentrische Geist, der das Paradox und die unfrisierte Meinung liebte, ohne sich politisch oder weltanschaulich festzulegen – er schrieb «rechte» Artikel unter dem eigenen Namen in *Novoe vremja* und «linke» unter dem Pseudonym «V. Varvarin» in *Russkoe slovo* – brachte mit den Bänden *Uedinënnoe* (was Heinrich Stammler mit «Solitaria» übersetzt hat; 1912) und *Opavšie list'ja* (Gefallene Blätter, 1913–1915) ein neues Genre in die russische Literatur. Auf den ersten Blick waren es Aphorismensammlungen, die Beobachtungen aus dem Alltagsleben, Anekdoten, unverfrorene Bemerkungen zu Religion und Literatur sowie Gedankensplitter aller Art in scheinbar krauser Folge zusammenfaßten. Da Rozanov vor keinem Tabu zurückscheute, insbesondere auch um Fragen der Sexualität keinen Bogen machte, konnten seine Schriften, ähnlich wie die Arcybaševs oder Kuprins, von einer prüden Kritik leicht als «Pornographie» denunziert werden. Während sich die Zeitgenossen durch Rozanovs irrlichternde Gedankengänge verstört zeigten und später gar in der «explosiven Mischung» seines Denkens aus Nationalismus und Russenhaß, Philosemitismus und Pogromhetze die Signa einer «präfaschistischen Moderne» (K. Schlögel) gesehen wurden, erkannte Viktor Šklovskij mit formalistischem Scharfblick als erster den künstlerischen Sinn der Schriften Rozanovs. In dem Büchlein *Rozanov. Iz knigi «Sjužet kak javlenie stilja* (Rozanov. Aus dem Buch «Das Sujet als Stilerscheinung», 1921) zeigte er, daß sich die Entblößung der Seele bei Rozanov in Wahrheit aus der Summe verschiedenartigster Textpartikel ergab, die mehreren Themen gewidmet sind: dem «Freund» (drug, d. i. Rozanovs Frau), der Pansexualität, revolutionären und reaktionären Zeitungen, der Literatur mit besonderer Berücksichtigung Gogol's, Rozanovs eigener Biographie, dem Positivismus, dem Judentum. Nach Šklovskij stellte Rozanovs «Literatur ohne Sujet» (literatura vne sjužeta) mit ihrer nur angedeuteten Haupthandlung eine Parodie auf den (realistischen) Roman dar. Mit seinen

Textcollagen und seinem ins Extrem getriebenen Subjektivismus nahm Rozanov am Jahrhundertanfang in der Tat vieles von dem vorweg, was erst am Jahrhundertende voll ausgespielt werden sollte.

Wachsende Zivilkultur

Die Jahre unmittelbar vor Ausbruch des Ersten Weltkrieges zeigten eine für Rußland bemerkenswerte gesellschaftliche und kulturelle Entwicklung. Trotz mancher Störungen und Rückfälle vollzog sich in den Herrscherjahren Nikolaus' II. ein anhaltender Prozeß, der als Herausbildung ziviler Kultur bezeichnet werden könnte – also etwas, was es in der russischen Gesellschaftsentwicklung in dieser Form bisher nicht gegeben hatte. Erstmals bestand unter- und außerhalb des Adels eine wohlhabende, kulturbewußte Schicht, die das eigene Umfeld mit bürgerlicher Gediegenheit erfüllte und darüber hinaus öffentlich in der Mäzenatenrolle auftrat. Auch der ausgeprägte Familiensinn der letzten Zaren mag für die zunehmende Wertschätzung des Privaten und Intimen ein Vorbild gewesen sein.

Neben der von Ministerpräsident Stolypin 1906 in Gang gesetzten Agrarreform, die die Besitzverhältnisse auf dem Lande zugunsten der privat wirtschaftenden Bauern grundlegend veränderte, war die Modernisierung Rußlands vor allem in den Großstädten unübersehbar. Gerade Petersburg wurde in den Jahren vor dem Ersten Weltkrieg zum «Laboratorium der Moderne» (K. Schlögel). Eine großzügige Stadt- und Verkehrsplanung, die einen neuen riesigen Zentralbahnhof, eine Ringbahn auf Pfeilern, neue Magistralen zur Entlastung des Nevskij Prospekts, Brücken, Parks und Gartenstädte vorsah, konnte zwar nur in Ansätzen verwirklicht werden, doch sprechen zahlreiche Einzelbauwerke im russischen Jugendstil, «stil' modern» genannt, bereits eine neue Sprache. Herausragende Beispiele der neuen Architektur waren die Villa der Ballerina Kšesinskaja in Petersburg, die 1917 vom Zentralkomitee der Bol'ševiki okkupiert wurde, und die Villa des reichen altgläubigen Mäzens Pavel Rjabušinskij in Moskau, die Gor'kij nach seiner Rückkehr in die Sowjetunion als «Residenz» zugewiesen wurde. Im Zeitungswesen baute der Pressezar Ivan Sytin mit den Tageblättern *Russkoe Slovo* (Russisches Wort) und *Den'* (Der Tag) ein System der publizistischen Öffentlichkeit auf. Neu waren die musikalischen Unternehmungen des agilen Dirigenten und Impresarios Sergej Kusevickij, der die Musikerausbildung organisierte, zeitgenössische Komponisten wie Skrjabin und Stravinskij förderte und große Volkskonzerte und Tourneen veranstaltete. Auch die Suche nach neuen –

anti-aristotelischen – Formen des Theaters veränderte die öffentliche Kunstszene. Vor allem der an der klassischen Antike orientierte Vjačeslav Ivanov strebte ein im Volke entstehendes und in wirkliches Handeln übergehendes «Theater der Zukunft» an. Das von Mejerchol'd, Lunačarskij, Andrej Belyj, Vjačeslav Ivanov und anderen 1908 vorgelegte «Buch über das neue Theater» (*Kniga o novom teatre*) ließ die Krise des naturalistischen Illusionstheaters, wie es im Moskauer Künstlertheater noch immer virtuos praktiziert wurde, offenbar werden und wies in eine künftige Theaterwelt voraus.

Die Modernität der Epoche tat sich nicht zuletzt in ihren technischen Errungenschaften, Automobilismus, Flugwesen und Kinematographie, kund, die in Rußland rasch aufgenommen wurden und sich stürmisch entwickelten. Das Automobil, das in rasanter Fahrt die Großstadtstraßen durchmaß, vermittelte ein neues Raumgefühl. Die schnell wechselnden Sichteindrücke schlugen sich in den Simultanbildern und -gedichten der Futuristen nieder. Ähnlich die Vogelperspektive und das distanzschluckende Raumerleben, das die neue Aviatik bot. Nicht wenige Literaten erlagen der Faszination der Flugapparate. Kuprin unternahm 1909 in Odessa eine Ballonfahrt mit dem Flugpionier Serëža Utočkin und überlebte zwei Jahre später den Absturz des Aeroplans, in dem er mit Ivan Zajkin aufgestiegen war. Vasilij Kamenskij betätigte sich mit einer in Frankreich erworbenen Blériot als Schauflieger, überlebte einen Absturz in Polen und konstruierte einen «aërochod», ein Gleitflugzeug, das auf Wasser- und Schneeflächen landen sollte, sich aber nie in die Lüfte erhob. Fliegen war für Kuprin und Kamenskij vor allem ein «Abenteuer des Sehens» (F. Ph. Ingold), das sie eindrucksvoll beschrieben. Mit dem Sprachforscher F. Kupčinskij wetteifernd, stellte Velimir Chlebnikov eine neue Fluglexik auf. Zinaida Gippius besang 1909 in Frankfurt am Main den *Zepp'lin III*, und Vladislav Chodasevič beschrieb den Absturz des Aviatikers auf eine feiernde Menschenmenge (*Aviatoru*, 1914). Aleksandr Blok freilich sah weiter, wenn er in einem Gedicht (*Aviator*, 1912) den Absturz eines Fliegers bereits mit der Vision des kommenden Bombenkrieges verband.

Die russische Kinematographie, die 1896 in Petersburg und bald darauf in Moskau ihren Einzug gehalten hatte, stieß von Anfang an auf das wache Interesse der Literaten. Der immer noch scharfsichtige alte Lev Tolstoj erkannte sofort, daß der Kinematograph das «Theater für das Volk» abgeben werde. Als einer der ersten schrieb Gor'kij Reportagen über die sensationellen beweglichen Bilder. Aber auch der Kinematograph kam ohne das Stoffreservoir der Literatur nicht aus. Außer den beliebten Melodramen, Abenteuer- und Historienfilmen spielten Literaturverfilmungen in Rußland von Anfang an eine große

Rolle. Werke von Puškin, Turgenev, Dostoevskij, Tolstoj, Bunin, Arcybašev und anderen wurden frühzeitig verfilmt. Die Filmproduktion steigerte sich von 30 Filmen im Jahre 1910 auf 500 im Jahre 1916; bis zur Revolution wurden in russischen Studios etwa 2000 Filme gedreht. Wie stark das neue Medium auf die Gemüter einwirkte, haben Andrej Belyj, Aleksandr Blok, Igor' Severjanin und andere in Gedichten und Skizzen festgehalten, am eindrucksvollsten aber Osip Mandel'štam in dem Gedicht *Kinematograf* (1912), das die Atmosphäre des Lichtspieltheaters, Filmgeschehen und Zwischentitel sowie die Reaktion des lyrischen Zuschauersubjektes zu einer komplexen Situation verdichtete. Während sich früh ein glitzernder Starkult um die Filmschauspielerinnen und -schauspieler rankte, wobei Vera Cholodnaja in den Kriegsjahren nicht zu übertreffen war, zog es auch den jungen Vladimir Majakovskij zu filmischem Lorbeeren. Schon 1913 schrieb er das Szenario *Pogonja za slavoj* (Jagd nach Ruhm), dem 1918 weitere folgen sollten. Als Hooligan und provokanter Dichter-Futurist stellte er sein Schauspielertalent unter Beweis. «Telephon, Automobil und Kinematograph», schrieb Valerij Brjusov, «sind erst in den letzten zehn Jahren in unseren Lebensgang eingedrungen, sie sind uns wirklich in Fleisch und Blut übergegangen.»

Daß die friedfertige Zivilkultur von zwei Seiten bedroht war, nicht nur von der autokratischen Macht, sondern auch von der revolutionären Intelligenz, die Haß und gewaltsamen Aufruhr schürte, das versuchte eine Gruppe liberaler Geister, fast alle ehemalige Sozialisten, wie Nikolaj Berdjaev, Pëtr Struve und der Kirchenhistoriker Sergej Bulgakov, in der Warnschrift *Vechi* (Wegzeichen, 1909) der Öffentlichkeit zu verdeutlichen. Das Ziel der Schrift war, nach den Worten ihres Herausgebers Michail Geršenzon, die «Anerkennung des theoretischen und praktischen Primats des geistigen Lebens über die äußeren Formen des Gemeinschaftslebens», da das innere Leben der Persönlichkeit die einzige schöpferische Kraft der menschlichen Existenz sei, die einzige feste Basis, auf der eine Gesellschaft errichtet werden könne. In der hellsichtigen Analyse der heroischen Pose, des ideologischen Dogmatismus, der «geistigen Pädokratie» und des überheblichen Moralismus der revolutionären Intelligenz wurde die fatale politische Kraft beim Namen genannt, die 1917 die Geschicke Rußlands an sich reißen sollte. Der von den Vechovcy entfachte weitläufige Diskurs wurde gerade von den Bol'ševiki mit geifernder Schärfe geführt. Die Warnung der Vechovcy verhallte im Wind. Was wäre aus Rußland geworden, hätten nicht Weltkrieg, Revolution und Bürgerkrieg die hoffnungsvollen Ansätze zu einer demokratischen Ordnung und modernen Zivilgesellschaft, wie sie sich für kurze Zeit nach der Februarrevolution abzeichneten, brutal erstickt!

Der Akmeismus

Die Akmeisten spalteten sich zwischen 1908 und 1910 vom breiten Strom des Symbolismus ab. Primus inter pares war von Anfang an Nikolaj Gumilëv; um ihn scharten sich der in allen Künsten gewandte Michail Kuzmin, der wechselhafte Sergej Gorodeckij, bisher bekannt als Verfasser slawisch-mythologischer Verse (*Jar'; Perun*, beide 1907), Anna Achmatova, Gumilëvs Schülerliebe und künftige Gattin, der sprachbegabte Michail Lozinskij und der junge, bald auf Selbständigkeit pochende Osip Mandel'štam. Sie schlossen sich 1911 zur «Dichterzunft» (Cech poètov) zusammen und bekräftigten allein schon durch diese Bezeichnung den handwerklichen Anspruch ihres Dichtertums. Hatten sich die Symbolisten als Priester, Künder und Propheten verstanden, die das jenseitige Sein im diesseitigen schauten und deuteten, so empfanden sich die Akmeisten emphatisch als Handwerksmeister des Wortes, als Macher der Poesie. Bewußt oder unbewußt knüpften sie damit an das klassizistische Literaturverständnis des 18. Jahrhunderts an, wo man im Kreis um Nikolaj L'vov 1799 schon einmal aus heiterem Anlaß Gavrila Deržavin zum «Vormann der Dichterzunft» (starosta cecha poètov) erkoren hatte, wovon Vasilij Kapnists Gedicht *Ot starosty parnasska cecha* (Vom Vormann der Parnassischen Zunft, 1799) Kunde gibt. Die Petersburger Dichterzunft versammelte sich in den Jahren 1911–1914 reihum in den Wohnungen der Mitglieder. Nach einer Aufstellung in Anna Achmatovas *Listki iz dnevnika* (Tagebuchblättern, 1963) gehörten der Dichterzunft neunzehn Personen an, darunter sogar Chlebnikov. Gumilëv und Gorodeckij fungierten als Syndizi. Der Akmeismus war eine durch und durch Petersburger Erscheinung. Er bildete einen unübersehbaren Teil der hauptstädtischen Boheme und war fest etabliert im «Streunenden Hund» (Brodjačaja sobaka), dem modischen Kabarett der Vorkriegszeit. Diesem Ort der Leichtlebigkeit und des tragischen Karnevals, an dem hohe Kunst und Tingeltangel aufeinandertrafen, wo der Tod des jungen Dichters und Husaren Vsevolod Knjazev zum erschütternden Ereignis wurde, hat Anna Achmatova später in ihrer *Poéma bez geroja* (Poem ohne Helden, 1940–1962) ein Denkmal gesetzt. Vor allem aber war Petersburg das beherrschende Thema und die beliebte Szenerie der Akmeisten, namentlich der Anna Achmatova und Mandel'štams. Im *city portrait* Petersburgs, realisiert mittels einer «Petersburger Poetik», hat die Forschung einen wesentlichen Zug des Akmeismus erkannt (W. Weidlé).

Die Jahre 1912/13 zeigten den Akmeismus als das, was er zu sein beanspruchte: als eine Blüte der Dichtung. Am magischen Datum des

12. XII. 1912 verlasen Gumilëv und Gorodeckij im «Streunenden Hund» ihre akmeistischen Manifeste. Anna Achmatova legte ihre ersten Gedichtbände vor, *Večer* (Abend, 1912) und *Čëtki* (Der Rosenkranz, 1913) – der letztere sollte bis 1923 zehn weitere Auflagen erleben. Auch die Gedichtbände *Žemčuga* (Perlen, 1910) von Gumilëv und *Kamen'* (Der Stein, 1913) von Mandel'štam brachten es auf drei Auflagen, die zum Teil bereits 3000 Exemplare zählten – immer noch wenig im Vergleich zu Brjusov, dessen *Izbrannye stichi* (Ausgewählte Verse) 1915 in 20 000 Exemplaren herausgebracht wurden. In der Zeitschrift *Apollon* (1907–1917) wurden die Symbolisten mehr und mehr von den Akmeisten verdrängt. Hier erschienen im Januar 1913 ihre Manifeste. Im Dezember 1913 kam es zu einer Begebenheit, die, obwohl völlig privat, für die russische Poesie von großer Sinnfälligkeit war: Anna Achmatova besuchte Aleksandr Blok in dessen Wohnung in der Oficerskaja-Straße, und beide haben den Besuch in Gedichten festgehalten, die nicht nur ihre unterschiedliche Sicht, sondern bereits auch die unterschiedlichen Poetiken, die symbolistische und die akmeistische, schlagartig erhellten. Hatte Blok in seinem Gedicht *Anne Achmatovoj* (An Anna Achmatova) seine Besucherin in spanischer Stilisierung gesehen und Betrachtungen über die Natur der weiblichen Schönheit angestellt («Schönheit ist schrecklich»), so replizierte die Achmatova mit dem nüchternen Gedicht *Ja prišla k poètu v gosti* (Ich habe den Dichter besucht, 1914), das lediglich die Umstände des Besuches benannte, aus denen der Eindruck, den Blok auf sie zweifellos gemacht hatte, nur indirekt geschlossen werden konnte. Auf Bloks Dämonisierung der weiblichen Schönheit entgegnete sie mit der kühlsten Beherrschtheit. Akmeismus war eine neue nüchterne Art nicht nur des Dichtens, sondern auch des Lebens.

Die akmeistischen Manifeste

Michail Kuzmin, der umtriebige Literat und Komponist, war bereits 1910 mit einem programmatischen Text, *O prekrasnoj jasnosti* (Über die schöne Klarheit), an die Öffentlichkeit getreten, der vielfach als die erste Deklaration akmeistischer Maximen angesehen wird. Kuzmin stand den Akmeisten eine Zeitlang nahe, doch lief sein Schaffen eher auf eine Art galanten Neoklassizismus zu, der sich allerdings in zwei Forderungen mit dem akmeistischen Kunstwollen traf: Der Künstler müsse, wolle er Frieden mit sich und der Welt finden, klare Harmonie und Architektonik (jasnaja garmonija i architektonika) verwirklichen; er müsse ferner die Welt neu sehen (ponovomu videt' mir) und logisch schreiben. In der Ökonomie, der Genauigkeit und Echtheit der künstlerischen Mittel und der Worte liege das Geheimnis der «schönen Klarheit». Mit Klarismus (klarizm) war unter Berufung auf Flaubert ein wichtiger operativer Begriff ins Spiel gebracht, der das Nebulose, Mystische, Unechte, Unpräzise, das sich im Symbolismus breitgemacht hatte, konterkarierte. Nebel, Dunst (tuman, mgla) wurde bei den Akmeisten fortan zur polemischen Chiffre für den zu überwindenden Symbolismus.

Mit souveräner Geste kündigte Nikolaj Gumilëv in dem Manifest *Nasledie simvolizma i akmeizm* (Das Erbe des Symbolismus und der Akmeismus, 1913) die Ablösung des Symbolismus durch die neue Richtung an, die er Akmeismus oder Adamismus nannte. Der Begriff Akmeismus war vom griechischen ακμη abgeleitet, was «Lanzenspitze» sowie, im übertragenen Sinne, «Blütezeit» bedeutet. Akmeismus stellte auf beide Bedeutungen ab: Er sollte als Vollendung des Symbolismus begriffen werden, welcher im Verhältnis zu ihm nur den Lanzenschaft abgab, während die Lanzenspitze zugleich die Metapher für die postulierte Präzision des dichterischen Ausdrucks war. Den Adamismus (adamizm) definierte Gumilëv als «mannhaft festen und klaren Blick auf das Leben» (mužestvenno tvërdyj vzgljad na žizn') und dachte dabei an einen Künstler, der die Welt – wie Adam – zum ersten Male sieht und benennt. Der programmatische Text von Sergej Gorodeckij *Nekotorye tečenija v sovremennoj russkoj poézii* (Einige Strömungen in der modernen russischen Poesie), gleichzeitig mit Gumilëvs Text 1913 veröffentlicht, unternahm eine Analyse der aktuellen literarischen Situation. Am Symbolismus kritisierte er die Methode der Annäherung, die fließende Bedeutung der Wörter, die Unverständlichkeit. Akmeismus bzw. Adamismus sei hingegen «Kampf für diese Welt» (bor'ba za ètot mir). Mit der Exotik Gumilëvs habe es angefangen, doch schon entdecke der neue Adam die russische Gegenwart – in den Gedichten Vladimir Narbuts und der Anna Achmatova. Die Abgrenzungen zu Realismus, Symbolismus und anderen Strömungen entwickelte Gorodeckij anhand des alten Topos Augenblick-Ewigkeit: «Die neuen Dichter sind keine Parnassisten, weil ihnen die abstrakte Ewigkeit als solche nichts sagt. Sie sind keine Impressionisten, weil für sie nicht jeder gemeine Augenblick einen Selbstzweck darstellt. Sie sind keine Symbolisten, weil sie nicht in jedem Augenblick einen Schimmer der Ewigkeit suchen. Sie sind Akmeisten, weil sie in der Kunst die Augenblicke ergreifen, die ewig sein können.» In seinem Gedicht *Adam* (1913) ließ Gorodeckij Adam, den ersten Dichter der Schöpfung, akmeistische Taten vollbringen: Er erkennt und benennt die Welt und zerreißt damit die geheimnisvollen Schleier und Nebel des Symbolismus.

Das Grundmuster der akmeistischen Manifeste war stets das gleiche: Zunächst definierte man sich negativ durch das, was man verwarf, dann positiv durch das eigene Kunstwollen, um, drittens, eine Traditionsbeziehung aufzubauen. Das erste lief auf harsche Symbolismuskritik hinaus; das zweite bot eine Reihe von Leitvorstellungen wie das Postulat nach Gleichgewicht der künstlerischen und sprachlichen Mittel oder den wiederholten Vergleich des sprachlichen Kunstwerkes mit der Tektonik und Statik eines Bauwerkes, setzte die Dimensionen des diesseitigen Lebens als Gegenstand der Poesie fest und propagierte eine skeptisch-tapfere Einstellung zum Leben, die auf den künftigen Existentialismus vorauswies. Als literarische Leitbilder wurden Shakespeare, Rabelais, Villon, Flaubert und Théophile Gautier genannt. Diese auf den ersten Blick überraschende Galerie von Namen besaß in der Sicht der Akmeisten eine durchaus logische Kohärenz: Die einen standen für die Wende vom spirituellen Mittelalter zur sensualistischen Neuzeit, die anderen für die Überwindung der Romantik durch eine entpersönlichte, realitätsbezogene Dichtung. Ein vergleichbares Schwellenbewußtsein war also auch bei den Akmeisten gegeben. Auf Gautier, den Herold des französischen Parnassismus und des L'art pour l'art, berief sich vor allem Gumilëv, der zudem auch dessen *Emaux et camées* (*Ėmali i kamei*, 1914) übersetzte. In gewisser Weise bildeten die Akmeisten das russische Pendant zu den Parnassiens, allerdings mit beträchtlicher Posteriorität und in umgekehrter Chronologie im Verhältnis zum Symbolismus. Was in den akmeistischen Manifesten völlig fehlte, war eine philosophisch-weltanschauliche Ortsbestimmung. Man mag darüber spekulieren, ob eine gewisse Berührung mit der phänomenologischen Ästhetik bestand, die Gustav Špet nach seinem Studium in Göttingen nach Rußland gebracht hatte, oder ob Henri Bergson die Akmeisten beeinflußte – die philosophische Abstinenz sollte ein unverrückbares Merkmal der aus dem Akmeismus kommenden Dichter bleiben. Weit mehr noch muß verwundern, daß die Auslassungen zur akmeistischen Poetik *in concreto* äußerst mager waren. Aus der erklärten Abneigung gegen Metapher und Symbol konnte man schließen, daß es den Akmeisten auf die Eigentlichkeit der Bilder oder, anders ausgedrückt, auf Metonymie ankomme. Selbst in Gumilëvs späterem Traktat mit dem poetologisch-technizistischen Titel *Anatomija stichotvorenija* (Anatomie des Gedichts, 1921) fand sich wenig Konkretes, ja, es kam unfreiwilliger Komik gleich, wenn Gumilëv in umständlicher Beschreibung den Dol'nik als besondere metrische Errungenschaft der Akmeisten herausstellte. Ungewollt entsprach er damit den Tatsachen, denn in Metrik, Strophik und Reimtechnik fielen die Akmeisten weit hinter die Symbolisten zurück, ganz zu schweigen von den neuerungssüchtigen Futuristen.

Die wichtigste Innovation, die der Akmeismus anzubieten hatte – am wenigsten allerdings bei Gumilëv –, war eine neue, verdichtete Semantik des poetischen Wortes. Sie wurde dichtungstheoretisch am klarsten in dem Essay *Utro akmeizma* (Der Morgen des Akmeismus, 1919) von Osip Mandel'štam bestimmt, bei dem sie zugleich auch genial in dichterische Praxis umgesetzt wurde. (Daß Mandel'štams bereits 1913 verfaßter Text von Gumilëv verworfen wurde, zeigt, daß jener den Akmeismus im engen Verständnis bereits im Augenblick seiner Verkündung hinter sich gelassen hatte.) Das Entscheidende am dichterischen Wort war für Mandel'štam die feste Verbindung von Logos («bewußtem Sinn») und Materie (Wortsubstanz). Genaugenommen handelt es sich um semantische Engführungen, die unterschiedliche Bedeutungsebenen in einem Wort zusammenpressen. *Kamen'*, der Titel des ersten gedruckten Gedichtbandes von Mandel'štam, führte die beabsichtigte semantische Verdichtung vor: Stein, in der Natur ein Konglomerat von festen Mineralen, stand für die «Stimme der Materie» (golos materii), das poetische Ziel Mandel'štams (ein Anagramm zu Logos), während zugleich in dem russischen Wort «kamen'» anagrammatisch die Gautiersche «Camée» und die griechische ακμη, das Emblem der Akmeisten, enthalten war. Außer Anagrammatik waren Polysemie (Mehrbedeutung eines Wortes), Homonymie (verschiedene Wörter von gleicher Wortform) und Paronomasie (Wortumbildung) wichtige Verfahren der semantischen Engführung bei Mandel'štam. Die Architektur, das präzise Bauen im dreidimensionalen Raum war ihm dichterisches Ideal; auch fehlte nicht das existentialistische Moment: Dichten war Kampf gegen die Leere, Kampf gegen das Nichts. Das akmeistische Axiom aber hat er durch sein berühmtes Identitätsgesetz (zakon toždestva) A = A aufgestellt. Dieses Gesetz waltet in allen Texten, die als akmeistische gelten können. Dies bei der Interpretation zu übersehen, führt unweigerlich zu Fehlschlüssen.

Nikolaj Gumilëv

Der Akmeismus Nikolaj Gumilëvs wurde durch einige Momente der Biographie des Dichters wesentlich bestimmt. Er besuchte, gleichzeitig mit Anna Achmatova, die damals noch Gorenko hieß, das Gymnasium in Carskoe Selo. Dessen Direktor, der Dichter und Euripides-Übersetzer Innokentij Annenskij, kann mit Recht als der Lehrer der künftigen Akmeisten gelten. Das Studium an der Sorbonne, namentlich die Beschäftigung mit der alten und neuen französischen Literatur, lieferte Gumilëv bleibende Orientierungen. Auf mehreren Afrikareisen, 1907 und 1908 nach Konstantinopel und Kairo, 1909 nach Abessinien und 1913 zu einer Forschungsexpedition im Auftrage der Akademie der Wissenschaften, konnte er Erfahrungen als Forscher, Großwildjäger und Abenteurer sammeln. Die Attitüde der Bewährung in bedrohlichen Situationen, Nietzsches «gefährliches Leben», wurde, verlegt in exotische Szenerien, ein Grundelement seiner Lyrik. (Der Begeisterung Gumilëvs für die abessinischen Dinge kam russisches kolonialistisches Interesse entgegen, das sich auf gewisse Gemeinsamkeiten zwischen der abessinischen christlichen Kirche und der russischen Orthodoxie gründete. Während des Ersten Weltkrieges schlug Gumilëv in einem Memorandum sogar die Bildung eines abessinischen Freiwilligenkorps vor.) Acht Gedichtbände hat Gumilëv zu Lebzeiten veröffentlicht, *Put' konkvistadora* (Der Weg des Konquistadors, 1905), den er später verwarf, *Romantičeskie cvety* (Romantische Blumen, 1908), *Žemčuga* (Perlen, 1910), *Čužoe nebo* (Der fremde Himmel, 1912), *Kolčan* (Der Köcher, 1916), *Kostër* (Das Lagerfeuer, 1918), *Šatër* (Das Zelt, 1921) und *Ognennyj stolp* (Die Feuersäule, 1921). In dem frühen Gedicht *Ozero Čad* (Der Tschadsee, 1908) war die «elegante Giraffe», die sich bei Sonnenuntergang in einer Marmorgrotte verbirgt, freilich noch exotische – parnassistische – Staffage. Doch kam es ja auch nicht auf Brehmsche Tierporträts an, sondern die Giraffe diente in ihrer Graziosität und Harmonie als Sinnbild der Hoffnung, das gegen den Dunst und den Regen des Nordens gestellt ward. In den reifen Bänden, vor allem in *Der fremde Himmel* und *Das Zelt*, nahmen die Erfahrungen aus der Kolonialwelt breiten Raum ein. *Gippopotam* (Das Nilpferd, 1911; es handelt sich um eine Übersetzung von Gautiers *L'Hippopotame*), *Afrikanskaja noč'* (Afrikanische Nacht, 1914), *Sachara* (Die Sahara, 1920), *Sueckij kanal* (Der Suezkanal, posth. 1922), *Zambezi* (Der Sambesi, posth. 1922) oder *Niger* (Der Niger, posth. 1922) waren die Gedichte über sein Afrika überschrieben, dem er sich «überantwortet» (obrečënnyj) fühlte, wie er im *Vstuplenie* (Vorwort) zu *Šatër* bekannte.

Einen zweiten großen Themenbereich bildeten die Herrscher- und Eroberergestalten der Geschichte. Schon der Konquistador aus dem ersten Gedichtband war eine noch ganz romantisch als Krieger und Liebender empfundene Figur. Ihr folgte eine lange Heldenreihe: Pompeius, Romulus und Remus, Caracalla, Semiramis, ein Soldat des Agamemnon, Don Juan und selbst Christus – Gestalten, die im Sinne der Gumilëvschen, oder besser: Nietzscheanischen, Lebenshaltung gedeutet wurden. Objektivierung und klares Umreißen des Gegenstandes, die poetische Formulierung in äußerster Konzisität, «hochmütig und einfach» (nadmenna i prosta), wie es in dem Rollensonett *Don-Žuan* (Don Juan, 1910) heißt, eine Lexik, die themenbedingt exotische und historische Namen, Toponyme und Sachbegriffe einbringt – das waren die charakteristischen Merkmale der Poesie Gumilëvs. Solcher Exotismus und Lakonismus, die Härte des betont männlichen Ausdrucks konnten von sensiblen Beobachtern wie Aleksandr Blok – in seinem gegen den Akmeismus gerichteten polemischen Essay *Bez božestva, bez vdochnovenija* (Ohne Gottheit, ohne Inspiration, 1921, posth. veröfftl.) als Isolierung vom russischen Leben und als Seelenlosigkeit eingeschätzt werden. Auch in seinen persönlichen Gedichten konnte und wollte Gumilëv nicht die Unmittelbarkeit und Intimität erreichen, die die Lyrik der Achmatova auszeichnete. Neuere Forschungen versuchen indes nachzuweisen, daß Gumilëvs forcierter Antimystizismus sich, wahrscheinlich unter dem Einfluß freimaurerischer Ideen, nach 1917 merklich abschwächte, so daß akmeistische Leitbegriffe wie Stein, Adam sowie die Bau- und Meistermetaphorik vor allem in der *Feuersäule* umkodiert wurden und einen neuen Sinn gewannen.

Die nämlichen Stilzüge wie die Poesie wies auch die autobiographische Prosa Gumilëvs auf. Es handelt sich um Tagebuchaufzeichnungen von seinen Afrikareisen, *Afrikanskaja ochota* (Afrikanische Jagd, 1916), und Frontskizzen aus dem Ersten Weltkrieg, *Zapiski kavalerista* (Aufzeichnungen eines Kavalleristen, 1915/16), den er als Kriegsfreiwilliger im Leibgarde-Ulanenregiment, später im Alexander-Husarenregiment erlebte, zweimal mit dem Georgskreuz ausgezeichnet. Die kühle Observation des Kriegsgeschehens kann mit der Haltung verglichen werden, die in Ernst Jüngers Kriegsprosa zu erkennen ist. Es nimmt nicht wunder, daß Gumilëv in dem berüchtigten Referat Karl Radeks auf dem Ersten Schriftstellerkongreß 1934 rückblickend als «faschistischer» Schriftsteller gebrandmarkt wurde, der dem Geist des Konquistadors, des Imperialisten, des Kolonialherrn in der russischen Bourgeoisie Ausdruck gegeben habe.

Die Jahre 1918–1921 sahen Gumilëv, von seiner Rückkehr in den Rätestaat bis zur Erschießung durch die Čeka im Zusammenhang mit der angeblichen monarchistischen Verschwörung Tagancevs, in rühriger Tätigkeit im Verlag «Vsemirnaja literatura» (Weltliteratur) unter der Ägide Gor'kijs. Gumilëv versuchte damals, die «Dichterzunft» in Petrograd neu zu formieren. Im Studio «Zvučaščaja rakovina» (Die klingende Muschel) unterwies er angehende Schriftsteller, darunter Konstantin Vaginov, in der Verskunst; unter seiner Anleitung entstanden zahlreiche Übersetzungen. Beraten von dem Assyriologen Vol'demar Šilejko, dem zweiten Gatten der Achmatova, übertrug er das babylonisch-assyrische Gilgamesch-Epos.

Anna Achmatova

Anna Achmatova stieß mit ihren Gedichten von Anfang an auf Beifall in allen literarischen Lagern. Wurde Kritik am Akmeismus laut, so wurde die Achmatova meist ausgenommen. In Viktor Šklovskijs Erinnerungsprosa *Žili-byli* (Es waren einmal, 1961) ist nachzulesen, wie ihre *Pesnja poslednej vstreči* (Lied der letzten Begegnung, 1911) auf die Zeitgenossen wirkte: «Als die Achmatova sagte: ‹Ich zog der rechten Hand den linken Handschuh an› – da war das eine stilistische Entdeckung, weil die Liebe bei den Symbolisten in purpurnem Kreise zu erscheinen und eine Offenbarung der Weisheit oder der internationalen Banalität des Symbolismus zu sein hatte.» Anna Achmatova aber schilderte metonymisch eine Freudsche Fehlleistung, ohne die verstörte Liebe überhaupt zu erwähnen. In ihren Gedichten wurden wie in einem lyrischen Tagebuch die Lebensstationen einer sensiblen, von manchen Schicksalsschlägen getroffenen jungen Frau festgehalten, die von Trauer und Pessimismus erfüllt war und sich doch keineswegs aufgab. Einen wichtigen Bestandteil dieser Texte bildeten daher regelmäßig genaue Angaben zu Ort und Datum der Entstehung. Der poetische Stil war aufrichtig, bekenntnishaft. Manche Gedichte glichen kleinen Miniaturnovellen (V. Žirmunskij). In der zyklischen Reihung ergaben sie einen «komplizierten lyrischen Roman» (B. Èjchenbaum). Anstelle der Gefühle, um die es ging, wurden die Gegenstände und Umstände des Geschehens evoziert, in denen sich die kleinen Gefühlsdramen abspielten. Und alles wurde aus der Ich-Perspektive berichtet. Es konnte kein Zweifel bestehen – und dies gerade war der Kunstgriff –, daß sich hinter der wachen, skeptischen lyrischen Heldin die reale Anna Achmatova verbarg. Sie stellte ein zwiespältiges, widersprüchliches Wesen dar, das zwischen religiösen und erotischen Motivationen hin- und herschwankte, Femme fatale und Nonne in einem. Trost oder Heilung der seelischen Verletzungen deuteten sich aus der Heiterkeit der Natur – etwa in *Ja naučilas’ prosto, mudro žit’* (Ich habe gelernt, einfach und weise zu leben, 1912) – oder der Geschäftigkeit des Alltags an. Objektivierungen begegneten nur in wenigen balladesken Gedichten, die geschichtliche, biblische oder mythologische Stoffe aufgriffen. Aber auch hier ging es um weiblichen Existentialismus, etwa in den Gedichten *Rachil’* (Rachel, 1921) und *Lotova žena* (Lots Weib, 1924). Wie in dem letzteren die tragische Katastrophe lautsemantisch in die Beziehung smotret’ – smert’ (schauen – Tod) komprimiert wird, bezeugt, daß der Dichterin die akmeistische semantische Isotopie nicht fernlag.

Anna Achmatova

Viele Gedichte der Achmatova waren ihren Freunden und Gefährten gewidmet, stets in metonymischer Verschlüsselung der Besonderheiten der Beziehung. Manche spiegelten die schwierige Freund-Feind-Beziehung zu Nikolaj Gumilëv wider, andere erinnerten an Amedeo Modigliani, dem sie im Sommer 1911 in Paris Modell stand, an die Dichterfreunde Boris Pasternak und Marina Cvetaeva, an den akmeistischen Wahlbruder und Leidensgenossen Osip Mandel'štam, bis hin zu dem britischen Botschaftssekretär Isaiah Berlin, der sie 1946 aufsuchte, ehe sie in der Sowjetunion zur Unperson erklärt wurde. Der Dichter aber, dem sie am engsten anhing und der eine geheime Sinnachse in ihrem Werk bildete, war Aleksandr Puškin. Viktor Žirmunskij sieht in ihm den großen Lehrer der Achmatova, bei dem sie die Knappheit, Einfachheit und Echtheit des poetischen Wortes erlernte. Bereits das Bewußtsein, in Carskoe Selo auf den Spuren des Lyzeisten Puškin zu wandeln, wirkte auf sie beflügelnd. In dem kleinen Gedicht *Smuglyj otrok brodil po allejam* (Der dunkelhäutige Knabe schlenderte durch die Alleen, 1911) nahm sie die hundertste Wiederkehr der Gründung des

Lyzeums zum Anlaß, den jungen Puškin im Park von Carskoe Selo zu imaginieren. Doch wurden weder Puškin noch das Lyzeum beim Namen genannt, sondern, wie in einem Ratespiel, oder besser: nach dem Metonymieprinzip, nur einschlägige Attribute aufgerufen – der dunkelhäutige Knabe, der Dreispitz, der zur Uniform der Lyzeisten gehörte, ein zerfledderter Band Parny, erotische Gedichte also, wie sie der frühreife Puškin bekanntlich las – und in die Parkgegenwart verwoben. Zu den Puškin-Gedichten traten später einige feinsinnige Studien zu den Werken («*Kamennyj gost'*» *Puškina* [Puškins «Steinerner Gast»], 1958) und Lebensproblemen des Dichters (*Slovo o Puškine* [Puškin-Rede], 1962) sowie über komparatistische Beziehungen zu André Chénier, Benjamin Constant und anderen. Das geplante Puškin-Buch der Achmatova kam, ähnlich wie bei Marina Cvetaeva, deren eigenwillige Puškin-Hommage (*Moj Puškin*) erst 1967 erschien, zu Lebzeiten nicht zustande. Ein Teil der etwa fünfzig *Zametki o Puškine* (Bemerkungen zu Puškin) muß als verloren gelten.

Wie bei den anderen Akmeisten fehlte auch bei Anna Achmatova die philosophische Reflexion und der politische Zugriff auf die Wirklichkeit, wiewohl die Interieurs, das urbane Milieu und die Natur, in denen sich die lyrische Ich-Figur bewegte, klar und konkret apperzipiert erschienen. Sie lieferten Indizien – nicht Symbole! – für die seelische Befindlichkeit des Subjekts, verschlüsselten also den eigentlichen Gegenstand. Die Tendenz zur Verschlüsselung nahm bei Anna Achmatova in den Jahren der existentiellen Not und der politischen Verfolgung deutlich zu. Blieb die Dichterin in der poetischen Technik konventionell, so konnte sie doch dem Dol'nik, den sie oft verwendete, bestimmte Valeurs, etwa «rhythmische Störungen», abgewinnen, die höchst sensibel den semantischen Abläufen entsprachen.

Osip Mandel'štam

Aus Anfängen heraus, die in vielem noch symbolistisch bestimmt waren, war Osip Mandel'štam, obwohl der jüngste in der Dichterzunft, bald derjenige, der die akmeistischen Maximen am entschiedensten vertrat und übertrat. Er hatte mit einem Studium der Romanistik in Heidelberg, Paris und Petersburg einen breiten Wissensgrund gelegt, so daß er zum *poeta doctus* geradezu prädestiniert schien. Wenn er in einem seiner frühen Gedichte, *Silentium* (1910), das auf Tjutčevs gleichnamige Verse replizierte, den Schaum beschwor, aus dem Aphrodite geboren ward, und seinem Mund befahl, die ursprüngliche Stummheit zurückzugewinnen, so war damit eine pränatale Kunst,

Osip Mandelštam

gleichsam ein Prä-Adamismus, gefordert, was eher der symbolistischen Kunstauffassung entsprach als der akmeistischen. Noch weniger
lag der Wunsch, das Wort solle in die Musik zurückkehren, auf der
akmeistischen Linie. Doch sehr bald schon drängte sich bei Mandel'-
štam die akmeistische Konkretheit und Diesseitigkeit mit Macht in
den Vordergrund. Sie war deutlicher als bei den anderen Dichtern der
Gruppe auf die neue Zivilkultur bezogen. Die Gedichte, die seinen
Namen um 1912/13 bekanntmachten, thematisierten neumodische
Erscheinungen wie *Kazino, Tennis, Sport, Amerikan bar* (American Bar),
Kinematograf, Futbol (Fußball), oder bedeutende Bauwerke wie die
Hagia Sophia (*Ajja Sofija*), *Notre Dame* oder die Petersburger Admiralität (*Admiraltejstvo*), Komponisten (*Bach, Oda Betchovenu* [Ode an Beet-
hoven]) und andere konkrete Erscheinungen. Daß es ihm nicht auf
symbolistische Transzendierung derselben ankam, sondern auf die
Auslotung ihres diesseitigen, kulturellen Sinnes, wurde vor allem an
dem Bauwerk-Triptychon deutlich. Die Hagia Sophia wurde, entgegen dem symbolistischen Erwartungshorizont, nicht als bauliche
Inkarnation der sophiologischen Wesenheit, sondern als ein bedeuten-

des Bauwerk aus bestimmten Materialien, bestimmten architektonischen Details und einer bestimmten Baugeschichte dargeboten, das durch unterschiedliche kulturgeschichtliche Phasen – Heidentum, byzantinisches Christentum, Islam – gelaufen war. Ähnlich wurden in *Notre Dame* die kulturellen Komponenten aufgewiesen, die in die «ungute Schwere» der Kathedrale eingebaut sind und – ganz im akmeistischen Sinne – das Schöne ergeben. Die Petersburger Admiralität wieder, ein Gebäude, dessen Schönheit aus dem «gierigen Augenmaß eines einfachen Tischlers» erwachsen war, ließ die Formen eines Luftbootes (lad'ja vozdušnaja) erkennen und sprengte somit die Fesseln der Elemente und der Dimensionen. Dies waren Programmgedichte, die das akmeistische Kunstideal umrissen und zugleich intensiv die kulturelle Imprägnierung des Gegenstandes aufdeckten. In jedem dieser Gedichte wurde das Thema aus dem ihm zugehörigen Spezialwortschatz aufgebaut und assoziativ ausgesponnen. Im freien Ausschweifen in die Weiten der Literatur und Kultur gewann Mandel'štam seinen Texten einen gedanklichen Reichtum, der mit Recht als einzigartiges Ablagern von kultureller Erinnerung, als «Kultursumme» (R. Lachmann), zu verstehen ist. In fast allen Gedichten aber läßt sich eine «Situation» rekonstruieren – Jurij Levin spricht von einer «fundierenden Realität» –, in der ein erlebendes, wahrnehmendes, denkendes und assoziierendes Subjekt den thematischen Raum ausfüllt. Das Gedicht war für Mandel'štam ein Gebäude, in dem, wie er in einer frühen Redaktion des Essays *O prirode slova* (Über die Natur des Wortes, 1922) schrieb, der Mensch steht, «nicht plattgedrückt zu einem Fladen pseudosymbolischer Schrecknisse, sondern als Herr im eigenen Hause». Bezeichnenderweise wurde das in den Erstversionen solcher Gedichte wie *Tennis* oder *Admiralität* zunächst ausgedrückte lyrische Ich in den Druckfassungen getilgt – was wohl als Anpassung an die Gumilëvsche Vorgaben zu erklären ist. Strukturell aber gehörte das irgendwie und irgendwo situierte Ich in das Sinngefüge Mandel'štamscher Gedichte. Es bildete die Matrix, die die Vielschichtigkeit seiner Assoziationsreihen zum Text ordnete. Die Nichtbeachtung der Redesituation eines Mandel'štam-Gedichts führt rasch zum Irrtum. Auch wenn er die Textgrenzen seiner Gedichte vielfach überschritt, zu eigenen und zu fremden Texten hin, waren seine Gedichte doch nie grenzenlos, amorph oder beliebig im Hinblick auf assoziative Vorstellungen und Zitationen. Mandel'štam war eben kein Surrealist, sondern Akmeist, seine Gedichte blieben, wie es Paul Celan in seinem Rundfunkessay *Die Dichtung Ossip Mandelstamms* (1960) formuliert hat, «ein sublunarisches, terrestrisches, ein kreatürliches Phänomen». Mit anderen Worten: Mandel'štams Akmeismus bestand bis zum Schluß in der zwar überaus vielschichtigen, gleichwohl aber stets «wirklichen» Auslotung konkreter Situationen. Keine Frage, daß zu seinen Realitätssphären das umgebende Milieu ebenso zählte wie Lektüren, im Gedächtnis präsente Zitate und Allusionen, anwesende und herbeigedachte Personen. Kopräsenz der in der Situation aufkreuzenden Wirklichkeiten – sie wurde im Mandel'štamschen Gedicht Ereignis. Ein Gedicht wie das bekannte *Bessonica. Gomer* (Schlaflosigkeit. Homer, 1915) ist fraglos, wie es Renate Lachmann in ihrem Buch *Gedächtnis und Literatur* formuliert, «ein Text, den ein komplexes Netz textueller vor- und rückverweisender Konnotationen und subtextueller Strukturen prägt», bzw. der «Entwurf einer Fiktion vom Schreiben als Kulturinspiration und erinnerter Textfolien». Die Analyse bringt Verweise auf Dantes *Göttliche Komödie*, auf Tjutčevs und Achmatovas Gedichte über Schlaflosigkeit (*Bessonnica*), vor allem aber auf den Schiffskatalog aus dem zweiten Gesang von Homers *Ilias* zutage. Doch vermag dies alles nur in einer bestimmten Situation von Schlaflosigkeit Sinn zu entfalten, die man sich nicht konkret genug vorstellen kann. Es wäre schade, wenn über der gelehrten Exegese die Pointe des Gedichts verlorenginge: daß nämlich das Meer über Homer (beide sind anagrammatisch miteinander verbunden) – oder vielleicht das unausgesprochene amore/Amor – als Schlafbringer obsiegt.

Mandel'štam entwickelte die semantische Engführung, die man auch Isotopie nennen könnte, zu ungeahnter Perfektion. Immer wieder verdichteten sich in seinen Texten die verschiedensten Sinnschichten in einem Wort. In *Dekabrist*, dem im Dezember 1917 veröffentlichten Gedicht, das die in Rußland neu entstandene politische Lage zu ergründen suchte, waren der «Dezembermann» als betrachtender Zeitgenosse (im gegebenen Augenblick) und der Dekabrist von 1825 in einem gemeint. Der rätselhafte Schluß «Rußland, Lethe, Lorelei» (Rossija, Leta, Loreleja) besagte, auf das russische Staatsschiff bezogen, daß sich alles wie in Heines Gedicht *Ich weiß nicht, was soll es bedeuten* abspielen konnte – oder auch nicht. Fünf Monate später erfolgte die zuversichtliche Antwort in dem Gedicht *Proslavim, brat'ja, sumerki svobody* (Feiern wir, Brüder, die Dämmerung der Freiheit, 1918). Eine andere Technik, die Hans Rothe aufgewiesen hat, bestand im Ausstreuen kleiner Klangmotive über einen Text. So baute sich beispielsweise in *Silentium* das Titelwort aus den Silben si/is, en/edn/en', di/ti, mu/um, mosaikartig wieder auf. Die Mandel'štamsche Lautorganisationen ließen, anders als bei den Futuristen, die sie absolut setzten, nie die Logosfunktion des Wortes außer acht. Doch waren der sinnliche Klang und die oft ungewöhnliche Intonation seiner Verse nicht zu überhören. Joseph Brodsky hat in seinem Mandel'štam-Essay *Kind der Zivilisation*

(1977, enthalten in dem Essayband *Less Than One*) auf die hohe Geschwindigkeit, die bloßgelegten Nerven dieser Dichtung hingewiesen; sie überspringe mit leicht verkürzter Syntax das Selbstverständliche, sie klinge wie Vogelsang mit unverwechselbaren schrillen Doppelschlägen und Intervallen, wie das Tremolo eines Stieglitzes.

Die tausend Fäden, die Mandel'štam mit der antiken Welt – bei mäßigen Griechischkenntnissen, wie sein Lehrer Konstantin Močul'-skij überliefert hat –, mit der französischen Kultur und Literatur, von Villon bis Verlaine, mit der italienischen Literatur (Dante, Petrarca) wie auch mit der deutschen verbanden, schufen einen ununterbrochenen, dichten Dialog, der von der Forschung mehr und mehr erschlossen wird. Selbstverständlich war die Hinwendung zur russischen Tradition am stärksten, und hier entstand durch vielfältige Affinitäten ein spezifischer Mandel'štamscher Kanon, der auf Dichter wie Deržavin, Batjuškov und Tjutčev zurückgriff. Auch Puškin konnte hier nicht fehlen – er war vor allem das Vorbild für den strengen Versbau –, doch nahm er nicht den zentralen Platz ein wie bei Anna Achmatova.

Obwohl Mandel'štam die Revolution anfangs begrüßt hatte, fühlte er sich bald als Fremdkörper in der sowjetischen Gesellschaft. Zwar konnte er, während Anna Achmatova nach dem Band *Anno Domini MCMXXI* (1922) keine Publikationsmöglichkeiten mehr offenstanden, in den 20er Jahren einige Bücher veröffentlichen, zuletzt aber nur noch dank der Fürsprache Nikolaj Bucharins. 1922 erschien der Gedichtband *Tristia*, 1928 der Band *Stichotvorenija* (Gedichte). Hinzu kamen die Prosabände *Šum vremeni* (Das Rauschen der Zeit, 1925) und *Egipetskaja marka* (Die ägyptische Briefmarke, 1928) sowie die Essays *O poézii* (Über Poesie, 1928). Mandel'štams Erzählprosa und Essays wiesen ähnliche stilistische Merkmale auf wie seine Poesie. Ihre hohe semantische Verdichtung und Assoziativität gestatteten ein mehrschichtiges Denken, wie es in der russischen Prosa so nicht wieder erreicht wurde.

Mehr als ein halbes Jahrhundert sollten die Akmeisten zu den verfemten Erzfeinden des Sowjetregimes zählen. Die Auslöschung Gumilëvs – der erste Dichtermord, den die Bol'ševiki auf ihr Gewissen luden –, die perniziöse Art, mit der die Mandel'štam und die Achmatova verfolgt und gedemütigt wurden, läßt darauf schließen, daß die Sowjetmacht sie als eine Gefahr empfand. In der Tat ließ sich kaum ein größerer Gegensatz denken als der zwischen dem sowjetischen und dem akmeistischen Kulturmodell. Auf der einen Seite eine monistische Doktrin, Klassenkampf, Diktatur, totale politische Instrumentalisierung aller kulturellen Sphären – auf der anderen Dialog, Offenheit, Weltzivilisation, Liberalität, kulturelle Freiheit. Die Auferstehung des akmeistischen Dreigestirns in den 80er Jahren hat die Balance der russischen Literatur für die erste Hälfte des 20. Jahrhunderts wiederhergestellt. Und nicht nur das: Aus der akmeistischen «Kulturosophie» (R. Lachmann) gewannen auch die Begründer des sowjetischen Neostrukturalismus und der Tartuer Semiotischen Schule wesentliche Anregungen.

Die akmeistische Übersetzerschule

Es entsprach dem offenen, weltweiten Kulturkonzept der Akmeisten, daß diese von Anfang an auch als Übersetzer fremder Poesie in Erscheinung traten. Gumilëv legte nach den Gautier-Übersetzungen Nachdichtungen chinesischer und indochinesischer Lyrik (nach französischen Vorlagen) in dem Bändchen *Farforovyj pavil'on* (Porzellanpavillon, 1918) vor. Seine Bemühungen um die Hebung der Übersetzungskultur im Verlag «Vsemirnaja literatura» schlugen sich in dem normativen Traktat *O stichotvornych perevodach* (Über Versübersetzungen, 1919) nieder. Von Anna Achmatova kam eine frühe Übersetzung des Rilke-Gedichts *Einsamkeit* (*Odinočestvo*, 1910); in den 40er, 50er und 60er Jahren hat sie dann in großer Zahl Übertragungen aus verschiedenen asiatischen, slawischen und anderen Literaturen vorgelegt, wobei sie sich in der Regel auf Interlinearübersetzungen stützte. Gewiß, es handelte sich dabei um Brotarbeit, die der verfemten Dichterin das Überleben ermöglichte, doch ist dieser Teil ihres Werkes, den sie gewissenhaft erarbeitete, nicht zu unterschätzen. Auch von Osip Mandel'štam sind Übersetzungen von Gedichten Auguste Barbiers und einiger Petrarca-Sonette bekannt. Zu den bedeutendsten russischen Übersetzern des 20. Jahrhunderts aber zählen zwei Literaten, die ursprünglich zur «Dichterzunft» gehörten: Michail Lozinskij und Michail Zenkevič. Lozinskij, später als Bibliothekar in Leningrad tätig, übersetzte in mehr als 30 Jahre währendem Schaffen die Klassiker der Weltliteratur von Cervantes und Lope de Vega über Corneille und Molière bis zu Goethe, Schiller und Heine und krönte sein umfangreiches translatorisches Werk in schwerer Zeit durch die Übertragung von Dantes *Göttlicher Komödie* (*Božestvennaja komedija*, 1939–1945). Zenkevič, der vor dem Ersten Weltkrieg in Jena und Berlin studiert hatte und in seiner akmeistischen Phase den Band *Dikaja porfira* (Der wilde Purpurmantel, 1912) mit Gedichten über die prähistorischen Perioden der Erdgeschichte veröffentlicht hatte, übersetzte aus dem Deutschen (Ferdinand Freiligrath), Französischen (Victor Hugo), Englischen (Shakespeare, Walt Whitman) und aus slawischen Sprachen (den *Berg-*

kranz von Petar Petrović Njegoš, Sonette von France Prešeren). Er galt später als einer der Begründer der sowjetischen Übersetzungsschule. In einer pragmatischen, von ihm vielleicht so nicht gemeinten Weise bewahrheitete sich hier Osip Mandel'štams Diktum: Akmeismus, das sei «Sehnsucht nach Weltkultur» (toska po mirovoj kul'ture).

Der Futurismus

Der Futurismus, die erste und wichtigste Strömung der russischen Avantgardeliteratur, war keine einheitliche Formation. Er bestand vielmehr aus mehreren Gruppen, die sich jedoch, bei deutlichen Unterschieden im einzelnen, in dem Ziel einig waren, eine gänzlich neue Kunst zu schaffen, die radikal mit den überkommenen Konventionen brach: eine Kunst der Zukunft. Seinen Ursprung hatte der Futurismus in Italien; hier sollte er in der faschistischen Ära sogar als künstlerischer Ausdruck des imperialistischen Panitalianismus fungieren. Begründer der futuristischen Bewegung war Filippo Tommaso Marinetti. Er veröffentlichte am 20. Februar 1909 im Pariser *Figaro* sein berühmtes *Manifesto futurista*, in dem die Grundforderungen der neuen literarisch-weltanschaulichen Erneuerungsbewegung verkündet wurden. In der Folgezeit propagierte Marinetti mit seiner Futuristengruppe durch skandalöse Auftritte und auf Tourneen in ganz Europa die neue Kunst und stieß damit bei der jungen Generation auf stürmischen Beifall. Marinetti traf mit seiner Devise von der neuen Dynamik, die die Welt verändern und modernisieren solle, mitten in das allgemeine Unbehagen, das sich in jenen Jahren in ganz Europa verbreitete. Es war nicht zuletzt dieses Gefühl ausweisloser Verfestigungen im politischen, sozialen und kulturellen Leben, das dann im Ersten Weltkrieg zur Explosion kam. Während der Rußlandtournee Marinettis im Februar 1914 wurde der weltgewandte Maestro begeistert von der Moskauer und Petersburger Kunstwelt aufgenommen, die russischen Futuristen aber, inzwischen selbstbewußt geworden, hielten sich zurück. Zwar hatte Vadim Šeršenevič, der Propagator Marinettis in Rußland, rechtzeitig einige seiner Schriften, darunter die Manifeste (*Manifesty ital'-janskogo futurizma*, 1914) übersetzt, doch stießen die Thesen und Belehrungen Marinettis auf entschiedenen Widerspruch. Die russischen Futuristen lehnten es ab, lediglich als Filiale des Italofuturismus abgestempelt zu werden. In Moskau bestritten Majakovskij und seine Freunde öffentlich jegliche Abhängigkeit (preemstvennost') von den Italienern; in Petersburg setzten Chlebnikov und Benedikt Lifšic Marinettis forciertem Europäertum ihren abstrakt gedachten «Orientalismus» (vostočničestvo) und ihr «Skythentum» (skifstvo) entgegen. Zu seinem Erstaunen klärten sie Marinetti darüber auf, daß seine Initialen die Stützkonsonanten des Wortes FuTurisMus waren. So jedenfalls hat es Benedikt Lifšic, Mitakteur und Chronist der Ereignisse, in dem Erinnerungsbuch *Polutoraglazyj strelec* (Der anderthalbäugige Schütze, 1933) überliefert.

Unter den Gruppen der «budetljane», wie sich die russischen Futuristen mit einem von «budet» (es wird sein) abgeleiteten Neologismus nannten, stellten die Kubofuturisten den radikalen linken Flügel dar. David Burljuk und Vladimir Majakovskij, Kunststudenten an der Moskauer Lehranstalt für Malerei, Bildhauerei und Architektur, bildeten den frühesten Kern. In seiner Autobiographie *Ja sam* (Ich selbst, 1922; 1928) hat Majakovskij die denkwürdige Nacht des 4. Februar 1912 geschildert. In einem der Kusevickij-Konzerte wurde Sergej Rachmaninovs Tondichtung *Die Toteninsel* (nach dem Gemälde von Arnold Böcklin) gegeben. Angewidert von der «unerträglichen melodisierten Langeweile» eilten Burljuk und Majakovskij aus dem Konzertsaal und brachen in lautes Gelächter aus: «Der russische Futurismus war geboren.» Zu den Moskauern stießen alsbald Velimir Chlebnikov, Vasilij Kamenskij, Aleksej Kručёnych und andere. David Burljuk, der sich nach seinem Studium an der Münchner Kunstakademie bereits ein gewisses Ansehen als Maler erworben hatte, wurde der Organisator der Kubofuturistengruppe. Auf dem Landgut Majačka im Gouvernement Cherson, das sein Vater verwaltete, weilten die Künstlerfreunde der Reihe nach zu Besuch. Da man sich in dem von Herodot bekannten alten sarmatischen Waldgebiet Hyläa (Ύλαιη) wähnte, nannte sich die wie eine Kaste festgefügte Kerngruppe bald «Gileja». In dieser Gruppe galt der Dichterin Elena Guro als «Mutter der Futuristen» besondere Verehrung. In ihrem Prosafragment *Bednyj rycar'* (Der arme Ritter, 1910–1913; zuerst veröfftl. 1988), das Nils Å. Nilsson als «a kind of occult diary» charakterisiert, entwickelte sie Ansätze zu einer futuristischen Prosa. Eine andere Dichterin wieder, die 1905 verstorbene Mirra Lochvickaja, wurde zum weiblichen Leitbild der Egofuturisten um Igor' Severjanin und den Verleger Ivan Ignat'ev, die den rechten Flügel des futuristischen Spektrums bildeten. Sie artikulierten sich schon 1911, also vor den Gilejcy, mit dem «Prolog des Egofuturismus» (*Prolog ėgofuturizma*) von Igor' Severjanin. Ihnen stand die Gruppe um Vadim Šeršenevič und seinen 1913 gegründeten Verlag «Mezonin poėzii» (Zwischengeschoß der Poesie) nahe. Wenige Monate vor Ausbruch des Ersten Weltkrieges, im «Turbojahr 4191», trat die Gruppe Centrifuga mit Nikolaj Aseev, Sergej Bobrov und Boris Pasternak in Moskau mit dem Almanach *Rukonog* (Handfuß, 1914) in Erscheinung.

Als Folge der futuristischen Tourneen bildeten sich Filialgruppen in Odessa und Char'kov. Als letztes Futuristenlager war, bereits nach der Revolution, die Zaumniki-Gruppe um Aleksej Kručёnych und Il'ja Zdanevič in Tiflis auszumachen, die sich den Namen «41 °» zulegte.

Die charakteristische Publikationsform, mit der die Futuristen an die Öffentlichkeit traten, waren Almanache, die von wechselnden Autorengruppen getragen wurden. Einige der nach Aufmachung und Inhalt provokanten kleinen Bändchen haben legendäre Berühmtheit erworben, zunächst seit 1912 die Almanache der Egofuturisten: *Orly nad propast'ju* (Adler überm Abgrund), *Stekljannye cepi* (Gläserne Ketten) und *Zasachare kry* (das aus den verstümmelten Wörtern «zasacharennaja» [die kandierte] und «krysa» [Ratte] gebildete Syntagma kann man als «Kandirat» wiedergeben); dann ab 1913 die der Kubofuturisten: *Sadok sudej* (Die Kritikasterkiste), *Dochlaja luna* (Der krepierte Mond), *Zatyčka* (Füllwort), *Troe* (Die Drei/Drei Menschen), *Trebnik troich* (Gebetsbuch der Drei) und vor allem *Poščёčina obščestvennomu vkusu* (Eine Ohrfeige dem Geschmack der Gesellschaft). Die Gruppen lagen miteinander in Dauerfehde, die aber flugs in unerwartete Koalitionen umschlagen konnte. An den großen Tourneen der Gilejcy 1913/14 – die erste nannte sich «Olympiade des Futurismus» – nahm regelmäßig Igor' Severjanin teil. Auch wenn man sich zerstritt, fand man doch rechtzeitig zur nächsten Tournee wieder zusammen. Šeršenevič nutzte im Frühjahr 1914 die Abwesenheit der führenden Futuristen, um sich durch die Herausgabe des *Pervyj žurnal russkich futuristov* (Erste Zeitschrift der russischen Futuristen) als Einiger der konkurrierenden Gruppen zu profilieren, was bei diesen natürlich auf schärfste Ablehnung stieß. Mehr als ihre Publikationen lenkte bald das spektakelhafte Auftreten der Futuristen die öffentliche Aufmerksamkeit auf die neue Richtung. Dabei erwiesen sich einige ihrer Vertreter als hervorragende Deklamatoren. Igor' Severjanin kreierte das sogenannte «poёzo-koncert», eine neue Art von Rezitationsabenden, die zum gesellschaftlichen Ereignis wurden. Er trat in der Pose des Dandys auf und trug in einer effektvollen sangbaren Form – meist nach Opernmelodien von Ambroise Thomas – seine mondänen Gedichte vor. Greisinnen und junge Mädchen, Reiche und bettelarme Jugend, Aristokraten und Kleinbürger – so berichtet ein Zeitgenosse – bildeten das Publikum, vor allem fühlte sich dessen weiblicher Teil von Igor' Severjanin scharmiert. Ganz anders – stimmgewaltig, brutal, pathetisch – trat Majakovskij auf. Sein legendäres Erfolgszeichen, das bald für die «Gileja»-Gruppe stand, wurde seine «gelbe Bluse» (žёltaja kofta), ein Jackenhemd, das er sich von seiner Schwester, mangels anderer Kleidung, aus Krawattenseide hatte nähen lassen. Die futuristische Legendenbildung kennt mehrere Versionen, wie es zur «gelben Bluse» kam. Vasilij Kamenskij brachte sie in seinem Erinnerungsbuch *Žizn's Majakovskim* (Ein Leben mit Majakovskij, 1940) mit einer kubofuturistischen Aktion in Zusammenhang, die 1913 in Moskau nach einem von Kamenskij, Burljuk und Majakovskij entworfenen Aktionsprogramm durchgeführt wurde. Man begab sich in bunten Kleidern, mit geschminkten Gesichtern und Zylinder auf den Kuzneckij most und deklamierte herumspazierend «mit strengster Stimme» (samym strogim golosom) futuristische Gedichte. Auf das Gelächter von Dummköpfen und spießbürgerlichen Spott sollte nicht reagiert, auf Fragen der Passanten «Wer sind Sie?» mit großem Ernst geantwortet werden: «Die Genies der Gegenwart». Während des Auftretens im Saal sollten auf der Bühne hundert Gläser mit Tee stehen, mit denen das Publikum zu bewirten sei. Beim Entstehen eines Skandals waren die Gläser schleunigst wegzuräumen, um Regreßkosten zu vermeiden... Die großen Tourneen spielten sich in ähnlichen provokativen Formen ab. Wenn die Gouvernementspolizei einschritt und verfügte, daß im Vortrag weder die Obrigkeit noch Puškin erwähnt werden dürften, oder, wie in Kiew geschehen, eine Abteilung Kosaken vor dem Theater postiert wurde, konnten sich die Futuristen in dem Glauben wiegen, ihre Ziele bereits eingelöst zu haben.

Manifeste der Futuristen

In der Frühphase des Futurismus stellten die Manifeste die typische Programmäußerung dar, in der sich die Vielgestaltigkeit der konkurrierenden Gruppen mit Deutlichkeit abzeichnete. Nach dem Vorbild der Italofuturisten, deren Textproduktion bekanntlich zu einem erheblichen Teil aus Manifesten bestand, überboten sich auch die russischen Avantgardegruppen zunächst gegenseitig in provokanten Deklarationen. Das erste und wichtigste Manifest der «Gileja»-Gruppe, unterzeichnet von Burljuk, Kručënych, Majakovskij und Chlebnikov, war dem Almanach *Eine Ohrfeige dem Geschmack der Gesellschaft* als Vorwort vorangestellt. Der kurze Text bestand aus zwei Teilen, deren erster eine dreiste Abrechnung mit den Größen der bisherigen russischen Literatur enthielt, während der zweite die Postulate formulierte, die an die neue futuristische Literatur zu stellen waren. Schon in den Eingangssätzen fanden sich die großgeschriebenen Schlüsselwörter und globalen Herausforderungen an die Zeitgenossen:

«Den Lesenden unser Neues Erstes Unerwartetes. Nur wir sind das Gesicht unserer Zeit. Das Horn der Zeit trompetet *durch uns* in der

Wortkunst.» (Čitajuščim naše Novoe Pervoe Neožidannoe. Tol'ko my
– lico našego vremeni. Rog vremeni trubit *nami* v slovesnom iskusstve.) In einer Formel, die zur berüchtigten Devise des traditionsnegierenden Futurismus werden sollte, hieß es: «Puškin, Dostoevskij, Tolstoj u. a., u. a. vom Dampfer der Gegenwart werfen!» (Brosit' Puškina, Dostoevskogo, Tolstogo i pr. i pr. s Parochoda sovremennosti.) Doch nicht nur auf die Klassiker zielte das überhebliche Verdikt, sondern ebenso auf die zeitgenössischen Autoren jeglicher Couleur. Der Rundumschlag galt den Symbolisten Bal'mont, Brjusov und Blok ebenso wie den «Znanie»-Autoren Gor'kij, Kuprin und Bunin, ferner Averčenko und Saša Čërnyj vom *Satirikon*, Kuzmin und Remizov. Man blicke, hieß es verächtlich, auf die Nichtigkeit dieser Autoren von der Höhe der Wolkenkratzer – die es übrigens damals in Moskau noch gar nicht gab.

Das Neue nun, das man der obsoleten Literatur entgegenstellte, bestand aus vier Thesen, die gleichsam als Grundrechte des Dichters zu verstehen waren. Der Dichter habe das Recht, seinen Wortschatz durch «willkürliche und produktive Wörter (proizvol'nymi i proizvodnymi slovami) zu vergrößern; damit war Wortinnovation (slovo-novšestvo) angesagt. Er habe das Recht, die bisher existierende Sprache unüberwindlich zu hassen. Er habe das Recht, den billigen Ruhmeskranz von seiner Stirn zu verbannen; damit wurde die bisherige gesellschaftliche Stellung des Dichters aufgekündigt. Und er habe, endlich, das Recht, auf der Scholle des «Wir» in einem Meer von Pfiffen und des Unwillens zu stehen, womit das Recht auf Provokation in einer Gruppe Gleichgesinnter gemeint war. Am Schluß dieser noch recht allgemeinen Fixierung des futuristischen Programms wurde das «selbstwertige (selbstgewundene) Wort» (samocennoe [samovitoe] Slovo) beschworen, auf das es den Futuristen in erster Linie ankam. Im zweiten Manifest der Kubofuturisten, abgedruckt in dem Almanach *Die Kritikasterkiste*, führten die «neuen Menschen des neuen Lebens», wie sie sich nannten, wiederum in einem Katalog von Thesen die konkreten Neuerungen vor, die in den futuristischen Texten inzwischen bereits verwirklicht worden waren. Neben der Wortbildung (slovopostroenie) ohne Beachtung der Syntax («Wir haben die Syntax ins Wanken gebracht») sollte das Wort nach seiner phonischen und graphischen Charakteristik, d. h. nach seiner akustischen und optischen Substanz, gebraucht werden. Dies mußte zur Folge haben, daß der Text nicht mehr primär semantischen, sondern lautlichen bzw. bildlich-graphischen Erfordernissen gehorchte oder daß er die Konventionen der natürlichen Sprache gar verließ, also zur metalogischen, transmentalen Sprache (zaumnyj jazyk) überging. Die Gesetze der Suffixbildung, der

Orthographie und Interpunktion wurden außer Kraft gesetzt. Die Funktion des üblichen Adjektivepithets sollten Buchstaben und Ziffern übernehmen. Handschrift (počerk) und handschriftliche Verbesserungen (pomarki) des Autors wurden als wichtige künstlerische Impulse gewertet. Dieser Forderung kamen die Autographen-Bücher (samo-pis'ma oder samopisnye knigi) Aleksej Kručënychs, *Pustynniki* (Die Einsiedler, 1913) und *Pomada* (Pomade, 1915), alsbald nach. Der Reim sollte als Anfangs-, Mittel- und Umkehrreim (perednjaja, srednjaja, obratnaja rifma) verwendet werden, womit die futuristische Praxis des sogenannten Tiefenreims (glubokaja rifma) eröffnet wurde; die traditionellen Metren (ritmy) sollten zugunsten eines «Versmaßes des lebendigen umgangssprachlichen Wortes» abgeschafft werden, womit dem tonischen Vers in der russischen Poesie erstmals Raum gegeben wurde. (Ob der in diesem Zusammenhang gebrauchte Begriff «svobodnyj ritm» terminologisch im Sinne des deutschen «freien Rhythmus» oder im Sinne der italienisch-französischen *vers libres* verstanden wurde, ist schwer zu entscheiden.) Selbst die Phoneme sollten nun eine bestimmte semantische Charakteristik erfahren: die Vokale wurden, analog zu ähnlichen Überlegungen bei Vasilij Kandinskij (*Über das Geistige in der Kunst*, 1911), verstanden als Raum und Zeit (vremja i prostranstvo), die Konsonanten als Farbe, Ton, Geruch (kraska, zvuk, zapach). Der lexikalische Reichtum eines Dichters wurde zu dessen künstlerischer Rechtfertigung erklärt; das mythenschaffende Wort zur eigentlichen Aufgabe des Dichters. Das waren innovative Forderungen, die an Konkretheit nichts zu wünschen übrig ließen. Ihre Verwirklichung konnte zudem in den Almanachen der Gruppe «Gileja» unverzüglich besichtigt werden. In dem umfangreichen manifestartigen Text *Slovo kak takovoe* (Das Wort als solches, 1913) von Kručënych und Chlebnikov, der mit kleinen Geschichtsklitterungen noch einmal die russische Priorität des Futurismus behauptete (hier wurde die Vorbereitung der *Kritikasterkiste* bereits auf 1908 vorverlegt), wurden an reichem Beispielmaterial die neuen Verfahren demonstriert. Kručënych brachte sein Zaum'-Schlagwort «Dyr bul ščyl» in Stellung, das fortan zur Parole für die Nonsenspoesie der Futuristen wurde.

Bei seinen öffentlichen Auftritten in den Jahren 1912–1914 trug Majakovskij ähnliche Thesen vor. In dem Vortrag *O novejšej russkoj poëzii* (Über die neueste russische Poesie, 1912) stellte er, wie aus den erhaltenen Plakatankündigungen zu ersehen ist, als futuristische Errungenschaften die Verbindung der Poesie mit dem Mythos, den Kult der Sprache als Mythenschöpfer, die Eigenschaften des Wortes als eines poetischen Impulses und die Wiedergeburt der ursprünglichen Rolle des Wortes heraus. In *Prišedšij sam* (Selber gekommen, 1913) ver-

kündete er das Wort als «Eigenziel der Poesie» (samocel' poèzii). Er
trieb die Hypostasierung des Wortes auf die Spitze, wenn er das Wort
gegen den Inhalt, gegen die Sprache der Literatur und der Akademie,
gegen den musikalischen, konventionellen Rhythmus, gegen das
Metrum, gegen die Syntax, gegen die Etymologie aufbot. Es besaß in
den Augen der Futuristen nur mehr eine materielle, lautliche und gra-
phische, Qualität; seine Logosqualität, die Mandel'štam so sehr interessierte, hatte ausgespielt.

Ganz anders nahmen sich die programmatischen Verlautbarungen
der Egofuturisten aus. Ihre Manifeste erschöpften sich nicht im Her-
ausschreien provokativer Thesen, sondern glichen eher diskursiven
Abhandlungen. Die wichtigste Äußerung, *Ėgo-futurizm* (Ego-Futuris-
mus), 1913 in dem Almanach *Zasachare kry* veröffentlicht, stammte aus
der Feder Ivan Ignat'evs. Seinem Entwurf lag eine neorousseauistische
Ego-Philosophie zugrunde: Der Mensch habe sich, indem er verschiedene Kulturstufen durchlief, mehr und mehr von der Natur entfremdet, ja sich bemüht, das Natürliche in sich auszumerzen. So habe er
sich nicht nur von Gott entfernt, sondern auch versäumt, sein Ich,
seine Persönlichkeit, sein Individual, sein Ego, seinen Egoismus zu
entwickeln. Der menschliche Egoismus und der – wie bei Černyševs-
skij – auf Egoismus gegründete Altruismus wurden als Naturgesetz
gewertet, während die Kultur als der Erbfeind der egoistischen Persönlichkeit erschien, die der Natur gleichgesetzt wurde: Kultur sei tödli-
ches Gift für das Ich. Im Gegensatz zu den Kubofuturisten, die jegliche
Tradition im kulturell-künstlerischen Bereich strikt verwarfen, stellte
Ignjat'ev eine Genealogie des Egoismus auf, in der Gautama Buddha,
Jean-Jacques Rousseau, Nietzsche, Aleksandr Gercen, Gor'kij, Ibsen,
Evgenij Solov'ëv und Johann Gottlieb Fichte vertreten waren. Seltsa-
merweise fehlte Max Stirner, der Begründer des Solipsismus in diesem
Katalog. Nietzsche war für die Egofuturisten wegen seiner Lehre vom
Übermenschen von Interesse; Gercen, weil er jegliche Unterordnung
des Menschen abgelehnt und der Persönlichkeit religiöse, ethische und
sogar politische Autonomie zuerkannt hatte; der Literaturkritiker
Evgenij Solov'ëv, der zu den gemäßigten Marxisten in Rußland gehört
hatte, weil er in seinem bemerkenswerten *Opyt filosofii russkoj literatury*
(Versuch einer Philosophie der russischen Literatur, 1905) die spezifischen Entwicklungsprozesse der russischen Literatur als Kampf für die
Rechte der Persönlichkeit gegen die Unterdrückungsmechanismen
des Staates gedeutet hatte. Ebenso wurden anarcho-individualistische
Tendenzen bei Rousseau, Tolstoj und Gor'kij als «Sprünge» (broskosti)
hin zum Egofuturismus ausgemacht. Als dessen großes Ziel wurden
die «Enthüllung der Individualität» (vyjavlenie individual'nosti) und

die «Absonderung vom Kollektiv» (otdelenie ot kollektiva) herausgestellt, zu vollziehen «in einem ständigen Streben nach Erreichung der Möglichkeiten der Zukunft in der Gegenwart». Damit war ein weltanschauliches Gebäude errichtet, das, Traditionen des anarcho-individualistischen Denkens bündelnd, die Befreiung des Individuums von den Fesseln der Kultur anstrebte. Poetologische Fragen schnitt Ignjat'ev nicht an, doch lud seine egofuturistische Ideologie unzweifelhaft zum Ausleben individueller Strebungen auch im Medium der Kunst ein. Bei den Kubofuturisten verhielt es sich genau umgekehrt: Ihre «Ideologie» bestand schlicht in der globalen Negation alles Bestehenden, während zugleich sehr konkrete Forderungen in bezug auf die künstlerische Produktion erhoben wurden.

Eine Besonderheit in der futuristischen Manifesthausse bot der Programmtext der CENTRIFUGA. Nikolaj Aseev, Sergej Bobrov und Boris Pasternak nämlich leiteten ihren Almanach *Rukonog* (1914) mit dem Kollektivgedicht *Turbopean* ein, das den Start der Dichtergruppe als einen vom bornierten Publikum ausgepfiffenen Schauflug der rotierenden CENTRIFUGA darbot. Die künstlerischen Verfahren, auf die es der Gruppe ankam – technizistischer Wortschatz, Archaismen, Homonyme, Neologismen –, waren im Text realisiert. Von daher wäre der Begriff CENTRIFUGA poetologisch zu interpretieren als Wegstreben vom Zentrum der konventionellen Umgangs- oder Dichtersprache.

Die Kubofuturisten

Velimir Chlebnikov

Velimir Chlebnikov war der Mystiker und Sprachalchimist unter den Gilejcy, eine Gestalt, die, unbehaust wie ein Pilgrim, durch die russischen Lande zog und, ähnlich wie Peter Hille oder Theodor Däubler, stets einen Packen Manuskripte mit sich herumtrug. Seine formalen und lingualen Experimente übertrafen an Kühnheit die seiner Freunde. Da er sich als Student in Kazan' und Petersburg mit Mathematik und Slawischer Philologie beschäftigt hatte, verbanden sich in ihnen zahlenmystische und linguistische Spekulation. Es ging Chlebnikov nicht nur darum, den Ausdrucksradius der natürlichen Sprache zu erweitern, vielmehr schwebte ihm die Schaffung einer Universalsprache, einer «Sternensprache» (zvëzdnyj jazyk) vor. Waren seine linguistischen Thesen auch wissenschaftlich unhaltbar, so leisteten sie doch zur Motivation seiner künstlerischen Verfahren zuverlässige Dienste. Unbeschränkte Möglichkeiten für lexikalische Neubildungen boten ihm die Prä- und die Suffigierung der Wortstämme, ein relativ einfaches Verfahren, das Peter Urban auf folgende Formel gebracht hat: N = (a+b+c) S (x+y+z), wobei mit N die Zahl der Neologismen, mit S die der Wortstämme und mit a, b, c /x, y, z die Prä- bzw. Suffixe bezeichnet sind. Als Slawist plädierte Chlebnikov dafür, zur Spracherneuerung auch den Wortschatz der anderen slawischen Sprachen und der Dialekte heranzuziehen. Seine berühmte Gelächterbeschwörung (*Zakljatie smechom*, 1910), bestehend allein aus Neubildungen vom Wortstamm smech-/smej- (lach-/läch-), bewies, welch magische Wirkung mit den neuen Verfahren zu erzielen war. Seine Theorie der Wurzelflexion (korennoe sklonenie), die besagte, daß der Wechsel der Vokalphoneme in der Wurzel eines Wortes – z. B. byk (der Stier) zu bok (die Flanke, die Weiche) – eine bestimmte semantische Beziehung beinhalte, mochte auf den ersten Blick abstrus erscheinen, wenn nicht, außer Chlebnikov, auch Majakovskij, Igor' Severjanin und selbst Man-delštam die stimulierende Kraft dieses Gedankens erfahren hätten. Majakovskijs erstes Petersburg-Gedicht (*Koe-čto pro Peterburg*, 1913), das Agitationsgedicht *Naš marš* (Unser Marsch, 1917) und vor allem der Text *Chorošoe otnošenie k lošadjam* (Gutes Verhalten zu Pferden, 1918) beruhten auf dem Prinzip der Wurzelflexion. Chlebnikov selbst steuerte den Text *Korni: čur... i čar...* (Wurzeln: čur... und čar..., 1914) bei, der aus den beiden magischen Wurzeln (čur ist ein Tabuwort, die Wurzel čar- bezeichnet «Zauber, Zauberkünste» u. ä.) einen Zauberspruch entwickelte. Chlebnikovs Sternensprache sollte nach dem Prinzip funktionieren, daß der Anlaut, d. h. das erste Phonem eines Wortes, dessen semantischen Charakter bestimme. Indem er die Buchstaben zu den Bewegungen der Himmelskörper in Beziehung setzte, spürte er eine Verbindung zwischen Kosmos und irdischem Leben auf. Diese Semantik der Phoneme konnte freilich, wie in dem *Bobēobi*-Gedicht, nur im Rahmen des von Chlebnikov selbst definierten Systems gelingen. Mit anderen Worten: Sie diente letztendlich zur Motivation seiner experimentellen Texte. Zu den schwierigsten Verfahren, die Chlebnikov bewältigte, zählten rückläufige Verse (versus cancrini), die er *Peréverten'* (Wendevers, 1913) überschrieb. Er verfaßte in dieser Technik, die von alters her zu den schwierigsten manieristischen Kunststücken zählt, das Poem *Razin* (1920). Nirgends trat der Primat der Wortkonstruktion über die Aussageintention deutlicher zutage als in diesen Texten. Aus den Zahlen – für Chlebnikov Chiffren der Zeit – ließen sich Gesetze ableiten, mit denen die Zukunft vorausgesagt werden konnte. Eine erste Probe seiner Zahlenreihen gab Chlebnikov bereits 1912 in dem Almanach *Eine Ohrfeige dem Geschmack der Gesellschaft*. Die letzte Zeile seiner Prophezeiung lautete: «Jemand

1917» (Nekto 1917). Als Šklovskij Chlebnikov nach einem Vortrag befragte, ob damit der Untergang des Russischen Imperiums im Jahre 1917 gemeint sei, antwortete er: «Sie haben mich als erster verstanden.» In den *Doski sud'by* (Schicksalstafeln, 1922) stellte er die Bewegungen der Geschichte und Zeitgeschichte in Algorithmen zusammen, die auf dem Prinzip der Dreierpotenz beruhten. Das angestrebte Ziel, einen Platonischen Staat, die «Gesellschaft der Vorsitzenden der Erdkugel» (Obščestvo predsedatelej zemnogo šara), zu schaffen, dem 317 Dichter, Philosophen und Politiker angehören sollten, hielt er am Ende schon für verwirklicht, als nur noch die Dichter Nikolaj Aseev und Grigorij Petnikov zu ihm standen.

Chlebnikovs Dichten war der Versuch, aus magischen Wortgebilden und im Rückgriff auf die altslawische und asiatische Mythologie neue Mythen zu schaffen und durch sie allgemeine Vorgänge und Prinzipien zu verkörpern. Er ging damit weit über die üblichen Funktionen der Literatur hinaus. Dem Urteil, das der literarisierende Bol'ševik Lev Trockij in dem Buch *Literatura i revoljucija* (Literatur und Revolution, 1924) abgab, Chlebnikovs Wortschöpfungen stünden außerhalb der Dichtkunst, sie seien Philologie, vielleicht Poetik, aber keine Poesie, stellt sich die Überzeugung Aseevs, der Cvetaeva und später Boris Sluckijs entgegen, daß Chlebnikov ein Dichter der Zukunft gewesen sei, dessen Sprache und poetischer Ausdruck dereinst von den Nachlebenden verstanden werde. Aus heutiger Sicht erscheint die experimentelle Spracherforschung, die Chlebnikov in die russische Poesie hineintrug, als unverzichtbar. Zugleich zählt sie zu den eigenartigsten Erscheinungen der Weltpoesie.

Der junge Majakovskij

Auch Vladimir Majakovskij, der durch seinen provozierenden Habitus und seine Stentorstimme die Futuristen viel stärker nach außen vertrat als der versponnene Chlebnikov, nutzte die neuen experimentellen Formen von Anfang an aus. In der Autobiographie *Ja sam* (Ich selbst, 1922; 1928) schilderte er, wie er, 1908 zum dritten Mal in Haft, im Butyrskij-Gefängnis Belyj und Bal'mont las und in deren Stil «über anderes» (pro drugoe) zu dichten begann. Rasch erwies sich, daß sich «über anderes» so nicht schreiben ließ. Als er am Tage nach der Geburt des Futurismus einige «Stücke» niederschrieb, erklärte Burljuk ihn, den hoffnungsvollen Maler, kurzerhand zum genialen Dichter. Seine Freunde von der «Gileja» verehrten ihn als Menschen der Zukunft, aber auch die Literaturkritik (Kornej Čukovskij, Gor'kij, Brjusov) erkannte bald hinter Majakovskijs irritabler Aufmachung das unbän-

Vladimir Majakovskij

dige, wahrhafte Talent. Die Faszination, die von ihm ausging, hat sich in den Erinnerungsbüchern seiner Freunde – Vasilij Kamenskij, Viktor Šklovskij, Lilja Brik, Elsa Triolet – niedergeschlagen. Fast rührend klingt, was Pasternak in *Ochrannaja gramota* (Geleitbrief) berichtet: Als die Centrifugisten mit den verfeindeten Kubofuturisten in einem Café am Arbatplatz zum Streit zusammentrafen, lief Pasternak, tief beeindruckt von Majakovskij, mit fliegenden Fahnen zum Gegner über. Bald darauf las Majakovskij seine Tragödie *Vladimir Majakovskij* (1913) vor; Pasternak lauschte mit angehaltenem Atem. Nie zuvor hatte er ähnliches gehört. «Der Titel», heißt es weiter, «barg in sich die genial einfache Entdeckung, daß der Dichter nicht der Autor, sondern der Gegenstand einer Lyrik ist, die sich in der ersten Person an die Welt wendet.»

Majakovskijs frühe Gedichte erkundeten die Großstadt, indem sie völlig neue Sichtsonden in das pulsierende Leben der Metropolen führten. Die simultane Schau der Erscheinungen konnte kühn den Blick auf den Stadtplan mit den realen Eindrücken in der fremden Hauptstadt verschmelzen, wie in dem Gedicht *Koe-čto pro Peterburg*

(Allerlei über Petersburg, 1913); oder, im vertrauteren Moskau, die Straßenatmosphäre in Bild- und Silbensplittern einfangen, wie in dem Gedicht *Iz ulicy v ulicu* (Von Straße zu Straße, 1913); oder die nächtliche Autofahrt durch die Stadt in ein Bilderdefilee auflösen, wie in dem Gedicht *V avto* (Im Auto, 1913). Gedichte über die Großstadtgeräusche (*Šumiki, šumy i šumišči* [Kleine, mittlere und große Geräusche]) oder die «Großhölle der Stadt» (*Adišče goroda*, beide 1913) ließen die Großstadt als ein Pandämonium erscheinen, durch das der lyrische Großsprecher und Don Juan mit seiner «Geckenjacke» (*Kofta fata*, 1914) flanierte. Der kleine Zyklus *Ja* (Ich, 1913) allerdings verriet in gräßlichen Metaphern die existentielle Einsamkeit des lyrischen Subjekts: «Ich bin einsam wie das letzte Auge / eines Menschen, der zu den Blinden geht».

Majakovskijs «empfindsame Brutalität» (K. Dedecius) beherrschte die vier großen Poeme, die in den Weltkriegsjahren entstanden: *Oblako v štanach* (Die Wolke in Hosen, 1915), *Flejta-pozvonočnik* (Die Wirbelsäulenflöte, 1915), *Vojna i mir* (Krieg und Frieden, 1917) und *Čelovek* (Der Mensch, 1918). Hinter der rigorosen utopischen Vision war eine überaus verletzliche, zarte Psyche zu spüren. Der unauflösbare Konflikt zwischen aufbegehrendem, doch eher nur in der Geste revolutionärem Aktionismus und sentimentalem Liebesbedürfnis, an dem Majakovskij später zerbrechen sollte, zeichnete sich in seinen Gedichten und Poemen früh ab. Zum Instrument der trotzig-tragischen Welterfahrung Majakovskijs wurde sein gewaltiges Dichter-Ich, was unmittelbar in der sprachlichen Faktur seiner Texte zum Ausdruck kam. In *Oblako v štanach* steht das Pronomen «ja» (ich) nach den Strukturwörtern «i» (und) und «v» (in) an dritter Stelle (A. von Reinhardt), es begegnet also etwa doppelt so häufig wie in der allgemeinen Wortstatistik des Russischen – eine Beobachtung, die Analogien zur Kommunikationsstruktur der Gedichte Lermontovs erkennen läßt. Waren Majakovskijs künstlerische Neuerungen auch weniger subtil als die Chlebnikovs, so war ihre Wirkung auf die Versdichtung der sowjetischen Zeit um so größer. Der tonische Vers wurde in der Tat erst durch ihn in dem weiten Maße ausgebaut, das die Prosodie des Russischen gestattete. Zwischen die Tonstellen konnten nun bis zu acht Senkungen eingefügt werden. Ganze Syntagmata wurden unter einen sogenannten Wortgruppenakzent gestellt, während die beteiligten Einzelwörter den eigenen Wortakzent verloren, d. h. atoniert wurden. Auf diese Weise ließen sich unerhörte rhythmische Effekte, wie die Trommelwirbel und der proletarische Marschschritt in dem Agitationsgedicht *Naš marš* (Unser Marsch, 1917) erreichen. Derartige metrische Kühnheiten verbanden sich aufs engste mit der neuen Reimtechnik. Der Reim verlor bei Majakovskij gänzlich seinen dekorativen Charakter und wurde zum semantischen Knotenpunkt, aus dem heraus die poetische Aussage entwickelt wurde. Nach dem neuen, maßgeblich von Majakovskij geprägten Reimkanon konnte die Reihenfolge der Reimphoneme verändert werden, womit die alte Kategorie des «reinen» oder «unreinen Reims» (točnaja/netočnaja rifma) endgültig überholt war. Wichtiger noch war die Expansion des Tiefenreims (glubokaja rifma), der sich über den Stützvokal hinaus zum Versanfang hin ausbreitete. Mittels dieser Verfahren – hinzu kamen Konsonantenwiederholungen (zvukovye povtory), Paronomasie (Wortumbildung) und verschiedene Arten des Polyptotons – verlieh Majakovskij seinen Versen eine Lautstruktur, die in der mündlichen Deklamation wirkungsvoll entfaltet werden konnte. Aus der lautlichen Substanz der Verse gewann Majakovskij auch seine Bildersprache. Die metaphorischen Keime wurden zur «realisierten Metapher» ausgefaltet. Mittels Animatio gerieten die Dinge in Bewegung und drohten den Menschen zu überwältigen. Das megalomane Ich oder Wir (in dem Gedicht *My*, 1913) sprach sich in herausfordernden Hyperbeln aus und zerfetzte den mythologischen Himmel – wie im Prometheus-Gedicht des jungen Goethe. Protest, Provokation, Aufschrei und Klage verbanden sich in Majakovskijs Gedichten, die er 1916, als er bereits an Gor'kijs *Letopis'* mitarbeitete, in dem Band *Prostoe kak myčanie* (Einfach wie Brüllen) versammelte. Aus Solidarität mit den Kriegsopfern begehrte er gegen die Salonlöwen in der Etappe auf, die sich in der Hauptstadt mit «Ananas in Champagner» (*Ananasy v šampanskom*, 1915), wie Igor' Severjanin einen erfolgreichen Gedichtband überschrieben hatte, vergnügten. In dem Gedicht *Vam* (An Euch, 1915) hielt er der feigen Hautevolee die Kriegsinvaliden vor Augen: Besser sei es, den Huren Ananaswasser zu spendieren – im Krieg herrschte Alkoholverbot –, als für die Schürzenjäger und Freßsäcke zu sterben. Dem gleichen Impuls folgte der Zweizeiler, den, wie die Legende will, die revolutionären Matrosen bei der Erstürmung des Winterpalais im Oktober 1917 gesungen haben sollen: «Friß Ananas, Bourgeois, und Haselhuhn, / Wirst bald deinen letzten Seufzer tun».

Vasilij Kamenskij, Aleksej Kručënych

Vasilij Kamenskij, der Futurist und Flugpionier, ein unbedingter Anhänger Majakovskijs, dem er später das Poem *Junost' Majakovskogo* (Die Jugend Majakovskijs, 1932) und das Erinnerungsbuch *Žizn' s Majakovskim* (Ein Leben mit Majakovskij, 1940) widmete, versuchte, das Flugerlebnis dichterisch einzufangen, so in den Gedichten *Leću*

(Ich fliege, 1912) oder *Na aëroplanach* (Auf Aeroplanen, 1913). Dabei bot er bemerkenswerte Beispiele einer neuen aviatischen Lexik. Sein Gedichtband *Tango s korovami* (Tango mit Kühen, 1914) zählte zu den auffälligsten futuristischen Veröffentlichungen der Zeit: ein fünfeckiges Büchlein, auf grobem Tapetenpapier gedruckt mit figuraler Textanordnung. Von Kamenskij stammten auch interessante lautmalerische Experimente (*Solovej* [Die Nachtigall], 1916). In sowjetischer Zeit schrieb er Verserzählungen über die großen Volksaufrührer der russischen Geschichte, Sten'ka Razin (*Serdce narodnoe – Sten'ka Razin* [Das Herz des Volkes – Sten'ka Razin] 1918), *Emel'jan Pugačëv* (1931) und *Ivan Bolotnikov* (1934).

Auf eigenwillige, ans Clowneske grenzende Art betätigte sich in der «Gileja-Gruppe» Aleksej Kručënych. Außer Zaum'-Texten und Autographenbüchern verfaßte er absurd-parodistische literaturwissenschaftliche Abhandlungen, in denen er die traditionelle Dichtung auf den Arm nahm. Der Nonsens-Traktat *Tajnye poroki akademikov* (Die geheimen Laster der Akademiker, 1916, zusammen mit I. Kljun und Kazimir Malevič) verhöhnte die Symbolisten und Klassiker; in *500 novych ostrot i kalamburov Puškina* (500 neue Witze und Wortspiele Puškins, 1924) stellte er die «sdvigi» (Verschiebungen) zusammen, die sich in Puškins Versen ergaben, wenn man die Wortgrenzen verrückte. Hinter diesem wenig pietätvollen literarischen Scherz verbarg sich gleichwohl ein verstheoretisches Problem, das Jurij Tynjanov wenig später in seiner grundlegenden Abhandlung *Problema stichotvornogo jazyka* (Das Problem der Verssprache, 1927) genau beschrieben hat: die semantischen Verschiebungen, die sich aufgrund des Gesetzes der Enge der Verszeile (tesnota stichovogo rjada) häufig ergeben. An solchen Erscheinungen wurde die enge Verzahnung offenkundig, die zwischen der literarischen Praxis der Futuristen und den theoretischen Kalkülen der Formalisten von Anfang an existierte.

Die Egofuturisten

Igor' Severjanin

Den Egofuturismus als egomanen Salonfuturismus zu qualifizieren wäre nicht ganz verfehlt, würde aber bedeuten, die lyrische Begabung und die ingeniösen formalen Neuerungen eines Dichters wie Igor' Severjanin zu unterschätzen. In seinen Gedichten fand die Individual- und Zivilkultur, die der Epoche ihren Inhalt gab, ihren vielleicht typischsten Ausdruck. Ein gewisser Snobismus, Amouren und flirten-

des Spiel, modische Eleganz und kulinarisches Genießen gehörten zu
dem Lebensstil, den Igor' Severjanins Texte spiegelten, ebenso wie ein
kapriziöser Subjektivismus und eine arrogante Selbstüberhebung, wie
in dem Gedicht *Ėpilog* (1912), in dem sich «das Genie Igor'-Severjanin»
ungeniert selber feierte. Nachdem Igor' Severjanin seine Gedichte
zunächst in kleinen Broschüren verbreitet hatte – zwischen 1904 und
1912 sollen etwa 35 solcher Privatdrucke erschienen sein –, brachte der
Gedichtband *Gromokipjaščij kubok* (Der donnerbrausende Pokal, 1913) –
der Titel war Tjutčevs Gedicht *Vesennjaja groza* (Frühlingsgewitter, 1829)
entlehnt – den großen Erfolg. Die Tatsache, daß der Band bis 1918 nicht
weniger als zehn Auflagen erlebte, zeigt an, wie treffend der Dichter
die Erwartungen einer modern-mondänen großstädtischen Welt zu
bedienen wußte. Hinfort war er ein Star unter den zeitgenössischen
Dichtern. Die folgenden Gedichtbände *Zlatolira* (Goldlyra, 1914), *Ananasy v šampanskom* (Ananas in Champagner, 1915), *Victoria Regia* (1915)
und *Poėzoantrakt* (Poeso-Entracte, 1918) erschienen jeweils in mehreren
Auflagen. Noch im Jahre 1918, kurz vor seiner Emigration nach Estland, wurde Igor' Severjanin auf einem Dichtertreffen in Moskau zum
Dichterkönig gewählt – vor seinem Rivalen Vladimir Majakovskij.

Man hat diesem Dichter oft Oberflächlichkeit und Banalität vorgeworfen; Brjusov sprach in einer Kritik gar von der «Friseursalondich-
tung» Igor' Severjanins. Und in der Tat waren in seiner Poesie keine
tiefschürfenden Gedanken, keine Philosophie und kein gelehrter
Enzyklopädismus zu finden. «Ich bin die Nachtigall: ich bin ohne Tendenzen und ohne besondere Tiefe …» – so charakterisierte er sich
selbst in dem Gedicht *Introdukcija* (Introduktion, 1918), das den Band
Solovej (Die Nachtigall, 1923) einleitete. Die leichten Themen, die er
aufgriff, dienten ihm als Spielmaterial für geschliffene, ironisch poin-
tierte Verse von erstaunlicher Musikalität. Sergej Prokof'ev, der ihn
bewunderte, äußerte einmal, Igor' Severjanin besitze die Elementarkenntnisse einer Komponistenbegabung, in seinen Gedichten gebe es
so etwas wie Kontrapunkt. Die melopoetischen Verfahren Severjanins
entsprachen in vielem dem neuen futuristischen Kanon, doch steuerte
er auch selbst eine Reihe origineller Erfindungen bei. Chlebnikovs
Wurzelflexion erschien bei ihm als «Dissonanz», d. h. als eine neue Art
des Reimes, dessen Stützvokale, bei gleichbleibendem Konsonanten-
gerüst, geändert wurden. Anders als die Akmeisten und Kubofuturisten erkor Igor' Severjanin die Gedicht- und Strophenformen zu seinem Experimentierfeld. In dem bereits im Exil veröffentlichten Band
Vervėna (Verveine, 1920) revitalisierte er die alten romanischen Formen
Rondeau, lyrische Ballade, Triolett, Quintine, Sextine, Lai und das
arabische Ghasel. Die Sammlung *Medal'ony* (Medaillons, 1934) brachte

hundert Hommage- und Schmähsonette auf Dichter und Komponisten. Kein anderer Dichter verfügte über ein breiteres Strophenrepertoire als Igor' Severjanin. Darüber hinaus erfand er selbst eine Reihe neuer Varianten von strophischen Formen, etwa «dizel'» und «kenzel'» oder Zyklisierungen von Gedichtformen nach dem Vorbild des Sonettenkranzes. Eine Besonderheit der Severjaninschen Poetik stellten seine «romanischen Gedichtarten» (S. Vykoupil) dar – Gedichte, die aus einer romanischen Überschrift ihre Gestaltungsintention bezogen. Oftmals lehnten sich solche Gedichte an bekannte Musikformen wie Berceuse, Habanera, Nocturne oder Brindisi an. Auf diesem Felde bewies Igor' Severjanin unerschöpfliche Inventionskraft. In der Metrik hingegen wirkt er wenigstens auf den ersten Blick recht konventionell: Über zwei Drittel seines poetischen Werks bestehen aus jambischen Metren. Der zweite Blick freilich lehrt, daß Severjanins Gedichte sehr oft aus einer charakteristischen rhythmischen Figur heraus entwickelt werden. In dem Fanalgedicht *Uvertjura* (Ouvertüre, 1915) aus dem Band *Ananas in Champagner* ist es der Rhythmus des genannten Syntagmas: $\cup \cup - \cup \cup - \cup$ (Ananásy v šampánskom), aus dem die mondäne, kosmopolitische Lebenslust gleichsam herausschäumt. Die poetische Lexik erfuhr durch Igor' Severjanin eine Fülle von Neuerungen. Die Modernität, die er liebte und besang, erging sich in französischen Ausdrücken, technischen, modischen und kulinarischen Fremdwörtern und Internationalismen. Hier traten als ein typisches graphematisches Merkmal in überdurchschnittlicher Häufigkeit die im Russischen seltenen Buchstaben Ф und Э auf (D. Tschiževskij). Doch nutzte Igor' Severjanin für seine Neologismen zumeist die gleichen Möglichkeiten der Prä- und Suffixbildung wie Chlebnikov. Mehr als 2500 neue Lexeme aller Wortarten brachte er, wie Lenie Lauwers nachgewiesen hat, neu in die Sprache der russischen Poesie, von denen sich einige, wie beispielsweise «bezdar'» (Talentlosigkeit), sogar in der Umgangssprache durchgesetzt haben. Viele aber, nicht zuletzt das befremdliche Wort «poèza» (für «Gedicht»), mit dem er den neuen Touch seiner Lyrik herausstellen wollte, blieben untrennbar dem Klanggewebe seiner Verse vorbehalten.

Aus der egofuturistischen Pose, die ihn berühmt gemacht hatte, löste sich Igor' Severjanin im Laufe der Jahre. Sologub, Brjusov und Bal'mont wurden ihm zu Freunden, denen er sympathetische Verse widmete. Auf die Spuren Puškins, über den er bereits in dem Gedicht *Puškin* (1918) geschrieben hatte, er sei, als er starb, nie Leichnam geworden, und den er in dem Gedicht *Ljubov'! Rossija!* (Liebe! Rußland!, 1924) mit der Liebe, mit Rußland, mit der Sonne gleichgesetzt hatte, begab er sich im Jubiläumsjahr mit einem Versroman in Onegin-

Strophen *Rojal' Leandra* (Leanders Flügel, 1925). Die Tat'jana-Onegin-
Geschichte wiederholte sich in der geistreichen Kontrafaktur, allerdings war sie in die Vorkriegsgegenwart verlegt, deren kultureller
Glanz nostalgisch dargeboten wurde. Doch mochte das Autoren-Ich
auch nicht verhehlen, daß die Gesellschaft, die diese Kultur getragen
hatte, seelischem und geistigem Marasmus verfallen war, noch ehe sie
durch Krieg und Revolution hinweggefegt wurde.

Im mittleren Schaffen, namentlich in den Gedichtbänden *Menestrel'*
(1921) und *Mirrélija* (1922), entfaltete Igor' Severjanin eine Art poetischer Utopie. Zum idealischen Ort wurde die mit nordischen, baltischen und finnischen Attributen ausgestattete Phantasieinsel Mirrélija,
in deren Namen das Wort für «Frieden» und «Welt» (in alter Orthographie: миръ und міръ) sowie der Vorname der Mirra Lochvickaja mit
dem Toponym Karelija verschmolzen waren. In der «Ingrid-Legende»
(*Skazanie o Ingrid*, 1915) spielte sich in diesem Glücksland eine Dreiecksgeschichte zwischen der Königin Ingrid, ihrem Gatten Grozoprav
und dem König des Nordens Erik ab. Doch anders als im Tristan-
Roman oder in Puškins *Evgenij Onegin* wurde der Konflikt zugunsten
Eriks gelöst: «Jeder hat das Recht, sein Glück auf dem Unglück des
anderen zu bauen.» Die Ego-Philosophie war in Igor' Severjanin tiefer
verankert als oft angenommen wird. Noch in der *Poèza «Ego» moego*
(Poesa meines Ego, 1919) rief er trotzig aus: «In der Welt gibt es nur
mich – nichts anderes.» In der Not und Isoliertheit der Emigration
konnte diese Haltung leicht in Larmoyanz und Kleinmut umschlagen.

Vadim Šeršenevič

Der Professorensohn Vadim Šeršenevič wirkte als agiler Literat auf verschiedenen Flügeln der futuristischen Szene. Severjanins Dandytum
hatte ihn nicht weniger beeindruckt als Majakovskijs Hyperbolismus.
Auch der Konnex zu den Italofuturisten blieb bei ihm länger erhalten
als bei den übrigen Futuristen, wie seine Übertragung von Marinettis
Schlachtenbeschreibung *La Bataille de Tripoli* (*Bitva u Tripoli*, 1915) ins
Russische beweist. Nach der Revolution tauchte er bei der ROSTA und,
neben Mariengof und Esenin, in der Gruppe der Imaginisten auf. Das
Thema der Großstadt und der großstädtischen Boheme fand in seinen
Gedichten gedrängten Ausdruck, besonders im dritten Lyrikband
Avtomobil'ja postup' (Automobil-Gang, 1916), den er in inkonsequenter
Zählung auf die Bände *Vesennie protalinki* (Getauter Schnee im Frühling,
1911), *Carmina* (1913) und *Romantičeskaja pudra* (Romantischer Puder,
1913) folgen ließ. In seinem bekanntesten Gedicht *L'art poétique* (1913)

setzte er das Verfassen von Poesen dem Umgang mit mondänen Damen gleich und plädierte entschieden für ungezwungenes Verhalten.

Die Centrifuga

Für die Dichter, die sich in der Gruppe CENTRIFUGA zusammengeschlossen hatten, war charakteristisch, daß sie, bei allem Streben nach künstlerischer Modernität, doch in vielem der symbolistischen Tradition nachhingen. In der Lyrik Nikolaj Aseevs hatten mythologische Bilder und gotteslästerliche Reden, Archaismen und alte dichterische Formen das Übergewicht gegenüber dem neuen Zugriff. Der noch vor dem Krieg veröffentlichte Band *Nočnaja flejta* (Nächtliche Flöte, 1914) enthielt die Boris Pasternak gewidmeten *Terciny drugu* (Terzinen an einen Freund, 1913), in denen der alte Wein («Wir trinken der Kümmernisse und des Leides Wein . . .») noch in Dantescher Form serviert wurde. Kriegsdienst und Revolutionserfahrung sowie das Zusammenwirken mit Sergej Tret'jakov und Nikolaj Čužak im fernöstlichen Futuristenzirkel in Vladivostok in den Jahren 1919–1922 haben Aseev dann zu einem Dichter werden lassen, der die LEF-Unternehmungen aktiv unterstützte.

Der junge Pasternak

Daß auch Boris Pasternak ausgerechnet der ephemeren CENTRIFUGA angehörte, zählt zu den Zufälligkeiten, an denen der Lebensweg dieses großen russischen Dichters so reich ist. Konsequenz der Inkonsequenz – so könnte die Devise seines Lebens lauten. Er selbst sprach im *Geleitbrief* von seinen «Geschäften mit dem Schicksal» (sdelki s sud'boju). Denn sein Weg vom behüteten Sohn des bekannten Malers und Tolstoj-Illustrators Leonid Pasternak und der Pianistin Rosa Kaufmann zum berühmten Autor des *Doktor Živago* und Nobelpreisträger des Jahres 1958 war alles andere als geradlinig. Bereits als Kind erlebte er den alten Tolstoj, berühmte Maler und Komponisten wie Nikolaj Ge oder Aleksandr Skrjabin und behielt den jungen Rilke in Erinnerung, wie dieser in schwarzer Tiroler Pelerine im Sommer 1900 zu Tolstoj nach Jasnaja Poljana reiste. Die Musik Skrjabins, des Datschennachbarn, verzauberte ihn so sehr, daß er sich auf ein Musikstudium vorzubereiten begann. Zwischen seinem 12. und 19. Lebensjahr beschäftigte er sich vorwiegend mit Kompositionslehre, unter anderem bei Reinhold Glière, und komponierte mehrere Stücke, darunter die einsätzige, stark an Skrjabins Stil gemahnende Sonate in h-Moll. Der plötzlichen,

mit dem Fehlen des absoluten Gehörs begründeten Abwendung von
der Musik folgte ein hastiger Wechsel vom Jura- zum Philosophiestu-
dium, das er, wie die erst 1996 veröffentlichten *Filosofskie konspekty i
zametki* (Philosophische Konspekte und Notizen) verraten, zuerst in
Moskau und darauf in Marburg mit großem Ernst betrieb. Daß er
nach einem verstörenden Liebeserlebnis 1912, noch in der Marburger
Zeit, Verse zu schreiben begann, war wieder überraschend und folgerichtig zugleich. Die reichen kulturellen Erfahrungen, die er in jungen
Jahren gemacht hatte, schlossen es für ihn aus, in den Haß der Avantgarde gegen jedweden Passéismus einzustimmen. Der Almanach *Lirika*
(Lyrik, 1913), in dem er, Aseev, Bobrov und andere ihre ersten
Gedichte veröffentlichten, lebte zwar noch, wie Mariètta Šaginjan
boshaft schrieb, «parasitär von fremder dichterischer Erfahrung», doch
löste sich Pasternak von der letztlich noch romantischen Ich-Lyrik der
Anfänge mehr und mehr in den Gedichtbänden *Bliznec v tučach* (Zwil-
ling in Wolken, 1914) und *Poverch barrierov* (Über den Barrieren, 1917).
Wenn er diese Texte später auch verwarf oder überarbeitete, kam doch
bereits in Stadtgedichten wie *Venecija* (Venedig, 1913, 1925), *Marburg*
(1915) oder in dem Zyklus *Peterburg* (1915, 1928) die poetische Eigenart
Pasternaks voll zur Geltung. Die tiefe Kulturverbundenheit, bereichert
um neokantianisches Begreifen, die lautsemantische Dynamisierung,
von den Futuristen erlernt, und die metonymische Wirklichkeits-
apperzeption schlossen sich in seiner Lyrik zu einem unverwechselbaren Neuen zusammen. Wie Mandel'štam stand er, hatte er sich einer
Trendgruppe angeschlossen, alsbald über den Doktrinen.

Auch in der semantischen Verdichtung oder Isotopie kam er Mandel'štam nahe. Wenn er beispielsweise im Venedig-Gedicht einen
Schrei, den das lyrische Ich im Halbschlaf hörte, verstummen ließ:
«teper' on stich», so tritt dies in der Übersetzung bisemantisch auseinander und bedeutet beides: «jetzt ist er verstummt» und «jetzt ist er
Vers» (R. Lauer). Seine Verse klangen selbst im Vergleich zu denen
Majakovskijs und Mandel'štams rauher, kehliger. «Verse von Pasternak
lesen», schrieb der letztere drastisch in seinen *Zametki o poèzii* (Notizen
über Poesie, 1924), «heißt die Kehle ausputzen, das Atmen stärken, die
Lungen erneuern: solchen Versen muß Heilkraft für Tuberkulose inne-
wohnen».

Wie Pasternak die äußeren Dinge in seine Gedichte hereinriß, um
innere Vorgänge zu verdeutlichen, das entsprach wieder auch den
metonymischen Verfahren der Anna Achmatova, nur geschah es bei
ihm viel bewegter, dramatischer. Der kleine Faust-Zyklus aus dem Jahre 1919 führte in den Gedichten *Mefistofel'* [Mephistopheles], *Ljubov'
Fausta* (Fausts Liebe) und *Margarita* Augenblicke aus Goethes Tragödie

vor, die dort ausgeblendet sind: Mephisto, wie er mit seinem Kumpan Faust daherschreitet; Faust, wie ihm, verliebt, die Dinge seiner Studierstube und die Wissenschaften schal werden; Margarete, wie sie, einer behelmten Amazone gleich, in Faustens Fangschlinge gerät: Die Tragödie ward in Dinglichkeit aufgelöst. Fast alle Gedichte Pasternaks folgen, wie es Roman Jakobson in seinen *Randbemerkungen zur Prosa des Dichters Pasternak* (1935) gezeigt hat, ebenfalls dem metonymischen Prinzip. Pasternak selbst definierte die Kunst in ihrer Ganzheit als bewegte Allegorie, ihre Erscheinungsformen seien Symbole für Gefühlskräfte. In Metrik und Strophik hingegen blieb Pasternak konventionell; sein wichtigstes strophisches Vehikel blieb der Vierzeiler, meist in klassischen (syllabotonischen) Metren, selten in Dol'niki gehalten. Das Sonett und andere feste Formen spielten bei ihm keine Rolle. Wie Jurij Lotman anhand der Textgenese früher Gedichte Pasternaks gezeigt hat, entstanden die Texte nicht aus rhythmischen Impulsen heraus – wie bei Majakovskij oder Severjanin –, sondern unter dem Primat der Wortbedeutungen, die er auf neuartige, «deautomatisierte» Weise zusammenfügte.

Da die traditionellen Gattungen auch bei ihm verblaßt sind, läßt sich eine Gattungsmatrix am ehesten aus den vorherrschenden thematischen Feldern entwerfen. Naturgedichte, Gedichte, die ein neues Erleben der Natur gestalten, stehen wohl an erster Stelle, gefolgt von Stadt- und Reisegedichten und jener für die Zeit typischen Dichterkommunikation in der Form von Hommage-Gedichten, die er Anna Achmatova, Marina Cvetaeva, Valerij Brjusov, Honoré de Balzac und anderen widmete. Hinzu treten als eine überaus charakteristische Gattung poetologische Gedichte, die Poetik nicht deskriptiv oder präskriptiv gewinnen, sondern sie mimetisch durch das Gedicht selbst verwirklichen. In diesem Sinne überschrieb er eines seiner Schlüsselgedichte *Opredelenie poèzii* (Bestimmung der Poesie, 1922) und zählte in ihm die disparaten Wirklichkeitselemente auf, die die Poesie konstituieren und das Gedicht zu einem Kosmos der Realitäten machen.

Wie weit das Politische aus Pasternaks poetischer Welt verbannt war, zeigten die Gedichtbände, die er nach der Revolution veröffentlichte: *Moja sestra žizn'* (Meine Schwester das Leben, 1922) mit Gedichten aus dem Sommer 1917, *Temy i variacii* (Themen und Variationen, 1923) und *Vtoroe roždenie* (Die zweite Geburt, 1932). Nur in die Poeme *Devjat'sot pjatyj god* (Das Jahr 1905, 1925/26), *Lejtenant Šmidt* (Leutnant Schmidt, 1926/27) und *Spektorskij* (1931) drang das historisch-politische Geschehen der Revolutionsepoche ein.

Wie vielleicht nur noch Puškin oder Mandel'štam war Pasternak von der Weltkultur und -literatur durchdrungen. Die intertextuellen

Netze, die über seine Texte ausgeworfen sind, stellen höchste Anforderungen an den Interpreten. Zugleich war er ein begnadeter, wenngleich eigenwilliger Übersetzer. Nicht nur aus der deutschen, englischen, französischen Literatur, sondern auch aus der polnischen, tschechischen und ungarischen sowie der georgischen und armenischen hat er unermüdlich wichtige Werke übertragen. Seine Übersetzungen Shakespearescher Dramen – *Hamlet* (*Gamlet*, 1940), *Romeo und Julia* (*Romeo i Džul'etta*, 1943), *Antonius und Kleopatra* (*Antonij i Kleopatra*, 1944), *Othello* (*Otello* – *venecianskij mavr*, 1945), *Heinrich IV.*, (*Genrich IV,* 1948), *König Lear* (*Korol' Lir*, 1949) –, die 1949/50 in dem Band *Vil'jam Šekspir v perevode B. Pasternaka* (William Shakespeare in der Übersetzung B. Pasternaks) erschienen, waren ihm in den 40er Jahren, ähnlich wie bei Anna Achmatova, ein Mittel des Überlebens, doch nichtsdestoweniger auch ein überreiches Geschenk an sein Volk. Als Vermittlerakt stehen sie hinter den deutschen Shakespeare-Übertragungen von Schlegel-Tieck nicht zurück. Pasternaks besondere Verbindung zur deutschen Literatur, aus der später eine wundervoll poetische Übertragung von Goethes *Faust* (1953) sowie von Schillers *Maria Stuart* (*Marija Stjuart*, 1958) hervorgehen sollte, kulminierte in früheren Jahren in der Verehrung der Dichter Heinrich von Kleist und Nikolaus Lenau, die, lange unzeitgemäß, auch in Deutschland erst durch die Moderne in ihrem wahren künstlerischen Rang erkannt wurden. Schon 1911, ganz am Anfang seiner Dichterlaufbahn, schrieb er einen Aufsatz zum 100. Todestag Heinrichs von Kleist, *Ob asketike v kul'ture* (Über die Askese in der Kultur); 1914 übersetzte er den *Zerbrochnen Krug* (*Razbityj kuvšin*), während des Bürgerkrieges die Dramen *Prinz Friedrich von Homburg* (*Princ Gomburgskij*), *Die Familie Schroffenstein* (*Sem'ja Šroffenštejn*) und *Robert Guiskard* (*Robert Giskart*). Eine tiefe Wahlverwandtschaft, die sich auf eine gemeinsame Lebens- und Kunstauffassung gründete, drückte sich in Pasternaks Kleist-Verehrung aus. «Kleist zeichnet sich durch einen in der deutschen Literatur ungewöhnlichen Grad an Materialität und durch den sparsamen Reichtum seiner hitzigen, grellen und urwüchsigen Sprache aus», schrieb Pasternak in seinem Essay *Genrich Klejst* (Heinrich von Kleist) aus dem Jahre 1940 – so, als wollte er den eigenen Stil damit charakterisieren. In den 20er Jahren wurde Rilke, sein «großer, geliebtester Dichter», wie er ihn in einem Brief anredete, zu Pasternaks Vorbild.

Früh kündigte sich in Pasternaks Schaffen der große Prosaautor an, der, wie die Forschung mehr und mehr erkennt, mit sicherem Instinkt völlig neue Wege beschritt. Seine *Juvenilia* oder *6 fragmentov o Relikvimini* (Sechs Fragmente über Reliquimini) sowie andere Prosatexte aus den Jahren 1911–1913 wurden erst in letzter Zeit von der Forschung erschlossen. Die poetische Prosa, die Bildintensität und die «Beseelung der Dinge» lassen Rilkes *Aufzeichnungen des Malte Laurids Brigge*, die 1910 erschienen waren, als Vorbild ahnen (A. Ljunggren). Die lateinische Verbform *relinquimi* («ihr werdet bleiben») war die Chiffre, mit der der junge Pasternak seine ersten Gedichte unterzeichnet hatte. In Pasternaks erster vollendeter Erzählung *Apellesova čerta* (Il Tratto di Apelle, 1915; 1918) wurde daraus der ferrarische Dichter Emilio Relinquimini, der den zufällig durch Pisa reisenden Dichter Heinrich Heine – es handelt sich nicht um den deutschen Dichter Heine, sondern um einen zufälligen Namensvetter, die Geschichte spielt um 1910 – herausfordert, den Echtheitsbeweis seines Künstlertums zu erbringen. Relinquimini hatte Heine einen anonymen Brief übersandt mit den Worten: «Die Liebe ist eine blutige Wolke, zu der sich zeitweilig unser wolkenloses Blut gänzlich verdichtet – sprechen Sie von ihr so, daß Ihre Skizze den Lakonismus von Apelles' Linie nicht überschreitet.» Heine liefert den Nachweis seines Künstlertums dadurch, daß er Camilla Ardence, die Geliebte und Muse Relinquiminis, verführt und für sich gewinnt. Michel Aucouturier hat diesen Text als ein «manifeste littéraire du modernisme russe» in dem Sinne gedeutet, daß durch die Handlung die Überlegenheit des Lebens über die Kunst bzw. der neuen authentischen Kunst über die romantisch-verbalistische angezeigt werde. Es ist der gleiche Schritt, den Pasternak als Dichter in jenen Jahren selbst vollzog, indem er in sich den romantischen Reliquimini durch den ironisch-desillusionierenden Heine überwand.

Eine Prosaerzählung von einzigartiger, vorausweisender Schönheit schrieb Pasternak mit *Detstvo Ljuvers* (Die Kindheit der Ženja Ljuvers, 1917; 1922). Sie reiht sich ein in den Kreis bedeutender Kindheitsgeschichten, wie *Detstvo Nikity* (Nikitas Kindheit, 1920–1922) von Aleksej Tolstoj, *Mladenčestvo* (Kindesalter, 1918) von Vjačeslav Ivanov oder *Kotik Letaev* (1922) von Andrej Belyj, die gerade in den Jahren des Umbruchs, immer auch Lev Tolstoj folgend, die russische Literatur bereicherten. Anders als die Genannten schilderte Pasternak in dem als Roman geplanten Werk einen Entwicklungsabschnitt aus dem Leben der 13jährigen Ženja (Evgen'ja) Ljuvers, hinter der als Prototyp Pasternaks erste Frau, Evgen'ja Lur'e, zu vermuten ist. Die Personen und Ereignisse im Familienkreis und in der Schule, zuerst in Perm', dann in Ekaterinburg, werden im Bewußtsein der jungen Protagonistin gespiegelt und verarbeitet. Unscharfe, irritierende Eindrücke, unverständliche Wörter, Dinge und Vorgänge lösen in Ženja Ljuvers einen permanenten Lern- und Erkenntnisprozeß aus. Parallel zu Marcel Prousts *A la recherche du temps perdu*, einem Werk, das man oft mit *Detstvo Ljuvers* verglichen hat, erforschte Pasternak das Verhältnis von

Wirklichkeit und Bewußtsein *in statu nascendi.* Während Prousts großangelegte Unternehmung der Rückholung des Vergangenen eine
Anstrengung der Erinnerns war, zeigte Pasternak umgekehrt die Bildung der Begriffe und Erfahrungen in einem jungen Bewußtsein.
«Die Dinge müssen Namen, die Namen Leben erhalten. In den Dingen lebt ein Heimweh nach der Sprache, in der Sprache ein Heimweh
nach Existenz», schreibt dazu Michel Aucourturier. Immer war es ja
das lebendige Sein, dem Pasternak in seinen Dichtungen auf die Spur
kommen wollte. Dieses Streben lehrte ihn, die literarischen Posen zu
verachten, nicht nur die romantisch-symbolistischen, sondern auch
die der futuristischen Avantgarde. In den *Pis'ma iz Tuly* (Briefe aus Tula,
1918; 1922) drückt ein junger Dichter unverhohlen seinen Abscheu
über eine Gruppe avantgardistischer Kinooperateure aus, mit denen er
zufällig in einem Wartesaal zusammengetroffen ist. Voller Scham
bekennt er: «Wie entsetzlich, sein Eigenes an Fremden zu sehen!» Lev
Tolstoj, eine altvertraute Instanz in Pasternaks Leben, trat wieder in
den Bereich der künstlerischen Möglichkeiten.

Die frühen, meist fragmentarischen Prosastücke Pasternaks bildeten
ein Übungsfeld, auf dem Verfahren erprobt wurden, die Lebenswirklichkeit nicht darzustellen oder abzubilden, sondern neue Kunst werden zu lassen – durch ungewöhnliche Bilder, Lautinstrumentation,
intertextuelle Vielschichtigkeit. Doch auch sich selbst brachte Pasternak unter verschiedenen Masken in den Lernprozeß ein: von Reli(n)k-
vimini über Heine und Spektorskij (ein Konsonantenanagramm zu
PaSTeRnaK), um schließlich in Doktor Jurij Živago den lebendigen
Menschen und Künstler vorzustellen.

Fünftes Kapitel

Die Teilung der russischen Literatur

A. Die Literatur der Emigration
(1917–1940)

Polarisierung und Teilung der Literatur

Der radikale Umbruch, den die Oktoberrevolution im Gesamtgefüge der russischen Gesellschaft auslöste, und das erbitterte Ringen zwischen Roten und Weißen im Bürgerkrieg in den Jahren 1918–1920 hatten die Teilung der russischen Literatur zur Folge, eine Teilung, die fast sieben Jahrzehnte, bis zum Ende der 80er Jahre, währen sollte. Die Brutalität, mit der die Bolschewisten Land und Besitz der alten Ober- und Mittelschicht entäußerten, die politischen und weltanschaulichen Ideale der liberalen Intelligenz mit Füßen traten, die freie Meinungsäußerung sogleich nach der Machtübernahme durch Zensurmaßnahmen einschränkten, ganz zu schweigen von der nackten Not und dem akuten Mangel an Lebensmitteln, Wohnraum und Heizmaterial, die der Bürgerkrieg mit sich brachte, beraubte einen Großteil der Intelligenz jeglicher Lebenschancen. Schon kurze Zeit nach dem von Trockij inszenierten Petrograder Putsch mit der später ins Heroische vergrößerten Erstürmung des Winterpalais am 25. Oktober 1917 setzte ein breiter Polarisierungsprozeß ein, der gerade auch die Schriftsteller vor eine Entscheidung stellte. Dabei gab nicht die künstlerische Orientierung der Literaten, sondern allein ihre Einstellung zur Revolution und zur Sowjetmacht den Ausschlag. «Diesseits oder jenseits der Barrikaden» zu stehen (po ètu storonu – po tu storonu barrikad) oder «mit uns oder gegen uns» zu sein (s nami ili protiv nas) – so lautete die kategorische Alternative, vor die sich jedermann von der revolutionären Macht gestellt sah und in der er sich persönlich zu entscheiden hatte. Abgesehen von den Autoren, die schon früher in der bolschewistischen Presse geschrieben hatten (Dem'jan Bednyj, Aleksandr Serafimovič) begrüßten Maksim Gor'kij und die Petrograder Futuristen spontan die bolschewistische Machtergreifung. Majakovskij besang schon wenige Tage danach das Ereignis in den Gedichten *Naš marš* (Unser Marsch) und *Oda revoljucii* (Ode an die Revolution), die er unverzüglich im Poeten-Café deklamierte. Schwankend war die Haltung der meisten Symbolisten, Sergej Esenins sowie der Centrifugisten Aseev und Pasternak. Aleksandr Blok hoffte inständig auf die geistige und moralische Erneuerung Rußlands, wurde aber von der grauenhaften Realität psychisch und physisch aufgerieben.

Bloks Revolutionspoem «Die Zwölf»

Wenige Wochen nach dem Oktoberumsturz, im Januar 1918, hatte er das Poem *Dvenadcat'* (Die Zwölf) niedergeschrieben, die wohl bedeutendste Dichtung, die unmittelbar aus dem verwirrenden Geschehen erwuchs. Die Dichtung setzt ein mit Stimmen, die im Schneesturm zu vernehmen sind. Sie kommen aus der ins Schlittern geratenen alten Welt. Eine Patrouille von zwölf Rotarmisten zieht schießend und plündernd durch die Straßen Petrograds. Die Dirne Katja, die einen der Soldaten mit konterrevolutionären Offizieren betrogen hat, wird erschossen. Am Nevskij Prospekt steht ein Bourgeois wie ein hungriger Hund. Die Soldaten ziehen weiter, singen und rufen ihre Parolen. Doch plötzlich schreitet Christus vor ihnen her, unsichtbar im Schneesturm, von keiner Kugel verletzbar, mit blutroter Fahne und einem Kranz aus weißen Rosen auf dem Haupt. Mit dieser inspirierten Dichtung, in der typische Bildvorstellungen und Symbole aus Bloks poetischer Werkstatt versammelt sind, versuchte der Dichter, der bolschewistischen Revolution einen transzendenten Sinn zu verleihen. Christus – und kein anderer, also auch nicht der Antichrist – wird zum geistigen Führer der Revolution, ohne daß deren Akteure es wissen noch wollen. Wofür aber steht dieser Christus? Aus Bloks Überlegungen, so wie er sie in Essays und Aufzeichnungen in jenen Tagen niederlegte, läßt sich ein ungefähres Bild von den Ideen gewinnen, die im Christussymbol zusammenflossen. Ein wesentliches Moment war zweifellos der Gedanke der Zeitenwende, aus der eine «dritte Kraft» hervorgehen mußte – so wie im ersten nachchristlichen Jahrhundert das Christentum. (Wie weit Blok diese Parallele bereits verinnerlicht hatte, verrät ein Vortrag im Mai 1918, in dem er die Verschwörung des Catilina als «römischen Bolschewismus» kennzeichnete.) Hinzu kommt, daß Blok die Revolutionsereignisse in mystischer Anfälligkeit wie ein akustisches Phänomen aufnahm. In dem Aufsatz *Intelligencija i revoljucija* (Intelligenz und Revolution, Januar 1918) beschwor er die Zeitgenossen, im Chaos der Ereignisse der Musik der Revolution «mit ganzem Leib, mit ganzem Herzen, mit ganzem Bewußtsein» zu lauschen. Musik aber setzte er gleich mit dem «ETHISCHEN», und das

«ETHISCHE» mit dem «Weiblichen». In dem Entwurf zu einem Chri-
stus-Drama (nach der Lektüre von Ernest Renans *Vie de Jésus*) ward die
Gestalt Christi nicht nur sinnreich mit den revolutionären Ereignissen
verquickt, sondern Christus war als Künstler mit «weiblicher Empfänglichkeit» skizziert. «Χαλεπὰ τα καλὰ» (Das Schöne ist schwer),
schrieb Blok im Nachdenken darüber, wie sein revolutionärer Christus auferstehen könne. Einen Tag später begann er mit der Nieder-
schrift des Poems, das seine mystisch erfühlte, wohl nie ganz zu Ende
zu denkende Antwort enthält. Sie bildet in ihrer eigentümlichen poetischen Form, ihren wechselnden Metren und ihren eindringlichen
Lautsymbolen einen Höhepunkt in der russischen Poemdichtung, fas-
zinierend und irritierend zugleich.

Valerij Brjusov stellte sich bereitwillig in den Dienst der Bol'ševiki
und trat deren Partei bei, ähnlich wie der «Znanie»-Realist Vikentij
Veresaev, der alsbald die der Revolution fernstehende Intelligenz in
seinem Roman *V tupike* (In der Sackgasse, 1922) anprangerte. Bei der
Mehrzahl der «Znanie»-Autoren (Andreev, Bunin, Čirikov, Kuprin,
Šmelëv) stieß die bolschewistische Sache hingegen auf unverhohlene
Ablehnung, desgleichen bei den Symbolisten Merežkovskij, seiner
Frau Zinaida Gippius sowie Konstantin Bal'mont. Vjačeslav Ivanov
gewann der Massenkunst des Proletkul't Interesse ab und avancierte
1919 für kurze Zeit zum Leiter der theatergeschichtlichen Abteilung
des NARKOMPROS. So ergab sich die sonderbare Konstellation, daß
gerade die wichtigsten Autoren der mimetisch-realistischen Richtung,
auf die sich die Sowjetliteratur alsbald einstellen sollte, in entschiedener ideologischer Gegnerschaft zum neuen System standen, während
die mit der Revolution nicht nur sympathisierenden, sondern den
Umbruch als ihre ureigenste Sache voll unterstützenden Avantgardi-
sten von dem in Kunstdingen konservativen Lenin mißtrauisch beäugt
wurden. Es war der für Kunst und Literatur zuständige Volkskommissar Anatolij Lunačarskij, der unter den Literaten aller Richtungen um
Verständnis für die Revolution warb, doch am nachhaltigsten die jungen Talente der Futuristen und des Proletkul't unterstützte.

In dieser Zeit fehlte es nicht an Versuchen, die verschiedenen Richtungen der Literatur zu sammeln und den Dialog mit ihnen aufrechtzuerhalten. Im Januar 1918 fand in Petrograd eine «Begegnung zweier
Dichtergenerationen» (Vstreča dvuch pokolenij poétov) bei dem Dichter Amari statt, bei der Vertreter aller Richtungen versuchten, die neu
entstandene Lage zu erörtern. Ähnliche Plattformen bildeten sich in
verschiedenen Orten und tagten auch während des Bürgerkrieges. Die
inzwischen eingetretene Polarisierung der Geister ließ sich indes kaum
noch überbrücken. So war die Schriftstellergesellschaft «Sreda» bereits

am 3. Dezember 1917 in Moskau zu einer Beratung zusammengetroffen – mit dem Ergebnis, daß der Bol'ševik Serafimovič von seinen
alten Genossen mit Schärfe verurteilt und aus dem «Znanie»-Kreis ausgeschlossen wurde. Čirikov verweigerte ihm sogar den Handschlag.
Auch andere Dichterfreundschaften zerbrachen. Als Zinaida Gippius
ihren Band *Poslednie stichi* (Letzte Verse) dem alten Freunde Aleksandr
Blok zusandte, antwortete dieser mit dem irritierenden Gedicht *Z.
Gippius* (An Z. Gippius, Juni 1918), das den Bruch zwischen ihnen endgültig machte: Sie werde als grünäugige Najade an Irlands Felsenküste
singen – damit spielte Blok auf das Irland-Gedicht *Počemu* [Warum,
1917] der Gippius an –, während er sich in die Wellen stürze, über
denen das Banner der Internationale wehe ...
    Für die Gegner der Revolution wurde freilich, sofern sie sich nicht
längst auf die Seite der Weißen geschlagen hatten, spätestens nach der
Erschießung Gumilëvs der Boden heiß. Die Rettung aus bedrohlicher
Situation konnte nur noch in der Flucht oder Emigration liegen. So
ging aus der ideologischen Polarisierung die faktische Teilung der russischen Literatur hervor. Aus eher zufälligen Umständen ergab sich
dabei in den Jahren 1921–1923 eine ungewöhnliche Konzentration von
Literaten und Verlegern außerhalb der Grenzen Rußlands, in Berlin.
Das «russische Berlin» (russkij Berlin) vereinigte zum letzten Male
Autoren aller Richtungen an einem Ort. Berlin wurde zur großen
Drehscheibe der russischen Literatur, bevor deren Spaltung besiegelt
wurde: Die einen kehrten in den Rätestaat zurück, der ihnen die einzig denkbare Perspektive verhieß; die anderen wandten sich von ihm
endgültig ab, da sie seine Realität und seine Zukunftsaussichten mit
der Vernichtung der russischen Kultur und Literatur gleichsetzten. Die
kurzfristige Konzentration der bedeutendsten russischen Schriftsteller,
agiler Verlagsunternehmungen und kultureller Einrichtungen in Berlin, während gleichzeitig das Literaturleben in Rußland selbst gelähmt
war, ist eine einmalige Erscheinung in der russischen Literaturgeschichte. Nie hat es zuvor oder danach eine derartige «Auslagerung»
einer Literatur gegeben; vergleichen läßt sich der Vorgang nur mit
dem Exodus der demokratischen, linken und jüdischen Autoren aus
dem nationalsozialistischen Deutschland.
    In den Ländern, die den russischen Emigranten Zuflucht boten, ent-
falteten sich sehr bald literarische Aktivitäten. Von den neugegründeten
slawischen Staaten wurden vor allem die Tschechoslowakei und das
Königreich der Serben, Kroaten und Slowenen (seit 1929 Jugoslawien)
zu Anziehungspunkten der emigrierten Literaten, von den neuen baltischen Staaten Estland, und im westlichen Europa – nach dem Ende des
Auflaufs in Berlin – vor allem Frankreich, aber auch Großbritannien

und endlich die Vereinigten Staaten. Bei aller Verlorenheit der Emigranten in der Diaspora wurde doch durch internationale Hilfsfonds,
vor allem ZEMGOR und YMCA, und länderübergreifende russische Verlage und Zeitschriften ein gewisser Zusammenhalt der russischen Literatur im Ausland gewahrt. Aus der Sicht der Betroffenen war sie eine
Exilliteratur (literatura v izgnanii). In der Sowjetzeit wurde sie ausgegrenzt und aufs heftigste angefeindet, während sie im heutigen Rußland, ein wenig euphemistisch und nicht ganz zutreffend, als «Literatur
der russischen Diaspora» (literatura russkogo zarubež'ja) bezeichnet, als
ein wesentlicher Bestandteil der russischen Literatur, ja als notwendiges
Korrektiv zu den Einseitigkeiten der Sowjetliteratur verstanden wird.

Es ist heute höchst aufschlußreich nachzulesen, wie zeitgenössische
Betrachter die Aussichten der russischen Literatur angesichts der sich
abzeichnenden Teilung einschätzten. Alexander Eliasberg, Emigrant
seit 1906 und literarischer Berater Thomas Manns in München, gab in
seiner *Russischen Literaturgeschichte in Einzelporträts* (1922) eine eher defä-
tistische Prognose ab: Die von der Moskauer Regierung approbierten
Futuristen, die für Merežkovskij das Symptom einer nahenden Katastrophe gewesen waren, seien zur unumschränkten Herrschaft gelangt.
Ihre Dichtung bedeute wohl formal und inhaltlich das Ende jeder
Kunst. Der Inhalt sei Blasphemie; die Folterkammern der «Außerordentlichen Kommission», d. h. der ČEKA, seien zu einem neuen
Kastalischen Quell geworden. Der Ton der neuen Literatur sei zuwei-
len ausgesprochen skatologisch. In einer Geschichte russischer Literatur, schrieb Eliasberg, bräuchte sie gar nicht erwähnt zu werden. Abgesehen von Brjusov, Esenin und Kljuev befänden sich die Überreste der
russischen Literatur im freiwilligen Exil. Die Aussichten für die russische Literatur waren demnach äußerst schlecht: Eine vom heimatlichen Boden losgerissene Literatur, deren Geber und Empfänger in
der Fremde leben, könne nicht lange gedeihen. Es sei möglich, daß die
russische Literatur ihr Ende schon erreicht habe und Bloks Gedicht *Die
Zwölf* ihre letzte große Äußerung gewesen sei. Nicht anders urteilte
Alexander Brückner, der polnische Slawist, der das Fach bis 1924 an
der Berliner Universität vertreten hatte. Noch 1932 lastete er in seiner
russischen Literaturgeschichte (*Dzieje literatury rosyjskiej*) der bolschewistischen Revolution die Zerstörung aller alten Werte und die Unfähigkeit an, etwas Neues zu schaffen. Der Untergang der Kultur drohe
nicht etwa von der «gelben Rasse», sondern von der russischen Revolution. Die Sowjetliteratur bedeute – mit einigen Ausnahmen wie Majakovskij, Esenin oder Pil'njak – den Abfall in die Provinzialität, so daß
nur die Emigrantenliteratur an die europäische Bedeutung der alten
russischen Literatur anknüpfen könne. Auch unter den emigrierten

Dichtern und Philosophen, bei den Merežkovskijs, bei Berdjaev, Vja-
českav Ivanov und vielen anderen, war die Überzeugung verbreitet,
daß die geistige und geistliche Wiedergeburt Rußlands, wie sie sich im
Silbernen Zeitalter der ersten Moderne abzuzeichnen begonnen hatte,
nur «jenseits der Grenze» (za rubežom) fortgesetzt werden könne.
Der Gang der Literaturgeschichte hat solche pessimistischen Ansichten nicht bestätigt. Weder verstummten die russischen Autoren in der
Diaspora – im Gegenteil: sie sollten sich, durch spätere Exulanten-
schübe immer wieder aufgefrischt, durchaus als überlebensfähig
erweisen. Gewiß, die Emigrantenliteratur hat viele der alten Werte
bewahrt und war nicht auf die Revolutionierung der Kunstmittel
erpicht; doch erreichte sie gerade da ihre Höhepunkte, wo sie in eine
fruchtbare Symbiose mit den gastgebenden Kulturen trat – so wie es
im polyliterarischen Werk Vladimir Nabokovs exemplarisch gelang.
Aber auch die Sowjetliteratur entfaltete, wenngleich durch die Selbstisolierung der Sowjetgesellschaft merklich beeinträchtigt, in breitem
Umfang neue Ausdrucks-, Kommunikations- und Verbreitungsfor-
men und stellte sich in den 20er Jahren, der politischen Lenkung zum
Trotz, in einem bunten, künstlerisch offenen Spektrum dar. Die Dichter, die die neue Literatur voranbrachten, verstanden sich nicht als
Enkel der Realisten und Symbolisten, sondern als Fortsetzer der literarischen Avantgarde. Hier bestand, wie Johannes Holthusen mit Recht
betont hat, eine durchgehende Verbindung zwischen dem Jahrzehnt
vor und dem nach dem Oktoberumsturz. Dieser bedeutete also auf der
literarischen Ebene – vom Inhaltlichen abgesehen – keinen so scharfen Bruch oder gar eine Explosion, wie oft behauptet worden ist, sondern vor allem eine Weichenstellung: Die geteilte Literatur sollte sich
von nun an in zwei Zügen in völlig verschiedene Richtungen bewegen. Für die Emigrantenliteratur hat Gleb Struve eine Periodisierung vorgeschlagen, die eine Entstehungsphase (1920–1924) und eine
Phase der Selbstbestimmung (1925–1939) annimmt. Sinnvoller mag es
erscheinen, die einzelnen Zentren rings in der Welt als Matrix der Darstellung zu wählen, wie es hier versucht werden wird.

Bürgerkrieg und Exodus

Die Umstände, unter denen die alte russische Ober- und Mittelschicht
die Heimat verließ, waren turbulent und gefährlich. Unter den Flüchtlingen waren Gutsbesitzer, Militärs und Beamte, Politiker, Unternehmer und Kaufleute, Professoren, Ärzte und Advokaten und, nicht
zuletzt, Schriftsteller und Journalisten. Ihr politisches Spektrum

reichte von reaktionären Monarchisten und reichstreuen Zaristen über die Konstitutionellen Demokraten (Kadety) und menschewistische Sozialdemokraten bis hin zu rechten und linken Sozialrevolutionären (Èsery). Zunächst hatte sich nach dem Petrograder Handstreich, der den Bolschewisten die Herrschaft über die Hauptstadt sicherte, überall im Land Widerstand gegen die sich rasch abzeichnende Diktatur des Proletariats formiert. Zuerst in Moskau, später an immer mehr Orten in der Provinz, namentlich bei den freiheitsgewohnten Kosaken im Süden des Landes, brandete der Widerstand hoch und setzte sich mit wachsender Zähigkeit gegen die von Trockij, dem Volkskommissar für Landesverteidigung, aus dem Boden gestampfte Rote Armee zur Wehr. Im Sommer 1918 hatten Kosaken- und Freiwilligenverbände das gesamte Don- und Kubangebiet von den Bolschewisten zurückgewonnen. Allerdings mißlang den Kosakeneinheiten unter Ataman Krasnov die Einnahme Caricyns (des späteren Stalingrad bzw. Volgograd) und damit die Unterbrechung der Lebensmitteltransporte aus dem Kaukasus. Ein Jahr darauf scheiterte die Vereinigung der sibirischen Armee und der Südtruppen im gleichen Raum. Stalin hat seine Beteiligung an der Organisierung des roten Widerstandes in Caricyn in bewußter Fälschung der geschichtlichen Tatsachen später zum Mythos stilisiert, wobei ihm willfährige Literaten, vor allem Aleksej Tolstoj mit dem Roman *Chleb* (Brot, 1937), zur Hand gingen. Insbesondere im Sommer 1919 gerieten die Roten, im Norden von den Generalen Judenič und Miller, im Osten von Admiral Kolčak und im Süden von den Generalen Denikin, Vrangel' sowie dem Kosakenataman Krasnov bedrängt, in eine gefährliche Lage, die sie jedoch durch erfolgreiche Gegenangriffe bewältigen konnten. Kurz nach dem Zusammenbruch der Kolčak-Armee im Fernen Osten und der Zerschlagung der Truppen Denikins bei Novorossijk bot sich der Vrangel'-Armee im Frühjahr 1920 eine letzte Chance. Vrangel' nutzte den überraschenden Vorstoß der Polen unter Piłsudski und Haller zu einer Angriffsoperation. Die Rote Armee warf jedoch die Polen zurück und trieb sie in dem berühmten, von Isaak Babel' in *Konarmija* (1926) geschilderten Feldzug der Reiterarmee vor sich her; und nur das vielbeschworene «Wunder an der Weichsel» stoppte (mit französischer Militärhilfe) ihren Vormarsch. Im November 1920 unterlag die Vrangel'-Armee im Endkampf gegen die zunehmend erstarkende Rote Armee auf der Perekop-Landenge. An die 130 000 Soldaten und Zivilisten wurden von englischen Schiffen nach Istanbul evakuiert und von dort in Lager auf Gallipoli gebracht.

Die Ereignisse des Bürgerkrieges wurden in den 20er Jahren in beiden Teilen der russischen Literatur zu einem der wichtigsten Themen. In zahllosen Erzählungen, Romanen und Erlebnisberichten wurde es, natürlich in unterschiedlicher Sicht und Methode, literarisch gestaltet. In aller Regel stand hinter den geschilderten Ereignissen eigenes Kriegserleben und Augenzeugenschaft, so beispielsweise in den, auch in deutscher Übersetzung erfolgreichen, Romanen über den Krieg in Südrußland *Ledjanoj pochod* (Der Eisfeldzug, 1921) und *Belye po Černomu* (Die Weißen am Schwarzen Meer, 1928) von Roman Gul', in dem großangelegten, bis ins Jahr 1905 zurückgreifenden Roman *Ot Dvuglavogo Orla k krasnomu znameni* (Vom Doppeladler zur roten Fahne, 1921/22) von Pëtr Krasnov, einem der militärischen Führer der Weißen, und schließlich auch in Čirikovs Roman *Zver' iz bezdny* (Die Bestie aus dem Abgrund, 1926), der den roten Terror, aber auch den moralischen Verfall in der Vrangel'-Armee darstellte, was bei vielen Emigranten auf heftigen Widerspruch stieß. Ebenso machten die jungen sowjetischen Autoren die Ereignisse auf den verschiedenen Kriegsschauplätzen ausgiebig zu ihrem Thema, den fernöstlichen (Vsevolod Ivanov, Aleksandr Fadeev) wie den südöstlichen (Dmitrij Furmanov), den südlichen (Valentin Kataev, Michail Šolochov) und den polnischen (Isaak Babel'). Am eindringlichsten aber haben die verschlungenen Abläufe, das Hin und Her der Fronten und Herrschaften, die widersprüchlichen Kräfte und die totale Verunsicherung der Bevölkerung wohl drei große Roman-Epopöen eingefangen: Aleksej Tolstojs Trilogie *Choždenie po mukam* (Der Leidensweg, 1920–1940/41), Michail Šolochovs *Tichij Don* (Der stille Don, 1928–1940) und Boris Pasternaks *Doktor Živago* (1956). In künstlerischer Hinsicht könnten diese Werke unterschiedlicher kaum sein, und doch beziehen sie alle drei ihren epischen Atem aus dem großen historischen Epochenumbruch, den sie in seiner ganzen Brutalität und seinen tragischen Auswirkungen auf das Einzelschicksal darstellen.

Die Flüchtlingsströme bildeten sich 1919/20 hinter den zurückflutenden Fronten; deren Bewegungen gaben die Richtung des massenhaften Exodus an. Wie viele Menschen damals Rußland für immer verließen, wird nie genau festzustellen sein. Karl Schlögel spricht von ein bis zwei Millionen; in einem Bericht des Völkerbundes aus dem Jahre 1926 wurden 1 116 000 Flüchtlinge nach Beendigung des Bürgerkrieges genannt; doch lassen allein schon die breite Streuung der Fluchtbewegung und die Ungewißheit über das Ausmaß der im Bürgerkrieg Getöteten, Verhungerten und Vermißten keine genaue Zahlenangabe zu. Die nicht unbedeutenden Reste der geschlagenen Ost-, Nordwest- und Südarmee wurden in den angrenzenden Ländern – China, Finnland, Estland und Lettland, Polen und der Türkei – entwaffnet und interniert. Da die westeuropäischen Regierungen russischen Bürgern die Einreise verwehrten und nur Deutschland, zunächst aufgrund des Friedensvertrages von Brest-Litowsk, seit April 1922 aufgrund des Rapallo-Abkommens, russische Reisepapiere anerkannte, setzte ein Strom von Einzelflüchtlingen ein, der sich vor allem in Berlin staute. Sie hatten Rußland entweder illegal verlassen, wie der Sozialrevolutionär Viktor Šklovskij, der sich einer drohenden Haftstrafe durch die Flucht entzogen hatte, oder waren mit Genehmigung der Sowjetbehörden ausgereist (Marina Cvetaeva, Boris Zajcev). Einige, darunter Èrenburg, Esenin, Majakovskij, waren bereits im Besitz eines «roten Passes». Politische oder ideologische Gegner wurden von der Sowjetmacht aber auch einfach ausgewiesen. Das letztere widerfuhr 160 namhaften Vertretern der alten Intelligenz. Nach einer diffamierenden Kampagne wurden sie als Anhänger eines religiösen Mystizismus und Idealismus – wohl auf Veranlassung Lenins und Zinov'evs – im November 1922 des Landes verwiesen und mit dem Dampfer «Preußen» nach Stettin verfrachtet. Unter ihnen befanden sich die Philosophen Nikolaj Berdjaev, Fëdor Stepun und Nikolaj Losskij, der Publizist Aleksandr Izgoev und der Literaturkritiker Julij Ajchenval'd.

Das literarische Leben in den über die ganze Welt verstreuten Emigrantenkolonien spielte sich zunächst in kleinen Vereinen, Zirkeln und Freundeskreisen ab. Abgesehen von Berlin, Prag und später Paris, fanden die Literaten über den lokalen Rahmen hinaus meist keinen Widerhall. In unzähligen Zeitungen, Zeitschriften und Almanachen, oft nur kurzlebig und von geringer Auflagenhöhe, schlugen sich patriotische und nostalgische Ergüsse nieder, die zur Gänze wohl nie bibliographisch zu erfassen sein werden. Viele der jüngeren Dichter empfanden sich als Fortsetzer der Symbolisten oder der Akmeisten. Viele verehrten Gumilëv als dichterisches Vorbild und als Märtyrer. Die Bewahrung der reinen russischen Sprache und die Verbundenheit mit der russisch-orthodoxen Religion nahmen kulthafte Züge an. Das Symbol der russischen Emigration aber war Puškin, womit ein Gegenpol zur vulgärsoziologischen und futuristischen Abwertung des Klassikers, wie man sie zunächst im Rätestaat betrieben sah, gesetzt wurde. «Um dessen Namen und Werk», schreibt Marc Raeff, «konnten sich buchstäblich alle Emigranten ansammeln, Puškin wurde zum Banner ihrer kulturellen Identität.» Sein 125. Geburtstag wurde, einem Prager Vorschlag folgend, im Mai 1924 in allen Emigrationszentren feierlich begangen.

Smena vech – Eurasiertum – Russische Idee

Die Frage nach der russischen Identität und das russische Schicksal in der Geschichte bewegten die Geister in der Emigration. In einem Gärungsprozeß, der bereits während des Bürgerkrieges einsetzte, rang sich der eine oder andere Emigrant, der vor kurzem noch vor den Roten geflohen war, zu der Erkenntnis durch, daß in den russischen Wirren, da Bürgerkrieg, Hungersnot, Intervention der Entente-Truppen und eine feindliche Politik der europäischen Mächte die Substanz des russischen Staates in Frage stellten, allein die Sowjetmacht den Bestand Rußlands garantiere. Diese Meinung wurde von einigen verstreut in der Emigration lebenden Publizisten (Nikolaj Ustrjalov, Jurij Ključnikov, Sergej Čachotin u. a.) in dem gemeinsamen Sammelband *Smena vech* (Wechsel der Wegzeichen, Prag 1921) vertreten. (Eine gleichnamige Zeitschrift erschien in den Jahren 1921/22 in Paris.) In bewußter Anknüpfung an die *Vechi* von 1909 wurde hier ein Weg vorgezeichnet, der zur Überwindung der Diktatur des Proletariates und zur Reformierung des Bolschewismus führen sollte. Čachotin rief die Emigranten in seinem Aufsatz *V Kanossu!* (Nach Canossa!, 1921) dazu auf, die Sowjetmacht anzuerkennen und ihr bei der Erziehung der Volksmassen sowie beim ökonomischen Wiederaufbau der russischen Heimat zu helfen. Diese oft als Nationalbolschewismus qualifizierte Ideologie wurde unterschiedlich aufgenommen. Während ein auf die politische Einheit und die moralische Unbeflecktheit der Emigration eingeschworener Geist wie Pëtr Struve das ideologische Gebräu der Smenovechovcy als «widersinnig» abtat und im Rätestaat selbst die Smenovechovcy rundweg von Lenin zu Klassenfeinden erklärt wurden, trat ein so bekannter Autor wie Graf Aleksej Tolstoj offen auf deren Seite. Tolstojs Weg vom Gegner der Roten über Emigrantenstationen in der Türkei, Paris und Berlin zurück in den Sowjetstaat war typisch für diese Richtung. Offiziell reiste er im Mai 1923 nach Moskau als Abgesandter der Zeitung *Nakanune* (Am Vorabend), die von dem Völkerrechtler Aleksandr Jaščenko herausgegeben wurde und als wichtigstes Organ des Smenovechovstvo in Berlin galt. Nicht wenige *Nakanune*-Autoren, darunter der Kritiker Aleksandr Drozdov, Andrej Belyj, Pil'njak und Šklovskij nahmen bald nach Tolstoj ebenfalls den Weg zurück nach Rußland.

Einen Störfaktor für die ideologische Einheit der Emigration bildeten auch die sogenannten «Mladorossy» (Jungrussen). Sie glaubten an die Möglichkeit einer Versöhnung von Autokratie und Bolschewismus unter der Devise «Zar und Räte!» (Car' i Sovety!): Der «russische Geist»

– so ihre Doktrin – sei die Waffe, mit der die zerstörerischen Kräfte des Bolschewismus gebändigt werden könnten. Die jungrussischen Ideen, die gewisse Berührungspunkte mit faschistischem und nationalsozialistischem Gedankengut aufwiesen, fanden namentlich unter den Emigranten in Italien Widerhall. In der Vojvovojdina (Jugoslawien) waren Graf Il'ja Tolstoj, ein Enkel Lev Tolstojs, und F. M. Kozmin Sprecher des jungrussischen «Herdes» (očag) (O. Djurić).

Andere russische Emigranten spekulierten jetzt, da das Russische Imperium für alle Zeit verloren schien, über Eurasiertum (evrazijstvo) und die russische Reichsidee. Daß Rußland zwei Seelen habe, eine asiatisch-mongolische und eine europäische, hatte Gor'kij und Bunin schon vor dem Ersten Weltkrieg bewegt, wie ihr Briefwechsel aus jenen Jahren verrät. Mitten im Krieg hatte Gor'kij in seinem heftig umstrittenen Essay *Dve duši* (Zwei Seelen, 1916) die träg-mystische asiatische Seele neben die hell auflodernde, doch schnell erlöschende slawische Seele in der Brust des Russen gesetzt und vor dem Sieg des Asiatentums in Rußland gewarnt. Auch das «Skythentum» (skifstvo), das der Neonarodnik und Sozialrevolutionär Ivanov-Razumnik in den Jahren des revolutionären Umbruchs propagierte, sah das «ursprüngliche Rußland» (iskonnaja Rus') im Rückgriff auf die sagenumwobenen, griechenfeindlichen Skythen jenseits von Europa und Asien. Solche Ideen wirkten nicht nur auf die «Bauerndichter» Nikolaj Kljuev, Sergej Esenin und Pëtr Orešin, die zu den eifrigen Mitarbeitern der Sammelbände *Skify* (Die Skythen, 1917, 1918) zählten, sondern schlugen sich auch bei Belyj und Blok nieder. Die Legende von der prächtigen altrussischen Stadt Kitež-Gorod, die Gott vor der Eroberung durch den Mongolenchan Bātū dadurch gerettet hatte, daß er sie in einem See versenkte, wurde von Kljuev in dem Sinne ausgeweitet, daß in ihr die alte Rus' und der asiatische Osten verschmolzen. Die revolutionären Hoffnungen der Anhänger Ivanov-Razumniks richteten sich auf die Errichtung eines Bauernparadieses, dessen Identität gerade in der Zwischenlage zwischen Europa und Asien gesehen wurde. Und Aleksandr Blok hatte gar in einer Panikstimmung nach dem vorläufigen Scheitern der Friedensverhandlungen in Brest-Litowsk in seinem Gedicht *Skify* (Die Skythen, 1918) dem uneinsichtigen Westen gedroht: «Ja, Skythen sind wir! Asiaten sind wir! Mit gierigen und schrägen Augen!»

Nach der Revolution wurde von einer Gruppe emigrierter Wissenschaftler in Prag die Frage nach dem geopolitischen und kulturellen Ort Rußlands zwischen Europa und Asien erneut aufgeworfen. Die Idee von der Zweipoligkeit Rußlands wurde nun nicht mehr als Alternative zwischen Europa und Asien, sondern als die für Rußland schicksalhafte Verknüpfung des europäischen und des asiatischen Prinzips definiert. Die Eurasier (evrazijcy), unter ihnen der Wirtschaftsgeograph Pëtr Savickij, der Sprachwissenschaftler Nikolaj Trubeckoj und der Religionsphilosoph Lev Karsavin, gaben die Zeitschriften *Evrazijskij vremennik* (Eurasische Zeitschrift, 1923–1925) und *Evrazijskaja chronika* (Eurasische Chronik, 1925–1937) heraus, die den eurasischen Diskurs in die Öffentlichkeit trugen. In ihrem 1927 veröffentlichten Programm «Eurasiertum» (Evrazijstvo) deklarierten sie ein Eurasien in den Grenzen der damaligen Sowjetunion als «Knoten und Basis einer neuen Weltkultur». Es sollte die positiven Elemente des Zarentums und des Sozialismus in sich vereinigen, nicht aber deren negative Seiten wie das offiziöse Westlertum des Zarenreiches und den kommunistischen Atheismus. Das Abrücken von dem alten europäischen Blickpunkt, der das russische Kulturbewußtsein seit Peter dem Großen beherrscht hatte, zielte auf eine neue Ortsbestimmung der politischen und kulturellen Substanz Rußlands ab. Die gespaltene «russische Seele» wurde zu einer eurasischen Seele synthetisiert, die wenn auch mit unübersehbaren inneren Disparitäten, so doch auch mit unerhörten Kraftreserven und geopolitischen Möglichkeiten ausgestattet war. Im Zuge der Wende in den 80er Jahren sollte die eurasische Idee durch die Schriften Lev Gumilëvs, des Sohnes der russischen Märtyrerdichter Nikolaj Gumilëv und Anna Achmatova, neue inspirierende Kraft entfalten.

Spielte bei den Eurasiern das geopolitische Denken die entscheidende Rolle, so war die «russische Idee», wie sie Nikolaj Berdjaev in seinem gleichnamigen Buch (*Russkaja ideja*, 1943; veröfftl. 1946) vortrug, stärker auf geistige Prinzipien gegründet. Ihre Wurzeln hat die «russische Idee» im Slavophilentum. Berdjaevs Vordenker waren Nikolaj Danilevskij mit seinem zündenden kulturtypologischen Werk *Rossija i Evropa* (Rußland und Europa, 1868), Dostoevskij mit seiner Puškin-Rede (1880) sowie Vladimir Solov'ëv, der in seinem 1888 in Paris gehaltenen Vortrag *Russkaja ideja* (Die russische Idee) den geistigen Sinn der Existenz Rußlands zu erklären versucht hatte. Für alle diese Denker war die orthodoxe Christlichkeit die eigentliche Grundlage des geistigen und politischen Seins der Russen. Für Danilevskij folgte daraus, daß die Russen das von Gott auserwählte Volk (narod bogoizbrannyj) seien, dem es zukam, Hüter der lebendigen religiösen Wahrheit, der Orthodoxie, zu sein. Solov'ëv wieder sah den Sinn des vom christlichen Geist durchdrungenen Russischen Imperiums darin, den nationalen – orthodoxen – Egoismus aufzugeben und zur Universalkirche zurückzukehren. Auch Dostoevskij hatte von der Bestimmung des Russen gesprochen, «alleuropäischer», «universaler» Mensch zu werden, Bruder aller Menschen, «Allmensch» (vsečelovek), da nur der echte Russe die europäischen Gegensätze versöhnen und einen Ausweg aus der europäischen Misere aufzeigen könne. Berdjaev stellte eine Analogie zwischen der physischen Geographie Rußlands und der Geographie der russischen Seele her. In der Seele des russischen Volkes gebe es die gleiche Unermeßlichkeit und die Grenzenlosigkeit des Strebens ins Unendliche wie in der russischen Ebene. Das russische Volk sei mehr von der Gewalt der Elemente als von der Form bestimmt, weniger von der Kultur als von Offenbarungen und Eingebungen, es kenne kein Maß und falle leicht in Extreme. Die sozialen Grenzen und Klassengegensätze seien bei ihm weniger ausgeprägt als bei den europäischen Völkern; Rußland sei niemals ein Land der Aristokratie und niemals bürgerlich gewesen. Doch lägen der Bildung seiner Seele zwei antinomische Prinzipien zugrunde: das natürliche, heidnisch-dionysische Element und das asketisch-mönchische der Orthodoxie. Die Realisierung der «russischen Idee» könne – so Berdjaev – weder in der orthodox-zaristischen Monarchie noch im marxistisch-leninistischen Staat gelingen, sondern allein in der Utopie des Neuen Jerusalems, in welchem eine neue Offenbarung im Geiste der Mitmenschlichkeit (kommjunitarnost') über die Gesellschaft kommen werde. In Rußland sei dies alles seit langem vorbereitet worden.

Das «russische Berlin»

In Berlin entstand rasch ein dichtes Netz sozialer und kultureller Einrichtungen zur Betreuung der russischen Flüchtlinge, das in den ersten Jahren von deutschen und internationalen Wohltätigkeitsorganisationen getragen wurde. So wuchs die russische Kolonie in Berlin binnen kurzem so stark an, daß sie für die Jahre 1922/23 auf eine halbe Million Emigranten geschätzt wird. Die Einführung der Nansen-Pässe seit Oktober 1923 (die neuen Paßbestimmungen griffen zur Gänze erst am 1. Juli 1924) und die Stabilisierung der deutschen Währung im November 1923 (während der Inflation konnten Ausländer mit fester Valuta günstig in Deutschland leben) bewirkten, daß ein großer Teil der russischen Emigranten Deutschland wieder verließ und nach Frankreich oder nach Großbritannien, vielfach auch nach Prag strebte, wo inzwischen ebenfalls kulturelle Einrichtungen und Hilfsfonds für sie entstanden waren. Es zeigte sich, daß Berlin vielen Russen eben nur ein vorübergehendes Ziel gewesen war, das man verließ, wenn sich Aufenthaltschancen in erwünschteren Ländern ergaben. Bis zum Jahre

1933, d. h. im Vorfeld und nach der nationalsozialistischen Machtergreifung, sank die Zahl der Berliner Russen auf ca. 40 000 Personen ab. Nur wenige Emigranten fanden sich zur Zusammenarbeit mit den Nationalsozialisten bereit. Marc Raeff hat darauf hingewiesen, daß die russische Emigration nach Deutschland eine echte Emigration – und keine Immigration – war, da die Russen ihr Heimatland mit der sicheren Hoffnung auf eine Rückkehr in naher Zukunft verließen. Nach Raeff waren sie eine Gruppe, an der eine hochgebildete Elite einen großen Anteil stellte. Ihre kulturelle Interaktion habe, freilich nicht nur in Deutschland, «auf Distanz und indirekt» stattgefunden.

Russische Verlage und Zeitschriften

Daß Berlin für einige Jahre zum wichtigsten Zentrum der russischen Literatur avancieren konnte, hatte also mit mehr oder weniger zufälligen konsularischen und wirtschaftlichen Bedingungen zu tun. Von nicht geringer Bedeutung war dabei, daß binnen kürzester Zeit im Berliner Emigrantenmilieu eine kulturelle Infrastruktur entstanden war, die für die «russischen Schriftsteller am Scheidewege» (P. Drews) vorübergehend optimale Kommunikations- und Publikationschancen bot – weit bessere, als damals im Räterußland bestanden. Anders als dort war die deutsche Wirtschaftskapazität intakt geblieben. Russischen Druckern und Verlegern boten sich gerade in Berlin glänzende Arbeitsmöglichkeiten. Nicht weniger als 186 Emigrantenverlage hat Gottfried Kratz in Berliner Handelsregistern für die Jahre 1918–1928 ermittelt. Die Zahl der veröffentlichten Bücher aus allen Wissensgebieten geht in die Tausende. Rege Aktivitäten entfaltete der Ladyžnikov-Verlag, der aus dem Berliner sozialdemokratischen «Bühnen- und Buchverlag russischer Autoren J. Ladyschnikow», Gor'kijs altem Verlag in den Jahren 1905–1913, hervorgegangen war. Hier erschienen von 1918 bis 1924 nicht weniger als 237 russische Titel, vorwiegend Belletristik, 1921–1923 allein 158. Hervorzuheben sind in der großen Zahl weiter die Verlage «Argonavty» (Die Argonauten), «Ėpocha» (Die Epoche), «Petropolis», «Gelikon» (Helikon), «Skify» (Skythen) und «Neva» (Die Newa) – der letztere ausdrücklich bestrebt, über seine «deutsche Abteilung» auch das deutsche Publikum mit klassischer und zeitgenössischer russischer Literatur zu versorgen. Dabei war die Herausgabe russischer Bücher und Zeitschriften vielfach darauf gerichtet, die günstigen Herstellungsmöglichkeiten in Deutschland für den russischen Markt zu nutzen. Nur in wenigen Fällen ist es freilich gelungen, dieses Modell einer literarischen Fremdproduktion für russische Bedürfnisse

auch zu verwirklichen. Selbst der geschickt zwischen den politischen
Lagern lavierende Verleger Zinovij Gržebin, der für Gor'kij 1917/18 die
Zeitschrift *Novaja žizn'* (Neues Leben) und 1919 den Verlag «Vsemirnaja literatura» (Weltliteratur) in Petrograd organisiert hatte, scheiterte
mit einer entsprechenden Unternehmung; die Petrograder und Moskauer Filiale seines Verlages wurden von den Sowjetbehörden 1923
geschlossen. Doch hatte er immerhin bis dahin nicht weniger als 225
Titel, darunter 83 der «schönen Literatur» aller Richtungen, herausgebracht. (Generell wurden seit 1922 keine ausländischen Druckerzeug-
nisse mehr in die RSFSR hineingelassen.) So entwickelte sich zwar im
«russischen Berlin» der frühen 20er Jahre ein lebhaftes Verlags- und
Zeitschriftenwesen, doch wirkte es nur sporadisch auf den russischen
Literaturmarkt zurück und blieb im wesentlichen auf die deutsche und
außerdeutsche Emigration beschränkt. Da es auch einige begabte
Maler und Graphiker, darunter Vasilij Masjutin und Nikolaj Zareckij,
nach Berlin verschlagen hatte, zeichnen sich die Berliner Rossica durch
eine hervorragende Illustrationskunst aus. Die Verlagsunternehmungen waren oft mit Buchhandlungen gekoppelt, so daß in Berlin ein
vergleichsweise dichtes Vertriebsnetz für russische Bücher bestanden
haben muß. Die unter dem Namen «Moskva» firmierende russische
Buchhandlung von Heinrich Sachs in der Wilhelmstraße 20 dürfte die
größte ihrer Art gewesen sein; in ihr waren Verlag, Buchhandel und
Leihbibliothek unter einem Dach vereint.

In der lebhaften Atmosphäre des «russischen Berlins» erschienen
unzählige Zeitungen und Zeitschriften, in denen sich die politischen,
ideologischen und künstlerischen Richtungen unter den Berliner
Russen widerspiegelten. Dem rechten Flügel waren Tageszeitungen
wie *Rul'* (Das Steuer), *Golos Rossii* (Die Stimme Rußlands) und *Dni*
(Tage) sowie das monarchistische Wochenblatt *Grjaduščaja Rossija* (Das
kommende Rußland) zuzuordnen, links stand der sowjetfreundliche
Novyj mir (Neue Welt) und zwischen den Lagern das Organ der Smenovechovcy *Nakanune* (Am Vorabend, März 1922/23), dessen Literatur-
beilage von Aleksej Tolstoj redigiert wurde. Die gleichfalls von Aleksandr Jaščenko herausgegebene Zeitschrift *Novaja Russkaja Kniga* (Das
neue russische Buch, 1921 ff.) – eine der wichtigsten Quellen zur russischen Literaturgeschichte jener Jahre – hielt im Sinne der Smenovechovcy weiterhin an dem Konzept der «Einheit der russischen Literatur» fest. Hier erschienen literarische Arbeiten und Rezensionen von
Autoren unterschiedlicher Orientierung, ferner Berichte über das
Leben und die Arbeit russischer Schriftsteller, darunter autobiographische Texte von Ėrenburg und Esenin sowie Majakovskijs «futuristische
Autobiographie» (St. Hajak) *Ja sam* (Ich selbst, 1922). Die nach ihrer

geistig-künstlerischen Substanz bedeutendste Zeitschrift im «russischen Berlin» war ohne Zweifel das Journal für Literatur und Wissenschaft *Beseda* (Der Dialog), von dem zwischen Mai 1923 und März 1925 insgesamt sieben Hefte erschienen. Hinter dieser Zeitschrift stand Maksim Gor'kij mit den um ihn gescharten Literaten Andrej Belyj, Viktor Šklovskij sowie Vladislav Chodasevič, der noch in Petrograd die Funktion eines Privatsekretärs bei Gor'kij ausgeübt hatte. Er wurde jetzt Gor'kijs engster Gehilfe bei der Herausgabe der *Beseda*, während der wissenschaftliche Teil von dem Historiker und Germanisten Fëdor Braun sowie dem Ethnographen und Anthropologen Bruno Adler betreut wurde. Die Zeitschrift sollte eine Plattform für die freie Diskussion literarischer und wissenschaftlicher Themen sein, westliche pazifistische und sowjetische Autoren sollten in ihr unzensiert publizieren. Trotz positiver Versprechungen von sowjetischer Seite, man werde 1000 Exemplare für den russischen Markt abnehmen, erhielt die *Beseda* niemals die Einfuhrgenehmigung. Damit blieb eines der interessantesten russischen Zeitschriftenprojekte der 20er Jahre ein Torso, obwohl Gor'kij dort den größten Teil seiner damaligen literarischen Produktion veröffentlichte, Belyj, Remizov, Šklovskij, Lunc und Chodasevič fleißig Beiträge schrieben und es sogar gelang, Autoren von europäischem Rang wie Romain Rolland, Stefan Zweig und Herbert Wells für die Mitarbeit zu gewinnen. Auch das geisteswissenschaftliche Profil der Zeitschrift war beachtlich. Der Philosoph Hans Leisegang schrieb über Anthroposophie, Theodor Litt über Ernst Troeltsch, Georg Witkowski über Goethe. Waren hier die vor dem Ersten Weltkrieg etablierten Strömungen, Symbolismus und Realismus, Neukantianismus und mystische Weltsicht, noch voll in Kraft, so machte sich eine andere, ebenfalls kurzlebige Zeitschrift im «russischen Berlin» zum Sprachrohr der Avantgarde. 1923, etwa zeitgleich mit dem Moskauer Neuansatz der Futuristen in der Zeitschrift *Lef*, erschien in Berlin, herausgegeben von Il'ja Ėrenburg und Ėl Lisickij, die dreisprachige Zeitschrift *Vešč'* – *Gegenstand* – *Objet,* die als internationales Organ der konstruktivistischen Avantgarde intendiert war, jedoch bezeichnenderweise über die zweite Ausgabe nicht hinauskam. Konstruktivismus wurde hier verkündet als konstruktive Kunst, die nach der Phase «futuristischer und dadaistischer Negation» die Aufgabe übernehme, das Leben in seiner Gesamtheit zu organisieren. Ėrenburgs konstruktivistisches Vorpreschen, dem sein manifestartiges Buch *A vsë-taki ona vertitsja* (Und sie bewegt sich doch, 1922) vorausgegangen war, zählte zu den wenigen Versuchen, literarische Avantgarde im «russischen Berlin» zu etablieren. Er löste damit eine ähnliche Polarisierung aus wie in Rußland selbst, wo LEF-Avantgarde und Konstruktivisten den traditionsverbundenen «Mitläufern» gegenüberstanden. Als Èrenburg sein Konstruktivismus-Programm im Berliner «Haus der Künste» (Dom iskusstv) vorstellte, vermeinte Andrej Belyj, ganz außer sich, darin die «Maske des Antichrists» zu erkennen.

Das Berliner «Haus der Künste» (Dom iskusstv)

Zu beliebten Treffpunkten der russischen Literaten wurden die Kaffeehäuser des Berliner Westens. Auch hier entwickelte sich aus dem Zufälligen alsbald mehr: veritable Institutionen des literarischen Alltagslebens, die die gewohnten Formen aus den russischen Hauptstädten nach Berlin übertrugen. Die bedeutendste Unternehmung dieser Art war das Berliner «Haus der Künste» (Dom iskusstv). Schon mit seinem Namen knüpfte es an den legendären Petrograder «Dom iskusstv» an, jene Sammelstätte junger Talente, die seit 1919 unter der Ägide Maksim Gor'kijs an den Projekten des Verlages «Vsemirnaja literatura» (Weltliteratur) mitarbeiteten. Nicht wenige von ihnen waren mit dem großen Exodus nach Berlin gekommen: Šklovskij, Chodasevič, Slonimskij, Nikitin, dazu die Jungdichterinnen Nina Berberova und Vera Lur'e. Noch ehe das Petrograder «Haus der Künste» Ende 1922 geschlossen wurde, war in den Räumen des Café Landgraf in der Kurfürstenstraße 75, nahe Nollendorfplatz, das Berliner «Haus der Künste» etabliert. Von November 1921 bis Oktober 1923 bestand diese Institution, die mit ihrem vielseitigen literarischen Programm in der damaligen Situation einzigartig war. Die von Thomas R. Beyer Jr. rekonstruierte Geschichte des Berliner «Hauses der Künste» und des mit ihm verbundenen Schriftstellerclubs zeigt, daß es das Ziel der Gründung war, eine unpolitische literarische Tribüne zu schaffen, die allen literarischen Richtungen offenstehen sollte. An der Gründung des «Hauses der Künste» am 21. November 1921 waren Andrej Belyj, Zinaida Vengerova, die Kritikerin und Übersetzerin der Brüder Mann, ihr Gatte, Nikolaj Minskij, ferner Aleksej Remizov und Graf Aleksej Tolstoj beteiligt, vor allem also Vertreter einer mittleren, d. h. vermittelnden Linie, die allerdings die politische Polarisierung auf Dauer nicht verhindern konnten. Il'ja Èrenburg traf das Richtige, wenn er das «Haus der Künste» als eine literarische Arche Noah bezeichnete, in der die Reinen und die Unreinen noch einmal friedlich zusammentreffen konnten.

Aus den Bulletins und Veranstaltungsprogrammen des «Hauses der Künste» ist zu erkennen, daß Berlin damals wahrlich der Lebensnerv der russischen Literatur war. Belyj, Remizov, Èrenburg, Aleksej Tolstoj, Chodasevič, Esenin, Marina Cvetaeva, Majakovskij, Pasternak, Šklovskij und viele andere stellten im «Haus der Künste» ihre neuesten Werke vor; Debatten über Konstruktivismus, Imaginismus, Futurismus, Dadaismus wurden mit Leidenschaft geführt. Hier kam es, über den ja weitgehend gettoisierten russischen Bereich hinaus, zeitweilig zum lebendigen Austausch mit der deutschen Umgebung. Zu den deutschen Autoren, die im Haus der Künste auftraten, zählen Carl Einstein und Thomas Mann. Letzterer las am 20. März 1922 im Berliner Logenhaus (hierhin verlegte man größere Veranstaltungen) in einer Benefizveranstaltung für die darbenden Petrograder Schriftsteller seinen Essay *Goethe und Tolstoj* sowie die Novelle *Das Eisenbahnunglück*. Andrej Belyj würdigte – wenige Tage nur vor Unterzeichnung des Rapallo-Vertrages – die Bedeutung der Stunde, da einer der führenden deutschen Dichter im Kreise der Russen weilte: Dies seien «Minuten der individuellen Begegnung und der gegenseitigen Annäherung zwischen Deutschland und Rußland», in denen sich «die Fäden wahrer brüderlicher Liebe und Berührung von Herz zu Herz spannen im Namen des ewig menschlichen Leidens und der Freude».

Die Auftritte Esenins und Majakovskijs im «Haus der Künste» führten zum Eklat. Esenin war mit seiner extravaganten Frau, der amerikanischen Tänzerin Isadora Duncan, am 10. Mai 1922 im offenen Linienflugzeug aus Moskau abgereist – es war der zweite Flug auf der neueingerichteten Linie Moskau - Königsberg – und traf am folgenden Tag in Berlin ein. In einem Interview für *Nakanune* bekannte er sich demonstrativ zur Sowjetmacht und geißelte das bürgerliche Spießertum (meščanstvo) des Westens. Zwei Tage später trat er im «Haus der Künste» auf. Als Isadora Duncan in den Saal rief: «Es lebe die Internationale!», kam es zu Pfiffen und Geschrei. Esenin sprang auf den Tisch und begann, «echte russische Verse [...] über die heimatlose wilde Seele der Russen» – so ein Kritiker – zu rezitieren. Alles endete in Aufruhr und Getümmel. Esenin lehnte daraufhin weitere Auftritte im «Haus der Künste» ab, las aber am 1. Juni im Blüthnersaal sein lyrisches Drama *Pugačëv*. Die Duncan und Esenin lebten in Berlin auf großem Fuße, bewegten sich in den Kreisen der Berliner Boheme der «goldenen 20er Jahre». Esenins Eindrücke von Deutschland waren zwiespältig. «Das Leben ist nicht hier, sondern bei uns», schrieb er an einen Freund.

Während Esenins Schaffen von den Aufenthalten in Berlin und später in Paris völlig unberührt blieb, regte die Berliner Atmosphäre Vladimir Majakovskij zu einer Reihe von Gedichten und publizistischen Texten an, in denen er mit wachem Blick und von einem entschieden revolutionären Standpunkt aus seine Eindrücke und Erfahrungen

gestaltete. Die Auswüchse der Inflationszeit, Spekulantentum, krasse
Armut und Verelendung der Mittel- und Unterschicht, moralische
Verfallserscheinungen, Straßenkämpfe, Streiks beschrieb er in der
Reportage *Segodnjašnij Berlin* (Das heutige Berlin, 1923) für das Presse-
büro des CK der RKP (b) und in dem Gedicht *Germanija* (Deutschland, 1922/23), bemüht, die Erscheinungen im Sinne seiner revolutionären Hoffnungen zu deuten. Als Futurist bewunderte er natürlich
den technischen Fortschritt in Deutschland, von dem er sich, nach
Rapallo, «kolossalen Nutzen» für den Aufbau und die Umgestaltung
des Sowjetlandes versprach. Majakovskijs Aktivitäten während seines
kurzen Aufenthaltes in Berlin (11. Oktober bis 18. November 1922)
waren beachtlich. Er war rechtzeitig zur Eröffnung der legendären
«Ersten Russischen Kunstausstellung» eingetroffen, die, von der Galerie van Diemen, Unter den Linden 21, veranstaltet, erstmals in Europa
einen faszinierenden Eindruck von den Strömungen der russischen
Avantgardekunst – Konstruktivismus, Suprematismus und Rayonis-
mus – vermittelte. Siebenmal trat er mit Vorträgen und Lesungen auf.
Er verhandelte mit dem Malik-Verlag, der schon 1924 sein Poem
150 000 000 (1919/20) in der Übersetzung von Johannes R. Becher herausbringen sollte. Er traf mit Igor' Severjanin, Djagilev und Prokof'ev
zusammen, söhnte sich mit Boris Pasternak aus, lernte Johannes R.
Becher, Alfred Wolfenstein, Wieland Herzfelde, John Heartfield und
George Grosz kennen. Mit letzterem vor allem war er sich in der satirischen Bloßlegung des bourgeoisen Spießer- und Spekulantentums
einig. Beide scheinen sich gegenseitig angeregt zu haben. Ein wichtiges Anliegen Majakovskijs war bei seinen Auftritten und Diskussionen
die Zurückdrängung der in Rußland mit den Futuristen konkurrierenden Gruppe der Imaginisten und ihres Führers Esenin, der «imaži-
njata», wie er sie bissig nannte. In der Tat galten diese aus damaliger
Berliner Sicht am ehesten als Vertreter des Neuen in der Poesie des
sowjetischen Rußlands. Majakovskij ließ kein gutes Haar an ihnen.
Der Konflikt mit Esenin und der «eseninščina» zieht sich subkutan
durch seine Poesie bis zum bitteren Ende.

Der Gor'kij-Kreis

Alle Hektik, alles Hin und Her von Erklärungen und Gegenerklärun-
gen, alle An- und Abreisen konnten nicht darüber hinwegtäuschen,
daß das eigentliche Zentrum, der ruhende Pol im literarischen «russischen Berlin», der Kreis um Gor'kij war. Gor'kij wohnte nicht in der
Stadt selbst, sondern hatte in der Bannmeile Berlins Domizil genom-

men, doch stand er in engster Verbindung mit den russischen Literaten in Berlin. Nach seiner Ausreise aus Rußland im Herbst 1921 hatte er sich zunächst an verschiedenen Luftkurorten aufgehalten, von Mai bis August 1922 lebte er in Heringsdorf, danach bis Ende 1923 in Bad Saarow am Scharmützelsee. In dieser Zeit schrieb er, während er humanitäre Aktionen für die Hungernden im Wolgagebiet organisierte und die Zeitschrift *Beseda* herausgab, einige seiner besten Werke, darunter *Moi universitety* (Meine Universitäten, 1922), den abschließenden Teil der großen autobiographischen Trilogie, und Erzählungen, die zeigten, daß Gor'kij auch und gerade in der Fremde ganz an den russischen Boden, an die eigene Vergangenheit gebunden war. Obwohl seine Werke in zahlreichen deutschen Ausgaben erschienen und ihm eine vergleichsweise bequeme Lebensweise ermöglichten, blieb er von der deutschen Umwelt so gut wie unberührt. (Wieweit er von sowjetischer Seite finanziell unterstützt wurde, ist eine offene Frage.) Andrej Belyj, Šklovskij, Chodasevič und andere junge Leute reisten aus Berlin zu ihm nach Heringsdorf oder Bad Saarow. Die Berliner Russen lebten, wie Šklovskij schrieb, wie ein See, umgeben von deutschen Ufern.

Eng mit Gor'kij verbunden waren Aleksej Tolstoj und seine Frau, die Poetesse Natal'ja Krandievskaja. Tolstojs ideologische Wandlung, die auf eine Anerkennung der Bol'ševiki hinauslief, und seine Mitarbeit an *Nakanune*, die er in seinem «Offenen Brief» an Nikolaj Čajkovskij, den Führer der antizaristischen Opposition, vom 14. April 1922 mit den Gründen der Smenovechovcy rechtfertigte, sorgten für heftige Turbulenzen im Lager der weißen Emigranten. In dem Brief sprach Tolstoj übrigens zum ersten Male auch von dem «Leidensweg» (*Choždenie po mukam*), den er als ehemaliger weißer Offizier und Emigrant durchlaufen habe – erster Hinweis auf die spätere gleichnamige Romantrilogie des Dichters. In seinem Abschiedsartikel *Neskol'ko slov pered ot-ezdom* (Einige Worte vor der Abreise, 27. Juli 1923) zeichnete er ein durch und durch negatives Bild der kapitalistischen Welt, die er nunmehr verließ, ein Bild des fauligen, vom Geld korrumpierten Europas, dem er das strenge, aber gerechte bolschewistische Rußland gegenüberstellte. Trotz allem war Berlin für den «roten Grafen», wie man Tolstoj in der Sowjetunion bald nennen sollte, ein fruchtbarer Ort gewesen. Er hatte dort den utopischen Roman *Aëlita* (1922), die *Povest' Rukopis', najdennaja v musore pod krovat'ju* (Das unter dem Bett gefundene Manuskript, 1923) und einige Erzählungen geschrieben. Nach seiner Rückkehr in die Räterepublik scheute er sich nicht, in Kolportageromanen wie *Ubijstvo Antuana Rivo* (Der Mord des Antoine Riveau, 1924), *Zapiski Mosolova* (Mosolovs Aufzeichnungen, 1926) und *Emigranty* (Emigranten, 1930/31) die Schicksale der ins Ausland verschlagenen Russen in zynischer Karikatur zu kolportieren. Auch im Schaffen Andrej Belyjs und Viktor Šklovskijs hat der zweijährige Aufenthalt im «russischen Berlin» breite Spuren hinterlassen. Andrej Belyj hatte trotz der schwierigen persönlichen Probleme, die ihn damals bedrängten, eine überaus reiche schöpferische Phase in Berlin. Eine Aufstellung seiner 1922/23 vornehmlich in Berlin veröffentlichten Bücher und Schriften weist, neben sieben Neuauflagen früherer Werke, neun Neuveröffentlichungen auf, darunter die Gedichtbände *Posle razluki* (Nach dem Abschied, 1922), *Stichi o Rossii* (Verse über Rußland, 1922) und *Stichotvorenija* (Gedichte, 1923). Hinzu traten zahlreiche Aufsätze, die unter dem Titel *Glossolalija* (1922) gesammelten Studien zur Lautgestalt der Poesie und die aufschlußreichen Erinnerungen an Blok (*Vospominanija ob A. A. Bloke*, 1923). Die meisten dieser Werke bezogen sich, wie stets bei dem Seher und Propheten Belyj, auf geistige Wirklichkeiten. Gedichte, die unterschrieben sind: «Zossen 1922» oder «Berlin 1922» aus dem «Berliner Liederbuch» (Berlinskij pesennik) *Posle razluki* (die Gedichte entstanden, nachdem Belyj seine Frau Asja Turgeneva-Bugaeva, mit der er in Berlin erneut zusammengetroffen war, an den Imaginisten Aleksandr Kusikov verloren hatte), sagten viel über das seelische Drama aus, das Belyj durchlitt, aber nichts über Berlin, wo es sich abspielte. Dennoch hat Belyj in einem in der *Beseda* veröffentlichten Text die Lage der Russen im «russischen Berlin» ausführlich analysiert. Er überschrieb ihn mit dem Wortspiel *O* «*Rossii*» *v Rossii i o* «*Rossii*» *v Berline* (Über das «Rußland» in Rußland und das «Rußland» in Berlin, 1923) und verglich darin die seelisch-geistige Verfassung des «russischen Berlins» mit einem Krankheitszustand: Der Optimismus, den die «rußländischen» Russen ins «russische Berlin» mitbrächten, sei nichts als Exaltiertheit, Nervenschwäche oder – schlimmer – eine ungeheuerliche Perversion, ähnlich dem Masochismus: «Man schlug, schlug, schlug die Unabhängigkeit heraus und die Krankheit hinein.» Belyj litt unter der Kälte und dem Desinteresse des russischen Publikums in Berlin. Den Berliner Russen, die sich ja vorwiegend aus der alten Intelligenzschicht rekrutierten, warf Belyj einen obsoleten Bildungsbegriff, eine Kultur aus zweiter Hand, Entfremdung vom Leben des Volkes und damit überhaupt Verfehlung des wahren russischen Lebens vor. Das, worauf es ihm ankam, echtes Schöpfertum, Arbeit, geistige Freude, fand er nicht im «russischen Berlin», sondern nur im russischen Rußland. Mit diesem Text kündigte Belyj seine Rückkehr nach Rußland an, ohne zu ahnen, daß die Jahre im geistig kalten Berlin seine letzte große Schaffensphase gewesen waren.

Auch Viktor Šklovskijs Buch *ZOO ili Pis'ma ne o ljubvi* (Zoo oder Briefe nicht über Liebe, 1923) gehört ins Genre der Rückkehrliteratur. Das Buch ist nicht nur vom Wunsch nach Heimkehr in die RSFSR getragen, sondern stellt gar einen metaphorisch verschlüsselten Antrag auf Rückkehrgenehmigung dar. Doch das erfährt der Leser erst ganz am Schluß. Anfangs sieht es so aus, als führe der Autor – Šklovskij – einen Briefwechsel mit der Dame seines Herzens, Alja (d. i. Elsa Triolet, die «dritte Heloïse») in und über Berlin, mit allen möglichen Einsprengseln über Zeitgeschichte, befreundete Schriftsteller, literaturtheoretische Probleme usw. Erst im 30. und letzten Brief, überschrieben: Eingabe (zajavlenie) an das VCIK, das Zentrale Exekutivkomitee der RSFSR, lüftet er das Geheimnis: «Ich kann nicht in Berlin leben. Mit meinem ganzen Leben, mit allen Gewohnheiten bin ich mit dem heutigen Rußland verbunden. [...] Hier kann man nur ersticken. Bitter wie Karbidstaub ist die Berliner Melancholie (berlinskaja toska).»

Alja, die Briefadressatin, erweist sich am Ende als eine «realisierte Metapher», die er nur erdacht habe, um ein Buch über das Unverständnis, über fremde Menschen, über ein fremdes Land zu schreiben: «Ich will nach Rußland.» Dank der Fürsprache Majakovskijs und Gor'-kijs wurde Šklovskij 1923 die Rückkehr nach Rußland gewährt. Ursprünglich hatte er geplant, die Briefe als Reportagen aus dem «russischen Berlin» zu veröffentlichen. Und in der Tat ist in ihnen, abstrahiert man von der fiktiven Liebe zu jener Alja, die Atmosphäre Berlins, des deutschen wie des russischen, in knappen Strichen treffend eingefangen. Sowohl nach ihrer innovativen künstlerischen Struktur als auch nach ihrem Thema zählt Šklovskijs synthetische Prosa *Zoo oder Briefe nicht über Liebe* zu den wichtigsten und gelungensten literarischen Zeugnissen, die im «russischen Berlin» entstanden. Ein Werk freilich, das darauf abzielte, den Zustand, den es beschrieb, aufzuheben.

Il'ja Ėrenburg in Berlin

Auch für Il'ja Ėrenburg waren die Berliner Jahre eine künstlerisch ergiebige Zeit. Als er, ein «Paulus Saulovič» (Pavel Savlovič), wie ihn Viktor Šklovskij nannte, mit «rotem» Paß versehen und zur Zusammenarbeit mit der Sowjetmacht bereit, im Herbst 1921 in Berlin eintraf, hatte er, außer dem konstruktivistischen Manifest *A vsë-taki ona vertitsja* (Und sie bewegt sich doch, 1922), seinen Roman *Neobyčajnye pochoždenija Chulio Churenito i ego učenikov...* (Die ungewöhnlichen Abenteuer des Julio Jurenito und seiner Jünger..., 1922) im Gepäck.

Der Roman, eine Mischung aus Schelmenroman und Zeitsatire, Evangelium und Kabarett mit zynisch-grotesken Streiflichtern aus allen Bereichen der modernen Zivilisation und der gängigen Ideologien, erschien bereits in Berlin und machte Ėrenburg mit einem Schlage berühmt. Evgenij Zamjatin begrüßte in Ėrenburg den modernsten unter den russischen Schriftstellern, der die «kommende Internationale» bereits so lebendig spüre, daß er rechtzeitig ein europäischer, ja ein Esperanto-Schriftsteller (pisatelem ėsperantskim) geworden sei (so in dem Essay *Novaja russkaja proza* [Neue russische Prosa, 1923]). Selbst Lenin lobte, wie Nadežda Krupskaja berichtet, Ėrenburgs Roman. Unter den Emigranten hingegen stieß er auf fast einhellige Ablehnung. Der Held, ein ins Nihilistische gewendeter Heiland, und seine aus verschiedenen Nationen kommenden Jünger – darunter als der treueste Il'ja Ėrenburg, der die Lebensgeschichte des Meisters aufzeichnet – ziehen, ähnlich wie Marinetti und seine Futuristen, während des Weltkrieges durch verschiedene Länder und wirken mit allen möglichen Aktionen und Provokationen auf ein Ziel hin: die Vernichtung der europäischen Zivilisation. Das tief ironische und in seiner Struktur äußerst inkohärente Buch brachte, indem es den Kulturnihilismus der Avantgarde gewissermaßen zum Kunstmittel machte und radikale Verfremdungsmechanismen einsetzte, verblüffende, weit in die Zukunft vorausweisende Einsichten hervor. Ėrenburg hat die sprunghafte Leichtigkeit und den lachenden Sarkasmus dieses Buches später nicht wieder erreicht, weder in den Kapitalismussatiren *Trinadcat' trubok* (Dreizehn Pfeifen) und *Trest D. E.* (Trust D. E.; beide 1923), noch in den Persiflagen auf die NĖP-Zeit wie *Rvač* (Der Ellenbogenmensch, 1925) oder *Burnaja žizn' Lazika Rojtšvaneca* (Das bewegte Leben des Lazik Rojtšvanec, 1928). Wie die konstruktivistischen Ansätze, so hat er auch die an Lunc' Fabularität erinnernde Erzählmanier des *Chulio Churenito* nicht lange verfolgt. Bereits in den folgenden Romanen wandte er sich der sowjetischen Wirklichkeit mit traditionellen narrativen Mitteln zu. Mit *Žizn' i gibel' Nikolaja Kurbova* (Leben und Untergang des Nikolaj Kurbov, 1923) schrieb er den ersten Roman über einen idealen Kommunisten und Čekisten, mit *Ljubov' Žanny Nej* (Die Liebe der Jeanne Ney, 1924) begab er sich wieder auf das Geleise des psychologischen Liebesromans – allerdings mit einem weltrevolutionären Sujet und unverhohlener Parteinahme für die bolschewistische Sache. Es mochten Anregungen seines alten Schulfreundes Bucharin oder des NARKOMPROS Lunačarskij sein, die er damit aufnahm. Ėrenburg stellte sich, wie auch später immer wieder zu sehen sein wird, schnell auf offiziöse Trends ein. So propagierte er noch in der in *Novaja russkaja kniga* (Nr. 4, 1922) veröffentlichten Autobiographie *O sebe*

(Über mich) eine neue Avantgardekunst, die in enger Verbindung mit der Sowjetmacht stehen sollte, während er sich bald darauf der Forderung nach dem bolschewistischen Melodram anpaßte. Da er von rechten Emigrantenkreisen, aber auch von den Smenovechovcy, namentlich von dem Kritiker Vasilevskij-Ne-Bukva in unflätiger Weise angegriffen wurde, saß er bald zwischen allen Stühlen. Eine Rückkehr in die RSFSR kam damals für ihn nicht in Betracht. Noch immer sind Ėrenburgs Reportagen aus dem Berliner «Bahnhofsleben» und von seinen späteren Deutschlandaufenthalten von Interesse, die in dem Band *Viza vremeni* (Das Visum der Zeit, 1929) gesammelt sind.

Vladimir Sirin – der junge Nabokov

Ein größerer Sprung als der von Ėrenburg zu Vladimir Nabokov ist kaum denkbar. Dennoch besitzen beide eine Gemeinsamkeit, die sie von den meisten russischen Schriftstellern unterscheidet: den Internationalismus ihres literarischen Beginnens. Er beruht bei Ėrenburg auf seinem bewußt angenommenen Judentum und langer Symbiose mit der romanischen Welt, bei Nabokov auf dem Erleben jener weltoffenen, hochkultivierten Sphäre der russischen Aristokratie der Vorkriegszeit, wie er sie später in seiner Erinnerungsprosa *Drugie berega* (Andere Ufer, 1955; engl. u. d. T. *Speak, Memory,* 1966) nostalgisch festgehalten hat. Und es gibt eine weitere Übereinstimmung zwischen den beiden ungleichen Autoren: die ungeheure Schaffensintensität in der Berliner Zeit. Für Nabokov stellten die Berliner Jahre seine «russische Phase» dar, in der er unter dem Pseudonym «Sirin» ausschließlich in russischer Sprache schrieb. 1922 war Nabokov nach Berlin gekommen und lebte hier bis 1937. Seinen Lebensunterhalt verdiente er als Übersetzer (etwa von Carrolls *Alice in Wonderland,* u. d. T. *Anja v strane čudes,* 1923), Sprachlehrer, Tennislehrer, gelegentlich auch durch Schachaufgaben und Kreuzworträtsel (er erfand dafür die russische Bezeichnung «krestoslovica») für die Zeitung der liberalen Kadetten *Rul'.* Daß er in den 15 Jahren seines Berlinaufenthaltes, wie er in *Drugie berega* glauben macht, keinen Deutschen näher kennengelernt, weder deutsche Zeitungen und Bücher gelesen noch die deutsche Sprache erlernt habe, ohne dies im geringsten als peinlich zu empfinden, gehört wohl ins Reich der Nabokovschen Mystifikationen. Gewiß, das Englische, die Sprache, die er früher lesen konnte als Russisch, und das Französische waren ihm von Kindheit an vertraut und wohl auch wesensgemäßer, doch darf man seine Informiertheit über die deutschen Dinge keineswegs unterschätzen. Viele unverwechselbare Details

der von ihm erlebten Zeitläufte sind in seinen Berliner Werken festgehalten und fügen sich zu einer besonderen emblematischen Schicht
zusammen. Gleichwohl bildeten für ihn, nach der in der Autobiographie aufgestellten Lebensspirale, die Jahre der Emigration (1919–1940)
– und das sind vor allem die in Berlin verbrachten Jahre – eine Phase
der Antithese, die auf den «Bogen der These» (Duga tezisa), die glücklichen Kinder- und Jugendjahre in Rußland, folgte und endlich durch
die amerikanischen Jahre der Synthese abgelöst wurde. Die «Antithese»
stürzte den bislang vom Schicksal verwöhnten und mit unvergleichlichen Möglichkeiten ausgestatteten jungen Lebemann und Schmet-
terlingssammler in materielle Not, und sie nahm ihm den Vater, den
Senator und namhaften liberalen Politiker Vladimir Dmitrievič Nabokov, der 1922 bei einem Attentat, das Miljukov galt, in der Berliner
Philharmonie ums Leben kam.

Vladimir Nabokov alias Sirin (das Pseudonym wählte er nach dem
mythischen Weibsvogel aus der russischen Volksüberlieferung) schrieb
und veröffentlichte in der Berliner Zeit nicht weniger als neun
Romane (zwei weitere blieben unvollendet), mehrere Erzählungen,
eine Handvoll Dramen, von denen allerdings nur *Sobytie* (Das Ereignis, 1938) einige Aufführungen erlebte, die Gedichtbände *Gornij put'*
(Der hohe Weg, 1923) und *Grozd'* (Die Traube, 1926) sowie in großer
Zahl Übersetzungen aus der Weltlyrik (Baudelaire, Byron, Goethe,
Musset, Rimbaud, Ronsard, Tennyson, Verlaine u. a.).

Man kann nicht sagen, daß Sirins Werke damals gänzlich unbeachtet geblieben wären; denn immerhin erschienen die Romane von *Zaščita Lužina* (Lužins Verteidigung, 1929/30) an in den *Sovremennye zapiski*, der besten Literaturzeitschrift der Emigration, und fanden ein
günstiges Echo. Allerdings blieb der Widerhall im wesentlichen auf
die Emigranten beschränkt. Erst als sich nach dem Sensationserfolg
von *Lolita* (1955) Nabokovs Ruhm verbreitete, wurden die Werke der
Berliner Zeit neu entdeckt und in die Weltsprachen übersetzt. (Die
erste Ausgabe der Gesammelten Werke in russischer Sprache erschien
1974–1984 im Verlag «Ardis», Ann Arbor.) Es zeigte sich nun, daß der
amerikanische Autor Nabokov einen Vorlauf gehabt hatte, bei dem er
seine schöpferische Individualität und seine Ausdrucksverfahren nicht
nur ausgebildet, sondern bereits voll ausgespielt hatte. Mochte *Mašen'-
ka* (1926), Sirins erster Roman, noch als «privatistische» Liebesgeschichte gelten – sie gemahnt an die in *Drugie berega* wiedergegebene
Tamara-Episode –, in deren Heldin man freilich das verlorene Rußland verkörpert sehen konnte, so zeichnete sich in *Korol'. Dama. Valet*
(König. Dame. Bube, 1928), in dem Schachspielerroman *Zaščita Lužina*, in *Sogljadataj* (Der Spion, 1930), in *Podvig* (Die Heldentat, 1931/32),

Kamera obskura (Camera obscura, 1932/33) und *Priglašenie na kazn'* (Einladung zur Enthauptung, 1934), namentlich aber in *Dar* (Die Gabe, 1937/38) Nabokovs künstlerisches System immer deutlicher ab. Es ging nicht um die «realistische» Wiedergabe autobiographischer oder zeitgeschichtlicher Stoffe mit sozialpsychologischer oder gar sozialkritischer Botschaft, sondern um die völlig ästhetisierte, spielerisch angelegte Komposition eines Sujets, die vom Standpunkt eines stets überlegenen, ironischen Autors aus gesteuert wurde. Eines Autors, der sich des Kunstcharakters der Literatur zutiefst bewußt war, der von den Formalisten die Kategorie des Verfahrens (priëm) übernommen hatte und konsequent anwendete (sowohl in der Sujetfügung wie auch in der Instrumentierung der Prosa sind die formalistischen Anregungen deutlich erkennbar). Kurz: eines Autors, der nicht politische Bewegungen, soziale Pädagogik oder ideologische Diskurse bedienen, sondern literarische Werke schreiben wollte. Obgleich die Romane voll sind von feinsten psychologischen Beobachtungen, sind sie doch vom psychologischen Roman weitest entfernt. (Nabokov verachtete zeitlebens Freud und die «Psycho-Eseleien», d. h. die Psychoanalyse.) Seine Figuren sind deshalb oft – und zutreffend – als mechanisiert, als Marionetten aufgefaßt worden. Ebenso evozieren die äußerst genau beschriebenen Wirklichkeitspartikel in seinen Erzählwerken nicht eine soziale Sphäre, ein «Milieu», sondern erfüllen eine emblematische Funktion in des Autors künstlerischer Welt. In den Berliner Werken – etwa in den Erzählungen *Putevoditel' po Berlinu* (Stadtführer durch Berlin, 1925) oder *Krasavica* (dt. u. d. T. Eine russische Schönheit, 1934), aber auch in *Mašen'ka, Korol'. Dama. Valet* und *Dar* – bilden die örtlichen Verhältnisse lediglich eine Kulisse, die andere Welten, allen voran natürlich das verlorene Paradies Rußland, durchscheinen läßt. Von Anfang an stellt für Nabokov auch die Literatur kein qualitativ anderes Material dar als die Partikel der Wirklichkeit, die er fixiert. Und endlich nimmt er selbst die Sprache mit all ihren etymologischen, morphologischen und strukturellen Möglichkeiten allein als künstlerischen Stoff, der im Kunstwerk nicht anders funktioniert als die anderen «realen» oder «idealen» Stoffelemente auch. Nabokovs Kunst strebt zur Simultaneität – nicht zu der der futuristischen Multiperspektivität, sondern einer vielschichtigen Ubiquität, die allein im literarischen Text auf einen Nenner gebracht werden kann. In gewisser Weise enspricht das dem künstlerischen Vorgehen Mandel'štams oder, bei herabgeminderten Maßstäben, dem der sowjetischen Konstruktivisten. Wenn Gleb Struve bewundernd vermerkte, Nabokov befinde sich niemals in der Gewalt seiner Themen, so sagt das mehr über Nabokovs künstlerische Eigenart aus als Isaak Babel's, von Ėrenburg in

Ljudi, gody, žizn' überliefertes Diktum: «Schreiben kann er, nur er weiß nicht, worüber er schreiben soll» (Pisat' umeet, tol'ko pisat' emu ne o čëm). Der thematischen Obsession, die durchweg alle sowjetischen Schriftsteller umfangen hielt, stand Nabokov freilich so fern wie nur irgend möglich. Abgesehen von tiefer Verachtung gegenüber dem Bolschewismus läßt sich nicht einmal eine antisowjetische Haltung in seinem Werk nachweisen. Tauchten darin auch gelegentlich sowjetische Spione oder Diversanten auf, so konnten sie doch nie mit seinem eigentlichen Helden konkurrieren, den als einer der ersten Vladislav Chodasevič erkannte und benannte: Nabokovs wichtigstes Thema sei der «Mechanismus des Schöpfertums» (mechanizm tvorčestva), und sein Ziel sei es zu zeigen, wie die Verfahren leben und arbeiten (pokazat' kak živut i rabotajut priëmy).

In dem Roman *Dar* ist dies alles exmplarisch zu besichtigen. Es geht um den jungen, im Berliner Exil lebenden Schriftsteller Fëdor Godunov-Čerdyncev und die literarischen Werke, die er konzipiert oder schreibt. Zuerst werden Gedichte aus einem von Čerdyncev veröffentlichten Lyrikbändchen ins Spiel gebracht, dann plant der junge Autor, die Biographie seines Vaters, eines Biologen und Lepidopterologen, zu schreiben, was aber, nicht zuletzt wegen der Erinnerungsfülle und einer gewissen Fremdheit dem Vater gegenüber, mißlingt. Čerdyncev setzt sich mit Puškin, dem Lieblingsdichter des Vaters, auseinander und schreibt endlich eine Biographie Nikolaj Černyševskijs – aus subjektiver Sicht. Literatur über Literatur, könnte man sagen – und es ist gesagt worden –, aber wie ist das gemacht! Über der fiktionalen Ebene der Romanhandlung spannt sich eine weitere, die der fiktiven Werke Čerdyncevs; über der (impliziten) Poetik des Romans wird ein metapoetischer Diskurs geführt, der der fiktiven Werkebene zugeordnet ist. Aus allen diesen Facetten setzt sich das Werden des Schriftstellers Čerdyncev zusammen, am Ende steht – ähnlich wie in Konstantin Vaginovs *Svistunov*-Roman – der vollendete Roman. Warum aber die Biographie Černyševskijs, die immerhin das ganze vierte Kapitel des Romans einnimmt? Mit Černyševskij ist jener Kritiker namhaft gemacht, der vor allen anderen – gleichsam als Gegenstück zur Gängelung der Literatur durch die Zarenmacht – die russische Literatur auf den Weg der Sozialkritik, des Utilitarismus und des Didaktismus geführt und damit das Aufblühen einer im wesentlichen ästhetisch bestimmten Kunst verhindert hat. Nabokov hat diesen Gedanken übrigens später in seinen *Lectures on Russian Literature* (posth. 1980/81; dt. u. d. T. Die Kunst des Lesens; russ. u. d. T. *Lekcii po russkoj literature*, 1996) wiederholt. Er sah die Folgen der Černyševskijschen Wegeleitung in der bemühten Zeitbezogenheit der traditionellen Literatur ebenso wie im «sozialen Auftrag» der Sowjetliteratur und in bestimmten Tendenzen der Emigrantenliteratur. (Nicht zufällig fehlte bei der Erstveröffentlichung in den *Sovremennye zapiski* das Černyševskij-Kapitel.) Nabokov bot das Leben Černyševskijs, dessen Schicksal bekanntlich alles andere als rosig war, hämisch als «unanständige Farce» (N. Anastas'ev) dar. Was damals in *Dar* als Bravade eines arroganten Einzelgängers abgetan werden konnte, hat nach 60 Jahren in Rußland programmatische Bedeutung gewonnen.

Wollte man alles sichten, was im «russischen Berlin» an literarischen Texten entstand – es käme eine stattliche Bibliothek zusammen. Pasternak schrieb in Berlin sein verschlüsseltes Großstadtgedicht *Gleisdreieck* (30. Januar 1923) – über den alle Russen faszinierenden Knotenpunkt von U- und S-Bahn – sowie einige andere Texte. Während Marina Cvetaevas kurzem Verweilen in Berlin im Juni/Juli 1922 entstand der Zyklus *Zemnye primety* (Irdische Vorzeichen), der freilich keinen Bezug zu dem Aufenthaltsort erkennen läßt. Anders verhält es sich mit Vladislav Chodasevič, in dessen reicher poetischer Produktion der Jahre 1922/23 mehrere Gedichte Berlin ausdrücklich thematisieren. In seinem Gedicht *Vsë kamennoe* (Alles aus Stein, 1923) prägte er die hintersinnige Formel, mit der das «russische Berlin» vielleicht am treffendsten charakterisiert ist: «Stiefmutter der russischen Städte».

War für die meisten Schriftsteller und Dichter der Aufenthalt in Berlin auch eine erzwungene Zwischenstation, bestenfalls ein Wartestand, so ist der dort geleistete Beitrag zur russischen Literatur dennoch ungemein groß. Und es ist eine Handvoll bedeutender Texte von Belyj, Šklovskij, Ėrenburg, Majakovskij, Pasternak, Chodasevič und dem jungen Vladimir Sirin (Nabokov) darunter, die das «russische Berlin», über den «allgemeinen Aufbruch» (vseobščij raz-ezd) Ende 1923 hinaus, verewigt haben.

Weitere Zentren der Emigration

Ferner Osten

In China wurde das mandschurische Harbin (russ. Charbin) zum wichtigsten Auffangbecken von mehr als 200 000 Flüchtlingen. In der stark russifizierten Stadt lebten unter wechselnder Herrschaft «Weiße» und sowjetische Bürger. In Harbin bestanden russische Schulen und wissenschaftliche Gesellschaften, eine juristische Fakultät, ein Polytechnikum und ein Pädagogisches Institut. Zwischen 1918 und 1945 wurden 110 Zeitungen und 220 Zeitschriften gegründet, darunter meist sogenannte «eintägige» (odnodnevnye) Blätter, die einem einmaligen politischen oder kommerziellen Zweck dienten. In der gleichen Zeit erschienen über 1500 russische Bücher. Aus sowjetischer Sicht war Harbin ein «Nest der weißen Garden», aus der Sicht der Weißen ein «Friedhof der weißen Russen» (O. Bakich). Unter japanischer Protektion konnte sich hier in den 30er Jahren eine Russische Faschistische Partei mit dem Hakenkreuz als Emblem entwickeln. Von den Harbiner Dichtern sind aus der älteren Generation vor allem Arsenij Nesmelov, Aleksej Ačair und Marianna Kolosova zu nennen; ihr Thema war die nostalgische Liebe zu Rußland und ein «weißer», mitunter militanter Patriotismus. Nesmelov veröffentlichte mehrere Gedichtbände, darunter *Bez Rossii* (Ohne Rußland, 1921); unter dem Pseudonym Nikolaj Dozorov engagierte er sich später für die russisch-faschistische Bewegung. Ačairs Gedichtbände *Pervaja* (Die Erste, 1925) und *Polyn i solnce* (Wermut und Sonne, 1938) spannen das Sibirien- und Kosakenthema fort. Unter den jüngeren sind die Mitglieder des seit 1926 bestehenden literarischen Zirkels «Čuraevka» zu erwähnen: Valerij Perelešin mit den Gedichtbänden *V puti* (Unterwegs, 1937), *Dobryj ulej* (Der brave Bienenstock, 1939), *Zvezda nad morem* (Stern überm Meer, 1941) und *Žertva* (Das Opfer, 1944), ferner Grigorij Šatovskij-Mladšij, Nikolaj Peterec und Georgij Granin. Auch in Shanghai strömte eine größere Zahl russischer Emigranten zusammen, darunter viele russische Juden. Dort bestanden russische Vereine, ein Russischer Klub, Zeitungen und beachtliche Verlagsunternehmen.

Finnland und die baltischen Staaten

Finnland und die neuen baltischen Staaten, die seit 100 bzw. 200 Jahren zum russischen Reichsverband gehört hatten, ehe sie 1917/18 die staatliche Autonomie gewannen, waren wichtige Auffangbecken des Flüchtlingsstroms. Nicht wenige Russen besaßen dort Ländereien oder Sommerhäuser; es bestand seit langem ein russisches Netzwerk mit Kultur- und Literaturvereinen. Die freiheitliche Atmosphäre und die entwickelte Zivilisation Finnlands hatten bereits früher russische Geister angezogen. Gor'kij, Kornej Čukovskij, Majakovskij hatten gern die finnische Sommerfrische aufgesucht. Kuprin hatte schon in der Skizze *Nemnožko Finljandii* (Ein wenig Finnland, 1908), Hamsuns Aufzeichnungen *Ein wenig Paris* folgend, ein Loblied auf das wohlgeordnete Helsinki und die humane Höflichkeit der Finnen gesungen. Jetzt wurde Finnland erste Station seines Exils. Der Maler Il'ja Repin lebte nach der Revolution auf seinem Gut «Penaty» in Kuokkala, der

Dichter-Maler Nikolaj Rërich fand Zuflucht in Sortavala. Daß trotz der für die Russen in Finnland günstigen Bedingungen (Helsinki besitzt bis auf den heutigen Tag in seiner «Slaavileinen Kirjasto» eine der besten russischen Bibliotheken der Welt) die literarische Emigration schmalbrüstig blieb, hatte nicht nur mit der Zurückhaltung der finnischen Behörden gegenüber den ins Land drängenden Angehörigen der Judenič-Armee zu tun, sondern vor allem mit der Abgelegenheit des Landes. Kuprin begab sich schon bald nach Paris, und auch Leonid Andreev, der nach Finnland geflohen war, strebte nach Berlin, was sein Tod vereitelte. Sein gegen den Bolschewismus gerichteter flammender Aufruf *S. O. S.* erschien 1919 in Helsinki.

Stärker noch waren russische Sitten in den baltischen Ländern verwurzelt. In Lettland, wohin sich viele Russen geflüchtet hatten, lebte eine nicht geringe Zahl alteingesessener Russen; hier konnte «echtes» – politisch rechtes – «Russentum» (russkost') gepflegt werden. Russische Zeitungen, Vereine, Verlage, Schulen sowie das Russische Institut für Universitätsstudien (bis 1938) machten Lettland zu einer «Oase des russischen Lebens» (nach Ju. Abyzov), und doch blieben die literarischen Aktivitäten vergleichsweise bescheiden. Anders in Estland. In Tallinn (Reval, russ. Revel') bestand schon seit 1898 ein «Literaturzirkel» (Literaturnyj kružok), der nun zum Treffpunkt der emigrierten Intelligenz wurde. In Tartu (Dorpat, russ. Derpt, seit 1893 Jur'ev) fanden sich kleine exklusive Dichterkreise zusammen, wie Anfang der 20er Jahre die Gruppe «Raki na suše» (Krebse auf dem Trockenen) um Igor' Severjanin und den Literaturprofessor und Dichter Boris Pravdin. Zusammen mit Vladimir Aleksandrovskij und Ivan Beljaev traten diese 1923 mit dem Almanach *Via Sacra* hervor. Ende der 20er Jahre gründete Pravdin die Dorpater Dichterzunft (Jur'evskij cech poètov – Ju. C. P.), die von den Akmeisten nicht nur die Bezeichnung übernahm, sondern auch die Zunftgliederung (Staršij master/Obermeister, podmaster'e/Geselle) und die strenge Forderung nach handwerklicher Beherrschung der Dichtkunst. Aufgabe der Zunft war es (nach S. Isakov), die Kommunikation der Mitglieder im Bereiche des dichterischen Schaffens zu fördern und sie mit den neuesten ausländischen und sowjetischen Poesie bekanntzumachen. Gefordert wurde eine ernste Einstellung zum dichterischen Schaffen und die Arbeit an der Vervollkommnung der Form. Der Ju. C.P. bestand bis etwa 1935 und wurde abgelöst durch einen ähnlichen Kreis in Tallinn, der sich «Revel'skij cech poètov» nannte und, von Pavel Irtel' geleitet, im Rahmen des erwähnten «Literaturnyj kružok» agierte. Die Mitglieder verstanden sich als quasi geheime Dichterzirkel, als «Ort der Arbeit an der Verskunst, als Schule der Poetik und Selbstkritik» (S. Isakov). Anders als

der Petrograder «Cech poëtov» von 1920 setzten die Dichterzünfte in
Dorpat und Reval den Akmeismus nicht personell, sondern lediglich
im Geiste fort. Temira Pachmus erkannte in den Gedichten von Pavel
Irtel' (*Stichi* [Verse], 1981) den Stil der Symbolisten und die Themen
von Dostoevskij wieder; bei Karl Geršel'man und Jurij Ivask, dem Verfasser des Gedichtbandes *Severnyj bereg* (Nordküste, 1938) und späteren
Literaturprofessor der Universität Amherst/Massachusetts, konstatierte sie «Pariser Tonfall»; in den Versen der Meta Roos die Knappheit,
Bildhaftigkeit und konkreten Details Bunins. Eine Ausnahme von der
verbreiteten vor-avantgardistischen Orientierung machte lediglich der
jüngere, eigenwillige Boris Taggo-Novosadov; seine Versbände *Šerša-
vye virši* (Rauhe Verse, 1935) und *Po sledam bezdomnych Aonid* (Auf den
Spuren der unbehausten Aoniden, 1938) zeigten ihn als Nachfolger der
futuristischen und imaginistischen Poetik. Das literarische Forum der
Zunftdichter war von 1928 bis 1935 das teils als Zeitschrift, teils als
Almanach erscheinende Organ *Nov'* (Neuland). Wenn auch der Versuch, über die Grenzen Estlands hinaus zu wirken, nicht weit gedieh,
zählt *Nov'* gleichwohl zu den interessantesten Literaturzeitschriften der
russischen Emigration.

Igor' Severjanin in Estland

Die wichtigste Figur unter den emigrierten Literaten in Estland war
ohne Zweifel Igor' Severjanin. Er kannte Estland seit seiner Kindheit
und hatte sich wiederholt auf der Datscha Fëdor Sologubs in Toila aufgehalten. Die herbe estnische Landschaft war ihm lieb und vertraut;
sie war in seine Mirrélija-Utopie eingegangen. Dennoch fehlte ihm, je
länger desto mehr, das literarische Flair der russischen Hauptstadt, das
sein Lebenselement gewesen war. Gewiß wäre sein eleganter, aufwen-
diger Lebensstil mit dem proletarischen Grobianismus der Sowjetgesellschaft schwerlich zu vereinbaren gewesen; dennoch fanden sich bei
ihm nun Töne der Kritik und des Zweifels an der bourgeoisen Welt,
die Severjanin zum Außenseiter in den Emigrantenkreisen werden ließen. Melancholie und Trauer über die zunehmende Einsamkeit
beherrschten bald seine Gedichte. Es gelang ihm auch nicht, an den
alten Ruhm seiner Poeso-Konzerte anzuknüpfen. Gleichwohl zeigten
die ersten in der Emigration veröffentlichten Gedichtbände *Crème des
Violettes* (1919), *Vervéna* (Verveine, 1920) und *Menestrel'* (1921) Igor'
Severjanin auf dem Höhepunkt seiner stilistisch-strophischen Innova-
tionskraft, die er danach merklich zurücknahm. In den Bänden *Pühajä-
gi* (estnisch: Der heilige Fluß, 1919), *Mirrélija* und *Feja Eiole* (Die Fee

Eiole [estnisch: «existiert nicht»]; beide 1922) schlugen sich die estnischen Erfahrungen und Eindrücke nieder, die Igor' Severjanin wie kein anderer russischer Dichter poetisch gestaltet hat.

Dank seiner Ehegattin, der estnisch und russisch schreibenden Dichterin Felissa Kruut, seiner «Frau aus Hamsun», wie er sie in dem Gedicht *Felissa Kruut* (1934) nannte, und dank seiner engen Beziehungen zu den bedeutenden estnischen Dichtern der 20er und 30er Jahre – darunter August Alle, August Gajlit, Marie Under und vor allem Henrik Visnapuu – hatte er einen guten Einblick in die estnische Poesie, obwohl er das Estnische nicht beherrschte. Von Aleksis Rannit, Marie Under und Henrik Visnapuu legte er Einzelbände in russischer Übersetzung vor und krönte seine Bemühung um die estnische Poesie mit der Anthologie *Poéty Ėstonii* (Die Dichter Estlands, 1929), die den estnischen Parnaß von Friedrich Reinhold Kreutzwald bis Vilmar Adams vorstellte. Die estnischen Gedichte übertrug er nach Interlinearübersetzungen seiner Frau; sprachlich-stilistisch paßte er die Übertragungen stark dem eigenen poetischen Ausdruck an. Und dennoch handelte es sich dabei nicht nur um eine Dankesgeste an das Gastgeberland, sondern um einen der geglücktesten Akte literarischer Vermittlung, zu denen die russischen Emigranten aufgerufen waren. Ähnlich hat sich Igor' Severjanin in seinen jugoslawischen Gedichten, namentlich in dem Zyklus *Adriatica* (1932), für erwiesene Gastfreundschaft erkenntlich gezeigt. Zwischen 1930 und 1934 hielt er sich mehrmals für längere Zeit in Jugoslawien, Bulgarien und Rumänien auf. (1933 weilte er als Gast der jugoslawischen Königin Marija Karadjordjević auf Schloß Hrastovec in Slowenien und in Belgrad.) Auf diesen Reisen konnte er noch einmal voll seine deklamatorische Wirkungsmacht ausspielen. Ferner gelang es ihm, die Bände *Klassičeskie rozy* (Klassische Rosen, 1931) und *Medal'ony* (Medaillons, 1934) in Belgrader Verlagen herauszubringen. Seine wachsenden existentiellen Schwierigkeiten ergaben sich indes nicht nur aus den Beschränkungen, denen ein Emigrantendichter, der mehr und mehr zu einer verdächtigen politischen Neutralität tendierte, sich aussetzte, sondern vor allem aus der Unmöglichkeit, das Altern anzunehmen. In einem 1933 in Slowenien entstandenen Gedicht *Starejuščij poét* verglich er den «alternden Dichter» – «naiv, weise, sanftmütig und ewig jung» – mit einer alternden Kokotte, die die Liebe zum Kult erhoben hat.

Politisch hatte Igor' Severjanin nur einmal eindeutig Position bezogen – in den Gedichten *Moemu narodu* (Meinem Volk), *Gimn Rossijskoj Respubliki* (Hymne der Russischen Republik) und *I ėto – jav'?* (Ist dies Wirklichkeit?; alle 1917), mit denen er die Februarrevolution begrüßt hatte. Im Exil, namentlich nach dem Berlin-Aufenthalt im Herbst

1922, näherte er sich den sowjetischen Positionen an und trug sich mit dem Gedanken, nach Rußland zurückzukehren, ein Plan, der wohl nur am Widerstand seiner Frau scheiterte. Seine letzten Lebensjahre waren durch Armut, Krankheit und Perspektivlosigkeit verdüstert. Nach dem Einzug der Roten Armee in Estland nahm er über den Literaten Georgij Šengeli Kontakt zu sowjetischen Literaturbehörden und -zeitschriften auf und schrieb, möglicherweise aus Furcht vor Repressalien, prosowjetische Gedichte, die Lenin und Stalin priesen. Er verstarb kurz nach dem Einzug der deutschen Truppen im Dezember 1941.

Die slawischen Länder

Die nach dem Ersten Weltkrieg gegründeten slawischen Staaten Polen, Tschechoslowakei und Jugoslawien (in geringerem Maße Bulgarien, das sich im Krieg zu den Mittelmächten geschlagen hatte) besaßen für die russische Emigration darum besondere Anziehungskraft, weil dort seit langem Bindungen an Rußland bestanden und das Interesse an der russischen Kultur tief verwurzelt war. Auch waren die Sprachbarrieren in diesen Ländern niedriger als sonst in Europa. Freilich waren die Verhältnisse in den drei Ländern sehr verschieden gelagert. Gemeinsam war ihnen, daß die führenden Politiker nicht mit einer längeren Dauer des sowjetischen Gesellschaftsexperimentes rechneten; kurzfristig aber waren die Emigranten, anders als in den westlichen Gastländern, wo sie nur den Arbeitsmarkt und die Sozialhaushalte belasteten, ein durchaus nützliches Element, dessen man sich vorübergehend für die eigenen Zwecke bedienen konnte.

Polen

Dies zeigt mit Deutlichkeit das Beispiel Polens. Polen, das mit seinen östlichen Territorien, dem Königreich Polen, seit den polnischen Teilungen dem russischen Reichsverband angehört hatte, nutzte unter Marschall Pilsudski die wiedergewonnene Selbständigkeit, um sich territorial und machtpolitisch vor dem neuerlichen Zugriff des großrussischen Imperialismus, sei er zaristisch oder bolschewistisch, abzusichern. Dabei kamen Pilsudski die russischen Offiziere und Freiwilligen, die sich seinem Feldzug gegen die Bolschewisten im Frühjahr 1920 anschlossen, durchaus zustatten, wiewohl er zu jenem Teil der Warschauer Emigration, der gegen die freie Ukraine und für die Wiederherstellung Großrußlands eintrat, in entschiedener Gegnerschaft stand. Nach dem Rigaer Frieden (März 1921), mit dem der Polnisch-Sowjetische Krieg beendet wurde, waren die russischen Helfer nicht mehr erwünscht. Das galt vor allem für den Sozialrevolutionär Boris Savinkov, der den antibolschewistischen Kampf unter den Emigranten organisiert hatte. Savinkov war einst als Terrorist von der Ochrana verfolgt worden, später hatte er zwei aufsehenerregende Romane verfaßt, *Kon' blednyj* (Das fahle Pferd, 1909) und *To, čego ne bylo* (Als wäre es nie gewesen, 1912; beide veröffentlicht unter dem Pseudonym V. Ropšin), die von den Gottsuchern um Dmitrij Filosofov als Zeugnis des Umdenkens eines «bereuenden Bombenlegers» (kajuščijsja bombist) wärmstens begrüßt worden waren. Im Kabinett Kerenskijs war Savinkov Kriegsminister gewesen, jetzt, in der Emigration, gehörte er zu den entschlossensten Befürwortern des bewaffneten Kampfes zur Befreiung Rußlands vom Bolschewismus. Gemeinsam mit Nikolaj Čajkovskij setzte er dabei auf die Autonomie Litauens und der Ukraine, was für die in Warschau versammelten zaristischen Anhänger Kolčaks völlig unannehmbar war. Savinkovs politische Plattform wurde das 1918 in Warschau gegründete «Russische Komitee» (Russkij Komitet) mit der Zeitschrift *Svoboda* (Freiheit, später: *Za svobodu!* [Für die Freiheit!]). Das altverbundene Dreieck Filosofov-Gippius-Merežkovskij, Savinkovs Förderer von ehedem, stieß, nachdem es im Januar 1920 die Frontlinie bei Bobrujsk überschritten hatte, zu dem Komitee, das seine Hoffnungen ganz auf Piłsudski gesetzt hatte. Merežkovskij huldigte dem polnischen Marschall als dem von Gott erwählten Helden, als unerschütterlicher Erscheinung der Gottheit, als Theophanie; er werde Polen und Europa vor den Horden der Barbaren, vor dem Antichrist erretten (A. St. Kowalczyk). Hier klangen bereits die Grundakkorde seiner antibolschewistischen Programmschrift *Carstvo Antichrista* (Das Reich des Antichrist, zusammen mit Zinaida Gippius, Filosofov und Zlobin) an, die, nebst Tagebuchaufzeichnungen aus dem revolutionären Petrograd von Zinaida Gippius und einem Bericht über die Flucht nach Polen von Filosofov, 1922 in München erschien. Brüskiert durch die Unterzeichnung des Waffenstillstandes im Herbst 1920, begaben sich die Merežkovskijs nach Paris. Dmitrij Filosofov blieb in Warschau zurück und schrieb weiter für die Zeitschrift *Za slobodu!*, die er für das «Russische Komitee» herausgab. Dessen Tätigkeit wurde durch mehrere ins Sowjetland hineingetragene terroristische Akte, die gegen das Asylrecht verstießen, zunehmend erschwert. Filosofov organisierte in Warschau den nach Puškins Poem benannten literarischen Club «Domik v Kolomne», in dem auch polnische Literaten, darunter Maria Dąbrowska, verkehrten. 1923 kam auch Michail Arcybašev, Sohn einer polnischen Mutter, nach Warschau. In den vier Jahren bis zu seinem Tode veröffentlichte er den Erzählband *Pod solncem* (Unter der Sonne, 1924), sodann die tragische Farce *D'javol* (Der Teufel, 1925), eine Kontrafaktur zu Goethes *Faust*, die die Handlung ins 20. Jahrhundert verlegte und den blutigen Kampf um Freiheit, Gleichheit, Brüderlichkeit mit vielen Zeitanspielungen als die «Hölle auf Erden» darstellte. In seinen *Zapiski pisatelja* (Aufzeichnungen eines Schriftstellers, 1925) endlich geißelte er das bolschewistische Regime und rechtfertigte die Tat des Vorovskij-Mörders.

Tschechoslowakei

In der Tschechoslowakei bestimmten die politischen und philosophischen Überzeugungen des ersten Staatspräsidenten, Tomáš Garrigue Masaryk, weitgehend die Politik gegenüber den russischen Emigranten. Masaryk war einerseits von panslawischen Ideen durchdrungen und glaubte andererseits, daß sich auch das russische Volk nach dem Abklingen der bolschewistischen Diktatur endlich zur Demokratie hinentwickeln könne und werde. Dementsprechend waren die tschechischen Behörden bemüht, durch gewisse Steuerungsmaßnahmen Vertreter der demokratischen Intelligenz, vor allem gemäßigte Sozialrevolutionäre und Kadetten, zu gewinnen – darunter möglichst viele Agronomen zur Entwicklung der Landwirtschaft. Bei der Einreise ins Land erhielten die Emigranten eine Überbrückungshilfe, Mittel- und Hochschüler wurden mit großzügigen Stipendien ausgestattet. (1924 belief sich die Zahl der Stipendien für Russen und Ukrainer auf 4663!) Die Hilfsmaßnahmen für Emigranten und aus Rußland zurückkehrende tschechische und slowakische Bürger wurden von Masaryk persönlich initiiert und über die Hilfsvereinigung ZEMGOR abgewickelt. Sie standen unter der von Masaryk geprägten Devise: «Sammlung, Bewahrung und Stützung des Restes der kulturellen Kräfte» (Sobrat', sbereč' i podderživat' ostatok kul'turnych sil; nach Z. Sládek). In Prag bestanden bald mehrere russische Schulen, Gymnasien sowie eine Auto- und Traktorschule. Eine Freie Russische Universität wurde gegründet, das Russische historische Auslandsarchiv (Russkij zagraničnyj istoričeskij archiv) fand hier seinen Ort. So nimmt es nicht wunder, daß sich im «russischen Oxford» an der Moldau Literaten und Wissenschaftler in großer Zahl versammelten und bald fruchtbare Unternehmungen begannen. In dem von Al'fred Bem geleiteten Zirkel «Skit poètov» (Poetenklause), der sich der Pariser Adamovič-Schule entgegenzustellen suchte, artikulierten sich junge Dichter wie Ėmilija

Čegrinceva, Vjačeslav Lebedev und Alla Golovina. Sie blickten auf zu Pasternak und Marina Cvetaeva. Das poetische Talent der Cvetaeva kam erst in der Emigration zu voller Entfaltung. Nach ihrer Ausreise aus Rußland hatte sie während des zweimonatigen Aufenthaltes in Berlin den Druck der Gedichtbände *Stichi k Bloku* (Verse an Blok) und *Razluka* (Abschied; beide 1922), sowie *Remeslo* (Handwerk) und *Psicheja. Romantika* (Psyche. Romantik; beide 1923) besorgt. In Prag, wo sie, ebenso wie ihr Gatte Sergej Efron, von einem tschechischen Stipendium lebte, folgten die hochemotionalen Gedichtzyklen *Podruga* (Die Freundin) und *Marija Magdalina* (beide 1923), an Sofija Parnok gerichtet; die Dichtungen *Krysolov* (Der Rattenfänger) und *Polotërskaja* (Bohnerlied; beide 1925); *Poèma Gory* (Berg-Poem) und *Poèma Konca* (End-Poem), in denen sich die stürmische Liebesbeziehung zu Konstantin Rodzevič niederschlug; *Derev'ja* (Bäume; alle 1926) und *Popytka Komnaty* (Zimmer-Versuch, 1928). Auch die beiden Tragödien *Ariadna* (1924; 1927 u. d. T. *Tezej* [Theseus]) und *Fedra* (Phädra, 1928) entstanden in Prag. Die für Cvetaevas mittlere Phase typischen lyrisch-epischen Formen ergaben sich aus dem zeitlich-räumlichen Abstand, den die Dichterin zu den für sie zerstörerischen Ereignissen in Rußland gewonnen hatte. Ihr eigentümlicher poetischer Stil, der archaisches, folkloristisches Wortmaterial mit der Umgangssprache, mythische Überlieferung und historische Ereignisse mit den banalen Tatsachen des Alltagslebens verband, brach in der Prager Zeit mächtig hervor. Von allen zeitgenössischen Dichtern aber unterschied sie sich durch die besondere, an sich schon bedeutungshaltige Rhythmik ihrer Verse. Viele ihrer Gedichte sind, wie mitunter auch bei Blok oder Igor' Severjanin, gleichsam aus einer rhythmischen Figur heraus entfaltet. Es sind volksliedhafte Formeln, die aus rhythmisch-lautlichen Komplexen (meist Paronomasien – Wortumbildungen) bestehen. Hinzu treten die spezifisch russischen grammatischen und morphologischen Formen (vor allem Diminutive), die auf neue Weise in der poetischen Textur wirksam werden. Die in Prag gewonnenen Ausdrucksmöglichkeiten der Cvetaeva oder, wie Mark Slonim es genannt hat, ihre «kinetische Poesie», die ganz auf der Bewegung und dem Flug von Wörtern und Rhythmus (na dviženii i polëte slov i ritma) beruht, sollte nach der Übersiedlung nach Paris im Herbst 1926 zur Vollendung gelangen. Ihrer Bewunderung für das tschechische Gastland und ihrem Mitgefühl mit den Tschechen hat sie nach ihrer Rückkehr in die Sowjetunion, als deutsche Truppen im Herbst 1938 Böhmen und Mähren besetzten, in dem Zyklus *Stichi k Čechii* (Verse an Tschechien, 1938/ 39) Ausdruck gegeben, in dem sie Schande über die deutschen Hunnen ausgoß und dem tschechischen Wald das Überleben verhieß.

In Prag lebten von den älteren Autoren der Doyen der russischen Schriftsteller Vasilij Nemirovič-Dančenko, Verfasser unzähliger Kriegsromane und Zeitzeuge der großen realistischen Epoche, Evgenij Čirikov, der vor seinem Tod 1932 noch seine Lebenserinnerungen *Na putjach žizni i tvorčestva* (Auf den Wegen des Lebens und Schaffens, 1933) abschließen konnte, sowie Arkadij Averčenko, in der Vorkriegszeit Herausgeber der satirischen Zeitschrift *Satirikon/Novyj Satirikon* und erfolgreichster Humorist neben der Těffi. Zu den Weißen geflohen, setzte Averčenko an der Südfront seine ätzende Feder zur Entlarvung der «blutrünstigen Schaubude» (krovavyj balagan) des Bolschewismus ein. Eine Sammlung seiner antibolschewistischen Satiren erschien 1921 unter dem Titel *Djužina nožej v spinu revoljucii* (Ein Dutzend Messer in den Rücken der Revolution). Das Buch stieß sogar bei Lenin auf Interesse. Natürlich mußte es ihm als das Produkt eines bis zur geistigen Umnachtung erbitterten, haßerfüllten Weißgardisten erscheinen. Da er aber nichtsdestoweniger in der treffenden Zeichnung der Mentalität der Weißen höchstes Talent erkannte, empfahl er den Abdruck einiger Erzählungen für den sowjetischen Leser.

Eine der wichtigsten Literaturzeitschriften der Emigration war die von Pëtr Struve herausgegebene *Russkaja mysl'* (Russische Idee); sie war 1921 als Fortsetzung des seit 1880 bestehenden gleichnamigen Organs der liberalen Intelligenz in Sofia gegründet worden, man druckte sie in Berlin, die Redaktion hatte 1922–1924 in Prag ihren Sitz. Hier kam die Creme der emigrierten Publizisten zu Wort, die schöne Literatur war durch Autoren wie Aleksej Tolstoj, Mark Aldanov, Dmitrij Merežkovskij, Boris Zajcev, Evgenij Čirikov und Aleksej Remizov glänzend vertreten. Als junge poetische Talente traten Vladimir Sirin (Nabokov), Nina Berberova und der früh verstorbene Aleksej Gessen hervor. Smenovechovcy und Evrazijcy tummelten sich in Prag. Die Frage, wer schuld an dem Debakel Rußlands sei, wurde allenthalben gestellt und verschieden beantwortet. Nicht vergessen sei, daß sich in der lebendigen geistigen Atmosphäre Prags auch eine Reihe begabter Literaturkritiker und -theoretiker bewegte. Mark Slonim und Al'fred Bem trugen nicht wenig zur Sinngebung der Literatur des «russkoe zarubeže» bei. Andere, wie Dmitrij Tschižewskij, Roman Jakobson, Pëtr Bogatyrëv sowie der Sprachwissenschaftler Nikolaj Trubeckoj, beteiligten sich aktiv an der Arbeit des 1926 gegründeten Prager Linguistischen Zirkels (Cercle linguistique de Prague) um Jan Mukařovský, in dem, über den russischen Formalismus hinausgehend, eine neue Sicht der ästhetischen Struktur und Funktion des literarischen Kunstwerks herausgestellt wurde. So ist es kein Zufall, daß Roman Jakobson und der nach Prag angereiste Jurij Tynjanov 1928 im Café

«Derby» ihre Thesen *Problemy izučenija literatury i jazyka* (Probleme der Erforschung der Literatur und der Sprache) formulierten, einen Text, der die Krise des Formalismus beendete und zum Manifest des literaturwissenschaftlichen Strukturalismus wurde.

Jugoslawien

Die Besonderheit der russischen Emigration im Königreich der Serben, Kroaten und Slowenen (ab 1929 Königreich Jugoslawien) bestand darin, daß König Aleksandar I. Karadjordjević ein getreuer Anhänger des russischen Kaiserhauses war. Er war in Rußland ausgebildet worden und hatte seit 1904 im Petersburger Pagenkorps gedient. Es war für ihn eine Ehrenpflicht, die Reste der Vrangel'-Armee aufzunehmen und Baron Vrangel', dem Oberkommandierenden der Kaiserlichen Russischen Armee, einen besonderen politischen Status einzuräumen. Ferner existierte in dem aus heterogenen Teilen gegründeten Staat, dessen Bevölkerung zu mehr als der Hälfte aus Analphabeten bestand, ein immenser Bedarf an Ärzten und Advokaten, Beamten und Technikern, Lehrern und Wissenschaftlern. So konnten die meist monarchistisch gesinnten und beruflich hochqualifizierten Flüchtlinge trotz ihrer beachtlichen Zahl – für den Anfang der 20er Jahre werden 40 000 bis 70 000, für die 30er Jahre noch etwa 25 000 bis 35 000 russische Emigranten genannt – ohne die in Europa sonst zu beobachtenden Schwierigkeiten und Diskriminierungen in Jugoslawien aufgenommen und integriert werden (nach V. Tesemnikov). In keinem anderen Land dürfte deshalb die kulturelle Infrastruktur dichter und dauerhafter, die materielle Absicherung der Emigranten größer gewesen sein als im Jugoslawien der Zwischenkriegszeit. Das bedeutete freilich nicht, daß das gastfreundliche, doch in vieler Hinsicht wenig entwickelte Land für das künstlerische Schaffen besonders attraktiv gewesen wäre.

Zum wichtigsten Zentrum des russischen Lebens wurde, außer Belgrad, die Vojvodina (Novi Sad, Subotica, Veliki Bečkerek [heute Zrenjanin], Sombor und andere kleinere Orte). In Sremski Karlovci, dem Sitz des serbischen Patriarchen, residierte seit 1921 die russisch-orthodoxe Auslandskirche mit dem Metropoliten Antonij, die sich gegenüber dem Moskauer Patriarchen als autonom verstand.

Das Netz der russischen Schulen und kulturellen Einrichtungen war außerordentlich eng geknüpft. Sogar die drei Kadettenkorps der Südarmee wurden weiter unterhalten. König Aleksandar errichtete in Belgrad das Russische Kaiser-Nikolaus-II.-Haus (Russkij dom imperatora Nikolaja II), das zum Treffpunkt der russischen Kolonie mit Bibliothek, Vortrags- und Gesellschaftsräumen wurde. Schon 1920 wurde in Belgrad eine russische Gelehrte Gesellschaft, 1921 eine russische Archäologische Gesellschaft gegründet. Nach der Gründung russischer Schriftstellerverbände in Paris, Berlin, Prag und Warschau seit 1922 bildete sich im Dezember 1925 auch in Belgrad ein entsprechender «Verband der russischen Schriftsteller und Journalisten in Jugoslawien» (Sojuz russkich pisatelej i žurnalistov v Jugoslavii). Mit seinen 202 registrierten ständigen und Ehrenmitgliedern in den Jahren 1925– 1935 (nach O. Djurić) stellte er bei der 1928 erfolgten Vereinigung der fünf Verbände fast ein Drittel aller Mitglieder. Literarisches Ansehen gewann der jugoslawische Verband allerdings weniger von seinen ständigen Mitgliedern als von seinen Ehrenmitgliedern, darunter Aleksandr Amfiteatrov, Ivan Bunin, Evgenij Čirikov, Vasilij Nemirovič-Dančenko und namhafte Serben wie der Sprachwissenschaftler Aleksandar Belić, der Geograph Jovan Cvijić und der Komödiendichter Branislav Nušić.

Eine große Zahl russischer Periodika – Ostoja Djurić nennt 155 Positionen – sind zwischen 1920 und 1941 in Jugoslawien erschienen. Die Zeitungen *Novoe vremja* (Neue Zeit, 1921–1930), in Fortsetzung des liberalen Blattes von Aleksej Suvorin von seinem Sohn Michail Suvorin herausgegeben, *Carskij vestnik* (Zarenbote, 1928–1940) und *Russkij golos* (Russische Stimme, 1928–1937) waren vorwiegend monarchistisch gestimmt. Am interessantesten war wohl die in serbokroatischer Sprache gedruckte Zeitschrift *Ruski arhiv* (Russkij archiv/Russisches Archiv, 1928–1937), die, von dem Sozialrevolutionär Vladimir Lebedev herausgegeben, die russische Literatur in Jugoslawien verbreitete. Zu ihren Mitarbeitern zählten Mark Slonim, Evgenij Zamjatin sowie Marina Cvetaeva, von der einige Gedichte hier zuerst in serbokroatischer Sprache erschienen. Im Gegenzug übersetzten die russischen Dichter Il'ja Goleniščev-Kutuzov, Aleksej Durakov und Ekaterina Tauber jugoslawische Dichter in der *Antologija novoj jugoslavjanskoj liriki* (Anthologie der neuen jugoslawischen Lyrik, 1933). Die unter Aufsicht des Russischen Kulturausschusses (Russkij kul'turnyj komitet) in Verbindung mit der Serbischen Akademie der Wissenschaften arbeitende Verlagskommission (Izdatel'skaja komissija) ermöglichte das Erscheinen einiger russischer Buchreihen, von denen die *Russkaja biblioteka* (Russische Bibliothek) zu den bedeutendsten Verlagsprojekten der Emigration überhaupt zählte. Von 1929 bis 1933 erschienen in der Reihe nicht weniger als 43 Bände ausschließlich von Autoren der russischen Emigration, darunter Merežkovskijs Monographien *Napoleon* (1929), *Atlantida-Evropa* (Atlantis-Europa, 1931) und *Iisus Neizvestnyj*

(Jesus, der Unbekannte, 1932/33), Čirikovs fünfbändige Familienchronik *Otčij dom* (Das Vaterhaus, 1929–1931), Erzählbände von Amfiteatrov, Bunin, Kuprin, Vladimir Ladyženskij, Boris Lazarevskij, Remizov, Šmelëv, der Tëffi und Boris Zajcev. Die Poesie war durch Bal'monts «Poem über Rußland» *V razdvinutoj dali* (In weiter Ferne, 1929) und Igor' Severjanins *Klassičeskie rozy* (Klassische Rosen, 1931) vertreten.

Die in Jugoslawien lebenden Emigrantendichter schlossen sich, wie überall in der Diaspora, zu kleinen Zirkeln zusammen. Der nach dem Prophetenvogel Gamajun – aus Bloks Gedicht *Gamajun, ptica veščaja* (Gamajun, weiser Vogel, 1899), das wiederum auf ein Gemälde Viktor Vasnecovs zurückgeht – benannte Dichterkreis, mochte sich als Pendant zum symbolistischen Sirin verstehen. Die besten Poeten des «Gamajun», Jurij Bek-Sofiev, Il'ja Goleniščev-Kutuzov und Aleksej Durakov, wurden in der Tat von Blok, Vjačeslav Ivanov und Gumilëv inspiriert. Der junge Goleniščev-Kutuzov suchte mehrmals den in Italien weilenden Ivanov auf, der auch das Vorwort zu dem Gedichtband *Pamjat'* (Erinnerung, 1935) schrieb. Aus dem seit 1927 bestehenden Lermontov-Zirkel (Literaturnyj kružok im. M. Ju. Lermontova) hoben sich Evgenij Kiskevič und Ekaterina Tauber heraus. Das in dem Almanach *Zodčij* (Der Baumeister, 1927) veröffentlichte Programm des Kreises propagierte eine «freie Kunst», gereinigt von den «Exzessen des Formalismus», eine Kunst, die «vor allem Pflicht vor sich selbst» sei (nach O. Djurić). Der scharfsinnige Vladimir Sirin (Nabokov) aber stufte in einer Kritik die Dichter des Kreises als Epigonen Bloks und der Achmatova ein. Goleniščev-Kutuzov, der später in die Sowjetunion zurückkehrte und am Moskauer Institut für Weltliteratur (IMLI) die romanischen Literaturen vertrat, strebte, ebenso wie Ekaterina Tauber, nach Frankreich. Kiskevič, ein bescheidener Finanzbeamter mit Verbindungen zum Prager «Skit poètov», der als vermeintlicher Kollaborateur der Deutschen 1945 hingerichtet wurde, ist als Dichter introvertierter Kammerlyrik nicht zu verachten. Seine Gedichtbände *Sobranie stichov* (Gesammelte Verse, 1929), in einem von Ekaterina Tauber erstellten Typoskript verbreitet, und *Stichi o pogode* (Verse vom Wetter, 1940) verdienten es wohl, dem Vergessen entrissen zu werden.

Ein überaus wichtiges Ereignis für die russische Emigrantenliteratur war der Erste Kongreß der russischen ausländischen Schriftsteller und Journalisten vom 25. bis 30. September 1928 in Belgrad. Der Kongreß, der unter der Schirmherrschaft von König Aleksandar stand, kräftigte nicht nur das Selbstbewußtsein und die organisatorische Vereinigung der weithin versprengten Emigrantenautoren, sondern er stellte auch

ein mächtiges Fanal gegenüber der Sowjetliteratur auf. Jedenfalls verfehlte der Kongreß keineswegs seine Wirkung auf die sowjetischen
Literaturauguren, die bis zur eigenen Heerschau, dem Ersten Allunionskongreß der sowjetischen Schriftsteller, immerhin noch sechs Jahre
benötigten. Die Belgrader Kongreßteilnehmer, die größtenteils der
Meinung anhingen, die Literatur liege in der Sowjetunion völlig dar-
nieder, konnten sich der Anwesenheit der Merežkovskijs, Kuprins,
Čirikovs, Nemirovič-Dančenkos, Amfiteatrovs, Zajcevs, Vjačeslav Ivanovs, Chodasevičs und der Cvetaeva erfreuen. Bunin hatte, wohl aus
Rivalität zu Merežkovskij, abgesagt, ebenso fehlten Bal'mont, Aldanov und die Tėffi. In den Kongreßverhandlungen ging es nicht so sehr
um eine Bestandsaufnahme der in der Emigration entstehenden Literatur als vielmehr um Fragen der Autorenrechte und des rechtlichen
Status von Schriftstellern und Journalisten, um die Lage der Emigran-
tenpresse, um die Gründung eines Literaturfonds sowie vor allem um
die Vereinigung aller Schriftstellerverbände in einer gemeinsamen
Dachorganisation mit zentralem Repräsentationskörper und ge-
meinsamem Statut (O. Djurić). Über das Gewicht der fünf bestehenden Zentren gab die Stimmenzuteilung für die Abstimmungen Aufschluß: Warschau war mit 5, Belgrad mit 8, Berlin mit 10, Prag mit 16,
Paris mit 39, d. h. der Hälfte der insgesamt 78 Stimmen, vertreten.
Dementsprechend sollte der Exekutivrat des Dachverbandes in Paris
residieren, während die Verwaltung ihren Sitz in Belgrad haben
sollte.

Damit war angezeigt, daß Belgrad bzw. Jugoslawien substantiell zu
dem nach Paris wichtigsten Zentrum der russischen Emigration aufgestiegen war. Hierzu trug nicht wenig die großzügige Förderung seitens König Aleksandars bei, der mehrere russische Schriftsteller (Merežkovskij, Zinaida Gippius, Bunin, Remizov, Zajcev, Kuprin, Šmelëv,
Tėffi u. a.) aus der Hofschatulle unterstützte und anläßlich des Kongresses, der ohne seine Förderung nicht zustande gekommen wäre,
einige von ihnen mit dem Sava-Orden auszeichnete (O. Djurić).
Zinaida Gippius ließ sich von Glanz und Ehre, die ihr von höchster
Seite zuteil wurde, nicht blenden. Maliziös schrieb sie in einem Brief
aus Belgrad vom 28. September 1928, überhaupt sei dies, trotz allem,
höllische Provinz (adskaja provincija) und alles irgendwie operetten-
haft … Paris war der geistige Mittelpunkt der Emigration, zu dem sie
schnell wieder zurückkehrte.

Das «russische Paris»

Wenn Gleb Struve Paris als die «Hauptstadt der Diaspora» (stolica Zarube'žja) bezeichnet, so ist das keine Übertreibung. Die Begeisterung für Paris, die Stadt des Reichtums und der Eleganz, die in den Künsten wie in der Mode verbindliche Maßstäbe setzte, war in Rußland seit dem 18. Jahrhundert – von Fonvizins und Karamzins Reisebriefen bis zu den Reportagen Boborykins und Pëtr Lavrovs – verbreitet, wenngleich es natürlich auch nie an Stimmen gefehlt hatte, die die französische Metropole als Ort der Verderbnis und des Verfalls geißelten. Kaum eine andere europäische Stadt, nicht Rom oder Berlin, London oder Wien, konnte den Nimbus, den Paris für die Russen besaß, jemals erreichen. Die lebhaften Kulturbeziehungen zwischen Rußland und Paris vor dem Ersten Weltkrieg, die Skandale und Triumphe der Ballets Russes, boten gewiß noch manche Anknüpfungspunkte für die Emigranten, doch waren deren Beweggründe, nach Paris zu gehen, in erster Linie nicht kultureller, sondern politischer Natur: Paris war der Ort, an dem nach dem Ende des Ersten Weltkriegs über die Neuordnung der Welt und über die Schicksale der Völker verhandelt und entschieden wurde. Von der Hoffnung auf Lösung der russischen Probleme getrieben, strebten Politiker aller Couleur nach Paris. Hier bildeten sich die politischen Führungszentren der Emigration wie das Nationalkomitee (Nacional'nyj komitet) der Monarchisten und die Republikanisch-demokratische Vereinigung (Respublikansko-demokratičeskoe ob-edinenie) mit Pavel Miljukov, dem Leiter der Kadetten-Partei, an der Spitze, die die Zukunft Rußlands kontrovers einschätzten und sich gegenseitig bekämpften. Die Eurasier und die Jung-Russen (Mladorossy) um Aleksandr Kazem-Bek, die das Zarentum mit dem Rätesystem verbinden wollten, prägten die Diskurse der Pariser Emigration in den 30er Jahren.

Obwohl die französische Regierung die Immigration aus bevölkerungspolitischen Gründen förderte, war die materielle Lage der Russen alles andere als rosig. Auch verhielt sich die Bevölkerung den Fremden gegenüber distanziert. Die Zahl der Russen, die sich in Paris und den angrenzenden Departements niedergelassen hatten, lag 1926 bei 40 000, nach anderen Schätzungen sogar bei über 50 000 Personen (nach R. H. Johnston). Südlich von Paris wurde Sainte-Geneviéve-les-Bois mit seiner «Maison russe» ein Ort russischen Lebens. Auf dem Ortsfriedhof liegen bedeutende Russen wie Ivan Bunin und Aleksej Remizov begraben. Allerdings beschränkte sich der Zustrom nicht nur auf die Ile-de-France. Bunin beispielsweise hatte die meiste Zeit im südfranzösischen Grasse, dem Geburtsort Fragonards, verbracht. Das nahegelegene Nizza war bei den Russen von jeher nicht weniger beliebt als Paris. Hier hatten Gogol', Aleksandr Gercen, Čechov gelebt; hier befand sich die größte russisch-orthodoxe Kirche außerhalb Rußlands. Bereits 1904 gab es in Nizza 600 russische Haus- und Grundbesitzer; 1930 zählte die Stadt 5300 Russen. Berdjaev hatte das Glück, ein Haus in Camaré von einer Verehrerin zu erben, das ihm eine sorglose philosophische Lebensführung gestattete. Doch war das die Ausnahme. Typischer für das Emigrantendasein war das materielle Elend, das Marina Cvetaeva, mit Ehemann, Sohn und Tochter in einem Zimmer zusammengepfercht, ertragen mußte. Die Familie lebte zeitweilig allein von dem Geld, das die Tochter Ariadna Èfron mit dem Stricken von Mützen verdiente – fünf Francs am Tag. «Kein Leben – ein langsamer Hungertod», beschrieb Marina Cvetaeva ihre Lage im Jahre 1933. Auch Aleksandr Kuprin verkam, nach anfänglichen literarischen Erfolgen, mehr und mehr. Bunin hat in seinem Erinnerungsessay *Perečityvaja Kuprina* (Beim Wiederlesen Kuprins, 1938) die Begegnung mit dem kranken, armselig gekleideten Dichter wiedergegeben, der ihn um ein paar Francs anbettelte. Es war die blanke Not, die bei den Betroffenen den Gedanken an die Rückkehr nach Rußland aufkommen ließ. Und der «Heimkehrverband» (Sojuz vozvraščenija na rodinu), zu dessen Organisatoren Sergej Èfron gehörte, tat das Seine, um die Umsetzung des Gedankens in die Tat zu fördern.

Allerdings standen den russischen Emigranten in Paris unvergleichliche kulturelle Einrichtungen zur Verfügung wie die bereits 1875 von Ivan Turgenev gegründete und nach ihm benannte reichhaltige Bibliothek, deren Bestände im Zweiten Weltkrieg von den Deutschen ausgelagert wurden und verlorengingen, oder das Franko-Russische Institut (Franko-russkij institut), das 1925 ins Leben gerufen wurde. Berdjaev gründete, 1924, kaum daß er über Berlin nach Paris gelangt war, die Religionsphilosophische Akademie (Religiozno-Filosofskaja Akademija, RFA), die zum Sammelpunkt des russischen religiösen Denkens wurde. Berdjaev übernahm die Leitung von YMCA-Press, dem wichtigsten Verlag der russischen Emigration, und zu alledem auch noch die Redaktion der Zeitschrift *Put'* (Der Weg, 1925–1940), die an das gleichnamige Diskursorgan der Vorkriegszeit anknüpfte. Berdjaevs Nachdenken über den Bolschewismus als säkularisierte Umkehrung des orthodoxen Christentums und sein Entwurf einer personalistischen Philosophie, die in vielem an den Existentialismus gemahnte, wirkten weit über den Rahmen der Emigration hinaus. Zeitungen wie die von Miljukov herausgegebenen *Poslednie Novosti* (Letzte Neuigkeiten, 1920–1940), Aleksandr Kerenskijs, des letzten russischen Mini-

sterpräsidenten, *Dni* (Tage; zunächst in Berlin, danach in Paris) oder
das monarchistische *Obščee delo* (Die gemeinsame Sache), um nur einige der Pariser Presseorgane zu nennen, standen den anderswo erscheinenden an Bedeutung keineswegs nach. Auch die *Sovremennye zapiski*
(Zeitgenössische Annalen, 1920–1940), die die kurzlebige *Grjaduščaja
Rossija* (Das kommende Rußland, 1920) ablösten und bald zur bedeutendsten Literaturzeitschrift der Emigration werden sollten, kamen in
Paris heraus. Da sie die Tradition der «dicken Zeitschriften» (tolstye
žurnaly), die den Realismus einst getragen hatten, fortsetzten und auf
eine bestimmte ideologische Tendenz verzichteten, konnten die *Sovremennye zapiski* ein breites künstlerisches Spektrum auftun, das alle
wesentlichen Erscheinungen der Emigrantenliteratur umfaßte. Es
reichte von Merežkovskij bis Berdjaev und Šestov, von Amari (Cetlin)
bis Cvetaeva. Hier erschienen die ersten historischen Romane Mark
Aldanovs, Chodasevičs literarhistorischer Roman *Deržavin* (1931) und,
als ein Höhepunkt, Bunins *Žizn' Arsen'eva* (Das Leben Arsen'evs, 1927–
1939).

Unter den literarischen Zirkeln war die «Zelënaja lampa» (Die grüne
Lampe, 1927–1939) um die Merežkovskijs wohl der bedeutendste.
Man war hier bemüht, Dichter aller Richtungen zu versammeln und
dabei die besonderen Aufgaben und Möglichkeiten der exilierten Literaten herauszustellen. Zinaida Gippius erkannte sie in der Notwendigkeit, die wahrhafte Freiheit des Wortes (istinnaja svoboda slova) zu
erlernen und damit für Rußland eine ähnliche Aufgabe zu erfüllen wie
jene jungen russischen Edelleute, die Peter der Große einst zum Lernen ins Ausland geschickt hatte. Literatencafés wie «La Rotonde» oder
«La Dôme» waren Treffpunkte von internationalem Gepräge. Die
Franko-Russische Gesellschaft konnte namhafte französische Geister
wie Georges Bernanos, André Malraux, Jacques Maritain und Paul
Valéry zur Mitarbeit gewinnen. Ihr erwuchs allerdings in den 30er
Jahren zunehmende Konkurrenz in der prosowjetischen Vereinigung
«Francija-SSSR» (Frankreich-UdSSR). Das von der Komintern seit
1935 forcierte Volksfrontmodell und der Spanische Bürgerkrieg trugen
nicht geringe Verwirrung in die Reihen der Emigration. Der antifa-
schistische Internationale Schriftstellerkongreß «Zur Verteidigung der
Kultur», der im Juni 1935 mit Teilnehmern aus 35 Ländern in der Pari-
ser «Mutualité» ausgerichtet wurde, führte auch sowjetische Autoren
nach Paris. Il'ja Ėrenburg hatte die antifaschistische Manifestation
angeregt und vorbereitet. Der sowjetischen Delegation, deren Leiter,
Gor'kij, krankheitshalber nicht angereist war, gehörten Isaak Babel',
Vsevolod Ivanov, Michail Kol'cov, Fëdor Panfërov, Boris Pasternak,
Nikolaj Tichonov und Aleksej Tolstoj an. (Ein Teil der präsentierten

sowjetischen Schriftsteller sollte schon bald im eigenen Lande Verfolgung und Verfemung ausgesetzt sein.) Die europäischen Literaturen waren durch Romain Rolland, Henri Barbusse, Jean-Richard Bloch, Louis Aragon, André Gide, Aldous Huxley, Sinclair Lewis, Heinrich Mann, Bertolt Brecht, Johannes R. Becher und viele andere kommunistische und linksbürgerliche Autoren vertreten. Die «tiefe Differenzierung» innerhalb der Intelligenz der kapitalistischen Länder in ein antifaschistisches, antimilitaristisches und ein profaschistisches Lager, die zuvor schon auf dem Moskauer Schriftstellerkongreß 1934 festgeschrieben worden war, wurde erneut bekräftigt. Im Lager der russischen Emigranten wirkte sich die Volksfronteuphorie noch wenig aus. Beide Seiten hielten sich zurück. Pasternak, der mit Verspätung in Paris eingetroffen war, traf sich immerhin, wie Il'ja Ėrenburg bezeugt, während der Debatten mit Marina Cvetaeva auf dem Korridor der «Mutualité», wo sie ihm ihre Verse vorlas. Erst der Ausbruch des Zweiten Weltkrieges und namentlich Hitlers Überfall auf die Sowjetunion stellten die Emigranten erneut vor klare Optionen. Während die einen, wie die Merežkovskijs oder Šmelëv, Hitlers «Kreuzzug gegen den Bolschewismus» guthießen, traten die anderen, wie Berdjaev und selbst Bunin, organisiert im prosowjetischen «Patriotenverband» (Sojuz patriotov) auf die Seite Sowjetrußlands und des russischen Volkes.

Bunin und sein Kreis

In der Pariser bzw. französischen Emigrationsliteratur lassen sich drei schöpferische Kreise ausmachen, die mit den geistigen Autoritäten Nikolaj Berdjaevs, Dmitrij Merežkovskijs und Ivan Bunins verbunden sind. Berdjaev in Clamaré und Merežkovskij in Paris setzten dabei, wenn auch keineswegs in ideologischer Übereinstimmung, die religiös-philosophischen Diskurse der Vorkriegszeit fort. Das bedeutete bei dem letzteren auch die Fortführung der Gattung der geschichtsphilosophischen Biographie. Auf seine Napoleon-Monographie, die den französischen Kaiser als letzte Inkarnation des Sonnengottes Apoll deutete, folgten die Bücher *Dante* (1939), die Trilogie über Heilige *Lica svjatych ot Iisusa k nam* (Heiligengestalten von Jesus bis zu uns, 1936–1938) mit den Teilbänden über Paulus und Augustinus, den heiligen Franziskus von Assisi und Jeanne d'Arc sowie die Trilogie über Reformatoren (*Reformatory*, 1941/42; russ. 1991) mit den Teilschriften *Ljuter* (Luther, 1941), *Paskal'* (Pascal, 1941) und *Kal'vin* (Calvin, 1942). Merežkovskijs unablässigem Streben, den Abläufen der Geschichte einen universalen, geistig-religiösen Sinn überzustreifen, gebührt im rus-

Ivan Bunin

sischen Denken des 20. Jahrhunderts ein bedeutender Platz. Anders als Berdjaev, Losskij oder Šestov ist ihm aber, wohl wegen seiner irritierenden politischen Einstellungen, die volle Anerkennung in Rußland bisher nicht zuteil geworden.

Ivan Bunin war, als er 1920 über Istanbul nach Paris gelangte, bereits ein weltbekannter Autor. Sein Schaffen erlitt im Exil keinen Bruch, sondern setzte sich kontinuierlich in Richtung auf größere Erzählformen fort. Zu dem Kreis, der sich um ihn in Frankreich versammelte, gehörten Kuprin, Boris Zajcev, Mark Aldanov, Fëdor Stepun, Lev Šestov und die Tèffi. Rivalitäten und Spannungen ergaben sich zu den Merežkovskijs, zu Šmelëv und zur Cvetaeva (die freilich hinter Bunins

Rücken mit seiner Frau, Vera Muromceva-Bunina, korrespondierte).
Bunin fand nach den realen und geistigen Wirren des Bürgerkrieges,
die er in den Tagebüchern *Okajannye dni* (Verfluchte Tage, 1935) festgehalten hat, bald zu seiner alten Schaffenskraft zurück. Ja, es schien, als
erfülle ihn mit dem neuen Anfang ein beträchtlicher Optimismus. Mit
dem Buch *Roza Ierichona* (Die Rose von Jericho, 1924) schuf er ein
Symbol der Erinnerung an das verlorene Rußland. Noch immer
erwies sich Bunin als ein Meister der Novelle oder besser: der Povest',
jener typisch russischen Erzählgattung mittlerer Länge, bei der Charakter, Ereignis und Milieu in ein ausgeglichenes Verhältnis gebracht
sind. Die zarte Liebesgeschichte *Mitina ljubov'* (Mitjas Liebe, 1925), die
Erzählungen *Ida* (1926), *Solnečnyj udar* (Der Sonnenschlag, 1927) und
manche andere bis hin zu dem letzten Erzählband *Tëmnye allei* (Dunkle
Alleen, 1943) zeigen Bunin auf einer künstlerischen Höhe, deren
Anerkennung sich auch der sowjetische Literaturapparat nicht versagen konnte. Bunin wurde nach dem Zweiten Weltkrieg von den
Sowjets umworben, Konstantin Simonov kam eigens nach Frankreich,
um ihn zur Rückkehr nach Rußland zu bewegen. Seine Werke wurden
großenteils seit 1956 in der Sowjetunion wieder gedruckt.

Daß es Bunin, der als ein schon voll ausgereifter Erzähler in die
Emigration geraten war, gelang, ein nach Konzept und Umfang alles
Bisherige übertreffendes Werk wie den Roman *Das Leben Arsen'evs*
(1927–1939) zu schreiben, zählt zu den Erstaunlichkeiten der Emigrationsliteratur. Kaum verdeckt wurde hier, an den autobiographischen
Daten entlang – Chodasevič qualifizierte das Werk als «erfundene
Autobiographie» (vymyšlennaja avtobiografija) –, der frühe Lebensweg des Helden Aleksej Arsen'ev entfaltet. Bunins Chef d'œuvre entsprach einem Romantypus, den die russische Literatur bisher nicht
oder eher nur, denkt man an Gor'kijs autobiographische Trilogie, in
der Memoirenform verwirklicht hatte: dem Bildungs- oder Entwicklungsroman. Dieser vor allem in der deutschen Literatur ausgebildete
Romantypus, für den Goethes *Wilhelm Meisters Lehrjahre* oder Gottfried
Kellers *Grüner Heinrich* (namentlich in der zweiten, «objektivierten»
Fassung) stehen, war in Rußland vergleichsweise schwach rezipiert
worden. In den 30er Jahren nun wurde der Entwicklungsroman, zweifellos weniger der deutschen Tradition als der nostalgischen Rückschau
verpflichtet, zu einer bemerkenswerten Errungenschaft der Emigrationsliteratur. Der für diese Gattung konstitutive Subjektivismus
konnte sich in der entschiedenen Absetzung vom sowjetischen Kol-
lektivismus und auf der Suche nach der verlorenen russischen Vergangenheit entfalten. (Als sowjetisches Gegenstück wäre die vom
Klassenkampf bestimmte Funktionärssaga *Kak zakaljalas' stal'* [Wie der

Stahl gehärtet wurde, 1932–1934] von Nikolaj Ostrovskij dagegenzuhalten.)

Bei Bunin wurden in *Das Leben Arsen'evs* die Entwicklung des Helden zum Dichter, seine Liebesbeziehungen sowie das Milieu des russischen Landadels und der provinziellen Bildungseinrichtungen in einer durchgehend lyrischen, mitunter an Turgenev gemahnenden Tonlage eingefangen. Ob und wieweit das Leben Aleksej Arsen'evs in Wirklichkeit das Leben Bunins sei, ist eine überflüssige Frage. Obwohl die Lebensstationen des jungen Arsen'ev und seine Liebe zu Anchen oder Lika von Bunin als Stoff aus dem eigenen Erleben genommen wurden, kommt es in dem Werk nicht auf die selbstbiographische Authentizität an, sondern allein auf die künstlerische Glaubwürdigkeit der Geschichte des jungen Arsen'ev. Und in diesem Sinne kann Bunins in der Ich-Form dargebotener Roman als eines der Meisterwerke der russischen Erzählliteratur gelten.

Das Autobiographische als Grundelement und die Ausbildung der Subjektivität als dynamisches Prinzip der russischen Entwicklungsromane kam nicht nur bei Bunin, sondern auch bei Kuprin und Zajcev zum Tragen. Auch Gor'kijs autobiographische Trilogie, die Rechenschaft über die schwierigen frühen Lebensetappen ihres Autors gab, war ja ein Versuch der Selbstfindung gewesen. Die Entwicklungsromane Kuprins und Zajcevs waren jedoch anders angelegt. Das Autobiographische ging voll in einer bewußt gestalteten Fiktionalität auf. Kuprins *Junkera* (Fahnenjunker, 1928–1932), etwa gleichzeitig mit Bunins *Leben Arsen'evs* entstanden und thematisch mit den Militärpovesti *Poedinok* (Das Duell) und *Kadety* (Kadetten, 1900, später u. d. T. *Na perelome* [Im Umbruch]) verbunden, beruhten unverhohlen auf einer autobiographischen Basis. Der Held, Fahnenjunker Aleksandrov, sei sein Doppelgänger (On moj dvojnik), bekannte Kuprin, mit seinem Buch durchlaufe er seine Jugend, Moskau, die ersten Liebeleien, die Militärschule usw. Wie bei Bunin stellte auch hier die Kritik die Frage nach der Gattung. Roman oder lediglich private Memoiren lautete die Alternative, die keine war und durch den stilistischen Rang und die Dichte des vergegenwärtigten Weltausschnittes *ad absurdum* geführt wurde. Boris Zajcev, der mit seinem ersten in der Emigration geschriebenen, lyrisch gestimmten Roman *Zolotoj uzor* (Das goldene Muster, 1922–1924) das Schicksal einer jungen Frau bis zu den Wirren des Bürgerkrieges und der Emigration geschildert hatte, wandte sich ebenfalls dem großen Entwicklungsroman zu. Fast zwanzig Jahre arbeitete er an der autobiographischen Tetralogie *Putešestvie Gleba* (Die Reise Glebs, 1934–1953), die, wie bei Bunin, die Entwicklung des Helden zum Künstler und vom Evangelium durchdrungenen Menschen zum Gegenstand hat. Im Aufzeigen einer religiösen und symbolistischen Dimension der Lebensreise als Suche nach der Stadt Kitež unterschied sich Zajcevs Entwicklungsroman deutlich von Bunin oder gar Kuprin.

Der Kreis um Bunin widmete sich einem Tolstoj-Kult, der in der auf die Puškin-Verehrung eingeschworenen Emigration eine Besonderheit darstellte. Aufgrund von eigenen Begegnungen und Berichten über Tolstoj sowie einer profunden Kenntnis des Tolstojschen Gesamtwerks entwarf Bunin in seinem eigenwilligen Buch *Osvoboždenie Tolstogo* (Die Befreiung Tolstojs, 1937) ein Bild des großen Schriftstellers, das das unvergleichliche Künstlertum und die ethische Lehre Tolstojs als Einheit begriff, inkarniert in einer Persönlichkeit, deren Seinsweise von Anfang bis Ende irritierend und herausfordernd war. Als André Gide Bunin im August 1941 in Grasse aufsuchte, empfand er dessen Tolstoj-Kult (und die damit einhergehende Verachtung Dostoevskijs) als störend. Für Gide war «Tolstoy – asiatique». Für Bunin, wie auch für Mark Aldanov, den Verfasser des Buches *Zagadka Tolstogo* (Das Rätsel Tolstojs, 1923) – nach Vsevolod Setschkareff «eines der klügsten Bücher über Tolstoj überhaupt» –, oder Lev Šestov, stand die Verehrung Tolstojs für eine Kunstauffassung, die eine starke ethisch-geistige Komponente beinhaltete.

1933 wurde Ivan Bunin als erster russischer Schriftsteller mit dem Nobelpreis für Literatur ausgezeichnet. Daß es ein Autor war, der die russische realistische Tradition fortsetzte, und daß dieser Autor in der Emigration lebte, war kein Zufall. Das in Sachen russische Literatur bisher eher zurückhaltende Nobelpreiskomitee erkannte ausdrücklich «das strenge Künstlertum» Bunins an, eines Autors, der die «klassische russische Linie der Prosadichtung» vertrete. Kjell Espmark zufolge zollte man damit nachträglich der großen Tradition, deren Vertreter bisher übergangen worden waren, Anerkennung. Zugleich bekräftigte das Komitee die Zugänglichkeit der klassischen Prosa, wie sie Bunin schrieb, ein, neben der «hohen und gesunden Idealität», wichtiges Kriterium für die Vergabe des Literaturnobelpreises. Gegenüber der russischen Literatur hatte die Schwedische Akademie von Anfang an keine glückliche Hand bewiesen – und dabei blieb es auch fürderhin. 1902, im zweiten Jahr der Preisverleihung, war unter 34 Vorgeschlagenen auch Lev Tolstoj als alle anderen weit überragender Kandidat genannt worden. Doch hatte dieser nicht nur zuvor die Geldpreise für wertlos, ja schädlich erklärt, sondern durch seine Fundamentalkritik an Staat, Religion, Ehe und Privateigentum in den Augen des Komitees auch seinen Anspruch auf «Idealität» verwirkt. Später war Maksim Gor'kij zweimal, 1918 und 1929, für den Nobelpreis nominiert worden. Aber auch bei ihm hatte man «grelle und falsche Romantik» und «naturalistische Brutalität» auszusetzen; später ließen ihn die Übertreibungen, gemessen an den Normen, die Tolstoj gesetzt hatte, als preisunwürdig erscheinen. (Anstelle von Tolstoj erhielt 1902 der Historiker Theodor Mommsen den Preis, anstelle von Gor'kij 1929 die norwegische Erzählerin Sigrid Undset.)

Aleksandr Kuprin, Ivan Šmelëv, Aleksej Remizov, Michail Osorgin, Saša Čërnyj

Das Leben der Russen in der Diaspora mußte naturgegeben zum Thema der nach Frankreich (und anderswohin) verschlagenen Autoren werden. Es war bezeichnenderweise Aleksandr Kuprin, der eingeschworene Realist, der gar nicht anders konnte, als sich den neuen Erfahrungsbereich sogleich literarisch anzueignen. In seinen Romanen *Jug blagoslovennyj* (Der gesegnete Süden, 1927), *Mys Guron* (Kap Gouron, 1929), *Pariž domašnij* (Das häusliche Paris, 1932) und vor allem in *Žaneta* (Jeanette, 1933) drängte sich das französische Thema in den Vordergrund. Kuprin hat *Žaneta* zwar selbst auch als Roman gekennzeichnet, doch treffen auf die zartfühlende Geschichte vom genialen Professor Simonov, den es unter die französischen Kleinbürger am Bois de Boulogne verschlagen hat, eher die Kriterien der russischen Povest' zu. Die Begegnung des zerstreuten Gelehrten mit der quirligen achtjährigen Jeanette, der «Prinzessin von vier Straßen», nimmt sich aus wie eine harmlose Vorahnung der Nabokovschen *Lolita*.

Auch Ivan Šmelëv, im politischen Spektrum weit rechts stehend und der Orthodoxie zutiefst verbunden, hat das Leben in der Emigration in zahlreichen Erzählungen, etwa in dem Band *V-ezd v Pariž* (Einfahrt nach Paris, 1929), beschrieben, doch bewegte ihn mehr das russische Schicksal in Rußland. Die Ereignisse des Bürgerkriegs und die grausamen Exzesse der Bolschewisten hatte er in der Epopöe *Solnce mërtvych* (Die Sonne der Toten, 1923) aufgrund der eigenen Erlebnisse niedergeschrieben – ein Buch, das nach Einschätzung Thomas Manns und anderer Kritiker zu den grausigsten Dokumenten der Zeit gehörte. Sehr charakteristisch für Šmelëv waren seine «rasskazy» (Erzählungen) über Rußland, in denen er immer von neuem, meist in der vollauf beherrschten Skaz-Manier, die Erinnerung an das heimatliche, rechtgläubige Rußland wachrief. In *Čortov balagan* (Des Teufels Schaubude, 1926), einer seiner besten Bürgerkriegserzählungen, zeichnete er in der Konfrontation eines Hauptmanns mit einem Literaturprofessor mitten im Kampfgeschehen auf der Krim ein ungünstiges Bild vom

Opportunismus der bürgerlichen Intelligenz. Skaz-Erzählungen brachten die Bände *Pro odnu staruchu* (Über eine Greisin, 1927), *Svet razuma* (Das Licht der Vernunft, 1928), *Krymskie rasskazy* (Krim-Erzählungen, 1928–1936), *Rodnoe* (Heimatliches, 1931) und *Njanja iz Moskvy* (Die Kinderfrau aus Moskau, 1936). Šmelëvs letzten großen Werke waren der orthodoxen Geistigkeit gewidmet, indem er in *Leto Gospodne* (Das Jahr des Herrn, 1927–1948) das russische Leben in den kirchlichen Feiertagen einfing, in *Bogomol'e* (Die Wallfahrt, 1935) das orthodoxe Heiligtum in Sergiev Posad (Zagorsk) beschrieb und in *Nebesnye puti* (Himmelswege, 1937–1948, unvoll.) die sittlich-religöse Wiedergeburt eines Atheisten darstellte.

Aleksej Remizov, längst vor dem Ersten Weltkrieg als eigenwilliger Prosaist profiliert und seit 1923, nach dem üblichen Berliner Intermezzo, in Paris lebend, neigte der Position der Eurasier zu, für deren Zeitschrift *Vërsty* (Wegpfähle) er in den 20er Jahren viel geschrieben hat. Das Revolutionsgeschehen gestaltete er in dem eigenartigen, von Lyrismen durchsetzten autobiographischen Werk *Vzvichrënnaja Rus'* (Die aufgewirbelte Rus', 1927). Nicht weniger als 45 Bücher veröffentlichte er in der Emigration, darunter die gattungsmäßig schwer zu bestimmenden Bände *Myškina dudočka* (Myškins Pfeife, 1953) und *Martyn Zadeka* (1954), den seiner Frau, der Archäologin Serafina Remizova-Dovgello, gewidmeten Roman *V rozovom bleske* (Im rosa Glanz, 1952) und das Traumbuch *Ogon' veščej* (Das Feuer der Dinge, 1954). Nach dem Zweiten Weltkrieg erhielt Remizov den sowjetischen Paß zurück und trat in brieflichen Kontakt mit Leningrader Literaturwissenschaftlern. Lebhaftes Interesse schlug ihm damals vom französischen Publikum entgegen. Viele seiner Werke wurden ins Französische übersetzt; in Rußland kam seine Stunde erst mit der Perestrojka. Die Neuerungen und Experimente seiner Prosa, das Traumelement, das fast alle seine Werke durchdringt, der Rückgriff auf die altrussische Literatur und auf die Folklore, auf Märchen und Legenden übten auf junge Autorem in Rußland einen starken Einfluß aus.

In den Romanen Michail Osorgins, eines vor allem beim amerikanischen Publikum recht erfolgreichen Autors, zeichnete sich eine nur «gemäßigte Experimentierfreude» ab (W. Kasack). Zwar flocht er filmische und publizistische Elemente in den Erzählfluß ein, doch blieb er im ganzen konventionell. Osorgin, bereits 1905 als Sozialrevolutionär verhaftet und von 1907 bis 1916 im italienischen Exil lebend (1913 erschienen seine *Očerki sovremennoj Italii* [Skizzen über das moderne Italien], war nach der Revolution an Versuchen beteiligt, das literarische Leben wieder in Gang zu bringen. Er gehörte zu den Betreibern des Moskauer «Schriftsteller-Buchladens» (Knižnaja lavka pisatelej) und der literarischen Genossenschaft «Zadruga». 1921 verhaftet und nach Kazan' verbannt, wurde er ein Jahr darauf zusammen mit Julij Ajchenval'd, Fëdor Stepun und weiteren Andersdenkenden des Landes verwiesen.

Seinen sowjetischen Paß gab er jedoch erst zurück, als das sowjetische Konsulat in Paris 1937 auf seiner Rückkehr bestand. Osorgins Romane sind Zeitromane, die, wie *Sivcev Vražek* (d. i. eine Moskauer Straßenbezeichnung, dt. u. d. T. Der Wolf kreist, 1928), das Kriegs- und Revolutionsgeschehen in der Sphäre der Moskauer Adelsintelligenz oder, wie in den Romanen *Svidetel' istorii* (Zeuge der Geschichte, 1932) und *Kniga o koncach* (Das Buch von den Enden, 1935), die revolutionären Wallungen und den Terrorismus am Beginn des 20. Jahrhunderts aus authentischer Sicht vergegenwärtigen. In der Welt der Pariser Emigranten spielt sein Roman *Vol'nyj kamenščik* (Der Freimaurer, 1937). Osorgin war 1914 in Italien einer Freimaurerloge beigetreten und zählte seit 1925 zu den maßgeblichen russischen Freimaurern in Paris, zuletzt als Meister vom Stuhl der Loge «Severnaja Zvezda» (Polarstern), die unter dem Grand Orient de France arbeitete. Durch die Figur des Emigranten Tetëchin bannt er in satirischer Brechung Probleme der modernen großstädtischen Zivilisation, indem er die kosmopolitischen Ideale seines Helden mit der Mentalität der Pariser Kleinbürger konfrontiert. In Osorgins Erzählungen (*Povest' o sestre* [Geschichte von der Schwester], 1931; *Čudo na ozere* [Das Wunder auf dem See], 1931, u. a.) treffen sich, wie Konstantin Močul'skij vermerkte, Einfachheit und ungekünstelter Stil sowie die Fähigkeit, über das Ureigenste aus reinem Herzen und ein ohne Scham zu sprechen.

Zu den wenigen Autoren der Emigration, die sich der Kinderliteratur zuwandten, gehört Saša Černyj. Neben verschiedenen Lesebüchern für Kinder gab er 1921 in Berlin seine Kindergedichte in dem Band *Detskij ostrov* (Die Kinderinsel) heraus. Später entstanden in Paris die Märchenerzählungen *Serebrjanaja ëlka* (Die Silbertanne, 1929) und *Rumjanaja kniga* (Das rosarote Buch, 1931). Seine während des Ersten Weltkrieges im Feldlazarett gesammelten Soldatenmärchen (*Soldatskie skazki*, 1928; [2]1964) zählen, laut Wolfgang Kasack, zum Einmaligsten des Schriftstellers. Kinderverse und scharfsichtige und -züngige satirische Gedichte zeugen vom Talent des einstigen Heine-Übersetzers und namhaften Mitarbeiters am *Satirikon*. Die Unbehaustheit und Einsamkeit des Emigranten in einer fremden Welt hat er in dem Poem *Komu v ėmigracii žit' chorošo* (Wer kann in der Emigration gut/glücklich leben?, 1931/32) festgehalten.

Poesie und Poesiestreit

Im «russischen Paris» fanden sich nicht nur bedeutende Prosaisten, auch die Poesie war durch einige der besten Lyriker der Zeit vertreten. Sie unterschieden sich, wie Jurij Ivask bemerkt hat, von den Sowjetpoeten einmal durch den Verzicht auf politische Propaganda und Agitation, zum anderen durch ihre Abstinenz von poetischen Experimenten. Von den beiden führenden Kritikern der russischen Poetenkolonie in Paris empfahl der eine, Vladislav Chodasevič, Klarheit, der andere, Georgij Adamovič, Einfachheit als dichterisches Ideal (Ju. Ivask). Einige der Pariser Dichter hatten sich ihre ersten Sporen noch in der Dichterzunft der Akmeisten verdient. Von Ivanov erschienen in den 30er Jahren die Gedichtbände *Rozy* (Rosen, 1930), *Otplytie na ostrov Citeru* (Aufbruch zur Insel Kythera, 1937) und *Portret bez schodstva* (Porträt ohne Ähnlichkeit, 1937). Nikolaj Ocup erstrebte mit seinem Berliner Gedichtband *V dymu* (Im Rauch, 1926) und dem Pariser Band *Vstreča* (Begegnung, 1928) eine reine, apollinische Poesie, der er auch als Herausgeber der Literaturzeitschrift *Čisla* (Zahlen, 1930–1934) eine Chance einzuräumen suchte. In seinem 12 000 Verse umfassenden *Dnevnik v stichach* (Tagebuch in Versen, 1935–1950) fing er die Stationen seines Lebens ein, das ihn als Kombattanten im italienischen Widerstand, als Offizier der Alliierten und als Gefangenen im Konzentrationslager zeigte. Vor allen anderen aber trat Georgij Adamovič mit akmeistischem Anspruch auf. In dem Berliner Almanach der «Zweiten Dichterzunft» (*Cech poětov*, 1922) hatte sein Gedicht, das mit dem Vers «Nein, sage nicht, die Poesie sei Traum» (*Net, ty ne govori, poězija – mečta*) beginnt, an erster Stelle – vor Bloks *Sfinks* (Sphinx, 1902) – gestanden, ein Gedicht, das nicht Traum und Phantasie, sondern die Erinnerung an Leid und Trauer im Leben als Gegenstand der Poesie herausstellte. Adamovičs intime, oft um das Thema des Todes kreisende Verse begründeten die «Pariser Note» (parižskaja nota) der Emigrantenpoesie. Er forderte von den jungen Dichtern angesichts der in Europa um sich greifenden Krise der Kultur und der Persönlichkeit unmittelbare Wahrhaftigkeit und Menschlichkeit; sie allein sollten den Grad des Lyrismus und damit den künstlerischen Wert des Gedichtes bestimmen – und nicht die gewollte, gekünstelte Form. An den Gedichten der Lidija Červinskaja (*Približenija* [Annäherungen], 1934) entzündete sich der Streit mit Vladislav Chodasevič um die Rolle der Poesie im allgemeinen und die der Emigrantenpoesie im besonderen. Chodasevič bestand auf der künstlerischen Meisterschaft (masterstvo), auf der überlegenen Beherrschung der poetischen Form. Es ging bei diesem vielbeschworenen Literaturstreit in den Reihen der Emigranten in der Mitte der 30er Jahre letztlich nicht nur, wie Gleb Struve meinte, um die vordergründige Frage nach der Berechtigung von Themen wie Tod, Enttäuschung oder Schwermut, als vielmehr darum, ob diese Poesie ihren Wert durch die Aufrichtigkeit ihrer emotionalen Inhalte oder durch ihre vollendete Kunsthaftigkeit gewönne – also eigentlich um die uralte Scheinfrage, ob der Inhalt oder die Form den Wert des Kunstwerks ausmache. In dieser Polemik trat das, was der klassische Akmeismus niemals trennen konnte noch wollte, auseinander: die konkrete Diesseitigkeit der Welt, die den emotionalen Bereich voll einschloß, und die vollkommene Kunstübung. In Nabokovs Roman *Dar* (Die Gabe, 1937/38) wurden die beiden Kritiker-Kontrahenten unter den Namen Christofor Mortus (d. i. Adamovič) und Končeev (d. i. Chodasevič) karikiert.

Vladislav Chodasevič

Vladislav Chodasevič und Marina Cvetaeva, zwei bedeutenden Vertretern der russischen Poesie im 20. Jahrhundert, ist gemein, daß sie, wenn auch nach ansehnlichen Anfängen in der Vorkriegszeit, ihr Talent erst während des Bürgerkriegs und in der Emigration voll zur Geltung brachten. Hinzu kommt die mitunter verdrängte Tatsache, daß beide als Künstlerpersönlichkeiten schwierig und sprunghaft waren. Chodasevič stand, wie die Cvetaeva, zwischen den Lagern. Nach seinen frühen, «neoklassizistischen» Gedichten hätte man ihn den Akmeisten zurechnen können – wie es oft auch geschah. In den Jahren des Umbruchs bekundete er Interesse am Proletkul't und an den proletarischen Dichtern. Noch in Petrograd, dann in Berlin und Sorrent war er, zusammen mit seiner damaligen Gattin, Nina Berberova, einer der engsten Mitarbeiter und Trabanten Gor'kijs, was, neben seiner Streitlust, seine Stellung in der Emigration erschwerte. Nichtsdestoweniger gewann er mit seiner kritischen, oft auch giftigen Feder beträchtlichen Einfluß auf den Gang der Literatur. Daß er zu den scharfsinnigsten russischen Literaturkritikern zählt, steht heute außer Frage.

Das lyrische Schaffen Chodasevičs war sparsam, doch von hohem künstlerischen Rang. Vladimir Nabokov fand für ihn die treffende Formel «ein literarischer Nachkomme Puškins auf der Tjutčev-Linie». Zu Lebzeiten veröffentlichte er fünf Gedichtbände mit den Titeln *Molodost'* (Jugend, 1908), *Sčastlivyj domik* (Das glückliche Häuschen, 1914), *Putëm zerna* (Mittels des Samenkorns, 1920, 1922), *Tjažëlaja lira*

(Die schwere Lyra, 1923) und – in Paris veröffentlicht – *Evropejskaja noč'* (Europäische Nacht, 1927). Zusammen mit L. B. Jaffe stellte er 1918 eine *Evrejskaja antologija* (Jüdische Anthologie) zusammen. Da er aus einer polnisch-katholischen Familie stammte, war er zeitlebens für die polnische Kultur offen und übersetzte bedeutende Werke der polnischen Literatur ins Russische, darunter Zygmunt Krasińskis *Irydion*, Władysław Reymonts *Bauern* (*Mužiki*) und verschiedene Werke von Kazimierz Tetmajer. In dem Gedicht *Ja rodilsja v Moskve* (Ich bin in Moskau geboren, 1923) bestimmte er seinen geistig-nationalen Standpunkt: «Stiefsohn Rußlands, doch Polen, / was ich Polen bin, weiß ich selber nicht» (Rossii pasynok, a Pol'še – / Ne znaju sam, kto Pol'še ja.). Seine Heimat aber befinde sich in den acht kleinen Bänden, die er mit sich herumtrage: Seine Heimat sei vor allem das Flüstern «der heiligen Mohrenlippen» – Puškin. Die Verbindung zu Puškin – aber auch zu Lermontov – kam in seinen Gedichten im insistierenden Intertextbezug immer wieder zutage. Ansonsten war Chodasevičs lyrisches Werk nach Themen und Qualität recht ungleichmäßig. Der Dichter suchte fast für jedes Gedicht eine ureigene Lösung, und das konnte nicht immer gleich gut gelingen. Man findet unter seinen Gedichten darum manches Fragmentarische. Gedichte von photographisch genauer Wirklichkeitsaufnahme, der akmeistischen Konkretheit verpflichtet, stehen neben extravaganten Formspielereien. Zu den ersteren gehören die Berlin-Gedichte wie *Berlinskoe* (Berlinisches, 1922) und *Pod zemlëj* (Unter der Erde, 1923) oder die *Sorrentskie fotografii* (Sorrenter Photographien, 1926), in denen sich verschiedene Erinnerungen an Sorrent, Petersburg und Moskau wie eine mehrfach belichtete Filmplatte überlappen – ein kühnes Simultaneitätsexperiment. Zu den poetischen Experimenten zählen Sonettabwandlungen wie das Einsilber-Sonett *Pochorony* (Beerdigung, 1928) oder Sonettoide, die die 14-zeiligkeit der Gattung zu ungewohnten Kombinationen (7x2, 2x7, 2+2+3+3) abwandeln, so in den Gedichten *Akrobat* (1914–1921), *Uedinenie* (Einsamkeit, 1915) oder *Zoloto* (Gold, 1917). Chodasevič hätte all dies niemals mit den futuristischen Experimenten gleichgesetzt, die er, mit Ausnahme der Severjaninschen, abgrundtief verachtete. In parodistischen Gedichten hat er Chlebnikovs Wortmagie – in dem Gedicht *Apollinazm* (Apollinasmus, 20er Jahre) – und das futuristische Zaum' – in dem Gedicht *Živ Bog!* (Gott lebt, 1923) – zielsicher aufs Korn genommen: Klug sei er, doch nicht metaklug (umën ja, a ne zaumën), bekräftigte er und legte zugleich das positive Bekenntnis ab: «Ich liebe ... meine Menschensprache» (Ljublju ... moj čelovečeskij jazyk). Er war geneigt, die Experimentierwut der Futuristen mit dem Bolschewismus gleichzusetzen. Majakovskij war und blieb für ihn ein Dichter des Pogroms (pogromščik) und Huldiger der Sowjettyrannen, «ohne Edelmut, ohne Reinheit, ohne Poesie», kurz: ein Flegel.

Allenthalben durchdringt der Dualismus von Leib und Seele, materieller und spiritueller Welt die Dichtungen Chodasevičs (F. Göbler). Misanthropische Züge sind nicht zu übersehen. So konnte er mit bösem Blick die Ungeschlachtheit von Badegästen – im «Datschen-Gedicht» *Dačnoe* (1923) – vorführen oder sich den Lustmord an einer anämischen Kellnerin vorstellen – *An Mariechen* (1923). Ob sich darin die «unstable irony» Chodasevičs ausdrückte (D. M. Bethea) oder der Tod als Befreiung vom Irdischen, vom Materiellen, von der «Gefangenschaft der Trivialität» zu deuten ist (F. Göbler), ist schwer zu entscheiden. An Kunstverstand freilich übertraf Chodasevič fast alle seine Leidensgenossen in der Emigration. Klarsichtig beschrieb er die Ausnahmesituation der Exilliteratur in seinem Essay *Tam ili zdes'?* (Dort oder hier?, 1925). «Wo ist denn nun die echte, lebendige russische Literatur? Dort, in Sowjetrußland, oder hier, in der Emigration?» fragte er und verweigerte sowohl der einen wie der anderen Seite den Hegemonieanspruch. Zwar fehle es der einen wie der anderen nicht an Talenten und Neuerungen, doch herrsche in der Sowjetliteratur – ausgenommen die alten, vorsowjetischen Autoren von Prišvin bis Aleksej Tolstoj – die Mittelmäßigkeit («zahllose Piln'jaks, Nikitins, Vsevolod Ivanovs, Babel's, Aseevs, Sejfullinas usw.»). Die Autoren der Emigration wieder würden von Tausenden von Emigrantensorgen erdrückt: «Die materielle Lage selbst der Schriftsteller mit ‹Namen› ist schwer, für Anfänger ist sie hoffnungslos.» Dies und die Trennung von Rußland, und nicht etwa die «Fäulnis der bourgeoisen Ideologie», würden zu einer wenn auch nicht tödlichen, so doch krankhaften Ermüdung führen. Die Sowjetliteratur wieder leide unter den bolschewistischen Zwängen, Zensurwillkür, Eliminierung der alten Literatur, vorsätzlicher Senkung des kulturellen Niveaus, Spionieren, Denunzieren, Liebedienerei. Die Teilung der russischen Literatur ward hier als Krankheit und Leiden beschrieben. Doch wolle die eine Hälfte – aus Stolz – nicht klagen, und die andere dürfe es nicht. «Herauszulesen, welche eher ersticken wird, ist nicht nötig, ist nicht gut; gebe Gott, daß beide am Leben bleiben.»

Marina Cvetaeva

Chodasevič war es auch, der als einer der ersten Kritiker auf die künstlerische Besonderheit der Marina Cvetaeva aufmerksam gemacht hatte. Zwar hatte er ihren zweiten Gedichtband, *Volšebnyj fonar'* (Die

Zauberlaterne, 1912) noch mit Reserve aufgenommen: Die Poetesse
besitze ein gewisses Talent, es gebe aber auch «etwas Unangenehm-
Süßliches» in ihren Beschreibungen einer halbkindlichen Welt. In der
Rezension von *Remeslo* (Handwerk) und *Psicheja*. *Romantika* (Psyche.
Romantik; beide 1923) gestand er ihren Versen eine einmalige Musika-
lität zu, qualifizierte ihre Bücher aber noch als «Wundertüten des
Wirrwarrs» (funtiki erlaša), von keiner ordnenden Vernunft gesteuert.
Erst für das Märchenpoem *Mólodec* (Der Prachtkerl, 1924) stellte er
rückhaltlos heraus, daß hier auf eine ungeahnte Weise die Bildvorstellungen und die Wortphantasie der Volksdichtung mit den experimentellen Verfahren der literarischen Avantgarde verschmolzen, daß die
Poesie dank der Wort- und Sinnspiele der volkstümlichen Pričitanija
(Klagelieder) eine neue Qualität gewann, daß überhaupt die «zaumnost'» (das den Wortklang verabsolutierende Grundelement der Poesie), anders als bei den Futuristen, den Sinn der Verse nicht nieder-
zwinge, sondern gleichberechtigt neben ihn trete. In der Realisierung
des Folklorestils gehe Cvetaeva über die «Dosierung», die Puškin,
Eršov und andere eingeführt hatten, weit hinaus; das Verhältnis von
«narodnost'» und «literaturnost'» werde bei ihr geradezu umgekehrt.

Wie das zuvor entstandene Märchenpoem *Car'-Devica* (Zar-Jung-
frau, 1922), das seinen Stoff aus der Märchensammlung Afanas'evs
(Nr. 232 und 233) gewonnen hatte, griff auch *Mólodec* auf die russische
Märchenüberlieferung zurück (Afanas'ev, Nr. 363, *Upyr'* [Der Vam-
pir]). Nur wurde das Märchenmotiv – die Heldin verbindet sich mit
dem gefallenen Engel – polysemantisch entfaltet, so daß es als politisches, philosophisches und natürlich auch erotisches Poem gelesen
werden konnte. Das erste in Frankreich geschriebene «Alltagspoem»,
genannt *Poéma Lestnicy* (Treppen-Poem, 1926), zeigte die gleiche stilistische Faktur wie die Märchenpoeme, nur entfaltete die Cvetaeva hier
aus schlichten Gegebenheiten des Alltags ein verschlungenes Sinnge-
bäude, das den Gebrauch und den Mißbrauch der Dinge durch den
Menschen und, im Entstehungsumfeld des Poems, den Aufstand der
Dinge und ihre Vernichtung in einer Feuersbrunst evozierte. Das greifbare Geschehen des Alltags und die Weltgeschichte verflossen ineinander. Ein Hauch von Kindlichkeit ist in den Poemen – später kam noch
das Poem *Avtobus* (Omnibus, 1938/39) hinzu – wie auch in vielen
Gedichten der Cvetaeva erhalten. Sie sind leicht eingängig, verraten
ihren Gehalt jedoch erst nach tiefschürfender Analyse und Aufweis der
archetypischen, mythischen und intertextuellen Komponenten.

Auch in ihren wenigen Prosawerken brachte Marina Cvetaeva einen
völlig neuen Erzählstil ins Spiel. In der *Povest' o Sonečke* (Sonečka-
Geschichte, 1938) rekonstruierte sie ihre Begegnung mit der quickle-

bendigen Schauspielerin Sonečka Gollidej (Holiday), einem Wunder an Weiblichkeit, im Bürgerkriegsjahr 1918 in einem «Gedenkbild». Die ein wenig heikle Dreiecksgeschichte wurde mit einer Fülle literarischer, musikalischer und mythologischer Analogien, Assoziationen, Querverbindungen und Reflexionen befrachtet, so daß ein rankenreicher, semantisch vielschichtiger Text entstand. Manche Prosasegmente der Povest' wirken wie unfertige Gedichte, wie Rohmaterial, das noch nicht in Verse gebannt wurde. Doch nicht die fiktionale Erzählprosa war Cvetaevas gängiges Metier, sondern die hochemotionale, aus dem Augenblick heraus formulierte Tagebuch- und Briefprosa. Mit den Tagebüchern (*Dnevnikovaja proza*) *Moskva 1917–1918* (Moskau 1917– 1918) und *Pariž 1937* (Paris 1937) und vor allem ihrem Briefwechsel mit verschiedenen Partnern (Aleksandr Bachrach, Vera Bunina, Jurij Ivask, Fürst Dmitrij Šachovskoj u. a.) lieferte sie einen überaus wichtigen literarischen Beitrag. Ihr Schreiben aus dem Gefühl des Mangels heraus, von dem Pasternak gesprochen hat, ihr Zurückscheuen vor direkter Liebe und Verliebtheit ließen ihr die durch Briefe zu überwindende Entfernung zum Stimulans werden. Worüber sie auch schrieb – die tristen Lebensumstände, die finanzielle Notlage im Exil, Erinnerungen an glückliche Kindertage, Rußland –, stets verdichtete sie ihre Themen, setzte sie ihren aufschäumenden Emotionen aus, verwickelte sie in Assoziationen, so daß auch die Briefe letztlich eine poetische Struktur gewannen, mit intensivem Ineinandergreifen von Wort, Gedanke und Bild, wenn auch ohne Metrum und stilistische Feinarbeit. Ansonsten waren Gruß- und Hommagegedichte eine ihrer wesentlichen Gattungen. Puškin, Pasternak, Majakovskij, Anna Achmatova hat sie, oft in mythische oder historische Rollen schlüpfend, Gedichte gewidmet. Mit Mandel'štam hat sie im Jahre 1916 Gedichte ausgetauscht, die sich, wie so oft bei ihr, zum Zyklus sammelten. Zehn Jahre später wurde der Briefwechsel mit Pasternak und Rilke zu einem auflodernden Gefühlsrausch, der nur mittels einer besonderen, psychostilistischen Analyse (U. Hepp) adäquat erschlossen werden kann. Der Dreierbriefwechsel wogte, in drei Sprachen – Deutsch, Französisch und Russisch – gefaßt, zwischen Moskau (Pasternak), Valmont / Wallis (Rilke) und Saint-Gilles-sur Vie (Cvetaeva) monatelang hin und her, von Mai 1926 bis zu Rilkes Tod im Dezember des gleichen Jahres. Mit ihrer wunderbaren Beherrschung der deutschen Sprache und der unbändigen Gefühlsgewalt ward sie Psyche dem sterbenden Orpheus. «Das ewige Paar der sich Nie-Begegnenden», wie sie emphatisch ausrief, führte ein Gespräch, das, wie Konstantin Azadovskij formuliert, «vom Atem der hohen Lyrik umfacht» war. Wie Pasternak empfand Marina Cvetaeva von allen Dichtern Rilke als ihr am nächsten stehend. Und in der Tat ist die Einheit von Wort und Wirklichkeit selten inniger verwirklicht worden als in den Versen dieses Dreierbundes.

Marina Cvetaeva war nach ihrer Ausreise aus Rußland in der Emigration mit offenen Armen empfangen worden. Ihre Gedichte aus dem Band *Lebedinyj stan* (Schwanenlager, 1922) – Verse, die zwischen Zarentum und Anarchie, Rot und Weiß keinen festen Ort kannten und nannten – waren als Parteinahme für die Weißen aufgenommen worden. Dabei war es ihr von Anfang bis Ende nicht gegeben, eindeutige politische oder ideologische Standpunkte einzunehmen. Als Vladimir Majakovskij im November 1928 nach Paris kam und dort in einer Lesung auftrat, erklärte sie der Zeitung *Evrazija*: «Die Kraft ist dort» (Sila – tam). Dies wurde ihr als Verneigung vor dem Sowjetstaat ausgelegt und hatte zur Folge, daß ihr die Mitarbeit an den größten russischen Emigrantenzeitungen, etwa Miljukovs *Poslednie Novosti*, verwehrt wurde. (Auch die Emigration besaß also ihre Mechanismen der Zensur und der Diskriminierung.) Die harte materielle Notlage und die – ihr vermutlich unbekannte – Agententätigkeit ihres zwielichtigen Mannes, Sergej Èfron, schließlich das Drängen ihrer Tochter Ariadna bewegten sie im Juni 1939 zur Rückkehr in die Sowjetunion. Dort gelang es ihr nicht einmal, in den Schriftstellerverband aufgenommen zu werden. Ihre letzte Bitte, fünf Tage vor ihrem Selbstmord im tatarischen Elabuga, wohin man sie im August 1941 evakuiert hatte, lautete, man möge sie wenigstens als Spülfrau in der Kantine des Schriftstellerverbandes beschäftigen.

Italien – Großbritannien – USA

Nach Italien hatten nur wenige der russischen Literaten den Weg genommen. Auf Einladung des italienischen Slawisten Ettore Lo Gatto kamen Pavel Muratov, Michail Osorgin und Boris Zajcev nach Rom, um am dortigen Instituto per l'Europa Orientale zu lehren. Obwohl diese Autoren längst schon zu den Bewunderern Italiens zählten – Muratovs *Obrazy Italii* (Italienbilder, 1911/12, 1924) und Zajcevs lyrische Skizzen *Italija* (1923) bildeten Höhepunkte der russischen Italienliteratur –, zog es sie doch bald nach Paris, das Mitte der 20er Jahre immer deutlicher zum Mittelpunkt der literarischen Diaspora wurde.

In Rom lebten reiche Angehörige der russischen Aristokratie, durchweg Monarchisten, die sich zu den Schriftstellern distanziert verhielten. Um die Gogol'-Bibliothek in der Via delle Colonette bildete sich ein russischer Zirkel (russkij kružok), der auch in den Akten des Innenministeriums auftaucht (C. Scandura). Aber auch Künstler und Theaterleute ließen sich in Rom nieder. Wieweit die faschistische Machtergreifung im Oktober 1922 die Entscheidungen russischer Emigranten beeinflußte, ist schwer zu sagen. Mussolini versuchte, Mark Slonim, der von 1919 bis 1922 in Italien lebte, zur Mitarbeit an seiner Zeitung *Popolo d'Italia* zu gewinnen, was der eingefleischte Sozialrevolutionär jedoch ablehnte. Für die rechten Emigrantenkreise aber mußte es manche Berührungspunkte mit dem antirevolutionären, antikommunistischen, die Doktrin des korporativen Staates verfechtenden Faschismus geben. Jedenfalls hatten Kazem-Beks «Jungrussen» (Mladorossy), die mit Faschismus und Nationalsozialismus liebäugelten, einen Stützpunkt in Rom. Auch war es kein Zufall, daß Merežkovskij 1934 und 1936 Mussolini aufsuchte, der ihn im Palazzo Venezia prächtig empfing. Unterstützt von der italienischen Regierung, arbeitete er längere Zeit an seinem Dante-Buch in Rom. Bald darauf hat er sich enttäuscht von Mussolini abgewandt. Gor'kij wiederum mußte, als er sich im Frühjahr 1924, trotz größter Vorbehalte gegen Mussolini, entschloß, sich in Italien niederzulassen, lange auf die Erteilung des Einreisevisums warten.

Vjačeslav Ivanov, Maksim Gor'kij in Italien

Im gleichen Jahr kam Vjačeslav Ivanov auf einer von Lunačarskij angeordneten «Dienstreise» (komandirovka) mit «rotem Paß» nach Italien. Ziel seines Aufenthaltes waren Studien zu Aischylos, dessen Tragödien er übersetzte. Im ersten seiner *Rimskie sonety* (Römische Sonette, 1924/25) begrüßte er, ein neuer Äneas, Rom, die *Regina Viarum* (car' putej), und hoffte im Blick auf das brennende Troja (d. h. Rußland), daß dieses wieder erstarken möge. Diese neutrale Haltung hielt Vjačeslav Ivanov in der Folgezeit durch. Zwar trat er 1926 zum Katholizismus über und wurde Professor am Collegio Borromeo in Pavia, doch behielt er bis 1936 die sowjetische Staatsbürgerschaft und wurde von der sowjetischen Staatsakademie der Kunstwissenschaften (GACHN) unterstützt. Er hielt Verbindung zu Gor'kij, zu Semën Frank, aber auch zu Merežkovskij.

Das Vierteljahrhundert, das er in Italien verbrachte, zeugt von ungewöhnlicher Schaffenskraft in Poesie wie Philosophie. Der eigentümliche Synkretismus, der seine Dichtungen von Anfang an erfüllte, kam nun zur Vollendung. Das mythisch-dionysische Element verwob sich mit der orthodoxen und katholischen Bilder- und Symbolwelt. Seine *Römischen Sonette*, ursprünglich für Gor'kijs *Beseda* vorgesehen, jedoch erst zehn Jahre später in den *Sovremennye zapiski* erschienen, und das den Jahreskreis durchschreitende «Römische Tagebuch des Jahres 1944» (*Rimskij dnevnik 1944 goda*) werden mit Recht zu den Gipfelpunkten der russischen Poesie im 20. Jahrhundert gezählt. Wiewohl der Schmelz des Symbolismus sie überzieht und ihren Ort in der Literaturgeschichte bestimmt, treten in ihnen doch Züge zutage, die der russischen Poesie sonst eher fremd sind: eine archaische Feierlichkeit, die aus der tiefen Erfahrung der altgriechischen lyrischen Poesie (Pindar, Sappho, Alkaios) stammt; eine humanistische Klarheit, die auf die Begegnung mit Dante und Petrarca zurückgeht; ein christlicher Utopismus, der aus der geistigen Nähe zum katholischen Neothomismus, zu Jacques Maritain oder Giovanni Papini, gespeist wird. Die schwere Erhabenheit seines Stils läßt natürlich auch an die byzantinisch-kirchenslawischen Traditionen denken. Gleb Struve verglich ihn mit der «prunkenden Pracht goldener byzantinischer Meßgewänder», doch komme, etwa in den *Römischen Sonetten*, auch die römische Luft, die lateinische Klarheit, die strenge Einfachheit klassischer Linien zur Geltung.

Sir Maurice Bowra hat im Vorwort zu *Svet večernij* (Abendlicht, 1962), der ersten repräsentativen Sammlung der Gedichte Vjačeslav Ivanovs, die Hauptmomente der Ivanovschen Poetik herausgestellt: «In the first, Ivanov needed a strict, regular form to keep his motions in their place. [...] In the second place, Ivanov regarded poetry as a mystical activity, a means of revealing in words the divine nature of the universe.»

In dem wohl eigenartigsten Werk, das Vjačeslav Ivanov hinterlassen hat, dem religionsphilosophischen Poem *Čelovek* (Der Mensch), wurden diese Momente exemplarisch verwirklicht. Ivanov bezeichnete die Form des zwischen 1915 und 1919 entstandenen, doch erst 1939 in Druck erschienenen Werkes als Melopöie (*melopeja*) und meinte damit eine symmetrische, auf Zahlensymbolik beruhende Komposition (der dritte Teil des Poems besteht aus einem Sonettenkranz) und eine besondere Klangqualität der Verse, die den esoterischen Gehalt unterstrich. Die Dichtung war der Versuch, ein altes, auf die mystische Christusliebe gegründetes Menschenbild in der «Sprache des Geistes» (*jazykom ducha*) gegen die weltanschauliche und psychologische Zerfaserung des modernen Menschen zu stellen. Vjačeslav Ivanov hat gleichwohl mit solchen Werken weniger Wirkung erzielt als mit seinen kulturphilosophischen Studien und kritischen Essays, die, Goethe, Gogol', Puškin und Dostoevskij gewidmet, vor allem in Deutschland mit Interesse aufgenommen wurden.

Maksim Gor'kij weilte von 1924 bis 1933 – zum zweiten Male, nach dem langen Capri-Aufenthalt der Jahre 1906–1913 – in Italien.

Sein Domizil in Sorrent wurde, ähnlich wie zuvor in Heringsdorf und Bad Saarow, ein Pilgerort russischer Schriftsteller und Künstler. Vladislav Chodasevič und Nina Berberova wohnten bei ihm; seine Schützlinge Isaak Babel' und Leonid Leonov kamen angereist, ferner Ol'ga Forš, Samuil Maršak, Aleksej Tolstoj, Prokof'ev und Šaljapin. Der LEF-Aktivist Nikolaj Aseev veröffentlichte nach dem Besuch in Sorrent das Buch *Razgrimirovannaja krasavica* (Die abgeschminkte Schöne, 1928), in dem die Gespräche mit Gor'kij genau festgehalten sind. Zugleich zeichnete Aseev ein zwiespältiges Bild von Italien, einem Land, das unter der Last seiner alten Kunstwerke und Ruinen stöhne, während in den Städten eine moderne, dynamische Urbanität entstehe. Gegen Muratovs Italienkult polemisierend, setzte er das «Gefühl für Modernität» gegen die «tausendgesichtige sklavische Verehrung der Heiligtümer der Jahrhunderte». Marinetti, mit dem er zusammentraf, fand er exaltiert, kam aber nicht umhin, ihm Modernität zu bescheinigen. Gor'kij hat gegen Aseevs leichtfertige Bravade mit Schärfe protestiert. Für ihn genossen die kulturellen Reichtümer und Traditionen, gerade wie er sie in Italien vorfand, den Schutz der Unantastbarkeit.

Die in jener Zeit veröffentlichten Erzählungen zeigten einen ungewöhnlich experimentierfreudigen Gor'kij. Man hat in ihnen den Einfluß aktueller westlicher Strömungen, etwa des Surrealismus, sehen wollen (A. Knigge). Nicht zu bestreiten ist, daß die phantastischen Motive und die psychologische Tiefenlotung, wie sie in den *Zametki iz dnevnika* (Fragmenten aus meinem Tagebuch, 1923/24) oder den *Rasskazy 1922–1924 godov* (Erzählungen der Jahre 1922–1924) aufkamen, für den Erzählstil Gor'kijs überraschend waren. Gor'kij nahm hier den sonst üblichen Erzählerkommentar weit zurück und gab Menschen mit abartigen oder bedenklichen Seelenverfassungen das Wort: Seine Figuren stellen sich selbst im Gespräch, in einer Art Skaz, dar. In *Pauk* (Die Spinne, 1923) ist es der Antiquitätenhändler Ermolaj Makov, dem die Frau die Seele vertauscht hat und der nun von einer dreiäugigen Spinne mit weiblichen Brüsten verfolgt wird. In *Otšel'nik* (Der Einsiedler, 1923) berichtet Savelij Pil'ščik dem Ich-Erzähler von den schlimmen Verfehlungen seines Lebens, indes die Bauern ihn als Tröster und Heiligen verehren, der ihre Seele wie Blei zum Schmelzen bringt und das Wort der Liebe predigt. In *Golubaja žizn'* (Das blaue Leben, 1925) baut sich der in der Kleinstadt vereinsamt lebende Sonderling Mironov eine ideale Vorstellung vom «blauen Leben» in Paris auf, malt sein Haus mit himmelblauer Farbe an und gerät in den Wahn, der Teufel suche ihn heim. Selbst die Erinnerungen an Aleksandr Blok (*A. A. Blok*, 1923) spüren das Wesen des Dichters in seiner psychologischen und denkerischen Rätselhaftigkeit auf. Andrej Sinjavskij traf wohl das Richtige, wenn er sagte, Gor'kij werde erst dann zum wahren Künstler, wenn er die Realität nicht mehr verstehe. Freilich entstand etwa gleichzeitig mit den «irrationalen» Erzählungen der handfest-realistische Roman *Delo Artamonovych* (Das Werk der Artamonovs, 1925), der die Entwicklung einer Unternehmerfamilie über drei Generationen, in der Zeit von der Bauernbefreiung bis zur Oktoberrevolution, verfolgt. Wie in Thomas Manns *Buddenbrooks* oder dem Glembaj-Zyklus von Miroslav Krleža geht es – biologisch und ökonomisch – um Aufstieg und Abstieg. Auf den Gründer der Artamonov-Dynastie, den aus der Leibeigenschaft entlassenen vitalen Bauern Il'ja Artamonov, folgen schwächere Erben; aus der anfänglichen Kooperation von Unternehmer und Arbeitern wird Ausbeutung und entfremdete Arbeit. Der Enkel Il'ja, Bolschewist geworden, weigert sich, die Fabrik zu übernehmen. Als Rotarmist wird er sie den Arbeitern überantworten. Mit der unverkennbaren Vorliebe für den aus dem Volke stammenden prallen Kraftmenschen Il'ja Artamonov und seinen gleichnamigen sozialistischen Enkel blieb Gor'kij seinen alten Idealen treu, sagte aber auch künstlerisch nichts Neues.

Gor'kij hatte, trotz manch scharfer Proteste und Kritik an den Willkürmaßnahmen und Brutalitäten der Bolschewisten, die Brücken zum Sowjetstaat nicht abgebrochen. Von Rußland getrennt zu sein, war für ihn auf die Dauer unerträglich. Endlich beschritt er den Weg zurück, den ihm die sowjetischen Behörden sorgsam bereitet hatten. In einem aufsehenerregenden offenen Brief bekannte er im August 1928 seine früheren Fehler bei der Einschätzung der Bolschewisten, die er 1918 in der Zeitschrift *Novaja žizn'* (Neues Leben) bekämpft hatte, und bekräftigte seine Überzeugung, daß das russische Volk (mit der Oktoberrevolution und dem sozialistischen Aufbau) die Schwelle zu seiner Wiedergeburt überschritten habe. Bald darauf reiste er über Berlin und Köln, wo ihn der damalige Oberbürgermeister Konrad Adenauer auf der Presseausstellung herzlich begrüßte, in die Sowjetunion zurück. Der Empfang war triumphal. «Der Schriftsteller war unter Lenin verjagt worden», schreibt der Gor'kij-Biograph Gjeir Kjetsaa, «nun war er unter Stalin zurückgekommen, weil er nicht anders konnte!»

Großbritannien

England besaß für die literarische Emigration weit weniger Anziehungskraft als Frankreich, Deutschland oder die slawischen Länder.

Das lag vielleicht an der zwielichtigen Rolle, die das Vereinigte Königreich während des Bürgerkrieges und bei der Intervention gespielt
hatte. Sieht man von Gleb Struves Studium in Oxford 1919–1922 und
dem Vladimir Nabokovs am Trinity College in Cambridge 1923 ab, so
bleibt vor allem das Wirken Dmitrij Mirskijs als Literaturkritiker und
-historiker zu nennen. Aus einem Teilfürstengeschlecht stammend –
sein Urahn war der Fürst von Turov, Svjatopolk der Verfluchte (Svjatopolk Okajannyj), sein Vater, Fürst Pëtr Svjatopolk-Mirskij, russischer
Innenminister am Vorabend der Revolution von 1905 –, hatte Mirskij
lange zwischen dem Offiziersberuf und der Poesie geschwankt. Im
Bürgerkrieg hatte er als Stabsoffizier in der Denikin-Armee gegen die
Roten gekämpft. In London, wo er von 1922 bis 1932 an der Universität russische Literatur lehrte, profilierte er sich als hervorragender Deuter der klassischen und modernen russischen Literatur. Ansätze des
New Criticism und der russischen Formalisten verband er dabei inge-
niös mit kultursoziologischen Erkenntnissen. Den Zeitgenossen bot er
eine neue Sicht Puškins und Dostoevskijs, ebenso wie er zum Fürsprecher Pasternaks und der Cvetaeva wurde. Seine *Istorija russkoj literatury s
samych rannich vremën do Dostoevskogo* (Geschichte der russischen Literatur von den frühesten Zeiten bis zu Dostoevskij, 1927) gehört zu den
einflußreichsten und lebendigsten Darstellungen dieser Literatur. Die
ideologische Entwicklung Mirskijs freilich lief auf den offenen Zwist
mit den maßgeblichen Kreisen der Emigration hinaus. Vom Idealismus
und Symbolismus wandte er sich zunächst dem Eurasiertum und endlich dem Marxismus-Leninismus zu. 1927 wagte er es, die literarische
«Generalität» der Emigration (Merežkovskij, Zinaida Gippius, Bunin,
Zajcev) in dem Eurasier-Blatt *Vërsty* (Wegpfähle) in schärfster Weise
anzufeinden. 1931 trat er der britischen Kommunistischen Partei bei
und kehrte ein Jahr danach in die Sowjetunion zurück. (Sein Nachfolger in London wurde Gleb Struve.) Zunächst wirkte Mirskij hier als
agiler Kritiker mit starken «vulgärsoziologischen» Akzenten und versuchte, die moderne englische Literatur in Rußland bekanntzumachen. Seine Essays über T. S. Eliot, Aldous Huxley und James Joyce
(*Džejms Džojs*, 1933; *Ob Ulisse* [Über Ulysses], 1935), namentlich aber
seine *Antologija novoj anglijskoj poëzii* (Anthologie der neuen englischen
Poesie, 1937), die bereits ohne Nennung des Herausgebernamens
erschien, zählen zu den wichtigen englisch-russischen Vermittlungs-
akten im 20. Jahrhundert. Bedeutsam war in der damaligen Situation
sein Eintreten für James Joyce. Wenn er Joyce auch als Vertreter der bürgerlichen Parasitenkultur vorstellte, so sprach er ihm doch die einmalige Meisterschaft nicht ab: Seine Wortkunst übertreffe alles, was in dieser Richtung in der russischen Literatur geleistet worden sei. Den

«Formalismus» von Joyce zu verteidigen wagte er schon nicht mehr.
1937 wurde Mirskij verhaftet und ist zu einem nicht bekannten Zeitpunkt im Stalinschen GULAG umgekommen.

Exodus in die Neue Welt

Das Jahr 1940 brachte einen neuen Exodus. Nicht nur die Besetzung
Frankreichs durch deutsche und italienische Truppen, sondern vor
allem der Hitler-Stalin-Pakt hatte eine unübersichtliche Lage geschaffen. Unter den Emigranten in Frankreich fanden sich manche zur Kol-
laboration mit den deutschen Besatzungsbehörden bereit. Andere
schlossen sich dem Widerstand an, die meisten versuchten, mit niedri-
gem Profil zu überleben. Bunins Tagebücher (*Dnevniki*, 1977–1982,
veröfftl. u. d. T. *Ustami Buninych* [Aus dem Munde der Bunins]), geben
Einblick in die Lage der Russen im besetzten Frankreich. Einige aber
faßten den Entschluß zur Ausreise – oder Flucht – in die Vereinigten
Staaten. Vladimir Nabokov floh im Mai 1940, kurz vor der Besetzung
Saint-Nazaires; Ende 1940 folgten Mark Aldanov und Michail Cetlin.
Die letzteren gründeten 1942 in New York die Zeitschrift *Novyj žurnal*
(Das neue Journal), die die Tradition der *Sovremennye zapiski* aufnahm
und bald zum wichtigsten Organ der russischen Literatur in der Diaspora werden sollte. Diese gewann damit einen neuen Stützpunkt, der
sich in der Nachkriegszeit, durch weitere Emigrationswellen aufgefrischt, gegenüber den Zentren in der Alten Welt mehr und mehr
behauptete.

Die Vereinigten Staaten hatten, bei einer nicht geringen Anzahl russischer Immigranten, bis 1940 nur wenige Autoren russischer Zunge
angezogen. Das gilt sowohl für die Zeit vor wie nach 1917. Die Zahl
der russischen Juden unter den Immigranten war immer besonders
groß, was etwa auch am erheblichen Anteil «jüdischer» Zeitungen in
dem vielfältigen Angebot russischer Presseorgane abzulesen ist
(Th. R. Beyer jr.). Nach der Revolution war der Erzähler Sergej
Gusev-Orenburgskij nach New York gelangt, wo er Romane und Satiren auf die Sowjetgesellschaft veröffentlichte. Als russischer Dichter
wird Dmitrij Magula erwähnt, der seit 1918 in den Staaten lebte, an
dem poetischen Almanach *Iz Ameriki* (Aus Amerika, 1925) beteiligt
war und den Band *Svet večernij* (Abendlicht, 1931) veröffentlichte. Auch
David Burljuk, den alten Mitstreiter Majakovskijs in der «Gileja», hatte
es über Čita und Japan nach Amerika verschlagen. Hier versuchte er, in
kleinen proletarischen Zirkeln den Futurismus im sowjetischen Sinne
fortzuführen. Im Selbstverlag bzw. im Verlag seiner Frau Marija Bur-

ljuk kamen zahllose Broschüren und Bücher des «Vaters des russischen Futurismus» (otec rossijskogo futurizma), wie er sich selbst nannte, heraus. Mit Boris Pil'njaks Japan-Büchern (*Korni japanskogo solnca* [Die Wurzeln der japanischen Sonne], 1927) konkurrierend, stellte er das moderne japanische Leben dar – so in dem Buch *Po Tichomu Okeanu* (Am Stillen Ozean, 1925) oder in dem «japanischen Dekamerone» *Ošima* (1927) – und schrieb Erzählungen über die Kolčak-Armee (*Kolčakovščina*, 1920–1929). Burljuks futuristische Aktivitäten erlebten ihre Blüte im Sommer 1925, als Majakovskij über Spanien und Mexiko in die Staaten gereist kam und durch seine Auftritte und Erklärungen ungewöhnliches Aufsehen erregte. Majakovskij deklamierte in verschiedenen Städten vor Arbeitern und Kommunisten. Seine neuen Dichtungen, vor allem die Poeme *Lenin* und *150 000 000*, wurden vom linken Publikum begeistert aufgenommen. In den *Stichi ob Amerike* (Verse über Amerika, 1925/26) wie auch in den Reportagebänden *Moë otkrytie Ameriki* (Meine Entdeckung Amerikas) und *Amerikanskoe koečto* (Amerikanisches Allerlei; beide 1926) versuchte er, die auf ihn eindrängenden Eindrücke zu bewältigen: die technische Perfektion der amerikanischen Großstadt und die Seelenlosigkeit ihrer Bewohner, die klaffenden Rassen- und Klassengegensätze. Er sei entzückt von der Stadt New York, schrieb er in dem Gedicht *Brodvej* (Broadway, 1925), doch betrachte er die Bourgeois mit dem besonderen Stolz der Sowjetmenschen. Nach seinen Erklärungen zu urteilen, geriet bei ihm die futuristische Vergötzung der Technik durch den amerikanischen Augenschein ins Wanken: LEF müsse den Futurismus nun überwinden, er solle nicht mehr die nackte, chaotische Technik besingen, sondern die vernünftige Organisiertheit. David Burljuk indes, immer mehr Maler als Literat, hielt am Futurismus unbeirrt fest. Als freilich der Futurismus 1930 in Rußland offiziell von der Kunstwissenschaft verworfen wurde, erwarb er die amerikanische Staatsbürgerschaft.

Mit dem Zustrom russischer Autoren während des Zweiten Weltkrieges und danach gewann der amerikanische Schauplatz literarischen Rang und Substanz. Mark Aldanov war längst ein hochangesehener Schriftsteller, der mit historischen Romanen und Porträtessays über die politischen Akteure der Zeitgeschichte, gesammelt in den Bänden *Sovremenniki* (Zeitgenossen, 1928) und *Portrety* (Porträts, 1931, 1936), überaus erfolgreich war. (Seine Bücher sollen in 24 Sprachen übersetzt worden sein.) Man könnte ihn für den russischen Emil Ludwig halten, denn wie dieser gab er scharfsinnige Charakteristiken der führenden Politiker seiner Zeit – von Lenin, Trockij, Stalin über Churchill, Clemenceau, Pilsudski, Léon Blum bis Hitler – und schrieb spannende historische Werke wie die Tetralogie *Myslitel'* (Der Denker, 1923–1927) über die Napoleonische Zeit sowie mehrere Povesti über geschichtliche Umbrüche in Rußland und Europa in den letzten 200 Jahren, darunter *Desjataja simfonija* (Die Zehnte Symphonie, 1931) über Alexander I. und Beethoven, *Punševaja vodka* (Der Wodkapunsch, 1938) über Katharina II. oder *Mogila Voina* (Das Kriegergrab, 1939) über Byrons Tod. In letzter Zeit wurde auf den philosophischen Gehalt der Romane Aldanovs hingewiesen, namentlich in *Ul'mskaja noč'. Filosofija slučaja* (Die Nacht von Ulm. Philosophie des Zufalls, 1953). Hier gab Aldanov, wie Vsevolod Setschkareff zeigt, eine Zusammenfassung seiner von Schopenhauer und Descartes beeinflußten Weltanschauung, die von der Gespaltenheit des Menschen und vom Zufall als Ur-Ursache der Kausalität ausgeht.

Der Schritt nach Amerika bedeutete für manchen russischen Autor – wie für die literarische Emigration überhaupt – eine Grenzüberschreitung im doppelten Wortsinn. Das mag damit zusammenhängen, daß die Vereinigten Staaten ja keine Emigranten, aus welchem Land auch immer, kennen, sondern letztlich nur Immigranten. In der multiethnischen Gesellschaft wird der Sog, sich auf das Englische nicht nur als Verkehrs-, sondern auch als Kultursprache einzulassen, sehr schnell übermächtig. Nur so läßt sich die Tatsache erklären, daß russische Autoren von weltliterarischem Rang wie Vladimir Nabokov und später Iosif Brodskij sich dem Medium der englischen Sprache anvertrauten. Diese Übertritte – oder besser: Transplantationen – aus der russischen in die angloamerikanische Literatur haben der letzteren eine Bereicherung beschert, die ihresgleichen in der Weltliteratur sucht.

Vladimir Nabokov in den USA

Vladimir Sirin (Nabokov) hatte diesen Schritt zielstrebig bereits in Frankreich vorbereitet. Das im Umkreis des «russischen Berlins» entstandene Roman- und Erzählwerk schien abgerundet, als er 1938 in Frankreich, wohin er ein Jahr zuvor mit seiner Familie gezogen war, seinen ersten Roman in englischer Sprache schrieb: *The Real Life of Sebastian Knight* (*Istinnaja žizn' Sebast'jana Najta*). Etwa um diese Zeit schlüpfte er auch aus seinem Pseudonym und schrieb fortan unter seinem eigentlichen Namen. Als Professor für russische und westeuropäische Literatur trug er in den Jahren 1948–1958 viel zur Verbreitung der russischen Literatur in Amerika bei. Seine Deutungen der Klassiker, vor allem Puškins, dessen *Evgenij Onegin* er in reimlose englische Verse übersetzte, und Gogols, sind an Scharfsinn und Kunstverstand kaum zu übertreffen. Neben Gleb Struve, der 1946 nach Berkeley ging, und Marc Slonim, der ab 1941 an verschiedenen amerikanischen Colleges lehrte, zählt er zu den Begründern der russistischen Literaturwissenschaft in den USA.

Das wahre Leben des Sebastian Knight war, auch wenn es um das Metier ging, das Nabokov besonders lag – die thematisierte Literatur – ein Kabinettstück sondergleichen. Es stellte, ähnlich wie bereits in *Dar* erprobt, die Biographie eines fiktiven Autors mit genauen Beschreibungen seiner ebenfalls fiktiven Werke dar. Wie hier der futuristische Dichter Alexis Pan, eine Randfigur, aus den verschiedensten Bestandteilen der Gilejcy synthetisiert wird; wie er dank des Irrtums, daß eine natürliche Beziehung zwischen extremer Politik und extremer Kunst bestehe, reüssieren kann, was aber nicht verhindert, daß er 1922 oder 1925 mit einem Hosenträger Selbstmord begeht; wie die einzelnen Werke Sebastian Knights beschrieben werden: ein Roman, dessen eigentlicher Held die verschiedenen Kompositionsmethoden sind, ein anderer, in dem die Methoden des menschlichen Schicksals ausgelotet werden – all das zeugt von einer hochgradigen parodistischen Intertextualisierung. Den englischen Lesern wurde da ein Maß an Kenntnis der russischen Literatur zugemutet, das nur bei den wenigsten vorausgesetzt werden konnte. Die Referenzen auf russische literarische, kulturelle und historische Tatsachen blieben auch in den folgenden englischen Romanen Nabokovs ein wesentliches Element der Sinnkonstitution. Selbst in *Lolita* (1955), den skandalösen Erfolgsroman Nabokovs, ist eine «russische» Bedeutungsschicht eingespeist. Über dem heiklen Thema, der pädophilen Neigung des 37jährigen Schriftstellers Humbert Humbert zu der zwölfjährigen Dolores Haze, genannt Lolita, wird allzu leicht vergessen, daß es sich bei dem Roman um ein sprachliches und erzählerisches Meisterwerk mit einer intertextuellen Tiefenstruktur handelt. In *Pnin* (1957; russ. zuerst 1983) machte Nabokov das eigene Metier, das Lehren der russischen Sprache und Literatur an einem amerikanischen College, zum Gegenstand eines allusionsreichen Romans. Der Held und Ich-Erzähler, Timofej Pavlovič Pnin, ist mit vielen Attributen seines Autors ausgestattet. Er durchlebt in diesem wohl ersten Slawistenroman Schritt für Schritt eine Reduktion seiner Lebenschancen, angefangen vom Unterricht vor wenigen, unbedarften Schülern über die College-Intrigen bis zum überraschenden Verlust seines Jobs, ohne doch jemals in Larmoyanz zu verfallen. In dem bedeutendsten Werk aus der amerikanischen Epoche Nabokovs, dem großen Liebesroman *Ada or Ardor (Ada, ili strast'*, 1969), wird gar eine utopische Antiwelt, der Planet Demonia, aufgebaut, die sich aus

Vladimir Nabokov

den Erfahrungswelten des Autors – Rußland, England, Frankreich und Amerika samt ihren kulturellen Systemen – zusammensetzt. Die in der Kindheit entbrannte Liebe zwischen Van Veen und Ada führt in die zauberhaft schöne Welt der Herrenhäuser und in die eleganten internationalen Hotels im Irgendwo. Mit verblüffender Selbstverständlichkeit ist das Russische in das Netz der sprachlichen Finessen, Wortspiele und Allusionen voll einbezogen. Das alte «Slavica non leguntur» scheint außer Kraft gesetzt zu sein. Nabokov hat, wie ein russischer Kritiker bemerkt, Amerika und Westeuropa gezwungen, eine Prosa zu akzeptieren, für deren Verständnis eine Vorstellung von der russischen Literatur unabdingbar ist. Auf der künstlerischen Höhe eines Nabokov – oder später eines Brodskij – scheint der Übergang von einer Literatur in die andere sich gleichsam schwerelos zu vollziehen. Ein Paradigma aber von breiterer Bedeutung dürfte daraus, ohne den Preis eines bedenklichen Identitätsverlustes, kaum zu gewinnen sein. Die Teilung der russischen Literatur und die historischen Ereignisse, die ihren Lauf bestimmten, schufen Bedingungen, die aus Emigranten Immigranten, aus der russischen Identität eine amerikanische werden ließen. Kulturologisch und sogar sprachlich entstand eine Synthese, die in gewisser Weise ihr sowjetisches Pendant in der Option von Autoren verschiedener Nationalität (Čingiz Ajtmatov, Anatolij Kim u. a.) für das Russische besitzt. Symbiosen, die vielleicht Möglichkeiten zükünftiger Literatur vorwegnehmen, doch zugleich auch die Frage aufwerfen, ob die Bereicherung der einen Literatur nicht die Verarmung der anderen zur Folge hat.

B. Gruppen der 20er Jahre
(1917–1940)

Gruppen in der literarischen Evolution

Die Teilung der russischen Literatur war eine räumliche, physische und ideologische, sie zeigte sich nachgerade in der Entwicklung grundsätzlich antinomistischer Kulturmodelle und literaturästhetischer Doktrinen. Während die russische Literatur in der Emigration die Traditionen des «silbernen Zeitalters» – Neorealismus, Symbolismus, Akmeismus – fortführte, entstanden im revolutionär aufgeregten Rußland viele neue Strömungen und Gruppen, die die Revolution, in Entsprechung zum politischen Umsturz, nun auch in Kunst und Literatur durchsetzen wollten. Ihre Anknüpfungspunkte waren einerseits der Vorkriegsfuturismus mit seiner eigenartigen Verbindung von Technizismus, Großstadtkult und Anarchismus, andererseits die Ansätze zu einer Proletarierkultur, die seit der Revolution von 1905 viele russische Geister beschäftigte. Es ist kaum zu bestreiten, daß von den revolutionären Massen enorme kulturschöpferische Impulse ausgingen, doch waren sie untrennbar verbunden mit der barbarischen Zerstörung bedeutender Kulturwerte, die sich im Besitz des Adels und Großbürgertums befunden hatten. Das Neue, das in der Räterepublik zu entstehen schien, weckte bei den Anhängern der III. Internationale oder bei frühen Rußlandpilgern utopische Hoffnungen und Begeisterung. Manch einer war um dieses Neuen willen bereit, die Vernichtung der Herrensitze, Bibliotheken und Denkmäler in Kauf zu nehmen oder zu rechtfertigen. Aleksandr Blok sah in der Vernichtung der Bibliothek seines Landsitzes in Šachmatovo das Wirken höherer geschichtlicher Kräfte.

Daß sich das Neue in Kunst und Literatur in den 20er Jahren gleichsam überschlug, hatte mit dem Evolutionsmodell der Formalisten zu tun. Nicht daß dieses die Innovationsschübe gleichsam generierte, doch stand es als Erklärungsmuster in der aufgewühlten Situation hilfreich zur Verfügung. Man war, indem man sich darauf berief, als Neuerer in Kunst und Literatur nicht nur kunstideologisch gut abgesichert, sondern erfüllte gewissermaßen die Entelechie der künstlerischen Evolution. Die Evolutionstheorie war gleichzeitig mit dem Aufkommen der Vorkriegsavantgarde, zum Teil in engem Zusammen-

wirken der Akteure, von der sogenannten «formalen Schule» (formal'
naja škola) ausgebrütet worden. Im Gestrüpp obsoleter positivistischer,
geistesgeschichtlicher und normativer Literaturbetrachtung war die
Rückbesinnung der Formalisten auf das Kunstmittel oder Verfahren,
wie man «priëm» übersetzt hat, als den eigentlichen Gegenstand der
Literaturwissenschaft nur allzu berechtigt. Die provokante Übertreibung war, ähnlich wie in der literarischen Praxis, das Mittel, die Wahrnehmung wachzurütteln und zu verändern. Der zündende Text, «eine
Art Manifest der formalen Methode» (B. Ėjchenbaum), der ungeachtet
seiner mangelnden Durchdachtheit das neue Literaturverständnis
begründete, war der Essay *Iskusstvo kak priëm* (Kunst als Kunstmittel/
Verfahren), den Viktor Šklovskij 1916 geschrieben und 1919 in dem
Sammelband *Poėtika* veröffentlicht hatte. Nicht mehr und nicht weniger war darin ausgesagt, als daß Literatur nicht, wie noch der Literaturtheoretiker Aleksandr Potebnja oder auch die Symbolisten wollten,
«Denken in Bildern» sei, sondern daß sie ihren Kunstcharakter durch
das Verfahren der Verfremdung (priëm ostranenija) und das Verfahren
der erschwerten Form (priëm zatrudnënnoj formy) gewinne. Obwohl
Šklovskijs Verfremdungstheorie in sich keineswegs widerspruchsfrei
war, lenkte sie das Augenmerk doch auf die Wahrnehmungsfunktion
der Kunst. Die Wahrnehmung des Dinges (oščuščenie vešči) als neues
Sehen (videnie) und nicht als Wiedererkennen (uznavanie) wurde als
konstitutiver Zweck der Kunst bestimmt: «Der Apperzeptionsprozeß
(vosprinimatel'nyj process) ist in der Kunst Selbstzweck und muß verlängert werden; die Kunst ist eine Art und Weise, das Machen der
Sache zu erleben, das Gemachte jedoch ist in der Kunst unwichtig»,
hieß es lapidar bei Šklovskij. Verfremdung und erschwerte Form
bewirkten, daß die Automatisierung der Wahrnehmung aufgehoben
und neues Sehen möglich wurde (R. Lachmann). Die formalistische
Literaturdoktrin schärfte ganz ungemein das Gespür für die Kunstmittel, von der Metrik und Metaphorik bis zur Sujetkomposition, und
revolutionierte damit das bisherige Verständnis von Poetik. Auf der
anderen Seite mußte aus dem Verfremdungsprinzip notwendig der
Schluß gezogen werden, daß die Evolution der Literatur einzig und
allein auf der formalen Innovation beruhe (A. A. Hansen-Löve). Die
Ausarbeitung der von Šklovskij angedachten Theoreme durch Jurij
Tynjanov in den Aufsätzen *Literaturnyj fakt* (Das literarische Faktum,
1924) und *O literaturnoj ėvoljucii* (Über literarische Evolution, 1927)
führte zu einem Modell der literarischen Evolution, bei dem die
Dynamik des Konstruktionsprinzips (so hieß jetzt der priëm) zum
Motor der Entwicklung wurde. Diese lief in vier Phasen ab: Ein dem
automatisierten Konstruktionsprinzip entgegengesetztes Prinzip

zeichnet sich dialektisch ab; es wird angewendet, breitet sich auf die meisten Erscheinungen aus, automatisiert sich und ruft erneut ein gegensätzliches Konstruktionsprinzip hervor. Die literarische Wirklichkeit der 20er Jahre gestaltete sich weitgehend in der bewußten oder unbewußten Realisierung dieses Modells. Die einzelnen Gruppen bzw. Strömungen stellten jeweils *ein* Verfahren oder Schaffensprinzip heraus — die Futuristen das Wort, die Imaginisten das Bild, die Faktographen das gesellschaftliche Faktum, die Pereval'cy die Inspiration —, das verabsolutiert und in den Gruppenkämpfen verteidigt wurde. Die Gruppenstruktur erscheint so, organisatorisch wie künstlerisch, als das auffälligste Merkmal der Sowjetliteratur der 20er Jahre. Die genaue Anzahl der Gruppen, Vereinigungen und Zirkel wird nie genau feststellbar sein. Nach einer von Aleksandar Flaker aufgestellten Typologie sind als Hauptdoktrinen die avantgardistisch-konstruktivistische, die mimetisch-erkenntnistheoretische und die sozialpädagogische zu erkennen. Aber es gab auch flüchtige Vereinigungen, die es nicht lohnt, in diesem Klassifikationsmodell unterzubringen: Lunnisten, Emotionalisten, Rhythmisten, Euphoristen, Fuisten, Neoklassiker, Bespredmetniki (Gegenstandslose) und viele andere. Die Ničevoki (von ničego, «nichts») verstiegen sich aus einem outrierten Individualismus zur Negation der Vernunft und forderten kategorisch: «Schreibt nichts!! Lest nichts!/ Sprecht nichts!/ Druckt nichts!» (nach R. Grübel). Eine expressionistische Gruppe mit Ippolit Sokolov, Gurij Sidorov und dem Maler Boris Semenkov trat zwar 1920 mit einem Aufruf zum Ersten Allrussischen Dichterkongreß an die Öffentlichkeit, spielte aber später keine Rolle mehr. (Daß hingegen die deutsche expressionistische Lyrik in den 20er Jahren in großer Breite rezipiert wurde, hat jüngst Valentin Belentschikow dargestellt. Sie war in Anthologien wie *Novinki Zapada* [Neuheiten des Westens, 1921], *Molodaja Germanija* [Das junge Deutschland, 1926] oder *Revoljucionnaja poėzija sovremennogo Zapada* [Revolutionspoesie des zeitgenössischen Westens, 1927] präsent. Zu den Übersetzern zählten Anatolij Lunačarskij, Savelij Tartakover, Boris Pasternak und Vladimir Nejštadt.)

Andere Klassifikationsversuche, die an den Gruppen vorbei unternommen wurden — nach Entwicklungsetappen in Jahrfünften (S. Kułakowski), in Anlehnung an das politische und sozioökonomische Geschehen oder in der Zuordnung der Autoren zu soziologischen Gruppen (P. N. Sakulin) —, sind offensichtlich abwegig. Auf den Gesamtprozeß bezogen, überzeugt auch die Kontinuitätsthese nicht, die lediglich für die futuristische Avantgarde ein gewisses Maß an Plausibilität besitzt, ganz zu schweigen von der in der sowjetischen Literaturwissenschaft lange vertretenen «teleologischen» Konzeption, nach der alle Entwicklungen folgerichtig auf den Sozialistischen Realismus hin zu interpretieren seien. Diese letztere, sowjetische Position besitzt nur insofern Berechtigung, als sie stillschweigend eingesteht, daß die Literatur, wie alle Kunst in Sowjetrußland, in einer bis dahin in der Geschichte der Menschheit noch nicht dagewesenen Weise gelenkt und gegängelt wurde. Selbst die offensichtliche Vielfalt der literarischen Richtungen und Methoden in den 20er Jahren kann nicht darüber hinwegtäuschen, daß die Parteiinstanzen direkt oder indirekt immer wieder versuchten, Einfluß auf den Gang der Literaturentwicklung zu nehmen, ja ihn, im vermeinten Wissen um den Gang der Geschichte, als «Überbauphänomen» zu determinieren. Die Literatur war daher in den Jahren von 1917 bis 1932 einer wachsenden Einflußnahme ausgesetzt, die auf den Monolithismus des Sozialistischen Realismus und des sowjetischen Schriftstellerverbandes abzielte, aber mit ihm keineswegs endete.

Es versteht sich, daß in dem Gruppengewirr, polemisch «gruppovščina» genannt, nicht alle Autoren der Zeit aufgingen. Viele hielten sich bewußt heraus (Aleksej Tolstoj, Babel', Pil'njak), andere wurden bewußt ausgegrenzt (Andrej Belyj, Anna Achmatova, Osip Mandel'štam). Lev Trockij prägte für diejenigen, die, auch wenn sie keine Bolschewisten waren, so doch die Revolution bejahten, den Begriff «poputčiki» (Mitläufer): Bei aller individueller Zustimmung zur Revolution trenne diese vom Kommunismus doch scharf die Tatsache, daß sie die Revolution nicht in ihrer Gesamtheit erfaßten, so daß ihnen das kommunistische Ziel fremd bleibe. Trockij rechnete unter die Poputčiki die Dichter mit bauerntümlicher Tendenz (Esenin, Kljuev) sowie einige Serapionsbrüder und Pereval'cy, Autoren also, die durchaus in Gruppen eingebunden waren. Der Begriff war von Trockij also vorrangig politisch gemeint: «Bei einem Mitläufer», schrieb er in *Literatur und Revolution*, «erhebt sich immer die Frage: bis zu welchem Punkt?»

Bolschewistische Umgestaltung – Literaturpolitische Maßnahmen

Nach dem bolschewistischen Umsturz im Oktober 1917 hatte sich gezeigt, daß die neuen Machthaber sehr wohl wußten, was die russische Bevölkerung im vierten Kriegsjahr bewegte. Nachdem das Militärrevolutionäre Komitee die Provisorische Regierung für abgesetzt erklärt hatte, erließ es drei Dekrete, durch die eine revolutionäre Regierung, der Rat der Volkskommissare (SOVNARKOM), geschaffen, den Mittelmächten ein sofortiger Friedensschluß angeboten und das Gutsbesitzerland verteilt wurde. Mit dem Friedensdekret (Dekret o mire) und dem Landdekret (Dekret o zemle) wurden genau jene Fragen geregelt, an deren Lösung die Provisorische Regierung unter Kerenskij gescheitert war. Als die Konstituante, «Učredilka» genannt, im Januar 1918 mit Waffengewalt auseinandergetrieben wurde, hatte sich der Widerstand gegen die Bolschewisten bereits zu organisieren begonnen. Die vier Jahre des Bürgerkrieges und des Kriegskommunismus, in denen versucht wurde, eine Art proletarischer Naturalwirtschaft einzuführen, hatten einen unbeschreiblichen Mangel an Ernährungsgütern, Brennmaterial und Rohstoffen zur Folge, von den Transportverhältnissen nicht zu reden. Die Requirierungskommandos führten, wie Aleksandr Solženicyn später in den Erzählungen *Ėgo* und *Na krajach* (dt. u. d. T. Heldenleben; beide 1995) gezeigt hat, einen unbarmherzigen Krieg gegen die eigene Landbevölkerung. Nach dem Aufstand der Kronstädter Matrosen im März 1921 sah die Sowjetregierung den Ausweg aus der wirtschaftlichen Notlage in der sogenannten Neuen Ökonomischen Politik, NĖP, die an die Stelle der Requisitionen nun Naturalabgaben der Bauern setzte und den Verkauf der Überschüsse zuließ. Ferner wurde ein freierer Binnenhandel gestattet, und es wurden Konzessionen an freie Unternehmer erteilt. Dank der NĖP verbesserte sich nicht nur die Versorgungslage rasch, vielmehr nutzten in besonderem Maße auch Verlags- und Presseunternehmungen die neuen Möglichkeiten. Die Gruppenbildung mit ihren vielfältigen Publikationsinitiativen muß also auch in der Wechselbeziehung mit der NĖP gesehen werden.

Die parteiinternen Kämpfe, die noch während des Bürgerkrieges einsetzten, blieben niemals ohne Auswirkung auf die Literatur, ob es sich nun um die Zurückstutzung der Proletkul'ty, die Durchsetzung des NĖP-Konzeptes unter Lenin oder, nach dessen Tod im Januar 1924, um die Diadochenkämpfe in der Parteiführung handelte, die mit der Ausschaltung der sogenannten Links- und Rechtsopposition in den Jahren 1926–1929 durch Stalin endeten. Vor allem die schrittweise Verdrängung Trockijs aus allen wichtigen Parteipositionen wirkte sich nachhaltig auf die Literatur aus, war dieser doch, neben Lunačarskij und Bucharin, einer der gebildetsten unter den Funktionären der Lenin-Garde gewesen, ein Literat, der dezidierte Vorstellungen von der sowjetischen Kulturpolitik besaß und sich als Kritiker wiederholt zu Fragen der Literatur geäußert hatte. Mit seinem Sturz brach eine wesentliche Säule des frühen sowjetischen Literaturgebäudes weg: Die Klientel des Kritikers Aleksandr Voronskij und dessen Zeitschrift *Krasnaja Nov'* (Rotes Neuland, 1921–1927) sowie die Pereval-Gruppe verloren ihren Rückhalt. Mit derartigen Abstürzen oder Ausgrenzungen mußten Gruppen oder einzelne Autoren jederzeit rechnen. Die proletarische Schriftstellerorganisation RAPP, die sich als Arm der Partei verstand, führte den Klassenkampf in der Literatur mit militärischer Wachsamkeit durch, sie stand «Auf (literarischem) Posten» (*Na [literaturnom] postu*) – so hieß ihr literarisches Kampfblatt – und hieb mitleidslos auf tatsächliche und vermeintliche Klassengegner ein.

Eine ganze andere, weit positivere Seite ihrer Kultur- und Literaturpolitik schlugen die Bolschewisten auf, als sie darangingen, die Literatur den breiten Volksmassen zugänglich zu machen. Trotz größter materieller Schwierigkeiten unternahm das Volkskommissariat für das Bildungswesen (NARKOMPROS), das in den Händen von Anatolij Lunačarskij lag, hierzu große Anstrengungen. Da die oppositionelle Presse per Dekret noch im Oktober 1917 ausgeschaltet worden war, drohte auch keinerlei Gefahr, daß die Versorgung des Volkes mit Lesestoff in unerwünschten Bahnen laufen könne. Doch waren im Zentralkomitee (CK) der Bolschewiki die kulturpolitischen Zielsetzungen in der ersten Zeit keineswegs einhellig. Während die einen (Lunačarskij, Bucharin) auf eine durchgreifende proletarische Kulturrevolution setzten, d. h. auf die völlige Umgestaltung des gesamten kulturellen Bereiches nach den Bedürfnissen des Proletariats, vertrat Lenin, unterstützt von Gor'kij, das Konzept, daß Rußland mit der Masse seiner bäuerlichen Bevölkerung erst einmal das Niveau der bürgerlichen Kultur erreicht haben, aus seiner asiatischen Rückständigkeit, aus Analphabetentum und Aberglauben gerissen werden müsse, ehe an eine neue sozialistische Kultur zu denken sei. Wurde die erste Tendenz mit Macht von den Proletkul'ty, den Proletkul't-Organisationen, verfolgt, so kann man die literaturpolitischen Dekrete, die allein im Jahr 1918 – zu einer Zeit, da sich der Bürgerkrieg für die Roten gefährlich ausweitete – erlassen wurden, im Sinne der Leninschen Kulturpolitik verstehen, zielten sie doch vor allem auf die Bewahrung und Verbreitung des literarischen Erbes ab. Im Februar 1918 wurden die Werke von fast sechzig großen russischen Dichtern, Schriftstellern und Kritikern zum Zwecke ihrer Herausgabe durch den Staat monopolisiert. Vertreten waren selbstverständlich die Klassiker, doch wurde der alte Kanon durch die Werke Bakunins, Dobroljubovs, Gercens, Radiščevs im Sinne der sogenannten revolutionär-demokratischen Linie deutlich verschoben. Noch im gleichen Jahr erschienen zahlreiche Klassikerausgaben in Auflagen von 50 000 bis 100 000 Exemplaren. Im Juni 1918 – etwa gleichzeitig zu den Erfolgen der Tschechischen Legion und den Aufständen der Sozialrevolutionäre – fand der Ministerrat (SOVNARKOM) Zeit, eine Denkmälerliste aufzustellen, die den gleichen Dichter-

kanon propagierte wie die Klassikerausgaben. (Von ausländischen
Autoren war, außer Marx und Engels, nur Heinrich Heine für ein
Denkmal vorgesehen.) Die von Gor'kij geplante und vom NARKOM-
PROS ebenfalls 1918 in Petrograd verwirklichte Gründung des Verlages
«Vsemirnaja literatura» (Weltliteratur) – die Produktionsleitung lag in
den Händen von Zinovij Gržebin – war ein weiterer wichtiger Schritt
zur Verbreitung von Literatur. Es ging dabei um Werke der Weltliteratur vom 18. bis 20. Jahrhundert, die in einer Serie von 260 Bänden
erscheinen sollten. Um dieses großangelegte Projekt versammelten
sich bald Dichter und Philologen, denen die Übersetzung der Litera-
turwerke anvertraut wurde. Aus dieser Unternehmung erwuchs das
legendäre Petrograder «Haus der Künste» (Dom iskusstv), eine Pflanz-
schule der jungen Sowjetliteratur. Daß es gelang, bis Juni 1919, also
mitten im Bürgerkrieg, durch die Verlagsabteilung des NARKOMPROS
115 Titel mit einer Auflage von insgesamt 5 941 000 Bänden, dazu 27
Titel der *Narodnaja biblioteka* (Volksbibliothek) mit einer Auflage von
2 400 000 Bänden herauszubringen, wie die Zeitschrift *Vestnik literatury*
(Literaturbote) meldete, grenzte an ein Wunder.

Proletkul't – RAPP

Die Proletkul't-Bewegung zielte darauf ab, eine proletarische Kulturrevolution auf breitester Massenbasis zustande zu bringen. Organisiert
hatten sich die ersten Proletkul'ty bereits am Vorabend der Oktoberrevolution – die erste Proletkul't-Konferenz fand wenige Tage vor dem
Machtwechsel statt. Während des Bürgerkrieges griff die Bewegung
rasch um sich und stützte sich um 1920 auf 400 000 Mitglieder. Sie
organisierte Massenaktionen und kulturelle Manifestationen, mit
denen das politische Bewußtsein beeinflußt werden sollte, wirkte aber
auch mit an der Volksbildung und Beseitigung des Analphabetentums
im Proletariat. 80 000 aktive Mitarbeiter bemühten sich in Studios
und Zirkeln (kružki) darum, neue, spezifische Formen einer proletarischen Kultur und Literatur zu entwickeln. In Moskau und Petrograd,
aber auch in Samara, Tambov und Char'kov erschienen Proletkul't-
Zeitschriften mit programmatischen Titeln wie *Proletarskaja kul'tura*
(Proletarische Kultur), *Tvori!* (Schaffe!), *Gorn* (Der Hochofen), *Grjaduščee* (Die Zukunft). Eine weitere Publikationsform waren Almanache
mit ähnlicher proletarisch-poetischer Titelgebung: *V bure i plameni* (In
Sturm und Flamme, 1918), *Ognekrylyj zavod* (Das feuerflügelige Werk,
1918), *Čugunnyj ulej* (Der gußeiserne Bienenkorb, 1921), *Zveno* (Das
Kettenglied, 1921), *Molot* (Der Hammer, 1921), *Nakoval'nja* (Der

Amboß, 1922) usw. Organisatorisch waren die Proletkul'ty dem NAR-KOMPROS zugeordnet. Lunačarskij förderte sie, wie sonst nur noch die Futuristen, selbst dann noch, als CK und Lenin bereits eine Politik der Eindämmung betrieben.

Arbeiter-Dichter hatte es in Rußland seit den 1870er Jahren gegeben. Einige dieser Veteranen, etwa Egor Nečaev oder Filipp Škulëv, schlossen sich jetzt den Proletkul'ty an. Andere waren bereits in der Vorkriegszeit in der bolschewistischen Presse hervorgetreten, so der Matrose Vladimir Kirillov, der Arbeiter in einer Lederfabrik Vasilij Aleksandrovskij oder der Bäckerbursche und Dreher Jakov Berdnikov. Vasilij Knjazev, ein Kaufmannssohn, der an der Petersburger Universität studiert hatte und als Mitarbeiter an *Satirikon* und *Novyj Satirikon* bekannt geworden war, konnte sich nur schwer im Lager der proletarischen Poeten behaupten. Zwei der führenden Proletkul't-Dichter, Aleksej Gastev und Michail Gerasimov, waren aus politischen Gründen nach Paris emigriert und dort 1911 zur «Liga der proletarischen Kultur» gestoßen, der auch Lunačarskij beitrat.

Die in Manifesten und programmatischen Erklärungen niedergelegten theoretischen Positionen der Proletkul't-Bewegung lassen sich auf folgende vier Punkte zurückführen:

1. Die neue Kunst könne nur mit den Händen der Proletarier geschaffen werden; das Proletariat sei der Große Künstler (Velikij chudožnik), wie es im ersten Heft von *Grjaduščee* hieß. Damit war zugleich der bürgerlichen und der bäuerlichen Kultur der Kampf angesagt.

2. Die kulturschöpferische Tätigkeit der Arbeiterklasse sollte sich unabhängig vom sowjetischen Staatsapparat und von der Partei ereignen. Dahinter verbarg sich die Vorstellung, daß die proletarische Revolution sich auf drei Ebenen, der politischen, der ökonomischen und der kulturellen, vollziehe. Für die erste sollte die Partei, für die zweite die Gewerkschaften und für die dritte die Proletkul'ty zuständig sein.

3. Die rigorose Ablehnung der alten Kultur verbot es den Kulturschaffenden aus dem Proletariat, bei den Meistern der Vergangenheit zu lernen. Diese Einstellung teilten sie mit den Futuristen. Fatalerweise wurde Raffael zum Wahrzeichen der alten Kultur, die es zu vernichten galt. Dies fand in Majakovskijs ikonoklastischen Versen *Radovat'sja rano* (Zu früh gefreut, 1918), die dazu aufriefen, Raffael und Rastrelli zusammen mit den Weißgardisten an die Wand zu stellen, ebenso Ausdruck wie in Kirillovs Gedicht *My* (Wir) aus dem gleichen Jahr, das das Verbrennen Raffaels, die Zerstörung der Museen und das Zertreten der Blüten der Kunst propagierte – «im Namen unseres Morgen» (vo imja našego Zavtra). Daß inzwischen namhafte Vertreter der «alten»

Literatur wie Brjusov, Belyj, Gumilëv, Chodasevič und Zamjatin in
den Proletkul't-Studios junge Proletarier in die Anfangsgründe der
Poetik, d. h. in die Formen der alten Literatur, einwiesen, focht niemanden an. Bald zeigte sich, daß die proletarische Versdichtung, abgesehen vom proletarisch-industriellen Thema, vielfach einem antiquierten Ausdruck verhaftet blieb.

4. Schließlich sollte sich die Proletkul't-Kunst in der Sphäre eines
kollektiven «Wir» bewegen und das reine Klassenbewußtsein des Proletariats ausdrücken, was aber meist sehr simpel nur im Sinne des Primats des Inhalts vor der Form verstanden wurde. So gab der Proletkul't-Theoretiker Pavel Bessal'ko, ein alter Menschewist, in dem
Artikel *O forme i soderžanii* (Über Inhalt und Form) in *Grjaduščee* 1918,
dem Schriftsteller auf: «Sprecht ihm nicht von Form, sondern fordert
von ihm Inhalt.» Und ein anderer Ideologe, Fëdor Kalinin, ging noch
weiter, wenn er schrieb: «Es darf uns nicht beirren, wenn der Inhalt in
künstlerischer Hinsicht nicht ganz vollkommen ist, wenn er nur den
Weg zum sozialistischen Klassenschöpfertum nicht verstellt.»

Die literarische Praxis der Proletkul'ty knüpfte einmal an die Tradition der Arbeiterdichtung an; damit griff sie volkstümliche Gattungen der städtischen Folklore auf, wandte sich der Thematik des
Arbeitslebens in Fabriken und Manufakturen zu und fand in der vor-
revolutionären Kampf- und Agitationsdichtung brauchbare Formen
(Lieder, Refrains, Parolen) für das eigene Schaffen. Andererseits flossen aber eben, vermittelt durch die «bürgerlichen» Lehrer in den Studios, die poetischen Techniken der modernistischen Strömungen in
die Proletkul't-Dichtung ein. Symbole und Allegorien, ein hymni-
scher Ton wurde aufgenommen und einfach auf die proletarischen
Gegenstände angewendet. Die Revolution erschien als Naturkatastro-
phe, als Vulkanausbruch oder Sintflut; in gewaltigen Hyperbeln wurden die Massenkollektive beschworen; Objekte aus der Industriewelt,
Werkzeuge, Maschinen, die Elektrifizierung, technische Epitheta
(železnyj, «eisern»; stal'noj, «stählern») sowie alte Tierallegorien und
Topoi bestimmten die Ikonologie der Proletendichtung. Das kollektive «Wir» (My) tauchte als Gedichttitel bei Aleksandrovskij, Gerasimov, Kirillov, Krajskij, Škulëv und anderen auf und artikulierte sich
mit der auftrumpfenden Intonation politisch bewußter Massen. In
Vladimir Kirillovs Gedicht *Železnyj Messija* (Der Eiserne Messias,
1918) wurde, wie bei Blok, Majakovskij oder Esenin, das Motiv des
revolutionären Christus bemüht: Christi Wiederkunft bedeute nicht
das im Evangelium verheißene Reich Gottes, vielmehr sei der Messias
im grauen Rauch der Fabriken, der Betriebe, der Stadtränder gekommen; er bringe eine Neue Sonne, zerstöre Throne und Kerker und

führe die Völker zur ewigen Brüderlichkeit: Der Eiserne Messias wurde zum symbolischen Führer der Revolution. Die utopisch-hymnische Begeisterung, die die Proletkul't-Dichter erfüllte und mitunter zu recht platten Versen trieb, herrschte auch in den poetischen Texten Aleksej Gastevs, des bedeutendsten unter ihnen. Unter dem Titel *Poézija raboćego udara* (Poesie des Arbeitervorstoßes) gab er sie 1918 heraus. Seine Hymnen auf die Industriearbeit gingen unmerklich in die Proklamation einer neuen Arbeitskultur über. (Gastev arbeitete seit 1920 hauptamtlich am Zentralinstitut für Arbeit, CIT, und widmete sich später ausschließlich dieser Tätigkeit.) Bemerkenswert war jedoch die formale Lösung, die er für seine neuen Inhalte fand. Seine Texte waren in freien Rhythmen oder in rhythmischer Prosa, der sogenannten «stichoproza» (Versprosa), geschrieben. Daß er sich dabei an Walt Whitman anlehnte, dessen *Leaves of Grass* 1907 von Kornej Čukovskij (*Poét anarchist Uot Uitmen* [Der Anarchistendichter Walt Whitman]) und 1911 von Konstantin Bal'mont (*Pobegi travy* [Grasfluchten/-triebe]) ins Russische übersetzt worden waren, ist kaum zu bezweifeln. Im Vergleich mit dem proletarischen Versgeklingel wirken Gastevs Arbeits- und Revolutionsgedichte noch immer unverbraucht. Der Fortschrittsoptimismus in *Ekspress* (Der Expreßzug, 1916), der Beschreibung einer Sibirienreise in metrisierter Prosa, die zur Stahl-Stadt (*Stal'-gorod*, d. i. Novo-Nikolaevsk, heute Novosibirsk), nach Krasnojarsk, dem «Gehirn Sibiriens», der Märchenstadt Jakutsk und nach Gižiginsk, der fiktiven «Stadt des bourgeoisen Wohllebens», führte, ließ bereits im kapitalistischen Fortschrittsrausch die proletarische Utopie aufscheinen.

Großes Aufsehen erregten die Proletkul'ty mit ihren Massenspektakeln. In Anlehnung an alte, nicht-aristotelische Theaterformen, wie sie bereits vor dem Weltkrieg lebhaft diskutiert worden waren, etwa das Passionsspiel in Oberammergau, wurden die neuen politischen Inhalte mit alten symbolischen Ausdrucksformen verbunden. Majakovskij hatte mit seiner *Misterija-buff* (Mysterium buffo, 1918), geschrieben zum ersten Jahrestag der Oktoberrevolution, ein futuristisch intoniertes Beispiel des neuen Massendramas geliefert, das jedoch als solches nicht zur Aufführung kam. Am 1. Mai 1920 wurde ein Riesenmassenschauspiel unter freiem Himmel vor der Petrograder Börse mit dem Titel *Gimn svobodnomu trudu* (Hymnus an die freie Arbeit) aufgeführt. Nach dem zeitgenössischen Bericht *Teatral'naja poétika* (Theater-Poetik, 1920) des Leiters der ROSTA und Haupttheoretikers des Massentheaters (*Tvorčeskij teatr* [Schöpferisches Theater], 1918), Platon Keržencev, waren daran 4000 Rotarmisten beteiligt, die Flottenorchester übernahmen den musikalischen Part, der mangels eigener Kompositionen aus Klängen von Wagner, Chopin, Rimskij-Korsakov, Zigeunerliedern und

der Marseillaise bestand. Mstislav Dobužinskij hatte mit mehreren
Malerkollegen die Dekorationen gefertigt. Das Mysterium führte im
I. Akt die ideale, freie Arbeit vor, der Zugang zum Freiheitsschloß
aber wurde von den Sklavenhaltern versperrt. Der II. Akt brachte den
Kampf der Sklaven mit ihren Unterdrückern, der mit dem Sieg der
Sklaven endete. Im III. Akt wurde, Majakovskij folgend, in einer Apo-
theose das «Reich des Friedens, der Freiheit und der freudigen Arbeit»
gefeiert. Im Juli desselben Jahres fand anläßlich des Zweiten Kongresses
der III. Internationale am selben Platz das Massenschauspiel *K Mirovoj
Kommune* (Zur Weltkommune) statt, das vor 80 000 Menschen unter
Einbeziehung von Kriegsschiffen und Geschützfeuer und unter Ein-
satz eines verzweigten Telephon- und Signalnetzes die Geschichte der
Arbeiterbewegung von 1848 bis zur Gegenwart in grober allegorischer
Vereinfachung darbot.

Das Ideologiegebäude der Proletkul't-Bewegung stützte sich weitgehend auf die sogenannte Organisationslehre Aleksandr Bogdanovs.
Dieser hatte in Anlehnung an den Empiriokritizismus Ernst Machs
eine Theorie entwickelt, die auf die Errichtung der Zukunft der
Menschheit auf der Grundlage der «sozialen Organisation der Erfahrung» abzielte. Gegen seine Lehre, die er zuerst in dem Werk *Èmpi-
riomonizm* (Empiriomonismus, 1904–1906), später unter dem Titel
Tektologija. Vseobščaja organizacionnaja nauka (Tektologie. Allgemeine
Organisationswissenschaft, 1913–1922) niederlegte, richtete sich die
einzige philosophische Schrift Lenins, *Materializm i èmpiriokriticizm*
(Materialismus und Empiriokritizismus, 1909, 2. Aufl. 1920). Lenin
sah in Bogdanov, weil dieser, ähnlich wie die «Gotterbauer» Gor'kij
und Lunačarskij, stillschweigend idealistische Positionen zuließ, einen
gefährlichen ideologischen Widersacher. Da nach Bogdanov gesellschaftliches Sein und gesellschaftliches Bewußtsein identisch waren
oder sein mußten, was Lenin als «totalen Unsinn» verwarf, war das
Proletariat nach Erringung der Macht gehalten, seine eigene Kultur
auf der Basis der eigenen emotionalen, psychischen, physischen und
gnoseologischen Empirien aufzubauen. Der ideologische Dissens zu
Bogdanov war zweifellos der Hauptgrund, der Lenin im Jahre 1920 zu
entschiedenen Maßnahmen gegen die Proletkul'ty veranlaßte. Hinzu
kam der von der Partei in keiner Weise zu akzeptierende Autonomie-
anspruch des Proletkul't und, mit dem Ende des Kriegskommunismus,
die politische Notwendigkeit, Bauern und bürgerliches Element für
den Aufbau des Staates zu gewinnen, d. h. die aggressive proletarische
Exklusivität zu überwinden. So wurden im Dezember 1920 in dem
Brief des CK der RKP(b) *O Proletkul'tach* (Über die Proletkul'ty) dessen Organisationen dem NARKOMPROS unterstellt. Ihre Arbeit wurde

zum Bestandteil der Arbeit des NARKOMPROS erklärt, «der die proletarische Diktatur im Bereich der Kultur verwirklicht». Die Aktivitäten der Proletkul'ty waren damit unter Kontrolle gebracht; doch bald schon sollte die Tendenz zur proletarischen Diktatur in der Literatur, nunmehr im Dienste der Partei, die proletarische Schöpferkraft bei weitem übertreffen.

Der Klassenkampf in der Literatur

Wenige Tage nach dem Ersten Allrussischen Kongreß der Proletkul't-Organisationen im Oktober 1920 trat der Erste Allrussische Kongreß der Proletarischen Schriftsteller mit 142 Teilnehmern zusammen. Zu der drängenden Frage der Schaffung einer proletarischen Literatur äußerte sich Aleksandr Bogdanov in seinem Referat *O proletarskom tvorčestve* (Über proletarisches Schöpfertum) noch ganz im Sinne der Kulturideologie des Proletkul't. Einer Forderung Vladimir Kirillovs entsprechend, wurde umgehend eine Allrussische Assoziation der Proletarischen Schriftsteller (Vserossijskaja Associacija Proletarskich Pisatelej, VAPP) gegründet. Das beschlossene Vier-Punkte-Programm trug bereits den Leninschen Forderungen Rechnung; denn abgesehen vom strengen proletarischen Klassenstandpunkt und von der Professionalisierung der Schriftsteller wies es nun auch den Bauernschriftstellern (krest'janskie pisateli) einen Platz im Verband zu, sofern ihr Schaffen keinen der proletarischen Ideologie feindlichen Charakter trage.

Die proletarischen Schriftsteller organisierten sich zunächst in örtlichen Gruppen; die Moskauer in der «Kuznica» (Schmiede) mit der gleichnamigen Zeitschrift – zu ihr gehörten Prosaautoren wie Fëdor Gladkov und Aleksej Novikov-Priboj –, die Petrograder in der Gruppe «Kosmist». Der Klassenkampf in der Literatur nahm noch an Schärfe zu, als sich im März 1923 innerhalb der VAPP eine Moskauer Filiale, MAPP genannt, konstituierte, die in der Kritikerzeitschrift *Na postu* (Auf Posten, 1923–1925) die proletarische, strikt parteiliche Linie nach der Devise «Krieg ist Krieg» (Na vojne, kak na vojne) durchzog. Als Hauptgegner bekämpften die Napostovcy mit V. Volin, G Lelevič und Semën Rodov an der Spitze die Anhänger Trockijs und Voronskijs, die die Notwendigkeit, ja die Möglichkeit der Schaffung einer proletarischen Kultur in der Übergangsepoche ausschlossen und, mit Lenin, als aktuelle Aufgabe des Proletariats den Erwerb der kulturellen Errungenschaften der vergangenen Jahrhunderte ansahen. Ferner wandte sich die MAPP in rabiater Polemik gegen die Poputčiki, d. h. gegen

Autoren nicht-proletarischer Herkunft wie Boris Pil'njak, Vsevolod Ivanov, Lidija Sejfullina, Nikolaj Tichonov, Aleksandr Malyškin, Vera Inber, Aleksej Tolstoj und sogar Gor'kij. Lelevič richtete ungezügelte Pamphlete gegen Majakovskij, den er als hysterischen «Lumpenproletariats-Intelligenzler» (intelligentnyj ljumpen-proletarij, *Na postu* 1923/1) anprangerte, und gegen Anna Achmatova, die als Vertreterin eines «bourgeoisen Feminismus» (buržuaznyj feminizm) angefeindet wurde: Ganz und gar einer überlebten Mystik und Erotik hingegeben, verfehle sie die sozialen Themen der Gegenwart (Na postu 1923/2–3). Viktor Percov entlarvte Boris Pasternak als «erdachte Figur» (vymyšlennaja figura, Na postu 1924/5), deren Unverständlichkeit (neponjatnost') und krankhaften Wortexperimente er verurteilte. Seine Gedichte besäßen keinen Sinn, man könne nicht einmal ihren Inhalt wiedergeben. «Pasternak können wir nicht gebrauchen» (Pasternak ne nužen nam), lautete das Fazit; es sei am besten, ihn einfach nicht zu lesen.

Wie sich die Napostovcy hingegen eine proletarische Literatur vorstellten, erhellte der programmatische Artikel *Temy, kotorye ždut svoich avtorov* (Themen, die auf ihren Autor warten, Na postu 1923/2–3) von Jurij Libedinskij, einem der frühen sowjetischen Prosaautoren. Nicht nur das Fabrikleben und der Aufstand gegen das Kapital sollten Gegenstand der Literatur sein, sondern die Welt, so wie sie in ihrer Gesamtheit vom Proletariat gelebt werde. Drei Themenkreise wurden von Libedinskij angepriesen: 1. das Handeln der Arbeiterklasse bei der Entfaltung der sozialistischen Wirtschaft; 2. die Arbeiterklasse im außer-ökonomischen, d. h. im politischen Kampf, in Revolution und Bürgerkrieg, die Arbeit der ČEKA usw.; 3. der Verfall der alten Lebensweise und der Aufbau neuer Lebensformen. Libedinskij gab normativ die Gattungen vor – utopischer Roman, Povest', Erzählung, Poem, lyrisches Gedicht –, die für das eine oder andere Thema geeignet seien. So sollten etwa lyrische Gedichte die Gefühle und Erlebnisse beim Kampf für die sozialistische Wirtschaft wiedergeben. Nicht wenige der jungen Komsomol-Dichter – Aleksandr Bezymenskij, Michail Golodnyj und andere – nahmen die Ratschläge ernst und besangen, nachdem sie sich im Bürgerkrieg der revolutionären Romantik anheimgegeben hatten, nun den sowjetischen Aufbau.

Auf dem Wege zum Realismus

Im Juni 1925 versuchte die Partei, mittels der CK-Resolution *O politike partii v oblasti chudožestvennoj literatury* (Über die Politik der Partei im Bereich der schönen Literatur) die maßlose Militanz der Napostovcy in die Schranken zu weisen. Zwar blieb den proletarischen Schriftstellern der führende Platz im literarischen Felde weiterhin garantiert, doch wurde zugleich der unter ihnen verbreitete «kommunistische Dünkel», das sogenannte «komčvanstvo», als schädlich verurteilt. Gegenüber den Poputčiki wurde Feingefühl und Behutsamkeit angemahnt, «ohne freilich auch nur ein Jota von der proletarischen Ideologie abzuweichen». Die für Rußland zuständige RAPP (Rossijskaja Associacija Proletarskich Pisatelej), die sich bereits zuvor, im Januar 1925, als Speerspitze innerhalb der VAPP gebildet hatte, übernahm die von der Partei sanktionierte Aufgabe, litt aber in der Folgezeit immer wieder unter inneren Konflikten und Spannungen. Im Februar 1926 spaltete sich eine «linkssektiererische» Gruppe mit Rodov, Lelevič und Vardin ab, indes die Gruppe um den jungen Scharfmacher Leopol'd Averbach, Generalsekretär der RAPP, nun die Führung in die Hand nahm. In dem neuen RAPP-Organ *Na literaturnom postu* (Auf literarischem Posten, 1926–1932) setzte ein Diskurs um die Frage nach einer der Sowjetliteratur angemessenen künstlerischen Methode ein. Der proletarische Kulturnihilismus wurde korrigiert zugunsten der Devise des «Lernens bei den Klassikern» (učeba u klassikov). Vor allem wurde Tolstoj (in der Leninschen Interpretation) zum großen Vorbild erklärt. Angestrebt wurde die umfassende Epochendarstellung, die psychologische Durchdringung der Figuren, aber auch das von Lenin betonte Herunterreißen der Masken (sryvanie vsech i vsjačeskich masok). Verpönt waren jegliche Romantik und der Stil der «neobourgeoisen Strömungen», zu denen Pereval und LEF ebenso zählten wie Gor'kij und Aleksej Tolstoj. Als künstlerisches Ziel zeichnete sich im polemischen Hin und Her immer mehr die Darstellung des «lebendigen Menschen» (živoj čelovek) mit den Mitteln eines psychologischen Realismus ab.

Aus dem proletarischen Lager waren bereits einige zeitgeschichtliche Romane gekommen, die als Errungenschaften der sozialistischen Literatur lebhaft gefeiert wurden. Da war zunächst Dmitrij Furmanovs Romanbericht *Čapaev* (1923) über die Kämpfe des legendären Bürgerkriegshelden in den Steppen östlich der Wolga. Furmanov hatte als Divisionskommissar an Čapaevs Operationen gegen die Kolčak-Armee teilgenommen. Die Erzählhandlung wurde durch dokumentäre Einschübe, aber auch lyrische und meditative Passagen aufgelockert. In der Gestalt des Kommissars Klyčkov stellte Furmanov die Rolle der Kommunistischen Partei heraus, die den revolutionären Elan des Volkshelden und seiner Rotarmisten politisch steuerte. Der andere als grundlegend empfundene Roman war Fëdor Gladkovs *Cement* (Zement, 1925), der ebenso wie Furmanovs Roman eigenes Erleben verarbeitete. Als Parteifunktionär in Novorossijsk hatte Gladkov an der nach dem Bürgerkrieg einsetzenden Rekonstruktion der Fabriken mitgewirkt. Sein Roman behandelte die Instandsetzung einer Zementfabrik unter der Leitung des Kommunisten Gleb Čumalov. In die spannende Handlung waren feindliche Sabotageakte ebenso eingebaut wie die Fehlhaltung höherer Parteikader; die damals dringend gebotene Gewinnung bürgerlicher Intelligenzler für den Aufbau des Sozialismus wurde in der Entwicklung des Ingenieurs Klejst dargestellt. Gladkov hat in seinem späteren sozialistischen Industrieroman *Ėnergija* (Energie, 1933) die Problematik von *Cement* in den Bedingungen des Fünfjahresplanes wiederholt. Nach dem Zweiten Weltkrieg beschrieb er, auf den Spuren Gor'kijs, die eigene Kindheit und Jugend in einer Tetralogie mit den Teilen *Povest' o detstve* (Kindheitsgeschichte, 1949), *Vol'nica* (Das eigenwillige Kind, 1950), *Lichaja godina* (Böse Zeiten, 1954) und *Mjatežnaja junost'* (Stürmische Jugend, unvoll. 1956).

Mit Aleksandr Fadeevs Roman *Razgrom* (dt. u. d. T. Die Neunzehn, 1927) schien der Versuch gelungen, das Bürgerkriegsthema mit der psychologischen Durchdringung der Helden zu verbinden. Fadeev führte, wieder auch auf eigenen Erlebnissen aufbauend, den Leser an den fernöstlichen Kriegsschauplatz, wo eine Gruppe roter Partisanen gegen weiße und japanische Truppen kämpft. Doch wurde das Schicksal der Gruppe nicht als «Masse», sondern im psychologischen Eingehen auf die einzelnen Charaktere mit ihren individuellen Erlebnissen, Empfindungen, Entscheidungen, in der Bewährung wie im Versagen gestaltet. Neben dem Kommunisten Levinson als gefestigtem Vertreter der Partei traten Abkömmlinge der verschiedenen sozialen Schichten Rußlands mit ihren als «typisch» gezeichneten Verhaltensweisen auf. Trotz des tragischen Ausgangs – die Gruppe der Neunzehn wird vom Gegner aufgerieben – zeigte der Roman bereits «die unaufhaltsame revolutionäre Entwicklung als historische Gesetzmäßigkeit» (H. Fliege) und konnte damit später in den ehernen Kanon des Sozialistischen Realismus aufgenommen werden. Auch Michail Šolochovs Roman *Tichij Don* (Der stille Don), dessen erster Teil 1928 herauskam, konnte als Erfüllung jenes «blutvollen» Realismus gelten, den sich die RAPP-Theoretiker erhofften. Obwohl Šolochov bereits in sehr jungen Jahren mit Bürgerkriegserzählungen aufgewartet hatte (*Donskie rasskazy* [Don-Erzählungen], *Lazurevaja step'* [Lasurfarbene Steppe]; beide 1926), überraschte die Reife der romanesken Darstellung aus dem Leben der Donkosaken im Chutor Tatarsk mit dem hamletischen Helden Grigorij Melechov und seiner leidenschaftlichen Geliebten und Nachbarin Aksin'ja Astachova. Der erste der vier Teile spielt vor und während des Ersten Weltkrieges, als die Kosaken, trotz mancher Verfallserscheinungen, noch in einer patriarchalischen Idylle lebten.

Der lange Atem der erst 1934 abgeschlossenen Roman-Epopöe hat
Zweifel an der Autorschaft Šolochovs aufkommen lassen. Trotz Geir
Kjetsaas Computeranalyse des Romanstils, die zu dem Ergebnis
führte, an der Autorschaft Šolochovs sei nicht zu zweifeln, halten sich
Vermutungen, zumindest die Anfangsteile stammten nicht von diesem, sondern von dem 1920 verstorbenen Kosakenschriftsteller Fëdor
Krjukov (H. Ermolaev, R. A. Medvedev, A. Solženicyn); in jüngster
Zeit wird auch Aleksandr Serafimovič als eigentlicher Verfasser
genannt, der Šolochov lediglich als Strohmann benutzt habe, um die
schwankende Haltung der Kosaken ungeschminkt darstellen zu können (M. Anikin). Die theoretischen Dispute in der RAPP rissen bis 1932, d. h. bis
zur Auflösung der Literaturgruppen durch die Resolution des CK,
nicht ab. Noch 1930 löste sich die sogenannte LITFRONT (Literarische
Front) mit Aleksandr Bezymenskij von der RAPP, weil sie den «psychologischen Realismus» und die damit verbundene Einbuße an politischem Aktivismus nicht hinzunehmen bereit war. Den Höhepunkt
ihres Einflusses erlebte die RAPP auf der Zweiten Weltkonferenz der
proletarischen und revolutionären Schriftsteller im November 1930 in
Char'kov. Aus dem Ausland waren bekannte, politisch links stehende
Autoren wie Louis Aragon, Henri Barbusse, Johannes R. Becher,
Anna Seghers und Béla Illés angereist. In seinem Grundsatzreferat
legte Leopol'd Averbach die Forderungen dar, die an eine proletarische
Literatur zu stellen seien: die künstlerischen Ziele seien dem Primat
der Ideen (idejnost') und des politischen Nutzens unterzuordnen, die
linke Literatur müsse den Massen verständlich sein. Die «Char'kover
Linie» (char'kovskaja linija) wurde für einige Zeit herrschende Doktrin. Rezipiert wurde sie vor allem in Deutschland, im «Bund proletarisch-revolutionärer Schriftsteller» (BPRS) und dessen Organ *Die
Linkskurve* sowie bei der literarischen Linken in Jugoslawien. Noch auf
dem Moskauer Schriftstellerkongreß und in der sogenannten Realismusdebatte zwischen Georg Lukács und Bertolt Brecht blieb der
RAPP-Realismus virulent.

Der Imaginismus

Aus der Sicht des proletarischen Lagers waren Sergej Esenin und die
Imaginisten Bauerndichter. Das traf für Esenin, der aus dem Milieu
der russischen Altgläubigen kam und das bäuerliche Rußland nie aus
den Augen verlor, zweifellos zu. Die um ihn gescharten Dichterfreunde jedoch waren in der Mehrzahl Großstadtliteraten. Sie traten zuerst

1919 mit einem Manifest in der Voronežer Zeitschrift *Sirena* an die Öffentlichkeit. Später gaben sie mehrere Publikationen heraus, darunter die Almanache *Imažinisty* (1920) und von 1922 bis 1924 die Zeitschrift *Gostinica dlja putešestvujuščich v prekrasnom* (Hotel für Reisende in Schönheit). Seit 1921 verfügte die Gruppe unter den NĖP-Bedingungen über die Verlage «Imažinisty» (Imaginisten) und «Čichi-Pichi». Sie bestand bis 1927.

Zunächst konnte es aussehen, als handele es sich bei den Imaginisten um eine Abspaltung von den Futuristen, denn anfangs führte Vadim Šeršenevič das große Wort in der Gruppe. In den Gedichten des Bändchens *2x2 = 5. Listy imažinista* (2x2 = 5. Blätter eines Imaginisten, 1920) demonstrierte er den «Katalog der Bilder», der für die Gruppe charakteristisch war. Er hatte zu deren Bezeichnung zunächst den Begriff «imažionisty» vorgeschlagen, der aber bald der Prägung «imažinisty» – und «imažinizm» (Imaginismus) für die Bezeichnung der Strömung – weichen mußte. Eine terminologische Abgrenzung von den englischamerikanischen Imagists war so allemal gegeben. Auch sonst bestritten die Russen wieder einmal jegliche Abhängigkeit von T. S. Eliot, T. E. Hulme und Ezra Pound. Es gibt aber wenigstens einen Beleg für die frühe russische Wahrnehmung der Londoner Imagisten. Mitten im Krieg, im Februar 1915, hatte nämlich die Kritikerin und Übersetzerin Zinaida Vengerova in dem Almanach *Strelec* (Der Schütze) ein in London mit Ezra Pound geführtes Interview unter dem bezeichnenden Titel *Anglijskij futurizm* (Englischer Futurismus) veröffentlicht. Der amerikanische Dichter sprach hier über die Bedeutung des Bildes als Urelement der Poesie; es berge in sich alle Möglichkeiten, alle Schlußfolgerungen und Korrelationen. «In der Poesie sind wir Imagisten» (V poėzii my imažisty). Damit waren Stichworte vorgegeben, die von den Russen nur noch ins Extrem getrieben und operationalisiert werden mußten, um die russische Variante der imaginistischen Avantgarde zu gebären. Dies geschah einerseits in deutlicher Anlehnung an den Futurismus, andererseits in polemischer Abgrenzung von ihm. Hatten die Futuristen das absolut gesetzte Wort zum Grundelement ihres Dichtens erklärt, so verliehen die Imaginisten dem Bild (obraz) den gleichen beherrschenden Rang in ihrer Poesie. Ihre Deklaration von 1919 wiederholte das alte Argumentationsmuster der futuristischen Manifeste. Auf polemische Ausfälle gegen den Futurismus, diesen Säugling und Schreihals, der mit zehn Jahren bereits verschieden sei, sowie gegen die kahlköpfigen Symbolisten und rührend-naiven Passéisten folgte die unabdingbare Forderung nach dem «selbstwertigen Bild», dem «Bild als solches» (obraz kak takovoj), das den «Sinn» auffressen sollte (poedanie smysla obrazom). Das Wort sollte nur noch in seiner bildlichen Funktion (v obraznom značenii) verwendet werden. Man wollte mit dem Bild die Form vom Staub des Inhalts reinigen. Das Gedicht sollte eine «Welle von Bildern» (volna obrazov) darstellen, sich im «Vers libre der Bilder» (verlibr obrazov) ergehen. In ungehemmter Emphase hieß es: «Das Bild und nur das Bild. Das Bild – durch Stufen von Analogien, Parallelismen, Vergleiche, Kontraste, geballte und geöffnete Epitheta, Appositionen von polythematischem, mehrstöckigem Bau – das ist das Produktionsgerät des Meisters der Kunst.»

Mit mehr oder weniger Erfolg versuchten die Dichter des Imaginismus, das geforderte Bildschaffen zu realisieren. Ausgefallene Vergleiche und Metaphern füllten nun die Verse der ehemaligen Egofuturisten Vadim Šeršenevič und Rjurik Ivnev. Aleksandr Kusikov, tscherkessischer Herkunft, fing in Gedichten und Poemen (*Al'-Barrak*, 1920, *Iskander Namë*, 1921; *Džul' Fikar*, 1921) die orientalisch-islamische Lebens- und Bildwelt ein. In dem Poem *Koevangelieran* - der Titel ist aus Koran und Evangelium zusammengefügt – strebte er gar einen christlich-islamischen Synkretismus an. Anatolij Mariengof, der enge Gefährte Esenins, wurde mehr denn durch seine zahlreichen unprüden Gedichte mit den freizügigen Enthüllungen über Esenins Leben und Leiden in seinem *Roman bez vran'ja* (Roman ohne Lüge, 1927) bekannt.

Tynjanov bezweifelte in *Promežutok* (Zwischenraum, 1924), ob es den Imaginismus je gegeben habe. In der Tat wäre der Imaginismus ohne das Genie Sergej Esenins und ohne die einzigartigen Gedichte, die er geschrieben hat, nicht viel mehr als ein ephemeres Muster ohne Wert. Bald nach Esenins tragischem Tod im Dezember 1925 ist denn die Gruppe auch zerfallen.

Sergej Esenin

Daraus folgt freilich nicht, daß Esenin, wie es in der sowjetischen Literaturwissenschaft immer wieder versucht wurde, von der Imaginisten-Gruppe getrennt und deren Bedeutung für sein Leben und Schaffen heruntergespielt werden könnte. Nicht im künstlerischen Wollen und nicht in der exzentrischen Lebensführung unterschied sich der Dichter von seinen Imaginistenfreunden, sondern allein durch sein künstlerisches Vermögen. In der mittleren Schaffensphase, die etwa zwischen 1917 und 1922 anzusetzen ist, ging er in der absoluten Metaphorik, in der Kühnheit der Bildassoziationen weit über jene hinaus und dichtete Bildsequenzen von visionärer Kraft, die den Interpreten

Sergej Esenin

nach wie vor größtes Kopfzerbrechen bereiten. Und in seinem poeto-logischen Traktat *Ključi Marii* (1920; der Titel kann mit «Marienschlüs-sel» oder «Marienquellen» übersetzt werden; bei den Altgläubigen ver-körpert Maria überdies die Seele) entwickelte er, die Vorstellungen der volkstümlichen Redewendungen und Gnomata auslotend, eine eigene Bildtheorie. Da sie ihrerseits wieder in einer extensiven Bildersprache formuliert wurde, kann sie kaum als Grundlage einer allgemeinen Metapherntheorie dienen. Andererseits gibt sie Einblick in Esenins Bilddenken. Er unterteilt das Wesen des Bildschaffens (tvorčestvo v obrazach), gleich dem Wesen des Menschen, in die Bereiche Fleisch, Seele und Verstand. So ergeben sich drei Kategorien von Bildern: Das Bild vom Fleische oder «Vignettenbild» (zastavočnyj obraz) entspricht dem klassischen Vergleich oder der Metapher. Die Sonne kann als Rad, Kalb, Hase oder Eichhörnchen erscheinen, die Sterne als Nägel (oder Nelken), Körner, Karauschen oder Schwalben usw. Das Bild vom Geist (bzw. der Seele) oder «Schiffsbild» (korabel'nyj obraz) läßt das Vignettenbild wie ein Schiff in der Strömung schwimmen, was weitgehend der von den Formalisten beschriebenen «entfalteten bzw. entwickelten Metapher» (razvernutaja metafora) entspricht. Das Bild vom Verstand oder «angelische Bild» (angeličeskij obraz) schließlich wird mit dem Aufreißen eines Fensters aus einer gegebenen Bildvorstellung heraus verglichen. Gemeint ist damit die durch komplizierte Denk- und Gefühlsprozesse entstehende absolute Metapher. Auf Esenins Dichtungen bezogen, läßt sich die Generierung der Metaphern anhand seiner Begrifflichkeit tiefer verstehen. Wenn er in der Dichtung *Iordanskaja Golubica* (Die Jordan-Taube, 1918) den Himmel mit einer Glocke, den Mond mit dem Klöppel (jazyk) vergleicht, daraus das Glockenläuten (ja b'ju mesjacem / v sinij kolokol) ableitet, das aber (über die Amphibolie jazyk = Zunge/Sprache/Klöppel) das Lied des Dichters ist, der sich als Bolschewik bekennt und um der universalen Mitmenschlichkeit willen den Tod der alten Welt besingt, dann zeigt das die Bilderfülle Esenins nicht als quellende Beliebigkeit, sondern als Bildordnung, die aus einer logischen Tiefenstruktur erwachsen ist.

Die ersten Gedichte, die Esenin noch als Knabe schrieb, brachten Bilder aus der ihm wohlvertrauten Welt des altgläubigen Dorfes Konstantinovka (Gouvernement Rjazan'). Sie waren aber, vergleichbar den Dorfbildern Marc Chagalls, bereits in ihren natürlichen Relationen verschoben: Der Sonnenaufgang begießt die Krautbeete mit rotem Wasser, der kleine Ahornbaum saugt am grünen Euter seiner Mutter – so in dem frühesten bekannten Gedicht Esenins *Tam, gde kapustnye grjadki* (Dort, wo die Krautbeete, 1910). Diese animistisch oder pantheistisch zu nennende gegenseitige Durchdringung der gegenständlichen Sphären der Dorfwelt, mit präziser Benennung aller Details, greift aber sehr bald in die Himmelssphäre und in die christlichen Glaubensvorstellungen der Staroobrjadčiki (der Altgläubigen) über. Eine Abendstimmung, fast impressionistisch von den Sinneswahrnehmungen her eingefangen in dem Gedicht *Zadymilsja večer, dremlet kot na bruse* (Der Abend begann zu rauchen, der Kater schlummert auf dem Balken, 1912), endet mit der Allusion auf die Reliquien der Märtyrer; in dem berühmten Herbstgedicht *Osen'* (Herbst, 1914) kratzt der Herbst, «die rote Stute», seine Mähne, und der Mönch-Wind (schimnik-veter) küßt am Ebereschenstrauch die roten Wunden des unsichtbaren Christus. Unter den frühen Gedichten begegnen volkstümliche Romanzen über alte naturmagische Motive wie *Zašumeli nad zatonom trostniki* (Es rauschte auf über der Bucht das Schilfrohr, 1914) oder

Koldunja (Die Hexe, 1915) – Gedichte in schwingenden dreiteiligen Metren. Andere indes waren Fingerübungen nach klassischen Vorbildern. So wiederholte das Gedicht *Zvëzdy* (Sterne, 1911) in Rhythmus und Intonation Lermontovs *Tuči* (Wolken) oder das ironische Gedicht *Poèt* (Der Dichter, 1910–1912) in der Pointe Puškins *Razgovor knigoprodavca s poètom* (Gespräch des Buchhändlers mit dem Dichter). Sogar in der strengen Form versuchte er sich mit einem preziösen *Sonet* (1915). Der Erste Weltkrieg ließ ihn, wie viele andere, patriotische Častuška-Töne anschlagen wie in *Goj ty, Rus', moja rodnaja* (Hei, du Rußland, meine Heimat, 1914) oder *Udalec* (Der Draufgänger, 1915). Doch im Revolutionsjahr, da sich die gewaltigen Umwälzungen vor seinen Augen abzeichneten, setzten seine großen Dichtungen ein. Es waren Poeme, genauer gesagt: thematisch eng verbundene Gedichtzyklen, in denen die russische Bauernwelt, die in ihr tief eingewurzelten christlich-eschatologischen Vorstellungen und eine in kosmischen Dimensionen gedachte Utopie zur inspirierten Prophetie zusammenschmolzen. Wie bei Blok, Belyj oder Majakovskij kam hier der epische Kairos (G. Gačev) zum Tragen, der in Esenins Dichtungen nur scheinbar unpolitisch auftrat, in Wirklichkeit aber auf das von den Sozialrevolutionären um Ivanov-Razumnik erstrebte Bauernparadies abzielte.

Schon in dem balladesken Gedicht *Tovarišč* (Der Genosse), geschrieben im März 1917, war das Jesuskind aus der Ikone herabgestiegen und den Revolutionären zu Hilfe geeilt; von einer Kugel getroffen, wurde es auf dem Marsfeld (zusammen mit den anderen Opfern der Februarrevolution) begraben. Es gab nun keine Auferstehung mehr, doch flammte das Wort *Rre-ès-puu-ublika* immer wieder auf. Vom Sommer 1917 bis Herbst 1919 entstand eine lange Reihe von Poemen, in denen sich Esenins großes Dichtertum im Glauben an die Verwirklichung der Utopie ausdrückte: *Otčar'* (das Titelwort alludiert auf otec, «Vater», car', «Zar» und otčarovat', «entzaubern»; Juni 1917), *Oktoich* (so heißt der orthodoxe achtstimmige Kirchengesang; August 1917), *Prišestvie* (Wiederkunft, Oktober 1917), *Preobraženie* (Transformation, November 1917), *Inonija* (Andersland, Januar 1918, zur gleichen Zeit wie Bloks *Die Zwölf*), *Iordanskaja Golubica* (Die Jordan-Taube, Juni 1918), *Nebesnyj barabanščik* (Der himmlische Trommler, 1918/1919), *Pantokrator* (Februar 1919), *Kobyl'i korabli* (Die Stutenschiffe, September 1919). Wieder ist es in dem Andrej Belyj gewidmeten *Prišestvie* die Parusie, die Wiederkunft Christi, auf die das utopische Konzept gegründet wird. In einer Fülle biblischer Anspielungen (auf die Offenbarung des Johannes, Judas' Verrat, Christi Martyrium, Christi Verleugnung durch Petrus usw.) erscheint Rußland als das durch Regenpfeile gekreuzigte Land, das den Tod überwindet und aufersteht. In *Inonija*, dem Poem über das

«Andersland», gebraucht Esenin den Kunstgriff, daß er als Prophet unter dem eigenen Namen (prorok Sergej Esenin) mit überwältigender Bildkraft vom Mangel der gegenwärtigen Welt und von der idealen Ordnung im Zukunftsland Inonija spricht. Wie neue Forschungen gezeigt haben, erfolgte die Konstituierung von Utopie auf den unterschiedlichsten Textebenen (S. Glitsch). Das Poem ist als Prophetenbuch (es ist dem Propheten Jeremia gewidmet) verfaßt; es entwirft einen «anderen» (utopischen) Raum, in dem irdische und kosmische Dimensionen verschmelzen, in der Weise, daß eine sprachlich realisierte Entsprechung zu einem Nicht-Raum oder U-topos entsteht. (Möglicherweise geht dies auf Ideen in Nikolaj Fëdorovs *Filosofija obščego dela* [Philosophie der allgemeinen Angelegenheit] zurück.) In sich überlappenden, fein verschlüsselten biblischen und volksgemäßen Bildsymbolen wird in der Geburt des neuen Christus – als Kalben der Sonne vorgestellt – die Umgestaltung der Welt erkennbar. Sie ist das Neue Jerusalem, ist Indien, das paradiesische Bauernland in der Volksvorstellung, ist Aetas aurea, das Land, in dem die Gerechtigkeit, die Pravda, herrscht – nicht aber Kljuevs Stadt Kitež oder die eiserne Wesenhaftigkeit Amerikas oder des Proletkul't-Paradieses. Über der reichen Bildtextur Esenins kann leicht vergessen werden, wie stark sich dieser Dichter auf die aktuellen Diskurse einließ. Seine Bilder waren nicht nur sinnlich aufscheinende Vorstellungen, sondern immer auch Chiffren oder Symbole für Ideen und Gedanken. Er stand dem Symbolismus näher, als er selbst es zugestehen mochte.

In der Dichtung *Pugačëv* (1921) gewannen Esenins Träume von einem russischen Bauernparadies eine neue künstlerische Qualität. Er gestaltete den Volksaufstand unter dem charismatischen Bauernführer in der Zeit Katharinas II. in dramatischer Form, ohne daß freilich seine lyrischen Potentiale ein echtes Drama zugelassen hätten. Vielmehr entstand ein Text von kraftvoller Bildhaftigkeit, den man als lyrisches Drama oder als dramatisches Poem bezeichnen kann. In erklärter Abgrenzung von Puškin, der die Pugačëvščina in der *Hauptmannstochter* als Liebesintrige dargestellt habe, ging es Esenin, wie er sagte, um die Darstellung des «fast genialen» Volkshelden, der, allein von männlichen Akteuren umgeben, am Verrat seiner Gefährten zugrunde geht. Das Scheitern seines visionären Aufrührertums stand gleichsam für Esenins eigene Verzweiflung über den Gang der Dinge. Nicht daß er der Revolution feindselig gegenübergestanden hätte, doch hatte er sich von ihr die Erneuerung des bäuerlichen Rußlands erhofft, das von der Sowjetmacht jedoch gerade ausgebeutet und in seinen Grundfesten zerstört wurde. Esenins polizeinotorisches Rowdytum (chulinganstvo), seine zunehmenden Alkoholexzesse und der extravagante

Lebensstil, den er mit Isadora Duncan im Moskau der NĖP-Jahre, namentlich nach dem enttäuschenden Ausflug nach Europa und Amerika, zelebrierte, wären wohl ohne den Zusammenbruch seiner utopischen Hoffnungen kaum zu erklären. In den Gedichtbänden *Ispoved' chuligana* (Beichte eines Hooligans), *Stichi skandalista* (Verse eines Skandalisten; beide 1921) und *Moskva kabackaja* (Das Moskau der Kneipen, 1924) fand eine Verzweiflung Ausdruck, die nur noch durch Ausschweifungen und Trunkenheit übertönt werden konnte. Sie war der Preis für Esenins ehrliches Bemühen, die Revolution in ihrer bolschewistischen Form anzunehmen. Im Poem *Anna Snegina* (1924) verband er das in der russischen Literatur stets proteisch wiederkehrende Anna-Syndrom mit dem Klassenkampf im russischen Dorf (R. Lauer) und griff in *Pesn 'o velikom pochode* (Das Lied vom großen Kriegszug, 1924) und *Poėma o 36* (Das Poem von den 36, 1925) sogar Ereignisse aus der revolutionären Heilsgeschichte auf. Die Brücke, die er zu Puškin in dem Gedicht (*Puškinu* [An Puškin], 1924) schlug, war die vom «povesa» (Schelm − so hatte sich Puškin seinen Onegin, und damit sich selbst, einst charakterisiert) zum «chuligan» (Hooligan − so nannte man im Sowjetstaat die unangepaßten Rowdys); er werde ihm nacheifern, dereinst «in Bronze zu erklingen». Seine Verse wurden gegen Ende schlanker, klassischer. Ein Erholungsaufenthalt im Kaukasus führte ihn noch einmal zum poetischen Höhenflug der *Persidskie motivy* (Persische Motive, 1924), den von Firdausi und Sa'di inspirierten Liebesgedichten an die schöne Lehrerin Šaganė Tal'jan. Esenins letzte Dichtungen sind erschütternde Zeugnisse eines Aufbäumens gegen die unaufhaltsame Selbstzerstörung: das Poem *Čërnyj čelovek* (Der schwarze Mann, November 1925), an Mozarts Ende gemahnend, mit jener schwarzen Doppelgängergestalt, die den Dichter heimsucht, bis dieser auf sie einschlägt − und sein Spiegelbild trifft; und vor allem auch das Abschiedsgedicht *Do svidan'ja, drug moj, do svidan'ja* (Auf Wiedersehen, mein Freund, auf Wiedersehen), das Esenin kurz vor seinem Selbstmord am 28. Dezember 1925 im Hotel «Angleterre» in Leningrad mit eigenem Blute niedergeschrieben haben soll. Auf die Schlußzeilen: «Es ist in diesem Leben nicht neu zu sterben, / Doch auch zu leben ist nicht neuer», replizierte Majakovskij hämisch in der nach Esenins Tod aufkommenden öffentlichen Diskussion über «eseninščina» (ein Schlagwort, das für asoziales, rowdyhaftes Verhalten der Dichter stand) mit seinem Gedicht *Sergeju Eseninu* (An Sergej Esenin, März 1926). Wahrscheinlich wehrte er sich damit unbewußt bereits gegen innere Kräfte, die ihn später selbst überwältigen sollten.

LEF – Die linke Front der Künste

LEF, die Linke Front der Künste, war eine zwar kleine, nach ihrem Anspruch und Auftreten aber um so wortkräftigere Gruppe in den 20er Jahren. *LEF* – so hieß auch die Zeitschrift, die sie 1923–1925 herausgab (sie wurde 1927/28 unter dem Namen *Novyj LEF* [Der neue LEF] fortgesetzt), die, mit Proletkul't und RAPP konkurrierend, ein neues Kulturmodell und neue Formen in der Kunst propagierte. LEF war, kurz gesprochen, die Fortsetzung oder genauer: die Durchführung des Futurismus nach der vollzogenen Revolution. So wie die Revolution die gesellschaftlichen und politischen Verhältnisse von Grund auf umgestaltet hatte, gingen die Futuristen daran, Kunst und Literatur zu revolutionieren – was für sie bedeutete, sie ins Leben zu führen. Sie hatten ja gewissermaßen auf künstlerisch-literarischem Felde längst das antizipiert, was die Revolution auf dem gesellschaftlichen und politischen endlich gebracht hatte. Die Analogie von Revolution in der Kunst zu der im politischen Raum bestimmte in entscheidender Weise das Selbstverständnis und das Wirken der Futuristen-LEFisten. Bei der Partei, in deren Dienst sie so bereitwillig traten, löste dies allerdings von Anfang bis Ende Skepsis und Spannungen aus.

Schon im März 1918 hatten sich die Petrograder Futuristen zu einer Aktionsgruppe zusammengeschlossen. Sie gaben eine «Futuristenzeitung» (*Gazeta futuristov*) heraus, in deren erster und einziger Nummer ein *Manifest letučej federacii futuristov* (Manifest der fliegenden Futuristenföderation) veröffentlicht wurde, das von David Burljuk, Vasilij Kamenskij und Vladimir Majakovskij unterzeichnet war. Noch im gleichen Jahr eschien zum Revolutionsjubiläum die Chrestomathie *Ržanoe slovo* (zu übersetzen mit «Roggenwort» oder «Wieherwort», Oktober 1918) mit einem ermunternden Vorwort von Lunačarskij, dem Förderer der Futuristen. Er verteidigte seine Schützlinge gegen Vorwürfe mit dem Argument, sie seien eben jung und Jungsein sei revolutionär (molodost – revoljucionna). In der Tat war die Vehemenz, mit der sie sich der Partei andienten, kaum zu übertreffen. Im Januar 1919 stellten sie den Antrag, sich im Petrograder Bezirk Vyborg als Parteiorganisation unter dem Namen «Kollektiv der Kommunisten-Futuristen» (KOM-FUT) registrieren zu lassen. Der Antrag wurde mit der Begründung abgelehnt, daß es sich bei den Komfuty nicht um eine Parteizelle, sondern um eine Organisation des Bildungswesens handele. In der von Majakovskij und Nikolaj Punin herausgegebenen Zeitschrift *Iskusstvo Kommuny* (Kommunen-Kunst, Dezember 1918 bis

April 1919) trugen sie ihre Auffassungen von der Rolle der Kunst in der neuen Gesellschaft vor, die sehr bald den Widerspruch ihrer Gegner aus dem proletarischen Lager hervorrufen sollten. Osip Brik, einer der formalistischen Theoretiker und enger Freund Majakovskijs, forderte in dem programmatischen Artikel *Drenaž iskusstvu* (Entwässerung für die Kunst, 1918), die revolutionäre Kunst müsse neue, nie dagewesene Dinge schaffen; die Schriftsteller müßten neue Wege finden: Futurismus bedeute proletarische Kunst (nach G. Struve). Als Viktor Šklovskij, ebenfalls ein Formalist, die Futuristen kritisierte, sie hätten, indem sie sich mit der III. Internationale verbanden, ihr Prinzip aufgegeben, daß nur die neue Form den neuen Inhalt erzeuge (Novaja forma roždaet novoe soderžanie), da entgegnete Punin, ein führender Funktionär des NARKOMPROS, die Internationale sei ebensogut eine futuristische Form wie jede andere schöpferisch gestaltete neue Form. Die Motivierung des Verfahrens (motivirovka priëma), wie die Rechtfertigung des Inhalts bei den Formalisten hieß, gewann hier einen ähnlichen neuen Sinn, wie er in Vladimir Tatlins Projekt zu einem Denkmal der III. Internationale exemplifiziert ward.

Vladimir Majakovskij und LEF

Majakovskij veröffentlichte in *Iskusstvo kommuny* Agitationsgedichte wie *Prikaz po armii iskusstva* (Befehl an die Kunstarmee), *Radovat'sja rano* (Zu früh gefreut), *Poèt rabočij* (Der Arbeiter-Dichter), *Levyj marš* (Linker Marsch) und *S tovariščeskim privetom. Majakovskij* (Mit Genossengruß. Majakovskij; alle 1918/1919). Es war der Beginn seines poetisch-politischen Engagements, das ihn zum Mitarbeiter bei der Erstellung der satirischen ROSTA-Fenster (*Okna satiry*), zum politischen Leitartikler in *Pravda, Komsomolskaja Pravda, Rabočaja Moskva* und vielen anderen Parteizeitungen werden ließ. Dahinter stand die von den Komfuty vertretene und vom LEF alsbald übernommene These, daß die futuristische Kunst einen «gesellschaftlichen Auftrag» (social'nyj zakaz) zu erfüllen habe. Es galt, die Einheit von Kunst und revolutionärer Gegenwart herzustellen. Die Kunst war kein von der sowjetischen Wirklichkeit abgehobener ästhetischer Wert, kein Instrument der Erkenntnis, sondern schlicht ein Produktionszweig wie jeder andere auch: «Die Poesie ist eine verarbeitende Industrie» (Poèzija – obrabatyvajuščaja promyšlennost'), so wurde verkündet. Und das Produktionsmaterial war das Wort.

Bald regte sich Widerstand gegen die Komfuty und ihre outriert-revolutionäre Kunstauffassung. Ein erstes Anzeichen war die Schwierigkeit, für die Aufführung von Majakovskijs *Misterija-buff* (Mysterium buffo, 1918) überhaupt eine Bühne und Schauspieler zu finden. Majakovskij hatte das Stück zur Feier des ersten Jahrestages der Oktoberrevolution geschrieben. Es sollte eine «heroisch-episch-satirische Darstellung unserer Epoche» geben: Eine neue Sintflut ist hereingebrochen und hat die alte Welt zerstört. Die Überlebenden, sieben Paar Reine (Herrschende) und sieben Paar Unreine (Unterdrückte), retten sich auf eine Arche. Sie spielen verschiedene Herrschaftsformen durch, Absolutismus, bürgerliche Demokratie, Sozialismus. Die Unreinen durchwandern auf einem Weg, den ihnen eine christusähnliche Gestalt, «einfach ein Mensch» (prosto čelovek), in einer blasphemischen «neuen Bergpredigt» gewiesen hat, Himmel und Hölle und finden am Ende das Land der Dinge, die Sonnenkommune. In einem großen Schlußhymnus vereinigen sich die Unreinen und die Dinge: Das befreite Proletariat ist Herr über die Produktionsmittel geworden, die Utopie verwirklicht. Zum Mißerfolg mußte das Stück werden, weil das bürgerliche Publikum es als gotteslästerlich empfand, die Arbeiter hingegen mit der futuristischen Textur nichts anzufangen wußten. Im Proletkul't-Lager sah man in den Komfuty wildgewordene Kleinbürger und unwillkommene Konkurrenz. Aber auch Lenin, der nur geringen Kunstverstand besaß, verfolgte das futuristische Treiben mit großer Skepsis. Wiederholt versuchte er, die Förderung, die sie von seiten Lunačarskijs genossen, einzuschränken. Als dieser gar den Druck von Majakovskijs Poem *150 000 000* durchgesetzt hatte, wandte sich Lenin hilfeheischend an Michail Pokrovskij, den Stellvertreter Lunačarskijs: «Kann man das nicht abstellen? Das muß man abstellen! Einigen wir uns darauf, daß diese Futuristen nicht mehr als zweimal im Jahr gedruckt werden und nicht mehr als 1500 Exemplare. [...] Kann man nicht zuverlässige Anti-Futuristen auftreiben?»

Ungeachtet der Leninschen Bedenken stellten sich die Futuristen in den Dienst der Tagespolitik und führten den selbsterteilten sozialen Auftrag aus. Im März 1923 wurde LEF zu ihrer Plattform. Majakovskij derfinierte in seiner Autobiographie *Ja sam* so: «LEF – das ist das Umfassen des großen sozialen Themas mit allen Instrumenten [oder auch: Geschützen] des Futurismus.» Tatsächlich ging es in künstlerischer Hinsicht vor allem und bis zuletzt um die Rettung des avantgardistischen Systems und der einzelnen Verfahren, die die Futuristen seit 1912 in die Literatur gebracht hatten. Majakovskij, Aseev, Pasternak, die sich jetzt im LEF sammelten, konnten nicht anders, als aus der Sprache heraus dichten, auch wenn es um den sozialen Auftrag ging. Majakovskijs Poeme der 20er Jahre – *150 000 000* (1919/20), *IV Internacional* (Die IV. Internationale), *Pjatyj Internacional* (Die Fünfte Internationale; beide 1922) – suchten der Revolution neue Dimensionen hinzuzugewinnen, das Geistige, das Individuelle. In *Pro èto* (Darüber, 1923) brach im Thema der unerwiderten Liebe erneut die Sensibilität des hochverletzlichen Majakovskijschen Ichs hervor. Im Gegensatz zu den Proletkul't-Dichtern scheute er sich nicht, auch darüber zu sprechen – so unverhüllt, daß die vertrackten Beziehungen offen zutage lagen. In dem fiktiven Dialog mit Puškin in dem Gedicht *Jubilejnoe* (Jubiläums-gedicht, 1924) legte er in jovialer Großmannsgeste die Gemeinsamkei-ten mit dem lange verachteten Klassiker dar: Beide waren sie Dichter des Neuen, die das «genaue und nackte Wort» suchten, beide waren sie betrogene Liebende. Er könne Puškin, sagte Majakovskij in dem Gedicht, käme er zum LEF, gut und gerne Agitationsverse (agitki) und Reklame anvertrauen . . .

Lange hatte er insgeheim an dem Poem *Vladimir Il'ič Lenin* (1924/ 25) gearbeitet. Aus dem Erleben der Beerdigungsfeierlichkeiten gewann Majakovskij den epischen Rahmen für die Apotheose des Revolutionsführers. Majakovskijs Verse nahmen hier, wie nirgends sonst, den Ton der epischen Selbigkeit an; die Analyse zeigt, daß nicht nur das fast hagiographische Bild eines Heroen errichtet wurde, son-dern auch die epischen Bauformen stillschweigend wieder in Kraft gesetzt waren. Hoher, pathetischer Ton kam auf, wenn das sozialisti-sche Ethos oder die Vision einer freien Menschheit Gegenstand der Verse wurde, aber die Verse konnten auch sarkastisch und geißelnd sein, wenn das neue Spießertum und die menschliche Borniertheit zur Sprache kamen, was in der NÈP-Zeit zunehmend der Fall war. Seit 1923 schrieb Majakovskij fast ausschließlich in der charakteristischen Form der Stufenverse (lesenka). In dem Traktat *Kak delat' stichi?* (Wie man Verse macht, 1926) legte er minuziös den vom «sozialen Auftrag» gesteuerten dichterischen «Produktionsprozeß» (proizvodstvennyj process) am Beispiel der Entstehung des Gedichtes auf den Tod Ese-nins, *Sergeju Eseninu* (1926), dar. Es ist höchst aufschlußreich zu sehen, wie sich aus dem Schreiterhythmus in einem *try-and-error*-Verfahren allmählich die intendierte Aussage herausschält.

Jurij Tynjanov hat die für Majakovskij charakteristische Kombination von odischem und satirischem Ton, von Hochtrabendem und Burles-kem als auffällige Parallele zur Odendichtung Deržavins gedeutet. Anders als der Hofdichter Katharinas II. hat der Barde der Revolution freilich die Anerkennung der Mächtigen zu Lebzeiten nicht erringen können. Die Angriffe seitens der RAPP nahmen nach den Aufführun-gen der utopisch-grotesken Komödien *Klop* (Die Wanze, 1928) und *Banja* (Das Bad, 1930) zu, mit denen Majakovskij seinen satirischen Sta-chel gegen das sowjetische Spießbürgertum und die Auswüchse der Sowjetbürokratie richtete. Der widersinnige Eintritt in die RAPP im

Februar 1930 und die große Retrospektive seines dichterischen Schaffens «20 let raboty» (20 Jahre Arbeit) im gleichen Monat wie auch das schlechte Abschneiden der Premiere von *Banja* waren Momente, die Majakovskijs lange schon schwelende Krise zum Ausbruch kommen ließen. Über das Schicksal der Revolution vergrämt, von der RAPP gehetzt, dazu in schwierige persönliche Beziehungen verstrickt, sah er sich in einer ähnlich ausweglosen Lage wie fünf Jahre zuvor Sergej Esenin. Er erschoß sich am 14. April 1930 mit einem Revolver.

Die Faktographie

So sehr LEF auf den futuristischen Errungenschaften bestand, ergaben sich doch aus dem Ansatz, die Literatur als verarbeitende Industrie zu definieren, auch ganz neue Möglichkeiten und Formen des literarischen Schaffens, und es mag kein Zufall sein, daß sie nicht von den alten Streitern des Futurismus entwickelt wurden, sondern von Literaten, die während des Bürgerkriegs fernab, in Vladivostok, die avantgardistisch-futuristische Gruppe «Tvorčestvo» (Schöpfertum) gebildet hatten: Nikolaj Čužak, ein Altkommunist, Sergej Tret'jakov, ein Advokat, Nikolaj Aseev, der alte Centrifugist. Viel trug zur Theorie der Produktionskunst auch Boris Arvatov bei. Ferner zählten Boris Kušner, Boris Pasternak und Osip Brik zum LEF und Novyj LEF. Eng gestaltete sich die Zusammenarbeit mit bildenden Künstlern (Aleksandr Rodčenko) und Filmleuten (Sergej Ėjzenštejn, Dziga Vertov). Die futuristische Präokkupation durch die Versdichtung wurde nun im LEF aufgebrochen. Natürlich konnte es, wenn man Prosaformen anpeilte, nicht um die Wiederbelebung des psychologischen Realismus gehen wie bei der RAPP. Daran ließ Majakovskijs provokative Formel «Ein lebendiger LEF ist besser als der tote Lev Tolstoj» (Živoj LEF lučše, čem mērtvyj Lev Tolstoj) keinen Zweifel. Den Formalismus rechtfertigte man als das «statistische Büro» der soziologischen Methode, d. h. als die eigentliche Produktionstheorie zur Bewältigung des neuen, großen Inhalts. Immer stärker aber trat im LEF-Diskurs die Losung vom Lebensbau (žiznestroenie) in den Vordergrund. Sie wurde zu einem wichtigen Impuls im kunsttheoretischen Denken der Avantgarde – weit über die Grenzen der Sowjetunion hinaus.

Der Literat sollte sich nicht mehr als inspirierter Künstler, sondern als Konstrukteur, Techniker, Funktionär und Vorarbeiter an die Produktionsstätten begeben und an den allgemeinen Produktionsprozessen, die als Lebensbau begriffen wurden, teilnehmen. Es war nun Čužak, der gleich in der ersten Nummer der Zeitschrift *LEF* mit dem

Artikel *Pod znakom žiznestroenija* (Im Zeichen des Lebensbaus, 1923)
die Vorstellung entwickelte, daß LEF die Kunst sei, die, indem sie das
Leben baue, allmählich in alle Bereiche des Lebens eindringen werde.
Kunst – das war keineswegs nur die Literatur, vielmehr sollten Wortkunst, bildende Kunst, Musik, Architektur und insbesondere auch die
neuen Kunstmedien wie Film und Photographie beim Lebensbau
zusammenwirken. Majakovskijs Propaganda- und Reklamekunst, die
das Zusammenspiel von Vers und Bild wirkungsmächtig erprobt hatte,
konnte hier zwar einen Ehrenplatz beanspruchen, doch wurde, worauf
Hans Günther hingewiesen hat, immer deutlicher, daß man mit Agita-
tionsversen (agitki) allein den Anforderungen des sowjetischen Alltags
nicht beikommen konnte. Erst mit dem *Novyj LEF*, d. h. der zweiten
Phase der Bewegung, konnte dem Manko der bislang fehlenden futuristischen Prosatheorie durch das Konzept der Faktographie abgehol-
fen werden. Daß die neue LEF-Prosa nicht auf einen «roten Tolstoj»
(krasnyj Tolstoj, womit neben Lev Tolstoj natürlich auch Aleksej Tolstoj gemeint sein konnte) setzte, stand außer Frage. Doch trieb Sergej
Tret'jakov die Alternative auf die Spitze, wenn er in dem Artikel *Novyj
Lev Tolstoj* (Der neue Lev Tolstoj, in: *Novyj LEF*, 1927/1) unverdrossen
behauptete: «Wir brauchen auf keinen Tolstoj zu warten, denn wir
haben unser Epos. Unser Epos ist die Zeitung.»

Das besagte, daß die Wirklichkeit, die von der Revolution und
dem sozialistischen Aufbau geprägt war, an sich schon heroisch-episch
war. Man mußte sie einfach nur dokumentieren; eine auf subjektive
Intuition oder Inspiration gegründete Belletristik, wie sie von konkurrierenden Gruppen vertreten wurde, mußte ihr Ziel verfehlen. Daraus
folgte für den LEF der rigide Bruch mit den Traditionen der fiktionalen Literatur, ja die Liquidation der Belletristik überhaupt. Sujet und
Fabel, d. h. erfundene Ereignisse und ihre spannende Verknüpfung,
auf die die Serapionsbrüder zielten, oder die Gestaltung des «lebendigen Menschen» (živoj čelovek), wie sie die RAPP-Theoretiker anstreb-
ten, hatten ausgedient. Roman, Povest', Erzählung ersetzte die Faktographie (literatura fakta) durch Textsorten wie Reportage, Skizze
(očerk), Zeitungspublizistik. Osip Brik zeigte in dem Aufsatz *Fiksacija
fakta* (Die Fixierung des Faktums, *Novyj LEF* 1927/11–12), daß der Fakt
an die Stelle von «vydumka» oder «vymysel» (Erfindung, Erdachtes)
trat, und umschrieb das neue Gattungssystem: «Die Gattung der
Memoiren, der Biographie, der Erinnerungen, der Tagebücher wird
zur herrschenden in der modernen Literatur und verdrängt entschieden die Gattung der großen Romane und Povesti, die bisher in der
Literatur dominierten.» Dabei begnügten sich die Theoretiker der Faktographie nicht mit der Aufstellung von Forderungen an die Literatur

des Tages – «Faktennähe» (*Bliže k faktu*) bei Brik oder völlige Konkreti-
sierung der Literatur und keinerlei «Überhaupt» (voobšče, d. h. Verallgemeinerungen) bei Čužak – oder einem polemischen Rundumschlag
gegen alle konkurrierenden Gruppen, sondern stellten ihrerseits eine
Genealogie der Literatur des Lebensbaus auf, die in die 1860er Jahre
zurückgriff und einen Anti-Kanon zum Königsweg der russischen
Literatur bedeutete. Formuliert wurde er von Čužak in dem Aufsatz
Literatura žiznestroenija (Literatur des Lebensbaus, 1929). Čužak stellte
zwei Entwicklungslinien oder Spielarten des russischen Realismus
heraus: den Adelsrealismus bei Turgenev, Gončarov, Tolstoj, aber auch
Nadson auf der einen Seite und den Realismus der Raznočincy bei
Rešetnikov, Nekrasov, Saltykov-Ščedrin und Pisarev auf der anderen.
Daß bei dieser Kategorisierung die Klassenzugehörigkeit bzw. der
Klassenstandpunkt voll hinter die künstlerische Methode zurücktrat,
lag auf der Hand. (Gončarov und Nadson stammten nicht aus dem
Adel, während Nekrasov, Saltykov-Ščedrin und Pisarev adeliger Her-
kunft waren.) Es ging vielmehr um die künstlerische Einstellung bei
der Bearbeitung gesellschaftlich bedeutsamen Materials. Hier war –
Čužak zufolge – der Realismus Turgenevs inaktiv (bezdejstvennyj)
und meditativ, er nahm die Wirklichkeit nicht an, sondern genoß sie
satt und im Sinne der idealen Schönheit (izjaščestvo) aus der Sicht des
Gutsbesitzers. Rešetnikovs Realismus hingegen, dem hier unerwartete
Ehre widerfuhr, gab sich nicht mit der Fiktion zufrieden, sondern
suchte die Lebenswahrheit auf, wie bedrückend sie auch sein mochte;
er ließ sich durch keinerlei erlesene Schönheit beirren und gelangte zur
«Halbbelletristik» (polubelletristika), zu Skizzen, zum Feuilleton. Tolstoj und Gor'kij stellten Mischformen zwischen beiden Linien dar. In
der Gegenwart wurden Majakovskij als Fortsetzer Nekrasovs, Furmanov wegen des in *Čapaev* eingespeisten dokumentaren Materials und
Tynjanov mit seinen auf literaturwissenschaftlicher Forschung basie-
renden literarhistorischen Romanen über Kjuchel'beker (*Kjuchlja*,
1925) oder später über Griboedov *(Smert' Vazir-Muchtara* [Der Tod des
Vasir-Muchtar], 1927/28) als «Halbbelletristen» anerkannt.

Die faktographische Sichtweise hatte zur Folge, daß bislang kaum
beachtete oder völlig ausgesparte Textkorpora nun in den Blick der
literarischen Öffentlichkeit gerieten. Namentlich der Leningrader Pri-
vatverlag «Academia» brachte in beachtlichem Umfang und sorgfälti-
ger Edition dokumentare Werke (Memoiren, Tagebücher u. ä.) zur russischen Literatur- und Kulturgeschichte heraus und begründete damit
eine für die russische Literaturgeschichte äußerst wertvolle Tradition.
Neue Gattungen ergaben sich ferner aus den neuen Medien, vor allem
dem Agitationstheater und dem Film. Nicht wenige der LEFisten

schrieben Drehbücher für Stummfilme, die gern auf die Stoffe der klassischen Literatur zurückgriffen. Von etwa 1000 Filmen der staatlichen Produktion in den Jahren 1918–1932 ging ein Fünftel auf literarische Vorlagen zurück (D. Lemmermeier), die durch Neustrukturierung der Handlung, kühne Bildsequenzen und Einstellungen allerdings zum Teil schwerwiegende Eingriffe erfuhren. Zu denken ist an Tynjanovs groteskes Szenario zu Gogol's *Mantel* (1926), Viktor Šklovskijs Filmbearbeitung von Puškins *Hauptmannstochter* (verfilmt durch Jurij Tarič 1928) oder auch an den Film *Benja Krik*, zu dem Isaak Babel' das Drehbuch nach Motiven aus seinen *Odesskie rasskazy* (Odessische Erzählungen) schrieb (verfilmt von Vladimir Vil'ner 1926). Šklovskijs und Tynjanovs Beiträge zur Filmästhetik und -organisation waren für die frühe sowjetische Filmkunst grundlegend. (Tynjanov leitete 1926/27 die Drehbuchabteilung der Leningrader Filmproduktion SEVZAPKINO und gründete 1926 die Kinofakultät des Instituts der Geschichte der Künste, des I I I) In Zusammenhang mit dem Filmschaffen entstand in Rußland eine Textsorte, die so in anderen Literaturen unbekannt ist, das «literarische Drehbuch» (literaturnyj scenarij). Obwohl es eine Zwischenstufe zwischen den beiden Medien Literatur und Film bildete, wurde es doch als literarischer Text ausgeführt und veröffentlicht, ein Text, der freilich den zu verfilmenden Stoff bereits in Filmeinstellungen umsetzte und somit dem Regisseur als Ausgangstext für das eigentliche «Regisseur-Drehbuch» (režisserskij scenarij) diente, nach dem die konkreten Dreharbeiten vorgenommen wurden (D. Lemmermeier).

Sergej Tret'jakov, der «operierende Schriftsteller»

Für den eingefleischten LEFisten war der alte Fabelfilm, nach welchen ausgedachten Stoffen oder Vorlagen er auch entstehen mochte, unannehmbar. Sergej Tret'jakov forderte daher 1927 in dem Artikel *Proizvodstvennyj scenarij* (Produktionsszenario) ein Filmdrehbuch, das vorrangig vom Material, d. h. von den Gegebenheiten des Arbeitslebens, her bestimmt werden solle. Hier sollten, gleich in welchem Produktionsbereich, die Konflikte der Produktion zu den Grundkonflikten der Fabel werden. Die Beschädigung einer Maschine, der Einbruch eines Schachtes, eine neue Technik zum Färben von Teppichen sollten einen neuen Typus zwischenmenschlicher Beziehungen und damit eine neue Art der Motivation begründen. Die Ökonomie sollte, im Unterschied zu den Filmen im sowjetischen Staatskino GOSKINPROM, stärker sein als die Liebe.

Tret'jakov verstand sich als «operierender Schriftsteller», der an den Produktionsstätten als Akteur und Chronist tätig wurde. Viele junge Arbeiterkorrespondenten oder Rabkory, wie man sie nannte, nahmen sich ihn zum Vorbild. Um 1927/28, in der ersten Phase des Fünfjahresplanes und zu Beginn der Kollektivierung der Landwirtschaft, lebte Tret'jakov in Fabriken und Kolchosen, nicht um zu «erzählen», sondern, wie er 1934 in einer autobiographischen Notiz vermerkte, um «ein gleicher in der Reihe der Bauleute zu sein, der Mann zu sein, der sozusagen das Logbuch des Fünfjahresplanes führt». Hatte er Mitte der 20er Jahre als Journalist und Professor in Peking auf dokumentarischer Basis das Stück *Ryči, Kitaj!* (Brülle, China!, 1926) geschrieben und der Bewegung des Massendramas «Blaue Bluse» (Sinjaja bluza) zugearbeitet, so reihte er sich, als Gewerkschaften und RAPP 1930 die Bewegung der «Stoßarbeiter in der Literatur» (Udarniki v literature) ins Leben riefen, mit vollem Engagement dort ein. Eine besondere Form der operativen Literatur, die Tret'jakov nun ausbildete, war das Bio-Interview (bio-interv'ju). Hier wurden durch Befragungen vor Ort gewonnene Tatsachen, etwa der Lebenslauf eines chinesischen Studenten in *Dèn Šin-chua* (1930), die Expedition in das südostsibirische Tannu-Tuva in *V Tannu-Tuvu* (1930) oder die erste Fahrt mit einem neuentwickelten Motorschlitten in *Polnym skolzom* (Mit voller Fahrt, 1930), dargeboten. Die Kolchosarbeit wurde in *Vyzov. Kolchoznye očerki* (Die Herausforderung. Kolchos-Skizzen, dt. u. d. T. Die Feld-Herren, 1930) sowie in *Mesjac v derevne. Operativnye očerki* (Ein Monat auf dem Lande. Operative Skizzen, 1930) dokumentiert.

Tret'jakov stieß vor allem in Deutschland vor 1933 auf lebhaftes Interesse. Sein Drama *Ryči, Kitaj!*, das den Klassenkampf in China und, von einem historischen Ereignis ausgehend, die amerikanische Kanonenbootpolitik in Ostasien anprangerte, brachte nach der Aufführung im Frankfurter Schauspielhaus im November 1929, wie Friedrich Wolf vermerkte, den Durchbruch des sozialistischen Dramas in Deutschland. Tret'jakov stand in engster persönlicher und brieflicher Verbindung mit einer Reihe politisch links stehender Autoren, darunter Johannes R. Becher, Oskar Maria Graf, Theodor Plievier und vor allem Bertolt Brecht, dem er wahrscheinlich die formalistische Verfremdungstheorie vermittelt hat. Er übersetzte zahlreiche Werke von ihnen, namentlich Brechts «epische Dramen» (*Èpičeskie dramy*, 1934), *Die heilige Johanna der Schlachthöfe* und seine Bearbeitung von Gor'kijs *Mat'*, und machte sie dem sowjetischen Publikum in dem Essayband *Ljudi odnogo kostra* (Menschen von einem Scheiterhaufen, 1936) bekannt. Seine Auftritte im Berliner «Russischen Hof» im Juni 1931 sowie in anderen deutschen Städten lösten Begeisterung bei der deutschen Linken aus. Mit seiner Darstellung des operierenden Schriftstellers stieß er mitten in den Diskurs hinein, den ein Rundfunkdialog zwischen Johannes R. Becher und Gottfried Benn im Frühjahr 1930 über das Thema *Können Dichter die Welt verändern* ausgelöst hatte. Tret'jakov war gewissermaßen die klare Widerlegung der These Benns von der apolitischen Dichtung an sich; er war nicht einfach im früheren Sinne Tendenzdichter, sondern wirkte durch die produktive Tat an der Veränderung der Wirklichkeit mit. Es war genau diese von einem neuen Menschenbild aus versuchte Verschiebung der Relation Autor–Wirklichkeit–Werk, die auch einen Walter Benjamin aufhorchen und noch im Exil, in seinem Pariser Vortrag von 1934, die Frage nach dem *Autor als Produzent* stellen ließ. Gottfried Benn replizierte übrigens umgehend in dem Essay *Die neue literarische Saison* (1931). Er sah in Tret'jakov einen «literarischen Tschekatyp, der alle Andersgläubigen in Rußland verhört, vernimmt, verurteilt und bestraft», und traf den kritischen Punkt der LEF-Theorie, wenn er bezweifelte, daß die Produktionsthemen tatsächlich in der Kunst wichtiger seien als die «Individualidiotismen», daß mit der sozialistischen Revolution der Mensch zu einem zwar ärmlichen, aber sauberen, geglätteten, heiteren Kollektivwesen werde, «ein Normalmensch ohne Dämon und Trieb, beweglich vor Lust, endlich mitarbeiten zu dürfen am sozialen Aufbau».

Die «offene» künstlerische Methode, wie sie Tret'jakov in seinen Reportagen und Bio-Interviews oder Brecht in seinem epischen Theater vertraten, geriet in den 30er Jahren durch den von Lukács entfachten Streit um künstlerische Widerspiegelung und Totalität, die die klassisch-mimetische Erzählweise protegierte, in der Sowjetunion in Verruf. Auf dem Schriftstellerkongreß in Moskau betreute Tret'jakov noch die deutsche Delegation, danach geriet er mehr und mehr in den Hintergrund. Im Januar 1937 hielt er die Begrüßungsrede für Stalins Gast Lion Feuchtwanger. Im Herbst des gleichen Jahres verhaftete man ihn unter der Anschuldigung der Spionage für Deutschland und Japan. Zwei Jahre später wurde er erschossen.

Die Konstruktivisten

Die Konstruktivisten, die von 1923–1930 als Gruppe im «Literarischen Zentrum der Konstruktivisten» (LCK) organisiert waren, kamen aus dem futuristischen Fahrwasser. Schon im März 1923 trafen sie in theoretischen Disputen die Abgrenzung vom LEF. Bald darauf traten sie mit einer eigenen «eidesstattlichen Konstruktion oder Deklaration»

unter dem Titel *Znaem* (Wir wissen) hervor, die von Aleksej Čičerin
und Il'ja Sel'vinskij unterzeichnet war. Gleich den Futuristen stellten
sie sich als eine «absolut schöpferische (handwerkliche) Schule» vor,
doch bestanden sie auf der Universalität der poetischen Technik. Das
hörte sich in ihrer Deklaration so an: «Wenn die modernen Schulen
schreien: ‹Klang, Rhythmus, Bild, Zaum› usw., dann sagen wir, indem
wir das Sowohl-als-auch betonen: ‹Sowohl Klang, Rhythmus, Bild
als auch Zaum›. Und dazu jedes neue mögliche Verfahren, das bei der
Anlage der Konstruktion wirklich notwendig wird.»

Auch Il'ja Ėrenburg hatte ein Jahr zuvor mit der Schrift *A vsë-taki
ona vertitsja* (Und sie bewegt sich doch) einen Konstruktivismus propagiert, der sich vor allem an der funktionalen Formgebung in der amerikanischen Industrie und Technik orientierte und das konstruktive
Prinzip gegen das dekorative ausspielte. Der Wortkunst kam dabei nur
eine Nebenrolle zu. Die Moskauer Konstruktivisten hingegen stellten
ganz auf das literarische Werk ab, das sie, ähnlich wie Jurij Tynjanov in
Literaturnyj fakt (Das literarische Faktum, 1924), als eine Rede-Kon-
struktion begriffen, die auch als Konstruktion empfunden werde. Die
Tynjanovsche Formel, die Eigenart des literarischen Werkes bestehe in
der Anwendung eines Konstruktionsfaktors auf das Material und
damit in der Deformation bzw. Transformation dieses Materials in
exzentrischer Weise, so daß der Konstruktionsfaktor am Material her-
vortrete, wurde nun durch die Konstruktivisten in ein rationales,
funktionales und ökonomisches Produktions- und Steuerungsmodell
umgesetzt. Insofern war die konstruktivistische Theorie eine Optimie-
rungstheorie, die sich die wirtschaftliche Kalkulation zum Vorbild
nahm. Das künstlerische Ziel lautete: planmäßiger Einsatz des Materials zum optimalen Ausdruck des Themas oder − umgekehrt − funktionale Unterordnung der künstlerischen Mittel unter das Thema. Zur
Erreichung dieses Ziels entwickelten die Konstruktivisten mehrere
typische Verfahren. Mittels semantischer Beladung des Wortes (gruzifikacija slova) sollte, vergleichbar der Mandel'štamschen Isotopie, dem
Ausdruck die Qualität einer Sinnkompression verliehen werden. Auf
diesem Felde experimentierte unermüdlich Aleksej Čičerin. Er
erreichte eine Doppelcodierung des Ausdrucks dadurch, daß er die für
die Avantgardekunst so bedeutsame Verschiebung (sdvig) nicht nur auf
die Wortgrenzen, sondern auch auf die Phonetik anwandte. In der nur
aus einem einzigen Satz bestehenden *Dugavája Konstruéma* (bei Rainer
Grübel übersetzt mit BÓGn-KONSTRUKTIÓn), die er in dem
Konstruktivisten-Almanach *Mena vsech* (Wechsel von allem, 1924)
vorstellte, waren in der Aussage «kováli kovalí» (es schmiedeten die
Schmiede) die Wortsegmente so adaptiert, daß zugleich ein beständi-

ges Hämmern klanglich realisiert wurde «lik-zlyk-lik-zlyk-lijk-nyk».
So interessant ein Text wie Čičerins *Soveršenno ob-ektivnaja vešč'* (Völlig
objektives Ding, 1924) als Experiment auch sein mochte, seine Rezeption wurde allein schon durch die eigenwillige Orthographie und
Notation erschwert. Ähnliche Double-Techniken verwendete Sel'-
vinskij in seinen Poemen, etwa wenn er in der frühen Fassung der
Uljalaevščina (1924) den Begriff «konstruktivizm» (Konstruktivismus)
in die Wortfolge «Kon'./Strug./Tif./Vzvizn'» (wörtlich: Roß. Hobel.
Typhus. Winsele auf!) umwandelte. Das Verfahren, einen Vorgang
simultan zu seiner lautmalerischen Qualität zu evozieren, wurde von
Sel'vinskij allenthalben angewandt.

Ein anderes Verfahren war das sogenannte «lokale Verfahren» (lokal'-
nyj priëm). Es sah vor, daß ein bestimmtes Thema aus dem ihm
nächstliegenden sprachlich-stilistischen Material zu konstruieren sei.
Sel'vinskij gab in seinen experimentellen Texten *Vor* (Der Dieb, 1922)
oder der Versnovelle *Mot'ke-Malchamores* (Motke, der Todesengel, 1923)
Beispiele für diese Technik, indem er hier den Verbrecherjargon (vorovskij žargon), dort das odessitische Jiddisch einsetzte. Auch der tonische Vers gewann bei Sel'vinskij eine neue Rhythmik, wenn durch
Pausen und Füllwörter onomatopoetische Effekte erzielt wurden. Die
Almanache der Konstruktivisten – *Mena vsech* (1924), *Gosplan literatury*
(Staatsplan der Literatur, 1925), *Biznes* (Business, 1929) – waren Ausstellungen der neuen, vom Thema her motivierten Verfahren. Voll ausgespielt wurden sie in Sel'vinskijs großen zeitgeschichtlichen Verserzählungen: in *Uljalaevščina* (1924), einer «Epopöe» über Kampf und
Untergang des ukrainischen Anarchisten und antibolschewistischen
Partisanen Uljalaev, einem Werk, das mehrmals umgearbeitet werden
mußte, da der Autor anfangs allzu offensichtlich mit seinem Helden
sympathisierte; ferner in dem Versroman *Puštorg* (Pelzhandel, 1927),
der in einer staatlichen Pelzhandelsfirma spielt und den psychologischen Schwierigkeiten gewidmet ist, denen die junge sowjetische
Intelligenz in der proletarisch-sozialistischen Umwelt ausgesetzt war.
Als lokales Verfahren diente dem Konstruktivisten Sel'vinskij hier die
Oktavenform und der «byronistische» Stil der Puškin-Zeit. Sel'vinskij
entfaltete in seiner Lyrik, in der Sonett und Sonettenkranz neu belebt
wurden, und in den literarischen Bezugnahmen eine wahre Virtuosität, die jedoch den Charakter des Konstruierten nie verleugnen konnte
noch wollte. Sel'vinskijs dichterische Bravour und die Poetik der plan-
mäßig-ökonomischen Sinnkonstruktion, die von Kornelij Zelinskij,
dem Haupttheoretiker der Gruppe, kam – etwa in dem Aufsatz
Gosplan literatury (Staatsplan der Literatur, 1924) –, verfehlten nicht
ihre Wirkung auf andere Dichter. Der Einfluß der Konstruktivisten

zeichnete sich ab bei Ėduard Bagrickij in den Bürgerkriegsgedichten des Bandes *Jugo-Zapad* (Süd-West, 1928); bei Vladimir Lugovskoj, der 1929 den Band *Muskul* (Der Muskel) herausgab; bei Vera Inber in dem 1927 veröffentlichten Band *Synu kotorogo net* (An einen Sohn, den es nicht gibt). Diese Dichter wirkten eine Zeitlang im Rahmen des LCK.

Obwohl das LCK, dessen Mitgliederzahl um 1925/26 bei 15–25, und damit knapp über der des LEF (15–20 Mitglieder), lag, alle Parteidirektiven bereitwillig erfüllte, geriet es Ende der 20er Jahre in die Schußlinie der RAPP, die ihm Idealisierung der Erfolge in Wirtschaft und Technik ohne Beachtung ihres sozialistischen Charakters vorwarf. Weder Selbstkritik noch die völlige Unterwerfung unter die RAPP und nicht einmal die Bildung der «Brigade M 1» (Brigada Moskovskaja Pervaja), die in das Moskauer Elektrowerk eingereiht wurde, wo die Dichter nun als Schweißer und Monteure eingesetzt wurden, konnten das LCK retten. Während des Prozesses gegen die sogenannte Industriepartei im Dezember 1930 löste sich die Brigade auf. Sel'vinskijs Gedicht *Deklaracija prav poėta* (Deklaration der Dichterrechte, November 1930), halb Selbstkritik, halb Gegenwehr, vor allem aber die Warnung vor einer freudlosen Zukunft des Sozialismus, war ein letztes Aufflackern von Widerstand vor der rituellen Entlarvung und Selbstauflösung der Gruppe. Rückblickend hat Sel'vinskij (in einem Brief von 1964) den wahren Sachverhalt beim Namen genannt: Wie der LEF, so sei auch der Konstruktivismus guillotiniert worden und habe nicht etwa sein Leben von selbst ausgehaucht (R. Grübel).

Die Serapionsbrüder

Nach der Flakerschen Matrix bilden Serapionsbrüder und Pereval jene Gruppen, die im Prinzip an der mimetisch-realistischen Literatur festhielten, wenn sie auch in literarischer Praxis und theoretischem Diskurs interessante Neuerungen ins Spiel brachten. Die Gruppe der Serapionsbrüder (Serapionovy brat'ja) konstituierte sich Anfang 1921 im Petrograder «Dom iskusstv». Es handelte sich nicht um einen politischen Zusammenschluß, sondern ganz im Gegenteil um eine Gruppierung junger Literaten, die sich als freie Menschen, Freunde, ja Brüder zusammengehörig fühlten und füreinander einstehen wollten. In der ideologisch aufgeladenen Atmosphäre des zu Ende gehenden Bürgerkrieges lehnten sie politische Zielsetzungen und kulturpolitische Programme entschieden ab, auch waren sie voller Skepsis gegenüber den aufkommenden Zwängen und Tendenzen des sowjetischen Literaturbetriebes. Erst unter den NĖP-Bedingungen konnten Literaten wie

die Serapionsbrüder, bürgerlicher Herkunft und in der Einstellung
zur Sowjetmacht eher schwankend, wieder Atem schöpfen. Und es
war das Petrograder «Haus der Künste», in dem sich ihnen Entfaltungs-
möglichkeiten boten. Dank einer Initiative Gor'kijs war «Dom
iskusstv» im Dezember 1918 im Haus des Gastronomen Eliseev (Ecke
Mojka-Nevskij-Prospekt) gegründet worden. Es war eine Stätte für
Begegnungen, Lesungen, Vorträge und Studiokurse. In der damaligen
Notsituation bot es, da es aufs engste mit den Aktivitäten des Verlages
«Vsemirnaja literatura» (Weltliteratur) verbunden war, gerade auch
nicht-proletarischen Schriftstellern Wohnung und Verdienstmöglich-
keiten. Die Legende dieser eigenartigen Institution, die bis Ende 1922,
also nur vergleichsweise kurze Zeit bestand, wurde in dem Roman
Sumašedšij korabl' (Das wahnsinnige Schiff, 1935) von Ol'ga Forš wie
auch in den Erinnerungsbüchern *Dom iskusstv* (posth 1954) von Vladislav Chodasevič und *Kursiv moj* (Kursiv von mir, 1972) von Nina Berberova festgeschrieben.

Gor'kij war der Förderer und Schutzpatron der Serapionsbrüder.
Auch nach seiner Emigration hielt er den Briefkontakt mit den jungen
Autoren aufrecht, nahm sich ihrer Sorgen an, belehrte und beriet sie. In
den Kursen im «Dom iskusstv» konnten sie Šklovskijs Verfremdungs-
theorie und Vorstellungen zur Sujetkomposition erlernen, bei Evgenij
Zamjatin die Theorie der ornamentalen Prosa (ornamental'naja proza),
bei Il'ja Gruzdev, dem Freunde Gor'kijs und späteren Gor'kij-Forscher,
die Skaz-Theorie, niedergelegt in dem Essay *Lico i maska* (Gesicht und
Maske, 1922). Genau dies waren die künstlerischen Probleme, die das
Denken und Schaffen der Serapionsbrüder beherrschen sollten.

Das Manifest der Serapionsbrüder *Počemu my Serapionovy brat'ja*
(Warum wir Serapionsbrüder sind, 1922) sagte deutlich, daß man
keine neue Schule oder Richtung gründen wollte und daß sich die
Gruppe keineswegs als Nachahmer E. T. A. Hoffmanns verstand.
Vielmehr begehrte man gegen Zwang, Tendenz und Agitation auf
und strebte «interessantes Schreiben» an. Die Kunst sollte außerhalb
der Politik und außerhalb des Klassenkampfes stehen. «Die Kunst», so
lautete der Kernsatz des Manifestes, «ist real wie das Leben selbst, und
wie das Leben selbst ist sie ohne Ziel und ohne Sinn: Sie existiert,
weil sie existieren muß.» Was aber hatte die Serapionsbrüder bewogen,
sich gerade diesen, auf E. T. A. Hoffmann zurückgehenden Namen zu
geben? Hoffmanns gleichnamiger Erzählzyklus, der übrigens genau
100 Jahre zuvor, 1819–1821, erschienen war, bestand aus Erzählungen,
die in einem Freundeskreis reihum vorgetragen wurden, einem
Freundeskreis, der sich nach den Wirren der Napoleonischen Zeit
wieder zusammengefunden hat. Die Freunde sind überzeugt, daß

jeder von ihnen «was Erkleckliches tauge», sie verachten Klubregeln, Kodex und Statuten (auch in Literatur und Kunst), am meisten aber jegliches Philistertum. Es ist bei E. T. A. Hoffmann der Freund Cyprian, der die Novelle vom Einsiedler Serapion erzählt, der sich von den Zwängen der Welt zurückgezogen hat und nur noch im Reiche der Phantasie lebt. Ob dabei einem der insgesamt acht Heiligen mit dem Namen Serapion eine besondere Bedeutung zukommt, ist schwer zu entscheiden, aber wohl auch von geringerer Bedeutung, da die genannten Attribute als Motivationsgrund bei weitem ausreichen. Die wichtigste Parallele zu E. T. A. Hoffmann lag im Ausbrechen aus den praktischen und politischen Zwängen in den zweckfreien Bereich der Kunst.

Den Kreis der Serapionsbrüder deckte die Generation der zwischen 1892 und 1902 Geborenen ab; das älteste Mitglied war Konstantin Fedin, das jüngste Veniamin Kaverin. Fedin hatte sich bei Ausbruch des Ersten Weltkrieges gerade in Deutschland aufgehalten. Als Zivilinternierter lebte er vier Jahre in Zittau, nach seiner Rückkehr nach Rußland wurde er im Proletkul't aktiv. Enttäuscht von der NÈP-Politik, trat er aus der RKP(b) aus – auch dies konnte ein Grund sein, sich den Serapions brüdern anzuschließen. Fedins frühe Erzählungen, gesammelt in dem Band *Pustyr'* (Die Einöde, 1923), zeigten die narrativen Verfahren der Serapionsbrüder. Mit *Pës'i duši* (Hundeseelen, 1921) schrieb er einen «Hunderoman» (sobačij roman), der das hündische Leben vermenschlichte (Ju. Tynjanov). Er war im Kreise der Serapionsbrüder der erste, der mit einem größeren Romanwerk hervortrat: *Goroda i gody* (Städte und Jahre, 1924), dessen Held nach Fedins eigenen Worten Deutschland war. In den Figuren des Russen Andrej Starcov, der, gleich Fedin, Deutschland während des Krieges erlebt, und des Deutschen Kurt Van (Wahn), der an der Revolution in Rußland teilnimmt, schuf Fedin in einer Komposition, die er später selbst als «wirr» (smjatennaja) denunzierte, eine wechselseitige Wahrnehmung und einen Kontrast: Der eine Protagonist ist von seiner Subjektivität und seinem Liebeserleben okkupiert, der andere vom Haß auf die herrschende Ordnung durchdrungen; der eine ein unentschiedener Intelligenzler, der andere ein bewußter Revolutionär; der eine Glas, der andere Eisen. Die Entlarvung des deutschen Spießbürgers (obyvatel') als Träger des Militarismus und einer überheblichen Menschenverachtung blieb auch in späteren Werken Fedins Anliegen. Sie drang sogar in den Roman *Sanatorij Arktur* (Sanatorium Arktur, 1940) ein, dem ein Heilaufenthalt in Davos im Jahre 1931 zugrunde liegt. In kritischem Bezug zu Thomas Manns *Zauberberg* ließ Fedin seinen lungenkranken Helden, einen sowjetischen Ingenieur, vor allem an seinem richtigen Bewußtsein und seinem sozialistischen Arbeitswillen genesen.

Vsevolod Ivanov, eine Art Dicht- und Kraftgenie, war aus Sibirien gekommen und erregte mit seinen Partisanengeschichten (*Partizanskie povesti*, 1923), die die verworrenen Verhältnisse an den Bürgerkriegsfronten im Osten zum Gegenstand hatten, großes Aufsehen. Er brachte einen neuen Ton und eine neue Sprache in die Literatur. Sprachlich schöpfte er aus dem sibirischen Dialektreservoir, verwendete japanische und andere fremde Sprachbrocken, schwelgte in Pathos oder derbem Humor, faszinierte aber vor allem durch die pralle Bildhaftigkeit seiner Texte, die aufs überzeugendste die Vorstellung von der ornamentalen Prosa einlösten. Welche Fanalwirkung von ihr ausging, erhellt die Tatsache, daß Ivanovs erste Erzählung *Partizany* (Partisanen) 1921 als erstes Stück in der ersten Nummer der ersten «dicken Zeitschrift» *Krasnaja Nov'* abgedruckt wurde. Trotz einer aus parteilicher Sicht heiklen Heldenproblematik − Ivanovs sibirische Bauernpartisanen handeln nur zu Schutz und Nutzen des eigenen Dorfes, lassen sich aber kaum in das Joch der Bolschewiki einzwingen − und grausam-naturalistischer Schilderungen war deutlich, daß sich hier eine neue Erzählkunst abzeichnete. Auch im Ausland waren es Ivanovs frühe Erzählungen, außer *Partizany* die Texte *Bronepoezd 14−69* (Panzerzug 14−69, 1922), *Cvetnye vetra* (Bunte Winde, 1922), die zusammen mit den Erzählungen der Lidija Sejfullina, die ebenfalls die elementaren Vorgänge aus sibirischer Sicht darbot, zuerst das Bild der jungen Sowjetliteratur prägten. Ein Meisterstück besonderer Art war Ivanovs ins Phantastische übergehende Erzählung *Vozvraščenie Buddy* (Die Rückkehr Buddhas, 1923), die die abenteuerliche Überführung einer Buddha-Statue aus Petrograd in die Äußere Mongolei unter der Leitung eines Buddhismusforschers unter Ausspielung der neuen Erzählverfahren darbot.

Auch zwei weitere Erzähler aus der Serapionsgruppe, Nikolaj Nikitin und Michail Slonimskij, beschäftigten sich in ihren ersten Erzählwerken mit den Bürgerkriegsereignissen. Nikitins frühe Erzählungen in den Bänden *Rvotnyj fort* (Das speiende Fort), *Kamni* (Steine; beide 1923) und *Polët* (Der Flug, 1925) gaben ungeschönt die entfesselten Grausamkeiten der Kombattanten wieder, die bei Roten und Weißen die Menschlichkeit zerstörten. Dem «chaotischen» Thema korrespondierten die neuen im «Dom iskusstv» erlernten Narrationsverfahren und der Einsatz fragmentarischer Komposition. Die Erzählungen Slonimskijs, gesammelt in dem Band *Šestoj strelkovyj* (Das 6. Schützenregiment, 1922), lagen auf der gleichen Linie. Später versuchte sich Slonimskij in Romanen über den Bürgerkrieg − *Lavrovy* (Die Lavrovs,

1926) und *Foma Klešněv* (1931) – und hatte beträchtlichen Erfolg mit dem Roman über den Revolutionsagenten Eugen Leviné und seine Taten in der Münchner Räterepublik 1919 (*Povest' o Levine* [Die Leviné-Geschichte], 1935). Slonimskij sollte sich später, ebenso wie Nikitin und vor allem Fedin, durch besondere Willfährigkeit gegenüber Partei und Schriftstellerverband hervortun. Auch das künstlerische Vermögen blieb davon nicht unbeeinträchtigt.

Michail Zoščenko

Ganz anders Michail Zoščenko – eines der großen Talente unter den Serapionsbrüdern. Er begann nach dem Bürgerkrieg, indem er sich mit verschiedenen Berufen über Wasser zu halten versuchte, zu schreiben und veröffentlichte seine satirisch-humoristischen Erzählungen in verschiedenen satirischen Zeitungen, wie sie in der NÈP-Zeit aus dem Boden schossen, Blättern wie *Begemot* (Das Nilpferd), *Buzotёr* (Der Skandalmacher), *Krasnyj voron* (Der rote Rabe), *Revizor* (Der Revisor), *Čudak* (Der seltsame Kauz) und *Smechač* (Der Lacher). 1922 erschienen Zoščenkos Erzählungen gesammelt in dem Band *Rasskazy Nazara Il'iča gospodina Sinebrjuchova* (wörtlich: Erzählungen des Nazar Il'ič Herrn Blaubauch) und erlangten breite Anerkennung. Den Titelhelden führte er durch eine Reihe abenteuerlicher Episoden, die die mannigfachen Fährnisse und allgemeine Unsicherheit der Zeit schlagartig erhellten. Dabei berichtete der vielgebeutelte, dummdreiste Nazar Sinebrjuchov, ein Vorläufer von Jaroslav Hašeks Švejk oder Fazil Iskanders Sandro aus Čegem (*Sandro iz Čegema*, 1973), in der Ich-Form. Tragendes Element wurde so das Skaz-Verfahren, das Zoščenko von Anfang an glänzend beherrschte. Nur dadurch, daß der Ich-Erzähler – anders als in den klassischen Werken, wo er über eine begrenzte Übersicht verfügte und der Innensicht anderer Beteiligter notwendig entbehrte – mit jedem seiner Worte eine primitiv-schlaue, verquere Psyche und eine horrende Unbildung demonstrierte, konnte sich der Effekt einer unsäglichen Komik einstellen, die aber auch der tragischen Mißverständnisse nicht entbehrte. Er war um so größer, als das Bewußtsein des Skaz-Narrators an den Maßstäben der offiziellen und inoffiziellen Ideale der Revolution und ihrer Taten zu messen war. Daß der Autor – als realer Autor – lediglich der Skaz-Konstrukteur war, den man mitnichten dem Skaz-Erzähler gleichsetzen durfte, das blieb den Kettenhunden der Literaturkritik natürlich verborgen. Und da sie den komplizierten Bau der Bedeutungspositionen in Zoščenkos Erzählungen nicht durchschauten, machten sie den Autor für seine

Texte voll verantwortlich. Frühzeitig setzte die Kritik der RAPP ein, und je mehr sich Zoščenko der Sympathien seiner Leser erfreuen konnte – trotz aller Behinderungen erschienen seine Erzählungen in Rekordauflagen; 1929–1931 kamen sie gesammelt in einer sechsbändigen Ausgabe (*Sobranie sočinenij*) heraus –, desto verdächtiger wurde er den sowjetischen Literaturbehörden. Es war bei der listigen Einrichtung seiner Satiren und Humoresken eben nicht eindeutig auszumachen, worauf die Darstellung der Mängel des Alltagslebens, des öffentlichen Personenverkehrs, des Wohnungswesens oder des Behördenapparates zielte: auf die Vorführung vorrevolutionärer Rückstände in Bewußtsein und Verhalten oder auf das Scheitern des sozialistischen Experiments an den anthropologischen Bedingungen der Spezies Mensch. Als geborener Satiriker konnte Zoščenko sich die von den Marxisten vertretene Ansicht nicht zu eigen machen, daß sich mit der sozialistischen Revolution die Bedingungen der Satire grundsätzlich geändert hätten, da es nun kein Regime mehr zu geißeln gebe, das gegen die Interessen des Volkes handelte. Im Gegenteil: Die satirischen Texte aus den 20er Jahren bewiesen auf Schritt und Tritt, daß nach den heftigen Aufwallungen der Revolution die banale Trägheit wieder in die Menschen zurückgekehrt war. Das galt für die «fortschrittliche» Haltung, die ein Kostja Pečënkin – in *Tri dokumenta* (Drei Dokumente) – vortäuschte ebenso wie für die kleinkarierten materiellen Interessen, die sich hinter einer vermeintlichen «Aristokratin» (*Aristokratka*, 1923) verbargen, einem Wesen, das wie aus der alten Welt zu kommen schien, Fil-d'Écosse-Strümpfe trug und sich am Ende als ganz gewöhnliche Schnorrerin erwies, die ihrem Verehrer, einem romantischen, aber armen Hausmeister bedeutet: «Wer kein Geld hat, der führt keine Damen aus.» Oder die Rede, die gegen den alten russischen Mißstand der Bestechung im Amt gehalten wurde (*Reč', iznesënnaja na bankete* [Rede, auf einem Bankett gehalten]) und dabei das Register der Bestechungsmöglichkeiten aufrollte – eine Selbstdekouvrierung von Čechovschem Format. In den *Sentimental'nye povesti* (Sentimentale Geschichten, 1927) gab Zoščenko eine Reihe von Liebesaffären zum besten, die letztlich wieder am *nervus rerum* oder anderer Tücke des Objektes scheiterten. So in der dritten, überschrieben *O čëm pel solovej* (Wovon die Nachtigall sang, 1925), womit nicht die wahre Liebe, sondern kleinliches Besitzstreben – «Mamas Kommode» – gemeint ist, das eine Beziehung zum Scheitern bringt, die sogar eine akute Mumpserkrankung (svinka) überstanden hatte. Es ist bezeichnend, daß Zoščenko in den *Sentimental'nye povesti* vom direkten Skaz abgeht und einen fiktiven Erzähler, I. V. Kolengorov mit Namen, einsetzt, der, ähnlich wie Puškins Ivan Petrovič Belkin, mit einer Biographie ausgestattet wird. Der Schriftsteller Zoščenko baut das Verfahren des fiktiven Autors bzw. der Autorenmaske in den Vorworten zu den verschiedenen Auflagen auf und wieder ab, indem er sich endlich als Sohn und Bruder seines vorgeschobenen, der mittleren Intelligenz angehörenden Autors zu erkennen gibt.

Übrigens hat sich Zoščenko selbst in einem Supplementum zu Puškins Erzählzyklus versucht: Die *Šestaja povest' Belkina* (Die sechste Erzählung Belkins, 1936), eine hübsche Miniatur mit dem Titel *Talisman* (Der Talisman), trifft haargenau Puškins Erzählstil. Dominiert hier die strenge Stilisierung im Sinne des Vorbildes, so findet man bei Zoščenko, nicht anders als bei Bulgakov und weiteren Satirikern der Zeit, oftmals auch die Adaption alter satirischer Stoffe und Motive an die gegenwärtigen Verhältnisse, wie in der Geschichte von der Armen Liza (*Bednaja Liza*, 1934), die auf der Suche nach einem wohlhabenden Mann eine Fehlwahl nach der anderen trifft und am Ende als drittrangige Sängerin ihren Unterhalt selbst verdienen muß.

Wie für Gogol' und Čechov, von denen Zoščenko viel gelernt hat – als weitere Quellen seiner Satire werden der satirische Skaz aus der russischen Folklore und das Feuilleton des *Satirikon* genannt (L. Eršov) –, ist die «pošlost'», die Banalität und Niedertracht des Menschen, die auch in den sowjetischen Verhältnissen wieder aufgetaucht ist, der eigentliche Gegenstand der Zoščenkoschen Texte. Sie kann, wie bei Čechov, mit einem melancholischen Seufzer oder mit Resignation vermerkt werden oder eben auch mit der grotesken Pointe. Anders als bei Čechov, dem Zoščenko namentlich in der genauen Beobachtung viel verdankt, dekouvriert sich der Zoščenkosche Held (zoščenkovskij geroj) durch seine Sprache, die als Spiegel seines Denkens fungiert. Was da an Alogismen, hanebüchenen Wortentstellungen und grammatischen Fehlern oder auch Füllwörtern, die die Rede aufschwemmen und depräzisieren, aufkommt, verbindet Zoščenko stilistisch am meisten mit Gogol', obwohl er selbst betonte, daß er nicht etwa die «schöne russische Sprache» (prekrasnyj russkij jazyk) verunstalte, um das sehr verehrte Publikum zu erheitern, sondern daß er in jener Sprache schreibe, in der gegenwärtig die Straße spreche und denke. Zoščenkos größte literarische Tat waren seine satirischen Miniaturen der 20er Jahre, und er blieb dem satirisch-humoristischen Genre weiter treu, auch wenn er in den 30er Jahren unter dem Druck der Zeitverhältnisse versuchte, der größeren Form, dem Aufbauthema und der geforderten Erziehungsfunktion gerecht zu werden.

Lev Lunc

Die sowjetische Literaturwissenschaft (M. V. Minokin, K. D. Muratova) hat, als sie die Serapionsbrüder überhaupt wieder zur Kenntnis
nahm, mit Fleiß auf einer inneren Aufspaltung der Gruppe in einen
«östlichen» und einen «westlichen» Flügel bestanden, wobei letzterer
durch die beiden jüngsten Gruppenmitglieder, Lev Lunc und Veniamin Kaverin, repräsentiert wurde. In der Tat hatte sich in der Gruppe
ein Sturm erhoben, als Lunc im Dezember 1922 dort seinen Essay *Na
Zapad* (Auf nach Westen) verlas. «Beinahe hätte man mich verprügelt»,
schrieb er an Gor'kij. Und weswegen? Lunc hatte sich in dem Essay für
eine «Handlungsliteratur» eingesetzt, wie sie in Rußland noch nie
bestanden habe. Die Russen hätten über der Entwicklung der sozialen
Motive, der psychologischen Wahrhaftigkeit und der Sittenschilde-
rung die Fähigkeit, «mit einer komplizierten Intrige umzugehen, Knoten zu schürzen und zu lösen, zu verflechten und zu entflechten», eingebüßt. Wo er auch hinsah, bei Remizov, Bunin und Zajcev, bei
Andrej Belyj und Aleksej Tolstoj – überall gewahrte er erlesene Sprache, stilistische Raffinesse, feinste Psychologie, bewundernswerte
Gestalten und geistigen Reichtum – doch nicht die leiseste Spannung.
«Langweilig! Langweilig!» rief er aus und forderte Handlung wie in
der westlichen Abenteuerliteratur, bei Cooper, Dumas, Stevenson.
Lunc und Kaverin legten unverzüglich Beispiele für «Handlungserzäh-
lungen» (fabul'nye rasskazy) vor. Es mangelte ihnen nicht an munterer
Spannung und überraschenden Handlungskehren, die geforderte
komplizierte Sujet-Verknüpfung war ausgeführt – und doch nehmen
sie sich aus heutiger Sicht gewollt und konstruiert aus.

Lunc, der im frühen Alter von 23 Jahren in Hamburg verstarb,
war ohne Zweifel ein vielversprechendes literarisches Talent. Nur
weniges von dem, was er hätte geben können, liegt vollendet vor.
Doch alles, was er in genialischem Entwurf vorlegte, verdient Beachtung. Ähnlich wie Gumilëv und Mandel'štam hatte er Romanistik an
der Petrograder Universität studiert. Dies hat seine literarische Themenwahl – etwa seiner Dramen *Vne zakona* (Vogelfrei, 1921) und *Ber-
tran de Born* (Betrand de Born, 1922) – und wohl auch seinen emphati-
schen L'art-pour-l'artismus mitgeprägt. Sein schmales Werk – es
umfaßt acht Erzählungen, vier Dramen, ein Filmszenario und einige
Essays – war in sowjetischer Zeit ausgeblendet, obwohl Gor'kij dem
jungen Talent uneingeschränktes Lob gezollt hatte. Seine Forderung
nach einer tendenzfreien Kunst und gar sein Appell, vom Westen zu
lernen, widersprachen geheiligten Maximen der sowjetischen Litera-

turdoktrin. Die eigenen Versuche, spannungsreiche Literatur zu schreiben, sind nicht durchweg gelungen; manches Stück wirkt wirr und konstruiert. Am stärksten zeigt sich Lunc in der Groteske. In der Erzählung *Ischodjaščaja № 37* (Ausgangsschreiben Nr. 37, 1922), als Tagebuch eines Bürovorstehers konzipiert, verfällt der Held, ein sozialistischer Bürokrat, auf die großartige Idee, die Bürger in Papier umzuformen. Er verwandelt sich selbst in Papier, wird beschrieben und kann sich nun selbst lesen ... In *Patriot* (Der Patriot, 1923) berichtet ein Funktionär von den Automaten in den öffentlichen Bedürfnisanstalten, die er auf einer Reise nach Berlin kennengelernt hat – ein Kabinettstück abstrusen Humors. Lunc' Satiren auf die NĖP-Verhältnisse stehen hinter denen Zoščenkos, Bulgakovs oder Platonovs nicht zurück. Sein wichtigstes Thema aber war die Frage nach Sinn und Ziel der Revolution. Die Erzählung *V pustyne* (In der Wüste, 1922) zeigte den mühevollen Weg des Volkes Israel in das Land, wo Milch und Honig fließen. In biblischer Stilisierung und rhythmisierter Prosa entstand eine Allegorie zu den aktuellen Ereignissen. Auch in Lunc' Dramen ging es um die Dialektik der Revolution und eine nicht aufgelöste Spannung zwischen Utopie und Antiutopie. *Vogelfrei* spielt in der zeitlosen spanischen Stadt Ciudad. Hier ist der Räuber Alonso für «außerhalb des Gesetzes stehend», d. h. für vogelfrei, erklärt worden; er verwirklicht diesen Spruch, indem er die Anarchie herbeiführt, die er bald in eine neue Tyrannei verwandelt. Lunc wollte ein Stück schreiben, das als Vaudeville beginnt und als Tragödie endet. Seinem grotesk-parabolischen Charakter nach stellt es sich neben Georg Büchners *Leonce und Lena* oder Alfred Jarrys *Ubu Roi*. Der Einakter *Obez'jany idut* (Die Affen kommen, 1923) heftet offenkundig die Bedrohung Petrograds durch die Judenič-Armee in eine allegorische, die Bühnenillusion immer wieder durchbrechende Handlung. Am Ende mobilisiert ein Lenin-gleicher «Mensch» (Čelovek) nicht nur die buntscheckigen Chargen auf der Bühne, sondern auch das Publikum gegen die andrängenden Affen, die Gegner der Revolution. Das 1924 – bereits in Deutschland – geschriebene Drama *Gorod Pravdy* (Die Stadt der Gerechtigkeit/der Wahrheit) zeigt Soldaten auf dem Weg durch die Wüste in die «Stadt der Gleichheit». Doch die endlich gefundene Kommune der Gleichheit und der Arbeit stößt die Soldaten von sich, sie ziehen weiter in das Reich der Freiheit. Die Revolution als allegorischer Weg war seit Blok und Majakovskij ein Topos geworden, der in den verschiedensten Varianten auftreten konnte. Bei Lunc diente er dazu, den Zweifel am Ziel des Weges zu artikulieren. Auch das letzte Werk von Lunc, das Filmszenario *Vosstanie veščej* (Der Aufstand der Dinge), niedergeschrieben in einem Sanatorium in Königsstein im

Taunus, griff ein Thema Majakovskijs auf. In einer Zukunftsprojektion führte es in das Jahr 1970. Aufgewiegelt von dem deutschen Professor Šedt, der ihre Sprache versteht, haben die Dinge die Menschen überwältigt. Straßenbahnen, Autos überfahren die Menschen, Wohnungsmöbel fallen über sie her, Kleidung bringt die Menschen um. Šedt will damit die Gesetzlosigkeit der Menschen beenden und durch die Herrschaft der leblosen Dinge Recht und Ordnung wiederherstellen. Die Verdinglichung wurde hier – wie im Drama die Gesetzlosigkeit – buchstäblich realisiert. Das Parabelhafte, die Entindividualisierung der Gestalten, den Hang zum Grotesken teilte Lunc mit vielen Dichtern der Zeit, auch seine Motive stammen großenteils aus dem zeitgenössischen Fundus. Dennoch enthält jeder seiner Texte originäre Ansätze, die ihn nicht nur im Kreise der Serapionsbrüder hervorheben.

Veniamin Kaverin

Veniamin Kaverin, der jüngste der Serapionsbrüder, war derjenige, der das Fabelprinzip am konsequentesten in seinen Erzählungen verwirklichte. Die Handlung einer Erzählung wie *Tëmnaja noč'* (Dunkle Nacht) wurde spannungsvoll mit zahlreichen Überraschungsmomenten aufgebaut. Die in Deutschland angesiedelte *Chronika goroda Lejpciga za 18... god* (Chronik der Stadt Leipzig für das Jahr 18..., 1922), die Geschichte eines Professors N, beruhte, wie ein Kriminalroman, auf einer Rätselstruktur, indem Vorgänge geschildert wurden, deren Voraussetzungen unbekannt waren – und blieben. Durch deutsche Namen und Sprachelemente erreichte Kaverin eine besondere Stilfärbung, in grotesker Weise brachte er den Kampf der Mystiker gegen den Kantschen Kritizismus ein und brillierte mit der Entblößung der narrativen Kunstmittel. Nach Erzählungen, die in dem Band *Mastera i podmaster'ja* (Meister und Gesellen, 1923) gesammelt erschienen, ging Kaverin bald zum Roman über. *Konec Chazy* (Chazas Ende, dt. u. d. T. Das Ende einer Bande, 1926), *Chudožnik neizvesten* (Künstler unbekannt, 1931) und *Ispolnenie želanij* (Erfüllung der Wünsche, 1935/36) waren Zeitromane; der erste führte in die Unterwelt der NÈP-Zeit, der zweite zeigte einen Künstler in der Auseinandersetzung mit doktrinären Funktionären, der dritte schließlich handelte vom Widerstand eines Geisteswissenschaftlers gegen den zunehmenden Dogmatismus in den wissenschaftlichen Institutionen. Erfolgreich war Kaverin später mit dem Abenteuerroman *Dva kapitana* (Zwei Kapitäne, 1946) um den Marineflieger Sanja Grigor'ev, der die Aufzeichnungen seines Schwiegervaters, des Polarforschers Tatarinov, auffindet, die den zwei-

ten Teil des Doppelromans bilden. Die Entwicklung des Helden im
Sinne des sozialistischen Erziehungsmodells mit den spannenden
Erlebnissen der beiden Ich-Erzähler verbindend, hielt Kaverin noch in
der Stalin-Zeit am Ideal der Fabularität fest. Freilich konnte er auch,
wie in *Baron Brambeus. Istorija Osipa Senkovskogo* (Baron Brambeus. Die
Geschichte Osip Senkovskijs, 1929; 1965), einen literarhistorischen
Roman nach Tynjanovs Rezept vorlegen, der dem legendenumwobe-
nen Literaten der Puškin-Zeit gewidmet war.

Evgenij Zamjatin

Evgenij Zamjatin, der wichtigste Lehrer der Serapionsbrüder, muß in
diesem Zusammenhang genannt werden. Schiffsbauingenieur und
alter Bolschewik, war Zamjatin bereits lange vor der Revolution mit
bemerkenswerten Erzählungen und Povesti hervorgetreten, die, etwa
in *Uezdnoe* (Provinzielles, 1911), ein naturalistisches Bild der russischen
Provinz oder, wie in *Ostrovitjane* (Die Inselbewohner, 1917), geschrieben in England, wo Zamjatin während des Ersten Weltkrieges längere
Zeit lebte, eine utopische Welt entwarfen. Sein Hauptwerk aber, die
«schwarze Utopie» *My* (Wir, 1920), entstand eben in der Zeit, in der er
am «Dom iskusstv» wirkte. Der Roman zählt zu den bedeutendsten
und folgenreichsten Werken der russischen Literatur im 20. Jahrhundert, malte er doch mitten in die verkrampfte Euphorie, die das sozialistische Großexperiment umgab, ein warnendes Menetekel, das die
unerbittlichen Mechanismen und Resultate der Gleichheitsdiktatur
vor Augen führte. Man muß rückblickend Zamjatins luzidem Vorstel-
lungsvermögen Lob zollen, das nicht geringer war als das Mißtrauen
der Literaturfunktionäre, die die Verbreitung des Romans in Sowjetrußland unterbanden. So erschien der Roman 1924 in Prag in tsche-
chischer, englischer und französischer Übersetzung, in Rußland wurde er erst 1988 veröffentlicht. Ohne Zamjatins *My* wären die großen
westlichen Anti-Utopien bzw. Dystopien wie Aldous Huxleys *Brave
New World* (1932) oder George Orwells *1984* (1948) nicht denkbar, die
allein schon die von Zamjatin vorgegebene Grundkonstellation aus-
nutzen, von Details in Fabel und Motiven ganz zu schweigen. Zamjatins warnender Entwurf eines kollektivistisch-totalitären Einheits-
staates (Edinoe Gosudarstvo) war natürlich nichts anderes als eine
verfremdende Zukunftsprojektion der mit dem Kriegskommunismus
gegebenen realen Zustände. Alle Aktivitäten im Einheitsstaat sind auf
ein riesiges Projekt, den Bau des Integrals, gerichtet. Alles Handeln
dient ausschließlich dem öffentlichen Nutzen. Alles Individuelle, alles

Irrationale ist eliminiert. Die Bürger tragen bläuliche Einheitskluften (junify) und statt des Namens ein Nummernschild. Jedes Jahr wird das Staatsoberhaupt, der Wohltäter (Blagodetel'), einstimmig gewählt. Selbst die Poesie unterliegt dem utilitaristischen Gesetz des Staates. So wie aus dem verliebten Flüstern der Wellen Elektrizität gewonnen werde, heißt es an einer Stelle, habe man auch das einst wilde Element der Poesie gezähmt und gesattelt: «Die Poesie ist jetzt kein interesseloses Nachtigallenschlagen mehr; Poesie ist Staatsdienst, Poesie ist Nützlichkeit.» Zamjatin sparte also auch nicht mit Parodie und Satire auf die literarische Praxis der Proletkul'ty und Komfuty. Der Widerstand gegen den Einheitsstaat aber kommt auf durch die Wiederentdeckung der alten, romantischen Gefühle, aus der individuellen Liebe zwischen den Nummern D-503 und I-330. Der innere Kampf des Ich-Helden zwischen Loyalität und Zweifel an der gegebenen Einheitsordnung schlägt sich in seinen Tagebuchaufzeichnungen nieder. Dabei entwickelte Zamjatin einen Skaz der Zukunft (R. Lauer), der nicht nur eine neue Lexik, sondern auch mathematische Formeln, eingeklammerte Parenthesen und eine besondere Intonation enthält – künstlerische Verfahren also, die auf der Linie der ornamentalen Prosa lagen, die Zamjatin seinen Schülern nahebrachte. Die Entlarvung der im Sowjetsozialismus wirkenden Tendenzen zur totalen Verdinglichung der Menschen und zur Vergötzung des gesellschaftlichen Aufbaus, wie sie Zamjatin in kühler Analyse unter Einsatz neuer künstlerischer Mittel vornahm, bewies, über welche gesellschaftskritischen Potentiale die russische Literatur nach wie vor verfügte. Doch zeigte sich nun auch, daß die Sowjetmacht mit ihren Kritikern nicht anders umging als früher das Regime der Zaren mit Radiščev, Čaadaev, Černyševskij oder Pisarev. Zamjatin wandte sich in den folgenden Jahren dem Drama zu. Sein Ketzerdrama *Ogni svjatogo Dominika* (Die Feuer des heiligen Dominik, 1922/23) konnte zwar im Druck, doch nicht auf der Bühne erscheinen. Anders die Dramatisierung von Nikolaj Leskovs Erzählung *Levša* (Der Linkshänder), die unter dem Titel *Blocha* (Der Floh, 1925) mit großem Erfolg im Moskauer Künstlertheater (MChAT) gegeben wurde. In einem an Stalin gerichteten Brief bekannte Zamjatin offen seine Unfähigkeit, anderes als das zu schildern, was er für die Wahrheit halte. 1932 wurde ihm die Ausreise nach Paris gestattet.

Pereval

Die Gruppe Pereval (Der Gebirgspaß) gehörte in der Sowjetunion zu den lange verschwiegenen literarischen Erscheinungen, obwohl sie entschiedener auf der realistischen Methode bestanden hatte als andere Gruppen und somit eigentlich den künftigen offiziellen Trend vorweggenommen hatte. Der Grund für ihre Ausblendung lag nicht nur darin, daß die Pereval'cy – dank ihrer Ausstrahlung und ihrer beträchtlichen Mitgliederzahl – die gefährlichsten Konkurrenten der RAPP waren, sondern vor allem darin, daß sie, um Voronskij und die Zeitschrift *Krasnaja Nov'* geschart, das Trockijsche Literaturmodell verkörperten. Sie schufen keine neue proletarische Literatur, die es ja nach Trockij in der Übergangsepoche nicht geben konnte, sondern orientierten sich an der Ästhetik und Methode der Vergangenheit.

Die Schriftstellervereinigung formierte sich Ende 1923/Anfang 1924; zu ihr stießen enttäuschte proletarische Autoren aus der «Oktjabr'»-Gruppe und junge Komsomol-Dichter aus dem Umkreis der Zeitschrift *Molodaja gvardija* (Die junge Garde) wie Michail Golodnyj, A. Jasnyj, Michail Svetlov, Artëm Vesëlyj, die von der revolutionären Romantik nicht mehr lassen wollten. Zum engeren Kreis gehörten die Schriftsteller Ivan Kataev, Pëtr Slëtov und Nikolaj Zarudin. Die Deklaration des Pereval (*Deklaracija Perevala*, in *Krasnaja Nov'* 1927/2) war von nicht weniger als 60 Schriftstellern unterzeichnet. Die von 1924 bis 1932 erscheinenden Sammelbände *Pereval* (Bd. 1–6) und *Rovesniki* (Altersgenossen; Bd. 7–8) wiesen ein breites Autorenspektrum auf. Die Pereval-Gruppe expandierte gegen Ende der 20er Jahre ständig; 1928 zählte sie 32 Filialen und Zirkel mit ca. 1100 Mitgliedern. Damals konnte es ernstlich so scheinen, als laufe sie der RAPP/ MAPP den Rang ab (P. Scherber). Das sollte sich mit dem Sturz Trockijs (er wurde im November 1927 aus der Partei ausgeschlossen, verbannt und 1929 aus der Sowjetunion abgeschoben) rasch ändern. In der Anthologie *Pereval'cy* (1930) waren nur noch 33 Namen vertreten. Die Ergebenheitserklärung vom Mai 1931, die letzte öffentliche Äußerung der Gruppe, trug lediglich noch neun Unterschriften, darunter die von Ivan Kataev, A. Ležnev und Nikolaj Zarudin.

Abgesehen von Aleksandr Voronskij, dessen Einfluß auf die Pereval'cy von Anfang an sehr stark war, traten Dmitrij Gorbov und A. Ležnev als theoretische Vordenker der Gruppe auf. Ihre Position war sowohl durch die Abgrenzung vom brutalen literarischen Klassenkampf der RAPP als auch vom Ikonoklasmus des LEF gekennzeichnet. Durch die Haltung Lenins und Trockijs bestärkt, wandten sie sich, ähnlich wie die Serapionsbrüder, doch ohne deren erzählerische Innovationen, den alten Literaturtraditionen wieder zu. Daraus entstand eine der bemerkenswertesten Kunsttheorien, die in der Sowjetunion je formuliert wurden. Natürlich konnten auch die Pereval'cy den sozialen Auftrag, den die schöne Literatur in der UdSSR von der Oktoberrevolution, der Arbeiterklasse und der Kommunistischen Partei erhalten habe, nicht zurückweisen, doch bestanden sie darauf, daß dies nur durch «große Kunst» (bol'šoe iskusstvo), durch das «hochentwickelte künstlerische Wort, Form und Stil», geschehen könne. Primitive Tendenziosität, «Richtungshuberei» (napravlenčestvo) und flügellahmen Alltagsabklatsch (bytovizm) lehnten die Pereval'cy ab und setzten statt dessen auf Intuition, auf Eingebung, auf die Wiedergabe «unmittelbarer», «erster», «kindlicher» Eindrücke. Solche Thesen vertrat Aleksandr Voronskij in seinem Buch *Iskusstvo videt' mir* (Die Kunst, die Welt zu sehen, 1928), das offensichtlich auf Henri Bergsons Intuitätslehre fußte. (Bergson hatte gelehrt, daß die Fülle des Lebens nicht mit den Mitteln der Ratio, sondern nur durch Einfühlung und Intuition, also auf irrationale Weise, erfaßt werden könne.) Damit setzte sich der Pereval ohne Verzug dem Vorwurf des Idealismus, des Irrationalismus und des Subjektivismus aus – Todsünden nach dem ideologischen Kanon der RAPP.

Von den Theoretikern Dmitrij Gorbov und A. Ležnev wurde die Intuitionslehre im Rückgriff auf den Kunstdiskurs der Puškin-Zeit weiter ausgebaut. Gorbov erklärte in dem Band *Poiski Galatei* (Suchen nach Galatea, 1929) das Gedicht *Skul'ptor* (Der Bildhauer, 1841) von Evgenij Baratynskij zu der für jeden echten Künstler verbindlichen schöpferischen Formel. Was hatte Baratynskij in seinem Gedicht ausgesagt? Er hatte geschildert, wie der Bildhauer in einem Steinblock die Gestalt einer Nymphe erahnt und wie er diesen Gedanken in unermüdlicher Arbeit künstlerisch realisiert. Kunst konnte demnach nur die Verwirklichung schöpferischer Eingebungen durch kundige Arbeit sein. (Baratynskijs Gedicht hatte sich in jenem Band *Sumerki* [Dämmerungen, 1841] befunden, den Belinskij wegen des in ihm ausgedrückten tragischen Pessimismus scharf kritisiert hatte. Er stand bezeichnenderweise am Beginn der Strömung der «reinen Kunst» in der russischen Literatur.) Der Sinn der Kunst lag also, argumentierte Gorbov, nicht in dem Material, das sie in sich aufnahm, nicht in den «Tatsachen», wie es die Faktographen wollten, sondern darin, daß das äußere Objekt in das Bild der inneren Welt des Künstlers verwandelt, gebrochen, umgebrochen wurde. Die innere Wahrhaftigkeit (iskrennost') des Kunstwerks wurde zum wichtigsten Wertkriterium in der Kunst.

Noch augenfälliger wurde das herrschende Dilemma der Sowjetkunst durch Ležnevs Rückgriff auf Puškins Dramolett *Mocart i Sal'eri* (Mozart und Salieri, 1830). Die von Puškin gezeigten zwei Möglichkeiten des Künstlertums – hie Mozart, der spontane, heitere, inspirierte Genius, aus dem die Werke nur so heraussprudeln, so daß er

ihren überragenden Wert selbst gar nicht zu erkennen scheint; da
Salieri, der arbeitsame Handwerker, der in Kenntnis der Regeln und
bedeutender Vorbilder in mühseliger Anstrengung seine Werke zusammenklaubt – bilden eine bleibende typologische Opposition, die in
der russischen Kulturgeschichte ähnlich fruchtbar wurde wie anderswo Nietzsches Dichotomie des Dionysischen und des Apollinischen.

Indem Ležnev sie auf die zeitgenössische Kunstsituation bezog, trat die
breite Welle des pedantischen, grauen, unheiteren Salierismus (sal'e-
rizm) in den Blick, die Handwerkelei (masterstvo) mit ihrem «Satz an
Verfahren» (nabor priëmov), die die Kunst überflutete. Man erkenne
sie in der Faktographie des LEF, im zerebralen Schaffen der Konstruktivisten, in den rationalistischen Theorien mancher Literaturkritiker.
Hiergegen setzte er «mocartianstvo» (Mozarttum), d. h. Aufrichtigkeit,
ästhetische Kultur, künstlerische Intuition. Im lebhaften Diskurs, der
hieraus entstand, trat seltsamerweise Osip Mandel'štam zur Verteidigung des Salierismus an (in den Skizzen zu dem Essay *O prirode slova*
[Über die Natur des Wortes]), sicherlich nicht im Sinne des LEF oder
des LCK, sondern um der akmeistischen Formenstrenge willen. Nicht
zufällig wiederholte sich hier der Streit zwischen zwei Kunstauffassungen, die auch die Puškin-Zeit bewegt hatten, der Streit zwischen
Rationalismus und Intuition, Klassizismus und Romantik.

Eine literarische Illustration erfuhr Ležnevs Theorie von der ver-
geistigenden Bedeutung der Kunst in der Povest' *Masterstvo* (Meisterschaft, 1930) von Pëtr Slëtov. Am Schicksal eines genialen Gei-
genbauers in Italien am Ende des 18. Jahrhunderts und seines
handwerklich-pedantischen Rivalen gestaltete Slëtov, selber Geigen-
bauer, das Puškinsche Thema, in das er nun freilich auch politische
und weltanschauliche Komponenten wob. Der begnadete Geigenbau-
künstler beschreitet zugleich den Weg zu Revolution und Atheismus.
«Masterstvo», das verriet der aktuelle Disput, war eine zweideutige
Vokabel, da sie einmal das genialische Künstlertum, dann wieder die
biedere Handwerkelei bezeichnen konnte. Und das letztere, die solide
Beherrschung der poetischen Technologie und Verfahren, war keineswegs, wie die Intervention Mandel'štams zeigte, nur negativ zu beset-
zen. So läßt sich auch kaum sagen, daß sich die Pereval'cy mit bedeutsamen Werken in die Literaturgeschichte eingeschrieben hätten.
Gewiß, ein Roman wie *Rossija, krov'ju omytaja* (Rußland, mit Blut
gewaschen, 1932) von Artëm Vesëlyj zeigte packend die Entwicklung
des Soldaten Maksim Kužel' vom spontanen Anarchisten zum bewußten Revolutionär. Vesëlyj verwendete für den Roman Bruchstücke aus
früheren Texten und spielte auch einige neue narrative und kompositionelle Techniken aus. So entstanden eindrucksvolle Passagen, die das

Kriegsgeschehen mit lautmalerischen Mitteln oder in einer Art Collagetechnik einfingen. Auch Aleksandr Malyškin trat in der Pereval-
Zeit mit Erzählungen und zwei Romanen hervor. *Padenie Daira* (Der
Fall von Dair, 1923) schilderte, aufgrund eigenen Erlebens des Autors,
den Sturmangriff der Roten, der zur Einnahme der Perekop-Landenge führte und damit den letzten Widerstand der Vrangel'-Armee brach.
In hochpathetischer Form, einem «Poem in Prosa» (H. Fritsch) vergleichbar, wurde die Masse der Kämpfer als allein wirksame historische Kraft dargestellt. Dair, das befestigte Felsmassiv, wurde zum utopischen Ziel des Kampfes überhöht. Der zweite Roman, *Sevastopol'*
(1929/30), zeichnete, wieder selbstbiographisch fundiert, die Entwicklung des Marinefähnrichs Sergej Šelechov nach, der nach der Revolution den alten (reaktionären) Idealen des Seeoffiziers abschwört und
sich der Revolution anschließt. Bei Vesëlyj wie auch im ersten Roman
Malyškins ließ sich der Einfluß Boris Pil'njaks ablesen, der mit seinem
Roman *Golyj god* (Das nackte Jahr, 1922) das Muster eines Revoluti-
onsromans geliefert hatte.

Auch der zurückhaltende Michail Prišvin tauchte unter den Pere-
val-Autoren auf. Er war schon vor dem Krieg mit Skizzen und Erzählungen (*V kraju nepugannych ptic* [Im Land der zahmen Vögel], 1905)
bekannt geworden. In dem Reisebericht *U sten grada nevidimogo* (An
den Mauern der unsichtbaren Stadt, 1909) schilderte er die Suche nach
der untergegangenen Stadt Kitež. Jetzt kam von ihm der autobiographische Roman *Kaščeeva cep'* (Kaščejs Kette, 1923), Jägergeschichten
(*Ochotnič'i byli*, 1920–1926) sowie die lyrische Prosa *Žen'-šen'* (Ginseng,
zunächst u. d. T. *Povest' žizni* [Geschichte des Lebens], 1933). Von den
Pereval-Poeten war Michail Svetlov der bedeutendste. Er schrieb einige revolutionäre Romanzen, von denen *Grenada* (1926) unter den Jungen Furore machte. Später wurde sein Lied *Kachovka* (1935) populär.
Ebensogut wie den volkstümlichen Stil beherrschte er den ironisch-
heinesken, wie seine *Nočnye vstreči* (Nächtliche Begegnungen, 1925)
bewiesen. Das Gedicht, dem Andenken des 1924 durch Selbstmord
geendeten Dichters Nikolaj Kuznecov gewidmet, läßt Heinrich Heine
in das nächtliche Moskau geraten, wo er, wie einst in *Der Tannhäuser*
oder in *Deutschland. Ein Wintermärchen*, die literarischen Schulen seinem
satirischen Blick aussetzt.

Pereval konnte das Postulat, das er sich selbst gestellt hatte, den
sozialen Auftrag der Revolution durch «große Kunst» zu erfüllen,
sicherlich nicht voll einlösen. Aber es war im frühen sowjetischen
Kunstdiskurs allein schon wesentlich, daß die Forderung nach einer
Kunst, die allererst Kunst und nicht Agitation oder Dokumentation
sein wollte, aufgestellt und gehört wurde. Es ist bemerkenswert, daß

die Pereval-Position wenige Jahre später in der Kontroverse innerhalb der politischen Linken in Jugoslawien von dem Kroaten Miroslav Krleža aufgenommen wurde. Eine linke Kunst, argumentierte Krleža im *Vorwort zu den Drau-Motiven Krsto Hegedušićs* (1933), die nicht große Kunst sei, könne der linken Sache nur schaden.

Jenseits der Gruppen – Das «ornamentale Erzählen»

Es gab in den 20er Jahren natürlich auch nicht wenige Autoren, die sich dem Gruppenraster entzogen und selbständige ästhetische Standpunkte vertraten. Obwohl man sie gewöhnlich zu den Poputčiki zählte und ihnen damit eine Randposition zuwies, waren sie an künstlerischer Kraft dem Gros der Gruppenautoren oft haushoch überlegen. In ihren Erzählwerken kam, ebenso wie bei den Serapionsbrüdern, der neue narrative Stil, den man als «ornamentale» Prosa oder «Ornamentalismus» bezeichnet, voll zum Tragen. Ihre Erzählmanier hat die frühe Sowjetliteratur ungemein bereichert. Die Rede ist von vier unverwechselbaren Talenten, die nicht zufällig alle von Gor'kij gefördert wurden und gewissermaßen unter seinem Schutz standen: Boris Pil'njak, Isaak Babel', Leonid Leonov und Jurij Oleša.

Boris Pil'njak

Boris Pil'njak gehörte zu den ersten Autoren, die auf das Bürgerkriegsgeschehen mit der Verwendung neuer künstlerischer Gestaltungsmittel reagierten. Pil'njak war der Sohn eines wolgadeutschen Tierarztes. Als Student der Moskauer Handelshochschule hatte er während des Ersten Weltkrieges einige Erzählungen veröffentlicht, von denen die erste, *Celaja žizn'* (Ein ganzes Leben, 1915), sich allein auf die Wiedergabe des natürlichen, animalischen Lebenskreises eines Raubvogelpaares (samec i samka, «Männchen und Weibchen») beschränkte. Hier zeichnete sich bereits eine biologistische, darwinistische Denkweise ab, die auch in Pil'njaks künftigen Werken immer wieder durchschien. Aus verschiedenen Erzählungen und Textteilen baute er den Roman *Golyj god* (Das nackte Jahr) zusammen, der in vollständiger Fassung zuerst 1921 bei Gržebin in Berlin erschien, bald aber auch in der Sowjetunion herauskam und im wahrsten Sinne des Wortes Schule machte. An Pil'njaks Erzählmanier, die ihrerseits vom Stil Andrej Belyjs und Aleksej Remizovs viel gewonnen hatte und mit einer dem Film abgeschauten Montagetechnik arbeitete, orientierten sich in der

Boris Pil'njak

Folgezeit zahlreiche junge Autoren. Man sprach von «pil'njakovščina»
(Pil'njakowismus). Die Inkohärenz der Komposition, das Aufnehmen
unterschiedlichster Stilschichten, von der expressionistischen Emphase
bis zum altrussischen Chronikduktus, und nicht zuletzt lautmalerische
Sequenzen sowie fremdes und lokales Sprachmaterial modellierten

gleichsam das ganze Chaos, die Anarchie und die materielle Not der Bürgerkriegszeit. In abgehackter Form reihte Pil'njak in seinem Roman Episoden, lyrische Passagen, Reflexionen aneinander, setzte kühne Symbole in den Raum und schaltete Zitate und Allusionen ein. Die Sprache konnte, wie etwa in dem Passus, der *Teperešnjaja pesnja v meteli* (Jetziges Lied im Schneesturm) überschrieben war, unvermittelt in Zaum' übergehen: «-Gviiuu, gaauu, gviiiuuu, gaaauu» oder «Gla-vbumm! – Gla-vbumm!! – Gu-vuz! Guu-vuuz! ... – Šoooja, gviiuu, gaaauuu ...» Daran schloß sich ein Zitat aus der altrussischen Chronik an. Wie Blok legte Pil'njak Wind und Schneesturm als elementares (und zugleich lautsemantisches) Symbol über die Revolutionsereignisse, die die alte Welt und ihre Vertreter auslöschten und die bolschewistischen Kommissare – nach ihrem charakteristischen Bekleidungsstück oder Vestem «Lederjacken» (kožanye kurtki) genannt – an die Machthebel des Landes brachten. In der chaotischen Struktur des Romans tauchten, immer eher nur angedeutet als ausgeführt, Figuren verschiedenster Herkunft und Funktion auf, darunter die Fürsten Ordynin, in denen der Untergang der alten Welt verkörpert war, oder Vater und Sohn Archipov, die als Revolutionäre das Geschehen zu lenken suchten. Ein Unterschied zwischen Haupt- und Nebenpersonen war ebensowenig auszumachen wie eine Bedeutungsordnung der Schauplätze und Handlungspartikel. Die Revolution erschien wie ein Pandämonium, in dem ungeheuerliche Dinge geschahen, animalische Leidenschaften hervorbrachen, Hunger, Syphilis und Tod grassierten – und in dem die Utopie noch längst keine Gestalt annahm. Hinter diesem verwirrenden Bild tat sich eine bestimmte geschichtsphilosophische Sicht auf: Die Exzesse des Bürgerkrieges wurden mit dem Element des Aufruhrs im russischen Volk gleichgesetzt, mit der anarchischen Bauernrevolte, wie sie Rußland in den Aufständen Sten'ka Razins oder Emel'jan Pugačëvs erlebt hatte. Einige bolschewistische Kritiker benannten von ihrem Standpunkt aus die ideologischen Schwachpunkte des Romans: Pil'njak führe zurück ins 17. Jahrhundert, er verbreite Nihilismus und Zynismus, hänge noch immer dem Slawophilentum und dem Narodničestvo nach, auch begeistere er sich an mystisch-erotischen Orgien; kurz: er sei nach seiner Ideologie und seinem Stil ein Eklektiker.

Ungeachtet der enormen Wirkung seines Romans konnte Pil'njak sich vom Verdacht der politischen Unzuverlässigkeit nie wieder ganz befreien und gab ihm ungewollt auch immer wieder Nahrung. Aus den Peter-Erzählungen des Bandes *Nikola-na-Posad'jach* (1923) – *Ego Veličestvo Kneeb Piter Komondor* (Seine Majestät Kneeb Piter Komondor), *Sankt-Piter-Burch* und *Čisla i sroki* (Daten und Termine) – war, mit

Anklängen an Andrej Belyjs *Peterburg* und spürbarer Polemik gegen Aleksej Tolstojs *Den' Petra*, der Zweifel an der menschenverachtenden Umgestaltung des Landes nicht zu überhören. In dem Roman *Mašiny i volki* (Maschinen und Wölfe, 1924), einem Werk von ähnlicher Struktur wie *Golyj god*, ließ Pil'njak erkennen, daß für ihn im Widerstreit von Natur und technischer Zivilisation das eigentliche Rußland in den alten Lebensformen und reichen Bräuchen des russischen Dorfes verkörpert war, auch wenn der technische Fortschritt dort seinen Einzug hielt. Schon als er mit seiner *Povest' o nepogašennoj lune* (Geschichte vom nicht verlöschten Mond, 1927) das Gerücht aufnahm, Frunze, der Stabschef der Roten Armee und Volkskommissar für Krieg und Marine, sei durch eine von Stalin angeordnete Operation umgebracht worden, geriet er in ernste Schwierigkeiten. Zwei Jahre später aber löste die Povest' *Krasnoe derevo* (Mahagoni, 1929), die Pil'njak aus verlagsrechtlichen Gründen zuerst in dem Berliner Verlag «Petropolis» veröffentlicht hatte, eine wahre Hetzkampagne gegen ihn aus. Er wurde als feindlicher Agent, Weißgardist und Klassengegner gebrandmarkt. Selbst Majakovskij beteiligte sich im Namen der REF mit der Erklärung *Naše otnošenie* (Unsere Einstellung) in der *Literaturnaja gazeta* 1929 an der Kampagne gegen Pil'njak, obwohl er dessen Erzählung überhaupt nicht gelesen hatte. Der Grund für das Scherbengericht war klar: Pil'njak hatte in den Erzähltext Figuren eingeschleust wie den alten Jakov Skudrin, der noch ganz in den Vorstellungen der Vergangenheit lebt und in Vladimir Il'ič (Lenin) oder Aleksej Ivanovič (Rykov) die Fortsetzer der Zarenherrschaft sieht; ferner Skudrins Bruder Ivan, der sich Ožëgov (von ožeč', «sich verbrennen») nennt und einen Kommunismus propagiert, der auf die Nächstenliebe gegründet ist, und schließlich Sohn Akim, der unverhohlen der Opposition Trockijs zuneigt. Selbst mit dem symbolischen Zugeständnis am Schluß, daß der Trotzkist Akim seinen Zug versäumt, «so wie er den Zug der Zeit versäumte», konnte Pil'njak das Werk nicht retten. Der Aufbauroman *Volga vpadaet v Kaspijskoe more* (Die Wolga fließt ins Kaspische Meer, 1930) sollte offenbar als Rücknahme der retrograden Haltungen aus *Mahagoni* gelesen werden, doch unterliefen bei der Schilderung eines riesigen Staudammprojektes oder der Planung einer kommunistischen Musterstadt derartige Übertreibungen und komische Kontrastierungen, daß immer auch eine ironische Sinngebung nahelag.

Pil'njak war ein unermüdlicher Globetrotter, der seine Reiseeindrücke aus verschiedenen Ländern auf sehr eigenwillige Art festgehalten hat. 1927 erschienen sein *Kitajskij dnevnik* (Chinesisches Tagebuch) und das Japanbuch *Korni japanskogo solnca* (Die Wurzeln der japanischen

Sonne, [2]1932). Das letztere wurde schon 1934 durch den Band *Kamni i korni* (Steine und Wurzeln) «zurückgenommen» bzw. ersetzt, indem der Autor von seinen Lesern allen Ernstes verlangte, die frühere Ausgabe des Buches aus den Bücherregalen zu entfernen. Er verglich die Schriftsteller mit den Geologen, denn sie könnten mit ihren Entdekkungen nicht weniger Verwirrung stiften als diese. Er riet, ein Institut für literarische Schürfung einzurichten, das den Schriftstellern professionelles Können, Allgemeinbildung und moralische Gewissenhaftigkeit vermitteln sollte. Fehler seien dann Unglücksfälle und damit eher ein Gegenstand des Bedauerns als ein Grund zur Beschimpfung (G. Struve). Pil'njaks Programm der Investigation mit offenem Ausgang, das er den Sonntagsschriftstellern entgegenhielt, die «in den Reise-, Schlaf- und Eisenbahnwagen Tolstojs, Dostoevskijs und Bunins von Moskau zum Dneprostroj des Sozialismus» fahren, war für die sowjetischen Literaturbehörden inakzeptabel, da nicht kalkulierbar.

Das Buch *O'kej* (OK, 1933), mit dem Untertitel «Ein amerikanischer Roman» (Amerikanskij roman), entstand nach einer kurzen Exkursion in die Vereinigten Staaten im Juni 1931. Hier zeigten sich noch einmal die Stärken und Schwächen der Pil'njakschen Reiseprosa: einerseits ein Wust an unmittelbaren Beobachtungen, Eindrücken, aber auch angelesenem Wissen, das oft die Faszination durch eine überlegene Zivilisation und Technik verrät, andererseits immer wieder das Verhaftetbleiben in antikapitalistischen, antiamerikanischen Stereotypen. Ein Verfahren, das auch in den japanischen Reisebüchern und Erzählungen (etwa in *Rasskaz o tom, kak sozdajutsja rasskazy* [Erzählung darüber, wie Erzählungen geschaffen werden, 1927]) entsprechend eingesetzt wird, ist die sprachliche Kontamination des russischen Textes durch die Sprache des bereisten Landes. Man spürt in diesen Texten die unheimliche Anziehungskraft, die Idiome welcher Art auch immer auf Pil'njak ausübten. Auch hierin geriet er in einem literarischen Klima, das bald die Reinheit der Literatursprache auf seine Banner schreiben sollte, in eine abseitige Position.

Isaak Babel'

Babel' war von Gor'kij in den Jahren des Ersten Weltkrieges entdeckt worden. Er druckte in seiner Zeitschrift *Letopis'* die erste Erzählung des aus Odessa in die Hauptstadt verschlagenen «grünen Jungen» ab: *Il'ja Isaakovič i Margarita Prokof'evna* (Il'ja Isaakovič und Margarita Prokof'evna, 1916), eine harmlose Kurzgeschichte um eine Prostituierte und ihren jüdischen Freier, die dem Autor nichtsdestotrotz ein Verfahren

wegen Verstoßes gegen den kaiserlichen Pornographie- und Staats-
schutzerlaß einbrachte. (Die Februarrevolution vereitelte dann die
Gerichtsverhandlung.) Ebenso wie das Erzähltalent des jungen Odessi-
ten hatte Gor'kij auch seinen Mangel an Lebenserfahrung erkannt; so
schickte er ihn erst einmal «unter Menschen», damit er das Leben ken-
nenlerne – so schilderte Babel' selbst seine literarischen Anfänge in der
Avtobiografija (Autobiographie, 1926). Nach einer Pause von sieben Jahren, in deren Verlauf er als Soldat, beim Narkompros und bei der
Čeka gedient und als Kriegskorrespondent der Jug-Rosta bei der
1. Kavallerie-Armee Budënnyjs am Polenfeldzug teilgenommen
hatte, meldete er sich mit kurzen Erzählungen zurück. Sie erschienen
1923–1925 in verschiedenen Zeitschriften (unter anderem in *LEF*,
Krasnaja nov' und *Prožektor*). Aus ihnen bildete sich der Erzählzyklus
Konarmija (1926) heraus, der Babel's literarischen Ruhm begründen
sollte. Die Erzählungen, meist nur wenige Seiten umfassend, beruhten, was Geschehnisse und Lokalitäten anlangt, auf den Tagebuchaufzeichnungen, die Babel' im Sommer 1920 angefertigt hatte. (Der
sogenannte *Konarmejskij dnevnik* [Konarmee-Tagebuch], eine sehr aufschlußreiche Quelle, wurde erst 1965 in *Literaturnoe nasledstvo*, Bd. 74,
publiziert.) Babel' hat den Vorgang, wie die nackten Fakten der Erinnerung durch «Phantasieren» in Fleisch und Blut gekleidet wurden
und sich die Phantasie am Ende als die Wirklichkeit erzeigte, rückblickend selbst geschildert. Ihren spezifischen Charakter erhielten die
Erzählungen allein schon von der bunten, blutigen Welt, in der sich
das Kriegsgeschehen abspielte: Galizien, die ukrainisch-polnisch-jüdi-
sche Zwischenregion, die man in friedlicher Variante aus den frühen
Erzählungen Korolenkos kannte und die sich allein schon von ihren
ethnischen, sprachlichen und kulturellen Verhältnissen her pittoresk
ausnahm. In diese Welt der jüdischen Rebben und Chasane, der polnischen Panowie und Księża, der ukrainischen Chlopy brachen die roten
Kavalleristen, die vom Geist der Weltrevolution ebenso durchdrungen
waren wie von urtümlichem kosakischen Heldenmut, mit brutalem
Tatendrang ein. Die Kurzgeschichten, die allesamt durch das Ich-Pris-
ma des Erzählers aufgenommen sind – Babel' nahm unter dem russischen Namen Kirill Vasil'evič Ljutov an dem Feldzug teil –, machten
keinen Hehl aus dem gewalttätigen Vorgehen und der antisemitischen
Einstellung der Kosaken. Es konnte nicht verwundern, daß General
Budënnyj nach Erscheinen der ersten Erzählungen gegen die «Verzerrung» der historischen Ereignisse durch Babel' protestierte, was wiederum Gor'kij als Verteidiger des Autors auf den Plan rief. Die distan-
zierte, ironische Einstellung des Erzählers, der im Wesen nicht zu den
wild-verwegenen Tätern, sondern insgeheim zu den Opfern gehörte,

Isaak Babel'

verlieh den Erzählungen eine innere Spannung, die von Babel's vir-
tuosem Stil, der die präzise Beschreibung ebenso kennt wie das sprachliche Ornament und eine überraschende Bilderfülle, wesentlich mit-
getragen wurde. Diesen Stil als expressionistisch zu bezeichnen hieße,
ein fremdes – deutsches – Parameter anzulegen. Babel's Erzählstil entsprach vielmehr in jeder Hinsicht den Ausdruckstendenzen der «ornamentalen Prosa», wie sie sich gleichzeitig auch bei anderen Vertretern
der frühsowjetischen Prosa abzeichneten. In der Mosaikanlage der
34 Stücke der *Konarmija* (soviel zählen die neueren Babel'-Ausgaben)
war freilich auch die Weltapperzeption Čechovs wiederzuerkennen –
eines Čechovs freilich, der um die grelle Beleuchtung der bei ihm aus-
gesparten Kriegswirklichkeit und des Soldatentums erweitert wurde.
Maupassant, der meist als das wichtigste literarische Vorbild Babel's
genannt wird, trat dahinter zurück. Stärker noch als in *Konarmija* war
die Čechov-Komponente in den «zivilen» Erzählungen Babel's ausgeprägt. So konnte er in der Erzählung *Pervaja ljubov'* (Erste Liebe, 1925)

vor dem Ablauf der scheußlichen Ereignisse eines Pogroms im Jahre 1905 die zarte Liebe eines zehnjährigen Knaben zu einer russischen Offiziersgattin aufkeimen lassen oder in der ganz und gar literarisierten Erzählung *Gjui de Mopassan* (Guy de Maupassant, 1932) das Motiv der gelebten Literatur nutzen, um die pikante Handlung in Maupassants *L'aveu*, Objekt einer Übersetzungsbemühung, zu spiegeln. Der zweite bekannte Novellenzyklus, *Odesskie rasskazy* (Erzählungen aus Odessa, 1923/24), bestand aus nur vier Stücken: *Korol'* (Der König), *Kak èto delalos' v Odesse* (Wie es in Odessa gemacht wurde), *Ljubka Kazak* und *Otec* (Der Vater). Babel' ließ hier das heimatliche Odessa, vor allem das Judenviertel Moldovanka, mit prächtigen Gestalten wie dem Bettlerkönig Benja Krik oder dem eifersüchtigen Vater Froim Grač und hintergründigen Szenen voller Witz und Sinnlichkeit aufscheinen.

In Babel's Werk zeichnen sich – über *Konarmija* und die Odessa-Erzählungen hinaus – weitere Ansätze zur Zyklisierung ab. Die Erzählung *Froim Grač* (1933, posth. 1964) ordnete sich in den Odessa-Zyklus ein; *Šabos-nachamu* (1918) leitete einen nicht realisierten Zyklus *Geršele* ein; *Istorija moej golubjatni* (Die Geschichte meines Taubenschlages, 1925), *Pervaja ljubov'*, *V podvale* (Im Keller, 1931) und *Probuždenie* (Das Erwachen, 1931) bildeten Teile eines geplanten autobiographischen Zyklus; *Neft'* (Naphta, 1934), *Ulica Dante* (Dante-Straße, 1934) und *Froim Grač* waren ursprünglich für den Almanach *God šestnadcatyj* (Das Jahr 1916) gedacht, der jedoch nicht zustande kam. Babel's letzte gedruckte Erzählungen trugen den Titel *Di Grasso* und *Sud* (Das Gericht). Sie erschienen im August 1938 in der Illustrierten *Ogonëk*, nur wenige Monate vor Babel's Verhaftung im Mai 1939. In der einen wandte er sich wieder Erinnerungen an das Odessa seiner Kindheit zu; die andere, eine Emigrantengeschichte, zeigte den ehemaligen zaristischen Offizier Nedatchine (Nedačin), der in Paris zum Defraudanten wurde, vor Gericht. Seine Verurteilung zu zehn Jahren Haft kommentiert der Gendarm, der Nedatchine mit Fausthieben aus dem Gerichtssaal bugsiert, mit den Worten: «C'est fini, mon vieux». Wollte Babel' damit auf das erbärmliche Schicksal der russischen Emigranten aufmerksam machen, oder spielte er, ironisch wie immer, auf die stalinistischen Verhältnisse an?

Babel's Werk ist nicht umfangreich. Zu den Erzählungen treten die beiden Dramen *Zakat* (Sonnenuntergang, 1927) und *Marija* (1935) sowie einige Filmdrehbücher und kleinere Arbeiten. *Zakat* gehört thematisch in den Kreis der Odessa-Erzählungen (eine Erzählung mit gleichem Titel wurde 1956 entdeckt). Der Sonnenuntergang steht für das Ende des Fuhrunternehmers Mendel' Krik, Benjas Vater; der fröhliche Ton ist dunklen Tönen gewichen, die an die symbolistische Dramatik Leonid Andreevs erinnern (L. Poljak). Ganz anders das spätere Stück *Marija*, das als Beginn einer Trilogie gedacht war, von der Theaterzensur jedoch verboten wurde. Babel' brachte hier Überlebende der alten Gesellschaft auf die Bühne. Der alte zaristische General Mukovnin versucht, mit einem militärgeschichtlichen Werk, an dem er arbeitet, das Versagen des alten Systems aufzuzeigen und damit Anerkennung im neuen zu finden. Seine jüngere Tochter Ljudmila fällt einer Spekulantenbande um den Juden Dymšic zum Opfer. Die neue Welt ist in der Titelgestalt verkörpert, der älteren Tochter des Generals, die jedoch nur teichoskopisch, über Erzählungen und einen Brief, ahnbar wird, ohne selbst auf der Bühne zu erscheinen. Babel' konzipierte beide Dramen als achtteilige Szenen- bzw. Bilderfolgen mit Stimmungen und starken Effekten. Die Adelsgesellschaft, schreibt Marija im Brief an den Vater, habe in einem Polynesien gelebt und das Volk nicht gekannt. Die Trennung vom Volk sei ihre Schuld gewesen, die nur auf der Seite der Revolution getilgt werden könne.

Auf dem Schriftstellerkongreß 1934 ironisierte Babel' vorsichtig die offiziellen Parolen. Seine zögerliche Produktion erklärte er mit seinem «Recht auf Schweigen» – was immer das in der Stalin-Zeit bedeuten mochte. Doch war es sein voller Ernst, wenn er betonte, Partei und Regierung hätten dem Schriftsteller alles gegeben und ihm nur ein einziges Recht entzogen, das Recht, schlecht zu schreiben. Babel', der «Reporter und Poet, Flaneur und Historiograph», wie ihn Walter Jens nannte, war zugleich ein besessener Arbeiter am Wort. Er feilte an seinen Texten unendlich lange, manche Erzählungen, etwa *Ljubka Kozak*, erlebten mehr als zwanzig Redaktionen. Seine atemberaubende Knappheit verdankt sich nicht der flüchtigen Wahrnehmung, sondern der äußersten künstlerischen Ökonomie.

Leonid Leonov

Ein weiterer Schützling Gor'kijs war Leonid Leonov. Auch dieser aus dem russischen Handwerkermilieu stammende Autor fädelte sich mit seinen Erzählungen unverzüglich in den Strom des ornamentalen Erzählens ein, den er um alte und neue Verfahren bereicherte. In seiner Erzählmanier kam er den Serapionsbrüdern sehr nahe. Seine Prosa war lautlich-rhythmisch organisiert, die Sprache griff auf die niedere Volkssprache zurück, bezog aber, wenn es das Thema erforderte, auch exotische Idiome mit ein. Obwohl seine 1923 in einem Band veröffentlichten Erzählungen *Derevjannaja koroleva* (Die Königin aus Holz), *Bubnovyj valet* (Karobube) und *Valina kukla* (Valjas Puppe) Märchen, Traum und Phantasie in die Wirklichkeit hereinholten, waren sie, wie Friedrich Scholz betont, «überraschend aktuell». In seinem zweiten Band *Rasskazy* (Erzählungen, 1926) behandelte Leonov biblische, historische und islamische Sujets, die er mit einem entsprechenden lexikalischen Kolorit versah. *Uchod Chama* (Hams Weggang, 1922) erzählt in alttestamentlicher Stilisierung die Verfluchung Hams durch Noah und seine Flucht nach Süden als ein Eifersuchtsdrama. Ham, der Vertriebene, erscheint als Künstlernatur, seine Brüder als Angepaßte. In der eigenartigen, «mongolisch» stilisierten Erzählung *Tuatamur* (1922) – aus dem Umfeld der großen Niederlage der Russen in der Schlacht an der Kalka 1223 – ging Leonov noch einen Schritt weiter, nicht nur, indem er einen der Heerführer Čingiz-Chans in einer archaischen Skaz-Form zu Wort kommen ließ, sondern indem er auch die mongolische Bildlichkeit und Sprache voll ausspielte. Friedrich Scholz hat auf den 40 Seiten der Erzählung nicht weniger als 60 tatarische Einzelwörter und 23 kleinere oder größere Sätze gezählt. In ihrer ungewöhnlichen Lautung und Orthographie verliehen sie dem Text den Charakter geheimnisvoller Fremdartigkeit und bedienten zugleich die virulenten eurasischen Vorstellungen der Zeit.

Wenn er sich der Gegenwart zuwandte, gewann Leonovs Erzählen eine Dimension, die sogar die Kritik Gor'kijs herausforderte. Man hat sie abwertend als «dostoevščina» (Dostoevskijtum) bezeichnet. In der nachrevolutionären Literatur waren nur wenige Autoren dem Vorbild Dostoevskijs gefolgt. Gewiß, man kann mit Natal'ja Groznova Dostoevskijsche Sujets in Aleksej Tolstojs *Aëlita* (1922/23) – einem Experiment, bei dem Dostoevskijsche Charaktere einer utopischen Gesellschaftsform im Weltall ausgesetzt werden –, in Sergej Semënovs *Golyj čelovek* (Der nackte Mensch, 1924) oder auch in Konstantin Fedins *Anna Timofeevna* (1923) ausmachen. Doch Leonov übertrifft sie in der Darstellung psychischer Abgründigkeiten, die auch das Phantastische – und damit romantische Motive – einschließt. In einer Geschichte wie *Konec melkogo čeloveka* (Ende eines kleinen Mannes, 1923) konnte er in nie wieder gewagter Offenheit die kulturzerstörerische Wucht der Revolution vorführen: Unsägliche Not, Hunger und Kälte löschen das Leben und Werk des Paläontologen Fëdor Licharev, eines weltberühmten Gelehrten, aus. Die Erzählung, eine der eindrucksvollsten, die Leonov geschrieben hat, enthält eine Absage an den «Teufelssinn der Geschichte», d. h. an den Absolutheitswahn der Ideologien, über den in der Freitagsrunde des Doktors Ëlkov die von der Geschichte Übergangenen nachdenken.

Die beiden Romane, mit denen Leonov seinen literarischen Ruhm begründete, ließen in ihrer Machart Vorbilder der klassischen Erzählliteratur, vor allem wieder Dostoevskij, aber auch Gogol' in der Groteskzeichnung und Leskov in der Skaz-Technik, erkennen. In ihrer fast chaotischen Ereignisfülle trafen sie sich mit dem Fabularprinzip der Serapionsbrüder. Die Sprache des Bauernmilieus oder der städtischen Gaunerwelt war treffsicher eingefangen, während das ornamentale Spiel deutlich zurücktrat. *Barsuki* (Die Dachse, 1924) war der erste Roman überschrieben, der den Antagonismus zwischen alter und neuer Welt, zwischen Stadt und Land als Grundspannung des historischen Geschehens in Rußland im Schicksal der Brüder Semën und Pavel (Paška), Söhne eines Kaufmanns aus der Provinz, vor und nach der Revolution darstellt. Der erste Teil zeigt sie als Lehrlinge in der Stadt; Pavel wird Fabrikarbeiter (und später bolschewistischer Kommissar), Semën zieht als Soldat in den Krieg und kehrt als Deserteur in sein Dorf zurück. Wegen eines Flurstreites, der noch aus den Zeiten der Leibeigenschaft herrührt, erheben sich die Bauern des Dorfes Vory (d. i. «die Diebe»), geführt von Semën, gegen die Sowjetmacht, die in Gestalt Paškas, jetzt Genosse Anton, auf den Plan tritt. Semën, der Bauernanarchist, der sich mit seinen «Dachsen», den rebellierenden Bauern, in die Wälder zurückgezogen hat, unterliegt den andrängenden Roten. (Als Stoffbasis für das Romangeschehen diente Leonov offenbar der Antonov-Aufstand 1921, den später auch Nikolaj Virta in dem Roman *Odinočestvo* und Solženicyn in der Erzählung *Ėgo* literarisch dargestellt haben.) Das Motiv der ungleichen Brüder, die sich im Revolutionsgeschehen als Feinde gegenübertreten – auch Gor'kij und Oleša haben es auf ihre Weise behandelt –, beherrschte den Schluß des Romans. In die lockere Komposition waren Textteile eingewoben wie die gogoleske Erzählung über den Flurstreit oder die im Skaz-Stil gehaltene Legende vom Turmbau des rasenden Königs Kalafat, die sich die «Dachse» im Wald erzählen. Kalafats Turm wird in schwindelnde Höhe gebaut, er soll in den Himmel reichen, «um von ihm aus auf die Welt zu blicken und zugleich die Sterne zu stempeln». Kalafat führt Krieg und unterwirft sieben Länder, doch als er den Turm selbst besteigt (er braucht dazu fünf Jahre), sinkt dieser unter seinem Gewicht in die Erde zurück: «So wurde nichts aus der ganzen Sache». Gleb Struve hat die Legende von König Kalafat als Anti-Utopie gedeutet, Zamjatins *My* vergleichbar, wenn auch eher, aus der Sicht der Bauern, als Sieg der Natur über die Kultur, des Dorfes über die Stadt zu verstehen, wie es der Weltsicht Semëns entspricht. Der Gegensatz bleibt in den *Barsuki* unaufgelöst; und auch in Leonovs zweitem Roman *Vor* (Der Dieb, 1927) verpufft das bäuerliche Rebellentum. Der Roman spielt im zweifelhaften Milieu der Moskauer Verbrecher, Gauner und Spekulanten zur NĖP-Zeit. Mit'ka Vekšin, ein enttäuschter Revolutionär, setzt als Haupt einer Verbrecherbande den Klassenkampf auf seine Weise fort. Sein Rivale, der aus der Provinz stammende Kraftmensch Zavarichin, der die Stadtfeindlichkeit Semëns wieder aufnimmt, gerät wie alle anderen in den Sog der NĖP-Geschäfte. Männliche wie weibliche Protagonisten des Romans – die Trapezkünstlerin Tanja Manjukina und die Gangsterbraut Maša Dolomanova – wirkten wie Filiationen Dostoevskijscher Gestalten. Vor allem waren in Mit'ka Vekšin Dmitrij Karamazov, aber auch Rodion Raskol'nikov wiederzuerkennen, in dem gammeligen Landadeligen Manjukin der alte Karamazov, in der dämonischen Räuberbraut Maša Dolomanova Nastas'ja Filippovna aus dem *Idioten* und in dem Finanzinspektor Čikilëv, der die perfekte Gedankenkontrolle und die gegenseitige Bespitzelung propagiert, sein (beinahe) Namensvetter Šigalëv aus den *Besy*, um nur einige der Intertextprojektionen zu nennen, die Leonovs Roman (nach G. Struve) enthält. Wie Dostoevskij beleuchtete Leonov Gestalten und Vorgänge ohne moralisierendes oder ideologisches Prisma. Dazu trug namentlich der Kunstgriff bei, den fiktiven Schriftsteller Fëdor Firsov als Beobachter und Protokollanten in das sich in viele Einzelhandlungen zerfasernde Geschehen einzuführen und dieses damit einer kompositionellen Instanz anzuvertrauen. Kein Wunder, daß die RAPP-Kritik sich im verwirrenden Spiel der Bedeutungspositionen verfing und Leonov eine pessimistische Sicht der sowjetischen Wirklichkeit vorwarf.

Obwohl Leonid Leonov in der Folgezeit immer wieder versucht hat, sich den offiziellen Anforderungen anzupassen und den gestellten Themen und Auflagen gerecht zu werden, gehört er zu jenen Sowjetschriftstellern, die ihre metaphysischen und religiösen Überzeugungen nie ganz verleugneten und, vor allem, auch den künstlerischen Anspruch an sich selbst nie aufgaben. Noch im hohen Alter lautete sein Vermächtnis an junge Schriftsteller, es komme darauf an, sich weniger um den Gegenstand (sjužet) als vielmehr um die Technologie (technologija) des Schreibens zu kümmern.

Jurij Oleša

Zu den ungebundenen Autoren zählte endlich auch Jurij Oleša. Obwohl er vergleichsweise wenig geschrieben hat – zwei Romane, drei Dramen, an die zwanzig Erzählungen, Buch- und Theaterkritiken sowie, nicht zu vergessen, die erst nach seinem Tode veröffentlichten Tagebuchaufzeichnungen – und zudem viele Jahre ungedruckt und verfemt blieb, kommt ihm in der sowjetischen Literatur der 20er Jahre besondere Bedeutung zu. Denn Oleša war nicht nur ein glänzender, einfallsreicher Stilist, sondern er nannte auch Probleme beim Namen, die in der verordneten Fortschrittseuphorie jener Zeit alles andere als erwünscht waren. Er fragte nach den Defiziten an Humanität, die sich aus der forcierten Industrialisierung ergeben mußten, nach dem Verhältnis von alter und neuer Intelligenz und trauerte dem Verlust der einstigen Gefühlskultur nach. Jurij Oleša kam, wie Babel', aus Odessa. Mit Kaverin, Bagrickij und Il'f hatte er in einem «Dichterkollektiv» (Kollektiv poètov) zusammengewirkt. Nach der Revolution arbeitete er in der örtlichen ROSTA-Filiale und schrieb für die Eisenbahnerzeitung *Gudok* (Die Sirene) unter dem Pseudonym «Zubilo» massenhaft satirische Gedichte und Feuilletons. Das waren in den frühen 20er Jahren die Schreibschulen für junge Talente. In dem «Märchenroman» (roman-skazka) *Tri tolstjaka* (Die drei Dickwänste), bereits 1924 verfaßt, doch erst 1928 veröffentlicht, fanden die Kritiker der RAPP nur ihre Verdikte bestätigt, die sie anläßlich des Romans *Zavist'* (Neid, 1927) bissig formuliert hatten. Die drei Dickwänste waren Despoten, die in einer märchenhaften Handlung vom Volke, geführt von dem Seiltänzer Tibul und dem Waffenschmied Prospero, gestürzt wurden. Aber waren in dem zeitlos-äsopischen Geschehen des Romans die Dickwänste, die über die gesamten Getreide-, Kohle- und Eisenvorräte des Landes verfügten, tatsächlich nur die Kapitalisten von gestern? War der Aufruhr, den sie zu unterdrücken suchten, eindeutig dem Sturm auf das Winterpalais gleichzusetzen – oder konnte man dabei auch an die Niederschlagung des Kronstädter Matrosenaufstandes denken? Solche Zweideutigkeit bedeutete eine Herausforderung an die klassenkämpferische Kritik und machte Oleša zu einer beargwöhnten Figur. In *Zavist'* – der Roman war in *Krasnaja nov'* abgedruckt worden – wurde der Konflikt zwischen alter Welt und neuer Welt in der Konfrontation der Brüder Ivan und Andrej Babičev modellartig durchgespielt und wiederum nicht eindeutig entschieden. Oleša entfaltete einen frischen Erzählstil, indem er Kunstmittel wie Traum, Reportage, Märchen, inneren Monolog, Predigt und Verhör einsetzte. Der jüngere Bruder, Andrej Babičev, Parteifunktionär und Leiter eines Fleischtrusts, «eine Art ‹amerikanisierter Kommunist'›» (G. Struve), verkörpert in dem Roman den sowjetischen industriellen Fortschritt, der allein auf Nutzen und Effektivität ausgerichtet ist. Sein älterer Bruder Ivan hingegen, ein ehemaliger Ingenieur und Erfinder, führt das Leben eines letzten Romantikers. Oleša hat Attribute Jesu an die Gestalt Ivans geheftet, läßt ihn eine «Verschwörung der Gefühle» anzetteln und eine «Maschinenvernichtungsmaschine» (mašina po uničtoženiju mašin) mit dem Namen «Ofelija» (Ophelia) als Vergeltungswaffe gegen die Industrialisierung konstruieren. In einer Kneipe hält der betrunkene König der Vagabunden und Dekadenten eine neue Bergpredigt, die, anders als in Majakovskijs *Misterija buff*, zur Rettung der Gefühle aufruft. Gewiß, Neid und Verzweiflung erfüllt die Ausgestoßenen und ihren König Ivan Babičev angesichts der Herausforderungen der neuen Welt; da aber gezeigt wird, wie die neue Welt an ihrem kalten Rationalismus und inhumanen Nützlichkeitskalkül zu ersticken droht – der Antagonismus wiederholt sich in der jüngeren Generation durch die Figuren Volodja Makarov und Nikolaj Kavalerov –, artikulierte Oleša in seinem Roman Stimmungen, die latent in der sowjetischen Gesellschaft verbreitet waren. Dank solcher Stimmungslage wurde das nach dem befehdeten Roman gearbeitete Drama *Zagovor čuvst* (Verschwörung der Gefühle), als es 1929 im Vachtangov-Theater aufgeführt wurde, zu einem ungewöhnlichen Bühnenerfolg.

Die klugen, hellwachen Tagebuchaufzeichnungen Olešas aus den Jahren zwischen 1930 und 1960 wurden erst nach seinem Tode vorgelegt: *Ni dnja bez stročki* (Nulla dies sine linea, 1965) und neuerdings *Kniga proščanija* (Buch des Abschieds, 1999). Sie enthalten nicht nur aufschlußreiche Erinnerungen, sondern zeugen vor allem von lebendigem Nachdenken über die Dinge des Lebens und der Literatur, wie man es ähnlich von Paustovskij und vom späten Kataev kennt.

Sowjetische Satire

Die Satire war seit dem Jahre 1905 als Mittel der Agitation und Propaganda von allen politischen Kräften verwendet worden. Nach der Oktoberrevolution wiesen ihr die Bolschewisten die Aufgabe zu, die Rückstände der «alten Welt» zu bekämpfen und dem Gelächter preiszugeben. Bei hintersinnigen Autoren wie Zoščenko oder Bulgakov gewann die Satire allerdings bald eine Stoßrichtung, die offen oder verdeckt die Schäbigkeit und Brutalität der neuen Machthaber zum Ziel hatte. Für diese waren die Dinge im Lot, wenn die reale Utopie des Sozialismus in enthusiastischen Tönen gepriesen, die Feinde des sowjetischen Systems und die Ewiggestrigen aber satirisch gegeißelt wurden. Plakativ sind diese beiden Komponenten in den ROSTA-Fenstern Majakovskijs vereinigt. Doch finden sich bei fast allen sowjetischen Schriftstellern jener Jahren satirische Ausfälle. Namentlich in der NĖP-Periode war es, von welcher Seite man die Verhältnisse auch betrachtete, kaum möglich, keine Satire zu schreiben.

Ein seltsames Experiment aus der späten NÉP-Zeit gibt Aufschluß über den breiten Radius der satirischen Ansatzpunkte und Stile. Zwei Redakteure der Moskauer illustrierten Zeitung *Ogonёk*, Michail Kol'- cov und Efim Zozulja, initiierten 1927 für ihr Blatt einen satirischen Kollektiv- oder Omnibus-Roman, zu dem 25 Schriftsteller je ein Kapitel beitrugen. Dieser Roman, *Bol'šie požary* (Die großen Brände) genannt, sollte und konnte natürlich keine inhaltliche oder stilistische Kohärenz entfalten. Bei der Suche nach den Ursachen geheimnisvoller Brände, die die Stadt Zlatogorsk beunruhigen, brachte vielmehr jeder der beteiligten Autoren sein unverkennbares Markenzeichen ein: Leonid Leonov schrieb eine Groteske im Stile Gogol's, Aleksej Novikov-Priboj schilderte eine Brandszene im Hafen, Boris Lavrenёv schickte einen Doppelgänger des Kriminalkommissars ins Feld, Vera Inber entwarf das Porträt eines NÉP-Unternehmers, Michail Zoščenko karikierte in seiner bekannten Manier die Feuerwehrwache usf. So wurde die Forderung nach Ereignishaftigkeit oder nach einem «sowjetischen Pinkerton», die in den 20er Jahren lautgeworden war, auf ungewöhnliche Weise erfüllt. Erst als am Ende das Sujet hoffnungslos versandet war, gelang es den Initiatoren des Kollektivromans mit einem Taschenspielertrick, die Verursacher der Brände zu entlarven und das gesamte Unterfangen in Einklang mit der Wachsamkeitskampagne der Sowjetregierung zu bringen. Dieser Roman vermittelt, literarhistorisch betrachtet, einen fast vollständigen Überblick über die seinerzeit verfügbaren Richtungen und Gruppen mit besonderer Betonung ihrer satirischen Potenzen.

Von dem Autorengespann Il'ja Il'f-Evgenij Petrov, das seit 1927 zusammenarbeitete, stammen die erfolgreichsten satirischen Romane der Sowjetzeit, *Dvenadcat' stul'ev* (Zwölf Stühle, 1928) und *Zolotoj telёnok* (Das goldene Kalb, 1931). Der erste folgt dem Modell des Schelmenromans – es geht um die Suche nach dem Schmuck, den eine Adelige bei Beginn der Revolution in einem von zwölf über Rußland verstreuten Stühlen versteckt hat. Mit einem Feuerwerk von gogolesken Einfällen und einer an den Stummfilm erinnernden Situationskomik entsteht daraus ein satirisches Panorama der NÉP-Zeit. Der Held Ostap Bender wurde zu einem modernen Čičikov, der allerdings mit seinen Kombinationen nicht zum Zuge kommt. Sein Schicksal besiegeln am Ende die beiden Autoren durch Losentscheid. Mit dem wiedererstandenen Ostap Bender schildert dann der zweite Roman, *Zolotoj telёnok*, die Jagd nach einem heimlichen Millionär der, als Buchhalter getarnt, auf die Rückkehr des Kapitalismus wartet. Ostap Bender gewinnt das Geld, kann es aber in Sowjetrußland mangels kapitalistischer Gelegenheiten gar nicht verwenden. Die Einsicht in die sozialistische Notwendigkeit steht am Ende all seiner wirren Aktionen. Die komische Virtuosität und die unerschöpfliche satirische Phantasie von Il'f und Petrov waren in den pathetischen 30er Jahren nur noch wenig gefragt. Reisen der beiden Autoren nach Italien und in die USA erbrachten eine teils gemeinsam, teils getrennt verfaßte Reportage unter dem Titel *Odnoétažnaja Amerika* (Das ebenerdige Amerika, 1936), die ein sehr einseitiges Bild des kapitalistischen Landes zeichnete. Völlig ins Irreale verrannte sich Petrov mit seinem während des Zweiten Weltkrieges entstandenen Roman *Putešestvie v stranu kommunizma* (Reise ins Land des Kommunismus, posth. 1965), der in einer fragwürdigen Vision die künftige Sowjetunion als ein in allen kulturellen und zivilisatorischen Belangen überlegenes Staatswesen darstellte.

Die Obėriuten

Die Gruppe Obėriu, die als letzte der Literaturvereinigungen zu nennen ist, trat zu einem Zeitpunkt auf, als das Gruppenwesen bereits deutliche Krisensymptome zeigte – Symptome, die vor allem Folge der politischen und ideologischen Kämpfe in den Jahren nach Lenins Tod waren, zum Teil aber auch auf die innere Ermüdung der Gruppen zurückzuführen waren. Daß sich die Obėriuten (obėriuty) in einer Weise in der Öffentlichkeit aufführten, die an dadaistische Exaltationen erinnerte und schon als Parodie des Gruppenwesens verstanden werden konnte, hat mit ihrer ohnmächtigen Ablehnung des Rätestaates zu tun, der ihnen als Depravierung menschlicher Verhältnisse schlechthin erscheinen mußte. Daniil Charms, Aleksandr Vvedenskij, Nikolaj Zabolockij, alle aus bürgerlichem Milieu kommend, haben die gleichmacherische und geistig flache Sowjetgesellschaft nie anzunehmen vermocht. Ob Charms und Vvedenskij tatsächlich monarchistische Verschwörer waren, wie ihnen nach der Verhaftung 1931 vorgeworfen wurde, mag man bezweifeln; nicht zu bezweifeln ist, daß sie in ihren Texten eine Wirklichkeit entwarfen, die an Sinnlosigkeit, Brutalität und Schlechtigkeit nicht zu übertreffen ist: eine Welt des Absurden.

Künstlerisch knüpften die Obėriuten an die futuristischen Experimente Chlebnikovs und Kručenychs an und revitalisierten deren typische Verfahren wie Zaum', die metalogische Sprache, das mythenschöpferische Wort und das schwer artikulierbare Wortkonglomerat. Auch allerhand esoterisch-mystische Spekulationen scheinen, ähnlich wie bei Chlebnikov, motivierende Kraft für ihre Texte besessen zu haben. Um 1926, lange bevor sie als Obėriuten bekannt wurden, waren sie bereits in einer privaten Gesellschaft versammelt, die sich «Orden der Činaren» nannte. Das Wort «činar'» kommt im Russischen nicht vor, hängt aber offensichtlich mit «čin» (Rang, Handlung) zusammen und weist, wie Jakov Druskin überliefert hat, auf ein göttliches Handeln, das das menschliche ersetzen sollte. Činaren-Kunst (Činarnoe iskusstvo) bedeutete demnach die Befreiung der Kunst vom Psychologismus im Sinne Husserls und zielte auf die Gewinnung der reinen Wesenswahrheit ab. Für die Činaren-Kunst galt nicht das emotional-ästhetische Wertmaß «schön» – «nicht schön», sondern das gnoseologische «richtig» – «nicht richtig». Daher war sie, wie Druskin betont, von philosophischen bzw. philosophisch-religiösen Fragen nicht zu trennen. Als Verwirklichung der «göttlichen Reihe» (božestvennaja serija) konnte sie absolut, historisch und kasuistisch bestimmt werden und verband sich mit Begriffen wie «Stern des Nonsens» (zvezda bessmyslicy), den Vvedenskij geprägt hatte, Absurd und Paradox nach Kierkegaard sowie dem «göttlichen Wahnsinn» (wörtlich: das wahnsinnige Göttliche, bezumnoe Božie) des Apostels Paulus, was wahrscheinlich auf den 2. Korintherbrief, 12, zielte. Mit anderen Worten: Die Činari entwickelten unter der Hand eine Kunstphilosophie von existentialistisch-phänomenologischem Zuschnitt, mit der sie die Brüchigkeit und Bedrohtheit des Wirklichen einkreisten. Daß sie damit die sowjetischen Daseinsverhältnisse einer Fundamentalkritik aussetzten, war ihnen fraglos klar.

Ihren Lebensunterhalt verdienten Charms, Vvedenskij und Zabolockij mit Gedichten für die Kinderbuchabteilung von Gosizdat, die seit 1924 von Samuil Maršak geleitet wurde. Ihre Beiträge zu den Kinderzeitschriften *Ëž* (Der Igel, 1930–1935) und *Čiž* (Der Zeisig, 1930–1941) setzten die für die kindliche Vorstellungskraft und Sprachphantasie höchst anregende Kinderpoesie von Kornej Čukovskij fort. In Čukovskijs Kinderpoemen (*Krokodil*, 1917; *Mojdodyr* [Waschdirnloch], *Tarakanišče* [Die Riesenschabe], beide 1923; *Ajbolit*, 1929 in *Ëž* u. d. T. *Priključenija Ajbolita* [Ajbolits Abenteuer], u. a.) hatten nicht nur die eigenen pädagogischen Erfahrungen, sondern auch die Sprachexperimente der Avantgarde in «kindlicher» Motivation ihren Niederschlag gefunden. (Kornej Čukovskij hat seine Beobachtungen zu Kindersprache und -denken in dem liebenswerten Buch *Ot dvuch do pjati* [Von zwei bis fünf, 1933; zunächst u. d. T. *Malen'kie deti*/Kleine Kinder, 1928] festgehalten.) Einige der Obériuten-Gedichte, etwa *Ivan Ivanovič Samovar* (1928) von Charms oder *Kto?* (Wer?) von Vvedenskij, zählen heute zum Schatz der russischen Kinderpoesie. Wie schon bei Kornej Čukovskij zeigte sich, daß Zaum'-Phantasie und kindlicher Wortwitz nahe beieinander lagen.

Als Gruppe konstituierten sich die Obèriuten im Januar 1928 im Leningrader Pressehaus (Dom pečati). Hier wurde unter Plakataushängen das Manifest des Obèriu angeschlagen, das vor allem die Handschrift Nikolaj Zabolockijs trug. Schon die Bezeichnung Obèriu – sie stand für «Ob-edinenie Real'nogo Iskusstva» (Vereinigung der Realen Kunst) – sprach den Konventionen der sowjetischen Abkürzungsmanie hohn. Die Parodie begann bei der Selbstbenennung, setzte sich in der Organisationsform der Gruppe fort und erstreckte sich alsbald auf alle Bereiche der umgebenden Wirklichkeit. Aus einer Mitgliederzahl, die fast an einer Hand aufzuzählen war, wurden vier Sektionen gebildet – für Literatur, Bildende Kunst, Theater und Kino. Las sich das Manifest auf den ersten Blick auch wie eine Verballhornung der sattsam bekannten Gruppendeklarationen, so war das Anliegen der Obèriuten doch alles andere als abwegig. Nur waren Ernst und Hohn nicht zu trennen. Wie alle avantgardistischen Gruppen strebten auch die Obèriuten ein künstlerisches Äquivalent zur vollzogenen politisch-gesellschaftlichen Revolution an. Die kolossale revolutionäre Verschiebung (sdvig) in Kultur und Leben werde im Bereiche der Kunst durch viele anormale Erscheinungen aufgehalten; das Proletariat dürfe nicht mit der künstlerischen Methode alter Schulen befriedigt werden. Zwar sei die Forderung nach Allgemeinverständlichkeit der Kunst zu begrüßen, doch führe sie, ausschließlich betrieben, zu Bergen von Papiermakulatur. Entschieden wandten sich die Obèriuten gegen die Behinderung der Avantgardekunst, etwa der Filonov-Schule, Malevičs oder der Theaterexperimente Igor' Terent'evs. Sie bekannten sich als eine neue Abteilung der linken revolutionären Kunst und definierten ihr künstlerisches Ziel als Suche nach einer «organisch neuen Weltwahrnehmung» und einem dementsprechenden neuen Zugang zu den Dingen. Eine neue Methode sollte ein neues Empfinden der Dingwelt ermöglichen. Da die Welt durch die Sprache einer Vielzahl von Dummköpfen verunreinigt und im Schlamm sogenannter Erlebnisse und Emotionen versunken sei, müsse sie in ihrer Reinheit und in mutigen Formen wiedergeboren werden. Wörtlich hieß es im Manifest: «In unserem Schaffen erweitern und vertiefen wir den Sinn des Gegenstandes und des Wortes, doch blähen wir ihn keineswegs auf. Der konkrete Gegenstand, von der Literatur- und Alltagsspreu gereinigt, wird der Kunst zu eigen.» Nach außen die Verbindung zur Zaum'-Tradition leugnend, wo diese das Wort entleere, hielten die Obèriuten an der besonderen Logik der Kunst fest, auch wenn sie von der Alltagslogik abwich: Sie zerstöre den Gegenstand nicht, sondern helfe, ihn zu erkennen.

Als aktive Obèriuten wurden in dem Manifest die Dichter Aleksandr Vvedenskij, Konstantin Vaginov, Igor' Bachterev, Nikolaj Zabolockij, Daniil Charms und Boris Levin genannt und charakterisiert. Der Gruppe waren ferner der Dichter Nikolaj Olejnikov, der Dramatiker Evgenij Švarc, der Mathematiker und Musikwissenschaftler Jakov Druskin sowie die Maler Pavel Filonov und Kazimir Malevič verbunden.

Von Vvedenskij, der «äußersten Linken» der Vereinigung, hieß es, er schlage den Gegenstand in Stücke, ohne daß er dadurch an Konkretheit verliere; von Vaginov, seine Phantasmagorie der Welt ziehe wie in Nebel gehüllt an unserem Auge vorüber, doch durch den Nebel hindurch spüre man die Nähe und die Wärme des Gegenstandes. Zabolockij sei der Dichter der nackten, konkreten Figuren, die dicht vor die Augen des Betrachters gerückt werden; Charms hingegen, Dichter und Dramatiker, richte sein Interesse nicht auf statische Figuren, sondern auf die Kollision einer Reihe von Gegenständen und deren Wechselwirkung. Die knappen Charakteristiken trafen wesentliche Züge der genannten Dichter, ohne freilich die Bedeutung und den philosophischen Tiefgang ihrer Texte auch nur zu berühren. Abgesehen von den Kindergedichten, von Zabolockijs Lyrikbänden *Stolbcy* (Kolumnen, 1929), *Stichotvorenija 1926–1932* (Gedichte 1926–1932) und dem «Lehrgedicht» *Toržestvo zemledelija* (Triumph des Landbaus, 1929/30) sowie den Gedichten und den Romanen Vaginovs konnten die Obèriuten so gut wie nichts veröffentlichen. Sie trugen deshalb ihre Texte auf Veranstaltungen vor, die an die verblichenen Dada-Aktionismus erinnerten und die spätere Konzept-Kunst vorwegnahmen. Im Januar 1928 fand im Pressehaus der legendäre OBÈRIU-Auftritt «Drei linke Stunden» (Tri levych časa) statt, bei dem das Dramolett *Elizaveta Bam* von Daniil Charms uraufgeführt wurde. Auf dem Obèriuten-Schrank stehend – er materialisierte die Devise «Die Kunst ist ein Schrank» (Iskusstvo – èto škaf) –, las Charms in knallbunter Aufmachung seine Gedichte. Den denkwürdigen Abend hat Vaginov in den *Werken und Tagen* des *Svistonov* ironisch festgehalten.

Daniil Charms und Aleksandr Vvedenskij

Charms hatte schon 1926 ein Dramolett, *Komedija goroda Peterburga* (Komödie der Stadt Petersburg), geschrieben, das die Konventionen der Gattung in eine, möglicherweise fragmentarische, groteske Szenenfolge auflöste. Zeiten und Räume verschmolzen, wenn Peter der Große, der Stadtgründer, mit Nikolaus II., dem letzten Zaren, in Disput geriet und beide mit Famusov (aus Griboedovs Komödie) und dem Komsomolzen (kamsamolec) Vertunov konfrontiert wurden.

Auch Bloks *Die Zwölf* wurden in einigen Motiven aufgenommen und konterkariert. Als Thema schälte sich aus dem wirren Geschehen die Bedrohung der alten Welt heraus, die vergebens gegen den von der Bestie (Zver') angeführten Chor der Ungeheuer ankämpft und untergeht (nach V. N. Gažin). Das Stück *Elizaveta Bam* besaß wahrscheinlich programmatische Bedeutung für Charms. Er bevölkerte das Stück, das in einem langgezogenen Verfolgungs- und Verhaftungsritual besteht, mit bestimmten Figuren und Motiven, die auch in anderen seiner Texte auftauchen; Figuren, die durch Permutanz und Wechsel der Funktion freilich nie über eine eindeutige Identität verfügen. Das Stück galt lange Zeit als verschollen; nach seiner Wiederentdeckung wurde es 1966 zuerst in Warschau aufgeführt, wo es sich in eine neue Formation der polnischen absurden Dramatik nahtlos einfügte. In den 70er Jahren kamen die Texte von Charms, ähnlich wie die seines Freundes und Schicksalsgenossen Aleksandr Vvedenskij, sporadisch wieder zutage. Zuverlässige Editionen liegen erst in jüngster Zeit vor. Das von George Gibian geprägte Etikett «Russia's Lost Literature of the Absurd» trifft gleichermaßen für Charms und Vvedenskij zu. Und es ist auch bei dem letzteren das dramatische Genre, das in einem grotesken Pandämonium beliebiger Personnagen ausgebreitet wird. Sie reichen in dem Stück über die Retter Rußlands im Jahre 1612, *Minin i Požarskij* (Minin und Požarskij, 1926), von Chlestakov bis zum Volk Israel und Rabindranath Tagore. Oftmals handelt es sich nur um kleine Szenen, in denen allegorische Instanzen sich in Wort-, Reim- und Sinnspielen ergehen, hinter denen sich Vvedenskijs Wesensschau verbirgt. In dem «eschatologischen Mysterium» (M. Mejlach) *Krugom vozmožno Bog* (Ringsum ist möglicherweise Gott, 1930/31), das Jakov Druskin dunkel als «Hieroglyphe der Umrandung» (ieroglif okruženija ili okajmlenija) qualifizierte, werden esoterische Symbole zu einem Welttheater aufgebaut, an dessen Ende die amphibolische Formel «Byt' možet tol'ko Bog» (Vielleicht ist nur Gott – oder: Nur Gott kann sein) steht. Ganz anders das szenische Poem *Kuprijanov i Nataša* (Kuprijanov und Nataša, 1931), das die Vorbereitung und das Scheitern des Geschlechtsaktes in minuziöser Vorführung des Auskleidens und Wiederankleidens der Liebespartner auf die Bühne bringt. Es mag sein, daß Vvedenskij auch hier, wie Druskin überliefert, «Gier und Gestank der Sünde» in der Mechanisierung des Geschlechtsaktes anprangern wollte – der lauernde «halbtote Wurm» (polumёrtvyj červ'), Vvedenskijs Symbol der libidinösen Versuchung, weist auf einen biblischen Subtext. Doch liegt auch eine andere Deutung in Reichweite, die das Stück als Parodie auf die sowjetische Sexualmoral begreift, wie sie der Psychoanalytiker Aron Zalkind in den 20er Jahren vertrat. Mit seinen unsäglichen zwölf Geboten für das Sexualleben wollte Zalkind vor allem den sozialistischen Aufbau befördern. Das Proletariat sollte durch sexuelle Betätigung nicht erschöpft werden; intime Beziehungen sollten möglichst spät einsetzen, nicht zu häufig und schon gar nicht abwechslungsreich sein; dem Kollektiv gebührte der Vorrang vor dem Partner (nach K. Holm). In dem 1938 geschriebenen Stück *Ëlka u Ivanovyč* (Der Weihnachtsbaum bei den Ivanovs) zeigte Vvedenskij, wie das Weihnachtsfest völlig aus den Fugen gerät; Kinder und Eltern sterben, nur der Christbaum übersteht das Fest. Auch hier wieder kreuzten sich metaphysische und parodistische Linien im absurden Geschehen.

Nikolaj Zabolockij

Nikolaj Zabolockij, der Dichter der konkreten Dinge, stellte in seinen frühen Versen Situationen und Gegenstände des Alltags sozusagen in ihrer phänomenologischen Reduktion dar. «Nachtbar» (*Večernij bar*), «Fußball» (*Futbol*), «Krankheit» (*Bolezn'*), «Wachtposten» (*Časovoj*), «Schneeballschlacht» (*Boj v snežki*), «Auf dem Markt» (*Na rynke*), «Hochzeit» (*Svad'ba*) oder «Foxtrot» (*Fokstrot*) waren typische Gedichte in Zabolockijs *Gorodskie stolbcy* (Städtische Kolumnen) aus den Jahren 1926–1930 überschrieben. Diese Dingdichtung gemahnte an den jungen Mandel'štam und in der archaischen Stilisierung mitunter gar an die malende Poesie des 18. Jahrhunderts. Wenn der Samowar – in dem Gedicht *Samovar* – als «Herrscher des Bauches», als «kostbarer Pope der Zimmer», als «Kaiser der weißen Tassen» und als «Archimandrit der Teekannen» besungen wurde, flossen neue Sachlichkeit und barocke Metaphorik eigenartig zusammen – ein Verfahren, das im «Zusammenstoßen der Wortbedeutungen» (stolknovenie slovesnych smyslov) die verfremdende Sicht der Dinge bezweckte.

Wie seine Obèriuten-Freunde war auch Zabolockij ein philosophischer Geist, der der romantischen Naturphilosophie, aber auch dem Naturverständnis Nikolaj Fëdorovs und Vladimir Vernadskijs viel verdankte. Wie Ulrike Jekutsch aufgewiesen hat, schälte sich in seinen Gedichten und Poemen mehr und mehr ein Weltmodell heraus, das auf der Auffassung der Natur als einer gleichermaßen lebensschaffenden und lebenszerstörenden Kraft beruhte. Nach den *Gorodskie stolbcy*, die die Entfremdung des Menschen in der NÈP-Periode thematisierten, nahm Zabolockij in den folgenden Werken das Leben des Menschen auf dem Lande und in der Natur in den Blick. Immer wieder spielte er den Gegensatz von Irrationalem und Rationalem in Mensch und Natur durch. Mittels Märchen- und naturmagischer Motive versuchte er, einerseits das Maß der Entfremdung des Menschen von der Natur, andererseits aber auch die nachhaltige Macht der instinktiven Kräfte der Natur im Menschen zu belegen. So lag auch dem Poem *Toržestvo zemledelija* (Triumph des Landbaus, 1929/30) die Grundfrage nach der Beziehung Mensch–Natur zugrunde, obwohl es, archaisch im Stil, das politisch heikle Thema der Kollektivierung der Landwirtschaft behandelte und nicht zögerte, am Schluß die «Kolchosen-Städte» in höchsten Tönen zu preisen. Eine entscheidende Rolle spielte im epischen Geschehen der Soldat, der den Kampf mit den rückständigen Ahnen aufnimmt und Kühe und Pferde mit Hilfe von Wissenschaft und Technik befreit. Solche Fragen beschäftigten auch die folgenden Poeme mit ihren tier- und naturmythischen Verschlüsselungen: *Bezumnyj volk* (Der wahnsinnige Wolf, 1933) meinte den Naturforscher, «einen Faust mit umgekehrten Vorzeichen» (U. Jekutsch), dem der Bär als Bewahrer der alten Ordnung gegenübersteht; *Derev'ja* (Die Bäume, 1933) handelte die Evolution des Lebens, des Geistes und der Materie am Beispiel des Verhältnisses von Mensch und Baum ab. Dabei traten verschiedene Haltungen des Menschen zu den Problemen miteinander in Widerstreit. Das naturphilosophische Thema blieb für Zabolockij in den 30er Jahren und nach der Haft im Arbeitslager 1938–1946 beherrschend. Kaum einem anderen russischen Dichter ist es in gleicher Weise gelungen, die Ambivalenzverhältnisse in der Natur – und im Menschen – mit poetischen Mitteln zu gestalten. Die dialektische Naturauffassung Zabolockijs schuf sich in der Poesie ein Instrumentar für Erkenntnisse, die in solcher Komplexität weit über die naturwissenschaftlichen Diskurse hinausgingen.

Konstantin Vaginov

Konstantin Vaginov bereicherte das Gattungsspektrum der Oberiuten, denen er nur locker verbunden war, um den Roman. Dabei hatte er als Lyriker begonnen. Vorbild war ihm die akmeistische Gestanztheit Gumilёvs, in dessen Studiogruppe am Petrograder «Dom iskusstv» er mitgearbeitet hatte (nach Gumilёvs Ermordung wurde sie von Kornej Čukovskij fortgeführt), und die neoklassizistische Lyrik Kuzmins. Er hospitierte im Laufe der 20er Jahre in manch einer der Petrograder Gruppen; doch waren es stets solche, die sich in weiter Distanz von der proletarischen und politisch engagierten Parteikunst befanden. Zusammen mit Nikolaj Tichonov gründete er sogar eine eigene Gruppe, «Ostrovitjane» (Die Insulaner), die jedoch ohne Bedeutung blieb.

1921 veröffentlichte er das Gedichtbändchen *Putešestvie v chaos* (Reise
ins Chaos), dem 1926 *Stichotvorenija* (Gedichte) und 1931 *Opyty soedine-
nija slov posredstvom ritma* (Versuche der Verbindung der Wörter vermit-
telst des Rhythmus) folgten. Vaginovs Lyrik gab sich weder metrisch
noch sprachlich modern, aber sie war es in ihrer willkürlichen, absurden Bildlichkeit. Die Gedichte waren keineswegs «sujetlos», wie ein
anonymer Kritiker im Vorwort zu den *Opyty* schrieb, vielmehr zielten
sie mittelbar auf die Wirklichkeit, die Vaginov mit den feinen Fühlern
des «Hellenisten» aufnahm. (In dem Tanzgedicht *Ėllinisty* [Hellenisten,
1926] werden diese mit Schmetterlingen verglichen: «der Kopf auf
dünnen Beinchen».) Die Gleichsetzung von Rom und Petrograd, von
Römischem und Russischem Imperium, die Identifizierung mit Fla-
vius Philostratos, dem Apollonius-Biographen, verdankten sich nicht
nur der soliden humanistischen Bildung, die der junge Vaginov erworben hatte, sondern vor allem seinem Gespür für die Parallelität zweier
Zeitenwenden. Der Zusammenbruch der alten Welt mitsamt ihrer
Kultur ist in dem Gedicht *Otšel'niki* (Die Einsiedler, 1924) in das Pal-
myra-Motiv gebannt. Tristan, ein Einsiedler, und die Dichter, die Vertreter der Alten Welt, haben das blühende Palmyra verloren; dem lyrischen Sprecher bleibt einzig die Feststellung, daß sich «der vollbrachte
Tag» am Tor enthüllt habe (Sveršennyj den' raskrylsja u vorot) – eine
doppelbödige Aussage, wie sie auch die Romane Vaginovs bereit-
hielten.

Diese Romane stellten zur Zeit ihrer Entstehung und Veröffentlichung etwas dar, das in den damaligen Koordinaten der Literatur
nicht vorgesehen war. Nicht die Tatsache, daß in ihnen die Fiktionalität
aufgebrochen oder besondere Verfahren der Sujetkomposition verwendet wurden, war ungewöhnlich – hierin waren Vaginov längst die
Serapionsbrüder vorangegangen –, ungewöhnlich war vielmehr, daß
sie dem Autor ein Experimentier- und Spielfeld boten, auf dem er sich
in ausgelassenster Willkür tummelte und aufs beliebigste mit seinen
Gegenständen umsprang. Nichts war unmöglich in diesen Romanen,
die allesamt Petersburger bzw. Leningrader Romane sind, oder besser:
Romane, die von einem Petersburg handeln, das sich im neuen Leningrad nicht zurechtfinden kann. Schon in *Kozlinaja pesn'* (Bocksgesang,
d. i. «Tragödie», 1928) vermögen es der Held, der Gelehrte Teptëlkin,
der nächtens an seinem Lebenswerk «Hierarchie der Bedeutungen»
(Ierarchija smyslov) arbeitet (als Prototyp diente der Literaturwissenschaftler Lev Pumpjanskij), und seine jungen Freunde nicht, sich in
der materialistischen Gegenwart zurechtzufinden. Teptëlkins Datscha
in Peterhof wird für sie zum zeitweiligen Zufluchtsort und Elfenbein-
turm, bis die Alltagssorgen auch diese letzten der Idealisten in ihren

Sog ziehen. Die zeitlichen Verschiebungen und die verwaschene Komposition des Romans (T. L. Nikol'skaja) waren keineswegs Unzulänglichkeiten einer Anfängerarbeit, sondern lagen auf der Linie eines Konzeptes von Prosaliteratur, das in Vaginovs zweitem Roman, *Trudy i dni Svistonova* (Werke und Tage des Svistonov, 1929), noch weit deutlicher umgesetzt wurde. Auch hier wurden wieder, wie in einem Schlüsselroman, Persönlichkeiten aus dem Leningrader Literatenmilieu lebensecht abkonterfeit, doch erhob Vaginov nun die Erfahrung, wie ihn die Angehörigen der Boheme geradezu bedrängt hatten, in den Roman aufgenommen zu werden, zum Thema des neuen Romans. *Trudy i dni Svistonova* handelt nicht mehr nur davon, wie ein Roman gemacht wird, sondern ist der *in statu nascendi* geschilderte Roman am Ende selbst. (So etwas hatte in der russischen Literatur bisher nur Puškin, im *Evgenij Onegin*, unternommen.) Vaginov bietet wahre Kabinettstücke auf, um die Stoffsuche seines Autoren-Helden zu belegen. Vorgeführt wird, wie der pure Zufall, nach Goethe die unterste Stufe denkbarer Ordnung, und die bizarre Beliebigkeit das bestimmen, was Leser und Interpreten womöglich als tiefsinnige Bedeutungskonstruktion ansehen. Man erfährt beispielsweise, wie Svistonov Bücher zufällig dem Regal entnimmt, aus denen er «Stoff» bezieht, oder wie er gleichzeitig liest und schreibt, anders gesprochen: Intertext herstellt. Alles und jedweder, dem Svistonov begegnet, gerinnt sofort zum Versatzstück im Roman. Noch auf dem Friedhof wird ihm Material zuteil: die Namenlisten der Verstorbenen. Die Zufälligkeit der Stoffwahl und die Fadenscheinigkeit der Verfahren werden in unerhörter, umwerfender Weise aufgedeckt. Die bei den Formalisten beliebte «Entblößung des Kunstmittels» wird, in allerlei Aktionen gekleidet, zum eigentlichen Helden des Romans, der sonst über keine kohärente Handlung mehr verfügt (R. Lauer). Die russische Postmoderne besitzt hier ihren ersten Vorläufer, und nicht zufällig fiel die Wiederentdeckung Vaginovs in die ausgehenden 80er Jahre, den Beginn des postmodernen Diskurses in Rußland.

Vaginovs Erzählkonzept war ganz offensichtlich von Michail Bachtin inspiriert. Seit etwa 1925 stand er dem Bachtin-Kreis nahe, früh scheint er mit dem Bachtinschen Modell der menippeischen Satire bekannt geworden zu sein, die seither als das zeitlose Muster einer philosophisch-experimentellen Gattung gilt. Elemente der Menippea – «Karnevalisierung», freie Verknüpfung von Sujet und philosophischer Intention, Motivierung der Handlungssituationen aus der philosophischen Idee heraus, beliebige Kombinationen heterogener Stilschichten und Gattungsnormen bis hin zur Textcollage – begegnen in allen Romanen Vaginovs. *Bambočada* (Bamboceiade, 1931), sein dritter

Roman, zeigte den gleichen Zuschnitt, doch war das Thema brisanter. Die Figuren des Romans – der Komponist Felinflein, der Ingenieur und Gourmet Toropulo und ihre Freunde, kauzige Typen und leidenschaftliche Sammler, hängen unverbrüchlich an der alten Welt. Ihre Sammelwut, die sich auf alte Bonbonpapiere, Reklamen, Photographien und sogar abgeschnittene Fingernägel erstreckt, ist Ausdruck einer schmerzlichen Nostalgie. Das Sammeln aller möglichen Requisiten bedeutet Rekonstruktion und Konservierung der vergangenen Welt (R. Lauer). Ähnlich wie die Satiren Bulgakovs oder Zoščenkos konnte die *Bambočada* – sie ist benannt nach dem karikaturistischen Genremaler Pieter van Laer, genannt Il Bamboccio – zu ihrer Zeit als nostalgische Klage über die Zerstörung der Zivilkultur oder aber als grelle Persiflage auf die unbelehrbaren Reaktionäre in der Sowjetgesellschaft gelesen werden. *Garpagoniada* (Die Harpagoniade, 1934), Vaginovs letzter, unvollendeter Roman, setzte das Nostalgiespiel in einer finsteren Variante fort, doch wirkte das Thema schon ausgereizt, die Methode überzogen. Vaginov war nicht der einzige Autor, der in den Jahren vor der Durchsetzung des Sozialistischen Realismus den Weg des grotesken bzw. menippeischen Erzählens beschritt. Auch Michail Bulgakov befand sich auf dem gleichen Wege und ebenso einige heute kaum noch bekannte Autoren wie Leonid Borisov mit dem Roman *Chod konja* (Rösselsprung, 1927), der stark von Dostoevskij beeinflußte Michail Kozakov mit dem Erzählband *Povest' o karlike Makse* (Die Geschichte vom Zwerg Max, 1926) und der *Povest' Meščanin Adamejko* (Der Kleinbürger Adamejko, 1927), einer Variation des Raskol'nikov-Syndroms in sowjetischer Zeit, sowie Nikolaj Baršev mit einigen Erzählungen.

Sechstes Kapitel

Der Sozialistische Realismus (1932–1953)

A. Die 30er Jahre

Die totalitäre Lenkung der Literatur – Vereinheitlichung und Gängelung

Kulturpolitisch ergibt sich im Wechsel von den 20er zu den 30er Jahren ein eindeutiges Bild: Der dynamischen Vielfalt der Gruppen oder, aus anderer Sicht, dem Gruppenspuk, der seit 1918 das Wesen der sowjetischen Literatur bestimmt hatte, wurde durch das Dekret *O perestrojke literaturno-chudožestvennych organizacij* (Über den Umbau der literarisch-künstlerischen Organisationen) des CK der Kommunistischen Partei vom 23. April 1932 ein Ende gesetzt. Der Verfügung folgte die Auflösung der Gruppen und Vereinigungen auf dem Fuße. Ein Organisationsbüro (orgbjuro) wurde mit der Bildung eines einheitlichen Schriftstellerverbandes betraut, der alle sowjetischen Schriftsteller vereinigen sollte, die die «Plattform der Sowjetmacht» unterstützten und bereit waren, am sozialistischen Aufbau teilzunehmen. Begründet wurde dieser in der Literaturgeschichte präzedenzlose Akt staatlicher Einflußnahme auf die Literatur mit dem großen qualitativen und quantitativen Anwachsen der Literatur und Kunst in der Sowjetunion. Die lange nachwirkenden Fremdelemente seien seitens der Partei durch Stärkung der proletarischen Organisationen eliminiert worden, doch werde jetzt der Rahmen der RAPP zu eng und bremse den Aufschwung (razmach) des künstlerischen Schaffens. In der Tat bezog sich der Auflösungsbeschluß nominell auf die RAPP-Vereinigungen; da diese aber bislang mit rabiaten Mitteln die konkurrierenden Gruppen ausgeschaltet oder zur Selbstauflösung getrieben hatten – von LEF und LCK bis Pereval und Obėriu – war die «gruppovščina» damit offiziell beendet. Die Verurteilung der Exklusivität der Gruppen (kružkovaja zamknutost') und der Aufruf an die Poputčiki, am sozialistischen Aufbau mitzuwirken, mochte bei vielen Schriftstellern ein Aufatmen und die fatale Hoffnung auslösen, die Literatur werde endlich den proletarischen Klassenkampf hinter sich lassen und in fried-

liche Bahnen gelangen. In Wirklichkeit aber wurde mit dem Dekret
eine organisatorische und kunsttheoretische Vereinheitlichung eingeleitet, die die Literatur in der Sowjetunion für mehr als zwei Jahrzehnte fest in den Griff nahm. Mit ihrer dogmatischen Enge und
unerbittlichen Verfolgung jeglicher Abweichung vom offiziösen
ästhetischen und ideologischen Kanon hat die aus dem Dekret geborene Formation in der Literatur nicht ihresgleichen. Mit der verordneten
und streng durchgeführten Kunstdoktrin des Sozialistischen Realismus ist eine Epoche in der russischen Literatur gegeben, die über Stalins Tod hinausreicht. Ihre Kriterien und Zwänge galten ferner für alle
Sowjetvölker und wurden nach 1945 sogar auf die Literaturen des Ostblocks übertragen. Auch nach dem Einsetzen des sogenannten «Tauwetters» (ottepel') 1953 blieb der Sozialistische Realismus offizielle
Doktrin, innerlich zwar mehr und mehr ausgehöhlt, doch nach außen
bis 1985 unbeirrt behauptet.

Wenn die strikte administrative Durchsetzung des Sozialistischen
Realismus auch einem politischen Oktroy gleichkam, kann der Literaturhistoriker doch nicht übersehen, daß unter oder neben der totalitären Machtdemonstration auch innerliterarische Entwicklungen und
Gesetzmäßigkeiten zu beachten sind. Betrachtet man beispielsweise
die literarische Gesamtlage in Europa am Ende der 20er Jahre, so ist zu
bemerken, daß sich die Avantgardeströmungen (Expressionismus,
Dadaismus, Futurismus usw.) vielerorts erschöpft hatten und neoreali-
stischen oder auch neoklassizistischen Tendenzen wichen. Dabei zeigt
das Aufkommen der Neuen Sachlichkeit – man denke an den großen
Erfolg, den Carl Zuckmayer 1925 mit seinem deftigen Volksstück *Der
fröhliche Weinberg* in Deutschland erzielte, oder an die Indienstnahme
des Futurismus durch die italienischen Faschisten – daß keine zwingende Affinität zwischen Stilformation und politischem System bestand. Erst im Laufe der 30er Jahre sollte sich mit dem Anwachsen
totalitärer Politik in Italien, Deutschland und verschiedenen ost- und
südosteuropäischen Ländern die anti-avantgardistische Grundtendenz
aufspalten: zum einen in ruralistische Strömungen, wie die von den
Nationalsozialisten geförderte Blut-und-Boden-Literatur, die in vielen europäischen Ländern ihr Pendant besaß, zum anderen, wenn es
um die Zwecke der staatlichen Repräsentation ging, in einen neuen
Klassizismus. Der letztere läßt sich in den Architekturzeugnissen der
30er Jahre, namentlich in den Repräsentationsbauten für die Pariser
Weltausstellung 1937, besichtigen. Hier triumphierte, mit Ausnahme
der Spanischen Republik, die an den Signaturen der Avantgarde festhielt, der brutale Optimismus geschlossener klassizistischer Form.
Und nichts verriet den die Unterschiede der Ideologien und Regimes

übergreifenden Stilwillen deutlicher als die *vis-á-vis* postierten Aus-
stellungspavillons des Deutschen Reiches und der Union der Sozialistischen Sowjetrepubliken – hier Albert Speers massiger Block mit
dem drohenden Reichsadler, dort Vera Muchinas Turm mit den in die
Höhe strebenden Figuren des Arbeiters und der Kolchosbäuerin. Die
Ausdrucksstrukturen des sowjetischen, deutschen und italienischen
Totalitarismus liefen, typologisch betrachtet, auf eine Konvergenz zu,
weil die Kunstfunktionen und die geforderten Inhalte – Fetischisie-
rung von Führer, Staat und Volk, Mobilisierung der Massen, Militarisierung vieler Lebensbereiche, industrieller Aufbau, Idealisierung des
Bauernlebens, Antikapitalismus usw. – trotz abgrundtiefer ideologischer Gegensätze überraschende Ähnlichkeiten aufwiesen. Diese Konvergenz der totalitären Kunstformationen wurde in den letzten Jahren
vor allem für die bildenden Künste in großen Ausstellungen aufgezeigt. Sie besagt natürlich nicht, daß die Erscheinungen alle über einen
Kamm geschert werden könnten; vielmehr sind die Einzelformatio-
nen durch die spezifischen nationalen Traditionen unterschiedlich
markiert: die deutsche durch den Hang zu einem ungeschickten
Klassizismus, die italienische durch das Fortwirken des Futurismus als
quasi offizieller faschistischer Kunstdoktrin, die russische durch die
Fixierung auf den klassischen Realismus des 19. Jahrhunderts. Die
Bevorzugung der brutalen Form, der Überdimensioniertheit, der
heroischen Pose eint sie jedoch ebenso wie das Eintauchen in die ländliche Idylle, der Optimismus der Massen- und Soldatenlieder oder
auch eine harmlose Unterhaltungskunst, meist in Form humoristischer oder erbaulicher Filme, die die krampfhaften Anspannungen der
Zeit und vor allem auch die blutigen Herrschaftspraktiken der totalitären Regimes vergessen machen sollten.

Der Synthesegedanke, der, in simpler Anwendung der Hegelschen
dialektischen Trias, offenkundig Stalins politische Doktrin beherrschte, läßt sich, analog zu dem Gesellschaftsentwurf des nunmehr
aus Arbeitern, Bauern und Intelligenz zusammengeschmiedeten einheitlichen Sowjetvolkes, auch in den Literaturkonzepten der Stalin-
Zeit wiedererkennen. Mit Aleksandar Flaker kann man im Sozialistischen Realismus folgende Komponenten aus den Entwicklungen der
20er Jahre aufgehoben finden: den mimetischen Realismus, wie er
von den Serapionsbrüdern, Pereval, dem rechten Flügel der RAPP
und von einzelnen Poputčiki (Aleksej Tolstoj, Leonid Leonov und
anderen) vertreten worden war, die politische Erziehungsfunktion,
wie sie von der RAPP wahrgenommen worden war, und, aus dem
Lager der Avantgarde, allein das Schaffen Vladimir Majakovskijs, verkürzt um seine futuristischen und LEFistischen Bestandteile, so wie es

durch ein Machtwort Stalins in den Raum gestellt wurde. Im Verhältnis zu der Epoche, die der verordneten Umgestaltung unmittelbar
vorausgegangen war, trifft dies unzweifelhaft zu, doch zielte das Literaturkonzept, das sich in dem Diskurs bis zur Verkündung des Sozialistischen Realismus herausschälte, auf weit mehr als nur eine Synthese
von Möglichkeiten der letzten 15 Jahre. Gor'kij und anderen Wortfüh-
rern der Diskussion ging es darum, die Sowjetliteratur als eine Synthese der beiden großen Kunstsubstanzen des 19. Jahrhunderts,
Romantik und Realismus, zu verwirklichen. Dabei sollte vom (kritischen) Realismus die künstlerische Methode, die mimetische Abbildung der Welt, von der Romantik aber der Geist, die emotional-
optimistische Einstellung zur Welt, gewonnen werden. (In diesem
Verständnis blieben die wesentlichen ideengeschichtlichen Implikationen der Romantik völlig ausgespart. Der im Diskurs verwendete
Begriff «romantika» verdeutlicht überdies, daß eben die romantische
Haltung gemeint war.) Wiewohl universal gedacht, war doch der rus-
sozentrische Blickpunkt nicht zu verkennen, wurden doch gleichsam
die beiden Hauptepochen der russischen Literaturgeschichte in dem
Modell eines um die Romantik bereicherten Realismus festgeschrieben. Später sollte sich zeigen, daß das Modell für Literaturen mit ganz
anderem Entwicklungsgang und ganz anderer Kanonbildung nicht
taugte. Die Deutschen waren auf ihre klassisch-romantische Epoche
fixiert, die Polen auf ihre Romantik, die Kroaten auf Barock und
Moderne ... Der Sozialistische Realismus ließ sich hier nicht als «logische» Synthese, sondern allein als zwangsweise Überstülpung eines
fremden Modells verstehen.

Die von Boris Groys vertretene These, der Sozialistische Realismus
bzw. die stalinistische Kunst im Ganzen bilde die Einlösung der Forderungen und Ansätze der Avantgarde, könnte nur dann in Betracht
gezogen werden, wenn die Formensprache der Kunst völlig ausgeblendet würde. Das käme freilich dem Ansinnen gleich, Naturkunde
nur als Physiologie ohne Berücksichtigung der Erscheinungstypen zu
betreiben. Man mag den rigorosen Willen zur sozialistischen Umgestaltung mit der Innovationsgier der Avantgarde auf irgendeine Weise
vergleichen können, nur lief diese auf die Schaffung neuer, ungeahnter
Formen hinaus, welche jener mit allen verfügbaren Mitteln gerade
unterbinden ließ. Die sowjetischen Führer hatten, mit Ausnahme von
Lunačarskij und Bucharin, nur wenig Verständnis für die Avantgardekunst gezeigt. Auch den Massen blieb sie, trotz der einen oder anderen
bezeugten Ausnahme, fremd. Stalin, der Diktator, konnte sich mit der
von ihm protegierten und bald bis ins kleinste Detail nach seinem
simplen Geschmack bestimmten Kunstrichtung breiter Zustimmung

gewiß sein. Für Literaten und Künstler freilich mußte die triviale Denkungsart der maßgeblichen Kunstfunktionäre fatale Auswirkungen haben, von der unerbittlichen ideologischen Gängelung ganz zu schweigen.

Nicht weniger fatal für die russischen Schriftsteller war die Zweideutigkeit, mit der der Umbruch in Literatur und Kunst inszeniert wurde. Vielen Autoren mochte es zunächst scheinen, als sei mit der Ausschaltung der RAPP nun eine freiere Kunstausübung wieder möglich geworden. Dichter wie Boris Pasternak oder Andrej Belyj atmeten auf. Doch die Erleichterung wich bald neuen, strengeren Zwängen und ging mit den großen Säuberungen der Jahre 1936–1938 in die massenhafte Verfolgung und Liquidierung von Schriftstellern aller Richtungen über. In keiner Literatur und zu keiner Zeit hat es eine vergleichbare, aus despotischer Herrschaftspraxis folgende Dezimierung von Schriftstellern, Dichtern, Kritikern und Publizisten gegeben wie in Stalins 30er Jahren. So blieb es der Stalinschen Diktatur vorbehalten, das Kapitel der Dichtervernichtung in die Literaturgeschichte einzuschreiben. Der zutiefst bedauerliche, tragische Aderlaß, den die russische Literatur (und die der sowjetischen Völker) dadurch erlitt, läßt indirekt aber auch die immense Bedeutung ahnen, die Stalin und seine Komplizen der Literatur beimaßen. Nur wer die Gefahr, die von freien, ideologisch oder politisch selbständigen Autoren ausgeht, ins Riesige verzerrt, kann sich vermessen, diese reihenweise zu liquidieren. Also zeigt Stalins despotisches Umgehen mit Literatur und Literaten – hierzu gehören ebenso die willkürlichen Rettungen, die er veranlaßte – letztlich eine Überschätzung der Literatur, wie sie in demokratischen Gesellschaften nicht üblich, ja undenkbar ist. Die Instrumentalisierung, die die Literatur seit 1932 erfuhr, hat hierin ihren Ursprung. Sie führte – und führt – notwendig einerseits zur vollständigen Indienstnahme, andererseits zur Korrumpierung der Autoren. Dabei steht außer Zweifel, daß eine Praxis, die die freie Entfaltung der Autoren unterbindet und sie unter politische Kuratel stellt, der Literatur außerordentlichen Schaden zufügen muß. Daß die russische Literatur nicht nur in der Emigration, sondern auch in der Sowjetunion gleichwohl auch in diesen Jahren Bedeutendes vorzuweisen hat, grenzt beinahe an ein Wunder. Die wichtigsten Werke aber, die im Stalinismus entstanden – Michail Bulgakovs *Meister und Margarita*, Boris Pasternaks *Doktor Živago*, Andrej Platonovs *Čevengur* oder die Grotesken von Daniil Charms –, entstanden denn auch im Schatten und wurden dem russischen Publikum erst viele Jahre nach Stalins Tod bekannt.

Stalins Herrschaft

Stalins Alleinherrschaft bestimmte die russische bzw. sowjetische Geschichte in den Jahren 1928–1953. Mit dem Sieg über die sogenannte Linksopposition (levaja oppozicija) wie über die Rechtsopposition (pravaja oppozicija) trat Stalin parteiintern und nach außen als der alleinige Führer (vožd') der UdSSR auf. Die Feiern zu seinem 50. Geburtstag zeigten im Dezember 1929 erstmals das Gepränge jenes ausartenden Personenkultes (kul't ličnosti), der die gesamte Herrschaftszeit Stalins begleiten sollte, oftmals in eine Massenhysterie übergehend und gerade auch in der Literatur die Form peinlicher Hagiographie erreichend. Stalins These vom «Sozialismus in einem Land», gegen Trockijs kosmopolitisches Revolutionskonzept durchgesetzt, ermöglichte die Kraftakte der Industrialisierung und der Kollektivierung der Landwirtschaft, die ohne Rücksicht auf Verluste in den Jahren 1927–1932 durchgeführt wurden. Die taktische Gerissenheit Stalins zeigte sich darin, daß er – «dialektisch» – die zunächst bekämpften Theorien seiner Gegner nach deren Ausschaltung seelenruhig selbst realisierte. Die angebliche Bauernfeindlichkeit des Linksblocks wurde wenig später zum regelrechten Krieg wider die Kulaken pervertiert; der Rechtsblock wieder, dem die Theorie vom Erlöschen des Klassenkampfes und die Verteidigung des Kulakentums angelastet wurde, hatte Stalin das Stichwort dafür geliefert, nach der Ausschaltung der Kulaken nun selbst das Ende der Klassenantagonismen und der gesellschaftlichen Widersprüche überhaupt zu verkünden. Jede ideologische Position konnte im einen Moment bekämpft, im anderen aufgewertet und rigoros durchgesetzt werden. Es war bei solchem ideologischen Jonglieren schwer zu erkennen, ob Stalin überhaupt selbst Theorien entwickelte oder nur fremde mit raffiniertem Geschick manipulierte. Seine ideologischen Standardwerke *Ob osnovach leninizma* (Über die Grundlagen des Leninismus, 1924) und *Voprosy leninizma* (Fragen des Leninismus, 1926), die den Leninismus zur – dogmatisch ausgerichteten – folgerichtigen Fortentwicklung des Marxismus erklärten, und die grell einseitige, mit den «Parteifeinden» geifernd abrechnende Darstellung *Istorija Kommunističeskoj Partii SSSR (b). Kratkij kurs* (Geschichte der RKP [b]. Kurzer Lehrgang, 1938) lassen eher auf polemischen Eklektizismus als auf eigendenkerische Konzeptionen schließen. Das bedeutet nicht, daß die Stalinschen Vereinfachungen, ja Primitivismen, nicht taktisch höchst effektiv gewesen wären und, von einer vorgeblichen «mittleren» Linie her, beliebige Abweichungen dem *damnatur* aussetzten. Die sogenannte Stalin-Verfassung von 1936 löste nicht nur den Rätegedanken endgültig ab, sondern gaukelte auch das Bild einer harmonischen Einheit von Arbeitern, Bauern und neuer Intelligenz vor, zwischen denen die Klassengegensätze aufgehoben seien.

Hinter dieser optimistisch-utopischen Fassade fanden Kampagnen, Säuberungen und Gewaltakte statt, die die gesamte sowjetische Bevölkerung in Mitleidenschaft zogen und insbesondere Wissenschaftler, Künstler und Literaten in einem Zustand permanenter Verunsicherung hielten.

Die Industrialisierung des Landes wurde von der Partei auf dem Wege einer volkswirtschaftlichen Gesamtplanung aufgezogen. Der Rhythmus der sogenannten Fünfjahrespläne (pjatiletki) bestimmte hinfort die wirtschaftliche Entwicklung der Sowjetunion, beginnend mit dem ersten von 1928–1933, dessen Laufzeit um ein Jahr verkürzt wurde, bis zum zwölften und letzten von 1986–1990, der nicht mehr voll durchgeführt wurde. Tatsächlich konnten anfangs im Sektor der Schwerindustrie ganz erhebliche Produktionszuwächse erzielt werden, wenngleich der Mangel an technischen Kadern, vor allem an Ingenieuren und Facharbeitern, kaum zu beherrschen war. Trotzdem waren die Ergebnisse der beiden ersten Fünfjahrespläne beeindruckend. Gigantische Industrievorhaben wie die Stalingrader Traktorenwerke, das Eisenkombinat von Magnitogorsk, das riesige Kraftwerk Dneprostroj (1927–1932, heute Dneprogės) und andere Großprojekte der Kohle-, Eisen- und Erdölindustrie wurden aus dem Boden gestampft, das Streckennetz der Eisenbahn gegenüber 1913 auf 106 100 km (1940) fast verdoppelt, der Moskau-Wolga-Kanal (1932–1937) und der Weißmeer-Ostsee-Kanal (1933 eingeweiht) mit ungeheurem Kräfteaufwand gebaut. Der Bau des letzteren wurde von Strafgefangenen geleistet. Die Zwangsarbeit wurde in eine sowjetische Erziehungstat umgedeutet. Selbst Gor'kij und andere Schriftsteller überzeugten sich vor Ort von der Richtigkeit der sowjetischen Erziehungspraktiken. In welches Zwielicht sie damit gerieten, wird deutlich, wenn man heute in den *Vospominanija* (Erinnerungen, 1995) Dmitrij Lichačėvs nachliest, wie der Besuch Gor'kijs im Lager sich in den Augen der damaligen Solovki-Häftlinge ausnahm.

Voraussetzung für die Durchführung der Industrialisierungspläne wäre eine ausreichende Getreideproduktion gewesen. Da aber noch vor Beginn des ersten Fünfjahresplanes der Getreidemarkt völlig zusammenbrach, geriet der Sowjetstaat in eine überaus gefährliche Krise. Zunächst versuchte man 1929/30 durch eine kriegsmäßig durchgeführte Getreidekampagne die Versorgung zu sichern. Als das mißlang, entstand der Plan, die Bauernhöfe sämtlich in Kollektivwirtschaften (kolchozy) zusammenzuschließen. In der Zeit zwischen

Sommer 1929 und Sommer 1932 wurden in einem kaum noch zu kontrollierenden «Kollektivierungstaumel» (R. Lorenz) sieben Zehntel der Privatwirtschaften in die neue Produktionsform überführt, obwohl für diese nicht einmal ein Musterstatut vorlag, ganz zu schweigen von dem akuten Mangel an landwirtschaftlichem Gerät. Das alte bäuerliche Rußland mit seinen traditionellen Lebensformen, mit seinen Kirchen, Glocken und Ikonen, aber auch mit seiner eigenständigen – vorindustriellen – Agrartechnik wurde damals, wie Vladimir Solouchin in seinem Erinnerungsbuch *Smech za levym plečom* (Das Lachen hinter der linken Schulter, 1989) dargestellt hat, unwiederbringlich zerstört, doch zählte für die politische Führung allein, daß die «Resistenz eines bodenständigen Bauerntums» (H. Stökl) ausgeschaltet ward.

An der Front der Industrialisierungs- und Kollektivierungskampagnen, die sich infolge des politischen Hasard der Sowjetführung nun überlappten, wurde auch die Literatur voll eingesetzt. Die von LEF und LCK entwickelten operativen Gattungen begleiteten die Projekte an allen wichtigeren Zentren des industriellen Aufbaus, halfen bei der Lösung auftauchender Probleme, informierten und hielten die heroischen Taten der Werktätigen fest. Die Skizze (očerk) allerdings wurde, wie Andreas Guski aufgezeigt hat, bald durch den Produktionsroman abgelöst. Industrie- und Kolchosenroman wurden zur vordringlichen Gattung, der sich Fëdor Gladkov, Leonid Leonov, Boris Pil'njak und viele andere Autoren bereitwillig annahmen. Dabei hat Michail Šolochov in *Podnjataja celina* (dt. u. d. T. Neuland unterm Pflug, 1932–1960) die «Bewegung der 25000» (so hieß die Entsendung von bewährten Kommunisten durch die Partei in die Dörfer als Kollektivierungshelfer) beschrieben und die bürgerkriegsähnlichen Ereignisse auf dem Land nicht verschwiegen. Doch auch das Drama und das lyrisch-epische Poem kamen an dem aktuellen Thema nicht vorbei. Nikolaj Pogodins erstes Stück *Temp* (Tempo, 1929) bildete im Grunde eine dramatisierte Reportage über den Bau eines Traktorenwerkes; das Drama *Moj drug* (Mein Freund, 1932) behandelte das Wirken des Direktors eines Automobilwerks, den Pogodin, um Material zu sammeln, längere Zeit auf Schritt und Tritt begleitet hatte. Das bemerkenswerteste literarische Zeugnis der Kolchosenliteratur aber war Aleksandr Tvardovskijs Poem *Strana Muravija* (Das Land Muravien, 1936). An Nekrasovs klassisches Bauernepos *Komu na Rusi žit' chorošo* anknüpfend, führte Tvardovskij den Bauern Nikita Morgunok, der aus der Kolchose ausschert, auf die Suche nach dem freien Bauernland Muravija (von murava, «junges Gras»). Wie Nekrasovs Bauernschar gelangt Nikita von Station zu Station, verliert seine Illusionen und kehrt am Ende mit der Einsicht in sein Dorf zurück, daß die kollektive

Arbeit der Bauern in der Tat das Land Muravija sei. Das sprachlich-künstlerisch gelungene Werk konnte, zumal der Kulakensohn Tvardovskij hier das Schicksal des eigenen Vaters verbrämt hatte, 1941 eines Stalinpreises für wert befunden werden. Selbst die Bauerndichter Sergej Klyčkov und Nikolaj Kljuev schrieben gemäß Auftrag «Beiträge über das Wohlleben in einem Kolchos» (D. Beyrau).

Helden und Schädlinge

Die Zeit benötigte Helden und fand sie in den Piloten und Pionieren der Fliegerei. Das Flugwesen war von den Bolschewisten von Anbeginn gefördert worden, wobei militärische Überlegungen keine geringere Rolle spielten als der Nimbus, den das Flugzeug in jener Zeit als Symbol des Fortschritts besaß. Der Aufbau der sowjetischen Luftflotte wurde bereits zu Anfang der 20er Jahre zu einer Angelegenheit des ganzen Volkes erklärt, die nicht wenig durch literarische Texte wie Aleksandr Grins Roman *Blistajuščij mir* (Die funkelnde Welt, 1924) oder Majakovskijs Gedicht *Letajuščij proletarij* (Der fliegende Proletarier, 1928) unterstützt wurde. (Zoščenko freilich persiflierte in seinem *Agitator* bereits 1923 die Propagandaaktionen zur Förderung des Flugwesens.) Eine Reihe von sowjetischen Flugexperimenten, Fernflügen und kühnen Rettungsaktionen erregten weltweites Aufsehen – so die Rekordflüge eines Michail Gromov oder Valerij Čkalov, der Luftballonhöhenrekord von 22 000 m, bei dem 1934 drei Stratonauten den Tod fanden, und vor allem die spektakuläre «Čeljuskin-Epopöe», wie die dramatische Rettung der Besatzung des Eisbrechers «Čeljuskin» aus dem Treibeis der Tschuktschen-See im Frühjahr 1934 genannt wurde. Sie schufen neue Helden und Mythen, die sich als «Stalinsche Falken» (stalinskie sokoly) und «Helden der Sowjetunion» (geroi Sovetskogo Sojuza) in die zeitgenössischen Annalen einschrieben (R. Kluge). Gor'kijs optimistische Vision vom tragisch-schönen Menschen (in der Dichtung *Čelovek* [Der Mensch, 1904]), der immer vorwärts und immer höher strebt (Vperëd! i – vyše!), die in Wirklichkeit auf Nietzsches *Also sprach Zarathustra* zurückgeht (H. Günther), erhielt nun einen aviatorischen Sinn. Sie beflügelte eine ganze Generation von Enthusiasten, die sich bald an den Werken einer neuen Flugliteratur erbauen konnten. Der Jugendschriftsteller Lev Kassil' nahm den Čkalov-Mythos in *Čeremyš, brat geroja* (Čeremyš, der Bruder des Helden, 1938) auf, Nikolaj Bobrov lenkte Berufswünsche mit *Choču byt' lëtčikom* (Ich will Flieger werden, 1934), und G. F. Bajdukov beschrieb einen utopischen Nonstop-Flug von Pol zu Pol in dem Jugendbuch *Čerez dva po-*

ljusa (Über zwei Pole, 1938), um nur wenige Beispiele aus einem neuen volkstümlichen Genre zu nennen, das massenhafte Verbreitung fand.

Mit der «Čeljuskin», einem in Dänemark gebauten eisfesten Frachtschiff, sollte der nordöstliche Seeweg zwischen der Lena-Mündung und Vladivostok erkundet werden. Die wissenschaftliche Expedition stand unter der Leitung des Polarforschers und Politikers Otto Šmidt und des Schiffskapitäns Vladimir Voronin. Der Expedition waren, außer Forschern und Schiffsbesatzung, auch die Schriftsteller L. Muchanov, B. V. Gromov und S. A. Semënov beigegeben. Sie haben später die Drift der «Čeljuskin» im Nördlichen Eismeer, den Untergang des Schiffes und die Rettung der Polarforscher von einer treibenden Scholle durch waghalsige Rettungsflüge minuziös beschrieben. Das Schicksal der «Čeljuskin»-Expedition rührte die gesamte Weltöffentlichkeit auf. Retter und Gerettete wurden als unerschrockene Helden, ihre Tat als «Überrekord an Mut und Flugmeisterschaft» gefeiert. Romain Rolland und Herbert Wells sandten Grußadressen, Gor'kij und Aleksej Tolstoj schrieben Würdigungen; aus Frankreich ließ sich Marina Cvetaeva mit dem Gedicht *Čeljuskincy* (Die Männer der «Čeljuskin», 1934) vernehmen, Ausdruck des Stolzes auf die Sowjetunion, auf die Russen. Die Dokumentation *Čeljuskin*, von dem «Redakteur-Konstrukteur» Sergej Tret'jakov 1934 herausgegeben, vermittelte ein Bild von den todesmutigen Helden der Sowjetunion, das im Vorfeld des Schriftstellerkongresses nicht ohne Wirkung blieb. Allerdings wies Šmidt auf dem Kongreß bereits mit einer gewissen Verbitterung auf die Verfälschungen hin, die die Taten der «Čeljuskin»-Leute in den künstlerischen Darstellungen erfuhren.

Eines der ehrgeizigsten sowjetischen Flugprojekte, das Propagandaflugzeug «Maksim Gor'kij», endete im Mai 1935 in einer Katastrophe. Die achtmotorige Maschine vom Typ ANT-20 war mit einer Spannweite von 63 m und einem Abfluggewicht von 42 t das größte Flugzeug seiner Zeit. Als Propagandazentrale ausgebaut, verfügte es über eine Druckerei, einen Kinosaal und ein Photolabor und konnte 80 Passagiere aufnehmen. Kommandeur der Propagandastaffel war Michail Kol'cov. Der Pilot und Schriftsteller Antoine de Saint-Exupéry, der das Riesenflugzeug bei einer Luftfahrtausstellung besichtigte, zeigte sich tief beeindruckt. Einen Tag später stieß die «Maksim Gor'kij» mit einem waghalsig gesteuerten Begleitflugzeug in der Luft zusammen und zerschellte am Boden (R. Kluge). Aufstieg und Fall lagen im sowjetischen Heldenleben nahe beieinander.

Auf der Rückseite des forcierten Aufbauheroismus spielte sich ein beständiger Kampf gegen Feinde und finstere Mächte ab, die den sowjetischen Staat bedrohten. Wie Hans Günther gezeigt hat, schuf die

Stalinsche Propaganda eine Reihe von Feindprojektionen – im Sinne des «kollektiven Schattens» von C. G. Jung –, die das politische Handeln bestimmten und zugleich als Widersacher der lichten Helden den psychomythologischen Plan der Literatur betraten. Man fand den Feind selbstverständlich im bürgerlichen Spezialisten, im Kulaken oder im fremden Spion, besonders gefährlich aber trat er als «Feind des Volkes» (vrag naroda), als Schädling (vreditel') und Störer des Aufbaus und der gesellschaftlichen Harmonie in den eigenen Reihen auf. Die «stalinistische Dämonologie» wurde von Feinden bevölkert, die wechselnde Masken trugen. Als Schädlinge und Saboteure, Spione oder Diversanten waren sie leicht zu entlarven und unschädlich zu machen; weit gefährlicher waren sie als ideologische Verführer, als Anhänger Trockijs, Zinov'evs oder Bucharins, als Konterrevolutionäre und Ketzer. «Objektiv» waren sie allemal Agenten des Imperialismus oder des Faschismus (H. Günther). Es wurde zur Pflicht eines jeden Sowjetbürgers, höchste Wachsamkeit (bditel'nost') zu zeigen und beim geringsten Verdacht die Sicherheitsbehörden zu verständigen. Hans Günther hat die Quellen des verhängnisvollen Begriffs «Feind des Volkes» beim mittleren Gor'kij in dem Essay *O cinizme* (Über den Zynismus, 1908) und bei den Narodniki ausgemacht, wo ihn Semën Frank bereits 1909 im Sammelband *Vechi* als zerstörerischen Zug der revolutionären Intelligenz anprangerte. In der stalinistischen Umdeutung und Ausweitung aber wurde er zum universal einsetzbaren Vorwand, um beliebige Gruppen und Einzelne zu verfolgen und auszuschalten.

Die Schauprozesse der 30er Jahre und die mit ihnen einhergehenden Säuberungen (čistki) lassen sich, ähnlich wie die anderen großen Verfolgungsexzesse der Weltgeschichte, letztlich wohl nur aus der paranoiden Geistesverfassung des Diktators erklären. Denn es kann kein Zweifel daran bestehen, daß die nach der Ermordung des Leningrader Parteichefs Sergej Kirov im Dezember 1934 beginnende Liquidierung der alten Parteielite, der sogenannten Leningarde, ausschließlich Stalins eigener Machtsicherung diente. In drei spektakulären Prozessen wurden unter offensichtlich widersinnigen Anschuldigungen folgende Gruppen liquidiert: im «Prozeß der 16» im August 1936 die ehemalige Linksopposition (Zinov'ev, Kamenev), der eine terroristische Verschwörung in Verbindung mit dem «trotzkistischen Zentrum» zum Sturze der Regierung und zur Beseitigung Stalins sowie verräterische Beziehungen zu Deutschland und Japan vorgeworfen wurden; im «Prozeß der 17» im Januar 1937 die ehemalige Rechtsopposition (Radek, Pjatakov und andere); im «Prozeß der 21» im März 1938 der «Block der Rechten und Trotzkisten», in dessen Mittelpunkt Nikolaj Bucharin, bislang der führende Theoretiker der Partei, Vorsitzender

der KOMINTERN und Chefredakteur der *Izvestija*, und Aleksej Rykov, der ehemalige Vorsitzende des Rates der Volkskommissare (SOVNAR-KOM), standen. Auch sie wurden der Spionage zugunsten der antikommunistischen Staaten angeklagt und legten entsprechende Geständnisse ab. Radek und Bucharin waren noch unlängst auf dem Ersten Schriftstellerkongreß mit Grundsatzreferaten aufgetreten, Radek als Warner vor der faschistischen Literatur und Schmähredner wider Joyce, Proust und Dos Passos; Bucharin mit der Forderung nach poetisch-technischer Meisterschaft in der sowjetischen Dichtung. Angeklagt wurde im dritten Prozeß übrigens auch Genrich Jagoda, Volkskommissar des Inneren in den Jahren 1934–1936; ihm wurde jetzt gar die Ermordung Gor'kijs im Auftrag des «Vereinigten Blockes» und unter Mitwirkung von Gor'kijs Hausarzt Dr. Levin und seinem Privatsekretär Dmitrij Pletnëv mittels überdosierter Strophantininjektionen angelastet. Von den sieben Versionen zum Tode Gor'kijs, die Gustav Herling-Grudziński ermittelt hat, ist diese, sowjetamtliche, die unwahrscheinlichste. Zwar ist durch die Archivfunde Vitalij Šentalinskijs gesichert, daß Gor'kij nach seiner Rückkehr nach Rußland von einem dichten Ring von OGPU-Leuten umgeben war und namentlich Jagoda erheblichen Einfluß auf den familiären Kreis des Dichters gewann. Dennoch spricht viel für die These von Geir Kjetsaa, daß bei dem gesundheitlichen Schwächezustand, in dem Gor'kij sich seit 1935 befand, nicht einmal Stalin für den Tod Gor'kijs, dem er die Popularität neidete, verantwortlich zu machen sei. Er brauchte bloß auf den Tod des beargwöhnten Literaturpatriarchen zu warten.

Auch die Rote Armee erlitt durch die stalinistischen Säuberungen einen unerhörten Aderlaß. 1937 wurde der zwei Jahre zuvor zum Marschall beförderte Michail Tuchačevskij, ein glänzender Heerführer und Militärstratege, von einem Militärtribunal wegen Spionage für Deutschland zum Tode verurteilt und erschossen. Auf jeden der Prozesse folgte die Verhaftung und/oder Liquidierung der tatsächlichen oder vermeintlichen Anhängerschaften der entlarvten Volksfeinde. Am stärksten waren Parteimitglieder und Armeeangehörige betroffen. Von 1933 bis 1939 sank die Zahl der Parteimitglieder von 3,6 auf 1,9 Millionen; von den 1934 auf dem XVII. Parteikongreß gewählten ca. 150 CK-Mitgliedern befanden sich – nach Georg von Rauch – im Herbst 1937 noch 15 auf freiem Fuß; von den 12 Mitgliedern des Politbüros noch 8. Außer Marschall Tuchačevskij wurden zwei weitere Marschälle, 13 von 15 Generälen, darunter die legendären Heerführer Bljucher und Jakir, sowie Hunderte von Obersten und Offizieren verhaftet und hingerichtet. Da «Stalins Mordmaschinerie» (M. Wehner) vom Sommer 1937 an neben der Parteielite mehr und mehr auch andere soziale Gruppen traf, Kulaken, Kaufleute, alte Intelligenzler, Angehörige aller Glaubensrichtungen, Menschen mit Verwandten im Ausland oder in der Emigration, scheint die von Karl-Heinz Ruffmann und Georg von Rauch geäußerte Vermutung nicht übertrieben, daß 1936–1938 ca. 5–6 % der sowjetischen Gesamtbevölkerung, d. h. ca. 8–9 Mio. Menschen, durch die Untersuchungsgefängnisse des NKVD gelaufen seien. Sogenannte Troiki (Dreiergruppen) hatten aufgrund eines Beschlusses des Politbüros gegen Kulaken und Kriminelle vorzugehen und sie entweder zu erschießen («1. Kategorie») oder zu Lagerhaft zu verurteilen («2. Kategorie»). Mit anderen Worten: Die Verhaftung oder Liquidierung geschah nach Einsatzplänen mit zugewiesenen Planziffern für jede einzelne Region. Die Plangrößen und Zielgruppen wurden vom Politbüro und Stalins engstem Führungskreis sanktioniert. Die Troiki wetteiferten nun miteinander, und oft gelang es ihnen, die Pläne überzuerfüllen (M. Wehner). Das Blutopfer, das die sowjetischen Literaten im Stalinschen Vernichtungsrausch erbrachten, stand dem der Kommunisten und Militärs nicht nach.

Außenpolitisch hatte sich die Lage der Sowjetunion Anfang der 30er Jahre zugespitzt. Das Erstarken Japans als einer imperialistischen, antikommunistischen Macht und die Machtübernahme Hitlers in Deutschland bedeuteten zwar noch keine akute Bedrohung, mußten die Sowjetunion jedoch beunruhigen. Das japanische Vordringen in die Mandschurei und vor allem der Antikominternpakt, den das Deutsche Reich und Japan im Herbst 1936 schlossen und dem alsbald auch Italien beitrat, wurden in Moskau als Schritte zu einer neuen Einkreisung verstanden. Hieraus entstand eine doppelte Kehrtwendung der sowjetischen Außenpolitik. Die Sowjetunion hatte bereits 1933 diplomatische Beziehungen zu den USA aufgenommen, war 1934 dem Völkerbund beigetreten und hatte 1935 Beistandspakte mit Frankreich und der Tschechoslowakei geschlossen. Ferner förderte sie jetzt, statt des revolutionären Proletariates, sogenannte Volksfrontbewegungen in den kapitalistischen Ländern, sie setzte also auf Koalitionen von sozialistischen und linksbürgerlichen, demokratischen und antifaschistischen Parteien. Damit trat der Kampf gegen den Faschismus, wie der Sammelbegriff für das deutsche nationalsozialistische und das italienische faschistische Regime lautete, außenpolitisch an die erste Stelle. Diese außenpolitische Linie kam erstmals auf dem sowjetischen Schriftstellerkongreß voll zum Ausdruck. Die bürgerlichen Autoren, die aus dem Ausland angereist waren – darunter André Malraux, Klaus Mann und Oskar Maria Graf –, wurden stark umworben, der Exklusivitätsanspruch der proletarischen Autoren (Willi Bredel, Adam Scharrer u. a.) gedämpft. Radek vertrat in seinem «außenpolitischen» Referat die These, daß sich die Literatur in der kapitalistischen Welt spalte in eine offen faschistische Literatur und in eine, die zwar die bürgerliche Demokratie zu verteidigen suche, dabei aber unbewußt dem Faschismus zutreibe. Doch konstatierte er: «Zu gleicher Zeit kommt ein Teil der bürgerlichen Schriftsteller offen auf unsere Seite.» Um die Gewinnung dieser Schriftsteller zur Bildung einer antifaschistischen Einheitsfront wurde in der Mitte der 30er Jahre, wie insbesondere auch der Pariser Kongreß zur Verteidigung der Kultur zeigte, mit Eifer gekämpft.

Die Furcht vor militärischer Einkreisung veranlaßte die sowjetische Regierung zur weiteren Stärkung der militärischen Macht durch Erweiterung der Rüstungskapazitäten und allseitige Hebung der Verteidigungsbereitsschaft. Auch hier kam der Literatur wieder eine wichtige Rolle zu. Nicht nur hatte sie, wie stets, alle entsprechenden ideologischen Richtlinien, wie zum Beispiel die Wiederbelebung der alten russischen Militärtraditionen, zu unterstützen und an der Erstellung einer «Verteidigungsliteratur» (oboronnaja literatura) mitzuwirken, vielmehr wurden die Schriftsteller auch zu enger direkter Zusammenarbeit mit der Roten Armee verpflichtet. Zu diesem Zwecke war bereits im August 1930 in Moskau die Literaturorganisation der Roten Armee und Flotte *LOKAF* gegründet worden, in deren Zentralrat unter anderen Gor'kij, Dem'jan Bednyj, Aleksandr Serafimovič, Éduard Bagrickij, Michail Kol'cov und Il'ja Sel'vinskij vertreten waren. In der Folgezeit entfalteten die *LOKAF*-Zirkel gemeinsam mit den Armeeschriftstellern alle möglichen Aktivitäten, die in den Zeitschriften *Lokaf* und *Zalp* (Die Salve) verbreitet wurden. In der Zeit des Hitler-Stalin-Paktes, im Finnischen Winterkrieg und bei der Besetzung der ostpolnischen Gebiete, wurden Armeeschriftsteller, darunter Semën Kirsanov, Aleksandr Tvardovskij und Viktor Šklovskij, mit militärischen Aufträgen eingesetzt. In L'vov (Lemberg) hielten sie ein «vieltausendköpfiges» Meeting zu Ehren der Dichter Ivan Franko und Adam Mickiewicz ab. Für die Zeitungen der Roten Armee und Flotte schrieben sie, wie es in *Znamja* Anfang 1941 hieß, «literarische Heldenporträts, Verse, Lieder, Erzählungen, Skizzen, die zur Erfüllung der Kampfaufgaben mobilisieren». Die Literatur wurde in den 30er Jahren in einem zuvor kaum vorstellbaren Maße dem sozialen Auftrag unterstellt. Die Parteiführung wies ihr die innen- und außenpolitischen Sektor die entsprechenden Aufgaben zu. Bald wurden hierfür die organisatorischen und literaturideologischen Instrumente geschaffen, nämlich ein einheitlicher Schriftstellerverband und die Doktrin des Sozialistischen Realismus.

Der Moskauer Schriftstellerkongreß 1934

Der Erste Allunionskongreß der sowjetischen Schriftsteller (Pervyj vsesojuznyj s-ezd sovetskich pisatelej) fand in der Zeit vom 17. August bis 1. September 1934 in Moskau statt. Maksim Gor'kij, der vielgefeierte Vater der Sowjetliteratur, eröffnete den Kongreß und beendete ihn mit einem Schlußwort. Welcher Stellenwert dem Kongreß in der sowjetischen Kulturpolitik zukam, verdeutlicht die Tatsache, daß das 1932 eingesetzte Organisationsbüro zwei Jahre für die Kongreßvorbereitung benötigte. Aufgrund der 1934 veröffentlichten Kongreßstenogramme, der Erinnerungen von Teilnehmern und der Berichte von Beobachtern wie auch literaturwissenschaftlicher Analysen kann der Schriftstellerkongreß als eines der gut erforschten Ereignisse der neueren russischen Literaturgeschichte gelten. Da bei dieser Gelegenheit die Doktrin des Sozialistischen Realismus vorgetragen und zunächst auch noch offen diskutiert wurde, gewann der Kongreß größte Bedeutung für die Literaturentwicklung der folgenden Jahrzehnte.

Auf dem Kongreß waren 591 Schriftsteller vertreten, sie fungierten als Delegierte des Allunionsschriftstellerverbandes (VSP), des locker gegliederten Vorläufers des nunmehr neu zu gründenden Sowjetischen Schriftstellerverbandes (Sojuz Pisatelej SSSR) mit ca. 2500 Mitgliedern. Von den Delegierten waren 215 lediglich mit beratender Stimme ausgestattet, darunter Bucharin und Radek, Sergej Ėjzenštejn und Viktor Šklovskij sowie Aleksandr Tvardovskij. Weit über die Hälfte der Delegierten waren Mitglieder bzw. Kandidaten der Kommunistischen Partei oder gehörten dem Komsomol an. Mächtig demonstriert wurde, da sich die Delegierten aus 52 Nationalitäten rekrutierten, der multinationale Charakter der Sowjetliteratur. Am stärksten waren natürlich russische Schriftsteller vertreten (200), dann folgten Juden (113), Grusinier (28), Ukrainer (25) usf. Auffallend gering war die Beteiligung weiblicher Delegierter; die Statistik verzeichnete lediglich 21 Schriftstellerinnen, die also etwa 3,5 % ausmachten. Die stärkste lokale Repräsentation bestritten die Moskauer Schriftsteller mit 175 Teilnehmern (davon 91 Russen) und die Leningrader mit 45 Teilnehmern (davon 30 Russen).

Die Themen, die den Schriftstellerkongreß beherrschten, waren die gleichen, die in der vorausgegangenen Zeit im Organisationsbüro und in öffentlichen Diskussionen beraten worden waren: allen voran der Sozialistische Realismus, d. h. die für die sowjetische Literatur verbindliche künstlerische Methode, ferner Probleme in den einzelnen Bereichen der Sowjetliteratur wie Dramatik, Poesie, Kinder- und Jugendliteratur; die Frage der Heranbildung des Schriftstellernachwuchses bzw. die «Arbeit mit den literarischen Anfängern»; die Entwicklung der einzelnen nationalen Literaturen und endlich internationale Aufgaben der Literatur, wobei der antifaschistische Kampf und das neue Volksfrontkonzept im Mittelpunkt der Aufmerksamkeit standen.

Nach Gor'kijs Eröffnungsworten und der Wahl des Präsidiums – Stalin, Molotov und weitere Parteiführer wurden zu Ehrenvorsitzenden gewählt – trat Andrej Ždanov auf die Rednertribüne und verlas das Grußwort des CK der Kommunistischen Partei und des SOVNAR-KOM. Damit stand, was viele Delegierte zunächst nicht wahrnahmen oder nicht wahrhaben wollten, eine ideologische Vorgabe im Raum, die sich am Ende als voll identisch mit der Festschreibung des Sozialistischen Realismus als verbindlicher künstlerischer Methode in den Statuten des Schriftstellerverbandes, also dem Ergebnis der 14tägigen Beratungen, wiederfinden sollte. Was Ždanov über die Erfolge der Sowjetliteratur ausführte, kam einer Selbstsuggestion gleich: Diese Erfolge seien bedingt durch die Erfolge des sozialistischen Aufbaus, ihr Wachstum sei Ausdruck der Erfolge und Errungenschaften der sozialistischen Ordnung. Die Sowjetliteratur sei die jüngste und dennoch die ideenreichste, fortschrittlichste und revolutionärste unter den Literaturen aller Völker und Länder. Als einzige Literatur organisiere sie die Werktätigen und Unterdrückten zum Kampf für die endgültige Vernichtung jeglicher Ausbeutung und des Jochs der Lohnsklaverei. Als erste habe sie als Thematik ihrer Werke das Leben der Arbeiterklasse und der Bauernschaft sowie den Kampf für den Sozialismus zugrunde gelegt. Sie bekämpfe konsequent jeden Obskurantismus, jede Mystik, alles Pfaffenwesen und Teufelswerk. Mit dem Hinweis auf den sozialistischen Aufbau wurde noch einmal die Prämisse aus dem Dekret von 1932 unterstrichen, daß Literaturentwicklung und sozioökonomische Zielsetzung aus der Sicht der Partei untrennbar miteinander verbunden waren. Doch auch die sozialpädagogische Intention, der Kampf gegen rückschrittliche Weltanschauungen und die Religion, wurde deutlich hervorgehoben. Dem wurde die bürgerliche Literatur als Ausdruck sozioökonomischer Krisen, von Verfall und Fäulnis des kapitalistischen Systems warnend gegenübergestellt. Vor dieser Kontrastfolie stellte Ždanov einen Thesenkatalog zu einem Konzept des Sozialistischen Realismus auf. Seine Thesen stützten sich auf Stalins Diktum, die Schriftsteller seien «Ingenieure der menschlichen Seelen» (inženery čelovečeskich duš), das wie ein Leitmotiv seine Darlegungen durchzog. Die einzelnen Postulate lauteten so: 1. Der Schriftsteller müsse das Leben kennen, um es wahrhaftig darzustellen (pravdivo izobrazit'), er müsse es «in seiner revolutionären Entwick-

lung» darstellen und müsse Wahrhaftigkeit und historische Konkretheit mit der ideologischen Umgestaltung und Erziehung der Werktätigen im Geiste des Sozialismus verbinden. 2. Die Kunst müsse ten-
denziös sein. 3. An die Stelle einer Romantik alten Typs trete die
Romantik neuen Typs, die revolutionäre Romantik (revoljucionnaja
romantika). 4. An den Künstler seien hohe künstlerische Anforderungen zu stellen; Reichhaltigkeit der Gattungen, Stile und Verfahren
erwarte man von ihm, überhaupt sei das Beste, was von früheren Epochen geschaffen wurde, auszuwerten. 5. Der Schriftsteller müsse sich
für die Sprachkultur einsetzen. Hier wurden Forderungen, die im Diskurs über den Sozialistischen Realismus aufgeworfen worden waren,
ausgebaut und harmonisiert. In den kommenden Jahren sollten sie
durch Kampagnen durchgesetzt werden.

Maksim Gor'kij war die dominierende Gestalt des Schriftstellerkongresses. Nach seiner Rückkehr aus dem italienischen Exil hatte er sich
mit dem vollen Gewicht seiner Autorität in den Dienst des sowjetischen Aufbaus gestellt. Manche seiner Erklärungen und Handlungen
nahmen sich blauäugig aus, sein enger Umgang mit Stalin und anderen Parteiführern mußte diejenigen irritieren, die auf seinen mäßigen-
den Einfluß gehofft hatten. Es steht jedoch fest, daß Gor'kij wiederholt Schriftsteller, die in Bedrängnis geraten waren, aus der Schußlinie
zog. Leonid Leonov etwa hat später im privaten Gespräch bekannt,
Gor'kij habe ihn dreimal gerettet. Den Höhepunkt seines Einflusses
erlangte er auf dem Schriftstellerkongreß, wo er unmittelbar nach der
Eröffnung die großangelegte Rede *O sovetskoj literature* (Über Sowjetliteratur) vortrug, eine gewaltig-gewaltsame Tour d'horizon über die
Entwicklung der Literatur der Menschheit von der Urgesellschaft bis
zum Sozialistischen Realismus. Der Leitgedanke war, daß der Organisator der Kultur – und damit auch der Literatur – immer die menschliche Arbeit (trud) war und sein werde. Deshalb sei, angefangen bei
den heidnischen Mythen und der Volksdichtung, der Held der Literatur der Arbeiter, der von sozialer Verantwortung getragen werde. Das
Charakteristikum der bourgeoisen Literatur sei hingegen die Vermeidung der Arbeit, das Parasitentum. Held dieser Literatur sei von
Anfang an der Dieb, der Schelm, der Detektiv, der «Gauner im Frack».
Gor'kijs Grundthese lief auf das marxistische Entfremdungsschema
hinaus: Während die bourgeoise Literatur den Zustand der Entfremdung des Menschen von der Arbeit und von der Gesellschaft beschrei-
be (vor allem im «kritischen Realismus» sei die Sinnlosigkeit dieser
sozialen Erscheinung erkannt und analysiert worden), bejahe der
Sozialistische Realismus das Dasein als Handeln, als schöpferische
Tätigkeit, deren Ziel die Entwicklung der wertvollsten individuellen

Fähigkeiten des Menschen für den Sieg über die Naturkräfte, für ein gesundes und langes Leben, für das Glück, auf der Erde zu leben, sei. Brisant waren die «Krankheiten», die Gor'kij in der sowjetischen Literatur und Gesellschaft anprangerte: die Rückstände des Kleinbürgertums (meščanstvo), seines ewigen Widerspiels. In diesem Zusammenhang erwähnte er auch das Führertum (voždizm), das er freilich nur an Beispielen aus der kapitalistischen Welt (Ebert, Noske, Hitler) festmachte, gleichwohl aber mit seiner Definition – Führertum sei das individuelle Streben des Kleinbürgers, sich über seine Gefährten zu erheben – indirekt auch auf die stalinistischen Verhältnisse bezog. Es komme vielmehr auf das Leiten an, d. h. auf die Fähigkeit, die Menschen hochzuschätzen und ihnen die Wege zu den besten praktischen Ergebnissen bei geringstem Kräfteverlust zu weisen. Solche Worte hätten, von wem auch immer, bereits kurze Zeit später in der Sowjetunion nicht mehr ausgesprochen werden können.

In der großen Zahl der Referate und Repliken waren keineswegs nur nichtssagende Äußerungen und Loyalitätsbekundungen, sondern auch immer wieder Ansätze auszumachen, die sowjetische Literatur aus ihrer dogmatischen Verengung zu befreien. Natürlich wurde dabei ihre sozialistische und antifaschistische Grundtendenz nicht in Frage gestellt, doch bemühten sich nicht wenige Debattenredner, den Sozialistischen Realismus in seiner Geburtsstunde im Sinne künstlerischer Offenheit und Vielfalt zu interpretieren. Viktor Šklovskij griff den von Gor'kij in einem *Pravda*-Artikel im Mai 1934 ins Spiel gebrachten Begriff des «proletarischen Humanismus» (*Proletarskij gumanizm*) auf, um den Utilitarismus des LEF mit einer neuen Menschlichkeit anzureichern. Ein neuer Sentimentalismus, Empfindsamkeit, Sensibilität und ein neuer Humanismus müßten die Struktur der neuen Epoche bestimmen. Aus Il'ja Ėrenburgs bemerkenswertem Beitrag klang die lange Auslandserfahrung heraus. Wenn Ėrenburg die Verfolgung der sozialistischen Schriftsteller durch die Faschisten anprangerte, dachte er wohl noch nicht an die sowjetischen Verhältnisse. Er beklagte die Kommerzialisierung der Literatur im Kapitalismus und stellte ihr die Sowjetliteratur als Beispiel einer Literatur gegenüber, die eine neue Qualität erreicht habe. Beim Sowjetschriftsteller komme es nicht mehr darauf an, ob er gut oder schlecht schreibe, sondern darauf, daß er die Menschen überzeuge und unmittelbar an der Veränderung der Welt mitwirke. Seine Aufgabe sei es, durch Bücher das Leben zu verändern. Ungeachtet dieser für viele Autoren faszinierenden Perspektive führte Ėrenburg einen langen Katalog von Deformationen auf, die sich in der Sowjetunion in die literarische Praxis eingeschlichen hätten. So kritisierte er, die Menschen würden nicht in ihrer ganzen

Lebensfülle, sondern nur noch in ihrer Arbeitspose am Arbeitsplatz dargestellt: «Wieso kann ein Aktivist nicht zugleich ein Träumer sein?» Ferner wandte er sich gegen die Allmacht der Literaturkritik, das kollektive Schaffen der literarischen Brigaden, die Gängelung der Schriftsteller durch den sozialen Auftrag, die falsch verstandene Einfachheit und Volkstümlichkeit, den Provinzialismus der Sowjetliteratur, d. h. die verbreitete Ablehnung ausländischer Literatur, das Epigonentum, womit er vor allem die alte naturalistische Erzählweise meinte. Das Programm einer neuen Romanform legte er anhand seines Romans *Den' vtoroj* (Der zweite Tag, 1932/33) dar. Er sei in diesem Roman zur Skizze (očerk) übergegangen, da sich die Reichhaltigkeit des sowjetischen Lebens nicht mehr mit einer komplizierten Intrige oder Fabel in den Griff bekommen lasse. Èrenburgs seinerzeit wenig beachtetes Referat wies mit seismographischem Gespür auf Tendenzen und Gefahren der dogmatischen Verfestigung in verschiedenen Bereichen der Literatur hin. Als Hauptsprecher des literarischen Tauwetters nach Stalins Tod konnte er zwanzig Jahre später beinahe wörtlich an seine alte Argumentation anknüpfen.

Manche Schriftsteller, namentlich solche, deren Werke oder künstlerische Positionen der Kritik ausgesetzt gewesen waren, hielten den Augenblick für gekommen, sich zu rechtfertigen oder wieder in die Literatur einzufädeln. Jurij Oleša etwa verteidigte jetzt seine zwiespältig-nostalgische Zeichnung der Vertreter der alten Welt. Der Künstler müsse Gutes und Böses im Menschen, die Ambivalenz der menschlichen Seele darstellen. Als Erfinder von Gestalten müsse er sich einfühlen, er sei so etwas wie eine «Verwandlungsmaschine». In jeder Gestalt seien Seiten der Psyche des Künstlers enthalten, also auch in der Gestalt des Bettlers, des Armen, die aus einem Gefühl der Überflüssigkeit heraus geschaffen worden sei, die ihn, Oleša, in der Aufbaugesellschaft befallen habe. Jetzt wolle er beweisen, daß das neue sozialistische Verhalten zur Welt im reinsten Sinne des Wortes ein menschliches Verhalten sei. Babel' begehrte mit Ironie gegen die «banale Trivialität» in der Literatur auf – «das ist Konterrevolution». Zum Umgang mit dem Wort erklärte er, die Schriftsteller sollten am Wort arbeiten wie Stalin; dessen karge Worte seien wie geschmiedet, voller Muskulatur. Auch andere Autoren, etwa Vera Inber, waren nur zu bereit, sich von dem neuen proletarischen Humanismus tragen zu lassen. Aber auch die proletarischen Dichter wie Aleksandr Bezymenskij, Semën Kirsanov, Aleksej Surkov oder Aleksandr Žarov setzten sich gegen Angriff und Geringschätzung zur Wehr.

Die beiden großen im Parteiauftrag vorgetragenen Referate von Karl Radek und Nikolaj Bucharin gehörten zu den am meisten umstrittenen. Jedermann wußte längst um ihre angeschlagene Position in der Partei. Man konnte es sich leisten, sie zu kritisieren und zu verhöhnen. Radeks These von der Spaltung der Weltliteratur in eine prosowjetische und eine profaschistische und sein Werben um die antifaschistischen Autoren im bürgerlichen Lager konnte nicht ohne Kritik an der thematischen Enge und an den formalen Defiziten in den Werken der proletarischen Schriftsteller geschehen. Dies löste scharfen Widerspruch seitens der deutschen Delegation aus, artikuliert in fast beleidigtem Ton durch Willi Bredel. Wichtiger noch – und in solcher Entschiedenheit nur dies eine Mal in der Sowjetunion vorgebracht – war der Widerspruch, den Wieland Herzfelde gegen die Abwertung von James Joyce einlegte. Radek hatte die Frage geprüft, ob westliche Autoren wie Joyce, Marcel Proust oder John Dos Passos als Vorbild für die revolutionäre Literatur in Betracht kämen, und sie in allen drei Fällen verneint. Als das Besondere an Joyce hatte er dessen angebliche Überzeugung herausgestellt, daß es im Leben nichts Großes, weder große Ereignisse, große Menschen noch große Ideen gebe; der Schriftsteller könne sich einfach «irgendeinen Helden an irgendeinem Tag» vornehmen – gemeint war *Ulysses* – und mit größter Genauigkeit schildern: «Ein von Würmern wimmelnder Misthaufen, mit einer Filmkamera durch ein Mikroskop aufgenommen – das ist Joyces Werk.» Wieland Herzfelde argumentierte dagegen – wie später Brecht in seinen *Notizen über realistische Schreibweise* (1940) –, daß sich die fortschrittliche Literatur der Gegenwart auf der Höhe der Wissenschaft und der Erfindungen der Gegenwart befinden müsse. Joyces künstlerische Technik, mit der er alle Schichten und Elemente der psychischen Realität bloßlege, sei ein Experiment, das Experiment aber dürfe dem Künstler nicht untersagt werden. Die Gefahr, die von Joyce ausgehe, bestehe nicht darin, daß ein alberner, armseliger Unterricht von diesem erteilt werde, sondern darin, so zu schreiben, als habe es Joyce nie gegeben. Über Joyce schrieb in den 30er Jahren der Kritiker Dmitrij Svjatopolk-Mirskij; einige Übersetzungen aus seinem Werk erschienen, dann legte sich das Tuch des Schweigens über den «Maestro der modernistischen Literatur in ihrer reaktionärsten Ausprägung», wie Joyce noch 1964 in der *Kratkaja literaturnaja ènciklopedija* (Kurze Literaturenzyklopädie) apostrophiert wurde.

Bucharins Referat über Aufgaben des dichterischen Schaffens (*Zadači poétičeskogo tvorčestva*) zeigte ein für einen Parteifunktionär, auch wenn er der alten Intelligenz entstammte, erstaunlich hohes literaturtheoretisches Niveau. Als Abgeordneter der Partei konnte er selbstverständlich nicht anders als politisch argumentieren, und doch waren seine Ausführungen ein Appell, ausgehend von der allgemeinen Qua-

litätsproblematik in Technik und Produktion, die künstlerische Meisterschaft auch in der Poesie durchzusetzen. So wichtig politische Aufgaben und Inhalte der Poesie seien, man dürfe über dem Nützlichen
das Angenehme, d. h. die formale Vollkommenheit der Poesie, nicht
vernachlässigen. Das reine Formexperiment, das, wie etwa Kručënychs
«Dyr bul ščyl», keinen Inhalt mehr habe, ablehnend und den Formalismus als analytische Methode auf die Literaturwissenschaft beschrän-
kend, zeichnete er einen neuen Klassikerkanon der sowjetischen
Poesie, in dem er das Bekenntnis zur Oktoberrevolution mit der
künstlerischen Meisterschaft vereint sah: Blok, Brjusov, Majakovskij
und sogar, mit seiner primitiven Volkstümlichkeit, Dem'jan Bednyj.
Von den Jüngeren akzeptierte er Éduard Bagrickij, Michail Svetlov,
Pasternak, Aseev und Nikolaj Tichonov, warnte aber zugleich vor
Überschätzungen und schwieg nicht zu den Mängeln der proletarischen Poeten. Die sowjetische Literatur, so lautete sein Fazit, sei nach
den Perioden des Kampfes und des fieberhaften Aufbaus nunmehr in
die Periode der Verallgemeinerungen eingetreten, in der eine synthetische Poesie anstehe, die nur mit höchster poetisch-technischer Meisterschaft bewältigt werden könne. Hier warnte eine Stimme der Partei, von den Auguren bereits verunglimpft, vor verpflichtenden
Direktiven und einer Bürokratisierung der schöpferischen Prozesse
oder verteidigte, wie es Érenburg später formulierte, die Poesie vor
Rhetorikern, Gelegenheitsdichtern und Vulgarisatoren. Er deutete
eine künstlerische Offenheit im Rahmen des Sozialistischen Realismus an, die durch die Ždanovschen Präjudizien längst schon ausgeschlossen war.

Zur Genese des Sozialistischen Realismus

Im Statut des Schriftstellerverbandes wurde der Sozialistische Realismus in folgender Formulierung zur verbindlichen künstlerischen
Methode der Sowjetliteratur erklärt: «Der Sozialistische Realismus,
der die Hauptmethode der sowjetischen Schönen Literatur und Literaturkritik ist, fordert vom Künstler wahrheitsgetreue, historisch konkrete Darstellung der Wirklichkeit in ihrer revolutionären Entwicklung. Wahrheitstreue und historische Konkretheit der künstlerischen
Darstellung muß mit den Aufgaben der ideologischen Umgestaltung
und Erziehung der Werktätigen im Geiste des Sozialismus verbunden
werden.»
    Damit war nun eine bestimmte Art von Realismus angesagt, ein
Realismus, der die sozialen Gegebenheiten nicht kritisch, sondern in

einer künftige Idealität vorwegnehmenden Schönung darbot; zugleich
war der Literatur eine sozialpädagogische Funktion und eine weltanschauliche Ausrichtung auf den Marxismus-Leninismus auferlegt. Das
ideologische Gebräu, das durch Äußerungen von Stalin, Gor'kij,
Gronskij, Fadeev und anderen entstanden war, wurde sehr bald um
weitere Leitbegriffe wie Parteilichkeit (partijnost'), Volksverbundenheit (narodnost'), Massengemäßheit (massovost'), Verständlichkeit
(ponjatnost') usw. ergänzt. Alle diese Begriffe hatten ihre eigene
Geschichte, nicht selten besagten sie im «System» des Sozialistischen
Realismus etwas anderes, als ursprünglich gemeint gewesen war.

Eigentlich gab es keinen zwingenden Grund, gerade die realistische
Methode, so wie sie in den europäischen Literaturen im 19. Jahrhundert ausgebildet worden war, der Literatur im Sozialismus zu unterlegen. Die Klassiker des Marxismus hatten sich nur zufällig zu Fragen
der Literatur und Kunst geäußert, Marginalien, die Georg Lukács in
den 30er Jahren zu systematisieren suchte. Engels' Diktum etwa vom
«Triumph des Realismus», womit er die objektiven sozialen Befunde
meinte, die die realistische Methode auch gegen die subjektiven Überzeugungen des Schriftstellers erbrachte, der sie verwendete, war nütz-
lich nur im Hinblick auf die Kritik am Kapitalismus. Desgleichen
wurde das «Typische» (tipičeskoe), d. h. jene Züge, in denen das Wesen
der Lebensphänomene besonders deutlich zum Vorschein kam, im
Sinne der Antizipierung kommunistischer Ideale gedeutet. Von den
russischen Marxisten hatte Georgij Plechanov, der menschewistische
Gegner Lenins, ein ästhetisches System entworfen, in dem das dem
Menschen einwohnende ästhetische Gefühl eine entscheidende Rolle
spielte. Das ästhetische Gefühl, eine objektive anthropologische Kategorie, stelle eine Potentialität dar, die erst in der konkreten sozioökonomischen Situation entbunden werde (R.-D. Kluge). Über verschiedene Zwischeninstanzen ließ sich die ästhetische Erscheinung auf
bestimmte Basisphänomene zurückführen. Bei der Bestimmung des
Kunstwerks kam es, nach Plechanov, einmal auf die Ermittlung eines
gesellschaftlichen bzw. soziologischen Äquivalents an, zum anderen
auf die Analyse der künstlerischen Werte und der stilistischen Eigenart
des Kunstwerks, dem ein bedeutender schöpferischer Freiraum zugestanden wurde. (Die Anhänger Plechanovs – etwa Pereverzev oder
auch Sakulin – konnten folglich entweder als «Vulgärsoziologen» oder
als «Idealisten» gebrandmarkt werden.) Im Mittelpunkt von Lenins
Kunstkonzept stand hingegen die sogenannte Widerspiegelungstheorie (teorija otraženija), eine Gnoseologie, die Erkenntnis,
Ideen, Empfindungen als «Widerspiegelungen» der objektiv gegebenen Materie begreift, während das ästhetische Vermögen des Men-

schen, anders als bei Plechanov, nicht als objektiv gegeben, sondern als erworben und damit abhängig von äußeren Bedingungen angenommen wird. Rolf-Dieter Kluge hat die Unterschiede zwischen den Kunstauffassungen Plechanovs und Lenins klar herausgearbeitet und gezeigt, wie das Leninsche Konzept das seines Widersachers mehr und mehr verdrängte. Für Plechanov sei die Kunst eine nicht-utilitaristische Aneignungsweise des Menschen, die er mit marxistischer Methode zu erklären versuchte; für Lenin eine bestimmte Form der Widerspiegelung in einer bestimmten Entwicklungsphase, die keineswegs nur kontemplativ und zweckfrei sei, sondern Aspekte der Veränderung der abgebildeten Welt enthalten müsse. (Ausführlich hatte Lenin das Funktionieren der Widerspiegelung in seinem Artikel *Lev Tolstoj, kak zerkalo russkoj revoljucii* [Lev Tolstoj als Spiegel der Revolution, 1908] vorgeführt.) In diesem Sinne systematisierte Anatolij Lunačarskij – nach Vorarbeiten des Literaturfunktionärs Pavel Lebedev-Poljanskij (*Lenin i literatura* [Lenin und die Literatur], 1924) – in seinem Artikel *Lenin i literaturovedenie* (Lenin und die Literaturwissenschaft, 1932) Lenins Ansichten zur Literatur im VI. Band der *Literaturnaja enciklopedija* und gab damit dem Sozialistischen Realismus eine leninistische ontologische Grundlage. (Später sammelte Michail Lifšic Lenins verstreute Äußerungen zur Kultur, Literatur und Kunst und gab sie 1938 unter dem Titel *Lenin o kul'ture i iskusstve* [Lenin über Kultur und Kunst] heraus.)

Auch Parteilichkeit (partijnost'), ein weiterer Leitbegriff des Sozialistischen Realismus, ging auf Lenin zurück. Dieser hatte im Revolutionsjahr 1905, als die Bol'ševiki erstmals eine legale Parteizeitung (*Novaja žizn'*) betreiben konnten, in dem Artikel *Partijnaja organizacija i partijnaja literatura* (Parteiorganisation und Parteiliteratur) die Vertretung des Parteistandpunktes in der parteieigenen Presse eingefordert: Das sozialistische Proletariat müsse das Prinzip der Parteilichkeit der Literatur herausstellen, entwickeln und nach Möglichkeit voll und ganz in die Tat umsetzen. So verständlich es erscheinen mochte, die in der Parteizeitung veröffentlichten Beiträge auf das Programm und die politische Agitation der Partei festzulegen, ließ doch Lenins radikale Tonart wenig Zweifel daran, wie Parteilichkeit zu verstehen sei, wenn es dereinst, nach der Machtübernahme, nur noch ausschließlich eine Parteipresse geben werde. Genau dieses Verständnis von Parteilichkeit wurde nun der Doktrin des Sozialistischen Realismus einverleibt: Parteilichkeit nicht mehr in einer generell offenen politischen Konkurrenzsituation, sondern als politische Festlegung der Literatur; nicht mehr als Parteinahme für das Proletariat oder für Sowjetrußland, sondern als unbedingte Unterwerfung unter die herrschende (freilich

ständig sich ändernde) Parteilinie. Lunačarskijs «Die Kunst ist partei-
lich» (Iskusstvo partijno) oder «Die Kunst ist klassengebunden»
(Iskusstvo klassovo) wurde nun in der Weise festgezurrt, daß Lenins
Zusicherung, die literarischen Angelegenheiten sollten nicht der
mechanischen Ausrichtung, der Nivellierung, der Herrschaft der
Mehrheit über die Minderheiten unterliegen, sie bedürften vielmehr
eines großen Freiraums an persönlicher Initiative, individueller Neigungen, des Denkens und der Phantasie, der Form und des Inhalts,
bald in Vergessenheit geriet. Daß die «kommunistische Parteilichkeit»
in eine ästhetische verwandelt wurde, die vom Pathos der Werke, der
Ideologie und Tendenziosität des Kommunismus getragen werde, war
so bei Lenin vielleicht doch nicht intendiert.

Gor'kij hatte nicht erst auf dem Schriftstellerkongreß prägenden
Einfluß auf die Diskussion um den Sozialistischen Realismus genom-
men. Sein Roman *Die Mutter* galt als Musterwerk der propagierten
Literatur, seine klassenbewußten Proletarierfiguren Nil und Pavel Vla-
sov als Vorbilder für den neuen positiven Helden (položitel'nyj geroj).
Rechtzeitig aber hatte er in dem Artikel *O socialističeskom realizme*
(Über Sozialistischen Realismus, in: *Literaturnaja učeba*, 1933/1) den
neuen Begriff erörtert, indem er aus ihm Forderungen an junge
Schriftsteller ableitete. Hier nahm die Warnung vor den Gefahren des
bürgerlichen Materialismus und Individualismus sowie vor der
Ansteckung durch die kleinbürgerliche Mentalität wieder breiten
Raum ein, Versuchungen, denen durch die ständige Errichtung einer
Zukunftsperspektive zu begegnen war. Neben der menschlichen
Arbeit und dem Arbeiter, dem Erbauer des Sozialismus, als Gegenstand der Literatur, sprach sich Gor'kij für jenen optimistisch-utopi-
schen Überguß im Sozialistischen Realismus aus, der anders auch als
beflügelnde «revolutionäre Romantik» in der Diskussion blieb.

Von Stalin schließlich kam die für die Doktrin des Sozialistischen
Realismus außerordentlich wichtige Bestimmung der Schriftsteller als
«Ingenieure der menschlichen Seelen», mit der der sozialpädagogische
Auftrag an die Schriftsteller festgelegt wurde und sie mit den techni-
schen Ingenieuren gleichgesetzt wurden, die den Aufbau des Sozialismus bewirkten. Stalin soll diesen Ausdruck in einem Gespräch mit
Schriftstellern in der Wohnung Gor'kijs im Oktober 1932 geprägt
haben und bei dieser Gelegenheit auch die sozialistische Kunst als
«Kunst des Sozialistischen Realismus» definiert haben. (Die Forschung
ist sich heute darüber einig, daß der Terminus «Sozialistischer Realismus» erstmals von dem Parteifunktionär und Leiter des Orgbüros Ivan
Gronskij am 20. Mai 1932 in einer Rede verwendet wurde und danach
in den Diskussionen bis zum Schriftstellerkongreß inflationär auftrat.)

Unmittelbar nach dem Treffen mit Stalin veröffentlichte Aleksandr
Fadeev in der *Literaturnaja gazeta* (Oktober/November 1932) eine Artikelfolge unter dem Titel *Voprosy chudožestvennogo tvorčestva* (Fragen des
künstlerischen Schaffens; später überarbeitet u. d. T. *O socialističeskom
realizme* [Über den Sozialistischen Realismus]), die als Resümee der
Unterredung in der Schriftstellerrunde gelten kann und allein schon
in der Frage-und-Antwort-Manier sowie den tautologischen Formulierungen die Stalinschen Denkmuster widerspiegelte. Der Kunstdiskurs, das zeigt die Begriffsarchäologie, war von vornherein auf die
Verbindung einer traditionellen künstlerischen Methode, des Realismus, der zudem den bisherigen Höhepunkt der russischen Literatur
bezeichnete, und einer Weltanschauung, natürlich der sozialistischen
bzw. marxistisch-leninistischen, gelenkt worden. Dies bedeutete
zugleich den Ausschluß der Traditionen von Moderne und Avantgarde
wie auch jeglicher ideologischer und politischer Abweichung von der
jeweiligen Parteilinie.

Da zunächst noch immer die Genre- und Themenvielfalt des Sozialistischen Realismus beschworen und den Autoren die Freiheit der
Formen und Verfahren, der Schaffensweise und Temperamente vorge-
gaukelt wurde, trat die verhängnisvolle Einengung und Selbstbe-
schneidung, die die russische Literatur durch die Doktrin des Sozialistischen Realismus erleiden mußte, erst allmählich zutage. Eine Reihe
kulturpolitischer Kampagnen führte in den Jahren vor und nach dem
Zweiten Weltkrieg zu schweren Repressionen gegen Schriftsteller. Der
von Gor'kij mit dem Essay *O jazyke* (Über die Sprache, März 1934 in
der *Pravda*) aufgeührte Kampf für die «Reinheit der russischen Sprache» (čistota russkogo jazyka) sollte die russische Sprache, das Werkzeug der Schriftsteller, von allem «parasitären Plunder» reinigen. Die
Kampagne richtete sich gegen den ornamentalen und naturalistischen
Sprachgebrauch in der Prosa, etwa bei Babel', Vsevolod Ivanov und
Zoščenko. (Man muß freilich sehen, daß auch Bunin aus der Ferne die
Verwilderung der Sprache bei den jungen sowjetischen Schriftstellern
scharf bemängelte.) Die im Januar 1936 entbrannte Kampagne gegen
Formalismus, aufgehängt an Dmitrij Šostakovičs Oper *Ledi Makbet
Mcenskogo uezda* (Lady Macbeth aus dem Kreis Mcensk, nach Leskov),
weitete sich rasch auf die Literatur aus. Formalismus, d. h. Rückfälle in
die Formensprache der Avantgarde, und Naturalismus, d. h. ungeschönte Abbildung der Wirklichkeit, galten seither als «rechte» oder
«linke» Abweichungen vom Königsweg des Sozialistischen Realismus.
Als Folge der ständigen Begradigung dieses Weges nahm der Sozialistische Realismus mehr und mehr Züge an, die typologisch einem
höfischen Klassizismus früherer Zeiten entsprachen, wie Andrej

Sinjavskij bereits 1956 in seinem ironischen Essay *Čto takoe socialističeskij realizm* (Was ist Sozialistischer Realismus?) aufgezeigt hat. Dieser Tendenz entsprach die Rückwendung zu den Klassikern der Literatur, die, durchaus in gezielter Auswahl, als literarische Leitbilder zu einem neuen Kanon gereiht wurden.

Anlaß hierfür boten die anstehenden Dichterjubiläen, die mit aufwendigen Feierlichkeiten, jedoch auch mit beachtlichen wissenschaftlichen Beiträgen und Editionen begangen wurden: im Februar 1937 der 100. Todestag Puškins, gefolgt vom 90. Todestag Belinskijs im Juni 1938, dem 50. Todestag Saltykov-Ščedrins, Stalins Lieblingsautors, im Mai 1939, dem 15. Todestag Brjusovs im Oktober 1939 und kurz darauf Lermontovs 125. Geburtstag.

Ganz unerwartet war die Kanonisierung, die Vladimir Majakovskij posthum widerfuhr. Daß der von der RAPP gehetzte Dichter nach seinem Tod kaum noch gedruckt wurde, war für seine Anhänger schwer hinnehmbar. Bucharin hatte ihm in seiner Rede auf dem Schriftstellerkongreß zwar Lob gezollt, niemand aber hatte erwartet, daß Stalin ihn durch einen knappen Spruch in den Rang eines sowjetischen Klassikers erheben würde. Stalin erklärte nämlich im Dezember 1935, Majakovskij sei und bleibe einer der besten und begabtesten Dichter der Sowjetepoche; Gleichgültigkeit gegenüber seinem Andenken und seinen Werken sei ein Verbrechen. (Inzwischen ist bekannt, daß Stalin mit seiner Bemerkung auf einen Beschwerdebrief Lilja Briks reagierte; sein damaliger Sekretär Nikolaj Ežov wurde beauftragt, alles zu tun, was bisher versäumt worden sei.) In der Folgezeit wurde ein Majakovskij-Kult aufgezogen, der zwar die futuristischen Anfänge und die LEF-Aktivitäten Majakovskijs herunterspielte, in dessen Schlagschatten indes die Freunde des Dichters (Aseev, Šklovskij, Kamenskij, die Briks) einen gewissen Freiraum gewannen. Das offiziöse, bereinigte Monument Majakovskijs ragte als einziger Rückstand der Avantgarde in den Sozialistischen Realismus hinein.

Förderung der Literatur – Verfolgung der Schriftsteller

Die soziale Lage der Schriftsteller in der Sowjetunion war bislang alles andere als rosig gewesen. Mehrere Dichterselbstmorde, die in der Mitte der 20er Jahre die Öffentlichkeit bewegt hatten, waren, anders als bei Esenin oder Majakovskij, auf die nackte materielle Not zurückzuführen gewesen. Vor allem die Pereval-Vereinigung hatte sich der Frage nach der sozialen Absicherung der Schriftsteller angenommen (P. Scherber). Schon 1927 wurde in Fortführung des traditionsreichen,

1859 gegründeten Schriftstellerhilfsfonds, der sogenannte LITFOND
(Literaturnyj fond) im Rahmen der Föderation der russischen Schriftstellerverbände FOSK geschaffen. Weit effizienter war dann der 1934
gleichzeitig mit dem Schriftstellerverband neugegründete LITFOND,
ein «Sozialversorgungsamt der Schriftsteller» (W. Kasack), das aus Beiträgen von Mitgliedern, Verlagen, Zeitschriften, Theater usw. sowie
kommerziellen Einkünften des Schriftstellerverbandes finanziert wurde. Im Laufe der Zeit bot der LITFOND seinen Mitgliedern nicht nur
eine Alters- und Krankenversorgung, sondern auch Wohnungen, Datschen, Kuraufenthalte in eigenen Erholungsheimen und andere Wohltaten. Mit seinen beachtlichen wirtschaftlichen Möglichkeiten war der
LITFOND Fürsorgeeinrichtung und Disziplinierungsinstrument in
einem. Dietrich Beyrau kam aufgrund der Autopsie der Akten des LIT-
FOND zu dem Schluß, daß es der Partei mit den geschaffenen Instrumenten dennoch nie ganz gelungen sei, eine Harmonisierung von
politischer Steuerung und spontaner Kreativität herbeizuführen. In
der Tat ließ sich die schöpferische Kraft nicht vollständig reglementie-
ren, doch konnte man sie wirksam durch ideologische Verwarnungen
gängeln oder gar behindern, ebenso wie sich das für die Partei Wün-
schenswerte durch Privilegien und Auszeichnungen stimulieren ließ.
Dennoch glaubt Beyrau, es sei, obwohl der Schriftstellerverband mit
Vertrauensleuten durchsetzt war und im Sekretariat ein zuverlässiges
Lenkungsorgan besaß, schon aus physischen Gründen nicht gelungen,
die Literaturproduktion lückenlos zu kontrollieren und zu lenken.
Weit wirksamer waren dagegen die Zensurbehörde GLAVLIT (Glavnoe
upravlenie po delam literatury i izdatel'stv/Hauptverwaltung für
Angelegenheiten der Literatur und der Verlage) und die Wachsamkeit
der Parteivertreter in den Redaktionen der Verlage und Zeitschriften.
Heute ist bekannt, wie der Zensurmechanismus arbeitete: Jedes
Druckwerk unterlag einer dreifachen Vorzensur für Manuskript, Kor-
rekturfahnen und Vorexemplar (signal'nyj ėkzempljar) sowie einer
Nachzensur. Der Katalog tabuisierter Themen war groß und blieb in
seinem Grundbestand bis in die 80er Jahre hinein unverändert. Er
betraf (nach W. Kasack) die ungeschönte Darstellung des Lebens in der
Sowjetunion, soziale und nationale Konflikte, religiöse und transzen-
dente Gegenstände, den sexuellen und physiologischen Bereich, hohe
Persönlichkeiten der Partei und ihr Privatleben, die kritische Darstellung von Partei, Roter Armee und Geheimdienst, die Nennung der
ausgeschalteten Politiker, Militärs, Wissenschaftler und Schriftsteller
und anderes mehr. Im Klima der Kampagnen und der Verfolgung
mißliebiger Autoren war die verinnerlichte Zensur in den Köpfen
wohl der verläßlichste Helfer der Kontrollapparate. Dennoch mußten

nicht wenige Werke, sogar solche von parteihörigen Autoren wie Fadeev oder Šolochov, nach den Vorstellungen der Zensur immer wieder umgearbeitet werden. Die Autoren verloren, da die Literatur als Auftragsliteratur verstanden wurde, gewissermaßen das Verfügungsrecht über ihre Manuskripte (D. Beyrau). Der rigiden Gängelung der Literatur standen in der widerspruchsvollen Zeit Maßnahmen besonderer Förderung gegenüber. Mit dem Dekret des CK *Ob izdatel'skoj rabote* (Über die Verlagsarbeit) vom September 1931 sollte das Verlagswesen, das in der NÈP-Zeit unübersichtlich geworden war, in großem Stil reorganisiert werden – natürlich unter Beachtung der pädagogischen Aufgaben und verbindlichen Themenschwerpunkte. Die Herausgabe literarischer Werke sollte einheitlich vor allem bei dem Staatsverlag für Schöne Literatur (GIChL) erfolgen. Auch im Zeitschriftenwesen fand nach 1932 eine Vereinheitlichung statt. Anstelle der Gruppenorgane wurden die bestehenden oder neugegründeten «dicken Zeitschriften» (tolstye žurnaly) zum typischen Literaturmedium, in dem nun auch die großen epochengestaltenden Romane der 30er Jahre in Fortsetzungen erschienen. So brachte *Novyj mir* Aleksej Tolstojs *Pëtr Pervyj* (Peter der Erste, 1929–1945) und Malyškins *Sevstopol'* (1929/30), *Krasnaja nov'* Romane von Fadeev, Makarenko und Gajdar, *Oktjabr'* Sergeev-Censkijs *Sevastopol'-skaja strada* (dt. u. d. T. Die heißen Tage von Sewastopol, 1936–1938), um nur einige Beispiele zu nennen. Koordiniert wurden die Zeitschriften durch das Unternehmen ŽURGAZ, das von dem agilen Journalisten und Reporter Michail Kol'cov geleitet wurde. Von Gor'kij, dem unermüdlichen Anreger, gingen auch diesmal wieder wichtige Initiativen aus, so die Gründung von Zeitschriften wie *Naši dostiženija* (Unsere Errungenschaften), *SSSR na strojke* (Die UdSSR im Bau), *Za rubežom* (Im Ausland) oder *Literaturnaja učëba* (Literarische Lehre). Die einzigartige «Dichterbibliothek» (*Biblioteka poèta*), die in der Folgezeit Hunderte von russischen Poeten einem breiten Publikum vermitteln sollte (die Auflagenhöhe der einzelnen Bände lag anfangs bei 10 000 Exemplaren, erreichte später aber 50 000 und mehr), wurde 1931 von Gor'kij gegründet. Zwei Jahre darauf folgte die biographische Reihe *Žizn' zamečatel'nych ljudej* (Das Leben bedeutender Menschen), die einen Aufschwung des biographischen Genres nach sich zog. Auch die von der Akademie der Wissenschaften edierten kritischen Ausgaben der russischen Klassiker (Puškin, Gogol', Lermontov, Belinskij, Černyševskij u. a.) konnten als Errungenschaften der sowjetischen Literaturpflege angesehen werden, obwohl sich selbst bei diesen verdienstvollen Vorhaben immer wieder das Parteilichkeitsgebot oder einseitige Interpretamente störend bemerkbar machten.

Zu den wichtigsten Fördermaßnahmen gehörte die Gründung des Gor'kij-Literaturinstitutes (Literaturnyj institut imeni M. Gor'kogo) im Dezember 1933 in Moskau. Mit dieser «Gor'kij-Schule» (škola Gor'kogo) wurde der Gedanke von der Erlernbarkeit des Dichterhandwerks mit dem Ziel seiner Lenkbarkeit wirkungsvoll verbunden. In «schöpferischen Seminaren» wurden junge Autoren von erfahrenen Schriftstellern in den Schreibtechniken und den Gattungsnormen, in Metrik und Stilistik angeleitet. Unter den Lehrern waren Autoren wie Aleksandr Fadeev, Konstantin Fedin, Fëdor Gladkov, Leonid Leonov, Konstantin Paustovskij, Il'ja Sel'vinskij und Aleksej Surkov. Bis 1982 absolvierten 2921 junge Schriftsteller das Institut, darunter Margarita Aliger, Vasilij Ažaev, Evgenij Dolmatovskij, Viktor Rozov, Konstantin Simonov, Boris Sluckij, Vladimir Solouchin und Vladimir Tendrjakov. Wie bedenklich sich die sozialistische Dichterschule in vielem auch darstellen mochte, so kann doch nicht bestritten werden, daß sie ihren Zöglingen eine hohe Kunstfertigkeit vermittelte, daß sie Sluckij mit den Techniken der Avantgarde bekanntmachte und Solouchin in die Poetik des Sonettenkranzes einführte.

Nichts freilich kann den ungeheuren Schaden rechtfertigen oder je wiedergutmachen, den das Stalinsche Regime der eigenen Literatur mit der Verfolgung und Auslöschung einer riesigen Zahl von Schriftstellern zugefügt hat. Die Schriftsteller fielen dem Repressionsapparat zum Opfer, wenn sie dem PROLETKUL'T, LEF, Pereval oder OBĖRIU angehört hatten, wenn sie aus der alten Intelligenz stammten oder den ĖSER nahegestanden hatten, vor allem aber wenn sie zur Klientel der ausgeschalteten hohen Parteiführer gerechnet wurden. Der Trotzkismus-Vorwurf, auf den die Beschuldigungen in aller Regel hinausliefen, besiegelte das Schicksal zahlloser Schriftsteller. Nicht selten wurden nun auch Scharfmacher der RAPP wie der gewissenlose Karrierist Leopol'd Averbach selbst zu Opfern der Repression. Dank der Archivfunde Vitalij Šentalinskijs in der Lubjanka weiß man inzwischen, mit welchem Zerstörungswillen der sowjetische Geheimdienst gegen die Schriftsteller vorging. Die OGPU verfügte über besondere Literaturexperten, darunter den berüchtigten Nikolaj Šivarov, die die «aktiven Ermittlungen» leiteten, indem sie belastendes Material zusammentrugen oder selbst verfertigten, Intrigen spannen, Verhöre durchführten und ihre Opfer folterten. Beflissene Helfershelfer waren literarische Denunzianten vom Schlage eines Boris D'jakov, Verfasser von Prosa und Dramen, der dem Geheimdienst erst unter dem Tarnnamen «Specht» (djatel) zuarbeitete, später indes mit Enthüllungsbüchern über die Stalinschen Verfolgungen hervortrat (*Perežitoe* [Durchlittenes], 1963; *Povest' o perežitom* [Erzählung über das Durchlittene], 1964).

Manuskripte und persönliche Aufzeichnungen der Schriftsteller wurden gewöhnlich beschlagnahmt und oftmals vernichtet. In den Archiven des KGB wurden nach 1990 unter anderem Gedichte von Mandel'štam und Nikolaj Kljuev, die Manuskripte zweier Romane von Andrej Platonov, *Techničeskij roman* (Technischer Roman, veröfftl. 1991) und *Sčastlivaja Moskva* (Das glückliche Moskau, veröfftl. 1991), sowie Tagebücher von Michail Bulgakov aufgefunden. Vieles aber scheint unwiederbringlich verloren, so der letzte Roman von Boris Pil'njak, der beschlagnahmt wurde und verschwand. Insgesamt dürfte, nach Šentalinskij, die Zahl der verhafteten Schriftsteller bei 2000 liegen; von ihnen wurden etwa 1500 exekutiert oder kamen in der Lagerhaft ums Leben. Genau wird sich die Zahl nie ermitteln lassen. (Im Zuge der Destalinisierung wurden später ca. 600 Schriftsteller als Opfer ungerechtfertigter Repression rehabilitiert.) Zu den Schriftstellern, die mit dem Tode bestraft wurden oder in der Lagerhaft umkamen, gehören, um nur einige Namen zu nennen: Isaak Babel', Boris Pil'njak, Michail Kol'cov, Nikolaj Kljuev, Osip Mandel'štam, Pavel Vasil'ev, die Proletkul't-Dichter Aleksandr Gastev, Michail Gerasimov, Vasilij Knjazev, Vladimir Kirillov, die Futuristen Benedikt Lifšic, Sergej Tret'jakov, die Pereval'cy Ivan Kataev, Artëm Vesëlyj, Aleksandr Voronskij, Nikolaj Zarudin, die Obėriuten Daniil Charms, Nikolaj Olejnikov, Aleksandr Vvedenskij (Konstantin Vaginov verstarb unmittelbar vor seiner Verhaftung), der Regisseur Vsevolod Mejerchol'd. Lagerhaft erlitten Aleksandr Afinogenov, Galina Serebrjakova, Nikolaj Zabolockij und unzählige andere. Nicht selten wurden auch die Angehörigen der Verfolgten verhaftet und deportiert, so Lev Gumilëv, der Sohn der Anna Achmatova und Nikolaj Gumilëvs, Ariadna Ėfron, die Tochter der Cvetaeva, Mandel'štams Gattin Nadežda oder Platon, der 15jährige Sohn Andrej Platonovs, den man verhaftete, während der Vater verschont blieb.

Neben der Liquidierung der Schriftsteller oder ihrem grausamen Darben in der Welt des GULAG gab es unterschiedlichste Abstufungen der Verfolgung und der Verfemung. Früh hatten Publikationsverbote eingesetzt, die die Dichter ihrer ureigensten Bestimmung beraubten: des Dialogs mit dem Publikum. Nach den Angriffen der RAPP war es für Anna Achmatova bereits 1928 ausgeschlossen, die geplante zweibändige Ausgabe ihrer Gedichte herauszubringen – trotz engagierter Fürsprache Konstantin Fedins. Sie konnte ihr Schweigen nur einmal, 1940, unterbrechen, als ihr die Veröffentlichung des Auswahlbandes *Iz šesti knig* (Aus sechs Büchern) mit Gedichten aus den Jahren 1924–1940 gewährt wurde, dem auch der neue Zyklus *Iva* (Die Weide, später u. d. T. *Trostnik* [Das Schilfrohr]) hinzugesellt war. Außer Übersetzungen und vereinzelten Gedichten, darunter die erzwungenen peinlichen Gedichte für den Friedenskampf in der Illustrierten *Ogonëk* 1950, konnte Achmatova bis zum poststalinschen Tauwetter nichts Wesentliches veröffentlichen. Auch Osip Mandel'štam wurde mehr und mehr ins Abseits gedrängt. Die Armenien-Fahrt, die ihm dank Bucharins Fürsprache im Herbst 1930 gestattet wurde, brachte mit den von Augenweide und Assoziationslust überquellenden Reiseaufzeichnungen und -gedichten (*Putešestvie v Armeniju* [Reise nach Armenien], 1930 in *Zvezda* veröffentlicht) die letzte öffentliche Äußerung des Dichters. Da ihm die Rückkehr nach Leningrad (aufgrund einer Intervention seines Dichterkollegen Nikolaj Tichonov) verwehrt wurde, ließ er sich in Moskau nieder, bis er wegen seines sarkastischen Pasquillgedichts auf Stalin *My živëm, pod soboju ne čuja strany* (Wir leben, ohne das Land unter uns zu spüren, November 1933), das den Diktator als «Seelenverderber und Bauernschlächter» (dušegubca i mužikoborca) anprangerte, im Mai 1934 zum ersten Mal verhaftet wurde. Als er wenige Tage zuvor auf dem Tverskoj-Boulevard dem vorsichtigen Boris Pasternak das Stalin-Gedicht deklamierte, erschrak dieser: «Ich habe nichts gehört, und Sie haben nichts rezitiert. Sie wissen, es gehen jetzt seltsame, schreckliche Dinge vor, Menschen verschwinden; ich fürchte, die Wände haben Ohren, vielleicht können auch die Pflastersteine hören und reden.» Erstaunlicherweise wurde Mandel'štam wieder freigelassen. Die interne Anordnung lautete: «Isolieren, aber am Leben erhalten.» Krank und heruntergekommen wie schon in Moskau, lebte er drei Jahre in Voronež in Verbannung. Die *Moskovskie tetradi* (Moskauer Hefte, 1930–1933) und die *Voronežskie tetradi* (Voronežer Hefte, 1935–1937) stellen nicht nur bewundernswerte Zeugnisse seines Dichtertums, sondern auch seines geistigen Widerstandes gegen Diktatur und Ausgrenzung dar. Gegen das «buddhagleiche Moskau» (in dem Gedicht *Polnoč' v Moskve* [Mitternacht in Moskau]), gegen das «Wolfshund-Jahrhundert» (vek-volkodav, in dem Gedicht *Za gremučuju doblest'. . .* [Für den pochenden Mut . . .]) setzte Mandel'štam die Werte der Weltkultur: Petrarca, Ariost, die deutsche Sprache und Musik, die russischen klassischen Poeten. Trost bot auch die Treue seiner Dichterfreundin Anna Achmatova und die späte Verbindung mit Andrej Belyj, einem anderen Ausgestoßenen der russischen Literatur jener Jahre. Der Deportation nach Sibirien nach der zweiten Verhaftung hatte er kaum noch Widerstandskraft entgegenzusetzen. Er verstarb in einem Übergangslager nahe Vladivostok im Dezember 1938.

Im Zuge der Säuberungen wurden die verhafteten Schriftsteller mit absurden Anschuldigungen konfrontiert, meist wurde ihnen Trotzkismus und Spionage (zugunsten Deutschlands, Japans oder Frankreichs) zur Last gelegt. Torturen und Dauerverhöre erbrachten

«Geständnisse», Selbstbeschuldigungen, Verrat an Freunden und Verwandten, was freilich nicht zur Entlastung führte, sondern den vorbestimmten Untergang nur beschleunigte. So wurde Isaak Babel' nach seiner Verhaftung wegen verräterischer antisowjetischer Aktivitäten angeklagt, ihm wurde vorgeworfen, er sei Chef einer antisowjetischen Schriftstellerorganisation gewesen und habe terroristische Akte gegen Parteiführer und Regierungsmitglieder geplant. Mit welcher Brutalität die Gefangenen mißhandelt wurden, läßt sich aus dem erschütternden Brief ersehen, den Vsevolod Mejerchol'd nach seiner Verhaftung an den Vorsitzenden des SOVNARKOM Molotov richtete und der mit den Worten endete: «‹Der Tod (oh, natürlich!), der Tod ist leichter als das!› sagt sich der Angeklagte. Und auch ich sagte es mir. Dann begann ich, mich selbst zu bezichtigen, weil ich hoffte, auf das Schafott geführt zu werden ...» (nach V. Šentalinskij)

Boris Pil'njak war bereits seit 1929, da er seine Povest' *Krasnoe derevo* (Mahagoni) im Berliner Verlag «Petropolis» hatte erscheinen lassen, argen Anfeindungen ausgesetzt gewesen. Trotz vieler Gesten der Willfährigkeit wurde er im Oktober 1937 aufgrund der Behauptung verhaftet, einige seiner Werke seien vom Geist des Trotzkismus durchdrungen. Wie Šentalinskij nachweisen konnte, wurde dieser Vorwurf mit einer «Bescheinigung» begründet, die auf eine Redaktionssitzung des *Novyj mir* unter der Leitung von Ivan Gronskij im September 1936 zurückging. Vergebens suchte sich auch Pil'njak, gleich anderen Angeklagten, mit einer schier unglaublichen Selbstbeschuldigung als Konterrevolutionär, Feind des Systems und Spion zu retten; genau gelesen, verraten seine Verhörprotokolle noch einen versteckten Widerstand.

Auch Nikolaj Kljuev, der bereits im Februar 1934 aufgrund eines Hinweises seines «Schülers» Pavel Vasil'ev verhaftet worden war, wich in den Verhören von seiner Überzeugung, die Sowjetherrschaft zerstöre die Grundlagen und die Schönheit des russischen Volkslebens, nicht ab. Seine prophetischen Dichtungen, *Pesn' Gamajuna* (Gamajuns Gesang) und vor allem das Epos *Pesn' o velikoj materi* (Das Lied von der Großen Mutter, 1930/31), in denen er die ökologische Bedrohung Rußlands beschwor, aber auch dessen Auferstehung nach der sowjetischen Apokalypse voraussagte, dienten als Material der Anklage. Wie Mandel'štam wurde er, aus dem Schriftstellerverband ausgeschlossen und jeder Publikationsmöglichkeit beraubt, deportiert und der äußersten materiellen Not ausgeliefert, ehe man ihn in Tomsk als Mitglied einer von der Anklagebehörde erdachten monarchistisch-faschistischen Organisation hinrichtete.

Das Gattungssystem des Sozialistischen Realismus

Nach der Proklamierung des Sozialistischen Realismus wurden die neuen formalen und thematischen Anforderungen rasch durchgesetzt und begründeten binnen kurzem ein neues Gattungssystem. Als Grundtendenz war allenthalben die Ersetzung der offenen, dokumentaren und experimentellen Formen der 20er Jahre durch geschlossene, auf Totalität und Affirmation zielende Strukturen zu erkennen. Demgegenüber trat die kritisch-satirische Literatur, die mit den NĖP-Romanen *Dvenadcat' stul'ev* (Zwölf Stühle, 1928) und *Zolotoj telënok* (Das goldene Kalb, 1931) des Autorengespanns Il'ja Il'f / Evgenij Petrov noch unlängst Triumphe des Lachens gefeiert und in Michail Zoščenko und Michail Bulgakov unvergleichliche Meister gefunden hatte, deutlich zurück. Sie paßte nicht mehr in die in den 30er Jahren verordnete Stimmung von Heroismus und Optimismus. Mit der Absolutsetzung des mimetischen Realismus erhielt auch dessen Hauptgattung, der Roman, wieder den dominanten Platz im neuen Gattungsgefüge. Entsprechend den aufgegebenen Themen – industrieller Aufbau und Kollektivierung der Landwirtschaft, Erziehung der Jugend und zunehmend auch die heroisch-militärische Vergangenheit Rußlands – bildete die Gattung drei Zweige aus: den Produktionsroman, den Erziehungsroman und den historischen Roman.

Der Produktionsroman

Michail Šolochov legte schon 1932 den ersten Teil seines Kolchosenromans *Podnjataja celina* (Gepflügtes Neuland, dt. u. d. T. Neuland unterm Pflug) vor, in dem er die «Bewegung der 25 000» darstellte. Es waren Kommunisten, die in großer Zahl in die Dörfer entsandt wurden, um die Kollektivierung zu propagieren und durchzuführen. Šolochov verschwieg nicht die ungeheuren subjektiven und objektiven Schwierigkeiten, die die Zwangsmaßnahmen auslösten, doch waren für ihn die bürgerkriegsähnlichen Zustände, die er packend schilderte, vor allem das Werk antisowjetischer Verschwörer. Er hat diesen Roman erst 1959, also nach dem *Stillen Don*, abgeschlossen. Umfassender als Šolochov veranschaulichte Fëdor Panfërov in dem vierteiligen Roman *Bruski* (Steinblöcke, dt. u. d. T. Wolgabauern) die sozialistische Umgestaltung des Dorfes. Von 1928 bis 1937 arbeitete er an dem Romanwerk, das die sozioökonomischen Veränderungen und den ländlichen Klassenkampf am Beispiel des Dorfes Širokij Buerak vorführte. Reaktionäre Kulaken und zaristische Widersacher kommen gegen die wachsende Einsicht der Dorfarmen und Mittelbauern nicht an, daß die agrotechnischen Möglichkeiten der Kolchose dem privaten Wirtschaften der Einzelbauern weit überlegen seien. So siegt erwartungsgemäß die überzeugende Kraft des Fortschritts.

Folglich nimmt auch der Bauer Nikita Gurjanov (im dritten Teil des Romans), der lange nach dem utopischen Bauernland Muravija gesucht hat, den gleichen Weg wie Tvardovskijs Bauernheld Nikita Morgunok in *Strana Muravija*: Er findet das Wunderland am Ende in der bäuerlichen Genossenschaft.

Die Industrieromane waren früh zur Stelle; viele entstanden bereits während des ersten Fünfjahresplans und erinnerten in manchen Zügen an das Gladkov-Muster *Cement*, an das ja auch Gladkov selbst mit *Ėnergija* (1933) anknüpfte. Leonid Leonov lieferte mit *Sot'* (dt. u. d. T. Das Werk im Urwald, 1930) und *Skutarevskij* (dt. u. d. T. Professor Skutarewski, 1932) lesenswerte Beispiele des Aufbauromans, wenn er im einen den Bau einer Papierfabrik in der Nordostregion Rußlands und den Kampf der Kommunisten mit den Naturkräften wie auch mit den archaischen Vorstellungen der bodenständigen Bevölkerung, im anderen die schwierige psychische und ideologische Entwicklung eines Physikers und Angehörigen der alten Intelligenz zum bewußten Vertreter des sozialistischen Aufbaus zeigte, ohne doch, bei aller Ergebenheit gegenüber den Klassenkampf- und Sabotagemotiven, dem ihm eigenen psychologischen Tiefgang zu entsagen. Auch Boris Pil'njak (*Volga vpadaet v Kaspijskoe more* [Die Wolga fließt ins Kaspische Meer], 1930), Valentin Kataev (*Vremja vperëd!* [dt. u. d. T. Im Sturmschritt vorwärts], 1932), Il'ja Ėrenburg (*Den' vtoroj* [Der zweite Tag], 1934; *Ne perevodja dychanija* [Ohne Atempause], 1935) und viele andere Autoren verschrieben sich dem Aufbaugenre, das freilich gegen Ende der 30er Jahre an Bedeutung verlor.

Der Erziehungsroman

Die Erziehung des «neuen Menschen» (novyj čelovek) war von Anfang an ein vorrangiges gesellschaftspolitisches Ziel im Sowjetstaat. In den 20er Jahren war die Erziehung des Proletariers zum revolutionären Klassenkämpfer und Internationalisten von der pädagogischen Linken propagiert worden, sie sollte durch die schon von Marx und Engels vorgesehene polytechnische Massenerziehung erreicht werden, d. h. durch abwechselnde industrielle und landwirtschaftliche Arbeit zum Zwecke der Selbstverwirklichung des Menschen. Dem entsprachen sowohl die pädagogischen Konzepte der Arbeitsschule (*Trudovaja škola*,

1919), wie sie Pavel Blonskij vertrat, als auch sozialutopische Pläne, die auf eine totale Arbeits- und Erziehungsgesellschaft abzielten. Die vollständige edukative Vereinnahmung des Sowjetmenschen von der Vorschule über eine polytechnische Ganztags- oder Heimschule bis zur Erwachsenenbildung war, mit den Worten von Oskar Anweiler, «Ausdruck des utopischen Grundzugs der kommunistischen Pädagogik und Sozialphilosophie und zugleich ein Instrument der totalitären Bewußtseinsformung durch die herrschende Partei». In der Stalin-Zeit wurden die pädagogischen Grundprinzipien auf die «wertvollen» Unterrichtsmethoden der alten (bürgerlichen) Schule zurückgedreht und experimentelle Unterrichtsformen verworfen. Bis 1937 war die Stabilisierung des Schulwesens vollendet, sie kam einer völligen Reglementierung gleich. Daß die Literatur ihr Teil zur allgemeinen Erziehung des Volkes beizutragen habe, das war seit Stalins Wort von den Schriftstellern als Ingenieuren der menschlichen Seelen ein Axiom. Es war ihre Aufgabe, die neuen Erziehungsziele des Sowjetpatriotismus und der bedingungslosen Parteihörigkeit in literarischen Werken vorzuführen. Zwei Werke leisteten dies mustergültig, das eine, *Kak zakaljalas' stal'* (Wie der Stahl gehärtet wurde, 1932–1934) von Nikolaj Ostrovskij, gewann den Weg zur gefestigten, der Partei ergebenen sozialistischen Persönlichkeit aus der autobiographischen Darstellung, das andere, *Pedagogičeskaja poèma* (Pädagogisches Poem, dt. u. d. T. Der Weg ins Leben, 1935) von Anton Makarenko, aus der Erfahrung der kollektiven Erziehung. Ostrovskij griff in seinem Roman, in dem er die Lebensgeschichte des Pavel (Pavka) Korčagin erzählte, auf die eigene Vita zurück. Sein Held stammt, wie er selbst, aus der Arbeiterklasse, nimmt am Bürgerkrieg teil und wird verwundet; er steht als Komsomolze und Funktionär unbeirrt im Dienste der Partei. Als er an einer unheilbaren Krankheit erkrankt und erblindet (ebendieses Schicksal, eine fortschreitende Paralyse, traf Ostrovskij im Jahre 1927), erfüllt er den sozialen Auftrag noch mit schwindender Kraft, indem er als Schriftsteller an einem Roman arbeitet, der sein politisches Vermächtnis sein soll: *Roždënnye burej* (Die Sturmgeborenen). Einen so benannten Roman, der kein stalinistisches Klischee ausläßt, hat Ostrovskij tatsächlich unvollendet hinterlassen. Parallel zur Herausbildung des Sozialistischen Realismus entstanden, galt *Kak zakaljalas' stal'* bald als klassisches Exempel dieser Doktrin und wurde von der sowjetischen Kritik – recht gewaltsam – in die Tradition des europäischen Erziehungsromans gerückt. Ideologisch erfüllte der Roman alle Anforderungen, und da er auch das menschliche Mitgefühl ansprach, blieb er nicht ohne emotionale Wirkung. Nach wie vor läßt sich an ihm das Konzept des «positiven Helden» (položitel'nyj geroj), so wie es die offizielle Doktrin sich wünschte, idealtypisch darstellen. Ostrovskijs Roman erlebte weit über 200 Auflagen und wurde zweimal verfilmt; um seinen Autor und das «Willenswunder» (volevoe čudo) seines Helden wurde ein Kult mit manch peinlichen Begleiterscheinungen aufgezogen. Die ideologischen Abweichungen, die Ostrovskijs Werdegang aufweist, wurden aus seiner Biographie getilgt.

So sehr sich Makarenkos *Pedagogičeskaja poèma* von Ostrovskijs autobiographischem Roman auch unterschied, es bestanden einige wesentliche Übereinstimmungen zwischen ihnen: Beide Werke schilderten spannende sozialpsychologische bzw. sozialpädagogische Entwicklungsprozesse, und beide besaßen eine stark dokumentarische, also non-fiktionale, Komponente. Nach Anlage und Stil freilich waren sie höchst verschieden. Makarenko spielte mit dem Titel seines Werkes wohl auf das alte Lehrgedicht (didaktičeskaja poèma) an, doch sein «Pädagogisches Poem» war in Wahrheit ein Erfahrungsbericht über die Gor'kij-Kolonie bei Poltava, die er von 1920 bis 1928 geleitet hatte. Hier wurden nach Beendigung des Bürgerkrieges verwahrloste und straffällig gewordene Jugendliche, sogenannte «besprizornye» oder «besprizorniki» (Unbeaufsichtigte) resozialisiert. Makarenko schilderte mit dokumentarischer Nüchternheit, der er aber auch Humor und Idealismus beimischte, wie es den Erziehern gelingt, die obdachlosen, halbverhungerten Zöglinge mittels streng autoritärer Erziehungsmethoden und paramilitärischer Disziplin zu einem funktionierenden Kollektiv zusammenzuschweißen, ihnen Arbeitsliebe und kulturelle Werte zu vermitteln, um sie am Ende als sozialistische Persönlichkeiten ins Leben zu entlassen. Bedenkt man, daß die Besprizorniki (auch chuligany, nach dem englischen Wort hooligan, genannt), in Banden zusammengeschlossen, nach dem Bürgerkrieg Stadt und Land unsicher machten und ein ernstes soziales Problem darstellten, so mußte Makarenkos Versuch, ihnen durch die sogenannte Kommandeur-Pädagogik, d. h. durch strenge Führung, unbedingte Disziplin und den regulierenden Zwang des Kollektivs, den Weg aus der Asozialität zurück ins Leben zu ermöglichen, eine pädagogische Verheißung sein. Folgte Makarenko damit auch als einer der ersten sowjetischen Autoren dem Stalinschen Erziehungsauftrag, so lagen die Wurzeln seines pädagogischen Handelns doch im sozialistischen Humanismus, den Gor'kij für ihn verkörperte, anders gesagt: in der «Verbindung von Optimismus und fordernden Ansprüchen» (H. E. Wittig). Die Kolonisten schrieben Briefe an Gor'kij nach Sorrent; dieser empfahl ihnen (in dem an Makarenko gerichteten Brief vom 19. September 1925), sein Buch *Kindheit* zu lesen; sie würden dann erkennen, daß er ein ebensolcher Mensch sei wie sie und daß sein hartnäckigster Wunsch stets das Lernen gewesen sei: «Lernen und Fleiß bricht alles Eis» (Učenie i trud vsë peretrut). Makarenko legte sein Erziehungskonzept ferner in zwei Büchern über die Dzeržinskij-Jugendarbeitskommune in Char'kov dar, die er 1927–1935 geleitet hatte. Erinnerte der als dokumentare Skizze (očerk) zu qualifizierende *Marš tridcatogo goda* (Der Marsch des Jahres dreißig, 1932) noch deutlich an die Faktenliteratur, so paßte sich der dem gleichen Thema gewidmete Roman *Flagi na bašnjach* (Flaggen auf den Türmen, 1938), in dem Makarenko selbst in der Gestalt des Kommunenleiters Aleksej Stepanovič Zacharov auftrat, bereits deutlich den sozialistisch-realistischen Mustern an. Die Erziehungstat Makarenkos ist, trotz ihres «autoritär-kollektivistischen Erziehungstils» (O. Anweiler), später durchaus auch von Pädagogen im Ausland, etwa Herman Nohl, Elisabeth Heimpel und Leonhard Froese, gewürdigt worden.

Der Geschichtsroman

Ähnlich wie im Erziehungswesen, fand auch in der Geschichtswissenschaft während der Stalin-Zeit ein grundlegender ideologischer Paradigmenwechsel statt. Die sowjetische Historiographie hatte in den 20er Jahren im Zeichen des Klassenkampfes gestanden, was bedeutete, daß der Aufweis von sozioökonomischen Antagonismen, klassenbedingtem Handeln und Denken sowie offenem oder latentem Klassenkampf in der Geschichte das leitende Erkenntnisinteresse der Geschichtsforscher gewesen war. Die tonangebende Gestalt der marxistischen Geschichtswissenschaft war Michail Pokrovskij gewesen, ein Bolschewist vom alten Schlage. Er hatte nicht nur durch seine Darstellungen der russischen Geschichte, vor allem in dem Kompendium *Russkaja istorija v samom sžatom očerke* (Russische Geschichte in knappestem Abriß, 1920), das materialistische Geschichtsbild wirkungsvoll propagiert, sondern war maßgeblich auch an der Durchsetzung dieses Konzeptes im Schulunterricht beteiligt gewesen, ganz zu schweigen davon, daß überhaupt die historischen Gesellschafts- und Geisteswissenschaften, so wie sie an dem von Pokrovskij gelenkten Institut der Roten Professur (IKP) betrieben wurden, dem materialistischen Soziologismus frönten. Diese klassenkämpferische Geschichtsbetrachtung wurde – wiederum ausgelöst durch eine unmittelbare Intervention Stalins – Anfang der 30er Jahre als «vulgärsoziologisch» verurteilt und durch ein Geschichtsbild ersetzt, das der «Größe und Würde der nationalen Vergangenheit», den großen historischen Persönlichkeiten

der russischen Geschichte – von Aleksandr Nevskij bis zu Suvorov
und Kutuzov – wieder Rechnung trug, ohne sich freilich vom Marxschen historischen Materialismus loszusagen. In diesem Klima entstanden zahlreiche Geschichtsromane, die zum Teil noch die Geschichte der Klassenkämpfe und damit gleichsam die Genealogie der
Oktoberrevolution nachzeichneten – darunter der Roman über den
revolutionären Aufklärer *Radiščev* (1936–1939) von Ol'ga Forš und die
Darstellung des Pugačëv-Aufstandes *Emel'jan Pugačëv* (unvoll., posthum 1946/47) von Vjačeslav Šiškov. Andere Autoren veranschaulichten
die großen militärischen Niederlagen des Zarenrciches, die aus dessen
gesellschaftlicher und technischer Rückständigkeit erklärt wurden. So
schilderte Aleksej Novikov-Priboj in dem Roman *Cuzima* (Tsushima,
1932–1940) die vernichtende Niederlage, die die russische Flotte im
Mai 1905 bei der Insel Tsushima gegen die Japaner erlitten hatte. Sie
war für ihn das Menetekel, das den Untergang des zaristischen Systems
ankündigte. Da er die Schlacht selbst als Proviantmeister auf dem Pan-
zerkreuzer «Orël» miterlebt hatte, kannte er aus eigenem Augenschein
und aufgrund von Recherchen sehr genau jene Mängel, die das Debakel notwendig herbeiführen mußten. Fast zeitgleich mit Novikov-Pri-
bojs Werk erschien übrigens der Roman *Tsushima* (1936) des baltendeut-
schen Schrifstellers Frank Thiess, der ebenfalls mit dokumentaren
Quellen arbeitete, der russisch-japanischen Entscheidungsschlacht
jedoch einen transzendenten geschichtsphilosophischen Sinn unterlegte und in ihr das Wirken der Moira, des ewigen Schicksals, und eine
Bewährung des heroischen «Ewig-Männlichen» erkannte. Derartige
Deutungen mochten bei Merežkovskij oder Aldanov zu finden sein,
den sowjetischen Autoren lagen sie fern. Auch *Sevastopol'skaja strada*
(dt. u. d. T. Die heißen Tage von Sewastopol, 1937–1939), die große
Darstellung des Krimkrieges 1854/55 von Sergej Sergeev-Censkij,
zielte trotz ihrer breitangelegten baillistischen Episoden sowie
genauer historischer und strategischer Analysen auf den Zusammenbruch des überlebten Nikolaitischen Herrschaftssystems ab, der durch
den Tod des Zaren im Februar 1855 augenfällig wurde. Diese Romane
waren also, über ihren historisch-informativen Wert hinaus, im Verhältnis zur Gegenwart auch als Negativfolien zu lesen, da sie indirekt
zur Verteidigungsbereitschaft und zu hoher militärischer Effektivität
aufriefen.

Auch Aleksej Tolstojs *Pëtr Pervyj* (Peter der Erste, 1929–1945), der
bedeutendste Geschichtsroman der Zeit, war in unübersehbarer Weise
auf die Gegenwart gerichtet. Die Biographie des russischen Zaren und
Imperators, die Lomonosov, Puškin, Merežkovskij und in frühen
Erzählungen auch bereits den Autor selber beschäftigt hatte, wurde

mit äußerster historiographischer Genauigkeit bis zur Zeit nach der Schlacht von Poltava geführt. Damit waren Peters große Reformwerke, Gründung und Bau St. Petersburgs sowie die Sicherung des Reiches gegen seine äußeren Gegner im Norden und im Süden Gegenstand der Darstellung. Um die gewaltige Person des Zaren erstand in naturalistischen Zügen die ganze Petrinische Epoche in ihren grobprächtigen Sitten und Gestalten. Die kraß herausgearbeiteten gesellschaftlichen Konflikte zwischen Befürwortern und Gegnern des Reformwerkes, herrschenden bzw. besitzenden Ständen und Bauernmassen, Aufklärern und Altgläubigen wie auch die außenpolitischen zwischen Rußland und den europäischen Mächten gemahnten nicht zufällig an die Lage der Sowjetunion, wo Stalins «Revolution von oben» von inneren und äußeren Feinden bedroht zu sein schien. Neue Forschungen zeigen, daß die Parallele zwischen Petrinischer und Stalin-Zeit in einer «Symmetrie-Komposition» konsequent ausgebaut wurde. Ob es um den Fremdeinfluß aus der Nemeckaja Sloboda ging, die Liquidierung der Strelitzen, den Aufbau der Schwerindustrie im Ural, den Bau des Weißmeerkanals und selbst um den Staatsterror – überall waren analoge Vorgänge zu Peters Taten in der Gegenwart mit Händen zu greifen, so daß Tolstojs Roman wie eine «Projektion der Geschichte auf die Gegenwart» erschien. Selbst das Modell einer Zweiphasenentwicklung, demzufolge der westliche Theorieimport unter Lenin durch eine Re-Russifizierung unter Stalin abgelöst wurde, das Entwicklungsmuster von der frühen revolutionären «Spontaneität» (stichija) zu dem voll disziplinierten «Bewußtsein» (soznanie), wie es etwa auch in den Heldenbiographien der zeitgenössischen Romane häufig wiederkehrte, war in *Pëtr Pervyj* auszumachen (Chr. Veldhues). Diese allegorischen Momente haben dem Roman, über Tolstojs unstrittige Gestaltungskraft hinaus, zu einem beispiellosen Erfolg in und außerhalb der Sowjetunion verholfen, der durch Dramatisierung und Verfilmung nicht geschmälert wurde.

Die Roman-Epopöe

An der Spitze der Gattungshierarchie stand im Sozialistischen Realismus zweifellos die Roman-Epopöe (roman-èpopeja; dt. mitunter auch Roman-Epos). Sie wurde von der ideologisch konformen Literaturkritik des Ostblocks bis in dessen Endzeit hinein, meist mit dem Epitheton ornans «klassisch» versehen, als bedeutendste Errungenschaft der Sowjetliteratur hervorgehoben und war, wenn man so will, die stalinistische Gattung schlechthin. Auch bei dieser Gattung bewährte sich wieder der für die Stalin-Zeit charakteristische Synthesegedanke. Ähnlich wie der Sozialistische Realismus als Synthese von Realismus und Romantik, und damit als eine Hyper-Formation, gedacht war, sollten in der Roman-Epopöe das alte heroische Epos und der bürgerliche Roman zu einer Art «Mammutgattung» (R. Lauer) verschmolzen werden, in der das Schicksal von Staat und Gesellschaft zugleich mit den privaten Schicksalen typischer Helden und Heldengruppen und namentlich in der Verbindung mit dem Volk dargestellt würde. Die ganze Wirklichkeitsfülle einer Epoche, aber auch die in ihr beschlossene Lebens- und Geschichtsphilosophie, Sujetvielfalt und volle Entwicklung der Charaktere sollten in ihr ausgedrückt sein. Auf diese Weise, so Harri Jünger, der einstige Hauptexperte für die «klassische Romanepopöe des sozialistischen Realismus» in der DDR, habe die moderne Enzyklopädie des Lebens entstehen können. Hier freilich auf Belinskijs Vorstellung vom Gesellschaftsroman – und damit auf Puškins *Evgenij Onegin* – anzuspielen, führt in die Irre. Vielmehr waren die Impulse, denen sich die sowjetische Roman-Epopöe verdankte, einmal der Diskurs über die angemessene Darstellung der heroischen Epoche der Oktoberrevolution und des Bürgerkriegs, zum anderen das Vorbild von Tolstojs *Krieg und Frieden*. Beides hatte im Umkreis des Tolstoj-Jubiläums 1928 die Geister der RAPP wie des LEF bewegt, ohne daß die Diskussion Tiefe gewonnen hätte. Erst Georg Lukács, der Hegelianer und anerkannte Romantheoretiker, brachte, nachdem er 1933 nach Moskau emigriert war, die notwendige philosophische Fundierung in den Disput über die epische Epochengestaltung, wovon seine 1981 von Frank Benseler herausgegebenen *Moskauer Schriften* beredtes Zeugnis ablegen. Seine Äußerungen zum Roman und seine Hegel-Interpretationen darf man deshalb getrost als inspirierendes Moment für die Entstehung der Roman-Epopöe ansehen, auch wenn sein Name im Diskurs zur Theorie der Gattung später, etwa bei Aleksej Čičerin, nicht mehr genannt wurde.

Die Wurzeln der Epopöentheorie lagen in Hegels *Ästhetik*. Hier war der kulturmorphologische Ort bestimmt worden, an dem in der geschichtlichen Entwicklung der Völker die einzelnen Kunstformen und literarischen Gattungen in Erscheinung treten. Als «epischen allgemeinen Weltzustand», aus dem die epische Poesie entspringe, hatte Hegel die erste Periode des nationalen Lebens benannt, in der bereits feste Normen von Recht und Sitte, Gemüt und Charakter das Handeln der Individuen leiten, ohne jedoch zur «organisierten Verfassung eines Staatszustandes» verfestigt zu sein. Die Verhältnisse des sittlichen Lebens, der Zusammenhalt der Familie sowie des Volkes als einer Nation in Krieg und Frieden müßten sich, laut Hegel, eingefunden, gemacht und entwickelt haben; die in allen Einzelheiten des privaten Lebens und der Kriegsführung vorgestellte Welt dürfe nicht bloß das beschränkt Allgemeine der besonderen Begebenheit in sich fassen, sondern müsse sich zur Totalität der Nationalanschauung erweitern. Das ursprüngliche Epos werde somit «die dauernd gültige Bibel, das Volksbuch». Das war zu den Homerischen Epen, zu Dantes *Göttlicher Komödie* und anderen alten epischen Dichtungen gesagt; als moderne, bürgerliche Epopöe aber hatte Hegel den Roman ausgemacht, der, nach seinem oft zitierten Ausspruch, eine «bereits zur Prosa geordnete Wirklichkeit» voraussetze, auf deren Boden er sodann in seinem Kreise der Poesie, soweit es bei dieser Voraussetzung möglich sei, ihr verlorenes Recht wieder erringe. Lukács hatte bereits in seiner *Theorie des Romans* (1920) in Tolstojs *Krieg und Frieden*, für ihn ein Gipfelpunkt der Romanliteratur, die stärkste «Transzendenz zur Epopöe» festgestellt. Gerade in der Synthese aus Romantik und Realismus, die sich ihm hier ereignete, sah er die erneuerte Epopöe sich abzeichnen. Diesen Gedanken hat Lukács in den Moskauer Jahren beharrlich verfochten, nicht nur, indem er in seinem großen Tolstoj-Aufsatz (*Tolstoi und die Probleme des Realismus*, 1936) erneut das «wahrhaft Epische», die «epische Bewältigung der Totalität des Lebens», in *Krieg und Frieden* bekräftigte, die unweigerlich den Vergleich mit Homer hervorrufe, sondern namentlich auch durch den Hinweis auf epischen Stil und epische Komposition in Werken der Sowjetliteratur wie *Odinočestvo* (Einsamkeit, dt. u. d. T. Allein geblieben, 1935) von Nikolaj Virta oder Šolochovs *Tichij Don*. Dieser Roman, dessen Erscheinen sich über mehr als zehn Jahre hinzog (die beiden ersten Bücher wurden 1928 veröffentlicht, 1932 erschien das dritte und 1937–1940 das vierte Buch), war das erste Werk der Sowjetliteratur gewesen, das dem Ruf nach einem «roten Tolstoj» gerecht zu werden schien. Hier wurde in dem «epischen Weltzustand», der mit Weltkrieg, Revolution und Bürgerkrieg gegeben war, der historische Irrweg des russischen Kosakentums anhand der persönlichen Geschichte des Kosaken Grigorij Melechov mächtig gestaltet. Grigorij Melechov kehrt zwar, nachdem er für den Zaren in den Krieg gezogen ist, im Bürgerkrieg zeitweilig auf seiten der Weißen gekämpft und endlich sogar einer Bande versprengter Kosaken angehört hat, in seinen Chutor zurück, doch gleicht er eher einem Geschlagenen denn einem Gewandelten. Man hat seine Rückkehr mit der des Odysseus nach Ithaka verglichen, doch während dieser, durch unendliche Erfahrungen gereift, in seine alten Rechte wieder eintritt, steht Grigorij Melechov, aller Illusionen beraubt, vor dem Nichts. Man kann dies, mit Hans-Jürgen Gerigk, als ein Scheitern sehen: «Das Historisch-Unrichtige richtet, recht besehen, sich selbst.» Aber auch

Defätismus ist daraus abzulesen oder gar eine gewisse Sympathie mit einem Helden, der sich, ohne die Sowjetmacht anzunehmen, geschlagen geben muß. Der Fall war nicht viel anders gelagert als Pasternaks *Doktor Živago*, ideologisch eher noch heikler; freilich sollten die Literaturbehörden 20 Jahre später mit Härte durchgreifen, und Šolochov gehörte jetzt zu denen, die sich an dem Scherbengericht gegen Pasternak beteiligten.

Aleksej Tolstojs dreiteilige Roman-Epopöe *Choždenie po mukam* (Der Leidensweg) war da viel eindeutiger. Auch sie stellte den historisch falschen Weg durch Krieg und Bürgerkrieg dar, bot aber einen voranschreitenden Wandlungsprozeß der Helden, der mit der eindeutigen Option für die bolschewistische Sache endete. Die einzelnen Teile der Trilogie, *Sëstry* (Die Schwestern, 1920), *Vosemnadcatyj god* (Das Jahr Achtzehn, 1927) und *Chmuroe utro* (Trüber Morgen, 1940/41), zeigten die Schwestern Kat'ja Roščina und Dar'ja Telegina sowie ihre Ehegatten, Angehörige der Adelsintelligenz, auf dem Weg aus der ständischen Befangenheit und Dekadenz-Stimmung der Vorkriegszeit, über Zweifel und Abseitsstehen zum bewußten Kampf auf der Seite der Roten. Der noch in der Emigration geschriebene erste Teil (er trug ursprünglich den späteren Gesamttitel) thematisierte zunächst lediglich die vom Autor selbst durchlebte Orientierungslosigkeit der Adelsintelligenz angesichts der historischen Vorgänge. In den beiden folgenden Teilen, die wesentlich später entstanden, wurde das politische, soziale und ideologische Panorama weit geöffnet. Die Geschichte wirkte nun in die privaten Schicksale hinein; der Zeitroman wurde zur Roman-Epopöe, ohne daß die Frage nach dem menschlichen Glück, der bei Aleksej Tolstoj stets zentrale Bedeutung zukam, ausgeblendet wurde (H. Jünger). Diesem Bruch in der Gesamtkonzeption, der fast zwangsläufig aus dem bekannten «Lernprozeß» im Leben des Autors folgte, entsprach ein Wechsel in der epischen Vergegenwärtigung: Die «lineare» Komposition des ersten Teils wurde ersetzt durch die – deutlich an Lev Tolstoj gemahnende – mosaikartige Anordnung von Einzelepisoden, die ihre Sinnhaftigkeit erst in der Totale erlangten. Dank dieser Eigenschaft zählt Aleksej Tolstojs *Leidensweg* – neben dem *Stillen Don* und *Doktor Živago* – zu den eindrucksvollsten Darstellungen des revolutionären Umbruchs in der russischen Literatur.

Es ist aufschlußreich, daß all die genannten Werke in einem schwierigen und langwierigen Schaffensprozeß entstanden, der zu krassen Wendungen und neuen Wertungen der Ereignisse führen konnte. Auch Maksim Gor'kijs umfangreicher, unvollendeter Entwicklungsroman *Žizn' Klima Samgina* (Das Leben des Klim Samgin, 1927–1936) besitzt eine komplizierte «Schaffensgeschichte» (tvorčeskaja istorija), wie man in der russischen Literaturwissenschaft die Genese eines literarischen Werkes nennt. Gor'kij arbeitete an der Povest', was hier wohl mit «Chronik» zu übersetzen ist, gut zwölf Jahre, seit dem Winter 1924/25, doch gingen die Pläne, mit dem «samginstvo» (Samgintum) abzurechnen, offenbar in die Anfänge seines Schaffens zurück. Mehrere Anläufe (etwa *Žizn' g. Platona Il'iča Penkina* [Das Leben des Herrn Platon Il'ič Penkin, nach 1900], *Zapiski d-r'a Rjachina* [Aufzeichnungen des Dr. Rjachin, 1911]), das Thema zu bearbeiten, sind belegt. Mit seinem Helden, einem Kaufmannssohn mit dem ungewöhnlichen Namen Klim Samgin (die Namensfindung bildet in fast gogolesker Manier den Beginn des Romans), wollte Gor'kij den Typus des aus dem Raznočincy-Stand kommenden Intelligenzlers (intelligent-raznočinec) abbilden und denunzieren, der verschiedenen «reaktionären» Ideologien und Weltanschauungen (Schopenhauer, Nietzsche, Vladimir Solov'ëv) anhängt und in seiner Kleinmütigkeit und Eitelkeit, seinem Individualismus und Wankelmut zu einer Gefahr für den fortschrittlichen Weg Rußlands wird. Klim Samgin sollte vorgeführt werden als ein «Mensch, der sich selbst ausgedacht hat» – so Gor'kij 1919 in einem Gespräch –, an ihm sollte exemplarisch der Zusammenbruch des kleinbürgerlichen Individualismus demonstriert werden. Das war für Gor'kij kein neues Thema, doch hat er ihm mit voller leninistischer Konsequenz nur in diesem seinem letzten Roman Gestalt gegeben. Sujetmäßig sollte es mit einer Familiengeschichte verbunden werden, die ursprünglich auf den langen Zeitraum von den Napoleonischen Kriegen bis zur Jahrhundertwende berechnet war, sich aber schließlich auf die 40 Jahre (*Sorok let* lautet der Untertitel des Romans) von den 1880ern bis zur Oktoberrevolution erstreckte. Obwohl Klim Samgins Lebensgeschichte mit den wesentlichen geschichtlichen Ereignissen verbunden ist, entstand eine Chronik der Zeit, in der sich der Held vor allem als ein ideologischer Jongleur ohne innere Kraft erweist. Hielt er sich im Jahre 1905 noch für einen Revolutionär, der sogar kurz verhaftet wurde, so steht er später der Oktoberrevolution und ihrem Führer Lenin feindselig gegenüber. Die von Gor'kij hinterlassene Skizzierung des Romanendes konfrontiert den siegreichen Volkstribun Lenin, der die Massen überzeugt, mit dem völlig verunsicherten Klim Samgin, der von einem Rotgardisten wie eine Küchenschabe zertreten wird. Eine Unmenge von Figuren kommt in dem Werk vor, meist sind es «Ideenträger», deren ausgreifende Tiraden zwar recht genau die geistigen und politischen Diskurse der Petersburger Vorkriegsintelligenz reproduzieren, dafür aber unweigerlich auch den ohnehin schwachen Handlungsfaden verdecken. Gor'kij überließ sich ungehemmt seiner Animosität gegen das stets verachtete Klein- und Spießbürgertum (meščanstvo), das in Klim Samgin nicht nur als hohl, sondern, den historischen Tatsachen entsprechend, auch als völlig ohnmächtig erscheint. So beinhaltete auch dieses Werk, das meist als die dritte große Roman-Epopöe der Zeit eingestuft wurde, einen Weg des Scheiterns – eines Scheiterns in Worten, ohne Kampf und Tat.

Der Vorwurf der wuchernden Personen- und Faktenfülle bei mangelnder Komposition, der vor allem im Westen gegen die Roman-Epopöe erhoben wurde, traf am meisten auf Gor'kijs Werk zu. Im Erzählmodus ging keiner der drei Roman-Epiker über die realistischen Standards hinaus, womit die Gattung auch in dieser Hinsicht für die Folgezeit vorgeprägt ward. Aus heutiger Sicht stellen sich die genannten Roman-Epopöen sowohl in ihren thematischen als auch in ihren Ausdrucksstrukturen – glücklicherweise – als komplexer bzw. «offener» dar, als die einstige dogmatische Literaturkritik zubilligen mochte. Sie dürften deshalb trotz der ihnen eignenden Behäbigkeit noch immer ihre Leser finden. Mit dem Zweiten Weltkrieg gewann die Gattung noch einmal frische Impulse, die sich in vielteiligen Romanen von Konstantin Fedin, Valentin Kataev, Veniamin Kaverin und Nikolaj Virta niederschlugen. Auch Pasternaks *Doktor Živago* und selbst noch Solženicyns Geschichtsdokumentation *Krasnoe koleso* (Das rote Rad) stammen zweifellos aus dieser Wurzel.

Massenlied und Kinderliteratur

Im Lyrikfeld der 30er Jahre mauserte sich das Massenlied (massovaja pesnja) zur führenden Gattung. Nicht mehr das revolutionäre Agitationsgedicht, wie es seit Oktoberrevolution und Bürgerkrieg ausgebildet worden und in der Tageslyrik Majakovskijs, bei den Komsomol-Dichtern oder selbst in poetischer Chiffrierung bei Mandel'štam und Pasternak bislang präsent gewesen war, sondern das volkstümlich-erbauliche, eingängig vertonte Lied trat jetzt in den Vordergrund. (Terminologisch überschneidet es sich mit dem «sowjetischen Lied», der sovetskaja pesnja.) Thematisch vermischte sich in den Liedern die schlichte Liebe mit dem Patriotismus und dem Aufbauthema. Sie erklangen bei Aufmärschen und beim Militär (Marsch- oder Soldatenlied / marševaja oder soldatskaja pesnja), besonders wirkungsvoll bei den Auftritten des Lied- und Tanzensembles der Roten Armee unter seinem Leiter Boris Aleksandrov. Nicht selten wurden sie zu echten Volksliedern, d. h. zu Liedern, die jedermann sang und nach deren Autor niemand mehr fragte. Das gilt zum Beispiel für Michail Isakovskijs inzwischen weltweit bekannte *Katjuša* (1938). In wenigen

Strophen, die ganz und gar im Volkston gehalten waren, wurde nichts weiter berichtet, als daß Katjuša unter blühenden Bäumen zum Fluß geht, ein Lied für ihren Liebsten in der Ferne singt und wünscht, das Lied möge dahinfliegen und ihm einen Gruß bringen. In der gelungenen Vertonung von Matvej Blanter wurde daraus ein vielgesungenes Lied, das sich verselbständigte, im Volke fortgedichtet wurde und unzählige Repliken auslöste. Der Ethnograph Ivan Rozanov konnte bereits bis 1945 nicht weniger als 100 Katjuša-Texte mit 50 unterschiedlichen Sujets nachweisen. Ja, in den Jahren des Krieges entstanden vielerorts «lokale» Katjuša-Varianten, in denen das singende Bauernmädchen mit einer Biographie ausgestattet und als Partisanin oder Frontkämpferin gezeigt wurde. Und selbst in Japan und Amerika soll das zündende Lied in der städtischen Folklore aufgetaucht sein. Isakovskij, der aus einer armen Bauernfamilie im Gouvernement Smolensk stammte und als Journalist für Regionalzeitungen gearbeitet hatte, traf den volksnahen Ton in vielen seiner Lieder, darunter *I kto ego znaet . . .* (Und wer ihn kennt . . ., 1938), *Šël so služby pograničnik . . .* (Kam ein Grenzsoldat vom Dienst . . ., 1938) oder die im Krieg entstandenen Marschlieder *Do svidan'ja, goroda i chaty . . .* (Auf Wiedersehen, Städte und Hütten . . ., 1941, vertont von Isaak Dunaevskij u. d. T. *Pochodnaja pesnja* [Marschlied]), *Oj, tumany moi . . .* (Oj, meine Nebel . . ., 1942, vertont von Vladimir Zacharov sowie Jurij Šaporin), *Ogonëk* (Das kleine Feuer, 1942, vielfach vertont), oder *Vragi sožgli rodnuju chatu . . .* (Die Feinde haben die heimatliche Hütte verbrannt . . ., 1945, vertont von Matvej Blanter), um nur die bekanntesten zu nennen. Oftmals wurden die Lieder in Filmen gesungen. Musikalische Filmkomödien wie *Vesëlye rebjata* (Lustige Burschen, 1934), *Cirk* (Zirkus, 1936) oder *Volga-Volga* (1938), die aus der Zusammenarbeit des Regisseurs Grigorij Aleksandrov mit dem Komponisten Isaak Dunaevskij und dem Dichter Vasilij Lebedev-Kumač hervorgingen, lebten ganz wesentlich von ihren schmissigen Liedern. Der «Marsch der lustigen Burschen» (*Marš vesëlych rebjat*) aus dem erstgenannten Film wurde vom Publikum ebenso begeistert aufgenommen wie *Pesnja o rodine* (Lied von der Heimat, 1935) aus dem Film *Cirk*, das zu einem der bekanntesten Lieder der gesamten Sowjetepoche wurde. Lebedev-Kumač drückte hier mit den Worten «Weit ist mein Vaterland . . . Ich kenne kein Land, wo der Mensch so frei atmet» (Široka strana moja rodnaja . . . Ja drugoj, drugoj strany ne znaju, gde tak vol'no dyšet čelovek) jenen Optimismus und jenes Selbstbewußtsein aus, das der Stalinschen Fassadenkultur voll entsprach. (Die ersten Takte dieses Liedes in der Vertonung von Isaak Dunaevskij dienten bald als Pausenzeichen für die Auslandssendungen von Radio Moskau.) Aus der großen Zahl der Liederdichter der

30er Jahre können hier nur einige Namen genannt werden: Nikolaj Aseev, Dem'jan Bednyj, Aleksandr Bezymenskij, Evgenij Dolmatovskij, Viktor Gusev, Sergej Narovčatov, Lev Ošanin, Michail Svetlov, Jakov Švedov. Doch belegt bereits deren künstlerische Vielfalt, wie groß der Sog war, den die volkstümliche Liedgattung entfachte.

Der Kinderliteratur (detskaja literatura) als natürlichem Erziehungsinstrument galt von Anbeginn die Aufmerksamkeit der sowjetischen Kulturbehörden. Schon in den 20er Jahren versuchten sie, die für Kinder und Jugendliche bestimmten Bücher im Sinne der sich seit 1922 entwickelnden Pionier-Bewegung zu instrumentalisieren. Die Pioniere sollten, wie es Clara Zetkin anläßlich der ersten großen Parade der Pionierorganisation im Oktober 1924 auf dem Roten Platz ausdrückte, junge Leninisten sein, «Erbauer jenes Lebens [...], dessen Vorläufer und Leiter unsere großen Lehrer waren». Nadežda Krupskaja, Lenins Gattin, die als pädagogische Autorität galt, setzte sich für eine Kinderliteratur ein, die der sowjetischen Lebenswirklichkeit entspreche und in der der alltägliche Kampf gegen jede Art von Ausbeutung, Aberglauben, Unwissenheit und Unfähigkeit geführt werde. 1924 und 1928 hatte die Partei Maßnahmen zur Verbesserung der Kinder- und Jugendpresse gefordert mit dem Ziel, eine progressive, parteiliche Literatur zu schaffen, geeignet, die Jugend im Geiste des Sozialismus und Internationalismus zu erziehen. Auch Gor'kij griff mehrfach in die Diskussion um die Kinderliteratur ein – mit dem Aufsatz *O skazke* (Über das Märchen) und seinem Vorwort zu den *Märchen aus Tausendundeiner Nacht* (beide 1929) –, wobei er das Recht der Kinder (und der Autoren) auf Fiktion, Phantasie und eine optimistische Perspektive hervorhob. Dies konnte als Absage an eine konstruktivistische oder naturalistische Jugendliteratur, wie sie sich in den 20er Jahren bei Autoren wie P. Loginov, Aleksandr Neverov oder A. Ryžov abgezeichnet hatte, interpretiert werden. Auf dem Schriftstellerkongreß hielt Samuil Maršak, seit 1924 eine maßgebliche Figur im Kinderbuchwesen, das einschlägige Grundsatzreferat *O bol'šoj literature dlja malen'kich* (Über die große Literatur für die Kleinen). Er wandte sich darin gegen die alten «Wunderbücher» mit ihren Elfen und Gnomen und forderte statt dessen neue, sowjetische Märchen, die aus der heldischen Gegenwart erwüchsen.

Samuil Maršak

Maršak, der zu Anfang des Jahrhunderts von Stasov und Gor'kij als literarisches «Wunderkind» entdeckt und gefördert worden war, hatte nach der Revolution am Moskauer Pedinstitut für vorschulische Bildung, der Wiege des sowjetischen Kindertheaters, gearbeitet und war schon 1923 mit ersten Kinderbüchern (*Skazka o glupom myšonke* [Das Märchen vom dummen Mäuschen]) bekannt geworden, 1924/25 gab er die Jugendzeitschrift *Novyj Robinson* (Der neue Robinson) heraus. Als Abteilungsleiter im Staatsverlag OGIZ förderte er die Oběriuten, Evgenij Švarc und andere gefährdete Literaten. Ähnlich wie Kornej Čukovskij verstand er es, die Sprach- und Bildphantasie des Kindes zu beflügeln und ohne übertriebene Didaktik pädagogisch zu wirken. Und gleich diesem war er auch als Kenner Großbritanniens und der englischen Literatur von den spritzigen *nursery rhymes* inspiriert worden. (Er übersetzte nicht nur William Blake, Robert Burns und Shakespeares Sonette [*Sonety Šekspira*, 1948], sondern schon 1923 englische Kindervolkslieder unter dem Titel *Dom, kotoryj postroil Džek* [This is the house that Jack ...].) Anders aber als Čukovskij gelang es ihm nicht, sich von den politischen Bedingtheiten der Zeit zu befreien. Gewiß war sein *MisterTvister* (1933), der amerikanische Millionär, Bankier und Ex-Minister, der als Inturist-Reisender die Sowjetunion besucht und es ablehnt, in einem Hotel abzusteigen, das auch Neger aufnimmt, ein effektvoller Appell gegen Rassendiskriminierung (und stieß allsogleich bei der INTURIST-Organisation auf Widerspruch), bediente jedoch im selben Atemzug alle denkbaren Vorurteile gegenüber amerikanischen Kapitalisten. Gleichwohl übertraf Maršak mit seiner Kinderpoesie, die erstmals 1935 und darauf in zahllosen Auflagen gesammelt erschien (*Skazki, pesni, zagadki* [Märchen, Lieder, Rätsel]), die landläufigen Kinderpoeten der Zeit, etwa Agnija Barto, die in einfachen Gedichten Pionieren (*Pionery*, 1925) und Kindern im Vorschulalter (*Devočka čumazaja* [Das Schmuddelmädchen], 1930; *Igruški* [Spielsachen], 1936) Elementartugenden wie Sauberkeit und Ordnungsliebe nahelegte und die erwünschte politische Haltung förderte. Oder gar Sergej Michalkov, dessen Kinderverse, darunter so bekannte Gedichte wie *A čto u vas?* (Und was habt ihr?, 1935) und *Djadja Stëpa* (Onkel Stëpa, 1935/36), wenig mehr waren als die jeweilige Umsetzung der Parteilinie (W. Kasack). Bemerkenswert war immerhin, daß Michalkov auf Anraten Aleksej Tolstojs nach dem Krieg daranging, die Gattung Fabel zu erneuern. Hier sind ihm einige Stücke nicht übel gelungen. Seine Fabeln und satirischen Gedichte (*Basni i satiričeskie stichi 1945–1980*) sind, wie auch die Prosatafeln (*Basni v proze 1955–1967*), in der Werkausgabe zusammengefaßt. Michalkov, der aus einer bürgerlichen Familie stammte, brachte es im sowjetischen Literaturbetrieb zu höchsten Ehren. Er war der Verfasser der Nationalhymne der UdSSR.

Der Erzählliteratur für Kinder und Jugendliche widmete sich eine Reihe namhafter Autoren: Valentin Kataev mit dem Roman *Beleet*

parus odinokij (Es blinkt ein einsam Segel, 1936), der seinen großen
Odessa-Zyklus einleitete; Veniamin Kaverin mit *Dva kapitana* (Zwei
Kapitäne, 1938–1944); Michail Prišvin mit *Kladovaja solnca* (Der Son-
nenspeicher, 1945). Andere Autoren wieder pflegten ausschließlich das
Kindergenre. Hier ragte der begabte, als Kriegsberichterstatter gefallene Arkadij Gajdar mit packenden Abenteuererzählungen wie *Golubaja čaška* (Die blaue Tasse, 1936), *Čuk i Gek* (Čuk und Gek, 1939) und vor
allem *Timur i ego komanda* (Timur und sein Trupp, 1940) hervor. In der
letzteren Erzählung lernt die 13jährige Ženja in einem Dorf den jungen Pionier Timur (Timka) Garaev kennen, der mit seiner «Bande»
insgeheim den Familien hilft, deren Angehörige, wie Ženjas Vater, im
Krieg sind. Das Buch löste im ganzen Land die Massenbewegung der
«Timurovcy» aus, die die Jugendlichen zu ähnlichen Taten anspornen
sollte. Weiter ist Lev Kassil' zu nennen, der von Fliegerhelden oder
erfolgreichen Sportlern (*Vratar' respubliki* [Der Torwart der Republik],
1938) berichtete, bald aber auch die Schicksale der Jungen im Krieg
(*Tvoi zaščitniki* [Deine Beschützer], 1942) darstellte. Der Forderung
nach dem jugendgerechten Sachbuch bzw. der wissenschaftlich-künst-
lerischen Erzählung (F. Göpfert), wie sie Gor'kij in seinem Artikel *O
temach* (Über Themen, 1933) erhoben hatte, entsprachen Autoren wie
Vitalij Bianki, Evgenij Švarc, Boris Žitkov, insbesondere aber Michail
Il'in. Diesen Schriftstellernamen hatte sich der jüngere Bruder von
Samuil Maršak zugelegt; er löste auf spannend-informative Weise die
Rätsel des Alltags, wenn er in einer Wohnung auf Entdeckungsreise
ging – in *Sto tysjač počemu* (100 000 x Warum, 1929) –, das Werden und
Funktionieren des Kraftfahrzeugs erklärte – in *Kak avtomobil' učilsja
chodit'* (Wie das Auto fahren lernte, 1930) – oder sich über Uhr und
Schrift ausließ. Seine vielgelesenen Sacherzählungen erschienen 1936
gesammelt unter dem Titel *Rasskazy o veščach* (Erzählungen über Dinge). Nicht mehr und nicht weniger als die Geschichte der Spezies
Mensch behandelte er in dem zusammen mit seiner Frau, Elena Segal,
verfaßten Buch *Kak človek stal velikanom* (Wie der Mensch zum Riesen
wurde, 1940–1946).

Die Literatur im Schatten

Da im grellen Licht der stalinistischen Kultur das Private, Skepsis
oder Melancholie nicht vorgesehen waren, insbesondere aber die massenhafte Unterdrückung und Verfolgung, die das Regime über Rußland gebracht hatte, nicht einmal andeutungsweise erwähnt werden
durfte, entstand eine Literatur im Schatten, die das Leid vieler Betrof-

fener, die Mechanismen der Gewalt und die Entfesselung der gefährlichen Kräfte, die die Stalinsche Herrschaft freigesetzt hatte, künstlerisch artikulierten. Einzig im verborgenen konnten Vorbehalte an dem
waghalsigen Gesellschaftsexperiment und Zweifel am Gelingen der
Utopie Stalins ausgedrückt werden – in Werken, die, wiewohl erst
Jahrzehnte später bekanntgeworden, heute gleichsam die Rechtfertigung der russischen Literatur in jenen schwierigen, doppelbödigen
Jahren bedeuten.

Anna Achmatova

Anna Achmatova schrieb in den Jahren der Verfolgung 1935–1943
den Gedichtzyklus *Rekviem* (Requiem). Ihr Sohn, Lev Gumilëv, war
von der Schulbank weg verhaftet, vor Gericht gestellt und schließlich
verbannt worden. Wie Tausende anderer Mütter und Gattinnen harrte
die Dichterin vor den Gerichten, Behörden und Gefängnissen geduldig aus. Diese Erfahrung, in den Trauergedichten bedrückend gestaltet, weitet sich aus zum tausendfachen Schicksal der russischen Frauen,
über denen der «Stern des Todes» steht. Einst waren es die Frauen der
von Peter I. hingerichteten Strelitzen, mit denen sich die Dichterin (in
dem Gedicht *Uvodili tebja na rassvete . . .* [Sie holten dich ab im Morgengrauen . . ., 1935]) vor den Mauern des Kremls klagen sieht, dann wieder (in dem Gedicht *Raspjatie* [Kreuzigung], 1940–1943) ist es Maria,
mit deren Schmerz sie sich identifiziert: «Doch dahin, wo schweigend
die Mutter stand, / Wagte auch so niemand zu blicken.» Wie genau
auch die Stationen des Märtyrerweges benannt sind, die Schönheit der
Verse und ihre vielschichtige Gedanklichkeit läutern das Leid. Überleben und Kampf wider das Vergessen begründen eine Poetik, die das
ganze lyrische Spätwerk der Achmatova bis zum Ende bestimmen
wird. In ihrem bedeutendsten Schattenwerk, *Poèma bez geroja* (Poem
ohne Helden), an dem sie mehr als zwanzig Jahre, 1940–1962, schrieb,
wandte sie sich erinnernd dem Apogäum des «silbernen Zeitalters» zu:
der Petersburger Künstlerwelt im Jahr vor dem Ausbruch des Ersten
Weltkrieges. Doch diese berauschende, bereits bedrohte und bald darauf zerstörte Welt wird in komplizierter Verschlüsselung, durch ein
dreifaches zeitliches Prisma (1913–1940/41–1950er Jahre) und mit verwirrenden Steuerungen (mittels mehrerer Vorworte, Widmungen und
Mottos) inszeniert. Der erste Teil des lyrisch-epischen Triptychons,
Devjat'sot trinadcatyj god (Das Jahr 1913, geschrieben 1941/42) führt in
einer Silvestermaskerade schemenhafte Künstler und Kunstgeschöpfe
vor; die Heldin (gemeint ist die Schauspielerin Ol'ga Glebova-Sudej

kina, um derentwillen sich der junge Dichter Knjazev umbrachte) erscheint in ihrem Boudoir als Colombine und Donna Anna; Carskoe Selo wird gezeigt, ehe das Zwanzigste Jahrhundert anbricht, das «richtige, nicht das kalendarische». Der zweite Teil, überschrieben *Reška* (Die Vorderseite der Münze, 1941 verfaßt), enthält eine Rechtfertigung gegen die Einwände des unzufriedenen Redakteurs, der sich im ersten Teil des Poems nicht zurechtgefunden hat. Hier entwickelte Achmatova ihre Poetik «zwischen Gedenken und Erinnern» (meždu «pomnit'» i «vspomnit'»), die nicht nur die verblichene Epoche, sondern auch die «hundertjährige Zauberin» (stoletnjaja čarovnica), das romantische Poem, wieder zum Leben erweckte. In ihren Anmerkungen zum Poem hat die Dichterin selbst auf die entscheidende Funktion hingewiesen, die der Subtext (podtekst) in ihm spielt: «Nichts ist direkt (v lob) gesagt. Komplizierte und tiefe Dinge sind nicht, wie gewöhnlich, auf Dutzenden von Seiten dargelegt, sondern in zwei Zeilen, die jedoch für alle verständlich sind.» Das «für alle» traf, wie die Reaktion des Redakteurs zeigte, glücklicherweise nicht zu, doch hat sich das poetische Chef d'œuvre der Achmatova, dessen Held der erinnerte Vorabend der russischen Jahrhundertkatastrophe ist, nicht zuletzt dank philologischer Anstrengung dem Leser mehr und mehr erschlossen. Die extreme poetische Verschlüsselung, die den Text umgibt, war bei aller persönlicher Zurückhaltung der Autorin letztlich auch äsopische Tarnung, ein Merkmal, das alle Werke der Schattenliteratur aufweisen.

Daniil Charms

Für Daniil Charms teilte sich das literarische Schaffen in den 30er Jahren in ein offizielles und ein inoffizielles. Offiziell konnte er das eine oder andere Kindergedicht veröffentlichen, auch seine Übersetzung der Bildgeschichte *Plisch und Plum* von Wilhelm Busch (*Plich i Pljuch*) war, in ihrer Abgründigkeit ein wenig entschärft, 1936 in *Čiž* und 1937 als Buch erschienen. Doch hinter dieser harmlosen Fassade entstanden die absurden Prosaminiaturen, aus denen Charms 1939 dreißig Stücke zu dem Zyklus *Slučai* (Fälle) zusammenstellte. Hauptthema dieser Texte war, wie die Analyse zeigt, die Gewalt. Gewalt, die von einzelnen oder von Menschenmengen, oft auch von anonymen – oppressiven – Institutionen und ihren Vertretern ausgeübt wird; Gewalt, die sich vor allem gegen Kinder und alte Menschen richtet; Gewalt, die unvermittelt und unmotiviert, wie aus heiterem Himmel, losschlägt (A. Machat). So glichen die Texte aus *Slučai* und deren weiterem

Umkreis einer Enzyklopädie der Gewalt. (Es ist nicht auszuschließen, daß Charms für die Darstellung von Gewaltakten und Zerstörungsorgien manches bei Wilhelm Busch gelernt hat.) Leningrad war als Schauplatz öfter angedeutet, bestimmte Motive tauchten immer wieder auf, etwa das Abschlagen oder Verletzen des Ohrs als des Organs der Seele. Nicht selten gemahnten die Geschichten an die Märchensituation oder setzen ein wie Anekdoten («Odnaždy...» – «Es war einmal...» bzw. «Einst...»), doch handelte es sich stets um die ins Schreckliche gekehrte Verfremdung der einfachen Formen, deren Hintersinn in der stalinistischen Wirklichkeit zu finden war. Unerklärliche Verhaftungen geschahen (in *Pomecha* [Die Störung], 1940), verheerende totalitäre Denkmuster wurden festgehalten (in *Menja nazyvajut kapucinom* [Man nennt mich den Kapuziner], 1938) oder sexuelle Gewalt vorgeführt (in *Vešč'* [Das Ding], posth. 1980), das emanzipierte Weib triumphierte mit dem Dienststempel über betrunkene Männer (in *Neožidannaja popojka* [Unerwartete Besäufnis], 1935), zynische Gewaltexzesse reichten von Mord und Vergewaltigung über Abortus und Tiertötung bis zum Blutauflecken und zur Leichenschändung (in *Reabilictacija* [Rehabilitierung], posth. 1980) – das alles bevölkerte die unheimlichen Texte des Daniil Charms. Doch konnte auch der pure Nonsens urplötzlich wieder mit metalogischen Chiffren (Zdygr aprr ustr ustr) auftauchen (in der Wissenschaftlererzählung *Istorija Sdygr Appr* [Die Geschichte Sdygr Appr], posth. 1988), und es konnten Untaten erzählt werden wie die Vergewaltigung eines kleinen Mädchens durch den «Onkel Mika» in *Lidočka sidela na kortočkach* (Lidočka hatte sich hingehockt, 1935), wobei der Autor, wie er vermerkte, nicht weiterschreiben konnte: «es war denn doch zu niederträchtig» (sliškom už gadko). Dies verdeutlicht, daß Charms im Grunde doch die Condition humaine im Ganzen und nicht nur in ihrer stalinistischen Variante vor Augen hatte. Zu besonderen Kabinettstücken gerieten seine Dichteranekdoten, in denen vor allem Puškin und Gogol', mitunter auch beide zugleich, in absurdem Zusammenspiel auftraten. Die *Anegdoty iz žizni Puškina* (Anekdoten aus dem Leben Puškins) waren ein versteckter Beitrag zum Puškin-Jubiläum 1937 und parodierten offensichtlich den Versuch, die Klassiker lebensnah und für jeden greifbar darzustellen, wie ihn Vikentij Veresaev mit den Bänden *Puškin v žizni* (Puškin im Leben, 1926/27, [2]1936) und *Gogol' v žizni* (Gogol' im Leben, 1933) mit weitreichendem Erfolg unternommen hatte. Puškin wurde hier zwar mit vielen kleinen Schwächen, dennoch aber, wie es Dieter Boden formuliert, «stets von der Aureole des Dichterfürsten umgeben gleichsam als everybody's darling präsentiert». Charms hielt sich ziemlich treu an das von Veresaev gebotene Material, doch durchlöcherte er, indem er es in groteske Komik verwandelte, die verordneten Puškin-Klischees, um den wahren Puškin zu retten.

Leonid Dobyčin

Der Protest im Schatten konnte auch ganz andere Formen annehmen als in Charms' absurden Texten. Er konnte sich als Zweifel an der Utopie, als Dystopie, äußern. Der Schreibprozeß wurde zum Desillusionierungsprozeß, der Weg in die lichte Zukunft zum Holzweg. Dies führten die Erzählungen und Povesti, die Andrej Platonov in den 30er Jahren schrieb, in den verschiedensten Spielarten vor. Nicht weniger widersprachen Leonid Dobyčins Nachrichten aus der russischen Provinz dem Optimismus der Propaganda. Der erst in jüngster Zeit wiederentdeckte Erzähler Dobyčin, ein fern dem Literaturbetrieb lebender Außenseiter, zeigte die sowjetische Welt in ihrer stumpfsinnigen Rückständigkeit, ohne jeglichen lichten Ausblick. In Kurzgeschichten, gesammelt in den Bänden *Vstreči s Liz* (Begegnungen mit Liz, 1927) und *Portret* (Das Porträt, 1931), hatte er die dumpfe Atmosphäre in der sowjetischen Provinz in all ihrem triebhaft-finsteren Primitivismus geschildert. Schon sein erster, aus der Kinderperspektive in Ich-Form geschriebener Roman *Gorod Ėn* (Die Stadt N, 1935) hatte die russische Provinz der Vorkriegszeit zum Thema. Dobyčin rührte hier gar an eines der Haupttabus der sowjetischen Moral, die Homosexualität, die seit 1933 in der Sowjetunion unter strenger Strafandrohung stand. Auf Schriftstellerversammlungen wurde der Roman als «formalistisch» gebrandmarkt. Als Dobyčin 1936 den Tod in der Neva suchte, hinterließ er den unvollendeten Roman *Šurkina rodnja* (Šurkas Verwandtschaft; dt. u. d. T. Im Gouvernement S., veröfftl. 1993). Sein Held, der Junge Šurka, wird in der allgemeinen Verwilderung und Verrohung des Bürgerkriegs zum Verbrecher, der mit seinen Kumpanen auf dem Dorfbahnhof Reisende ausplündert. Das Dorf wird als ein Pandämonium geschildert, wo häßliche Menschen in einem unwirtlichen Ambiente bedenkenlos Missetaten begehen, die in drastischer Direktheit vor Augen geführt werden. Die Empathielosigkeit der Helden (und des Erzählers) korrespondiert mit der in Charms' *Slučai*; ihre Sprache ist von primitiver Unbeholfenheit. Selbst die scheinbar realistischen Details, die Dobyčin in den Roman einbringt, dienen in ihrer Disparität letztlich der Auflösung der Wirklichkeit. Ilma Rakusa spricht von einer «plafonierten Welt der Hohlformen», ohne Schönheit, ohne Freude, ohne Transzendenz. Eine Welt, die, entgegen allem offiziösen Getöne, zerfällt.

Andrej Platonov

Der Weg Andrej Platonovs zur Anti-Utopie war komplizierter. Als
Sohn eines Eisenbahnbetriebsschlossers war Platonov ein echter Proletarier – eine Seltenheit in der nachrevolutionären literarischen Landschaft. Während des Bürgerkrieges hatte er sich als Journalist für die
Sache der Roten eingesetzt und Gedichte sowie Erzählungen veröffentlicht. Seine erste Veröffentlichung (*Ėlektrofikacija*, 1921, 1989) war
der Elektrifizierung gewidmet. Nach dem Studium am Polytech-
nischen Institut in Voronež leitete er daselbst als Ingenieur die
Bodenmelioration und Elektrifizierung. Ohne Zweifel sah er der von
den Sowjets verheißenen technischen Modernisierung des Landes mit
größten Erwartungen entgegen. Dennoch weisen schon die in seinen
frühen Erzählungen geschilderten kühnen utopisch-technischen Entwürfe auf die Widersprüchlichkeit des Fortschritts hin. So in der
«Phantasie» *Potomki solnca* (Die Nachfahren der Sonne, 1922): Hier
unternimmt es der Ingenieur Vogulov, im Aufstand gegen Gott die
Welt neu zu erschaffen. Das «einst zarte, traurige Kind» wandelt sich
zum besessenen Weltveränderer, der die Erde mittels umfassender
Meliorierung und Eliminierung der Jahreszeiten zum Paradies umge-
stalten will. Als das Werk mit Hilfe von «Ultralicht» (ul'trasvet) verwirklicht ist, wird Vogulov von der Energie des eigenen Herzens
(ėnergija serdca) überwältigt und zerstört den von ihm geschaffenen
Kosmos wieder, weil nur die Liebe das Unmögliche vollbringen
könnte. In der Erzählung *Lunnaja bomba* (Die Mondbombe, 1926) geht
es um die Herausforderung des Mondes durch den Ingenieur Peter
Krejckopf (Kreuzkopf). Er hofft im interstellaren Raum neue Nah-
rungsquellen zu erschließen, die das Übel, die Bürde und die Enge des
menschlichen Lebens überwinden sollen. Die von Krejckopf konstruierte Mondbombe stößt mit dem Mond zusammen und zerschellt. Die
eigenartige Verbindung von Psychologie und Utopie war in Platonovs
Erzählungen von Anfang an ausgebildet. In das gewaltige gesellschaftspolitische und technisch-industrielle Experiment, das der Rätestaat durchführte, war für ihn stets die Frage nach dem Menschen
involviert: Wie verhielt sich der Mensch auf dem Weg nach Utopia?
War er den heroischen Anforderungen gewachsen? Und vom anderen
Ende her: Blieb das utopische Ziel konsistent, wenn sich die Menschheit ihm näherte? Beides, Weg und Ziel, geriet unter Platonovs unbe-
dingtem Wahrheitsanspruch ins Wanken. Hinzu kam, daß er unter
dem Einfluß philosophischer Lehren und zeitgenössischer Ideologien
sich das Zukunftsziel nur als transzendentes vorstellen konnte: Der

Mensch sollte nicht nur von den sozialen Zwängen, sondern von den Gesetzen der Natur und der Geschichte schlechthin befreit und also unsterblich werden. Platonov, autodidaktisch umfassend gebildet, hatte nicht nur Freud, Weininger und Spengler gelesen, sondern war auch stark von der Proletkul't-Ideologie, namentlich von der Organisationslehre Bogdanovs und dem Maschinenkult (mašinizm) Gastevs, beeindruckt. Wichtiger noch wurde für ihn die *Filosofija obščego dela* (Philosophie der allgemeinen Angelegenheit) Nikolaj Fëdorovs sowie die szientifisch-ethische Lehre Konstantin Ciolkovskijs (*Naučnaja ėtika* [Wissenschaftliche Ethik], 1930), derzufolge der nivellierende Drang der kosmischen Materie zur absoluten Organisation des Korrektivs durch die komplexen Kräfte des Lebens und der Vernunft bedürfe (E. Tolstaja-Segal). Es war vor allem dieses Denkmuster, das den frühen Erzählungen zugrunde lag, doch auch in den Erzählungen aus den Jahren 1926/27 in Tambov – *Ėfirnyj trakt* (Der Ätherstrom), *Gorod Gradov* (Die Stadt Gradov) und *Epifanskie šljuzy* (Die Epiphaner Schleusen) – war es zu erkennen. In der letztgenannten Erzählung, zugleich Titelgeschichte von Platonovs erstem Erzählband (1928), griff er mit dem gescheiterten Binnenschiffahrtsprojekt Peters des Großen ein historisches Sujet auf, das die Bestrebungen der Gegenwart spiegelte. Der Held aber, der Engländer Betran Perri (Perry), erscheint wiederum als ingeniöse Schöpferfigur, die im Kampf mit den Widrigkeiten der Natur und dem despotischen Willen des Zaren unterliegt.

Die mittleren Erzählungen und Povesti – *Gorod Gradov, Gosudarstvennyj žitel'* (Der Staatseinwohner, 1929), *Usomnivšijsja Makar* (Der vom Zweifel erfüllte Makar, 1929), *V prok* (Zum Vorteil, 1931) – wurden als Satiren auf die sowjetische Bürokratie und das sich verfestigende Herrschaftssystem aufgenommen und scharf verurteilt. Platonovs Beteuerung, er fühle sich subjektiv nicht als Satiriker, half ihm nicht. Die «Stadt Gradov» (hier war die russische Form gorod mit der kirchenslavischen grad kombiniert; der Titel war auch als «Die Stadt der Städte» zu lesen) kam, indem eine von starrer Bürokratie gänzlich beherrschte Kommune und damit eine Parodie auf die «Sonnenstadt» Majakovskijs vorgeführt ward, einer satirischen Anti-Utopie gleich. Die einfältigen Gestalten wieder, den russischen Jurodivye (Narren in Christo) nicht unähnlich, die sich in den sowjetischen Einrichtungen und Reglements verfingen, irritierten die Ordnungswächter um so mehr, als ihre Handlungen und Überlegungen nicht auf politischen Umsturz zielten. Vielmehr waren es Menschen, die sich, wie die Helden Vaginovs, in der sowjetischen Welt einfach nicht zurechtfanden. *Usomnivšijsja Makar*, die Geschichte vom simplen Skeptiker, dessen Fragen gleichwohl auch bei den «Hochgebildeten» ohne Antwort blieben,

Andrej Platonov

erregte Stalins Mißfallen. Als Platonov in der Erzählung *Vprok* die Folgen der Zwangskollektivierung ansprach, sah er sich bösartigen Angriffen ausgesetzt. Einige Aufbaunovellen – *Fro* (so nennt sich die Heldin der Novelle) oder *Takyr* (mit diesem turkmenischen Wort werden lehmige Flächen in der Wüste bezeichnet) –, die während einer Schriftstellerexpedition nach Turkestan entstanden, sowie der Erzählband *Reka Potudan'* (Der Potudan'-Fluß, 1937) konnten in den 30er Jahren noch erscheinen. Der Großteil seiner Werke indes, die Romane bzw. Povesti *Čevengur* (1926–1929; einige Fragmente waren u. d. T. *Proischoždenie mastera* [Die Herkunft des Meisters] 1928 erschienen), *Kotlovan* (Die Baugrube, 1929/30), *Juvenil'noe more* (Das Juvenilmeer, 1934) und *Džan* (1933–1935) wie auch der *Techničeskij roman* (Technischer Roman, posth. 1990) und der Fragment gebliebene Roman *Sčast-*

livaja Moskva (Das glückliche Moskau, posth. 1991) wurden erst lange nach Platonovs Tod veröffentlicht. Ihre Überlieferung und Publikationsgeschichte ist daher äußerst kompliziert. Für *Čevengur* ist beispielsweise mit wenigstens drei verschiedenen Textversionen zu rechnen. Das Gesamtwerk Platonovs aber, das außer den Erzählgattungen auch Dramen (*Vysokoe naprjaženie* [Hochspannung], 1932, veröfftl. 1984; *Puškin v licee* [Puškin im Lyzeum], 50er Jahre, unvoll.), literaturkritische Arbeiten (sie erschienen in den Jahren 1937–1941 unter dem Pseudonym F. Čelovekov bzw. A. Firsov), Filmszenarien und Märchenbearbeitungen (*Volšebnoe kol'co* [Der Zauberring], posth. 1960) umfaßt, hat nach seiner Wiederentdeckung, die sich von den 50er Jahren bis in die jüngste Zeit hinzog, einen Glanz gewonnen, der diesen Schriftsteller als einen der bedeutendsten Vertreter der russischen Literatur im 20. Jahrhundert ausweist. Als einen Autor mit besonders ausgeprägten «russischen» Zügen, der, wie vormals Dostoevskij, die Disparitäten und inneren Spannungen des russischen Lebens erforscht und ihnen zu unvergleichlicher literarischer Gestalt verholfen hat.

Das brisante Thema, das die Schattenwerke Platonovs in immer neuen Anläufen aufwarfen, war das Scheitern der Utopie des Kommunismus. Ein Scheitern, das sich notwendig aus der menschlichen Dürftigkeit und Transzendenzlosigkeit des sowjetischen Gesellschaftsentwurfs ergeben mußte. Der dreiteilige Roman *Čevengur*, Platonovs größtes Werk, zeigte in drei Phasen den Weg des jungen Idealisten Saša Dvanov in den Kommunismus. Er kommt aus einem Dorf, das alle Mängel der alten Welt aufweist, erlebt als Eisenbahningenieur Revolution und Bürgerkrieg und gelangt in die Stadt Čevengur, in der der Kommunismus eingeführt wird. Aber was für ein Kommunismus? Statt der erhofften Einheit des Menschen mit Natur und Kosmos erleben Dvanov und sein nachdenklicher Freund Zachar Pavlovič die Gewaltherrschaft blindwütig agierender Bürokraten. In der Povest' *Kotlovan* scheitert das Vorhaben eines Bautrupps, dem sich der Arbeiter Voščev angeschlossen hat, einen prächtigen Palast der Zukunft zu bauen. Nach grotesken Vorfällen und Fehlplanungen entsteht am Ende lediglich eine riesige Baugrube – als Massengrab. Die alte russische Utopie des Kristallpalastes erlebte damit erneut ihre Umkehrung zum dystopischen Ort. Doch anders als Dostoevskijs Untergrund (in den *Zapiski iz podpol'ja*), der als Chronotop eines ins Abstruse gesteigerten autarken Subjektivismus fungierte, war Platonovs Baugrube das Grab des Kommunismus und damit kollektiver Hoffnungen, die auch seine eigenen gewesen waren. In *Džan* führt ein junger, in Moskau ausgebildeter Ökonom nicht-russischer Herkunft namens Nazar Čagataev im Auftrag der Partei einen aus verschiedenen Volksstämmen zusammengewürfelten Haufen halbnomadischer Asiaten durch das Ustjurt-Plateau und den Sary-Kamysch-Kessel – die irdische Hölle, den Wohnsitz Ahrimans – ins Paradies des Sozialismus. Sie nennen sich Džan (das persische Wort bedeutet «Seele»), weil sie außer der Seele und dem nackten Leben nichts besitzen. Als Čagataev glaubt, seinen Auftrag erfüllt zu haben – Lehmhütten sind entstanden, die Sowjetbehörden haben Lebensmittel zugeteilt –, muß er erleben, daß die Angehörigen des Džan-Volkes das sichere Obdach wieder verlassen und sich in verschiedenen Richtungen, jeder für sich allein, entfernen. Čagataev erkennt, daß er aus begrenztem Verstand heraus gehandelt hat, denn die Menschen sehen selber besser, «wie es für sie richtig ist».

Platonovs immer wieder abgewandeltes Grundmodell beruht auf einer dreiphasigen Sequenz: Mangellage – Weg oder Suche nach dem Paradies – Erreichen eines Ziels, das sich nicht nur als Irrtum, sondern geradezu als Perversion der idealen Hoffnungen erweist. Bestimmte Helden und Motive wiederholen sich bei Platonov: scheiternde Demiurgen (meist mit ausländischem Namen); nachdenkliche Arbeiter, Techniker, Ingenieure, die die brutale Inhumanität der Sowjetutopie durchschauen; die Wüste als elementare Bedrohung des Utopischen; die Eisenbahn als Vehikel auf dem Weg in die Utopie usw. Die schwierige Semantik der Platonovschen Namen, die exotische Einfärbung der Lexik (vor allem in den turkmenischen Erzählungen), die mitunter an das Märchen gemahnenden Abläufe, das Schwanken zwischen Realität und Phantastik, nicht zuletzt auch eine Apodiktik des Handelns und Redens der Figuren ergeben den Duktus eines mythischen Erzählens, das in seiner Art einzig in der russischen Literatur dasteht. Platonov vermag mit ihm die alten Fragen neu zu stellen, die die Russen stets schon bewegt haben – die Fragen nach Gerechtigkeit und Wahrheit, nach dem rechten Leben, nach der Unsterblichkeit. Platonovs Helden sind, wie Svetlana Semënova festgestellt hat, gleichsam unterschiedliche Verkörperungen der russischen Volksseele. Und vielleicht ist es mehr als ein Wortspiel, wenn sie Platonov selbst als den russischen Plato heraushebt: als Betrachter und Sprachrohr (sozercatel' i vyrazitel') der fundamentalen «Ideen» des Russentums.

Michail Bulgakov

Kaum ein Autor könnte nach Herkunft, Lebensweg und Charakter mehr von Platonov verschieden sein als Michail Bulgakov. Und doch hat dieser andere große Vertreter der Schattenliteratur das gleiche unternommen wie jener. Während Platonov in immer neuen Allegorien das Scheitern des Kommunismus beschwor, vergegenwärtigte auch Bulgakov die Obsessionen der Stalin-Zeit in mehreren Dramen und seinem vielschichtigen Hauptwerk *Master i Margarita* (Der Meister und Margarita, um 1940, veröfftl. zuerst 1966/67) in Form der Allegorese. Es ist kaum anzunehmen, daß Bulgakov jemals ohne Vorbehalt mit der bolschewistischen Revolution sympathisierte, viel eher trifft das Gegenteil zu. In Kiev, wo er den roten Terror erlebte, stand er auf der Seite der Weißen und stellte ihre Vertreter in dem Roman *Belaja gvardija* (Die weiße Garde, 1924, vollständig veröfftl. 1966) nicht ohne Sympathie dar. Die Revolutionsereignisse und vor allem die NÈP-Verhältnisse boten dem geborenen Satiriker und scharfen Beobachter unvergleichliches Material für seine Prosastücke und Dramen.

Die satirischen Erzählungen

Bulgakov gehörte zu den satirischen Talenten, die in den 20er Jahren in der Eisenbahnerzeitschrift *Gudok* (Die Sirene, 1917 ff.) bzw. deren Beilage *Smechač* (Der Lacher) hervortraten. Er schrieb schnell: Für ein Feuilleton von 75–100 Zeilen benötigte er, Rauchen und Vor-sich-hin-Pfeifen eingerechnet, rund 20 Minuten. Stärker als seine Konkurrenten war er Gogol' verpflichtet. Die 1925 in dem Band *D'javoliada* (Die Teufeliade, 1925) vereinigten satirischen Erzählungen waren seine einzige Buchveröffentlichung zu Lebzeiten. Diese kurzen Prosastücke, Satiren, Skizzen und Feuilletons verrieten eine virtuose Beherrschung der satirischen Mittel, sei es Übertreibung, verfremdende Sicht oder groteske Verzerrung. Und sie nahmen die typischen Erscheinungen der NÈP-Zeit ins Visier: Spekulantentum, Wohnungsnot, heruntergekommene Aristokraten und die hilflosen kulturellen Anstrengungen der Sowjetmacht. Vielfach ließen sich die Verfahren der ornamentalen Prosa erkennen, etwa in dem Bericht eines Irren über den Tod seines Bruders in *Krasnaja korona* (Die rote Krone, 1922). Dann wieder übertrug Bulgakov Gogol'sche Motive in die sowjetische Wirklichkeit. In der als Traum motivierten Erzählung *Pochoždenija Čičikova* (Die Abenteuer Čičikovs, posth. 1966) brachte es der in der NÈP-Zeit wiederkehrende Held der *Toten Seelen* im Kreise der übrigen Gogol'schen Komparsen durch Scheingeschäfte binnen kurzem zum NÈP-Trillionär, bis ihm der Erzähler mit rigorosen Maßnahmen das Handwerk legt – und aufwacht. Auch das *Revizor*-Motiv fehlte nicht. In der Erzählung *Zolotye korrespondencii Feraponta Ferapontoviča Kaporceva* (Die goldwerten Korrespondenzberichte des Ferapont Ferapontovič Kaporcev, 1926) wird ein junger Hochstapler in der Provinz für den Bruder Lunačarskijs gehalten; er heimst Geld und allerlei Wohltaten ein, um

Michail Bulgakov

schließlich mit dem einzigen vorhandenen Dienstwagen das Weite zu suchen. Es wimmelte in den Texten nur so von grotesken Einfällen. In *Razvratnik* (Der Wüstling, 1926) wurde das Leben eines harmlosen Bittstellers in der Phantasie der Obrigkeit (načal'stvo) zu wilder Lasterhaftigkeit aufgebauscht. In *Kvartira na kolesach* (Die Wohnung auf Rädern, 1926) vertraut der findige Sowjetbürger Polosuchin, der aus der Provinz nach Moskau gereist ist, seinem Tagebuch an, wie er, der Wohnungslose, sich in einem Straßenbahnwaggon mehr und mehr wohnlich einrichtet, bis sich die zentrale Wohnungskommission seine Idee zum Zwecke der Wohnraumbeschaffung selbst zunutze macht. In der hintersinnigen Bürokratensatire *D'javoliada* (1925) entfaltete Bulgakov ein solches Feuerwerk an phantastisch-grotesken Motiven, die Gogol's *Nase* und Dostoevskijs *Doppelgänger* mit allerlei Teufelsspuk vermischten und vermengten, daß die bissige Entlarvung des sowjetischen Behördenwesens selbst für die wachsame Kritik ungreifbar wurde. Die bedeutendste der frühen Satiren aber war die Povest' *Sobač'e serdce* (Hundeherz, 1925). Mit ihr spann Bulgakov die Fäden der russischen Hundedichtung fort, die nach dem Vorbild von Tolstojs *Cholstomer* bei Kuprin (*Sobač'e sčast'e* [Hundglück], 1897) oder bei Fedin (*Pës'i duši* [Hundeseelen], 1921) ein kynologisches Prisma auf die Menschenwelt richtete. Bei Bulgakov wurde dies mit dem Homunculus-Motiv verbunden: Durch Transplantation der Organe eines Verbrechers in den Hund Šarik hat der Medizinprofessor Filip Preobraženskij einen Hundemenschen hervorgebracht, der sein bestialisches Unwesen treibt, bis er durch eine weitere Operation wieder ins reine Hundesein zurückverwandelt wird. Deutlich genug war damit auf die Schaffung des neuen proletarischen Menschen hingewiesen, denn der Hundemensch führte die Kulturzerstörung, wie sie die revolutionären Massen betrieben, in den bürgerlich-gediegenen Gemächern des Professors *en detail* vor Augen. Das faustische Experiment zeigte, was geschieht, wenn der Mensch zum Hund und der Hund zum Menschen umgewandelt wurde. Bulgakov sprach mit dieser im Westen 1968, in der Sowjetunion erst 1987 veröffentlichten Grotesksatire eine Warnung vor biologisch-medizinischen Experimenten aus, die weit vorausschauend war und Gültigkeit über den sowjetischen Utopismus der 20er Jahre hinaus beanspruchen kann. In der Zeitvermischung, der intertextuellen Vielstimmigkeit und, vor allem, der Verbindung von groteskem Spuk und Erkenntnisstreben bildeten Bulgakovs Satiren Fingerübungen zum großen Roman *Master i Margarita*, der am Ende seines Schaffensweges stand.

Die Dramen

Belaja gvardija, Bulgakovs erster Roman, der, wie so viele seiner Werke, zu Lebzeiten unveröffentlicht blieb, wurde in dramatisierter Form unter dem Titel *Dni Turbinych* (Die Tage der Turbins, 1926) in der Aufführung durch das MCHAT ein durchschlagender Erfolg. Zwar wurde das Stück zunächst wieder abgesetzt, nach der Wiederaufnahme jedoch kam es bis 1940 auf legendäre 987 Vorstellungen. Das Stück endete in der von der Zensur gestatteten Version mit der Einsicht der Helden, der Geschwister Turbin, daß wohl die Roten den Bestand und die Zukunft Rußlands garantieren, doch waren die russischen Monarchisten und Aristokraten – der Arzt Aleksej, der Fahnenjunker

Nikolka und ihre Schwester Elena Tal'berg –, die zu dieser Einsicht gelangten, als sympathische, lebendige Menschen dargeboten. Hier zeichnete sich die Haltung der Smenovechovcy ab, denen Bulgakov, wie seine Mitarbeit an den Zeitungen *Nakanune* und *Rossija* verriet, in den 20er Jahren politisch nahestand. Stalin gehörte zu den Bewunderern des Stückes, und vielleicht verdankte Bulgakov, nachdem er im April 1930 einen verzweifelten Brief an die politische Führung gerichtet hatte, diesem Nimbus eines jener ominösen Telephonate, mit dem ihm, der für sich keine Schaffensmöglichkeit mehr in Rußland sah, Stalin die Wohltat erwies, als Regieassistent am MCHAT tätig werden zu dürfen.

Auch in dem Drama *Beg* (Die Flucht, 1926–1928), einem aus acht Träumen bestehenden Stück, spielte Bulgakov das Schicksal der Weißen am Beispiel des Generals Chudov im Sinne der Smenovechovcy durch: von der Endphase des Kampfes auf der Krim über die Fluchtstationen Konstantinopel und Paris bis zur reumütigen Rückkehr in das Rußland der Roten. Der Gedanke, daß die Weißen den historisch falschen Weg eingeschlagen hätten und auf der Seite des Untergangs gestrandet seien – ein Gedanke, der auch in die Gestalt des Pilatus in *Master i Margarita* hineingelesen werden könnte – mochte Bulgakov in den 20er Jahren naheliegen. (Mit eben diesem Argument versuchten Literaturwissenschaftler wie Ralf Schröder seit den 60er Jahren, den sperrigen Autor in die Sowjetliteratur zu reintegrieren.) Doch läßt sich eine solche Interpretation keinesfalls auf die 30er Jahre ausweiten, es sei denn, man traute Bulgakov die Verirrung zu, die Stalinsche Despotie mit dem «historisch Richtigen» gleichzusetzen. Und schon gar nicht hätte er der «historisch richtigen» Position die Konsequenzen zugebilligt, die Stalin daraus zog, nämlich die physische Auslöschung des «historisch Falschen». Bei Bulgakov verloren auch dessen Träger nicht ihre Lebensberechtigung und Menschenwürde. Die Dramen dieser Jahre waren bittere Abrechnungen mit despotischen Herrschern, die, um jeden Zweifel auszuschließen, im Umgang mit genialen Künstlern gezeigt wurden: Ludwig XIV. mit Molière (in *Kabala svjatoš (Mol'er)* [Die Kabale der Scheinheiligen – Molière], 1930–1936); Nikolaus I. mit Puškin (in *Poslednie dni (Puškin)* [Die letzten Tage – Puškin], 1934/ 35). Die Frage nach dem historisch Falschen oder Richtigen trat damit zurück oder wurde, wie vollends in *Master i Margarita*, undurchsichtig. Es ging nun vielmehr um die wahre Kunst – die allemal das historisch Richtige war. Jedes dieser Stücke war eine allegorische Herausforderung an den totalen Machtanspruch der Sowjets.

Bulgakovs sympathetische Beschäftigung mit Molière erbrachte außer dem Drama weitere Früchte: die Lebensbeschreibung des französischen Komödiographen (*Žizn' gospodina de Mol'era* [Das Leben des Herrn Molière], 1932/33; 1962) und die freie Bearbeitung der Komödie *Le bourgeois gentilhomme* (u. d. T. *Poluumnyj Žurden* [Der verrückte Jourdain], 1932). Im MCHAT hatte Bulgakov mehrfach als Schauspieler in Molièreschen Komödien auf der Bühne gestanden.

In seinem Molière-Stück nun stellte er den großen Komödiendichter in die Spannung zwischen dem Monarchen, der ihn zunächst zum eigenen höheren Ruhme begünstigt, und dem Klerus, der ihm den *Tartuffe* nicht verzeihen kann, und schlang dies mit den privaten Nöten Molières zusammen, die aus der Liebe zu seiner Stieftochter entsprangen. Molière erliegt einer Doppelintrige oder, wie der Schauspieler La Grange (Lagranž) am Schluß in seiner Theaterchronik festhält: Ursache seines Todes seien die Ungnade des Königs und die schwarze Kabale gewesen. Wie Bulgakov hier Theaterwelt, d. h. Molières Stücke, und Lebenswelt sich gegenseitig durchdringen ließ, wie er ungewöhnliche szenische Wirkungen (die Aufführung eines Stückes im Palais Royal aus der Sicht «hinter dem Vorhang») einbrachte – das verriet einen Instinkt für das Dramatische, der hinter dem Gogol's oder Čechovs nicht zurückstand. Auch das Puškin-Stück *Poslednie dni* beruhte auf einem besonderen Einfall: Zwar wurde die Lebenssituation des Dichters in all ihren leidigen Aspekten beleuchtet: Puškins Schulden, sein hitziger, unberechenbarer Charakter, anonyme Briefe, die Eifersucht auf seine leichtfertige Gattin Natal'ja Nikolaevna, die Bespitzelung durch Sr. Majestät Dritte Abteilung, die Liebe seiner Bewunderer und der Haß seiner Neider; doch trat Puškin leibhaftig überhaupt nicht in Erscheinung. Die Metonymie, d. h. die Evozierung des Angrenzenden anstelle der Sache selbst, beherrschte dieses Stück, wie gleichzeitig, doch weitab und ganz anders, auch Nabokovs Groteskdrama *Sobytie* (Das Ereignis, 1938), welches ein Ereignis zum Gegenstand des dramatischen Ablaufes machte, das niemals eintrat. Freilich bedurfte es der – immer heiklen – Präsentation des Klassikers gar nicht, um aus dem Ring der Intrigen, der verhängnisvollen Alltagssorgen und Widrigkeiten den unabhängigen Geist Puškins aufleuchten zu lassen, der mit seinen Gedichten – leitmotivisch ist *Zimnij večer* (Winterabend, 1825) in den Text eingebracht – noch die auf ihn angesetzten Spitzel gefangennahm. Nestor Kukol'nik und Vladimir Benediktov, zwei mediokre Literaten der Zeit, wurden als Konkurrenten Puškins ebenso aufgeboten wie Zar Nikolaus I., der seinem Kammerjunker Puškin nicht verzeihen mag, daß er, anstatt in Hofuniform, im einfachen Frack auf dem Ball erscheint. Der Künstler konnte, so lautete Bulgakovs Botschaft, im Spiel der Mächtigen keine aktive Rolle einnehmen (F. Göbler).

Mit zwei weiteren bühnenwirksamen Dramen, *Ivan Vasil'evič* und *Don Kichot*, bekräftigte Bulgakov seinen exzeptionellen Rang als Dramatiker. In dem Stück *Ivan Vasil'evič* (1935/36) tritt die Titelgestalt, Ivan Vasil'evič Bunša-Koreckij mit vollem Namen, zugleich Namensvetter des grimmigen Zaren Ivan IV., der zu deutsch Ivan der Schreckliche heißt, als Hausverwalter eines Moskauer Mietshauses auf. Mittels einer Zeitmaschine, die der Erfinder Timofeev konstruiert hat, wird er unversehens in die Zeit seines Namensvetters und dessen Schreckensherrschaft versetzt. Diesen grotesken Spuk, der mit einem ganz gewöhnlichen Wohnungseinbruch endet, mit Marxens Diktum von der komödiantischen Abfuhr, mit der die Geschichte eine alte Gestalt zu Grabe trägt, zu verbinden, wie es Ralf Schröder versucht hat, heißt die Augen von dem Übel abzuwenden, um das es Bulgakov in allen Werken dieser Jahre kaum verhohlen ging. Auch hier wieder lugte aus dem phantastischen Ulk die Stalinsche Despotie hervor. Das Stück *Don Kichot* (Don Quichote, 1938) stellte den Ritter von der traurigen Gestalt, alias Alonso Quijano, in eine nüchtern-bürgerliche Welt, in der seine Suche nach den alten Idealen vergebens ist. Im Sterben rät er, nun bar jeglicher Illusion, seiner Nichte Antonia, nur einen Mann zu heiraten, der sich nicht für Ritterbücher begeistere, dafür aber die Seele eines Ritters besitze. Wieder schlug Bulgakov mit dem Weg des vermeintlichen Ritters einen intertextuellen Bogen von einer eingebildeten Utopie zurück in die Wirklichkeit – von Cervantes in die Gegenwart.

‹Der Meister und Margarita›

Seit 1928 hatte Bulgakov an seinem Hauptwerk *Master i Margarita* gearbeitet. Das reiche Dramenschaffen der 30er Jahre und zuletzt noch der *Teatral'nyj roman* (Theaterroman; unvoll. 1936/37), eine satirisch-humoristische, mit Anekdoten gespickte Revue der Moskauer Theaterwelt (der Untertitel lautet *Zapiski pokojnika* [Aufzeichnungen eines Toten]), motiviert als nachgelassene Notizen des durch Selbstmord geendeten Schauspielers und Melancholikers Sergej Maksudov, drängten das große Vorhaben lange zurück. Dennoch brachte Bulgakov, schwerkrank und als Arzt über seinen hoffnungslosen Zustand im Bilde, die Kraft auf, sein letztes Werk zu vollenden. *Master i Margarita* stellt sich als ein in der Weltliteratur einzigartiger Doppelroman dar (nur in der portugiesischen Literatur scheint es ein Pendant in dem Roman *A Ilustre Casa de Ramires* [Das berühmte Haus Ramires, 1897–1899] von José Maria Eça de Queirós zu geben), der bereits von der stofflichen Anlage her nach den Sternen greift: Der eine Roman versetzt das Faust-The-

ma, gebunden in die Geschichte des Meisters, d. h. des Autors eines
großen Romans, und seiner Geliebten Margarita Nikolaevna, mitten
in das zeitgenössische, sowjetische Moskau; der andere Roman, das
Werk nämlich, das der Meister schreibt, ist nichts Geringeres als die
Passionsgeschichte Christi. Das Motto aus Goethes *Faust*: «Nun gut,
wer bist du denn? Ein Teil von jener Kraft, die stets das Böse will und
stets das Gute schafft», das Bulgakov dem Roman voranstellte, ließ
Dialektik erwarten. Wer die Kraft des Bösen verkörpert, scheint außer
Zweifel zu stehen: Es sind Voland und seine Teufelsbande, die in Moskau ihr Unwesen treiben, jedermann triezen und foppen, womit sie
den Großteil der Romanhandlung bestreiten. Besteht das Gute, das sie
bewirken, in der Aufregung der hauptstädtischen Behörden und
Redaktionen? Oder darin, daß sie den Meister und seine Geliebte wieder zusammenführen und die Reste seines Romans retten, den jener
verbrennen wollte? Noch vieldeutiger werden die phantastischen Dia-
boliaden, wenn man sie politisch interpretiert. Sie können ebenso gut
als konspirative Wühlarbeit von Ausländern und «Volksfeinden» wie
auch als informelles Agieren des Sicherheitsapparates aufgefaßt werden. In jedem Falle bewirken sie eine Verunsicherung, die die ganze
Gesellschaft, vor allem aber die Literaten- und Theaterszene, erfaßt.
Rachephantasien, wie Peter Urban meint, eines gepeinigten Autors.

Die Passionsgeschichte, zugespitzt auf die Konfrontation von Pilatus
(Pilat) und Jesus (Iešua) in Jerusalem (Eršalaim) am Tage der Kreuzi-
gung, war, in deutlicher Absetzung vom Groteskstil des Moskauer
Teufelsspuks, im gehobenen realistischen Erzählduktus gehalten. Diesem gegenüber wirkte sie wie ein Lehrstück über politische Moral.
(Das Vorbild von Dostoevskijs Legende *Velikij inkvizitor*, die im zweiten
Teil der *Brat'ja Karamazovy* eine ähnliche Funktion erfüllt, ist nicht zu
verkennen.) Pilatus will in der für ihn belanglosen Dienstaffäre den
Aufrührer und Volksprediger Iešua keineswegs bestrafen, ja, er bleibt
von dessen Wahrheitsethos nicht unbeeindruckt. Als Präfekt der römischen Provinz Judäa aber ist er gehalten, die öffentliche Ordnung
durchzusetzen. So läßt er, historischer Vorfahre und literarischer Nach-
fahre des Großinquisitors in einem, die politische Räson obsiegen.
Daß er den weltgeschichtlichen Augenblick nicht erkennt, verbindet
ihn mit dem Ruheständler Pontius Pilatus in Anatole Frances Kurzgeschichte *Le procureur de Judée* (1891) – auf diese Parallele hat Konstantin
Simonov in seinem Vorwort *O trěch romanach Michaila Bulgakova* (Über
die drei Romane Michail Bulgakovs, 1973) hingewiesen. Doch wen
würde der Jesus-Roman, als politische Zeitparabel gelesen, treffen?
Verkörpert Pilatus das – historisch überlebte – alte System oder den
derzeitigen Inhaber der Macht, Stalin? Die Frage stellen bedeutet,

ähnlich wie die Frage nach der Auflösung der Teufelsallegorie, das Eingeständnis, daß sie nicht eindeutig zu beantworten ist. Die Sinnstruktur des Romans ist zu fein und zu kompliziert gesponnen, als daß sie auf ein grobes ideologisches Raster projiziert werden könnte. (In diesem Zusammenhang sei vermerkt, daß der Philosoph Jakov Golosovker in den Jahren 1925–1928 einen Roman, *Zapis' neistrebimaja* [Unvernichtbare Aufzeichnung], geschrieben hatte, der, wie Alexander Graf zeigt, überraschende Motivähnlichkeiten mit Bulgakovs *Master i Margarita* aufweist, namentlich auch das Motiv des verbrannten Jesus-Romans. 1937 verbrannte Golosovker das Manuskript seines eigenen Romans. Die unter dem Titel *Sožžënnyj roman* [Der verbrannte Roman] restituierte Fassung erschien 1991.)

Die Fülle an offenen und verdeckten Symbolen, Anspielungen und Zitatverweisen macht den Verwirrspuk der Handlung für den Leser obendrein noch zum intertextuellen Ratespiel, wobei vor allem die *Faust*-Bezüge dicht eingewoben sind. *Faust* freilich nicht nur in der Goetheschen Version, wenngleich diese mit Mephisto-Attributen und Blocksberg-Motiven hochpräsent ist, sondern auch nach dem Oratorium von Hector Berlioz (*La damnation de Faust*, 1846), der Oper von Charles Gounod (*Faust*, 1859) und älteren Quellen. In Voland wird man Goethes Junker Voland wiedererkennen, für den Russen ist es zugleich (kyrillisches) Anagramm zu дьявол, wobei das kyrillische и rückwärts als н zu lesen ist. Neben dem Meister, der namenslos bleibt, und dem Dichter Bezdomnyj («der Unbehauste») tritt als dritte faustische Figur Margarita Nikolaevna in den Vordergrund, ja, sie ist es, die um ihrer Liebe zum Meister willen den Teufelspakt schließt, auf dem Hexenbesen rächend durch die Straßen Moskaus fliegt, sich auf den Satansball begibt und den Meister aus dem Irrenhaus befreit. Recht gelesen also ist Margarita, durch eine magische Salbe verjüngt und von Voland bedient, Bulgakovs Faust.

Satire auf NĖP und MAPP (hier MASSOLIT genannt, deren Redakteure und Kritiker von den Teufeln kräftig gepiesackt werden) umrahmte nicht nur das magisch-groteske Geschehen, sondern bildete eine für Bulgakov nach wie vor wichtige Bedeutungsschicht. Trotz seiner menippeischen Anlage wies der Roman manche Brüche und Ungereimtheiten auf, die sich vielleicht aus dem Fehlen einer Endredaktion erklären lassen. Dennoch hat Bulgakov mit *Master i Margarita* das vielleicht bedeutendste Literaturwerk der 30er Jahre geschaffen. Die Nachwelt hat es, ähnlich wie Margarita den Roman des Meisters, dem Vergessen entrissen und erkennt nachträglich, durch die unbändige Karnevalisierung der Stalin-Zeit hindurch, den Ernst der Lage.

In der Gesamtschau der russischen Literatur bildete die Schattenliteratur der 30er Jahre neben der russischen Sowjet- und der Emigrationsliteratur einen verdeckten dritten Strang. Obwohl sie zur Existenz im Untergrund gezwungen war und erst nach Jahrzehnten offenbar wurde, steckte in ihr bereits der Keim der späteren Dissidenten- und SAMIZDAT-Literatur – einer Literatur im Lande, die die ästhetischen und thematischen Restriktionen nicht anerkannte.

B. Krieg und Nachkrieg

Die Literatur im Zweiten Weltkrieg

Mit dem Ausbruch des Zweiten Weltkrieges geriet die Literatur vollständig in den Strom der Ereignisse, der dem russischen Volk härteste Prüfungen, Not und Tod auferlegten und in dem es sich, wie nicht zum ersten Male in der Geschichte, unter größten Opfern mit ungewöhnlichem Heldentum bewähren sollte. Den Kriegshandlungen, die mit dem Überfall der deutschen Armee am 22. Juni 1941 begannen, war der spanische Bürgerkrieg vorausgegangen, in dem die Sowjetunion die republikanische Volksfront politisch und militärisch unterstützt hatte; ferner das knapp zweijährige Zwischenspiel des Hitler-Stalin-Paktes, das als diplomatische Farce zu bezeichnen wäre, hätte es nicht den Ausbruch des Krieges beschleunigt und arges Unheil über die Völker Ostmitteleuropas gebracht. Im Finnischen Winterkrieg 1940/41 zeigten sich Grenzen der sowjetischen militärischen Expansion.

Das spanische Vorspiel. Der deutsch-sowjetische Pakt

In Spanien kreuzten während des Bürgerkrieges sozialistische und linksbürgerliche Schriftsteller aus vielen Ländern auf, darunter Ernest Hemingway, André Malraux, Ludwig Renn, nicht zuletzt aber auch Russen. Politische, militärische und literarische bzw. journalistische Aktivitäten liefen Hand in Hand. Der umtriebige Michail Kol'cov, alias Miguel Martinez, legte mit seinem *Ispanskij dnevnik* (Spanisches Tagebuch, 1938) eine Chronik vor, die vor allem das Wirken der sowjetischen Instrukteure und Militärs, immerhin 1790 an der Zahl, festhielt. Der Verfasser dieses wohl wichtigsten russischen Zeugnisses aus dem Bürgerkrieg zählte selbst zu den maßgeblichen politischen Beratern der republikanischen Regierung. Ernest Hemingway hat Kol'cov in *Wem die Stunde schlägt* in der Gestalt des *Pravda*-Kriegsberichterstatters Karkov ein bleibendes Denkmal gesetzt. Robert Jordan, Hemingways Held, erlebt ihn als einen der klügsten Menschen, die ihm je begegnet seien; er glaubt, Karkov stehe in unmittelbarem Kontakt mit Stalin und spiele in den spanischen Angelegenheiten eine entscheidende Rolle. (Obwohl dies für die spanischen Jahre zutraf und

Kolcov noch 1938 in den Obersten Sowjet der RSFSR gewählt wurde, verhaftete man ihn im Dezember 1938; er starb 1940 in der Haft.) Auch Il'ja Ėrenburg, der für die *Izvestija*, und Ovadij Savič, der für die TASS aus Spanien berichtete, sind aufschlußreiche Schilderungen über Spanien und die Internationalen Brigaden zu verdanken. Savič veröffentlichte im gleichen Jahr wie Kol'cov das Buch *Ljudi internacional'nych brigad* (Menschen der Internationalen Brigaden, 1938); 1961 folgte der Erinnerungsband *Dva goda v Ispanii* (Zwei Jahre in Spanien). Ėrenburgs Reportagen erschienen gesammelt erst 1986 (*Ispanskie reportaži 1931–1939* [Spanische Reportagen 1931–1939]). Auch in seinen Erinnerungen *Ljudi, gody, žizn'* (Menschen, Jahre, Leben, 1960–1965, [2]1990) hat Ėrenburg seine Erlebnisse wie auch das umfangreiche Netz seiner persönlichen Beziehungen zu Schriftstellern, Künstlern und Politikern aus der spanischen Zeit (August 1936-Dezember 1938) in lebendigen Schilderungen ausgebreitet. Als bedrohlichen Kontrapunkt blendete er immer wieder die Gerüchte und Nachrichten ein, die über die Moskauer Säuberungen nach Spanien drangen, so daß in seinen Erinnerungen jene schaurige Zweigleisigkeit wiedersteht, die die Sowjetbürger, gerade wenn sie an Stalin und den Sozialismus glaubten, im In- und Ausland in beklommene Ratlosigkeit versetzte.

Nicht anders in der Zeit des deutsch-sowjetischen Nichtangriffspaktes. Zu den Vereinbarungen zwischen dem Deutschen Reich und der Sowjetunion gehörte nicht nur die Festlegung politischer Einflußzonen sowie militärischer und wirtschaftlicher Zusammenarbeit, sondern auch eine gegenseitige kulturpolitische Öffnung. So wurden etwa, parallel, 1941 im Moskauer Bol'šoj Teatr Wagners *Walküre* (in der «sozioökonomischen» Inszenierung von Sergej Ėjzenštejn) und in der Berliner Staatsoper Glinkas *Žizn' za carja* (Ein Leben für den Zaren) sowie andere russische Opern auf die Bühne gebracht. In Rußland verstärkte sich die Beschäftigung mit den deutschen Klassikern (Goethe, Kleist), während in Deutschland Werke Turgenevs und Čechovs erneut rezipiert wurden. Nur in dieser paradoxen Situation konnte 1940 dem deutschen Publikum eine Verfilmung von Puškins *Stancionnyj smotritel'* unter dem Titel *Der Postmeister* mit Heinrich George und Hilde Krahl in den Hauptrollen geboten werden. (Bereits ein Jahr später wartete der Regisseur dieser Verfilmung, Gustav Ucickij, mit dem Propagandastreifen *GPU* auf.) Wieder kann man bei Ėrenburg nachlesen, wie das Attribut «faschistisch» oder die Berufung auf die Volksfrontpolitik in der Sowjetunion mißliebig wurden.

Das militärische Ringen mit den deutschen Aggressoren und ihren Verbündeten – Hitler hatte den Rußlandkrieg als einen Kreuzzug wider den Bolschewismus ausgegeben – mobilisierte alle Kräfte der sowjetischen Völker, insbesondere der Russen. Durch ihren anfäng-

lichen raschen Vorstoß konnte die deutsche Wehrmacht mit den verbündeten Heeren nicht nur jene Gebiete erobern, die sich die Sowjetunion im Herbst 1939 in Absprache mit dem Reich einverleibt hatte,
sondern drang, trotz erheblicher Rückschläge im Winter 1941/42, über
die Ukraine und Weißrußland hinaus im Norden bis vor Leningrad, in
Zentralrußland bis vor die Tore Moskaus und in Südrußland bis ins
Wolga-Don-Gebiet, auf die Krim und in die nordwestlichen Teile des
Kaukasus vor. Leningrad hielt der dichten Belagerung unter unsagba-
ren Opfern stand und konnte endlich nach 900 Tagen entsetzt werden;
in der Schlacht von Stalingrad entschied sich zum Jahreswechsel 1942/
43 das Schicksal des «Unternehmens Barbarossa», wie Hitler den Rußlandfeldzug getauft hatte. In den folgenden zwei Jahren wurden die
von Hitlers Truppen besetzten Gebiete in schweren, verlustreichen
Kämpfen wieder zurückerobert. Der Blutzoll, den die sowjetischen
Völker in dem Großen Vaterländischen Krieg (Velikaja Otečestvennaja
Vojna) zu zahlen hatten, wird, ohne Berücksichtigung des Geburten-
ausfalls, mit 17–20 Mio. Toten und etwa 25 Mio. Obdachlosen beziffert. Zu den großen Taten der Zeit muß, außer den militärischen, auch
die Standortverlagerung der wichtigsten Fabrikanlagen vor den vor-
dringenden deutschen Truppen hinter den Ural genannt werden. Mit
einer «Evakuierungsfracht» von 1,5 Mio. Waggonladungen konnte die
Rüstungsindustrie, die in den 20er und 30er Jahren geschaffen worden
war, fast vollständig gerettet und die Industrieproduktion an den neu-
en Standorten im Verhältnis zu den Jahren vor 1941 sogar fast verdrei-
facht werden (K.-H. Ruffmann). Ähnlich wie das Zarenreich seinerzeit aus dem Napoleonischen Krieg ging die Sowjetunion als
Siegermacht aus dem Ringen im Zweiten Weltkrieg hervor. Sie
konnte beträchtliche Gebietsgewinne nicht nur in Ostmitteleuropa,
sondern auch im Fernen Osten verzeichnen; sie wurde Führungsmacht
einer Staatengruppe und ging unmittelbar nach Beendigung des Krieges zu einer aggressiven Expansionspolitik und rigorosen Abgrenzung
von den westlichen Kriegsalliierten über. Der Kalte Krieg, der sehr
bald aus der Nachkriegskonstellation der Großmächte entstand, sollte
für ein halbes Jahrhundert die Weltpolitik bestimmen.

Operative Literatur

Die Kriegsjahre haben im Leben des Landes und jedes einzelnen seiner
Bürger eine tiefe mythische Spur gezogen, die der Literatur in der Fol-
gezeit als ein unerschöpfliches Stoffreservoir dienen konnte. An den
Kriegshandlungen nahmen über 1000 russische Schriftsteller teil, etwa

400, darunter Arkadij Gajdar, Jurij Krymov, Evgenij Petrov und junge Talente wie Michail Kul'čickij oder Nikolaj Majorov, fanden den Tod. Mit der in der *Biblioteka poèta* erschienenen Anthologie *Sovetskie poèty, pavšie na Velikoj otečestvennoj vojne* (Sowjetische Dichter, die im Großen Vaterländischen Krieg fielen, 1965) wurde den früh dahingerafften Dichtern – die meisten waren kaum zwanzig Jahre alt, als sie ihr Leben ließen – ein Denkmal gesetzt.

Die seit LOKAF-Zeiten eingeübte Militarisierung der Literatur trug nun Früchte und prägte das Gattungsspektrum der Literatur. Den verschiedenen Truppeneinheiten zugeteilt, erfüllten die Schriftsteller ihren militärischen Auftrag, indem sie sogenannte «operative» Texte wie Flugblatt, Plakat, Skizze, Kriegsbericht usw. abfaßten. Kaum ein Schriftsteller, der nicht als Kriegskorrespondent eingesetzt gewesen wäre. Eine Kriegspublizistik entstand, zu der gerade auch angesehene Autoren wie Aleksej Tolstoj (*Rodina* [Heimat], 1942; *Čto my zaščiščaem* [Was wir verteidigen], 1942) oder Il'ja Érenburg (*Vojna* [Krieg], 3 Bde., 1942–1944) ihren Beitrag leisteten. Érenburgs Aufrufe und Artikel waren von unversöhnlichem Haß auf alles Deutsche durchdrungen und riefen zum Töten und zu unerbittlicher Rache auf, bis ihm gegen Kriegsende durch einen offiziösen *Pravda*-Artikel, unterzeichnet mit «Georgij Aleksandrov», bedeutet wurde, daß es «schlechte» und «gute» Deutsche gebe (G. Struve). Von deutscher Seite werden Érenburgs Haßtiraden noch heute mit den Massenverbrechen der Roten Armee in Ostpreußen in ursächlichen Zusammenhang gebracht.

Die Erlebnisse an der Front, beim Partisanenkampf im Hinterland des Feindes oder im umlagerten Leningrad wurden in zahlreichen Aufzeichnungen von Schriftstellern und Laien festgehalten. Die Kriegstagebücher von Evgenij Petrov (*Frontovoj dnevnik* [Fronttagebuch], 1942), Aleksandr Poljakov (*V tylu vraga* [Im Rücken des Feindes], 1942), Vasilij Grossman (*Stalingradskie očerki* [Stalingrader Skizzen], später in: *Gody vojny* [Kriegsjahre], 1946), Konstantin Simonov (*Voennye dnevniki* [Kriegstagebücher], für die Zeitschrift *Krasnaja Zvezda* verfaßt), Pëtr Ignatov (*Dnevnik partizana* [Tagebuch eines Partisanen], 1944) und vielen anderen bildeten eine die Wirklichkeit des Krieges dokumentierende Gattung. Die Belagerung Leningrads, die unsägliches Leid über die Bevölkerung brachte – vom 8. September 1941 bis zum 27. Januar 1944 starb etwa eine Million Menschen an Hunger, Bombardierung und Artilleriebeschuß –, zugleich aber auch ihren unverbrüchlichen Willen zum Widerstand und zum Überleben wachrief, schlug sich in den Tagebüchern von Ol'ga Berggol'c (*Leningradskaja tetrad'* [Leningrader Heft], 1942), Aleksandr Fadeev (*Leningrad v dni blokady* [Leningrad in den Tagen der Blockade], 1944) und Vera

Inber (*Počti tri goda. Leningradskij dnevnik* [Fast drei Jahre. Leningrader
Tagebuch], 1945) sowie Erzähltexten von Nikolaj Tichonov (*Lenin-
gradskie rasskazy* [Leningrader Erzählungen], 1942; *Leningrad prinimaet
boj* [Leningrad nimmt den Kampf an], 1943) als heldische Chronik nieder. Erschütternd auch die Aufzeichnungen der Literaturwissenschaft-
lerin Lidija Ginzburg (*Zapiski blokadnogo čeloveka* [Aufzeichnungen
eines Blockademenschen], 1989). Als im Januar 1942 der Leningrader
Rundfunk in den meisten Rayons schon verstummt war, beschlossen
die Schriftsteller und Rundfunkmitarbeiter, unter ihnen die Berggol'c,
mit dem Buch *Govorit Leningrad* (Hier spricht Leningrad) der Blockade
zu trotzen. «Kalt und schwach, waren wir doch stolz und glücklich»,
schrieb Ol'ga Berggol'c, «und spürten einen wunderwirkenden Kräfte-
zustrom.» Auch in Gedichten (*Leningradskij dnevnik* [Leningrader Tage-
buch], 1944) und Poemen (*Fevral'skij dnevnik* [Februartagebuch], 1942;
Leningradskaja poèma [Leningrader Poem], 1942) überwand die feinsinnige, mit den Traditionen ihrer Stadt aufs engste verbundene Dichterin
Furcht und Schrecken der Belagerung.

Kriegsromane

Kriegsromane entstanden in großer Zahl, ferner Romane, die, indem
sie die großen Entscheidungsschlachten der russischen Geschichte
wiederaufleben ließen, eine hoffnungsvolle Parallele zur Gegenwart
aufzeigten – so die militärhistorischen Romane *Port-Artur* (1940/41)
von Aleksandr Stepanov, *Dmitrij Donskoj* (1941) von Sergej Borodin
oder *Bagration* (1943) von Sergej Golubov, um nur einige zu nennen.
Zu den Kriegsromanen bzw. -erzählungen der ersten Stunde gehörten: *Morskaja duša* (Die Seele des Meeres, 1942) des Marineoffiziers
Leonid Sobolev, *Narod bessmerten* (Das Volk ist unsterblich, 1943) von
Vasilij Grossman, *Dni i noči* (Tage und Nächte, 1944) von Konstantin
Simonov, später die den Taten des Fliegerhelden Aleksej Meres'ev
gewidmete, auf einen authentischen Vorfall zurückgehende *Povest' o
nastojaščem čeloveke* (Geschichte vom echten Menschen, dt. u. d. T. Der
wahre Mensch, 1946) von Boris Polevoj (nach ihr komponierte Sergej
Prokof'ev 1947/48 seine gleichnamige Oper), der auch durch seine
Kriegsskizzen (*My – sovetskie ljudi* [Wir sind Sowjetmenschen], 1948)
bekannt wurde, Michail Bubennovs *Belaja bereza* (Die weiße Birke,
1947), ein Werk, in dem bereits der Stalinkult voll zur Geltung kam,
sowie die Romane *Zvezda* (Der Stern, 1947) und *Vesna na Odere* (Frühling an der Oder, 1949) von Ėmmanuil Kazakevič, in denen die Eroberung deutscher Territorien thematisiert war. Vor allem aber verdienen

die Kriegsromane *Molodaja gvardija* (Die junge Garde, 1945) von Aleksandr Fadeev und *V okopach Stalingrada* (In den Schützengräben von Stalingrad, 1945/46) von Viktor Nekrasov hervorgehoben zu werden.

Fadeev, der seit 1939 als Sekretär, nach dem Krieg als Generalsekretär und Vorsitzender des Schriftstellerverbandes (1946–1954) der mächtigste sowjetische Schriftsteller-Funktionär war, mußte gleichwohl nach Erscheinen der *Molodaja gvardija* Kritik wegen zu geringer Beachtung der führenden Rolle der Partei hinnehmen und den Roman umarbeiten. Er hatte – ähnlich wie bald nach ihm Valentin Kataev in dem Roman *Za vlast' Sovetov* (Für die Macht der Räte, dt. u. d. T. In den Katakomben von Odessa, 1951) – den Kampf einer Partisanengruppe gegen die deutschen Besatzungstruppen dargestellt, der auf tatsächliches Geschehen zurückging. Die aus Komsomolzen bestehende Gruppe operiert in der Industriestadt Krasnodon im Donezbecken aus dem Untergrund heraus. Sie organisiert Sabotageakte gegen die Deutschen, befreit sowjetische Kriegsgefangene, tötet Kollaborateure. Durch den Verrat eines Jungen gelingt es den Deutschen, die Widerstandsgruppe zu zerschlagen; die Komsomolzen werden hingerichtet und in einem Massengrab verscharrt. Post mortem wird ihnen, als man das Grab nach der Befreiung entdeckt, der Titel «Held der Sowjetunion» verliehen. Wie schon in *Razgrom* (Die Neunzehn) gelang Fadeev auch in diesem Roman die lebendige Charakterzeichnung eines Heldenkollektivs, die in grellem Kontrast zu der stereotypen Negativität der deutschen Soldaten steht, mit einer spannenden Handlung zu verbinden. Idealischer Heldengeist der Jungkommunisten und Haß auf die fremden Eroberer bestimmten den emotionsgeladenen Stil des Romans, der den Leser mittels direkter Apostrophen in das Geschehen einbezog. Die sowjetische Kritik stufte das Werk darum als neuerliches Zeugnis einer sowjetischen Romantik und seinen Autor als «romantischen Künstler» (chudožnik romantik) ein. Wie in fast allen Werken der sowjetischen Kriegsliteratur wurde auch in *Molodaja gvardija* den deutschen Eroberern und Okkupanten jegliche Menschlichkeit abgesprochen; sie erschienen vielmehr im Inneren und Äußeren als vom «bestialischen Element» (zverinoe načalo) gezeichnet. Trotz der haßerfüllten Einseitigkeit des Autorenstandpunktes ist der Roman ein wichtiges literarisches Zeugnis, das einen authentischen Eindruck von der heroischen Stimmung und Kampfentschlossenheit der Russen im Zweiten Weltkrieg vermittelt.

Nicht weniger authentisch, doch in Ton und Darstellung nüchterner war Nekrasovs Stalingrad-Roman *V okopach Stalingrada*, eines der erfolgreichsten Bücher der Nachkriegszeit. Nekrasov hatte das militärische Ringen um Stalins Stadt als Frontsoldat in vorderster Linie miterlebt. Ein ganz bestimmter Frontabschnitt war somit auch der Schauplatz, den Nekrasov in den Blick nahm und an dem er das Kampfgeschehen registrierte – so wie es einst Tolstoj mit seinen *Sevastopoler Erzählungen* vorgeführt hatte. In fast dokumentarischer Wiedergabe schilderte Nekrasov von einem autornahen Erzählstandpunkt aus die Heldentaten der sowjetischen Soldaten, zeigte ihre Tapferkeit und ihren Mut, verschwieg aber auch Zurückweichen, Mißerfolge und Verluste nicht. Im Gegensatz zu den meisten anderen Kriegsautoren verzichtete er auf patriotisches Pathos und setzte statt dessen auf die genaue Beschreibung, die Wiedergabe von Naturstimmungen und lyrische Exkurse. Daß sein Roman, wie er später in seinen Erinnerungen *Zapiski zevaki* (Aufzeichnungen eines Gaffers, 1975) berichtete, gegen das ausdrückliche Votum Fadeevs, Stalins Anerkennung fand und 1946 mit einem Stalinpreis 2. Klasse prämiert wurde, blieb für Nekrasov und manchen anderen ein Rätsel, erzählte der Roman doch nur von einfachen Soldaten und Offizieren, nicht aber von Generälen, politischen Kommissaren, der Kommunistischen Partei noch gar von Stalin. Es gab aber eben vereinzelt Werke, die sich auch ohne den Kotau vor Stalin und der Partei durchsetzen konnten. Zu ihnen zählt etwa auch Vera Panovas erster Roman *Sputniki* (Weggefährten, 1946), der in ähnlicher Nüchternheit das Geschehen um einen Lazarettzug einfing.

Vasilij Grossmans ‹Leben und Schicksal›

Anders gestaltete sich das Los der wohl bedeutendsten neueren russischen Kriegsdarstellung, *Žizn' i sud'ba* (Leben und Schicksal) von Vasilij Grossman. Bereits mit seinen Frontberichten und seiner Povest' *Narod bessmerten* hatte sich Grossman als einer der fähigsten Kriegsautoren vorgestellt; sein Roman *Za pravoe delo* (Für die gerechte Sache, 1952; dt. u. d. T. Wende an der Wolga) hingegen löste bereits nach Erscheinen des ersten Teiles scharfe Kritik und eine regelrechte Kampagne gegen den Autor aus, dem übertriebenes Psychologisieren, feindselige Ideologie und idealistische Philosophie angelastet wurden. Diejenigen, die den Krieg erlebt hatten, erkannten freilich, daß das Kriegsgeschehen in dem Roman ehrlich und wahrheitsgetreu dargestellt war. Zweifach umgearbeitet, konnte der Roman nach Stalins Tod erscheinen. Hingegen blieb der weit wichtigeren Fortsetzung, der großen Roman-Epopöe über die Schlacht von Stalingrad, *Žizn' i sud'ba*, die Chance der Veröffentlichung in Rußland bis 1988 verwehrt. (Das Werk war 1961 abgeschlossen worden, blieb jedoch in den Fängen des KGB hängen; die Erstveröffentlichung erfolgte 1980 in Lausanne.)

Unter allen Roman-Epopöen der sowjetischen Zeit war *Žizn' i sud'ba* am stärksten dem Tolstojschen Vorbild verpflichtet. Man mag hierin, also im völligen Fehlen neuer narrativer Mittel, aber auch in gelegentlichen Perspektivbrüchen und einer wenig übersichtlichen Komposition, ein künstlerisches Manko erblicken – es wiegt wenig angesichts des großen epischen Zuschnitts und der ungewöhnlichen darstellerischen Kraft, die aus diesem Roman spricht. Wie in *Krieg und Frieden* versucht Grossman die weltbewegenden Ereignisse nicht nur in ihrer politisch-strategischen Dimension zu vergegenwärtigen, sondern, verbunden damit, das private Schicksal einer nicht geringen Zahl handelnder Personen vor dem Leser auszubreiten. Stehen sich bei Tolstoj Napoleon und Alexander I. als welthistorische Kontrahenten gegenüber, fechten Franzosen und Russen bei Austerlitz und Borodino gegeneinander, während sich zugleich die Geschicke der Rostovs, Bolkonskijs und Kuragins mit allen glücklichen und leidvollen Wendungen vollziehen, so sind es bei Grossman Hitler und Stalin, Deutsche und Russen an der Stalingrad-Front und die verzweigte russisch-jüdische Familie der Šapošnikovs, deren herbes Schicksal in das historische Großgeschehen eingewoben ist. Grossman hat von Tolstoj nicht nur die Episodentechnik und die kontrapunktische Anordnung der Handlungskomplexe übernommen, die in ihrer Gesamtheit ein vielschichtiges Mosaikbild der Epoche ergeben, sondern auch die Reflexionen über die geschichtliche Situation und das Kriegsgeschehen. Durch solche Totalsicht unterscheidet sich sein Buch von anderen literarischen Gestaltungen des Stalingradischen Kataklysmus, etwa von Theodor Plieviers *Stalingrad*-Roman, der aus der Perspektive der eingeschlossenen Paulus-Armee, oder von Viktor Nekrasovs *V okopach Stalingrada*, das aus der der russischen Landser (rjadovye) geschrieben ist. Grossman führt seinen Leser zu den Kampfabschnitten des Kessels von Stalingrad, in die Etappe, zu den militärischen Stäben, in die Bereitstellungsräume frischer Truppeneinheiten, nach Kujbyšev, dem Evakuierungsort des sowjetischen Regierungsapparates, in die Gefangenen- und Straflager – und das auf beiden Seiten. So werden im dritten Teil des Romans Stalin und Hitler in dem Augenblick beschrieben, da die sowjetischen Truppen im Zuge ihrer erfolgreichen Offensive den Ring um Stalingrad geschlossen haben. Man erlebt einen Stalin, der «mit besonders sanfter, kehliger Stimme» sagt: «Das Vögelchen ist ins Netz gegangen und entkommt uns nicht mehr», während wenige Seiten später Hitler ein Gefühl der Einsamkeit und der Angst zugebilligt wird, da der Gedanke an das Feuer in den Lageröfen menschliches Entsetzen in ihm auslöst. Grossman zeigt den Antisemitismus auf beiden Seiten, den offenen, auf Ausrottung gerichteten der Nationalsoziali-

sten, den latenten im sowjetischen Bereich. Nirgends sonst als in
Grossmans Roman-Epopöe ist in ähnlicher Deutlichkeit aufgezeigt
worden, in welchem inneren Zwiespalt sich die sowjetische Gesellschaft befand, als sie durch Hitlers Aggression herausgefordert ward.
Längst noch waren die klaffenden Wunden der Entkulakisierung und
der Stalinschen Säuberungen nicht vernarbt, da galt es bereits, in
patriotischer Geschlossenheit dem äußeren Feind und politischen Partner von gestern zu trotzen.

Romane der 5oer und 6oer Jahre

Bis weit in die 5oer und 6oer Jahre hinein blieb der Große Vaterländische Krieg ein beherrschendes Thema der russischen Literatur, das vor
allem in der Romanform immer wieder aufgefrischt und variiert werden konnte. Beachtung verdienen hier vor allem die zu einer mächtigen Kriegstrilogie zusammengefügten Romane *Živye i mёrtvye* (Die
Lebenden und die Toten, 1959), *Soldatami ne roždajutsja* (Man wird nicht
als Soldat geboren, 1964) und *Poslednee leto* (Der letzte Sommer, 1970/
71) von Konstantin Simonov. (Vorangegangen war 1952 der Roman
Tovarišči po oružiju [Waffengefährten] über die Vorspiele des Zweiten
Weltkrieges in Spanien und der Mongolei.) Simonov, der wohl am
stärksten durch das Kriegserlebnis geprägte russische Autor, fing in
einer großangelegten Ringkomposition den verlustreichen Rückzug,
die Schlacht von Stalingrad und endlich die Befreiung Weißrußlands
durch die «Operation Bagration» mit der genauen Faktentreue ein, die
ihn bereits als Kriegsberichterstatter ausgezeichnet hatte. Viele der stalinistischen Tabus wurden in seiner Darstellung aufgebrochen. Die
Gründe für die anfänglichen Niederlagen und Verluste der Roten
Armee, Stalins militärische Fehleinschätzungen, die fragwürdige Rolle der Sicherheitsoffiziere und andere verdrängte Tatsachen wurden
beim Namen genannt. In der wachsenden Bedeutung, die er deutschen Antifaschisten und Vertretern des Nationalkomitees Freies
Deutschland im Romangeschehen zugestand, wie auch in dem gelegentlich aufkommenden Friedenspathos trug Simonov bereits auch
der nach dem Krieg entstandenen großpolitischen Lage Rechnung.
Aleksandr Bek und Jurij Bondarev, zwei beachtliche Erzähler, verzichteten auf das große Panorama und beschränkten sich in ihren Romanen und Povesti auf enge Ausschnitte aus dem Kriegsgeschehen. Bek
hatte noch während des Krieges in seiner Erzählung *Volokolamskoe šosse*
(Die Volokolamsker Chaussee, 1943/44) die Verteidigung Moskaus
durch ein Bataillon der legendären Panfilov-Schützen (die 316. Schüt-
zendivision, befehligt von General Panfilov), einer zentralasiatischen

Truppe, geschildert, indem er einen nur wenige Tage umfassenden
Ausschnitt aus dem Abwehrkampf herausgriff und dabei seine Aufmerksamkeit vor allem auf die seelische Befindlichkeit der Kämpfenden richtete. Hieran knüpfte er später zeitlich, thematisch und sogar
mit der für den Kriegsroman sonst wenig gebrauchten Ich-Narration
in der Erzählung *Neskol'ko dnej* (Einige Tage) und dem Roman *Rezerv
generala Panfilova* (General Panfilovs Reserve; beide 1960) wieder an.
Die bei Bek bereits spürbare Sensibilität, die die Frage nach Befehlsge-
walt und ethischer Verantwortung, Heldenmut und Todesangst nicht
mehr einfach im Sinne der militärischen Notwendigkeit lösen konnte,
wurde in den Kriegsromanen Jurij Bondarevs noch weiter zugespitzt.
Die «Erforschung der Tapferkeit» (ispytanie chrabrosti) wurde in
ihnen, über die Darstellung des Kriegs- und Nachkriegserlebens hinaus, zum eigentlichen Thema. Der Kriegsroman *Poslednie zalpy* (Die
letzten Salven, 1959), in der Endphase des Krieges während des slowa-
kischen Aufstandes spielend, zeigte den Kampf einer sowjetischen
Artillerieeinheit, die einen Ausbruchsversuch der Deutschen aus
einem Kessel zwar erfolgreich verhindern kann, dabei aber vollständig
aufgerieben wird. Bondarevs Helden kennen Angst und Feigheit, ein
Leutnant verliert die Nerven und verschuldet dadurch den Tod mehrerer Kameraden. In der beherrschenden Gestalt aber, Batteriechef Novikov, verbinden sich militärische Tugenden und politisches Bewußtsein
zu jenem Heldentum, das für die sowjetische Sache kriegsentscheidend
wurde. *Gorjačij sneg* (Heißer Schnee, 1970) griff wieder eine Episode
aus dem Stalingrad-Epos auf: die Vereitelung der Operation, die die
Heeresgruppe von Manstein zur Entlastung der in Stalingrad eingeschlossenen Paulus-Armee im Dezember 1942 unternahm. Auch hier
durchbrach Bondarev in der Zeichnung der Charaktere der russischen
Soldaten die heroischen Stereotype und zeigte Menschen mit ihren
Stärken und Schwächen, ließ aber, gleichsam zwischen Viktor Nekrasov und Vasilij Grossman sich bewegend, nun auch die militärische
Leitungsebene nicht mehr außer Betracht. Bondarevs Kriegsromane
standen bereits im Zeichen der künstlerischen Tendenzen, die für das
«Tauwetter» charakteristisch waren. Am deutlichsten war dies zu erkennen in seinem Roman *Tišina* (Stille, 1962), mit dem er die Kriegs-
folgen in der Nachkriegszeit aufzuspüren suchte. Am Beispiel eines
aus dem Krieg ins Zivilleben zurückgekehrten Reservehauptmanns,
der um die Rehabilitierung eines zu Unrecht bestraften Kriegskamera-
den und seines aufgrund einer Denunziation verhafteten Vaters
kämpft, zeigte er die Atmosphäre des Mißtrauens, des Verdächtigens
und der willkürlichen Oppression in den Jahren des Spätstalinismus
auf. Als die russischen Schriftsteller der 60er Jahre in der sogenannten

«jungen Prosa» mehr und mehr die Probleme und die Lebenseinstellung der Nachkriegsgeneration zu artikulieren begannen, hatte die Stunde des Kriegsromans geschlagen.

Allerdings gab es bis zum Ende der Sowjetunion bestimmte Ereignisse und Aspekte der Kriegswirklichkeit, die in der offiziellen Literatur nicht behandelt werden durften. Schon wenn die Zerrüttung der Familien, die die rückkehrenden Soldaten in der Heimat vorfanden, geschildert wurde – wie in Andrej Platonovs *Sem'ja Ivanova* (Ivanovs Familie, 1947) –, löste das giftige Reaktionen der Kritik aus. Tabuisiert wurden das Schicksal der in deutsche Kriegsgefangenschaft geratenen russischen Soldaten und ihre Rückkehr nach dem Krieg, ferner jegliche Erwähnung der der deutschen Bevölkerung bei der Eroberung Ostpreußens zugefügten Grausamkeiten, ja selbst die Gettoisierung und Ausrottung der sowjetischen Juden durch deutsche Einsatzkommandos unterlag dem Thematisierungsverbot. Stepan Zlobin, bekannt vor allem als Verfasser historischer Romane (*Salavat Julaev*, 1929; *Ostrov Bujan* [Insel Bujan], 1948; *Stepan Razin*, 1951, u. a.), der während des Krieges in deutsche Gefangenschaft geraten war, konnte seinen bereits 1946 abgeschlossenen Roman über die russischen Kriegsgefangenen, *Popavšie bez vesti* (Vermißte, 1962), erst viele Jahre nach Stalins Tod veröffentlichen, zumal er nicht nur die einwandfreie Haltung der Kriegsgefangenen im Lager herausstellte, sondern auch die Verdächtigungen und Verfolgungen nicht verschwieg, denen sie seitens der sowjetischen Behörden nach ihrer Heimkehr ausgesetzt waren. Das Thema der nach Deutschland verschleppten Zwangsarbeiter und ihrer Verfolgung nach dem Kriege behandelte Vitalij Sëmin in dem Roman *Nagrudnyj znak* «*OST*» (Mit dem Zeichen «Ost» auf der Brust, 1978). Die von sowjetischen Soldaten begangenen Untaten an der ostpreußischen Zivilbevölkerung wurden zuerst von Aleksandr Solženicyn in der während der Haft entstandenen Verserzählung *Prusskie noči* (Preußische Nächte, 1974) und von Lev Kopelev in seinem Erinnerungsbuch *Chranit' večno* (Aufbewahren für alle Zeit, 1976) bekanntgemacht. Kopelev, während des Krieges Major in einer Propagandaeinheit der Roten Armee, wurde selbst vor ein Kriegsgericht gestellt, als er für die bedrängten Deutschen eintrat. Noch fragwürdiger war die Unterbindung einer umfassenden Dokumentation, *Čërnaja kniga* (Schwarzbuch), über die Vernichtung der Juden im besetzten Weißrußland und anderen Gebieten der Sowjetunion, die Il'ja Ėrenburg und Vasilij Grossman in den Jahren 1943/44 zusammengestellt hatten. Im Klima des kaum noch verborgenen sowjetischen Antisemitismus der Nachkriegsjahre konnte dieses erschütternde Zeugnis, das 1947 bereits gesetzt vorlag, nicht veröffentlicht werden. Erst 1991 konnte das Buch in Rußland erscheinen.

Das Kriegsdrama

Dramen wurden im Krieg in großer Zahl geschrieben, sie gewannen, wenn sie den aktuellen Moment einfingen, gleichsam einen operativen Charakter. Leonid Leonov, der sich bereits in den 30er Jahren zunehmend dem Drama gewidmet hatte, schrieb im Krieg zwei Stücke (*Našestvie* [Invasion], 1942; *Lënuška,* 1943), die nach östlichem wie westlichem Urteil zu den besten des Kriegsgenres zählen und zugleich die typischen Motive Leonovs erkennen lassen. In *Našestvie* brachte er ein spannendes Geschehen in einer von den Deutschen vorübergehend besetzten Stadt auf die Bühne, in dessen Verlauf Fëdor Talanov, der zynische, straffällig gewordene Sohn eines Arztes, seine geistige Wiedergeburt erlebt. Die eigentlichen «unheroischen Helden» sind, wie Gleb Struve sagt, Fëdors Eltern, «einfache russische Menschen, keine Kommunisten». *Lënuška* war ein Partisanenstück mit aufregender, mehrsträngiger Handlung, in dem die Liebe der Titelheldin zu einem Panzerleutnant ein grausiges Ende nimmt. Hier ging es, ähnlich wie in Konstantin Simonovs Drama *Russkie ljudi* (Russische Menschen, 1942), auch um die Verräter in den eigenen Reihen. Simonovs Stück war einfacher konstruiert und realistischer als die Leonovs (G. Struve). Im Erfolg standen sie einander nicht nach. Von Margarita Aliger kam das dem Partisanenkampf gewidmete Versdrama *Skazka o pravde* (Das Märchen von der Wahrheit, 1945); und auch das auf die Gegenwart anspielende historische Drama war durch einige Texte vertreten, etwa *Ivan Groznyj* (Ivan der Schreckliche, 1943) von Aleksej Tolstoj. Ungewöhnlicher war schon, daß der Ingenieuroffizier Samuil Alëšin 1942, während er im Raum Stalingrad eingesetzt war, sein erstes Drama, *Mefistofel'*, eine interessante Kontrafaktur zu Goethes *Faust*, niederschrieb, die auf den ersten Blick jenseits der Zeitereignisse – wie auch des Sozialistischen Realismus – zu stehen scheint. In dem Stück, das in Aufbau und Stil an das expressionistische Stationendrama erinnert, sind die Rollen von Faust und Mephisto vertauscht: Dieser verliebt sich in Margarita und wandelt sich zum leidenden, sterblichen Menschen, während jener als der überlegen argumentierende «Erklärer» begegnet. Später hat Alëšin literarhistorische Stücke über Gogol' und Shakespeare (*Gogol',* 1952; *Čelovek iz Stratforda* [Der Mann aus Stratford], 1954) sowie «berufsbezogene» Stücke über Ärzte, Physiker und Diplomaten geschrieben; auch den Don-Juan-Stoff hat er auf seine Weise bearbeitet (*Togda v Sevil'e* [Damals in Sevilla], 1947). Im Krieg aber war Faust, die Symbolgestalt des deutschen geistigen Suchens, eine besondere Herausforderung für die russischen Dichter. Auch Il'ja

Sel'vinskij rang in seinem 1947 verfaßten Drama *Čitaja Fausta* (Beim Lesen des Faust) mit dem Stoff, indem er mit intertextuellem Hintersinn Faust-Motive wie das wissenschaftliche Streben, den Teufelspakt oder den Kindesmord in neuer Mixtur in eine zeitgenössische Handlung um den deutschen Physiker Sebald Norden (Zebal'd Norden) und seinen Versucher Graf Bodo einbaute (der «Teufelspakt» besteht in der schriftlichen Zustimmung zum Bau der Atombombe), die einzelnen Bilder mit *Faust*-Mottos versah und eine Folioausgabe von Goethes *Faust* als symbolisches Requisit das gesamte Geschehen begleiten ließ.

Kriegsepik und -lyrik

Es konnte nicht verwundern, daß der Krieg, die heroisch-epische Zeit schlechthin, auch das für die russische Literatur ohnehin kennzeichnende versepische Genre begünstigte. Zu den wichtigen Werken der Kriegsepik zählte Margarita Aligers *Zoja* (1942), eine Dichtung, die den Tod der Partisanin Zoja Kosmodem'janskaja zum Gegenstand hat. «Tanja» Kosmodem'janskaja hatte sich als Schülerin der 10. Klasse der 201. Moskauer Schule freiwillig an die Front gemeldet und war bei einer Kommandounternehmung im Rücken des Feindes gefaßt und dann gehängt worden. Ein wahrhaft volkstümliches Werk schuf Aleksandr Tvardovskij mit der epischen Versdichtung *Vasilij Tërkin* (1941–1945). In ihr konnte sich der einfache russische Soldat so, wie er die Unbilden des Krieges mit ihren heldischen, tragischen, aber auch komischen Seiten durchlebt hatte, wiederfinden. Das Poem trug den Untertitel «Buch vom Kämpfer» (Kniga pro bojca) und schilderte in Form von epischen Episoden die typischen Situationen des Soldatenlebens: Angriff, Verwundung, Auszeichnung, Harmonikaspiel, Tërkins Kampf, Mann gegen Mann, mit einem Deutschen, die Kämpfe in den russischen Sümpfen und, nicht zu vergessen, Tërkins Liebe, sein Treiben im Urlaub und in der Banja sowie endlich seine Teilnahme am Sturm auf Berlin. Tërkin war ein unerschrockener Held, wie man ihn aus der Byline kannte, und doch auch wieder findig und listig wie ein ganz gewöhnlicher russischer Rjadovoj (Landser). Volkstümlichkeit, Witz und Laune garantierte allein schon der Častuška-Rhythmus mit seinem charakteristischen, komikträchtigen Basismetrum $- \cup - \cup - \cup - \cup$, der das ganze Poem durchzog. Er verlieh den Versen einen Schwung, so als würden sie vom munteren Bajan, der russischen Ziehharmonika, begleitet, auch sparte Tvardovskij nicht mit Wortwitz und Pointen. Die Anfänge zu dem Poem gingen, wie Tvardovskij in seiner

«Antwort an die Leser» (*Kak byl napisan «Vasilij Tërkin»* [Wie der «Vasilij Tërkin» geschrieben wurde], 1951–1962) bekundet hat, noch auf die Zeit des Finnischen Winterkriegs zurück. Im Zweiten Weltkrieg veröffentlichte Tvardovskij dann an vielen verstreuten Stellen Bruchstücke des Poems, das sich endlich – mit Ende des Krieges – zur epischen Gesamtkomposition rundete. In einem weiteren Kriegspoem, der «lyrischen Chronik» *Dom u dorogi* (Das Haus am Wege, 1946), nahm er das Schicksal der in deutsche Gefangenschaft geratenen Familie eines russischen Soldaten in den Blick, ohne hier freilich die unwiederholbare Typik seines *Vasilij Tërkin* zu erreichen. (Auch die Burleske, *Tërkin na tom svete* [Tërkin im Jenseits, 1954–1963], die Tvardovskij in der Zeit des «Tauwetters» seinem Heldenpoem folgen ließ, reichte an dieses nicht heran.)

So wie Tvardovskij mit seinen Poemen und Gedichten die Phasen des Krieges begleitete, taten es ungezählte russische Dichter und Laien. Der Krieg löste in breitesten Schichten des Volkes eine Welle patriotischer Begeisterung und dichterischer Kreativität aus, die sich in einer Kriegslyrik mit gewissen Merkmalen folkloristischen Schaffens niederschlug. Zu den vielen Namenlosen traten große Dichter wie Anna Achmatova und Boris Pasternak. Wie kein anderer traf Konstantin Simonov mit seinem berühmten Gedicht *Ždi menja* (Warte auf mich, 1941) die Stimmung des Heimwehs, das die Frontsoldaten erfüllte. Das Gedicht wurde nicht weniger als 200mal vertont. Ältere Autoren wie Stepan Ščipačëv, Michail Isakovskij oder Aleksej Surkov, vor allem aber die Angehörigen der sogenannten «Kriegsgeneration» (*voennoe pokolenie*) wie Evgenij Dolmatovskij, Michail Lukonin (*Serdcebienie* [Herzklopfen], 1947), Sergej Narovčatov (*Kostër* [Das Lagerfeuer], 1948), Aleksandr Prokof'ev, um nur einige Namen zu nennen, wirkten als Frontberichterstatter und Kriegsdichter in einem. Aus der farblosen Menge gutgemeinter patriotischer Verse ragten nur wenige heraus, die aufmerken ließen. Einige eindrucksvolle Gedichte kamen von den Studenten des Gor'kij-Literaturinstitutes Boris Sluckij und Michail Kul'čickij, die dichterisch an die Tradition der Avantgarde, vor allem Chlebnikovs und Majakovskijs, anknüpften. Sluckij, während des Krieges Politoffizier und in der Spionageabwehr tätig, dann schwer verwundet, baute seine Gedichte auf der Genauigkeit des Sehens auf. In dem programmatischen Gedicht *Chorošee zrenie* (Gutes Sehen) legte er seine Methode dar: «Wenn ich was erblicke, beschreib' ich / das, was ich sehe, so, wie ich es sehe. / Was ich nicht erblicke, lass' ich aus. / Hinzumalen hass' ich.» Nüchterne Observation und sprachliche Operation verbanden sich in den knapp-apodiktischen, «prosaischen» Versen Sluckijs und machten sie unverwechselbar, ganz gleich, ob er seiner gefallenen Kameraden (*Pamjatnik* [Das Denkmal], *Pamjati tovarišča* [Dem Andenken eines Kameraden]) gedachte, Tolstojs *Krieg und Frieden* als vielgelesenes Buch der Kriegsjahre beschwor, sich über Genesungseinheiten (*V batal'one vyzdoravlivajuščich* [Im Genesungsbataillon]) oder die «Schreibstubenhengste» (*Pisarja*) ausließ. Den letzteren schrieb er gut, daß sie, indem sie die Kriegsereignisse protokollierten, aus der Tat der Soldaten das Wort machten und damit den Grund zu einem literarischen Stil legten: «einfach und lebendig» (prostoj i živoj). In dem Gedicht auf den gefallenen Freund *M. V. Kul'čickij* schrieb er, dieser habe nicht Ruhm (slava), sondern Wörter (slova) gesucht. Die poetologische Reflexion darüber, wie die Tat zum Wort werde, beherrschte viele seiner Gedichte, wobei die Analogie zwischen militärischem Handeln und dem Geschäft des Dichtens – wie in *Poėzija – obgon* (Poesie ist Überholen) oder *Kak delajut stichi* (Wie man Verse macht) – die Besonderheit der eigenen Poetik wohl am besten traf. Wie befremdlich es auch klingen mochte, wenn das Dichten mit den Bewaffnungsmaßnahmen Marschall Tolbuchins oder der Vers mit einem Politruk verglichen wurde, der die Soldaten (d. h. die Wörter) mit dem Revolver in der Hand in Angriffsposition zwingt – es war nichts anderes als die Formulierung von Einsichten der Formalisten, etwa die Vorstellung von der Enge der Verszeile (tesnota stichovogo rjada) mittels Metaphern, die aus der Erfahrung des Krieges gewonnen waren. Sluckij, der sein erstes Gedicht 1941 veröffentlicht und dann geschwiegen hatte, kam erst mit dem «Tauwetter» wieder zu Wort. Dank der Fürsprache Ėrenburgs konnte 1957 seine erste Gedichtsammlung unter dem Titel *Pamjat'* (Gedächtnis) erscheinen. Für die sowjetische Literaturkritik blieb Sluckij ein «Fall», an dem sich immer wieder kontroverse Debatten entzündeten.

Literatur der Nachkriegszeit

Die ideologischen Lockerungen, die der Literatur während des Krieges zugute gekommen waren und bewirkt hatten, daß ausgegrenzte Autoren wie Pasternak oder die Achmatova wieder publizieren konnten, schienen sich nach Beendigung des Krieges zunächst fortzusetzen. Die Siegesfeiern wurden von Pomp und Poesie begleitet, so wie es in Rußland seit den Siegen Peters des Großen gang und gäbe war. Die Gedichte, die aus solchem Anlaß im Frühjahr 1945 entstanden – zu denken wäre an Samuil Maršaks Verse *Ogni nad Moskvoj* (Feuer über Moskau), *Da budet svet* (Es werde Licht), *Pobeda* (Sieg, alle April/Mai 1945) oder Aleksandr Prokof'evs *Velikij den'* (Der große Tag) und *Procho-*

di v cvetach, venkach i flagach! ... (Zieh vorbei in Blumen, Kränzen und Flaggen! ..., 8. Mai 1945), Pavel Antokol'skijs Zyklus *Pobeda* (Sieg, 1944/45), Aleksej Surkovs Band *Ja poju pobedu* (Ich besinge den Sieg, 1946) oder auch Leonid Martynovs *Narod-pobeditel'* (Das Siegervolk, 1945) und unzählige andere – brachten Ton und Stil der alten Epinikien oder Siegesoden wieder zum Vorschein. Ebenso war zu bemerken, daß die Bindungen zu den slawischen Völkern, die von der Roten Armee «befreit» worden waren, eine panslawistische Note in die Dichtung – etwa bei Nikolaj Tichonov und Konstantin Simonov – brachten, die unmerklich in die Bestrebungen des im September 1947 gegründeten Informbüros (Informbjuro) überging. Tichonovs *Stichi o Jugoslavii* (Verse über Jugoslawien, 1947) waren noch im Zeichen des neuen sowjetischen Panslawismus geschrieben, der nach der Kominform-Krise und dem Ausschluß des von Tito geführten Jugoslawien aus dem Informbüro 1948 merklich dezimiert war.

Die Resolutionen des CK

Es mochte scheinen, als würde auch die intime lyrische Subjektivität wieder ihren Platz im Literaturgefüge einnehmen können – Anna Achmatova veröffentlichte nach der Begegnung mit Isaiah Berlin – er hat sie in seinen *Personal Impressions* (1982) festgehalten – den Gedichtzyklus *Cinque* (November 1945–Januar 1946), fünf kleine Gedichte nur, die zart-intime Gefühle festhielten, dennoch aber in einer versteckten semantischen Engführung ein Stalinwort parodierten («Stali noči svetlee» [Die Nächte wurden heller], was auf den Diktator und seinen Spruch: «Žit' stalo lučše, veselee» [Das Leben wurde besser, fröhlicher] anspielt). Die politischen Zerberusse mochten dies übersehen haben, sicherlich aber hatten sie die Begegnung mit dem britischen Diplomaten Isaiah Berlin genau registriert, auf die sich die Gedichte bezogen. Sie boten zusammen mit Michail Zoščenkos harmloser Groteske *Priključenija obez'jany* (Abenteuer eines Affen, 1945) den Anlaß für eine literaturpolitische Resolution des CK von unerhörter Schärfe, mit der die Lockerungen der Kriegszeit augenblicklich gestoppt und serienweise Kampagnen eingeleitet wurden, die bis zu Stalins Tod immer neue ideologische Forderungen durchpeitschten. Die Resolution mit der Überschrift *O žurnalach «Zvezda» i «Leningrad»* (Über die Zeitschriften «Zvezda» [Stern] und «Leningrad») war am 14. August 1946 verabschiedet worden und richtete sich formal gegen die Redaktionsarbeit der beiden genannten Leningrader Literaturzeitschriften. In Wirklichkeit aber ging es um nicht weniger als die stren-

ge, linientreue Ausrichtung der gesamten Literatur und Kunst. Indem
die Redaktionen scharf verurteilt wurden, weil sie die inkriminierten
Texte von Achmatova und Zoščenko gebracht hatten, wurde nun verfügt, daß jegliches Predigen von Prinzipienlosigkeit (bezidejnost'),
unpolitischer Haltung (apolitičnost'), von L'art pour l'art (iskusstvo dlja
iskusstva) der Sowjetliteratur fremd und den Interessen des Sowjetvolkes schädlich sei und deshalb keinen Platz in den Zeitschriften haben
dürfe. Aufgabe der Sowjetliteratur sei es vielmehr, dem Staat zu helfen, die Jugend richtig zu erziehen, auf ihre Ansprüche zu antworten,
eine neue Generation heranzubilden, die frisch sei, an ihre Sache glaube und bereit sei, alle Hindernisse zu überwinden. Gegen diesen
zwanghaft optimistischen Didaktismus hatte sich Zoščenko, ein «Ab-
schaum der Literatur», dessen Affen-Humoreske als «abgeschmackte
Schmähschrift gegen das Sowjetleben und die Sowjetmenschen» ver-
dammt wurde, ebenso versündigt wie Anna Achmatova, die, wie
zwanzig Jahre zuvor von der RAPP, als pessimistisch, dekadent, bür-
gerlich-aristokratisch und l'art-pour-l'artistisch gebrandmarkt wurde.
Ihre Poesie schade der Sache der Erziehung der Jugend und dürfe deshalb in der Sowjetliteratur nicht geduldet werden.

Die Resolution war in jener erstarrten Funktionärssprache abgefaßt,
die für die verwaltete Welt der Stalin-Zeit charakteristisch war. Die aus
der RAPP-Kritik bekannte Aggressivität kam wieder auf; überall
wurden Grenzpfähle errichtet, die den Pfad der ideologischen Rechtgläubigkeit säumten. Rigoros bestand die Partei auf dem Primat der
sozialpädagogischen Funktion der Literatur. Sie forderte Optimismus,
Lebensfreude und Kampfbereitschaft ein, machte gegen Pessimismus
und Privatheit Front, setzte die marxistisch-leninistische Ideologie
absolut und bekämpfte jegliche «ideenlose» oder «apolitische» Haltung.
Vor allem aber verteidigte sie den Realismus (im Sinne der Widerspiegelungstheorie) gegen modernistische Abweichungen aller Art. Die
Kampagne wurde nach einem bestimmten Ritual durchgeführt, das
zum Muster für alle folgenden wurde. Auf den ersten Schritt, den CK-
Beschluß, folgte am 20. August 1946 die Veröffentlichung der Resolution zunächst in der Zeitschrift *Kul'tura i žizn'* (Kultur und Leben),
dann in der *Pravda* und anderen Zeitungen und Literaturzeitschriften.
Gleichzeitig legte Andrej Ždanov in einer gemeinsamen Versammlung
des Aktivs der Leningrader Parteiorganisation und Schriftsteller die
programmatische Bedeutung des Parteidokuments dar; die versammelten Schriftsteller unterstützten durch eine Resolution nicht nur
voll dessen Inhalt, sondern verpflichteten sich, in kürzester Frist die
schweren Fehler in ihrer Arbeit zu beseitigen. Beginnend mit einem
Leitartikel von Anna Karavaeva, einer stets linientreuen Autorin und

alten Freundin Nikolaj Ostrovskijs, druckte die *Literaturnaja gazeta* seit dem 24. August Ergebenheitserklärungen zahlreicher Schriftsteller ab. Schriftstellerversammlungen, Resolutionen, öffentliche Bekundungen überzogen nun das ganze Land, bis am 31. August endlich das erweiterte Präsidium des Schriftstellerverbandes zu einer Sitzung zusammentrat, die über die Umsetzung der CK-Resolution beriet und dabei den wichtigsten Inhalt der gesamten Arbeit des Schriftstellerverbandes so definierte: «Kampf gegen fremde Einflüsse in der Literatur, gegen alle Äußerungen von Ideenlosigkeit und unpolitische Haltung; Erziehung des sowjetischen Schriftstellers zu einem treuen und feinfühligen Wortführer der Interessen des Volkes, des Sowjetstaates, zu einem Helfer der Partei bei der kommunistischen Erziehung des Volkes». Sich die totale Vereinnahmung der Literatur durch Partei und Staat, wie sie hier von der monopolistischen Schriftstellerorganisation willfährig hingenommen wurde, zu vergegenwärtigen, kann auch nach einem halben Jahrhundert nicht überflüssig sein.

In rascher Folge führten bald weitere CK-Resolutionen die Richtungsbestimmung der sowjetischen Literatur fort. Ebenfalls im August 1946 wurden die Dramatiker und Theaterleute durch den Erlaß *O repertuare dramatičeskich teatrov i merach po ego uluč̌eniju* (Über das Repertoire der dramatischen Theater und Maßnahmen zu seiner Verbesserung) darauf verpflichtet, vollwertige Werke über das Leben der Sowjetgesellschaft während des Großen Vaterländischen Krieges zu schaffen. Dies zog wiederum eine ausgedehnte Kampagne und, im November 1946, eine Beratung im Kunstkomitee beim Ministerrat der UdSSR nach sich, an der Aleksandr Tairov und Konstantin Simonov teilnahmen. Die Behörden forderten jetzt den Vorrang des «zeitgenössischen sowjetischen Themas» (sovremennaja sovetskaja tema) in allen Kunstmedien ein. Die Theorie der Konfliktlosigkeit (teorija beskonfliknosti), die im ideologischen Diskurs der Stalinschen «Feststimmung» (paradnost') aufgekommen war, gewann in dieser Zeit an Boden. Sie war eines der aberwitzigsten ideologischen Konzepte jener Zeit und besagte, daß es nach der Beendigung des Klassenkampfes in der Sowjetunion in der Literatur weder antagonistische noch nichtantagonistische Konflikte mehr geben könne. Die sowjetische Wirklichkeit sollte in «erleichterter Form», als ein Voranschreiten «von Sieg zu Sieg» gezeigt werden, wie es musterhaft in den Romanen Semën Babaevskijs (*Kavaler Zolotoj Zvezdy* [Der Ritter des Goldenen Sterns], 1947/48, und *Svet nad zemlëj* [Licht auf Erden], 1949/50) oder in Anatolij Sofronovs Drama *Moskovskij charakter* (Der Moskauer Charakter, 1948) geschah. Vornehmlich für dramatische Texte ergaben sich aus dem Postulat der Konfliktlosigkeit kuriose Folgen, so daß das offen-

sichtliche «Zurückbleiben» (otstavanie) der Dramatik ein Dauerthema
des literaturpolitischen Diskurses wurde, das Fadeev im Oktober 1952
sogar auf dem XIX. Parteikongreß zur Sprache brachte. Überwunden
wurde die Theorie der Konfliktlosigkeit allerdings erst in der Tauwetterperiode.

Doch vorerst ruhte die ideologische Gängelungssucht nicht, sondern legte im März 1947 eine offiziöse Interpretation des Begriffs der
«bolschewistischen Parteilichkeit» (bol'ševistskaja partijnost') vor. Parteilichkeit, so hieß es in der Zeitschrift *Kul'tura i žizn'*, beschränke nicht
etwa die «wirkliche Freiheit der Kunst», sondern gewährleiste, im
Gegenteil, allein die echte Freiheit des Künstlers, der die Gesetze der
historischen Entwicklung zutiefst erkannt habe. Das Jahr 1948 brachte
weitere Erlasse und Kampagnen. Mit dem Erlaß *O opere «Velikaja družba» V. Muradeli* (Über die Oper «Große Freundschaft» von V. Muradeli,
Februar 1948) zog die Partei gegen den Nationalismus der Unionsvölker und erneut gegen den Formalismus in der Musik, d. h. gegen
Kakophonie, Dekadenz und Lösung vom Volkslied, zu Felde. Gleichzeitig wurde eine großangelegte, alle Künste und Wissenschaften
erfassende Kampagne gegen Kosmopolitismus und «Katzbuckelei vor
dem Westen» (nizkopoklonstvo pered Zapadom) entfacht, die mehr
und mehr antisemitische Akzente erhielt und viele Schriftsteller, vor
allem solche jüdischer Herkunft, in eine bedrohliche Lage brachte. In
der Kampagne kamen bereits deutlich die Frontstellungen des Kalten
Krieges (cholodnaja vojna) zum Ausdruck. Der Klassenkampf habe
sich auf internationalem Felde verschärft, so lautete die Propagandathese, die USA und ihre internationalen Helfershelfer schürten einen
neuen Krieg. Hier lag der Ausgangspunkt der kommunistischen
Friedensbewegung, die die eigenen Kräfte der Sowjetunion zu mobilisieren suchte und in den westlichen Staaten zur Schwächung der
Verteidigungsbereitschaft beitragen sollte. Wie bei den Volksfrontbestrebungen wurden auch für die Friedensbewegung namhafte Schriftsteller eingesetzt, allen voran wieder Il'ja Ėrenburg, der eine führende
Rolle im Weltfriedensrat (Vsemirnyj Sovet Mira) zu spielen begann.
Innenpolitisch aber folgte aus derselben Doktrin die rigorose Bekämpfung der westlichen Einflüsse, die als Mittel der geplanten imperialistischen Expansion und Aggression interpretiert wurden. In einer
Rede über die internationale Lage hatte Andrej Ždanov als Hauptgefahr für die Arbeiterklasse die Unterschätzung der eigenen Kräfte und
die Überschätzung der gegnerischen Kräfte herausgestellt. In der Literatur, vor allem im Drama, kamen nun einfältige Entlarvungs- und
Wandlungsgeschichten zum Zuge, in denen sowjetische Wissenschaftler entweder Verrat begingen und dafür die gerechte Strafe erhielten –

wie in *Velikaja sila* (Die große Kraft, 1948) von Boris Romašov oder *Zakon česti* (Der Ehrenkodex, 1948) von Aleksandr Štejn – oder zum Umdenken gebracht wurden – wie in Konstantin Simonovs *Čužaja ten'* (Der fremde Schatten, 1949). Antiamerikanische Stücke wie Simonovs *Russkij vopros* (Die russische Frage, 1947) oder Boris Lavrenëvs *Golos Ameriki* (Die Stimme Amerikas, 1949) hatten eine fragwürdige Konjunktur.

Groteske Auswirkungen hatte die Bekämpfung des Kosmopolitismus für die Literaturwissenschaft. Hier geriet vor allem die altehrwürdige vergleichend-historische Methode, die seit Aleksandr Veselovskijs Forschungen zum mittelalterlichen Epos und zur Volksliteratur in den russischen Geisteswissenschaften einen bedeutenden Platz eingenommen hatte, in die Schußlinie. Jahrelang waren weltoffene Wissenschaftler und Komparatisten wie Michail Alekseev, Boris Èjchenbaum, Grigorij Gukovskij, Julian Oksman, Viktor Žirmunskij und viele andere Angriffen und beruflicher Repression ausgesetzt. Auch als Ždanov, der «Freund der Sowjetschriftsteller», wie man ihn offiziell nannte, im August 1948 starb, lockerte sich die Literaturpolitik nicht. Vielmehr überprüfte man jetzt die Einhaltung der Richtlinien und tadelte die «unzulängliche Arbeit» einzelner Zeitschriftenredaktionen, so in einem Erlaß vom September 1948 das satirische Blatt *Krokodil* wegen destruktiver Kritik und Satire oder in einem anderen vom Januar 1949 die Zeitschrift *Znamja*, weil sie die Resolution von 1946 nicht befolgt hatte: «Die Zeitschrift», hieß es, «hat wenig zur Entlarvung des bürgerlichen Kosmopolitismus beigetragen, sie hat keinen aktiven Kampf mit dem Formalismus und Naturalismus in der Literatur geführt.»

1950 griff Stalin höchstpersönlich in eine von der *Pravda* eröffnete «freie Diskussion» ein, indem er mit seiner Schrift *Marksizm i voprosy jazykoznanija* (Der Marxismus und die Fragen der Sprachwissenschaft) die Lehre des materialistischen Sprachwissenschaftlers Nikolaj Marr kritisierte. Dieser hatte die sprachlichen Phänomene mechanistisch aus dem Basis-Überbau-Verhältnis erklärt und damit ein Modell angeboten, das in der Sowjetunion lange Zeit als linguistisches Dogma galt. Stalins Kritik kam reichlich spät – Marr war bereits 1934 verstorben –, und sie war in der Argumentation ziemlich naiv. Doch gelang es ihm wieder einmal, dank seiner sprachwissenschaftlichen Berater – vor allem wohl Viktor Vinogradov – ein Gefühl der Erleichterung zu erzeugen, wenn er die Sprache nicht mehr als Überbauphänomen und damit klassengebunden bestimmte, sondern ihr zugestand, daß sie, klassenneutral, sowohl einer alten, sterbenden als auch einer neuen, aufsteigenden Gesellschaftsordnung, sowohl einer alten als auch einer neuen Basis dienen könne. Stalins Äußerungen lösten endlose Diskussionen aus, die weit über die Sprachwissenschaft hinausführten und bald alle Aspekte des literarischen Schaffens und der Literaturkritik betrafen. Die Kritiker Anatolij Tarasenkov und Aleksandr Drozdov, aber auch Kornej Čukovskij, Viktor Šklovskij, Boris Tomaševskij und viele andere beteiligten sich an der scheinheiligen Debatte, deren Ertrag die *Literaturnaja gazeta* am 13. Oktober 1951 zusammenfaßte.

Die Rolle der Stalin-Preise

Zu einem wirkungsvollen literaturpolitischen Steuerungsinstrument wurden in der Nachkriegszeit die Stalin-Preise (Stalinskie premii, gestiftet 1939; nach 1956 Staatspreis [Gosudarstvennaja premija]). Sie wurden für besondere Leistungen im kulturellen Bereich verliehen und brachten einem Laureaten der 1. Klasse immerhin 100 000 Rubel ein. Die Auswahl der Preisträger belegt den Kanon der Themen und Gattungen, der die Literatur des Sozialistischen Realismus in der Nachkriegsphase tragen sollte: 1945 Fadeevs *Molodaja gvardija* (Die junge Garde); 1946 Vera Panovas *Sputniki* (Weggefährten), jedoch bereits neben Konstantin Simonovs *Russkij vopros* (Die russische Frage), einem der ersten antiamerikanischen Stücke, die den Kalten Krieg ahnen ließen; 1947 Pëtr Pavlenkos *Sčast'e* (Das Glück), ein Roman über den Kriegsinvaliden Voropaev, der sich tatkräftig dem Wiederaufbau auf der Krim widmet und dabei die leibhaftige Unterstützung Stalins erfährt – «ein wahres Prachtstück kommunistischer Hagiographie» (G. Struve), neben Ėrenburgs großem Kriegspanorama *Burja* (Der Sturm), in dem nun bereits auch der unüberbrückbare Gegensatz zwischen sowjetischer und kapitalistischer Welt hochgespielt wurde; 1948 Vasilij Ažaevs Produktionsroman *Daleko ot Moskvy* (Fern von Moskau), der den Bau einer sibirischen Erdölleitung zu Beginn des Zweiten Weltkrieges schilderte, neben Anatolij Sofronovs *Moskovskij charakter* (Der Moskauer Charakter) und Semën Babaevskijs *Kavaler Zolotoj Zvezdy* (Der Ritter des Goldenen Sterns), notorischen Beispielen einer «konfliktlosen» Literatur. Fügt man Babaevskijs 1949 ausgezeichneten Roman *Svet nad zemlëj* (Licht auf Erden) hinzu und vergegenwärtigt sich, daß anfangs immerhin auch Werke wie Panovas *Sputniki* oder Nekrasovs *Vokopach Stalingrada* preiswürdig waren, so wird die zunehmende Begünstigung der Tendenz zu Konfliktlosigkeit und Beschönigung offenbar. In welchem Maße die russische Nachkriegsliteratur durch die genannten Direktiven und Lenkungsmaßnahmen deformiert wurde, das haben tschechische Literaturkritiker bereits in den

60er Jahren beschrieben: Diese Literatur neigte zum Scherbengericht gegenüber allem, was «problematisch» oder auch nur «problemhaft» war (J. Franěk); sie verlagerte ihren Schwerpunkt von der Erkenntnisfunktion auf die normative Funktion, wobei die Illusion, wie das Leben sein *könnte,* zur Norm wurde (M. Drozda). In der Lyrik wurde eine Emotionalität forciert, die von der Kritik auf die «Emotionen des Optimismus und der Entschlossenheit» (Z. Mathauser) gelenkt wurde. Verhängnisvoll war insbesondere der Stalin-Kult; er habe, schrieb seinerzeit Helen von Ssachno, der Sowjetliteratur ihren letzten Wert geraubt: das Dokumentarische: «Der Spiegel, der bisher ziemlich wirklichkeitsgetreu die gesellschaftlichen Probleme reflektiert hatte, überzog sich mit dem Schleim der Lobhudelei. Aus der übermenschlichen Anstrengung des Wiederaufbaus aber wurde eine sacharinsüße Legende.» In der Form einer aggressiven Muffigkeit habe sich der proletarische Provinzialismus Luft gemacht, der schließlich auch die letzte Bastion des revolutionären Kosmopolitismus zum Opfer gefallen sei.

Romanzyklen

Freilich hatten nicht alle Schriftsteller ihr Handwerk verlernt, und vor allem schöpften sie immer wieder Kraft aus den Quellen der Tradition. In einzelnen Werken setzte sich der künstlerische Impetus über die ideologischen Einschränkungen hinweg; die unvermeidlichen Verneigungen vor Stalin waren oftmals nur eine momentane Garnierung, die in besseren Zeiten wieder entfernt werden konnte. Im Gattungsspektrum, das im großen und ganzen die Linien der 30er Jahre fortsetzte, nahm die Roman-Epopöe, nicht selten als Romanzyklus ausgeführt, weiter den führenden Platz ein. Einige Romanepiker warteten mit nicht zu verachtenden Beispielen der Gattung auf. Konstantin Fedins aus den Bänden *Pervye radosti* (Erste Freuden, 1946) und *Neobyknovennoe leto* (Ein ungewöhnlicher Sommer, 1948) bestehende Roman-Dilogie, die später durch den Roman *Kostër* (Das Lagerfeuer, 1961–1967, unvoll.) zur Trilogie ausgebaut werden sollte, zählte dazu. Nach dem Muster der Roman-Epopöe gab er ein breites Gesellschaftspanorama, das sich von der Zeit vor dem Ersten Weltkrieg bis in den Zweiten Weltkrieg hinein erstreckte. Die Besonderheit des Werks bestand darin, daß in ihm komplexe Bezüge zu Person und Werk Lev Tolstojs hergestellt wurden. Im ersten Teil, in dessen Zentrum der Schriftsteller Aleksandr Pastuchov und der Revolutionär Kirill Izvekov stehen, nehmen die Protagonisten Anteil an Tolstojs Flucht und Sterben in Astapovo, sie lesen und erörtern seine Werke und geraten in ähnliche Lebenssituationen wie seine Helden. Die Kunstauffassung des Dramatikers Pastuchov bildet sich in den beiden ersten Teilen in der Auseinandersetzung mit Tolstoj heraus, wobei sich natürlich die Leninsche Auslegung durchsetzt. Im dritten Teil schließlich wird Tolstojs Landgut Jasnaja Poljana, südlich von Tula gelegen und seit 1921 Staatliches Museum, zum Schauplatz der Handlung. Dem gealterten Pastuchov erscheint an diesem Ort der greise Tolstoj in Visionen, Rotarmisten besuchen das Museum, das bald darauf vorübergehend von der Deutschen Wehrmacht besetzt wird und General Guderian als Hauptquartier dient. Pastuchovs Entwicklung vom Individualisten zum Befürworter der Revolution, der da sein will, «wo der Grund zur Entwicklung der Geschichte des Volkes gelegt wird» (G. Struve), wurde trotz obligatorischer Tribute an Parteilichkeit und Stalin-Kult als ein psychologisch verschlungener Weg gestaltet, der durch den Tolstoj-Kontrapunkt Tiefe gewann. Bezeichnenderweise gelangte der Künstler Pastuchov erst zu Beginn des Zweiten Weltkrieges – in einem imaginären Gespräch mit Tolstoj – zur Annahme der Revolution, also zu einem Zeitpunkt, da die Sache der Revolution mit der Bedrohung Rußlands verschmolz. Gewisse Parallelen zwischen der Entwicklung Pastuchovs und Pasternaks Helden Doktor Živago sind nicht zu übersehen. Schon das Motto zum ersten Teil von *Kostër* bringt das Kerzenmotiv, das auch in dem Schlüsselgedicht von Pasternaks Roman, *Zimnjaja noč'* (Winternacht, 1948), erscheint. Bei beiden steht die brennende Kerze für das Individuum; doch während der Wind (der Revolution) bei Fedin die Kerze löscht und das Lagerfeuer (das kollektive Zusammenstehen) anfacht, brennt bei Pasternak die Kerze auf dem Tisch weiter, während draußen der Schneesturm faucht und das ganze Land erfaßt.

Valentin Kataev ergänzte seinen Erfolgsroman *Beleet parus odinokij* (Es blinkt ein einsam Segel, 1936) um drei weitere Teile (*Chutorok v stepi* [Das Vorwerk in der Steppe], 1956; *Zimnij veter* [Winterwind], 1960; *Katakomby* [Katakomben], 1949–1961) zu dem Zyklus *Volny Černogo morja* (Die Wellen des Schwarzen Meeres). Die Geschichte zweier Jungen, des Lehrersohnes Petja Bačej und des Fischerjungen Gavrik Černoivanenko, in Odessa vor dem Hintergrund der Revolutionsereignisse des Jahres 1905 wurde über Vorkriegszeit und Bürgerkrieg bis in den Zweiten Weltkrieg geführt. Kataevs fesselnde Darstellung des Partisanenkampfes in den Katakomben von Odessa mit dem neuerlichen Zusammentreffen der einstigen Freunde stieß jedoch, da die führende Rolle der Partei nicht gebührend herausgestellt war, auf harsche Kritik, in deren Gefolge Kataev den Roman umarbeitete und unter dem Titel *Za vlast' Sovetov* (Für die Macht der Räte, 1951) neu vorlegte. Gattungsmäßig verbanden sich in Kataevs Odessa-Zyklus, indem er die Entwicklung seines Heldenpaares über mehrere Lebensabschnitte nachzeichnete, Momente der Roman-Epopöe und des Entwicklungsromans (K. Gabka). Auch Nikolaj Virta unternahm es, seinen Bauernroman *Odinočestvo* (Einsamkeit, 1935) zu einem großen zeitgeschichtlichen Romanzyklus auszubauen. Geschildert werden sollte das Schicksal der Bauernfamilie Storožёv in sechs Teilen, von denen aber nur die Bände *U istokov soveršennogo* (An den Quellen des Vollkommenen, 1950) und *Predvestniki uragana* (Vorboten des Orkans, 1951) erschienen, die später wegen ihrer Tendenz zu Personenkult und Konfliktlosigkeit kritisiert werden sollten. (Doch nicht deswegen, sondern wegen seiner privaten Lebensführung war Virta jahrelang aus dem Schriftstellerverband ausgeschlossen.) Auch Veniamin Kaverin wagte sich nach dem Krieg an den großen Zeitroman. Seine Romantrilogie *Otkrytaja kniga* (Das offene Buch) – mit den Teilen *Junost'* (Jugend, 1949), *Poiski* (Suchen, 1952, später u. d. T. *Doktor Vlasenkova* [Frau Doktor Vlasenkov]) und *Nadeždy* (Hoffen, 1957, zunächst u. d. T.: *Poiski i naděždy* [Suchen und Hoffen]) – unterschied sich jedoch vom gängigen Typus der Roman-Epopöe durch die subjektivierende Darstellung in einer Art Tagebucherzählung, in der die Heldin, die Bakteriologin Tat'jana Vlasenkova, das eigene Leben begleitete, sowie durch die ausgearbeitete Abenteuerfabel. Aus dem Umkreis der Gattung sind ferner Werke zu nennen, die sich, bei aller Verschiedenheit in Thematik und Anlage, stärker als die obigen auf die offiziösen Postulate einstellten: eine Romantrilogie von Fёdor Panfёrov, bestehend aus den Teilen *Bor'ba za mir* (Kampf für den Frieden, 1947), *V strane poveržennych* (Im Lande der Besiegten, 1948) und *Bol'šoe iskusstvo* (Große Kunst, 1949); Arkadij Pervencevs Entwicklungsroman *Čest' s molodu* (Ehre von Kindheit an, 1949) und endlich auch Il'ja Ėrenburgs «internationaler» Romanzyklus, der, den im Krieg entstandenen Roman *Padenie Pariža* (Der Fall von Paris, 1942) fortsetzend, mit den Teilen *Burja* (Sturm, 1948) und *Devjatyj val* (Die neunte Woge, 1951) in kolportagenhafter Manier den Bogen von der Volksfrontbewegung über das Kriegsgeschehen bis zum «Friedenskampf» der Nachkriegsjahre schlug. Die internationale Verständigung, die Ėrenburg mittels fadenscheiniger Handlungssymbolik propagierte, entsprach einseitig den sowjetischen weltpolitischen Interessen und schloß westliche «Kriegsbrandstifter» und «Imperialisten» von vornherein aus.

Leonid Leonovs ‹Russischer Wald›

Das bedeutendste Werk, das in diesen Jahren in Rußland erschien, war sicherlich Leonid Leonovs Roman *Russkij les* (Der russische Wald, 1953). Das umfangreiche Werk war, wie nicht selten bei Leonov, eine künstlerische Antwort auf Stalins Aufruf von 1948 zur Wiederaufforstung der im Krieg zerstörten Wälder. Was Leonov aber aus dem «Auftrag» machte, war, trotz mancher Zugeständnisse an den stalinistischen Zeitgeist, eine Roman-Epopöe, d. h. eine Familiengeschichte, die in die dramatischen Zeitläufte der ersten Jahrhunderthälfte eingebettet war und zugleich eine Enzyklopädie des Wald- und Forstwesens in sich barg. Ausgestaltet wurde die Geschichte zweier Forstwissenschaftler, von denen der eine, Vichrov, sich für die Bewahrung des Waldes um der Zukunft des russischen Landes und Volkes willen einsetzt, während der andere, Gracianskij, aus konjunkturellen Gründen dem Raubbau am Wald zum Zwecke des sozialistischen Aufbaus das Wort redet. Gracianskijs «wissenschaftliche» Anfeindungen führen in der Atmosphäre der Säuberungen zur Verfemung und Verbannung Vichrovs. Selbst dessen Tochter Polja wird vom Zweifel an der persönlichen und wissenschaftlichen Integrität des Vaters angesteckt. Beim Studium in Moskau stellt sie eigene Nachforschungen nach dem Vater an und durchschaut allmählich das Netz der Verleumdungen und politischen Ränke, das Gracianskij um ihn gesponnen hat. Als schließlich zweifelhafte Verbindungen Gracianskijs zu ausländischen Agenten ruchbar werden und dieser Selbstmord begeht, steht Vichrov als Persönlichkeit und Forscher vor seiner Familie und der Öffentlichkeit gereinigt da. Die Einstellung zum Wald wurde also gleichsam, wie schon in Čechovs *Onkel Vanja*, zum charakterologischen Parameter. Und mehr noch: der Wald erschien als Chronotop, d. h. als bedeutungshaltige Raum-Zeit-Einheit, er war dauernd präsent als Objekt forschenden und wirtschaftlichen Handelns und bildete, über seine eigentliche Bedeutung hinaus, eine Allegorese für Rußland und das russische Volk. Vichrov wurde im Roman nicht nur als Verfasser des Buches *Sud'ba russkogo lesa* (Das Schicksal des russischen Waldes) gezeigt, sondern er legte seine Thesen über Schonung und Nutzung des Waldes in einem langen Vortrag dar, der auf über 40 Seiten die gesamte Geschichte des russischen Forstwesens resümiert und an die grundlegenden Arbeiten von Vasilij Dokučaev anknüpft. (Ähnliche Gedanken hatte Leonov bereits 1947 in seinem Essay *V zaščitu druga* [Zur Verteidigung eines Freundes] vertreten – womit der Wald gemeint war.) Wenn auch – wie immer – ein wenig unbeholfen in der

Makrokomposition, befanden sich doch Leonovs Erzähltalent und seine sprachliche Virtuosität auf voller Höhe. Und natürlich fehlte es auch nicht an spannender Handlung und interessanten Gestalten, wiewohl Leonov mitunter auch die gängigen Stereotype bediente, wenn er etwa Polja, Vichrovs Tochter, nachdem sie hinter den deutschen Linien gefaßt worden war, in heldischer Pose im Verhör mit dem deutschen Offizier Kittel' (Kittel) zeigte, in dem die wohlfeilen Attribute des deutschen Übermenschen versammelt sind und der obendrein ein Russisch mit typisch deutschen Fehlern spricht. Mitten im Verhör wird er von einem aufgebrachten russischen Dorfältesten erschossen, und Polja kann entfliehen.

Konstantin Paustovskij

Etwa zur gleichen Zeit schrieb Konstantin Paustovskij seine *Povest' o lesach* (Geschichte von den Wäldern, 1948), in der er das Thema der Waldzerstörung mit Episoden aus dem Leben Pëtr Čajkovskijs und dem Kriegsgeschehen verband. Čajkovskij hatte seinerzeit vergebens versucht, die Abholzung eines Kiefernwaldes in der Nähe seines Gutshauses zu verhindern. Für den großen Komponisten hängen Reichtum der Natur, Freiheit der Volksseele und Größe des Staates aufs engste miteinander zusammen. Im Krieg beschlagnahmt ein deutscher Militärstab unter General Stumpff das Haus und setzt den Raubbau am russischen Wald fort. Paustovskij war, als er diese locker komponierte Geschichte verfaßte, längst kein Unbekannter mehr. Er hatte bereits vor dem Ersten Weltkrieg zu schreiben begonnen; die 20er Jahre sahen ihn als Journalisten und Redakteur bei der ROSTA. Schon damals verfaßte er die Povest' *Romantiki* (Romantiker, 1916–1923, veröfftl. 1935), ferner Skizzen und Erzählungen. Die Abenteuer des industriellen Aufbaus in der Wüste in *Kara-Bugas* (dt. u. d. T. Der Mensch erobert die Wüste, 1932) und die Kaukasus-Povest' *Kolchida* (Die Kolchis, 1934) befestigten in den 30er Jahren seinen Erfolg als Schriftsteller. Naturverbundene Erzählungen aus der mittelrussischen Landschaft, gesammelt in den Bänden *Letnie dni* (Sommertage, 1937), *Staryj čëln* (Der alte Nachen, 1940) und *Kordon «273»* (Waldrevier 273, 1949), zeigten ihn als einen Erzähler in der Nachfolge Čechovs und Bunins, bei dem die narrative Avantgarde kaum Spuren hinterlassen hatte. Die große Zeit Paustovskijs, eines Autors, von dem Šklovskij sagen konnte, er sei, wiewohl von der Kritik wenig beachtet, dem russischen Leser bestens vertraut, kam jedoch erst nach dem Zweiten Weltkrieg. Im Krieg war er, wie die meisten seiner Schriftstellerkollegen, Frontkorrespondent gewesen. Der Kriegsroman *Dym otečestva* (Der Rauch des Vaterlands) zeigte Schicksale der Intelligenz am Vorabend und im Laufe des Krieges. 1944 geschrieben, war er, wie Paustovskij in seinem Buch *Poterjannye romany* (Verlorene Romane, 1963) darlegte, zwanzig Jahre lang verschollen. Durch Zufall wurde er in einem Kazan'er Archiv aufgefunden und 1963 ohne Änderungen veröffentlicht. In den Nachkriegsjahren, von 1946 bis 1963, arbeitete Paustovskij an seinem Hauptwerk, der sechsteiligen *Povest' o žizni* (Geschichte vom Leben), in der er seine Autobiographie in künstlerischer Form, meist in kleinen abgerundeten Erzählungen, niederlegte. Die einzelnen Teile wurden gleichsam in das Tauwetter hineingeschrieben und bildeten ein überzeugendes Beispiel jener autobiographisch-reflexiven Prosa, die sich damals zu verbreiten begann. Die einzelnen Teile sind (in der komponierten Reihenfolge) überschrieben: *Dalëkie gody* (Ferne Jahre, 1946); *Bespokojnaja junost'* (Unruhige Jugend, 1954); *Načalo nevedomogo veka* (Beginn eines unbekannten Zeitalters, 1958); *Vremja bol'šich ožidanij* (Die Zeit der großen Erwartungen, 1955); *Brosok na jug* (Der Sprung nach Süden, 1960); *Kniga skitanij* (Das Buch der Wanderungen, 1963). Sie zeichneten die Lebensstationen Paustovskijs von der frühen Kindheit bis in die 30er Jahre nach. Es ist der Weg eines «bürgerlichen» Intelligenzlers, der, gegen innere Widerstände und eine nie ganz aufgegebene Distanz, die durch die Oktoberrevolution geschaffenen historischen Tatsachen annimmt und dies vor allem deshalb vermag, weil er der unbezwingbaren Herausforderung seitens der Literatur erliegt, das Leben und die Ereignisse der Zeit künstlerisch zu fixieren. Die Schilderungen des literarischen Lebens in Odessa und Moskau, die lebendigen Porträts Isaak Babel's, Éduard Bagrickijs, Michail Bulgakovs und vieler anderer sind Glanzstücke der ja keineswegs armen russischen Literaturmemoiristik. Überhaupt zählt Paustovskijs *Povest' o žizni* zu den bedeutendsten Zeugnissen des autobiographischen Genres in sowjetischer Zeit, ein Werk, das sich neben Gor'kijs autobiographische Trilogie stellt und sogar eine Brücke zu den Entwicklungsromanen der Emigration schlägt.

Das autobiographische Moment war, ähnlich wie bei Gor'kij oder Bunin, Autoren, über die Paustovskij verständnisinnig geschrieben hat, der entscheidende Grundstoff seines literarischen Schaffens. Hinzu traten Dokumentarität und argumentative Reflexion, d. h. die Gattungspotentiale der Skizze und des Essays. Daß diese mit dem Email des Fiktionalen jederzeit überzogen werden konnten, verlieh der Prosa Paustovskijs besonderen Reiz. Doch war die damit gewährleistete Authentizität seiner Texte nicht der einzige Grund für die enorme Wirkung seiner Werke in den 60er Jahren, als er gleichsam zu einer moralischen Instanz in der Sowjetunion wurde. Vielmehr war es die gerechte, undoktrinäre Art der Besichtigung der Menschen und Dinge, die Paustovskij weitab von den ideologischen Leitlinien vornahm. Verfemte Schriftsteller wie Babel', Oleša oder Bulgakov, Emigranten wie Bunin fügte er wie selbstverständlich wieder in den Kanon nennenswerter Namen ein, ganz zu schweigen davon, daß er sich wiederholt hinter bedrängte Autoren wie Vladimir Dudincev, Aleksandr Sinjavskij oder Julij Danièl' stellte.

In biographischen Erzählungen über russische Maler hatte sich Paustovskij über den Puškin-Porträtisten Orest Kiprenskij (*Orest Kiprenskij*, 1938; dramatisiert u. d. T. *Volšebnik Orest* [Der Zauberer Orest], 1962) und Isaak Levitan (*Isaak Levitan. Pevec russkoj prirody. Solov'inoe carstvo* [Isaak Levitan. Der Sänger der russischen Natur. Das Nachtigallenreich], 1938) ausgelassen, bei dem einen den durch persönliche Eitelkeit verursachten künstlerischen Niedergang nachzeichnend, bei dem anderen die einzigartige Inspiration durch die Natur sympathetisch nachempfindend. (Ein im gleichen Jahr erschienenes Büchlein über Marschall Blücher [*Maršal Bljucher*] konnte ungelegener nicht kommen: Der Bürgerkriegsheld wurde schon bald ein Opfer der Säuberungen.) Auch Paustovskijs Überlegungen zur Literatur, vor allem in seinem Analyse und Narration verschmelzenden Buch *Zolotaja roza* (Die goldene Rose, 1955), verdienen nach wie vor Beachtung. Hier hat er sich über verschiedene Autoren und Werke, über die russische Sprache und die Poesie einzelner Wörter ausgelassen und den letzten Abschnitt der «Kunst, die Welt zu sehen» (Iskusstvo videt' mir) gewidmet. Das Schöne im Alltäglichen zu erkennen, die Poesie mit der Prosa zu vereinigen – das erschien ihm als erstrebenswertes Ideal. Auch wollte er den Glauben an das Goldene Zeitalter nicht aufgeben. «Es wird kommen», schrieb er in *Zolotaja roza*, «ärgerlich nur, daß wir es nicht erleben werden.»

Siebtes Kapitel

Tauwetter und neue Teilungen
(1953–1984)

A. Die Entstalinisierung

Der Tod Iosif Stalins am 5. März 1953 bedeutete in der Geschichte der Sowjetunion – und darüber hinaus in der Weltgeschichte – einen unübersehbaren Einschnitt. Tod und Beisetzung des «großen Führers», «Vaters der Völker» und wie die penetranten Attribute alle lauten mochten, mit denen Stalin belegt worden war, wurden vom sowjetischen Volk als ein schockartiges Ereignis empfunden, jenseits dessen es keinen Fortgang des Lebens zu geben schien. Die Beerdigungsfeierlichkeiten hatten ein riesiges Ausmaß; Hunderttausende hatten sich auf den Straßen Moskaus versammelt, haltlos schluchzend oder ratlos schweigend. 500 Menschen – letzte Hekatombe des Diktators – wurden im Gedränge zu Tode gequetscht und zertrampelt. (Die Vorgänge wurden von Evgenij Evtušenko in seinem Poem *Stancija Zima* [Station Zima, 1954–1956], von Galina Nikolaeva in *Bitva na puti* [Schlacht unterwegs, 1957] und im zweiten Teil von Jurij Bondarevs *Tišina* [Die Stille, dt. u. d. T. Vergiß, wer du bist, 1962], überschrieben *Dvoe* [Zwei Menschen, 1964], angesprochen.) Stalin hatte es verstanden, in den Volksmassen das Bild des «guten Königs» zu erzeugen, der von Unrecht und Verfolgung in seinem Reich nicht nur nichts wußte, sondern, im Gegenteil, mäßigend und rettend auf den Verfolgungsapparat einwirkte, obwohl an seiner Funktion als letzter Machtinstanz natürlich nicht der geringste Zweifel möglich war. Er war dem Volk milde Lichtgestalt und harter Richter oder, wie Erhard Stölting ausführt, Schutz- und Todesengel in einem. Vor allem der militärische Triumph im Zweiten Weltkrieg hatte den weniger mit charismatischen Zügen als mit denen eines gerissenen Parteibürokraten ausgestatteten Stalin zum messianischen Volkstribun und genialischen Feldherrn emporsteigen lassen, der sich im Juni 1945 als Generalissimus auszeichnen ließ, mit einem Titel, der in der russischen Geschichte nur fünfmal an große Heerführer verliehen worden ist.

Es wäre nun falsch anzunehmen, die sowjetische Politik habe sich im Inneren wie im Äußeren nach Stalins Tod rasch und entscheidend verändert. Sie blieb in ihren Zielen im großen und ganzen, was sie gewesen war, nur wandelten sich die Formen ihrer Durchsetzung und öffentlichen Darstellung. Gegen die Stalinsche Despotie und Idolatrie, die im Laufe der Zeit ein unerträgliches Maß angenommen hatten, wurde offen Front gemacht. Wenn es eine Entstalinisierung gab, dann vor allem im Abrücken von Stalins «Personenkult» (kul't ličnosti), dessen Folgen nunmehr in allen Bereichen des politischen, gesellschaftlichen und kulturellen Lebens aufgedeckt und bekämpft wurden. Das Schlagwort, das die poststalinistische Etappe vielversprechend kennzeichnete, lieferten die Literaten; es lautete «Tauwetter» (ottepel'). Ein Naturgedicht mit diesem Titel von Nikolaj Zabolockij, das dieser bereits 1948 geschrieben hatte, gewann, als es im Oktober 1953 in *Novyj mir* veröffentlicht wurde, sofort einen politischen Sinn: Die Boten des kommenden Frühlings kündigten die politische Wende an. Vor allem aber stellte Il'ja Ėrenburg, seit langem eine Art Barometer der sowjetischen Kulturpolitik, den Begriff mit dem gleichnamigen Kurzroman (*Ottepel'*, 1954) in den Raum, einen Begriff, der wie kein anderer die neu eingetretenen Entwicklungen zu symbolisieren vermochte. Wer die russischen klimatischen Verhältnisse kennt, wird im Tauwetter freilich nicht nur die Ankündigung des neuen Frühlings sehen, sondern auch Matsch und Schlamm, den anhaltenden Wechsel von Tauen und Gefrieren sowie, nicht zuletzt, das Vergehen der dichten weißen Schneeschicht, die die Unzulänglichkeiten der russischen Wirklichkeit im Winter wohltuend überdeckt hat. (Ėrenburg hat übrigens in *Menschen, Jahre, Leben*, wo er über die Entstehungsbedingungen seines Romans *Ottepel'* spricht, eben diese Momente selbst herausgestellt.) Es war nicht das erste Tauwetter in der russischen Geschichte: Schon einmal, in der Mitte des 19. Jahrhunderts, nach dem Tod von Nikolaus I., war, wie Peter Thiergen gezeigt hat, der sich abzeichnende Klimawechsel im politischen und geistigen Leben mit der gleichen Vokabel benannt worden. Die Tauwetter-Metapher, die bezeichnenderweise im Ostblock lange Zeit abgelehnt wurde, da ja der Sozialistische Realismus als eine nach der historisch-materialistischen Geschichtsauffassung zwingend notwendige Kunstformation galt und deshalb nicht revisionsfähig war, birgt in sich all die wechselnden Prozesse, die zwischen 1953 und 1964 zur allmählichen Aufweichung der Doktrin des Sozialistischen Realismus führten. Die von einem Partei- oder Schriftstellerkongreß zum anderen oszillierenden Linien der Literaturpolitik und der literarischen Praxis, wie sie von den westlichen «Kreml-Astrologen» minuziös registriert und interpretiert wurden, weisen eine Folge von Lockerungen und Verhärtungen auf. Mikroskopisch betrachtet, hat es diese größeren oder kleineren Schwankungen in den 50er und 60er Jahren tatsächlich auch gegeben.

Nur erkennt der Literaturhistoriker im Rückblick, daß es, trotz mancher politischer, ideologischer und literaturpolitischer Widerstände und Rückschläge, eine Grundtendenz gab, die endlich doch auf Lockerung und Liberalisierung hinauslief und am Ende in der Gorbačëv-Ära ihren Ort fand. In dieser Grundtendenz scheint der literarhistorische Sinn des literarischen Tauwetters zu liegen. Der Begriff bietet sich heute um so mehr an, als er sich inzwischen auch in Rußland als Terminus zur Bezeichnung der langen Übergangsphase von Stalin zu Brežnev weitgehend durchgesetzt hat. Im Sinne der literarischen Evolution erweist sich die Tauwetter-Tendenz als konsequent betriebene Umkehr aller wesentlichen Kriterien der Literatur der Stalin-Zeit, allerdings mit der hypokritischen Sprachregelung, wonach das Dogma des Sozialistischen Realismus niemals in Frage gestellt werden durfte. (Noch bei der Neukonzeption des Statuts des Schriftstellerverbandes im Jahre 1989, also auf dem Höhepunkt der Gorbačëv-Ära, wurde versucht, mit verbalen Tricks den Sozialistischen Realismus zu retten.) Mit der Zeit stellte so der Sozialistische Realismus eine reine Worthülse vor, die durch die literarische Wirklichkeit, sieht man von den schwachen Bemühungen orthodoxer Parteischriftsteller wie Vsevolod Kočetov, Aleksandr Čakovskij oder Michail Bubennov ab, in keiner Weise mehr gedeckt wurde. Das literarische Tauwetter zog sich, immer wieder konterkariert und bekämpft, lange Zeit hin, zeigte sich in einer Reihe von Strömungen, die, wie gleichzeitig in der Filmkunst, als «Wellen» bezeichnet wurden, und verursachte in den 60er und 70er Jahren erneut eine Teilung der russischen Literatur in zwei Lager. Später wuchs aus den liberalen Ansätzen die neue, freie russische Literatur der 80er Jahre heraus.

Der Versuch einer kollektiven Führung mit Malenkov, Berija, Molotov und Bulganin scheiterte bald an den Rivalitäten zwischen den ehemaligen Schildträgern Stalins. Bereits im Juni 1953 wurde Berija, der gefürchtete Chef der Geheimpolizei, der zunächst entscheidende Machtpositionen übernommen hatte, verhaftet und hingerichtet. Der Sicherheitsdienst wurde dem Innenministerium (MVD) unterstellt. Unaufhaltsam drängte der dynamische Nikita Chruščëv in den Vordergrund. 1935 Parteisekretär von Moskau, 1938 der Ukraine, hatte er unter Stalin zur höchsten Funktionärsschicht gehört. Seine Wahl zum Ersten Sekretär des CK der KPSS im September 1953, später dann, im März 1958, die Ernennung zum Vorsitzenden des Ministerrates machten ihn zur Schlüsselfigur des Entstalinisierungsprozesses. In der Agrarpolitik, der alten Achillesferse der sowjetischen Gesamtwirtschaft (K.-H. Ruffmann), seinem früheren Zuständigkeitsbereich, versuchte Chruščëv, durch Verringerung der Belastungen der Kolchosenbauern, durch neue Planungsprinzipien und durch die Erschließung neuen Ackerlandes – allein in den transuralischen Regionen und in Kasachstan sollten 40 Mio. Hektar Land unter den Pflug kommen – die landwirtschaftliche Produktion anzuheben. Jedoch wurde Malenkovs Versuch, die Komsumgütererzeugung zu Lasten der Schwerindustrie zu stärken und damit den Lebensstandard der Sowjetbürger nachhaltig zu erhöhen, von Chruščëv wieder zurückgenommen. Seine Vorliebe für Elektrifizierung, Chemisierung, Mechanisierung, die nun auch ausländisches Know-how nicht mehr verschmähte, führte zu den spektakulären sowjetischen Prestigeerfolgen in der Kernwaffen- und Raketentechnik. Die Lanzierung des ersten unbemannten Erdsatelliten «Sputnik» (Trabant) im Oktober 1957 und der erste Raumflug des Kosmonauten Jurij Gagarin im Raumschiff «Vostok 1» (Osten 1) im April 1961 mit der anschließenden erfolgreichen «Vostok»-Serie bildeten Höhepunkte der Politik Chruščëvs. Sie wurden als Herausforderungen vom Westen aufgenommen und beantwortet.

Das Hauptanliegen Chruščëvs aber – und zugleich sein eigentliches historisches Verdienst – war die Abrechnung mit dem Stalinismus, die Entstalinisierung (destalinizacija). Dieses Unterfangen erforderte beträchtlichen persönlichen Mut, blieben doch die Parteikader, die den Prozeß mittragen mußten, noch lange Zeit dem stalinistischen Denken tief verhaftet. Und Chruščëv lavierte auch selbst. Zwar wollte er das Sowjetsystem reformieren, doch keinesfalls abschaffen oder durch ein anderes ablösen. Die antisowjetischen Aufstände in der DDR (Juni 1953), in Ungarn (Oktober 1956) und der «Polnische Oktober» 1958 waren für ihn Warnzeichen, auf die er ohne Skrupel mit brutaler Gewalt reagierte. Seine wichtigste Tat war die der Öffentlichkeit lange vorenthaltene Rede *O kul'te ličnosti i ego posledstvijach* (Über den Personenkult und seine Folgen), die im Mittelpunkt des XX. Parteikongresses im Februar 1956 stand. In dieser Generalabrechnung mit den Untaten Stalins und seiner Helfer kam erstmals die negative Einschätzung, die Lenin in seinem Testament über Stalin ausgegossen hatte, zur Sprache. Die Verbrechen wurden aufgezählt, die Stalin mit Hilfe des Staatsapparates an den angeblichen «Volksfeinden» begangen hatte, Verbrechen, denen insbesondere die alten Gefährten Lenins zum Opfer gefallen waren und durch die für Partei und Armee, Wirtschaft und Wissenschaft nicht wiedergutzumachender Schaden entstanden war. Stalins militärische Fehler bei Kriegsausbruch 1941 wurden aufgedeckt, die Deportation ganzer Volksgruppen wurde gebrandmarkt. (Jetzt wurde ruchbar, daß Stalin sogar geplant hatte, das gesamte ukrainische Volk, 40 Mio. Menschen, zu deportieren.) Endlich wurde auch der Personenkult als das offengelegt, was er gewesen war: eine peinliche, megalomane Selbstinszenierung. Stalins offiziöse *Kratkaja biografija* (Kurze Biographie, 1938), die den «Weisen», den «größten Führer» und «besten Strategen aller Völker und Zeiten» fast in ein überirdisches Wesen verwandelt hatte, war, wie Chruščëv nun zeigte, von jenem selbst redigiert und autorisiert worden, wobei es ihm nachgerade auf die Gleichsetzung mit Lenin angekommen war. Wohl aus eigener Erfahrung konnte Chruščëv berichten, daß sich Stalin den Film *Nezabvennyj 1919–j god* (Das unvergeßliche Jahr 1919), nach dem gleichnamigen Stück, das Vsevolod Višnevskij 1949 zum 70. Geburtstag des «Führers» geschrieben hatte, unzählige Male vorführen ließ. Hier war er in Heldenpose dargestellt, wie er auf den Stufen eines Panzerzuges den Ansturm der Feinde mit blankem Säbel zurückschlug.

Chruščëv bezweckte mit seiner Rede, die Willkürherrschaft Stalins als Abweichung vom wahren Marxismus-Leninismus und damit für korrigierbar zu erklären. Die Folgen der Rede ließen nicht auf sich warten: Stalin-Denkmäler wurden geschliffen, Stalin-Schriften verbrannt, 1961 wurde Stalins Leichnam aus dem Mausoleum auf dem Roten Platz an die Kreml-Mauer umgebettet. (Evgenij Evtušenko hat seine Befürchtungen anläßlich des gespenstischen Vorgangs in dem Gedicht *Nasledniki Stalina* [Stalins Erben, 1962] ausgedrückt.) Auf der Basis verschiedener Rechtsakte wurden in großem Maßstab Rehabilitierungen und Haftentlassungen vorgenommen. Nicht wenige russische Schriftsteller kehrten aus den Gefängnissen und dem GULAG zurück. Die literarische Aufarbeitung des GULAG-Komplexes, zu der Solženicyns *Odin den' Ivana Denisoviča* (Ein Tag [im Leben] des Ivan Denisovič, 1962) den Grund legte, wurde allerdings bald wieder abgeblockt und konnte erst in der Zeit der Perestrojka wieder offen geleistet werden.

Ein weiteres Reformvorhaben Chruščëvs, an dem er endlich scheitern sollte, war seine Partei- und Verwaltungsreform. In dem auf dem XXII. Parteikongreß im November 1961 verabschiedeten neuen Parteiprogramm der KPdSU wurde erklärt, die Sowjetunion stelle nun keine Diktatur des Proletariats mehr dar, sondern einen «Staat des ganzen Volkes». Das bedeutete, daß auch die KP (sie zählte zu diesem Zeitpunkt etwa 11,5 Mio. Mitglieder und Kandidaten) nicht mehr die Vertreterin allein des Proletariats, sondern des ganzen Volkes war. Damit kamen allgemeine, klassenungebundene Werte wie Volk, Heimat, Nation, Vaterland, die bereits im Krieg stark aufgewertet worden waren, gegenüber klassenkämpferischen und soziologischen Kategorien wieder stärker zur Geltung. Mit dem Versuch einer Verwaltungsreform ging Chruščëv in den Jahren 1962/63 noch weiter. Die Partei sollte nicht mehr als weisungsgebende und kontrollierende Instanz fungieren, sondern selbst in die Verantwortung eingebunden werden. Dieser Versuch, der die überlegene Position der Partei in Frage gestellt hätte, wurde 1965 durch Brežnev schleunigst zurückgenommen. Neben den außenpolitischen Mißerfolgen – etwa in der Kuba-Krise im Oktober 1962 – und der sprichwörtlichen Unberechenbarkeit Chruščëvs war er ein wichtiger Grund für die Absetzung des Parteisekretärs im Oktober 1964.

Literaturpolitik unter Chruščëv und Brežnev

Kennzeichnend für die Literatur- bzw. Kulturpolitik in der Ära Chruščëv war ein Zickzackkurs, bei dem Phasen der ideologischen Lockerung immer wieder durch Phasen der Anspannung korrigiert wurden. Auf das noch von Malenkov eingeleitete erste Tauwetter mit seiner seit Herbst 1953 leidenschaftlich geführten literarischen Kontroverse folgte 1954 eine Phase des Zurückpreschens, die in der Ablösung des liberalen Aleksandr Tvardovskij als Chefredakteur des *Novyj mir* im Herbst 1954 und den Diskussionen auf dem II. Schriftstellerkongreß im Dezember des gleichen Jahres offenkundig wurde. Eine neue Tauwetter-Welle zeichnete sich nach dem XX. Parteikongreß 1956 ab, sie wurde in der Folgezeit jedoch ebenfalls wieder abgebremst. Eine dritte Welle schließlich, die den höchsten Ausschlag des frühen Tauwetters brachte, setzte 1959 ein und hielt sich bis 1962. Mit Evtušenkos antistalinistischen Gedichten, der aufmüpfigen «jungen Prosa» (molodaja proza), Bondarevs *Tišina* und namentlich Solženicyns rückhaltloser Dokumentation der Straflager in der Povest' *Odin den' Ivana Denisoviča* gewann damals die russische Literatur jene Wahrhaftigkeit und Gewissensschärfe zurück, die unter Stalin einer schönfärberischen Verbrämung der Wirklichkeit gewichen war. Der offenkundige Aufschwung der Literatur, der sich in diesen Jahren abzeichnete, wurde durch die Partei mit Hilfe des Schriftstellerverbandes im Frühjahr 1963 erneut behindert. Für den Kurswechsel war symptomatisch, daß man Solženicyn, der 1964 für den Leninpreis vorgeschlagen worden war, bei der Preiszuerkennung stillschweigend überging oder daß der junge Poet und Übersetzer Iosif Brodskij im Februar 1964 wegen «Parasitentums», da er angeblich keine gesellschaftlich nützliche Tätigkeit nachweisen konnte, zu fünf Jahren Zwangsarbeit verurteilt wurde. Mit dem Sturz Chruščëvs im Oktober 1964 endete die Politik der dosierten Freiräume für die Literatur, doch hatte sich die Gruppe der liberalen Schriftsteller in der Zwischenzeit so gefestigt, daß sie dem konservativ-dogmatischen Block mit wachsendem Selbstbewußtsein entgegentreten konnte. Seit dem Tauwetter war mit diesen beiden literaturpolitischen Lagern in der russischen Literatur zu rechnen; ihre notgedrungene Koexistenz schlug bei vielen Gelegenheiten in scharfe Polemik um und zerbarst vollends in Krisenfällen, wenn es um Publikationsverbote, Schriftstellerverurteilungen oder -ausweisungen ging.

Wiewohl die Partei – die «Affären» um Pasternak und Solženicyn sollten es beweisen – die Zügel weiterhin fest in den Händen behielt und sich zudem auf die Parteikader im Schriftstellerverband voll verlassen konnte, beließ sie der Literatur einen Spielraum für Diskussion und Disput. Parteidekrete (postanovlenija) zu Literatur und Kunst wurden nur noch zweimal erlassen, beide übrigens im Frühjahr 1958. Mit dem einen sollten «Mängel» bei der Herausgabe und Rezension ausländischer Belletristik abgestellt werden, was bedeutete, daß wieder strengere Maßstäbe bei der Auswahl der Werke angelegt werden sollten; mit dem anderen wurde das Opern-Dekret vom Februar 1948 aufgehoben, freilich mit der Einschränkung, daß der Weg der Volkstümlichkeit (narodnost') und des Realismus weiterhin gültig und die Verurteilung «falscher, formalistischer Tendenzen in der Musik» zu Recht erfolgt sei.

Die Brežnev-Ära

Der Machtwechsel von Chruščëv zu Brežnev bedeutete nach turbulenten Jahren die Konsolidierung der Parteiherrschaft. Manche der kulturpolitischen Gängelungsmechanismen, die im Tauwetter als überwunden gegolten hatten, wurden erneut wirksam. Zwar wurde die Entstalinisierung offiziell nicht zurückgenommen, doch war etwa seit der Prager Krise im Sommer 1968 eine schleichende Restalinisierung zu beobachten, die sich nicht zuletzt auf Literatur und Literaten auswirkte. Freilich kehrte die Partei unter Brežnev nicht wieder zur physischen Vernichtung der Schriftsteller zurück, sondern ergriff andere Maßnahmen. So wurde die Dissidentenbewegung, die als Antwort auf die sowjetische Intervention in der Tschechoslowakei aufkam, oppressiv niedergehalten, der Geist aber, der da aufbegehrte, ließ sich nicht mehr ersticken. Man weiß heute, daß hier der frühe Keim zum inneren Zerfall der Sowjetunion lag. Trotz vielfältiger Diskriminierungen, trotz Verhaftungen, Verurteilungen und GULAG-Verbannungen gelang es den Behörden nicht, das politisch-literarische Dissidententum zu unterbinden. (Bezeichnenderweise waren die Dissidenten im russischen Sprachgebrauch «inakomysljaščie», «Andersdenkende», die gewissermaßen von der Rechtgläubigkeit abgefallen waren.) Als probater Ausweg blieb am Ende nur noch die Ausweisung mißliebiger Schriftsteller, was seit etwa 1974 zur Bildung der «dritten Emigration» führte.

Zur veritablen Peinlichkeit geriet der Brežnev-Kult (brežnevščina), da sich der Generalsekretär der KPSS nicht scheute, sich aufgrund seiner Kriegstaten – er hatte es als Politoffizier immerhin bis zum Generalmajor gebracht – 1976 zum Marschall ernennen zu lassen. Außenpolitisch bestand Brežnev auf der Gleichwertigkeit mit der Weltmacht USA und ließ sich auf riskante Abenteuer ein, von denen namentlich die Ende 1979 einsetzende, zehnjährige Invasion und Besetzung Afghanistans für die Sowjetunion fatale Folgen zeitigen sollte. Innenpolitisch erstarrte das sowjetische System mehr und mehr, ganz zu schweigen von der unübersehbaren Überalterung der Führungskader, die den Gedanken an eine Gerontokratie aufkommen ließ. Am Ende wurde Brežnev persönlich zur Verkörperung der «Stagnation» (zastoj) und schuf damit, wenn man so will, die Voraussetzung für die spätere Perestrojka unter Gorbačëv. Es gehört zu den Kuriositäten der russischen Literaturgeschichte, daß ausgerechnet Leonid Brežnev, der von der Geschichtsschreibung als bornierter «apparatčik» charakterisiert wird, als Schriftsteller hervortrat und sich auf groteske Weise feiern ließ. 1979 wurde ihm der Lenin-Preis für Literatur zuerkannt, auf dem VII. Schriftstellerkongreß 1981 kam es zur kulthaften Herausstellung seiner Person. Dabei hatte er lediglich drei magere autobiographische Prosatexte – *Malaja zemlja* (Das kleine Land), *Vozroždenie* (Wiedergeburt) und *Celina* (Neuland; alle 1978) – vorgelegt, in denen die Etappen seiner politischen Laufbahn in der Kriegs- und Nachkriegszeit dargestellt wurden. Von der Kritik pflichtschuldig als «künstlerischdokumentare Prosa» (chudožestvenno-dokumental'naja proza) qualifiziert, verbanden sie das Schicksal von Staat und Gesellschaft mit dem Bericht über die politischen Aktivitäten Brežnevs, waren also nichts anderes als eine bescheidene politische Autobiographie, wie sie zuvor schon – und mit besserem schriftstellerischen Können – Brežnevs Ziehvater Chruščëv verfaßt hatte (*Memuary*, dt. u. d. T. Chruschtschow erinnert sich, 1971). Inzwischen sind die Namen der Journalisten bekannt, die als Ghostwriter für Brežnev tätig wurden. Ob dieser seine Werke nicht nur nicht selbst geschrieben, sondern auch nie gelesen hat, wie der Stalin-Biograph Dmitrij Volkogonov mutmaßt, bleibe dahingestellt. Sicher ist, daß die Millionenauflagen, in denen die hochoffiziellen Belanglosigkeiten verbreitet wurden, in krassem Gegensatz zu ihrem literarischen Wert standen.

Die Tauwetter-Kontroverse

Die literaturpolitische Kontroverse, die das Tauwetter manifest werden ließ, wurde durch Il'ja Ėrenburg mit dem Artikel *O rabote pisatelja* (Über die Arbeit des Schriftstellers, in *Znamja*, 1953/10) eröffnet. Man geht wohl nicht fehl, wenn man vermutet, daß der Anstoß dazu von der politischen Führung, vielleicht sogar von Malenkov selbst kam. Gegenstand der Kontroverse war die Überwindung der offensichtlichen Mängel der Literatur in der Stalin-Zeit. Ėrenburg, der versierte Literat, schob den Leserbrief eines Leningrader Ingenieurs vor, der die Frage stellte: «Wie erklären Sie sich, daß unsere Belletristik schwächer, ärmer ist als unser Leben?» Man könne doch die Gesellschaft des zaristischen Rußlands nicht mit der Sowjetgesellschaft vergleichen, und doch hätten die Klassiker besser geschrieben... Ėrenburgs Antwort lautete klipp und klar (und er konnte damit an seine Ausführungen auf dem Schriftstellerkongreß von 1934 anknüpfen), daß die Klassiker eben das Innenleben, Gefühle und Gedanken, Liebe und Tod ihrer Gestalten meisterhaft dargestellt hätten, also das, was den Leser fessele, während in sowjetischen Romanen nicht Menschen gezeigt würden, sondern Maschinen, nicht menschliche Gefühle, sondern Produktionsprozesse. In Ermangelung solcher Werke, die die Gefühle und Gedanken, Ängste und Freuden, Nöte und Hoffnungen der Sowjetbürger artikulierten, greife der Leser auf die alte Literatur zurück. Ėrenburgs Forderung lautete deshalb, die Sowjetliteratur müsse von der alten Literatur wieder die «künstlerische Wahrhaftigkeit, das tiefe Verständnis des Menschen, die Kunst, ihn lebendig darzustellen», lernen. Er sprach der Literatur die Aufgabe zu, den Leser zu einem besseren Leben, zur Entwicklung einer Gefühlskultur, zur Rücksicht gegen seinen Nächsten, gegen die Genossen und gegen alle Menschen zu erziehen. «Romane, Erzählungen, Gedichte», schrieb er apodiktisch, «sind der emotionale Zement der Gesellschaft.» Und er forderte, daß die schematische Darstellung der Menschen, der unbegründete Optimismus, die Motivation des Handelns allein aus den Produktionserfordernissen sowie jegliche Schönfärberei nunmehr der Darstellung des Innenlebens, der Emotionen und der persönlichen Schicksale der Helden weichen müßten. Kurz, er plädierte für die Rückkehr zur Meisterschaft der Menschendarstellung des russischen Realismus – zu Tolstoj, Čechov, Turgenev und Gor'kij. Damit war zugleich eingeräumt, daß der Pfad des wahrhaften Realismus in der Stalin-Zeit verlassen worden war.

Eine ganz ähnliche Stoßrichtung zeigte der Essay *Ob iskrennosti v literature* (Über die Aufrichtigkeit in der Literatur, in *Novyj mir*, 1953/12)

Ilja Ėrenburg

von Vladimir Pomerancev, einem weniger bekannten Erzähler, der nach dem Krieg Kulturoffizier in der Sowjetischen Besatzungszone gewesen war. In sarkastischem Ton kritisierte Pomerancev die Produktions- und Kolchosenliteratur mit ihren stereotypen Helden, Handlungsklischees und ihrer konfliktlosen Atmosphäre. Träume würden in ihnen rational-folgerichtig dargeboten, Gespräche liefen im Schallplattenstil ab – so spreche man auf Versammlungen, aber nicht von Mensch zu Mensch. Die «Lackierung der Wirklichkeit» (lakirovka dejstvitel'nosti) sei die notwendige Folge des kleinmütigen Zusammenspiels von Schriftstellern und Literaturkritik. Damit stellte Pomerancev erstmals den gesamten sowjetischen Literaturbetrieb, so wie er sich seit 1934 herausgebildet hatte, an den Pranger. Er forderte Wahrhaftigkeit und Aufrichtigkeit in der Literatur ein – die alten Ideale des russischen Realismus. Pomerancevs Ausführungen war zu entnehmen, daß ein grundsätzlicher Widerspruch zwischen persönlich erfahrener, objektiver Wahrheit und der gemäß dem Prinzip der Parteilichkeit dargestellten Pseudowahrheit bestehe (W. Kasack). Aleksandr Tvardovskij, der den Abdruck des heiklen Artikels zugelassen hatte, wurde seines Postens als Chefredakteur des *Novyj mir* enthoben und durch Konstantin Simonov ersetzt.

Ein dritter Artikel, überschrieben *Ljudi kolchoznoj derevni v poslevoennoj proze* (Die Menschen des Kolchosendorfes in der Nachkriegsprosa, in *Novyj mir,* 1954/4), von Fëdor Abramov zielte auf die Kolchosenliteratur. Abramov rechnete mit dem Kolchosenroman ab, indem er – als intimer Kenner der ländlichen Verhältnisse auf theoretische Argumentation ganz verzichtend – einfach die schönfärberischen Schablonen und Unsinnigkeiten aufwies, die in Romanen wie *Gorjačie ključi* (Heiße Quellen, 1945) von Elizar Mal'cev, *Mar'ja* (Marja, 1945–1949) von Grigorij Medynskij, *Žatva* (Ernte, 1950) von Galina Nikolaeva, insonderheit aber *Kavaler Zolotoj Zvezdy* (Der Ritter des Goldenen Sterns, 1951) von Semën Babaevskij begegneten. Die Artikel von Ėrenburg, Pomerancev und Abramov lösten scharfe Repliken aus, unter anderem von Dogmatikern wie Aleksej Surkov, Vladimir Ermilov und Ljudmila Skorino, die die alten Parteidekrete verteidigten und nun ihrerseits negative Erscheinungen etwa in den Werken Zoščenkos, Mariengofs und Pasternaks anprangerten, sich aber ebenfalls von Schönfärberei und Konfliktlosigkeit distanzierten. Die Kontroverse zog sich über das ganze Jahr 1954 hin; aus ihr gingen auf dem II. Allunionsschriftstellerkongreß, der im Dezember dieses Jahres endlich abgehalten wurde (eigentlich sah das Statut des Schriftstellerverbandes die Einberufung des Unionskongresses mindestens einmal in zwei Jahren vor), neue Richtlinien für das literarische Schaffen hervor.

Dieser Kongreß ist als «Tauwetter-Kongreß» in die Literaturgeschichte eingegangen. Partei und Kongreßleitung versuchten, einen Mittelweg zwischen dem dogmatischen Konzept des Sozialistischen Realismus und einer Wiedergabe des wirklichen Lebens zu finden bzw. den Sozialistischen Realismus so zu definieren, daß der Lebensbezug in ihn eingewoben werde. So hieß es im Grußwort der Parteiführung, die übrigens im Ehrenpräsidium persönlich zugegen war, wörtlich: «Auf der Höhe der Aufgaben des Sozialistischen Realismus sein heißt über tiefe Kenntnissse des wirklichen Lebens der Menschen, ihrer Gefühle und Gedanken zu verfügen, eindringliches Gespür für ihre Erlebnisse an den Tag zu legen sowie die Fähigkeit, dies in spannend-eingänglicher Form darzustellen, die der gültigen Vorbilder der realistischen Literatur würdig ist.»

Das waren, wenn auch ungeschickt formuliert, unverkennbar Ėrenburgs Thesen. Sie wurden in zwei Richtlinien umgegossen, die in der Folgezeit beachtet werden sollten: Aufgabe des Schriftstellers sei 1) die Darstellung der unverfälschten Lebenswahrheit in ihrer ganzen Komplexität, 2) das Lernen bei den Vorbildern der klassischen russischen Literatur. Lackierung der Wirklichkeit und Konfliktlosigkeit waren damit abgeschrieben; die Methoden des kritischen Realismus wurden revalorisiert, doch mußten sie sich noch irgendwie mit den Formeln des Sozialistischen Realismus in Übereinstimmung befinden. Die Debatten auf dem Kongreß zeigten deutlich, daß sich die Fronten, die sich während der Tauwetter-Kontroverse abgezeichnet hatten, weiter verfestigten. Fortan war mit einem konservativen und einem liberalen Lager in der Welt der Schriftsteller zu rechnen, zum ersteren zählten etwa Kočetov, Surkov, Mal'cev, Bubennov, zum letzteren Ėrenburg, Kaverin, Ovečkin und andere. Über die ideologischen und ästhetischen Gegensätze hinaus spitzte sich die Kontroverse immer mehr auf die Frage nach der «schlechten Literatur» zu, die durch das Herabsetzen der künstlerischen Kriterien und das korrumpierende System der Preisverteilung begünstigt wurde. Nach dem Schriftstellerkongreß wurde durch Parteierlasse eine Reihe neuer Literaturzeitschriften gegründet, von denen die für Leningrad und Moskau zuständigen Organe *Neva* (1955 ff.) und *Moskva* (1957 ff.) als gemäßigt liberal einzustufen waren, während die Zeitschriften für junge Literatur, die als Monatsschrift wiedergegründete *Molodaja gvardija* (Junge Garde, 1956 ff.) und das neue Journal *Junost'* (Jugend, 1955 ff.), die eingetretene Polarisierung der Literatur widerspiegelten. *Junost'*, das Organ der Liberalen, das seinen Durchbruch mit der Übersetzung von Thor Heyerdahls *Kon-Tiki* errang, wurde alsbald zur Tribüne vielversprechender junger Lyriker und Erzähler.

Der III. Schriftstellerkongreß im Mai 1959 fiel mit der dritten Tauwetter-Welle zusammen. War das konservative Lager auch durch die Gründung eines besonderen Schriftstellerverbandes der RFSFR im Dezember des vorausgehenden Jahres merklich gestärkt worden, so fehlte es doch nicht an Ermunterung für die Tauwetter-Autoren. Dogmatiker wie Surkov warnten davor, daß die Kritik an Dogmatismus, Vulgärsoziologismus und Sektierertum die Wachsamkeit gegen revisionistische Erscheinungen schwächen könnte. Auch Chruščёv betonte immer wieder, daß der Wille, sich den modernen Problemen der Sowjetgesellschaft zu stellen, deren politische und sozialökonomische Grundlagen nicht gefährden dürfe. So verfocht er in einem Referat am fünften Kongreßtag höchstpersönlich die These: Kritik – ja, Fundamentalkritik – nein, welche er anhand von Vladimir Dudincevs Roman *Der Mensch lebt nicht von Brot allein* (1956) darlegte. Der Roman (er handelt von einem Ingenieur, der seine Erfindungen gegen den Funktionärsapparat nicht durchsetzen kann und sogar wegen angeblichen Geheimnisverrats zu Lagerhaft verurteilt wird) enthalte viele Seiten, die Aufmerksamkeit verdienten. Anastas Mikojan (damals stellvertretender Vorsitzender des Ministerrates) habe ihm gesagt: «Lies das, es enthält Überlegungen, die er dir wörtlich abgehört hat!» Chruščëv zeigte dann Punkt für Punkt auf, wo Dudincev mit seiner Kritik am Partei- und Behördenapparat zu weit gegangen sei. Die Episode verrät, wie ernst man die Literatur im höchsten Führungszirkel nahm, aber auch, daß man dort begann, Chruščëv für seine Politik haftbar zu machen. Tvardovskij wandte sich in dem wohl wichtigsten Beitrag auf diesem Kongreß gegen den Schund (chaltura) und mahnte künstlerische Qualität (kačestvo) an. Dabei verkündete er die tröstliche Überzeugung, daß weder die Organisationsformen noch die Methoden der Erziehung der Schriftsteller und schon gar nicht die Richtlinien der Literatur verhindern könnten, daß der reiche Genius des Volkes in Erscheinung treten werde. Ein fast Herderscher Gedanke, der die Zukunft für sich haben sollte.

Die Tauwetter-Literatur

Die Tauwetter-Tendenz, die in der gereizten Kontroverse seit Herbst 1953 mehr und mehr Auftrieb gewann, fand in Ėrenburgs Roman *Ottepel'* (Tauwetter, 1954) nicht nur ihre gültige literarische Inkarnation, sondern – wichtiger noch – ihr aussagekräftiges Etikett, das der «Tagesschriftsteller» Ėrenburg in völliger Übereinstimmung mit den aufkeimenden Hoffnungen nach Stalins Tod prägte. Der künstlerisch wenig anspruchsvolle Kurzroman – ein nichtssagender zweiter Teil wurde 1955 nachgeschoben – war mehr als nur der Versuch zu zeigen – wie Ėrenburg sich ausdrückte –, «wie sich große historische Ereignisse auf das Leben der Menschen in einer kleinen Stadt auswirkten»; er stellte vielmehr das in der Tauwetter-Kontroverse entwickelte Programm exemplarisch in Romanform dar. Dabei war das programmatische Prinzip leicht zu durchschauen: Die Verfahren der zu überwindenden konfliktlosen Literatur wurden einfach umgekehrt, so daß aus einer Plus-Ästhetik ziemlich schematisch eine Minus-Ästhetik entstand – oder *vice versa*. Wie sah das aus? Der Roman führt in eine Provinzstadt an der unteren Wolga, in der sich ein Traktorenwerk befindet. Im Zentrum der Handlung stehen der Werkdirektor Žuravlëv und seine Frau Lena, eine Lehrerin. Nach dem Muster des Anna-Karenina-Syndroms hat sich Lena ihrem Mann, einem trockenen Bürokraten, innerlich entfremdet und empfindet Zuneigung zu Koroteev, einem Ingenieur im gleichen Betrieb. Koroteev hält sich an die sowjetische Moral, der werktätige Mensch müsse vernünftig, beherrscht und verantwortungsbewußt handeln. Lena jedoch kann nicht in der Lüge leben und trennt sich von Žuravlëv. Dieser erlebt neben dem Scheitern seiner Ehe auch das seiner beruflichen Ambitionen. Lange hat er den Bau von Arbeiterwohnungen hinausgezögert und die Arbeiter unterdessen in Baracken wohnen lassen. Als ein heftiger Sturm die Baracken zerstört, wird Žuravlëv abgesetzt. Ehe sich Lena und Koroteev in den Armen liegen, erfährt der Leser, daß Žuravlëv zum Leiter einer Genossenschaft ernannt wurde, die Büroklammern herstellt ...

Das Programmatische in dieser recht banalen Geschichte bestand nun darin, daß auf drei verschiedenen Ebenen – Privatleben, Berufsleben und Kunst (es werden zwei Maler einander gegenübergestellt, der Opportunist Puchov und der «echte» Maler Saburov) – der Grundkonflikt zwischen «lebendigen Menschen» (živye ljudi) mit geschärftem Gewissen und seelisch deformierten Bürokraten und Opportunisten ausgetragen wurde und daß die Figuren, die in diese Konflikte hineingestellt waren, gleichwohl nicht im Sinne einer simplen Schwarzweißmalerei, sondern als «realistische» Mixturen ausgeführt wurden: Auch die «lebendigen Menschen» waren nicht ohne Fehl und Tadel; auch die «Menschen im Etui» waren durchaus edler menschlicher Regungen fähig. Mittels personalen Erzählens von einem allwissenden Erzählerstandpunkt aus leuchtete Ėrenburg intensiv das Innenleben seiner Figuren aus, wobei er vor allem mit Gedankenbericht und innerem Monolog arbeitete. Die programmatischen Merkmale des Textes liefen also auf die Wiedergewinnung der alten realistischen Erzählverfahren hinaus. Eine weitere künstlerische Intention zielte auf Čechovsche Knappheit mittels Raffung und Auslassung, was Ėrenburg alsbald auch in seiner Hommage für den Dichter, *Perečityvaja Čechova* (Beim Wiederlesen Čechovs, 1960), herausstellte. Der Bedeutungsaufbau von *Ottepel'* wurde wesentlich durch drei symbolische Kontrapunkte (R. Lauer) geleitet, von denen der «meteorologische» von Anfang an offensichtlich war (der Tiefpunkt der Beziehungen zwischen den Personen wurde bei −35 °Celsius erreicht, der Umschwung durch einen Wirbelsturm herbeigeführt usw.); der politische vorsichtig auf Anzeichen einer neuen Innen- und Außenpolitik

anspielte; der literarische aber in einem breiten Spektrum von aufschlußreichen Intertextbeziehungen den charakterologischen Standort
der Figuren aufdeckte. Autoren und Werke dienten als Chiffren, die
innerfiktional – aber natürlich auch vom Leser – verstanden wurden.
Die «lebendigen Menschen» liebten wahrhaftige Literatur (Čechov,
Lermontov, Grossman), die deformierten Agitations- und Propaganda-
literatur. Charakterologische Widersprüche und literarische Oppositionen bildeten eine komplizierte Matrix, die die im Dezember 1954
verkündeten Richtlinien vorwegnahm.

Ėrenburgs Roman war nicht das einzige Werk, in dem sich der
Durchbruch zu einem neuen wahrhaftigen Realismus abzeichnete,
aber es war das spektakulärste. Noch vor ihm waren Valentin Ovečkins
Skizzen *Rajonnye budni* (Alltage im Rayon, 1952–1956) erschienen, die
ein ungeschminktes Bild vom Leben in der Provinz und in den Kolchosen zeichneten. (Sie wurden, da die ersten Stücke bereits *vor* Stalins
Tod erschienen waren, später mitunter als Beweis dafür herangezogen,
daß es ein Tauwetter überhaupt nicht gegeben habe.) Ovečkin, der in
den 30er Jahren engagiert an der Kollektivierung mitgewirkt hatte
und bereits 1935 mit *Kolchoznye rasskazy* (Kolchoserzählungen) hervorgetreten war, setzte seine kritische Dokumentation der Lage auf dem
sowjetischen Dorf fort, etwa in den Skizzenbänden *V tom že rajone* (Im
selben Rayon, 1953), *Svoimi rukami* (Mit eigenen Händen, 1956) und
Trudnaja vesna (Ein schwieriger Frühling, dt. u. d. T. Frühlingsstürme,
1956). Auch Fëdor Abramov, der in der vorausgegangenen Kontroverse
als erster gegen die Beschönigung der dörflichen Verhältnisse in der
Literatur aufbegehrt hatte, schrieb aus der Tauwetter-Tendenz heraus
seinen Roman *Brat'ja i sëstry* (Brüder und Schwestern, 1958), der sich in
späteren Jahren – mit den Folgebänden *Dve zimy i tri leta* (Zwei Winter
und drei Sommer, 1968) und *Puti-pereput'ja* (Wege und Kreuzwege,
1972) – zu einer Trilogie über das nordrussische Dorf in Krieg und
Nachkriegszeit mit dem Gesamttitel *Prjasliny* (Die Prjaslins, 1974) ausweiten sollte. Ovečkin und Abramov gingen mit diesen Werken der
künftigen Dorfprosa (derevenskaja proza) voran.

Viktor Nekrasov reihte sich in die Tauwetter-Literatur mit den
Romanen *V rodnom gorode* (In der Heimatstadt, 1954) und *Kira Georgievna* (1961) ein. Beide Romane behandelten das alte Nostos-Motiv, die
Heimkehr eines Helden nach langer Abwesenheit. Im ersteren geht es
um die Tragödie eines aus dem Krieg zurückkehrenden verwundeten
Frontoffiziers, im zweiten um die Rückkehr eines zu Unrecht Verfolgten nach zwanzig Jahren Lagerhaft. Ähnlich wie Platonov in *Ivanovs
Familie*, wenngleich ohne dessen lapidare Wucht, stellte auch Nekrasov
die Heimkehr nicht als Freudenfest dar, sondern zeigte die aus Ent-

fremdung und materieller Not erwachsenden heiklen Probleme, vor die sich beide Seiten gestellt sahen. Kira Georgievna, die Heldin des zweiten Romans, ist keine Penelope, die den Freiern standgehalten hätte, sondern eine Frau mit der bemerkenswerten Fähigkeit zu vergessen, was sie schmerzt. Unprüde kommt Kiras Geschichte zur Sprache: wie sie nach der Verhaftung ihres ersten Mannes, Vadim, erst einen wesentlich älteren Malerprofessor heiratet und sich dann einen wesentlich jüngeren Elektromechaniker nimmt. Als Vadim aus Kolyma zurückkehrt, scheitert der Versuch des Paares, erneut zusammenzufinden. Die tiefe Entfremdung, die zwischen den beiden eingetreten ist, läßt keine Liebe mehr aufkommen, weil, wie Helen von Ssachno schreibt, «die Schnittpunkte ihrer einstigen Erfahrungen zu Wegscheiden geworden sind». In einer solchen Mischung von Frivolität und Ernst, wie sie Nekrasov in *Kira Georgievna* bot, war in Rußland lange nicht mehr geschrieben worden. Freilich schrieb sich, wer so schrieb, allmählich aus der sowjetischen Literatur hinaus.

Vera Panovas Roman *Vremena goda* (Jahreszeiten, dt. u. d. T. Verhängnisvolle Wege, 1953) gehörte ebenfalls in den Kontext des Tauwetters, wenn auch eher zufällig. Die Schriftstellerin hatte es in ihren bisherigen Werken, dem Kriegsroman *Sputniki* wie auch dem im Ural spielenden Produktionsroman *Kružilicha* (dt. u. d. T. Menschen aus Krushilicha, 1947) verstanden, eine durchaus kritische Sicht der gesellschaftlichen Probleme mit vorbehaltloser Loyalität gegenüber Staat und Partei zu verbinden. So auch in *Vremena goda*. Die Nachrichten «Aus den Annalen der Stadt Ėnsk» (*Iz letopisej goroda Ėnska*), wie der Untertitel lautet, betrafen die Schicksale der Familien Kuprijanov und Bortaševič, die, wie es etwa gleichzeitig Ėrenburg gefordert hatte, vor allem von der privaten und emotionalen Seite gezeigt wurden. Wenn Bortaševič, ein höherer Parteifunktionär, als gewissenloser, von seiner ehrgeizigen Frau angetriebener Karrierist erschien, der andere denunzierte, um voranzukommen, den am Ende aber selber korrupte Geschäfte zum Selbstmord trieben, so entsprach dies, ähnlich wie Ovečkins *Rajonnye budni*, bereits dem Tauwetter-Programm, *avant la lettre*. Dabei zeigte Panova eine im Grunde unversehrte Welt, die lediglich durch die Charaktermängel einzelner gestört, aber nicht prinzipiell in Frage gestellt werden konnte, während Ėrenburg in *Tauwetter* die Hoffnung auf eine unmittelbar bevorstehende Wende nährte. Oder, um mit Helen von Ssachno zu sprechen: Die Panova demonstriere die Konstante, den Blutspiegel des Lebens, das, was bleibe, wenn man den Firnis der Weltanschauung, die verkrusteten Schichten der gesellschaftlichen Normen wegkratze; Ėrenburg hingegen zeige die Fieberkurve der Erwartung. Panovas Jugendgeschichten um *Serëža* (1955; die

Erzählungen knüpften an den Roman *Jasnyj bereg* [Das helle Ufer], 1949, an) und der autobiographische *Sentimental'nyj roman* (Sentimentaler Roman, 1958) zeigten die gleiche für die Erzählerin charakteristische Mischung von Warmherzigkeit und Distanz. Auch in *Sentimental'-nyj roman*, wo sie die eigene Biographie auf den Journalisten Sevast'janov übertrug und eine authentische Schilderung der Verhältnisse in ihrer Heimatstadt Rostov am Don während der 20er Jahre gab, kam ein nostalgisch-ironischer Ton zur Geltung. In Form einer Rahmenerzählung (in personaler Narration) erinnert sich Sevast'janov, nach langer Zeit in seine Heimatstadt zurückgekehrt, an seine frühere Clique, die Erlebnisse im proletarischen Kulturklub «Serp i molot» (Hammer und Sichel) und an die Liebe zu der Kleinen und der Großen Zoja – zwei Lebensentwürfen, zwischen denen er sich zu entscheiden hat.

Die Korruption hoher Partei- und Wirtschaftsfunktionäre, die Vera Panova angesprochen hatte, nahmen auch Daniil Granin in der Erzählung *Sobstvennoe mnenie* (Die eigene Meinung, 1956) sowie vor allem Vladimir Dudincev mit dem Roman *Ne chlebom edinym* (Nicht von Brot allein, dt. u. d. T. Der Mensch lebt nicht von Brot allein, 1956) in den Blick. (Beide Texte erschienen gleichzeitig in *Novyj mir*.) In künstlerischer Hinsicht rechtfertigte Dudincevs Sensationsroman, der allein schon durch Chruščevs Äußerungen über die Maßen beachtet wurde, kaum diese Aufmerksamkeit. Aber wen kümmerte noch die literarische Kunstfertigkeit, wenn es um die ungleich wichtigere Frage ging, ob es denn angehen könne, Parteifunktionäre mit negativen Eigenschaften darzustellen oder nicht ... Helen von Ssachno hat mit Recht die Frage gestellt, warum gerade Dudincevs Roman, das Werk eines ausgebildeten Juristen, der erst nach dem Krieg zur Schriftstellerei gefunden hatte, zur belletristischen Parabel der poststalinistischen sozialpolitischen Auseinandersetzungen erhoben wurde. Die Antwort kann nur in der Gestalt des Fabrikdirektors Drozdov liegen. Drozdov, der eigentliche Widersacher des Ingenieurs Lopatkin, war der gewissenlose, clevere Funktionär, war «Kaste, gefrorene Macht, der Sand im Getriebe der Zukunft» (H. von Ssachno). Sein Name wurde zum Gattungsbegriff für die Nomenklatura, die Schicht der privilegierten Funktionäre, die die Verbindung zum Volk verloren und mit Revolution und Sozialismus nichts im Sinne hat. Paustovskij ging bei einer Diskussion um Dudincevs Roman im Oktober 1956 mit der neuen Kaste hart ins Gericht: Die Drozdovs, diese Spießer und Speichellecker, Schurken und Verräter, seien die Ausgeburt des Jahres 1937; ihre Waffen seien Verrat, Verleumdung, moralischer Rufmord und tatsächlicher Mord. Hätte es jene Drozdovs nicht gegeben,

so lebten heute noch so große Menschen wie Mejerchol'd und Babel'...
Auch auf der Gegenseite wurde scharf geschossen. Vsevolod Kočetov, Haupt der Dogmatiker und Vorkämpfer der Parteilichkeit, nutzte seine einflußreiche Stellung als Chefredakteur der *Literaturnaja gazeta* in den Jahren 1955–1959 (von 1961 bis 1973 stand er an der Spitze der konservativen Zeitschrift *Oktjabr'*) zur Bekämpfung der Tauwetter-Literatur. Noch 1952 hatte er mit einem stalinistischen Produktionsroman über die «Arbeiterdynastie» der Žurbins (*Žurbiny*) geglänzt. Jetzt polemisierte er gegen Panovas *Vremena goda* und reagierte auf Dudincevs *Ne chlebom edinym* gar mit dem als Aufbauroman getarnten Romanpamphlet *Brat'ja Eršovy* (Gebrüder Eršov, 1958). Mit seinen durchsichtigen Anspielungen und Umkehrungen der Figuren wirkte das Machwerk wie ein Schlüsselroman, der die liberalen Manöver der Tauwetter-Leute als bösartiges Komplott wider die sowjetische Ordnung anprangerte. Eine Neuauflage des großen Nihilismus-Streites, der hundert Jahre zuvor die Gemüter in Rußland bewegt hatte, sollte damit nicht gelingen. Bezeichnend für Kočetov war, daß er hier, wie auch in seinem späteren Buch *Čego že ty choćeš'* (Was willst du denn?, 1969), Dichter wie Babel', Cvetaeva oder Mandel'štam, die Opfer des stalinistischen Systems geworden waren, schamlos diffamierte.

Dudincevs Geschichte um den Ingenieur Lopatkin und die von ihm erfundene Röhrengußmaschine löste auch im Westen aufgeregtes Interesse aus. Beiden Reaktionen war gemeinsam, daß sie Literatur allein nach inhaltlichen bzw. ideologischen Kriterien bewerteten. Für die regimetreuen Literaturkritiker stand damals fest, daß die «antikommunistische Journaille» die Schwäche des Buches ausnutze, um unter der vorgeblichen Konzeption eines «menschlichen Sozialismus» die innere Aufweichung des Systems zu betreiben. Hier wurde das Tauwetter-Symbol schlicht zum gefährlichen Ansatzpunkt für den Klassenfeind erklärt. Im gleichen Sinne wurde die Tauwetter-Literatur insgesamt von der sowjetisch bestimmten Literaturkritik verworfen. Die meisten der inkriminierten Werke durften fürderhin nicht mehr erscheinen. Eine bezeichnende Ausnahme bildete allerdings der Roman *Bitva v puti* (Schlacht unterwegs, 1958) von Galina Nikolaeva. Im Grunde stellte die Autorin mit dem Konflikt zwischen dem Ingenieur Bachirev und dem Betriebsdirektor Val'gan in einem Traktorenwerk sowie der Dreiecksgeschichte um den Ingenieur ganz ähnliche Fragen, wie sie Èrenburg oder Dudincev in ihren Romanen gestellt hatten. Indem sie aber ihr Thema auf die Kolchosenproblematik ausdehnte, zielte sie auf einen breiteren sozioökonomischen Problemereich, der gleichsam als «Brennpunkt ideologischer und moralischer

Entscheidungsfragen des ganzen Landes» (W. Beitz) genommen werden konnte. Auch ihre entsprechend dem Tauwetter-Programm «gemischten» Charaktere blieben stärker dem operativen Muster des alten Produktionsromans verhaftet. Also waren die Liebenden erst einmal «Kampfgefährten», und das Kollektiv erschien als eine entscheidende moralische Instanz, wenn die Schlacht um den wahren Kommunismus geschlagen wurde. Es spricht für Galina Nikolaeva, daß in ihrem Roman viele Züge von Menschlichkeit begegneten und Mißstände nicht verhohlen wurden. So avancierte der Roman in der Neubearbeitung von 1959 in der Sowjetunion und im Ostblock zum «Standardwerk» (W. Kasack) einer zulässigen, offiziellen Tauwetter-Literatur und stieß selbst im Westen auf Wertschätzung.

Ihren Höhepunkt erreichte die frühe Tauwetter-Literatur in den von Konstantin Paustovskij herausgegebenen Almanachen *Literaturnaja Moskva* (Literarisches Moskau, I–II, 1956) und, insbesondere, den in Kaluga erschienenen *Tarusskie stranicy* (Blätter aus Tarusa, 1961). Die ersteren brachten markante Beiträge wie Jurij Nagibins Erzählung *Chazarskij ornament* (Das chasarische Ornament), die in Erzählstil und Motivik an Turgenevs *Aufzeichnungen eines Jägers* anknüpfte. Zwei aus der Stadt angereiste Jäger, von denen der eine als Erzähler fungiert, erleben die Jagdgründe von Meščëra unweit von Moskau als eine noch tief archaische Welt, deren ärmliche Bewohner den Vertretern der Sowjetmacht und dem von ihr verkündeten Fortschritt mit offenem Mißtrauen begegnen. An die Wurzeln des Personenkultes rührte Aleksandr Jašin mit seiner Kolchoserzählung *Ryčagi* (Die Hebel, in *Literaturnaja Moskva II*, 1956), indem er, wie in einem Experiment, die verinnerlichten Verhaltensmechanismen im Stalinismus offenlegte: Vier Kolchosfunktionäre werden vor Beginn einer Sitzung zunächst in freiem Gedankenaustausch gezeigt, wie sie schonungslos den fehlenden Sachverstand der Parteiinstanzen und andere Mängel aufzeigen; nach Eintreffen der fünften Person, einer Lehrerin, ändert sich ihr Verhalten schlagartig; als «Hebel der Partei auf dem Dorf» entsprechen sie nun rückhaltlos allen Vorstellungen des Bezirkskomitees, indes sich ihre zuvor geäußerte persönliche Meinung ins Gegenteil verkehrt. Mit den *Tarusskie stranicy* war es Paustovskij – dank der Unterstützung durch einen Parteifunktionär in Kaluga – erstmals gelungen, eine literarische Publikation an der Moskauer Zensurbehörde vorbeizuschleusen. Der Almanach brachte Gedichte verdrängter bzw. nonkonformistischer Autoren wie Marina Cvetaeva, Naum Koržavin, Boris Sluckij und Nikolaj Zabolockij; auch der aufrichtige Nikolaj Pančenko, Verfasser des Gedichtbandes *Teplyn'* (Warmes Wetter, 1958) und, als Verlagsmitarbeiter des «Kalugaer Buch-Verlags», einer der Initiatoren des

Almanachs, steuerte Gedichte bei; Paustovskij veröffentlichte Passagen über Blok, Bunin, Lugovskoj und Oleša aus dem zweiten Teil der *Zolotaja roza* – Interventionen, die diesen Autoren den Weg zurück in die offizielle Literatur ebneten. Zugleich enthielt der Almanach Prosatexte der Pädagogin Frida Vigdorova und von Nadežda Mandel'štam (unter dem Pseudonym N. Jakovleva), die Povest' *Bud' zdorov, školjar* (Mach's gut, Schulbub) von Bulat Okudžava, drei Erzählungen von Jurij Kazakov und den autobiographischen Roman *Troe iz odnogo goroda* (Drei aus einer Stadt; später erweitert u. d. T. *Do svidan'ja, mal'čiki* [Auf Wiedersehen, Jungs], 1963) von Boris Balter. In dieser Prosa zeichneten sich bereits deutlich die Ausdrucksmerkmale der Jungen Prosa (molodaja proza) ab, die an dieser Stelle nahtlos aus der Tauwetter-Literatur hervorging.

Die Tauwetter-Lyrik

Die Tauwetter-Almanache zeigten, daß neben der Erzählliteratur, die das Tauwetter vorrangig bestimmte, auch die Lyrik eine nicht zu unterschätzende Rolle bei der Bewältigung des Stalinismus spielte. Aleksandr Tvardovskij veröffentlichte seit 1953 in *Novyj mir* und anderen Zeitschriften Bruchstücke aus seinem poetischen Reisetagebuch, die sich allmählich zu dem Poem *Za dal'ju-dal'* (Ferne über Ferne, 1956) rundeten. Aus Eindrücken von einer Eisenbahnreise in den asiatischen Teil der Sowjetunion und aus Gesprächen mit Mitreisenden (das Wort «poputčik» erhielt hier seine eigentliche Bedeutung zurück) im Fernzug Moskau–Vladivostok entstand ein Bild von der Lage des Landes. Den Höhepunkt des Poems bildete das «literarische Gespräch» (*Literaturnyj razgovor*). Während im imaginierten Gespräch die Mitreisenden bemängeln, daß die Dichter nicht die Wahrheit schreiben, schaltet sich plötzlich die Stimme eines Zugpassagiers in das Gespräch ein, der bislang geschwiegen hat. Es ist niemand anderes als der allgegenwärtige Redakteur (d. h. der Zensor) des Autor-Erzählers, der diesem nun vorhält, daß er selber ja das Geschäft des Zensors betreibe und von sich aus so schreibe, daß die Zensur gar nicht mehr einzugreifen brauche. Die vorauseilende Selbstzensur der Schriftsteller wurde hier – übrigens in sprühenden, an Puškin gemahnenden 4füßigen Jamben – angesprochen, das schwerwiegendste innere Problem des sowjetischen Literaturbetriebes.

Evgenij Evtušenko

Am weitesten gingen in der Abrechnung mit dem Stalinismus einige junge Poeten, die in der russischen Lyrik als «Tauwetter-Generation» einen beachtlichen Platz einnehmen sollten. Um 1932/33 geboren, waren sie bei Stalins Tod etwa 20 Jahre alt. Am lautesten trat bald Evgenij Evtušenko hervor, ein Sibiriake, der 1951–1954 am Gor'kij-Literaturinstitut studiert hatte. Er hatte 1952 einen Gedichtband *Razvedčiki graduščego* (Aufklärer der Zukunft, 1952) veröffentlicht, der den kommenden Tauwetter-Barden noch nicht erkennen ließ. Erst mit dem poemartigen autobiographischen Gedicht *Stancija Zima* (Bahnstation Zima, 1955) wurde klar, daß sich nun ein Dichter mit der Stimmgewalt Majakovskijs – und zugleich mit dessen poetologischer und deklamatorischer Technik ausgestattet – der aktuellen Angelegenheiten annahm. *Stancija Zima* war eine autobiographisch gehaltene Auseinandersetzung mit den Erfahrungen, die ein junger Mensch in der Zeit des Personenkultes machen mußte. Der Dichter ist in seinen Heimatort Zima gefahren; die Hauptstadt Moskau, wo er die Aufbahrung Stalins erlebt hat, gibt ihm keine Antwort auf seine Zweifel, eher findet er in der sibirischen Provinz, unter der rückständigen Oberfläche, die Anzeichen der Veränderung. Die Bahnstation Zima mit ihrer einfachen, sibirischen Lebensdichte wurde so zu einem Symbol der Hoffnung, die freilich, wie immer bei Evtušenko, mehr angedeutet als klar beim Namen genannt wurde. Der Dichter wurde rasch zum Sprachrohr der Jungen. Seine Gedichte drückten jenes neue Lebensgefühl aus, das wenig später auch die sogenannte Junge Prosa bestimmen sollte. Jugendliche Aufmüpfigkeit und ein neuer «unrussischer» Lebensstil mit hautengen Hosen und Vorliebe für Hemingway und Picasso artikulierten sich etwa in dem Gedicht *Nigilist* (Der Nihilist, 1960). Unprüde, wenn auch ein wenig grob sprach Evtušenko von seinen erotischen Abenteuern. Diese vordem undenkbare, rein äußerliche Modernität – man könnte, da hier erstmals auch die westlichen Markenartikel und die Namen von Filmstars und Sportchampions erwähnt wurden, gar von ersten Anwehungen des westlichen *lifestyle* sprechen – wurde Evtušenkos Erkennungszeichen. Aber wie sehr er sich auch «kosmopolitisch» gerierte, blieb er doch immer bemüht, ebenso mit den offiziellen Standpunkten zurechtzukommen. Das häufige Schwanken zwischen Protest und Konformismus hat Evtušenko den Vorwurf des Opportunismus eingebracht. Dennoch hat er mitunter in schwierigen Situationen, etwa während der Kampagne gegen Pasternak oder bei dem Einmarsch sowjetischer Truppen in Prag, bemerkenswerte Charakterkraft demonstriert. Vor allem aber war er unerbittlich in der Abrechnung mit dem Stalinismus. Gedichte wie *Babij Jar* (1961) oder *Nasledniki Stalina* (Die Erben Stalins, 1962) wirkten wie ein Fanal. Im einen sprach Evtušenko über den von den Deutschen begangenen Massenmord an Juden während des Krieges, von dem in der Sowjetunion kein Denkmal zeugte; im anderen beschwor er anläßlich der Entfernung Stalins aus dem Mausoleum am Roten Platz die Regierung, die Wachen an seiner Grabplatte zu verdoppeln und zu verdreifachen, damit Stalin nicht auferstehe, und mit ihm die Vergangenheit.

Die Art und Weise, wie Evtušenko die laufenden Ereignisse kommentierte, erinnerte an Majakovskijs politische Tageslyrik in den 20er Jahren. Auch in seinen stilistischen Standards lehnte er sich an Majakovskij an, ohne jedoch dessen poetische Kühnheit je zu erreichen. Die Auftritte auf der öffentlichen Estrade (die er in dem gleichnamigen Gedicht *Èstrada*, 1966, als seinen Fluch bezeichnete) oder am Majakovskij-Denkmal vor einem begeisterten jungen Publikum, das ihn buchstäblich auf Händen trug, schufen der Poesie eine neue Öffentlichkeit und damit auch eine neue Funktion, die bis zur Perestrojka anhalten sollte. Dank der zahlreichen Auslandsreisen, die ihm im Gegensatz zu den meisten seiner Mitbürger regelmäßig gewährt wurden, gewann Evtušenko eine Weltläufigkeit, die mehr und mehr auf seine Dichtungen abfärbte. Als Auslandskorrespondent in Kuba, auf Reisen durch die USA, nach Südamerika, Australien, Vietnam und in die europäischen Länder fand Evtušenko seine vielfältigen Themen. Die Angaben zu den Entstehungsorten, die er den Gedichten oft anfügte, erweckten den Eindruck eines nimmermüden Globetrotters, der sich allerdings, gleich Majakovskij, von seinen russischen bzw. sowjetischen Vorurteilen schwer trennte. Mit erstaunlicher Leichtigkeit wechselte er jedoch seine Masken und Rollen. Im Poem *Pod kožej statui Svobody* (Unter der Haut der Freiheitsstatue, 1968) identifizierte er sich mit amerikanischen Helden wie Pastor Martin Luther King, John Reed, John und Robert Kennedy, aber auch mit Raskol'nikov und Christus. In dem Gedicht *Ja chotel by...* (Ich möchte..., 1972) wünschte er sich, in allen Ländern geboren zu sein, jedwedes Wesen, ob Pflanze, Tier oder Mensch, mit einem Wort: alles zu sein, am Ende aber als ein «sibirischer Villon» in der russischen Erde begraben zu werden. Solche Ubiquität und Permutabilität des lyrischen Ichs bestimmte zunehmend die Struktur der Dichtungen Evtušenkos. *Fuku*, das in den Jahren 1963–1985 an verschiedenen Orten − zwischen Lima und der Station Zima − entstandene, Prosa und Vers kombinierende Poem enthielt Impressionen, Episoden, Reflexionen über die Mächtigen dieser Welt, die Leid über die Völker bringen. «Fuku» ist ein in Santa Domin-

Evgenij Evtušenko

go gebräuchlicher Tabuname für diesen Personenkreis, zu dem Kolumbus, Hitler, Mussolini, Franco und Pinochet ebenso zählen wie die Spekulanten, die im Kriegsjahr 1941 den hungernden Knaben Evtušenko verprügelten, und Berija. Der herzlosen Macht der Reichen wurde ganz stereotyp der «Luxus der Armen» gegenübergestellt: «Wenn man sein Stückchen Brot teilt, dann wird/ das Leben länger.» Die Botschaft lautete, man müsse den Kampf gegen die Fukus in beiden Hemisphären gewinnen – bereits bei den Kindern, damit aus ihnen nie ein Duce oder Führer werden könne. (Das russische Pendant «vožd'» sparte Evtušenko aus.)

Manch einer der Texte Evtušenkos konnte nicht im vollständigen Wortlaut erscheinen. So lagen von dem großen Poem *Bratskaja GĖS* (Das Bratsker Wasserkraftwerk, 1965) lange Zeit nur «Kompromißfassungen» (W. Kasack) vor. Evtušenko hatte das Material auf der riesigen Angara-Baustelle selbst gesammelt und seinen Gegenstand in die Geschichte und in die Zukunft projiziert. Die ägyptische Pyramide, Symbol der Sklavenarbeit, ließ sich in einem Monolog (*Monolog egi-*

petskoj piramidy) vernehmen, die Bratskaja GĖS, Frucht der befreiten Arbeit, hielt Widerpart. Dann wieder wurden die Geschichten der Betonmischerin Njuška Burtova oder des Bolschewiken Karcev ausgebreitet, die sich neben den allegorischen und historischen Passagen fremd ausnahmen und ein weiteres Mal Evtušenkos kompositorische Schwäche bewiesen. Im Proömium des Poems, überschrieben *Molitva pered poėmoj* (Gebet vor dem Poem), aber legte er sein dichterisches Credo nieder. Klarer konnte das Ethos der Verantwortungsliteratur, das die Tauwetter-Poeten bewegte, nicht ausgedrückt werden, als es hier geschah: Dichter könne in Rußland nur derjenige sein, in dem der stolze staatsbürgerliche Geist umgehe (v kom brodit/gordyj duch graždanstva). Der Dichter sei in diesem Lande das Bild seiner Zeit und das imaginäre Vor-Bild der Zukunft (buduščego prizračnyj proobraz). In einer Invokationsfolge wurden Puškin, Lermontov, Nekrasov, Blok, aber auch Pasternak und, selbstverständlich, Majakovskij als Helfer angerufen, damit die Aufgabe bewältigt werden könne. Man sollte den hohen Anspruch, den Evtušenko sich und seiner Poesie selber stellte, nicht ganz vergessen, auch wenn man immer wieder Grund hat, sein Abgleiten ins Banale, Gefällige und politisch Opportune zu bemängeln. Das Tagesengagement, wie er es verstand, forderte seinen Preis und konnte leicht, wie in Vjačeslav Kuprijanovs Schmähroman *Botinok Ėmpedokla* (Der Schuh des Empedokles, 1994), als Opportunismus aus Überzeugung oder Verrat aus Treue angeprangert werden.

Evtušenkos Altersgenossen Robert Roždestvenskij und Andrej Voznesenskij waren seine Mitstreiter im Ringen gegen die gesellschaftlichen und ideologischen Verkrustungen. Auch sie wurden vom politisch-poetischen Impetus Majakovskijs bewegt, vielleicht sogar stärker als Evtušenko. Roždestvenskijs «lyrischer Journalismus» (W. Kasack) war das Mittel, den «Hunger nach allem, was in der Welt geschieht», zu stillen – so in dem Gedicht *Golod* (Hunger, 1970). Dies schlug sich in einer enormen Zahl von Gedichtbänden nieder, von denen *Vser'ëz* (Im Ernst, 1970), *Radar serdca* (Radar des Herzens, 1971) und die Sammlung *Za dvadcat' let* (In zwanzig Jahren, 1973) zu nennen sind. Das Verspoem, eine ständige Herausforderung an die russischen Poeten, ist bei ihm durch das Kriegsepos *Rekviem* (Requiem, 1961) sowie die Verserzählungen *Sem' poėm* (Sieben Poeme, 1982) vertreten. Bei Andrej Voznesenskij, dem ausgebildeten Architekten und Maler, waren die Impulse der literarischen Avantgarde stärker zu spüren als bei seinen Dichterkollegen. Obwohl im Thematischen, in der modischen Attitüde und im Bemühen um politische Loyalität Evtušenko sehr nahe, zeigten seine Verse doch eine ganz andere sprachlich-stilistische Konsistenz. Sie kamen ohne eine plakative Erzählachse aus, die den Futuristen abgeschauten lautsemantischen Operationen waren, verglichen mit denen Evtušenkos, subtiler und kühner. Die Gedichtbände *Parabola* (Parabel) und *Mozaika* (Mosaik; beide 1960), *Trëugol'naja gruša* (Die dreieckige Birne, 1962; hier verarbeitete er Eindrücke von einer Amerika-Reise), *Antimiry* (Antiwelten, 1964) und *Achillesovo serdce* (Achillesherz, 1966) verschafften Voznesenskij den Ruf des wichtigsten lyrischen Innovators jener Jahre. In dem Poem *Oza* (1964) brachte er das Thema der Atomenergie und der Gefahren, denen sie die Menschheit ausliefert, zur Sprache. Sein Interesse galt immer auch der graphisch-figurativen Dimension seiner Gedichte. In dem Zyklus *Izotopy* (Isotopen) lieferte er einen eigenwilligen Beitrag zur visuellen Poesie. All dies zeigte, daß sich Voznesenskij ganz bewußt und mehr als andere einem Diskurs stellte, der unter dem Etikett «Physiker und Lyriker» in die Annalen der Literatur eingegangen ist.

Physiker und Lyriker

Die Debatte um «Physiker und Lyriker» war wiederum von einem Artikel Il'ja Ėrenburgs ausgegangen; ihren Namen aber erhielt sie durch das gleichnamige Gedicht (*Fiziki i liriki*, 1959) von Boris Sluckij. Eine Studentin hatte sich in einem Brief an Ėrenburg darüber beklagt, daß ihr Freund, ein Physikstudent, sie für verrückt erklärt hatte, weil sie in einer Zeit, in der der Kosmos erobert werde, sich noch immer für Gedichte von Blok und für Romane interessiere. Mit seiner Antwort in der *Komsomolskaja Pravda* stellte sich Ėrenburg auf die Seite des Mädchens: Ihr Freund sei einseitig entwickelt, zwischen seinem Unverständnis für die Kunst und seinem gleichgültigen Verhalten seiner Freundin gegenüber bestehe ein direkter Zusammenhang (A. Hiersche). Ėrenburg trat mit seiner Antwort die Kontroverse erst richtig los. Der Diskurs über die Frage, wie die Literatur auf die wissenschaftlich-technische Revolution reagieren solle und ob sie dazu überhaupt in der Lage sei, zog sich bis in die 70er Jahre hin. Ingenieure, Naturwissenschaftler und Dichter schalteten sich in ihn ein. Seine Reflexe waren in Gedichten – etwa in dem Gedichtband *Vzgljad* (Der Blick, 1972) des hellwachen Andrej Vosnesenskij, in den Zyklen *Vysokoe naprjaženie* (Hochspannung) und *Četvërtoe izmerenie* (Die vierte Dimension) aus den Jahren 1959–1963 des abgeklärten Pavel' Antokol'skij oder in den Versen des nachdenklichen Leonid Martynov – zu erkennen. Auf den Punkt aber hatte die brennende Frage Boris Sluckij mit dem Gedicht *Fiziki i liriki* gebracht.

Wenn er davon sprach, daß die Physiker in Ehren stünden, während die Lyriker ins Hintertreffen gerieten (Čto-to fiziki v počëte, / Čto-to

liriki v zagone…), daß die «süßlichen Jamben» als Flügel für den Flug
des Pegasus zu schwach seien, daß es weniger kränkend als vielmehr
höchst interessant sei zu beobachten, wie die Reime, schaumgleich,
vergehen, während die Größe sich auf die Logarithmen zurückziehe –
so konnte man aus diesem «Weltgesetz» vordergründig die Resignation
des Dichters angesichts des wissenschaftlich-technischen Fortschritts
herauslesen. In Wirklichkeit aber kritisierte Sluckij damit das Zurückbleiben der dichterischen Technologie hinter den Anforderungen der
Gegenwart. Das konnte sicherlich nicht bedeuten, daß nun jeder
Schriftsteller über Elementarkenntnisse der modernen Physik verfügen sollte, wie es Antokol'skij in dem Artikel *Poézija i fizika* (Poesie
und Physik, 1960) forderte. Wenn aber ein Außenseiter wie der Kandidat der physikalisch-mathematischen Wissenschaften F. Širokov die
großen Leistungen des russischen Realismus mit der schwierigsten
Zahlentheorie verglich, den zeitgenössischen Schriftstellern hingegen
nur die Beherrschung des Einmaleins zubilligte und daraus den Schluß
zog, die Literatur müsse das Erbe zerstören, zu neuen Gestaltungsme-
thoden vordringen und das Denken «entkonservatisieren» (nach A.
Hiersche), so war damit der innere Widerspruch der Tauwetter-Literatur aufgedeckt. Denn die von Érenburg und dem Gros der Literaten-
schaft mit Billigung der Partei postulierte Rückwendung zu den
Klassikern war ja kein Weg nach vorn. Nach wie vor blieben experimentelle Formen in Poesie und Erzählprosa verpönt. Gewiß waren die
Einwände der «Lyriker», die auf den ontologischen Unterschied von
Naturwissenschaft und Kunst hinwiesen oder gar, wie Vladimir Solouchin, bestritten, daß zwischen beiden überhaupt eine wesentliche
Beziehung bestehe, nicht einfach von der Hand zu weisen. Allein der
deformierte Sozialistische Realismus ließ sich letztlich nicht mit einer
rückwärts gewandten Strategie reformieren, sondern allein durch die
Öffnung zu den nicht erwünschten «modernistischen» Formen, also
einer Kunst, die offiziell noch immer als Ausdruck der Krisenhaftig-
keit und des moralischen Verfalls der kapitalistischen Welt interpretiert
wurde.

Die neue «intime Lyrik»

Hinter dem lautstarken Disput, aber auch jenseits der Estradenlyrik
entfaltete sich gleichzeitig eine Poesie, die Zdeněk Mathauser auf den
Nenner «Postulat des Individuums» gebracht hat – nach dem «Postulat
der Emotion», das er für 1945/46, und dem der Gegenständlichkeit, das
er für 1949–1955 ansetzt. Damit ist gesagt, daß die Dichter nun wieder
sich und ihre persönlichen Fragen in den Mittelpunkt der poetischen

Aussage stellten. Die durch das Tauwetter ermunterte lyrische Selbstdarstellung weckte in vielen älteren Dichtern «eine zweite dichterische
Jugend» (Z. Mathauser), nicht nur bei Leonid Martynov, Vissarion
Sajanov, Jaroslav Smeljakov, Nikolaj Zabolockij und Michail Zenkevič,
sondern vor allem auch bei Anna Achmatova und Pasternak (*Kogda raz-
guljaetsja* [Wenn man sich gehen läßt], 1956–1959). Ol'ga Berggol'c, die
sich schon Anfang der 50er Jahre in einigen Artikeln für das Recht des
Dichters auf Selbstdarstellung eingesetzt hatte, schrieb jetzt ihre autobiographische lyrische Prosa *Dnevnye zvëzdy* (Tagessterne, 1959/60).
Zabolockijs Naturlyrik, Martynovs Reflexionen über die Zeitsituation
oder Sel'vinskijs späte Liebesgedichte bezeugten den neuen Aufschwung eines vieltönigen Lyrismus. Auch Vladimir Lugovskoj, der in
der Stalin-Zeit disziplinierte ehemalige Konstruktivist, trat mit zwei
Gedichtbänden hervor, deren Titel, *Solncevorot* (Sonnenwende, 1956)
und *Sinjaja vesna* (Blauer Frühling, 1958), bereits Verheißungen waren.
In dem Poemzyklus *Seredina veka* (Jahrhundertmitte, 1955) unternahm
er den Versuch, charakteristische Episoden – wenn man so will: Joyce-
sche Epiphanien – der russisch-europäischen Geschichte aus eigenem
Erleben dichterisch zu fixieren. Der Blankvers (reimlose 5füßige Jamben) als metrisches Vehikel gab den disparaten Partien zwar epische
Selbigkeit, doch wirkte das «großflächige Fresko» (Z. Mathauser) mit
seinem hochgesteckten geschichtsphilosophischen Anspruch ein
wenig antiquiert. Evgenij Vinokurov, Kriegsteilnehmer und Absolvent
des Gor'kij-Literaturinstitutes, schrieb, jedwedem lauten Appell
abhold, intime, nachdenkliche Gedichte, die er in vielen kleinen
Gedichtbändchen nach 1956 vorlegte, darunter *Sineva* (Bläue, 1956),
Lico čelovečeskoe (Das menschliche Antlitz, 1960), *Zemnye predely* (Irdische Gegenden, 1965). Eine Auswahl aus den vorangegangenen Bänden erschien 1968 unter dem Titel *Iz devjati knig* (Aus neun Büchern).
Beachtung verdienen seine poetischen Versuche in freien Versen.

Damals begannen auch die Lyriker Oleg Čuchoncev und Aleksandr
Kušner ihren Weg, gleichsam unbeeinflußt von den politischen und
ideologischen Leitpfählen, die die jungen Autoren umstanden. Kušner
veröffentlichte seit 1957 Gedichte, Čuchoncev seit 1958; vieles blieb aus
Zensurgründen in der Schublade liegen. Während Kušners Lyrik aus
der Atmosphäre der Großstadt – Leningrad/Petersburg – erwuchs,
liegen der Čuchoncevs die Erfahrungen der russischen Provinz – er
stammt aus der Moskauer Region – zugrunde. Bei beiden gerinnt aus
der Beobachtung der Wirklichkeit das Nachdenken über Bedrohungen
und Hoffnungen des Lebens; beiden ist das Festhalten an der klassischen poetischen Form wesentlich. Daß Čuchoncev und Kušner 1999
gemeinsam den Puschkin-Preis erhielten, hat mit der Ähnlichkeit

ihrer Entwicklung und ihrer geistigen Verwandtschaft zu tun, wenn
ihre künstlerischen Individualitäten auch in verschiedene Richtungen
weisen. Kušner knüpft in Thematik und poetischer Technik erkennbar
an den Petersburger Akmeismus an. Seinem ersten Gedichtband *Pervoe
vpečatlenie* (Der erste Eindruck, 1961) folgten bis 1986 sieben weitere
Bände, darunter *Tavričeskij sad* (Der Taurische Garten, 1984) und *Dnevnye sny* (Tagträume, 1986). Čuchoncev setzt die Tradition der russischen
Gedankenlyrik (Puškin, Baratynskij, Tjutčev) fort, bereichert sie
jedoch um christliche und volkstümliche Vorstellungen. Seine künstlerische Richtschnur ist die innere Stimme, die ihn sicher durch die
Zeitläufte leitet. Immer wieder nimmt er den Leser durch den eigenartigen Rhythmus seiner Verse, durch ungewöhnliche Bilder und
Wörter gefangen. Da seine Gedichte aber in der sowjetischen Zeit
meist in Zeitschriften erschienen – es dauerte Jahre, bis sein erster
Gedichtband *Iz trëch tetradej* (Aus drei Heften, 1976) veröffentlicht werden konnte –, wurde die Breite seines Schaffens erst 1989, mit dem
Erscheinen der Bände *Vetrom i peplom* (Durch Wind und Asche) und *Stichotvorenija* (Gedichte), offenkundig. Der Reichtum seines lyrischen
Œuvres ist zu besichtigen in dem 1997 erschienenen Band *Probegajuščij
pejzaž* (Vorbeieilende Landschaft).

Die neue Welle der Poesie erhielt nicht zuletzt Auftrieb durch eine
neue Veranstaltung, genannt «Tag der Poesie» (Den' poėzii), der seit
1955 alljährlich in Moskau, Leningrad und anderen Städten abgehalten
wurde. Er spielte sich in Buchhandlungen (knižnye magaziny) ab,
Dichter lasen dort ihre Gedichte, verkauften ihre Gedichtbände und
diskutierten mit Lesern und Kritikern. Daraus konnten, wie beim
Moskauer «Den' poėzii» im Dezember 1960, als sich zu den Lesungen
rund 30 000 Zuhörer versammelten, Manifestationen des neuen Denkens werden. In den alljährlichen Sammelbänden *Den' poėzii* (seit
1956) sind seither die jeweiligen aktuellen Strömungen der russischen
Poesie dokumentiert; oftmals gelangen hier auch «Durchbrüche» aus-
gegrenzter Autoren.

Bella Achmadulina

Auch in den Gedichten der Bella Achmadulina kam die «intime» Lyrik
erneut zu Ehren. In der Tauwetter-Generation war sie eine der jüngsten, obwohl sie, damals mit Evtušenko verheiratet, voll dazugehörte.
Ganz versponnen in die eigene Gefühlswelt, gemahnten ihre Verse an
die der jungen Anna Achmatova. Charakteristisch für ihren Stil ist ein
ungezwungenes lyrisches Sprechen, oft über alltägliche Dinge –
Motoroller (Motoroller), *Gazirovanna voda* (Sodawasser), *Magnitofon*

(Magnetophon) –, in das ungewöhnliche Metaphern und lautsemantische Kombinationen (sovest' – slovesnost' / Gewissen – Schrifttum)
eingelassen sind. Viele ihrer Gedichte haben Adressaten, enthalten die
Intonation des Ansprechens. Immer wieder gelingt es ihr, aus
bestimmten Augenblicken heraus größere Lebensbereiche zu extrapo-
lieren. So, wenn sie in dem Gedicht *Snimok* [Aufnahme] aus einem
Photo der Anna Achmatova des Jahres 1912 das künftige tragische
Schicksal der Dichterin herausliest; oder wenn sie in einem anderen
ihre Ur-Ur-Ur-Großmutter auffordert, sie solle nicht prüde sein,
damit Bella Achmadulina dereinst geboren werden könne. Und virtuos weiß sie mit dem Intertextspiel umzugehen, wenn sie in dem
Gedicht *Sad-vsadnik* (Der Garten-Reiter) den *Erlkönig* Goethes und
Žukovskijs paraphrasiert und in Marina Cvetaevas Essay *Dva Lesnych
carja Gëte* (Die zwei Erlkönige von Goethe) spiegelt.

Der Verzicht auf das Politische, den Achmadulinas Gedichtbände,
angefangen von *Struna* (Die Saite, 1962) über *Uroki muzyki* (Musik-
stunden, 1969) bis hin zu *Larec i ključ* (Schatulle und Schlüssel, 1994)
und *Gibeli zvuk* (Untergangsgeräusch, russ.-dt., 1995) vorführten,
bedeutete für die Dichterin niemals die Hinnahme von Unrecht oder
Repression. Die zarte Frau zählte in der Brežnev-Zeit zu den wenigen
Unerschrockenen, die sich für die verfolgten Schriftsteller und Bür-
gerrechtler einsetzten. Bella Achmadulina sind einige Gedichte von
anthologischem Rang gelungen, darunter das traurig-schöne Gedicht
über zwei Geparde im Zoo (*Dva geparda*), das sie mit unnachahm-
lichem Timbre vorzutragen versteht. Ihre poetische Kühnheit liegt
weniger in der Form als in der zarten Sensibilität und in der wachen
Melancholie, mit der sie die Phänomene ihrer Gegenwart überzieht.
Sie zeichnet sich damit vor Dichterinnen wie Svetlana Evseeva, Rim-
ma Kazakova, Junna Moric oder der Liedermacherin Novella Mat-
veeva aus, die man ebenfalls der intim-reflexiven Richtung der Tau-
wetter-Lyrik zugerechnet hat.

Die Liedermacher

Nicht unerwähnt dürfen die Liedermacher (pesenniki) bleiben, die
ihre Gedichte zur Gitarre im intimen Kreis oder auch auf der Estrade
vortrugen und nicht selten zu Kultfiguren einer jüngeren oder älteren
Anhängerschaft wurden. Zu ihnen zählt vor allem Bulat Okudžava,
der durch seine zahlreichen Lieder über den Krieg und über die Liebe
berühmt wurde. Er konnte schmelzend über sein Moskauer Arbatviertel (*Ach, Arbat moj, Arbat* [Ach, Arbat, mein Arbat], *Arbatskij dvorik* [Der
kleine Hof im Arbat]) oder über Leningrad (*Pesenka o Fontanke* [Lied-

chen von der Fontanka]), Tiflis (*Tbilissi*) und Polen (*Proščanie s Pol'šej* [Abschied von Polen]) singen. Die kleinen Sensationen des Alltags waren seine Lieblingsthemen, mit denen er ein breites Publikum erreichte. Einige seiner Lieder wie das vom Papiersoldaten, *Odin soldat na svete žil* (Es lebte ein Soldat auf der Welt), wurden weltweit bekannt. Okužava, ein feinsinniger Barde, traf mit seinen Liedern immer wieder die melancholischen, sentimentalen Stimmungen seiner Zuhörer. Gerade dadurch, daß er sich jeglicher politischer Agitation versagte, gewannen manche seiner Lieder einen politischen Sinn. Liedhafte Texte zur Gitarre trug seit 1960 auch Aleksandr Galič vor; sie waren bereits Ausdruck einer Protesthaltung und fanden im SAMIZDAT Verbreitung. Zur wahrhaften Kultfigur aber wurde in den 70er Jahren der Schauspieler und Liedermacher Vladimir Vysockij; er unterstützte mit seinen eindrucksvoll vorgetragenen Liedern die Hoffnungen der Wohlmeinenden in Rußland wie im Ausland. (Da er mit der französischen Schauspielerin Marina Vlady verheiratet war, konnte er sich regelmäßig in Frankreich aufhalten.) Nach seinem frühen Tod erschien 1981 in Rußland eine Auswahl seiner Chansons unter dem Titel *Nerv* (Der Nerv). Eine in New York herausgegebene Sammlung, *Pesni i stichi* (Lieder und Verse, 1981–1983), brachte über 600 Texte.

Das Drama im Tauwetter

Auch im Drama, das durch die Theorie der Konfliktlosigkeit am meisten geschädigt worden war, warteten einige Autoren mit den typischen Tauwetter-Themen auf, also persönlichen Konflikten, negativ gezeichneten Parteifunktionären, der Verfolgung Unschuldiger usw. Wegen seiner kritischen Haltung fand ein Stück wie *Personal'noe delo* (Die Personalakte, 1954) von Aleksandr Štejn Beachtung. *Sonet Petrarki* (Das Petrarca-Sonett, 1956) von Nikolaj Pogodin, in *Literaturnaja Moskva* veröffentlicht, zeigte eine platonische Liebesgeschichte zwischen einem reifen Wirtschaftsfunktionär und einem jungen Mädchen namens Maja. Wenn auch gut gemeint, konnten diese Stücke künstlerisch nicht überzeugen. Anders die Stücke von Aleksej Arbuzov und Viktor Rozov, zwei der besten russischen Dramatiker der Nachkriegszeit, die mit dem sicheren Gespür für Zeitstimmungen und Psychologie eine Reihe bühnenwirksamer Stücke vorlegten. Bei Arbuzov waren es zwei Stücke, die er bereits vor dem Zweiten Weltkrieg geschrieben hatte, die aber erst im Tauwetter voll zur Geltung kamen: das Stationendrama *Tanja* (1939), das die Entwicklung der Tat'jana Rjabina, einer Medizinstudentin, nach Ehekrise und Wiederaufnahme des Studiums zur reifen Frau und Ärztin zeigte, sowie das Stück *Gorod na zare* (Die Stadt im Morgenrot, 1941), eine dramatische Chronik, die Arbuzov zusammen mit anderen Autoren für sein Theaterstudio geschrieben hatte. Seinen ersten großen Bühnenerfolg errang er mit dem Stück *Irkutskaja istorija* (Irkutsker Geschichte, 1959), das 1960/61 fast 9000 Aufführungen erlebte (nach W. Kasack). Auch dieses an einer Angara-Baustelle spielende Drama ließ sich auf die psychologische Entwicklung der Heldin Valja ein, einer Frau, die zwischen zwei Männern steht und durch den Tod des einen zu einer ernsten Lebenseinstellung gelangt. In dem Stück trat ein Chor auf, der die Meinungen und Wertungen der Öffentlichkeit ausdrückte. Arbuzov setzte seine Erfolge mit den Dramen *Moj bednyj Marat* (Mein armer Marat, 1965), ein Etappendrama um sechs junge Laute aus Leningrad, und Stücken wie *Skazki starogo Arbata* (Märchen des alten Arbat, 1970), *Staromodnaja komedija* (Altmodische Komödie, 1975), *Žestokie igry* (Grausame Spiele, 1978) sowie *Vospominanie* (Erinnerung, 1981) fort, um nur einige der 28 Titel seines dramatischen Œuvres zu nennen. Nach den Aufführungszahlen übertraf Arbuzov Anfang der 80er Jahre alle übrigen Dramatiker. Selbst Viktor Rozov konnte sich mit ihm nicht messen, wenngleich seine Stücke in der frühen Tauwetter-Zeit zu den wichtigsten Zeugnissen der Umbruchstimmung zu rechnen sind. Die Jugendkomödie *V dobryj čas* (dt. u. d. T. Hals- und Beinbruch!, 1953) und das Kriegsstück *Večno živye* (Die ewig Lebenden, 1943), beide 1956 aufgeführt, machten Rozov mit einem Schlage berühmt. Das Schicksal der jungverheirateten Veronika Bogdanova, deren Mann in den ersten Kriegstagen fällt und die nun von dem vom Militärdienst freigestellten Pianisten Mark bedrängt wird, ihn heiratet und sich nach glückloser Ehe wieder von ihm trennt, wurde in *Večno živye* mit psychologischem Feingefühl dargeboten. In der Verfilmung durch Michail Kalatozov – mit Tat'jana Samojlova in der weiblichen Hauptrolle – erlebte das Stück unter dem Titel *Letjat žuravli* (Wenn die Kraniche fliegen, 1957) einen Welterfolg. Die Wirkung von Rozovs Stücken beruhte vor allem auf seiner Fähigkeit, aus realen Alltagssituationen heraus ethische Konflikte mit dramatischen Zuspitzungen zu entfalten – so in dem gegen kleinbürgerliches Besitzstreben gerichteten Stück *V poiskach radosti* (Auf der Suche nach Freude, 1957), dem Eifersuchtsdrama *V den' svad'by* (Am Hochzeitstage, 1964) oder dem episch-offen komponierten zweiteiligen Schauspiel *Tradicionnyj sbor* (dt. u. d. T. Das Klassentreffen, 1966), das zwei Generationen, die der Vorkriegs- und die der Nachkriegszeit, einander gegenüberstellte. Mit den Zweiaktstücken *Zatejnik* (Der Animator, dt. u. d. T. Der Kulturleiter, 1964) und dem später verfaßten *Gnezdo glucharja* (Das Nest des Auerhahns,

1978) bewies Rozov, daß er auch heikle Fragen der stalinistischen Vergangenheit aufgreifen und das karrieristische Gebaren der Parteifunktionäre entlarven konnte, das die gesellschaftliche Moral mehr und mehr aushöhlte. Beachtliche Bühnenerfolge konnte in den 50er/60er Jahren auch Aleksandr Volodin verzeichnen. Er hatte ein Studium als Filmszenarist absolviert, ehe er 1956 mit dem Stück *Fabričnaja devčonka* (Das Mädchen aus der Fabrik) einen typischen Tauwetter-Konflikt gestaltete – die Heldin wird vom Komsomolsekretär, der ihr vergeblich nachstellt, aus der Fabrik entlassen – und damit ein weiteres Mal die doppelte Moral in der Sowjetgesellschaft anprangerte. Mit *Pjat' večerov* (Fünf Abende, 1959), *Moja staršaja sestra* (Meine ältere Schwester, 1961, in späterer Fassung u. d. T. *Staršaja sestra* [Die ältere Schwester]) und zahlreichen weiteren Stücken setzte er seine Auseinandersetzung mit den ideologischen Verkrustungen fort, die das Leben gewöhnlicher Menschen verbittern. Die unmittelbare Greifbarkeit der sowjetischen Alltagsprobleme und die bewegenden Schicksale, die Volodins Dramen aufnahmen, sicherten den Stücken hohe Aufführungszahlen – *Staršaja sestra* erlebte allein 1963 nicht weniger als 342 Aufführungen in 14 Theatern (nach W. Kasack). Immer wieder wurden sie Gegenstand öffentlicher Kontroversen und führten sogar, wie im Falle des Dramas *Naznačenie* (Die Berufung, 1963), das einen ungeeigneten Funktionär vorführte, zur offiziellen Maßregelung. In seinen späteren Stücken ging Volodin zur grotesken und parabelhaften Darstellung über. Ein religiöses Stück wie *Mat' Iisusa* (Die Mutter Jesu, 1989), das Volodin bereits in den 60er Jahren verfaßt hatte, konnte erst in der Zeit der Perestrojka gedruckt werden.

Die Junge Prosa

Um 1960 traten einige junge Autoren auf den Plan, die, aus dem Tauwetter-Impuls heraus, eine neue Art des Erzählens in die Literatur brachten. Man hat diese neue Formation, die mit vielen Regeln des Sozialistischen Realismus brach, als «Jeans Prosa» (A. Flaker), «Prosa mit jungem Helden» (B. Schultze), «Prosa der vierten Generation» (proza četvërtogo pokolenija), meist aber als Junge Prosa (molodaja/molodëžnaja proza) bezeichnet. Ihre Verbindungen zu ähnlichen Erscheinungen in der amerikanischen und europäischen Literatur, vor allem der der Ostblockländer (Ulrich Plenzdorf) und Jugoslawiens (Antun Šoljan, Grozdana Olujić), liegen auf der Hand. Es zeigte sich nun, daß das rege Übersetzungsbemühen um westliche Autoren, das nach Stalins Tod eingesetzt hatte, nicht ohne Folgen blieb. Zum Musterwerk der Jungen Prosa wurde in thematischer wie poetologischer Hinsicht Jerome D. Salingers *The Catcher in the Rye*. Trotz der unterschiedlichen gesellschaftlichen und zivilisatorischen Verhältnisse gab es zwischen Ost und West eben auch Gemeinsamkeiten: den Gegensatz zwischen Kriegs- und Nachkriegsgeneration, den Vertrauensverlust zwischen den Generationen, das Aufbegehren der Jungen, den Ausbruch aus der etablierten Welt, die sich in ähnlichen Ausdrucksformationen kundtaten. Die Autoren der Jungen Prosa gehörten, wie ihre Helden, der Generation der zwischen 1928 und 1934 Geborenen an, d. h. sie waren in den Stalinismus hineingeboren worden. (Da sie unübersehbar in den 60er Jahren hervortraten, wurden sie in der Kritik oft als «Sechziger» [šestdesjatniki] apostrophiert.) Ihr Aufbegehren schuf eine künstlerische Opposition zur etablierten Literatur mit einer Reihe typischer Merkmale. Das wichtigste dieser Merkmale bestand (nach A. Flaker und B. Schultze) darin, daß ein junger Held, oft noch ein Kind oder ein Heranwachsender, als Ich-Erzähler oder in einer entsprechenden (personalen) Erzählperspektive dargeboten wurde. Meist stammte er aus dem städtischen Milieu und erlebte die Folgen der stürmischen Verstädterung bzw. Industrialisierung, die sich in der Sowjetunion vor und nach dem Kriege vollzog. Die Kollisionen der Jungen mit Eltern, Lehrern oder Vorgesetzten führten zum Ausbruch aus dem gewohnten Milieu, zu Wanderschaft, Reise, Exkursionen. Doch auf die «Evasion» folgte regelmäßig die Umkehr; am Ende oder doch in der Schlußperspektive war gewöhnlich eine Reifung zu erkennen, die in der Bereitschaft bestand, sich in die Gesellschaft einzufügen und Verantwortung zu übernehmen. Die sprachlichen und künstlerischen Mittel, mit denen die jugendlichen Ausbrüche gestaltet wurden, standen in demonstrativem Gegensatz zu den bisherigen Normen des Sozialistischen Realismus. Schon der junge aufmüpfige Held widersprach der Schablone des «positiven Helden». Als Sprache der Jungen wurde, in Entsprechung zu deren Lebensgefühl, der Jargon, ja der Slang des städtischen Jugendmilieus zur sprachlichen Norm der Jungen Prosa. Das kurzangebundene, überhebliche Sprechen der Jugendlichen mit all seinen schnellebigen Modewörtern und Floskeln hatte mit dem pathetischen Redestil der vergangenen Literatur nichts mehr gemein. Ebenso deutlich zeigte sich der Bruch im Gattungsverständnis der jungen Prosa-Autoren. Die große Erzählform des Sozialistischen Realismus mit ihrer Tendenz zur ideologischen Eindeutigkeit und Totalität wurde in kleine, offene Erzählformen umgemünzt: Povest', Erzählung, Kurzgeschichte, was zugleich den Rückgriff auf Čechov und die Erzähler der 20er Jahre bedeutete.

Vasilij Aksënov

Der Autor unter den Jungen, der die neue Manier zuerst demonstrierte, war Vasilij Aksënov. Seit 1959 hatte er Erzählungen in der Zeitschrift *Junost'* veröffentlicht. Die *Povest' Zvëzdnyj bilet* (Fahrkarte zu den Sternen, 1961) führte die neuen jungen Helden, wie bei Salinger, im Kontrast mit der vorangehenden Generation vor Augen. In der Erzählung geht es um das sympathetische Bruderpaar Viktor und Dimka Denisov. Viktor, der ältere Bruder, steht am Beginn einer wissenschaftlichen Karriere, der er sich ernsthaft widmet. Dimka aber, der jüngere Bruder, gehört einer Clique an, die gegen die familiären und gesellschaftlichen Zwänge aufbegehrt. Solche jungen Leute, die Jazz liebten, Rock'n'Roll tanzten, sich westlich kleideten, Hemingway und Picasso dem Sozialistischen Realismus vorzogen, wurden in der Sowjetunion abschätzig «stiljagi» genannt. Man kannte sie, Pendant zu den amerikanischen Beatniks oder den deutschen Halbstarken, bereits aus den Gedichten Evtušenkos. Unschwer war zu erkennen, daß ihr Zweifel an der Autorität der Eltern bzw. des Staates aus dem horrenden Autoritätsmißbrauch in der Stalin-Epoche resultierte. Aksënov spann sein Exempel aus einer spontanen Reise, die vier junge Leute nach dem Abitur an die baltische Ostseeküste unternehmen und die für sie am Ende zum Reifeprozeß wird. Diese Geschichte mußte, an den gültigen sowjetischen Maßstäben gemessen, provokant wirken, flach war sie nicht. Im Gegenteil: Aksënov konnte, ähnlich wie Ulrich Plenzdorf, am Beispiel seiner jungen Helden klassische Gefühle und Sehnsüchte wiederbeleben, die man unter deren kratzbürstiger Schale am wenigsten vermutete. In der Erzählung *Na polputi k lune* (Auf halbem Wege zum Mond, 1962) erblickt der junge Lastwagenfahrer Kirpičenko (der Name ist von kirpič, «Ziegelstein», abgeleitet), der in Sachalin Schwerstarbeit verrichtet und nun seinen Urlaub in der Hauptstadt verbringen will, im Flugzeug eine Stewardeß, die ihn so bezaubert, daß er in den verbleibenden Urlaubstagen kreuz und quer durch die Sowjetunion fliegt, um ihr erneut zu begegnen. Die Flugstrecke, die er dabei zurücklegt, entspricht dem halben Weg zum Mond. Sie wird zum Symbol für die reine, ideale, man möchte sagen: metaphysische Liebe, die diesen scheinbar grobschlächtigen Menschen erfaßt. Auch in dem Roman *Apel'siny iz Marokko* (Apfelsinen aus Marokko, 1963) werden schwerarbeitende Menschen in einer sibirischen Hafenstadt in eine euphorische Stimmung versetzt – durch einen Frachtdampfer, der Apfelsinen geladen hat. Unter Ausnutzung dieses Motivs beschwor Aksënov in achtzehn Lebensgeschichten, alle in der Ich-Form erzählt, die harmlosen Freuden, die den Menschen den Alltag vergolden und

die nichts mehr mit der konfliktlosen «Feiertagsstimmung» zu tun
hatte. In *Pora, moj drug, pora* (Es ist Zeit, mein Freund, es ist Zeit,
1965), dem folgenden Roman, schilderte er, auf Puškins berühmtes,
an seine Gattin Natal'ja Nikolaevna gerichtetes Gedicht anspielend, die
Ehe der Schaupielerin Tanja mit dem Chauffeur und Gelegenheitsar-
beiter Valja, der sich nebenbei auch als Schriftsteller versucht. Man
liebt sich, kann aber nicht zusammen leben, also liegt man in Scheidung. Valja, Hilfsarbeiter bei Dreharbeiten zu einem Film, in dem Tanja die Hauptrolle spielt, flieht angeekelt aus der – für die Russen –
«westlichen» Stadt Reval (Tallinn) und vor dem «westlichen» Gehabe
der Filmleute. In der Taiga findet das Paar wieder zusammen. Valja ist
gelungen, was Onegin, der unbehauste Wanderer, nicht vollbrachte:
Er ist vom Romantiker zum tätigen Schriftsteller gereift. Dieses
bemühte Ende des Romans ließ freilich nicht vergessen, mit welch
geschickter Hand Aksënov das Playboy-Gehabe der Filmleute einfing,
die sich auf alles stürzen, was ihnen «westlich» dünkt. Es war schwer,
darauf keine Satire zu schreiben. In seinem weiteren Erzählschaffen
griff Aksënov zunehmend auf Schreibweisen der Avantgarde und der
phantastischen Literatur, d. h. der Gogol'-Tradition, zurück, so in der
allegorischen Erzählung *Zatovarennaja bočkotara* (Aufgeladene Leerfäs-
ser, 1968), im Untertitel als «Novelle mit Übertreibungen und Traum-
gesichten» deklariert, und vor allem in *Moj deduška – pamjatnik* (Mein
Großvater – das Denkmal, 1972). *Poiski žanra* (Suchen nach der Gattung, 1978), ein Werk, das die Abenteuer eines Autobesitzers zur Allegorese literarischer Strebungen machte, war das letzte, was Aksënov in
der Sowjetunion veröffentlichen konnte. Sein Engagement für die
Herausgabe des zensurfreien Almanachs *Metropol'*, für den er das die
Postmortalität thematisierende Drama *Četyre temperamenta* (Vier Temperamente, 1979) beigesteuert hatte, machte ihn für die Behörden
untragbar. Im Dezember 1979 trat er aus dem Schriftstellerverband
aus, im Sommer des folgenden Jahres wurde er ausgewiesen.

Von den Autoren, die zur Jungen Prosa beitrugen, ist Jurij Kazakov
als derjenige zu nennen, der ihr eine lyrische Note verlieh. Musiker
von Beruf, ehe er im Literaturinstitut studierte, schrieb er vor allem
Erzählungen und Kurzgeschichten, die in den Bänden *Arktur – gončij
pës* (Arktur, der Jagdhund, 1957), *Man'ka* (1959), *Na polustanke* (Auf der
Eisenbahnhaltestelle, 1959) und *Po doroge* (Unterwegs, 1961) gesammelt
erschienen. Beachtenswürdig war vor allem sein Erzählband *Goluboe i
zelënoe* (Blau und Grün, 1963), der in die Gefühlswelt junger Menschen, die sich als Außenseiter fühlten, hineinleuchtete. In den mit
Lyrismen und rhythmisierter Sprache angereicherten Naturschilderungen erinnerte Kazakov an Turgenev.

Das Erzählen mit einem jungen Helden und durch dessen jugendliches Prisma konnte, wie Bulat Okudžavas Povest' *Bud' zdorov, školar!* (Mach's gut, Schulbub, 1961) zeigt, auch auf die Kriegsjahre gelenkt werden. Nur ging es dann nicht mehr um Evasion, sondern um freiwillige Meldung der Schüler an die Front (während es geschickten Drückebergern gelang, sich einen Posten in der Etappe zu sichern), um Kampfhandlungen, Erschießungen, Verwundung, wie es Bulat Okudžava selber als 16jähriger erfahren hatte. In einem lapidaren, ungeschönten Stil, der aufhorchen ließ, skizzierte er die Kriegswirklichkeit und irritierte damit die Literaturbehörden.

Vladimir Vojnovič

Einer der aufschlußreichsten Texte aus dem Umkreis der Jungen Prosa, *Dva tovarišča* (Zwei Kameraden, 1967), stammte von Vladimir Vojnovič. Aufschlußreich deshalb, weil hier am Beispiel zweier junger Leute der sowjetische Literaturbetrieb gleichsam an der Basis vorgeführt wurde. Im Leben der beiden Freunde Valera und Tolik spielt die Literatur als laienhafte Beschäftigung (literaturnaja samodejatel'nost') eine nicht geringe Rolle. Mit satirischem Stachel zeigte Vojnovič auf, wie die Literatur, auf solche Weise und dazu noch in der Provinz betrieben, zum Mittel des blanken Opportunismus werden konnte. Tolik, ein moralischer Versager, nutzt, indem er schrecklich banale, «moderne» Gedichte schreibt, die Literatur, um Karriere zu machen. Valera, der als Ich-Erzähler fungiert, hält eigentlich nichts von der Schriftstellerei, doch wenn er schreibt, dann beschreibt er alles – beispielsweise ein Flugerlebnis – so, wie es gewesen ist, weil es, wie er sagt, schade gewesen wäre, irgend etwas auszulassen. Das genaue Hinsehen, das gleichsam von selbst in die satirische Beleuchtung übergeht, wurde Vojnovičs eigentliches Metier. Was er an Spott über die sowjetischen Schriftsteller ausgoß, wenn er sie im Kampf um Wohnraum – in der eigenes Erleben dokumentierenden Burleske *Ivan'kiada* (Die Ivankiade, 1976) – oder bei der Zuteilung von Pelzmützen je nach schriftstellerischem Rang von Rentier bis Kaninchen – in *Šapka* (Die Mütze, 1989) – zeichnete, ließ nicht nur ein einmaliges satirisches Talent, sondern auch gefährliche bürokratische Verkrustungen im sowjetischen Literaturleben gewahr werden. Vojnovičs moderner Schelmenroman *Žizn' i neobyčajnye priključenija soldata Ivana Čonkina* (Leben und ungewöhnliche Abenteuer des Soldaten Ivan Čonkin), russisches Gegenstück zu Hašeks *Švejk*-Roman, an dem er seit den 60er Jahren gearbeitet hatte, konnte nur im Ausland erscheinen. Nach seiner Ausweisung nach Deutschland im Dezember 1980 hat Vojnovič eine Fortsetzung der

Čonkin-Abenteuer unter dem Titel *Pretendent na prestol* (Der Thronprätendent; dt. u. d. T. Iwan Tschonkin Thronanwärter) geliefert. Der töl-
pelhafte Bauernsoldat wird hier für den russischen Thronprätendenten
Fürst Čonkin-Golicyn gehalten. Hitler läßt die Offensive auf Moskau
abbrechen, um des vermeintlichen Fürsten in dem Dorf Krasnoe hab-
haft zu werden. Und obwohl dieser von seiner hochpolitischen Bedeutung nichts ahnt und im Grunde nur seine animalischen Bedürfnisse
im Sinn hat, wird er unter den Bedingungen des Stalinismus zum sub-
versiven Helden. Das satirische Bild, das hier vom Sowjetstaat und seinen Machtinstanzen entworfen wurde, ließ an Deutlichkeit nicht zu
wünschen übrig. Und doch ging Vojnovičs Intention weiter. Der
Major der Staatssicherheit Fedot Figurin, ein neuer Koz'ma Prutkov,
der gelegentlich Maximen und Aphorismen niederschreibt, vermerkt
an einer Stelle: «Die Sowjetmacht ist in einem solchen Maße objektiv
zufriedenstellend, daß jeder, dem sie ganz oder teilweise mißfällt, gei-
stesgestört ist.» Dazu der Erzählerkommentar: «Einige skeptisch
gesinnte Kritiker oder kritisch eingestellte Skeptiker werden vielleicht
einwenden, die Formel sei nur auf eine ganz bestimmte Gesellschaftsordnung anwendbar.» Doch dem sei nicht so; man brauche bloß
anstelle von «Sowjetmacht» einen anderen Ausdruck aus einer anderen
Weltgegend oder -zeit einzusetzen, dann werde man erkennen, daß
die Formel allgemeine Gültigkeit besitze. Wie alle großen Satiriker,
und zu denen zählt Vojnovič ohne Zweifel, zielt er, über den Zeitbezug
hinaus, letztlich auf die Unvollkommenheit der menschlichen Verhältnisse überhaupt. Vojnovičs satirische Utopie *Moskva 2042* (Moskau im
Jahre 2042), die 1987 folgte, projizierte bereits aus der Situation der
Perestrojka heraus ein Zukunftsbild Rußlands im 21. Jahrhundert.

Die Affären um Pasternak und Solženicyn

Pasternaks ‹Doktor Živago›

Daß die Parteiführung nicht zögern würde, notfalls hart durchzu-
greifen, bewies sie mit ihrer Reaktion auf die Veröffentlichung von
Pasternaks Roman *Doktor Živago* sowie mehrerer Werke Solženicyns in
westlichen Verlagen. Boris Pasternak hatte seit den 30er Jahren an dem
großen Roman gearbeitet, der die Lebensgeschichte eines großbürgerlichen Intellektuellen ausbreiten sollte. Jurij Živago, die Titelgestalt, ist
Arzt und Dichter, sein Leben wird in den Zeitläuften von 1904 bis 1929,
dem Jahr seines Todes, gezeigt; ein Epilog beleuchtet das weitere Schick-

Boris Pasternak

sal seiner Freunde und seiner Kinder im Kriegsjahr 1943 und im Schicksalsjahr 1953, während der 17. und letzte Teil des Romans die «Gedichte des Jurij Živago» (*Stichotvorenija Jurija Živago*) enthält. Von diesen insgesamt 25 Gedichten waren 16 bereits vorab 1954 in der Zeitschrift *Zvezda* unter dem Titel *Stichi iz romana. 1946–1953* (Verse aus einem Roman. 1946–1953) abgedruckt worden. Viele Leser mochten nun bereits mit gespannter Erwartung dem Erscheinen des ersten Romans des geborenen Poeten Pasternak entgegensehen. Tatsächlich schloß Pasternak das Werk 1956 (drei Jahre nach seiner *Faust*-Übersetzung) ab und bot es der Zeitschrift *Novyj mir* an. Als das Redaktionskollegium mit Fedin, Lavrenëv und Simonov den Abdruck verweigerte (womöglich trat zu den ideologischen Gründen ganz gewöhnlicher salieristischer Kunstneid), entschloß sich Pasternak, seinen Roman im Ausland, bei dem kommunistischen Verleger Feltrinelli in Mailand, zu veröffentlichen. (Eine Intervention des nach Mailand geeilten Generalsekretärs des Schriftstellerverbandes, Aleksej Surkov, blieb ohne Erfolg.) Der Roman wurde nach seinem Erscheinen im Jahre 1957 in der ganzen Welt als ein Literaturwerk von exzeptionellem Rang aufgenommen und in alle wichtigen Sprachen übersetzt. Während ruchlose sowjetische Kritiker wie Leonid Sobolev oder David Zaslavskij ihn als dekadent, volksfeindlich und stümperhaft abqualifizierten, aber auch unabhängige Geister wie Mihajlo Mihajlov Mängel in der Komposition oder einen Hang zum «Predigen» beanstandeten, erkannte Albert Camus, daß dieser große Liebesroman keineswegs antisowjetisch sei, er habe mit keiner Partei zu tun, sondern sei allumfassend. Und Friedrich Sieburg stellte fest, die Geschichte sei mit einer Distanz erzählt, die in der modernen Literatur ihresgleichen nicht habe: «Obwohl sie eine Geschichte der russischen Revolution und der durch sie vernichteten Menschen ist, scheinen diese Umwälzungen das wahre Leben überhaupt nicht zu berühren.»

Falls es nicht einfach Pasternaks unbotmäßiges Verhalten war, so war es vielleicht eben dieser überhöhte Wert, der in der Gesamtbedeutung des Romans dem Leben zukam, was den Unwillen der Parteiinstanzen herausforderte – ein Wert, demgegenüber die politischen, ideologischen und zeitgeschichtlichen Verhältnisse wie zufällig erscheinen mußten. Als Pasternak im Oktober 1958 der Nobelpreis für Literatur verliehen wurde, ehrte die Schwedische Akademie damit den bahnbrechenden Lyriker wie auch den Epiker «von großer Humanität und tolstoischem Format» (K. Espmark). Ohne es zu wollen, trieb sie damit die «Affäre Pasternak» auf die Spitze. Denn durch eine beispiellose Hetzkampagne unter Druck gesetzt, sah sich Pasternak gezwungen, den Preis abzulehnen. Nichtsdestoweniger wurde er aus dem Schriftstellerverband ausgeschlossen und blieb bis zu seinem Tod im Mai 1960 verfemt und isoliert. Die mutigen Worte, mit denen er auf den Ausschluß aus dem Schriftstellerverband reagierte, wurden der Öffentlichkeit erst Ende der 8oer Jahre bekannt: «Ich erwarte von Ihnen keine Gerechtigkeit, Sie können mich erschießen, verbannen, alles tun, was Sie wollen, und ich verzeihe Ihnen im voraus. Doch übereilen Sie nichts. Es wird Ihnen weder Glück noch Ruhm bringen. [...] Und denken Sie daran, daß Sie mich nach einigen Jahren wieder rehabilitieren müssen. In Ihrer Praxis geschieht das nicht zum ersten Mal.»

Pasternaks *Doktor Živago,* der dem russischen Leser offiziell erst 1988 zugänglich werden sollte, war unstreitig aus dem Trend zur Roman-Epopöe der 3oer Jahre herausgewachsen. Die historischen

Ereignisse wirkten in die geschilderten Einzelschicksale hinein, schufen die Bedingungen, in denen sich die Helden zurechtfinden mußten, doch wurden sie – anders als in Solženicyns *Rotem Rad* – nie der eigentliche Gegenstand des Romans. Dessen offensichtliche Sujetachse, um die sich alles rankte, bildeten der Lebenslauf Jurij Živagos und seine Liebe zu Lara (Larissa Antipova). Die Begegnungen der beiden Liebenden scheinen gleichsam von der Vorsehung herbeigeführt zu sein; vor dem Sog ihrer Liebe haben beider eheliche Bindungen keinen Bestand. Jurij trennt sich von seiner Frau Tonja, die aus dem gleichen großbürgerlichen Milieu stammt wie er selbst; Lara hat sich von ihrem Mann, dem Revolutionär Pavel Antipov, genannt Strel'nikov (er trägt Züge des Kriegskommissars Lev Trockij und operiert, wie dieser, mit seinem Panzerzug in Sibirien), längst vor seinem Tod abgewendet. Demungeachtet hieße es, den Reichtum des Werks zu verfehlen, wollte man in ihm nur den Liebesroman sehen, der er zweifellos ist – und einer der schönsten der Weltliteratur dazu. Um das doppelte Dreieck dieser Beziehung herum sind Freunde und Angehörige zu einem umfangreichen Personenensemble gruppiert, das ein breites Gesellschaftsbild und Einblick in die Gefühls- und Diskurswelt der geschilderten Zeit bietet. (Hiermit mag tatsächlich eine gewisse Parallele zu Gor'kijs *Klim Samgin* gegeben sein, wie Mihajlo Mihajlov meint, doch wäre es falsch, Pasternaks Roman an diesem künstlerisch so ganz anderen Werk zu messen.) Die realistische Dimension wird durch geschichtsphilosophische Reflexionen erweitert, die der Philosoph Vedenjapin, Jurijs Onkel, oder auch Jurij Živago selbst anstellen. Geschichte in ihrer Gesamtheit wird im Sinne des christlichen Heilsplanes verstanden, welcher sich aber auch in der Lebensgeschichte jedes Individuums wiederholt. Jurijs Naturerleben läßt eine pantheistische Durchdringung von Geist und Natur erkennen, textlich realisiert in Naturschilderungen von einzigartiger poetischer Schönheit. Providentielle Zufälle und Zeichen bestimmen die Handlungskomposition und lassen das Wirken einer ordnenden Kraft im Leben der Helden ahnen. Jurijs Halbbruder Evgraf, ein geheimnisumwobener Bolschewik in hoher Position, wirkt immer wieder unmerklich als Helfer in der Not, indes der Advokat Komarovskij, Laras Verführer, als dämonischer Widersacher fungiert. Die Gedichte Jurij Živagos liefern am Ende des Romans einen Schlüssel für den symbolhaften Sinn des Geschehens. Jurijs Leben wird mit der Rolle Hamlets (*Gamlet*) und der Passion Christi (*Čudo* [Das Wunder], *Durnye dni* [Schlechte Tage], *Gefsimanskij sad* [Der Garten von Gethsemane]) gleichgesetzt, Lara mit Maria Magdalena (*Magdalina I, II*). Und Živagos Name und Vatersname, Jurij Andreevič, verweisen ja gleichermaßen auf den heiligen

Georg, den Drachenbesieger, wie auf den Apostel Andreas, der nach der Legende das Christentum zu den Russen brachte. Lara kann – und Jurij Živago denkt es selber vor – als Allegorie Rußlands gedacht werden (ihr Name Larissa ist anagrammatisch mit «Rossija» [Rußland] verwandt). Die Revolution, für die Antipov-Strel'nikov steht, wäre dann die Rache für das, was das verderbte Rußland, verkörpert durch Komarovskij, Lara angetan hat; Jurij kämpft um sie, kann sie aber letztendlich nicht gewinnen. So folgt der Sinnaufbau im Roman über lange Strecken einem symbolisch-allegorischen Plan, dessen Leitlinien in der christlich-idealistischen Weltanschauung Pasternaks angelegt sind. (Der Dichter, der aus einer angesehenen jüdischen Familie stammte, hat in einem Brief vom Mai 1959 die christliche Taufe, eine halbverschwiegene Familienangelegenheit, als Gegenstand seiner besonderen Inspiration hervorgehoben: «c'est la source de mon originalité».) Die poetische Qualität der Prosa Pasternaks mit ihrer Neigung zum Metonymischen – Metonymie und tendenzielle Passivität des Helden lagen, wie Roman Jakobson festgestellt hat, bei Pasternak eng beieinander – trug zur künstlerischen Vielschichtigkeit des *Doktor Živago* ebenso bei wie die Fülle intertextueller Sinnbezüge, die auf das Neue Testament, Puškin, Tolstoj, Schiller und insbesondere Kleist hinzeigten. (Auch bei vorsichtiger Deutung muß in den Teilen 9–14 ein Kleistischer Subtext angenommen werden, der aus Rekursen auf verschiedene Erzählungen, Dramen, kleinere Schriften sowie die Biographie Heinrich von Kleists besteht und von Andrea Meyer-Fraatz als Kontrafaktur bestimmt wird.) Auch in Pasternaks Roman riß der große Literaturdialog, den er zeit seines Lebens führte, nicht ab.

Aleksandr Solženicyn

Ganz anders als im Fall Pasternak waren die Schwierigkeiten gelagert, in die Solženicyn geriet. Seine Povest' *Odin den' Ivana Denisoviča* (Ein Tag [aus dem Leben] des Ivan Denisovič) war 1962 mit ausdrücklicher Genehmigung Chruščëvs in *Novyj mir* erschienen und in großen Auflagen verbreitet worden. Ein Jahr später folgten in der gleichen Zeitschrift die Erzählungen *Slučaj na stancii Krečetovka* (Zwischenfall auf dem Bahnhof Kretschetowka), *Matrënin dvor* (Matrjonas Hof) und *Dlja pol'zy dela* (Im Interesse der Sache). Es waren Fallstudien über die Praxis der menschenverachtenden Repression, über willfährigen Opportunismus und unschuldige Opfer, die aber auch die Hilfsbereitschaft und den Mut einfacher Menschen aufscheinen ließen. Eine einfache Bauersfrau wie Matrëna, die sich, ohne zu fragen, für ihren Nächsten auf-

opfert, wird, worauf Wolfgang Kasack hingewiesen hat, als eine
Gerechte im biblischen Sinne dargestellt, obwohl der offenkundige
alttestamentliche Bezug – wohl aus Zensurgründen – als Sprichwort
kaschiert wird. Solženicyn ging in diesen Erzähltexten über alles hinaus, was bisher an Enthüllungen über die Stalin-Zeit erbracht worden
war. Dabei stellte er nicht die großen politischen Untaten an den Pranger, sondern die Auswirkungen des Systems auf das alltägliche Leben
gewöhnlicher Leute. Anders als später in der großen Anklageschrift
Archipelag GULag verzichtete er auf Pathos und Rhetorik, sondern
registrierte lediglich die einfachen Tatsachen der Lebenswirklichkeit
im Stalinismus. Die erschütternde Wirkung der Povest' *Odin den' Ivana
Denisoviča* etwa rührte daher, daß ein ganz gewöhnlicher Tag eines
Lagerhäftlings, ein einziger Tag aus einer Kette von 3653 Tagen heraus-
genommen und protokollartig geschildert wird. (Ivan Denisovič
Šuchov war, da er für wenige Tage in deutsche Gefangenschaft geraten
war, wegen Landesverrats zu zehn Jahren Zwangsarbeit verurteilt worden.) Es ist ein Tag, an dem Šuchov sich anfangs krank fühlt, der sich
aber, da einige Unannehmlichkeiten vermieden und einige kleine Vor-
teile eingeheimst werden konnten, als «nicht verdüstert, sondern fast
glücklich» erweist. Vor dem Hintergrund der schrecklichen physischen
und moralischen Bedingungen, die zuvor – vom Wecken um fünf
Uhr bis zum Tagesende – geschildert worden sind, nimmt sich die
beruhigende Feststellung am Schluß um so grausiger aus. Solženicyn
sprach hier aus eigener, bitterer Erfahrung. Er war als dekorierter
Artilleriehauptmann im Februar 1945 verhaftet und wegen «antisowjetischer Propaganda» zu acht Jahren Lagerhaft verurteilt worden.
(Man hatte in seinen Briefen von der Front «unehrerbietige Äußerungen über Stalin» gefunden. Das Urteil galt in jenen Jahren als mild.)
Der Tageslauf des Ivan Denisovič Šuchov entsprach vollständig den
Verhältnissen, die Solženicyn seit 1950 im Sonderlager Ėkibastuz-
Ugol' im nordöstlichen Kasachstan durchlitten hatte. Wie Šuchov trug
er die Nummer der Sonderlagerhäftlinge auf Mütze, Brust und Knien;
bei diesem war es die Nummer Щ–854, seine eigene hatte Щ–232
gelautet. Er kannte den «Lagerjargon» (lagernyj žargon), den er, die
offiziöse Sprachkultur unterminierend, als ein völlig neues Ausdrucks-
element in die Literatur trug. Die «gnadenlose Geschichte» (surovaja
povest'), wie sie Aleksandr Tvardovskij nannte, ließ trotz allem, darin
Dostoevskijs *Aufzeichnungen aus einem toten Haus* vergleichbar, den
Menschen auch im Zustand der äußersten Depravierung nicht ver-
zweifeln. Solženicyn selbst hat gezeigt, welch ungeheure moralische
und künstlerische Kraft in ihm während der Lagerhaft gewachsen war.
Daß er mit seinem Erstling sogleich als fertiger Autor von einzigarti-

gem Rang vor die Öffentlichkeit trat, als ein «literarisches Wunder», wie Kornej Čukovskij sagte, ist wenigstens teilweise aus dem rauhen Schicksal zu erklären, das Solženicyn beschieden war. Sein Beispiel trieb Schriftsteller wie Jurij Bondarev, Vladimir Tendrjakov und andere zu noch schärferer Abrechnung mit der stalinistischen Vergangenheit an. Zu Recht spricht Helen von Ssachno deshalb von einer «Ära Solženicyn», die die kurze Zeit von 1962 bis etwa 1966 umfaßte. Zwar rückte Chruščëv gegen Ende seiner Herrschaft deutlich von Solženicyn ab, besorgt, es könne aus seinem Vorbild eine breite Abrechnungsliteratur entstehen. Doch wurde der Schriftsteller noch 1964 offiziell für einen Leninpreis nominiert, ohne allerdings zum Zuge zu kommen.

Unter Brežnev häuften sich bald die Anzeichen für eine Verschärfung des literaturpolitischen Kurses. Im September 1965 wurden Aleksandr Sinjavskij und Julij Daniėl' verhaftet; sie wurden angeklagt, seit 1956 unter den «nicht registrierten» Pseudonymen Abram Terc bzw. Nikolaj Aržak «antisowjetische Erzählungen» in westlichen Verlagen publiziert zu haben. Corpus delicti waren Sinjavskijs Erzählungen *Sud idët* (Das Gericht tagt, 1956) und *Ljubimov* (1961) sowie sein Essay *Čto takoe socialističeskij realizm* (Was ist Sozialistischer Realismus?, 1956), ferner Daniėl's Erzählungen *Ruki* (Die Hände, 1956–1958) und *Govorit Moskva* (Hier spricht Moskau, 1960/61). Die fiktionalen, bedingten Aussagen in den satirisch-grotesken Texten wurden, wie Sinjavskij in seinem Schlußwort konstatierte, von den Anklägern wörtlich genommen und als reale Meinungsäußerung der Autoren gewertet. In einem Schauprozeß wurden Sinjavskij und Daniėl' im Februar 1966 zu mehreren Jahren verschärfter Haft verurteilt. Der Prozeß offenbarte die Federführung der allmächtigen Zensurbehörde Glavlit. Im In- und Ausland löste er heftige Proteste aus. Das «Weißbuch» (*Belaja kniga po delu A. Sinjavskogo i Ju. Daniėl'*, 1967), mit dem Aleksandr Ginzburg den Prozeß dokumentierte, war ein früher Beleg dafür, daß sich eine Dissidentenbewegung zu formieren begann. Im gleichen Jahr wurden bei einer Razzia in Solženicyns Wohnung erstmals Manuskripte und Archivmaterialien konfisziert.

Die beiden großen Romane *V kruge pervom* (Im ersten Kreis) und *Rakovyj korpus* (Krebsstation), die Solženicyn inzwischen geschrieben hatte, konnten in der Sowjetunion schon nicht mehr erscheinen. Im ersten, 1964 abgeschlossenen Roman hatte Solženicyn ein sogenanntes Spezialgefängnis (spectjurma) behandelt, im Lagerjargon «šaraška» genannt, wie er es selbst 1946–1950 als Häftling-Mathematiker erlebt hatte. In der Šaraška des Romans sind 250 inhaftierte Wissenschaftler damit beschäftigt, ein Gerät zur Sprachzertrümmerung zu entwickeln, das der Ver- und Entschlüsselung der menschlichen Stimme dienen soll. Anders als die Lagerhäftlinge um Ivan Denisovič Šuchov kamen die Šaraška-Häftlinge in ihrem intellektuellen und sozialen Profil voll zur Darstellung, so daß im Fokus des Gefängnisses – die Vordergrundhandlung ist auf wenige Tage im Frühjahr 1955 beschränkt – ein differenziertes Bild der sowjetischen Intelligenz eingefangen wurde. Mit den Figuren des Ingenieurs Neržin, des Diplomaten Volodin und des Germanisten Lev Rubin, der unverbrüchlich an die Wiedergeburt des Leninschen Kommunismus glaubt und sich der deutschen Häftlinge besonders annimmt (Solženicyn zeichnete ihn nach dem Vorbild des Mithäftlings Lev Kopelev), schuf er einprägsame Charaktere in einer dantesken Sonderwelt, die, wie Lev Rubin Neuankömmlingen erklärt, immer noch zur Hölle gehört, aber deren besten und vornehmsten, eben: ersten Kreis darstellt. In *Rakovyj korpus* führte Solženicyn zum dritten Mal eine Grenzsituation vor, in der seine Helden zu überleben versuchen – das Ausgeliefertsein an die tückische Krankheit. Wie im ersten Roman, so bot Solženicyn auch in *Rakovyj korpus* eine Fülle von Figuren mit den unterschiedlichsten Lebensläufen und -problemen. Dank des von ihm selbst definierten erzählerischen Polyphonismus – jede Figur wird Hauptperson, sobald die Handlung sie betrifft – gelang es ihm, die Einzelfiguren im vielgestaltigen Ensemble deutlich zu profilieren. Besonders hoben sich der Fabrikdirektor Rusanov und sein Zimmerkollege Kostoglotov heraus, der eine ein gewissenloser Karrierist, der andere ein langjähriger Lagerhäftling. (Auch hier standen wieder Solženicyns eigene Lebensumstände hinter dem Romangeschehen.) Beide werden am Schluß als geheilt entlassen. Die hoffnungsvolle Tauwetter-Stimmung und die symbolische Parallelsetzung von politischer und persönlicher Genesung am Ende des Romans werden freilich, während Rusanov unbeirrt zu seiner Tätigkeit zurückkehrt, bei Kostoglotov durch die Folgen der Bestrahlungstherapie merklich getrübt. Eine grundsätzliche Neuordnung des Lebens im individuellen wie im allgemein gesellschaftlichen Bereich blieb, wie Andreas Guski bemerkt, Utopie.

Für den Roman *Rakovyj korpus*, den Solženicyn 1967 in einem Schaffensdrang sondergleichen abgeschlossen hatte, zeichneten sich zunächst noch Veröffentlichungschancen ab. Der Roman wurde sogar gedruckt und einem geschlossenen Leserkreis zugänglich gemacht. Nach Solženicyns offenem Protestbrief gegen die Zensur auf dem IV. Schriftstellerkongreß im Mai 1967 und seinen heftigen Auseinandersetzungen mit dem Sekretariat des Schriftstellerverbandes – hier standen sich Tvardovskij als Fürsprecher und Fedin als Widersacher Solženicyns gegenüber – wurden die Druckbögen von den Sicherheitsbehörden beschlagnahmt und vernichtet. (In der autobiographischen Prosa *Bodalsja telënok s dubom* [Es rieb das Kalb seine Hörner an der Eiche, dt. u. d. T. Die Eiche und das Kalb, 1975] hat Solženicyn seine Kämpfe mit dem Schriftstellerverband später genau dokumentiert.) Längst kursierten Solženicyns Romane in SAMIZDAT-Abschriften, 1968 erschienen sie als Raubdruck im Westen. Damit war die öffentliche Ächtung und Verfolgung des Schriftstellers besiegelt. Fortan stand er mit den Regimekritikern Pëtr Jakir und Andrej Sacharov im Zentrum der Dissidentenbewegung. Seine Person wurde unangreifbar, als ihn die Schwedische Akademie im Oktober 1970 mit dem Nobelpreis für Literatur auszeichnete.

Die ausgleichende Weisheit des Nobelpreiskomitees hatte dafür gesorgt, daß mit Michail Šolochov 1965 – nach Pasternak – ein Hardliner der Sowjetliteratur in den Genuß der weltweit höchsten literarischen Auszeichnung gekommen war. In der Begründung war betont worden, daß Šolochov in seinem Kosakenepos *Der stille Don* «die kontroversen Probleme» seines Landes behandelt habe; über seine spätere Produktion ging man mit schamvollem Schweigen hinweg. Das politische Risiko, das die Akademie mit der Wahl Solženicyns auf sich nahm, war ungleich größer, und wütende Reaktionen aus Moskau ließen nicht auf sich warten. Die Verbindung aber des Künstlerischen mit dem Ethischen, das dem Nobelpreiskomitee von jeher hochheilig war, vertrat in der Gegenwartsliteratur niemand überzeugender als der russische Dissident. So wurde denn Solženicyn in der Preisformulierung des Akademiesekretärs Karl Ragnar Gierow auch als ein Autor gewürdigt, der die unveräußerliche Kraft der russischen Literatur weitergeführt habe; als ein Moralist von großer Integrität, der das Wirken von Dostoevskij und Tolstoj fortsetze. Wo immer die Würde des Menschen angetastet werde, versicherte Gierow in seiner Rede, seien Solženicyns Worte eine Anklage, zugleich aber auch ein Ausdruck siegesgewissen Trostes; der einzige, der durch eine solche Kränkung erniedrigt werde, sei der, der sie ausführe. Solženicyns Nobelpreis-Rede (*Nobelevskaja lekcija*) oder besser: die Rede, die er in Stockholm gehalten hätte, wenn er zur Preisverleihung hätte anreisen dürfen, war, in Erinnerung an die stalinistische Unterdrückung, ein leidenschaftlicher Aufruf zu Menschlichkeit, bürgerlichem Mut und, vor allem, zur Wahrheit. Doch artikulierte Solženicyn erstmals auch seine Kritik am Materialismus und an der Sucht des Wohllebens in der westlichen Welt, die unweigerlich zu Feigheit und Kapitulation führe.

Noch im gleichen Jahr schloß Solženicyn den ersten Teil seines kolossalen Romanzyklus *Krasnoe koleso* (Das rote Rad) ab, *Avgust četyrnadcatogo* (August 1914), und bereits 1973 lagen die drei Bände des *Archi-*

pelag GULag vor, eine mit narrativen Passagen angereicherte Dokumentation oder, wie es Solženicyn selber nannte, der «Versuch einer künstlerischen Bewältigung» des sowjetischen Lagersystems von seinen leninistischen Anfängen bis zu seinen stalinistischen Exzessen. Mit der Veröffentlichung dieser bestürzenden Dokumentation bei YMCA-Press in Paris im Dezember 1973 war für die sowjetische Führung endgültig der Casus belli gegeben. Sie beschuldigte westliche Kreise, mit Hilfe des Werkes die Entspannungspolitik torpedieren zu wollen, und reagierte nun mit äußerster Härte. (Die 1994 herausgegebenen Geheimdokumente des Politbüros der KPdSU zu der «Affäre Solženicyn» belegen eine anfängliche Unschlüssigkeit der sowjetischen Führungsgruppe. Innenminister Ščolokov, der zur Behutsamkeit mahnte, konnte sich gegen den KGB-Chef Andropov nicht durchsetzen.) Im Februar 1974 wurde Aleksandr Solženicyn verhaftet und zwangsweise aus der Sowjetunion ausgewiesen.

Die Neue Prosa

Die Welle der Jungen Prosa verebbte in den 60er Jahren allmählich, oder, genauer gesagt, ihre Verfahren nutzten sich ab. Nichts konnte die Automatisierung ihres stilistischen Modells besser beweisen als seine Ausbreitung auf das Feuilleton, auf Reiseskizzen und Reportagen und sogar Rezensionen sowie auf die Rubrik *Ironičeskaja proza* (Ironische Prosa), die die *Literaturnaja gazeta* damals einrichtete. Manche Anzeichen kündeten um die Wende von den 60er zu den 70er Jahren neue Horizonte in den Prosagattungen an. Dokumentarität, meist autobiographisch motiviert, Essayistik, oft an politische und literarische Tabus rührend, verschmolzen mit dem fiktionalen narrativen Element. Dies veranschaulichten solche Altmeister des Erzählens wie Valentin Kataev und Veniamin Kaverin. Kataev legte damals seine aufschlußreichen literarischen Erinnerungen an Bunin und Majakovskij in dem Band *Trava zabvenija* (Das Kraut des Vergessens, 1967) nieder, später folgte die memoiristisch-reflexive Altersprosa *Almaznyj moj venec* (Mein Diamantenkranz, 1978); ähnlich Kaverin mit dem Erinnerungsband *V starom dome* (Im alten Haus, 1971) und seinem aus authentischen Briefen gestalteten Roman *Pered zerkalom* (Vor dem Spiegel, 1971). Das Neue trat in der Prosa immer deutlicher in Erscheinung und führte trotz der keineswegs günstigen kulturpolitischen Rahmenbedingungen zu einem beachtlichen Aufschwung der Erzählliteratur, der die Junge Prosa, vor allem was die infantile Verengung der Weltsicht und die vergleichsweise schlichte Erzählsituation anlangte, hinter sich ließ. Die «neue Prosa» (novaja proza), wie sie bald genannt wurde, nahm sich erneut der wesentlichen Themen in Geschichte und Gegenwart an, aber sie tat es mit einem neuen Apparat künstlerischer Mittel, solcher, die eher auf Empirie und Vieldeutigkeit abstellten, als daß sie ein von vornherein definiertes Weltbild fortschrieben. Thematisch erstreckten sich die Strebungen der Neuen Prosa 1) auf das Milieu der großstädtischen Intelligenz, 2) auf heikle historische Ereignisse und Gestalten, 3) auf das russische Dorf mit seinen sozioökonomischen, kulturellen und ökologischen Problemen. Man kann demnach Stadtprosa (gorodskaja proza), historische Prosa (istoričeskaja proza) und Dorfprosa (derevenskaja proza) als unterschiedliche Stränge der Neuen Prosa herausstellen. Rückblickend ist erkennbar, daß aus der Neuen Prosa auch jene Prosaexperimente hervorgingen, die die Brücke zur postsowjetischen Literatur schlagen sollten.

Die Prinzipien des neuen Erzählens hat Wolf Schmid bereits 1979 klar bestimmt: Der Held trat nicht mehr als «aktiver Agent» auf, sondern als erinnerndes oder reflektierendes Bewußtsein; die Fabel wurde chronologisch-progredierend (als Schweifen des Blicks, als Reiseaufzeichnungen, Skizzen usw.) oder retrospektiv (als Erinnerung) konstruiert, was zu komplizierten Sujettransformationen führen konnte. Entscheidend aber war die «Emanzipation der erzählten Person» im Sinne des Bachtinschen Polyphoniekonzeptes, was wiederum den antiautoritären Charakter der Gesamtanlage und damit den Verzicht auf auktoriale Einflußnahme im Erzähltext unterstrich. Die komplizierte Anordnung der Handlungsteile, Schauplätze und Zeitgemische sowie die Tendenz zur «Atektonik» bedeuteten ebenso wie die sprachliche Emanzipation der Personentexte die Abkehr von der Wegweiserfunktion der totalitären Literatur. Stilvielfalt (mnogostil'nost'), Interferenzen zwischen den Redeinstanzen, Collagetechnik unter Einbeziehung von authentischen Texten, Reportagen, Zeitungsberichten usw. bestimmten die Struktur der Neuen Prosa. «Die Gegenwartsprosa», schrieb Wolf Schmid seinerzeit ein wenig schillernd, «destruiert eine Poetik, die ein ähnlich monologisch-auktoriales Weltmodell impliziert wie die Romantik des 19. Jahrhunderts.» Wie auch damals gingen die offensichtlichen formalen Neuerungen mit neuen ideellen Haltungen Hand in Hand. Ethische Kategorien wie Pflicht, Gewissen, seelische Schönheit, Mitleiden und Mitgefühl oder Angst kamen wieder zu ihrem Recht. Die ethischen Werte und Traditionen des russischen Volkes wurden wiederentdeckt, die Frage nach dem Nationalcharakter wurde neu gestellt. Angst und Sorge wegen des Ausmaßes der Umweltzerstörung und der Folgen des wissenschaftlich-technischen Fortschritts griffen um sich. Die Beziehung zwischen Mensch,

Geschichte und Natur, zwischen Biosphäre und Noosphäre wurde neu durchdacht. Eine Nebenlinie der russischen Literatur, wie sie zuvor nur von Esenin oder Prišvin vertreten worden war, wurde in der Dorfprosa zur Hauptlinie (nach L. Eršov).

Stadtprosa

Jurij Trifonov

Jurij Trifonov, Sohn eines berühmten, 1937 liquidierten Altbolschewisten und Absolvent des Gor'kij-Literaturinstitutes, war der Autor, der die seelische und geistige Befindlichkeit der städtischen Intelligenz zuerst in der neuen Manier offenlegte. Nach dem frühen und, wie sich bald zeigen sollte, höchst fragwürdigen Erfolg mit dem Entlarvungsroman *Studenty* (Studenten, 1950) schrieb Trifonov mehrere Erzählungen sowie Romane über Erfahrungen, die er auf Großbaustellen in Turkmenien gesammelt hatte (*Utolenie žaždy* [Die Stillung des Durstes], 1963) und über das Schicksal seines Vaters (*Otblesk kostra* [Der Widerschein des Feuers], 1965), ohne freilich die stalinistischen Verfolgungen, denen dieser zum Opfer gefallen war, auszuführen. Erst mit den Povesti *Obmen* (Der Tausch, 1969), *Predvaritel'nye itogi* (Vorläufige Bilanz, 1970), *Dolgoe proščanie* (Langer Abschied, 1971) und *Drugaja žizn'* (Das andere Leben, 1975) gelangte er zu seinem ureigentlichen Thema. Trifonovs «Moskauer Novellen» oder «Moskauer Romane», wie man sie genannt hat, waren gattungsmäßig weder das eine noch das andere, sondern sie enthielten, wie Brigitte Schultze gezeigt hat, Komponenten der Povest' wie auch der Erzählung (rasskaz), indem sie einmal stärker auf einen Entwicklungsprozeß, dann wieder auf einen veränderungsträchtigen Vorgang abstellten. Ihre Helden waren hochgebildete, sensible, auch ein wenig hypochondrische Intelligenzler aus der Hauptstadt, die unter den obwaltenden Lebensumständen in psychotische Krisen gerieten und Zuflucht in illusorischen Aufgaben suchten. Immer standen sich wahrhaftige, kompromißlose Menschen auf der einen Seite und praktisch-opportunistisch denkende auf der anderen gegenüber; immer ging es um moralisch richtiges Handeln und um Schuld. In *Obmen* rankten sich die Probleme um einen Wohnungstausch, der unter der stillschweigenden Voraussetzung vollzogen wird, daß die krebskranke Mutter des Helden stirbt. (Dieses Motiv kehrte Tat'jana Tolstaja später in der Erzählung *Ogon' i pyl'* [Feuer und Staub, 1986] um: Der erwartete Tod des Wohnraumgebers tritt nicht ein.) In *Predvaritel'nye itogi* zog der Held, ein Übersetzer, die Bilanz seiner gescheiterten Ehe und der Entzweiung mit seinem Sohn, indem er sich die Etappen des Entfremdungsprozesses ins Gedächtnis zurückrief und die Schuldfrage stellte. In *Dolgoe prošćanie* und *Drugaja žizn'* kamen in verschlüsselter, «äsopischer» Weise bereits die Aus- oder die Nachwirkungen der Lebensfälschung im Stalinismus zur Sprache. Der «lange Abschied», der sich – im Rückblick nach 20 Jahren – zwischen dem Schriftsteller Griša Rebrov und seiner Frau, der ehrgeizigen Schauspielerin Ljalja, vollzieht, ist, wie die Kritik festgestellt hat, zugleich der Abschied von der (stalinistischen) Vergangenheit. Nicht zufällig endet die Haupthandlung im März 1953 mit dem Tod einer wichtigen Persönlichkeit. Auch das «andere Leben» dient in der gleichnamigen Povest' als vieldeutiger symbolischer Hinweis. Wieder geht es um Schuld: Hat Ol'ga, die Heldin, Schuld am frühen Tod Sergejs, ihres Mannes, weil sie ihn, den zurückhaltenden, sensiblen Historiker, gedrängt hat, Karriere zu machen, sich auf das Ränkespiel um Posten und Ansehen einzulassen? Sergej hatte, während er Forschungen zu einem brenzligen Thema aus der frühen Geschichte des Bolschewismus trieb, deren Ergebnisse vor der Zensur kaum bestehen konnten, zunehmendes Interesse an Okkultismus und Parapsychologie entwickelt. Das «andere Leben» lag, wie man es auch immer deutete, jenseits der realen Welt, in der er lebte. Wie Trifonov die menschlichen Beziehungen – meist zwischen einem sensiblen Helden und einer robusten, praktischen Partnerin –, die durch Karrierismus und Opportunismus bestimmten Verhältnisse in Gesellschaft und Beruf sowie die verinnerlichten stalinistischen Deformationen in den komplexen Psychogrammen seiner Gestalten auswies, das machte ihn zum Indikator einer beginnenden Mentalitätskrise in der Sowjetunion. Ein Gegenstück zu Trifonovs psychologischen Fallstudien, und zwar aus der Sicht einer weiblichen Wissenschaftlerin gestaltet, war Sergej Zalygins Roman *Južnoamerikanskij variant* (Die südamerikanische Variante, 1973).

Trifonovs Povest' *Dom na naberežnoj* (dt. u. d. T. Das Haus an der Moskwa, 1976) ging in der Aufdröselung der Verknotung von moralischem Versagen und politischem Opportunismus am weitesten. Das Werk war um so verfänglicher auch für den Autor selbst, als er hier das gleiche Thema aufgriff, das er in seinem ersten Roman, *Studenty*, 25 Jahre zuvor behandelt hatte. Dessen Held, Professor Kozel'skij, «ein böser Geist, Formalist und Katzbuckler vor dem Westen» (zloj genij, formalist i nizkopoklonnik), wie ihn Trifonov in seinen Erinnerungen an Tvardovskij, *Zapiski soseda* (Aufzeichnungen eines Nachbarn, 1973), selbst charakterisierte, wurde von seinen Studenten entlarvt und kaltgestellt. In *Dom na naberežnoj* spielt die Handlung in den 30er und 40er Jahren und wird in der Rückblende aus der Gegenwart aufgerollt. Der Literaturwissenschaftler Professor Gančuk wird «entlarvt», wobei die

befreundeten Studenten Glebov und Šulepnikov als Werkzeug der
Institutsleitung dienen, der eine, indem er seinen verehrten Lehrer
nicht verteidigt, der andere, indem er die Denunziation vorbringt.
Doch die beiden sind auf verschiedene Weise mit dem Verrat fertig
geworden: Glebov hat seine Karriere zielstrebig fortgesetzt und die
peinlichen Vorgänge verdrängt; Šulepnikov, den Sohn eines hohen
Funktionärs, plagen Gewissensbisse, er hat sich dem Trunk ergeben.
Bei der Beerdigung Gančuks begegnen sich beide, Glebov als angese-
hener Professor, Šulepnikov als Friedhofsgärtner. Das vielschichtige,
auf mehrere Zeitebenen gelagerte Werk beleuchtete die neue soziale
Differenzierung in der Sowjetunion und brach eingefahrene Charak-
terschablonen auf. Das im Titel apostrophierte Haus, in der Serafimo-
vič-Straße, vom Kreml durch die Moskva getrennt, war seit den 30er
Jahren das Domizil höchster Parteikader. In der Povest' ist es den
«kommunalki», den berüchtigten Gemeinschaftswohnungen, die Glebov in seiner Kindheit kennengelernt hat, symbolisch gegenübergestellt. Der Drang, in die Nomenklatura vorzudringen und deren Privilegien zu genießen, wird zur Triebfeder opportunistischen Handelns
und − moralischen Versagens.

Andrej Bitov

Zwei junge Autoren, beide dem Jahrgang 1937 angehörig und damit
gleichsam in das poststalinistische Klima hineingewachsen, gingen auf
der Suche nach neuen narrativen Formen weiter als ihre älteren Kollegen: Andrej Bitov und Vladimir Makanin. Was sich im Tauwetter und
in der Neuen Prosa als Befreiung von den Fesseln des Sozialistischen
Realismus abzeichnete, war der Ausgangspunkt, von dem aus sie ihre
Erzählprosa mit erstaunlicher Folgerichtigkeit bis hin zur irritierenden
postmodernen Form entwickelten.

Andrej Bitov, in Leningrad als Sohn eines Architekten geboren,
studierter Geologe mit ausgiebigen Exkursionserfahrungen, hat in
den vierzig Jahren seit seiner ersten Veröffentlichung 1959 ein umfangreiches, vielseitiges Werk vorgelegt. Es umfaßt Erzählungen, Reiseberichte, Romane, Essays und literaturwissenschaftliche Arbeiten. In den
neueren Texten indes verwischen sich zunehmend die Gattungsgrenzen. Bitov zählt heute zu den angesehensten Autoren in Rußland und
hat sich eine weit über das Literarische hinausgehende Autorität
erworben, obwohl − oder weil − er sich eine ironische Unabhängigkeit vom politischen Tagesgeschehen leistet.

Schon in seinen ersten Erzählungen war zu spüren, daß es ihm nicht
um leichte Lockerungen oder Modifikationen der doktrinären

Schreibpraxis ging, sondern um ihre völlige Ablösung. Da reichte nicht das eine oder andere neue Verfahren, vielmehr mußten die ästhetischen und funktionalen Prämissen der Literatur von Grund auf neu abgesteckt werden. Las man die frühen Texte Bitovs genau, so fand man in ihnen bereits die Abkehr vom Didaktismus, vom selbstgewissen auktorialen Standpunkt, von der traditionellen Sujetgestaltung, ganz zu schweigen von simplem Schematismus und Parteilichkeit. In der Erzählung *Bol'šoj šar* (Der große Luftballon, 1963) wurde eines der repräsentativen sowjetischen Feste – man kann nur vermuten, daß es sich um den 1. Mai handelt – sozusagen von der Hinterseite gezeigt: als eine kindliche Entdeckungsreise des Mädchens Tonja, das auf allerlei private Verrichtungen aufmerksam wird und, fern der Parade, ein prächtiges Abenteuer mit einem Luftballon erlebt. Mit ähnlicher Neugier durchstreift der Knabe Zajcev in der Erzählung *Aptekarskij ostrov* (Die Apothekerinsel, 1962) den heimatlichen Wohnbezirk. Die kindliche Sicht ließ die Welt neu erkennen und deuten. So erlebte in der Erzählung *Žizn' v vetrenuju pogodu* (Das Leben bei windigem Wetter, 1967) ein Vater, der mit seinem Sohn in der gewohnten Umgebung spazierenging, eine neue Welt, gesehen mit den Augen des Kindes. Die inneren Vorgänge, die kleinen moralischen Niederlagen und Triumphe vermochte Bitov mit eindringlicher Präzision festzuhalten. So in der Erzählung *Jubilej* (Das Jubiläum, 1960), die den Tod des Schriftstellers Boris Karlovič Vagin schildert, kurz vor den Feierlichkeiten, die zu seinem 70. Geburtstag ausgerichtet werden sollen; so auch in der Erzählung *Penelopa* (Penelope, 1962), die von einem Kinobesuch des jungen Lobyšev mit einem ausgeflippten Mädchen berichtet und das reale Geschehen mit dem Filmgeschehen – es handelt sich um Mario Camerinis Film *Uliss* (russ. *Stranstvija Odisseja*, 1953) – konfrontiert. Nicht die brüchigen menschlichen Verhältnisse, sondern ihre widersprüchliche Verarbeitung in der Psyche der Protagonisten, das zermürbende Auseinanderklaffen von Denken, Fühlen und Handeln bildeten den Gegenstand in Bitovs Erzählungen. Zugleich entdeckte er dem Leser sein künstlerisches Vorgehen. In der Erzählung *Infant'ev* (1965) vergleicht die Titelgestalt den Tag, an dem seine an Krebs gestorbene Frau beerdigt wurde, mit einer punktierten Linie (punktir): Er zerfalle in drei Abschnitte, drei Bilder, drei Lichtpunkte, drei Aufnahmen eines verlorengegangen Films. *Infant'ev* erschien später als Schlußkapitel des «Punktir-Romans» (roman-punktir) *Rol'* (*Die Rolle*, in dem Band *Dni čeloveka* [Die Tage des Menschen], 1976). Das Thema von Bitovs erstem Kurzroman, das wechselnde Rollenspiel des verwöhnten Intelligenzlersohnes Alëša Monachov auf der Bühne des Leningrader Lebens, das den Unterschied zwischen Verstellung und Wahrhaf-

Andrej Bitov

tigkeit aufhob, wurde von einer Komposition getragen, die wie aus
einzelnen Erzählungen oder Fragmenten zusammengeflickt erschien.
Das «Punktir-Prinzip» (punktirnost'), d. h. die für Bitov charakteristische fragmentarische Kompositionsweise, und das «Scharfsehen»
(ostrovidenie), d. h. die neue, andere Wahrnehmung des Gewohnten,
bilden, worauf Wolf Schmid hingewiesen hat, zwei Grundelemente
der Poetik und der schriftstellerischen Ethik Bitovs. Beides hängt eng
miteinander zusammen und macht das Anknüpfen an Šklovskijs Ver-
fremdungstheorem und Montagetechnik offensichtlich.

Nach Erzählbänden bzw. Erzählkonglomeraten der genannten Art
wie *Dačnaja mestnost'* (Datschen-Gegend, 1967), *Aptekarskij ostrov* (Apo-
theker-Insel [d. i. ein Stadtteil von Petersburg], 1968) oder *Obraz žizni*
(Lebensform, 1972) veröffentlichte Bitov 1976 seine gesammelte Reiseprosa unter dem Titel *Sem' putešestvij* (Sieben Reisen), deren Herzstück der Text *Uroki Armenii* (Armenische Lektionen, 1972) darstellt.
Wieder waren es nicht in erster Linie die Eindrücke von Menschen
und Gegenständen, über die der reisende, schon berühmte Schriftsteller namens Andrej Bitov berichtet, sondern seine Reflexionen und die
psychischen Einstellungen zu ihnen. Am Schluß des Armenien-
Buches bekannte der Autor, er habe sich bemüht, genau zu sein, doch
kenne er keine größere Genauigkeit als die, daß sich mit ihm alles so

(und nicht anders) zugetragen habe. Er habe viel länger in diesem
Buch als in Armenien zugebracht, und das mache seinen Inhalt aus.
Bitovs bekanntestes und bemerkenswertestes Buch ist *Puškinskij
dom* (Das Puškin-Haus). Er hatte das Werk bereits 1971 abgeschlossen,
doch konnte es, nach der amerikanischen Ausgabe von 1978, erst 1989
in der Sowjetunion erscheinen. War es der lange erwartete große
Roman Bitovs? Ein Roman, der die Lebensgeschichte des aus einem
alten Adelsgeschlecht stammenden Literaturwissenschaftlers Lev
Nikolaevič (Lëva) Odoevcev erzählt, den seine Kollegen mit «Fürst»
anreden, der bei seinen Eltern lebt und als Aspirant an seiner Doktor-
arbeit schreibt? Der am 8. November 1961 (d. i. der Jahrestag der
Oktoberrevolution) im «Puškinskij dom» (d. i. das Akademieinstitut
für russische Literatur in Leningrad) die Nachtaufsicht führen muß,
nach einem Gelage im Museum des Instituts mit seinem Doppelgänger
und Neider Mitišat'ev in Streit gerät und in einem Duell, das mit Puškins Pistolen ausgetragen wird, den Tod findet? Ja und nein. Denn der
Erzähler hat immer rechtzeitig alternative Versionen und Varianten
parat, die einen anderen, glücklicheren Ausgang der Geschichte garantieren. *Puškinskij dom* ist ferner eine hintersinnige Familiengeschichte.
Die Odoevcevs sind Literaturwissenschaftler in der dritten Generation. Lëvas Familie war während des Krieges in Sibirien verbannt.
Auch der Großvater hat, was Lëva erst später erfährt, dreißig Jahre in
Arbeitslagern zugebracht. Die erste Abteilung ist mit einem Turgenevschen Titel, *Otcy i deti* (Väter und Söhne), überschrieben; die zweite
mit einem Lermontovschen, *Geroj našego vremeni* (Ein Held unserer
Zeit), die dritte schließlich verändert in der Überschrift Puškins «ehernen Reiter» (*Mednyj vsadnik*) zum «armen Reiter» (*Bednyj vsadnik*). Mit
anderen Worten: Mittels Allusion auf typische Phasen der russischen
Literaturgeschichte – Generationskonflikt, überflüssiger Mensch, Verfolgung des Bürgers durch den Staat – wird eine intertextuelle Bedeutungsschicht implantiert. In Passagen, die als «Hervorhebungen»
(*Kursiv moj. – A. B.* – Hervorhebung von mir – A[ndrej] B[itov])
gekennzeichnet sind, reflektiert der reale Autor über sein künstlerisches Vorgehen; bissige «Kommentare» zum Zeitgeschehen, die der
Autor, nun in der Rolle des Herausgebers, am Schluß hinzufügt, verwirren das Spiel mit den Erzählinstanzen ein weiteres Mal. Bitov hat
die Grenzen zwischen Erzähler, Autor und seiner höchstrealen Person
in seiner Schreibpraxis mehr und mehr verwischt. Die Dekonstruktion der Autoreninstanz schreitet bei ihm von der Selbstreflexion zur
Mystifikation fort (A. Meyer-Fraatz). In den Essays *Achilles i čerepacha*
(Achilles und die Schildkröte, 1975) und *Čerepacha i Achilles* (Die
Schildkröte und Achilles, 1970–1982), beide enthalten in dem Band

Stat'i iz romana (Aufsätze aus dem Roman, 1986), einem literaturwissenschaftlichen Supplementum zum *Puškinskij dom*, reflektierte er über den Helden und seinen Autor. Und es liegt auf dieser Linie, daß Bitov selbst den «Lufteinfluß» (vozdušnoe vlijanie) aufdeckte, den er von Nabokovs Romanen *Dar* (Die Gabe) und *Priglašenie na kazn'* (Einladung zur Enthauptung) erfahren hatte: eine Weichenstellung von weitreichender Wirkung. Mit *Puškinskij dom* legte Bitov den Grundstein zu dem ausgreifenden Puškin-Komplex, der ihn seither nicht wieder losgelassen hat. Das Puškin-Thema zieht sich durch die *Stat'i iz romana*, es beherrscht in utopisch-grotesker Form die Erzählung *Fotografija Puškina* (Die Puškin-Photographie), die in den Zyklus *Prepodavatel' simmetrii* (Der Symmetrie-Lehrer) – im Band *Čelovek v pejzaže* (Der Mensch in der Landschaft, 1988) – enthalten ist. Im Puškin-Jubiläumsjahr 1999 lieferte er mit dem Text *Vyčitanie zajca* (was sowohl «Das Abziehen des Hasen» – im Sinne von Subtraktion – als auch «Das genaue Lesen des Hasen» bedeutet; dt. u. d. T. Puschkins Hase) eine tiefsinnig-groteske Hommage für den großen russischen Dichter, den er aus den Höhen des Klassikertums in die Sphäre der Privatheit und der Körperlichkeit zurückholte, also in jenen Bereich, wo der Dichter zum Menschen und der Mensch zum Dichter wird.

In den letzten Jahren legte Bitov in dem Band *Zapiski novička* (Aufzeichnungen eines Schulanfängers, 1997) Texte vor, die bereits in den 60er Jahren entstanden waren. Der angekündigte Band *Neizbežnost' nenapisannogo* (Die Unvermeidlichkeit des Ungeschriebenen) scheint virtuelle Texte, die geplant, aber nie verwirklicht wurden, zum Inhalt zu haben. Man kann alle einzelnen Werke Bitovs als Bestandteile des einzigen großen «Bitovschen Romans» (W. Schmid) deuten, an dem dieser Autor unablässig schreibt und in dem er alle Seiten seines realen Wesens und alle Rollen, in die er je als Autor schlüpfte, vereinigt. Bitovs vierbändige Werkausgabe, die 1996 erschien, war in diesem Sinne als eine Gesamtheit des bisher Geschaffenen konzipiert unter dem Titel *Imperija v četyrëch izmerenijach* (Ein Imperium in vier Dimensionen).

Vladimir Makanin

Es fehlt nicht an Übereinstimmungen zwischen den Erzählwerken Bitovs und seines Altersgenossen Vladimir Makanin. Beide sind auf die städtischen Verhältnisse ausgerichtet, beide sind hellwache Psychologen, und beide spiegeln ihre Gegenstände in den Figuren und Situationen der literarischen Tradition. Makanin aber ist der realistischen

Schreibweise tiefer und länger verhaftet als Bitov, wenn sein Erzählstil freilich auch ohne jede Behäbigkeit und Antiquiertheit daherkommt. Für ihn bleibt irritierend, daß das Glück der einen auf dem Unglück der anderen entsteht, daß Menschen ihre Mitmenschen ausbeuten und peinigen. Das treibt ihn gelegentlich zur Satire oder zur Groteske, doch erweist sich als sein eigentliches Anliegen, den unerklärlichen Rest in der menschlichen Psyche und in den – sowjetischen oder post-sowjetischen – Verhältnissen anzupeilen. Die Ausgestoßenen und Degradierten, Außenseiter und Drückeberger, die Makanins Erzählungen bevölkern, stellen Fragen an die Gesellschaft, an Gott – oder an eine Sekretärin, auf die sie keine Antwort erhalten. Mit Recht hat man von einer kafkaesken Note bei Makanin gesprochen, wie sie sich unverkennbar in der undurchsichtigen Prozeßsituation der Erzählung *Stol, pokrytyj suknom i s grafinom poseredine* (Ein Tisch, mit Tuch bedeckt und einer Karaffe in der Mitte, 1993) abzeichnet.

Makanin, der, im Ural geboren, in Moskau eine Ausbildung als Mathematiker erhielt und zugleich Kurse an der Filmhochschule besuchte, veröffentlichte schon 1965 seinen ersten Roman, *Prjamaja linija* (Die gerade Linie), der im Sinne der Tauwetter-Tendenz um Fragen der wissenschaftlichen Ethik kreiste. In regelmäßiger Folge legte er seit den 70er Jahren Romane und Erzählungen vor. Die Povesti *Bezotcovščina* (Vaterlosigkeit, 1971), die das Schicksal verwahrloster Kinder aufgriff, und *Soldat i soldatka* (Der Soldat und die Soldatin, 1971) oder der Roman *Na pervom dychanii* (Mit dem ersten Atemzug; dt. u. d. T. Schönes Mädchen mit den grauen Augen, 1976) waren in die Strömung der Stadtprosa einzuordnen. Bemerkenswert war der Band *Golosa* (Stimmen, 1980), den man als unzusammenhängende Folge von Skizzen oder Kurzgeschichten oder als Roman-Collage auffassen konnte. Das heterogene Gemisch des Erzählten oder – anders ausgedrückt – der Verzicht auf ein durchgängiges Sujet, auf zusammenhängende Zeiträume und Schauplätze stand für ein neues Gattungskonzept. Wenn einige der Erzählungen im sowjetischen Alltag spielen, andere eine Räuberlegende aus dem Ural oder gar die Erfindung der Trommel in der Steinzeit beschwören, so hatte dies nur noch wenig mit der klassischen Romanform zu tun, war aber wieder auch mehr als ein Erzählzyklus. (Wie produktiv das Konzept werden konnte, zeigen die Bücher Ingo Schulzes, vor allem die in Rußland spielenden *33 Augenblicke des Glücks* [1995].) Ihre innere Kohärenz erhielten die in *Golosa* vereinigten Texte von einem besonderen Stimmenmodell, das Makanin wie folgt explizierte: Die Dinge und die Menschen trügen Stimmen in sich, die im aufnehmenden Subjekt (sprich: im Autor) fortexistieren und von ihm entschlüsselt werden

Vladimir Makanin

oder unverstanden entweichen. Gleich abgefallenen Blättern würden die Stimmen, die nicht weggefault sind, an ihren Stammplatz zurückkehren. In Makanins Stimmenmodell trafen Michail Bachtins Wortästhetik, derzufolge die erzählende Literatur organisierte Rede- oder Stimmenvielfalt (mnogogolosie) darstellt, und die Poetik der Epiphanien von James Joyce, die in der Wirklichkeit von Fall zu Fall Offenbarungen erkennt, aufeinander. Die Dinge gewannen, wenn sie zu reden begannen, einen emblematischen Sinn. An dieser Stelle wird der Unterschied zu Bitov offensichtlich: Makanin verzichtet als Autor nicht auf die impressionistische Aufnahmefähigkeit seiner ausgefahrenen Antennen, während Bitov die Trennung von Kunst- und Autorensphäre zunehmend negiert.

Nach dem in *Golosa* praktizierten Collage-Verfahren reihte auch der «Roman» *Utrata* (Der Verlust, 1987) unterschiedlichste Geschichten aneinander, die nun auch ins Phantastische vorstießen. Anders als diese Werke stellte die Povest' *Predteča* (Der Vorläufer, dt. u. d. T. Der Wunderheiler, 1983) ein «klassisch» erzähltes und komponiertes Erzählwerk dar. Skandalös wirkte in der zu Ende gehenden Brežnev-Zeit ihr Thema. Makanin schilderte die kurze Laufbahn des Sergej Jakuškin, eines neuen Rasputin, der durch Handauflegen, Kräutertee, Zahnpulver und fromme Reden unheilbar Kranke zu heilen imstande war. Während Jakuškin seine Heilenergie «aus den Händen in die Hände» (iz ruk v ruki) übertrug, monologisierte er unaufhörlich über den Abfall des Menschen von der Natur und übte mit seinen Tiraden eine beruhigende Wirkung auf seine Patienten aus. (Das Wortfeld «ticho/ tiše» [ruhig, still] durchzieht leitmotivisch die entsprechenden Passagen.) Obwohl Makanin seinen Helden mehr und mehr dekuvrierte und ihn endlich sogar seine übernatürlichen Fähigkeiten verlieren ließ, kam seine Parabel vom Gesundbeten nicht nur dem in Rußland verbreiteten Aberglauben entgegen, sondern gewann in der sowjetischen Scheinwelt auch einen politischen Sinn. Ein politisches Moment schwang auch in dem Band *Moskva 1985* (Moskau 1985) mit, der durch die Schilderung drastischer Trinkerexzesse Gorbačëvs erste große Kampagne gegen den Alkoholmißbrauch begleitete – ein Zugriff aufs Politische, wie er bei Bitov kaum denkbar wäre.

Immer wieder gelang es Makanin, die zu erforschenden Syndrome, Situationen oder Figuren mit einem einprägsamen Etikett zu versehen. In der Erzählung *Otdušina* (Die Luftklappe, 1984) bezeichnet das Titelwort jene Öffnung am Ofen, durch die die Luft austreten kann, zugleich bedeutet das Wort aber auch soviel wie seelische Entspannung. Gemeint ist eine Dreicksbeziehung, an der der Möbelfachmann Michajlov, der Mathematiker Strepetov und die aufstrebende Dichterin Alevtina beteiligt sind. Die beiden verheirateten Männer treffen sich einmal in der Woche bei der Dichterin, lieben sie und hören sich ihre Verse an, während die «Luftklappe» zu Spießigkeit und Banalität verkommt. Die Erzählung *Antilider* (Der Antileader 1984) wieder führt den Installateur Kurenkov vor, der von Zeit zu Zeit bestimmte Mitmenschen in unerklärlicher Wut zusammenschlägt. Was löst solchen Groll in ihm aus? Neid, Eifersucht, Alkohol? Nein, es ist der Haß auf die Glückspilze und Erfolgreichen, der ihn auch, als er in Sibirien im Gefängnis sitzt, nicht verläßt und zur Selbstzerstörung führt.

Mit der Figur Viktor Ključarëvs, des apathischen Phlegmatikers, schuf sich Makanin ein wiederkehrendes Prisma für den eigenen künstlerischen Erkenntnisdrang. In der Erzählung *Goluboe i krasnoe* (Blau und Rot) zeigte er, wie der Knabe Ključarëv umgeben von Frauen aufwächst. In *Ključarëv i Alimuškin* (Ključarëv und Alimuškin) prosperiert er beruflich, während sein Gegenpart zugrunde geht (pogibaet). In dem Roman *Laz* (Das Schlupfloch, 1990) erscheint Ključarëv als Moskauer Stadtbürger, den das Scheitern der Perestrojka sowie der Verfall von Gesetz und Moral in der sowjetischen Metropole mit wachsender Verzweiflung erfüllen. Wie Dostoevskijs Untergrundmensch (aus den *Zapiski iz podpol'ja*) gräbt sich Ključarëv einen Bunker, von dem aus er zum unterirdischen Schlupfloch der abgetauchten Intelligenz vordringen will – eine Allegorie auf die Rolle der Intelligenz in der Perestrojka. In seinem vorerst letzten Roman, *Andegraund* [Андеграунд], *ili Geroj našego vremeni* (Underground oder Ein Held unserer Zeit, 1998) wendet sich Makanin der unmittelbaren Gegenwart zu. Obwohl dieses Werk die postmodernen Muster voll ausnutzt und intertextuelle Bezüge vor allem über die Kapitelüberschriften aufbaut, entsteht gleichwohl ein handfestes Bild von der Moskauer Unterwelt mit «neuen Bettlern» und «neuen Russen». Der heutige «Held unserer Zeit» ist ein verwahrloster Schriftsteller namens Petrovič, der aus Prinzip nicht mehr schreiben will, sondern es vorzieht, sich als Wächter in einem heruntergekommenen Wohnasyl, abschätzig «obščag» oder «psichuška» genannt, zu verdingen. Als Ich-Erzähler berichtet er von seinen simplen Abenteuern und Kämpfen, die ihm nicht nur das Überleben, sondern auch einen unbehelligten Freiraum sichern sollen. Die Verweise auf Turgenev, Bulgakov, Dostoevskij und, immer wieder, auf Lermontov lassen Makanins Helden Petrovič als Symptom einer moralisch verkommenen Gesellschaft erscheinen, so wie einst Pečorin das Porträt der Laster seiner ganzen Generation gewesen war. (Das entsprechende Zitat steht als Motto über dem Roman.) Doch handelt das Werk zugleich von den Schablonen der Literatur und den Schemen des Lebens. In der künstlerischen Technik kommt Makanin hier Bitov näher, doch ist sein Weltbild nun von totaler Hoffnungslosigkeit erfüllt, wie sie sich schrittweise in seinem Werk aufgebaut hat.

Historische Prosa

Das für Trifonov charakteristische Erzählen auf mehreren Zeitebenen hob den Unterschied zwischen Gegenwarts- und Geschichtsprosa mitunter auf. Denn es ging ihm eben ersichtlich darum, die Gegenwart aus der Vergangenheit zu erhellen oder, wie er einmal sagte, den «verbindenden Faden der Zeiten», der durch die Menschen hindurchläuft, durch das Gedächtnis wachzurufen und zu verstehen. Mit dieser Intention hat er zwei wichtige Beiträge zur neuen Historischen Prosa geleistet. Den Roman *Neterpenie* (Ungeduld, 1973) über die Terroristengruppe «Narodnaja volja» (Volkswille bzw. Volksfreiheit) um Andrej Željabov, die in den 1870er Jahren den Zarenmord vorbereitete, schrieb Trifonov für die Serie *Plamennye revoljucionery* (Flammende Revolutionäre). Trifonov setzte die Terroristengruppe Željabovs parallel zu der Nečaev-Gruppe, die den Vorwurf für Dostoevskijs *Besy* geliefert hatte, begleitete das Geschehen durch historische Dokumente (Aufrufe, Erinnerungen) und kommentierende Zitate und schaltete zudem eine geschichtsdeutende Instanz, «Klio-72», die Muse der Geschichte, ein, die aus der Perspektive der Erzählergegenwart spricht. Dadurch entstand eine vielstimmige Bedeutungsstruktur oder, mit Wolf Schmid, ein neuer, polyphoner Blick auf die Geschichte. Vor allem gelang es in dem Roman, die moralische Grundaporie aufzuweisen, die darin bestand, daß die Terroristen die Freiheit des Volkes anstreben, das ihnen völlig fremd ist, und daß sie angeblich den Willen dieses Volkes vollziehen, indem sie Leben auslöschen. Der kurze Roman *Starik* (Der Alte, 1978) enthielt die zeitliche Zweischichtigkeit bereits im Titel, denn Starik war sowohl der Beiname des Helden, der auf der historischen Zeitebene agiert, des Kosakenführers Migulin, der im Bürgerkrieg auf seiten der Roten kämpft und in einer kritischen Situation wegen angeblichen konterrevolutionären Verhaltens abgesetzt wird, wie auch der Erzähler und Perspektiventräger, der als alter Mann, d. h. in der Gegenwart, das seinerzeitige Geschehen – und sein Versagen – zu rekonstruieren versucht. Bürgerkriegs- und Gegenwartsgeschehen durchdringen sich gegenseitig. Der revolutionäre Schwung mit all seinen utopischen Hoffnungen wird mit der verbürgerlichten Gegenwart konfrontiert, in der die Kinder und Enkel des Starik ausschließlich in ihre kleinlichen Alltagssorgen verstrickt sind und kein Verständnis mehr zwischen den Generationen besteht.

Bulat Okudžava

Eine besondere Qualität brachte Bulat Okudžava in die historische Prosa, die er, was über seinem erfolgreichen Liederschaffen leicht übersehen wird, um vier interessante Werke bereichert hat. Mit Trifonovs historischer Prosa hatte sein Romanmodell die offene Bedeutungsstruktur gemeinsam, doch arbeitete er darüber hinaus mit dem Verfahren der «mimetischen Brechung» (R. Lauer), d. h. er nutzte für die Wiedergabe seiner historischen Sujets Gattungs- und Stilformen aus, die der geschilderten Epoche angehören. Trotz gelegentlicher – von der Kritik süffisant aufgewiesener – sachlicher Schnitzer erlangte Okudžava in der historischen Stilisierung bzw. im historisierenden Skaz eine Kunstfertigkeit, die ihn unter die hervorragenden Erzähler der Neuen Prosa einreiht.

Bulat Okudžava, Sohn eines Georgiers und einer Armenierin, doch in Moskau geboren und im Arbatviertel aufgewachsen, hatte als Kind ein ähnliches Schicksal erfahren wie Trifonov. Der Vater, ein hoher Parteifunktionär, wurde 1937 im Zuge der Säuberungen hingerichtet, die Mutter verschwand im Lager und wurde erst 1955 rehabilitiert. Mit Liedern, die er zur Gitarre vortrug, und Gedichten – 1956 erschien der Band *Lirika* (Lyrik), 1959 *Ostrova* (Inseln), in den 60er Jahren folgten drei weitere Bändchen – begann er seine literarische Tätigkeit; 1961 ging er mit *Bud' zdorov, školjar* (Mach's gut, Schulbub) zur Prosa über. Sein erster historischer Roman *Bednyj Avrosimov*, an dem er vier Jahre gearbeitet hatte, erschien 1969 in der Zeitschrift *Družba narodov* (Völkerfreundschaft). In Buchform wurde das inzwischen überarbeitete Werk 1970 unter dem Titel *Glotok svobody. Povest' o Pavle Pestele* (Ein Schluck Freiheit. Die Geschichte von Pavel Pestel') in die Reihe *Plamennye revoljucionery* aufgenommen. Die unterschiedlichen Titel und Gattungsbezeichnungen (etliches spricht dafür, die Titelei der ersten Fassung als die authentische anzusehen) ließen immerhin eine konzeptuelle Spannung erkennen, die auch im Inhalt des Romans angelegt ist. Geschildert wurden die Erlebnisse des jungen, schwärmerischen Landedelmannes Ivan Evdokimovič Avrosimov, der als Schreiber bzw. Protokollant in das Untersuchungskomitee abgeordnet worden ist, das Zar Nikolaus I. zur Aburteilung der Dekabristen-Verschwörer eingerichtet hatte. Im Laufe des Verfahrens erliegt der unerfahrene Jüngling mehr und mehr der Faszination durch die Persönlichkeit des Hauptangeklagten, Oberst Pestel', dessen Denken und Argumentieren ihn überzeugt. Damit gerät seine Loyalität zu Zar und Staat in eine Krise, die mit einem Fieber und der Abschiebung Avrosimovs endet. Ein besonderer Reiz des Romans lag in der archaisierenden Stilisierung der Erzählerrede. Ähnlich wie in Puškins *Hauptmannstochter* berichtete ein älterer Erzähler über Ereignisse, die er in seiner Jugend erlebt haben mochte, in der Rede- und Erzählmanier eben dieser Zeit. Die Stilisierung betraf nicht nur Lexik und Phraseologie (mit Wörtern wie: eželi, ibo, nonešnij, sej, oder Wendungen wie: sil'nye mira sego [die Mächtigen dieser Welt]), sondern namentlich auch die Redeetikette. Wie im empfindsamen Roman wandte sich der Erzähler an einen imaginären Zuhörer, den er «gnädiger Herr» (milostivyj gosudar') anredete, und beide bangten zusammen um «unseren Helden» (naš geroj). Kurz: Sprache, Erzählmodus und Motivationen in der Manier der Puškin-Zeit – zu denken wäre an die Militärerzählungen Bestužev-Marlinskijs, Lermontovs *Helden unserer Zeit* und Puškins *Hauptmannstochter* – bestimmten durchgehend den narrativen Fluß, wobei Bulat Okudžava außerdem auf die authentischen Untersuchungspro-

tokolle zurückgriff. Daß damit nicht nur historische Echtheit der
Form intendiert, sondern auch äsopisch Tarnung angezeigt war, verdeutlichte die Zeitstruktur des Romans. Der Erzähler berichtet die
Ereignisse um Avrosimov aus einem Abstand von etwa 40 Jahren, d. h.
aus einer zeitlichen Distanz, die der zwischen erzählendem und erle-
bendem Ich in Puškins *Hauptmannstochter* entspricht (mit der *Bednyj
Avrosimov* übrigens auch den Loyalitätskonflikt gemein hat). Wichtiger
noch war eine andere inhärente Parallele: Der Erzähler hat inzwischen
die Bauernbefreiung durch Alexander II. erlebt – und damit die Verwirklichung dessen, was Pestel' einst angestrebt hatte. So räsoniert er:
«Das heißt, in dieser Frage war der Oberst kein Verbrecher, sondern
ein Prophet. [...] Und der Herrscher?... Hier bebt und zittert mein
Herz. Er befahl, einen Propheten zu bestrafen!»

Die äsopische Bedeutung dieser Schlüsselaussage wird klar, wenn
man sie auf die Autorenebene projiziert.

Auch in *Mersi, ili Pochoždenija Šipova* (Merci oder Šipovs Abenteuer,
1971; 1975 u. d. T. *Pochoždenija Šipova, ili Starinnyj vodevil'* [Šipovs Abenteuer oder Ein altes Vaudeville]) griff Bulat Okudžava einen historisch
verbürgten Vorgang auf: die Bespitzelung des Grafen Lev Tolstoj,
nachdem er sich auf sein Gut Jasnaja Poljana zurückgezogen hatte,
durch den Moskauer Polizeispitzel Michail Šipov, einen Spezialisten
für Taschendiebe. Da die Behörden vermuten, daß Tolstoj eine konspirative Studentengruppe um sich versammelt hat (in Wirklichkeit handelt es sich um die Lehrer seiner Schule für die Bauernkinder) und eine
geheime Druckerei unterhält, tut Šipov alles, um diesen Verdacht zu
erhärten, und streicht für seine hanebüchenen Berichte reichliche Spe-
sen ein. Das Vaudeville-Element war durch banalste Situations- und
Verwechslungskomik, durch eingeflochtene Couplets, Dialoge in dramatischer Form und, nicht zuletzt, primitiven Sprachwitz vorhanden.
Der ebenso bedenkenlose wie ungebildete Šipov warf ständig mit
unverstandenen französischen Brocken um sich: лямур-тужур (l'a-
mour toujours), шерше ля фам (cherchez la femme), мезальанс
(mésalliance) und das unsägliche сетребьен (c'est très bien). *Putešestvie
diletantov* (Die Reise der Dilettanten, 1976–1978), Okudžavas dritter
Geschichtsroman, führte in das letzte Jahrzehnt der Nikolaitischen
Herrschaft. In Form von tagebuchartigen Aufzeichnungen des verabschiedeten Oberleutnants Amiran Amilachvari und Briefen wurde das
Leben des Fürsten Sergej Mjatlev, einer erfundenen Gestalt, die Züge
des Fürsten Sergej Trubeckoj, Lermontovs Sekundanten im Todesduell,
und Ivan Mjatlevs, eines Dichters der Puškin-Zeit, trägt, vor dem
Leser ausgebreitet. Authentische Ereignisse und Fiktion sind in dem
Roman unauflöslich vermischt. Man erkennt die Umgebung Puškins

und Lermontovs in der Hauptstadt wie im Kaukasus; diverse Liebesintrigen folgen den Mustern der Zeit. In verschiedenen Episoden entstand ein Bild des Zaren in seiner Widersprüchlichkeit. Wegen einiger Eskapaden ist Mjatlev in Ungnade gefallen und in den Kaukasus strafversetzt worden; später wird er zum Nebenbuhler des Kaisers und flieht mit der jungen romantischen Polin Lavinija. Diese romantische Flucht nimmt den zweiten Teil des Romans ein. Es ging hier wieder um gesellschaftliche und politische Zwänge, die sich gegen einen zwar nicht bedeutenden, doch unabhängigen und kompromißlosen Geist richten. In den Kaukasus-Episoden bezog die mimetische Brechung, wie die Kritik festgestellt hat, außer Lermontov bereits den Stil der frühen Erzählungen Lev Tolstojs mit ein. Als letzter Roman ist *Svidanie s Bonapartom* (Wiedersehen mit Bonaparte, 1985) zu nennen, in dem Napoleons Rußlandfeldzug nach dem Prinzip der Vielstimmigkeit eingefangen wird. Wie in einer Rashomon-Geschichte berichten sehr verschiedene Personen – der General Opročinin, die nach Moskau verschlagene Chansonette Luiza Bigar (Louise Bigar) und die Gutsbesitzerin Volkova, hinzu kommen Erzählungen und Briefe weiterer Personen – über die Ereignisse, so wie sie sie erlebt haben und bewerten. Wie in *Bednyj Avrosimov* ist auch in diesem Roman ein ideologischer Subtext erkennbar – die Napoleon-Idee, die zwar die russische Sklaverei in Frage stellt, gleichwohl aber, da sie die Freiheit in Gewalt und Eroberung pervertiert, in sich widersprüchlich bleibt.

Dorfprosa – Die Derevenščiki

Die auffälligste Erscheinung in der Literatur der 70er Jahre war zweifellos die sogenannte Dorfprosa (derevenskaja proza), deren Vertreter alsbald mit dem familiären Namen «derevenščiki» (Dörfler, Dorfautoren) belegt wurden. Die künstlerischen Merkmale der Neuen Prosa waren in ihren Werken voll auszumachen, doch galt ihre Aufmerksamkeit den Problemen des ländlichen Rußlands, das in seinem materiellen und mentalen Bestand durch die Kollektivierung und den Einzug des technisch-industriellen Fortschritts von Grund auf verändert worden war. Allen Dorfautoren war gemein, daß sie, auf der Suche nach den überkommenen Werten, die alten Lebensformen der Bauern (drevnij krest'janskij byt) neu entdeckten, die moralischen Kräfte des Dorfes – gegenüber der Stadt – hervorhoben, ihre Skepsis gegenüber den vermeintlichen Errungenschaften des Fortschritts artikulierten und damit den Anstoß zum ökologischen Nachdenken in Rußland gaben (G. Hildebrandt). Indem sie der älteren Generation und deren

Lebensauffassung nicht nur mit Verständnis, sondern mit Hochachtung begegneten, hoben sie den in der Jungen Prosa forcierten Generationskonflikt auf.

Schon früh waren gerade in Werken, die dem russischen Dorf gewidmet waren – zu denken wäre an die Dorfskizzen Valentin Ovečkins oder an Fëdor Abramovs großen Romanzyklus *Prjasliny* (Die Prjaslins), dessen erster Teil bereits 1958 erschienen war –, Kritik und Sorge um die Lage auf dem Lande aufgeklungen. Jüngere Autoren freilich nahmen die dörflichen Dinge bald mit größerer Schärfe in den Blick. Der vielseitig begabte Vasilij Šukšin, der es vom einfachen Kolchosenarbeiter zum erfolgreichen Autor, Schauspieler und Regisseur gebracht hatte, widmete nicht wenige seiner kurzen Erzählungen – sie erschienen gesammelt in den Bänden *Sel'skie Žiteli* (Dorfbewohner, 1963) und *Kalina krasnaja* (Der rote Schneeballstrauch, 1973) – dem Alltagsleben auf dem Dorf. Er zeigte die tiefgreifenden Umbrüche auf, die die Dorfleute verunsicherten. Seine typischen Helden waren junge Rabauken (balamuty) von naturhafter Lebenskraft, die in Konflikt mit den dörflichen Normen gerieten. In der knappen Dialogführung und der effektvollen Zuspitzung seiner Kurzgeschichten hatte Šukšin nicht seinesgleichen. Ebenso beherrschte er, Zoščenko folgend, den satirischen Skaz. Der Skaz oder wenigstens eine der mündlichen Rede angeglichene Erzählsprache begegnete nicht selten in der Dorfprosa. Boris Možaev verfaßte im Stil einer Erzählstimme seinen bäuerlichen Schelmenroman *Iz žizni Fëdora Kuz'kina* (Aus dem Leben des Fëdor Kuz'kin, 1966; später u. d. T. *Živoj* [Der Lebendige], 1973). Nach dem Stationenmodell dieser Gattung wurde gezeigt, wie der bauernschlaue und wodkafreudige Held in Verfolgung seines Zieles die «Oberen», d. h. Kolchosenleiter, Parteifunktionäre und die Genossen Richter, übers Ohr haut. Sein Ziel, das er gegen massiven Widerstand am Ende auch durchsetzte, war nichts anderes als der Austritt aus der Kolchose, mit anderen Worten: die Umkehrung des Hauptmotivs der offiziellen Kolchosenliteratur. Die Schrecken der Entkulakisierung beschrieb Možaev ungeschönt in dem Roman *Mužiki i baby* (Bauern und Bäuerinnen, 1976), dessen zweiter Teil erst 1987, im Klima der Perestrojka, erscheinen konnte.

Vladimir Solouchin

Das herausragende Triumvirat der Dorfprosaiker bildeten die Schriftsteller Vladimir Solouchin, Vasilij Belov und Valentin Rasputin. Solouchin, mit Abstand der älteste von ihnen, stammte aus dem Vladimirschen Gebiet. Er hatte am Krieg teilgenommen und danach das

Gor'kij-Literaturinstitut absolviert. Seine literarische Laufbahn begann er als Journalist und Poet, und in der Spannung zwischen diesen beiden Ansätzen stand auch sein weiteres Schaffen. Lyrik von fester Substanz und strenger Form bis hin zum Sonettenkranz – er hat zwei dieser schwierigen Zyklen verfaßt, *Gruzija* (Georgien, 1972) und *Venok sonetov* (Sonettenkranz, 1975) – zog sich durch sein Schaffen, doch wurde die halbbelletristische Prosa, oft in der Struktur der Recherche, sein eigentliches Metier. Die frühen, lyrisch gefärbten, autobiographischen Texte *Vladimirskie prosëlki* (Vladimirsche Pfade, 1957), *Kaplja rosy* (Ein Tropfen Tau, 1960) und *Mat'-mačecha* (Huflattich, 1965) verrieten Solouchins enge Verbundenheit mit seiner Vladimirschen Heimat, sie blieb auch in den folgenden Werken ein mächtiger Impuls seines Schreibens; der andere wurde mehr und mehr die Sorge um den Verlust der russischen Volkskultur – und damit der russischen Identität. «Wenn du auf die Vergangenheit mit der Pistole schießt, so wird die Zukunft mit der Kanone auf dich schießen», pflegte er zu sagen, wenn er auf seinen Kampf um die Bewahrung der Tradition und auf seine kulturpflegerischen Schriften zu sprechen kam. Anders nämlich kann man die in den 60er Jahren geschriebenen Bücher kaum bezeichnen. Wie im alten Lehrgedicht breiteten sie eine Wissensmaterie in autobiographisch-dokumentarer, durchaus auch didaktischer Darbietung vor dem Leser aus. *Pis'ma iz Russkogo muzeja* (Briefe aus dem Russischen Museum, 1966) zeigten in epistolarer Form den Autor-Erzähler, der immer auch ein wenig die Rolle des Reporters und Detektivs übernahm, auf der Suche nach den Ikonenschätzen im Leningrader Russischen Museum. *Čërnye doski* (Schwarze Ikonen, 1969), mit dem Untertitel «Aufzeichnungen eines beginnenden Sammlers» (Zapiski načinajuščego kollekcionera), glichen in vielem einem Handbuch über Ikonenrestaurierung. In *Grigorovy ostrova* (Die Grigor- Inseln, 1968) ging es um das Angeln im Winter, in *Tret'ja ochota* (Die dritte Jagd, 1968) um das Sammeln und Einlegen von Pilzen, in *Trava* (Gras/Kraut, 1973) um die Vielfalt der Gräser und Kräuter in der russischen Landschaft. Die drei letzteren Bücher wurden später zu dem Band *Ètjudy o prirode* (Naturstudien) zusammengefaßt. Ähnlich wurden in dem Skizzenband *Vremja sobirat' kamni* (Es ist Zeit, Steine zu sammeln, 1980) Texte vereint, die sich auf das literarische Erbe Rußlands bezogen. *Poseščenie Zvanki* (Besuch in Zvanka, 1975) nahm eine Vorbeifahrt am ausgelöschten Landsitz Deržavins, Zvanka am Ilmensee, das dieser einst in dem Sendschreiben *Evgeniju. Žizn' Zvanskaja* (An Evgenij [d. i. Evfimij Bolchovitinov]. Das Leben in Zvanka, 1807) als idyllischen Ort gefeiert hatte, zum Anlaß für eine «Rettung» des Dichters Deržavin. In *Aksakovskie mesta* (Die Aksakov-Stätten, 1976) dokumentierte Solouchin sein Ringen um die Wiederherstellung des Gutshauses Sergej Aksakovs in der Region Orenburg, in *Bol'šoe Šachmatovo* (Groß-Šachmatovo, 1976) das um die Rekonstruktion des Landsitzes der Familie Beketov, wo Aleksandr Blok glückliche Kindheits- und Ehejahre verbracht hatte. Der Essay *Vremja sobirat' kamni* (1980) erinnerte an das Kloster Optina Pustyn', das mit den Namen Gogol', Dostoevskij (6. Buch, *Russkij inok* [Der russische Mönch], der *Brüder Karamazov*) und Tolstoj (*Otec Sergij* [Vater Sergius]) verbunden ist. Solouchins wachsende Verbitterung über die Zerstörung der Denkmäler der russischen Adelskultur und vor allem der orthodoxen Kirchen und Klöster ging einher mit einer innerlichen Zuwendung zu den alten Werten. Auf erschütternde Weise hat er endlich in dem Erinnerungsband *Smech za levym plečom* (Das Lachen hinter der linken Schulter, 1988) das gnadenlose Zerstörungswerk der Bolschewisten in seinem Heimatdorf rekonstruiert – eine um so schmerzlichere Gedächtnisarbeit, als er selbst mit dem Überschwang des jungen Komsomolzen dazu beigetragen hatte. Als einer der ersten sowjetischen Autoren, fast zeitgleich mit dem Dissidenten Venedikt Erofeev (*Moja malen'kaja Leniniana* [Meine kleine Leniniana], 1988), belegte Solouchin – in *Čitaja Lenina* (Beim Lesen Lenins, 1989) – Lenins geschichtliche Schuld am bolschewistischen Terror. Mit seiner Hinwendung zu nationalistischen und monarchistischen Positionen, die manchen seiner Verehrer irritierte, stand er in den Jahren des Umbruchs nicht allein. Gerade im Lager der Dorfprosaiker verstärkten sich der Geist des Großrussentums und die Rückbesinnung auf die Orthodoxie bis hin zu bedenklichen chauvinistischen und antisemitischen Formen.

Vasilij Belov

Vor allem bei Vasilij Belov war in den letzten Jahren eine solche Tendenz unverkennbar. Aus einem nordrussischen Dorf stammend und zunächst als Tischler tätig, schrieb er zuerst für Provinzzeitungen. Mit der 1961 veröffentlichten Dorferzählung *Derevnja Berdjajka* (Das Dorf Berdjajka) fand er sein Thema, das Leben der Bauern in der ihm von Kindheit an vertrauten Region Vologda. In der Povest' *Privyčnoe delo* (Eine gewöhnliche Angelegenheit, 1966) wurde das beschwerliche Leben des Kolchosbauern Ivan Afrikanovič Drynov nicht ohne Verschmitztheit in der Skaz-Manier geschildert. Dieses Prinzip trieb Belov später in den *Buchtiny vologodskie zaviral'nye v šesti temach* (Vologdaische Schnurren, erstunken und erlogen, in sechs Themata, vor 1983) weiter, indem er die Geschichte des Ofensetzers und Kolchosenpensionärs Kuz'ma Ivanovič Barachvostov und seines Weibes in saftig-primitiver Rede von ihm selbst erzählen ließ. Den Durchbruch als Erzähler hatte Belov bereits 1968 mit seinen *Plotnickie rasskazy* (Zimmermannserzählungen) geschafft. Auch hier berichtete der vorgeschobene Erzähler Konstantin Platonovič Zorin von der an Zwietracht reichen Beziehung zweier älterer Dorfbewohner, Oleša Smolin und Aviner Kozonkov, und deckte damit verschiedene Verhaltensweisen in der sowjetischen Dorfwirklichkeit auf. Oleša hat sein Leben trotz vieler Widrigkeiten aufrecht bestanden, während Aviner sich meist opportunistisch verhalten hat. Am Ende aber singen sie, letzte Relikte einer überlebten Welt, eine Častuška, deren Text die Jüngeren nicht mehr kennen. Belovs *Sel'skie povesti* (Dorfgeschichten, 1971) boten viele weitere dörfliche Lebensschicksale in der authentischen Skaz-Form, in der er ein Meister war. In dem Roman *Kanuny* (Vorabende, 1972–1976), der später durch *God velikogo pereloma* (Das Jahr des großen Umbruchs, 1989) fortgeführt wurde, gab Belov eine «Chronik» der gewaltsamen Kollektivierung der Landwirtschaft, wie sie sich in einem nordrussischen Dorf abgespielt hatte. Die Störung der bäuerlichen orthodoxen Glaubensvorstellungen wie auch des ländlichen Aberglaubens, die mit der Vernichtung der dörflichen Lebenswelt durch die bolschewistischen Funktionäre einherging, wurde in zahlreichen Episoden und Beispielen vorgeführt. Belov, der immer mehr auf seine erzählerische Kraft denn auf Dokumentarität vertraute, stand bei der Behandlung dieses Themas hinter Solouchin keineswegs zurück. Nur der Skizzenband *Lad. Očerki o narodnoj éstetike* (Lad. Skizzen über die Volksästhetik, 1979–1981) mit kurzen Bemerkungen zu den ländlichen Jahreszeiten, zum Dorfhandwerk, zu den Verrichtungen der Bäuerinnen, zum dörflichen Lebenskreis, zu den Hofgebäuden, der dörflichen Küche usw. erinnerte ein wenig an die kulturpflegerischen Ansätze Solouchins. «Lad» bedeutet sowohl «Eintracht» und «Frieden» als auch die besondere Tonart der Volksweisen. Aus der liebevollen Beschreibung der an die Natur gebundenen Verrichtungen und Bräuche im nordrussischen Dorf drang die «Mahnung an die verlorene Ganzheit des bäuerlichen Lebens» (W. Kasack).

Valentin Rasputin

Valentin Rasputin, der dritte bedeutende Dorfprosaiker, begann ebenfalls als Journalist; er schrieb mehrere Erzählungen und wurde dann mit vier Povesti, die in den Jahren 1967–1976 erschienen, zum erfolgreichsten Autor seiner Generation. Die sibirische Welt, aus der er stammt und die er darstellt, die alten Werte, die er verteidigt, vor allem aber seine erzählerische Kraft haben seinen Werken eine Verbreitung

verschafft, die bereits 1986 mit einer sowjetischen Gesamtauflage von
8 Mio. beziffert wurde. Er hatte Anfang der 60er Jahre mit Skizzen
und Reportagen begonnen, die zumeist noch dem Aufbauthema
gewidmet waren. Sein erster Erzählband *Kraj vozle samogo neba* (Eine
Gegend direkt neben dem Himmel, 1966) behandelte das kleine sibirische Volk der Tofen, es folgten die Bände *Kostrovye novych gorodov* (Harte Gräser der neuen Städte, 1966) und *Čelovek s ėtogo sveta* (Ein Mensch
von dieser Welt, 1967). 1969 erschien der gemeinsam, kapitelweise
alternierend, mit Vjačeslav Šugaev geschriebene Roman *Nečajannye
chlopoty* (Unerwartete Mühen), der wiederum auf einer sibirischen
Großbaustelle spielte und im Charakter des Helden Miška Suchov
gewisse Übereinstimmungen mit dem des Kuz'ma aus der zuvor
erschienenen Povest' *Den'gi dlja Marii* (Geld für Maria) aufwies.

Mit dem Erzählwerk ging bei Rasputin eine engagierte Publizistik
einher, die sich nicht nur mit den bolschewistischen Eingriffen in die
bäuerliche Welt beschäftigte, sondern gegen die geotechnische Umgestaltung ganzer Regionen, etwa die geplante Umleitung der sibirischen Flüsse und die ökologische Zerstörung der Bajkal-Region, Front
machte. Dieser Problematik hat er sein bekanntestes Werk, *Proščanie s
Matëroj* (Abschied von Matëra, 1976), gewidmet, das in der Verfilmung
durch Ėlem Klimov weltweite Beachtung fand. Wegen des Ausbaus
des riesigen Bratsker Wasserkraftwerkes soll die Insel Matëra im An-
garafluß mit dem gleichnamigen alten Dorf überflutet werden. Die
Menschen dort werden in eine moderne Sowchosensiedlung umgesie-
delt. Nur einige Alte (stariki i staruchi) sind noch auf der Insel verblie-
ben und schieben den Abschied von ihrem Dorf, in dem sie ein stilles
Leben gelebt haben – wie das Wasser, das an ihnen vorbeifließt –, so
lange wie möglich hinaus. Erst als eine Räumungsbrigade erscheint,
um die Gräber einzuebnen und den magischen Königslärch zu fällen,
wird ihnen klar, daß das Gedächtnis an ihre dörfliche Welt ausgelöscht
werden wird. Dar'ja Pinigina, eine achtzigjährige Bäuerin, die zum
Halt und zur Sprecherin der letzten kleinen Gruppe Ausharrender
geworden ist, weigert sich, die Insel zu verlassen, wenn nicht auch die
Toten umgebettet würden. Das Ende bleibt, wie oft bei Rasputin,
offen und rätselhaft. Wie er aber die Abschiedssituation nutzt, um in
einer Folge letzter Handlungen und in der Konfrontation mit den
Handlangern des Fortschritts den inneren Reichtum der einfachen
Bauern aufscheinen zu lassen, das verrät eine erstaunliche Kenntnis des
sibirischen Menschenschlages, die sich, mit den Worten Sergej Zalygins, auf «Konkretheit und Glaubwürdigkeit» und vor allem auch auf
die echte Sprache der Sibiriaken stützt: «Die Sprache seiner Helden –
das sind sie selber.» Wie die Analyse zeigt, sind sie noch ganz in mythi-

schen Vorstellungen befangen; Bewahrung des Gedächtnisses (an ihre Vorfahren, an ihre Überlieferungen und Bräuche) ist für sie Leben schlechthin. Mit ihrer Evakuierung aus der angestammten Lebenssphäre, d. h. der äußeren Zeitwende, ist eine innere Zeitwende vom «mythischen» zum «mentalen» Zeitalter angezeigt (G. Hasenkamp).

Höhnisch hatte Dar'ja Pinigina gegen den Fortschrittshochmut ihrer jungen Anverwandten, die stolz versicherten, der Mensch sei der Zar der Natur, eingewendet: «Das ist mir ein Zar. Der herrscht und herrscht, bis er anbrennt.» Sie gab damit das Stichwort für Rasputins spätere kurze Povest' *Požar* (Der Brand, 1985), in der das Schicksal der Umgesiedelten geschildert wird. Die Auffangsbehausungen sind im Schnellverfahren hingestellt worden – «Wer denkt an Feuer, wenn er vorm Wasser Zuflucht sucht?» –, eine Feuersbrunst droht sie zu vernichten. Da erst erinnert sich der Held, Ivan Petrovič Egorov, der alten dörflichen Welt und erkennt rückblickend, wie sie seit langem – lange vor der Evakuierung – dem Verfall preisgegeben wurde. Es sind immer wieder Grenzsituationen, in denen Rasputin die Charaktere seiner Povesti und Erzählungen auf die Probe stellt. Schon seine erste größere Erzählung, *Den'gi dlja Marii* (Geld für Marija, 1967), handelt von einer solchen Grenzsituation. Die Notsituation ist dadurch entstanden, daß in einem Dorfladen ein Defizit von 1000 Rubeln festgestellt worden ist, für das die Verkäuferin Maria geradestehen muß, obwohl sie es nicht verursacht hat. Innerhalb der gesetzten kurzen Frist versucht ihr Mann Kuz'ma, das Geld im Dorfe aufzubringen, und reist endlich zu seinem Bruder in die Stadt, hoffend, daß dieser den Restbetrag beisteuern werde. (Auch hier bleibt das Ergebnis der Bittstellerfahrt offen.) In einer Kette von kurzen Episoden, die man mit Filmszenen verglichen hat, werden die Dorfbewohner und später die mitreisenden Städter im Zug in ihrer Einstellung zum Geld, zu Marija und zu Kuz'ma gezeigt, so daß – von ferne an Gogol's Reiseschema in den *Toten Seelen* erinnernd – vor den Augen des Lesers eine Galerie von Menschen entsteht, die nach einem bestimmten Merkmal «sortiert» sind: Solidarisch mit fremdem Leid sind diejenigen, deren Leben Kontinuität und Erinnerungsfähigkeit aufweist, abweisend jene, deren Leben Diskontinuität und Künstlichkeit zeigt (G. Hasenkamp). Eine solche Anthropologie, jedoch stärker auf den Generationsbruch fokussiert, besteht auch in *Poslednij srok* (Die letzte Frist, 1970). Die 80jährige Bäuerin Anna läßt ihre Kinder aus der Stadt an ihr Sterbebett kommen, doch als sich das Sterben hinzieht und sich sogar eine gewisse Besserung abzeichnet, reisen sie wieder ab, kurz bevor die alte Frau stirbt. Das Sterben erscheint als ein Prozeß des Erinnerns und der Rückschau und gehört damit im mythischen Verständnis der alten

Bäuerin – und für den Leser – zum Leben. Der Tod gehört zum Leben, das Leben zum Tod. Anders sieht es die junge Generation. Sie ist gleichgültig gegen Erinnern und Gedächtnis, fürchtet den Tod. Todesvision und Totenklage der Sterbenden wurden übrigens, wie C. A. Link aufgewiesen hat, nach den sibirischen *Lenskie pričitanija* (Totenklagen von der Lena, 1922), die der Volkskundler Mark Azadovskij gesammelt hatte, wörtlich übernommen. Die vierte der großen Povesti schließlich, *Živi i pomni* (Lebe und gedenke, 1974), eine Deserteursgeschichte, die im Jahr 1945 spielt, treibt den illegalen Heimkehrer Andrej Gus'kov und seine Frau Nastëna in den Konflikt mit Familie und Dorfgemeinschaft, der nicht anders als tragisch enden kann. Die gegenseitige Liebe der Eheleute und die Opferbereitschaft Nastënas verleihen dem Werk eine tiefe menschliche Note, die bis ins Märtyrerhafte reicht (G. Mikkelson) und an Dostoevskij gemahnt. In den Motiven ähnelt *Živi i pomni* anderen Deserteursgeschichten, vor allem Jurij Gončarovs *Dezertir* (1962), doch übertrifft Rasputin das Schwarzweißbild, das jener zeichnete, da er im Verrat das seelische Leiden Andrejs und Nastënas erspürt. In den späteren Erzählungen Rasputins tritt (nach G. Hasenkamp) zu der Gedächtnisevokation die Einwirkung des Transzendenten als Erinnern eines präexistenten Wegs (in *Vek živi – vek ljubi* [Leb und lieb], 1982), als Bestrafung bzw. Bewußtmachung einer Schuld (in *Čto peredat' vorone?* [Was soll ich der Krähe ausrichten?], 1981) und als Errettung (in *Nataša*, 1982).

Die Sibiriaken

Viele Sibiriaken (sibirjaki), d. h. aus Sibirien stammende Autoren, erwiesen sich in den 70er Jahren als originäre Erzähltalente. Spätestens seit der Mitte des 19. Jahrhunderts war Sibirien eine Region, die mit ihrer unendlichen Ausdehnung und ihren unerschöpflichen Ressourcen ungeahnte, wenn auch hart zu erarbeitende Lebenschancen bot. Dort hatte sich aus dem Oppositionsgeist der politischen Verbannten und dem Pioniergeist tätiger Unternehmer und Siedler – nicht wenige Altgläubige waren darunter – seit langem eine unabhängige Geisteshaltung herausgebildet, die man mit der Frontier-Mentalität während der Westexpansion in Nordamerika vergleichen könnte. In der sowjetischen Literatur drückte sich dies in einer lebensvoll-optimistischen Strömung aus, die ideologische Befangenheiten immer wieder überspielte. Das galt unter den älteren Autoren für Sergej Zalygin, Viktor Astaf'ev und Vladimir Sapožnikov; die mittlere Generation glänzte durch Šukšin, Rasputin und Aleksandr Vampilov, bald sollten jüngere

Talente wie Oleg Korabel'nikov, Rolen Notman, Evgenij Popov, Nikolaj Šipilov und Tat'jana Nabatnikova die sibirische Besonderheit fortsetzen. Der sibirischen Literatur kam zugute, daß für ihre Verbreitung emsige Zeitschriften zur Verfügung standen, von denen *Angara* (Irkutsk), *Sibir'* (Irkutsk), *Na severe dal'nem* (Im fernen Norden; Magadan), *Poljarnaja zvezda* (Polarstern; Jakutsk) und vor allem die bereits 1922 gegründeten *Sibirskie ogni* (Sibirische Feuer; Novosibirsk) zu nennen wären. Viele der jüngeren Autoren traten zuerst in der 1966 gegründeten Bibliothek *Molodaja proza Sibiri* (Junge Prosa Sibiriens) hervor, etwa Anatolij Pristavkin mit seinen *Sibirskie povesti* (Sibirische Geschichten, 1967), die, eher Skizzen als Erzählungen, noch für die großen Aufbauprojekte warben, ferner Autoren wie Vjačeslav Šugaev, Viktor Lichonosov, Vladimir Čivilichin und Viktor Potanin, deren Erzählungen über junge Leute als sibirische Variante der Jungen Prosa gelten konnten. Dabei war nicht zu übersehen, daß die Literaturbehörden gerade in Sibirien versuchten, die jungen Autoren auf eine «konstruktive» Haltung einzuschwören, wie das berüchtigte Schriftstellerseminar im September 1965 in Čita zeigte. Eine wichtige Rolle spielte in der sibirischen Literatur stets der Kampf mit der Natur, die Beschreibung der einzigartigen Naturphänomene und der ethnographischen Verhältnisse in dokumentarer Form, wie bei dem Geodäten und Forscher Grigorij Fedoseev. Die Romanliteratur bezog ihre Stoffe nicht selten aus dem Leben der sibirischen Völkerschaften, die, erst nach der Oktoberrevolution zur Schriftsprachlichkeit gelangt, bereits auch selber mit beachtlichen Autoren wie dem Tschuktschen Jurij Rytchėu aufwarten konnten.

Ebenso bot die Geschichte Sibiriens vom Pugačëv-Aufstand bis zu Bürgerkrieg und Kollektivierung den Schriftstellern wesentliche Themen. Zu nennen sind Aleksej Čerkasov mit seiner Romantrilogie – er selbst sprach von «skazanie» (Legende) – (*Chmel'* [Trunkenheit], 1961; *Čërnyj topol'* [Die schwarze Pappel], 1969; *Kon' ryžij* [Das rote Roß], 1972), die von den nach Sibirien verbannten Dekabristen über die Altgläubigen bis zu den Bolschewisten führte; Vasilij Šukšin mit dem Bürgerkriegsroman *Ljubaviny* (1965) und dem Sten'ka-Razin-Roman *Ja prišël dat' vam volju* (Ich bin gekommen, um euch die Freiheit zu geben, 1971) sowie vor allem Sergej Zalygin, der in den Romanen *Solënaja Pad'* (Die Salzschlucht, 1968) und *Komissija* (Die Kommission, 1976) die Entwicklung freier Bauernrepubliken in Sibirien während des Bürgerkriegs behandelte und damit auf eine geschichtliche Alternative zum bolschewistischen Gesellschaftsmodell hinwies, die von der Sowjetmacht seinerzeit brutal unterbunden worden war.

Wollte man das «Sibirische» über die genannten Mentalitätsmerk-
male hinaus bestimmen, so ergäbe sich ein Satz charakteristischer Themen und Motive, die in sibirischen Texten mit einer mittleren Wahr-
scheinlichkeit zu gewärtigen sind. Es gehören dazu die prächtigen
Naturschilderungen (wie in den Skizzen *Bajkal, Bajkal* [1981] von
Rasputin oder *Belye goroda* [Weiße Städte, 1982] von Aleksandr Vampilov), Schlittenfahrten (wie in Sergej Zalygins *Sannyj put'* [Schlitten-
fahrt, 1983]), Jagd- und Expeditionserlebnisse, die fast schon obligatorische Begegnung mit Bären (beispielhaft in Viktor Astaf'evs *Osen'ju na
vyrubke* [Im Herbst auf dem Kahlschlag, 1975]), der Reichtum an Bee-
ren und Pilzen, das Schwelgen in kulinarischer Fülle, wie es Astaf'ev
einladend und detailreich in der Erzählung *Babuškin prazdnik* (Groß-
mutters Fest, 1978) festgehalten hat – sibirisches Pendant zu *Babettes
Gastmahl* der Tania Blixen. Vollständig ist das sibirische Motivinventar
in Evgenij Evtušenkos erstem Roman *Jagodnye mesta* (Die Beerenplätze,
dt. u. d. T. Beerenreiche Gegenden, 1981) versammelt. Das Beerenmo-
tiv schafft einen lockeren Zusammenhang in den ersten Kapiteln,
gegen Ende des Romans tritt der Handlungsstrang einer geologischen
Expedition in den Vordergrund, bei der es um die Suche nach dem
Mineral Kassiterit geht, das nach einer gewagten Unternehmung des
Expeditionsleiters Kolomejcev endlich auch gefunden wird. Wie in
Fuku wurden verschiedene Erlebnisse und Schauplätze, an denen
Evtušenko in den Jahren 1973–1981 gewesen war, in das sibirische
Geschehen eingeblendet: Hawai, Vietnam, Chile. Auch die von Sno-
bismus und Opportunismus durchtränkte russische Literatenszene,
neue Westler und neue Russophile traten erstmals unverhohlen in
Erscheinung, der Snobismus der sowjetischen Privilegiertenschicht
wurde mit spöttischer Schärfe dargestellt. Ein großangelegtes Mosaik
also, falls man nicht von einem Potpourri sprechen will, zusammenge-
setzt aus den ureigenen Erfahrungsbereichen Evtušenkos (Kolomejcevs
Schicksal folgt dem seines Vaters), das sein Menschenbild deutlicher als
in den Gedichten herausstellte. Auf der einen Seite zeigte er unver-
formte, ursprüngliche Menschen – meist Sibiriaken –, die bei allen
Schwächen und Fehlern aus unmittelbaren menschlichen Antrieben
heraus handeln; auf der anderen Seite diejenigen, deren Handeln von
karrieristischen und opportunistischen Überlegungen geleitet wird.
Die Scheidelinie zwischen diesen beiden Menschenkategorien verläuft
quer durch die Berufs- und Bildungsschichten, ja durch die Nationen.
Die offensichtliche Inkohärenz der Romankomposition erhielt eine
paradoxale Verklammerung durch einen Epilog, der am Anfang, und
einen Prolog, der am Schluß stand, und die beide eine utopische Vertikale bilden. Anfangs reflektiert ein Astronaut aus seiner – realen –

kosmischen Perspektive über das Auseinanderklaffen von wissenschaftlich-technischen Errungenschaften und menschlicher Ethik. Am Schluß steht der russische Physiker und Flugpionier Konstantin Ciolkovskij, der sich, bereits von den Strahlatomen ЫЫ und ЙЙ, Kundschaftern aus dem Kosmos, umgeben, die Unsterblichkeit als eine Form in der Galaxis angesiedelter denkender und fühlender Atome vorstellt. Sibirien mit seinen menschlich-rechten Bewohnern wurde bei Evtušenko gleichsam zur Startrampe in die utopische Welt.

Aleksandr Vampilov

Mit Skizzen, Erzählungen und – insbesondere – einer Handvoll bemerkenswerter Dramen schrieb sich der frühverstorbene Sibiriake Aleksandr Vampilov (er ertrank im August 1972 bei einem Unfall im Bajkal-See) in die ausgehende Tauwetter-Literatur ein. Allein schon seine zumeist unter dem Pseudonym «A. Sanin» in der Irkutsker Zeitung *Sovetskaja molodëž'* (Sowjetische Jugend) veröffentlichten Skizzen und Erzählungen verschafften ihm Beachtung. Die in Handlungs- und Dialogführung glänzend komponierten Dramen aber trafen mitten in die während der 70er Jahre aufkommende moralische Krisenstimmung. Vampilov stellte seine Dramatis personae in ganz gewöhnliche Situationen, die sich freilich bald als höchst intrikat erweisen. In dem Einakter *Dom oknami v pole* (Das Haus mit den Fenstern zum Feld, 1964), einem Zweipersonenstück mit einem im Hintergrund singenden Chor, ist es die uneingestandene Liebe zwischen einem Lehrer und einer Melkerin; in *Staršij syn* (Der ältere Sohn, 1968) – das Stück war zuvor auch unter dem Titel *Nravoučenie s gitarom* (Moralpredigt mit Gitarre), *Svidanie v predmest'e* (Rendezvous in der Vorstadt) oder einfach *Predmest'e* (Die Vorstadt) bekannt geworden – die vermeintliche Rückkehr eines verlorenen Sohnes zu seinem ihm unbekannten Vater – eine dem *Revizor* nachgebildete Verwechslungsgeschichte, wie sie erneut in *Istorija s metranpažem* (Die Geschichte mit dem Metteur, 1971) verwendet wurde. Vampilov benötigte, ähnlich wie Gogol', lediglich ein anekdotisches Gerüst, um daraus wechselvolles dramatisches Geschehen zu entfalten. In *Proščanie v ijune* (Abschied im Juni, 1965) hatte er das Thema der Bestechlichkeit aufgegriffen, die sich längst auch in der Universität breitgemacht hat. Denn dem Studenten Kolesov, der als «Hooligan» relegiert worden ist und sich in die Tochter seines Professors verliebt hat, wird die Fortsetzung des Studiums und sogar eine Aspirantur angeboten – falls er sich von der Tochter löst. Vampilovs junge Helden entsprachen in vielem denen der Jungen Prosa. Wenn sie aus den Zwängen der sowjetischen Bürgerlichkeit ausbrachen, so geschah es nicht aus Mangel an charakterlicher Integrität, sondern aus der Unfähigkeit, belebende Impulse aus der sie umgebenden Wirklichkeit zu ziehen. Das Spiel mit falschen Rollen trug auch Vampilovs bestes und bitterstes Stück, *Utinaja ochota* (Entenjagd, 1970); Zilov, sein ausgebrannter Held, kann sich in den obwaltenden Bedingungen nicht entfalten; so wird die Pirsch für ihn zu einer Art Lebensersatz, der aber dem überflüssigen Sowjetmenschen ebenfalls keine Aussicht bietet. Es klingt romantisch-makaber, wenn er erklärt: «Es gibt dich dort [auf der Jagd] nicht, verstehst du? Es gibt dich nicht. Du bist noch nicht geboren. Und es gibt nichts. Und es hat nichts gegeben. Und es wird nichts geben.» Verzweiflung, Zynismus und Marasmus der Dreißigjährigen, d. h. seiner Generation, thematisierte Vampilov auch in der müden Gestalt des Untersuchungsrichters Šamanov aus dem Stück *Prošlym letom v Čulimske* (Letzten Sommer in Čulimsk, 1971). Vampilov holte mit diesen Stücken das entfremdete Sein wieder ein, dessen Überwindung von Anfang an zu den Axiomen der Sowjetliteratur gehört hatte. Die Groteske *Nesravnennyj Nakonečnikov* (Der unvergleichliche Nakonečnikov), in der ein unbedarfter Friseur, gleich Chlestakov, unversehens zum berühmten Schriftsteller wird, blieb unvollendet. Das schmale Werk Vampilovs liegt gesammelt in dem Band *Dom oknami v pole* (Das Haus mit dem Fenster zum Feld, 1982) vor.

B. Neue Teilung und dritte Emigration

Seit dem Beginn des Tauwetters hatte sich in der russischen Literatur eine innere Spaltung vollzogen, die zunächst als kontroverser Diskurs in Erscheinung trat, im Laufe der Zeit aber, durch immer größere Risse unheilbar geworden, zur Bildung zweier antagonistischer Lager führte, die bis in die jüngste Zeit fortbestehen. Konnte es in der Tauwetter-Kontroverse noch so aussehen, als seien sich die konservativen und liberalen Autoren letztlich in der Frage uneins, wie weit die Entstalinisierung getrieben werden dürfe, so wurden außen- und innenpolitische Ereignisse in der Folgezeit zu immer neuen Prüfsteinen für das politisch-ethische Verhalten der Schriftsteller. Der perniziöse Umgang mit Pasternak und Solženicyn, die Prozesse gegen Sinjavskij und Daniėl' sowie gegen Brodskij vertieften ebenso wie die Niederschlagung des «Prager Frühlings» oder die Intervention in Afghanistan die Polarisierung unter den Schriftstellern. Ob bei solchen Gelegenheiten die geforderten Ergebenheitsadressen abgegeben oder verweigert wurden, das wurde für jeden einzelnen Schriftsteller zum Ausweis des Duckmäusertums oder der Aufrichtigkeit. Über die anfängliche Aufspaltung der Literaten in Liberale und Konservative legten sich neue Dichotomien wie die zwischen Neowestlern und Neoslawophilen oder Anhängern der westlichen Demokratie und Monarchisten, so daß die eingefahrene Rechts-Links-Trennung rasch außer Kurs geriet. Man wurde zum Dissidenten, weil der Neostalinismus unter Brežnev unerträglich war und die freie Meinungsäußerung unterband. Doch hinter dem Dissidententum konnten sich westlich-demokratische, russophile oder monarchistische Haltungen verbergen. In der von Brežnev offiziell vertretenen Politik der Entspannung (razrjadka naprjažёnnosti) drohte den Dissidenten «nur» noch Ausgrenzung, Publikationsverbot, in hartnäckigen Fällen auch Verhaftung, Verurteilung und Lagerhaft. Physische Liquidierung wie zu Stalins Zeiten war nicht mehr an der Tagesordnung.

Samizdat und Tamizdat

Was damals undenkbar gewesen wäre, daß nämlich unbotmäßige Autoren ihre Werke an den Kontrollorganen und Verlagen der offiziel-

len Literatur vorbei veröffentlicht hätten, dies geschah nun, wenn
auch mit technisch primitiven Mitteln, im sogenannten SAMIZDAT.
Dieses Kürzel war als Gegenstück zum großmächtigen Staatsverlag
GOSIZDAT entstanden und bedeutete soviel wie «Selbstverlag». (Der
Begriff geht wahrscheinlich auf den Lyriker Nikolaj Glazkov zurück,
der in den 30er Jahren seine unangepaßten Gedichte in einzelnen
Abschriften verbreitete, die er als «Sam-sebja-izdat» [Sich-selbst-Ver-
lag] bezeichnete [nach W. Kasack].) Im Samizdat erschienen, in Form
maschinenschriftlicher Durchschläge, Texte aller Art, die im Buchhandel vergriffen waren oder deren Veröffentlichung untersagt war, vom
kurzen Gedicht und Liedtext bis hin zu Romanen und wissenschaftlichen Werken. Selbst SAMIZDAT-Zeitschriften mit Auflagen bis zu
1000 Exemplaren waren zu verzeichnen, darunter *Sintaksis* (Syntax,
1959/60), herausgegeben von Aleksandr Ginzburg und später von
Aleksandr Sinjavskij in Paris weitergeführt; *Feniks* (Phönix, 1961) herausgegeben von Jurij Galanskov; *Sfinksy* (Die Sphinxen, 1966), herausgegeben von Valerij Tarsis. Später erschienen die epochemachenden
Almanache *Metropol'* (1979) und *Katalog* (1980), in deren künstlerischen
Ansätzen sich bereits der kommende Umbruch ankündigte. Die
unübersichtliche, textologisch sehr diffizile Masse der privat herge-
stellten und illegal vertriebenen Literatur ist an verschiedenen Orten
(unter anderem in Amsterdam, Bern, Bremen, München, Oxford,
Washington) gesammelt und wissenschaftlich erschlossen worden. Sie
bildete neben der offiziellen sowjetischen und der Emigrationsliteratur
den dritten Strang der russischen Literatur.

Aus SAMIZDAT, dem von den sowjetischen Behörden schwer zu
kontrollierenden privat-illegalen Distributionsbereich, gelangten viele
Werke zum TAMIZDAT (Dort-Verlag), d. h. zur Veröffentlichung im
westlichen Ausland. Wurden SAMIZDAT-Abschriften im westlichen
Ausland bekannt, so war die TAMIZDAT-Verwertung meist nur eine
Frage der Zeit. Pasternaks *Doktor Živago* war der erste spektakuläre
TAMIZDAT-Fall gewesen, der von den meisten Schriftstellerkollegen
noch verurteilt wurde. Mit Terc und Aržak sowie später Solženicyn
setzte sich die Serie fort, die für die Zensurbehörden deshalb schwer zu
unterbinden war, weil die Sowjetunion – wie zuvor auch das Zarenreich – dem Genfer Welturheberrechtsabkommen nicht beigetreten
war. Erst mit der Gründung der Allunionsagentur für Autorenrechte
VAAP und dem Beitritt zum Genfer Abkommen 1973 bestand, da die
VAAP den Autoren gegenüber ein Monopolrecht besaß, die Handha-
be, Veröffentlichungen im Ausland für illegal zu erklären. Es ist den
Behörden dennoch zu keiner Zeit gelungen, die SAMIZDAT- oder
TAMIZDAT-Publikationen zu unterbinden. Die ersteren fanden regel-

mäßig den Weg aus der Sowjetunion heraus, während die letzteren insgeheim eingeführt und unter der Hand zu horrenden Preisen vertrieben wurden. Besonderen Zuspruchs erfreuten sich die Werke der Alt-Emigranten. Die russische Ausgabe von Nabokovs *Lolita* etwa war in den frühen 80er Jahren für 150 Rubel zu erhalten, ein Preis, der knapp unter dem monatlichen Durchschnittseinkommen lag. Die buchhändlerische Verkaufspraxis hatte in dieser Zeit bereits abstruse Formen angenommen. Umstrittene Autoren wie Achmatova, Oleša oder Babel', die inzwischen in sowjetischen Ausgaben vorlagen, konnten lediglich in «Beriozka»-Läden, d. h. nur für Devisen und nur durch Ausländer, erworben werden. Es war der literaturpolitische Dogmatismus, der immer neue Teilungen hervorbrachte.

Die Ausweisung der Schriftsteller

Nicht genug, daß die russische Literatur durch SAMIZDAT und TAMIZDAT, d. h. in Produktion und Distribution, ein weiteres Mal geteilt war, die Brežnev-Regierung ging in den 70er Jahren dazu über, unerwünschte Schriftsteller auszuweisen. Die neue Exilierungspraxis nahm bald solche Ausmaße an, daß es gerechtfertigt erscheint, von einer Dritten Emigration (tret'ja ėmigracija) zu sprechen – nach der Ersten, die mit der Oktoberrevolution einsetzte, und der Zweiten, in und nach dem Zweiten Weltkrieg, die für die Literatur von geringerer Bedeutung blieb.

Es gab ein Vorspiel. Bereits im Februar 1966 war Valerij Tarsis, einem bis dahin in der Sowjetunion wenig bekannten Autor, eine Auslandsreise genehmigt und kurz darauf die sowjetische Staatsbürgerschaft entzogen worden, so daß eine Rückkehr ausgeschlossen war. Der Grund lag auf der Hand: Tarsis hatte einige Werke, darunter zwei satirische Erzählungen, *Skazanie o sinej muche* (Die Legende von der blauen Fliege) und *Krasnoe i černoe* (Rot und Schwarz; beide 1962) sowie die Erzählung *Palata № 7* (Krankensaal Nr. 7, dt. u. d. T. Die Botschaft aus dem Irrenhaus, 1965) im Ausland veröffentlicht. In einer Mischung von Groteske und Zeitkritik waren in den beiden ersteren Geschichten zielsicher die Gängelungsmechanismen aufgedeckt worden, die eine freie Entfaltung der Persönlichkeit in der Sowjetunion verhinderten. (Die Helden in den Geschichten waren Professoren, in der ersten ein Philosophieprofessor, der eine Fliege, die ihn verfolgt hat, erschlägt, in der zweiten ein Literaturprofessor, der glänzend über Stendhal gearbeitet hat und dennoch an seinen fachlichen Fähigkeiten zweifelt. Beide geraten in psychotische Zustände.) Trotz offenkundi-

ger künstlerischer Mängel und einer gewissen Plattheit riefen die
Erzählungen im Westen ein sensationelles Echo hervor. Dies wiederum hatte binnen kurzem die Verhaftung des Autors und seine Ein-
weisung in eine gerichtspsychiatrische Klinik zur Folge. (In *Palata* № 7
hat er, an Čechov anknüpfend, die Erfahrungen aus der gerichts-
psychiatrischen Zwangsbehandlung verarbeitet.) Wolfgang Kasack hat
am Fall Tarsis exemplarisch das Muster der Ausweisung dargestellt, das
sich in der Folgezeit unzählige Male wiederholen sollte. Ein wenig
verkürzt stellt es sich so dar: Ein Schriftsteller erkennt, daß er seine
Werke in der Sowjetunion nicht unverfälscht publizieren kann; seine
Werke erscheinen – mit oder gegen seinen Willen – im SAMIZDAT
oder TAMIZDAT; die Staatsorgane verhören, verfolgen, verhaften den
Schriftsteller, der jedoch an seinen Überzeugungen festhält; die westliche Öffentlichkeit protestiert gegen die Diskriminierung; der
Schriftsteller sucht um eine Besuchsreise in ein westliches Land nach,
die ihm von den Behörden gewährt wird; er verläßt die Sowjetunion
unter Hinterlassung all seiner Habe und selbst seiner Manuskripte, die
jedoch oft durch Freunde ins Ausland gelangen; nach der Ausreise
wird dem Schriftsteller die sowjetische Staatsbürgerschaft entzogen.

Im Juli 1969 nutzte Anatolij Kuznecov eine Auslandsreise zur Flucht,
ein Autor, der mit seinem Dokumentarwerk *Babij Jar* (1966, in *Junost'*,
8–10) angeeckt war, das, ähnlich wie Evtušenkos gleichnamiges
Poem, die deutsche Judenvernichtung und den sowjetischen Krypto-
antisemitismus brandmarkte. Zum veritablen Skandal wurde Kuzne-
covs Eröffnung, er habe, um sich die Ausreisegenehmigung zu verdienen, für den KGB gearbeitet und Schriftstellerkollegen, darunter
Evtušenko, denunziert. Indem er *Babij Jar* noch im gleichen Jahr in
einer Fassung vorlegte, die die von der Zensur eliminierten Stellen
und solche, die er selbst unterdrückt hatte, rekonstruierte, lieferte er
einen vielsagenden Nachweis für das Funktionieren der äußeren und
inneren Zensur in der Sowjetunion. Autoren jüdischer Herkunft wie
David Markiš konnten seit Anfang der 70er Jahre nach Israel ausreisen.
In diesen Rahmen ordneten die Behörden auch Iosif Brodskij ein, der
im Juni 1972 zur Ausreise veranlaßt wurde. Sein Ausspruch, Dichter
kämen immer zurück, sei es persönlich oder auf dem Papier, sollte sich
schon bald bewahrheiten. Kaum hatte er das Land verlassen, da
erschien in Leningrad bereits, von Vladimir Maramzin herausgegeben,
eine maschinenschriftliche SAMIZDAT-Ausgabe seiner Gedichte und
Übersetzungen. Das Werk des «Schmarotzers» und künftigen Nobel-
preisträgers umfaßte damals bereits gut 2000 Seiten. 1973 wurden
Andrej Sinjavskij und Naum Koržavin ausgewiesen; im Februar 1974,
fast gleichzeitig mit Solženicyn, Vladimir Maksimov, der Verfasser des

kritischen Romans *Sem' dnej tvorenija* (Die sieben Tage der Schöpfung, 1971). Im Sommer desselben Jahres folgten der Literaturwissenschaftler Efim Ėtkind, der Dichter und Liedersänger Aleksandr Galič und der Okkultist Jurij Mamleev; im September wurde Viktor Nekrasov ausgewiesen. Ebenfalls 1974 emigrierte Ėduard Limonov nach New York. Im Dezember 1975 folgten Vladimir Maramzin und Natal'ja Gorbanevskaja. Im Sommer 1976 traf es Andrej Amalrik, der mehr als zehn Jahre einem Wechselbad von Verhaftung, Verbannung, Freilassung, Wiederverhaftung und Lagerhaft ausgesetzt gewesen war. Warum? Er hatte einige absurde Dramen nach dem Vorbild Becketts, Ionescos und Charms' verfaßt, darunter *Moja tëtja živët v Volokolamske* (Meine Tante wohnt in Volokolamsk), *Vostok-zapad* (Ost-West) und das an Gogol's Erzählung anknüpfende *Nos! Nos? No-s!* (Nase! Nase? Naase!; die Stücke erschienen zuerst 1970 in Amsterdam). Die Staatsanwaltschaft stufte diese Texte als antisowjetisch und pornographisch ein. Hinzu kam, wie bei Brodskij, der Vorwurf des «Schmarotzertums» (tunejadstvo), Delikte also, die unter hoher Strafandrohung standen. Da Amalrik die Umstände seiner Verurteilung und Verbannung in eine Kolchose im Tomsker Gebiet in dem Bericht *Neždannoe putešestvie v Sibir'* (Unfreiwillige Reise nach Sibirien, 1970) niederlegte, einem Werk, das sich im kühlen Registrieren abstoßender Tatsachen an Solženicyns Lager-Povest', aber auch an Dostoevskijs *Aufzeichnungen aus einem toten Haus* und Tolstojs *Auferstehung* anschloß; da er ferner in der Schrift *Prosuščestvuet li Sovetskij Sojuz do 1984 goda?* (Wird die Sowjetunion bis zum Jahre 1984 fortexistieren?, 1969) eine niederschmetternde futurologische Prognose für sein Land stellte und seine Werke zudem im Ausland erschienen waren, war er 1970 zu verschärfter Lagerhaft verurteilt worden. (Die Abmilderung seiner Strafe und die anschließende Ausreise war die Folge weltweiter Proteste.) Ein Jahr nach Amalrik wurde Aleksandr Zinov'ev, Mitarbeiter des Philosophischen Instituts der Akademie der Wissenschaften, exiliert, weil er sein Buch *Zijajuščie vysoty* (Gähnende Höhen, 1976), eine satirische Zustandsbeschreibung der russischen Intelligenz mit einer Fülle durchsichtiger Anspielungen, im Westen veröffentlicht hatte. Im August 1978 emigrierte Sergej Dovlatov, der nicht nur durch seine kritischen Erzählungen, sondern auch durch die Mitgliedschaft (neben Vladimir Maramzin und Boris Vachtin) in der oppositionellen Gruppe «Gorožane» (Die Stadtbewohner) mißliebig geworden war. In den USA gründete er alsbald mit anderen die Zeitung *Novyj Amerikanec* (Der neue Amerikaner). 1980 setzte sich der Aderlaß mit der Ausreise bzw. Ausweisung Vasilij Aksënovs, der Feministin Tat'jana Goričeva, des Erzählers Fridrich Gorenštejn, des Brecht- und Böll-Übersetzers

Lev Kopelev, des Lyrikers Lev Druskin und Vladimir Vojnovičs fort. Alle Ausgewiesenen zu nennen (ihre Gesamtzahl dürfte bei 30 liegen), ist kaum möglich. Besonderes Aufsehen erregte 1983 der Fall Georgij Vladimov. Dieser unerschrockene Autor, der aus dem Arbeiterstand kam, hatte bereits in den 60er Jahren mit dem allegorischen Roman *Vernyj Ruslan* (Der treue Ruslan) eine der scharfsinnigsten Erklärungen des Stalinismus-Syndroms gegeben, die 1975 im TAMIZDAT erschien. Nach dem überlieferten Verfremdungsmodell wurde hier die Lagerwelt mit den Augen eines Wachhundes wahrgenommen; die Unterwürfigkeit der Sowjetmenschen erschien als ein Akt der Dressur. Als eine der letzten wurde die religiöse Lyrikerin und Menschenrechtlerin Irina Ratušinskaja ausgewiesen. Dies geschah nach dem gängigen Muster im Dezember 1986, also bereits in der Gorbačëv-Ära.

Iosif Brodskij

Als Iosif Brodskij Rußland verließ, wußten nur wenige, daß sein Name für das bedeutendste russische Dichtertum jener Jahre stand. Aus einer jüdischen Familie stammend, war Brodskij in einem Haus aufgewachsen, in dem einst Blok und Merežkovskij gewohnt hatten. Mit fünfzehn Jahren verließ er eigenmächtig die Schule und schlug den Weg der «Selbstbildung» ein, jenseits der ideologischen Zwänge des sowjetischen Bildungssystems. Während er als Fräser in einer Fabrik arbeitete, lernte er Sprachen. 1957 entstanden seine ersten Gedichte, einige davon wurden in der von Aleksandr Ginzburg herausgegebenen SAMIZDAT-Zeitschrift *Sintaksis* (Syntax, 1959/60) verbreitet. Seit Anfang der 60er Jahre beschäftigte sich Brodskij vorwiegend mit Übersetzungen. Unter den übersetzten Autoren finden sich die Polen Cyprian Kamil Norwid, Konstanty Ildefons Gałczyński, Leopold Staff, Czesław Miłosz und Zbigniew Herbert, die Italiener Umberto Saba und Salvatore Quasimodo, der Grieche Konstantinos Kavafis und die Serbin Desanka Maksimović. Sogar zu Hans Leips *Lili Marleen* fertigte er eine Kontrafaktur an – bezogen auf den deutschen Landser an der Ostfront. Weit wichtiger für Brodskijs eigenes Schaffen aber waren die Übersetzungen aus der Dichtung der englischen Metaphysical Poets des 17. Jahrhunderts John Donne und Andrew Marvell sowie ihres Nachfahren Richard Wilbur. Waren die Übersetzungen auch für verschiedene Anthologien und Sammlungen verfaßt worden, so ließen sie doch bereits die poetische Richtung erkennen, in der sich Brodskij bewegte: die elegische Reflexion, das groteske Bild der Welt, die metaphysischen Fragen nach Leben und Tod. In einem seiner bekanntesten Gedichte, *Bol'šaja élegija Džonu Donnu* (Große Elegie an John Donne, 1963), beschwor er den Tod des englischen Dichters: Er ist eingeschlafen – und die Welt mit allen Wesen und Dingen, Leiden und Lastern, Versen und Reimen schläft nun ebenfalls, bis sich in der kalten Finsternis die Seele des Verstorbenen klagend meldet und ihm statt des löcherigen Kaftans Trost im Stern des Jenseits verheißen wird. Das wurde mit rhetorischem Aufwand und tragischem Pathos vorgetragen – ein archaisierender Stil, den die Sowjetlyrik seit langem eingebüßt hatte. Politisch war an einem solchen Gedicht lediglich der Umstand, daß es völlig unpolitisch war und sich den letzten Dingen zuwandte. Dennoch setzte gerade im November 1963 mit dem Pamphlet *Tunejadec na poljach literatury* (Ein Schmarotzer auf den Feldern der Literatur) in der Zeitung *Večernij Leningrad* (Leningrad am Abend) eine Hetzkampagne gegen Brodskij ein. Er wurde 1964 wegen «Parasitentums» angeklagt und zu fünf Jahren Zwangsarbeit verurteilt. Aufgrund der von Frida Vigdorova angefertigten und in New York als Weißbuch veröffentlichten Prozeßstenogramme wurde die Unhaltbarkeit der Anschuldigungen wie auch die Voreingenommenheit der Richter publik. Eingaben russischer Schriftsteller, darunter Anna Achmatova, Kornej Čukovskij und Konstantin Paustovskij, sowie westliche Proteste bewirkten, daß der über Brodskij verhängte Zwangsaufenthalt in dem Dorf Norenskaja in der Region Archangel'sk auf ein Jahr und fünf Monate verringert wurde. 1970 erschien in Washington die Sammlung *Stichotvorenija i poémy* (Gedichte und Poeme), gefolgt von dem Band *Ostanovka v pustyne* (Haltestelle in der Wüste, 1966, veröfftl. 1970). Nach der Ausreise und Aberkennung der sowjetischen Staatsbürgerschaft im Juni 1972 ließ sich Brodskij in New York nieder; 1977 nahm er die amerikanische Staatsbürgerschaft an. In regelmäßiger Folge erschienen jetzt Gedichtbände bzw. -zyklen wie *Čast' reči* (Satzteil, 1977; mit Gedichten der Jahre 1972–1976), die an Byron gemahnenden *Novye stansy k Auguste* (Neue Stanzen an Augusta, 1982), *Dvadcat' sonetov k Marii Stjuart* (Zwanzig Sonette an Maria Stuart, 1974), *Rimskie élegii* (Römische Elegien, 1982) und *Uranija* (1987). Erst 1990 konnte eine größere Auswahl der Gedichte Brodskijs unter dem Titel *Osennij krik jastreba* (Der Herbstschrei des Habichts) in der Sowjetunion erscheinen.

Zwei dramatischen Versuchen Brodskijs, dem Stück *Mramor* (Marmor, 1984) und dem Einakter *Demokratija* (Demokratie, 1990), einer Groteske auf die russische Perestrojka, war auf der Bühne wenig Erfolg beschieden.

1987 wurde Iosif Brodskij mit dem Nobelpreis für Literatur ausgezeichnet. Er war der fünfte russische Schriftsteller, dem die hohe

Ehrung zuteil wurde. In der Begründung des Preiskomitees wurde die religiöse Dimension in den Dichtungen Brodskijs hervorgehoben; sie sei «konzessionsloser Natur». Das Gedicht sei für ihn ein göttliches Geschenk. Seine Poesie zeichne sich durch Reichtum der Themen und eine Vielzahl an Perspektiven aus. Zusammen mit tiefen Einsichten in die Literatur früherer Zeiten beschwöre sein Schaffen auch eine großartige historische Vision. Damit waren in der Tat wesentliche Merkmale der Dichtung Brodskijs angesprochen. Hinzuzufügen wäre, daß fast alle sein Gedichte in der von den Akmeisten ererbten strengen Versform gehalten sind. Lediglich in der Reimtechnik beschritt Brodskij neue Wege, indem er anstelle reiner Reime oftmals Assonanzen verwendet. Stilistisch stehen ihm alle Sprachebenen, poetologisch alle Ausdrucksmittel zur Verfügung. Anapher und Reihung gehören zu seinen beliebten Verfahren. Er beherrscht den Stil der Ode und der Elegie, trifft den Ton der Ballade ebenso wie den des Chansons. So wie er die Vergänglichkeit des Irdischen mit barockem Pathos beklagt, kann er die fragwürdigen Seiten dieser Welt mit grotesken Strichen einfangen. Brodskijs poetischer Ausdruck vereint in sich Geistigkeit und Sinnlichkeit, Harmonie und Chaos. Sein Antifaschist und Anti-Faust – in dem Gedicht *Dva časa v rezervuare* (Zwei Stunden in einem Behälter, 1965) – bietet sich in makkaronistischem russisch-deutsch-jiddischen Palaver dar, indem er Mystik und Glauben gegen Faust, Goethe und Thomas Mann verteidigt und am Schluß – unübersetzbar – verkündet: «Их либе жизнь и Фелькиш Беобахтер». / Гут нахт; майн либе геррен. Я. Гут нахт.»

Zu der intensiven Herstellung von Intertextbezügen in den Gedichten Brodskijs, die, ähnlich wie bei Mandel'štam, einen schier grenzenlosen Dialog der Kulturen eröffnen, tritt als weiterer Dialog der mit den Adressaten, denen er seine Gedichte gewidmet hat: mit der Förderin Anna Achmatova, dem Freunde Evgenij Rejn, der vertrauten M. B. oder mit den Dichtern, denen er sich geistig verbunden weiß, die er feiert und deren Tod er beklagt wie in den Elegien *Na smert' Roberta Frosta* (Auf den Tod von Robert Frost, 1963) oder *Na smert' T. S. Ėliota* (Auf den Tod von T. S. Eliot, 1964). Metaphysisches Denken und plastisches Erzählen, zwei disparate Elemente, sind in Brodskijs Poesie vereinbar geworden.

Seit den 80er Jahren schrieb Brodskij zunehmend auf englisch. In dem Essayband *Less Than One* (dt. u. d. T. Flucht aus Byzanz, 1986) blätterte er wie in einem Film Erinnerungen an die Newa-Stadt auf, in der er geboren wurde und seine geistige Prägung erhielt. Aus den steinernen Ufern, den Prospekten, Kirchen und Monumenten erschloß er sich die Zeichen der kulturellen Traditionen. Noch aus den

Iosif Brodskij

brüchigen Fassaden des zerstörten Leningrad, schreibt er, habe er mehr über die Geschichte der Welt erfahren als später aus irgendeinem Buch. Der Kreis der Literaten und Kunstenthusiasten, dem er vor seiner Ausreise angehörte, sei die einzige Generation gewesen, die zu sich selbst gefunden habe: Giotto und Mandel'štam seien ihr maßgeblicher gewesen als ihr persönliches Schicksal.

Mit der Dritten Emigration gewann die russische Literatur in der Diaspora einen unerhörten Auftrieb. In Frankreich, Deutschland, England, den USA und Israel entwickelten sich neue literarische Zentren mit ausgreifenden Aktivitäten. Neue Zeitschriften wurden gegründet – darunter *Sintaksis* (Syntax, 1978 ff.), *Dvadcat' dva* (Zweiundzwanzig, 1978 ff. in Israel), *Kontinent* (1979–1991 in Westdeutschland, danach in Moskau), *Strelec* (Der Schütze), herausgegeben von Aleksandr Glezer, *Ėcho* (Das Echo), herausgegeben von Vladimir Maramzin; oder alte – wie etwa *Grani* (Facetten, 1946 ff.) – von den Neuemigranten geprägt. Um 1980 dürfte es (nach W. Kasack) ca. 100 Emigrantenzeitschriften in der westlichen Welt gegeben haben, in denen, neben Enthüllungen über die Stalin-Zeit, verdrängten Kriegsverbrechen und Lagergreuel, zunehmend religiöse Themen anklangen und die Frage nach dem historischen Schicksal Rußlands gestellt wurde.

Die komplizierten Teilungsstrukturen, die sich für die russische Literatur bis zur Mitte der 80er Jahre ergeben hatten, sind begrifflich schwer zu fassen. Denn es bestand jetzt nicht nur die alte Grundopposition zwischen Sowjet- und Emigrantenliteratur, sondern innerhalb dieser beiden Bereiche gab es wieder Oppositionen zwischen offizieller und inoffizieller Literatur bzw. Alt- und Neuemigration, ganz zu schweigen von den politischen und ideologischen Lagern, die sich allenthalben abzeichneten. So unübersichtlich sich diese Zerklüftung auch ausnahm, bot sie doch, sollte es je wieder zu einer Synthese aller Teile kommen, alle Voraussetzungen für einen unvergleichlichen literarischen Reichtum.

Achtes Kapitel

Die Reintegration der russischen Literatur (Seit 1985)

A. *Enttabuisierung und Öffnung*

Perestrojka und Glasnost'

Als Michail Gorbačëv im März 1985 zum Generalsekretär der KPdSU gewählt wurde, konnte niemand absehen, welche dramatischen Wendungen der sowjetischen Politik bevorstanden. Nur eines war klar: Die Stagnation, die sich seit Brežnev über das Land gelegt hatte und die unter den hinfälligen Gerontokraten Andropov und Černenko immer deutlicher vor Augen trat, mußte beendet werden. Gorbačëv, der Černenko ablöste, hatte sich im Politbüro, dem er seit 1980 angehörte, als Neuerer in Wirtschaftsfragen profiliert. In der beherrschenden Funktion, die er nun einnahm, trat er früh mit Ansprüchen und Impulsen an die Öffentlichkeit, die die Welt verblüfften. Eine seiner ersten Maßnahmen richtete sich, noch ganz im alten Kampagnenstil, gegen das verbreitete Übel der Trunksucht, was freilich alsbald zu wirtschaftlichen Ausfällen führte, ganz zu schweigen von den Widerständen, die aus dem «Volke» kamen – dort sprach man abfällig von «suchoj zakon» («Trocken-Gesetz»). Von weit stärkerem Gewicht war das umfassende Modernisierungskonzept Gorbačëvs, das auf dem XXVII. Parteitag im Frühjahr 1986 angenommen wurde und unter dem Begriff Perestrojka (Umbau) weltweit bekannt wurde. Der Begriff war zwar nicht neu, auch Stalin hatte ihn für seine Industrialisierungskampagnen bemüht. Unter Gorbačëv aber gewann er eine völlig neue, fast magische Bedeutung. Es ging um nicht mehr und nicht weniger als die bisher versäumte, grundlegende Systemreform, die sich auf alle Bereiche des Staates und der Gesellschaft erstrecken sollte. Nicht nur die sowjetische Ökonomie sollte durch Elemente der Marktwirtschaft (rynočnoe chozjajstvo) reformiert werden, nicht nur das Rechtswesen im Sinne eines «sozialistischen Rechtsstaates» (socialističeskoe pravovoe gosudarstvo) eingerichtet und überhaupt die «soziale Gerechtigkeit» (social'naja spravedlivost') in der Sowjetgesellschaft durchgesetzt werden, es ging vielmehr auch um die Herstellung von Transparenz und Öffentlichkeit bei den politischen Entscheidungsprozessen, bei der Arbeit der Behörden und der Aufarbeitung der stalinistischen Vergangenheit – kurz: um das, was unter dem Schlagwort «glasnost'» (Öffentlichkeit) zur zweiten Säule des großen Reformansatzes Gorbačëvs wurde. Die radikalen Reformen wurden von Gorbačëv unermüdlich und mit bemerkenswerter Argumentationskraft begründet und zügig durchgeführt. Bald zeichneten sich Veränderungen ab, wie sie niemand in der Sowjetunion je für möglich gehalten hatte. Widerstände und Mißverständnisse gab es zuhauf, nicht nur seitens der alten Brežnev-Fraktion im CK, sondern auch im Ausland, wo ein Politiker wie Helmut Kohl in blinder Verkennung der Lage Gorbačëv mit Goebbels verglich. Ob Gorbačëvs Vorstellungen einer reformierten und geöffneten Sowjetunion eine echte Chance der Verwirklichung ohne die Reaktorkatastrophe im ukrainischen Černobyl' im April 1986 gehabt hätten, ist schwer zu entscheiden. Es steht jedoch außer Frage, daß mit diesem Ereignis die bis dahin praktizierte Abschottung der Sowjetunion unhaltbar wurde.

Natürlich mußten alle von Gorbačëv implementierten Reformen auch den kulturellen und literarischen Bereich aufs nachhaltigste beeinflussen. Bereits auf dem Schriftstellerkongreß der RSFSR im Dezember 1985 übten Schriftsteller wie Bondarev, Evtušenko, Rasputin und Zalygin scharfe Kritik an den Versorgungsmängeln, an der Geschmacklosigkeit (bezvkusica) des öffentlichen Lebens und wiesen auf die ökologischen Gefahren hin, die dem Land von megalomanen Projekten wie der Umregulierung der sibirischen Flüsse drohten. Auf dem VIII. Allunionsschriftstellerkongreß im Januar 1986 – es war der letzte, der veranstaltet wurde; der für Sommer 1991 angesetzte IX. Kongreß kam infolge des Putsches nicht mehr zustande – waren die Glasnost'-Bestrebungen bereits in voller Fahrt. Es wurden nun nicht nur neue, kooperative Verlagsunternehmen gefordert, sondern endlich auch die Freigabe der verfemten russischen Autoren des In- und Auslandes sowie die Suspendierung der Ždanovschen Erlasse von 1946. Bald sollte sich zeigen, daß solche Forderungen nicht mehr unrealistisch waren – die Erlasse von 1946 etwa wurden im Herbst 1988 annulliert.

Gorbačëv ging seinen Weg behutsam, doch mit Konsequenz. Im Februar 1987 wurden 140 politische Gefangene entlassen. Die Straflager wurden aufgelöst. Die Jahre 1987/88 standen im Zeichen der Wirtschafts- bzw. Unternehmensreform. Auf der Parteikonferenz über Glasnost' (28. Juni – 1. Juli 1988) legte Gorbačëv noch einmal die Notwendigkeit und den politischen Rahmen für Offenheit und Enttabuisierung aller Bereiche in der sowjetischen Gesellschaft auseinander. Im Frühjahr darauf fanden erstmals seit 1917 freie Wahlen statt, d. h. Wahlen, bei denen für jedes Mandat des Volkskongresses mehrere Kandidaten zur Auswahl standen. Mit der Einführung des Präsidentenamtes im März 1990 gewann Gorbačëv dieses Amt, das er bis zur Auflösung der UdSSR bzw. der Gründung der Gemeinschaft Unabhängiger Staaten, GUS (S-edinenie Nezavisimych Gosudarstv, SNG), innehatte. In den letzten Jahren seiner Herrschaft verschärften sich die Spannungen zwischen den Anhängern der alten Parteiherrschaft und den liberalen Neuerern. Indem Gorbačëv nun den konservativen Kräften wieder Zugeständnisse machte – es lag offenbar nicht in seiner Absicht, die KPdSU zurückzudrängen oder gar aufzulösen –, leistete er dem Putsch Vorschub, der seinen Sturz und das Ende des Sowjetimperiums einleitete. (Evgenij Evtušenko hat alsbald in seinem Kolportageroman *Ne umiraj prežde smerti* [Stirb nicht vor deinem Tod, 1993] versucht, die geheimen Triebfedern des Putsches freizulegen.)

Gorbačëvs historische Leistung, wie umstritten sie nach wie vor auch sein mag, bestand einmal in der inneren, geistig-ideologischen, zum anderen in der außenpolitischen Entkrampfung Rußlands bzw. der Sowjetunion. Eine neue, friedliche Weltordnung ohne machtpolitische Lager und Abschottungen wäre ohne sein Wirken nicht denkbar geworden, ebenso wie die Wiedervereinigung Deutschlands letzten Endes eine Frucht seiner Öffnungspolitik war. Sein persönliches Scheitern entbehrt deshalb nicht einer gewissen Tragik. Der Umbruch aber, den er in Rußland herbeigeführt hat, gehört, das läßt sich schon heute sagen, zu den bedeutendsten historischen Wenden in der Geschichte des Landes. Russischer Staat und russische Gesellschaft, russische Kultur und Literatur stellen sich, nachdem der sowjetische Rahmen zerfallen und der kommunistische Anstrich abgeblättert ist, nun völlig neu dar – mit neuen Möglichkeiten, aber auch mit neuen Gefährdungen. Rußland oder genauer: die Rußländische Föderation (Rossijskaja Federacija), wie sie seit der Unabhängigkeitserklärung am 24. August 1991 heißt, wurde eine Präsidialdemokratie mit Boris Elcin als Staatsoberhaupt, mit einer neuen Verfassung (Dezember 1993), mit einem Parlament, das aus zwei Kammern, Oberhaus (Verchnij Dom) und Staatsduma (Gosudarstvennaja Duma), besteht. Der Föderation gehören 57 «Föderationssubjekte», d. h. nationale Republiken und Gebietseinheiten, an. Welche Konflikte sowohl zwischen den Verfassungsorganen als auch zwischen den Föderationssubjekten immer wieder aufbrechen, belegen die politischen Nachrichten Tag für Tag. Versorgungsprobleme, Lohnrückstände, Streiks, mafiose Strukturen in Wirtschaft und Bankwesen, das Aufbrechen bedenklicher rechtsextremistischer und/oder altkommunistischer Tendenzen, ganz zu schweigen von den Binnenkriegen in Tschetschenien 1994/95 und

1999, sprechen von einer Situation, die von politischer und wirtschaftlicher Konsolidierung noch weit entfernt ist. Der neue urbane Glanz Moskaus und einiger anderer Städte oder auch der überraschende Wohlstand einer neuen Unternehmerschicht, «novye russkie» (neue Russen) genannt, läßt allerdings ahnen, welch enorme sozioökonomische Dynamik in Rußland unversehens entstehen könnte.

Der Bürgerkrieg in der Literatur

Die geistigen Antagonismen, die sich seit dem Tauwetter in wachsendem Maße herausgebildet hatten, brachen im Zeichen der Glasnost' offen auf und führten in den Jahren 1989/90 zu aufgeregten Diskursen, die mit der Bezeichnung «Bürgerkrieg in der Literatur» (graždanskaja vojna v literature) belegt wurden. Es brauchte dazu eines Anlaufes, den Karl Eimermacher für den kunstpolitischen Sektor wie folgt periodisiert hat: Die ersten Jahre der Ära Gorbačëv, 1985–1987, brachten zunächst eine «vorsichtige Aufwertung des Informationsgehaltes der Presse»; in der Folgezeit, 1987–1989, war eine Abmilderung der Zensur, deren Verunsicherung allenthalben spürbar wurde, zu beobachten; die Jahre 1989–1991 schließlich waren gekennzeichnet durch die Absage an den Sozialistischen Realismus und das Vordringen der alternativen oder «anderen» Kunst, das mit der Gründung privater Zeitschriften und Verlage Hand in Hand ging. Die Verhältnisse im literarischen Bereich waren ganz ähnlich gelagert und nahmen eine ähnliche Entwicklung. Die Diskurse über Ideologie und Kunst verließen zunehmend den Medienbereich und drangen in den urbanen Raum. Straßen und Plätze, der Nevskij Prospekt in Leningrad und der Arbat in Moskau, Zeitungsaushänge und vor allem die Vortragshäuser (lektorii) wurden zu Tribünen, auf denen der Kampf der Meinungen tobte.

Die Positionen, die sich gegenüberstanden, wiederholten in gewisser Weise den alten Streit um die geschichtliche und geistige Identität Rußlands, den im 19. Jahrhundert Westler und Slawophile ausgetragen hatten. Wie damals stand auf der einen Seite das liberale Lager, orientiert an den Werten der westlichen Kultur und Demokratie, an denen es selbst teilhaben wollte. Es strebte eine Modernisierung der sowjetischen Lebensweise nach dem Vorbild des westlichen Pluralismus an. Es war auch bereit, die Risiken einer freien Gesellschaft sowie «unrussische» Formen der Massenkultur wie Rockmusik oder Schönheitswettbewerbe in Kauf zu nehmen. Seine publizistischen Stützpunkte besaß das liberale Lager in dem parteiinternen Informationsblatt *Argumenty i fakty*, in der einflußreichen *Literaturnaja gazeta* und in der Illustrierten

Ogonëk, deren Leitung 1986 von dem Konservativen Anatolij Sofronov auf den Reformanhänger Vitalij Korotič übergegangen war. Wie begierig die neue Tendenz in der Bevölkerung aufgenommen wurde, bezeugte der gewaltige Anstieg der Auflage der Reformblätter; sie belief sich Anfang der 90er Jahre bei *Ogonëk* auf 3,2 Mio., bei der *Literaturnaja gazeta* gar auf über 6 Mio. Exemplare. Das andere Lager orientierte sich an national-russischen Traditionen und Idealen. Seine Speerspitze bildete die Organisation «Pamjat'», die 1989 nach langem Für und Wider registriert wurde. Die Neoslawophilen, Patrioten und Chauvinisten, die sich hier sammelten, deuteten die Oktoberrevolution als eine «jüdisch-freimaurerische Verschwörung gegen das russische Volk», die von fanatischen, dem Volke entfremdeten Revolutionären durchgeführt worden sei und mit unbarmherziger Konsequenz die von der Orthodoxie geprägte Nationalkultur der Großrussen zerstört habe. (Im Bürgerkrieg der Geister spielten darum die Fragen, ob Lenin, Trockij oder Molotov Freimaurer gewesen seien, wer aus der alten Lenin-Garde jüdischer Herkunft war usw., eine herausragende Rolle.) Beide Richtungen waren sich einig in der Verurteilung des bolschewistischen Terrors der Bürgerkriegs- und der Stalin-Zeit. Doch während die einen Bucharin rehabilitierten und anhand von Arthur Koestlers *Sonnenfinsternis* das tragische Rubaschow-Syndrom – die freiwilligen Geständnisse der Stalin-Opfer – erörterten, klagten die anderen den eben erst Rehabilitierten als einen der ärgsten Verfolger der Intelligenz und der Bauern an. Stalin habe die Entkulakisierung letztlich nach Bucharins Konzept ins Werk gesetzt. In den Augen der «Pamjat'»-Anhänger waren die Opfer der 30er Jahre die Täter der 20er Jahre – was letztendlich auf eine Verwischung der Schuld auf beiden Seiten hinauslief.

Was blieb in der aufgewühlten Diskussion vom Sozialistischen Realismus? Seit Beginn des Tauwetters war die Doktrin, die zwei Jahrzehnte lang die sowjetische Literatur beherrscht hatte, mehr und mehr ausgehöhlt worden, sowohl was die künstlerischen Verfahren als auch was die erbaulichen Inhalte anlangte. Dennoch waren von den Literaturbehörden bestimmte Grenzen aufrechterhalten worden, die nicht überschritten werden durften. Wo diese lagen, das hatte in den 70er Jahren der Umgang mit dem *Metropol'*-Almanach gezeigt: Ideologische Abweichungen wurden dutzendfach mit Zwangsarbeit oder Ausweisung geahndet. Wie des Kaisers neue Kleider in Andersens Märchen wurde der Sozialistische Realismus zu einer Schimäre, die öffentlich nicht in Frage gestellt werden durfte. Das Äußerste an Revision des Begriffes war, daß man ihn – wie auf einer Konferenz von Literaturredakteuren aus den Ostblockländern im Januar 1979 – als «historisch offenes System der wahrheitsgetreuen ideologisch-künstlerischen Erfassung des Lebens» definierte. In der Atmosphäre der Glasnost' freilich stellte der Sozialistische Realismus für die meisten Schriftsteller überhaupt kein Problem mehr dar. Nur der offizielle Schriftstellerverband – und in ihm die konservativen Schriftstellerkader – schlug sich mit ihm noch herum, war er doch bislang integraler Bestandteil der Verbandsstatuten gewesen. Der im März 1989 vorgelegte Entwurf eines neuen Statuts des Schriftstellerverbandes verzichtete zwar auf den Begriff Sozialistischer Realismus, doch ließen die vorgeschlagenen Formulierungen der schöpferischen Grundsätze das Ringen der konservativen und liberalen Kräfte deutlich erkennen. Einerseits sollten noch immer Parteilichkeit und Volksverbundenheit gelten, während andererseits von unbedingter Freiheit des künstlerischen Schaffens, Pluralismus der Meinungen, Breite der schöpferischen Diskussion, von der Vielfalt des ästhetischen Suchens und der literarischen Richtungen die Rede war. Und wenn schon nicht Sozialistischer Realismus, so sollte es nun zumindest heißen: «Der Schriftstellerverband unterstützt konsequent solche Werke, die realistisch nach der Methode und sozialistisch nach dem Ideal sind.»

Die Spannung, die sich hier bezüglich der Schaffensprinzipien auftat, war ebenso obsolet wie symptomatisch; sie sollte alsbald zum Auseinanderbrechen des Schriftstellerverbandes führen. Ein Neuansatz zeichnete sich im gleichen Jahr mit der Gründung des russischen PEN-Clubs ab, dem Anatolij Rybakov als erster Präsident vorstand.

Bereits in der Brežnev-Ära war der Schriftstellerverband der UdSSR zu einer reinen «Kontroll- und Sanktionsinstanz» (D. Kretzschmar) verkommen, die, mit dem potenten LITFOND und einem Verlagsunternehmen wie «Sovetskij pisatel'» im Rücken, machtvoll agieren konnte. Die Leitung lag in den Händen von Altstalinisten und Konservativen. (1971–1986 hatte Georgij Markov, ein aus Sibirien stammender, wenig bedeutsamer Romancier, den Posten des Ersten Sekretärs inne, danach, bis zum Putsch 1991, Vladimir Karpov, ein Militärschriftsteller.) Noch stärker wurden konservativ-patriotische Positionen im Schriftstellerverband der RSFSR vertreten, als deren Exponent Jurij Bondarev in den Vordergrund drängte. Mit Beginn der Perestrojka wurden beide Verbände zu Bollwerken der Reformgegner, die sich mit allen Kräften den Forderungen nach Liberalisierung und Entmonopolisierung entgegenstellten. Die akute Krise der Schriftstellerverbände, die sich über mehrere Jahre mit Abspaltungen, Teilungen, Gegengründungen und allem möglichen Taktisieren und Finassieren hinzog, könnte eine literaturpolitische Farce genannt werden. Was wie ein achtbarer Streit um die Zukunftsorientierung der russischen Literatur in Szene gesetzt wurde, drehte sich in Wahrheit um die sehr erheblichen Vermögenswerte aus LITFOND und Verbandsverlagen und betraf eine Machtausübung und ein Handlungsgebaren, die besser im verborgenen gediehen. Wichtig war in diesem – von Dirk Kretzschmar im einzelnen beschriebenen – Prozeß, der mit der Auflösung des Unionsverbandes und der Gründung von Nachfolgeverbänden endete, daß die liberalen, reformwilligen Schriftsteller nun eigene Kongregationen bildeten und damit erstmals organisiert auftraten. Dies geschah zuerst, noch innerhalb des RSFSR-Verbandes, im Frühjahr 1989 mit der Gruppe «Aprel'» (April). Ihr gehörten Autoren wie Evtušenko, Baklanov, Pristavkin, Rybakov und Zalygin an, und sie verstand sich, in der nüchternen Erkenntnis, daß Wirkung und Bedeutung der Literatur im Abnehmen begriffen seien, als eine Organisation syndikalistischen Typs, ohne künstlerische oder gesellschaftliche Aufgabenstellung. Das hinderte die «Aprel'»-Leute freilich nicht, demokratische Verfahren und Transparenz in der Verbandsführung sowie die Aufarbeitung der stalinistischen Vergangenheit des Verbandes anzumahnen. Das konservative Lager, konzentriert in der Moskauer Sektion des RSFSR-Verbandes und inzwischen mit eigenem Verlag und eigener Verbandszeitschrift (*Den'* [Der Tag], herausgegeben von Aleksandr Prochanov) ausgestattet, driftete zusehends auf die Seite der militanten Gorbačëv-Gegner. Zur ideologischen Aufheizung und atmosphärischen Vorbereitung des Staatsstreiches vom 18. August 1991 trugen die Zeitschriften des RSFSR-Verbandes nicht wenig bei. Unter mehreren Aufrufen zur «Rettung der Nation» kam dem von Bondarev, Prochanov und Rasputin gemeinsam mit dreien der späteren Putschisten unterzeichneten Artikel *Slovo k narodu* (Ein Wort an die Nation; am 23. Juli 1991 in *Sovetskaja Rossija*) peinliche Bedeutung zu. Als Widerpart gegen diese Bestrebungen hatte sich kurz vor den dramatischen Ereignissen vom Sommer 1991 auf Initiative Evtušenkos ein unabhängiger Schriftstellerverband gebildet. So standen sich im September des gleichen Jahres plötzlich zwei russische Verbände gegenüber, der eine, mit Namen «Sojuz Pisatelej Rossii» (Schriftstellerverband Rußlands, SPR), um die Bondarev-Gruppe geschart; der andere, mit Namen «Sojuz Rossijskich Pisatelej» (Verband der russischen Schriftsteller, SRP), vertreten durch Evtušenko, Anatolij Anan'ev, Jurij Černičenko und andere «Aprel'»-Leute. 1992, im Vorfeld eines geplanten neuen Schriftstellerkongresses, war eine chaotische Lage entstanden, in der sich mehrere Schriftstellerverbände und Organisationskomitees gegenseitig das Wasser abzugraben suchten. Dieser «Allunionskongreß», im Juni 1992 im Moskauer «Teatr kinoaktëra» (Theater des Filmschauspielers) ausgetragen, wurde zur letzten

Heerschau der konservativ-nationalistischen Schriftsteller. Von den liberalen Autoren wurde er fast einhellig boykottiert.

Enttabuisierung und Öffnung

Die öffentlichen Diskurse in der Sowjetunion waren in einem heute kaum noch vorstellbaren Maße durch Tabuisierungen aller Art eingeschränkt gewesen. Diese erstreckten sich nicht nur auf das politische System und seine Würdenträger, sondern auch auf viele Lebensbereiche, die soziale Lage und vor allem auch den Bereich der Sexualität. Und sie wirkten weit rigoroser als etwa die im Westen verbreitete *political correctness*, da Verstöße gegen sie nicht nur dem moralischen Verdikt unterlagen, sondern mit rigoroser Oppression geahndet wurden. In der Stalin-Zeit konnte ein unbedachtes Wort den Kopf kosten, unter Brežnev noch immer Haft oder berufliche Diskriminierung bedeuten. Natürlich übte und ergötzte sich insgeheim der Volkswitz an den öffentlich gehegten Tabus, wovon etwa die naiv-hintersinnigen «Anfragen bei Radio Erivan» zeugen. Namentlich war es auch Stalin, an dem sich die Witzkreationen des Volkes entzündeten. (Jurij Borev hat einiges davon gesammelt und 1989 unter dem Titel *Anekdoty o Staline* [Stalinwitze] veröffentlicht.) Die Minenfelder der Tabus zu entschärfen erwies sich als äußerst schwierig, ja, aus dem Versuch, dies zu leisten, erwuchsen gerade die brisanten Themen, die den Bürgerkrieg in der Literatur speisten. Am dringlichsten war nach wie vor die rückhaltlose Aufdeckung der Stalinschen Verbrechen, ohne noch an den Punkten einzuhalten, wo einst Chruščëv das System gefährdet sah. Erst 1989 konnten Stalins Verfehlungen im politischen, militärischen und privaten Bereich durch Werke wie die Stalin-Monographie *Triumf i tragedija* (Triumph und Tragödie) des Militärhistorikers Dmitrij Volkogonov oder den von Chuan Kobo zusammengestellten Sammelband *Osmyslit' kul't Stalina* (Den Stalin-Kult begreifen) weiter entschleiert werden. Das GULAG-System, das zwar 1956 nominell abgeschafft worden war, jedoch auch danach als pönales Instrument fortbestand, konnte endlich in seinem erschreckenden Umfang offengelegt werden. Erst jetzt, also lange nach Solženicyns *Odin den' Ivana Denisoviča* und *Archipelag GULag*, konnten weitere Werke der Lagerliteratur, etwa die *Kolymskie rasskazy* (Erzählungen aus Kolyma; entstanden bereits 1966–1976) von Varlam Šalamov, veröffentlicht werden. Erst jetzt wurden die grauenhaften Einzelschicksale vieler verfolgter Schriftsteller und sowjetischer Bürger offenbar, da die Archive von OGPU, NKVD, MVD und KGB wenigstens zeitweilig ausgewertet werden

konnten. (Rascher Zugriff war, wie das Beispiel Vitalij Šentalinskijs
zeigt, ratsam.) Eine Kommission des Schriftstellerverbandes, der Vladimir Karpov, Vladimir Makanin, Bulat Okudžava und Anatolij Žigu-
lin angehörten, fahndete in den Archiven nach verschwundenen
Manuskripten und Dokumenten. Die Bürgerbewegung «Memorial»,
1988 gegründet, bemühte sich um die Aufarbeitung der Stalinschen
Verbrechen und pflegte das Gedächtnis an die Opfer. In der Illustrierten *Ogonëk* widmeten sich dieser Aufgabe die Rubriken «Chranit'
večno» (Ewig aufbewahren; geleitet von V. Šentalinskij) und «Bol'
otečestva» (Der Schmerz des Vaterlands). In der ersteren wurde das auf-
gefundene literarische Material, in der letzteren wurden Memoiren
wie die Erinnerungen der Witwe Bucharins, Anna Larina, eine Biographie Chruščëvs aus der Feder seines Sohnes Sergej und andere
dokumentarische Texte veröffentlicht. Einen zündstoffgeladenen
Tabubereich bildete die sowjetische Geschichte, deren offizielle Darbietung mit all ihren Umdeutungen, Aus- und Einblendungen von
Persönlichkeiten und Tatsachen zu einer der größten Geschichtsfäl-
schungen aller Zeiten geronnen war. Hier verharrte Gorbačëv, indes
sich die Geschichtswissenschaft zunehmend vom Zwang der marxistisch-leninistischen Erklärungsmodelle befreite, in merkwürdiger
Zurückhaltung, immer bemüht, die «echten» Leninschen Quellen zu
verteidigen, die ihm sakrosankt blieben. Perestrojka-Autoren wie
Michail Šatrov und Anatolij Rybakov folgten ihm darin, während in
der öffentlichen Diskussion auch Lenins Integrität und Weisheit längst
zur Disposition standen.

Zum wichtigsten Medium der Diskurse rückte im Bürgerkrieg der
Literaten die Publizistik auf. Sie war das eigentlich Neue in der russischen Literatur der Perestrojka-Phase. Der gewaltige Enttabuisie-
rungs- und Bewältigungsschub vollzog sich in Form von Reportagen,
Dokumentationen, Tatsachenberichten, Erinnerungen, Leserbriefen,
Diskussionen, Disputen, Polemiken, ganz zu schweigen von der zügi-
gen Berichterstattung im sowjetischen Fernsehen. Auch die traditionellen literarischen Gattungen, das Drama nicht ausgenommen, nahmen einen publizistischen Charakter an.

Mehr noch als die Enttabuisierung veränderte die ideologische Öffnung die Horizonte der russischen Literatur. Die jahrzehntelange, fast
hermetische Abschottung der Sowjetunion hatte sich am schärfsten
auf die geistigen Erzeugnisse des Silbernen Zeitalters und der Emigration bezogen. Schritt für Schritt wurden die Verfemten und Verdrängten zurückgewonnen. War 1985 aus maßgeblichem Munde noch zu
hören, man brauche gut zehn Jahre, um Pasternaks *Doktor Živago* in
Rußland herauszubringen, so war das Ziel bereits 1988 mit dem

Abdruck in *Novyj mir* erreicht. Gleichzeitig brachte Anatolij Anan'ev, gegen geifernden Widerstand, in *Oktjabr'* Vasilij Grossmans *Leben und Schicksal* und bald danach Aleksandr Sinjavskijs *Progulki s Puškinym* (Promenaden mit Puškin, 1975). Auch Zamjatins Warnutopie *My* (Wir) geriet endlich in die Hände des Publikums, für das sie 65 Jahre zuvor geschrieben worden war. Inzwischen waren 1987 schon Anna Achmatovas *Rekviem*, Solženicyns *Archipelag GULag*, Bulgakovs *Sobač'e serdce* (Hundeherz), Werke von Pil'njak, Platonov und anderen erschienen. Evgenij Evtušenko trug mit der in *Ogonëk* von 1987 bis 1989 fortsetzungsweise gedruckten Lyrikanthologie *Russkaja muza XX veka* (Die russische Muse des 20. Jahrhunderts) zur Vervollständigung des reichen russischen Lyrikkanons seit dem Symbolismus bei. Nabokovs literarischer Internationalismus wurde mit Staunen und Reue aufgenommen – Reue darüber, von welchen Höhen der Zivilkultur Sowjetrußland abgestürzt war. Auch die mystisch-religiösen Dichter und Denker – Nikolaj Berdjaev, Vjačeslav Ivanov, Aleksej Remizov, Dmitrij Merežkovskij, Ivan Šmelëv, Boris Zajcev u. a. – kehrten zum russischen Leser zurück, der sich in jenen Jahren wieder den geistigen Werten der Orthodoxie zuwandte. Lebhaftes Interesse herrschte an den Werken der jüngst erst Ausgewiesenen von Vasilij Aksënov bis Iosif Brodskij. Als Brodskij 1987 den Nobelpreis erhielt, war von seinen Gedichten und Schriften offiziell noch nichts bekannt. Erst 1990 erschienen, nach tastenden Zeitschriftenveröffentlichungen, die Auswahlbände *Osennij krik jastreba* (Der Herbstschrei des Habichts) und *Čast' reči* (Redeteil). Die einheimische Standardliteratur, oft als «Sekretärsliteratur» (sekretarskaja literatura) verspottet, tat sich schwer mit der fremden und doch russischen Konkurrenz, die plötzlich über sie hereinbrach. Das böse Wort von der «Nekrophilie», die das literarische Leben bestimme, das der sonst wenig beachtete Literaturfunktionär Pëtr Proskurin in die Debatte warf, sprach Bände.

Inzwischen wurden, wenn auch zunächst noch konspirativ, erste Fäden zwischen Sowjet- und Emigrantenschriftstellern gesponnen. In Kopenhagen kam es im März 1988 zu einem ersten, von dänischen Slawisten organisierten Treffen beider Seiten, an dem aus dem Westen Vasilij Aksënov, Lev Kopelev und Aleksandr Sinjavskij teilnahmen. Vladimir Solouchin nahm Kontakt zum Frankfurter «Posev»-Verlag auf und besuchte Solženicyn in seinem Domizil Cavendish im US-Staat Vermont. Evgenij Rejn brachte von einer Reise in die Vereinigten Staaten im Frühjahr 1989 frische Nachrichten über Brodskij und die russische Literaturszene in New York mit.

Im Ergebnis des großen Reintegrationsprozesses bietet sich die russische Literatur in einer Vollständigkeit und Vielfältigkeit dar, die im

20. Jahrhundert einzigartig dasteht. Reintegration ist hier nicht nur im Sinne der Wiederherstellung eines Ganzen aus verschiedenen Teilmengen zu verstehen, sondern auch im Sinne der Wiedergewinnung von ästhetischer und ethischer Integrität. Daß sich dies im gleichen Zeitraum abspielte, da der eingefahrene sowjetische Literaturbetrieb aus dem Tritt geriet und die heimischen Schriftsteller von Grund auf verunsichert wurden, gehört zu den schwer zu enträtselnden Widersprüchen, die die literarische Evolution immer wieder durcheinanderrütteln und am Ende doch wieder voranbringen.

Die Perestrojka-Literatur

Die Ära Gorbačëv weist, abgesehen von den wiedergewonnenen Werken und der Fülle publizistischer Äußerungen, eine Reihe typischer, zum Teil aufsehenerregender Erzählwerke, Dramen und Gedichte auf, die unter dem Begriff der Perestrojka-Literatur (literatura perestrojki) zu subsumieren sind. Wie es die darstellenden Gattungen erlaubten und eine immer noch gültige Ästhetik vorsagte, die die Spiegelung des Gegebenen und die Projektion des Wünschenswerten als ihre vorrangigen Aufgaben ansah, wurden die Themen der Perestrojka zu den Themen dieser Literatur. Die Literatur erfüllte noch immer die alte gesellschaftliche Funktion. Und also konnten Romane, mit den Worten von Karla Hielscher, Wegbereiter des neuen Denkens oder Eisbrecher für Tabuthemen werden.

Zu den Erzählwerken, die im Sinne der beginnenden Perestrojka aufgenommen wurden, gehörte bereits Rasputins *Požar* (Der Brand, 1985): Der Brand der Neubauten konnte als Fanal des Scheiterns sozialistischer Hybris gedeutet werden. Doch erschienen bald Werke, die sich der Wirklichkeit auf neue Weise näherten und neue Haltungen vertraten. Zu den ersten von ihnen gehörte Čingiz Ajtmatovs *Placha* (Der Richtplatz, 1986). Der kirgisische, zweisprachig aufgewachsene Schriftsteller, der sowohl in seiner Muttersprache als auch russisch schreibt, hatte es früh verstanden, die Mythen und Legenden seiner Heimat, die kirgisische Landschaft wie auch die Lebensweise und mentale Eigenart ihrer Bewohner in bewegende Erzählungen zu gießen. Mit der zarten Liebesgeschichte *Džamilija* (1958), die ihm weltweite Wertschätzung einbrachte, mit der Tauwetter-Povest' *Proščaj, Gul'sary* (Ade, Gul'sary, 1966) oder auch mit dem vielschichtigen, zwischen Märchen und Wirklichkeit schwankenden Roman *Belyj parochod* (Der weiße Dampfer, 1970) hatte er sich einem literarischen Synkretismus zugewandt, den er in *Placha* noch erweiterte. Ajtmatovs Held

Avdij Kallistratov, ein ehemaliger Seminarist, ist als Gottsucher konzipiert, der das Böse bekämpft, indem er zuerst der Drogenmafia, später einer Bande illegaler Antilopenjäger entgegentritt. Von den letzteren wird er christusgleich verhöhnt und gekreuzigt. Die Vermischung von brutaler Mafia-Kriminalität mit christlichen (in der Figur Kallistratovs) und animistischen Konzepten (in der Geschichte von der Wölfin Akbara) mit intertextuellen Beigaben wie dem Verhör Christi durch Pilatus (in deutlicher Anspielung auf Bulgakovs *Master i Margarita*) war zwar künstlerisch kaum zu bewältigen, doch tat das der Wirkung des Romans in der frühen Phase der Perestrojka, als deren Botschafter Ajtmatov bald weltweit auftreten sollte, keinen Abbruch. Die Themenkombination von Verbrechensbekämpfung und neuer Religiosität verband Viktor Astaf'evs *Povest' Pečal'nyj detektiv* (Der traurige Detektiv, 1986) mit dem so ganz anderen Werk Ajtmatovs. Auch hier wurden aus den Erlebnissen des vorzeitig pensionierten Milizionärs Sošnin in einer Provinzstadt die sowjetischen Alltagsverbrechen – Vergewaltigung alter Frauen durch Betrunkene, Amoklauf, Terror, Kindesmißhandlung usw. – in einer halbpublizistischen Weise aufgereiht und an den Pranger gestellt. Doch erschien das Böse nicht mehr als das Werk ausländischer Diversion oder auch nur gesellschaftsbedingt, sondern es entstand aus dem moralischen Niedergang der Gesellschaft. Dostoevskij lag als Erklärungsinstanz näher denn der Marxismus-Leninismus. Die Werte der christlichen Verantwortung, das orthodoxe Bewußtsein von der Allschuld des Menschen, Ehe und Familie als Grundlage einer gesunden Gesellschaft – das waren Botschaften, die Astaf'evs Buch vermittelte.

Nicht so weit gelangte Vladimir Tendrjakov mit seinem Buch *Pokušenie na miraži* (Anschlag auf Visionen, posth. 1987), das allerdings bereits Anfang der 80er Jahre geschrieben worden war. Auch in diesem kurzen Roman mischten sich erzählerische und publizistische Züge, wenn der Autor die Moralfrage erneut aufwarf, die ihn bereits in der Tauwetter-Phase wiederholt beschäftigt hatte (so in *Trojka, semerka, tuz* [Drei, Sieben, As], 1960, oder *Sud* [Das Gericht], 1961). Anliegen des Romans *Pokušenie na miraži* war die Rettung der humanistischen Werte des Christentums, ohne religiöse Verbrämung, wie sie Tendrjakov schon in der *Povest' Apostol'skaja komandirovka* (Eine Dienstreise als Apostel, 1969) darzulegen versucht hatte. Diesmal führte er ein literarisches Experiment durch, indem er einem aus dem sowjetischen Alltag gegriffenen Geschehen um den Ich-Erzähler Professor Grebin fünf erdachte Legenden gegenüberstellte: die Steinigung Jesu Christi drei Jahre vor seinem durch die Evangelien bezeugten Tod; eine Begegnung Alexanders des Großen mit Diogenes und Aristoteles, die Bekehrung des Saulus zum Paulus, den Evangelisten Lukas bei dem

Latifundienbesitzer und Sklavenhalter Appius in Aquileja und den Tod des jesuitischen Utopisten Tommaso Campanella in Paris. Trotz der Gewissensschärfe, die aus diesem Text zweifellos spricht, gelang es Tendrjakov, dem einstigen Komsomolfunktionär und aktiven Parteimitglied, nicht, sich von der ideologischen Befangenheit des Marxismus-Leninismus freizumachen.

Finstere Seiten der Vergangenheit brachte Anatolij Pristavkin mit den Romanen *Nočevala tučka zolotaja* (dt. u. d. T. Über Nacht eine goldene Wolke, 1987; der Titel zitiert den Anfangsvers aus Lermontovs Gedicht *Utës* [Der Felsen, 1841]) und *Kukušata* (dt. u. d. T. Wir Kuckuckskinder, 1989) ans Tageslicht. In beiden Werken geht es um die Schicksale von Kindern (Pristavkin war selbst als Kriegswaise in einem Heim aufgewachsen), die zu Opfern werden, weil ihr Volk bzw. ihre Eltern Ziel der Verfolgung geworden sind. Im einen Falle sind es Tschetschenenkinder, die 1944 aus ihrer kaukasischen Heimat zwangsumgesiedelt werden (Pristavkin hat auch im Tschetschenienkonflikt immer wieder auf die sowjetische Schuld gegenüber diesem kaukasischen Volk hingewiesen); im anderen die in lagerähnliche Kolonien verbrachten Kinder der «Feinde des Volkes» der 30er Jahre. Wie die «Kuckuckskinder» – sie werden so genannt, weil man ihnen sogar ihre Namen genommen hat – in einer kaum vorstellbaren Atmosphäre von Depravierung und brutaler Dressur dennoch ihre eigene Lebensform errichten und sich am Ende sogar gegen ihre Unterdrücker zur Wehr setzen, das ist eine starke, von Pristavkin in der Wir-Form erzählte Abenteuergeschichte, die nichts mehr mit der offiziösen Erbaulichkeit der sowjetischen Kinderliteratur gemein hat. Ein Roman wie *Kapitan Dikštejn* (Kapitän Dickstein, 1987) des Leningrader Filmdramaturgen Michail Kuraev beleuchtete mit grotesken Effekten die Niederschlagung des Kronstädter Matrosenaufstandes von 1921. 1987 veröffentlichte Boris Možaev den zweiten Teil seines Romans *Mužiki i baby* (Bauern und Bäuerinnen), 1989 Vasilij Belov die Fortsetzung seiner *Kanuny* (Vorabende) unter dem Titel *God velikogo pereloma* (Das Jahr des großen Umbruchs) – Werke, die die Schrecken der Entkulakisierung und Kollektivierung auf dem Lande ins Gedächtnis zurückriefen. Auch Aleksandr Tvardovskij konnte 1987 endlich sein bereits in den 60er Jahren geschriebenes Poem *Po pravu pamjati* (Vom Recht auf Gedächtnis) veröffentlichen, in dem nun das wahre Schicksal seines Vaters während der Kollektivierung vor Augen trat, das einst, in *Strana Muravija* (Das Land Muravien), geschönt als Lernprozeß dargeboten worden war. Ebenso erzählte Jurij Nagibin in der Povest' *Vstan' i idi* (Stehe auf und wandle, 1987) die Geschichte seines Vaters aus der Sicht des Heranwachsenden. Bei den Begegnungen zwischen Vater und

Sohn zeigt sich, daß in Wahrheit der Vater, ein aus dem Bürgertum stammender Unternehmer, trotz erlittener Haft und Verbannung innerlich frei geblieben ist, während der Sohn, mehr um seine beginnende Schriftstellerkarriere bemüht als um den Vater, ihn am Ende «verrät», da nichtige Umstände und Vorwände einen letzten Besuch bei dem Sterbenden verhindern.

Vladimir Dudincevs Roman *Belye odeždy* (Weiße Gewänder), ebenfalls bereits 1967 verfaßt, doch erst zwanzig Jahre darauf veröffentlicht, stellte die Zerschlagung der biogenetischen Forschung, die mit den Arbeiten genialer Gelehrter wie Nikolaj Vavilov in der Welt hohes Ansehen erworben hatte, durch den von Stalin protegierten Pseudowissenschaftler Trofim Lysenko in einer erfundenen Handlung an den Pranger. Auch Daniil Granin schilderte in dem Tatsachenroman *Zubr* (das Wort für «Wisent» bedeutet im Russischen zugleich «der Erzreaktionär»; dt. u. d. T. Der Genetiker, 1987) das authentische Schicksal eines bedeutenden Wissenschaftlers, des Molekularbiologen und Genetikers Nikolaj Timofeev-Resovskij, der von 1925 bis 1945 in Deutschland (mit sowjetischem Paß!) gelebt und am Kaiser-Wilhelm-Institut in Berlin-Buch gearbeitet hatte. Nach dem Zweiten Weltkrieg geriet er in die Mühlen der Verfolgung und konnte, als Lysenko 1948 genetische Forschungen untersagte, nur privat in der Verbannung weiterarbeiten. Rechnet man ferner Aleksandr Beks Enthüllungsbuch *Novoe naznačenie* (dt. u. d. T. Die Ernennung, 1988) hinzu, das kaum verschlüsselt die Machenschaften des seinerzeitigen Ministers für Stahl- und Hüttenwesen Ivan Tevosjan aufdeckte, einen Roman, der ebenfalls Jahre auf sein Erscheinen warten mußte, so ergibt sich eine lange Reihe entlarvender Werke, die zwar erzählerisch nichts Neues brachten, aber dennoch das Klima der neuen Offenheit wesentlich mitprägten. In ihnen wiederholte sich das immer gleiche Muster: Unschuldige, harmlose, gutwillige Menschen wurden aus politischen oder ideologischen Gründen oder wegen ihrer Herkunft zu Opfern eines willkürlich zuschlagenden Repressionsapparates. In allen Fällen wurde evident, daß die Stalinsche Willkürherrschaft der Gesellschaft in wesentlichen Bereichen irreparablen Schaden zugefügt hatte.

Wie die Herrschaftsmechanismen von der Spitze bis in die Niederungen der Gesellschaft funktioniert hatten, das kam in den jetzt bekannt werdenden Romanen von Anatolij Rybakov und Vasilij Grossman zur Sprache. Rybakov hatte an seinem Roman *Deti Arbata* (Die Kinder vom Arbat) seit den 60er Jahren gearbeitet, 1987 konnte er ihn veröffentlichen. Grossmans große Roman-Epopöe *Žizn' i sud'ba* (Leben und Schicksal) und sein Roman-Essay *Vsë tečët* (Alles fließt) wurden 1988 bzw. 1989 in *Oktjabr'* gedruckt – ein Vierteljahrhundert nach dem Tode des Autors. Grossman hatte in dem Stalingrad-Roman die durch Stalins Säuberungen verursachte innere Zerrissenheit der sowjetischen Gesellschaft aufgewiesen und in erklärenden Exkursen, ja fast schon kleinen Traktaten, Stalins Herrschaftspraxis, die Ausrottung von Menschen im Namen von Gesellschafts- oder Rassentheorien, nicht zuletzt auch die Gründe und Spielarten des Antisemitismus erklärt. In *Vsë tečët* ging er, Fiktion und Argumentation verbindend, noch weiter, indem er die Formen, mit denen der Unrechtsstaat seine Herrschaft durchsetzte – Bespitzelung, Denunziation, Diskriminierung, Deportation, Ausrottung – auseinandernahm. Ein Ton tiefer Verbitterung und Illusionslosigkeit durchzog dieses Werk; dabei gelangte der kritische Geist Grossmans selbst zu höchst fragwürdigen (und historisch nicht haltbaren) Aussagen, wenn er etwa den Enträtslern der «russischen Seele» zurief, allein die Sklaverei (d. h. Zarendespotie und Leibeigenschaft) habe die Mystik der russischen Seele geschaffen: «Der Ursprung dieser christlichen Sanftmut, dieser byzantinischen asketischen Reinheit ist derselbe wie der Ursprung der Leninschen Leidenschaft, Unduldsamkeit, seines fanatischen Glaubens – er liegt in der tausendjährigen leibeigenschaftlichen Unfreiheit.»

Anatolij Rybakovs ‹Kinder vom Arbat›

Rybakovs *Kinder vom Arbat* wurde das erfolgreichste Buch der Perestrojka-Literatur. Noch während es in *Družba narodov* erschien, mußte die Zeitschriftenauflage von 150 000 auf 800 000 Exemplare erhöht werden; die Buchauflage zählt nach Millionen, binnen kurzem waren Übersetzungen in über 30 Sprachen zu verzeichnen. Der Autor, Verkehrsingenieur von Beruf, hatte seit den 50er Jahren mehrere Produktions- und Jugendromane veröffentlicht, die ihn freilich kaum aus der sowjetischen Standardliteratur heraushoben. In einem Werk allerdings, dem Roman *Tjažëlyj pesok* (Schwerer Sand, 1978), bewies er eine bemerkenswerte erzählerische und kompositionelle Kraft. Wie in einer Familiensaga hatte er hier die Geschichte eines jüdischen Clans in einer ukrainischen Kleinstadt ausgebreitet, die vor dem Ersten Weltkrieg als Idylle einsetzt und mit dem verzweifelten Widerstand gegen das Genozid im Zweiten Weltkrieg endet. Das Schicksal der Juden im alten Rußland, die gesellschaftliche Emanzipation nach der Oktoberrevolution, die sie dem Sowjetstaat geneigt machte, und die Stalin-Zeit, in denen sie erneut als «Fremdlinge» verdächtigt und verfolgt wurden, dann aber auch die großen Familienfeste, die pittoresken Gestalten und die rührende, an Jakobs und Rachels biblische Liebe erinnernde Geschichte des schweizerischen Professorensohns Jakov Ivanovskij und der schönen Schusterstochter Rachil' Rachlenko, all das in einem handfesten Skaz von Rachil's Sohn erzählt, machten diesen Roman zu einem lesenswerten Zeugnis jüdischen Lebens im russischen Rahmen. Rybakovs Erfolgsroman *Deti Arbata* war im Prinzip dem Muster der Roman-Epopöe, d. h. der Kontrapunktierung von privatem Schicksal und politisch-historischem Geschehen, verpflichtet. Die Träger der privaten Handlung, die «Kinder vom Arbat», eine quirlige Clique mit dem Komsomol-Sekretär Saša Pankratov, der eifrigen Komsomolzin Nina Ivanova, der Diplomatentochter Lena Budjagina und dem Jurastudenten Jurij Šarok, sind junge, begeisterte Komsomolzen, die eben ins Berufsleben eintreten, durchdrungen von der Idee, unter der Führung der KP und des Genossen Stalin am Aufbau einer neuen Gesellschaft mitzuwirken. Allerdings sind sie auch den Vergnügungen nicht abgeneigt, die das Moskau der beginnenden 30er Jahre bietet. Bei Wodka, Riesling und Portwein feiern sie den Einzug des Jahres 1934. Der aufmüpfige Jargon der Jungen, das Spiel mit Liebe und Leben, kleine Konflikte an der Hochschule, im Beruf und mit der Partei nehmen sich anfangs aus wie die Kollisionen, die die Junge Prosa durchspielte (der Einfluß dieser Schreibweise liegt offen zutage). Doch kommt alles rasch ganz anders, denn längst ist ein Netz gefährlichen Mißtrauens über das Land gelegt worden, das die einen zu Verfolgten, die anderen zu Verfolgern macht. Wegen einer Lappalie wird Saša Pankratov von der Hochschule relegiert, dann verhaftet. Harmlose Handlungen und Äußerungen erweisen sich plötzlich als «Elemente einer trotzkistischen Gruppenbildung», so daß der aufrechte Jungkommunist zu dreijähriger Verbannung nach Ostsibirien verurteilt wird. Šarok hingegen, der Opportunist, wird von der gleichen geheimnisvollen Kraft in die Reihen der Verfolger geleitet. Er wird zu jenen NKVD-Funktionären gehören, die nach Leningrad beordert werden, um die Ermordung Kirovs in die Wege zu leiten. Als historisch-politischen Gegenpol hat Rybakov keinen Geringeren als Stalin selbst in die Handlung eingeführt, und zwar in einer Weise, die durch Introspektion, d. h. mit den Mitteln des inneren Monologs und der erlebten Rede, die Kalküle und Absichten, die Selbstüberzeugung und die Verschlagenheit des sowjetischen «Führers» nachzeichnet. Die frappante Überzeugungskraft seiner Stalin-Figur erklärte Rybakov später damit, daß er Stalins Schriften sehr genau studiert und die Orte besucht habe, an denen dieser lebte; vor allem aber habe er die Stalin-Epoche bewußt erlebt. Der Schriftsteller müsse sich in den Gestalten, die er darstelle, reinkarnieren, müsse auf ihre Art und Weise denken, ihre Philosophie annehmen, potentiell fähig sein, so zu handeln, wie jene handeln. So entstand der Roman letztlich aus dem produktiven Widerspruch, daß seine historisch-politischen Teile das Produkt schriftstellerischer Phantasie sind, während die «fiktionale» Arbat-Handlung aus den empirischen Jugenderlebnissen des Autors schöpft.

Die Vertikale zwischen den beiden Ebenen ist, obwohl einige Vermittlungsstufen – etwa Pankratovs Onkel Mark Rjazanov, ein hoher Wirtschaftsfunktionär, der Zugang zu Stalin hat – zwischengeschaltet sind, in Rybakovs Roman künstlerisch nicht bewältigt. Zudem drängt sich die Stalin-Handlung immer stärker in den Vordergrund. Sind ihr im ersten Teil des Romans zwei Kapitel zugeteilt, so sind es im zweiten Teil schon zwölf und im dritten etwa die Hälfte aller Kapitel: ein kompositorischer Ablauf von symbolischer Bedeutung. Als die Nachricht von der Ermordung Kirovs zu Saša Pankratov ins ferne Sibirien dringt, endet der Roman. Das heißt, er endet mit dem Beginn «schwarzer Zeiten», die Rybakov in den folgenden Jahren mit den gleichen erzählerischen Mitteln behandelte. In den Fortsetzungsromanen *Tridcat' pjatyj i drugie gody* (Das Jahr 1935 und andere Jahre, 1989) und *Strach* (Angst, 1990) klafften die beiden Ebenen eher noch weiter auseinander, wiewohl die Stalin-Handlung manches an innerer Spannung hinzugewann. Mit dem kleinen Kunstgriff, die Personalpronomen in der erlebten Rede Stalins in Majuskeln auszuführen (ОН, ЕГО, за НЕГО, ЕМУ, с НИМ usw.), konnte Rybakov jetzt die Selbstverklärung des Diktators noch weiter verdeutlichen. Einige Episoden wie Stalins listiges Gespräch mit Lion Feuchtwanger, die Ermordung Sergo Odžonikidzes oder die stillschweigende Lenkung des Prozesses gegen Sokol'nikov, Pjatakov und Radek sind Meisterstücke der historischen Prosa.

Michail Šatrov

In noch stärkerem Maße dienten die Theaterstücke von Michail Šatrov der historisch-politischen Aufklärung, sie waren publizistisch konzipiert und wirkten sich unmittelbar auf die öffentlichen Perestrojka-Diskussionen aus. Šatrov hatte in den 50er Jahren mit Komsomol-Stücken (*Čistye ruki* [Saubere Hände, 1955]; *Mesto v žizni* [Ein Platz im Leben], 1956, u. a.) begonnen und war später vor allem durch seine weitgehend dokumentaren Lenin-Dramen (*Imenem revoljucii* [Im Namen der Revolution], 1957; *Šestoe ijulja* [Der 6. Juli], 1964, u. a.) bekannt geworden. Die enge Vertrautheit mit der Geschichte der Oktoberrevolution nutzte er, um die kritischen Augenblicke der Revolution, in denen die Lage noch offen war und von den historischen Akteuren völlig kontrovers beurteilt wurde, auf die Bühne zu bringen. Dies geschah zuerst in dem Stück *Brestskij mir* (Der Friede von Brest-Litowsk, 1987), das den Zusammenprall der Meinungen innerhalb der bolschewistischen Führung während der Friedensverhandlungen mit dem Deutschen Reich im Januar 1918 nachzeichnete. Namentlich der Konflikt zwischen Lenin, der die Annahme des deutschen Ultimatums für nötig hält, und Bucharin, der auf die Weltrevolution setzt, hatte damals die Führung gespalten. Trockij, der Verhandlungsführer, vertrat die Kompromißformel «Weder Krieg noch Frieden» (Ni vojna ni mir), die sich freilich angesichts des militärischen Drucks der Deutschen nicht aufrechterhalten ließ. Daß Trockij hier erstmals als dramatische Person auf einer sowjetischen Bühne erschien und Stalin als lavierender Opportunist gezeigt wurde, verlieh dem Stück fast den Reiz des Anrüchigen. Ein Jahr darauf, in *Dal'še... Dal'še... Dal'še!* (Weiter... weiter... weiter!, 1988) hatte man sich an solches bereits gewöhnt. Hier ging es um den 24. Oktober 1917, den Vortag der bolschewistischen Machtergreifung in Petrograd. Nachdem sich die historischen Akteure aller politischen Lager – von den zaristischen Generalen Kornilov und Denikin über Struve und Kerenskij bis hin zu Trockij, Stalin, Bucharin und Lenin – dem Publikum vorgestellt haben, wird Stunde um Stunde des denkwürdigen Tages durchgespielt, allerdings nicht im Sinne eines chronologischen Ablaufes, sondern als Diskussionsanordnung, in der die damaligen und späteren Haltungen und Bewertungen, durch wechselnde Beleuchtung markiert, ausgebracht werden. Šatrov sprach von seiner «Autorversion der Ereignisse». Indem er die Diskussion um den Oktobertag auf die Bühne verlegte, verwandelte er diese in einen Diskursraum, der sich ins Publikum und weiter in die Öffentlichkeit hinein ausbreitete. Ausgehend von dem Stück ergab sich eine aufgeregte Debatte um das Schlüsselereignis der neueren russischen Geschichte, die Gennadij Li in dem Band *Diskussija vokrug odnoj p'esy* (Die Diskussion um ein Stück, 1989) dokumentiert hat. Die typische Dominanz des publizistischen Elements wie auch das Heraustreten der Literatur aus dem Kunstbereich in den der politischen Öffentlichkeit kamen in den Perestrojka-Stücken Šatrovs überdeutlich zutage.

Doch nicht nur die verhängnisvolle Rolle, die Stalin in der sowjetischen Geschichte gespielt hatte, nicht nur der äußere Stalinismus konnte in Frage stehen. Wie verhielt es sich mit dem Volk, das seinen «vožd'» vergöttert, die «Feinde des Volkes» gehaßt und mit gutem Gewissen alles getan hatte, was die Sowjetmacht von ihm verlangte? · Wie verhielt es sich mit dem inneren Stalinismus? In dem Gedicht *Junoša na Krasnoj ploščadi* (Der Jüngling auf dem Roten Platz, 1989) schilderte Robert Roždestvenskij einen überzeugten jungen Kommunisten, der bereit ist, für seinen «Vater und Gott» zu sterben, die leisesten Zweifel in sich zu besiegen, die Feinde des Volkes zu verfluchen. Das Gedicht endet mit den Worten: «Doch das bin ja ich / im Jahre 1952.» Georgij Vladimovs 1989 endlich auch in der Sowjetunion erscheinender Roman über den Wachhund Ruslan (*Vernyj Ruslan*) hatte Pavlovsche Abrichtung als Ursache des Führerkultes ausgemacht. Ähnlich ließ Michail Kuraev in der Erzählung *Nočnoj dozor* (Nachtpatrouille, 1988) einen ehemaligen NKVD-Mann über die Unterwürfigkeit und Bereitwilligkeit des Menschen zur Sklaverei sinnieren. Es erwies sich als gar nicht so einfach, mit den Mitteln der politisch engagierten Literatur, auch wenn sie der Linie von Perestrojka und Glasnost' folgte, das alte – verordnete – politische Engagement zu durchleuchten, besonders dann, wenn die neuen Kritiker alte Aktivisten oder wenigstens Mitläufer gewesen waren. So gab es, wie Christoph Veldhues gezeigt hat, Fälle von «Perestrojka-Opportunismus». Julian Semënov, Journalist und Verfasser von Spionage- und Kriminalromanen, hatte 1979 in dem Roman «*TASS upolnomočen zajavit'*...» (TASS ist ermächtigt zu melden...) eine Agentengeschichte im Milieu des Kalten Krieges erzählt, die nach einem simplen Handlungsmuster funktionierte: Die Mächte des Bösen, CIA und Pentagon, versuchen, einen Staatsstreich in Nagonia, einem mit der UdSSR befreundeten – fiktiven – afrikanischen Staat, herbeizuführen, um die sowjetische Entspannungspolitik zu stören, was von den Mächten des Guten, dem KGB und seinen Kundschaftern, erfolgreich verhindert wird. Zehn Jahre später legte der gleiche Autor den Kriminalroman *Reportër* (Der Reporter, 1988) vor, in dem buchstäblich das gleiche Handlungsschema mit den nämlichen stereotypen Aktanten erscheint, diesmal allerdings angewendet auf das Milieu der Perestrojka, in dem sich reformfreudige Manager und verbrecherische, national-chauvinistische Hintertreiber der Reformen gegenüberstehen.

Die Andere Prosa

Vielleicht war gerade an solchen Beispielen abzulesen, daß der stalinistischen Vergangenheit und den Umbrüchen der Gegenwart mit den Mitteln der alten Literatur letztlich nicht beizukommen war. So zeigte sich just zu der Zeit, da die kritische Enthüllungsliteratur der Perestrojka ihren Höhepunkt erreichte, ein radikaler Paradigmenwechsel, durch den die Richtung der russischen Literatur für die kommenden Jahre folgenschwer bestimmt wurde. Wieder einmal ging mit dem

Umbruch eine literaturkritische Kontroverse einher, in der die neuen Positionen – oder besser: das Verwerfen der alten – scharf und sarkastisch formuliert wurden. Die Herausforderung kam von Viktor Erofeev und bestand in einem «Leichenschmaus für die Sowjetliteratur» (*Pominki po sovetskoj literature*, in *Literaturnaja gazeta*, 1990, Nr. 27). Im Grunde schleuderte Erofeev damit nur das an die Oberfläche, was sich im literarischen Untergrund seit Jahren an Groll und Gram über die offizielle Literatur angesammelt hatte. Es ging, wie Georg Witte in einer scharfsinnigen Analyse gezeigt hat, um nicht mehr und nicht weniger als die Demontage des russischen «literarischen Mythos». Der Beruf des Schriftstellers, so Witte, sei in Rußland traditionell mit einer besonderen Bedeutung «belastet» gewesen: «Er war eine exklusive Instanz, ein ‹Dienst› an der Wahrheit, am Seelenheil des Einzelnen und am Heil der Nation, ein ‹Amt›, dessen moralische und pädagogische Verpflichtungen seine Träger zu unglaublichen Opfern trieb.» Die «Überlastung des geschriebenen Wortes», als ein Erbe der russischen Geschichte, der sich jede Schriftstellergeneration zu stellen hatte und der sich jeder Autor auf seine Weise stellte, wurde in dem jetzt einsetzenden Diskurs wie Spreu einfach fortgeblasen. Daß die moralisch-gesellschaftlich wirkende Institution des Schriftstellers in der Pervertierung zum «Ingenieur der menschlichen Seelen» und in der totalen Instrumentalisierung durch den «gesellschaftlichen Auftrag» zur Negation ihrer selbst gelangt war, mußte jedem Denkenden unstrittig sein. Doch Viktor Erofeev ging noch weiter, indem er auch die kritische Neue Prosa der 70er Jahre ohne Unterschied als obsolet und geschmacklos verwarf. Damit war eine Schleuse geöffnet, durch die nun eine Flut des fundamentalen Unbehagens und der Kritik hereinbrandete, die die geheiligten Werte der alten Literatur – und diese selbst – hinwegschwemmte. Die Klassiker und diejenigen, die mit ihrer Kunst dem Bacchanal der Macht widerstanden hatten oder ihm zum Opfer gefallen waren, fanden keine Gnade, weil sie, kultursemiotisch betrachtet, dem gleichen kulturologischen Grundverständnis verbunden waren wie die repressive offizielle Kultur. Damit stand die Ästhetik der Verantwortung vor Gesellschaft und Staat, die die russische Literatur wenigstens 300 Jahre lang definiert hatte, vor dem Offenbarungseid. Viktor Erofeev nannte es die notwendige «Befreiung vom Hypermoralismus» (osvoboždenie ot gipermoralizma). Die Konsequenzen waren angesichts dessen, was Literatur bisher in Rußland bedeutet hatte, ungeheuerlich: Rückzug aus der Gesellschaft und Abschied von ihren Belangen; Verzicht auf moralische und pädagogische Appelle, auf Sozialkritik und utopische Visionen; Hervorkehrung des Privaten und Intimen; Absage an die alte russische Prüderie und

Enttabuisierung der psychischen und sexuellen Abwegigkeiten, Solidarität mit gesellschaftlichen Außenseitern usw. Der Entideologisierung der Literatur entsprach eine Demontage des Textbegriffes. «Text» war ja längst durch die Illegalisierung im SAMIZDAT zu einem einerseits kostbaren, andererseits äußerst unsicheren, da unbeglaubigten, Phänomen geworden. Hier lag der eine Impulse für das neue Textverständnis; der andere ergab sich aus der Abwertung der mimetischen (realistischen) Methode und führte geradewegs zu neuen, alternativen «Textpraktiken» (G. Witte).

Für das Neue, das sich nun in wachsendem Maße in Prosatexten abzeichnete, prägte der Kritiker Sergej Čuprinin in einem Artikel, der im Februar 1989 in der *Literaturnaja gazeta* erschien, die Bezeichnung «Andere Prosa» (Drugaja proza), doch spricht man daneben auch von «Alternativer Prosa» (al'ternativnaja proza). Die Wurzeln der Anderen oder Alternativen Prosa sind in den 80er Jahren, teilweise sogar noch früher zu finden. Ein Ausgangspunkt war sicherlich der Almanach *Metropol'*, den 1979 eine Gruppe unabhängiger Autoren zusammengestellt hatte. Als Herausgeber zeichneten Vasilij Aksënov, Andrej Bitov, Viktor Erofeev, Fazil Iskander und Evgenij Popov. Mit lyrischen Beiträgen waren bekannte Namen wie Bella Achmadulina, Andrej Voznesenskij oder Vladimir Vysockij vertreten (der letztere mit einer größeren Zahl von Gedichten und Liedern), daneben aber auch Dichter, die noch nicht in die «offizielle» Literatur vorgedrungen waren, wie Juz Aleškovskij, Evgenij Rejn oder der junge Pëtr Koževnikov, ferner auch ältere Literaten wie Semën Lipkin und Genrich Sapgir, die bisher nur als Kinderbuchautoren und Übersetzer bekannt geworden waren. Prosatexte steuerten Bitov (vier kurze Texte), Fridrich Gorenštejn (die Povest' *Stupeni* [Stufen]) und Iskander (zwei Satiren) bei, von Aksënov kam das Drama *Četyre temperamenta* (Die vier Temperamente) und eine Übersetzung von John Updike. Obwohl die Texte zum Teil kritischsatirisch, jedoch nicht eigentlich antisowjetisch waren, fanden sich die Behörden nicht bereit, die Herausgabe des Bandes ohne Zensureingriffe zu genehmigen. Der Versuch, ohne konspirative Stimmung und Untergrundmentalität, wie Evgenij Popov später schrieb, allein aufgrund des literarischen Niveaus eine «wirklich pluralistische Publikation» zu verwirklichen, mußte scheitern, weil das künstlerische Kriterium, wenn es zum alleinigen Maßstab wurde, die entschiedenste Herausforderung an das machtgestützte sowjetische Kulturmodell darstellte – zugleich aber auch an eine Dissidentenliteratur, die darauf mit «sowjetischen» Mitteln reagierte. Die allgemeine «Verantwortlichkeit» (vseobščaja «otvetstvennost'»), hieß es im Vorwort zu *Metropol'*, rufe einen stillen, stockenden Schrecken hervor, aber nicht weniger auch das Bestreben, die literarischen Dinge der Größe nach (pod ranžir) antreten zu lassen. Und im Schlußessay des Bandes, überschrieben *Neujutnost' kul'tury* (Das Unbehagen der Kultur), führte Leonid Batkin aus, daß Kultur immer auf die Zerstörung von Stereotypen, Geschlossenheit und Gleichgewicht abziele, auf die Ablösung der gewohnten Ordnung, daß sie dazu da sei, Probleme aufzuwerfen, und nicht, sie zu lösen. Der Weg führte zunächst wieder ins SAMIZDAT und von da zur spektakulären Veröffentlichung im Verlag «Ardis», Ann Arbor/USA. Obwohl die *Metropol'*-Autoren scharfen Anfeindungen ausgesetzt waren, einige aus dem Schriftstellerverband austraten und Aksënov und Gorenštejn emigrierten, unternahm bereits 1980 eine Autorengruppe mit Filip Bèrman, Evgenij Charitonov, Vladimir Kormer und Dmitrij Prigov einen neuen Anlauf, ein unzensiertes Sammelwerk, *Katalog*, zu veröffentlichen. Statt des Schriftstellerverbandes nahm sich jetzt der KGB des Falles an, ohne freilich verhindern zu können, daß der Almanach 1982 wiederum bei «Ardis» erschien.

Es gab weitere Vorläufer; ihre ansehnliche Zahl läßt erkennen, daß eine alternative Literatur längst im Entstehen begriffen war, die die Vorgaben und Zwänge des Sozialistischen Realismus nicht nur in Frage stellte, sondern weit hinter sich gelassen hatte. Wären die Werke der Alternativliteratur jeweils zum Zeitpunkt ihrer Abfassung veröffentlicht worden, so hätte sich bereits in den 70er Jahren ein ganz anderes Bild der Literatur in Rußland ergeben. Da sie aber vorläufig ausgegrenzt blieben und nur im SAMIZDAT und zum Teil im TAMIZDAT erschienen, kam ihre Stunde erst mit der Perestrojka. Nun war sie so plötzlich und mit solchem Vorsprung präsent, als handele es sich um den Wettlauf von Hase und Igel.

‹Die russischen Blumen des Bösen›

Die neuen künstlerischen Lösungen, die in den Werken der Alternativliteratur entwickelt wurden, gingen Hand in Hand mit einer Enthemmung des Körperlichen und des Sexuellen, mit einer Öffnung zum Obszönen und Perversen hin. Viktor Erofeev hat die «frechen Autoren» (derzkie avtory) in der Anthologie *Russkie cvety zla* (Die russischen Blumen des Bösen, 1998) zusammengestellt, die ihre Spuren beginnend mit Varlaam Šalamov und Andrej Sinjavskij über Jurij Mamleev, Fridrich Gorenštejn, Sergej Dovlatov, Saša Sokolov, Ėduard Limonov, Anatolij Gavrilow bis hin zu Julija Kisina, Igor' Arkevič und Viktor Pelevin ziehen. Jurij Mamleev, der sich als einer der ersten jungen Autoren bereits in den 60er Jahren dem offiziellen Kanon verweigert hatte, schrieb zahllose Erzählungen, in denen okkulte Erfahrungen und «körperliche Grenzauflösungen» (G. Witte) – Zerstückelungen, Blutsaugen, Nekrophilie – durchgespielt wurden. In dem Roman *Moskovskij gambit* (Das Moskauer Bauernopfer, 1985) stellte er die Moskauer Esoterik-Szene der 60er Jahre dar. Die abstoßenden sadistischen Tötungshandlungen in *Šatuny* (Chatouny, 1988) sind zwar metaphysisch motiviert – erst durch den Tod kann die unsterbliche Seele aus dem Gefängnis des Körpers befreit werden –, doch in ihrer «schwarzen» Exzessivität schwer zu überbieten. Kein Wunder also, daß Mamleevs Romane vielfach auf Ablehnung stoßen und bisher keinen russischen Verleger fanden. Nur die zuvor verstreut publizierten Erzählungen Mamleevs konnten in einer russischen Ausgabe unter dem Titel *Utopi moju golovu* (Tauche meinen Kopf unter) 1990 erscheinen. Auch Venedikt Erofeev, ein hochgebildeter Dissident, der viele Jahre als Gelegenheits- und Hilfsarbeiter sein Leben fristen mußte, schrieb bereits 1969 den Trinkerroman *Moskva-Petuški* (Moskau-Petuški; dt. u. d. T. Die Reise nach Petuschki), der freilich das verbreitete Laster nicht moralisierend, im Sinne des kritischen Realismus, behandelte, sondern das Erlebnis des Alkoholrausches zum Medium des Erzählens selbst machte (G. Witte). Das Ergebnis mußte ein Stil sein, der dem Surrealismus nahekam. Erofeev war sich sehr wohl der Wurzeln seines Schreibens bewußt. Als einer der ersten richtete er seine Aufmerksamkeit wieder auf den aus den offiziellen Diskursen völlig ausgeblendeten Vasilij Rozanov (*Vasilij Rozanov glazami ėkcentrika* [Vasilij Rozanov mit den Augen eines Exzentrikers], 1982). Das Schicksal der «Andersdenkenden», die nach sowjetischem Brauch als Krankheitsfälle in psychiatrische Anstalten verbracht wurden, behandelte Venedikt Erofeev in dem auf Goethe und Blok anspielenden Buch *Valpurgieva noč', ili Šagi komandora* (Walpurgisnacht oder Die Schritte des Komturs, 1985). Die Praxis, die psychische oder sexuelle Aberration zum künstlerischen Verfahren umzumünzen, d. h. den Tabubruch nicht nur thematisch, sondern als Textstruktur zu realisieren, war nun öfter zu beobachten. Eine Ästhetik des Skandals und des Schocks, ein Interesse am «schmutzigen» Wort, an Obszönitäten wurde, wie Viktor Erofeev es nannte, zum Zündstoff des Textes. Vladimir Maramzin hatte schon in den 60er Jahren die Geschichte eines Mädchens erzählt (*Istorija ženit'by Ivana Petroviča* [Die Geschichte von der Heirat des Ivan Petrovič], 1975, in *Kontinent*), das sich für 30 Rubel verkauft. Viel einschneidender war für das russische Publikum der Tabubruch, den einige Autoren mit der Aufnahme des homoerotischen Themas und seiner künstlerischen Umsetzung vollzogen: Bei Evgenij Charitonov und Ėduard Limonov ging es um männliche Homosexualität, bei Viktor Erofeev und Vladimir Sorokin um lesbische Liebe. Charitonov, einer der *Katalog*-Autoren, der ganz jung, noch vor Erscheinen des Almanachs, verstarb, entwickelte in Erzählungen wie *Duchovka* (Die Backröhre, posth. 1982) und *Žiznesposobnyj mal'čik* (Ein lebensfähiger Junge, posth. 1985) aus der spezifischen Befindlichkeit des Homosexuellen eine neue Kompositionstechnik, als deren wichtigstes Merkmal Georg Witte den «beobachteten Erzähler» herausgestellt hat: «Charitonov verdreht die Perspektivik. Sein Erzählen ist weniger ein Beobachten der Welt als ein Beobachtetwerden von dieser.» Was der homosexuelle Erzähler auch immer sage oder tue, jede Bewegung, jede Selbstplazierung im Raum sei taktisch motiviert aus der Vorsicht vor dem Entdecktwerden. Das Handeln «kak-budto» (so als ob), das Verstellen, der Blick für das umworbene Normale werden zur Grundkondition des Erzählers.

Ėduard Limonovs «Skandalroman» (W. Kasack) *Ėto ja, Ėdička* (Ich bin's, Ėdička, dt. u. d. T. Fuck off, America, 1979) gehört wie die Erzählungen Charitonovs zur Anderen Prosa *avant la lettre*. Es ist ein New-York-Roman, in dem Limonov seine Erfahrungen nach der 1974 erfolgten Emigration ausbreitete – das Erlebnis äußerster Armut (Limonov hatte zunächst als Hafenarbeiter und Butler gearbeitet), vermischt mit der Zurschaustellung sexueller Handlungen und obszöner Lexik (W. Kasack), was an die Schreibweise eines Charles Bukowski gemahnt. Ėdička ist niemand anderes als Ėduard Limonov selbst, der, wie auch andere alternative Autoren, die Grenze zwischen narrativem und realem Ich aufhebt. Igor Smirnov qualifiziert Limonovs Roman als «narzißtischen Text», der durch Undifferenziertheit, Subjekt-Objekt-Verschmelzung und ein damit verbundenes Omnipotenzgefühl gekennzeichnet sei. In dem Roman *Russkaja krasavica* (Die russische Schönheit, 1990) des Diplomatensohns und Literaturwissenschaftlers Viktor Erofeev – es war der zweite, nach dem irritierenden *Telo Anny, ili Konec russkogo avangarda* (Annas Körper oder Das Ende der russischen Avantgarde, 1989) – berichtet die Hure Ira Tarakanova von ihren erotischen Abenteuern, mit denen sie, russische Jeanne d'Arc und neue Nastasija Filippovna (aus Dostoevskijs *Idiot*) in einem, das Vaterland retten will. Eine lesbische Frau als Prostituierte ist die Heldin in Vladimir Sorokins Roman *Tridcataja ljubov' Mariny* (Marinas dreißigste Liebe, 1984). Hier ist die Liste der Liebhaber als Kompositionsprinzip unterlegt. Damit werde, schreibt Walter Koschmal, die Wiederholung zum zentralen ästhetischen Prinzip: die Wiederholung sprachlicher Einheiten, die Wiederholung von Handlungen.

Das Verfahren der Reihung kommt auch im bekanntesten Werk Vladimir Sorokins zum Tragen: *Očered'* (Die Warteschlange, 1983) greift eine der für den Sowjetbürger typischsten Grundsituationen und damit einen «kulturspezifischen Chronotop» (G. Witte) auf: das Anstehen in einer Warteschlange beim Einkauf beliebiger Waren. Da Sorokin die anstehenden Menschen nicht als Figuren naturalistisch beschreibt oder unter sozialkritischem Aspekt schildert, sondern allein ihre scheinbar belanglosen Repliken in einer langen Abfolge von Sätzen reproduziert, gelingt ihm etwas Außerordentliches: die künstlerische Realisierung einer Käuferschlange mittels einer Replikenschlange, die sich von der ersten Frage, die irgendwo irgendwann irgendwer stellt: «Genosse, ist hier das Ende der Schlange?», bis zum Schluß hinzieht. Wieder also wird das Kunstmittel aus dem Thema heraus entwickelt, entsteht dieses aus jenem. Man hat in diesem Zusammenhang von «Hyperrealismus» (giperrealizm) gesprochen – einem Realismus, bei dem die Erzählzeit der tatsächlichen Dauer des Vorgangs fast vollständig entspricht, während die Situation als solche einen metaphysischen Sinn gewinnt (G. Witte). Daß sich aus den gereihten winzigen Textsegmenten beim Lesen – zumindest aber bei genauerer Analyse – paradigmatisch doch bestimmte Figuren, Episoden, ja Handlungsansätze herauslesen lassen, ändert nichts daran, daß die Auflösung bzw. Modifizierung des klassischen Textbegriffs bei Sorokin weit fortgeschritten ist. Es mag mit seiner Berufserfahrung als Buchillustrator zu tun haben, daß er manche Anregung von den Malern des Moskauer Untergrunds, Il'ja Kabakov und Ėrik Bulatov, gewann. Dies nähert ihn den Moskauer Konzeptualisten an. Da Sorokin, getreu seinem Programm vom «Autor als Person», jegliche Autorreferenz, die narrative wie die reale, negiert, bilden seine Texte die «vielleicht radikalste Ausformung autorabgewandten Schreibens»: Das Selbstreferentielle, das Tautologische der russischen und insbesondere der sowjetischen Kultur «wird tautologisch auf die Spitze getrieben» (A. Brockhoff).

Mit Saša Sokolovs *Škola dlja durakov* (Die Schule der Dummköpfe), einem bereits 1976 verfaßten Roman, wurde einer der düstersten Orte der sowjetischen Topographie, eine Sonderschule für geistig und körperlich Behinderte, zum literarischen Schauplatz. Ein «Raum der Lebensfremdheit, Lebensunfähigkeit», eine Sonderwelt, die zur Spielwelt des Textes wird. Denn, wiewohl dem Leser offenbar wird, daß die Vorstellungen eines schizophrenen Sonderschülers in einer Datschensiedlung am Rande einer Stadt ausgebreitet werden, läßt sich in dem Text weder eine reproduzierbare «Handlung» noch irgendeine personengebundene Orientierung ausmachen. Der Text geschieht als Dialog zweier Stimmen, als ein semantisch labiles Spiel mit suggerierten Rollen, die in wechselnden «Stilkostümen» daherkommen (nach G. Witte). Man hat Sokolovs Manier des ungefestigten Sprechens mit der Spät-

prosa Valentin Kataevs verglichen, etwa dem Erinnerungsbuch *Razbi-
taja žizn', ili Volšebnyj rog Oberona* (Das zersplitterte Leben oder Oberons
Zauberhorn, 1972), wo die Wiedergewinnung von 250 Kindheitserinnerungen gleichsam vom Memorierungsprozeß aufgesogen wird. Das
mag stiltypologisch zutreffen, verfehlt aber das gänzlich unterschiedliche Textverständnis, von dem die beiden Autoren ausgehen.

Die abstoßenden sowjetischen Sonderwelten, die, wie der GULAG-
Bereich, Orte der inhumanen Depravierung gewesen waren und zum
Teil noch immer sind, wurden von den Autoren der Anderen Literatur
mit Fleiß thematisch aufgegriffen. Damit konnte einerseits dem Ent-
hüllungsbedarf entsprochen werden, während auf der anderen Seite
die alternativen Signaturen, wie zerbrochenes Menschenbild und zerstörte Sprache, voll zur Geltung kamen. Sergej Kaledin leuchtete mit
der Erzählung *Smirennoe kladbišče* (Friedlicher Friedhof, 1987) in die
armseligen Lebensumstände der Totengräber, Bettler und kleinen
Ganoven hinein, die sich im Friedhofsbereich tummeln. In der Erzählung *Strojbat* (Baubataillon, 1989) des gleichen Autors war es die bittere
Wirklichkeit der Baueinheiten der Roten Armee; in der Erzählung
Odljan, ili Vozduch svobody (Odljan oder Die Luft der Freiheit, 1989) von
Leonid Gabyšev eine Besserungskolonie für minderjährige Kriminelle. Gezeigt wurde, wie junge Menschen durch Willkür, Gewalt und
Verderbnis verkommen. Grausen und Erschrecken lösten im Publi-
kum die Erzählungen über den Afghanischen Krieg aus, die Oleg
Ermakov in den Jahren 1987–1989 nacheinander veröffentlichte. Scho-
nungslos schilderte er die Drangsalierung der Rekruten, den Drogen-
mißbrauch, Gewalt, Angst und Gefahr, die das letzte militärische
Abenteuer der Sowjets begleiteten. Seine *Afganskie rasskazy* (Afghani-
sche Erzählungen) dokumentierten das Geschehen und deckten vor
allem auch die psychologischen Ursachen auf, die, ähnlich wie im
Vietnamkrieg der Amerikaner, unvermeidlich zum Desaster führten.
Unter den alternativen Autoren wären weiter zu nennen Vačeslav Pe-
cuch mit philosophisch-absurden Erzählungen und Romanen (*Novaja
moskovskaja filosofija* [Die neue Moskauer Philosophie], 1989; *Rommat*,
1989) und vor allem der Sibiriake Evgenij Popov, der mit mehreren
Werken breite Aufmerksamkeit auf sich ziehen konnte.

Evgenij Popov

Evgenij Popov, von Haus aus Geologe, hatte zunächst Kurzgeschichten
geschrieben, die größtenteils nicht publiziert werden durften; sie sind
in dem Band *Ždu ljubvi ne verolomnoj* (Ich warte auf treue Liebe, 1989)

gesammelt. Infolge der *Metropol'*-Affäre wurde ihm von den Literatur-instanzen ein völliges Publikationsverbot auferlegt und die Aufnahme in den Schriftstellerverband verweigert. Erst mit fortgeschrittener Perestrojka konnten seine Werke in Rußland erscheinen, 1995 wurde er mit dem von Aleksandr Solženicyn gestifteten Literaturpreis ausge-zeichnet. Sein wichtigster Roman, *Duša patriota, ili Različnye poslanija k Ferfičkinu* (Die Seele des Patrioten oder Verschiedene Sendschreiben an Ferfičkin, 1989), verwendet als thematischen Kern, wie seinerzeit Majakovskij in seinem Poem *Vladimir Il'ič Lenin*, die Beerdigungsfeier-lichkeiten für den Parteichef, doch ist es diesmal die bombastische Bei-setzung Leonid Brežnevs im November 1982, und die Form ist nicht die der heroischen Gattung, sondern der Briefroman (roman v pis'-mach). Das Brežnev-Motiv ergibt sich zufällig: Zuerst hat der Brief-schreiber, der wieder zufällig den gleichen Vor-, Vaters- und Zunamen wie der reale Autor trägt, verschiedene Episoden aus seiner Familien-geschichte berichtet; doch die abnehmende Zahl der Anverwandten und der zufällige Tod des Staatsoberhauptes bringen ihn dazu, das Thema zu wechseln. Ist auch die Beliebigkeit das generierende Prinzip der Komposition, so kann doch eine Sinnbewegung festgestellt wer-den, die den Briefschreiber immer weiter von der staatlichen Sphäre entfernt. (Dies wird augenfällig in dem Versuch des Ich-Protagonisten und seines Dichterfreundes Dmitrij Aleksandrovič Prigov, dem aufge-bahrten Leichnam Brežnevs so nahe wie möglich zu kommen. Als sie den nächsten Platz erreicht zu haben glauben, stellt sich heraus, daß man jenen von dort aus nicht sehen kann. Also bleibt ihnen nur, das Begräbnis zu Hause über das Fernsehen zu verfolgen.) In den Briefen an den niemals genauer definierten Adressaten mit dem ungewöhn-lichen Namen Ferfičkin entspinnt sich ein Spiel, dessen Gegenstand die politischen und gesellschaftlichen Verhältnisse, Kunst, Literatur und Philosophie sind. Der thematischen Inkohärenz entspricht die der Textstruktur, die zwischen verschiedenen (nicht nur epistolaren) Erzählformen und Gattungen sowie verschiedenartigen Sprachtypen hin- und herschwankt. Dabei ist der postmoderne Duktus des Ironisie-rens und Parodierens allenthalben mit Händen zu greifen. Wie die genaue Analyse zeigt, erscheint der Autor in dem Roman, der als nicht stattfindender Dialog konzipiert ist, als beides: Produzent und Rezipi-ent, Textsubjekt und -objekt. Der Collage-Roman (roman-kollaž) *Pre-krasnost' žizni* (Die Wunderschönheit des Lebens, 1989), das zweite grö-ßere Werk von Evgenij Popov, ist als Chronik konzipiert, deren einzelne Kapitel für die Jahre 1961–1985 jeweils mit einer im betreffen-den Jahr entstandenen Erzählung eröffnet werden, gefolgt von colla-gierten Presseausschnitten und einer weiteren Erzählung. Wie schon in

Duša patriota verschwimmen auch hier die Grenzen zwischen Autor, Erzähler und Rezipienten. Banale Alltäglichkeiten, die kleinen Erschwernisse des sowjetischen Lebens, politische Komplikationen werden mit nachsichtiger Ironie überzogen. Evgenij Popov weiß dem Leben noch immer die Seiten abzugewinnen, die es erträglich machen. In den folgenden Jahren kamen von dem Autor die Povesti *Restoran «Berëzka»* (Restaurant «Beriozka», 1991) und *Loskutnoe odejalo* (Flickendecke, 1994).

So verständlich das radikale Aufbegehren der Alternativen Literatur gegen das Verantwortungssyndrom, gegen Ideologisierung und Sozialkritik auch sein mochte, es war doch nicht zu übersehen, daß die russische Literatur mit der neuen ludistischen Beliebigkeit ererbte Qualitäten in einem Maße einbüßte, das einem Identitätsverlust gleichkam. Von in- und ausländischen Verehrern der großen russischen Literatur, welche ja auch in der Sowjetepoche nur bedrängt und deformiert, aber nicht zerstört worden war, sind denn auch besorgte Äußerungen zu hören. Wenn für Viktor Erofeev, wie er in dem Text *Russkie cvety zla* (Die russischen Blumen des Bösen, 1995) ausführte, an die Stelle einer psychologischen eine psychopathologische Prosa trat, wenn nicht mehr der GULag, sondern das zerfallende Rußland zur Metapher des Lebens wurde und Vampiristen und Fäkalisten das Feld beherrschten, so mußte die Frage erlaubt sein, wie es dann um die russische Literatur bestellt sei. Jochen-Ulrich Peters hat seine Besorgnis, stellvertretend für viele, so formuliert: «Indem aber dieser auf den Kunst- und Literaturbegriff selbst bezogene Prozeß der Enttabuisierung immer schneller und mechanischer abläuft, scheint [. . .] tendenziell die Gefahr zu bestehen, daß dieser Prozeß der Selbstbefreiung der Kunst von früheren ästhetischen und außerästhetischen Normen oder Dogmen unter den Gesetzen des Marktes zum Selbstzweck wird und im wahrsten Sinne des Wortes leerläuft.» Sein dringender Rat lautet deshalb, die neuen Phänomene sehr genau daraufhin zu befragen, ob und wieweit die «notwendige Infragestellung traditioneller Normen und Standards der Realisierung früher ungeahnter Freiräume und Offenheiten» diene oder aber «in substanzlose Gestaltlosigkeit, Zufälligkeit und pure Regression» umschlage.

Viktor Pelevin

Zum Erfolgsautor, ja zum Kultautor unter den alternativen Erzählern wurde im Laufe der 90er Jahre Viktor Pelevin. Er erzielte mit seinen Romanen und Erzählungen bereits wieder beachtliche Auflagehöhen, während der Buchmarkt weithin stagnierte. Pelevin hatte am Moskauer Energetik-Institut studiert, gehörte also der jungen technischen Intelligenz an. Seit 1987 schrieb er literarische Texte und veröffentlichte in den Jahren 1992–1999 sechs Bücher: *Sinij fonar'* (Die blaue Laterne, 1992), den phantastischen Kosmonauten-Roman *Omon Ra* (dt. u. d. T. Omon hinterm Mond, 1993), die aufeinander bezogenen Texte *Buben nižnego mira* (Tamburin der niederen Welt) und *Buben verchnego mira* (Tamburin der höheren Welt, beide 1996), *Čapaev i Pustota* (Čapaev und Pustota, 1996; dt. u. d. T. Buddhas kleiner Finger) sowie endlich *Žizn' nasekomych* (Das Leben der Insekten, 1998) und *Žёltaja strela* (Der gelbe Pfeil, 1998). 1999 folgte der Roman *Generation «П»* (Generation «P»). *Omon Ra* (der Titel spielt auf die Eingreiftruppe der sowjetischen Polizei an, ist hier aber als Name des Helden gebraucht) schildert mit grotesken Effekten ein sowjetisches Weltraumexperiment, das, da keine Raketen für den Rückflug zur Verfügung stehen, für die Kosmonauten als Kamikaze-Unternehmung vorgesehen ist. Omon kann sich allerdings retten: Er entkommt durch einen Tunnel, der ihn geradewegs in die Moskauer Metro führt ... In *Čapaev i Pustota* greift Pelevin auf die Taten des legendären Divisionskommandeurs Čapaev im Jahre 1919 zurück. Diesem wird der dekadente Petersburger Dichter Pustota (d. i. «die Leere») gegenübergestellt, der mit Erstaunen Čapaevs simple Weisheiten aufnimmt. Spannende, abenteuerliche Handlungen, Esoterik und hintergründige ideologische Konstrukte verbindend, gelingt es Pelevin, seine Handlung «als Bewußtseinsproblem, als virtuelle Realität» erscheinen zu lassen (K. Holm). Er kommt damit einem von Fernsehen und Computer geprägten, dem «klassischen» Lesen entwöhnten Publikum entgegen. *Generation «П»*, dem «Andenken der Mittelklasse» gewidmet, tritt mit ähnlichem Anspruch auf wie Makanins Roman *Andegraund*, der übrigens fast gleichzeitig im selben Verlag «Vagrius», der gegenwärtig führenden Belletristik-Tribüne in Moskau, erschien. Beide Romane sind als Generationsporträts intendiert: bei Makanin der heute 50jährigen, bei Pelevin der 30jährigen, der sogenannten «Pepsi-Generation». Beide stellen als repräsentative Helden Schriftsteller heraus, die ihr Metier aufgegeben oder gewechselt haben: Makanins Petrovič hat sich für das Leben im Underground entschieden und verweigert sich der Schriftstellerei; Pelevins Vavilen Tatarskij (der Vorname, aus Vavil[on, «Babylon»] und Len[in] gebildet, parodiert abstruse kommunistische Namensgebung) hat sich in die Wogen der neuen russischen Business-Welt gestürzt und versucht, sich als Werbetexter bzw. «kopirajter» (copywriter) durchzuschlagen. Seine Aufgabe besteht in der Adaption westlicher Reklamekonzepte an die Mentalität der russischen Verbraucher

oder umgekehrt: in der Verwandlung russischer Werte in Reklame-
spots (klipy). Das gibt Pelevin Anlaß genug, in grotesken, nicht selten
kabarettreifen Episoden die korrupten Machenschaften der Geschäfts-
leute vorzuführen. Schwerwiegender jedoch ist der Aufbau einer virtuellen Welt aus den Reklamebotschaften, die sich aus allen nur denkbaren gesellschaftlichen, politischen, kulturellen und sprachlichen
Sphären speisen und im Clip synthetisiert werden. Der «Turmbau zu
Babel» des älteren Pieter Brueghel auf der Einbanddecke des Romans
versinnbildlicht die von einer «fürchterlichen Unbestimmtheit» (stra-
šnovataja neopredelënnost') geprägte Gegenwart, die Pelevin mit kühler Ironie und lapidarem Zynismus einfängt. Die postsowjetische
Mentalität mit all ihrer (un)geistigen Beliebigkeit und mit dem für die
«P»-Generation typischen russisch-amerikanischen Kauderwelsch –
hier ist sie zu betrachten.

Die Postmoderne hat in Pelevin, auch wenn sein Konterfei erst letzt-
hin bekannt wurde, ihren Helden. Indem er alle denkbaren philosophischen und weltanschaulichen Positionen aufnimmt, ironisiert und
wieder wegpackt, verbreitet er eine merkwürdige Nirwana-Mentali-
tät. In *Žizn' nasekomych* führt er seinen Lesern am Beispiel einer Insek-
tengesellschaft vor, daß die Erleuchtung nur erreicht werden kann,
wenn die Ballen der Alltäglichkeit beiseite geschoben werden.

Die neuen Erzählerinnen

Die Selbstdestruktion der Literatur, wie sie in vielen Texten der Anderen Prosa vollzogen wurde, kam in einem bemerkenswerten Strang
der neuen Richtung weniger zum Ausdruck: nämlich in den Prosatexten der neuen Erzählerinnen. Sie traten in den 80er Jahren schrittweise
in die Öffentlichkeit. Einige hatten bereits Jahre zuvor debütiert, die
rechte Anerkennung war ihnen versagt geblieben. Nun standen sie,
jede von jeder grundverschieden und doch im künstlerischen Vorgehen auch wieder mit allen verbunden, im literarischen Raum als eine
neue, weibliche Plejade: Valerija Narbikova, Ljudmila Petruševskaja,
Tat'jana Tolstaja, Viktorija Tokareva, Ljudmila Ulickaja und neuerdings
Irina Povolockaja. Es war symptomatisch, daß sich im Januar 1990 russische Schriftstellerinnen im Rahmen des Schriftstellerverbandes zu
einer «Federacija pisatel'nic» (Föderation der Schriftstellerinnen)
zusammenschlossen. In ihrem Grundsatzbeschluß (in der *Literaturnaja
gazeta* vom 10. Januar 1990) stellten sie freilich vor allem auf die Stärkung des sittlichen Klimas in der Gesellschaft ab. Larisa Vasil'eva führte
in ihrer Eröffnungsrede aus, daß das ureigene weibliche Prinzip die Er-

haltung des Lebens sei, ebenso wie die Macht und das Herrschaftssyndrom den Frauen fernliegen: «Wir brauchen Toleranz und Loyalität.»
Wenn Autorinnen, wie hier, gleichsam in Formation in die Literaturgeschichte eintreten, erhebt sich die Frage: Begründen sie eine
weibliche Variante der Literatur? Repräsentieren sie «weibliches Erzählen»? Ljudmila Petruševskaja und Tat'jana Tolstaja lehnen es strikt ab,
einem literarischen Gender-Lager zugewiesen zu werden, und
bezeichnen sich selbst demonstrativ und selbstbewußt mit dem maskulinen Nomen «pisatel'» (Schriftsteller). Die Literaturwissenschaft
kann jedoch nicht übersehen, daß es ganz offensichtlich eine weibliche
Schreibweise mit bestimmten thematischen und stilistischen Merkmalen gibt, die das Spektrum des literarischen Ausdrucks ungemein zu
bereichern vermag. Gewiß, es ist im Einzelfall nicht leicht, die weibliche Strömung aus dem Gesamtfluß der Literatur zu isolieren, weil sie
sich natürlich der allgemein verfügbaren, also auch männlichen Autoren zuhandenen Kunstmittel bedient. So wurde in Rußland das seit
Gogol' mehr und mehr ausgebaute Skaz-Verfahren zum Grundelement des weiblichen Erzählens. Der typische mündliche Erzählduktus
des Skaz, den ja auch die Erzähler der Jungen Prosa und die Dereven
ščiki durchaus beherrschten, gewann bei den Erzählerinnen spezifische Züge hinzu. Dabei handelt es sich keineswegs nur um «weibliche»
Themen (Familie, Haushalt, emotionale Beziehungen usw.) oder eine
Perspektive «aus der Küche», sondern vielmehr um eine neue Art ihrer
Verarbeitung. Der weibliche Skaz imitiert, so könnte man sagen, die
Redeweise von Klatsch und Tratsch, Gerücht und Gerede – «spletnja i
molva», wie es Petruševskaja ausdrückte. Die Dinge werden «vom
Hörensagen» wiedergegeben, nicht selten über mehrere Redeinstanzen
hinweg, was erzähltechnisch auf mehrfache Überschichtungen von
fremder Rede hinausläuft, die der Erzähler – oder besser: die Erzählerin – zu übernehmen hat. Auf diesem Felde, der Redeinterferenz,
haben die neuen Erzählerinnen äußerst komplizierte Bedeutungsstrukturen herausgebildet, die durch das geläufige Hinundherspiel
zwischen Ich- und Er-Position des Narrators noch zusätzlich verwickelt werden. Man hat ferner der weiblichen Schreibweise eine Stilistik der Unbestimmtheit, die die Unterschiede zwischen äußerer und
innerer Welt verwischt, einen Komplex unscharfer Grenzen, des Verfließens und des Verzichts auf Analyse zugeordnet (B. Menzel). Diese
spezifischen Momente schließen merkmalhafte Verfahren der Anderen
Prosa wie forcierte Intertextualität, Groteske, Verfremdung, Horror
und Humor nicht aus.

Wie die Andere Prosa, so hatte auch das weibliche Erzählen seinen
Vorlauf. Nicht nur, daß sich Autorinnen wie Viktorija Tokareva oder

Ljudmila Petruševskaja bereits in den 70er Jahren einen Namen gemacht hatten – Tokarevas erster Band mit Geschichten aus dem sowjetischen Alltagsleben, *O tom, čego ne bylo* (Über das, was es nicht gab), war schon 1969 erschienen, 1972 folgte *Kogda stalo nemnožko teplee* (Als es ein wenig wärmer wurde) und 1978 *Letajuščie kačeli* (Luftschaukeln). Bis in die jüngste Zeit schrieb Tokareva Erzählungen und Povesti (*Skaži mne čto-nibud'* [Sag mir was], 1997; *Sentimental'noe pǔtešestvie* [Sentimentale Reise], 1997, 1998), die einen weiten Leserkreis ansprechen. Die Petruševskaja veröffentlichte ihre ersten Erzählungen 1972 in der Zeitschrift *Avrora*, bald danach war sie mit kleineren Dramen (*Ljubov'* [Liebe], *Stakan vody* [Ein Glas Wasser], *Činzano* [Cinzano]), die alle Mitte der 70er Jahre entstanden, durch halbprivate oder illegale Aufführungen bekannt geworden. Auch im Tauwetter hatte die Frauenproblematik bereits eine beachtliche Rolle gespielt. Damals waren einige Schriftstellerinnen aufgetreten, die die eigenen bitteren Erfahrungen – sei es als Gattin verfolgter «Feinde des Volkes», sei es in der Zerreißprobe zwischen Beruf und Familie – in anrührenden Erzählungen vorgebracht hatten. Die aufrechte Lidija Čukovskaja, deren Gatte, der Physiker Matvej Bronštejn, der Stalinschen Mordmaschine zum Opfer gefallen war, schilderte in der Povest' *Sof'ja Petrovna* (auch u. d. T. *Opustelyj dom* [Das verwaiste Haus]) die beginnende Repression in den 30er Jahren, die zunächst Arbeitskollegen im Umfeld der Ich-Erzählerin, schließlich den eigenen Sohn trifft. Čukovskaja hatte das Werk bereits im Winter 1939/40 niedergeschrieben. *Spusk pod vodu* (Untertauchen), bestehend aus Tagebuchaufzeichnungen der Schriftstellerin Nina Sergeevna, die sie während eines Aufenthaltes in einem Schriftsteller-Erholungsheim niederlegt, war in den Jahren 1949–1957 entstanden. Die Aufzeichnungen sind datiert mit Februar/März 1949; sie spiegeln das Aufkommen des stalinistischen Antisemitismus, der sich unter der Maske des Kampfes gegen den internationalen Zionismus und kosmopolitisches Spekulantentum verbreitet. Beide Povesti, die «die tragischen Jahre in der Geschichte unseres Landes» künstlerisch zu bewältigen suchten (so im Klappentext), konnten in Rußland erst 1988 erscheinen. Die mit Čukovskaja gleichaltrige Irina Grekova, Technologieprofessorin und Forscherin im Luftwaffenbereich, brachte das Thema der aktiven Wissenschaftlerin in die Literatur. Schon in ihrer ersten Erzählung *Za prochodnoj* (Hinter der Kontrollbude, 1962) führte sie dem Leser ein Forscherteam in einem geheimen Laboratorium vor Augen. Unter den «Romantikern» und «Statistikern» der Gruppe wird um Kybernetik (ein nach dem Krieg zunächst verpönter Wissenschaftsbereich) gerungen, der Physiker-Lyriker-Streit erregt die Gemüter, man kämpft um den zehnstündigen

Arbeitstag, indes die Institutsleitung nur sieben oder höchstens acht Stunden einräumen will – um Strom zu sparen. Da Grekova an einige Tabus rührte, konnte ihre flache Geschichte reüssieren. Weitere Erzählungen vorwiegend aus dem Wissenschaftlermilieu erschienen in den Bänden *Pod fonarëm* (Unter der Laterne, 1966) und *Kafedra* (Der Lehrstuhl, 1980). Grekovas Frauenfiguren entsprachen, auch wenn sie fachlich und beruflich emanzipiert waren, noch weitgehend altmodischen Vorstellungen. Detailliert und kritisch fing sie in der Povest' *Vdovij parochod* (Der Witwendampfer, 1981) das Leben in einer Kommunalwohnung ein. Doch erreichte sie nirgends die quälende Genauigkeit in der Wiedergabe des sowjetischen Frauenlebens wie Natal'ja Baranskaja in ihrer beinahe schon soziologisch-deskriptiven Povest' *Nedelja kak nedelja* (Woche um Woche, 1969). Natal'ja Baranskaja, studierte Ethnologin und bis 1966 als stellvertretende Direktorin des Moskauer Puškin-Museums tätig, verlor, da sie sich weigerte, am Ostrazismus gegen Pasternak teilzunehmen oder Brodskij zu verwerfen, ihre berufliche Stellung. Damals begann sie zu schreiben. *Nedelja kak nedelja* war eine ihrer ersten Arbeiten. Was in der Erzählung als tagebuchartiger Bericht über eine einzige Woche aus dem Leben der gut situierten, glücklich verheirateten Chemikerin Ol'ga, Mutter zweier Kinder, dargeboten wird, gewinnt durch den Titel die Bedeutung einer unablässigen Tretmühle, in die die sympathische, doch physisch und psychisch völlig überforderte junge Frau eingespannt ist. Den Vorschlag ihres Mannes, sie solle den Beruf aufgeben, er wolle das fehlende Geld durch Abendkurse hinzuverdienen, weist sie brüsk zurück. Sie empfindet dies als Demütigung: Wozu dann das fünfjährige Studium, das Diplom, die Berufspraxis? Das würde ja heißen, klagt Ol'ga, daß sie den ganzen Mist zu Hause allein machen müsse, während ihm die interessante Seite bleibe ... «Dieses Wochenprotokoll einer russischen Ehefrau», schrieb seinerzeit Elsbeth Wolffheim, «sagt mehr aus über den Alltag in der Sowjetunion als jede statistische Untersuchung.» Zwar war die sowjetische Frau weit mehr als im Westen durch ihre Berufstätigkeit definiert, ihre größere Selbständigkeit führte aber keineswegs, wie gerade die zeitgenössische Literatur in vielen Varianten zeigt, zu einem konfliktfreien Ehe- und Familienleben, sondern, im Gegenteil, zu Spannungen und Überforderungen, die die moderne Ehe, wie Trifonov einmal formulierte, zu einer «überaus zerbrechlichen Organisation» machten, bei der der Gedanke an eine leichte Trennung ständig in der Luft liege.

In sparsamer Produktion hat Natal'ja Baranskaja in späteren Jahren weitere Erzählungen vorgelegt, die die weiblichen Dinge in weiblicher Sicht mit feiner Sensibilität einfangen. In der historischen

Novelle *Cvet tëmnogo mëda* (Dunkle Honigfarbe, dt. u. d. T. Ein Kleid für Frau Puschkin, 1977) unternahm sie eine Ehrenrettung für Natal'ja Gončarova, Puškins junge Gattin, die wegen ihrer Leichtfertigkeit in den Augen vieler Puškin-Verehrer eine Mitschuld am Tode des Dichters trägt. Vor allem Anna Achmatova hatte die vielumschwärmte junge Schönheit in ihrer 1958 abgefaßten Studie *Gibel' Puškina* (Puškins Untergang, posth. 1973) ins Zwielicht gerückt. In vieler Hinsicht repliziert der Text der Baranskaja auf Achmatovas Version der Ereignisse. Die Handlung ist ins Jahr der Trauer um den Dichter verlegt. Natal'ja Nikolaevna hat sich mit den Kindern auf den elterlichen Landsitz begeben. Ihre Gedanken kreisen um die Frage, ob sie durch ihren Flirt mit dem Gardeleutnant Baron d'Anthés (Dantes) van Heeckeren eine Schuld treffe. Die Frage wird jedoch nicht nur aus Natal'jas Blickwinkel, sondern auch aus dem verschiedener Verwandter, Freunde und Dienstboten beleuchtet. In inneren Monologen und kleinen Dialogszenen rufen sie die Erinnerung zurück und entwerfen in polyphoner Rekonstruktion ein Bild von der Privatsphäre Puškins, in dem Natal'ja Nikolaevna nun in günstigerem Lichte erscheint. Es sind ferner zwei Alterswerke der Baranskaja zu nennen, *Den' pominovenija* (Totengedenktag, 1989), Erinnerungen an die schweren Kriegsjahre, vorgebracht von sieben Witwen, die zufällig zusammengetroffen sind, und ihre eigene, ungeschminkte Lebensgeschichte, *Avtobiografija bez umolčanija* (Autobiographie ohne Verschweigen, 1990), die Wolfgang Kasack zu den «wichtigsten Dokumenten über die Knechtung der schöpferischen Intelligenz» im Sowjetsozialismus zählt.

Ljudmila Petruševskaja

Die neuen Erzählerinnen unterscheiden sich von denen der älteren Generation namentlich durch die Verfahren der weiblichen Narration. Diese stellten sich bei Viktorija Tokareva noch vergleichsweise konventionell dar, wenn es ihr auch gelang, die Banalität und Öde des Familienalltags in ihren Erzählungen sehr genau zu treffen. Erst mit Ljudmila Petruševskaja traten die neuen Qualitäten des Erzählens voll hervor. Ihre literarischen Anfänge glichen einem Slalom zwischen Mißgunst und Zensur. Selbst Aleksandr Tvardovskij konnte sich nicht entschließen, ihre ersten Erzählungen in *Novyj mir* zu bringen, obwohl er erkannte, daß er diese Autorin im Auge behalten müsse (Svjazi s avtorom ne terjat'). 1983 erschienen Stücke von Ljudmila Petruševskaja und Viktor Slavkin in einem Band. Doch stieß sie in Ost- und Westdeutschland früher auf Anerkennung als in ihrer Heimat. Als ihr 1992

Ljudmila Petruševskaja

in Göttingen der Puschkin-Preis der Stiftung F. V. S. verliehen wurde, war ihr Name russischen Lesern vielfach noch unvertraut. Inzwischen liegen die Erzählbände *Bessmertnaja ljubov'* (Unsterbliche Liebe, 1988), *Pesni vostočnych slavjan* (Lieder der Ostslawen, 1990) – im Gegensatz zu Puškins *Pesni zapadnych slavjan* handelt es sich um städtische Folklore, die mit dem Zyklustitel *Moskovskie slučai* (Moskauer [Zu-]Fälle) wieder auch an Charms erinnert –, *Rekviem* (Requiem, 1990), *V sadach drugich vozmožnostej* (In den Gärten der anderen Möglichkeiten, 1991), *Po doroge boga Ėrosa* (Auf Gott Amors Pfaden, 1993), *Tajna doma* (Das Geheimnis des Hauses, 1995) vor, die ihr ein unverwechselbares Profil als Erzählerin sichern. Eine Ausgabe der gesammelten Povesti und Erzählungen der Petruševskaja erschien 1996 unter dem Titel *Bal poslednego čeloveka* (Der Ball des letzten Menschen).

Mit der schonungslosen Objektivität Čechovs blickt Petruševskaja auf das Gefangensein ihrer Durchschnittshelden in banalen Sorgen und Mühen, ohne sie jedoch moralisch zu brandmarken. Die Verhältnisse sind nun einmal so, wie sie Petruševskaja vorzeigt, und um die

Menschen steht es nicht anders, sie sind weder gut noch schlecht. «Ich kann über die Menschen nicht richten», hat sie einmal gesagt, «die Literatur ist keine Staatsanwaltschaft.» Wahrheitsethos und nicht platter Naturalismus, «Sprachlichkeit der Rede», die die Alltagssprache in ein kompliziertes Wortgeflecht überführt, und nicht tonbandartige Aufzeichnung der Gassensprache bestimmen die Schreibweise der Petruševskaja (W. Schmid).

«Die inszenierte Sprachlichkeit», schreibt Wolf Schmid, «wird als jenes poetische Prinzip erkennbar, das die dramatischen und die narrativen Gattungen miteinander verbindet.»

Nüchterne Bestandsaufnahme ohne Katastrophismus. «Die Welt ist ein Theater, wir dürfen daraus nicht immer eine Tragödie machen», lautet das Gebot der Petruševskaja. Gern gibt sie das Märchen vom heiratswilligen Wecker zum besten, der von Stunde zu Stunde immer neue Anträge unterbreitet, erst der Wasserkaraffe, dann der Brille und der Zeitung, um endlich mit der Bettdecke vorlieb zu nehmen, unter die er gestopft wurde, weil die Kinder schlafen sollten . . .

Weibliche Gestalten, ganz ins Private gewendet und fern jeglicher Ideologie, Ehefrauen, Mütter, Geliebte, oftmals auch Frauen, die psychisch gestört, dem Alkohol verfallen oder suizidgefährdet sind, bevölkern die Erzählungen – wie auch die Dramen – der Petruševskaja. Sie erscheinen in der typischen Sphäre, die das Sowjetsystem der Privatheit zugewiesen hatte: in den Kommunalwohnungen (kommunalki), den legendären Küchen, den Datschen. Die Erzählerin kennt keine Tabus: Frauenmißhandlung, Kindsmißbrauch, Abtreibung, Prostitution kommen schonungslos zur Sprache, doch nicht in der linearen Ausbreitung von Lebensschicksalen, sondern im spontanen Erzählfluß des Skaz-Stils. Das heißt, daß subjektive Sicht und Wertung sowie das willkürliche Umspringen mit dem Erzählstoff zum ureigenen Element dieser Texte werden, die darob von der Kritik zunächst als «Anti-Geschichten» (anti-rasskazy) oder als «Schwarzmalerei» (černucha) aufgenommen wurden. In *Svoj krug* (Mein Kreis, dt. u. d. T. Die eigene Clique), einer der bekanntesten Erzählungen der Petruševskaja, 1979 geschrieben, doch erst 1988 veröffentlicht, wird der Freundeskreis der Ich-Erzählerin (im Russischen ist, im Gegensatz zum Deutschen, das Geschlecht des Erzählers grammatisch markiert) in patzig-aufrichtiger Plauderei ausgebreitet, die auch vor übler Nachrede und offener Nennung körperlicher Mängel nicht zurückschreckt. Aber die Ich-Erzählerin ist unheilbar krank. Ihr Verhalten ist darauf berechnet, ihren kleinen Sohn in verantwortliche Hände zu geben. In ihren späteren Erzählungen baute Petruševskaja zunehmend mythische und phantastische Bedeutungsschichten in ihre

Texte ein. Auf die archetypischen Sinnstrukturen der antiken Mythen weisen die Erzählungen in dem Band *Po doroge boga Ėrosa* (Auf Gott Amors Pfaden, 1993) hin. Das Phantastische kommt zum Tragen in den Erzählungen *Dva carstva* (Zwei Reiche), in der Mutmaßungen über das Leben nach dem Tode angestellt werden; *Novyj Gulliver* (Der neue Gulliver, 1990) in der der Fieberwahn eines Kranken ausgebreitet wird; *Novye robinzony* (Die neuen Robinsons, 1989), in der sie eine geheime Kraft beschwört, die die Menschen aus den Städten in die Dörfer, aus den Dörfern in die Wälder – zurück in eine urtümliche Lebensweise – treibt. Eine ähnliche, an Doris Lessings *The Memoirs of a Survivor* (1974) gemahnende Anti-Utopie, die die Gefährdungen beschwört, welche unvermittelt aus der Zivilisation erwachsen können, spinnt sie in der Erzählung *Gigiena* (Hygiene, 1988) aus: Eine von Mäusen übertragene Seuche hat eine Stadt befallen; nur äußere und innere, seelisch-moralische Hygiene könnte vor ihr schützen. In der scharf aufgenommenen Familienszenerie, die das Sujet bildet, überlebt allein ein kleines Mädchen, das sich, von den Eltern in einem Quarantänezimmer isoliert, unbewußt «hygienisch richtig» verhalten hat. Aus den «Mikronovellen» (W. Schmid) des Bandes *Rekviem* (Requiem, 1990) schält sich der Text *Medeja* (Medea, 1989) als ein Gespräch der Erzählerin mit einem Taxichauffeur über den Tod von Kindern heraus, eine Alltagstragödie von archetypischem Zuschnitt: Die Frau des Chauffeurs hat die gemeinsame Tochter mit Messer und Beil getötet. Was aber die Frau zur Medea-Tat trieb, Untreue des Mannes oder Mißbrauch des Kindes, wird nur angedeutet. Der Mann bekennt sich schuldig, die Frau sitzt im Gefängnis und erwartet ihre Strafe. In den letzten Erzählungen der Petruševskaja gewinnen Märchenmotive Raum. Sie werden den Bedingungen der modernen Wirklichkeit ausgesetzt, hin- und hergewendet und gelangen, wie in der sinnreichen Geschichte von der Schönen Helena (*Prekrasnaja Elena*) zu ungeahnten Zielen. Die in dem Band *Priključenija utjuga i sapoga* (Die Abenteuer eines Plätteisens und eines Stiefels, 1998) vereinigten Erzählungen nähern sich dem Märchenstil Hans Christian Andersens.

Tat'jana Tolstaja

Tat'jana Tolstaja, als Enkelin Aleksej Tolstojs und des Dante-Übersetzers Michail Lozinskij literarisch stärker vorbelastet, als ihr lieb sein mochte, weist in Thematik und Poetik manche Gemeinsamkeit mit der um 14 Jahre älteren Petruševskaja auf. Beiden mangelt es nicht an

Ironie und einem guten Schuß Zynismus, und heikel sind ihre Gegenstände allemal, doch ist der mündliche Erzählduktus bei der Tolstaja leichter, virtuoser. Sie erzählt temperamentvoll und unverblümt, redet alle möglichen Personen an, schweift ab, kommt vom Hundertsten ins Tausendste, beleuchtet die Dinge von verschiedenen Seiten – und bringt doch jede Geschichte gut und glücklich zu Ende. Träumer, Spinner, Phantasten sind ihre Helden, Menschen, die in der sowjetischen Ordnung keine rechte Daseinsberechtigung besaßen. Es sind Kinder, die im Garten ihrer Phantasie leben (in ihrer ersten Erzählung *Na zolotom kryl'ce . . .* [Saßen auf goldenen Stufen . . .], 1983); der Verehrer einer Chansonette, der ein Gebäude schwärmerischer Vorstellungen um sein Idol errichtet (in *Reka Okkervil'* [dt. u. d. T. Die Okkerwil]); die vierundvierzigjährige Aleksandra Ėrnestovna, die nach drei mittelmäßigen Ehen ihrer ersten Jugendliebe nachtrauert (in *Milaja Šura* [Die liebe Schura]); die verrückte Pipka, die quer durch die Sowjetunion reist und die unwahrscheinlichsten Abenteuer besteht (in *Ogon' i pyl'* [Feuer und Staub]); der seelisch deformierte, sprechgehemmte Bibliothekar Peters in der gleichnamigen Erzählung (*Peters*, 1986), der seine Phantasien auf Frauen richtet, die er nie erreichen kann. Die hintersinnige Erzählung *Poėt i muza* (Der Dichter und die Muse, 1986) handelt von der Liebe der schönen, akkuraten Ärztin Nina zu dem dichtenden Hausmeister und Dissidenten Griša. Nina beschreitet den Dornenweg und wird Grišas amusische Muse. Der eifersüchtig umhegte Dichter vermag sich nur dadurch von ihr zu befreien, daß er sein Skelett im voraus der Akademie der Wissenschaften verkauft. Nun geht es mit ihrer Liebe bergab, «denn schließlich war es ihr doch nicht möglich, für Gemeinschaftseigentum die volle Glut aufzubringen und Akademieinventar zu küssen».

In *Sonja*, der Geschichte eines seelenguten, doch unförmigen Mädchens, das von den Mitmenschen weidlich genarrt wird (eine Freundin sendet ihr zehn Jahre lang Liebesbriefe unter dem Namen Nikolaj – ein Schabernack, den das arme romantische Mädchen bis zuletzt nicht durchschaut), gießt die Erzählerin unverhohlen Spott über ihre Heldin aus. Ist es aber Mangel an Barmherzigkeit, wie man der Autorin vorgeworfen hat, und nicht eher weibliche Selbstironie, wie sie auch bei Petruševskaja immer wieder anklingt? Sicher ist, daß der komplizierte Bedeutungsaufbau ihrer Erzählungen eine kurzschlüssige Reduktion auf die reale Autorin nicht zuläßt. Wie virtuos sie die verschlungenen Interferenzen der Personenrede zu handhaben versteht, zeigt exemplarisch die Erzählung *Spi spokojno, synok* (Schlaf ruhig, mein Söhnchen, 1986), wo anhand des Gogol'schen Motivs des Mantelraubes (es handelt sich um einen Beutepelzmantel aus dem letzten Krieg) durch vielstimmigen Skaz tiefschürfende Charakterstudien vorgeführt werden. Etwa zwanzig Erzählungen – sie sind versammelt in den Bänden *Somnambula v tumane* (Der Schlafwandler im Nebel, 1991) und *Ljubiš' – ne ljubiš'* (Du liebst – du liebst nicht, 1997) – liegen von Tat'jana Tolstaja inzwischen vor; das ist nicht viel, aber dennoch sind sie literarisch höchst bemerkenswert.

Die Bücher der Valerija Narbikova – bisher erschienen von ihr *Ravnovesie sveta dnevnych i nočnych zvëzd* (Das Gleichgewicht des Lichtes der Tag- und der Nachtgestirne, 1988), *Plan pervogo lica. I vtorogo* (Der Gesichtspunkt der ersten Person. Und der zweiten, 1989), *Ad kak da – ad kak da* (ein Palindromtitel, der in wörtlicher Übersetzung lautet: Die Hölle als Ja, 1991), *Okolo ëkolo* (etwa: Um die Umwelt herum, 1992), *Šëpot šuma* (Flüstergergeräusch, 1994), *Skvoz'* (Durch, 1995), *Tanja* (1995), und ... *i putešestvie* (Die Reise, 1996) – beginnen ihr Verwirrspiel mit den Titeln, die allesamt kaum zu übersetzen sind. Ihre von Bitov beeinflußte Methode nutzt den Bewußtseinsstrom und das tabulose Spiel mit den Realien der Kultur (N. V. Maksimova). Ihre Spezialität sind «Vielecksbeziehungen» (R. Dutli). In *Die Reise* treibt sie die erotische Freizügigkeit in Handlung und Sprache auf die Spitze. Das Geschehen ist nach Deutschland verlegt, wo sich die Protagonisten mit Russischunterricht und anderen Tätigkeiten durchschlagen. Der gewollt naive Ton der Erzählerin läuft, ebenso wie die Handlung, bald ins Leere. Ganz anders, von festerer Substanz, allerdings im Erzählduktus auch weit traditioneller, ist der Erfolgsroman *Medeja i eë deti* (Medea und ihre Kinder, 1996) der Ljudmila Ulickaja. Die Autorin, im Theaterfach tätig, hatte bereits mit der Erzählung *Sonečka* (dt. Zarte und grausame Mädchen, 1992) Aufsehen erregt und war 1996 mit dem Pris Médicis ausgezeichnet worden. Der Medea-Roman kehrt den Mythos der kindermordenden Gattin ins Positive: Medeja Mendes, eine alte Griechin, die, selbst kinderlos, auf der Krim, dem alten Taurien lebt, bildet den Mittelpunkt einer weitverzweigten Familie, die in ihrer ethnischen Vielfalt gleichsam noch einmal die sowjetische Multinationalität realisiert. Ihr Haus auf der Krim wird zum «Nabel der Welt», wohin ihre «Kinder» immer wieder zurückkehren. Familiengeheimnisse, nämlich die Lebens- und Liebesgeschichten Medejas und ihrer Anverwandten, um den ruhenden Mittelpunkt der alten Frau gruppiert, bilden das epische Gewebe des Romans. Christa Wolf, die ja auch selbst eine Medea-Version geliefert hat, spricht von einem Netz, das Ljudmila Ulickaja ausgelegt habe, um einen Zauber einzufangen: den Zauber eines Ortes, in den die Schicksale von Menschen verwoben seien, den Zauber einer Landschaft und, vor allem, den Zauber, der die Person der Medeja Mendes umgebe. Das letzte Buch der Ulickaja, *Vesëlye pochorony*.

Eine fröhliche Beerdigung, 1998) spielt unter russischen Emigranten in New York, wo der Maler Alik die Frauen beglückt und sie, sterbend, in seiner Atelierwohnung versammelt. Irina Povolockaja, die lange Zeit im Milieu der Filmemacher gewirkt hatte, fand erst in den letzten Jahren zur Literatur. Mit ihrem vielbeachteten Band *Raznovrazie* (1998) leistete sie einen originellen Beitrag zur weiblichen Erzählliteratur. Der Titel ist kaum zu übersetzen, da er das russische Wort «raznoobrazie» (Mannigfaltigkeit) paronomastisch durch den Stamm vrag- (Feind, Teufel) abwandelt; «Vielteufelei» käme dem nahe, ohne die Bedeutung auszuschöpfen. Es sind die Gerüchte und Geschichten, wie sie in jeder Familie, in jeder festgefügten Gruppe bestehen, die die Povolockaja in ihren Texten mit unbändiger Fabulierkunst ausbreitet. Dabei gilt ihr Interesse nicht zuletzt den Sphären der «sowjetischen Exotik»: Kirgisien, Georgien oder Weißrußland mit seiner polnischen und jiddischen Prägung. Skaz bestimmt die Erzählersprache, das verballhornte Russisch der nichtrussischen Sowjetvölker die der Figuren. Die innere Desintegration des multinationalen Sowjetstaates wird − immer auf der privatest möglichen Ebene und aus der Sicht der gequälten kleinen Leute − zum Thema. «Sobran'e pëstrych glav» (Eine Sammlung bunter Kapitel) lautet der Untertitel der Erzählung *Raznovrazie*, der damit − weniger anspruchsvoll als ironisch − Puškins bekanntes Diktum über den *Evgenij Onegin* aufnimmt. Als beste der Erzählungen hat die Kritik *Utka popekinski* (Die Peking-Ente) ausgemacht. Sie berichtet über ein Studentenheim, in dem der geheimnisvolle Opportunist Jaropolk sein Unwesen treibt, um sich endlich das Leben zu nehmen. War er ein Spieler, Dieb, Betrüger, Heiratsschwindler? Am Schluß steht nur eine Gewißheit: daß er die Peking-Ente, die ihm sein chinesischer Kommilitone Goša zuzubereiten pflegte, mit Behagen verzehrte ...

Wie weit sich die weibliche Erzählströmung inzwischen verbreitet hat, nämlich bis tief in die literarische Provinz hinein, belegt die 1995 in Deutschland von Galina Skvorcova-Akbulatova herausgegebene Sammlung *Russkaja duša* (Die russische Seele), deren Prosaabteilung Texte von Raisa Mustonen, Natal'ja Lavrecova, Tat'jana Gerkuz und anderen Autorinnen aus unterschiedlichen Regionen, vor allem aus der karelischen Schriftstellerinnen-Assoziation «Marija», enthält. Die Titelerzählung, *Russkaja duša*, von Galina Skvorcova macht mit dem Schicksal der Künstlerin Ol'ga Kazanova bekannt, die, da sie allen zu gefallen sucht, den Männern, den Frauen, den Ausländern und den Hunden, in eine Art Edelprostitution abgleitet. Ihre Erfüllung findet sie in der Liebe zu dem ausländischen Künstler Majkl (Michael), einem «Mann von Stil», ganz in Schwarz gekleidet, der in ihr die «russische

Seele» erkennt, sie aber dennoch, ganz Blakescher Dämon, schnellstens wieder verläßt. In ihrer Machart und ironischen Darbietung entspricht eine solche Erzählung voll dem Standard des weiblichen Erzählens. Die Miniaturen der Lidija Jusupova hingegen erinnern eher an die Charmsschen Absurditäten.

Die gegenwärtige Lyrik

Das Spektrum der heutigen Lyrik ist vielgestaltiger und unübersichtlicher als das der Prosa. Das politische Engagement der Barden und Estradendichter der Perestrojka war gewiß nicht unsympathisch, konnte aber auch den Ruch des Opportunismus nicht ganz vermeiden. Evtušenko lag mit seinen *Deputatskie ėlegii* (Abgeordneten-Elegien, 1991), in denen sich die Hoffnungen und Nöte des frisch gewählten Parlamentsabgeordneten niederschlugen, eher politisch als künstlerisch richtig. Doch das waren Relikte, die bald durch neue Stimmen übertönt werden sollten. Iosif Brodskij, der Nobelpreisträger des Jahres 1987, war ein Dichter, der wie kein anderer das Erbe des Akmeismus, den Bund von strenger poetischer Form und Weltkultur, weitergeführt hatte. Als aber der russische Leser seiner langsam gewahr wurde – seine Werke (*Sočinenija Iosifa Brodskogo*) erschienen seit 1992 in einer Ausgabe des Puškin-Fonds –, war Brodskij schon in das Medium der englischen Sprache hinübergewechselt: der zweite große Verlust für die russische Literatur nach Nabokov. Die Poesie Brodskijs, die in ihren klassischen Metren wie gemeißelt wirkte, verriet ebenso wie die braven Taktverse Evtušenkos oder Roždestvenskijs, daß die russische Versdichtung noch immer in metrischen Korsetts steckte, die anderswo längst über Bord geworfen waren. Für die Übergangspoesie, die «neue Welle» (novaja volna) der ausgehenden 80er Jahre, waren metrische Störungen charakteristisch, die von der Kritik als «Versprosa» (stichoproza) qualifiziert wurden. Das war nicht nur verstechnisch zu verstehen. Bei den Dichtern, die hier zu nennen sind – Jurij Arabov, Oleg Chlebnikov, Aleksej Maševskij, Sergej Nadeev, Aleksej Parščikov, Ivan Ždanov u. a. – verband sich vielmehr eine neue, befreite Ethik mit dem entgeisterten Blick auf unwirtliche Großstädte, verfallende Industrieanlagen und durch Pestizide zerstörte Landschaften. Rudolf Neuhäuser, der die um 1989/90 in *Novyj mir* erschienene Poesie gesichtet hat, spricht von einer «Milieu-Poesie» (bytovaja poėzija): «Die Welt erscheint als Baugrube, in der verrostete Maschinen und Industrieabfall herumliegen.» Aleksej Maševskij erkennt aber auch in dieser Welt des Verfalls, der alle Ideale abhanden gekommen sind, noch einen Abglanz der Poesie, wenn er in dem Zyklus *Strojka* (Der Bau, 1987) die Schwarze Muse (Černaja muza) beschwört. Zur gleichen Zeit ließ sich ein neuer Aufbruch der religiösen Poesie verzeichnen, der vor allem in *Novyj mir* Unterstützung fand. Marija Avvakumova nahm hier einen wichtigen Platz ein, da sie aus ihren «kranken Versen über eine kranke Gesellschaft», wie sie einmal sagte, die Vertikale zu Transzendenz und Religion schlug. Hierfür stehen ihre Lyrikbände *Severnye reki* (Nördliche Flüsse), *Zimujuščie pticy* (Überwinternde Vögel), *Pozdnjaja gost'ja* (Später Gast, 1987), *Svidanie* (Wiedersehen, 1989) und *Baltijskie meditacii* (Baltische Meditationen, 1991). Marija Avvakumova bekennt sich heute zur Anthroposophie Rudolf Steiners. Hierher gehören ferner Ven'jamin Blažennych mit der Sammlung *Nikogda ne rasstat'sja* (Niemals trennen, 1988) und dem Zyklus *Strašnaja skazka* (Schreckliches Märchen, 1992), Oles'ja Nikolaeva mit den Gedichtbänden *Na korable zimy* (Auf dem Schiff des Winters, 1986), *Zdes'* (Hier, 1990) und *Amor Fati* (1997), Nikolaj Trjapkin und andere Autoren, in deren Gedichten Glaube und Barmherzigkeit, Demut und das Gefühl der Allschuld im orthodoxen Geiste neu erstehen. Durch die literarische Öffnung kehrte auch die heute in London lebende Irina Ratušinskaja, deren Lyriksammlung *Stichi* (Verse) 1988 in Chicago erschienen war, zu ihrer russischen Lesergemeinde zurück. Sie zählt zu jenen herausgehobenen Emigranten, die 1990 durch Präsidentenerlaß die russische Staatsbürgerschaft zurückerhielten.

Die Verslibristen

Der freie Vers (svobodnyj stich; in deutscher Terminologie: freie Rhythmen), der in der deutschen Dichtung seit Klopstock und dem Sturm und Drang, in anderen europäischen Literaturen spätestens seit der Moderne als *vers libre* gang und gäbe war, hatte sich in Rußland bisher nicht recht durchsetzen können, obwohl die russische Prosodie prinzipiell alle metrischen Formen gestattet. Freie Verse konnten für Übersetzungen, etwa der Goetheschen Sturm-und-Drang-Dichtungen, der Heineschen *Nordsee*-Zyklen oder der bengalischen Poesie Tagores, eingesetzt werden. Der junge Majakovskij und seine futuristischen Freunde, ferner Nikolaj Rërich und später Evgenij Vinokurov hatten Muster russischer *vers libres* gegeben, ohne daß freilich der Kanon der klassischen gereimten Versformen dadurch ins Wanken geraten wäre. Dem metrischen Konservativismus, der sich in der Stalin-Zeit noch verfestigt hatte, stellte sich Mitte der 80er Jahre die

Gruppe der Verslibristen (verlibristy) entgegen. Natürlich ließ sich, wenn man, wie Karen Džangirov mit seiner *Antologija russkogo verslibra* (Anthologie des russischen Vers libre, 1991), die Dichtung abgraste, eine ansehnliche Traditionsspur aufweisen. Nun aber erhob eine Gruppe von Dichtern um Vladimir Burič den freien Vers programmatisch zum Vehikel der neuen Poesie. Burič hatte bereits im Tauwetter Gedichte in *vers libres* veröffentlicht. In dem Band *Teksty* (Texte, 1989) bestimmte er den *vers libre* als einen Vers, der quer zu Reim und Versfuß (disrifmennyj, disstopnyj stich) und damit zum Hauptstrom der russischen Poesie stehe. Der Schaffensimpuls, den das *vers-libre*-Programm auslöste, war beachtlich: Die Verslibristen veranstalteten im Januar 1989 in Moskau eine Ausstellung von *vers-libre*-Gedichten; im September des gleichen Jahres folgte in Kaluga ein Internationales Festival des freien Verses – unter dem in der Gorbačëv-Ära gängigen Titel «Das europäische Haus» (Evropejskij dom). Ebenfalls 1989 erschienen die Sammelbände *Belyj kvadrat* (Das weiße Quadrat), ein Buch in der Form seines Titels mit Gedichten der vier Hauptvertreter des Verslibrismus Vladimir Burič, Karen Džangirov, Vjačeslav Kuprijanov und Arkadij Tjurin, sowie *Vremja iks* (Zeit X), an dem neunzehn junge Verslibristen beteiligt waren. Karen Džangirov, ein Mann der Kommerzwelt, wurde zum Manager der neuen Richtung. Dank seiner Beziehungen profitierten die künstlerischen Aktivitäten der Verslibristen von neuen, «alternativen» Formen des Literatursponsorings. Das Festival in Kaluga wurde von einer Bank für Soziokulturelle Projekte (Bank Social'no-Kul'turnych Proektov, BSKP) organisiert und von einer Fabrik für augenchirurgische Geräte gesponsort – ein zukunftsträchtiges Modell. Seither fanden alljährlich im Moskauer Vadim-Sidur-Museum Festivals der Verslibristen statt.

Die diversen Möglichkeiten, die das Dichten ohne Zwang von Metrum und Reim bot (was freilich nur scheinbar «erleichtertes Dichten» darstellt), wurden von den russischen Verslibristen ausgiebig genutzt. Vladimir Burič bevorzugte knappe, aus wenigen Zeilen bestehende Texte, die mitunter an die japanische Haiku- oder Tanka-Dichtung erinnerten, da sie, ähnlich wie diese, oftmals einen optischen Eindruck mit einem metaphysisch getönten Gedanken assoziierten. Diese Form kultivierte auch Karen Džangirov; bei ihm geht die Verknappung oft bis zur Drei- oder Zweizeiligkeit, was seine Miniaturen dem Aphorismus annähert. Daß der *vers libre* aus einer Poetik des Widerstandes entsprang, wird in einem der Kurzgedichte Džangirovs so begründet: «Ich behaupte, daß der Reim eine staatliche Kategorie ist. / Daß die Barrikaden ausschließlich aus vers libres bestehen.»

Vjačeslav Kuprijanov

Nach Ausdrucks- und Themenbreite übertrifft der Sibiriake Vjačeslav Kuprijanov das Gros der Verslibristen. Sein inzwischen ansehnliches Werk beschränkt sich auch keineswegs nur auf freirhythmische Gedichte. Nach dem Studium am Moskauer Fremdspracheninstitut – dort war sein wichtigster Lehrer Michail Zenkevič – trat er mit Übersetzungen deutscher und englischer Lyrik (Hölderlin, Novalis, Rilke, Brecht, Ernst Jandl u. a.) hervor, in letzter Zeit schrieb er auch Erzählprosa wie die Utopie-Satire *Syraja rukopis'* (Das feuchte Manuskript, 1991) oder den gegen Evtušenko gerichteten Pamphlet-Roman *Bašmak Ėmpedokla* (Der Schuh des Empedokles, 1998, zuvor dt. 1994). Kuprijanovs Gedichtbände, vor allem *Domašnie zadanija* (Hausaufgaben, 1988) und *Ėcho* (Das Echo, 1989), zeigen seinen Weg vom gebundenen zum freien Vers. Seine Gedichte stellen in aller Regel Sprach- und Denkexperimente dar, die immer wieder zu verblüffenden Ergebnissen führen. In *Legenda ob okeane* (Die Legende vom Ozean) füllen U-Boot-Geschwader ihre Ballastbehälter mit Meereswasser, bis sie auf dem leeren Grund des Ozeans liegen. Ähnlich in dem Gedicht über die Wälder (*V odnom / nekogda byvšem / mire* [In einer einstmals gewesenen Welt]), die man zum Schutz mit Zäunen umfriedet, um endlich, als alle Bäume zu Brettern verarbeitet sind, festzustellen, daß nunmehr die Gefahr für die Wälder vorbei sei. Oft greift Kuprijanov auf geläufige Redewendungen zurück, denen er neue Bedeutungen ablauscht. Aus dem sprichwörtlichen Huhn (in Krylovs Fabel *Petuch i žemčužnoe zerno* [Der Hahn und die Perle] ist es der Hahn), das einen Edelstein findet, entfaltet er ein Paradigma möglicher Verhältnisse zwischen Huhn und Brillant, d. h. zwischen Mensch und Mensch (in *Kak-to byvaet* [Manchmal kommt es vor]). Oft erinnern Kuprijanovs kleine Parabeln und Balladen an die absurden Texte von Daniil Charms, etwa wenn er die Sekundärtugenden des Henkers herausstellt (in *Utro palača* [Der Morgen des Henkers]) oder dem unbekannten Dummkopf ein Denkmal errichtet (in *Pamjatnik neizvestnomu duraku*). In dem effektvollen Stottergedicht *Gippo-poėma* (Hippo-Poem) wird in einer witzig-grotesken, lautassoziativen Tirade mit dem tyrannischen Hippopotamus abgerechnet, doch ist am Ende schon abzusehen, daß er unter dem Namen Begemot (das russische Wort für Nilpferd) fortbestehen wird. Das Gedicht über natürliche Zahlen (*Natural'nye čisla*) oder die Charakteristik der Sprachen in dem Gedicht *Jazykovedenie* (Sprachwissenschaft) sind Kabinettstücke hintersinnigen Räsonierens.

Der Schule der Verslibristen wird mitunter auch Gennadij Ajgi zugerechnet, ein Tschuwasche, der seit den 60er Jahren auf russisch dichtete, aber lange Zeit nicht publizieren konnte. Anerkennung fand er zuerst im Westen, wo Wolfgang Kasack 1975 in Köln eine erste Sammlung seiner frühen Gedichte (*Stichi* [Verse] *1954–1971*) edierte. Für seine Poesie, die auf eigenartige Weise folkloristische Inhalte und postmoderne Strukturen vereint und eine «Wiedergeburt der Empfindsamkeit» (K. Dedecius) anstrebt, wurde Ajgi 1993 mit dem Petrarca-Preis ausgezeichnet. 1991 erschien auch in Moskau eine Ausgabe seiner gesammelten Gedichte unter dem Titel *Zdes'* (Hier).

Die Literaturkritik hat weitere Lyrikströmungen geortet: die Rock-Poesie (rok-poėzija) mit dem «Okudžava unseres Rock'n'Roll» Andrej Makarevič, Viktor Coj, Jurij Ševčuk u. a.; die Metametaphoristen (metametaforisty), denen Lev Losev, Viktor Korkija und Elena Švarc zugerechnet werden; die Neofuturisten mit Konstantin Kedrov, Elena Kacjuba, Ljudmila Chodynskaja und vor allem Ry Nikonova, welche neue Formen der visuellen Poesie erarbeitet. Letztere traten im März 1990 als «Freiwillige Gesellschaft zum Schutze der Grillen» (Dobrovol'noe Obščestvo Ochrany Strekoz, DOOS) in Erscheinung und ließen durch Konstantin Kedrov erklären, im Prinzip stellten alle ihre Texte einen Kommentar zum großen Schweigen des Kosmos oder zum abwesenden Text dar.

Die «höfischen Manieristen» (kurtuaznye man'eristy) um Vadim Stepancov drücken – in stiller Entsprechung zum Lifestyle der «neuen Russen» – ein modern-mondänes Lebensgefühl aus. Sie schlossen sich 1988 in Moskau zum «Orden der höfischen Manieristen» zusammen, dem, neben Stepancov, Dmitrij Bykov, Konstantin Grigor'ev und Viktor Pelenjagrė angehören. Ihre Verse stehen im traditionellen Metrum, die Lexik nimmt die westlichen Reklamefloskeln und russifiziertes Englisch vom Schlage «О май лав» (Oh my love) auf. Stepancov macht aus der beherrschenden Vorstellungswelt der neuen Courtoisen keinen Hehl, wenn er in dem Gedicht *Molodoj inostranec v krasivoj mašine* (Der junge Ausländer im schönen Auto) die «Грандотели; Брод-стриты; Майамй-бичи» (Grandhotels, Broad-streets, Miami Beaches) als erwünschte «Attribute des Illustrierten-Paradieses» herausstellt. Das erklärte Vorbild der Gruppe ist Renaissance- und Rokokopoesie, ihre forcierte Modernität erinnert nicht wenig an Igor' Severjanin, dessen Modell einer elegant-sensuellen Zivilkultur sie in den heutigen Koordinaten wiederholen.

Der ‹Arion-Kreis›

Seit Frühjahr 1994 bildet die von Aleksej Alëchin herausgegebene
Moskauer Zeitschrift *Arion* eine neue Plattform für die russische Lyrik.
In Zusammenarbeit mit dem Poesiesalon «Klassiker des 21. Jahrhunderts» (Klassiki XXI veka), den Elena Pachomova leitet, bindet sie führende Poeten aller Richtungen an sich und läßt allmählich gültige
Parameter der postsowjetischen Literatur erkennen. Nicht zufällig
demonstriert die Zeitschrift, indem sie mit ihrem Titel auf den antiken
Arion-Mythos und das gleichnamige Puškin-Gedicht alludiert, die
wundersame Errettung der Poesie aus größter Bedrohung. Ältere Individualisten wie Genrich Sapgir, Evgenij Rejn, Oleg Čuchoncev oder
auch Bella Achmadulina zählen ebenso zum Autorenstamm des *Arion*
wie die Vertreter der mittleren, der sogenannten postmodernistischen
Generation, darunter der von Chodasevič geprägte Sergej Gandlevskij,
der durch die Lyrikbände *Rasskaz* (Die Erzählung, 1989) und *Prazdnik*
(Die Feier, 1995) bekannt wurde – für seine autobiographischen
Prosatexte *Trepanacija čerepa* (Schädeltrepanation, 1996) erhielt er 1996
den Kleinen Booker-Preis –; oder der inzwischen vielfach geehrte
Timur Kibirov, der sich als Lyriker mit den Bänden *Kalendar'* (Kalender, 1991), *Stichotvorenija o ljubvi* (Gedichte über die Liebe, 1993), *Centi-
ment* (Zentiment, 1994) und *Parafraziz* (Paraphrasis, 1997) als bemerkenswertes Talent profiliert hat. (Wie unsicher die vorläufigen
Klassifikationen der Literaturkritik noch sind, mag man daran ablesen,
daß Kibirov sowohl den Konzeptualisten als auch der «Soc-art», d. h.
einer vorübergehenden Richtung, die die Persiflierung und burleske
Umdeutung des Sozialistischen Realismus betrieb, zugeordnet wird.)
Hinzu treten die Moskauer Stadtranddichter der seit den 70er Jahren
bestehenden «Gruppe von Lianozovo» (Lianozovskaja gruppa) um
Genrich Sapgir mit Evgenij Kropivnickij, Vsevolod Nekrasov, Jan
Satunovskij, ferner Olesja Nikolaeva, B. Konstriktor und Aleksandr
Makarov-Krotkov. Aus der Petersburger Lyrikszene stoßen Sergej
Stratanovskij und vor allem der Altdissident Viktor Krivulin hinzu,
dessen «pseudoklassischen» und doch ganz auf die Gegenwart bezoge-
nen ironisch-publizistischen *Stichi* (Verse) 1988 in zweibändiger Aus-
gabe in Paris erschienen, gefolgt von den Bänden *Obraščenie* (Anrede,
1990) und *Poslednjaja kniga* (Das letzte Buch, 1993). Von der jüngsten
Generation, die sich erst allmählich zu profilieren beginnt, haben sich
Ol'ga Kuznecova und Dmitrij Tonkonogov zu Wort gemeldet.
Obwohl – oder gerade weil – die Zeitschrift *Arion* auf keine bestimmte künstlerische Richtung festgelegt ist, läßt sie allgemeine Ten-

denzen erkennen, die Aleksej Alëchin zu der zuversichtlichen Prognose ermutigten, es werde sich vor den Augen der Zeitgenossen vielleicht doch wieder so etwas wie ein neuer «großer Stil» der russischen Poesie herausbilden. Aus den gegebenen Anzeichen extrapoliert, könnte dieser, nach Alëchin, so aussehen, daß die betonte Gegenständlichkeit des Akmeismus zurückgewonnen, ein gesteigertes Interesse an den Alltagsdetails und der privaten Seite des Lebens entwickelt, eine neuartige Beziehung zur Zeit (eine Art Omnitemporalität, wie sie in der Poesie Mandel'štams oder auch Brodskijs ausgebildet ist) eingegangen und eine weitere semantische Belastung und Prosaisierung des Gedichts praktiziert werde. Bemerkenswert auch der zunehmende Rückgriff auf die Dichtung vor der Zeit Puškins, auf Deržavin und sogar auf Lomonosov.

Gewisse Parallelen zur Lage der russischen Lyrik am Anfang des 20. Jahrhunderts sind am Ende desselben nicht zu übersehen: eine Vielfalt der künstlerischen Ansätze und Richtungen, die sich gleichwohl zu einer integralen Formation zusammenzuschließen scheinen, für die die Kennzeichnung als «Postmoderne» (postmodernizm) nur ein vorläufiges, ephemeres Etikett abgeben kann. Eine weitere Übereinstimmung ist darin zu sehen, daß auch die heutige Literatur wieder aus privaten Ressourcen finanziert, oder wie man heute sagt: «gesponsort» wird. An die Stelle der Mäzenaten-Magnaten vom Jahrhundertanfang sind clevere Jungunternehmer getreten, die so nebenbei, wie etwa die Gründer der «Stiftung zur Förderung nichtkommerzieller Verlagsprogramme» oder des Projektes «Klassiker des 21. Jahrhunderts», Ruslan Ėlinin und Elena Pachomova, auch selbst zur Feder greifen. Der erwähnten Stiftung gehören inzwischen 40 Privatverlage an. Die Zeitschrift *Arion*, die seit 1995 auch in einer elektronischen Version im Internet erscheint, fand in dem Unternehmer Andrej Grigor'ev ihren ständigen Sponsor.

In jüngster Zeit haben weitere Talente von sich reden gemacht. Nikolaj Kononov, in Petersburg lebend, hat einen eigenartigen poetischen Stil gefunden, indem er sich über Alltäglichkeiten in Versen von ungewöhnlicher Rhythmik und Klangschönheit ausläßt. Das gestaltlose Leben durch die Poesie zu harmonisieren, ist sein erklärtes Ziel. Die Gedichtsammlung *Lepet* (Das Stammeln, 1995) zeigte den bislang zurückgelegten Weg Kononovs. In dem Band *Zmej* (Der Drache, 1997) ließ er sich auf sogenannte «Marathon-Zeilen» (marafonskie stroki) ein – tonische Verse mit bis zu 29 Füllsilben. Sein Streben nach formaler Innovation ist in der gegenwärtigen Situation höchst beachtlich. Alina Vituchnovskaja wurde Mitte der 90er Jahre durch einen Justizskandal bekannt: Wegen angeblichen Drogenhandels, der nie nachgewiesen werden konnte, wurde sie längere Zeit in Haft gehalten. Ihre Gedichte, gesammelt in den Bänden *P-etskaja kniga mërtvych* (P-sches Totenbuch, 1994) und *Poslednjaja starucha, procentščica russkoj literatury* (Die letzte Wuchergreisin der russischen Literatur), zeigen eine Bedeutungsstruktur, die vornehmlich aus lautsemantischen Kombinationen und intertextuellen Bezügen aufgebaut wird. Immer wieder gelingen ihr überraschend schöne Verse mit poetischen Formulierungen, die, etwa in dem Gedicht *Umri, lisa, umri* (Stirb, Fuchs, stirb), das Schweigen beschwören.

Neue Tendenzen im Drama

Die Entwicklungen im dramatischen Sektor sind, soweit sich überhaupt schon ein Überblick gewinnen läßt, nicht weniger verworren. Das hat mit der Tatsache zu tun, daß sich gerade die innovativen Theaterformen in einer halb öffentlichen, halb privaten Sphäre verbreiteten, wie es in der Zeit der Verstaatlichung der Kunst völlig undenkbar gewesen wäre. Mit der Perestrojka setzte zunächst eine Phase der Reformen ein, die um 1989/90, gegen manche Rückzugsgefechte des Kulturministeriums, den für das Theater angestrebten künstlerischen Freiraum brachte. Anfang der 90er Jahre, namentlich nach der «Verordnung über den Theaterbetrieb» im Mai 1991, setzten sich neue, privatwirtschaftliche Organisationsformen im Theaterbereich und damit eine weitgehende Marktorientierung und Kommerzialisierung der Bühnen in Rußland durch (G. Dadamjan). Auf der anderen Seite wurden die sogenannten Studiotheater – Kleinbühnen, Zimmer- oder Kellertheater –, die sich gezielt an einen vergleichsweise kleinen Kreis Eingeweihter richteten, zum Ort frischer Theaterexperimente. Nachdem die Gründung solcher Studiobühnen im Januar 1987 legalisiert worden war, schossen sie wie Pilze aus dem Boden. Bereits 1988 soll es über 200 dieser Kleintheater in Moskau gegeben haben, von denen sich die meisten allerdings nicht auf Dauer halten konnten (M. Brauckhoff). Die etablierten «großen» Theater erlebten indes, nicht nur wegen der gestiegenen Eintrittspreise, einen erheblichen Zuschauerschwund. (Gennadij Dadamjan beziffert den Rückgang für die Jahre 1986–1988 auf acht Millionen Zuschauer.) Zu den interessantesten Erscheinungen des russischen Theaters der Umbruchzeit zählt das staatlich geförderte Experimentiertheater, das der eigenwillige Anatolij Vasil'ev unter dem Namen «Schule der dramatischen Kunst» (Škola dramatičeskogo iskusstva) organisierte. Der durch die Inszenierung der Stücke Viktor Slavkins *Vzroslaja dočʼ molodogo čeloveka* (Die erwachsene

Tochter eines jungen Mannes, 1979) und *Serso* (Cerceau, 1981) längst bekannte Regisseur entwickelte neue Formen der Theaterarbeit und der internationalen Kooperation von russischen und ausländischen Schauspielern, so sein Pirandello-Projekt in Rom, sein Dostoevskij-Projekt in Moskau /Berlin u. a. Hand in Hand mit einer neuen Regie- und Aufführungspraxis entstand ein neues Stückerepertoire. Die publizistische Perestrojka-Dramatik, die um 1989 noch wahre Triumphe feierte, erschöpfte sich ebenso rasch wie das neue psychologische Milieutheater der Petruševskaja oder Slavkins. Die neuen Dramatiker fanden ihre Muster eher bei Charms und Vvedenskij oder im westlichen experimentellen Theater denn bei Arbuzov, Rozov oder gar Šatrov.

Das Stück, das als erstes den Bruch mit den sowjetischen dramaturgischen Normen besiegelte, war Venedikt Erofeevs *Val'purgieva noč', ili Šagi komandora* (Walpurgisnacht oder Die Schritte des Komturs), eine Tragödie in fünf Akten, wie der Untertitel verheißt. Sie wurde im Frühjahr 1985, ganz zu Beginn der Ära Gorbačëv, verfaßt, doch erst 1989 in Rußland veröffentlicht und im Theater an der Malaja Bronnaja aufgeführt. Geplant war eigentlich eine Trilogie, von der jedoch nur der zweite Teil abgeschlossen wurde. Im Irrenhaus, das den Schauplatz des Stückes am Vorabend des 1. Mai abgibt, sind naturgemäß alle Werte und Normalitäten auf den Kopf gestellt. Der Dissident Lev Gurevič, Sohn eines jüdischen Vaters und einer russischen Mutter, wird am Anfang in die Psychoklinik (psichobol'nica) eingeliefert, durchläuft als eine Art Raisoneur verschiedene Stationen und verläßt sie am Schluß als Leichnam. Alle Aussagen des medizinischen Personals wie auch der Geisteskranken erhalten in der «Walpurgisnacht» einen völlig anderen Sinn. Das schlechthin Absurde in Wort und Tat wird zur Normalität – und umgekehrt. Nicht weniger charakteristisch für die neuen Tendenzen ist Vladimir D'jančenkos *Ženščina v stile «Osen'»* (Eine Frau im «Herbst»-Stil, 1994). In diesem Monodrama tritt nur eine Dame auf, umgeben von unhörbaren Stimmen und einer Menge von Telephonen in den verschiedensten Farben. Das anfangs noch ganz banale Telephongeflüster spitzt sich zu und endet, Sarkasmus und Aleatorik aufbietend, mit einer Katastrophe, bei der nicht nur die Dame vermutlich stirbt, sondern auch keiner der Zuschauer mit dem Leben davonkommt.

In den Dramen der Nina Sadur sind reale und übersinnliche Handlungskomponenten verschmolzen. Ihre bereits Anfang der 80er Jahre geschriebenen Stücke *Čudnaja baba* (Das wunderliche Weib), *Gruppa tovariščej* (Eine Gruppe Kameraden) und *Echaj* (Fahr doch!) konnten erst mit der Perestrojka veröffentlicht werden. Gesammelt erschienen sie 1989 in dem Band *Čudnaja baba*. Das Titelstück vermischt Situationen aus dem sowjetischen Alltagsleben mit dem Erscheinen des wunderlichen Weibes, einer Art Schamanin, die die magischen Kräfte des Bösen in sich verkörpert. In allen ihren Stücken wirft Nina Sadur auf irgendwelche Weise grundsätzliche Fragen der menschlichen Existenz und Ethik auf. Nikolaj Koljada, um einige Jahre jünger als Sadur, spiegelt in seinen Stücken bereits das Lebensgefühl, das nach der Perestrojka aufkam, gleichwohl aber alles andere als optimistisch ist. Die aus Vampilovs Dramen bekannte Langeweile hat um sich gegriffen. Sie hat sich auf den kleinen Leuten in den fünfstöckigen Plattensilos aus der Chruščëv-Zeit bleiern niedergelassen, die Koljada in dem Zyklus dramatischer Miniaturen *Chruščëvka* darstellt. Und sie beherrscht die Studentengruppe in dem Stück *Igra v fanty* (Pfänderspiel). Die als geschlossene Gesellschaft auftretenden acht Personen geraten im Spiel unvermittelt in die Auseinandersetzung mit der eigenen Existenz. *Murlin Murlo* zeichnet die lethargische Aussichtslosigkeit, die sich in den künstlichen Industriestädten der russischen Provinz ausgebreitet hat. Der verballhornte Name der Marilyn Monroe im Titel, zugleich an das Schnurren der Katze (murlykat') anklingend, ist der Spitzname der Heldin Ol'ga, einer jungen Frau, die sich mit Mutter und Schwester herumstreitet, sich auf sinnlose Liebeleien einläßt und auf irgendeine Veränderung wartet – vielleicht auf eine Katastrophe. Auch der Untermieter Aleksej, der zunächst noch vom Geist der Perestrojka beflügelt zu sein scheint, verliert in der Öde der Provinzstadt rasch seine Ideale und sucht das Weite. Das Stück läuft gleichsam vor der Folie der Čechovschen *Drei Schwestern* ab; es registriert in seiner illusionslosen Bestandsaufnahme bereits die beginnende Skepsis gegenüber dem Weg Gorbačëvs: Die Menschen, die die Erneuerung Rußlands mittragen müßten, befinden sich in einer viel zu tiefen seelisch-moralischen Krise, als daß der Aufbruch mehr als ein Strohfeuer sein könnte. In dem Stück *Rogatka* (Die Schleuder, 1993) rührte Koljada an das Tabu der Homosexualität. Ljudmila Razumovskaja machte in ihrem Stück *Žitie Jura Kuročkina i ego bližnich* (Das Leben des Jura Kuročkin und seiner Nächsten; dt. u. d. T. Wohnhaft, 1998 in Dresden uraufgeführt) die Gemeinschaftswohnung zum dramatischen Konfliktraum.

Den Übergang vom entlarvenden Perestrojka-Stück zum absurden Theater bilden die Dramen Viktor Korkijas. Der aus Georgien stammende, der *Junost'*-Redaktion nahestehende Autor hat sich auch als Lyriker mit zeitbezogenen Gedichten – sie sind in dem Band *Svobodnoe vremja* (Freie Zeit, 1988) gesammelt – einen Namen gemacht, doch wurde er vor allem durch die Stücke *Černyj čelovek, ili Ja bednyj Soso Džugašvili* (Der schwarze Mann oder Ich armer Soso Džugašvili, 1988) und

Nočʼ svjatogo Lavrentija (Die heilige Laurentius-Nacht, 1991) bekannt, das erste auf Stalin, das zweite auf Berija gemünzt. Im Stalin-Stück unternimmt Lavrentij Berija, indes der Diktator im Sterben liegt, eine letzte Intrige, die ihm die Macht nach dessen Ableben sichern soll. Die Intrige scheitert, Stalin stirbt, wird in einem Betonsarkophag einbalsamiert, dem er aber zuletzt wieder entsteigt, um zu verkünden, daß nun erst der Mythos vom armen Soso (Stalins Spitzname) Džugašvili zu leben beginne. Vieles an dem Stück ist verwirrend, widersinnig und soll es sein. Stalin und Berija sind im Grunde nur eine Gestalt, sie wechseln ihre Rollen und haben zudem noch zwei weitere Dubletten, Papagei (Popugaj) und Figur (Figura). Am Ende ergibt sich ein Quiproquo, von dem Andreas Guski schreibt: «Jeder kann auf diese Weise Stalin oder Berija, Papagei oder ‹Figur›, Täter oder Opfer werden.»

Korkijas im klassischen Vers des *Boris Godunov* verfaßte Groteske, die Stalin als rotierende Sphinx, als Denkmal und als Mumie ins Bild setzt, ist nicht nur ein makabres Spiel mit den Ikonen der Stalinschen Despotie, sondern sie denunziert durch ein Übermaß an literarischen Allusionen auch die Fassade von Zitathaftigkeit, die für die sowjetische Kultur typisch war. Korkijas Polit-Groteske hat ein Pendant in den absurden Dramen des heute in Berlin lebenden Aleksej Šipenko. In seinen Stükken, angefangen mit *Archeologija* (Archäologie), der «beckettianischen Zimmerschlacht» für zwei Personen *La Fünf in der Luft* (1988) bis hin zu dem für das Schauspielhaus Zürich geschriebenen *Zyrikon* (1998), spielt Šipenko die postkommunistischen Traumata durch − mit unüberwindbarer Vorliebe für Klischees, Klamauk und Kalauer jeder Art sowie, wie eine Kritikerin schrieb, gemischt mit jenem «aleatorischen, zentrifugalen Zitatenpop», der auch in seinem Bunin aufspießenden Roman *Žizn' Arsenija* (Das Leben Arsenijs, 1998) ins Kraut schießt. Beispiele des absurden Dramas gab auch die in Leningrad geborene, seit langem in Köln lebende Jana Eliseeva-Šrajner. *V ožidanii Godova* (In Erwartung Godovs, 1993), ein Zweipersonenstück «nicht nach Beckett», wie der Untertitel beteuert, führt wieder in die Mentalitätskrise nach der Perestrojka. Als der dreimal erwartete, russifizierte Godov (zu russ. god, «das Jahr») endlich erscheint, singen die ratlosen, ältlichen Intelligenzler Vitĕk und Žeka laut gegen das Läuten an der Tür an. *Uezžaem . . . Uezžaem* (Wir reisen weg . . . Wir reisen weg, 1996), ein Datschen-Stück (als Subtext dienen Gor'kijs *Dačniki*), greift Aktuelles auf: den Exodus russischer Juden und die Übernahme ihrer Datscha durch die neuen Reichen. Das dem «pränatalen Freund» Daniil Charms gewidmete absurde Stück *Die Leiche* (1996) liegt vorläufig nur in deutscher Version vor. Wie die meisten ihrer Landsleute, die vorübergehend oder auf Dauer im Ausland leben, schreibt auch Eliseeva-Šrajner ihre Texte auf russisch sowie in fremder Sprache. Auf russisch erschien ihr Prosaband *Okončatel'nyj variant* (Endvariante, 1994); das Lyrikheft *Trilingue – Sammelband – Stichi* (1993) enthält Gedichte in russischer, deutscher und italienischer Sprache. Ihre Stücke aus den Jahren 1993–1996 erschienen in Petersburg in dem Band *Tichie igry* (Stille Spiele, 1998). Der seit 1991 in Salzgitter lebende Il'ja Člaki hat eine Reihe von Kurzdramen, Zweiaktern, Einaktern und Monologen, vorgelegt, von denen *Volčok* (Der Brummkreisel, 1991) sowie fünf *Novye p'esy* (Neue Stücke, 1995) in Rußland erschienen sind. *Volčok* ist ein Stück ohne Ende, dessen Held Pavel sich nicht zwischen seinen drei Freundinnen entscheiden kann. In dem Zwei-Personen-Stück *Ty, ja* (Du, Ich, 1994) spielen Dmitrij und die Clownin (Klounessa) verschiedene, tiefenpsychologisch motivierte, Rollen durch. Das Stück *Uragan* (Der Orkan, 1997) handelt von der Unbehaustheit der Menschen nach dem Zusammenbruch der Ideologien und dem Verlust der gewohnten menschlichen Bindungen, läßt jedoch in der Einsamkeit seiner Figuren Hoffnungsschimmer aufscheinen. 1998 erschien in *Rodnaja reč* Člakis schon 1989 verfaßte «Irrsinnsshow» (šousumasšestvie) *Bred* (Fieberwahn). Ebenso schreibt Oleg Jur'ev in den letzten Jahren – seit 1991 lebt er mit seiner Frau, der Lyrikerin Ol'ga Martynova, in Frankfurt am Main – vorwiegend deutsch. Nach Erzählungen (*Progulki pri poloj lune* [Spaziergänge bei hohlem Mond, dt. u. d. T. Leningrader Geschichten], 1993) legte er Werke zum jüdischen Thema – Antisemitismus und Überlebensformen der Juden – vor, die, wie das Theaterstück *Kleiner Pogrom im Bahnhofsbuffet* (*Malen'kij pogrom v stancionnom bufete*, 1993) oder der in einer komplizierten Spiegelungstechnik realisierte, «sechseckige» Roman *Frankfurtskij byk* (Der Frankfurter Stier, 1996), bereits weitgehend auf die sozialen Probleme und das kulturelle Milieu seines Gastlandes abgestellt sind.

Unter den jüngeren Dramatikern, die in den letzten Jahren von sich reden machten und Erfolge auf internationalen Theaterfestivals verzeichnen konnten, sind zu nennen: Andrej Višnevskij mit einem erotischen Wechselspiel; Ivan Ochlobystin mit einem absurden Dialogstück, das zwei Autoren im Milieu der neuen Mafiosi und der Prostituierten vorführt; endlich Olja Muchina, deren Stücke *Tanja Tanja* und *Marmelata* das Lebensgefühl der Jugend im heutigen Rußland offenbar authentisch einfangen. Das erste Stück der Muchina führt wieder einmal in die trostlosen Vororte der Großstädte, wo die Jugendlichen ihren Vergnügungen und Träumen nachhängen, indes die Zukunft als apokalyptischer Reiter an ihnen vorbeizieht. *Marmelata*, nach dem Wort einer Kritikerin eine «theatralische Jam-Session», ist ein Stück voller Sarkasmus, das, autoreflexiv, die Frage aufwirft, wie ein erfolgreiches Theaterstück zu fabrizieren sei.

Konzeptkunst

Die Konzeptkunst (konceptualizm), die, wie in den westlichen Literaturen, auch in Rußland ihre Anhänger fand, ging in der Auflösung des traditionellen Textbegriffs weiter als die bisher erwähnten literarischen Richtungen. Text als ein auf sprachliche Zeichen beschränktes künstlerisches Phänomen ist außer Kraft gesetzt. Zu den Erweiterungen des Textbegriffs um optische und akustische Zeichenhaftigkeit treten Aktion und Performance. Kurz: Text wird zu einem, konventionell ausgedrückt, synästhetischen Konglomerat, dem die Wortsphäre nur noch als eine unter anderen zugeführt wird. Und es ist der Autor, der arbiträr darüber entscheidet, welche medialen Komponenten und Ausdrucksssphären er seinem Textkonzept zugrunde legt. Der Autor wird zum Konzeptualisten, der Konzeptualist wird zum Demiurgen. Seine Konzept-Welt fungiert, wie Michail Ėpštejn formuliert, vor der Realität. Es ist nur ein scheinbarer Widerspruch hierzu, wenn die Autoreninstanz, selbst da, wo sie sich namentlich in den Vordergrund spielt, zugleich zurückgenommen wird. Sie verzichtet auf das autoritäre Hervorkehren sprachlicher und/oder weltanschaulicher «Persönlichkeit» und erscheint lediglich als Arrangeur bzw. Vermittler zwischen Material und Rezipient.

In den Wort-Bild-Experimenten und Happenings der Futuristen bestand in Rußland ein Vorbild, das, wie weit auch abgedrängt, im Bewußtsein vieler Literaten lebendig geblieben war. Der Moskauer Konzeptualismus trägt deshalb den Charakter einer Neoavantgarde, die ins Postmoderne gewendet wurde. Man erkennt ferner Wurzeln in der inoffiziellen Dichtung der ausgehenden 50er Jahre. Als erster hat Boris Grojs 1979, damals noch Mitarbeiter am Leningrader Institut für strukturale Linguistik, auf den «Moskauer romantischen Konzeptualismus» (*Moskovskij romantičeskij konceptualizm*) hingewiesen, nachdem er die Aktivitäten der Künstlergruppe, an der als Dichter Vsevolod Nekrasov, Dmitrij Prigov und Lev Rubinštejn mitwirkten, in Moskau kennengelernt hatte. Parallel zu dem Kreis um Il'ja Kabakov agierte in den Jahren 1976–1989 die Künstlergruppe KD (Kollektive Aktionen) mit Nikita Alekseev, Igor' Makarevič, Andrej Monastyrskij, Nikolaj Panitkov, Sergej Romaško u. a. Beide Gruppen wurden inzwischen durch internationale Ausstellungen und Dokumentationen bekannt. Zu der noch immer virulenten Strömung werden heute, neben dem älteren Genrich Sapgir, Autoren und Aktionskünstler wie Sergej Anufriev, Igor' Cholin, Vsevolod Nekrasov, Dmitrij Prigov, Lev Rubinštejn und Michail Ryklin gezählt. Angesichts der synästhetischen Offenheit der Konzeptualisten ist es kein Zufall, daß einerseits Autoren wie Prigov oder der den Konzeptualisten nahestehende Vladimir Sorokin eine Ausbildung als bildende Künstler vorzuweisen haben und andererseits der führende Maler der russischen Postmoderne, Il'ja Kabakov, maßgeblich am Moskauer Konzeptualismus beteiligt ist.

Dmitrij Prigov

Dmitrij Prigov kann heute als der prominenteste der Moskauer Konzeptualisten angesehen werden. Seit den 70er Jahren verfertigte er Gedichte, visuelle Texte, sogenannte «Stichographien» (stichografii; sie erschienen 1985 gesammelt in der Pariser Publikation *Stichogrammy*), poetische Objekte, Minidramen, Installationen, Performances und andere Textsorten, darunter seine legendären «Textgräber», die symbolisch auf die von der Zensur verhinderte Literatur hinweisen. Im westlichen Ausland früh beachtet und vielfach publiziert, konnte Prigov, den man noch 1986 zwangsweise in eine psychiatrische Klinik einzuweisen versuchte, erst seit 1989 im eigenen Land veröffentlichen. Seine erste Gedichtsammlung, *Slëzy geral'dičeskoj duši* (Tränen einer heraldischen Seele), erschien 1990. Viele seiner Gedichte geben sich betont banal und simpel; ihre Provokation liegt im Unterlaufen sprachlichstilistischer Klischees und gängiger Konventionen. Aus dem Schutt alltäglichen Redens und Verhaltens gewinnt Prigov das Material für seine Texte. Und er trifft damit auf eine verbreitete Befindlichkeit. Seine Gedichte über den «milicaner», den verballhornten Milizionär (milicioner) − sie wurden zuerst 1990 in *Družba narodov* unter dem Titel *Apofeoz Milicanera* (Apotheose des Milizionärs) veröffentlicht − sind heute in aller Munde. Doch anders als die Obėriuten, denen er in vielem nachstrebt, will Prigov durch Beseitigung der Wirklichkeitsspreu nicht zu einem phänomenologisch reinen Sein durchstoßen, sondern er bleibt gegenüber seinem Gegenstand «axiologisch indifferent», d. h. er kehrt die Verantwortungsästhetik nicht einfach um, sondern neutralisiert die traditionellen Wertoppositionen, demonstriert «Einfühlung ohne jeden Anflug von Zustimmung» (W. Schmid). Das unauflösliche Amalgam von Ironie und Ernst bestimmt bei Prigov nicht nur die Texte, sondern auch die Schaffens- und Darbietungsakte. Nach eigener Aussage schreibt er täglich drei Gedichte (ohne Anrechnung der Prosaformen) und hofft, am Ende auf 20 000 Werke zu kommen. Nicht zu Unrecht also konnte ihn Wolf Schmid anläßlich der Verleihung des Puschkin-Preises 1993 als «Stoßarbeiter der poetischen

Zunft» (stachanovcem poėtičeskogo cecha) apostrophieren. In der Dichterlesung wird Prigov, wie es Ralph Dutli beschrieben hat, zum «postmodernen Schamanen», der seine Litaneien, in ekstatischem Furor und zugleich merkwürdig kontrolliert, psalmodiert und herunterprescht.

Lev Rubinštejn

Die Dimension der Performance gehört konstitutiv auch zu den Texten, die Lev Rubinštejn vorstellt. Sein charakteristisches Medium sind Karteikarten, die er mit je einem einfachen Satz oder Zitat beschreibt, zu durchnumerierten Serien zusammenstellt und, Karte um Karte vom Stapel aufnehmend und wieder ablegend, verliest. Man hat die horizontale Beschriftung der Textträger mit dem Bild der menschlichen Lippen beim Sprechen verglichen. Unzweifelhaft ist, daß die kurzen Texte jeden Moment aus dem Register ausbrechen und in ihm dennoch, wie die Daten in einer echten Kartei, jeweils gefangen bleiben. (Aus seiner langjährigen Tätigkeit als Bibliothekar am Moskauer Pedinstitut weiß Rubinštejn um das Funktionieren von Lochkarten und Zettelkästen; er hat dort, wie er bekennt, die «Klassifikation» gelernt.) In den Textserien bilden sich, gleichsam zufällig, thematische, inhaltliche Linien, die freilich nicht überdauern, sondern bald wieder gekappt werden. In den frühen Serien erfolgte die eigene poetologische Ortsbestimmung unter Verweis auf die Klassik, so in *Šestikrylyj serafim* (Der sechsflügelige Seraphim, 1984) auf Puškins *Prorok* - statt der göttlichen Stimme, die der Prophet in der Wüste vernimmt, wird Rubinštejn die irdischen Stimmen hören und nachsprechen (Hirt/ Wonders); in *Poėt i tolpa* (Der Dichter und der Pöbel, 1985) auf dessen gleichnamiges Gedicht. Die Serie *Pojavlenie geroja* (Das Erscheinen des Helden, 1985) mischt frühe Erfahrungen in unterschiedlichster Intonation; *Mama myla ramu* (Mama hat Fenster geputzt, 1987) ruft Kindheitserinnerungen in den Sprach- und Vorstellungsstereotypen einer Schulfibel wach. *Voprosy literatury* (Fragen der Literatur, 1992) reflektiert den Schreibprozeß. In der Serie *Ja zdes'* (Ich bin hier, 1992/93) schält sich fast so etwas wie der Lebenslauf einer Person heraus, die dem wirklichen Autor verblüffend nahekommt. Niemals darf man sich freilich auf inhaltliche Kohärenz einstellen; Alludieren und Antippen, immer unterbrochen durch die Unerbittlichkeit der Numerierung, ist allein bezweckt und fördert die kreative Interaktion von Text, vortragendem Autor und Zuhörer. Die meisten Textserien Rubinštejns erschienen zunächst in westlichen Editionen, in Rußland erst seit

1990, mehreres in dem von ihm herausgegebenen Almanach *Ličnoe delo* (Persönliche Angelegenheit, 1991). Die frühe Serie *Vsë dal'še i dal'še* (Immer weiter und weiter, 1984) lieferte den Titel für die bisher vollständigste Sammlung seiner Karteitexte, die 1994 in deutscher Sprache erschien.

Die Aktionen der Moskauer Konzeptualisten haben sich in den letzten Jahren in mannigfachen Formen ausgebreitet. Eine Vielzahl von Gruppen besteht, die sich gegenseitig das Wasser abgraben und die Autorität absprechen. Was sich in den Anfängen bescheiden in der Privatsphäre der Küchen und Heizungskeller abspielte, ist längst in die Öffentlichkeit getreten und zeigt sich bei feierlichen Anlässen mit großem karnevalistischen Gepränge. Die von Norbert Wehr herausgegebene Zeitschrift *Schreibheft* (Heft 29, 35 und 42) hat sich besondere Verdienste um die Dokumentation der Moskauer Konzeptualisten-Szene erworben. Eine durch Photos und Tonprotokolle belegte Aktion der Gruppe KD vom September 1985, an der außer Andrej Monastyrskij und Georgij Kizeval'ter auch Il'ja Kabakov sowie die Dichter Prigov und Rubinštejn teilnahmen, zeigt noch die räumlichen und technischen Beschränkungen, unter denen die Performance ablief. Das Phonogramm *Dzi Dzi* von Monastyrskij sowie bestimmte ausgelegte Gegenstände sollten von den Teilnehmern aufgenommen, ferner eine Diaprojektion von «KD-Kategorien» (Darstellungen von Verkehrszeichen und Straßenplakaten) betrachtet werden; darauf folgte die Diskussion, deren Beiträge Monastyrskij, hinter der Leinwand versteckt, durch einen Lautsprecher echoartig wiederholte. Prigov fuhr als Advocatus Diaboli dazwischen: «Was ist denn das für ein Echo, hinter dieser Wand macht sich ja der reinste Voluntarismus breit!»

Heute finden in Moskau Unmengen von solchen Aktionen statt, und Petersburg, die russische «Kulturhauptstadt» nach Präsident El'cins Willen, steht der politischen Hauptstadt darin nicht mehr nach. Hier wurde, nachdem Puškins Geburtstag durch Präsidentenerlaß zum Staatsfeiertag erhoben worden war, der 6. Juni 1997 wie ein ausferndes karnevalistisches Volksfest begangen, bald schon gefolgt von einer Riesenshow der russischen Geschichte von Peter dem Großen bis Lenin, wobei am Fuße des Ehernen Reiters ein Modell des Lenin-Mausoleums aufgestellt wurde (V. Krivulin).

In Petersburg agieren zudem die «Mit'ki», die «kleinen Dmitrijs» (sie nennen sich so nach dem Kindernamen ihres Mitglieds Dmitrij Šagin), eine abstruse Künstlergruppe, die den totalen Rückzug aus dem öffentlichen und politischen Leben probt und sich in einer Sphäre infantiler, kuscheliger Gemütlichkeit einrichtet. Die Mit'ki hatten sich lange vor der Perestrojka vom Sowjetismus verabschiedet, indem sie seine Bekämpfung für überflüssig erklärten. Wie die «Soc-Artisten», jedoch auf mildere Art, begannen sie, die sowjetischen Embleme spielerisch zu verfremden. 1990 stellten sie sich mit der Beschreibung *Mit'ki* von Vladimir Šinkarëv, zu der Aleksandr Florenskij primitive Zeichnungen beigesteuert hatte, als eine Erscheinung des russischen Undergrounds mit einem besonderen Verhaltenscodex vor. Wesentlich war ihnen geworden, sich in der Gefängniszelle, in die ihre Generation hineingeboren wurde, heimisch einzurichten. In diesem Sinne jedenfalls hat Andrej Bitov die Aktivitäten der Mit'ki gewürdigt. Wie alle russischen Postmodernisten knüpfen sie bei Daniil Charms an, dessen fiktive Erinnerungen sogar von zwei Mit'ki-Autoren, Dmitrij Šagin und Igor' Smirnov-Ochtin, verfaßt und illustriert wurden. Nach Charms' Muster erscheinen hier Stalin und Napoleon, Hitler und Marx, Puškin und Čajkovskij in einem «stadtfolkloristischen Geschichtsmythos», der auf der Ebene der «načal'niki» (Chefs) herzliche Eintracht demonstriert (K. Holm). Das Element der bildenden Kunst überwiegt in den Aktivitäten der Mit'ki – etwa mit den naiven Plüschtieren des von der Soros-Stiftung geförderten «mobilen Bestiariums» des Ehepaars Aleksandr und Ol'ga Florenskij oder den Ölbildern des Malers Vasilij Golubev, die das Wunderbare im russischen Alltag beschwören. Die Mit'ki haben sich der Kindlichkeit und Friedfertigkeit verschrieben. Ihre von Vladimir Šinkarëv geprägte Devise lautet: «Wir wollen niemanden besiegen» (My ne chotim nikogo pobedit'). In einem Dialog zweier buddhistischer Weiser (*Razgovor dvuch buddijskich mudrecov*) in einem Heizungskeller entwickelt Šinkarëv seine Philosophie der friedseligen Rücksichtnahme, während er in einem Poem einen Mit'ki-Kameraden zum grausamen Bandenführer und Helden macht, der voller Rührung Buddhisten und Russen verfolgt und mordet.

Als weitere Konzeptualisten-Gruppen sind abschließend zu nennen die Moskauer «Martynčiki» (Die Martynčiks) mit Svetlana Martynčik und Igor' Stepin, «Rama» (Der Rahmen) mit Anna Al'čuk und Michail Ryklin sowie der Kreis um die Zeitschrift *Radek* mit Aleksandr Brener und sonstigen. Der Mannigfaltigkeit beliebiger Textkonzeptionen und -dekonstruktionen, lustiger Provokationen und obszöner Skandale scheint vorerst kaum eine Grenze gesetzt zu sein. Die Wurzeln und Ausformungen dieser Kunst, die ihre Dynamik aus der Spannung zwischen Bild und Schrift bezieht, wurden 1998 in der Berliner Ausstellung «Präprintium» dokumentiert.

B. Ausblick

Vollständigkeit und Pluralismus

Die Situation der russischen Literatur am Ende des 20. Jahrhunderts ist gekennzeichnet durch ihre wiedererlangte Vollständigkeit. Genauer gesagt ist es nicht eine wiedererlangte, sondern eine erstmals überhaupt erlangte Vollständigkeit, da ja auch in vorsowjetischer Zeit niemals die gesamte Textwelt, sei es aus politischen, religiösen oder ästhetischen Gründen, zur Verfügung stand. Sie ist nun zum ersten Mal gegeben und wird lediglich durch den Mangel an entsprechenden finanziellen Ressourcen auf der Produktions- und Rezeptionsebene eingeschränkt. Gesamtheit der Texte – das bedeutet, daß alle Traditionen, Schichtungen und Richtungen der russischen Literatur für den heutigen Leser disponibel sind, und es bedeutet weiter, daß die Literatur im gegenwärtigen Zeitpunkt erstmals für Ausdruckstendenzen, Einflüsse und Impulse aller Art offen sein darf.

Die Folge davon ist ein breitgefächerter Pluralismus der Richtungen und Gruppierungen, der sich im Laufe der 80er Jahre immer mehr durchgesetzt hat und dessen ungebrochene Kraft letztlich wohl nur aus der Opposition zum monolithischen Modell des Sozialistischen Realismus zu erklären ist. Es wiederholt sich hier der Paradigmenwechsel von einer Formation der Einheit zu einer der Vielheit, von einer der Integration zu einer der Desintegration, wie er hundert Jahre zuvor die Wende vom Realismus zur Moderne markiert hatte. Natürlich mit beachtenswerten Unterschieden, nicht zuletzt darum, weil die Realismusformation sich allein dank ihrer künstlerischen Kraft und nicht, wie der Sozialistische Realismus, mittels administrativer und Gewaltmaßnahmen hatte durchsetzen können. Ebenso stand die Moderne nicht unter solchen ideologischen und existentiellen Traumata, wie sie aus dem heutigen Pluralismus allenthalben hervorbrechen.

Der heutige Pluralismus erstreckt sich vom engagierten ethischen Realismus eines Aleksandr Solženicyn (manche Kritiker erblicken darin einen Sozialistischen Realismus mit nationalrussischem Vorzeichen) über die von Tauwetter und Perestrojka dauerhaft geprägten Autoren, die neoklassizistischen Poeten, Orthodoxe und Mystiker bis hin zu den Neoavantgardisten und Konzeptkünstlern. Damit sind nicht nur höchst verschiedene künstlerische Methoden, Schreibweisen und Textherstellungsverfahren angezeigt, sondern auch ganz unterschiedliche Auffassungen von der Rolle des Schriftstellers und von der Funktion der Literatur in der neuen russischen Demokratie.

Die Heimkehr Solženicyns

Eine dezidierte Auffassung vom Schriftsteller als einer dem Wahrheitsethos und der gesellschaftlichen Verantwortung verpflichteten Instanz hat Aleksandr Solženicyn stets vertreten und gelebt. Ein großer Schriftsteller, hat er einmal gesagt, sei so etwas wie eine zweite Regierung. Als er sich im Frühjahr 1994 entschloß, nach 20jährigem Exil nach Rußland zurückzukehren, geschah das nicht ohne Vorleistungen. Im Juli 1989 war der Ausschluß aus dem sowjetischen Schriftstellerverband aufgehoben worden; im August 1990 war ihm (zusammen mit Aksënov, Kopelev, Vladimov und Vojnovič) die sowjetische Staatsbürgerschaft wieder zuerkannt worden; inzwischen erschienen in Rußland auch seine Werke in großem Maßstab. In der umzäunten Arbeitsklause im einsamen Cavendish/Vermont hatte Solženicyn in einer bewundernswerten Schaffensleistung seine früheren Werke allesamt überarbeitet und neue hinzugeschrieben. Nach intensiven Studien im Hoover-Tower in Stanford, dem wohl reichhaltigsten Archiv zur russischen Revolutionsgeschichte, hatte er endlich auch die gewaltige Roman-Epopöe *Krasnoe koleso* (Das rote Rad) abgeschlossen, die mit vier «Knoten» (uzly), bestehend aus insgesamt zehn Bänden, in breitem epischen Duktus die Schlüsselereignisse vom Ausbruch des Ersten Weltkrieges bis kurz vor dem Oktoberumbruch 1917 darbot, die Rußland schrittweise in die Hände der Bolschewisten getrieben hatten: *Avgust četyrnadcatogo* (August 1914; 1983), *Oktjabr' šestnadcatogo* (Oktober 1916; 1984), *Mart semnadcatogo* (März 1917; 1986–1988) und *Aprel' semnadcatogo* (April 1917; 1991). Die Literaturkritik hat das Riesenwerk, das die historische Wahrheit eruieren, Schuld und Versagen der Akteure ans Licht stellen sollte, mit abnehmendem Interesse und zunehmender Krittelei aufgenommen: Das Nebeneinander von dokumentaren und fiktionalen Komponenten sei nicht vermittelt, das Konzept der an Tolstoj orientierten Roman-Epopöe antiquiert, die Figuren seien konstruiert und insbesondere die ideologischen Standpunkte, die Solženicyn in der Polemik mit den virulenten Ideologien jener Zeit vertritt, inakzeptabel. Störend wurde die Apologie des guten, aber schwachen Zaren Nikolaus II. empfunden, und nicht weniger das vernichtende Verdikt über die Februarrevolution und ihre politischen Repräsentanten – immerhin der erste und einzige Versuch, in Rußland eine liberale Demokratie zu begründen. Manche Einwände mögen berechtigt sein, doch kann es nicht angehen, die glänzenden Situations- und Charakterbilder, die die Roman-Suite in Fülle aufweist, und vor allem die von den ermittelten Tatsachen gelenkte Neusichtung der geschichtlichen Ereignisse kleinlich zu verwerfen. Das Unbehagen hat seine Ursache wohl eher in der konservativen Grundhaltung, die Solženicyn immer unverhohlener zum Ausdruck brachte, in seiner Verklärung von Orthodoxie und Zarentum sowie in seiner ätzenden Kritik am Werteverfall der westlichen Welt. Solženicyn, als Dissident verherrlicht und als Nobelpreisträger gepriesen, geriet für viele in dem Moment ins Zwielicht, da er die Folgen der Aufklärung verdammte, gegen die Zügellosigkeit des Liberalismus und die Unverbindlichkeit des Pluralismus loswetterte und voraussagte, der Westen werde im Chaos versinken. Erstmals hatte er solche Töne in seiner Stockholmer Dankesrede angeschlagen, sie setzten sich fort in seinen Reden an die Amerikaner (*Tri reči amerikancam* [Drei Reden an die Amerikaner]) in den 80er Jahren und fanden einen Höhepunkt in den Ansprachen, die er im September 1993 anläßlich der Verleihung eines Ehrendoktorates in Liechtenstein und zur 200. Wiederkehr des Sieges der Revolutionsarmee über die Royalisten in der Vendée hielt, denn unerschrocken sprach er von diesem ersten Massaker an Männern, Frauen und Kindern in der neueren Geschichte. Seiner These, Revolutionen hätten immer nur Unglück über die Völker gebracht, mochte in Frankreich nur der rechtskonservative Schriftsteller Philippe de Villiers zustimmen.

Die Heimkehr Solženicyns nach Rußland im Juni 1994 von Vladivostok über unzählige Stationen nach Moskau glich einem Triumphzug. Rußland empfing seinen Propheten und lauschte seinen mahnenden Worten. Nicht zuletzt kämpfte er auch gegen die Sprachverarmung an, die in der Sowjetepoche eingetreten war. Zu diesem Zwecke stellte er ein spezielles Wörterbuch zusammen (*Russkij slovar' jazykovogo rasširenija* [Russisches Wörterbuch der sprachlichen Erweiterung], 1995). Doch trat bald schon das Mißtrauen ein, das noch jeden Propheten erreicht hat: Nicht allen Russen steht der Sinn nach Rückkehr zu den Kardinaltugenden des Zarismus oder zu einem selbstgenügsamen Slawophilentum; nicht wenige halten es für überholt, wenn Solženicyn predigt: «Wenn der Staat, die Partei[en] und die Sozialpolitik nicht auf der Moral aufbauen, dann hat die Menschheit keine nennenswerte Zukunft.» Es verwundert nicht, daß die Fernsehserie, in der Solženicyn nach seiner Rückkehr über die russische Geschichte und Gesellschaft nachdenken durfte, bereits nach einem Jahr abgesetzt wurde. In seinem Buch *Rossija v obvale* (Rußland im Absturz, 1998) sind noch einmal die Sorgen des unermüdlichen Rufers

Aleksandr Solženicyn

in der Wüste über den gefährlichen Irrweg zusammengefaßt, den
Rußland eingeschlagen habe. Er mahnt den Aufbau einer lokalen
Selbstverwaltung an und kritisiert die Selbstherrlichkeit der neuen
Machtelite. Er beklagt das Mißlingen der Reformansätze der 90er Jahre, die allesamt, indem sie gewissenlosen Spekulanten unermeßliche
Gewinne und der breiten Masse der Bevölkerung bitterste Armut
bescherten, den Zerfall nur beschleunigt hätten. Er mißbilligt die
törichte Nationalitäten- und Außenpolitik der Regierung, doch vor
allem beklagt er die «müde Gleichgültigkeit» der Russen, die, anstatt
Solidarität und Mitverantwortung zu zeigen, die Mißwirtschaft und
den Machtmißbrauch der herrschenden Oligarchie schweigend hin-
nähmen.

In den letzten Jahren kamen von Solženicyn größere Erzählungen,
die den Typus der Lebensläufe repräsentieren. Sie behandeln Lebensschicksale russischer Frauen in schwierigen Zeiten. Unmittelbar an die

Geschichtserforschung des *Roten Rades* knüpfen die Erzählungen *Ėgo* (dt. u. d. T. Ektow, der Philanthrop) und *Na krajach* (dt. u. d. T. Ein Heldenleben; beide 1995) an. Die Helden dieser Erzählungen sind historische Gestalten: Ėgo ist der Beiname des Sozialrevolutionärs Pavel Ėktov, der nach dem Bürgerkrieg als Anführer der Antonov-Partisanen (antonovščina) gegen die Requirierungszüge der Roten Armee kämpfte, in die Hände der ČEKA geriet und, um seine Familie zu retten, eine als Kosaken verkleidete Spezialeinheit der Roten ins Antonovsche Lager führte. Wieder setzt Solženicyn die für seine Geschichtsprosa typische Verquickung von *res gestae* und *res fictae*, von historischen Fakten, Innenperspektive der Figuren und Geschichtskommentar auf der Erzählerebene ein. Immer wieder fragt der Erzähler: «Vendée?» War der Antonov-Aufstand, den die Bauern mit Mistforken, Ofengabeln und Äxten begannen und der vor dem Verrat zwei bewegliche, gut organisierte Armeen gegen die Bolschewisten aufbot, die Konterrevolution? War ihr Ziel, wie die Ėsery, die Sozialrevolutionäre, meinten, die Rettung der Revolution und der Freiheit? Oder bedeutete er einfach, wie die Bauern sagten, das Aufbegehren gegen die «Macht der Beleidiger und Räuber»? Die Erzählung *Na krajach* gibt ein Lebensbild des Bauernjungen Ėrka Žukov, der es zum erfolgreichsten sowjetischen Heerführer des Zweiten Weltkrieges und Marschall der Sowjetunion brachte. Im zweiten Teil der Erzählung sinnt der Ruheständler Žukov über das Erlebte nach. Unpolitisch, wie General Tuchačevskij, sein großes Vorbild, war er gleichwohl für Stalin wie für Chruščëv eine gefährliche Persönlichkeit, ein Bonapartist, den man kaltstellen mußte. Solženicyn bewies mit diesen historischen Erzählungen, daß seine künstlerische Kraft nicht versiegt war. Die 1996 erschienene Erzählung *Na izlomach* (An den Bruchstellen) hingegen irritierte erneut seine Kritiker, weil hier ein Angehöriger der alten Nomenklatura in günstigem Licht gezeigt wurde. Er hat sich nach dem Krieg zum Leiter eines Rüstungsbetriebes hochgearbeitet und erweist sich in den Wirren der Perestrojka als geschickter Manager, der einen in Bedrängnis geratenen Jungunternehmer rettet. Die Menschen sind anständig, die Regimes, das alte wie das neue, sind verdorben, scheint die Botschaft zu lauten. Ohne Lüge läßt sich in keinem leben (K. Holm).

Solženicyn steht mit seinem beharrliche Festhalten an der gesellschaftlichen Verantwortung des Schriftstellers nicht allein. Moralische Aufarbeitung der russischen Probleme in Geschichte und Gegenwart leisten Autoren der mittleren und der jüngsten Generation. Georgij Vladimovs vielbeachteter Kriegsroman *General i ego armija* (Der General und seine Armee, 1995) hat die Rückeroberung der Ukraine im Jahre 1943 zum Thema. Wie bei Solženicyn beruht das Geschehen auf ausgiebigen Recherchen, daher können fragwürdige Dinge beleuchtet werden wie die Praktiken des militärischen Geheimdienstes SMERŠ und der Einsatz der Vlasov-Armee auf seiten der Deutschen, die in der Kriegsliteratur bisher ausgespart geblieben waren. Auch Vladimov fällt es noch immer schwer, als Geschichtserzähler aus dem Schatten Tolstojs herauszutreten. Er bedrängt nicht nur den Autor, sondern auch die Helden, die mitten im militärischen Handeln *Krieg und Frieden* lesen oder, wie General Guderian in Jasnaja Poljana, längst verinnerlicht haben.

Eine neue Selbstfindung der jungen Generation zeichnet sich in den Romanen von Pëtr Aleškovskij ab, eines Autors, der die sowjetischen Restriktionen nicht mehr erlebt hat. Mit dem Roman *Žizneopisanie chor'ka* (Lebensbeschreibung eines Iltis, 1993) zeigt er den Weg eines Jungen, der aus einem von Verbrechen, Gewalt und Prostitution geprägten Milieu ausbricht und in der Provinz die Werte der Natur, des Glaubens und der Wahrheit wiedergewinnt. «Rußlands Literatur findet sich wieder», kommentiert Wolfgang Kasack das Werk dieses unbezweifelbaren neuen Erzähltalents.

Literaturpreise – Neue Kanonbildung

Noch ist in der verwirrenden, durch und durch pluralistischen literarischen Landschaft nicht abzusehen, welche Talente, welche Werke und welche künstlerischen Tendenzen sich durchsetzen und das Bild von der heutigen Literatur dereinst bestimmen werden. Die neugewonnene Totalität sucht in der ihr innewohnenden Pluralität nach einem neuen Kanon. Daß ihm die Größen des Silbernen Zeitalters, vor allem Belyj, Sologub und Vjačeslav Ivanov angehören werden, Gumilëv, Achmatova und Mandel'štam, Bunin, Kuprin und Šmelëv, und endlich Bulgakov und Platonov, Nabokov, Solženicyn und Vojnovič, Aksënov und Brodskij, steht außer Frage. Schwieriger wird es werden, die sowjetischen Autoren der 20er und 30er Jahre, allen voran Gor'kij und Majakovskij, neu zu sichten und zu bewerten. Das gilt, mit umgekehrten Vorzeichen, auch für die SAMIZDAT- und TAMIZDAT-Autoren, deren unstrittiger persönlicher Mut nicht mit künstlerischer Bedeutung gleichgesetzt werden darf.

Für die Rangordnung der derzeit aktiven Autoren geben die zahlreichen in- und ausländischen Literaturpreise erste Fingerzeige. Russischerseits weisen der Staatspreis, der Solženicyn- und der Nabokov-Preis in recht unterschiedliche Richtungen. Für die Einschätzung der russischen Literatur von außen besitzen vor allem der Puschkin-Preis der Hamburger Alfred-Toepfer-Stiftung F. V. S. und der als agonaler Vorgang aufgezogene Londoner Booker Prize Aussagekraft. Die Verleihung des Puschkin-Preises wurde zunächst von der Stiftung gemeinsam mit dem Sowjetischen Schriftstellerverband, seit 1992 mit dem russischen PEN-Club vorgenommen. Wenn Autoren wie Andrej Bitov (1990), Ljudmila Petruševskaja (1991), Fazil' Iskander (1992), Dmitrij Prigov und Timur Kibirov (1993), Bella Achmadulina (1994), Semën Lipkin (1995), Saša Sokolov (1996), Viktor Astaf'ev (1997), Vladimir Makanin (1998) sowie Aleksandr Kušner und Oleg Čuchoncev (1999) ausgezeichnet wurden, so ist damit eine Orientierungslinie gezogen, die nicht nur das postmoderne Kriterium gelten läßt. In den Genuß der von der Toepfer-Stiftung verliehenen Puschkin-Stipendien kamen u. a. Viktor Krivulin, Tat'jana Tolstaja, Elena Švarc, Pëtr Koževnikov, Alina Vituchnovskaja und zuletzt Olesja Nikolaeva und Nikolaj Kononov.

Ganz anders der «Booker Russian Novel Prize», der von dem britischen Nahrungsmittelkonzern Booker-McConnel zu dem Zweck gestiftet wurde, alljährlich den besten Roman zu prämieren. Da die Wahl in Anwesenheit der sechs Kandidaten der Shortlist vorgenommen wird, gleicht die Preisverleihung einem «literarischen Ratespiel» (Chr. Keller). Eine rege Gerüchteküche, alternative Kandidatenlisten, viel öffentliches Für und Wider bis hin zur allfälligen Verleihung eines «Antibooker» machen den Booker Prize alljährlich zu einem Ereignis literarischer Aufgeregtheit. Nichtsdestotrotz trägt auch dieser Preis das Seine zur neuen Kanonbildung bei, wenn er 1992 Mark Charitonov für seine Erzählungen, 1993 Vladimir Makanin für den Roman *Stol, pokrytyj suknom i s grafinom poseredine* (Mit einer Decke behangener Tisch mit Karaffe in der Mitte, 1993), 1994 Bulat Okudžava, 1995 Georgij Vladimov für den Roman *General i ego armija* und 1996 dem wenig bekannten Andrej Sergeev für seine autobiographische Prosa verliehen wurde.

Die Beachtung der russischen Literatur im Ausland, wie sie sich im Puschkin- oder Booker-Preis oder auch in dem italienischen Palermo-Preis noch immer manifestiert, hatte in der Gorbačëv-Ära ihren Höhepunkt erreicht. Das Interesse verringerte sich in dem Maße, in dem Repression und «heiße Themen» zurücktraten. Die neue Freizügigkeit und ungehinderte Reisemöglichkeiten haben dazu geführt, daß russische Autoren in ansehnlicher Zahl das westliche Ausland, Israel und Amerika bereisen und sich dort auch vorübergehend oder ständig niederlassen. Ob es sich dabei um eine neue Emigrationswelle handelt – es wäre die vierte in diesem Jahrhundert –, wie bereits vermutet wird, scheint fraglich, kann aber auch nicht ausgeschlossen werden. In ihrem Lexikon russischer zeitgenössischer Schriftsteller in Deutschland führt Elena Tichomirova 1998 immerhin über 80 Autoren an, darunter viele jüdischer Herkunft. In der in Hannover erscheinenden Zeitschrift *Rodnaja reč'* (Heimatliche Rede, 1998 ff.) oder dem *Literaturnyj evropeec* (Der literarische Europäer, 1998 ff.) in Frankfurt am Main stehen ihnen literarische Organe zur Verfügung. Nicht wenige der neuen «Emigranten» nehmen Einladungen oder Stipendien kultureller Institutionen wahr und verbringen beim Berliner «Literarischen Kolloquium», bei literarischen Gesellschaften oder an Universitäten einen schöpferischen Aufenthalt. Sicherlich geht es vielen von ihnen, wie Solženicyn bemängelt, vorrangig um ein bequemeres Leben und vermeintlich bessere Marktchancen im Westen. Deshalb scheint auch ihre Bereitschaft, sich auf den westlichen Publikumsgeschmack einzustellen, schier grenzenlos. Schon zeichnen sich zweisprachige, deutsch-russsische Textproduktionen ab wie im Falle des von Viktor Erofeev (Jerofejew) und der deutschen Journalistin Gabriele Riedel gemeinsam verfaßten Reisebuches *FLUSS* (1998), das freilich, wie ein Kritiker schreibt, eher einem «Quotenwettbewerb um die höchste Pointendichte» denn einem Roman gleiche.

Anders als in sowjetischer Zeit gibt es für die russischen Autoren immer ein Zurück. So kehrte etwa Aleksandr Zinov'ev, der sich in 21 Jahren Emigration zum Gegner des Westens gewandelt hat, 1999 nach Moskau zurück. Am wichtigsten ist aber wohl, daß einem russischen Autor, mögen die Lebensbedingungen im Westen auch noch so verführerisch sein, auf Dauer nichts das literarische Leben in Moskau oder Petersburg ersetzen kann.

Perspektiven der russischen Literatur

Der Umbruch, der sich im staatlichen, gesellschaftlichen und kulturellen Leben Rußlands nach 1990 vollzogen hat, gehört zu den einschneidendsten in der gesamten russischen Geschichte. Zu fragen, welche Perspektiven sich damit für die russische Literatur eröffnet haben, bedeutet vor allem auch, die Bedingungen zu erörtern, unter denen sie sich künftig entwickeln könnte. In sich verfügt die russische Literatur im 20. Jahrhundert über Erfahrungen, die an künstlerischer Weite, aber auch an leidvoller Beschädigung ihresgleichen nicht haben. Der ungeheure Reichtum des Silbernen Zeitalters, der ungestüme Aufbruch der Avantgarde, die vielfältigen Bemühungen um eine revolutionäre Kunst, die im Schmelztiegel des Sozialistischen Realismus

dann zerrieben wurden, die Bewahrung der Moderne in der Emigration, die Anreicherung mit Weltkultur und die Trennung von ihr,
schließlich die ideologischen Aufweichungsprozesse, die allmählich
zur Wiedervereinigung der *membra disiecta* führten – das alles verleiht
dem literarischen Prozeß auf allen Ebenen eine unveräußerliche
Grundlage, zu der man sich als Produzent, Distribuent oder Rezipient
zwar verschieden einstellen mag, die sich aber nicht aufheben läßt. Die
politische Struktur des heutigen Rußlands garantiert bei allen ihren
Mängeln einen offenen und ungehinderten Kommunikationsfluß, wie
er noch zu keinem Zeitpunkt in der russischen Geschichte bestand.
Das bedeutet zugleich, daß Rußland seit der Petrinischen Zeit niemals
mehr so offen für fremde Einflüsse gewesen ist wie heute. Wie damals
holländische, französische und deutsche Kulturformen, so dringt
heute die angloamerikanische Massen- und Konsumkultur mit Macht
in Rußland vor. Mag hierdurch auch ein Nachholbedarf an westlichen
Rock- und Pop-Standards kompensiert werden, so gerät angesichts
der Trivialisierung und Banalisierung der kulturellen Werte die herge-
brachte russische Identität bedenklich ins Wanken.

Durch die Einführung von Marktbeziehungen hat sich das Distri-
butionssystem, Verlag und Vertrieb der Literatur, grundlegend verändert. Während der offiziellen Sowjetliteratur, sofern sie den politischen, didaktischen und weltanschaulichen Postulaten entsprach,
gewaltige Druck- und Vertriebskapazitäten sowie staatliche Subven-
tionen zur Verfügung standen, hat sich nach dem Bankrott des fiskali-
schen Literaturmodells eine unübersichtliche Struktur von privaten
Verlagen und Buchvertrieben gebildet. Konnte früher kein Buch
erscheinen, ohne die engmaschigen Zensurfilter passiert zu haben, so
kann heute jedwedes Buch gedruckt werden, sofern es eine Finanzie-
rungsquelle hinter sich weiß. So entstand binnen kurzer Zeit eine bunte, vielfältige und interessante, allerdings in ihrer kulturellen Wertig-
keit auch sehr differenzierte Buchlandschaft. Im Verhältnis zum
sowjetischen Verlagsmonopolismus mag das gewiß ein Fortschritt
sein, doch besteht auch die Gefahr, daß eine Literatur ohne Förde-
rungsinstrumente, in der allein der Marktwert des Buches zählt, ver-
flacht. Unterhaltungsliteratur, Kriminal- und Sensationsromane,
oberflächliche Sachbücher beherrschen zunehmend den Markt. Die
«ernsten» Autoren geraten in die Vereinzelung, indem sie ihre Texte nur
mehr in winzigen Auflagen in Kleinverlagen (die oftmals verkappte
Selbstverlage sind) herausbringen. Wie der Publizist Il'ja Fonjakov
berichtet, produzieren viele Autoren ihre kleinen Bücher «vollum-
fänglich von Hand»; andere vervielfältigen ihre Texte mit dem Computer. «Werden wir vielleicht eines Tages», fragt er, «ganz ohne Verleger

auskommen? So wie zahlreiche heutige Verleger auch ohne Autoren glänzend auskommen?» Das müßte nicht ängstigen – auch die Futuristen publizierten ihre Texte in winzigen Auflagen und kannten schon das handgeschriebene Buch. Und daß Markt und Kommerzialisierung der Literatur schaden, ist alles andere als ausgemacht. Der Aufstieg des Realismus war, im Gegenteil, aufs engste mit dem kommerziellen Erfolg der «dicken Zeitschriften» *Sovremennik* und *Otečestvennye zapiski* verbunden. Das Problem liegt heute vielmehr darin, ob sich die Literatur als gedrucktes Wort gegenüber der Konkurrenz expansiver Medien wie Funk, Film, Fernsehen und Internet behaupten kann. Denn daß der Mensch auf die künstlerische Modellierung seiner Lebensverhältnisse und -probleme nicht verzichten kann, dürfte axiomatisch feststehen; ob dies aber notwendig in den Formen der bisherigen Literatur – Roman, Drama, Gedicht – geschehen muß, ist eine offene Frage. Der Umbruch, der die russische Literatur betroffen hat, beschränkt sich demnach keineswegs nur auf Rußland, hat aber dort heftigere Auswirkungen, weil nirgends und niemals eine Literatur institutionell und materiell stärker abgesichert war als in der Sowjetunion. So gesehen bedeutet die in den 90er Jahren entstandene Lage eine «Stunde der Wahrheit». Braucht die Gesellschaft die Literatur wirklich so sehr und in der bisherigen Form, wie Schriftstellerfunktionäre jahrzehntelang glauben machten? Oder sind den Bürgern andere, praktische Bedürfnisse – Auto, schöne Kleidung, Parfums –, die ihnen staatlicherseits versagt wurden, wichtiger als das literarische Buch?

Der dritte große Bruch ist der in der Bestimmung der Grundfunktion der Literatur. Mit der Aufhebung der staatlichen Tutorschaft über die Literatur wurde auch deren traditionelle Verantwortungshaltung, die seit dem 18. Jahrhundert mit wechselnden Intentionen wirksam war, verworfen. Dieser einschneidende Paradigmenwechsel ist ebenso verständlich wie schmerzlich, verdankt die russische Literatur im 19. Jahrhundert doch gerade der Verbindung von hohem Ethos, gesellschaftlicher Verantwortung und vollkommener Kunstübung ihre Größe. Das in der deutschen Klassik entworfene Ideal der Vereinigung des Guten und Schönen, von Ethik und Ästhetik, wurde in der russischen realistischen Kunst auf beeindruckende Weise realisiert. Davon Abstand zu nehmen, kann nicht das letzte Wort sein, zumal nur weniges von dem, was an Kunst heute angeboten wird, in irgendeiner Weise mit den Werken der Puškin-Zeit, des Realismus oder des Symbolismus ernstlich konkurrieren kann.

Prognosen gehören gewiß nicht zum Geschäft des Literaturhistorikers, doch drängen sich einige Gedanken zum möglichen Fortgang der russischen Literatur auf. Natürlich hängt vieles für Rußland und seine

Literatur von der politischen, inneren und äußeren, Verfassung des Landes ab. Und da scheint noch keineswegs festzustehen, ob es sich zu einer parlamentarischen Demokratie im vollen Sinne entwickeln wird; ob es, wie viele konservative Russen wünschen, zur Monarchie zurückkehrt; ob es, wenn die wirtschaftliche Sanierung mißlingt, in Anarchie versinkt; ob es in neostalinistische oder neofaschistische Hand gerät oder ob es bei der gegenwärtigen Präsidentialdemokratie bleibt, in der, wie in der Monarchie, alles von den persönlichen Qualitäten des Amtsinhabers abhängt. Bei jeder der gedachten Möglichkeiten ergäben sich für die russische Literatur völlig verschiedene Rahmenbedingungen und Funktionen.

Ebenso unsicher ist die Frage nach dem geopolitischen und geokulturellen Ort Rußlands, d. h. nach seinem Selbstverständnis als politisches Subjekt. Die Diskurse zu dieser Frage laufen gegenwärtig in drei Richtungen, die an frühere kulturideologische Optionen anknüpfen: die Neuauflage der «russischen Idee» bei den Neoslawophilen, die Orientierung an westlichen Modellen bei den neuen Westlern sowie das eurasische Konzept, das durch die Schriften Lev Gumilëvs, vor allem *Étnogenez i biosfera zemli* (Ethnogenese und die Biosphäre der Erde, 1989), *V poiskach vymyšlennogo carstva* (Auf der Suche nach einem erdachten Reich, 1992) und *Drevnjaja Rus' i velikaja step'* (Die alte Rus' und die große Steppe, 1992), neu aktualisiert wurde. Folgt man Gumilëv, so ändert sich die gesamte Axiologie der russischen Geschichte, die Blickrichtung geht nach Osten und entdeckt in der Geschichte ein anhaltendes Zusammenspiel zwischen den Fürsten der Rus' und den mongolischen Chanaten, demgegenüber die Westbeziehungen Rußlands sich spät und buchstäblich peripher ausnehmen. Tatsächlich befindet sich nach dem Zerfall des Sowjetimperiums der weitaus größte Teil der Russischen Föderation (Rossijskaja Federacija), die sibirische und fernöstliche Landmasse, in Asien. Einer der Adlerköpfe des russischen Wappens blickt beständig nach Osten, der andere nach Westen. Wird die Russische Föderation selbstgenügsam sein, sich auf die Großrussen, die 81,5 % der Bevölkerung ausmachen, beschränken und an der Wohlfahrt des eigenen Staatswesens arbeiten? Oder wird sie, wie früher in der Geschichte, wieder darangehen, Land und Leute, Russen und Fremde, zu «sammeln»? Wird sie dem alten Imperialismus frönen, nach Westen und Osten expandieren und danach trachten, die verlorenen Teile der Sowjetunion zurückzugewinnen, d. h. sich erneut als Kolonialmacht zu etablieren? Niemand kann das heute wissen, aber jede der genannten Optionen hätte Auswirkungen auf die russische Literatur.

Die sinnfälligen Bilder, mit denen die Dichter die Unwägbarkeiten des historischen Weges Rußlands ausgedrückt haben – Puškin mit dem Sprung des Ehernen Reiters ins Ungewisse (in *Mednyj vsadnik*), Gogol' mit der dahinjagenden Trojka (in *Mërtvye duši*) –, haben ihre Gültigkeit nicht eingebüßt. Und so ungewiß wie der Weg Rußlands wird auch der Weg der russischen Literatur sein.

Die gegenwärtigen auffälligen Richtungen in der Literatur – Postmoderne, Absurdismus, Konzeptualismus – können wohl nur als Übergangserscheinungen gelten. In mittelfristiger Perspektive scheint es keineswegs unwahrscheinlich, daß die Literatur, nach Verantwortungsabstinenz, Privatismus und Wertenihilismus, die gesellschaftliche Verantwortung und positive Werte neu entdeckt und künstlerisch ausdrückt. Natürlich nicht in der alten Weise des 19. Jahrhunderts oder auf dem Verordnungswege wie im Sozialistischen Realismus, sondern unter Einbringung der heutigen Erfahrung und Überwindung drohender Auflösungserscheinungen. Das Vorbild hierfür bietet Solženicyn mit seiner Attitüde des Volkspropheten. Doch könnte die russische Literatur an der Schwelle zum dritten Jahrtausend auch als eine umfassende Dekonstruktion gedacht werden, die die russischen Literaturtraditionen zerlegt und neu synthetisiert. Hierzu gibt es manche Ansätze, und mit Vladimir Nabokov steht ein überragendes Vorbild bereit. Immer war ja die russische Literatur eine intertextuelle Unternehmung, und der Aufbau der Welt im Medium der Literatur aus Literatur lag stets in Reichweite. Irgendwo und irgendwie zwischen diesen beiden Polen, Solženicyn und Nabokov, wird die russische Literatur ihren Weg nehmen. Daß sie sich aus der Weltkultur verabschiedet, ist nicht zu erwarten.

ANHANG

Schreibregeln

Transkription Russisch-Deutsch

Russische (kyrillische) Wörter, Werktitel und Namen werden in der
wissenschaftlichen Transkiption wiedergegeben:

Russisch-Deutsch		*Deutsch-Russisch*	
а	= a	a	= а
б	= b	b	= б
в	= v	c	= ц
г	= g	č	= ч
д	= d	ch	= ч
е	= e	d	= д
ё	= ë (jo)	e	= е
ж	= ž (j wie in jour)	ë	= ё
з	= z (stimmhaftes s)	ė	= э
и	= i	ě	= ѣ
[i	= i]	f	= ф
й	= j	g	= г
к	= k	i	= и
л	= l	j	= й
м	= m	ja	= я
н	= n	ju	= ю
о	= o	k	= к
п	= p	l	= л
р	= r	m	= м
с	= s (stimmloses s)	n	= н
т	= t	o	= о
у	= u	p	= п
ф	= f	r	= р
х	= ch	s	= с
ц	= c (wie z in Zeit)	š	= ш
ч	= č (tsch)	šč	= щ
ш	= š (sch)	t	= т
щ	= šč (schtsch)	u	= у
ъ	= – («hartes Zeichen», ohne Lautwert)	v	= в
ы	= y	y	= ы
ь	= '(«weiches Zeichen», palatalisiert den vorangehenden Konsonanten)	z	= з
		ž	= ж
ѣ	= ě («Jat'», e)	'	= ь
э	= ė (ä)	–	= ъ
ю	= ju		
я	= ja		

Abkürzungsverzeichnis

BSKP .... Bank Social'no-Kul'turnych Proektov (Bank für Soziokulturelle Projekte, Kaluga)

BPRS .... Bund proletarisch-revolutionärer Schriftsteller

Čeka .... Črezvyčajnaja komissija po bor'be s kontrrevoljuciej i sabotažem (Außerordentliche Kommission für die Bekämpfung von Konterrevolution und Sabotage)

CIT ..... Central'nyj Institut Truda (Zentralinstitut für Arbeit)

CK ..... Central'nyj komitet (Zentralkomitee)

DOOS ... Dobrovol'noe Obščestvo Ochrany Strekoz (Freiwillige Gesellschaft zum Schutze der Grillen, neofuturistische Gruppe)

Ėser ..... socialist-revolutioner (Sozialrevolutionär)

FOSK .... Federacija ob-edinenij sovetskich pisatelej (Föderation der sowjetischen Schriftstellervereinigungen)

GAChN .. Gosudarstvennaja Akademija Chudožestvennych Nauk (Staatsakademie der Kunstwissenschaften)

GĖS ..... Gidroėlektrostanica (Wasserkraftwerk)

GIChL ... Gosudarstvennoe izdatel'stvo chudožestvennoj literatury (Staatsverlag für Schöne Literatur)

Glavlit. ... Glavnoe upravlenie po delam literatury i izdatel'stv (Hauptverwaltung für Literatur- und Verlagsangelegenheiten, d. i. die Zensurbehörde)

Gosizdat .. Gosudarstvennoe izdatel'stvo (Staatsverlag)

Goskino, Goskinprom   Central'noe gosudarstvennoe fotokinopredprijatie Narkomprosa (Zentrales Staatsunternehmen für Photo und Kino des Narkompros)

GULag ... Glavnoe upravlenie ispravitel'no-trudovych lagerej (Hauptverwaltung der Besserungs- und Arbeitslager)

GUS .... Gemeinschaft Unabhängiger Staaten

III ..... Institut Istorii Iskusstv (Institut für Geschichte der Künste)

IKP ..... Institut krasnoj professury (Institut der roten Professur)

IMLI .... Institut mirovoj literatury im. A. M. Gor'kogo (Institut für Weltliteratur «A. M. Gor'kij»)

Informbjuro   Informacionnoe bjuro kommunističeskich i rabočich partij (Informationsbüro der kommunistischen und Arbeiterparteien)

Inturist ... Vsesojuznoe akcionernoe obščestvo po inostrannomu turizmu v SSSR (Allunions-Aktiengesellschaft für ausländischen Tourismus in der UdSSR)

Ju. C. P. .. Jur'evskij cech poėtov (Dichterzunft in Jur'ev [Tartu/Dorpat])

Kadet .... konstitucionnyj demokrat (Konstitutioneller Demokrat)

KD ..... Kollektivnye dejstvija (Kollektive Aktionen)

KGB .... Komitet Gosudarstvennoj Bezbednosti (Komitee für Staatssicherheit)

Komfuty. . Kommunisty-futuristy (Kommunisten-Futuristen)
Kominform Kommunističeskoe informacionnoe bjuro (Kommunistisches Informationsbüro, s. a. Informbjuro)
Komintern Kommunističeskij Internacional (Die Kommunistische Internationale)
Komsomol Kommunističeskij sojuz molodëži (Kommunistischer Jugendverband)
LCK . . . . Literaturnyj Centr Konstruktivistov (Das literarische Konstruktivistenzentrum)
Lef/LEF . . Levyj front iskusstva (Linke Front der Kunst)
Litfond . . Literaturnyj fond (Literaturfonds)
Litfront . . Literaturnyj front (Literarische Front)
Litinstitut . Literaturnyj institut im. A. M. Gor'kogo (Literaturinstitut «A. M. Gor'kij», Gor'kij-Institut)
MAPP . . . Moskovskaja associacija proletarskich pisatelej (Moskauer Assoziation der Proletarischen Schriftsteller)
MChAT . . Moskovskij Chudožestvennyj Akademičeskij Teatr (Das Moskauer Akademische Künstlertheater)
MVD. . . . Ministerstvo vnutrennich del (Innenministerium)
Narkompros Narodnyj komissariat prosveščenija (Volkskommissariat für das Bildungswesen)
NĖP . . . . Novaja ėkonomičeskaja politika (Neue ökonomische Politik)
NKVD . . Narodnyj komissariat vnutrennich del (Volkskommissariat für innere Angelegenheiten)
OBĖRIU, obėriuty Ob-edinenie Real'nogo Iskusstva (Vereinigung der realen Kunst)
OGIZ . . . Ob-edinenie gosudarstvennych izdatel'stv (Vereinigung der Staatsverlage)
OGPU . . . Ob-edinënnoe gosudarstvennoe političeskoe upravlenie (Vereinigte staatliche politische Verwaltung)
Pedinstitut Pedagogičeskij institut (Pädagogisches Institut/Hochschule)
Politruk . . političeskij rukovoditel' (politischer Leiter)
Proletkul't Proletarskaja kul'tura (Proletarische Kultur)
Rabkor . . Rabočij korrespondent (Arbeiterkorrespondent)
RAPP . . . Rossijskaja associacija proletarskich pisatelej (Russische Assoziation der proletarischen Schriftsteller)
REF . . . . Revoljucionnyj front iskusstv(a) (Revolutionäre Front der Künste/ der Kunst)
RFA . . . . Religiozno-Filosofskaja Akademija (Religiös-Philosophische Akademie)
RKP(b) . . Rossijskaja Kommunističeskaja partija (bol'ševikov) (Russische Kommunistische Partei [Bolschewisten])
Rosta . . . Rossijskoe telegrafnoe agentstvo (Russische Telegraphenagentur)
RSDRP. . Rossijskaja socialdemokratičeskaja rabočaja partija (Russische Sozialdemokratische Arbeiterpartei)
RSFSR . . Rossijskaja Sovetskaja Federativnaja Socialističeskaja Respublika (Russische Föderative Sozialistische Sowjetrepublik)
Samizdat . Selbstverlag
Sam-sebja-izdat «Sich-selbst-Verlag»

SBZ . . . . . Sowjetische Besatzungszone

Sevzapkino. Severozapadnyj kino (Nordwest-Kino)

SMERŠ . . Smert' špionam! (Tod den Spionen!, d.i. der militärische Geheimdienst der Roten Armee)

SNG . . . . S-edinenie Nezavisimych Gosudarstv (Gemeinschaft Unabhängiger
Staaten, GUS)

Sovnarkom Sovet narodnych komissarov (Rat der Volkskommissare)

SPR . . . . . Sojuz Pisatelej Rossii (Schriftstellerverband Rußlands)

SRP . . . . . Sojuz Rossijskich Pisatelej (Verband der russischen Schriftsteller)

SSSR . . . . Sojuz Sovetskich Socialističeskich Respublik (Union der Sozialistischen Sowjetrepubliken, UdSSR)

Tamizdat . . «Dort-Verlag», Verlag im westlichen Ausland

TASS . . . . Telegrafnoe agentstvo Sovetskogo Sojuza (Telegraphenagentur der
Sowjetunion)

UdSSR . . . Union der Sozialistischen Sowjetrepubliken

VAAP . . . . Vsesojuznoe agentstvo po avtorskim pravam (Allunionsagentur für
Autorenrechte)

VAPP . . . . Vserossijskaja associacija proletarskich pisatelej (Altrussische Assoziation der proletarischen Schriftsteller)

VCIK SSSR Vsesojuznyj Central'nyj Ispolnitel'nyj Komitet (Zentrales Allunions-
Exekutivkomitee der UdSSR)

VSP . . . . . Vsesojuznyj sojuz pisatelej (Allunions-Schriftstellerverband)

YMCA . . . Young Men's Christian Association

Zemgor . . Ob-edinenie Rossijskich Zemskich i Gorodskich Dejatelej v Čechoslovackoj Respublike (Vereinigung der russischen Land- und Stadt-
funktionäre in der Tschechoslowakischen Republik)

Žurgaz . . . Žurnal'no-gazetnoe ob-edinenie (Vereinigung für Zeitschriften und
Zeitungen)

Literaturangaben

Abkürzungen:

AfSlPh . .	Anzeiger für Slavische Philologie	NZZ	Neue Zürcher Zeitung
AN SSSR .	Akademija Nauk SSSR	Pg.	Petrograd
ar.	altrussisch	posth. . . .	posthum
B.	Berlin	Pseud. . . .	Pseudonym
bzw.	beziehungsweise	Rez.	Rezension
CanSlP. . .	Canadian Slavonic Papers	RL	Russkaja literatura
d. h.	das heißt	russ.	russisch
Diss., diss.	Dissertation, dissertacija	s.	siehe
		ScSl	Scando-Slavica
dt.	deutsch	SEEJ	The Slavonic and East European Journal
eig.	eigentlich	SPb.	Sankt Petersburg
engl.	englisch	Stgt.	Stuttgart
Erz.	Erzählung	u. d. T.	unter dem Titel
FAZ	Frankfurter Allgemeine Zeitung	unvoll. . .	unvollendet
		verh.	verheiratet
Ffm.	Frankfurt am Main	veröfftl. . . .	veröffentlicht
frz.	französisch	VL	Voprosy literatury
FS	Festschrift	vollst.	vollständig
gen.	genannt	vs.	versus
griech. . .	griechisch	W.	Warschau
hrsg.	herausgegeben	WdSl	Die Welt der Slaven
Hrsg. . . .	Herausgeber	WSlA	Wiener Slawistischer Almanach
L.	Leningrad		
lat.	lateinisch	WSlJb. . . .	Wiener Slawistisches Jahrbuch
LN	Literaturnoe nasledstvo		
LO	Literaturnoe obozrenie	ZfSl	Zeitschrift für Slawistik
Lpz.	Leipzig	Zgb.	Zagreb
M.	Moskau, Moskva	Ztschr. . . .	Zeitschrift
Mn.	München	—	«Länge», betonte Silbe
Nachdr. .	Nachdruck	∪	«Kürze», unbetonte Silbe
Nr., Nrn. .	Nummer, Nummern	❘	Zäsur
		∧	Pause
NRL	Neue russische Literatur	::	Reimbeziehung

Allgemeine Literatur, Nachschlagewerke, Literaturgeschichten

Gitermann, Valentin: Geschichte Rußlands. Ffm. ²1987.

Götz, Roland; Halbach, Uwe: Politisches Lexikon GUS. Mn. ³1996.

Hildermeier, Manfred: Geschichte der Sowjetunion 1917–1991. Entstehung und Niedergang des ersten sozialistischen Staates. Mn. 1998.

Stökl, Günther: Russische Geschichte. Stgt. [6]1997.

Torke, Hans-Joachim (Hrsg.): Lexikon der Geschichte Rußlands. Von den Anfängen bis zur Oktober-Revolution. Mn. 1985.

Torke, Hans-Joachim (Hrsg.): Historisches Lexikon der Sowjetunion 1917/22 bis 1991. Mn. 1993.

Anweiler, Oskar; Ruffmann, Karl-Heinz (Hrsg.): Kulturpolitik der Sowjetunion. Stgt. 1973.

Benz, Ernst: Geist und Leben der Ostkirche. Mn. [2]1971.

Froese, Leonhard: Ideengeschichtliche Triebkräfte der russischen und sowjetischen Pädagogik. Heidelberg 1956.

Goerdt, Wilhelm: Russische Philosophie. Grundlagen. Freiburg, Mn. [2]1995.

Tschižewskij, Dmitrij: Russische Geistesgeschichte Mn. [2]1971.

Russkaja periodičeskaja pečat' (1702–1894). Spravočnik. Hrsg. von A. G. Dement'ev u. a. M. 1959.

Čerepachov, M. S.; Fingerit, E. M.: Russkaja periodičeskaja pečat' (1895–1917 gg.) Spravočnik. M. 1957.

Kratkaja literaturnaja enciklopedija. Bd. 1–9. M. 1962–1978.

Russkie pisateli 1800–1917. Biografičeskij slovar' v 5 -ti tomach. M. 1992 ff.

Russkie pisateli. Poety. Biobibliografičeskij ukazatel'. SPb. 1997 ff.

Istorija russkoj literatury XIX veka. Biobibliografičeskij ukazatel'. Hrsg. von K. D. Muratova. M., L. 1962 .

Wytrzens, Günther: Bibliographie der russischen Autoren und anonymen Werke. Ffm. 1975.

Kasack, Wolfgang: Lexikon der russischen Literatur des 20. Jahrhunderts. Vom Beginn des Jahrhunderts bis zum Ende der Sowjetära. Mn. [2]1992.

Hauptwerke der russischen Literatur. Einzeldarstellungen und Interpretationen. Hrsg. von Wolfgang Kasack. Mn. 1997.

Słownik pisarzy rosyjskich. Hrsg. von Florian Nieuważny. W. 1994.

Istorija russkoj literatury. AN SSSR. Bd. 1–10. M., L. 1941–1954.

Geschichte der russischen Literatur von den Anfängen bis 1917. Bd. 1: Von den Anfängen bis zur Mitte des 19. Jahrhunderts. Hrsg. von Helmut Grasshoff. Bd. 2: Von der Mitte des 19. Jahrhunderts bis 1917. Hrsg. von Wolf Düwel. B., Weimar 1986.

Histoire de la littérature russe. Le XXe siècle. Hrsg. von Efim Etkind u. a. [Paris] 1987 ff.

Drawicz, Andrzej (Hrsg.): Historia literatury rosyjskiej XX wieku. W. 1997.

Mirskij, D. S.: Geschichte der russischen Literatur. Aus dem Russischen von Georg Mayer. Mn. 1964.

Sakulin, P. N.: Russische Literatur. Wildpark-Potsdam 1927 (Handbuch der Literaturwissenschaft).

Stender-Petersen, Adolf: Geschichte der russischen Literatur. Mn. 1993.

Očerki russkoj literatury Sibiri. Novosibirsk 1982.

Bachtin, M. M.: Estetika slovesnogo tvorčestva. M. 1979.

Bachtin, M. M.: Literaturno-kritičeskie stat'i. M. 1986.

Ejchenbaum, B.: O literature. Raboty raznych let. M. 1987.

Ležnev, A.: O literature. Stat'i. M. 1987.

Mirskij, D.: Literaturno-kritičeskie stat'i. M. 1978.

Orlov, Vl.: Puti i sud'by. Literaturnye očerki. L. 1971.

Rammelmeyer, Alfred: Aufsätze zur russischen Literatur. Wiesbaden 2000.
Trotzkij, Leo: Literatur und Revolution. Übersetzt von Eugen Schaefer und Hans von Riesen. B. 1968.

Epochen und Stile

Altrussische Literatur

Čiževskij, Dmitrij: History of Russian Literature. From the Eleventh Century to the End of the Baroque. 's-Gravenhage ²1962.
Gudzij, N. K.: Istorija drevnej russkoj literatury. M. ⁷1966.
Bulanin, D. M.: Antičnye tradicii v drevnerusskoj literature XI–XVI vv. Mn. 1991.
Dëmin, A. S.: O chudožestvennosti drevnerusskoj literatury. M. 1998.
Drevnerusskaja literatura. Izobraženie prirody i čeloveka. M. 1995.
Erëmin, I. P.: Literatura Drevnej Rusi. Ėtjudy i charakteristiki. M., L. 1960.
Rothe, Hans: Was ist «altrussische Literatur»? Wiesbaden 2000.
Lichačëv, D. S.: Čelovek v literature Drevnej Rusi. M., L. 1956.
Lichačëv, D. S.: Poėtika drevnerusskoj literatury. L. 1967.
Lichačëv, D. S.: Razvitie russkoj literatury X–XVII vekov. Ėpochi i stili. L. 1979.
Lichačëv, D. S.; Pančenko, A. M.: Die Lachwelt des Alten Rußland. Hrsg. von Renate Lachmann. München 1991.
Seemann, Klaus-Dieter: Die altrussische Wallfahrtsliteratur: Theorie und Geschichte eines literarischen Genres. Mn. 1976.

Zum Igor'-Lied

Adrianova-Peretc, V. P. (Hrsg.): «Slovo o polku Igoreve». Sbornik issledovanij i statej. M. 1950.
Gerhardt, Dietrich: Rußland und sein «Igorlied». In: Archiv für Kulturgeschichte 34 (1951/52), S. 67–80.
Klein, Joachim: Die Struktur des Igorliedes. Mn. 1972.
Lichačëv, D. S.: Slovo o polku Igoreve. Istoriko-literaturnyj očerk. M. ²1982.
Lichačëv, D. S.: The Authenticity of the «Slovo o polku Igoreve». In: Oxford Slavonic Papers 13 (1967), S. 33–46.
Trost, Klaus: Entwicklung und Stand der Kontroverse um die Echtheit des Igorliedes. In: Innsbrucker Beiträge zur Kulturwissenschaft (= Slavica Aenipontana 3). Innsbruck 1980, S. 149–152.

Literatur des 17. Jahrhunderts – Russisches Barock

Pančenko, A. M.: Russkaja kul'tura v kanun petrovskich reform. L. 1984.
Tschižewskij, D.: Das Barock in der russischen Literatur. In: Slavische Barockliteratur I. Hrsg. von D. Tschižewskij. Mn. 1970, S. 9–39.
Uspenskij, B. A.; Živov, V. M.: Zur Spezifik des Barocks in Rußland. In: Slavische

Barockliteratur II. Gedenkschrift für Dmitrij Tschiżewskij (1894-1977). Hrsg. von Renate Lachmann. Mn. 1983, S. 25–56.

Eleonskaja, A. S.: Russkaja oratorskaja proza v literaturnom processe XVII veka. M. 1990.

Sazonova, L. I.: Poèzija russkogo barokko (vtoraja polovina XVII–načalo XVIII v.) M. 1991.

Pančenko, A. M.: Russkaja stichotvornaja kul'tura XVII veka. L. 1973.

Robinson, A. N. (Hrsg.): Razvitie barokko i zaroždenie klassicizma v Rossii. XVII– načala XVIII v. M. 1989.

Schellenberger, Jürgen: Die Sprache des *Artakserksovo dejstvo*. Studien zur sprachlichen Situation im Rußland des ausgehenden 17. Jahrhunderts. Mn. 1993.

Uhlenbruch, Bernd: Simeon Polockijs poetische Verfahren. Rifmologion und Vertograd mnogocvetnyj. Versuch einer strukturalen Beschreibung. Diss. Bochum 1979.

Hollberg, Wilhelm: Das russische Altgläubigentum: Seine Entstehung und Entwicklung. Tartu 1994.

Zenkovsky, Serge A.: Russkoe staroobrjadčestvo. Duchovnye dviženija 17-go veka/Russia's Old-Believers. Spiritual Movements of the Seventeenth century. Mn. 1970.

Die Europäisierung der russischen Literatur. Zwischen Barock und Klassizismus

Peter der Große in Westeuropa. Die Große Gesandtschaft 1697–1698. Bremen 1991.

Donnert, Erich: Rußland im Zeitalter der Aufklärung. Lpz. 1983.

Krasnobaev, B.: Očerki istorii russkoj kul'tury XVIII veka. M. 1972.

Lotman, J. M.: Rußlands Adel. Eine Kulturgeschichte von Peter I. bis Nikolaus I. Aus dem Russischen von G. Kagan. Wien 1997.

Gukovskij, G.: Russkaja literatura XVIII veka. M. 1939.

Blagoj, D. D.: Istorija russkoj literatury XVIII veka. M. ³1955.

Slovar' russkich pisatelej XVIII veka. L. 1988ff.

Vosemnadcatyj vek. Bd. 1–20. L./SPb. 1935–1996.

Berkov, P. N.: Istorija russkoj žurnalistiki XVIII veka. M., L. 1952.

Gukovskij, G.: K voprosu o russkom klassicizme. Sostjazanija i perevody. In: Poètika 4 (L. 1928), S. 126–148.

Gukovskij, G.: Von Lomonosov bis Deržavin. In: ZfSlPh 2 (1925), S. 323–365.

Gukovskij, G.: O russkom klassicizme. In: Poètika 5 (L. 1929), S. 21–65.

Gukovskij, G.: Očerki istorii russkoj literatury XVIII veka. Dvorjanskaja fronda v literature 1750-ch–1760-ch godov. M., L. 1936.

Gukovskij, G.: Russkaja poèzija XVIII veka. L. 1927.

Lauer, Reinhard: Literatur und Literatursprache in Rußland im 18. Jahrhundert. In: Sprache und Volk im 18. Jahrhundert. Hrsg. von H.-H. Bartens. Ffm., Bern 1983, S. 87–107.

Lauer, Reinhard.: Die Petersburger Akademie und die russische Literatur. In: Europäische Sozietätsbewegungen und demokratische Tradition. Die europäischen Akademien der frühen Neuzeit zwischen Frührenaissance und Spätaufklärung. Hrsg. v. Klaus Garber. Tübingen 1996, S. 1018–1030.

Moiseeva, G. N.: Drevnerusskaja literatura v chudožestvennom soznanii i istoričeskoj mysli Rossii XVIII veka. L. 1980.

Pekarskij, P.: Nauka i literatura v Rossii pri Petre Velikom. SPb. 1862 (Nachdr. Cambridge 1972).

Štrange, M.: Demokratičeskaja intelligencija v Rossii v XVIII veke. M. 1965.

Vernadskij, G.V.: Russkoe masonstvo v carstvovanie Ekateriny II. Pg. 1917 (Nachdr. Vaduz 1970).

Sentimentalismus und neuer Stil

Kočetkova, N. D.: Literatura russkogo sentimentalizma (Ėstetičeskie i chudožestvennye iskanija). SPb. 1994.

Neuhäuser, Rudolf: Towards the Romantic Age. Essays on Sentimental and Preromantic Literature in Russia. The Hague 1974.

Literaturnaja kritika 1800–1820-ch godov. M. 1980.

Schmidt, Horst (Hrsg.): Geistiges und literarisches Leben in Rußland 1789–1825 (und die französische Revolution). Halle (Saale) 1990.

Die Puškin-Zeit. Russische Romantik

Istorija romantizma v russkoj literature. Vozniknovenie i utverždenie romantizma v russkoj literature (1790–1825). M. 1979.

Istorija romantizma v russkoj literature. Romantizm v russkoj literature 20–30-ch godov XIX v. (1825–1840). M. 1979.

Kulešov, V. I.: Istorija russkoj literatury XIX veka. M. 1997.

Grigor'jan, K. N. (Hrsg.): Russkij romantizm. L. 1978.

Tschiżewskij, Dmitrij: Russische Literaturgeschichte des 19. Jahrhunderts. Teil I. Die Romantik. Mn. 1964.

Rozanov, M. N.: Puškinskaja plejada. Staršee pokolenie. M. 1923.

Tynjanov, Ju. N.: Puškin i ego sovremenniki. M. 1969.

Vacuro, V. Ė.: Lirika puškinskoj pory. SPb. 1994.

Mann, Ju. V.: Poėtika russkogo romantizma. M. 1976.

Mordovčenko, N. I.: Russkaja kritika pervoj četverti XIX veka. M., L. 1959.

Russkie ėstetičeskie traktaty pervoj treti XIX veka v dvuch tomach. M. 1974.

Vanslov, V. V.: Ėstetika romantizma. M. 1966.

Zelinsky, Bodo: Russische Romantik. Köln, Wien 1975.

Bazanov, V.: Očerki dekabristskoj literatury. M. 1953.

Bazanov, V.: Učёnaja respublika. M., L. 1964.

Kulešov, V. I.: Slavjanofily i russkaja literatura. M. 1976.

Lemberg, Hans: Die nationale Gedankenwelt der Dekabristen. Köln, Graz 1963.

Der russische Realismus

Braun, Maximilian: Der Kampf um die Wirklichkeit in der russischen Literatur. Göttingen 1958.

Lauer, Reinhard: Der russische Realismus. In: Lauer, Reinhard (Hrsg.): Europäischer Realismus. Wiesbaden 1980 (Neues Handbuch der Literaturwissenschaft, Bd. 17), S.275–342.

Lukács, Georg: Der russische Realismus in der Weltliteratur. B. 1953.

Problemy tipologii russkogo realizma. M. 1969.

Razvitie realizma v russkoj literature v trëch tomach. Hrsg. von K. N. Lomunov u. a. M. 1972–1974.

Tschižewskij, Dmitrij: Russische Literaturgeschichte des 19. Jahrhunderts. Teil II. Der Realismus. Mn. 1967.

Anoškina, V. u. a. (Hrsg.): Istorija russkoj literaturi XIX veka. 40–60-e gody. M. 1998.

Lotman, L. M.: Realizm russkoj literatury 60-ch godov XIX veka. L. 1974.

Flaker, Aleksandar: O realizme. In: The Art of the Word (Umjetnost riječi). Hrsg. von Zdenko Škreb. Zagreb 1969. S. 111–127.

Fridlender, G. M.: Poètika russkogo realizma. Očerki o russkoj literature XIX veka. L. 1971.

Stief, Carl: Den russiske nihilisme. Baggrunden for Dostevskijs Roman *De Besatte*. Kopenhagen 1969.

Vinogradov, V. V.: Realizm i razvitie russkogo literaturnogo jazyka. In: Problemy realizma. M. 1959, S. 245–261.

Zur Natürlichen Schule

Čalyj, D. V.: Realizm russkoj literatury (40-e gody XIX veka). Kiew 1964.

Cejtlin, A. G.: Stanovlenie realizma v russkoj literature (Russkij fiziologičeskij očerk). M. 1965.

Kulešov, V. I.: Natural'naja škola v russkoj literature XIX veka. M. 1965.

Zur Nekrasov-Schule

Egolin, A. M.: Nekrasov i poèty-demokraty 60–80-ch godov XIX veka. M. 1960.

Lauer, Reinhard: Zur realistischen Naturlyrik in Rußland. Fet – Nekrasov – Minaev. In: FS für Erwin Wedel zum 65. Geburtstag. Mn. 1991, S. 251–264.

Skatov, N. N.: Poèty nekrasovskoj školy. L. 1968.

Zur Puškin-Richtung – Lyrik der «reinen Kunst»

Lirondelle, A.: La poésie de l'art pour l'art en Russie et sa destinée. In: Revue des Études Slaves 1 (1921), S. 98–116.

Kožinov, V. V.: O poètičeskoj èpoche 1850-ch godov. In: RL (1969), 3, S. 24–35.

Die russische Moderne

Istorija russkoj literatury konca XIX–načala XX veka. Bibliografičeskij ukazatel'. Hrsg. von K. D. Muratova. SPb. 1993.

Tarasenkov, A. N.: Russkie poèty XX veka. 1900–1955. Bibliografija. M. 1966.

Russkaja literatura konca XIX–načala XX v. [I] Devjanostye gody; [II] 1901–1907; [III] 1908–1917. M. 1972.

Holthusen, Johannes: Russische Gegenwartsliteratur. Bd. 1–2. Bern, Mn. 1963–1968.

Grübel, Rainer (Hrsg.): Russische Literatur an der Wende vom 19. zum 20. Jahrhundert. Oldenburger Symposium. Amsterdam u. a. 1993.

Kulešov, F. I.: Lekcii po istorii russkoj literatury konca XIX–načala XX v. Minsk 1976.

Lachmann, Renate: Gedächtnis und Literatur. Intertextualität in der russischen Moderne. Ffm. 1990.

Langer, Gudrun: Kunst–Wissenschaft–Utopie. Die «Überwindung der Kulturkrise» bei V. Ivanov, A. Blok, A.Belyj und V. Chlebnikov. Ffm. 1990.

Dumova, Natal'ja: Moskovskie mecenaty. M. 1992.

Sternin, G.: Das Kunstleben Rußlands an der Jahrhundertwende. Dresden 1976.

Scherrer, Jutta: Die Petersburger Religiös-Philosophischen Vereinigungen. Die Entwicklung des religiösen Selbstverständnisses ihrer Intelligencija-Mitglieder (1901–1917). B. 1973.

Schlögel, Karl: Jenseits des Großen Oktober. Das Laboratorium der Moderne. Petersburg 1909–1921. B. 1988.

Zernov, N.: The Russian Religious Renaissance of the 20th Century. London 1963.

Zorkaja, N. M.: Na rubeže stoletij. U istokov massovogo iskusstva v Rossii 1900–1910-ch godov. M. 1976

Zum Symbolismus

Holthusen, Johannes; Studien zur Ästhetik und Poetik des russischen Symbolismus. Göttingen 1957.

Holthusen, Johannes; Dmitrij Tschižewskij (Hrsg.): Versdichtung der russischen Symbolisten. Wiesbaden 1959.

Rinner, Fridrun: Modellbildungen im Symbolismus. Ein Beitrag zur Modellbildung der Vergleichenden Literaturwissenschaft. Heidelberg 1989.

Stepun, Fedor: Mystische Weltschau. Fünf Gestalten des russischen Symbolismus: Solowjew – Berdjajew – Iwanow – Belyj – Blok. Mn. 1964.

Hansen-Löve, Aage A.: Der russische Symbolismus. System und Entfaltung der poetischen Motive. Bd. I: Diabolischer Symbolismus. Wien 1989; Bd. II: Mythopoetischer Symbolismus, Kosmische Symbolik. Wien 1998.

Nolda, Sigrid: Symbolistischer Urbanismus. Zum Thema der Großstadt im russischen Symbolismus. Gießen 1980.

Ebert, Christa: Symbolismus in Rußland. Zur Romanprosa Sologubs, Remisows, Belys. B. 1988.

Orlov, Vl.: Pereput'ja. Iz istorii russkoj poèzii načala XX veka. M. 1976.

Rabinowitz, Stanley J.: Sologub's Literary Children: Keys to a Symbolist's Prose. Columbus/Ohio 1980.

Rubcov, A. B.: Iz istorii russkoj dramaturgii konca XIX–načala XX veka. Minsk 1960.

Zum Akmeismus

Doherty, Justin: The Acmeist Movement in Russian Poetry. Culture and the Word. Oxford 1995.
Papla, Eulalia: Akmeizm. Geneza i program. Wrocław 1980.
Timenčik, R. D.: Zametki ob akmeizme. In: Russian Literature 1974, 1977, 1981.

Zum Futurismus

Zelinsky, Bodo (Hrsg.): Russische Avantgarde 1907–1921. Vom Primitivismus zum Konstruktivismus. Bonn 1983.
Markov, Vladimir (Hrsg.): Manifesty i programmy russkich futuristov. Mn. 1967.
Markov, Vladimir: Russian Futurism. A History. Berkeley, Los Angeles 1968.
Terechnina, V. N.; A. P. Zimenkova (Hrsg.): Russkij futurizm. Teorija. Praktika. Kritika. Vospominanija. M. 1999.
Tschižewskij, Dmitrij (Hrsg.): Anfänge des russischen Futurismus. Wiesbaden 1963.
Barooshian, V. D.: Russian Cubo-Futurism 1910–1930. A Study in Avant-Gardism. The Hague, Paris 1974.
Ambrogio, Ignazio: Formalismo e avantguardia in Russia. Rom [2]1974.
Bogdanović, Nana: Futurizm Marinetija i Majakovskog. Belgrad 1963.
Lawton, A. M.: Main Lines in Convergence between Russian and Italian Futurism. Los Angeles 1976.
Flaker, Aleksandar: Ruska avantgarda. Zgb. 1984.
Folejewski, Z.: Futurism and its Place in the Development of Poetry. Ottawa 1980.
Jakobson, Roman: Novejšaja russkaja poèzija. Prag 1921.
Lauer, Reinhard: Das poetische Programm der Centrifuga. In: Text – Symbol – Weltmodell. Johannes Holthusen zum 60. Geburtstag. Mn. 1984, S. 365–375.
Magarotto, Luidži u. a. (Hrsg.): Zaumnyj futurizm i dadaizm v russkoj kul'ture. Bern u. a. 1991.
Scholz, Friedrich: Die Anfänge des russischen Futurismus in sprachwissenschaftlicher Sicht. In: Poetica 2 (1968), S. 477–500.

Literatur der russischen Emigration

Nikoljukin, Aleksandr N. u. a. (Hrsg.): Pisateli russkogo zarubež'ja. 1918–1940. Spravočnik. Bd. 1–3. M. 1994–1996.
Pisateli russkogo zarubež'ja. Ènciklopedičeskij biografičeskij slovar'. M. 1996.
Russkoe zarubež'e. Zolotaja kniga èmigracii. Pervaja tret' XX veka. M. 1997.
Michajlov, O. N. (Hrsg.): Literatura russkogo zarubež'ja: 1920–1940. M. 1993.
Foster, Ludmila S.: Bibliography of Russian Emigré Literature 1918–1968. Boston 1970.
L'Émigration russe. Revues et recueils 1920–1980. Index Général des Articles. Paris 1988.

Volkoff, Anne-Marie: L'émigration russe en Europe. Catalogue collectif des périodiques en langue russe 1940–1979. Paris 1981.

Agenosov, V.V.: Literatura russkogo zarubež'ja (1918–1996). M. 1998.

Struve, Gleb: Russkaja literatura v izgnanii. Paris ²1984; M. ³1996.

Curganova, Elena A. (Hrsg.): Russkoe literaturnoe zarubež'e. Sbornik obzorov i materialov. M. 1991.

Hinrichs, Jan Paul: Verbannte Muse. Zehn Essays über russische Lyriker der Emigration. Mn. 1992.

Kasack, Wolfgang: Die russische Schriftsteller-Emigration im 20. Jahrhundert. Beiträge zur Geschichte, den Autoren und ihren Werken. Mn. 1996.

Raeff, Marc: Russia Abroad. A Cultural History of the Russian Emigration 1919–1939. New York 1990.

Ruska književnost u dijaspori. Književna smotra Nr. 65–66 (Zgb. 1987).

Schlögel, Karl (Hrsg.): Der große Exodus. Die russische Emigration und ihre Zentren 1917 bis 1941. Mn. 1994.

Aleksandr Puškin i literatura izgnanija. SPb. 1997.

Filin, M. D. (Hrsg.): V kraju čužom. Zarubežnaja Rossija i Puškin. Stat'i, očerki, reči. M. 1998.

Sandler, Stephanie: Dalëkie radosti. Aleksandr Puškin i tvorčestvo izgnanija. SPb. 1999.

Einzelne Zentren

Ferner Osten

Russian Literary and Ecclesiastical Life in Manchuria and China from 1920 to 1952. Unplublished Memoirs of Valerij Perelešin. Hrsg. von Thomas Hauth. The Hague 1996.

Russkij Charbin. Hrsg. von E. Taskina. M. 1998.

Estland

Isakov, S. G.: Russkie v Èstonii 1918–1940. Istoriko-kul'turnye očerki. Tartu 1996.

Deutschland – Berlin

Laqueur, Walter: Deutschland und Rußland. B. 1965.

Schlögel, Karl (Hrsg.): Russische Emigration in Deutschland. Leben im europäischen Bürgerkrieg. B. 1995.

Schlögel, Karl (Hrsg.): Chronik russischen Lebens in Deutschland. 1918–1945. B. 1999.

Volkmann, H.-E.: Die russische Emigration in Deutschland 1919–1929. Würzburg 1966.

Williams, Robert C.: Culture in Exile. Russian Emigrés in Germany 1881–1941. Ithaca/London 1972.

Antonowa, Irina; Merkert, Jörn (Hrsg.): Berlin-Moskva – Moskau-Berlin. 1900–1950. Mn.-New York 1996.

Baur, Johannes: Die russische Kolonie in München 1900–1945. Deutsch-russische Beziehungen im 20. Jahrhundert. Wiesbaden 1998.

Beyer, Thomas R. u. a.: Russische Autoren und Verlage in Berlin nach dem Ersten Weltkrieg. B. 1997.

Drews, Peter: Russische Schriftsteller am Scheideweg – Berlin 1921–1923. In: AfSlPh, 12 (1981), S. 119–132.

Scandura, Claudia: Das «Russische Berlin» 1921–1923. Die Zeitschriften A. S. Jaščenkos «Russkaja Kniga» und «Novaja Russkaja Kniga». In: ZfSl 33 (1988), S. 515–522.

Dodenhoeft, Bettina: «Laßt mich nach Rußland heim». Russische Emigranten in Deutschland von 1918 bis 1945. Ffm. u. a. 1993.

Majakowski in Deutschland. Texte zur Rezeption 1919–1930. Mit einer Studie von Bella Tschistowa. Hrsg. von Roswitha Loew und Bella Tschistowa. B. 1986.

Mierau, Fritz (Hrsg.): Russen in Berlin. Literatur, Malerei, Theater, Film 1918–1933. Lpz. ³1991.

Treiber, Hubert: Fedor Steppuhn in Heidelberg (1903–1955). Über Freundschafts- und Spätbürgertreffen in einer deutschen Kleinstadt. In: Treiber, Hubert; Sauerland, Karol (Hrsg.): Heidelberg im Schnittpunkt intellektueller Kreise. Opladen 1995, S. 70–118.

Frankreich – Paris

Johnston, Robert H.: New Mecca, New Babylon – Paris and the Russian Exiles 1920–45. Montreal 1988.

Lédré, Charles: Les émigrés russes en France. Paris 1930.

Münchhausen, Thankmar von: Endlose Gespräche hielten das Heimweh wach. Die russische Emigration in Frankreich. In: FAZ 28. III. 1992, Nr. 75.

Italien

Paklin, N.: Russkie v Italii. M. 1990.

Klimov, Aleksej: Vjačeslav Ivanov v Italii 1924–1949. In: Russkaja literatura v émigracii. Sbornik statej. Hrsg. von N. Poltorackij. Pittsburgh 1972, S. 151–166.

Jugoslawien

Arsen'ev, A. u. a. (Hrsg.): Russkaja émigracija v Jugoslavii. Sbornik statej. M. 1996.

Katachaki, J. N.: Bibliography of Russian Refugees in the Kingdom of S.H.S. (Yougoslavia) 1920–1945. Arnhem/Kampen 1991.

Sibinović, M.: Ruska emigracija u srpskoj kulturi XX veka. Zbornik radova. II. Belgrad 1994.

Vuletić, Vitomir: Rusi i Srbi u susretu. Novi Sad 1995.

Tschechoslowakei

Postnikov, S. P.: Politika, ideologija, byt i učënye trudy russkoj ėmigracii (1918–1945). Bibliografija. Iz kataloga biblioteki R. Z. I. Archiva v Prage. Hrsg. von Sergej G. Blinov. New York 1993.

Postnikov, S. P. (Hrsg.): Russkie v Prage. 1918–1928 gg. Prag 1928 (Nachdr. 1995).

Rudnev, V. V.: Russkoe delo v Čechoslovackoj respublike. Paris 1924.

Großbritannien – USA

Kaznina, O. A.: Russkie v Anglii. Russkaja ėmigracija v kontekste russko-anglijskich literaturnych svjazej v pervoj polovine XX veka. M. 1997.

Okuncov, Ivan K.: Russkaja ėmigracija v severnoj i južnoj Amerike. Buones Aires, Seattle 1967.

Poltorackij, Nikolaj P.: Russkaja literatura v ėmigracii. Sbornik statej. Pittsburgh 1972.

Poltoratzky, Nicolai P.: Russian Literature, Literary Scholarship, and Publishing in the United States. In: Ethnic Literatures Since 1776. The Many Voices of America. Lubbock 1978. Teil II, S. 455–500.

Zum Eurasiertum

Böss, Otto: Die Lehre der Eurasier. Wiesbaden 1961.

Rossija meždu Evropoj i Aziej: Evrazijskij soblazn. Antologija. M. 1993.

Die sowjetische Literatur der 20er Jahre

Istorija russkoj sovetskoj literatury v četyrëch tomach. AN SSSR M. 1967–1971.

Plaggenborg, Stefan: Revolutionskultur. Menschenbilder und kulturelle Praxis in Sowjetrußland zwischen Oktoberrevolution und Stalinismus. Köln u. a. 1996.

Jünger, Harri (Hrsg.): Geschichte der russischen Sowjetliteratur. Bd. 1: 1917–1941, Bd. 2: 1941–1967. B. ²1977.

Macuev, N. I.: Chudožestvennaja literatura russkaja i perevodnaja. 1917–1925 gg. M. 1926; 1926–28, M. 1929; 1928–32, M. 1936; 1933–37, M. 1940; 1938–53, M. 1955–1959.

Macuev, N.: Russkie sovetskie pisateli. Materialy dlja biografičeskogo slovarja 1917–1967. M. 1981.

Russkie pisateli poėty. (Sovetskij period). SPb. 1996.

Russkie sovetskie pisateli. Prozaiki. L. 1959–1972.

Struve, Gleb: Geschichte der Sowjetliteratur. Mn. 1957.

Slonim, Marc: Die Sowjetliteratur. Stgt. 1972.

Slonim, Marc: Soviet Russian Literature: Writers and Problems. New York 1964.

Dokumente zur sowjetischen Literaturpolitik 1917–1932. Mit einer Analyse von Karl Eimermacher. Stgt. u. a. 1972.

Očerki istorii russkoj sovetskoj žurnalistiki 1917–1932. M. 1966.

Drozda, M.; Hrala, M.: Dvacáta léta sovětské literární kritiky (Lef, Rapp, Pereval). Prag 1968.

Erler, Gernot u. a. (Hrsg.): Von der Revolution zum Schriftstellerkongreß. Wiesbaden 1979.

Guski, Andreas: Literatur und Arbeit. Produktionsskizze und Produktionsroman im Rußland des 1. Fünfjahrplanes (1928–1932). Wiesbaden 1995.

Mazaev, A. I.: Koncepcija «proizvodstvennogo iskusstva» 20-ch godov. Istoriko-kritičeskij očerk. M. 1975.

Él'sberg, Ž.: Krizis poputčikov i nastroenija intelligencii. L. 1930.

Ermolaev, H.: Soviet Literary Theories. 1917–1934. Berkeley 1963.

Flaker, Aleksandar: K tipologii literaturnych učenij dvadcatych godov. In: Slavica Pragensia XII (1970). Philologica 2–4, S. 285–294.

Flaker, Aleksandar; Ugrešić, Dubravka (Hrsg.): Pojmovnik ruske avantgarde. Zgb. 1984 ff.

Lenin, V. I.: O literature i iskusstve. M. ³1967.

Literaturnye manifesty. M. ²1929 (Nachdr. Mn. 1969).

Šešukov, S.: Neistovye revniteli. Iz istorii literaturnoj bor'by 20-ch godov. M. ²1984.

Istorija russkoj sovetskoj poèzii. 1917–1941. L. 1983.

Etkind, Efim: Russische Lyrik von der Oktoberrevolution bis zur Gegenwart. Mn. 1984.

Holm, Kerstin: Venus aus Stahlbeton. In: FAZ 16. VI. 1997.

Mathauser, Zdeněk: Die Spirale der Poesie. Die russische Dichtung seit 1945. Übersetzung und Anhang von Bernd Scholz. Ffm. 1975.

Krieger, Verena: Von der Ikone zur Utopie. Kunstkonzepte der russischen Avantgarde. Köln, Weimar, Wien 1998.

«Kunst in die Produktion!» Sowjetische Kunst während der Phase der Kollektivierung und Industrialisierung 1927–1933. (Materialien). B. 1977.

Zum russischen Formalismus

Erlich, Victor: Russian Formalism. History – Doctrine. 's-Gravenhage 1955.

Hansen-Löve, Aage A.: Der russische Formalismus. Methodologische Rekonstruktion seiner Entwicklung aus dem Prinzip der Verfremdung. Wien 1978.

Lauer, Reinhard: Evolutionsmodelle in der Literaturwissenschaft. In: Patzig, Günter (Hrsg.): Der Evolutionsgedanke in den Wissenschaften. Göttingen 1991, S. 240–260.

Mierau, Fritz (Hrsg.): Die Erweckung des Wortes. Essays der russischen Formalen Schule. Lpz. 1987.

Pomorska, Krystyna: Formalist Theory and its Poetic Ambiance. The Hague, Paris 1968.

Striedter, Jurij; Stempel, W. D. (Hrsg.): Texte der russischen Formalisten. Bd. 1–2. Mn. 1969, 1971.

Zu einzelnen Gruppen und Strömungen

Expressionismus

Belentschikow, Valentin: Die russische expressionistische Lyrik 1919–1922. Ffm. 1996.

Imaginismus

Nilsson, Nils Åke: The Russian Imaginists. Stockholm 1970.
Markov, Vladimir: Russian Imagism 1919–1924. Gießen 1980.
Ponomareff, C. V.: The Images Seekers. An Analysis of Imaginist Poetic Theory 1919–1924. In: SEEJ 12 (1968), H. 3, S. 275–296.

Konstruktivismus

Grübel, Rainer Georg: Russischer Konstruktivismus. Künstlerische Konzeptionen, literarische Theorie und kultureller Kontext. Wiesbaden 1981.

Kuznica

Kratz, Gottfried: Die Geschichte der «Kuznica» (1920–1932). Materialien zur Geschichte der sowjetischen Schriftstellerorganisation. Gießen 1979.
Poljakova, L. V.: O literaturnoj gruppe «Kuznica». In: RL 16 (1973), 2, S. 175–185.
Żabicki, Z.: «Kuźnica» i jej program literacki. Krakau 1966.

OBĖRIU

Aleksandrov, Anatolij: Obėriu. Predvaritel'nye zametki. In: Československá rusistika 13 (1968), Nr. 5, S. 296–303.
Kasack, W.: Obėriu. Eine fast vergessene literarische Vereinigung. In: Forschung und Lehre. Abschiedsschrift zu Joh. Schröpfers Emeritierung und Festgruß zu seinem 65. Geburtstag. Hamburg 1975, S. 292–298.
Gibian, G.: Russia's Lost Literature of the Absurd: A Literary Discovery. Selected Works of Daniil Kharms and Alexander Vvedensky. Ithaca, London 1971.

Pereval

Glinka, G.: Pereval: The Withering of Literary Spontaneity in the U.S.S.R. Diss. New York 1953.
Scherber, Peter: Pereval. Zu Geschichte und Organisationsstruktur einer literarischen Vereinigung (1923–1932). Habilitationsschrift. Göttingen 1985.

Proletkul't

Agitacionno-massovoe iskusstvo pervych let Oktjabrja. Materialy i issledovanija. M. 1971.
Gorsen, P.; Knödler-Bunte, E.: Proletkult. 1. System einer proletarischen Kultur. Dokumentation; 2. Zur Praxis und Theorie einer proletarischen Kulturrevolution in Sowjetrußland 1917–1925. Stgt. 1974–75.
Lorenz, Richard (Hrsg.): Proletarische Kulturrevolution in Sowjetrußland (1917–1921). Dokumente des Proletkult. Mn. 1969.
Seemann, K. D.: Der Versuch einer proletarischen Kulturrevolution in Rußland 1917–1922. In: Jahrbücher für Geschichte Osteuropas. Neue Folge. Bd. 9. H. 2. Wiesbaden 1961, S. 179–222.
Bugaenko, P. A.: A. V. Lunačarskij i literaturnoe dviženie 20-ch godov. Saratov 1967.
Gorbunov, V. V.: V. I. Lenin i Proletkul't. M. 1974.
Gorzka, Gabriele: A. Bogdanov und der russische Proletkult. Theorie und Praxis einer sozialistischen Kulturrevolution. Ffm. u. a. 1980.
Proletarskie poéty pervych let sovetskoj épochi. L. 1959.

RAPP

Brown, E. J.: The Proletarian Episode in Russian Literature 1928–32. New York 1953.
Grala, M.: Značenie RAPPa v literaturno-kritičeskom myšlenii. In: Slavica Pragensia XII (1970), S. 295–307.
Kiseleva, L.: Problema chudožestvennogo metoda (Fadeev i RAPP). In: Iz istorii sovetskoj éstetičeskoj mysli. M. 1967.

Serapionsbrüder

Oulanoff, Hongor: The Serapion Brothers. Theory and Practice. The Hague, Paris 1966.
Sheldon, Richard R.: Šklovskij, Gor'kij and the Serapion Brothers. In: SEEJ, 12 (1968), Nr. 1, S. 1–13.

Der Sozialistische Realismus

Kobo, Ch. (Hrsg.): Osmyslit' kul't Stalina. M. 1989.
Stölting, Erhard: Charismatische Aspekte des politischen Führertums. Das Beispiel Stalins. In: Politische Religion – religiöse Politik. Hrsg. von Richard Faber. Würzburg 1997.
Volkogonov, Dmitrij: Triumf i tragedija. Politiceskij portret I. V. Stalina. M. 1989.

Trifonov, T.: Russkaja sovetskaja literatura 30-ch godov. M. 1963.

Baudin, Antoine: Le réalisme soviétique de la période jdanovienne (1947–1953). Bd. 1–2. Bern u. a. 1997/98.

Zur sowjetischen Literaturpolitik

Etkind, Efim: Der Literaturbetrieb und seine Strukturen. In: Sowjetliteratur heute. Hrsg. von Gisela Lindemann. Mn. 1979, S. 80–99.

Gorzka, Gabriele (Hrsg.): Kultur im Stalinismus. Sowjetische Kultur und Kunst der 1930er bis 50er Jahre. Bremen 1994.

Groys, Boris: Gesamtkunstwerk Stalin. Die gespaltene Kultur in der Sowjetunion. Mn. 1996.

Kunst und Macht im Europa der Diktatoren 1930 bis 1945. XXIII. Kunstausstellung des Europarates. [B.] 1996.

Očerki istorii russkoj sovetskoj žurnalistiki. 1933–1945. M. 1968.

Pečat' SSSR za 50 let. Statističeskie očerki. M. 1967.

Sovetskaja satiričeskaja pečat'. 1917–1963. M. 1963.

Šentalinskij, Vitalij: Raby svobody. V literaturnych archivach KGB. M. 1995.

Schentalinski, Witali: Das auferstandene Wort. Verfolgte russische Schriftsteller in ihren letzten Briefen, Gedichten und Aufzeichnungen. Aus den Archiven sowjetischer Geheimdienste. Aus dem Russ. von Bernd Rullkötter. Bergisch-Gladbach 1996.

Vospominanija o Litinstitute. 1933–1983. M. 1983.

Zum Sozialistischen Realismus

Götz, Diether: Analyse und Bewertung des I. Allunions-Kongresses der Sowjetschriftsteller in Literaturwissenschaft und Publizistik sozialistischer und westlicher Länder (von 1934 bis zum Ende der 60er Jahre). Mn. 1989.

Günther, Hans: Die Verstaatlichung der Literatur. Entstehung und Funktionsweise des sozialistisch-realistischen Kanons in der sowjetischen Literatur der 30er Jahre. Stgt. 1984.

Kluge, Rolf-Dieter: Vom kritischen zum sozialistischen Realismus. Mn. 1973.

Muratova, K. D.: Vozniknovenie socialističeskogo realizma v russkoj literature. M., L. 1966.

Pervyj vsesojuznyj s-ezd sovetskich pisatelej. Stenografičeskij otčët. M. 1934.

Schmitt, Hans-Jürgen; Schramm, Godehard: Sozialistische Realismuskonzeptionen. Dokumente zum 1. Allunionskongreß der Sowjetschriftsteller. Ffm. 1974.

Vorob'ëv, V. F.: A. M. Gor'kij o socialističeskom realizme. Kiew 1968.

Das literarische Tauwetter

Eimermacher, Karl: Überlegungen zu einer Geschichte der russischen Nachkriegsliteratur. In: Text – Symbol – Weltmodell. Johannes Holthusen zum 60. Geburtstag. Hrsg. von J. R. Döring-Smirnov u. a. Mn. 1984, S. 99–109.

Kasack, Wolfgang: Die russische Literaur 1945–1982. Mit einem Verzeichnis der Übersetzungen ins Deutsche. Mn. 1983.

Kasack, Wolfgang: Russische Literatur im 20. Jahrhundert in deutscher Sprache. 350 Kurzrezensionen von Übersetzungen 1976–1983. Mn. 1985.

Lindemann, Gisela (Hrsg.): Sowjetliteratur heute. Mn. 1979.

Mihajlov, Mihajlo: Russische Themen. Bern 1969.

Ssachno, Helen von: Aufstand der Person: Sowjetliteratur seit Stalins Tod. B. 1965.

Ssachno, Helen von; Grunert, Manfred (Hrsg.): Sowjetische Kulturpolitik seit 1965. Mn. 1970.

Stasi, KGB und Literatur. Beiträge und Erfahrungen aus Rußland und Deutschland. Köln 1993.

Steininger, Alexander: Literatur und Politik in der Sowjetunion nach Stalins Tod, Wiesbaden 1965.

Beitz, Willi (Hrsg.): Vom «Tauwetter» zur Perestrojka. Russische Literatur zwischen den fünfziger und neunziger Jahren. Bern u. a. 1994.

Eshelman, Raoul: Early Soviet Postmodernism. Ffm u. a. 1997.

Kulakov, V.: Poèzija kak fakt. Stat'i o stichach. M. 1999.

Meichel, Johann: Zur Entfremdungs- und Identitätsproblematik in der zeitgenössischen Sowjetliteratur. Mn. 1981.

Rogers, Th. F.: «Superfluous Men» and the Post-Stalin «Thaw». The Alienated Hero in Soviet Prose during the Decade 1953–1963. The Hague, Paris 1972.

Schaumann, Gerhard: Zur Gestaltung der Entfremdungsproblematik in der Sowjetliteratur. In: ZfSl 10 (1965), S. 644–660.

Simmons, E. J.: Der Mensch im Spiegel der Sowjet-Literatur. Stgt. 1956.

Thiergen, Peter: «Tauwetter». Zur politisch-literarischen Sprache Rußlands. In: ZfSlPh 40 (1978), S. 129–133.

Zur Jungen Prosa

Flaker, Aleksandar: Modelle der Jeans Prosa. Kronberg/Ts. 1975.

Schmid, Wolf: Thesen zur innovatorischen Poetik der russischen Gegenwartsprosa. In: WSlA 4 (1979), S. 55–93.

Schultze, Brigitte: Zur Rezeption von Salinger und Hemingway in der slavischen «Jungen Prosa» der 50er und 60er Jahre. In: Slavistische Studien zum IX. Internationalen Slavistenkongreß in Kiev 1983. Köln, Wien 1983, S. 517–532.

Die Reintegration der russischen Literatur

Simon, G. und N.: Verfall und Untergang des sowjetischen Imperiums. Mn. 1993.

Irlenhäuser, Olaf: Die russischen Literaturzeitschriften seit 1985. Kontinuität und Neubeginn. Mn. 1994.

Isaev, G. G.: Russkaja literatura konca 1980-ch–pervoj poloviny 1990-ch godov. In: Sovremennaja russkaja literatura 1985–1995. Chrestomatija. Astrachan' 1995, S. 4–61.

Cheauré, E. (Hrsg.): Jenseits des Kommunismus. Sowjetisches Erbe in Literatur und Film. B. 1996.

Eimermacher, Karl u. a. (Hrsg.): Rußland, wohin eilst du? Perestrojka und Kultur. Dortmund 1996.

Ėpštejn, Michail: Paradoksy novizny. M. 1988.

Ingold, Felix Philipp: Wenn Bücher Ware werden. Der russische Literaturbetrieb in der Krise. In: NZZ 5./6. VII. 1997. Nr. 153, S. 49.

Kasper, Karlheinz: Das literarische Leben in Rußland 1992 ff. In: Osteuropa 11/ 1993–6/1999.

Keller, Christoph: Herumstreunende Bären unter dem Höllenhimmel. Aufsätze zur neueren russischen Literatur. Eggingen 1997.

Kluge, Rolf-Dieter: Die Schriftstellervereinigung «April» im Streit mit den militanten Nationalisten. In: Osteuropa 7/1990, S. 621–626.

Kochanowskij, Igor W.: Widerstand. Zur Gründung und zu den Zielen der Schriftstellergruppe «April». In: Osteuropa 7/1990, S. 627–634.

Kriwulin, Viktor: Und wer zahlt? Puschkin vielleicht? Über den unvermuteten Siegeszug des Karneval durch die russische Kulturhauptstadt St. Petersburg. In: FAZ, Nr. 205, 4. IX. 1997, S. 37.

Lauer, Reinhard: Bürgerkrieg der Geister. Die russische Literatur in der Ära Gorbatschow. In: FAZ, Nr. 140, 21. VI. 1989, S. 31.

Lauer, Reinhard: Die russische Literatur 1985–1997. Begleitheft zur Vorlesung «Die russische Literatur im 20. Jahrhundert III». Bearbeitet von Christiane Schuchart. Göttingen 1998.

Lauer, Reinhard (Hrsg.): Die slavischen Literaturen – heute. Wiesbaden 2000.

Menzel, Birgit: Krise der Aufklärer und neue Solisten: Russische Literaturzeitschriften 1993–1994. In: WSlA 35 (1995), S. 341–362.

Peters, Jochen-Ulrich; Ritz, German (Hrsg.): Enttabuisierung. Essays zur russischen und polnischen Gegenwartsliteratur. Bern 1996.

Reißner, Eberhard (Hrsg.): Perestrojka und Literatur. B. 1990.

Skoropanova, I. S.: Poėzija v gody glasnosti. Minsk 1993.

Tichomirova, Elena; Scholz, Ute (Hrsg.): Russische zeitgenössische Schriftsteller in Deutschland. Ein Nachschlagewerk. Mn. 1998.

Wedel, Erwin (Hrsg.): Neueste Tendenzen in der Entwicklung der russischen Literatur und Sprache. Hamburg 1992.

Neue Strömungen

Hansen-Löve, Aage A.: Die Konzeptualisierung Rußlands im russischen Konzeptualismus. In: Literatur als Text der Kultur. Hrsg. von M. Csáki und R. Reichensperger. Wien 1999. S. 65–107.

Hirt, Günther; Wonders, Sascha (Hrsg.): Präprintium. Moskauer Bücher aus dem Samizdat. Bremen 1998.

Holm, Kerstin: Der Bär als Butler. Kinderphantasie mit globalem Zugriff: Die Petersburger Künstlergruppe «Mitki». In: FAZ 7. I. 1998. Nr. 5, S. 29.

Moskauer Konzeptualismus. In: Schreibheft. Zeitschrift für Literatur. Nr. 39–42. (1998).

Zur Frauenliteratur

Kelly, Catriona: A History of Russian Women's Writing 1820–1992. Oxford 1998.
Katz, Monika: Neue Arbeiten zur russischen Frauenforschung. In: ZfSl 39 (1994),
    S. 280–296.
Parnell, Christina (Hrsg.): Frauenbilder und Weiblichkeitsentwürfe in der russi-
    schen Frauenprosa. Ffm. 1996.
Parnell, Christina; Heyder, Carolin: Russische Prosaautorinnen 1975–1995. Biblio-
    graphie russischsprachiger Zeitschriftenveröffentlichungen. Ffm. u. a. 1997.
Rußland aus der Feder seiner Frauen. Zum femininen Diskurs in der russischen
    Literatur. Mn. 1992.
Grabmüller, Uta; Katz, Monika (Hrsg.): Zwischen Anpassung und Widerspruch.
    Beiträge zur Frauenforschung am Osteuropa-Institut der Freien Universität Ber-
    lin. B. 1993.

Literaturtheorie, Poetik, Metrik

Literaturtheorie

Kulakova, L. I.: Očerki istorii russkoj ėstetičeskoj mysli XVIII veka. L. 1968.
Murašov, Jurij: Jenseits der Mimesis. Russische Literaturtheorie im 18. und 19. Jahr-
    hundert von M. V. Lomonosov bis V. G. Belinskij. Mn. 1993.
Siegel, Holger: Sowjetische Literaturtheorie (1917–1940). Von der historisch-mate-
    rialistischen zur marxistischen Literaturtheorie. Stgt. 1981.
Eimermacher, Karl (Hrsg.): Semiotica Sovietica 1–2. Sowjetische Arbeiten der
    Moskauer und Tartuer Schule zu sekundären modellbildenden Zeichensystemen
    (1962–1973). Aachen 1986.
Goldschweer, Ulrike: Das Komplexe im Konstruierten. Der Beitrag der Chaos-
    Theorie für die Literaturwissenschaft am Beispiel der Erzählzyklen «Sogljadataj»
    (Vladimir Nabokov) und «Prepodavatel' simmetrii» (Andrej Bitov). Bochum
    1998.

Poetik

Eimermacher, Karl (Hrsg.): Teksty sovetskogo literaturovedčeskogo strukturalizma/
    Texte des sowjetischen literaturwissenschaftlichen Strukturalismus. Mn. 1971.
Ėjchenbaum, B.: O poėzii. L. 1969.
Ėjchenbaum, B.: O proze. L. 1969
Jakobson, Roman: Raboty po poėtike. Hrsg. von M. L. Gasparov. M. 1987.
Lichačëv, D. S.: Istoričeskaja poėtika russkoj literatury. SPb. 1999.
Šklovskij, Viktor: O teorii prozy. M. 1983.
Tynjanov, Ju. N.: Poėtika – istorija literatury – kino. M. 1977.

Metrik

Gasparov, M. L.: Očerk istorii russkogo sticha. Metrika, ritmika, rifmika, strofi-
ka. M. 1984.
Gasparov, M. L.: Sovremennyj russkij stich. Metrika i ritmika. M. 1974.
Gasparov, M. L. (Hrsg.): Russkoe stichosloženie XIX v. Materialy po metrike i
strofike russkich poétov. M. 1979.
Kalačeva, S. V.: Èvoljucija russkogo sticha. M. 1986.
Ovčarenko, Ol'ga: Russkij svobodnyj stich. M. 1984.
Russkij stich. Metrika – Ritmika – Rifma – Strofika. Hrsg. von D. Bak,
u. a. M. 1996.
Taranovski, Kiril: Ruski dvodelni ritmovi. Belgrad 1953.
Timofeev, L. I.: Očerki teorii i istorii russkogo sticha. M. 1958.
Tomaševskij, B. V.: O stiche. L. 1929 [Nachdr. Mn. 1970].
Tynjanov, Ju. N.: Problema stichotvornogo jazyka. Stat'i. M. 1965.
Tynjanov, Jurij N.: Das Problem der Verssprache. Aus dem Russischen übersetzt
[. . .] von Inge Paulmann. Mn. 1977.
Unbegaun, B. O.: Russian Versification. Oxford ⁵1971.
Wachtel, M.: The Development of Russian Verse. Meter and its Meanings. Cam-
bridge 1999.
Žirmunskij, V. M.: Rifma. Eë istorija i teorija. Pg. 1923 [Nachdr. Mn. 1970].

Literarische Gattungen

Lyrik

Istorija russkoj poèzii v dvuch tomach. L. 1968.
Kožinov, Vadim: Stichi i poèzija. M. 1980.
Tynjanov, Ju. N.: Oda kak oratorskij žanr. In: Poètika 3. (L. 1927), S. 102–128 (auch
in: Texte der russischen Formalisten, Bd. 2: Texte zur Theorie des Verses und der
poetischen Sprache. Hrsg. von W.-D. Stempel. Mn. 1972, S. 272–336).
Klein, Joachim: Die Schäferdichtung des russischen Klassizismus. B. 1988.
Kroneberg, Bernhard: Studien zur Geschichte der russischen klassizistischen Ele-
gie. Wiesbaden 1972.
Lauer, Reinhard: Russische Freimaurerdichtung im 18. Jahrhundert. In: Balász,
E. H. u. a. (Hrsg.): Beförderer der Aufklärung in Mittel- und Osteuropa. Frei-
maurer, Gesellschaften, Clubs. B. 1979, S. 272–292.
Schenk, Doris: Studien zur anakreontischen Ode in der russischen Literatur des
Klassizismus und der Empfindsamkeit. Ffm. 1972.
Schroeder, Hildegard: Russische Verssatire im 18. Jahrhundert. Köln, Graz 1962.
Lauer, Reinhard: Gedichtform zwischen Schema und Verfall. Sonett, Rondeau,
Madrigal, Ballade, Stanze und Triolett in der russischen Literatur des 18. Jahr-
hunderts. Mn. 1975.
Lauer, Reinhard: Das russische Sonett der Puškin-Zeit. In: Gattungen in den sla-
vischen Literaturen. FS für Alfred Rammelmeyer. Köln, Wien 1988, S. 315–
336.

Imendörfer, Helene: Die Geschichte der russischen Fabel im 18. Jahrhundert. Poetik, Rezeption und Funktion eines literarischen Genres. Wiesbaden 1998.

Rammelmeyer, Alfred: Studien zur Geschichte der russischen Fabel des 18. Jahrhunderts. Lpz. 1939 (Nachdr. Nendeln/Liechtenstein 1968).

Katz, Michael R.: The Literary Ballad in Early Nineteenth Century Russian Literature. London 1976.

Neumann, F. W.: Geschichte der russischen Ballade. Königsberg, B. 1937.

Pushchin, A. H. A.: German and English Influences on the Russian Romantic Literary Ballad. New York 1976.

Suchanek, Lucjan: Rossyjska ballada romantyczna. Wrocław 1974.

Giesemann, Gerhard: Die Strukturierung der russischen Romanze im 18. Jahrhundert. Köln-Wien 1985.

Kulinič, A.: Novatorstvo i tradicii v russkoj sovetskoj poèzii 20-ch godov. Kiev 1967.

Mierau, Fritz: Revolution und Lyrik. Probleme sowjetischer Lyrik der zwanziger und dreißiger Jahre. B. 1973.

Kulinič, A. V.: Russkaja sovetskaja poèzija 30-ch godov. Kiev 1962.

Ljubareva, E. P.: Sovetskaja romantičeskaja poèzija. Tichonov – Svetlov – Bagrickij. M. 1963.

Bočarov, A.: Russkaja massovaja pesnja. M. 1956.

Boss, Dagmar: Das sowjetische Autorenlied. Eine Untersuchung am Beispiel des Schaffens von Aleksandr Galič, Bulat Okudžava und Vladimir Vysockij. Mn. 1985.

Aljochin, Alexej: Das Bild der russischen Dichterlandschaft des Holozäns. In: Türspalt an der Kette. Russische Lyrik des «Arion»-Kreises. Aus dem Russischen übertragen von Alexander Nitzberg. Düsseldorf 1998, S. 84–102.

Meichel, Johann: Auf der Suche nach einer Alternative. Sowjetrussische Poesie der Gegenwart im Spannungsfeld sozioökonomischer und kulturpolitischer Tendenzen. Mainz 1988.

Neuhäuser, Rudolf: Neue Tendenzen in der Lyrik anhand der Zeitschrift «Novyj mir». In: Wedel, Erwin (Hrsg.): Neueste Tendenzen in der Entwicklung der russischen Literatur und Sprache. Hamburg 1992, S. 125–132.

Neuhäuser, Rudolf: Entwicklungstendenzen der russischen Lyrik seit Beginn der «Perestrojka». In: WSIJb, 38 (1992), S. 107–127.

Reißner, Eberhard (Hrsg.): Russische Lyrik heute. Interpretationen. Übersetzungen. Bibliographien. Mainz 1983.

Skoropanova, I. S.: Poèzija v gody glasnosti. Minsk 1993.

Versepik

Jekutsch, Ulrike: Das Lehrgedicht in der russischen Literatur des 18. Jahrhunderts. Wiesbaden 1981.

Lübbe, Ingeborg: Die ostslavischen Äneistravestien: In ihrem Verhältnis zueinander und zur westeuropäischen Tradition. Mn. 1971.

Schruba, Manfred: Studien zu den burlesken Dichtungen V. I. Majkovs. Wiesbaden 1997.

Propp, V. Ja.: Russkij geroičeskij èpos. M. 1999.

Sokolov, A. N.: Očerki po istorii russkoj poèmy XVIII i pervoj poloviny XIX veka. M. 1955.

Högemann-Ledwohn, Elvira: Studien zur Geschichte der russischen Verserzählung in der zweiten Hälfte des 19. Jahrhunderts. Mn. 1973.

Zbyrowski, Z.: Rosyjski poemat romantyczny. Wrocław u. a. 1981.

Lur'e, A. N.: Poètičeskij èpos revoljucii. L. 1975.

Vasil'kovskij, A. T.: Žanrovye raznovidnosti russkoj sovetskoj poèmy 1917–1941. Opyt tipologičeskoj charakteristiki. Kiev 1979.

Erzählung, Novelle, Povest', Skizze

Zelinsky, Bodo (Hrsg.): Die russische Novelle. Düsseldorf 1982.

Brang, Peter: Studien zu Theorie und Praxis der russischen Erzählung (1770–1811). Wiesbaden 1960.

Egorova, L. P.: O romantičeskom tečenii v sovetskoj proze. Stavropol' 1966.

Groznova, N. A.: Rannjaja sovetskaja proza 1917–1925. L. 1976.

Grübel, Rainer (Hrsg.): Russische Erzählung, Russian Short Story, Russkij rasskaz. Utrechter Symposium zur Theorie und Geschichte der russischen Erzählung im 19. und 20. Jahrhundert. Amsterdam 1984.

Markovič, V. M.; Šmid, V. (Hrsg.): Russkaja novella. Problemy teorii i istorii. SPb. 1993.

Nemzer, A.: Literaturnoe segodnja. O russkoj proze. 90-e. M. 1999.

Ognëv, A. V.: Russkij sovetskij rasskaz 50–70 godov. M. 1978.

Russkij sovetskij rasskaz. Očerki istorii žanra. L. 1970.

Schultze, Brigitte: Jurij Trifonovs «Der Tausch» und Valentin Rasputins «Geld für Maria». Ein Beitrag zum Gattungsverständnis von Povest' und Rasskaz in der russischen Gegenwartsprosa. Göttingen 1985.

Šmid, Vol'f: Proza kak poèzija. Puškin – Dostoevskij – Čechov – avangard. SPb. 1998.

Roman

Istorija russkogo romana v dvuch tomach. M., L. 1962.

Zelinsky, Bodo (Hrsg.): Der russische Roman. Düsseldorf 1979.

Bachtin, M. M.: Die Ästhetik des Wortes. Hrsg. von Rainer Grübel. Ffm. 1979.

Bachtin, M. M.: Untersuchungen zur Poetik und Theorie des Romans. Hrsg. von Edward Kowalski und Michael Wegner. B., Weimar 1986.

Disput über den Roman. Beiträge zur Romantheorie aus der Sowjetunion 1917–1941. Hrsg. von Michael Wegner u. a. B. 1988.

Gasperetti, David Wayne: The Rise of the Russian novel. Carnival, Stylization, and Mockery of the West. Northern Illinois University Press 1998.

Il'ev, S. P.: Russkij simvolistskij roman. Aspekty poètiki. Kiew 1991.

Istorija russkogo sovetskogo romana. M., L. 1965.

Groznova, N. A.: Sovetskij roman, ego teorija i istorija. Bibliografičeskij ukazatel' 1917–1964. L. 1966.

Kuznecov, M.: Sovetskij roman. M. 1963.

938 Anhang

Petrov, S.: Russkij istoričeskij roman XIX veka. M. ²1984.
Schamschula, Walter: Der russische historische Roman vom Klassizismus bis zur Romantik. Meisenheim am Glan 1961.
Andreev, Ju.: Russkij sovetskij istoričeskij roman. 20-e i 30-e gody. M., L. 1962.
Čičerin, A. V.: Vozniknovenie romana-ėpopei. M. ²1975
Britikov, A. F.: Russkij sovetskij naučno-fantastičeskij roman. L. 1970.
Eršov, I. F.: Sovetskaja satiričeskaja proza. M., L. 1966.
Vulis, A.: Sovetskij satiričeskij roman. Taškent 1965.
Eršov, Leonid: Sovremennaja russkaja proza. Osnovnye tendencii razvitija. In: Bolgarskaja rusistika 6/1976, S. 21–33.
Hiersche, A.: Sowjetische Dorfprosa. Geschichte und Problematik. B. 1985.
Hildebrand, Gerhard: Ein Beitrag zur sowjetischen Dorfprosa der Gegenwart. In: WdSL 18 (1973), S. 190–200.
Kasper, Karlheinz: Zur Frage der literaturgeschichtlichen Stellung der «anderen Prosa» Rußlands. In: ZfSl 38 (1993), S. 70–78.
Lejderman, N.: Dviženie vremeni i zakony žanra. Žanrovye zakonomernosti razvitija sovetskoj prozy v 60–70-e gody. Sverdlovsk 1982.
Witte, Georg: Apell – Spiel – Ritual. Textpraktiken in der russischen Literatur der sechziger bis achtziger Jahre. Wiesbaden 1989.
Nefagina, G. L.: Russkaja proza vtoroj poloviny 80-ch–načala 90-ch godov XX veka. Minsk 1998.
Porter, R.: Russia's Alternative Prose. Oxford 1994.

Drama

Aseev, B. N.: Russkij dramatičeskij teatr XVII–XVIII vekov. M. 1958.
Rezanov, V. I.: Iz istorii russkoj dramy: Škol'nye dejstva XVII–XVIII vv. i teatr iezuitov. M. 1910.
Rezanov, V. I.: K istorii russkoj dramy: Ėkskurs v oblast' teatra iezuitov. Nežin 1910.
Sofronova, L. A.: Poėtika slavjanskogo teatra XVII–XVIII vv. M. 1981.
Danilov, S. S.; Portugalova, M. G.: Russkij dramatičeskij teatr XIX veka. Bd. 1–2. L. 1957, 1974.
Istorija russkogo dramatičeskogo teatra v semi tomach. Hrsg. von E. G. Cholodov u. a. M. 1977–1987.
Očerki istorii russkoj teatral'noj kritiki. Hrsg. von A. Ja. Al'tšuller. [I] Konec XVIII-pervaja polovina XIX veka, [II] Vtoraja polovina XIX veka], [III] Konec XIX–načalo XX veka. L. 1975, 1976, 1979.
Rubcov, A. B.: Iz istorii russkoj dramaturgii konca XIX–načala XX veka. Bd. 1–2. Minsk 1960–1962.
Russkie dramaturgi XVIII–XIX vv. Monografičeskie očerki v trëch tomach. Hrsg. G. P. Berdnikov u. a. L., M. 1959–1961.
Śliwowski, R.: Od Turgieniewa do Czechowa. W. 1970.
Time, G. A.: U istokov novoj dramaturgii v Rossii (1880–1890-e gody). L. 1991.
Štejn, A.: Kritičeskij realizm i russkaja drama XIX veka. M. 1962.
Baumgarten, Caroline: Die spätklassizistische russische Komödie zwischen 1805 und 1822. Studien zu Šachovskoj, Zagoskin, Chmel'nickij und Griboedov. Mn. 1998.

Berkov, P. N.: Istorija russkoj komedii XVIII veka. L. 1977.

Ibler, Reinhard: Genre- und sujettypologische Überlegungen zur Entwicklung der russischen Komödie bis A. P. Čechov. Habilitationsschrift. Regensburg 1992.

Kuntze, Klaus: Studien zur Geschichte der russischen satirischen Typenkomödie 1750–1772. Ffm. 1971.

Welsh, D. J.: Russian Comedy (1765–1823). Den Haag 1966.

Harder, Hans-Bernd: Studien zur Geschichte der russischen klassizistischen Tragödie 1747–1769. Wiesbaden 1962.

Schlieter, Hilmar: Studien zur Geschichte des russischen Rührstücks 1758 bis 1780. Wiesbaden 1968.

Schultze, Brigitte: Studien zum russischen literarischen Einakter. Von den Anfängen bis A. P. Čechov. Wiesbaden 1984.

Boguslavskij, A.; Diev, V.: Russkaja sovetskaja dramaturgija. M. 1963–68.

Mikulašek, M.: Puti razvitija sovetskoj komedii 1917–1935-ch godov. Prag 1962.

Očerki istorii russkoj sovetskoj dramaturgii. 1934–1945. L., M. 1966.

Sokolova, Aleksandra: Idei i obrazy sovetskoj dramaturgii. P'esy 1946–1952-ch godov. M. 1954.

Smeliansky, Anatoly: The Russian Theatre after Stalin. Cambridge u. a. 1999.

Reißner, Eberhard: Das russische Drama der achtziger Jahre. Schmerzvoller Abschied von der großen Illusion. Mn. 1992.

Osnos, Ju.: Sovetskaja istoričeskaja dramaturgija. M. 1949.

Roberts, E.: Soviet Historical Drama. Its Role in the Development of a National Mythology. The Hague 1965.

Satire

Mai, Birgit: Satire im Sowjetsozialismus. Michail Soschtschenko, Michail Bulgakow, Ilja Ilf, Jewgeni Petrow. Bern u. a. 1993.

Peters, Jochen-Ulrich: Russische Satire im 20. Jahrhundert: Eine Einführung. Mn. 1984.

Serman, I. Z.: Russkij klassicizm. Poèzija. Drama. Satira. L. 1973.

Stennik, Ju. V.: Russkaja satira XVIII veka. L. 1985.

Kinderliteratur

Grečišnikova, A.: Sovetskaja detskaja literatura. M. 1953.

Eggeling, Wolfram: Die Prosa sowjetischer Kinderzeitschriften (1919–1925). Eine Themen- und Motivanalyse in Bezug auf das Bild des Jungen Protagonisten. Mn. 1986.

Ludwig, Nadeshda; Bussewitz, Wolfgang (Hrsg.): Sowjetische Kinderliteratur. In Überblicken und Einzeldarstellungen. B. [1974].

Russkaja detskaja literatura. Hrsg. von F. I. Selina. M. 1972.

Russkie detskie pisateli XX v. Bibliografičeskij slovar'. M. 1997.

Sonstiges

Gačev, G. D.: Soderžatel'nost' chudožestvennych form. Ėpos – lirika – teatr. M. 1968.

Jekutsch, Ulrike: Russisches Feuerwerk im 18. Jahrhundert. In: Europäische Barock-Rezeption. Hrsg. von Klaus Garber. Wiesbaden 1991. Teil II, S. 1159–1175.

Kroll, Walter: Heraldische Dichtung bei den Slaven. Mit einer Bibliographie zur Rezeption der Heraldik und Emblematik bei den Slaven (16.–18. Jahrhundert). Wiesbaden 1986.

Lehmann, Jürgen: Bekennen – Erzählen – Berichten. Studien zur Theorie und Geschichte der Autobiographie. Tübingen 1988.

Moskvičeva, G. V.: Žanry russkogo klassicizma. Gor'kij 1974.

Müller, Bertram: Absurde Literatur in Rußland. Entstehung und Entwicklung. Mn. 1978.

Themen und Motive

Austin, Paul M.: The Exotic Prisoner in Russian Romanticism. New York u. a. 1997.

Chanmurzaev, G.: Dagestanskaja tema v russkoj literature vtoroj poloviny XIX veka (Problema charaktera). Machačkala 1982.

Fieguth, Rolf (Hrsg.): Orthodoxien und Häresien in den slavischen Literaturen. Wien 1996 (WSlA, Sonderband 41).

Grübel, Rainer Georg: Sirenen und Kometen. Axiologie und Geschichte der Motive Wasserfrau und Haarstern in slavischen und anderen europäischen Literaturen. Ffm. u. a. 1995.

Hiersche, Anton: Sowjetliteratur und wissenschaftlich-technische Revolution. B. 1976.

Hinz-Karadeniz, Heidemarie: Frauenbilder und Frauenproblematik in der neueren sowjetischen Literatur. Ffm. u. a. 1996.

Hirzel, Stephan: Ökologie und Öffentlichkeit. Untersuchungen zur Rolle der sowjetischen Schriftsteller in der ökologischen Bewußtseinsbildung der fünfziger bis achtziger Jahre. Bern u. a. 1996.

Holtmeier, Klaus: Religiöse Elemente in der sowjetrussischen Gegenwartsliteratur. Studien zu V. Rasputin, V. Šukšin und V. Tendrjakov. Ffm. u. a. 1986.

Ingold, Felix Philipp: Literatur und Aviatik. Europäische Flugdichtung 1909–1927. Ffm. 1980.

Kluge, Robert: Der sowjetische Traum vom Fliegen. Analyseversuch eines gesellschaftlichen Phänomens. Mn. 1997.

Lanin, Boris: Russkaja literaturnaja antiutopija. M. 1993.

Lauer, Reinhard: Ananas – ein kulinarischer Topos in der russischen Literatur. In: «Primi sobran'e pestrych glav». Slavistische und slavenkundliche Beiträge für Peter Brang zum 65. Geburtstag. Bern, Ffm. u. a. 1989, S. 169–187.

Lauer, Reinhard: Das Anna-Syndrom in der russischen Literatur. In: Familienbindung als Schicksal. Wandlungen eines Motivs in der neueren Literatur. Hrsg. von Theodor Wolpers. Göttingen 1996, S. 123–144.

Lauer, Reinhard: Die russische Seele. Göttingen 1997.

Lauer, Reinhard: Wer ist schuldig? – Eine Grundfrage der russischen Literatur. In: Konrad Thomas (Hrsg.): Schuld. Zusammenhänge und Hintergründe. Ffm. u. a. 1990, S. 185–205.

Leitner, Andreas; Burkhart, Dagmar (Hrsg.): Праздникъ – Von Festen und Feiern in den slavischen Literaturen. Ffm. u. a. 1999.

Müller, Derek: Der Topos des Neuen Menschen in der russischen und sowjetrussischen Geistesgeschichte. Bern u. a. 1998.

Scholle, Christiane: Das Duell in der russischen Literatur. Wandlungen und Verfall eines Ritus. Mn. 1977.

Sieber, Bettina: «Russische Idee» und Identität. «Philosophisches Erbe» und Selbstthematisierung der Russen in der öffentlichen Diskussion 1885–1995. Studien zum russischen Konservativismus, Teil 1. Bochum 1998.

Vinogradov, V. S.: Kakvkaz v russkoj literature 30-ch godov XIX veka. Groznyj 1966.

Vogelsang-Davydov, O.: Der Traum als lexikalisches Element in Prosa und Dichtung der russischen Romantik. Mn. 1965.

Wolffheim, Elsbeth: Die Frau in der sowjetischen Literatur 1917–1977. Stgt. 1979.

Wöll, Alexander: Doppelgänger. Steinmonument, Spiegelschrift und Usurpation in der russischen Literatur. Ffm. u. a. 1999.

Ziegler, Gudrun: Moskau und Petersburg in der russischen Literatur (1700–1850). Mn. 1974.

Literaturbeziehungen

Alekseev, M. P. (Hrsg.): Épocha prosveščenija. Iz istorii meždunarodnych svjazej russkoj literatury. L. 1967.

Alekseev, M. P.: Russkaja kul'tura i romanskij mir. L. 1985.

Alekseev, M. P.: Zur Geschichte russisch-europäischer Literaturtradition. B. 1974.

Alekseev, M. P. (Hrsg.): Russkaja kul'tura XVIII veka i zapadno-evropejskie literatury. Sbornik statej. L. 1980.

Berkov, P. N.: Literarische Wechselbeziehungen zwischen Rußland und Westeuropa im 18. Jahrhundert. B. 1968.

Čiževskij, D.: Zwei Welten. Beiträge zur Geschichte der slavisch-westlichen literarischen Beziehungen. 's-Gravenhage 1956.

Épocha prosveščenija. Iz istorii meždunarodnych svjazej russkoj literatury. L. 1967.

Kulešov, V. I.: Literaturnye svjazi Rossii i zapadnoj Evropy v XIX veke (Pervaja polovina). M. 1965.

Veselovskij, A. N.: Zapadnoe vlijanie v novoj russkoj literature. M. [4]1910.

Russkaja kul'tura i Francija. (= LN Bd. 29/30, 31/32, 33/34). L., M. 1937–1939.

Achinger, Gerda: Der französische Anteil an der russischen Literaturkritik des 18. Jahrhunderts unter besonderer Berücksichtigung der Zeitschriften (1730–1780). Bad Homburg v. d. H. u. a. 1970.

Amburger, Erich: Beiträge zur Geschichte der deutsch-russischen kulturellen Beziehungen. Gießen 1961.

Belentschikow, Walentin: Rußland und die deutschen Expressionisten 1910–1925. Ffm. 1993.

Birkenmaier, Willy: Das russische Heidelberg. Zur Geschichte der deutsch-russischen Beziehungen im 19. Jahrhundert. Heidelberg 1995.

Danilevskij, R. Ju.: «Molodaja Germanija» i russkaja literatura (Iz istorii russkonemeckich literaturnych otnošenij pervoj poloviny XIX veka). L. 1969.

Drews, Peter: Deutsch-slavische Literaturbeziehungen im 18. Jahrhundert. Mn. 1996.

Graßhoff, Helmut: Russische Literatur in Deutschland im Zeitalter der Aufklärung. B. 1973.

Graßhoff, Helmut (Hrsg.): Literaturbeziehungen im 18. Jahrhundert. Studien und Quellen zur deutsch-russischen und russisch-westeuropäischen Kommunikation. B. 1986.

Kopelew, Lew: Zwei Epochen deutsch-russischer Literaturbeziehungen. Ffm. 1973.

Lauer, Reinhard: Ausstrahlungen der deutschen Barockliteratur in Rußland. In: Studien zur europäischen Rezeption deutscher Barockliteratur. Hrsg. von Leonard Forster. Wiesbaden 1983, S. 37–65.

Lauer, Reinhard: Die Beziehungen der Göttinger Universität zu Rußland. In: Göttinger Jahrbuch 1972 (21. Folge), S. 219–241.

Lehmann, Ulf: Das klassische Weimar und Rußland. Habilitationsschrift. B. 1969.

Lemke, Heinz; Widera, Bruno (Hrsg.): Russisch-deutsche Beziehungen von der Kiever Rus' bis zur Oktoberrevolution. Studien und Aufsätze. B. 1976.

Mahal, Günther (Hrsg.): Faust-Rezeption in Rußland und in der Sowjetunion. Sonderausstellung des Faust-Museum. Knittlingen 1983.

Smagina, G. I. (Hrsg.): Nemcy v Rossii. Peterburgskie nemcy. SPb. 1999.

Winter, Eduard: Halle als Ausgangspunkt der deutschen Rußlandkunde im 18. Jahrhhundert. B. 1953.

Bankowski, M.; Brang, P.; Goehrke, C.; Kemball, RT. (Hrsg.): Fakten und Fabeln. Schweizerisch-slavische Reisebegegnungen vom 18. bis zum 20. Jahrhundert. Basel 1991.

Danilevskij, R. Ju.: Rossija i Švejcarija. Literaturnye svjazi XVIII–XIX vv. L. 1984.

Barański, Z.: Literatura polska w Rosji na przełomie XIX i XX wieku. Wrocław 1962.

Białokozowicz, B.: Z dziejów polsko-rosyjskich związków literackich w XIX wieku. W. 1971.

Rus' i južnye slavjane. Sbornik statej k 100-letiju V. A. Mošina (1894–1987). SPb. 1998.

Staničič, J.: Jovan Dučić i russkaja kul'tura. Serbsko-russkie literaturnye svjazi konca XIX–načala XX veka. L. 1991.

Šarypkin, D. M.: Skandinavskaja literatura v Rossii. L. 1980.

Tartakovskij, P.: Russkaja poėzija i Vostok. 1800–1950. Opyt bibliografii. M. 1975.

Rezeption einzelner Autoren

Bacmeister

Lauch, Annelies: Wissenschaft und kulturelle Beziehungen in der russischen Aufklärung. Zum Wirken H. L. Ch. Bacmeisters. B. 1969.

Boileau

Peskov, A. M.: Bualo v russkoj literature XVIII veka. M. 1989.

Brecht

Volgina, A. A.: Bertolt Brecht. Bibliografičeskij ukazatel'. M. 1969.

Chamisso

Seemann, Klaus-Dieter: Adelbert von Chamissos Beziehungen zur russischen Literatur. In: ZfSlPh 32 (1963), S. 97–123.

Dante

Asojan, A. A.: Dante i russkaja literatura. Sverdlovsk 1989.
Potthoff, Wilfried: Dante in Rußland. Zur Italienrezeption der russischen Literatur von der Romantik zum Symbolismus. Heidelberg 1991.

Fallmerayer

Lauer, Reinhard: Jakob Philipp Fallmerayer und die Slawen. In: Thurnher, Eugen (Hrsg.): Jakob Philipp Fallmerayer. Wissenschaftler, Politiker, Schriftsteller. Innsbruck 1993, S. 125–157.

Goethe

Žitomirskaja, Z. V.: Iogann Vol'fgang Gëte. Bibliografičeskij ukazatel' russkich perevodov i kritičeskoj literatury na russkom jazyke 1780–1971. M. 1972.
Žirmunskij, V. M.: Gëte v russkoj literature. L. ²1981.
[Gëte.] LN 4–6 (M. 1932).
Gorlin, M.: Goethe in Rußland. In: ZfSlPh 9 (1932), S. 335–357, 10 (1933), S. 310–334.
Gronicka, A. v.: The Russian Image of Goethe. Philadelphia 1968.
Lauer, Reinhard: Hommage-Gedichte (A. I. Turgenev, V. A. Žukovskij, V. K. Kjuchel'beker an Goethe). In: ZfSlPh 42 (1981), S. 77–95.

Gottsched

Lehmann, Ulf: Der Gottsched-Kreis und Rußland. Deutsch-russische Literaturbeziehungen im Zeitalter der Aufklärung. B. 1966.

Hebbel

Engel-Braunschmidt, Annelore: Hebbel in Rußland (1840–1978). Gefeierter Dichter und verkannter Dramatiker. Gießen 1985.

Hegel

Tschiżewskij, Dmitrij (Hrsg.): Hegel bei den Slaven. Darmstadt ²1961.

Heine

Levinton, A. G.: Genrich Gejne. Bibliografija russkich perevodov i kritičeskoj literatury na russkom jazyke. M. 1958.
Gordon, Ja. I.: Gejne v Rossii. [I] (1830–1860-e gody), [II] (1870–1917). Dušanbe 1973, 1979.
Gordon, Ja. I.: Gejne v Rossii XX vek. Dušanbe 1983.
Kerndl, A.: Studien über Heine in Rußland. In: ZfSlPh 24 (1956), S. 91–155, S. 284–337.
Wachsmann, Konstanze: «Der sowjetische Heine». Die Heinrich Heine-Rezeption in den russischsprachigen kritischen und wissenschaftlichen Rezeptionstexten der Sowjetunion (1917–1953). Diss. Göttingen 1999.

Herder

Ziegengeist, G. (Hrsg.): Johann Gottfried Herder. Zur Herder-Rezeption in Ost- und Südosteuropa. B. 1978.

E. T. A. Hoffmann

Ingham, Norman W.: E. T. A. Hoffmann's Reception in Russia. Würzburg 1974.
Passage, Charles E.: The Russian Hoffmannists. The Hague 1963.

Holberg

Stender-Petersen, Adolf: Holberg og den russiske komedie i det 18de århunderede. In: Holberg årbog 1923, 1924, 1925.

Homer

Egunov, A. N.: Gomer v russkich perevodach XVIII–XIX vv. M., L. 1964.

Horaz

Busch, Wolfgang: Horaz in Rußland. Studien und Materialien. Mn. 1964.

Hugo

Achinger, Gerda: Victor Hugo in der Literatur der Puškinzeit (1823–1840). Die Aufnahme seiner Werke und seine Darstellung in der zeitgenössischen Literaturkritik. Köln 1991.

Ibsen

Nilsson, Nils Åke: Ibsen in Rußland. Stockholm 1958.

Heinrich von Kleist

Meyer-Fraatz, Andrea: Die slavische Moderne und Heinrich von Kleist. Zur zeitbedingten Rezeption eines Unzeitgemäßen in Rußland, Polen und Kroatien. Habilitationsschrift. Göttingen 1997.

Kotzebue

Giesemann, Gerhard: Kotzebue in Rußland. Materialien zu einer Wirkungsgeschichte. Ffm. 1971.

Leibniz

Richter, Liselotte: Leibniz und sein Rußlandbild. B. 1946.
Čučmarev, V. I.: G. V. Lejbnic i russkaja kul'tura. Iz istorii meždunarodnych i kul'turnych svjazej. M. 1968.

Lessing

Lauer, Reinhard: Skizze der Lessing-Rezeption in Rußland. In: Nation und Gelehrtenrepublik. Lessing im europäischen Zusammenhang. Hrsg. von W. Barner und A. M. Reh. Detroit, Mn. 1984. S. 325–343.

Mallarmé

Doubrovkine, R.: Stefan Mallarmé i Rossija/Stéphane Mallarmé et la Russie. Bern
u. a. 1998.

Nietzsche

Davis, Richard D.: Nietzsche in Russia 1892–1912. A Preliminary Bibliography.
In: Germano-Slavica II/2–3 (1976).
Danilevskij, R. Ju.: K istorii vosprijatija F. Nicše v Rossii. In: RL (1988), 4, S.
232–239.
Glatzer-Rosenthal, Bernice (Hrsg.): Nietzsche in Russia. Princeton 1986.

Ossian

Levin, Ju. D.: Ossian v russkoj literature. L. 1980.

Petrarca

Frančesko Petrarka. Bibliografičeskij ukazatel' russkich perevodov i kritičeskoj literatury na russkom jazyke. M. 1986.

E. A. Poe

Grossman, J. D.: Edgar Allan Poe in Russia. A Study in Legend and Literary
Influence. Würzburg 1973.

Riehl

Thiergen, Peter: Wilhelm Heinrich Riehl in Rußland (1856–1886). Studien zur
russischen Publizistik und Geistesgeschichte der zweiten Hälfte des 19. Jahrhunderts. Gießen 1978.

Rilke

Asadowski, Konstantin (Hrsg.): Rilke und Rußland. Briefe. Erinnerungen.
Gedichte. Ffm. 1986.
Brutzer, Sophie: Rilkes russische Reisen. Darmstadt 1969.
Čertkov, Leonid: Rilke in Rußland aufgrund neuer Materialien. Wien 1975.
Epp, George K.: Rilke und Rußland. Ffm. 1984.

George Sand

Korp, Carole: George Sand's Reception in Russia, 1832–1881. Diss. Michigan 1976.

Schelling

Setschkareff, Wsewolod: Schellings Einfluß in der russischen Literatur der 20er und 30er Jahre des XIX. Jahrhunderts. Lpz. 1939.

Schiller

Harder, Hans-Bernd: Schiller in Rußland. Materialien zu einer Wirkungsgeschichte, 1789–1814. Homburg u. a. 1969.
Kostka, E. K.: Schiller in Russian Literature. Philadelphia 1965.

Schlözer

Winter, E. (Hrsg.): August Ludwig von Schlözer und Rußland. B. 1961.

Schopenhauer

Baer, J. T.: Arthur Schopenhauer und die russische Literatur des späten 19. und des frühen 20. Jahrhunderts. Mn. 1980.

Scott

Al'tšuller, M. G.: Ėpocha Val'tera Skotta v Rossii. Istoričeskij roman 1830-ch godov. SPb. 1996.

Shakespeare

Alekseev, M. P. (Hrsg.): Šekspir i russkaja kul'tura. M., L. 1965.
Levin, Ju. D.: Šekspir i russkaja literatura XIX veka. L. 1988.

Spielhagen

Teplinskaja, N M.: Tvorčestvo Špil'gagena v ocenke russkich revoljucionno-demokratičeskich žurnalov 60-ch–načala 70-ch godov XIX veka. In: RL (1977), 3, S. 140–146.

Voltaire

Jazykov, D. D.: Vol'ter v russkoj literature. M. 1902.
Vol'ter. Stat'i i materialy. L. 1947.
Zaborov, P. R.: Russkaja literatura i Vol'ter. XVIII–pervaja tret' XIX veka. L. 1978.

Richard Wagner

Bartlett, Rosamund: Wagner and Russia. Cambridge 1995.

Sprache

Jachnow, Helmut u. a. (Hrsg.): Handbuch der sprachwissenschaftlichen Russistik
und ihrer Grenzdisziplinen. Wiesbaden 1999.
Boeck, W.; Fleckenstein, Ch.; Freydank, D.: Geschichte der russischen Literatur-
sprache. Düsseldorf 1974.
Vinogradov, V. V.: Očerki po istorii russkogo literaturnogo jazyka XVII–XIX
vekov. M. ³1982.
Vinogradov, V. V.; Švedova, N. Ju. (Hrsg.): Očerki po istoričeskoj grammatike russkogo literaturnogo jazyka XIX veka. Bd. 1–5. M. 1964.
Škljarevskij, G. I.: Istorija russkogo literaturnogo jazyka. Char'kov 1968.
Issatschenko, Alexander: Geschichte der russischen Sprache. Bd. 1–2. Heidelberg
1980–1983.
Živov, V. M.: Kul'turnye konflikty v istorii russkogo literaturnogo jazyka XVIII–
načala XIX veka. M. 1990.
Vasmer, Max: Russisches etymologisches Wörterbuch. Bd. 1–3. Heidelberg 1953–
58 (russ.: Maks Fasmer: Ètimologičeskij slovar' russkogo jazyka. Bd. 1–4. M.
1964–73).
Duličenko, Aleksandr D.: Russkij jazyk konca XX stoletija. Hrsg. von Werner Lehfeldt. Mn. 1994.
Slovar' tjuremno-lagerno-blatnogo žargona. Rečevoj i grafičeskij portret sovetskoj
tjurmy. M. 1992.
Nikitina, T. G.: Tak govorit molodëž': Slovar' slenga. Po materialam 70–90-ch
godov. SPb. ²1998.

Literarisches Leben

Berkov, P. N.: Istorija russkoj žurnalistiki XVIII veka. M., L. 1952.
Jampolskij, I. G.: Satiričeskaja žurnalistika 1860-ch godov. Žurnal revoljucionnoj
satiry «Iskra» (1859–1873). M. 1964.
Očerki istorii russkoj sovetskoj žurnalistiki. Hrsg. von A. G. Dement'ev. Bd. 1–2.
M. 1966–1968.
Bucharkin, P. E.: Pravoslavnaja cerkov' i russkaja literatura v 18–19 vekach (Pro-
blema kul'turnogo dialoga). SPb. 1996.

Kunik, A. (Hrsg.): Sbornik materialov dlja istorii Akademii nauk v XVIII veke. Bd. 1–2. SPb. 1865.

Nekrasov, Sergej: Rossijskaja Akademija. M. 1984.

Pekarskij, P.: Istorija Imperatorskoj Akademii nauk v Peterburge. SPb. 1870, 1873 (Nachdr. Lpz. 1977).

Dokumenty i materialy po istorii Moskovskogo universiteta vtoroj poloviny XVIII veka. Bd. 1–3. M. 1960–63.

Istorija Moskovskogo universiteta. Bd. 1–2. M. 1955.

Aronson, M., Rejser, S.: Literaturnye kružki i salony. L. 1929 (Nachdr. Lpz. 1973).

«Arzamas» i arzamasskie protokolly. L. 1933.

Brodskij, N. L.: Literaturnye salony i kružki. Pervaja polovina XIX veka. M., L. 1930.

Gilleľson, M. I.: Ot arzamasskogo bratstva k puškinskomu krugu pisatelej. L. 1977.

Kamenskij, Z. A.: Moskovskij kružok ljubomudrov. M. 1980.

Belov, S. V.: Russkie izdateli konca XIX–načala XX veka. L. 1976.

Grič, T.; Trenin, V.; Nikitin, N.: Slovesnosť i kommercija. M. 1927.

Bank, B. V.: Izučenie čitatelej v Rossii (XIX v.). M. 1969.

Berkov, P. N.: Russkie knigoljuby. M., L. 1967.

Kniga v Rossii do serediny XIX veka. Hrsg. von A. A. Sidorov und S. P. Luppov. L. 1978.

Sipovskij, V. V.: Iz istorii russkoj literatury XVIII veka. (Opyt statističeskich nabljudenij.) SPb. 1901.

Lemke, M.: Očerki po istorii russkoj cenzury i žurnalistiki XIX stoletija. SPb. ²1909 (Nachdr. The Hague-Paris 1970).

Lemke, M.: Nikolaevskie žandarmy i literatura 1826–1855 gg. SPb. 1908.

Epsmark, Kjell: Der Nobelpreis für Literatur. Prinzipien und Bewertungen hinter den Entscheidungen. Aus dem Schwedischen von Ruprecht Volz und Fritz Paul. Göttingen 1988.

Autoren

Anna Achmatova

Éjchenbaum, B.: Anna Achmatova. Pg. 1923.

Haight, Amanda: Anna Akhmatova. A Poetic Pilgrimage. New York u. a. 1976.

Pavlovskij, A. I.: Anna Achmatova. Očerk tvorčestva. L. 1966.

Žirmunskij, V. M.: Tvorčestvo Anny Achmatovoj. L. 1973.

Dalos, György: Der Gast aus der Zukunft. Anna Achmatowa und Sir Isaiah Berlin. Eine Liebesgeschichte. Deutsche Bearbeitung von Elsbeth Zylla. Hamburg 1996.

Dobin, E. S.: Poèzija Anny Achmatovoj. L. 1968.

Dudek, Gerhard (Hrsg.): Anna Achmatova. Lpz. [1991].

Kružkov, G.: «Ty opozdal na mnogo let …» Kto geroj «Poèmy bez geroja»?. In: Novyj mir 3/1993, S. 216–226.

Ketchian, Sonia: The Poetry of Anna Akhmatova. A Conquest of Time and Space. Mn. 1986.

Kravcova, I. G. u. a. (Hrsg.): Muzej Anny Achmatovoj. L. 1991.

Kusmina, Je.: Anna Achmatova. B. 1993.

Mierau, Fritz: Vorabend 1913 und 1940. Jahrhundertbild und Gattungsevolution in Anna Achmatovas «Poem ohne Held» (1940–1962). In: Konzepte (Lpz.) 1979, S. 143–161.

Verheul, Kees: The Theme of Time in the Poetry of Anna Akhmatova. Den Haag 1971.

V. P. Aksënov

Kessler, Stephen: Erzähltechniken und Informationsvergabe in Vasilij Aksenovs «Ožog», «Zolotaja naša železka» und «Poiski žanra». Mn. 1998.

M. Aldanov

Setschkareff, Vsevolod: Die philosophischen Aspekte von Mark Aldanovs Werk. Mn. 1996.

L. N. Andreev

Martini, Angela: Erzähltechniken Leonid Nikolaevič Andreevs. Mn. 1978.

I. F. Annenskij

Setschkareff, Vsevolod: Studies in the Life and Work of Innokentij Annenskij. The Hague 1963.

Conrad, Barbara: I. F. Annenskijs poetische Reflexionen. Mn. 1976.

Ingold, Felix Philipp: Innokentij Annenskij. Sein Beitrag zur Poetik des russischen Symbolismus. Bern 1970.

V. P. Astaf'ev

Isaakjan, Aschot R.: Glossar und Kommentare zu V. Astaf'evs «Der traurige Detektiv». Mn. 1989.

I. È. Babel'

Carden, Patricia: The Art of Isaak Babel. Ithaka, London 1972.

Levin, F.: I. Babel'. Očerk tvorčestva. M. 1972.

Morsbach, Petra: Isaak Babel' auf der sowjetischen Bühne. Mn. 1983.

È. G. Bagrickij

Roždestvenskaja, I.: Poèzija Èduarda Bagrickogo. L. 1967.

K. D. Bal'mont

Schneider, Hildegard: Der frühe Bal'mont. Untersuchungen zu seiner Metaphorik. Mn. 1970.

E. A. Baratynskij

Kjetsaa, Geir [Chetso, Gejr]: Evgenij Baratynskij: Žizn' i tvorčestvo. Oslo 1973.

Al'mi, I. L.: Metod i stil' liriki E. A. Baratynskogo. In: RL 1 (1968), 1, S. 96–106.

Udolph, Ludger: Dichter und Dichtung bei E. A. Boratynskij. In: ZfSlPh 52 (1992), S. 33–49.

K. N. Batjuškov

Majkov, L. N.: Batjuškov, ego žizn' i sočinenija. SPb. ²1896.
Fridman, N. V.: Proza Batjuškova. M. 1965.
Fridman, N. V.: Poėzija Batjuškova. M. 1971.

V. G. Belinskij

Nečaeva, V. S.: V. G. Belinskij. Žizn' i tvorčestvo 1842–1848. Bd. 1–3. M. 1967.
Browman, H. E.: Vissarion Belinski 1811–1848. A Study in the Origins of Social Criticism in Russia. New York 1969.
Fasting, Sigurd: V. G. Belinskij. Die Entwicklung seiner Literaturtheorie. I. Bergen u. a. 1972.
Mordovčenko, N. I.: Belinskij i russkaja literatura ego vremeni. M., L. 1950.

Andrej Belyj

Močul'skij, K.: Andrej Belyj. Paris 1955.
Christa, Boris: The Poetic of Andrej Belyj. Amsterdam 1977.
Cioran, S. D.: The Apocalyptic Symbolism of Andrej Belyj. The Hague, Paris 1973.
Hönig, Anton: Andrej Belyjs Romane. Stil und Gehalt. Mn. 1965.
Burkhart, Dagmar: Schwarze Kuben – roter Domino. Eine Strukturbeschreibung von Andrej Belyjs Roman «Peterburg». Ffm. u. a. 1984.
Zink, Andrea: Belyjs Rezeption der Philosophie Kants, Nietzsches und der Neukantianer. Mn. 1998.

N. A. Berdjaev

Dietrich, Wilhelm: Provokation der Person. Nikolai Berdjajew in den Impulsen seines Denkens. Bd. 1–5. Gelnhausen u. a. 1975ff.
Meusel, J.: Geschichtlichkeit und Mystik im Denken Nikolai Berdjajews. B. 1962.
Porret, Eugène: Nikolaj Berdjajew und die christliche Philosophie in Rußland. Heidelberg 1950.
Zelinsky, Bodo: Schönheit und Schöpfertum. Ein Versuch über die Kunstphilosophie Nikolaj Berdjaevs. In: Zeitschrift für Ästhetik und Allgemeine Kunstwissenschaft 17 (1972), S. 5–114.

O. Berggol'c

Fiedler-Stolz, Eva-Maria: Ol'ga Bergggol'c. Aspekte ihres lyrischen Werks. Mn. 1977.
Tschöpl, Carin: Die sowjetische Lyrik-Diskussion. Ol'ga Berggol'c' Leningrader Blockadedichtung als Paradigma. Mn. 1988.

A. G. Bitov

Kary, Dunja: Postmoderne metahistoriographische Fiktion und Andrej Bitovs *Puškinskij dom*. Ffm. u. a. 1999.
Chances, E.: Andrej Bitov. The Ecology of Inspiration. Cambridge 1993.
Leitner, Andreas: Andrej Bitovs «Puschkinhaus» als postmoderner Roman. In: WSlA 22 (1988), S. 213–226.

Schmid, Wolf: Materialien zu einer Bitov-Bibliographie. In: WSlA 4 (1979), S. 481–495.

Schmid, Wolf: Verfremdung bei A. Bitov. In: WSlA 5 (1980), S. 25–53.

A. A. Blok

Pyman, A.: The Life of Alexander Blok. Bd. 1–2. Oxford 1979/80.

Kruk, I. T.: Poèzija Aleksandra Bloka. M. 1970.

Minc, Z. G.: Lirika A. Bloka. Bd. 1–4. Tartu 1965–1975.

Maksimov, D.: Poèzija i proza Al. Bloka. L. 1975.

Bergstraesser, Dorothea: Aleksandr Blok und «Die Zwölf». Heidelberg 1979.

Orlov, V. N.: Poèma Aleksandra Bloka «Dvenadcat». M. ^{2}1967.

Peters, Johanne: Farbe und Licht. Symbolik bei Aleksandr Blok. München 1981.

Kluge, Rolf-Dieter: Westeuropa und Rußland im Weltbild Aleksandr Bloks. Mn. 1967.

P. D. Boborykin

Blanck, Kirsten: P. D. Boborykin. Studien zur Theorie und Praxis des naturalistischen Romans in Rußland. Wiesbaden 1990.

V. Ja. Brjusov

Močul'skij, K.: Valerij Brjusov. Paris 1962.

Flickinger, Brigitte: Valerij Brjusov. Dichtung als Magie. Kritische Analyse des «Feurigen Engels». Mn. 1976.

Rice, Martin P.: Briusov and the Rise of Russian Symbolism. Ann Arbor 1975.

Schmidt, Alexander: Valerij Brjusovs Beitrag zur Literaturtheorie. Aus der Geschichte des russischen Symbolismus. Mn. 1963.

Siwczyk-Lammers, Sabine: Brjusov und Zeitgeschichte. Eine Studie zur politischen Lyrik im Symbolismus. Diss. Göttingen 1999.

I. A. Brodskij

Iosif Brodskij. Tvorčestvo, ličnost', sud'ba. Itogi trëch konferencij. SPb. 1998.

Kreps, M.: O poèzii Iosifa Brodskogo. Ann Arbor 1984.

Lapidus, A. Ja.: Iosif Brodskij. Ukazatel' literatury na russkom jazyke za 1962–1995 gg. SPb. 1997.

Losev, L. (Hrsg.): Poètika Brodskogo. Tenafly/New Jersey 1986.

Komarov, G. u. a. (Hrsg.): Iosif Brodskij razmerom podlinnika. Tallinn 1990.

MacFadyen, David: Joseph Brodsky and the Baroque. Liverpool 1998.

Poluchina, V.; Prjali, Ju.: Slovar' tropov Brodskogo (Na materiale sbornika «Čast' reči»). Tartu 1995.

M. A. Bulgakov

Tvorčestvo Michaila Bulgakova. Issledovanija. Materialy. Bibliografija. SPb. 1995.

Jablokov, E.: Motivy prozy Michaila Bulgakova. M. 1997.

Lesskis, G. A.: Triptich M. A. Bulgakova o russkoj revoljucii: «Belaja gvardija», «Zapiski pokojnika», «Master i Margarita». Kommentarii. M. 1999.

Nölke Floyd, Monika: Michail Bulgakovs *Kabala svjatoš*. Formen und Funktionen der Annäherung an Molière. Ffm. u. a. 1997.

I. A. Bunin

Elbel, A.: Die Erzählungen Ivan Bunins 1890–1917. Eine systematische Studie über Form und Gehalt. Gießen 1975.

Klöver, Silke: Farbe, Licht und Glanz als dichterische Ausdrucksmittel in der Lyrik Ivan Bunins. Mn. 1992.

Kryzytski, Serge: The Works of Ivan Bunin. The Hague, Paris 1971.

Meyer, Andrea: Die Sonettdichtung Ivan Bunins. Wiesbaden 1990.

Zweers, Alexander F.: The Narratology of the Autobiography. An Analysis of the Literary Devices Employed in Ivan Bunin's *The Life of Arsen'ev*. New York, Bern, u. a. 1997.

P. Ja. Čaadaev

Falk, Heinrich: Das Weltbild P. J. Tschaadajews nach seinen acht Philosophischen Briefen. Mn. 1954.

Lebedev, A. A.: Čaadaev. M. 1967.

McNally, R. T.: Chaadaev and his friends. An intellectuell History of P. Chaadaev and his Russian Contemporaries. Tallahassee 1971.

A. P. Čechov

Wolffheim, Elsbeth: Anton Čechov in Selbstzeugnissen und Bilddokumenten. Reinbek bei Hamburg 1982.

Bicilli, P. M.: Anton P. Čechov. Das Werk und sein Stil. Übersetzt von V. Sieveking. Mn. 1966.

Eekman, T. A. (Hrsg.): Anton Čechov. Some Essays. Leiden 1960.

Kluge, Rolf-Dieter (Hrsg.): Anton P. Čechov: Werk und Wirkung. Bd. 1–2. Wiesbaden 1990.

Kataev, Vladimir B. u. a. (Hrsg.): Anton P. Čechov. Philosophische und religiöse Dimensionen im Leben und im Werk. Mn. 1997.

Selge, Gabriele: Anton Čechovs Menschenbild. Materialien zu einer poetischen Anthropologie. Mn. 1970.

Kataev, V. B. (Hrsg.): Čechoviana. Čechov i Puškin. M. 1998.

Čudakov, A. P.: Poètika Čechova. M. 1971.

Berdnikov, G. B.: Čechov dramaturg. M. [3]1981.

Dlugosch, Ingrid: Anton Pavlovič Čechov und das Theater des Absurden. Mn. 1977.

Schmid, Herta: Strukturalistische Dramenanalyse. Semantische Analyse von Čechovs «Ivanov» und «Der Kirschgarten». Kronberg 1973.

Fortunatov, N. M.: Architektonika čechovskoj novelly. Gor'kij 1975.

Freise, Matthias: Die Prosa Anton Čechovs. Eine Untersuchung im Ausgang von Einzelanalysen. Amsterdam, Atlanta, GA 1997.

Daniil Charms

Kasack, Wolfgang: Daniil Charms. Absurde Kunst in der Sowjetunion. In: WdSl 2 (1976), S. 70–80.

Boden, Dieter: Puschkin in der Hängematte: Die «Anekdoten» des Daniil Charms. In: Arion. Jahrbuch der Deutschen Puschkin-Gesellschaft 3 (1996), S. 52–60.

Cornwell, N. (Hrsg.): Daniil Charms and the Poetics of the Absurd. Essays and Materials. London 1991.

Göbler, Frank: Daniil Charms' «Slučai» (Fälle) und die russischen Volksmärchen. In: ZfSlPh 55 (1995/96), S. 27–53.

Meyer-Fraatz, Andrea: Daniil Charms als Übersetzer Wilhelm Buschs. Zur russischen Übersetzung von «Plisch und Plum». In: «Ite meis manibus gestati saepe libelli». Studii slavica Ioanni Schultze. Hrsg. von W. Lehfeldt. Göttingen 1995, S. 127–137.

M. M. Cheraskov

Thiergen, Peter: Studien zu M. M. Cheraskovs Versepos «Rossijada». Materialien und Beobachtungen. Diss. Bonn 1970.

Velimir Chlebnikov

Stepanov, N.: Velimir Chlebnikov. Žizn' i tvorčestvo. M. 1975.

Holthusen, Johannes (Hrsg.): Velimir Chlebnikov 1885–1985. Mn. 1986.

Stobbe, P.: Utopisches Denken bei V. Chlebnikov. Mn. 1982.

V. F. Chodasevič

Bethea, D. M.: Khodasevich. His Life and Art. Princeton 1983.

Göbler, Frank: Vladislav F. Chodasevič. Dualität und Distanz als Grundzüge seiner Lyrik. Mn. 1988.

A. S. Chomjakov

Udolph, Ludger: A. S. Chomjakovs *Jermak* als Tragödie. In: Gattungen in den slavischen Literaturen. FS für Alfred Rammelmeyer. Köln, Wien 1988, S. 301–314.

M. I. Cvetaeva

Karlinsky, Simon: Marina Cvetaeva. Her Life and Art. Berkeley 1966.

Hansen-Löve, Aage (Hrsg.): Marina Cvetaeva. Studien und Materialien. (WSlA, Sonderband 3) Wien 1981.

Bott, Marie-Luise: Studien zum Werk Marina Cvetaevas. Ffm. u a. 1984.

Hasty, Olga Peters: Tsvetaeva's Journeys in the Worlds of the Word. Evanstan III 1996.

Wytrzens, Günther: Eine russische dichterische Gestaltung der Sage vom Hamelner Rattenfänger. Wien 1981.

A. A. Del'vig

Koehler, L:. A. A. Del'vig. A Classicist in the Time of Romanticism. The Hague, Paris 1970.

Blinova, E. M.: Literaturnaja gazeta A. A. Del'viga. M. 1966.

G. R. Deržavin

Michajlov, Oleg: Deržavin. M. 1977.

Serman, I. Z.: Gavrila Romanovič Deržavin. L. 1967.

Zapadov, V. A.: Poèzija Deržavina. M. 1959.

Buslaev, F. I.: Illustracija stichotvorenij Deržavina. In: Ders.: Moi dosugi. Bd. 2. M. 1886, S. 70–166.

Kölle, Helmut: Farbe, Licht und Klang in der malenden Poesie Deržavins. Mit einem Nachwort von Dmitrij Tschiżewskij. Mn. 1966.

Watts, Th. J. III: G. R. Deržavin's Path to the Pre-Romantic Lyric. Diss. New York 1976.

L. I. Dobyčin

Schramm, Caroline: Leonid Dobyčins Prosa im Kontext der totalitären Ästhetik. Ffm. u. a. 1999.

Rakusa, Ilma: Wenn die Welt zerfällt. Leonid Dobytschins Roman «Im Gouvernement S». In: NZZ, 30. Jan. 1997, Nr. 24, S. 33.

F. M. Dostoevskij

Braun, Maximilian: Dostojewskij. Das Gesamtwerk als Vielfalt und Einheit. Göttingen 1976.

Kasack, Wolfgang: Dostojewski. Leben und Werk. Ffm. 1998.

Kjetsaa, Geir: Dostojewskij. Sträfling – Spieler – Dichterfürst. Gernsbach 1986.

Lavrin, Janko: Fjodor M. Dostojevskij in Selbstzeugnissen und Bilddokumenten. Reinbek bei Hamburg 1963.

Motchoulski, C.: Dostoievski. L'homme et l'œuvre. Paris 1963.

Müller, Ludolf: Dostojewskij. Sein Leben, sein Werk, sein Vermächtnis. Mn. 1982.

Setzer, Heinz; Müller, Ludolf; Kluge, Rolf-Dieter (Hrsg.): Fjodor Michajlowitsch Dostojewski. Dichter, Denker, Visionär. Tübingen 1998.

Bachtin, M.: Problemy poėtiki Dostoevskogo. M. ³1972.

Fridlender, G. M.: Realizm Dostoevskogo. M., L. 1964.

Gerhardt, Dietrich: Gogol' und Dostojevski in ihrem künstlerischen Verhältnis. Versuch einer zusammenfassenden Darstellung. Lpz. 1941 (Nachdr. 1970).

Holthusen, Johannes: Prinzipien der Komposition und des Erzählens bei Dostojevskij. Köln, Opladen 1968.

Iwanow, Wjatscheslaw: Dostojewski und die Romantragödie. Lpz., Wien 1922.

Neuhäuser, Rudolf: Das Frühwerk Dostoevskijs. Literarische Tradition und gesellschaftlicher Anspruch. Heidelberg 1979.

Schmid, Wolf: Der Textaufbau in den Erzählungen Dostoevskijs. Mn. 1973.

Zimmermann, G.: Bildersprache in F. M. Dostoevskijs «Zapiski iz podpol'ja». Diss. Göttingen 1971.

Schultze, Brigitte: Der Dialog in F. M. Dostoevskijs «Idiot». Mn. 1974.

Anderson, Nancy K.: The Perverted Ideal in Dostoevsky's *The Devils*. New York u. a. 1997.

Dolinin, A. S.: Poslednie romany Dostoevskogo. Kak sozdavalis' «Podrostok» i «Brat'ja Karamazovy». M., L. 1963.

Gerigk, Horst-Jürgen: Versuch über Dostoevskijs «Jüngling». Mn. 1965.

Gerigk, Horst-Jürgen (Hrsg.): «Die Brüder Karamasow». Dostojewskijs letzter Roman in heutiger Sicht. Dresden 1997.

Schmid, Wolf: Die «Brüder Karamazov» als religiöser «nadryv» ihres Autors. In: Orthodoxien und Häresien in den slavischen Literaturen. Hrsg. von Rolf Fieguth. Wien 1996 (= WSlA, Sonderband 41), S. 25–50.

Doerne, Martin: Tolstoj und Dostojewskij: Zwei christliche Utopien. Göttingen 1969.

Drewermann, Eugen: Daß auch der Allerniedrigste mein Bruder sei. Dostojewski – Dichter der Menschlichkeit. Fünf Betrachtungen. Zürich, Düsseldorf 1998.

Gus, M. S.: Idei i obrazy F. M. Dostoevskogo. M. ^{2}1971.

Ingold, Felix Philipp: Dostojewskij und das Judentum. Ffm. 1981.

Meerson, Olga: Dostoevsky's Taboos. Dresden 1997.

Onasch, Konrad: Dostojewski-Biographie. Materialsammlung zur Beschäftigung mit religiösen und theologischen Fragen in der Dichtung F. M. Dostojewskis. Zürich 1960.

Onasch, Konrad: Dostojewski als Verführer. Christentum und Kunst in der Dichtung Dostojewskis. Ein Versuch. Zürich 1961.

Schulze, Christiane: Aspekte der Schillerschen Kunsttheorie im Literaturkonzept Dostoevskijs. Mn. 1992.

Torop, Peéter: Dostoevskij: istorija i ideologija. Tartu 1997.

I. G. Èrenburg

Bérard, Ewa: La vie tumultueuse d'Ilya Ehrenburg, Juif, Russe et Soviétique. Paris 1991.

Hammermann, R.-R.: Die satirischen Werke von Il'ja Èrenburg. Wien 1978.

Ilja Ehrenburg und die Deutschen. Deutsch-Russisches Museum. B.-Karlshorst 1997.

Lauer, Reinhard: Il'ja Èrenburg und die russische Tauwetter-Literatur. Göttingen 1975.

Siegel, Holger: Ästhetische Theorie und künstlerische Praxis bei Il'ja Èrenburg 1921–1932. Studien zum Verhältnis von Kunst und Revolution. Tübingen 1979.

V. V. Erofeev

Levin, Jurij: Kommentarij k poéme «Moskva-Petuški» Venedikta Erofeeva. Graz 1996.

Ryan-Hayes, Karen L. (Hrsg.): Venedikt Erofeev's *Moscow-Petushki*. Critical Perspectives. New York, u. a. 1997.

Stewart, Neil: «Vstan' i vspominaj». Auferstehung als Collage in Venedikt Erofeevs *Moskva-Petuški*. Ffm. u. a. 1999.

S. A. Esenin

Jušin, P. F.: Sergej Esenin. Idejno-tvorčeskaja èvolucija. M. 1960.

Naumov, E. I.: Sergej Esenin. Ličnost' – tvorčestvo – èpocha. L. 1969.

Auras, Christiane: Sergej Esenin: Bilder- und Symbolwelt. Mn. 1965.

Bazanov, M. (Hrsg.): Esenin i sovremennost'. M. 1975.

Galkina-Fedoruk, E. M.: O stile poèzii Esenina. M. 1965.

Glitsch, Silke: Die Konstituierung von Utopie in Sergej Esenins Poem «Inonija». Wiesbaden 1996.

Visson, Lynn: Sergej Esenin: Poet of the Crossroads. Würzburg 1980.

A. A. Fadeev

Ozerov, V.: Aleksandr Fadeev. Tvorčeskij put'. M. ^{4}1976.

K. A. Fedin

Blum, Julius M.: Konstantin Fedin. The Hague, Paris 1967.

Brajnina, B.: Konstantin Fedin. M. 1962.

A. A. Fet

Buchštab, B. Ja.: A. A. Fet. Očerk žizni i tvorčestva. L. 1974.
A. A. Fet. Poèt i myslitel'. Sbornik naučnych trudov. M. 1999.
Ozerov, L. Ja.: A. A. Fet. O masterstve poèta. M. 1970.
Blagoj, D.: O «Večernich ognjach» A. Feta. M. 1975.

K. M. Fofanov

Fenner, Ingrid: Zur Poetik des Lyrikers Konstantin M. Fofanov. Mn. 1998.

D. I. Fonvizin

Makogonenko, G. P.: Denis Fonvizin. Tvorčeskij put'. M., L. 1961.
Pigarëv, K. V.: Tvorčestvo Fonvizina. M. 1954.
Kočetkova, N. D.: Fonvizin v Peterburge. L. 1984.

A. P. Gajdar

Fraerman, R. I. (Hrsg.): Žizn' i tvorčestvo A. P. Gajdara. M. 1954.
Emel'janov, Boris: O smelom vsadnike (Gajdar). M. 1974.

V. M. Garšin

Henry, Peter: A Hamlet of his Time. Vsevolod Garshin. The Man, his Work and his Milieu. Oxford 1983.
Stenborg, Lennart: Studien zur Erzähltechnik in den Novellen V. M. Garšins. Uppsala 1972.

N. V. Gerbel'

Engel-Braunschmidt, Annelore: Deutsche Dichter in Rußland im 19. Jahrhundert. N. V. Gerbels «Deutsche Dichter in Biographien und Proben» als Zentrum der Kenntnis und Verbreitung deutscher Dichtung. Mn. 1973.

A. I. Gercen (Herzen)

Ėl'sberg, Ja. E.: Gercen. Žizn' i tvorčestvo. M. ³1963.
Putincev, V. A.: Gercen – pisatel'. M. ²1963.
Volgin, V. P. u. a. (Hrsg.): Problemy izučenija Gercena. M. 1963.
Piroschkow, Vera: Alexander Herzen. Der Zusammenbruch einer Utopie. Mn. 1961.
Bontadina, Nadja: Alexander Herzen und die Schweiz. Das Verhältnis des russischen Publizisten und Aristokraten zur einzigen Republik im Europa seiner Zeit. Bern u. a. 1999.
Ginzburg, L. Ja.: «Byloe i dumy» Gercena. M. 1957.
Winter, R. L.: Narrative Devices in the Fiction of Alexander Herzen. Diss. Columbia 1971.
Družakova, Elena: Gercen na Zapade. V labirinte nadežd, slavy i otrečenij. SPb. 1999.
Reissner, Eberhard: Alexander Herzen in Deutschland. B. 1963.
Ziegengeist, Gerhard: Herzen und Herwegh. In: ZfSl 7 (1962), S. 210–215.

N. V. Gogol'

Braun, Maximilian: N. W. Gogol. Eine literarische Biographie. Mn. 1973.
Keil, Rolf-Dietrich: Nikolaj W. Gogol: Mit Selbstzeugnissen und Bilddokumenten dargestellt. Reinbek bei Hamburg 1985.
Setschkareff, Vsevolod: N. V. Gogol. Leben und Schaffen. B. 1953.
Amberg, Lorono: Kirche, Liturgie und Frömmigkeit im Schaffen von N. V. Gogol'. Bern 1986.
Belyj, Andrej: Masterstvo Gogolja. M. ²1996.
Gukovskij, G. A.: Realizm Gogolja. M., L. 1959.
Mann, Ju.: Poètika Gogolja. M. 1978.
Nabokov, Vladimir: Nikolaj Gogol. Reinbek bei Hamburg 1990.
Günther, Hans: Das Groteske bei N. V. Gogol'. Mn. 1968.
Langer, Gudrun: Schöne Synthese oder diabolische Mischung? Zum Problem des Schönen in Gogol's Frühwerk. In: ZfSlPh 51 (1991), S. 1–31.
Lauer, Reinhard: Die intrigenlose Komödie. Zur Motivstruktur von N. V. Gogol's *Revizor*. In: Gattungsinnovation und Motivstruktur. Hrsg. von Theodor Wolpers. Teil 2. Göttingen 1992, S. 55–96
Schultze, Brigitte: Die sichtbare und die verdeckte Komödie. N. V. Gogol's *Revizor* (Der Revisor). In: Franz Norbert Mennemeier (Hrsg.): Die großen Komödien Europas. Bern 2000, S. 241–264.
Chrapčenko, M. B.: «Mërtvye duši» N. V. Gogolja. M. 1952.

Ja. È. Golosovker

Graf, Alexander: *Sožžënnyj roman* Ja. È. Golosovkera v kontekste *Legendy o velikom inkvizitore* F. M. Dostoevskogo i romana M. Bulgakova *Master i Margarita*. In: Studia russica II (= Slavica Tergestina 6). Triest 1998, S. 125–144.

I. A. Gončarov

Setschkareff, Vsevolod: Ivan Gončarov. His Life und his Works. Würzburg 1974.
Ehre, M.: Oblomov and his Creator. Princeton 1973.
Huwyler-Van der Haegen, Annette: Gončarovs drei Romane – eine Trilogie? Mn. 1991.
Lohff, Ulrich M.: Die Bildlichkeit in den Romanen Ivan Aleksandrovič Gončarovs (1812–1891). Mn. 1977.
Pruckov, N. I.: Masterstvo Gončarova romanista. M. 1962.
Rothe, Hans: Die Schlucht. Ivan Gontscharov und der «Realismus» nach Turgenev und vor Dostojevskij. Opladen 1991.
Russel, M.: Untersuchungen zur Theorie und Praxis der Typisierung bei I. A. Gončarov. Mn. 1978.

Maksim Gor'kij

Gourfinkel, Nina: Maxim Gorki in Selbstzeugnissen und Bilddokumenten. Hamburg 1958.
Kjetsaa, Geir: Maxim Gorki. Eine Biographie. Aus dem Norwegischen von Ingrid Sack. Hildesheim 1996.
Meineke, Rudolf: Maxim Gorkis Persönlichkeit und seine Schriften. Hamburg 1908.

Troyat, Henri: Gorki. Sturmvogel der Revolution. Eine Biographie. Mn. 1990.

Vaksberg, Arkadij: Gibel' Burevestnika. M. Gor'kij: poslednie dvadcat' let. M. 1999.

Barratt, Andrew: The Early Fiction of Maksim Gorky. Six Essays in Interpretation. Nottingham 1993.

Bartel, Norbert: Untersuchungen zur Romantechnik bei Maksim Gork'ij. Diss. Mn. 1955.

Gor'kij i ego èpocha. Bd. 1–4. M. 1989–1995.

Knigge, Armin: Maksim Gorki. Das literarische Werk. Mn. 1994.

Kaleps, B. A.: Gorkis Glaube und seine verschiedenen Konflikte mit der Umwelt. Diss. Heidelberg 1963.

Middeke, Annegret: Lieder in Gor'kijs frühen Erzählungen. Konstitution und Scheitern des neoromantischen Literaturmodells. In: ZfSlPh 58 (1999), S. 341–354.

Ninov, N.: Maksim Gor'kij i Bunin. Istorija otnošenij. Problemy tvorčestva. L. 1973.

Salnikov, N.: Die Gestalt und die Ethik des Kleinbürgers im Werk Gor'kijs. Graz 1969.

A. S. Griboedov

A. S. Griboedov. 1795–1829. Sbornik statej. M. 1946.

Kośny, Witold: A. S. Griboedov – Poet und Minister. Die zeitgenössische Rezeption seiner Komödie «Gore ot uma» (1824–1832). Wiesbaden 1985.

Piksanov, N. K.: Tvorčeskaja istorija «Gorja ot uma». M. 1971.

Ap. A. Grigor'ev

Lehmann, Jürgen: Der Einfluß der Philosophie des deutschen Idealismus in der russischen Literaturkritik des 19. Jahrhunderts. Die «organische» Kritik Apollon A. Grigor'evs. Heidelberg 1975.

N. S. Gumilëv

Luknickaja, Vera: Nikolaj Gumilëv. Žizn' poèta po materialam domašnego archiva sem'i Luknickich. L. 1990.

Nikolaj Gumilëv. Issledovanija i materialy. Bibliografija. SPb. 1994.

Kravcova, I. G. (Hrsg.): N. Gumilëv i russkij Parnas. SPb. 1992.

I. Il'f/E. Petrov

Galanov, B.: Il'ja Il'f i Evgenij Petrov. M. 1961.

Vulis, A. I.: Il'ja Il'f i Evgenij Petrov. Očerk tvorčestva. M. 1960.

Ščeglov, Ju. K.: Romany I. Il'fa i E. Petrova i sputnik čitatelja. Wien 1990/91 (= WSlA, Sonderband 26).

Zehrer, Ute-Marianne: «Dvenadcat' stul'ev» und «Zolotoj telënok» von I. Il'f und E. Petrov. Entstehung, Struktur, Thematik. Diss. Gießen 1975.

Vjač. I. Ivanov

Potthoff, Wilfried (Hrsg.): Vjačeslav Ivanov. Russischer Dichter – europäischer Kulturphilosoph. Heidelberg 1993.

Tschöpl, Carin: Vjačeslav Ivanov. Dichtung und Dichtungstheorie. Mn. 1968.

Vjačeslav Ivanov. Archivnye materialy i issledovanija. M. 1999.

N. M. Jazykov

Leong, A.: The Poetics of N. M. Jazykov. Chicago 1970.
Lilly, I. K.: Družeskie stichotvornye poslanija N. M. Jazykova. Clayton 1971.

A. S. Kajsarov

Lauer, Reinhard: Andrej Sergeevič Kajsarov in Göttingen. In: Göttinger Jahrbuch 1971 (19. Folge), S. 131–149.
Lotman, Ju. M.: A. S. Kajsarov i literaturno-obščestvennaja bor'ba ego vremeni. Tartu 1958.

A. D. Kantemir

Ehrhard, M.: Le prince Cantemir à Paris. Paris 1938.
Graßhoff, H.: Antioch Dmitrievič Kantemir und Westeuropa. B. 1966.
Nandriş, G.: L'influence italienne sur A Cantemir. In: Annali dell' Instituto Universitario Orientale. Sezione slava VI (Neapel 1963), S. 17–39.
Prijma, F. Ja.: Antioch Kantemir i ego francuzskie literaturnye svjazi. In: RL 1 (1957), S. 7–45.

N. M. Karamzin

Bächtold, R.: Karamzins Weg zur Geschichte. Basel 1946.
Kočetkova, N. D.: N. M. Karamzin i russkaja poėzija konca 80-ch-pervoj poloviny 90-ch godov XVIII v. Avtoreferat diss. L. 1964.
Lotman, Ju. M.: Sotvorenie Karamzina, M. 1987.
Rothe, Hans: Karamzinstudien I, II. In: ZfSlPh 29 (1960), S. 102–125; 30 (1962), S. 272–306.
Rothe, Hans: N. M. Karamzins europäische Reise: Der Beginn des russischen Romans. Philologische Untersuchungen. Bad Homburg v. d. H. u. a. 1968.
Sipovskij, V. V.: N. M. Karamzin, avtor «Pisem russkogo putešestvennika». SPb. 1899.
Trost, Klaus: Karamzin und das Igorlied. Ein Beitrag zur Kontroverse um die Echtheit des Igorlieds. In: AfSlPh 7 (1974), S. 128–145.

P. A. Katenin

L'Hermite, R.: P. A. Katénine, sa vie et son œuvre. Paris 1970.
Rothe, Hans: Philologische Ausgrabungen oder Katenin und die Nachwelt. In: ZfSlPh 36 (1972), S. 237–265.
Rothe, Hans: Kateninstudien II: Vers, Strophe und Gattung in Katenins Balladendichtung. In: ZfSlPh 37 (1973), S. 117–138.

Katharina die Große (Ekaterina II.)

Fleischhacker, Hedwig: Mit Feder und Szepter. Katharina II. als Autorin. Stgt. 1978.
Katharina die Große. Eine Ausstellung der Staatlichen Museen Kassel usw. Kassel 1997.
McKenna, K. J.: Catherine the Greats «Vsiakaia vsiachina» and «The Spectator». Tradition of the Satirical Journal of Morals and Manners. Diss. Colorado at Baulder 1980.

B. A. Kaverin

Oulanoff, Hongor: The Prose Fiction of Veniamin A. Kaverin. Cambridge/Mass. 1976.

N. A. Kljuev

Breidert, Eberhard: Studien zu Versifikation, Klangmitteln und Strophierung bei N. A. Kljuev. Diss. Bonn 1970.
Nikolaj Kljuev. Issledovanija i materialy. Hrsg. von S. I. Subbotin. M. 1997.

V. G. Korolenko

Häusler, Eugen: Vladimir Korolenko und sein Werk. Königsberg 1930.
Comtet, Maurice: Vladimir Galaktionovič Korolenko (1853–1921). L'homme et l'œuvre. Lille, Paris 1975.
Korolenko, Vladimir G.: Letopis' žizni i tvorčestva 1917–1921. M. 1990.

I. I. Kozlov

Barrat, G. R.: I. Kozlov. A Study and a Setting. Toronto 1972.

A. K. Kručënych

Suchoparov, Sergej M.: Aleksej Konstantinovič Kručënych. Sud'ba budetljanina. Mn. 1992.
Nilsson, Nils Åke: Kručënychs Poem «Dyr bul ščyl». In: ScSl 24 (1978), S. 139–148.
Ziegler, R.: Aleksej Kručënych als Sprachkritiker. In: WSlJb 27(1981), S. 103–122.

A. I. Kuprin

Luker, Nicholas: Alexander Kuprin. Boston 1978.
Volkov, Anatolij A.: Tvorčestvo A. I. Kuprina. M. 1962.

A. S. Kušner

Wechsmann, Leo Mathias: Die Funktionen des Bildes und die Entwicklung des Bildsystems im Werk des russischen modernistischen Dichters A. S. Kušner. Münster 1997.

M. A. Kuzmin

Harer, Klaus: Michail Kuzmin. Studien zur Poetik der frühen und mittleren Schaffensperiode. Mn. 1993.

L. M. Leonov

Brümmer, Christoph: Beiträge zur Entwicklungsgeschichte der frühen Romane L. M. Leonovs. Mn. 1971.
Chimič, V. V.: Poètika L. Leonova. Sverdlovsk 1989.
Groznova, N. A.: Tvorčestvo Leonida Leonova i tradicii russkoj klassičeskoj literatury. L. 1982.
Kovalëv, V. A.: Romany Leonida Leonova. M., L. 1954.
Kovalëv, V. A.: Ètjudy o Leonide Leonove. M. 1974.
Starikova, E.: «Russkij les» Leonida Leonova. M. 1963.

M. Ju. Lermontov

Lermontovskaja ènciklopedija. Hrsg. von V. A. Manujlov u. a. M. 1981.

Èjchenbaum, B.: Lermontov. Mn. 1967.

Viskovatov, P. A.: Michail Jur'evič Lermontov. Žizn' i tvorčestvo. M. 1987.

Gerlinghoff, Peter: Frauengestalten und Liebesproblematik bei M.Ju. Lermontov. Meisenheim am Glan 1968.

Guski, Andreas: Lermontovs Konzeption des literarischen Helden. Mn. 1970.

Hansen-Löve, Aage: Pečorin als Frau und Pferd und anderes zu Lermontovs *Geroj našego vremeni*. In: Russian Literature 31 (1992), S. 491–544, 33/34 (1993), S. 413–470.

Manujlov, V. A.: Roman M. Ju. Lermontova «Geroj našego vremeni». Kommentarij. M., L. 1966.

N. S. Leskov

Drugov, B. M.: N. S. Leskov. Očerk tvorčestva. M. 1957.

Grossman, Leonid: N. S. Leskov. Žizn' – tvorčestvo – poètika. M. 1945.

Setschkareff, Vsevolod: N. S. Leskov. Sein Leben und sein Werk. Wiesbaden 1959.

Troickij, V. Ju.: Leskov – chudožnik. M. 1974.

Zelinsky, Bodo: Roman und Romanchronik. Zur Erzählkunst Nikolaj Leskovs. Köln 1970.

Benjamin, Walter: Der Erzähler. Betrachtungen zum Werk Nikolai Leskows. In: Ders.: Schriften. Ffm. 1955, Bd. 2, S. 229–258.

Girke, Wolfgang: Studien zur Sprache N. S. Leskovs. Mn. 1969.

Hodel, Robert: Betrachtungen zum *skaz* bei N. S. Leskov und Dragoslav Mihajlović. Bern 1994.

Lauer, Reinhard: Motivstrukturen und Motivbezüge in N. S. Leskovs *Toupetkünstler*. In: Motive und Themen in Erzählungen des späten 19. Jahrhunderts. Hrsg. von Theodor Wolpers. Göttingen 1982. Teil 1, S. 37–65.

Muller de Morogues, Inès: «Le problème féminin» et les portraits de femmes dans l'œuvre de Nikolaj Leskov. Bern 1991.

È. Limonov

Smirnov, I. P.: O narcističeskom tekste (Diachronija i psichoanaliz). In: WSlA 12 (1983), S. 21–45.

M. V. Lomonosov

Topčiev, A. V. u. a. (Hrsg.): Letopis' žizni i tvorčestva M. V. Lomonosova. M., L. 1961.

Grasshoff, Helmut: Lomonossow. Halle (Saale) 1962.

Kuznecov, B. G.: Tvorčeskij put' Lomonosova. M. 1956.

Nekrasova, E A.: Lomonosov-chudožnik. M. 1988.

Schütz, W.: Michail Wassiljewitsch Lomonossow. Lpz. [2]1976.

Berkov, P. N.: Lomonosov i literaturnaja polemika ego vremeni. 1750–1765. M., L. 1936.

Kurilov, A. S. (Hrsg.): Lomonosov i russkaja literatura. M. 1987.

Auburger, Leopold: Rußland und Europa. Die Beziehungen M. V. Lomonosovs zu Deutschland. Heidelberg 1985.

Grasshoff, Helmut: Lomonosov und Gottsched. Gottscheds «Ausführliche Rede-kunst» und Lomonosovs «Ritorika». In: ZfSl 6 (1961), S. 498–507.

Schamschula, Walter: Zu den Quellen von Lomonosovs «kosmologischer» Lyrik. In: ZfSlPh 34 (1969), S. 225–253.

Serman, I. S.: Poétičeskij stil' Lomonosova. M., L. 1966.

Vomperskij, V. P.: Stilističeskoe učenie M. V. Lomonosova i teorija trëch stilej. M. 1970.

Vomperskij, V. P.: Ritoriki v Rossii XVII–XVIII vv. M. 1988.

V. I. Lukin

Guski, Hannelore: Die satirischen Komödien Vl. I. Lukins (1734–1794). Ein Bei-trag zur Typologie der russischen Komödie der Aufklärungszeit. Mn. 1973.

A. V. Lunačarskij

Angres, Dora: Die Beziehungen Lunačarskijs zur deutschen Literatur. B. ²1976.

Peters, Jochen-Ulrich: Kunst als organisierte Erfahrung. Über den Zusammen-hang von Kunsttheorie, Literaturkritik und Kulturpolitik bei A. V. Lunačarskij. Mn. 1980.

V. V. Majakovskij

Katanjan, V.: Majakovskij. Chronika žizni i dejatel'nosti. M. ⁵1985.

Percov, V.: Majakovskij. Žizn' i tvorčestvo. Bd. 1–3. M. 1969, 1971, 1972.

Brown, Edward J.: Mayakovsky. A Poet in the Revolution. New Jersey 1973.

Thun, Nyota: Ich – so groß und so überflüssig. Wladimir Majakowski. Leben und Werk. Düsseldorf 2000.

Gončarov, B. P.: Poétika Majakovskogo. Liričeskij geroj posleoktjabr'skoj poézii i puti ego ch udožestvennogo videnija. M. 1983.

Jangfeldt, Bengt: Majakovskij and Futurism 1917–1921. Stockholm 1976.

Poicjel', Faina N.: Liričeskij épos Majakovskogo. M. 1969.

Stepanian, J. R.: Cubist «Vision» in the Early Lyrics of V. V. Majakovskij. Diss. Wis-consin 1980.

V. I. Majkov

Schruba, Manfred: Studien zu den burlesken Dichtungen V. I. Majkovs. Wiesbaden 1997.

V. S. Makanin

Veldhues, Christoph: Vladimir S. Makanin. «Golosa». Literarischer Text und schriftstellerisches Programm. Hagen 1987.

Stolz-Hladky, Zuszana: Studien zur Poetik Vladimir S. Makanins «Odin i odna», «Otstavšij», «Utrata». Russische Prosa im Übergang zur Postmoderne. Bern u. a. 1995.

A. S. Makarenko

Kosteljanec, B.: A. S. Makarenko. Kritiko-biografičeskij očerk. M. 1954.

Blagoveščenskaja, O. I.: A. S. Makarenko kak chudožnik-novator. Diss. Kiew 1954.

Heimpel, Elisabeth: Das Jugendkollektiv A. S. Makarenkos. Würzburg 1956.

Hielscher, Karla: Anton S. Makarenkos «Flagi na bašnjach» /«Flaggen auf den Türmen» als Modell der sowjetischen Gesellschaft der dreißiger Jahre. In: Referate und Beiträge zum VIII. Internationalen Slavistenkongreß in Zgb. 1978, S. 287–311.

D. N. Mamin-Sibirjak

Klimowicz, T.: Dmitrij Mamin-Sibiriak i problemy naturalizmu w literaturze rosyjskiej. Wrocław 1979.

O. È. Mandel'štam

Brown, Clarence: Mandelstam. Cambridge 1973.
Lasunskij, O. G. (Hrsg.): Žizn' i tvorčestvo O. È. Mandel'štama. Vospominanija, materijaly k biografii, «Novye stichi», kommentarii, issledovanija. Voronež 1990.
Baines, Jennifer: Mandelstam. The Later Poetry. Cambridge 1976.
Cavanagh, Clare: Osip Mandelstam and the Modernist Creation of Tradition. Princeton, New Jersey 1995.
Mandelstam, Ossip: Im Luftgrab. Ein Lesebuch. Hrsg. von Ralph Dutli. Zürich 1988.
Gasparov, M. L.: O. Mandel'štam. Graždanskaja lirika 1937 goda. M. 1996.
Hesse, Petra: Mythologie in moderner Lyrik. Osip È. Mandel'štam vor dem Hintergrund des «Silbernen Zeitalters». Bern u. a. 1989.
Lekmanov, O. A. (Hrsg.): Mandel'štam i antičnost'. Sbornik statej. M. 1995.
Rothe, Hans: Mandel'štam – Argonauten und Odysseus. In: Ricerche Slavistiche, Bd. XLII (1995), S. 347–395.
Schlott, Wolfgang: Zur Funktion antiker Göttermythen in der Lyrik Osip Mandel'štams. Ffm. u. a. 1991.
Dutli, Ralph: Ossip Mandelstam: «Als riefe man mich bei meinem Namen». Dialog mit Frankreich. Zürich 1985.
Lotman, Michail: Mandel'štam i Pasternak. (Popytka kontrastivnoj poètiki). Tallinn 1996.
Potthoff, Wilfried (Hrsg.): Osip Mandel'štam und Europa.. Heidelberg 1999.

D. S. Merežkovskij

D. S. Merežkovskij. Mysl' i slovo. M. 1999.

V. V. Nabokov

Boyd, B.: Vladimir Nabokov. The Russian Years. London 1990 (dt.: Vladimir Nabokov. Die russischen Jahre 1899–1940. Aus dem Amerikanischen von Uli Aumüller u. a. Hamburg 1999).
Boyd, B.: Vladimir Nabokov. The American Years. London 1992.
Nossik, Boris: Nabokov. Die Biographie. B. 1996.
Eskin, Michael: Nabokovs Version von Puškins «Evgenij Onegin». Zwischen Version und Fiktion: Eine übersetzungs- und fiktionstheoretische Untersuchung. Mn. 1994.
Levin, Ju. I.: Bispacial'nost' kak invariant poètičeskogo mira V. Nabokova. In: Russian Literature 28 (1990), S. 45–124.
Medarič, Magdalena: Vladimir Nabokov i roman XX stoletija. In: Russian Literature 29 (1991), 1, S. 79–100.

Muljarčik, A. S.: Russkaja proza Vladimira Nabokova. M. 1997.
Nassim, Winnie Berdjis: Imagery in Vladimir Nabokov's Last Russian Novel (Дар), its English Translation (*The Gift*), and Other Prose Works of the 1930s. Ffm. u. a. 1995.

N. A. Nekrasov

Birkenmeyer, S. S.: Nikolaj Nekrasov. His Life and Poetic Art. The Hague 1968.
Corbet, Ch.: Nekrasov. L'homme et le poète. Paris 1948.
Stepanov, N.: N. A. Nekrasov. Žizn' i tvorčestvo. M. ²1971.
Čukovskij, K.: Masterstvo Nekrasova. M. 1959.
Evgen'ev-Maksimov, V. E.: Tvorčeskij put' N. A. Nekrasova. M., L. 1953.
Garkavi, A. M.: N. A. Nekrasov i revoljucionnoe narodničestvo. M. 1962.
Korman, B. O.: Lirika Nekrasova. Iževsk ²1978.

N. I. Novikov

Nezelenov, A.: N. I. Novikov, izdatel' žurnalov. SPb. 1875.
Vernadskij, G. V.: N. I. Novikov. Pg. 1918.

V. F. Odoevskij

Bernandt, G. B.: V. F. Odoevskij i Betchoven. Stranica iz istorii russkoj betchoveniany. M. 1971.
Tschol, B.: Die Musik im Werk V. F. Odoevskijs. Diss. Wien 1969.

N. P. Ogarëv

Jakovlev, M. V.: Mirovozzrenie N. P. Ogarëva. M. 1957.

B. Š. Okudžava

Ackern, Karl-Dieter von: Bulat Okudžava und die kritische Literatur über den Krieg. Mn. 1976.
Hansen-Kokorusch, Renate: Die Poetik der Prosawerke Bulat Okudžavas. Mn. 1992.

Ju. K. Oleša

Belinkov, A.: Sdača i gibel' sovetskogo intelligenta. Jurij Oleša. M. [1998].
Čudakova, M. O.: Masterstvo Jurija Oleši. M. 1972.
Appel, Sabine: Jurij Oleša. «Zavist'» und «Zagovor čuvstv». Ein Vergleich des Romans und seiner dramatisierten Fassung. Mn. 1973.

A. N. Ostrovskij

Cholodov, E.: Masterstvo Ostrovskogo. M. 1963.
Lotman, L. M.: A. N. Ostrovskij i russkaja dramaturgija ego vremeni. M., L. 1961.
Osnos, Ju. A.: V mire dramy. M. 1971.
Steltner, Ulrich: Die künstlerischen Funktionen der Sprache in den Dramen von A. N. Ostrovskij. Gießen 1978.

N. A. Ostrovskij

Vengrov, N.: Nikolaj Ostrovskij. M. 1952.

Dostupova, T. G.: Vtoraja žizn' Pavla Korčagina. M. 1978.
Guski, Andreas: N. Ostrovskijs «Kak zakaljalas' stal'» – biographisches Dokument oder sozialistisch-realistisches Romanepos. In: ZfSlPh 42 (1981), S. 116–145.

B. L. Pasternak

Aucouturier, Michel: Pasternak. Reinbek bei Hamburg 1965.
Pasternak, Evgenij B.: Boris Pasternak. Biografija. M. 1997.
Sendich, Munir: Boris Pasternak. A Reference Guide. New York 1994.
Dorzweiler, Sergej u. a. (Hrsg.): Boris Pasternak und Deutschland. Kassel 1992.
Dorzweiler, Sergej; Harder, Hans-Bernd (Hrsg.): Pasternak-Studien I: Beiträge zum Internationalen Pasternak-Kongreß 1991 in Marburg. Marburg/L., Mn. 1993.
Erlich, Victor (Hrsg.): Pasternak. A Collection of Critical Essays. Englewood Cliffs, N. J. 1978.
Evans-Romaine, Karen: Boris Pasternak and the Tradition of German Romanticism. Mn. 1997.
Fischer, Christine: Musik und Dichtung. Das musikalische Element in der Lyrik Pasternaks. Mn. 1998.
Flejšman, Lazar': Stat'i o Pasternake. Bremen 1977.
Flejšman, Lazar': Boris Pasternak v dvadcatye gody. Mn. 1981.
Flejšman, Lazar': Boris Pasternak v tridcatye gody. Jerusalem 1984.
Gifford, Henry: Pasternak. A Critical Study. Cambridge 1977.
Locher, Jan Peter: Ist Boris Pasternak ein Dichter der Avantgarde? In: Colloquium Slavicum Basilense. Gedenkschrift für Hildegard Schroeder. Bern 1981, S. 407–441.
Vogt, Reinhold: Boris Pasternaks monadische Poetik. Ffm. u. a. 1997.
Belentschikow, Valentin: Zur Poetik Boris Pasternaks. Der Berliner Gedichtzyklus 1922–1923. Ffm. u. a. 1989.
Döring-Smirnov, Johanna Renate: Die Lyrik Pasternaks in den Jahren 1928–1934. Mn. 1973.
Lauer, Reinhard: Těper' on stich ... Zu Pasternaks Stadtgedichten. In: FS für Hans-Bernd Harder zum 60. Geburtstag. Hrsg. von K. Harer und H. Schaller. Mn. 1995, S. 295–301.
Lotman, Ju. M.: Stichotvorenija rannego Pasternaka i nekotorye voprosy strukturnogo izučenija teksta. In: Eimermacher, Karl (Hrsg.): Teksty sovetskogo literaturovedčeskogo strukturalizma. Mn. 1971, S. 591–623.
Meyer, Angelica: «Sestra moja – žizn'» von Boris Pasternak. Analyse und Interpretation. Mn. 1987.
Greber, Erika: Intertextualität und Interpretierbarkeit des Texts. Zur frühen Prosa Boris Pasternaks. Mn. 1989.
Kagan, Ju. M.: Ob «Apellesovoj čerte» Borisa Pasternaka. Popytka postiženija. In: Voprosy literatury 4/1996, S. 43–50.
Ljunggren (Jungren), Anna: Juvenilia B. Pasternaka: 6 fragmentov o Relikvimini. Stockholm 1984.
Livingstone, Angela: Boris Pasternak: Doctor Zhivago. Cambridge 1989.
Smirnov, I. P.: Roman tajn «Doktor Živago». M. 1996.

K. G. Paustovskij

Kasack, Wolfgang: Der Stil Konstantin Georgievič Paustovskijs. Köln, Wien 1971.

B. A. Pil'njak

Damerau, Reinhard: Boris Pil'njaks Geschichts- und Menschenbild. Biographische und thematische Untersuchungen. Gießen 1976.

Schramm, Adelheid: Die frühen Romane B. A. Pil'njaks. Mn. 1976.

Woo-Seob, Yun: Studien zur Boris Pil'njaks *Krasnoe derevo* und *Volga padaet v Kaspijskoe more*. Mn. 1994.

D. I. Pisarev

D. I. Pisarev. Issledovanija i materialy. Hrsg. von I. V. Kondakov. M. 1995.

A. F. Pisemskij

Moser, Ch.: Pisemskij – a Provincial Realist. Cambridge, Mass. 1969.

Pearson, M.: A Comparative Study of the Art of A. F. Pisemskij: «Tysiača duš» and the Novels of the Last Period. Ann Arbor 1975.

Pustovojt, P. G.: A. F. Pisemskij v istorii russkogo romana. M. 1969.

Rošaľ, A. A.: Pisemskij i revoljucionnaja demokratija. Baku 1971.

A. P. Platonov

Tvorčestvo Andreja Platonova. Issledovanija i materijaly, bibliografija. SPb. 1995.

Poltavceva, N. G.: Filosofskaja proza Andreja Platonova. Rostov 1981.

Berger-Bügel, Pia-Susan: Andrej Platonov. Der Roman «Ščastlivaja Moskva» im Kontext seines Schaffens und seiner Philosophie. Mn. 1999.

Hodel, Robert; Locher, Jan Peter (Hrsg.): Sprache und Erzählhaltung bei Andrej Platonov. Bern u. a. 1998.

Kornienko, N.V: «Zametki» Andreja Platonova (kommentarij k istorii nevyšedšich knig A. Platonova 1939 goda). In: RL 3/1990, S. 179–192.

Møch, Audun J.: The Novelistic Approach to the Utopian Question. Platonov's *Čevengur* in the Light of Dostoevskij's Anti-Utopian Legacy. Diss. Oslo 1997.

Semënova, S.: «Ideja žizni» u Andreja Platonova. In: Moskva 3/1988, S. 180–189.

Šubin, L.: Pervaja škola iskusstva žiť. Istoki tvorčestva Platonova. In: VL 1/1984, S. 31–61.

Sveikauskas, P. A.: Thematics and Form of Platonov's Stories: Anton Platonovich Platonov, 1899–1951. Diss. Brown University 1972.

Sviteľskij, V. A.: Andrej Platonov včera i segodnja. Stať'i o pisatele. Voronež 1998.

Teskey, A.: Platonov and Fyodorov: The Influence of Christian Philosophy on a Soviet Writer. Amersham 1982.

A. I. Pristavkin

Göbler, Frank: Anatolij Pristavkins Roman «Nočevala tučka zolotaja». Zur Rezeption und zur Frage der erzählerischen Vermittlung. In: WdSl 34 (1989), S. 330–342.

A. S. Puškin

Annenkov, P. V.: Materialy dlja biografii A. S. Puškina. M. 1984.
Blagoj, D. D.: Tvorčeskij put' Puškina (1813–1826). M. u. a. 1950.
Blagoj, D. D.: Tvorčeskij put' Puškina (1826–1830). M. 1967.
Busch, Ulrich: Puschkin. Leben und Werk. Mn. 1989.
Čerejskij, L. A.: Puškin i ego okruženie. L. ²1988.
Grot, K. Ja.: Puškinskij licej. SPb. 1911.
Keil, Rolf-Dietrich: Puschkin. Ein Dichterleben. Ffm., Lpz. 1999.
Lotman, Juri: Alexander Puschkin – Leben als Kunstwerk. Lpz. ²1993.
Setschkareff, Vsevolod: Alexander Puschkin. Sein Leben und sein Werk. Wiesbaden 1963.
Tomaševskij, B.: Puškin. Kniga pervaja (1813–1824). Kniga vtoraja. Materialy k monografii (1824–1837). M., L. 1956–1961.
Ziegler, Gudrun: Alexander Puschkin in Selbstzeugnissen und Bilddokumenten. Reinbek bei Hamburg 1979.
Arion. Jahrbuch der deutschen Puschkin-Gesellschaft. Bd. 1–4. Bonn 1989–1999.
Smirnov, A. A.: Romantičeskaja lirika A. S. Puškina. M. 1994.
Stepanova, N. A.: Lirika Puškina. Očerki i ėtjudy. M. 1959.
Fel'dman, O. M.: Sud'ba dramaturgii Puškina. M. 1975.
Gorodeckij, B. P.: Dramaturgija Puškina. M., L. 1953.
Kluge, Rolf-Dieter: Die Komposition des «Boris Godunov». In: Serta Slavica. In memoriam Aloisii Schmaus. Hrsg. von Wolfgang Gesemann. Mn. 1971, S. 342–354.
Reid, Robert: Pushkin's Mozart and Salieri. Themes, Charakter, Sociology. Amsterdam 1995.
Ležnev, A.: Proza Puškina. M. ²1966.
Schmid, Wolf: Puškins Prosa in poetischer Lektüre. Die Erzählungen Belkins. Mn. 1991.
Brang, Peter: Puškin und Krjukow. Zur Entstehung der «Kapitanskaja dočka». B. 1957.
Borev, Jurij: Iskusstvo interpretacii i ocenki. Opyt pročtenija «Mednogo vsadnika». M. 1981.
Panfilowitsch, Igor: Aleksandr Puškins «Mednyj vsadnik». Deutungsgeschichte und Gehalt. Mn. 1995.
Lotman, Ju. M.: Roman A. S. Puškina «Evgenij Onegin». Kommentarij. L. 1980.
Sambeek-Weideli, Beatrice van: «Evgenij Onegin» A. S. Puškina. Bibliografija. Eine Bibliographie zu Puškins «Evgenij Onegin». Bern, Ffm. u. a. 1990.
Sambeek-Weideli, Beatrice van: Wege eines Meisterwerkes. Die russische Rezeption von Puškins «Evgenij Onegin». Bern, Ffm. u. a. 1990.
Blagoj, D. D.: Sociologija tvorčestva Puškina. M. 1929.
Blagoj, D. D.; Kirpotin, V. Ja. (Hrsg.): Puškin – rodonačal'nik novoj russkoj literatury. M., L. 1941.
Bondi, S.: O Puškine. M. 1983.
Ebbinghaus, Andreas: Puškin und Rußland. Russische Kultur und russische Geschichte in den Werken des Dichters. Habilitationsschrift. B. 1996.
Stennik, Ju. V.: Puškin i russkaja literatura XVIII veka. SPb. 1995.

Wolf, Markus: Freimaurertum bei Puškin. Einführung in die russische Freimaurerei und ihre Bedeutung für Puškins literarisches Werk. Mn. 1998.

Alekseev, M. P.: Puškin. Sravnitel'no-istoričeskoe issledovanie. L. 1972.

Alekseev, M. P.: Puškin i mirovaja literatura. L. 1987.

Rozanov, M. N.: Puškin i Ariosto. In: Izvestija AN SSSR. Otdelenie obščestvennych nauk, 1937, Nr. 2–3, S. 375–412.

Štejn, Sergej: Puškin i Gofman. Sravnitel'noe istoriko-literaturnoe issledovanie. Dorpat 1927.

Tomaševskij, B. V.: Puškin i Francija. L. 1960.

Tvorčestvo Puškina i zarubežnyj Vostok. Sbornik statej. M. 1991.

Žirmunskij, V. M.: Bajron i Puškin. L. 1924.

A. N. Radiščev

Makogonenko, G. P.: Radiščev i ego vremja. M. 1956.

A. N. Radiščev. Materialy i issledovanija. M., L. 1936.

A. N. Radiščev und Deutschland. B. 1969.

Kulakova, L. I.; Zapadov, V. A.: A. N. Radiščev – «Putešestvie iz Peterburga v Moskvu». Kommentarij. L. 1974.

Staricev, A.: Radiščev – gody ispytanij. M. 1990.

V. G. Rasputin

Agdestein-Wagner, M.: Zeit und Raum in der Dorfprosa Valentin Rasputins. In: NRL 2–3 (Salzburg 1979/80), S. 235–256.

Gillespie, D. C.: Valentin Rasputin and Soviet Russian Village Prose. London 1986.

Hasenkamp, Günther: Gedächtnis und Leben in der Prosa Valentin Rasputins. Wiesbaden 1990.

Schäper, Renate: Die Prosa V. G. Rasputins. Erzählverfahren und ethisch-religiöse Problematik. Mn. 1985.

Semënova, S. G.: Valentin Rasputin. M. 1987.

A. M. Remizov

Geib, Katharina: Aleksej Michajlovič Remizov. Stilstudien. Mn. 1970.

Graceva, A. (Hrsg.): Aleksej Remizov. Issledovanija i materialy. SPb. 1994.

Tschöpl, Carin: A. M. Remizovs «Choždenie Bogorodicy po mukam». Thematik und Erzählstruktur. In: WdSl 18 (1973), S. 342–360.

N. K. Rërich

Betjen, Uwe: Poetische Struktur und Ideengehalt in N. K. Rerichs «Cvety Morii». Wiesbaden 1995.

V. V. Rozanov

Kaulbach, Z. K.: The Life and Works of Vasilij Rozanov. Diss. Cornell Univ. 1973.

Šklovskij, Viktor: Rozanov. Pg. 1921 (Nachdr. Leiden 1977).

Crone, Anna Lisa: Rozanov and the End of Literature. Polyphony and the Dissolution of Genre in Solitaria and Fallen Leaves. Würzburg 1978.

Grübel, Rainer: Prekäre Gänge zwischen Leben, Kunst und Religion. Vasilij Rozanovs religiöse, soziale und literarische Häresie. In: Orthodoxien und Häresien in den slavischen Literaturen. Hrsg. von Rolf Fieguth. Wien 1996 (= WSlA, Sonderband 41), S. 103–146.

R. I. Roždestvenskij

Meichel, Johannes: Zum Amerikabild bei Robert Roždestvenskij. In: Russische Lyrik heute. Interpretationen. Übersetzungen. Bibliographien. Mainz 1983, S. 121–147.

Lev Rubinštejn

Hirt, Günther; Wonders, Sascha: Serienfertigung. Der Moskauer Schrift-Steller: Lew Rubinstein. In: Rubinstein, Lew: Immer weiter und weiter. Aus der großen Kartothek. Münster 1994, S. 137–141.

K. F. Ryleev

Berndt, Margarete: Niemcewicz und Ryleev. Diss. B. 1961.

Cejtlin, A. G.: Tvorčestvo Ryleeva. M. 1955.

Rickwood, T. M.: Themes and Style in the Poetry of Kondratij Ryleev. Diss. Liverpool 1968.

A. A. Rževskij

Lauer, Reinhard: Die lyrischen Experimente A. A. Rževskijs. In: ZfSl 4 (1991), S. 544–563.

V. T. Šalamov

Apanowicz, Franciszek: «Nowa proza» Warłama Szałamowa. Problemy wypowiedzi artystycznej. Gdańsk 1998.

M. E. Saltykov-Ščedrin

Bušmin, A. S.: Satira Saltykova-Ščedrina. M., L. 1959.

Doerne, Christiane: M. E. Saltykov-Ščedrins «Gubernskie očerki». Untersuchungen zur Entwicklung ihrer künstlerischen Methoden. Diss. Göttingen 1968.

Efimov, A. I.: Jazyk satiry Saltykova-Ščedrina. M. 1953.

Iščenko, I. T.: Parodii Saltykova-Ščedrina. Minsk 1973.

M. E. Saltykov-Ščedrin i russkaja satira 18–20 vekov. M. 1998.

Zolotnickij, D.: Ščedrin – dramaturg. M., L. 1961.

Igor' Severjanin

Lauwers, Lenie: Igor' Severjanin. His Life and Work. The Formal Aspects of his Poetry. Leuven 1993.

Vykoupil, Susanna: Die romanischen Gedichtarten Igor' Severjanins zwischen Tradition und Innovation. Wiesbaden 1997.

Lauer, Reinhard: «Evgenij Onegin» à la Igor' Severjanin. In: Arion. Jahrbuch der Deutschen Puschkin-Gesellschaft 2 (1992), S. 97–108.

S. P. Ševyrëv

Mann, Ju.: Molodoj Ševyrëv. In: Russkaja filosofskaja èstetika, M. 1969, S. 149–190.

Udolph, Ludger: Stepan Petrovič Ševyrëv 1820–1836. Ein Beitrag zur Entstehung der Romantik in Rußland. Köln, Wien 1986.

I. S. Šmelëv

Sorokina, Ol'ga: Moskoviana. Žizn' i tvorčestvo Ivana Šmelëva. M. 1994.

Schriek, Wolfgang: Ivan Šmelëv. Die religiöse Weltsicht und ihre dichterische Umsetzung. Mn. 1987.

Saša Sokolov

Ingold, Felix Philipp: «Škola dlja durakov». Versuch über Saša Sokolov. In: WSlA 3 (1979), S. 93–124.

M. A. Šolochov

Jakimenko, L.: Tvorčestvo M. A. Šolochova. M. 1964.

Medvedev, R. A.: Problems in the Literary Biography of M. Sholokhov. Cambridge u. a. 1977.

Anikin, M.: Aleksandr Serafimovič – avtor «Tichogo Dona». In: Slovo i delo (SPb.), 25. II.–3. III. 1993, S. 5.

Ermolaev, H.: Who Wrote «The Quiet Don»? In: SEEJ 20 (1976), S. 293–306.

Fëdor Sologub

Hansson, C.: Fedor Sologub as a Short-Story Writer. Stylistic Analyses. Stockholm 1976.

Holthusen, Johannes: Bemerkungen zur künstlerischen «Modellierung» im Werk Fedor Sologubs. In: International Journal of Slavic Linguistics and Poetics XXXI–XXXII (1985), S. 177–187.

Klejman, Ljudmila: Rannjaja proza Fedora Sologuba. Ann Arbor 1983.

Lauer, Bernhard: Das lyrische Frühwerk von Fedor Sologub. Weltgefühl, Motivik, Sprache und Versform. Gießen 1986.

Leitner, Andreas: Die Erzählungen Fedor Sologubs. Mn. 1976.

Schmid, Ulrich: Fedor Sologub. Werk und Kontext. Bern 1995.

Šemjatova, Bärbel: Sologubs Schopenhauerrezeption und ihre Bedeutung für die Motivgestaltung in seinen Erzählungen. Mn. 1997.

V. S. Solov'ëv

Cioran, S. D.: Vladimir Solov'ev and the Knighthood of the Divine Sophia. Waterloo, Ont. 1977.

Knigge, Armin: Die Lyrik Vl. Solov'ëvs. Ihre Nachwirkung bei A. Belyj und A. Blok. Amsterdam 1973.

Müller, Ludolf: Solovjev und der Protestantismus. Freiburg i. Br. 1951.

Pollach, Rudolf: Vers- und Reimtechnik in den Gedichten V. S. Solov'ëvs. Tübingen 1983.

Stremooukhoff, D.: Vladimir Solov'ev et son œuvre messianique. Lausanne 1975.

Wrenzler, L.: Die Freiheit und das Böse nach Vladimir Solov'ëv. Freiburg i. Br. 1978.

Zelinsky, Bodo: Über die Ästhetik Vladimir Solov'ëvs. In: Zeitschrift für Ästhetik und allgemeine Kunstwissenschaft 13 (1968), S. 49–111.

A. I. Solženicyn

Flegon, A.: A. Solzhenitsyn: Myth and Reality. London 1986.

Lukács, Georg: Solschenizyn. Neuwied 1970.

Scammel, Michael: Solzhenitsyn. A Biographhy. New York, London 1984.

Šneerson, M.: Aleksandr Solženicyn. Očerki tvorčestva. Ffm. 1984.

Suchanek, Lucjan: Aleksander Solženicyn. Pisarz i publicysta. Krakau 1994.

Korotkov, A. V. (Hrsg.): Kremlevskij samosud. Sekretnye dokumenty Politbjuro o pisatele A. Solženicyne. M. u. a. 1994.

Medwedjew, Schores: Zehn Jahre im Leben des Alexander Solschenizyn. Eine politische Biographie. Aus dem Russ. von Wolfgang Kasack. Darmstadt, Neuwied 1974.

Menzel, Birgit: Entmythisierung in der russischen Literatur am Beispiel A. I. Solženicyns. In: Osteuropa im Umbruch – alte und neue Mythen. Hrsg. von C. Friedrich und B. Menzel. Bern u. a. 1993, S. 109–124.

Nowikowa, I. (Hrsg.): Seminarbeiträge zum Werk Aleksandr Solženicyns. Hamburg 1972.

V. G. Sorokin

Brockhoff, Anette: «Schießt meine körper dicke bertha in himmel groß deutschland». Versuch über Vladimir Sorokin. In: Schreibheft Nr. 40 (1992), S. 136–143.

Holm, Kerstin: Das Böse Gretchen. Vladimir Sorokins russische Schocktherapie. In: FAZ 22. V. 1993.

Ingold, Felix Philipp: «Blaues Fett» im Internet. Russische Grundsatzdebatte um Sorokins neuen Roman. In: NZZ 8. IX. 1999.

A. V. Suchovo-Kobylin

Koschmal, Walther: Zur Poetik der Dramentrilogie. A. V. Suchovo-Kobylins «Bilder der Vergangenheit». Ffm. u. a. 1993.

A. P. Sumarokov

Berkov, P. N.: A. P. Sumarokov. 1717–1777. L., M. 1949.

Bulič, N.: Sumarokov i sovremennaja emu kritika. SPb. 1854.

Višnevskaja, Inna A.: Aplodismenty v prošloe. A. P. Sumarokov i ego tragedii. M. 1996.

N. S. Tichonov

Grinberg. I.: Tvorčestvo Nikolaja Tichonova. M ²1972.

F. I. Tjutčev

Pigarëv, K. P.: Žizn' i tvorčestvo Tjutčeva. M. 1962.

Gregg, R. A.: Fedor Tiutchev. The Evolution of a Poet. New York, London 1965.

Dudek, Gerhard: Der philosophische und künstlerische Gehalt der Gleichnisformen in F. I. Tjutčevs Poesie. In: ZfSl 3 (1958), S. 494–519.

Lauer, Reinhard: Fedor Tjutčevs Gedicht «Požary» (Feuersbrünste). In: Motive und Themen romantischer Naturdichtung. Hrsg. von Theodor Wolpers. Göttingen 1984, S. 247–274.

Polonskij, A.: Fëdor Tjutčev. Mjunchenskie gody./Fjodor Tjutschew. Die Münchner Jahre. Mn. 1999.

Pratt, Sarah: The Semantics of Chaos in Tjutčev. Mn. 1983.

Rauch, Georg von: J. Ph. Fallmerayer und der russische Reichsgedanke bei F. I. Tjutčev. In: Jahrbücher für Geschichte Osteuropas, N. F. 1 (1953), S. 54–96.

Schulze, Almut: Tjutčevs Kurzlyrik. Traditionszusammenhänge und Interpretationen. Mn. 1968.

Tschižewskij, D.: Tjutčev und die deutsche Romantik. In: ZfSlPh 4 (1927), S. 299–323.

A. K. Tolstoj

Göbler, Frank: Das Werk Aleksej Konstantinovič Tolstojs. Mn. 1992.

Lirondelle, A.: Le poète Alexis Tolstoi. Paris 1912.

A. N. Tolstoj

Krestinskij, Ju. A.: A. N. Tolstoj. Žizn' i tvorčestvo. M. 1960.

Jünger, Harri: Alexei Tolstoj. Erkenntnis und Gestaltung. B. 1969.

L. N. Tolstoj

Braun, Maximilian: Tolstoj. Eine literarische Biographie. Göttingen 1978.

Chrapčenko, M. B.: Lev Tolstoj kak chudožnik. M. ³1971.

Èjchenbaum, B. M.: Lev Tolstoj. L. 1928 (Nachdr. Mn. 1968).

Èjchenbaum, B. M.: Lev Tolstoj. Semidesjatye gody. L. 1960.

Gudzij, N. K.: Lev Tolstoj. M. 1963.

Gusev, N. N.: Lev Nikolaevič Tolstoj. Materialy k biografii. M. 1954–1970.

Šklovskij, V.: Lev Tolstoj. M. 1967.

Hamburger, Käte: Tolstoi. Gestalt und Problem. Göttingen ²1963.

Kuprejanova, E. N.: Èstetika L. N. Tolstogo. M. 1966.

Steiner, George: Tolstoy or Dostoevsky. New York 1959. (dt. Tolstoj oder Dostojewskij. Analyse des abendländischen Romans. Mn., Wien 1964.)

Dieckmann, Eberhard: Erzählformen im Frühwerk L. N. Tolstojs. 1851–1857. B. 1969.

Lauer, Reinhard: Lev N. Tolstoj: «Anna Karenina». In: Ein Text und ein Leser. Weltliteratur für Liebhaber. Hrsg. von Wilfried Barner. Göttingen 1994, S. 141–160.

Čičerin, A. V.: O jazyke i stile romana-èpopei «Vojna i mir». L'vov ²1956.

Fejn, G. N.: L. N. Tolstoj «Vojna i mir». Celostnyj analiz. M. 1966.

Müller-Bürkli, Eva-Maria: Das Lächeln der schönen Helena. Nonverbales Verhalten in Tolstojs Roman «Krieg und Frieden». Bern 1989.

Šklovskij, V.: Material i stil' v romane L'va Tolstogo «Vojna i mir». M. 1928 (Nachdr. Den Haag 1970).

Wedel, Erwin: Die Entstehungsgeschichte von L. N. Tolstojs «Krieg und Frieden». Wiesbaden 1961.

Zajdenšnur, È.E.: Kak sozdavalas' pervaja redakcija romana «Vojna i mir». In: Pervaja zaveršennaja redakcija romana «Vojna i mir». M. 1983 (= LN 94).

Lauer, Reinhard: L. N. Tolstojs *Auferstehung*. In: Literatur und Recht. Literarische Rechtsfälle von der Antike bis in die Gegenwart. Hrsg. von Ulrich Mölk. Göttingen 1996, S. 292–311.

V. K. Trediakovskij

Adamczyk, A.: Grundfragen der russischen Versgeschichte. I: Trediakovskij und die Reform. Breslau 1940.

Breitschuh, Wilhelm: Die Feoptija V. K. Trediakovskijs – ein physikotheologisches Lehrgedicht im Rußland des 18. Jahrhunderts. Mn. 1979.

Carrier, Capucine: Trediakovskij und die «Argenida»: Ein Vorbild, das keines wurde. Mn. 1991.

Pumpjanskij, L. V.: Trediakovskij i nemeckaja škola razuma. In: Zapadnyj sbornik I. M., L. 1937, S. 157–186.

Rosenberg, K.: Between Ancients and Moderns: V. K. Trediakovskij on the Theory of Language and Literature. Diss. Yale University 1980.

S. M. Tret'jakov

Mierau, Fritz: Erfindung und Korrektur. Tretjakows Ästhetik der Operativität. B. 1976.

Jung-Baek, Myong Ja: S. Tret'jakov und China. Diss. Göttingen 1987.

Ju. V. Trifonov

Burkhart, Dagmar: Historisches Ereignis und ästhetisches Zeichen. Zu Ju. V. Trifonovs Roman *Neterpenie*. In: Russian Literature 6 (1978).

Haussmann, G.: Der sowjetische Mensch in der Krise: Darstellung und Beurteilung der moralischen, geistigen und kulturellen Situation des Menschen der sechziger und siebziger Jahre in den Moskauer Romanen Jurij Trifonovs. Diss. Tübingen 1983.

McLaughlin, Sigrid: Jurij Trifonov's «House on the Embankment»: Narration and Meaning. In: SEEJ 4/1982, S. 419–433.

McLaughlin, Sigrid: Iurii Trifonov's «Dom na naberezhnoi» and Dostoevskii's «Prestuplenie i nakazanie». In: CanSlP 2/1983, S. 275–283.

Neuhäuser, Rudolf: Die zeitgenössische russische Novelle am Beispiel von Jurij Trifonovs «Dolgoe proščanie» («Langer Abschied»). In: Slavistična revija 29 (1981), S. 561–572.

Partridge, C.: Trifonov's *The Moscow Cycle*. A Critical Study. Lewiston, New York 1990.

Scheffler, Leonore: *Roman-Punktir*. Indirektes Erzählen durch Leerstellen in Jurij Trifonovs Roman *Zeit und Ort*. Mn. 1998.

I. S. Turgenev

Brang, Peter: I. S. Turgenev. Sein Leben und sein Werk. Wiesbaden 1977.

Beiträge und Skizzen zum Werk Ivan Turgenevs. Hrsg. von J. Holthusen. Mn. 1977.

Granjard, H.: Ivan Tourguénev et les courants politiques et sociaux de son temps. Paris ²1966.

Kluge, Rolf-Dieter: Ivan S. Turgenev. Dichtung zwischen Hoffnung und Entsagung. Mn. 1992.

Thiergen, Peter (Hrsg.): Ivan S. Turgenev. Leben, Werk und Wirkung. Mn. 1995.

Cejtlin, A. G.: Masterstvo Turgeneva-romanista. M. 1958.

Šatalov, S. E.: Problemy poétiki I. S. Turgeneva. M. 1969.

Dolny, Christoph: Literarische Funktionen der Personeneigennamen in den Novellen und Erzählungen von I. S. Turgenev. Bern 1996.

Koschmal, Walter: Vom Realismus zum Symbolismus. Zu Genese und Morphologie der Symbolsprache in den späten Werken I. S. Turgenevs. Amsterdam 1984.

Nierle, Michael: Die Naturschilderungen und ihre Funktionen in Versdichtung und Prosa von I. S. Turgenev. Bad Homburg u. a. 1969.

Peters, Jochen Ulrich: Turgenevs «Zapiski ochotnika» innerhalb der očerk-Tradition der 40er Jahre. B. 1972.

Bjalyj, G. A.: Roman Turgeneva «Otcy i deti». L. 1963.

Pustovojt, P. G.: Roman I. S. Turgeneva «Otcy i deti» i idejnaja bor'ba 60-ch godov XIX veka. M. 1960.

Laage, K. E.: Theodor Storm und Ivan Turgenjew. Heide 1967.

McLaughlin, Sigrid: Schopenhauer in Rußland. Zur literarischen Rezeption bei Turgenev. Wiesbaden 1984.

Rothkoegel, Anna: Russischer Faust und Hamlet. Zur Subjektivismuskritik und Intertextualität bei I. S. Turgenev. München 1998.

Ziegengeist, G. (Hrsg.): I. S. Turgenev und Deutschland. Materialien und Untersuchungen. Bd. 1. B. 1965.

G. I. Uspenskij

Belčikov, Ju.: Gleb Uspenskij. M. 1979.

Barabochin, D.: Gleb Uspenskij i russkaja žurnalistika 1862–1892. L. 1983.

Lothe, J.: Gleb Ivanovič Uspenskij et le populisme russe. Contribution à l'histoire de la pensée et de la littérature populiste en Russie 1870–1890. Leiden 1963.

K. K. Vaginov

Bohnet, Christine: Der metafiktionale Roman. Untersuchungen zur Prosa Konstantin Vaginovs. Mn. 1998.

Heyl, Daniela v.: Die Prosa Konstantin Vaginovs. Mn. 1993.

A. V. Vampilov

Breitenegger, I.: Vampilov. Diss. Klagenfurt 1986.

Germ-Wilkiewicz, Angelika: Ethik des Alltags. Die Mehrakter Aleksandr Vampilovs. Mainz 1986.

D. V. Venevitinov

Tartakovskaja, L.: Dmitrij Venevitinov. Taškent 1966.

Wytrzens, Günther: D. Vl. Venevitinov als Dichter der russischen Romantik. Graz, Köln 1962.

P. A. Vjazemskij

Gillel'son, M. I.: P. A. Vjazemskij. Žizn' i tvorčestvo. L. 1969.

Wytrzens, Günther: P. A. Vjazemskij. Studie zur russischen Literatur- und Kulturgeschichte des 19. Jahrhunderts. Wien 1961.

V. N. Vojnovič

Wedel, Erwin: Zu Sprache und Stil bei V. Vojnovič – am Beispiel des Romans *Moskva 2042.* In: Ars Philologica. FS für Baldur Panzer zum 65. Geburtstag. Ffm. u. a. 1999, S. 603–615.

A. A. Voznesenskij

Reck, Renate: Das Thema der bildenden Kunst als Gestaltungsprinzip. Ein Beitrag zum dichterischen Werk Andrej A. Voznesenskijs. Mn. 1992.

N. A. Zabolockij

Jekutsch, Ulrike: Natur und Kunst bei Nikolaj A. Zabolockij. Habilitationsschrift. Göttingen 1990.
Turkov, A.: Nikolaj Zabolockij. M. 1966.

B. K. Zajcev

Hux, Ivo: Schreiben im Exil. Boris K. Zajcev als Schriftsteller und Publizist. Bern u. a. 1997.

E. I. Zamjatin

Shane, Alex M.: The Life and Works of Evgenij Zamjatin. Berkeley, Los Angeles 1968.
Drozda, Miroslav: Povestvovatel'noe masterstvo Evgenija Zamjatina. In: WSlA 4 (1979), S. 41–53.
Franz, Norbert: Groteske Strukturen in der Prosa Zamjatins. Syntaktische, semantische und pragmatische Aspekte. Mn. 1980.
Leech-Anspach, Gabriele: Evgenij Zamjatin. Häretiker im Namen des Menschen. Wiesbaden 1976.
Scheffler, Leonore: Evgenij Zamjatin. Sein Weltbild und seine literarische Thematik. Köln, Wien 1984.
Shane, Alex M.: Zamjatin's Prose Fiction. In: SEEJ 12 (1968), 1, S. 14–26.

M. M. Zoščenko

Eršov, L. F.: Iz istorii novejšej russkoj literatury. M. Zoščenko i satiričeskaja proza 20–40ch godov. L. 1973.
Grau, Marlene: Untersuchungen zur Entwicklung von Sprache und Text bei M. M. Zoščenko. Dargestellt an Kurzgeschichten der 20er Jahre. Mn. 1988.
Žolkovskij, A. K.: Michail Zoščenko. Poètika nedoverija. M. 1999.

V. A. Žukovskij

Erhardt, M.: V. A. Joukovskij et le préromantisme russe. Paris 1938.
Kobilinski-Ellis; L.: W. A. Joukovski. Seine Persönlichkeit, sein Leben und sein Werk. Paderborn 1954.
Semenko, I. M.: Žizn' i poèzija Žukovskogo. M. 1975.
Veselovskij, A. N.: V. A. Žukovskij: Poèzija čuvstva i «serdečnogo voobraženija». SPb. 1904 (M. ³1997).
Schulz, Gisela: Zur Balladen- und Märchendichtung V. A. Žukovskijs. Diss. Konstanz 1972.
Eichstädt, Hildegard.: Žukovskij als Übersetzer. Mn. 1970.
Lebedeva, O. B.: Dramaturgičeskie opyty V. A. Žukovskogo. Tomsk 1992.
Pein, A.: Schiller und Zhukovsky. Aesthetic Theory and Poetic Translation. Mainz 1991.

Russische literaturwissenschaftliche Begriffe

adamizm . . . . Adamismus (d. h. eine Kunst, die die Welt zum ersten Mal sieht)
agitka . . . . . . Propagandaverse, -plakate
akmeizm . . . . Akmeismus (von gr. ακμη, «Lanzenspitze»; nach 1910)
aleksandrijskij stich   Alexandriner (6füß. Jambus mit Mittelzäsur)
al'ternativnaja proza   Alternative (Andere) Prosa (1980er/1990er Jahre)
apolog . . . . . . Apolog (Fabel in der Form eines pointierten Vierzeilers)
avtobiografičnost'   autobiographische Grundlage (eines literarischen Werkes)
azbukovnik . . . Text in alphabetischer Anordnung
bajronizm . . . . Byronismus
ballada . . . . . . Ballade
basennyj stich . Fabelvers (freier Jambus)
basnja . . . . . . Fabel (Gattung)
bio-interv'ju . . Bio-Interview (bei S. Tret'jakov)
byl' . . . . Begebenheit, wahre Erzählung
bylina . . . . . . Byline, altrussische Heldenballade
bylinnyj stich . . Bylinenvers
bytovaja poėzija Milieu-Poesie (in der Perestrojka-Lyrik)
bytovizm . . . . Abklatsch des Alltagslebens
častuška . . . . . volkstümliches Tanzlied mit stark rhythmisierten Texten
čet'i-minei . . . «Lese-Menäen» (Monatslesungen aus den Heiligenleben)
chiščnyj tip . . . «der raubtierhafte Typ» (bei Ap. Grigor'ev)
chronotop . . . . Chronotop (raum-zeitliche Bedeutungseinheit, nach M. Bachtin)
čuvstvitel'nost'   Empfindsamkeit
dekabristskaja poėzija   Dekabristenpoesie
derevenščiki . . familäre Bezeichnung für die Dorferzähler
derevenskaja proza   Dorfprosa (1970er/1980er Jahre)
detskaja literatura   Kinderliteratur
didaktičeskaja poėma   Lehrgedicht
dol'nik . . . . . . tonischer Vers mit 0–3 Senkungssilben zwischen den Ikten, der dt. Volksliedzeile vergleichbar
drugaja proza . . die Andere (Alternative) Prosa (1980er/1990er Jahre)
Družeskoe literaturnoe obščestvo Freundschaftliche literarische Gesellschaft (1801)
duma . . . . . . 1. ukr. Heldenballade; 2. elegisch-reflektierendes Gedicht
ėlegija . . . . . . Elegie
evrazijstvo. . . . Eurasiertum
fabula. . . . . . . Fabel (die chronologisch geordnete Stoffmenge eines Erzählwerkes)
fel'etonnyj roman'   Feuilletonroman
fiziologičeskij očerk   physiologische Skizze (1840er Jahre)

formalizm . . . Formalismus. 1. literaturwissenschaftliche Methode, 2. Abweichung vom Hauptpfad des Sozialistischen Realismus
formaľnaja škola   die Formale Schule
frazirovka . . . Phrasierung (wechselnde Zäsuren im Vers)
glasnost' . . . . «Offenheit», Transparenz in der Ära Gorbačëv
glubokaja rifma Tiefenreim
gogolevskoe napravlenie   die Gogoľ-Richtung (nach N. Černyševskij)
gorodskaja proza   Stadtprosa (1970er/1980er Jahre)
Gosudarstvennaja premija   Staatspreis
gruppovščina   Gruppen(un)wesen
gruzifikacija slova   (semantische) Belastung des Wortes (bei den Konstruktivisten)
imažinizm . . . Imaginismus (1920er Jahre)
instrumentovka Instrumentierung, Lautstrukturierung
istoričeskaja proza   historische Prosa (1970er Jahre)
istorija . . . . . Lebensgeschichte (einer Romanfigur)
karnavalizacija   Karnevalisierung (nach M. Bachtin)
klarizm . . . . . Klarismus (zu frz. clartè)
konceptualizm   Konzeptkunst, Konzeptualismus
krasnorečie . . Rhetorik, Redekunst
kružok (pl. kružki)   Zirkel
kuľt ličnosti . . der (stalinistische) Personenkult
lakirovka dejstviteľnosti   Lackierung der Wirklichkeit
lesenka, lestnica   Stufenverse (bei V. Majakovskij)
liričeskij besporjadok   «lyrische Unordnung», «désordre lyrique»
lišnij čelovek . . der überflüssige Mensch
literatura fakta   Faktenliteratur
literaturnost' . . Literarizität (das, was Literatur ausmacht)
literaturnyj scenarij   literarisches Szenario (Gattung)
Litfond . . . . . Literaturfonds, Förderungsinstitution für Schriftsteller
ljubomudry . . «Philosophen» (Moskauer Zirkel in den 1820er Jahren)
lokaľnyj priëm Lokalverfahren (bei den Konstruktivisten)
lubočnaja literatura   Volksbuchliteratur
lžeklassicizm . . Pseudoklassizismus
marlinizm . . . Marlinismus (Erzählstil A. Bestužev-Marlinskijs)
massovaja pesnja   Massenlied (1930er Jahre)
melodika sticha Versmelodik (Reihung bestimmter Intonationen im Gedicht,
nach B. Ėjchenbaum)
menippeja, menippova satira   Menippea, Menippische Satire
metametaforisty   Metametaphoristen (1990er Jahre)
minus-priëm   Minus-Verfahren
mnogogolosie   Polyphonie (in den Romanen Dostoevskijs, nach M. Bachtin)
molodaja, molodëžnaja proza   Junge Prosa (1960er Jahre)
motivirovka priëma   Motivierung des Verfahrens, des Kunstmittels
nadpis' . . . . . Aufschrift, Inskription, Epigramm
napevnyj stich   der sangbare Vers
narodniki, narodničestvo   Volktümler, Volktümlerbewegung
narodnost' . . . Volkstümlichkeit, Patriotismus (von russ. narod, «Volk», «Nation»)

naturalizm . . . Naturalismus
natural'naja škola   Natürliche Schule (1840er Jahre)
nekrasovskaja škola   Nekrasov-Schule (1860er/1870er Jahre)
neofuturisty, neofuturizm   Neofuturisten, Neofuturismus (1990er Jahre)
nesobstvennaja prjamaja reč'   erlebte Rede
netočnaja rifma   unreiner Reim
nizkij stil' (štil')   niedriger Stil
novaja proza . . Neue Prosa (1970er/1980er Jahre)
novyj slog . . . . der «neue Stil» (bei N. Karamzin)
obnaženie priëma   Entblößung des Kunstmittels
obratnaja rifma   «Umkehrreim», Reim mit ungleicher Phonemfolge
očerk . . . . Skizze
oda duchovnaja   geistliche Ode
oda pochval'naja   Lobpreisode
oneginskaja strofa   Onegin-Strophe (bestehend aus 14 Versen: AbAbCCdd-
            EffEgg)
ornamental'naja proza   ornamentale Prosa (1920er Jahre)
ostranenie . . . . Verfremdung («Seltsam-machen»)
ottepel' . . . . . . Tauwetter (1. nach dem Tode Nikolaus' I.; 2. nach dem Tode I.V.
            Stalins)
parodijnost' . . . Parodiehaftigkeit
partijnost' . . . . Parteilichkeit
perednjaja rifma   Anfangsreim (Reim am Versanfang)
perenos . . . . . Enjambement, Zeilensprung
perestrojka . . . «Umbau» (Ära Gorbacëv)
pesenniki . . . . 1. Liederbücher; 2. Liedermacher, Liedersänger
petraševcy . . . . Kreis um M. V. Butaševič-Petrasevskij (1840er Jahre)
pil'njakovščina   «Pil'njakowismus» (in der Erzählliteratur der 1920er Jahre)
počvenniki, počvenničestvo   die Bodenständigen, die Bodenständigen-Bewe-
            gung
podtekst . . . . . Subtext, unterliegender Text
poėma . . . . . . Poem, Verserzählung, epische Dichtung
poėty-demokraty   demokratische Dichter (1860er–1880er Jahre)
poėty-surikovcy   die Bauerndichter um I. Surikov
poėza . . . . Gedicht (bei Igor' Severjanin)
položitel'nyj geroj   der positive Held
polubelletristika   Halbbelletristik
poputčiki . . . . Mitläufer, Weggenossen (1920er Jahre)
portretnost' . . . Porträthaftigkeit
posredstvennyj stil' (štil')   mittlerer Stil
poslanie . . . . . Epistel, Sendschreiben
postmodernizm   Post-Moderne
povest' . . . . . . 1. allgemein: Geschichte; 2. Kurzroman, längere Erzählung,
            typische russische Erzählgattung; 3. ar. Chronik
predstavlenie . . «Demonstration», dramatische Allegorie (frühes 18. Jh.)
predromantizm   Vorromantik
pribautka . . . . volkstümliche scherzhaft-satirische Erzählung
pričitanie . . . . volkstümliche Totenklage

priëm . . . . . . Verfahren, Kunstmittel, Kunstgriff
pritča . . . . . . 1. Gleichnis, Parabel; 2. Fabel; 3. Verserzählung, -novelle
proletkul't . . . Proletkult (Bewegung zur Schaffung einer proletarischen Kultur)
prosveščenie . . Aufklärung; Volksbildung
prosvetitel'stvo Aufklärung als kulturpolitische Bewegung
prosvetitel'skij klassicizm Aufklärungsklassizismus
proza četvërtogo pokolenija «Prosa der vierten Generation» (1960er Jahre)
publičnye čtenija öffentliche Lesungen (1860er Jahre)
puškinskoe napravlenie Puškin-Richtung (1850er/1860er Jahre)
rasskaz . . . . . . Erzählung
raznočincy . . . Angehörige der Intelligenz aus den Ständen zwischen Adel und Bauern
razvernutaja metafora entfaltete Metapher
rifma . . . . . . Reim
ritm . . . . Rhythmus
rok-poėzija . . . Rock-Poesie (1990er Jahre)
roman v pis'mach Briefroman
roman v stichach Versroman
roman-biografija biographischer Roman
roman-ėpopeja Roman-Epopöe, Roman-Epos
roman-kollaž Collage-Roman
roman-punktir Roman mit unterbrochener Fabel
roman-skazka Märchen-Roman
romans . . . . . Romanze, Lied
romans-ballada balladenhafte Romanze
romans-ėlegija elegische Romanze
romantičeskaja poėma romantisches Poem (Verserzählung)
romantika . . . Romantik (allgemeine Einstellung)
romantizm . . . Romantik (Kunstformation)
Rossijskaja Akademija Russische Akademie (Sprachakademie, 1783–1841)
Rossijskoe sobranie Russische Versammlung (seit 1735 an der Petersburger Akademie)
russkaja novella russische Novelle (Erzählform Leskovs)
russkaja pesnja russisches Lied, russische Romanze
russkij razmer «russisches Metrum» (syllabotonische Nachbildung des Bylinenverses)
samobytnost' (kulturelle) Eigenständigkeit
samopis'ma, samopisnye knigi Autographen-Bücher (bei den Futuristen)
sentimentalizm Sentimentalismus
šestidesjatniki . die «Sechziger» (Literaten der 1960er Jahre)
sillabizm . . . . syllabisches (silbenzählendes) Verssystem
simvolizm . . . Symbolismus
Sinjaja bluza . . Die blaue Bluse (Bewegung des Massentheaters in den 1920er Jahren)
sjužet . . . . . . Sujet, der strukturierte Erzählstoff
skaz . . . . mündliche Erzählform
skifstvo . . . . . Skythentum

sklonenie na russkie nravy   Anpassung an die russischen Sitten (in der Komödie
         des 18. Jh.)
slavjane, slavjanofily   die Slawophilen
slovesnyj ornament   Wortornament
slovo . . . . 1. (in der ar. Literatur) Predigt; Rede; Erzählung; Klage; 2. (in
         der neuruss. Literatur) Rede
smenochvechovstvo, smenovechovcy   Bewegung der «Änderung der Wegzei-
         chen» und deren Angehörige (1920er Jahre)
smirennyj tip . . «der demütige Typ» (bei Ap. Grigor'ev)
soc-art . . . . . . «Soz-Art» (den Sozialistischen Realismus persiflierende Rich-
         tung)
social'nyj zakaz   der soziale (gesellschaftliche) Auftrag
srednjaja rifma   Mittel-, Binnenreim
Stalinskaja premija   Stalin-Preis (eig. Gosudarstvennaja premija im. I. V. Stalina,
         1939–1956)
stans, stansy . . . 1. strophisches Gedicht; 2. «geordnete» Ode
starinuški, stariny   Bylinen, alte Heldenballaden
stichoproza . . . «Versprosa» (in der Dichtung der Perestrojka)
stichosloženie, stichotvorstvo   Versifikation
svetskie povesti   Erzählungen aus der großen Welt
svjatočnyj rasskaz   Weihnachtserzählung, -geschichte
svobodnyj stich   1. freier Vers, freie Rhythmen, *vers libre*; 2. reimloser syllabischer
         Vers (bei A. Kantemir)
teorija beskonfliktnosti   Theorie der Konfliktlosigkeit (1940er Jahre)
teorija otraženija   Widerspiegelungstheorie (bei Lenin)
tipičeskoe . . . . das Typische (in der Theorie des Sozialistischen Realismus)
točnaja rifma . . reiner Reim
tolstovcy, tolstovstvo   Tolstojaner, Tolstojanertum
tvorčeskaja istorija   Schaffensgeschichte, Entstehungsgeschichte eines literari-
         schen Werkes
ustanovka . . . . Redeorientierung (nach Ju. Tynjanov)
verlibristy . . . . Verslibristen (Schule der freien Rhythmen, um 1989)
vertep . . . . . . volkstümliches Puppentheater
vitievatost' . . . Zierstil, Schwulststil
vodevil' . . . . . Vaudeville
voinskie povesti   Kriegserzählungen (ar. Literatur)
Vol'noe obščestvo ljubitelej rossijskoj slovesnosti   Freie Gesellschaft der Liebhaber
         des russischen Schrifttums (1816–1825)
vol'nyj jamb . . . freier Jambus
vostočnaja povest'   orientalische Erzählung, *conte oriental*
vsečelovek, vsečelovečestvo   Allmensch, Allmenschlichkeit (bei Dostoevskij)
vysokij stil' (štil')   hoher Stil
zastol'naja pesnja   Trinklied, Tischlied
zatrudnënnaja forma   erschwerte Form
zaum', zaumnost', zaumnyj jazyk   metalogische, transmentale Dichtung bzw.
         Sprache
zaumniki . . . . Zaum'-Dichter
žitie . . . . Heiligenvita

žiznestroenie. . Lebensbau (im LEF)

žoržzandizm . . George-Sandismus (Strömung der Emanzipationsliteratur in den 1840er Jahren)

zvukovoj povtor   Lautwiederholung (Wiederholung von Konsonantenkomplexen nach O. Brik)

Russische Zeitschriften und Serien

Personen und Werke

Russische Personen werden in der Regel mit Zunamen, Vor- und Vatersnamen sowie den Lebensdaten angeführt. Die Werktitel werden in der russischen Form gegeben, weil sie nur auf diese Weise eindeutig zu identifizieren sind. Aus dem Anhang werden die Abteilungen «Literaturbeziehungen» und «Autoren» berücksichtigt.

Anonyme und Sammelwerke